Handbuch der Rechtspraxis
Band 2

Handbuch der Rechtspraxis

Band 2

Zwangsvollstreckung in das unbewegliche Vermögen
– ZVG-Handbuch –

Von

Kurt Stöber

Regierungsdirektor a.D.
Rothenburg ob der Tauber

9., neubearbeitete Auflage
des von Dr. Friedrich Zeller
in 3. und 4. Auflage mitbearbeiteten Handbuchs

Verlag C.H. Beck München 2010

Zitiervorschlag: *Stöber,* ZVG-Handbuch, 9. Aufl. 2010, Rdn …

Dr. Hermann Vogel und Hans Korn,
Handbuch der amtsgerichtlichen Praxis,
Erster Teil, Band II: Zwangsvollstreckung, 1954

Dr. Hermann Vogel und Hans Korn,
Zwangsvollstreckung in das unbewegliche Vermögen,
2. Auflage 1959

Kurt Stöber und Dr. Friedrich Zeller,
Zwangsvollstreckung in das unbewegliche Vermögen,
3. Auflage 1974
4. Auflage 1979

Kurt Stöber
Zwangsvollstreckung in das unbewegliche Vermögen
5. Auflage 1988
6. Auflage 1992
7. Auflage 1999
8. Auflage 2007

Verlag C. H. Beck im Internet:
beck.de

ISBN 978 3 406 59907 1

Satz, Druck und Bindung:
Druckerei C. H. Beck Nördlingen
(Adresse wie Verlag)

Gedruckt auf säurefreiem, alterungsbeständigem Papier
(hergestellt aus chlorfrei gebleichtem Zellstoff)

Vorwort

Das Immobiliarvollstreckungsrecht charakterisieren eigenartige rechtliche Schwierigkeiten und folgenschwere wirtschaftliche Probleme. Besonderheiten ergeben sich aus seiner Verzahnung mit anderen Rechtsgebieten, vornehmlich mit dem Sachen- und Grundbuchrecht. Mit seiner nach dem Verfahrensablauf gegliederten Darstellung bietet dieser Band der Praxis eine systematische Übersicht des Vollstreckungsverfahrens in das unbewegliche Vermögen. Er will damit den Gesetzesaufbau und den Verfahrensgang überschaubar sowie Sinn und Zweck der zwangsläufig oft formalen Regelungen verständlich machen. Damit ergänzt das Buch auch weiterhin den Kommentar zum Zwangsversteigerungsgesetz (19. Auflage 2009); auf ihn ist wegen der Einzelheiten daher immer wieder verwiesen. Kommentar und Handbuch gemeinsam sollen die praktische Arbeit fördern.

Das Handbuch will zugleich den mit dem Immobiliarvollstreckungsrecht weniger Vertrauten die Zusammenhänge aufzeigen und ihnen einen sicheren Überblick, ebenso aber auch die Kenntnis wichtiger Einzelfragen vermitteln. Hilfe will es vor allem aber bei der Bearbeitung des praktischen Falles und für Wahrung der Rechte der Beteiligten bieten. Es enthält daher auch viele Beispiele sowie Muster für Anträge und Entscheidungen. Den Lernenden und ihren Ausbildern wird damit ein Unterrichtsmittel vorgelegt, in dem das Immobiliarvollstreckungsrecht anschaulich und verständlich dargestellt ist, aber auch wesentliche Rechtsfragen einer Klärung zugeführt sind.

Neu darzustellen waren in dieser Bearbeitung vielfache Besonderheiten bei Vollstreckung in Wohnungseigentum, die sich mit Schaffung eines Vorrechts für Hausgeldforderungen ergeben haben. Dass vier weitere Bundesgesetze beiläufig auch Änderungen des Zwangsversteigerungsgesetzes gebracht haben sei vermerkt.

Einzelfragen des Immobiliarvollstreckungs- und Grundstücksrechts haben Rechtspraxis, Rechtsprechung und Schrifttum in der doch kurzen Zeit seit dem Erscheinen der Vorauflage wiederum in überreichem Maße beschäftigt. So war das Handbuch in vielen Teilen zu überarbeiten. Rechtsbeschwerdeentscheidungen des Bundesgerichtshofs waren in stattlicher Zahl auszuwerten und einzubringen.

Die Neubearbeitung wurde Ende Juli 2010 abgeschlossen. Möge sie wiederum Anklang finden und der Band sich für die Rechtspraxis weiterhin als nützlich erweisen.

Rothenburg ob der Tauber, im September 2010　　　　　　　　Kurt Stöber

Inhaltsübersicht

Inhaltsverzeichnis

Fünfter Teil. Zwangsverwaltung

Sechster Teil. Zwangsversteigerung von Schiffen, Schiffsbauwerken und Luftfahrzeugen im Wege der Zwangsvollstreckung

Zweites Buch. Vollstreckungsähnliche Verfahren über das unbewegliche Vermögen

Erster Teil. Zwangsversteigerung und Zwangsverwaltung auf Antrag des Insolvenzverwalters

Zweiter Teil. Zwangsversteigerung auf Antrag des Erben usw.

Dritter Teil. Zwangsversteigerung zum Zwecke der Aufhebung einer Gemeinschaft

Drittes Buch. Kostenrecht der Immobiliarvollstreckung

Erster Teil. Einführung

Zweiter Teil. Kosten der Eintragung einer Sicherungshypothek

Dritter Teil. Kosten im Verfahren der Zwangsversteigerung

Schrifttumsverzeichnis

1. Zwangsversteigerungs- und Zwangsverwaltungsrecht

Dassler/(Bearbeiter)	Gesetz über die Zwangsversteigerung und die Zwangsverwaltung. Kommentar. 13. Aufl. 2008
Denkschrift zum ZVG	Denkschrift zum Entwurf eines Gesetzes über die Zwangsversteigerung und die Zwangsverwaltung, zitiert nach Hahn/Mugdan, Die gesamten Materialien zu den Reichs-Justizgesetzen, 5. Band, 1897
Deprè/Mayer	Die Praxis der Zwangsverwaltung. 5. Aufl. 2009
Eickmann	Zwangsversteigerungs- und Zwangsverwaltungsrecht. 2. Aufl. 2004
Haarmeyer/Wutzke/Förster/Hintzen/	Zwangsverwaltung. 4. Aufl. 2007
Hamme	Die Teilungsversteigerung. 4. Aufl. 2010
Jaeckel/Güthe (Volkmar/Armstroff)	Kommentar zum Zwangsversteigerungsgesetz. 7. Aufl. 1937
Korintenberg/Wenz	Gesetz über die Zwangsversteigerung und die Zwangsverwaltung. Kommentar. 6. Aufl. 1935
Mohrbutter/Drischler/Radtke/Tiedemann	Die Zwangsversteigerungs- und Zwangsverwaltungspraxis. 7. Aufl. Band 1: 1986; Band 2: 1990
Morvilius	Die Immobilienvollstreckung (= 4. Kapitel in Dierck/Morvilius/Gr. Vollkommer, Handbuch der Zwangsvollstreckung. 2009
Nußbaum	Die Zwangsversteigerung und Zwangsverwaltung. 1916 (Neudruck 1969)
Reinhard/Müller	Das Zwangsversteigerungsgesetz. Kommentar. 3./4. Aufl. 1931 (mit Nachtrag)
Schmidt (Erwin)	Die Geschäftsführung des Zwangsverwalters. 3. Aufl. 1953
Steiner/(Bearbeiter)	Zwangsversteigerung und Zwangsverwaltung. Kommentar. 9. Aufl. 1984–1986
Stöber	Zwangsversteigerungsgesetz. Kommentar. 19. Aufl. 2009
Storz/Kiderlen	Praxis des Zwangsversteigerungsverfahrens. 11. Auflage 2008
Storz/Kiderlen	Praxis der Teilungsversteigerung. 4. Aufl. 2008

2. Grundbuchrecht

Bauer/von Oefele	Grundbuchordnung. Kommentar. 2. Aufl. 2006
Demharter	Grundbuchordnung. Kommentar. 27. Aufl. 2010
Güthe/Triebel	Grundbuchordnung. Kommentar. 6. Aufl. 1936/37
Kuntze/Ertl/Herrmann/Eickmann	Grundbuchrecht. Kommentar zur Grundbuchordnung und Grundbuchverfügung einschließlich WEG-Grundbuchverfügung, 6. Aufl. 2006
Meikel/(Bearbeiter)	Grundbuchordnung. Kommentar. 10. Aufl. 2009
Schöner/Stöber	Grundbuchrecht (Handbuch der Rechtspraxis, Band 4). 14. Aufl. 2008
Stöber	GBO-Verfahren und Grundstückssachenrecht. Einführung und Lehrbuch. 2. Aufl. 1998

3. Erbbaurecht, Wohnungseigentumsrecht

Bärmann/(Bearbeiter)	Wohnungseigentumsgesetz. Kommentar. 10. Aufl. 2008
Ingenstau/Hustedt	Erbbaurechtsgesetz. Kommentar. 9. Aufl. 2010
von Oefele/Winkler	Handbuch des Erbbaurechts. 4. Aufl. 2008
Weitnauer	Wohnungseigentumsgesetz. Kommentar. 9. Aufl. 2005

4. Zivilprozessrecht

Baumbach/Lauterbach (Albers/Hartmann)	Zivilprozessordnung. Kommentar. 68. Aufl. 2010
Musielak/(Bearbeiter)	Zivilprozessordnung. Kommentar. 7. Aufl. 2009
Schuschke/Walker	Vollstreckung und Vorläufiger Rechtsschutz. Kommentar. 4. Aufl. 2008
Stein/Jonas/(Bearbeiter)	Zivilprozessordnung. Kommentar. 22. Aufl. 2002 ff
Thomas/Putzo/ (Bearbeiter)	Zivilprozessordnung. Kommentar. 31. Aufl. 2010
Wieczorek/Schütze	Zivilprozessordnung und Nebengesetze. Kommentar. 3. Aufl. 1994 ff
Zöller/(Bearbeiter)	Zivilprozessordnung mit Gerichtsverfassungsgesetz und Nebengesetzen. Kommentar. 28. Aufl. 2010

5. Sonstiges Vollstreckungsrecht

Bohn	Das Hypothekenrecht und die Zwangsvollstreckung in Grundstücke. 8. Aufl. 1958
Brox/Walker	Zwangsvollstreckungsrecht. 8. Aufl. 2008
Erman/(Bearbeiter)	Bürgerliches Gesetzbuch. 12. Aufl. 2010
Jonas/Pohle	Zwangsvollstreckungsnotrecht. 16. Aufl. 1954
Mohrbutter Chr	Die Eigentümerrechte und der Inhalt des Erbbaurechts bei dessen Zwangsverteigerung. 1995
Palandt/(Bearbeiter)	Bürgerliches Gesetzbuch, Kurzkommentar. 69. Aufl. 2010
Rechtspfleger-Jahrbuch	(ab 1953 bis 1998; erscheint nicht mehr)
Schmidt (Kurt)	Grundpfandrechte und geringstes Gebot in der Zwangsversteigerung von Grundstücken. 1953
Staudinger/(Bearbeiter)	Kommentar zum Bürgerlichen Gesetzbuch. 13. Aufl. 1995 ff
Stöber	Forderungspfändung. Zwangsvollstreckung in Forderungen und andere Vermögensrechte. 15. Aufl. 2010

Abkürzungen

JMBlNRW	Justizministerialblatt für das Land Nordrhein-Westfalen
JR	Juristische Rundschau
JurBüro	Das juristische Büro (bis 1955: Das Büro)
Justiz	Die Justiz, Amtsblatt des Justizministeriums Baden-Württemberg
JVBl	Justizverwaltungsblatt
JW	Juristische Wochenschrift
JZ	Juristenzeitung
KG	Kammergericht (Berlin)
Kommentar	Stöber, ZVG, 19. Aufl. 2009
KostO	Kostenordnung
KostVerz	GKG-Kostenverzeichnis
KostVfg	Kostenverfügung
KTS	Zeitschrift für Insolvenzrecht – Konkurs, Treuhand, Sanierung
Leits	Leitsatz
LG	Landgericht
LM	Lindenmaier/Möhring, Nachschlagwerk des Bundesgerichtshofs
LuftfzRG	Gesetz über Rechte an Luftfahrzeugen
MDR	Monatsschrift für Deutsches Recht
MittBayNot	Mitteilungen des Bay Notarvereins
MittRhNotK	Mitteilungen der Rheinischen Notarkammer (nun: RNotZ)
MiZi	Bundeseinheitliche Anordnung über Mitteilungen in Zivilsachen
NdsRpfl	Niedersächsische Rechtspflege
NJW	Neue Juristische Wochenschrift
NJW-RR	NJW-Rechtsprechungs-Report (ab 1986)
NotBZ	Zeitschrift für die notarielle Beratungs- und Beurkundungspraxis
NZI	Neue Zeitschrift für das Recht der Insolvenz und Sanierung
OLG	Oberlandesgericht
OLGZ	Sammlung von Entscheidungen der Oberlandesgerichte in Zivilsachen
OLGRep	OLG Report
RDG	Rechtsdienstleistungsgesetz
RDGEG	Einführungsgesetz zum Rechtsdienstleistungsgesetz
Rdn	Randnummer oder Randnote
RG	Reichsgericht; auch: Entscheidungen des Reichsgerichts in Zivilsachen (Band . . .)
RHeimstG	(früheres) Reichsheimstättengesetz
RNotZ	Rheinische Notar-Zeitschrift
Rpfleger	Der Deutsche Rechtspfleger
RPflG	Rechtspflegergesetz
RpflJahrbuch	Rechtspfleger-Jahrbuch
RVG	Rechtsanwaltsvergütungsgesetz
SchiffsRG	Gesetz über Rechte an eingetragenen Schiffen und Schiffsbauwerken
SchlHA	Schleswig-Holsteinische Anzeigen
VergVerz	Vergütungsverzeichnis
VermG	Vermögensgesetz
VersR	Versicherungsrecht
WEG	Wohnungseigentumsgesetz
WM	Wertpapiermitteilungen, Teil IV
WuM	Wohnungswirtschaft und Mietrecht
ZGB	Zivilgesetzbuch
ZIP	Zeitschrift für Wirtschaftsrecht
ZPO	Zivilprozessordnung
ZVG	Zwangsversteigerungsgesetz
ZwVwV	Zwangsverwalterverordnung
ZZP	Zeitschrift für Zivilprozess

Gesetzestexte

Zwangsversteigerungsgesetz,
Einführungsgesetz und
Ergänzungsbestimmungen
(Bundes- und Landesrecht)

Texte und Textauszüge abgedruckt
in *Stöber,* ZVG, 19. Aufl. 2009,
Kommentarteil und Textanhang

Erstes Buch. Die Zwangsvollstreckung in das unbewegliche Vermögen

Erster Teil. Einführung

1. Abschnitt. Immobiliarvollstreckung als Verfahrensrecht

Schrifttum: Gerhardt, Bundesverfassungsgericht, Grundgesetz und Zivilprozess, speziell: Zwangsvollstreckung, ZZP 95 (1982) 467; Mohrbutter, Zu den Rechtsfolgen der Entscheidung des Bundesverfassungsgerichts vom 24. 3. 1976 – 2 BvR 804/75 – für das Zwangsversteigerungsverfahren, DRiZ 1977, 39; Quack, Verfahrensrecht und Grundrechtsordnung, Rpfleger 1978, 197; Schiffhauer, Soziale Aspekte im Zwangsversteigerungsverfahren, Rpfleger 1978, 397; E. Schneider, Die Belehrungspflicht in der Teilungsversteigerung, MDR 1977, 353; Stöber und Vollkommer, Anmerkung zu BVerfG v. 24. 3. 1976, Rpfleger 1976, 392; Suhr, Eine grundrechtsdogmatisch aufschlussreiche Zwangsversteigerung wegen vermögenswerter Rechte, NJW 1979, 145; Vollkommer, Verfassungsmäßigkeit des Vollstreckungszugriffs, Rpfleger 1982, 1 (auch JA 1982, 286).

a) Zwangsversteigerung und Zwangsverwaltung

Immobiliarvollstreckung hängt in ihren Voraussetzungen und Wirkungen eng **1** mit dem materiellen **Liegenschaftsrecht** zusammen.[1] Nach dem Sachenrecht des BGB erfolgt die Befriedigung des Gläubigers einer Hypothek (§ 1113 BGB) oder eines sonstigen auf Zahlung aus dem Grundstück gerichteten Rechts (insbesondere einer Grundschuld, § 1191 BGB) im Wege der Zwangsvollstreckung (§ 1147 BGB). Damit setzt das materielle Sachenrecht zur Verwirklichung des Rechts des Hypothekengläubigers oder sonstigen dinglichen Berechtigten die Regelung der Immobiliarzwangsvollstreckung voraus. Als Schuldnervermögen sind Grundstücke (näher Rdn 5) aber auch Gegenstand der Zwangsvollstreckung wegen Geldforderungen, mithin wegen der Ansprüche, für die nicht das Grundstück dinglich, sondern dessen Eigentümer als Schuldner mit seinem Vermögen persönlich haftet (§§ 864–871 ZPO). Immobiliarvollstreckung regelt daher Verfahrensrecht zugleich als Unterart des allgemeinen Zwangsvollstreckungsrechts (siehe § 869 ZPO).

In **besonderen Fällen** finden Zwangsversteigerung und Zwangsverwaltung nicht **1a** zur Verwirklichung eines Geldanspruchs, sondern mit anderem Verfahrensziel statt. Mit Insolvenzverwalter-Zwangsversteigerung und Insolvenzverwalter-Zwangsverwaltung (§§ 172–174a ZVG) wird das Verfügungs- und Verwaltungsrecht des Insolvenzverwalters (§ 80 Abs 1 InsO) verwirklicht. Die Zwangsversteigerung eines Nachlassgrundstücks (§§ 175–179 ZVG) soll dem Erben Kenntnis vom Schuldenstand und damit eine Grundlage für seine Entschließung verschaffen, ob er seine beschränkte Haftung geltend machen will. Die Zwangsversteigerung zum Zwecke der Aufhebung einer Gemeinschaft (Teilungsversteigerung, §§ 180–185 ZVG) dient der Verwirklichung des materiellen Auseinandersetzungsanspruchs eines Grundstücksmiteigentümers.

---

[1] Denkschrift zum ZVG, Seite 34; hierzu auch Stöber Einl Rdn 2 und 3.

1b Zur Entziehung eines Wohnungseigentums findet die Zwangsversteigerung entsprechend den Vorschriften des Zwangsversteigerungsgesetzes bei Vollstreckung
eines Urteils (Vergleichs) statt, das (der) einen Wohnungseigentümer bei schwe-
rer Pflichtverletzung (§ 18 WEG) zur Veräußerung seines Wohnungseigentums
verpflichtet (§ 19 WEG).

2 Zwangsvollstreckungsrecht, damit auch Immobiliarvollstreckungsrecht, ist somit Verfahrensrecht zur Durchsetzung eines materiellen Anspruchs mit staatli-
chem Zwang. Der Staat als Inhaber des Zwangsmonopols[2] handelt durch seine
Vollstreckungsorgane, bei Immobiliarvollstreckung durch das Vollstreckungsgericht, hoheitlich. Der Eingriff in das verfassungsrechtlich geschützte Eigentum (Art 14 Abs 1 S 1 GG) findet in dem Verfahrensziel seine Rechtfertigung,
eine begründete Geldforderung des Gläubigers zu befriedigen[3] oder einen anderen materiellen Anspruch (vornehmlich den Auseinandersetzungsanspruch
eines Miteigentümers) zu verwirklichen. Die daraus folgende gesetzliche Verpflichtung des Schuldners oder Antragsgegners, den Zugriff auf Eigentum zu
dulden, regelt das Immobiliarvollstreckungsrecht näher und in Einzelheiten. Es
hat als Mittel zur Verwirklichung materiellen Rechts zwangsläufig formalen
Charakter. Dies gewährleistet im Spannungsfeld zwischen den Interessen des
Gläubigers und Schuldners (Antragstellers und -gegners) Rechtssicherheit bei
gleichzeitiger Wahrung der unterschiedlichen Belange der Verfahrensbeteiligten und Berücksichtigung der sozialen sowie gesamtwirtschaftlichen Auswirkungen.[4]

b) Verfahrensrecht und Grundgesetz

3 Anwendung des Verfahrensrechts und Verfahrensgestaltung stehen unter den
Garantiefunktionen des Grundgesetzes.[5] Vollstreckungsrecht ist als Verfahrensrecht daher so anzuwenden, dass einerseits das materielle Recht des Gläubigers
eine reale Verwirklichungschance hat[6] (verpflichtet zur wirkungsvollen Durchsetzung des Anspruchs[7]) andererseits der Eingriff in das grundgesetzlich geschützte Eigentum nicht über das notwendige Maß hinausgeht. Der Zugriff auf
Eigentum ist daher durch den Grundsatz der Verhältnismäßigkeit und das
Übermaßverbot begrenzt. Dem Schuldner muss effektiver Rechtsschutz gewährt werden.[8] Das schließt den Anspruch auf eine „faire Verfahrensdurchführung" ein, der nach der Rechtsprechung des BVerfG zu den wesentlichen Aus-
prägungen des Rechtsstaatsprinzips gehört.[9]

3a In weiten Bereichen lässt Verfahrensrecht (auch Vollstreckungsverfahrensrecht)
im Interesse einer dem jeweiligen Verfahrensgegenstand angemessenen Proze-
dur **Ermessens**- und **Beurteilungsspielräume** zur Leitung, Förderung und Aus-

---

[2] BVerfG 61, 126 (136) = MDR 1983, 188 (189) = NJW 1983, 559; Zöller/Stöber Rdn 1 vor
§ 704 ZPO.
[3] BVerfG 46, 325 (335) = NJW 1978, 368.
[4] Dazu BGH 70, 206 (210, 211) = MDR 1978, 835 = NJW 1978, 950.
[5] BVerfG 46, 325 = aaO (Fußn 3).
[6] Quack Rpfleger 1978, 197; Zöller/Stöber Rdn 29 vor § 704 ZPO.
[7] BGH NJW-RR 2009, 601 (602 reSp).
[8] BVerfG 46, 325 = aaO (Fußn 3); BVerfG 49, 220 = MDR 1979, 286 = NJW 1979, 534;
BVerfG 51, 150 = KTS 1979, 275 = Rpfleger 1979, 296; BGH NJW-RR 2004, 1074 (1075);
OLG Schleswig Rpfleger 1979, 470.
[9] BVerfG 46, 325 = aaO (Fußn 3) mit Nachw.; auch BVerfG 49, 220 = aaO (Fußn 8);
BVerfG 51, 150 = aaO (Fußn 8).

gestaltung des Verfahrensgangs offen.[10] Sie müssen im Einzelfall mit Blick auf das Verfahrensziel und die Grundrechte ausgelegt und angewendet werden; sie dürfen insbesondere nicht zu einer Verkürzung des grundrechtlich gesicherten Anspruchs auf einen effektiven Rechtsschutz führen.[11]

Rechtliches Gehör im Verfahren gewährleistet Art 103 Abs 1 GG. Ausführlich dazu und mit Einzelheiten im Kommentar Einl Rdn 46.

Verfahrensrechtliche Mittel zur Herbeiführung sachgerechter Ergebnisse sind insbesondere

– die Verpflichtung zur **sachdienlichen Verfahrensleitung** (materielle Prozessleitung, § 139 ZPO, vormals als Aufklärungspflicht verstanden). Sie dient der Herbeiführung gesetzmäßiger und unter diesem Gesichtspunkt richtiger und damit gerechter Entscheidungen.[12] Zu verstehen ist sie als Belehrungs- und allgemeine prozessuale Fürsorgepflicht.[13] Damit ist dem Gericht die Aufgabe zugewiesen, soweit erforderlich das Sach- und Streitverhältnis mit Gläubiger und Schuldner (Antragsteller und Antragsgegner) und auch mit sonstigen Beteiligten (§ 9 ZVG) nach der tatsächlichen und rechtlichen Seite zu erörtern (§ 139 Abs 1 S 1 ZPO). Es hat dahin zu wirken, dass die Beteiligten sich vollständig über alle erheblichen Tatsachen erklären und sachdienliche Anträge stellen (§ 139 Abs 1 S 2 ZPO). Auf einen Gesichtspunkt, den ein Beteiligter erkennbar übersehen oder für unerheblich gehalten hat, ist hinzuweisen; dazu ist Gelegenheit zur Äußerung zu geben (§ 139 Abs 2 ZPO); aufmerksam zu machen ist auf Bedenken, die hinsichtlich der von Amts wegen zu berücksichtigenden Punkte bestehen (§ 139 Abs 3 ZPO). Dazu ausführlich und mit Einzelheiten im Kommentar Einl Rdn 33. Hinweise sind aktenkundig zu machen; Hinweise, die im Versteigerungstermin gegeben werden, sind in die Niederschrift aufzunehmen.[14] Bewiesen werden können gerichtliche Hinweise nur durch den Inhalt der Akten (§ 139 Abs 4 ZPO).

– **rechtzeitige Entscheidung** über einen Einstellungsantrag des Schuldners. Diesem ist damit bei Ablehnung seines Antrags der Ernst der Lage erkennbar zu machen, damit er sich schlüssig werden kann, ob er die vollstreckte Forderung bezahlen oder es auf die Versteigerung des Grundstücks mit allen rechtlichen und wirtschaftlichen Folgen ankommen lassen will;[15]

– **Vorbesprechung** in einem „Gütetermin"[16] (§ 278 Abs 2 ZPO) oder Erörterungstermin (§ 62 ZVG) mit dem Bestreben, in geeigneten Fällen eine gütliche Einigung herbeizuführen oder vergleichsweise Verfahrenserledigung zu ermöglichen;

– **kurzzeitige Unterbrechung** des Versteigerungtermins (Aufschub der Verkündung der Zuschlagsentscheidung um zB 30 Minuten) auf übereinstimmendem Antrag von Gläubiger und Schuldner, wenn begründete Aussicht besteht, dass die Voraussetzungen für eine Einstellung des Verfahrens geschaffen werden können;[17]

---

[10] BVerfG 42, 64 = FamRZ 1976, 436 = NJW 1976, 1391 = Rpfleger 1976, 389 mit Anm Stöber und Vollkommer.

[11] BVerfG 49, 220 = aaO (Fußn 8).

[12] BVerfG 42, 64 = aaO (Fußn 10); auch BVerfG 46, 325 = aaO (Fußn 3).

[13] Vollkommer Rpfleger 1976, 393; auch Schiffhauer Rpfleger 1978, 405.

[14] BGH 164, 166 (172) = NJW 2006, 60 (62), auch zur Dokumentation durch Aktenvermerk.

[15] BVerfG 49, 220 = aaO (Fußn 8).

[16] Dazu Stöber Einl Rdn 23.5.

[17] OLG Düsseldorf OLGZ 1994, 608 = Rpfleger 1994, 429.

– Bestimmung eines gesonderten **Verkündungstermins** (§ 87 Abs 2 ZVG; zu diesem Rdn 337), damit der am Schluss der Versteigerung nicht mehr anwesende Rechtsanwalt des Schuldners Gelegenheit zur Äußerung und Stellung eines Schutzantrages hat[18] oder auch der abwesende und nicht vertretene Grundstückseigentümer selbst noch Vollstreckungsschutz in Anspruch nehmen[19] und von sonst geeigneten Rechtsbehelfen zum Schutz seines Eigentums Gebrauch machen kann.[20]
– sorgfältige Prüfung und Würdigung eines Vorbringens des Schuldners, ihm drohe (schwerwiegende) **Grundrechtsbeeinträchtigung**, insbesondere ernsthaft konkrete Gefahr für Leben und Gesundheit, und Verfahrensgestaltung, die nach den besonderen Umständen des Einzelfalls erforderliche Vorkehrungen zur Erfüllung der dem Gericht in einem solchen Fall obliegenden verfassungsrechtlichen Schutzpflicht trifft.[21] Eingehend dazu im Kommentar Einl Rdn. 52–59.

Richterliche Auslegung und Anwendung von Verfahrensrecht kann – wenn sie willkürlich gehandhabt wird – gegen Art 3 Abs 1 GG verstoßen. Beruht eine Entscheidung darauf, dass die Ausübung der in § 139 ZPO statuierten Frage- und Aufklärungspflicht aus Erwägungen verneint worden ist, die bei verständiger Würdigung der das Grundgesetz beherrschenden Gedanken nicht mehr verständlich sind, so ist Art 3 Abs 1 GG verletzt.[22]

4 Das Immobiliarvollstreckungsrecht zeichnet sich durch eine Häufung schwieriger rechtlicher und wirtschaftlicher Probleme aus.[23] Es gilt „von altersher als ein besonders schwieriges Gebiet".[24] Weil es gekennzeichnet ist „durch die Vermischung des Prozessstoffes mit sachenrechtlichen und konkursrechtlichen Elementen, insbesondere aber durch die enge Verbindung mit dem Grundbuchwesen", hat es schon immer eine bedeutsame Sonderstellung eingenommen.[25] Bereits 1916 hat Nußbaum[26] festgehalten, dass „die neuere Entwicklung weitere Schwierigkeiten hervorgerufen" hat und herausgestellt, dass „die hohe Ausbildung, die der deutsche Realkredit erreicht hat, dazu nötigt, das Verfahren auf kunstvollen Grundsätzen aufzubauen". Er hat zugleich zutreffend auch betont, dass alles „reichlich aufgewogen (wird) durch die ... großen Vorzüge des Gesetzes, das im ganzen dem Realkredit den notwendigen kräftigen Schutz unter gleichzeitiger Wahrung der sonstigen berechtigten Interessen darbietet." Das alles gilt nach wie vor. Neue Anforderungen an souveräne Verfahrensleitung, Verhandlungsgeschick und Verständnis für vielfältige soziale Belange ebenso wie für wirtschaftliche Zusammenhänge stellen sich den Vollstreckungsrechtspflegern und Richtern der Beschwerdegerichte mit den Ausstrahlungen der Grundrechtsgarantien, der ihnen entspringenden Verpflichtung zur sachdienlichen Prozessleitung (Rdn 3 a) sowie mit dem Ausbau des Schuldnerschutzes. Die Verfahrensbeteiligten und ihre Vertreter stehen vielfach

---

[18] OLG Celle KTS 1979, 320 = Rpfleger 1979, 116.
[19] BVerfG 46, 325 = aaO (Fußn 3); BGH MDR 2005, 353 = NZI 2005, 181 = Rpfleger 2005, 151; LG Mönchengladbach Rpfleger 2004, 436.
[20] BVerfG 51, 150 = aaO (Fußn 8).
[21] BVerfG FamRZ 2007, 1717 = NJW 2007, 2910.
[22] BVerfG 42, 64 = aaO (Fußn 10); auch BVerfG (Kammerbeschluss) NJW 1993, 1699 = Rpfleger 1993, 32 mit Anm Hintzen.
[23] Schiffhauer Rpfleger 1978, 406.
[24] Nußbaum, Die Zwangsversteigerung und Zwangsverwaltung, S 10.
[25] Nußbaum wie Fußn 24, S 2.
[26] Nußbaum wie Fußn 24, S 11.

nicht nur den für sie außergewöhnlichen Schwierigkeiten der Materie gegenüber, sondern auch vor der Notwendigkeit, im Versteigerungs- oder Verteilungstermin rasch Entschlüsse fassen zu müssen. Diesen kommt zumeist weitreichende Bedeutung zu; nicht selten erscheinen deren Grundlagen aber unsicher und die Folgen schwer überschaubar.[27] Wer den Gesetzesaufbau und den notwendigen Verfahrensablauf überblickt, Sinn und Zweck der formellen Regelungen kennt, die Verfahrensgrundsätze beherrscht und sich rechtzeitig zuverlässig mit den möglichen Rechtsfragen befasst, wird jedoch im praktischen Einzelfall auf keine Besonderheiten stoßen und Überraschungen nicht erleben.

2. Abschnitt. Gegenstand und Umfang der Immobiliarvollstreckung
§§ 864, 865 ZPO

a) Grundstücke (andere Objekte)

Der **Zwangsvollstreckung in das unbewegliche Vermögen** wegen Geldforde- 5
rungen **unterliegen**
- Grundstücke (§ 864 Abs 1 ZPO). Grundstück im Rechtssinn ist jede räumlich fest abgegrenzte Bodenfläche, die im Grundbuch auf einem besonderen Grundbuchblatt (§ 3 Abs 1 GBO) oder auf einem gemeinschaftlichen Grundbuchblatt (§ 4 Abs 1 GBO) unter einer besonderen Nummer (§ 6 Abs 1 GBV) eingetragen ist.[1] Einzelheiten im Kommentar Einl Rdn 11. Unerheblich ist, ob das Grundstück katastermäßig mit einer oder mit mehreren Flurstücknummern bezeichnet ist. Flurstück ist Buchungseinheit für die Beschreibung und katastermäßige Darstellung einer zusammenhängenden, abgegrenzten Bodenfläche im Liegenschaftskataster (amtlichen Verzeichnis, § 2 Abs 2 GBO),
- grundstücksgleiche Rechte (§ 864 Abs 1 ZPO), das sind Berechtigungen, für welche die sich auf Grundstücke beziehenden Vorschriften gelten, also insbesondere (Einzelheiten im Kommentar Einl Rdn 13),
  - Erbbaurecht (§ 11 ErbbauRG),
  - Wohnungs- und Teilerbbaurecht (§ 30 WEG),
  - Bergwerkseigentum (seit 1. 1. 1982) nach Bundesberggesetz (BBergG) vom 13. 8. 1980 (BGBl I 1310) § 9 Abs 1, sowie nach § 149 BBergG aufrechterhaltenes Bergwerkseigentum, Kohlenabbaugerichtigkeiten (Art 67 EGBGB) und sonstige Mineralgewinnungsrechte (Art 68 EGBGB),
  - landesrechtliche Fischereirechte (Art 69 EGBGB) und landesrechtliche grundstücksgleiche Nutzungsrechte (Art 196 EGBGB),
- Schiffe, die im Schiffsregister eingetragen sind, sowie Schiffsbauwerke, die im Schiffsbauregister eingetragen sind oder in dieses Register eingetragen werden können (§ 864 Abs 1 ZPO, § 162 ZVG),
- Luftfahrzeuge, die in der Luftfahrzeugrolle oder (nach Löschung in dieser Rolle) im Register für Pfandrechte an Luftfahrzeugen eingetragen sind (§ 99 Luftfahrzeugrechtegesetz, § 171 a ZVG; siehe Rdn 677).

---

[27] Dies nach Nußbaum, wie Fußn. 24, S. 11.
[1] RG 84, 165 (170); BayOblG 1954, 258 (262).

b) Bruchteil eines Grundstücks (anderen Objekts)

6 In den **Bruchteil** eines Grundstücks, einer grundstücksgleichen Berechtigung, eines Schiffes, Schiffsbauwerks oder Luftfahrzeugs ist die Zwangsvollstreckung zulässig, wenn
   – der Bruchteil in dem Anteil eines Miteigentümers besteht (§ 864 Abs 2 ZPO, § 1008 BGB) oder wenn
   – der Anspruch des Gläubigers sich auf ein Recht gründet, mit dem der Bruchteil als solcher belastet ist (§ 864 Abs 2 ZPO).

Vollstreckt werden kann in den Bruchteil eines Miteigentümers auch dann, wenn eine Hypothek oder Grundschuld von einem Alleineigentümer bestellt wurde und erst dann das Grundstück in Miteigentum übergegangen ist. Für Zwangsvollstreckung wegen eines dinglichen oder persönlichen Anspruchs besteht „in dem Anteil eines Miteigentümers" auch der (mit einer Hypothek oder Grundschuld belastbare, § 1114 BGB) Miteigentumsanteil an einem (dienenden) Grundstück, der nach Zuordnung zu einem herrschenden Grundstück auf dessen Grundbuchblatt gebucht ist (§ 3 Abs 6 GBO).

Selbstständig kann der Bruchteil des Grundstücks eines Alleineigentümers mit einem Recht belastet sein, wenn der Bruchteil früher im Anteil eines Miteigentümers bestand (§ 1114 BGB) und der Bruchteil nach Belastung weggefallen ist, weil aus dem Miteigentum Alleineigentum wurde,[2] ferner wenn ein Bruchteilsmiteigentümer den weiteren Grundstücksanteil nur als Vorerbe hinzuerworben und nur seinen ihm schon vor dem Vorerbfall gehörenden ideellen Grundstücksanteil gesondert mit einem Grundpfandrecht belastet hat,[3] außerdem wenn nach Zuschlag des Grundstücks an den Ersteher die Sicherungshypothek nach § 128 ZVG auf einem früheren Miteigentumsbruchteil einzutragen war.[4] In solchen Fällen wird das Weiterbestehen des belasteten ideellen (vormaligen) Bruchteils für die Zwangsvollstreckung wegen des dinglichen Anspruchs fingiert.

Der Fortbestand eines (vormaligen) Miteigentumsanteils an dem Grundstück (anderen Objekt) eines Alleineigentümers wird für Zwangsvollstreckung (erfordert Duldungstitel) außerdem fingiert, wenn
   – ein Schuldner seinen Miteigentumsanteil anfechtbar (§ 3 AnfG) auf einen anderen Miteigentümer übertragen hat,[5]
   – der Gläubiger einer von früheren Miteigentümern bestellten Grundschuld infolge Teilnichtigkeit der Sicherungsabrede hinsichtlich eines der vormaligen Miteigentümer nicht die Zwangsversteigerung (Zwangsverwaltung) in dessen (ehemaligen) Miteigentumsanteil betreiben und daher nicht in das Grundstück eines nunmehrigen Alleineigentümers insgesamt vollstrecken kann.[6]

6a **Wohnungs- und Teileigentum** nach dem Wohnungseigentumsgesetz unterliegt als besonders gestalteter Grundstücksmiteigentumsanteil wie ein Grundstücksbruchteil der Zwangsvollstreckung in das unbewegliche Vermögen. Dauerwohn- und Dauernutzungsrecht (§§ 31 ff WEG) unterliegen als veräußerliche Vermögensrechte der Rechtspfändung; die Pfändung erfolgt nach § 857 ZPO.

---

[2] BayObLG DNotZ 1971, 659 = Rpfleger 1971, 316.
[3] BayObLG 1968, 104 = MDR 1968, 842 = NJW 1968, 1431.
[4] Stöber Rdn 2.5 und 2.6 zu § 128.
[5] BGH 90, 207 (214) = MDR 1984, 486 = NJW 1984, 1986.
[6] BGH 106, 19 (27) = DNotZ 1989, 609 mit Anm Schmitz-Valckenberg = MDR 1989, 434 = NJW 1989, 831; BGH MDR 2002, 833 = NJW 2002, 2710.

Bei **Miteigentum zur gesamten Hand** (Nachlassgrundstück einer Erbengemein- 6b
schaft, Gesamtgut ehelicher oder fortgesetzter Gütergemeinschaft) bestehen
an den einzelnen Gegenständen des Gesamthandvermögens keine Anteile der
Mitberechtigten. In den Anteil an den zum Gesamthandvermögen gehörenden
Grundstücken, Berechtigungen, Bruchteilen usw findet eine Immobiliarvollstreckung nicht statt; der Gesamthandvermögensanteil selbst unterliegt der Rechtspfändung (§§ 857, 859 ZPO) (Einzelheiten im Kommentar Einl Rdn 12.6, sowie[7]).

c) Reale Anteile

Reale Anteile (Teilflächen) eines Grundstücks (zB eine weggemessene Teilfläche, 7
die noch nicht im Grundbuch abgeschrieben und als selbstständiges Grundstück
gebucht ist, §§ 2, 3 GBO) können nicht Gegenstand der Zwangsvollstreckung in
das unbewegliche Vermögen sein. Jedoch kann nach **Vereinigung** von Grundstücken (§ 890 Abs 1 BGB) der Gläubiger eines vor der Vereinigung eingetragenen
Grundpfandrechts weiterhin (wegen seines dinglichen Anspruchs: nur) in den
Grundstücksteil vollstrecken, der als solcher selbstständig belastet war und unverändert weiter belastet bleibt.[8] Nach **Bestandteilszuschreibung** (§ 890 Abs 2
BGB) erstrecken sich Grundpfandrechte, die an der zugeschriebenen Fläche lasten, nicht kraft Gesetzes auch auf das Hauptgrundstück (s § 1131 BGB). Der
Gläubiger eines vor der Bestandteilszuschreibung auf der zugeschriebenen Fläche eingetragenen Grundpfandrechts kann daher (wegen seines dinglichen Anspruchs) weiter in diese Grundstücksfläche vollstrecken.[9] Der Gläubiger eines
vor Bestandteilszuschreibung am Hauptgrundstück eingetragenen Grundpfandrechts, das sich kraft Gesetzes auch auf die zugeschriebene Fläche erstreckt
(§ 1131 BGB), kann wegen seines dinglichen Anspruchs die Zwangsversteigerung des ihm haftenden neuen (einheitlichen) Grundstücks betreiben;[10] er kann
aber auch weiterhin nur in das Hauptgrundstück vollstrecken.[11] Die Vollstreckung in den Grundstücksteil ist nach Vereinigung oder Bestandteilszuschreibung nicht nur möglich, wenn das (belastete) frühere Grundstück als Flurstück
fortbesteht, sondern ebenso, wenn es nach Verschmelzung als Flurstück katastermäßig nicht mehr existiert;[12] auch nach Verschmelzung ermöglichen Feststellung und Benennung des einzelbelasteten Flächenabschnitts (Grundstücksteils)
die Bestandseintragungen im Grundbuch, die ausweisen, aus welchen (vormaligen) Grundstücken das durch Vereinigung oder Bestandteilszuschreibung entstandene und bezeichnete nunmehrige Grundstück gebildet ist.[13] Wenn Ersteher
des versteigerten einzelbelasteten Flächenabschnitts (Grundstücksteils) ein Dritter, damit nicht der Eigentümer des weiteren Grundstücksteils (übrigen Flächenabschnitts) ist, wird das Grundstück mit der Rechtskraft des Zuschlags durch

---

[7] Stöber, FordPfändung, Rdn 1664 ff (Nachlassanteil), Rdn 1638 ff (Anteil am Gesamtgut der
ehelichen Gütergemeinschaft).
[8] BGH DNotZ 2006, 288 = MDR 2006, 622 = MittBayNot 2006, 227 mit Anm Morvilius =
NJW 2006, 1000; Stöber Einl Rdn 11.3; zum Vollstreckungstitel Stöber Rdn 3.9 zu § 16 (dort
auch zur Hafterstreckung).
[9] Zum Vollstreckungstitel Stöber Rdn 3.10 (zu a) zu § 16.
[10] Zum Vollstreckungstitel Stöber Rdn 3.10 (zu b) zu § 16.
[11] Dazu näher Stöber Einl Rdn 11.4.
[12] BGH NJW 2006, 1000 = aaO (Fußn 8).
[13] BGH NJW 2006, 1000 = aaO (Fußn 8); Stöber MittBayNot 2001, 281 (284 f); Morvilius
MittBayNot 2006, 229.

Hoheitsakt geteilt und der versteigerte Flächenabschnitt abgetrennt.[14] Grundpfandgläubiger, deren Rechte erst nach Vereinigung oder Bestandteilszuschreibung eingetragen wurden, und persönliche Gläubiger des Grundstückseigentümers können nur noch in das „ganze" Grundstück vollstrecken.

d) Mithaftende Gegenstände

8 Die Zwangsvollstreckung in das unbewegliche Vermögen umfasst auch **Bestandteile** des Grundstücks (Einzelheiten im Kommentar Rdn 3 zu § 20; auch
unten Rdn 146) und **mithaftende Gegenstände** (Einzelheiten im Kommentar
aaO; auch Rdn 146–157), auf die sich bei Grundstücken und Berechtigungen
die Hypothek (§§ 1120 ff BGB; dazu Rdn 147–150), bei Schiffen und Schiffsbauwerken die Schiffshypothek (§§ 31 f SchiffsRG) erstreckt (§ 865 Abs 1
ZPO). Diese Gegenstände können, soweit sie **Zubehör** sind (§§ 97, 98 BGB),
nicht durch den Gerichtsvollzieher gepfändet werden (§ 865 Abs 2 S 1 ZPO).
Damit ist dem wirtschaftlichen Zusammenhang zwischen Grundstück und
Zubehör auch im Vollstreckungsrecht Rechnung getragen. Ausgeschlossen ist
daher die selbstständige Pfändung des Zubehörs auch beim unbelasteten
Grundstück. Die der hypothekarischen Haftung unterliegenden Gegenstände,
soweit sie nicht Zubehör sind, fallen unter die Mobiliarvollstreckung (§§ 803 ff
ZPO), solange nicht ihre Beschlagnahme im Wege der Immobiliarvollstreckung
(Zwangsversteigerung, Zwangsverwaltung, Rdn 10) erfolgt ist (§ 865 Abs 2 S 2
ZPO). Einzelheiten im Kommentar Rdn 3 zu § 20, wegen der Pfändung von
Miet- und Pachtforderungen auch;[15] Beschlagnahmeumfang Rdn 146–157.

e) Gebäudeeigentum im Beitrittsgebiet

8a In den Ländern **Brandenburg, Mecklenburg-Vorpommern, Sachsen, Sachsen-
Anhalt** und **Thüringen** sowie in dem Teil des Landes Berlin, in dem das Grundgesetz früher nicht galt, bringen Besonderheiten des Sachenrechts auch Abwei-
chungen für den Gegenstand der Immobiliarvollstreckung. In diesem Beitrittsgebiet ist am 3. Oktober 1990 mit dem Bundesrecht das Sachenrecht des BGB
in Kraft getreten (Art 8 des Einigungsvertrags, BGBl 1990 II 889 [892]).
Art 231 § 5 EGBGB sieht als Übergangsregelung jedoch vor, dass nicht zu den
Bestandteilen eines Grundstücks gehören (Ausnahme somit von §§ 93, 94 BGB)
Gebäude, Baulichkeiten, Anlagen, Anpflanzungen oder Einrichtungen, die vom
Grundstückseigentum unabhängiges Eigentum sind. Es konnte Gebäudeeigentum entstanden sein und fortbestehen
– als persönliches **Eigentum eines Nutzungsberechtigten** (Art 233 § 4 EGBGB)
  – nach **§ 288 Abs 4 ZGB-DDR** auf einem volkseigenen Grundstück auf
    Grund eines verliehenen Nutzungsrechts zur Errichtung und persönlichen
    Nutzung eines Eigenheims oder eines anderen persönlichen Bedürfnissen
    dienenden Gebäudes (§ 287 Abs 1 ZGB-DDR),
  – nach **§ 292 Abs 3 ZGB-DDR** auf der zum Bau eines Eigenheims oder an-
    deren persönlichen Bedürfnissen dienenden Gebäudes zugewiesenen Bo-
    denfläche einer landwirtschaftlichen Produktionsgenossenschaft oder an-
    deren sozialistischen Genossenschaft (§ 291 ZGB-DDR),

---

[14] BGH NJW 2006, 1000 = aaO; Stöber Einl Rdn 11.7; Morvilius MittBayNot 2006, 229
(230), dieser für gleiches Ergebnis bei Zuschlag auf Einzelausgebote, weil es sich um getrennte
Hoheitsakte handelt.
[15] Stöber, FordPfändung, Rdn 215 ff.

– auf Grund anderer Rechtsvorschriften (Art 233 § 4 Abs 7 EGBGB)
Es gelten das Nutzungsrecht an dem Grundstück und die Anlagen, Anpflanzungen oder Einrichtungen als wesentliche Bestandteile des Gebäudes (Art 231 § 5 Abs 2 S 1 EGBGB);
– **ohne dingliches Nutzungsrecht.** Unabhängig vom Eigentum am Grundstück besteht Gebäudeeigentum als Eigentum des Nutzers demnach
  – bei genehmigter Gebäudeerrichtung nach Art 233 § 2 b EGBGB;
  – bei Gebäudeerrichtung nach dem früheren § 459 ZGB-DDR gem Art. 233 § 8 EGBGB.
Als Eigentumsform des unbeweglichen Vermögens (Art 233 § 4 Abs 1 S 1 und 7 EGBGB) unterliegt Gebäudeeigentum (wie Grundstücke) der Immobiliarvollstreckung. Zu seiner Behandlung bei Versteigerung des Grundstücks § 9 a EGZVG.

Zu unterscheiden von diesem Gebäudeeigentum sind Wochenendhäuser sowie andere Baulichkeiten, die der Erholung, Freizeitgestaltung oder ähnlichen persönlichen Bedürfnissen dienen und in Ausübung eines **vertraglich** vereinbarten **Nutzungsrechts** errichtet wurden (§ 296 Abs 1 S 1 ZGB „DDR"). Sie waren unabhängig vom Eigentum am Boden Eigentum des Nutzungsberechtigten (soweit nichts anderes vereinbart war, § 296 Abs 1 S 1 ZGB „DDR"). Für das Eigentum an diesen Baulichkeiten galten (und gelten) die Bestimmungen über das Eigentum an beweglichen Sachen entsprechend (§ 296 Abs 1 S 2 ZGB „DDR"). Über sie ist nun nach §§ 929 ff BGB zu verfügen; sie unterliegen der Zwangsvollstreckung in das bewegliche Vermögen[16] mit Pfändung (§§ 808, 809) durch den Gerichtsvollzieher.

3. Abschnitt. Arten der Immobiliarvollstreckung
§§ 866, 870, 870 a ZPO
§ 99 Luftfahrzeugrechtegesetz

Arten der Zwangsvollstreckung in ein Grundstück (§ 866 ZPO) oder in eine 9 grundstücksgleiche Berechtigung (§ 870 ZPO) und damit auch in fortbestehendes Gebäudeeigentum sind
– Eintragung einer Sicherungshypothek für die Forderung,
– Zwangsversteigerung,
– Zwangsverwaltung.
Der Gläubiger kann (jederzeit[1]) verlangen, dass eine dieser Maßregeln allein oder neben den übrigen (gleichzeitig oder nacheinander) ausgeführt werde (§ 866 Abs 2 ZPO). Eintragung der Zwangshypothek begründet den gesetzlichen Löschungsanspruch mit Vormerkungswirkungen (§ 1179 a BGB) gegenüber vor- und gleichrangigen Eigentümer-Grundpfandrechten; Eintragung der Sicherungshypothek wird der Gläubiger daher stets auch neben Zwangsversteigerung oder -verwaltung betreiben. Wenn eine Grundschuld im Rang vorgeht oder gleichsteht, erlangt der gesetzliche Löschungsanspruch vielfach jedoch keine Bedeutung (keine Eigentümergrundschuld, wenn die gesicherte Forderung nicht entstanden oder wieder erloschen ist); Wahrung der Gläubigerbelange gebietet hier durchweg auch die Pfändung des Rückgewähranspruchs.[2]

---

[16] Zöller/Stöber Rdnr 10 zu § 864 ZPO.
[1] BGH MDR 2003, 1067 = NJW-RR 2003, 1076 (1077).
[2] Zur Pfändung des Rückgewähranspruchs siehe Rdn 446 b; näher Stöber, FordPfändung, Rdn 1886 ff.

10 Mit Eintragung der **Zwangshypothek** erlangt der Gläubiger eine Sicherungshypothek nach bürgerlichem Recht, die ihm dieselben Rechte wie eine durch Rechtsgeschäft bestellte Sicherungshypothek gewährt.[3] Sie hat nur Sicherungszweck; dem Gläubiger bringt sie eine Sicherung am Grundstück mit der bei der Eintragung erlangten Rangstelle, aber keine Befriedigung.[4]

Der Gläubiger einer Zwangshypothek kann die Zwangsversteigerung mit dem Rang der Hypothek (§ 10 Abs 1 Nr 4 ZVG), somit wegen seines dinglichen Anspruchs, mit seinem vollstreckbaren Zahlungstitel betreiben, auf dem die Eintragung vermerkt ist (§ 867 Abs 3 ZPO). Der Titel muss mit dem Eintragungsvermerk nicht nochmals (neu) zugestellt werden. Ein dinglicher Vollstreckungstitel (sogen Duldungstitel[5]) ist seit 1. Jan 1999 nicht mehr erforderlich, wenn der Anspruch auf Befriedigung aus dem Grundstück gegen den Schuldner als Grundstückseigentümer (auch gegen seinen Erben oder einen sonstigen Gesamtrechtsnachfolger) vollstreckt wird. Das muss auch gelten, wenn die Zwangshypothek vor diesem Zeitpunkt entstanden ist. Ausnahme bei Arresthypothek: § 932 Abs. 2 ZPO. Duldungstitel ist jedoch nach rechtsgeschäftlichem Eigentumswechsel und bei Grundbuchberichtigung der Eigentümereintragung, der keine Gesamtrechtsnachfolge zugrunde liegt, erforderlich[6] (erfordert § 17 ZVG; der Erwerber ist nicht Rechtsnachfolger des Schuldners, gegen den der Zahlungstitel lautet). Die Zwangsverwaltung wegen des dinglichen Anspruchs fällt nach (nicht überzeugender Ansicht des) BGH[7] nicht in den Anwendungsbereich des § 867 Abs 3 ZPO; sie erfordert somit einen dinglichen Vollstreckungstitel. Im Verwaltungszwangsverfahren (zB nach § 322 Abs 1 Abgabenordnung, § 7 JBeitrO) muss der den Vollstreckungstitel ersetzende Antrag ergeben, ob dinglich (oder nur persönlich) vollstreckt werden soll.

Die **Zwangsversteigerung** soll zur Befriedigung des Gläubigers und der übrigen am Grundstück Berechtigten (§ 10 ZVG) aus dem durch die Grundstücksverwertung zu erzielenden Erlös führen. Sie soll bei freiem Wettbewerb der Interessenten einen möglichst hohen, mindestens dem Verkehrswert des Grundstücks entsprechenden Erlös erzielen.[8]

Die **Zwangsverwaltung** soll dem Gläubiger durch ordnungsmäßige Nutzung des Grundstücks, das in seinem wirtschaftlichen Bestand erhalten wird (§ 152 Abs 1 ZVG), aus den Grundstückserträgnissen Befriedigung bringen.

11 Die Zwangsvollstreckung in ein eingetragenes **Schiff** oder in ein eingetragenes oder eintragungsfähiges **Schiffsbauwerk** (§ 870a ZPO, §§ 162 ff ZVG) und ebenso in ein eingetragenes Luftfahrzeug (§ 99 Luftfahrzeugrechtegesetz, der auf §§ 864, 865, 870a [ohne dessen Abs 3 S 1 Halbs 2] ZPO verweist, dazu §§ 171a ff ZVG) erfolgt (Maßregeln auch hier nebeneinander zulässig, § 870a Abs 2 ZPO) durch

---

[3] Lüke NJW 1954, 1669 (1671); Gaul Rpfleger 1971, 1 (8); Stöber Rpfleger 1956, 326 (327).

[4] Stöber Einl Rdn 62 und 69 mit weit Nachw.

[5] Zu diesem Stöber Rpfleger 1956, 326 (328) und MDR 1971, 17; Gaul Rpfleger 1971, 1 (9), je mit weit Nachw; RG 123, 169 (171); OLG Düsseldorf JurBüro 1975, 1379 = MDR 1975, 1026 = Rpfleger 1975, 355; OLG München JurBüro 1984, 1742 = MDR 1984, 674 = Rpfleger 1984, 325; LG Berlin Rpfleger 1975, 128 unter Aufgabe der Gegenansicht NJW 1954, 1290; Stöber Einl Rdn 69 mit weit Nachw.

[6] Stöber Einl Rdn 69.1; Musielak/Becker Rdn 11 zu § 867 ZPO; Zöller/Stöber Rdn 20 zu § 867 ZPO.

[7] BGH MDR 2008, 768 = NJW 2008, 1599; kritisch dazu Stöber Einl Rdn 69.1.

[8] Stöber Einl Rdn 10; Stöber, FordPfändung, Rdn 1472; siehe auch Otto Rpfleger 1979, 41 (44).

– Eintragung einer Schiffshypothek bzw eines Luftfahrzeug-Registerpfand-
rechts für die Forderung,
– Zwangsversteigerung.
Eine Zwangsverwaltung findet hier nicht statt.

4. Abschnitt. Zwangsversteigerungsgesetz und Zivilprozessordnung
§§ 1 ff ZVG
§§ 704 ff, § 869 ZPO

Zwangsversteigerung und Zwangsverwaltung sind durch das Zwangsverstei-   12
gerungsgesetz (= ZVG) geregelt. Es ist **Teil der Zivilprozessordnung** (= ZPO),
weil § 869 ZPO auf das ZVG verweist. Daher sind die Vorschriften der ZPO,
insbesondere die des 8. Buches über die Zwangsvollstreckung (§§ 704 ff ZPO)
und ebenso die allgemeinen Regeln der ZPO[1] auch auf die Verfahren nach dem
ZVG anzuwenden, soweit sich nicht aus dem ZVG etwas anderes ergibt.[2]
Allgemeine Voraussetzungen der Zwangsvollstreckung (§§ 704 ff ZPO) sind   13
– Vollstreckungstitel (bei öffentlichrechtlichen Ansprüchen an seiner Stelle ein
Vollstreckungsantrag),
– Vollstreckungsklausel (mit Ausnahmen),
– Nachweis anderer Erfordernisse wie Titelzustellung (§ 750 Abs 1 ZPO), Ab-
lauf der Wartefrist (§§ 798, 798 a ZPO), Kalenderfälligkeitstag (§ 751 ZPO),
Sicherheitsleistung (§ 751 Abs 2 ZPO mit Besonderheit für Sicherungsvoll-
streckung in § 720 a ZPO), Zug-um-Zug-Leistung (§ 765 ZPO), Vollmacht
(für Rechtsanwalt aber § 88 Abs 2 ZPO) usw.
Dazu und wegen besonderer Voraussetzungen und Beschränkungen Näheres im
Kommentar, Anm zu § 15 und § 16 und die dort angegbenen Stichworte.
Erstes Buch. Zweiter Teil. Die Zwangssicherungshypothek

Zweiter Teil. Die Zwangssicherungshypothek
§§ 866–868, 870, 932 ZPO
§§ 1113, 1115, 1184, 1185, 1190 BGB

Schrifttum: Deimann, Gesamtzwangssicherungshypothek und die „vergessene" Regelung des
§ 868 ZPO, Rpfleger 2000, 193; Drischler, Die Zwangsvollstreckung durch Eintragung einer
Sicherungshypothek und die Vollstreckung, JurBüro 1961, 5; Dümig, Fehler bei Eintragung
von Zwangssicherungshypotheken, Rpfleger 2004, 1; Eiselt, Zur Eintragungsfähigkeit der
Kosten der Zwangsvollstreckung bei der Sicherungszwangshypothek, BWNotZ 1984, 68;
Furtner, Rechtliche Bedeutung von Zwangseintragungen, die unter Verletzung vollstreckungsrechtlicher Vorschriften im Grundbuch vorgenommen wurden, DNotZ 1959, 304; Groß,
Zwangshypothek als Gesamthypothek? BWNotZ 1984, 111; Haegele, Die Zwangs- und Arresthypothek, BWNotZ 1972, 107; Hagemann, Die Zwangshypothek im Zwangsversteigerungsverfahren, Rpfleger 1982, 165; Honisch, Probleme der Zwangshypothek, NJW 1958,
1526; Kulla, Die Auswirkungen der Änderung des § 372 AO auf die Eintragung von Sicherungshypotheken, Rpfleger 1966, 100; Löscher, Berücksichtigung von Kosten bei Eintragung
einer Zwangshypothek, Rpfleger 1960, 355; Löscher, Die Eintragung von Zwangshypotheken
in kostenrechtlicher Sicht, JurBüro 1982, 979; Löscher, Die Eintragung von Zwangshypotheken in das Grundbuch, JurBüro 1982, 1617 und 1791 sowie 1983, 41; Lüke, Die Auswirkung

---

[1] Stöber Einl Rdn 19 mit weit Nachw.
[2] RG 73, 194 (195).

der öffentlich-rechtlichen Theorie der Zwangsvollstreckung auf die Zwangshypothek, NJW 1954, 1669; Quardt, Einzelfragen zur Zwangshypothek, JurBüro 1960, 177; Reuter, Das vergessene Problem der §§ 866 III, 867 II ZPO, Rpfleger 1986, 285; Riggers, Der Antrag auf Eintragung einer Zwangshypothek, JurBüro 1966, 917; Schneider, Die Zwangsvollstreckung in ein Grundstück nach Erlangung einer Sicherungshypothek, JurBüro 1975, 1315; Schneider, Die Zwangshypothek für obsiegende Streitgenossen, MDR 1986, 817; Stender, Die Zwangs- und Arresthypothek, JurBüro 1973, 13; Stöber, Erfordert die Zwangsversteigerung mit dem Rang einer Zwangshypothek einen dinglichen Vollstreckungstitel?; Rpfleger 1956, 326; Stöber, Dinglicher Vollstreckungstitel bei Zwangsversteigerung mit dem Rang einer Zwangssicherungshypothek, MDR 1961, 17; außerdem Schöner/Stöber, Grundbuchrecht, Rdn 2158 ff; Stöber Einl Rdn 62–75.

1. Abschnitt. Die Zwangshypothek allgemein

a) Vollstreckungs- und Grundbuchverfahren

14 Die Zwangshypothek **entsteht** mit der Grundbucheintragung (§ 867 Abs 1 S 2 ZPO), also mit Aufnahme in den Datenspeicher (§ 129 Abs 1 GBO) oder Unterzeichnung im Grundbuch (§ 44 Abs 1 S 2 GBO). Die Eintragung der Zwangshypothek ist[1]
– als Zwangsvollstreckungsmaßnahme **Vollstreckungsakt,**
– und verfahrensrechtlich **Grundbuchgeschäft.**
Das Grundbuchamt hat zu **prüfen**[2]
– die Voraussetzungen der Zwangsvollstreckung (dazu Rdn 14 a),
– die Zulässigkeit der Grundbucheintragung nach den Verfahrensvorschriften der Grundbuchordnung.

14a **Vollstreckungsvoraussetzungen** sind insbesondere Schuldnergrundstück (oder Bruchteil eines Grundstücks), Erbbaurecht usw (Rdn 5–6 a, 8 a) als Gegenstand der Immobiliarvollsteckung (§ 864 ZPO), Antrag (§ 867 Abs 1 S 1 ZPO), Vollstreckungstitel mit Vollstreckungsklausel (soweit erforderlich) und sonstige allgemeine Voraussetzungen der Zwangsvollstreckung (Rdn 13), damit auch Nachweis nach § 765 ZPO für Vollstreckung einer Zug um Zug zu bewirkenden Leistung,[3] sowie Glaubhaftmachung der Zwangsvollstreckungskosten (§ 788 ZPO, Rdn 23). **Grundbuchrechtliche** Voraussetzungen sind vornehmlich Bezeichnung des Grundstücks im Antrag nach Maßgabe von § 28 S 1 GBO und der zu vollstreckenden Geldbeträge in Euro oder sonst eintragbarer Währung (Rdn 18; § 28 S 2 GBO), Voreintragung des Schuldners (§ 39 GBO) und Bezeichnung des Gemeinschaftsverhältnisses mehrer Gläubiger als Eintragungsgrundlage nach § 47 GBO. Voreingetragen sein müssen der Schuldner und sein Miteigentumsanteil in Bruchteilen auch, wenn gegen einen Ehegatten nach Überleitung des Güterstands der Eigentums- und Vermögensgemeinschaft nach dem Familiengesetzbuch der (ehem) DDR in den gesetzlichen Güterstand der Zugewinngemeinschaft vollstreckt wird[4] (Art 234 §§ 4, 4 a EGBGB).

---

[1] BGH 27, 310 = DNotZ 1958, 480 = MDR 1958, 498 = NJW 1958, 1090; auch BGH MDR 1976, 830 = NJW 1977, 48.
[2] BayObLG 1956, 218 = DNotZ 1956, 596 mit Anm Schweyer = MDR 1956, 687 = NJW 1956, 1800; OLG Frankfurt NJW-RR 2007, 1248; Stein/Jonas/Münzberg Rdn 2 zu § 867 ZPO; Stöber Einl Rdn 64; Zöller/Stöber Rdn 1 zu § 867 ZPO.
[3] OLG Köln JurBüro 1997, 493 = Rpfleger 1997, 315.
[4] LG Berlin Rpfleger 1994, 247; LG Neubrandenburg DtZ 1995, 420 = MDR 1995, 525 = Rpfleger 1995, 250.

Der **Eintragungsantrag** des Gläubigers (§ 867 Abs 1 S 1 ZPO) muss wegen § 13   15
Abs 2 GBO schriftlich niedergelegt sein; er bedarf nicht der Form des § 29
GBO. Antrag zu Niederschrift des Grundbuchamts ist zulässig (§ 13 Abs 2 S 3
GBO). Anwaltszwang besteht nicht. Ein Vertreter des Gläubigers muss nach
§ 79 Abs 2 ZPO vertretungsbefugt sein; Folge bei Verstoß: § 79 Abs 3 ZPO).
Im Antrag sind Gläubiger und Schuldner (Übereinstimmung mit dem Vollstreckungstitel gebiet et § 750 Abs 1 S 1 ZPO) und das zu belastende Grundstück
als Gegenstand der Zwangsvollstreckung zu bezeichnen, und zwar (am besten)
übereinstimmend mit dem Grundbuch oder durch Hinweis auf das Grundbuchblatt (§ 28 S 1 GBO). Die Vollstreckungsforderung (Hauptsache, Zinsen,
Kosten, andere Nebenleistungen, jedoch ohne Antrags- und Eintragungskosten,
dazu Rdn 24) ist betragsmäßig anzugeben.

> **Eintragungsantrag:** Gegen den Schuldner ... steht mir nach der anliegenden voll-
> streckbaren Ausfertigung des Endurteils des AG ... vom ..., Aktenzeichen ..., mit
> Kostenfestsetzungsbeschluss vom ... eine Forderung zu auf 3000 € Hauptsache
> mit 8% Zinsen seit ..., 750 € festgesetzte Kosten mit 5 Prozentpunkten über dem
> Basiszinssatz Zinsen seit ..., 30 € bisherige Zwangsvollstreckungskosten (durch
> beigefügte ... Belege nachgewiesen).
> Wegen dieser Vollstreckungsforderung beantrage ich, im Wege der Zwangsvollstre-
> ckung eine Sicherungshypothek auf dem im Grundbuch für Gemarkung ..., Blatt ...
> eingetragenen Grundstück FlStNr ... des Schuldners einzutragen.

Voreintragung des Schuldners als Eigentümer (§ 39 GBO) kann der Gläubiger   15a
erforderlichenfalls selbst beantragen (§ 14 GBO); er kann sich die dazu notwendigen Urkunden beschaffen (§ 792 ZPO). Durch Eintragung des Erblassers
kann die Grundbuchberichtigung (ausnahmsweise) erfolgen, wenn die Zwangsvollstreckung zurzeit des Todes des Schuldners gegen ihn bereits begonnen hatte und in seinen Nachlass fortgesetzt wird (§ 779 ZPO).[5]
Eine Bevollmächtigung ist nach Vollstreckungsrecht, somit durch schriftliche   16
Vollmacht nachzuweisen; diese ist zu den Grundakten abzugeben (§ 80 ZPO,
§ 10 GBO). Vorzulegen ist das Original der Vollmachtsurkunde[6] (Telefax, Foto-
kopie oder andere Vervielfältigung reicht nicht aus); sie bedarf keiner Beglaubigung. Von Amts wegen zu prüfen ist die Vollmacht, wenn nicht als Bevollmächtigter ein Rechtsanwalt oder Rechtsbeistand als Kammermitglied (§ 3 Abs 1
RDGEG) auftritt (§ 88 Abs 2 ZPO). Prozessvollmacht genügt (Bezeichnung im
Vollstreckungstitel ausreichend, § 81 ZPO) auch bei Vollstreckung aus einem
landgerichtlichen Titel,[7] nicht aber Bezeichnung eines Nichtanwalts im Vollstreckungsbescheid (weil er ohne Vollmachtsnachweis erwirkt sein kann, § 703
ZPO).[8]
Sicherungsvollstreckung ermöglicht die Eintragung einer Sicherungshypothek   16a
(zu ihr auch Rdn 19c) aus einem nur gegen Sicherheitsleistung vorläufig vollstreckbaren Urteil (auch aus einem entsprechenden Kostenfestsetzungsbeschluss)
ohne Sicherheitsleistung (§ 720a ZPO). Voraussetzung ist, dass das Urteil (der
sonstige Vollstreckungstitel) und in den Fällen des § 750 Abs 2 ZPO auch die

---

[5] Hagena Rpfleger 1975, 390 zutr gegen Kammergericht Rpfleger 1975, 133; Schöner/
Stöber, Grundbuchrecht, Rdn 2183; Zöller/Stöber Rdn 3; Musielak/Becker Rdn 4, je zu § 867
ZPO.
[6] Stöber Einl Rdn 50.4 mit Nachw.
[7] LG Hamburg AnwBl 1961, 231; Stöber Einl Rdn 50.3; Stöber, FordPfändung, Rdn 470;
Schöner/Stöber, Grundbuchrecht, Rdn 2166.
[8] Bank JurBüro 1980, 1620; Stöber Einl Rdn 50.3; Zöller/Stöber Rdn 2 zu § 867 ZPO.

Vollstreckungsklausel (keine Zustellung der einfachen Klausel)[9] dem Schuldner
mindestens zwei Wochen vorher zugestellt ist (§ 750 Abs 3 ZPO) und nicht der
Schuldner seinerseits durch Leistung einer Sicherheit in Höhe der Hauptsache
die Zwangsvollstreckung abgewendet hat (§ 720 a Abs 3 ZPO). Sonst (also vor
Ablauf der Wartefrist oder nach Sicherheitsleistung durch den Schuldner) darf
auf Grund eines nur gegen Sicherheitsleistung vollstreckbaren Urteils eine
Zwangssicherungshypothek nur eingetragen werden, wenn die Sicherheitsleistung durch eine öffentliche oder öffentlich beglaubigte Urkunde nachgewiesen
und eine Abschrift dieser Urkunde zugestellt ist (§ 751 Abs 2 ZPO).

Bei Sicherheitsleistung durch Hinterlegung von Geld oder Wertpapieren (§ 108 Abs 1 S 2
ZPO) hat dem Schuldner (seinem Prozessbevollmächtigten, §§ 172, 81 ZPO; Beschränkung
kann § 83 Abs 2 ZPO ermöglichen) eine Abschrift der Urkunde zugestellt zu sein[10] (§ 751
Abs 2 ZPO). Bei Sicherheitsleistung durch schriftliche (§ 766 S 1 BGB), unwiderrufliche, unbedingte und unbefristete Bürgschaft eines inländischen Kreditinstituts (§ 108 Abs 1 S 2 ZPO)
ist der Nachweis der Sicherheitsleistung gegenüber dem Schuldner erbracht, wenn ihm (persönlich) der Gerichtsvollzieher das Original (Urschrift) der Bürgschaftsurkunde zugestellt
hat.[11] Für diesen Fall verlangt § 751 Abs 2 ZPO keinen weitergehenden Zustellungsnachweis,
somit keinen Nachweis durch Zustellung einer Abschrift der bei Übergabe der Bürgschaftsurkunde an den Schuldner aufgenommenen Zustellungsurkunde und keinen Nachweis der Bürg-
schaftsbestellung gegenüber dem Prozessbevollmächtigten des Schuldners[12] (daher keine Anwendung von § 172 Abs 1 ZPO). Gleichwohl kann (nicht muss) auch Zustellung der Urschrift
der Bürgschaftsurkunde an den Prozessbevollmächtigten des Schuldners erfolgen, wenn man
davon ausgeht, dass die Prozessvollmacht im Zweifel auch den Abschluss des Bürgschaftsver-
trags für die vorläufige Vollstreckbarkeit umfasst (was angenommen wird).[13] Bei Zustellung
von Anwalt zu Anwalt (§ 195 ZPO) dürfte das schriftliche Empfangsbekenntnis des Rechtsanwalts des Schuldners nicht genügen (§ 29 GBO).[14]

Teilvollstreckung gegen Teilsicherheitsleistung: § 752 ZPO.
Wenn die Zwangssicherungshypothek auf Grund eines vorläufig vollstreckbaren Urteils ohne die erforderliche Sicherheitsleistung des Gläubigers eingetragen ist, entsteht die Hypothek nicht; das Grundbuch ist unrichtig. Die Hypothek entsteht aber, wenn die Sicherheit nachträglich geleistet wird. Die Eintragung eines Amtswiderspruchs kommt dann nicht mehr in Betracht.[15]

16b Nach Einstellung der Zwangsvollstreckung aus dem Schuldtitel darf eine
Zwangsvollstreckung nicht mehr beginnen,[16] eine Sicherungshypothek im Wege
der Zwangsvollstreckung mithin nicht eingetragen werden.[17] Der Gläubiger ist
mit Aufklärungsverfügung (§ 139 ZPO) auf das Vollstreckungshindernis hinzuweisen (dazu Rdn 18 a); Zwischenverfügung nach § 18 GBO verbietet sich.[18]

---

[9] BGH MDR 2005, 1433 = Rpfleger 2005, 547.
[10] BGH NJW 2008, 3220 (3221 reSp).
[11] BGH MDR 2008, 1364 = NJW 2008, 3220 (3221).
[12] BGH NJW 2008, 3220 (3221 reSp).
[13] BGH NJW 2008, 3220 (3224); Zöller/Herget Rdn 11 zu § 108 ZPO.
[14] Wie hier: Schöner/Stöber, Grundbuchrecht, Rdn 2176; Stöber Rdn 32.9 zu § 15; auch Stein/
Jonas/Bork Rdn 32 zu § 108 ZPO. Gegenansicht: OLG Düsseldorf JurBüro 1981, 872; OLG
Frankfurt MDR 1978, 490 = NJW 1978, 1441; OLG Koblenz MDR 1993, 470 und JurBüro
2001, 213; OLG München DGVZ 1967, 86 = OLGZ 1965, 292; LG Aachen MDR 1988,
238; LG Augsburg DGVZ 1998, 122 = NJW-RR 1998, 1368; LG Auricht DGVZ 1990, 10;
LG Karlsruhe NJW 1967, 2412; Zöller/Herget Rdn 11 zu § 108 ZPO.
[15] BayObLG 1975, 398 = MDR 1976, 410 = Rpfleger 1976, 66.
[16] BGH 25, 60 = NJW 1957, 1480.
[17] OLG Frankfurt Rpfleger 1974, 443.
[18] So ist wohl auch OLG Frankfurt Rpfleger 1974, 443 zu verstehen.

Die Zwangshypothek darf nur für einen Betrag von **mehr als 750 Euro** (also 17
mindestens 750,01 Euro) eingetragen werden (§ 866 Abs 3 S 1 ZPO); Be-
tragsgrenze bis 31. 12. 2001: 1500 DM). Grund: Das Grundbuch soll nicht
mit geringwertigen Eintragungen überlastet werden. Der Mindestbetrag war
500,01 DM für Eintragungen, die bis 31. Dez 1998 beantragt waren (Eingang
beim Grundbuchamt; § 22 Abs 7 EGZPO).
Die Zwangshypothek kann auch **wegen eines Teils** der durch den Schuldtitel
ausgewiesenen Vollstreckungsforderung beantragt, aber auch hierbei nur für
einen Betrag von mehr als 750 € eingetragen werden.
Forderungen aus mehreren Vollstreckungstiteln desselben Gläubigers (Urteil 17a
und Kostenfestsetzungsbeschluss oder mehrere Vollstreckungsbescheide usw)
können (auch wenn sie einzeln unter 750,01 € liegen) zusammengerechnet werden (§ 866 Abs 3 S 2 ZPO), nicht aber Forderungen aus Vollstreckungstiteln
verschiedener Gläubiger. Zinsen bleiben bei der Feststellung des Mindestbetrags
von über 750 € unberücksichtigt, soweit sie als Nebenforderungen geltend gemacht sind (§ 866 Abs 3 S 1 ZPO). Zinsrückstände, die in der Zwangsvollstreckung betragsmäßig geltend gemacht werden (350 € für die Zeit vom … bis …),
werden als Hauptsache vollstreckt; sie sind daher für den Mindestbetrag von
750,01 € mit anderen Hauptsacheforderungen zusammenzurechnen, auch wenn
sie im Rechtsstreit als Nebenforderung geltend gemacht waren.[19] Die Selbstständigkeit der Zwangsvollstreckung erfordert nicht, dass Zinsen über das
Erkenntnisverfahren hinaus ihren Charakter als Nebenforderungen behalten.
Andere Nebenforderungen des Gläubigers, zB frühere Zwangsvollstreckungskosten, sind Anspruch, der betragsmäßig vollstreckt wird; sie werden (auch
wenn sie nicht festgesetzt sind) mitgerechnet,[20] nicht aber (Gerichts- und An-
walts-) Kosten der Eintragung.
Nach Eintragung einer Zwangshypothek kann für weitere (festgesetzte oder 17b
ZwV-)Kosten eine selbstständige Zwangshypothek nur eingetragen werden,
wenn der Anspruch wieder 750 € übersteigt.[21] Ebenso ist es, wenn eine Zwangshypothek erst für die Hauptsache, später für die Kosten eingetragen werden soll.
Eine Zwangshypothek für eine Forderung von 750 € (früher 500 DM, dann 17c
1500 DM) oder weniger ist nichtig[22] (Ausnahme bis 31. 12. 1998 bei Verteilung der größeren Forderung auf mehrere Grundstücke, Rdn 26) und als inhaltlich unzulässig von Amts wegen zu löschen (§ 53 Abs 1 GBO).
Für **laufende Forderungen** (Unterhalt, Mietzinsen usw) kann eine Zwangshypo- 18
thek nur wegen der fälligen Ansprüche eingetragen werden (§ 751 Abs 1 ZPO),
nicht wegen der erst künftig fällig werdenden Leistungen. Über Zinsen Rdn 21.
Der **Geldbetrag** der Zwangshypothek kann auch angegeben werden in
– der Währung eines der Mitgliedstaaten der Europ Union (wenn nicht der
  Euro an die Stelle der nationalen Währungseinheiten getreten ist); das gilt
  auch für Währungen der nach Erlass der Rechtsverordnung 1997 beigetretenen Mitgliedsländer,[23]

---

[19] Schöner/Stöber, Grundbuchrecht, Rdn 2190; Stöber Einl Rdn 66.2; Zöller/Stöber Rdn 5;
Musielak/Becker Rdn 4; Schuschke/Walker/Zoll Rdn 6, je zu § 866 ZPO; Gegenansicht: Stein/
Jonas/Münzberg Rdn 6 zu § 866 ZPO; OLG Hamm Rpfleger 2008, 447 mit zust Anm
Hintzen.
[20] OLG Hamm Rpfleger 2008, 447.
[21] RG 61, 423; Stöber Einl Rdn 66.6; Zöller/Stöber Rdn 5 zu § 866 ZPO.
[22] RG 60, 279 (284); BayObLG 1975, 398 (403); OLG Frankfurt OLGZ 1981, 261 (262).
[23] Hügel/Wilsch Rdn 145, 146; Meikel/Böhringer Rdn 85, je zu § 28 GBO.

– der Währung der Schweizerischen Eidgenossenschaft,
– der Währung der Vereinigten Staaten von Amerika
(§ 28 S 2 GBO; Verordnung über Grundpfandrechte in ausländischer Währung und in Euro vom 30. 10. 1997, BGBl I 2683). Sonst kann in ausländischer Währung eine Zwangshypothek nicht eingetragen werden.[24] Es kann bei Vollstreckung eines auf ausländische Währung lautenden Titels jedoch Eintragung einer „Sicherungshypothek bis zum Höchstbetrag von ... € für eine Forderung von ... (Forderung in der fremden Währung), die nach dem Kurs am Tage der Zahlung in Euro-Währung bezahlt werden kann", beantragt werden.[25] Für Bemessung der dinglichen Belastung in Euro (§ 28 S 2 GBO; des Höchstbetrages) ist der Kurswert am Eintragungstag ausschlaggebend; die Kursberechnung muss bereits im Eintragungsantrag erfolgen.[26]

18a Der Antrag, der einen vollstreckungsrechtlichen **Mangel** aufweist (dazu Rdn 14 a; Beispiele: Vollstreckungstitel fehlt, die Zustellung ist nicht nachgewiesen; siehe auch Rdn 27), wahrt keinen Vollzugsrang iS des § 17 GBO. Grund: Beginn der Zwangsvollstreckung und damit des Eintragungsverfahrens des Grundbuchamts sind ausgeschlossen. Rangwahrende Zwischenverfügung nach § 18 Abs 1 GBO kann zur Behebung eines Vollstreckungsmangels daher nicht ergehen.[27] Beanstandung hat im Vollstreckungsverfahren zu erfolgen;[28] dem Gläubiger ist daher mit Aufklärungsverfügung (Beanstandungsverfügung nach § 139 ZPO; zu dieser auch Rdn 112) Gelegenheit zur Behebung des Mangels zu geben.[29] Für die Eintragungsreihenfolge (§ 17 GBO) ist dann der Zeitpunkt maßgebend, in dem das Vollstreckungshindernis behoben wird (Eingang beim Grundbuchamt; hierzu Rdn 27). Gelegenheit zur Herstellung eines grundbuchrechtlichen Eintragungserfordernisses (Rdn 14 a) wird mit Zwischenverfügung nach § 18 Abs 1 GBO gewährt.

18b Ausgeschlossen ist der Beginn der Zwangsvollstreckung, wenn der Antrag einen vollstreckungsrechtlichen Mangel aufweist und zugleich ein grundbuchrechtliches Eintragungshindernis besteht. Der Antrag ist daher insgesamt im Vollstreckungsverfahren mit Aufklärungsverfügung (§ 139 ZPO) zu beanstanden.[30] Wenn das Vollstreckungshindernis behoben ist, wahrt der Antrag im Grundbuchverfahren die Vollzugsreihenfolge von § 17 GBO; dann kann zur Behebung eines (noch) fortbestehenden grundbuchrechtlichen Eintragungshin-

---

[24] LG Osnabrück Rpfleger 1968, 122; Stöber Einl Rdn 67.5; Zöller/Stöber Rdn 9 zu § 867 ZPO.

[25] RG 106, 74.

[26] RG wie Fußn 25.

[27] BGH 27, 310 = DNotZ 1958, 480 = NJW 1958, 1090; BayObLG 1956, 218 = DNotZ 1956, 596 = NJW 1956, 1800; OLG Düsseldorf MDR 1990, 62 = OLGZ 1990, 60; Stöber Einl Rdn 65.1; Zöller/Stöber Rdn 4; Stein/Jonas/Münzberg Rdn 34 je zu § 867 ZPO.

[28] BayObLG Rpfleger 2005, 250; OLG München NJW 2009, 1358; ThürOLG Rpfleger 2002, 355; Zöller/Stöber Rdn 4 zu § 867 ZPO; Stöber Einl Rdn 65.1; anders Musielak/Becker Rdn 5; MünchKomm/Eickmann Rdn 31; Stein/Jonas/Münzberg Rdn 33, je zu § 867 ZPO: Zwischenverfügung ausnahmsweise, wenn der Gläubiger schlüssig behauptet, eine noch nicht nachgewiesene Voraussetzung sei erfüllt; diese Behauptung liegt aber in einem Vollstreckungsantrag stets, so dass die Unterscheidung nicht recht verständlich ist. Überdies kann die Zwangsvollstreckung erst beginnen, wenn die Voraussetzungen nachgewiesen sind, nicht aber schon, wenn sie nur behauptet werden.

[29] LG Mainz Rpfleger 1993, 302; iÜ Fußn 28.

[30] Stöber Einl Rdn 65.3.

dernisses Frist mit rangwahrender Zwischenverfügung nach § 18 Abs 1 GBO gesetzt werden.

b) Grundbucheintragung

Im Grundbuch ist das Recht als Sicherungshypothek zu bezeichnen (§ 1184   **19**
Abs 2 BGB). **Einzutragen** sind der Gläubiger (zu bezeichnen nach § 15 GBV), der Geldbetrag der Forderung und, wenn diese verzinslich ist, der Zinssatz (der Zinsbeginn kann durch Bezugnahme auf den Schuldtitel eingetragen werden, § 874 BGB), wenn andere Nebenleistungen zu entrichten sind (zB Säumniszuschläge oder Zinseszinsen) deren Geldbetrag (§ 1115 Abs 1 BGB). Im Übrigen kann auf den Vollstreckungstitel (der hierfür die Eintragungsbewilligung ersetzt) Bezug genommen werden (§ 1115 Abs 1 mit § 874 BGB).

Als **Gläubiger** mit seinem Namen einzutragen ist auch ein **Prozessstandschafter;**   **19a**
Beispiel: Elternteil, der als Titelgläubiger (§ 750 Abs 1 ZPO) im eigenen Namen Unterhalt des Kindes vollstreckt (§ 1629 Abs 3 S 1 ZPO). Der **Einzelkaufmann** ist auch dann mit seinem bürgerlichen Namen einzutragen, wenn er im Vollstreckungstitel mit seiner Firma (§ 17 Abs 2 HGB) bezeichnet ist.[31] Gläubiger, der als Einzelkaufmann unter seiner Firma bezeichnet ist, ist der Firmeninhaber bei Eintritt der Rechtshängigkeit. Feststellung des mit seiner Firma bezeichneten Einzelkaufmanns (bei Bezeichnung im Antrag: Prüfung) hat durch das Grundbuchamt als Vollstreckungsorgan zu erfolgen.[32] Daher ist der Antrag nicht zurückzuweisen, wenn der Vollstreckungstitel oder Antrag den bürgerlichen Namen des Gläubigers nicht nennt.[33]

Die („teil"rechtsfähige, § 10 Abs 6 S 1 und 2 WEG) **Gemeinschaft der Wohnungseigentümer** führt die Bezeichnung „Wohnungseigentümergemeinschaft" gefolgt von der bestimmten Angabe des gemeinschaftlichen Grundstücks (§ 10 Abs 6 S 4 WEG). Unter diesem Namen ist sie als Gläubigerin der Zwangshypothek für eine Forderung einzutragen, die sie vollstreckt (erfordert namentliche Bezeichnung im Vollstreckungstitel,[34] § 750 Abs 1 ZPO). Alttitel sollten auslegungsfähig sein, wenn die Gemeinschaft (früher) im Rechtsverkehr mit dem abweichenden Namen identifizierbar aufgetreten ist.[35] Mit Richtigstellung der auf die Namen der Wohnungseigentümer in Alttiteln lautenden Parteibezeichnung[36] können jedenfalls Erschwernisse bei Vollstreckung vermieden werden. Der WE-Verwalter wird (als Organ) nicht mit eingetragen.[37] Er ist jedoch einzutragender Berechtigter, wenn der Vollstreckungstitel ihn als Gläubiger ausweist (§ 750 Abs 1 ZPO).[38] Dieser auf den Verwalter als Prozessstandschafter lautende Vollstreckungstitel ermöglicht Eintragung der WE-Gemeinschaft (mit ihrer Kurzbezeichnung) nicht;[39] Vollstreckung durch die WE-Gemeinschaft würde Rechtsnachfolgeklausel erfordern (§ 750 Abs 1, § 727 ZPO).

---

[31] BayObLG NJW-RR 1988, 980 = Rpfleger 1988, 309.
[32] Stöber Einl Rdn 67.2 und 25.11 zu § 15 mit Einzelheiten; Zöller/Stöber Rdn 8 zu § 867 ZPO.
[33] Stöber Einl Rdn 67.2 gegen BayObLG NJW-RR 1988, 980 = aaO (Fußn 31).
[34] BGH MDR 2010, 347 = Rpfleger 2010, 293; OLG München MDR 2010, 374.
[35] Anders BGH MDR 2010, 374 = aaO.
[36] Zöller/Vollkommer Rdn 14 zu § 319 ZPO.
[37] Zöller/Stöber Rdn 8a zu § 867 ZPO.
[38] BGH 163, 154 (170) und 148, 392 = BGHRep 2001, 952 mit Anm Stöber = NJW 2001, 3627; Zöller/Stöber Rdn 8b zu § 867 ZPO.
[39] Zöller/Stöber aaO (Fußn 38).

Die („teil"rechtsfähige[40]) **BGB-Gesellschaft** ist als vollstreckende Gläubigerin (mit oder ohne eigenen Gesellschafternamen) mit ihren Gesellschaftern (§ 47 Abs 2 GBO; ist nicht Eintragung eines Rechts für mehrere gemeinschaftlich nach § 47 Abs 1 GBO) einzutragen, die (nach § 15 Abs 1 Buchst c GBV) mit Vor- und Familiennamen, Geburtsdatum und Wohnort (juristische Personen, Handels- und Personengesellschaften mit Namen oder Firma und Sitz) zu bezeichnen sind.[41] Beispiele: Schöner/Stöber, Grundbuchrecht, Rdn 240c. Für Eintragung hat der Vollstreckungstitel eine (etwaige) Bezeichnung (den „Namen") der Gesellschaft und namentlich die Gesellschafter auszuweisen (§ 750 Abs 1 ZPO). Ein Vollstreckungstitel, der diese grundbuchtaugliche Bezeichnung der Gesellschaft mit ihren Gesellschaftern nicht nennt, kann nicht durch Eintragung einer Zwangssicherungshypothek vollstreckt werden; möglich ist nur Zwangsversteigerung oder -verwaltung. Berichtigung des Alttitels (wie vorst) müsste aber möglich sein.

Für die Forderung auf **Zahlung an einen Dritten** (ohne eigenes Forderungsrecht) ist der Gläubiger unter Bezeichnung des Dritten als Zahlungsempfänger einzutragen.[42] Für **Zwangsgeld** (§ 888 ZPO) ist der Kläger (Antragsteller) als Gläubiger einzutragen; die Gerichtskasse ist als Zahlungsempfänger anzugeben.[43]

19b Geldbetrag der **Forderung** ist der Gesamtbetrag der Vollstreckungsforderung, als Gläubigeranspruch somit Hauptsache, in der Zwangsvollstreckung betragsmäßig geltend gemachte Zinsen, durch den Vollstreckungstitel ausgewiesene (mit vollstreckte) Nebenforderungen (vorprozessuale Mahnkosten, Portokosten usw), festgesetzte Prozesskosten (erfordern Kostenfestsetzungsbeschluss als Vollstreckungstitel, § 794 Abs 1 Nr 2 ZPO; daher § 866 Abs 3 S 2 ZPO) und die nach § 788 ZPO mit vollstreckten bisherigen Zwangsvollstreckungskosten. Der Gesamtbetrag dieser Gläubigerforderung wird eingetragen als „Betrag des Rechts" in Spalte 3 (der Abteilung III, § 11 Abs 4 GBV) und in Spalte 4 (der Abteilung III, § 11 Abs 5 GBV) als Geldbetrag der Forderung mit Buchstaben (§ 17 Abs 1 GBV).

19c Dass Eintragung **im Wege der Zwangsvollstreckung** erfolgt (kurz auch: „Zwangssicherungshypothek"), wird wegen der für diese Sicherungshypothek geltenden Besonderheiten (§ 868 ZPO) angegeben. Dazu im Kommentar Einl Rdn 67.4. Bei der Sicherungsvollstreckung ist die Zwangssicherungshypothek gleichfalls (nur) als solche zu bezeichnen; die Sicherungsvollstreckung ist als Grund der Eintragung nicht zu vermerken.[44]

> **Eintragungsverfügung:**
> 1. Einzutragen in das Grundbuch für ... Blatt ..., Abt III Spalten 1–4: ...
> Sp 4: Zwangssicherungshypothek zu dreitausendsiebenhundertachtzig Euro für ... (= Gläubiger) mit 8 vH Zinsen aus 3000 Euro seit ... und 5 Prozentpunkten über dem Basiszinssatz Zinsen aus 750 Euro seit ... auf Grund des Endurteils des Amtsgerichts ... vom ... und des Kostenfestsetzungsbeschlusses vom ... eingetragen am ...

---

[40] BGH 146, 341 = DNotZ 2001, 234 mit Anm Schemann = NJW 2001, 1056 = Rpfleger 2001, 246; auch BGH 154, 88 (94) = NJW 2003, 1445 (1446).
[41] Überholt damit BGH 179, 102 = DNotZ 2009, 115 mit krit Anm Hertel = NJW 2009, 594 = Rpfleger 2009, 141 mit abl Anm Bestelmeyer. Begründung BT-Drucks 16/13437 S 27.
[42] OLG Karlsruhe Rpfleger 1998, 158.
[43] AG Hamburg Rpfleger 1982, 31; Stöber Einl Rdn 67.2.
[44] Hierzu Schöner/Stöber, Grundbuchrecht, Rdn 2186; Zöller/Stöber Rdn 7 zu § 867 ZPO; aA BT-Drucks 7/5220, S 16.

[**oder:** Sicherungshypothek für dreitausendsiebenhundertachtzig Euro mit 8 vH Zinsen aus 3000 Euro seit ... und 5 Prozentpunkten über dem Basiszinssatz Zinsen aus 750 Euro seit ... für ... (= Gläubiger) auf Grund des Endurteils des Amtsgerichts ... vom ... und des Kostenfestsetzungsbeschlusses vom ... im Wege der Zwangsvollstreckung eingetragen am ...]
2. Beglaubigte Abschrift des Urteils mit Vollstreckungsklausel und Zustellungsurkunde, des Kostenfestsetzungsbeschlusses mit Vollstreckungsklausel und der Kostenbelege zu den Grundakten fertigen (s § 10 Abs 1 GBO).
3. Eintragung auf der Urschrift der Vollstreckungstitel wie folgt vermerken: ,In das Grundbuch für ... Blatt ... wurde heute eingetragen: Sicherungshypothek ... (folgt voller Wortlaut der Eintragung).'
4. Eintragungsmitteilung an a) Gläubigervertreter unter Rückgabe der Vollstreckungstitel und Kostenbelege b) Grundstückseigentümer.

Brieferteilung ist ausgeschlossen (§ 1185 Abs 1 BGB). Die Zwangshypothek ist **20** immer Buchhypothek; Ausschluss der Brieferteilung wird daher nicht eingetragen.

Für **mehrere Gläubiger,** die aus demselben Titel berechtigt sind (Gegensatz zu **20a** Rdn 17a), ist ihr Beteiligungsverhältnis anzugeben (§ 47 Abs 1 GBO), wie aus dem Titel ersichtlich, in der Regel also Gesamtgläubigerschaft (§ 428 BGB), im Zweifel Berechtigung zu gleichen Anteilen (§ 420 BGB). Ist das Verhältnis im Titel nicht angegeben (und ist es auch durch Auslegung nicht festzustellen), so können die mehreren Gläubiger es im Eintragungsantrag bestimmen, dann aber in öffentlich beglaubigter Form.[45] Streitgenossen, die im Rechtsstreit denselben Anwalt hatten und gemeinsam ohne Angabe eines Beteiligungsverhältnisses einen Kostenfestsetzungsbeschluss über einen einheitlichen Betrag erwirkt haben, sind hinsichtlich des Kostenerstattungsanspruchs Gesamtgläubiger.[46] Der von einer Rechtsanwaltsgemeinschaft erwirkte Kostenfestsetzungsbeschluss ist, wenn er ein Beteiligungsverhältnis der Gläubiger nicht nennt, dahin auszulegen, dass die Honorarforderung den Anwälten als Gesellschafter bürgerlichen Rechts (§ 705 BGB; s Rdn 19a), nicht als Gesamtgläubiger (§ 428 BGB) zustehen soll.[47] Die Rechtsanwalts**gesellschaft** ist Gesellschaft mbH (§ 59c Abs 1 BRAO); als Gläubigerin wird sie mit ihrer Firma (§ 59k Abs 1 BRAO) bezeichnet (§ 15 Abs 1b GBV).

Zinsen, die als rückständige oder fortlaufende Nebenforderung vollstreckt wer- **21** den, sind mit ihrem Zinssatz (und Verzinsungsbeginn, Rdn 19) als Nebenleistungen einzutragen. Einzutragen sind Zinsen auch, wenn sie als Verzugszinsen (§ 288 Abs 1, 2, § 497 Abs 1 S 2 BGB) mit Prozentpunkten über dem Basiszinssatz tituliert sind.[48] Auch für die durch den Vollstreckungstitel ausgewiesenen Verzugszinsen entsteht die Sicherungshypothek nur mit Eintragung (§ 867 Abs 1 S 2 ZPO); ohne Grundbucheintragung haftet für sie das Grundstück nicht schon kraft der Hypothek nach bürgerlichem Recht (§ 1118 BGB). Für variable Verzugszinsen („... Prozentpunkte über dem Basiszinssatz"), damit

---

[45] RG 105, 53; Grundbuchamt Heidelberg BWNotZ 1984, 174; Haegele BWNotZ 1972, 107 (108); Schöner/Stöber, Grundbuchrecht, Rdn 2181; Zöller/Stöber Rdn 3 zu § 867 ZPO; Stöber Einl Rdn 63.4; anders OLG Köln OLGZ 1986, 11 = Rpfleger 1986, 91; Schneider MDR 1986, 817.
[46] BGH AnwBl 1985, 524 = Rpfleger 1985, 321.
[47] BGH MDR 1996, 1070 = NJW 1996, 2859 (Aufgabe früher anderer Rechtsprechung); anders vordem OLG Saarbrücken Rpfleger 1978, 227; LG Saarbrücken JurBüro 1989, 711.
[48] Näher dazu Zöller/Stöber Rdn 10 zu § 867 ZPO; aA Wagner Rpfleger 2006, 314; Klawikowski Rpfleger 2007, 388 (je nicht zutreffend).

auch für einen (sonst) an § 288 BGB ausgerichteten gleitenden Zinssatz, muss ein Höchstzinssatz nicht bezeichnet werden.[49] Eine besondere Hypothek für die als Nebenforderung geltend gemachten Zinsen ist nicht möglich, wohl aber für allein noch geschuldete (sind dann Hauptsache).[50] Für Zinsrückstände über 750 € allein, die betragsmäßig für einen bestimmten Zeitraum geltend gemacht werden, kann eine Zwangshypothek auch dann eingetragen werden, wenn die Hauptsacheforderung noch geschuldet, aber nicht mit vollstreckt[51] oder auch selbstständig vollstreckt wird. Künftige (über den Eintragungstag hinaus fortlaufende) Zinsen können nur als Nebenforderung mit dem Hauptanspruch eingetragen werden (§ 751 Abs 1 ZPO steht dem nicht entgegen),[52] nicht aber ohne diesen (selbstständig). Streitig ist, ob die nicht als Nebenforderung eingetragenen Zinsen noch nachträglich eintragbar sind.[53]

22 **Kosten des Rechtsstreits** (Prozesskosten, Kosten des Mahnverfahrens) müssen, wenn die Zwangshypothek sie erfassen soll, eingetragen werden. Unentbehrliche Grundlage, wie für den Hauptanspruch, ist ein Vollstreckungstitel (Kostenfestsetzungsbeschluss, Vollstreckungsbescheid).

23 **Zwangsvollstreckungskosten** (Kosten früherer – anderer – Zwangsvollstreckungsmaßnahmen) sind eintragungsfähig und müssen, wenn die Zwangshypothek sie decken soll, eingetragen werden.[54] Wenn sie mit dem Hauptanspruch vollstreckt werden (§ 788 Abs 1 ZPO), ist für sie ein besonderer Vollstreckungstitel (Kostenfestsetzungsbeschluss) nicht erforderlich;[55] sie können aber festgesetzt werden (§ 788 Abs 2 ZPO).

Sie sind im Eintragungsantrag nach Grund und Höhe genau zu bezeichnen und, soweit sie nicht festgesetzt sind, hinsichtlich Höhe und Notwendigkeit glaubhaft zu machen[56] (Glaubhaftmachung § 294 ZPO). Nachweis in der Form des § 29 GBO (zu den gegensätzlichen Meinungen LG Regensburg)[57] kann nicht gefordert werden, weil „Beitreibung" der Kosten zugleich mit der Hauptsache nach Maßgabe des § 788 Abs 1 ZPO erfolgen kann, mithin kein grundbuchmäßiges Erfordernis, sondern der verfahrensrechtliche Kostennachweis (Glaubhaftmachung nach § 104 Abs 2 ZPO) erfüllt sein muss. Das Grundbuchamt prüft, ob sie in der verlangten Höhe entstanden sind und notwendig waren. Soweit sie nicht erstat-

---

[49] BGH MDR 2006, 1037 = NJW 2006, 1341 (für Eintragung einer Grundschuld) gegen früher überwiegende andere Ansicht.

[50] LG Bonn Rpfleger 1982, 75.

[51] Schöner/Stöber, Grundbuchrecht, Rdn 2190; Stöber Einl Rdn 66.2; Zöller/Stöber Rdn 5 zu § 866 ZPO; nicht richtig OLG Schleswig JurBüro 1982, 913 = Rpfleger 1982, 301 mit zust Anm Hellmig; ebenso Hintzen ZIP 1991, 474 (478 f): Zinsen selbstständig nur, wenn die Hauptforderung nicht mehr besteht oder wenn Vereinbarung zwischen Gläubiger und Schuldner vorgelegt wird; verkennt den Begriff der durch Antrag bestimmten Gläubigerforderung in der dem Erkenntnisverfahren gegenüber selbstständigen Zwangsvollstreckung und übersieht zudem, dass der Schuldtitel Grundlage der Zwangsvollstreckung und seine Vollstreckbarkeit den Abmachungen der Parteien entzogen ist (siehe Zöller/Stöber Vorbem 14 und 24 vor § 704 ZPO).

[52] Stöber, FordPfändung, Rdn 495; Zöller/Stöber Rdn 2 zu § 867 ZPO.

[53] Siehe Stöber Einl Rdn 66.2; AG Pinneberg Rpfleger 1969, 171 mit Anm Haegele.

[54] Löscher Rpfleger 1960, 355 (356) mit Nachweisen; Stöber Einl Rdn 70.3 mit Nachweisen.

[55] Stöber, FordPfändung, Rdn 831; Stöber Einl Rdn 70.3.

[56] Stöber Einl Rdn 70.3; Löscher wie Fußn 54; Stöber, FordPfändung, Rdn 834.

[57] LG Regensburg Rpfleger 1979, 147; Musielak/Becker Rdn 3 zu § 867 ZPO; für Nachweis durch öffentliche Urkunden zB OLG Celle NJW 1972, 1902, auch Stein/Jonas/Münzberg Rdn 59 zu § 867 ZPO.

tungsfähig (nicht notwendig) oder nicht eintragbar (nicht glaubhaft) sind, ist der Eintragungsantrag durch Eintragung der Zwangshypothek wegen des übrigen Anspruchs zu erledigen, unter Zurückweisung hinsichtlich der abzusetzenden Mehrkosten.

Für die **Eintragungskosten** selbst (zu ihnen Rdn 760) haftet das Grundstück **24** mit dem Rang der Zwangshypothek kraft Gesetzes (§ 867 Abs 1 S 3 ZPO). Zu ihnen gehören auch die Kosten, die durch Antragstellung entstehen, nicht aber die Kosten der Ausfertigung und Zustellung des Urteils. Die Eintragungskosten sind weder eintragungsfähig noch eintragungsbedürftig.[58] Ihre Eintragung ist nicht inhaltlich unzulässig,[59] wohl aber unnötig, darum abzulehnen.[60] Die Zwangshypothek ist unter Weglassung der begehrten Eintragungskosten einzutragen; eine Teilzurückweisung erübrigt sich dann (für Zurückweisung;[61] für Zwischenverfügung[62]).

Ein **Bruchteil** eines Grundstücks kann mit einer Zwangshypothek nur belastet **25** werden, wenn er in dem Anteil eines Miteigentümers besteht (§ 864 Abs 2 ZPO, § 1114 BGB und Rdn 6).

c) Belastung mehrerer Grundstücke

Sollen mehrere Grundstücke des Schuldners mit der Zwangshypothek belastet **26** werden, so ist der Betrag der Forderung auf die einzelnen Grundstücke zu **verteilen**. Grund:[63] Der Schuldner soll vor übermäßiger Belastung seiner Grundstücke geschützt werden; die mit einer Gesamthypothek verbundenen Schwierigkeiten sollen in der Zwangsvollstreckung ausgeschaltet bleiben. Die Größe der Teile bestimmt der Gläubiger in seinem schriftlichen (Rdn 15) Antrag (§ 867 Abs 2 ZPO). Eingetragen werden darf auch eine Sicherungshypothek für einen Forderungsteil (ab 1. Jan 1999, § 22 Abs 7 EGZPO)[64] nur im Betrag von mehr als 750 € (§ 867 Abs 2 S 2 mit § 866 Abs 3 S 1 ZPO). Zinsen sind als Nebenleistungen zu jedem Teilbetrag zu nehmen. Eintragung nur von Zinsen als Nebenleistungen (über den Betrag der Hauptsacheteilforderung hinaus) verbietet sich (siehe Rdn 21). Eine „Rang"folge der Teile ist (auch wenn gleich hohe Forderungsteile begründet werden) vom Gläubiger nicht zu bezeichnen; Teilleistungen des Schuldners werden (mangels anderer Bestimmung) nach § 366 BGB verrechnet.[65]

Vollstreckungsforderung (§§ 704, 794 Abs 1 Nr 2 ZPO)

3000 € Hauptsache
    mit 8% Zinsen seit …
750 € festgesetzte Kosten
    mit 5 Prozentpunkten über dem Basiszinssatz seit …
30 € bisherige Zwangsvollstreckungskosten

---

[58] Stöber Einl Rdn 70.3 mit Nachweisen; Zöller/Stöber Rdn 13 zu § 867 ZPO.
[59] Löscher wie Fußn 54.
[60] Stöber und Zöller/Stöber je wie Fußn 58.
[61] Kammergericht DNotZ 1934, 777 = JW 1934, 1506; Honisch NJW 1958, 1526.
[62] Löscher wie Fußn 54.
[63] Zöller/Stöber Rdn 15 zu § 867 ZPO; Stöber Einl Rdn 68.1.
[64] Vordem konnten die durch Verteilung entstehenden Einzelhypotheken nach allgemeiner Ansicht, entgegen § 866 Abs 3 ZPO, auch auf den Betrag von 500 DM oder weniger lauten.
[65] BGH MDR 1991, 1093 = NJW 1991, 2022; Zöller/Stöber Rdn 15 zu § 867 ZPO.

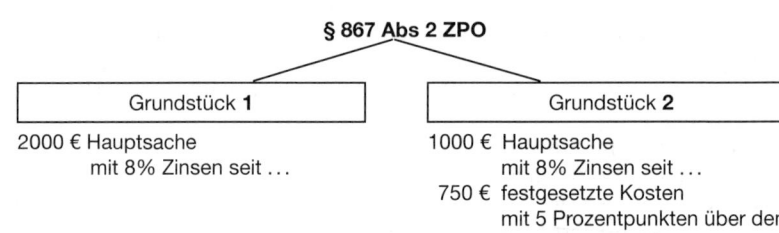

Eintragungsantrag mit Verteilung: ... (wie Rdn 15), und zwar
a) auf dem Grundstück Bestandsverzeichnis Nr 1, FlStNr ... in Höhe von 2000 €
   Hauptsache mit 8% Zinsen hieraus seit ...
b) auf dem Grundstück Bestandsverzeichnis Nr 2, FlStNr ... in Höhe von 1000 €
   Hauptsache mit 8% Zinsen hieraus seit ... und 750 € festgesetzte Kosten mit
   5 Prozentpunkten über dem Basiszinssatz Zinsen seit ..., sowie 30 € bisherige
   Zwangsvollstreckungskosten

Zusammengefasste Eintragung nach Verteilung (Sammelbuchung, nicht zu empfehlen) siehe Bauer/vOefele/Knothe Rdn 36 zu § 44 GBO; Kuntze/Ertl/Herrmann/Eickmann, Grundbuchrecht, Rdn 14 zu § 44; Schöner/Stöber, Grundbuchrecht, Rdn 2193.

27 Die **notwendige Verteilung** der Forderung bei Antragstellung (Rdn 15) ist kein grundbuchmäßiges Erfordernis des Antrags, sondern eine Voraussetzung für den Beginn der Zwangsvollstreckung. Fehlt im Antrag die Verteilung, so gibt es keine rangwahrende Zwischenverfügung des Grundbuchamts nach § 18 GBO,[66] der Eintragungsantrag soll sofort zurückzuweisen sein.[67] Amtspflicht des Rechtspflegers im Vollstreckungsverfahren ist es jedoch, auf einen sachdienlichen Antrag hinzuwirken (§ 139 Abs 1 S 2 ZPO; siehe Rdn 3a). Auf den übersehenen Gesichtspunkt darf zudem die Entscheidung nur gestützt werden, wenn dem Antragsteller Gelegenheit zur Äußerung gegeben ist (§ 139 Abs 2 S 2 ZPO). Daher ist nach § 139 ZPO im Vollstreckungsverfahren vor der Zurückweisung dem Gläubiger Gelegenheit zu geben, die fehlende Verteilung nachzuholen.[68] Der Mangel kann dann aber nicht mit rückwirkender Kraft geheilt werden. Bei nachgeholter Verteilung ist für den Rang der Zwangshypothek (und damit für die Eintragungsreihenfolge nach § 17 GBO) daher nicht der (frühere) Eingang des unvollständigen Antrags, sondern der Zeitpunkt maßgebend, in dem der die Verteilung enthaltende (weitere) Antrag beim Grundbuchamt eingeht.[69] Entsprechendes gilt, wenn die Verteilung erst nach der Antragszurückweisung oder mit Beschwerde gegen den Zurückweisungsbeschluss (nach § 74 GBO neues Vorbringen hierbei zulässig) nachgeholt wird. Die Nachholung wurde früher manchmal als teilweise Antragsrücknahme behandelt und daher als formbedürftig nach §§ 31, 29 S 1 GBO.[70] Richtig ist sie

---

[66] BGH 27, 310 = aaO (Fußn 27).
[67] BGH 27, 310 = aaO (Fußn 27); OLG Düsseldorf MDR 1990, 62 = OLGZ 1990, 16.
[68] Stöber Einl Rdn 68.2; Schöner/Stöber, Grundbuchrecht, Rdn 2194; Zöller/Stöber Rdn 15; Musielak/Becker Rdn 9, je zu § 867 ZPO.
[69] BGH 27, 310 = aaO (Fußn 27); Stöber Einl Rdn 68.3; Schöner/Stöber, Grundbuchrecht, Rdn 2194; Zöller/Stöber Rdn 15; Musielak/Becker Rdn 9, je zu § 867 ZPO.
[70] Haegele BWNotZ 1972, 108; Riggers JurBüro 1966, 917, ähnlich Rpfleger 1958, 217; Kammergericht HRR 1934 Nr 1056.

aber eine Ergänzung der Vollstreckungsvoraussetzungen und daher, wie schon die Verteilung im Antrag selbst, formlos gültig.[71]

Eine **Gesamtzwangshypothek** auf mehreren Grundstücken desselben Schuld- 28 ners wäre inhaltlich unzulässig[72] und von Amts wegen zu löschen (§ 53 Abs 1 GBO). Für Amtslöschung muss sich die inhaltliche Unzulässigkeit aber aus dem Eintragungsvermerk (und den dort in Bezug genommenen Eintragungsunterlagen) selbst ergeben.[73] Keine verbotene Zwangshypothek[74] ist es, wenn eine Zwangshypothek auf je einem Grundstück (auch nur Bruchteil, § 1114 BGB[75]) mehrerer gesamtschuldnerisch haftender Schuldner[76] oder wenn einzelne Zwangshypotheken für mehrere Forderungen desselben Gläubigers gegen denselben Schuldner auf verschiedenen Grundstücken eingetragen werden.[77] Nachträglich kann eine Gesamt-Zwangshypothek entstehen, wenn das belastete Grundstück geteilt (eine Teilfläche somit abgeschrieben) wird (ist zulässig[78]) und die Belastung mangels Pfandfreigabe mit übertragen werden muss.

Eine Besonderheit folgt für Grundstücke im **Beitrittsgebiet** aus § 78 Abs 1 S 1 SachenRBerG. Belastung allein des Gebäudeeigentums oder des Grundstücks ohne das Gebäude ist danach nicht mehr zulässig, wenn der Schuldner sowohl Eigentümer des Grundstücks als auch Eigentümer des Gebäudes auf dem Grundstück ist. Dieses absolute Verfügungsverbot gilt nicht nur bei Hinzuerwerb des Grund und Bodens nach Bestimmungen des SachenRBerG, sondern auch bei Zusammenfallen des Grundstücks mit dem Gebäudeeigentum aus anderen Gründen.[79] In einem solchen Fall kann (abweichend von § 867 Abs 2 ZPO) die Zwangssicherungshypothek auf dem Grundstück und dem Gebäudeeigentum eingetragen werden.[80]

Eine **zweite Zangshypothek** an einem anderen Grundstück für dieselbe Forderung darf nicht eingetragen werden. Dies ist nur möglich, wenn die erste Zwangshypothek gelöscht ist oder der Gläubiger wirksam auf sie verzichtet hat (§ 1168 BGB); es genügt nicht, die Löschungsbewilligung oder Verzichtserklärung an den Schuldner auszuhändigen (Grundbucheintragung muss erfolgt sein). Gleiches gilt (Löschung des entsprechenden Teils oder Verzicht auf ihn), wenn später auf einem weiteren Grundstück des Schuldners wegen eines Teils der Forderung eine neue Zwangshypothek eingetragen werden soll. Eine nach

---

[71] Stöber Einl Rdn 68.2; Stein/Jonas/Münzberg Rdn 39 zu § 867 ZPO; Vollkommer Rpfleger 1976, 446 (Buchbespr); auch Schöner/Stöber, Grundbuchrecht, Rdn 2195; Zöller/Stöber Rdn 15; Musielak/Becker Rdn. 9, je zu § 867 ZPO.

[72] RG 163, 121 (125); BayObLG 1975, 398 (403); BayObLG Rpfleger 1986, 372; Kammergericht JFG 14, 102 (103).

[73] BayObLG Rpfleger 1986, 372; LG München II Rpfleger 1989, 96.

[74] Siehe hierzu auch Musielak/Becker Rdn 10, Stein/Jonas/Münzberg Rdn 42, Zöller/Stöber Rdn 19, je zu § 867 ZPO.

[75] OLG Düsseldorf NZI 2004, 93 = Rpfleger 2004, 39 mit zust Anm Deimann.

[76] Stöber Einl Rdn 68.6 und 68.7; BGH DNotZ 1961, 407 = MDR 1961, 673 = NJW 1961, 1352; LG Duisburg JurBüro 1981, 624 (für Grundstücksbruchteile).

[77] Stöber Einl Rdn 68.9.

[78] BayObLG 1996, 41 = DNotZ 1997, 391 = NJW-RR 1996, 1041.

[79] OLG Brandenburg DtZ 1996, 384 = Rpfleger 1997, 60; OLG Jena DtZ 1997, 391 = Rpfleger 1997, 431; LG Dresden MittBayNot 1995, 133 = Rpfleger 1995, 407 mit Anm Wanek; anders OLG Dresden DtZ 1996, 222 = Rpfleger 1996, 102.

[80] OLG Brandenburg DtZ 1996, 384 = aaO (Fußn 70); OLG Jena DtZ 1997, 391 = aaO (Fußn 79); LG Leipzig Rpfleger 1996, 285 und VIZ 1996, 482; Schöner/Stöber, Grundbuchrecht, Rdn 2197a und 4287; Stöber Einl Rdn 64.8; Zöller/Stöber Rdn 27 zu § 867; anders LG Chemnitz Rpfleger 1995, 456 mit Anm Wanek; LG Frankfurt/O Rpfleger 1997, 212.

Eintragung einer Zwangshypothek auf Grund eines weiteren Antrags unter Verletzung von § 867 Abs 2 ZPO für die gleiche Forderung (oder auch nur für einen Teil dieser Forderung) auf einem anderen Grundstück des Schuldners eingetragene zweite Zwangshypothek ist nicht entstanden.[81] Davon wird die Wirksamkeit der zuerst (zulässig) eingetragenen Einzel-Zwangshypothek nicht berührt.[82] Jedoch ist die zweite Zwangshypothek als inhaltlich unzulässig von Amts wegen zu löschen (§ 53 Abs 1 GBO), vorausgesetzt, dass sich die Unzulässigkeit aus dem Eintragungsvermerk (auch den dort zulässigerweise in Bezug genommenen Eintragungsunterlagen) selbst ergibt[83] (Mithaftungsvermerk gem § 48 GBO; Buchung der mehreren Grundstücke im Bestandsverzeichnis desselben Grundbuchblatts). Ergibt sich der Gesetzesverstoß nicht allein aus dem Grundbuchblatt des zweiten Grundstücks (eingeschlossen die in Bezug genommenen Eintragungsunterlagen), dann ist Eintragung eines Amtswiderspruchs bei der nicht entstandenen zweiten Zwangshypothek geboten.[84] Eine rechtsgeschäftlich bestellte Hypothek steht dagegen der Eintragung der Zwangshypothek auf einem anderen (nicht aber auf demselben) Grundstück nicht entgegen.[85] Sicherung der Gläubigerforderung durch Grundschuld (an dem gleichen oder an einem anderen Grundstück) steht der Eintragung einer Zwangshypothek erst recht nicht entgegen.[86]

d) Verwaltungszwangsverfahren

29   Im Verwaltungszwangsverfahren (Vollstreckung öffentlichrechtlicher Ansprüche durch staatliche Stellen ohne vorausgehendes gerichtliches Erkenntnisverfahren) ist kein Vollstreckungstitel vorzulegen (zB bei Antrag des Finanzamts auf Eintragung einer Zwangshypothek für Steuerrückstände,[87] dazu § 322 AO), auch kein Leistungsgebot mit Nachweis der Bekanntgabe an den Schuldner.[88] Den Titel ersetzt der Antrag, dessen Zustellung nicht erforderlich ist. Der Antrag ist Ersuchen im Sinne des § 38 GBO[89] (§ 322 Abs 3 S 4 AO). Form dieses Antrags (§ 29 Abs 3 GBO): Unterschrift des zuständigen Beamten (seine Zeichnungsbefugnis ist nicht zu prüfen), Siegel oder Stempel der Behörde. Auch bei Verwaltungsvollstreckung ist der Betrag der Forderung zu verteilen, wenn mehrere Grundstücke (andere Objekte) des Schuldners mit der Zwangshypothek belastet werden sollen (§ 867 Abs 2 ZPO mit § 322 Abs 1 S 2 AO).
Das Grundbuchamt hat nicht zu prüfen, ob der in Anspruch Genommene zur Leistung oder zur Duldung der Vollstreckung verpflichtet ist, auch nicht, ob alle anderen sachlichen Voraussetzungen für das Ersuchen gegeben sind, wohl aber, ob die ersuchende Behörde allgemein zuständig ist und ob die Forderung ihrer Art nach dem Verwaltungszwangsverfahren unterliegt (dies wurde verneint für Krankenhauskosten, deren Tarif nicht voll aus einer Ortssatzung her-

---

[81] BayObLG Rpfleger 1986, 372; OLG Düsseldorf MDR 1990, 62 = OLGZ 1990, 16; LG Mannheim Rpfleger 1981, 406; LG München II Rpfleger 1989, 96.
[82] BayObLG, LG Mannheim, LG München II, je wie Fußn 81.
[83] BayObLG wie Fußn 81.
[84] BayObLG wie Fußn 81.
[85] RG 98, 106; BayObLG wie Fußn 86.
[86] BayObLG MDR 1991, 163 = MittBayNot 1991, 26 = Rpfleger 1991, 53.
[87] BGH 3, 140 = NJW 1951, 763; Stöber Einl Rdn 75.1.
[88] BayObLG 1948–51, 610 = Rpfleger 1952, 133.
[89] So schon LG Siegen BWNotZ 1959, 35 = DNotZ 1958, 647.

vorging).[90] Mangels eines Vollstreckungstitels ist auch § 867 Abs 1 S 1 Halbs 2 ZPO (Vermerk auf dem Titel über die Eintragung) nicht anwendbar. Das besondere Ressort des Gläubigers ist auf Antrag durch einen in Klammern gesetzten Zusatz zum Namen des Gläubigers zu bezeichnen (§ 15 Abs 2 S 1 GBV), zB:

Freistaat Bayern (Landesjustizkasse Bamberg).

Auf Antrag kann auch angegeben werden, durch welche Behörde der Fiskus vertreten wird (§ 15 Abs 2 S 2 GBV).

Im Verwaltungszwangsverfahren nach der AO (ebenso nach den darauf verweisenden Gesetzen, zB § 5 Abs 1 VwVG-Bund) gilt die **Körperschaft** als **Gläubigerin** der zu vollstreckenden Ansprüche, der die Vollstreckungsbehörde (§ 249 AO) angehört (§ 252 AO). Als Vollstreckungsgläubiger der Zwangssicherungshypothek ist daher das Land, dessen Finanzamt als Vollstreckungsbehörde auftritt (bei Vollstreckung durch ein Hauptzollamt der Bund) einzutragen. Ob das Finanzamt (das Hauptzollamt) Landes- oder Bundessteuern vollstreckt oder ob es als für die Vollstreckung des Anspruchs einer anderen Behörde bestimmte oder ersuchte Vollstreckungsbehörde tätig wird, ist gleichgültig. **30**

Steuersäumniszuschläge müssen in das Grundbuch eingetragen werden; sie sind keine gesetzlichen Verzugszinsen, für die das Grundstück kraft Gesetzes haften würde.[91] Gleiches gilt für Verspätungszuschläge (§ 152 AO) und Zwangsgelder (§ 329 AO). Künftige Steuersäumniszuschläge, die zusammen mit den Steuern beigetrieben werden) sind als steuerliche Nebenleistungen (wie fortlaufende Zinsen) eintragbar (vgl § 254 Abs 3 AO).

Für Ansprüche auf Entrichtung **öffentlicher Lasten** des Grundstücks, die in Rangklasse 3 des § 10 Abs 1 ZVG fallen, kann eine Zwangssicherungshypothek nur unter der aufschiebenden Bedingung, dass das Vorrecht wegfällt, eingetragen werden (§ 322 Abs 5 AO). Auch für Beträge, die (bei Eintragung) bereits in Rangklasse 7 des § 10 Abs 1 ZVG fallen, kann somit eine Zwangshypothek eingetragen werden. **30a**

e) Besonderheiten

Ein **Rangvorbehalt** des Grundstückseigentümers kann durch eine Zwangshypothek nicht ausgenutzt werden[92] **31**

Das als Inhalt eines **Erbbaurechts** (auch eines Eigentümererbbaurechts)[93] eingetragene Belastungsverbot (§ 5 Abs 2 ErbbauRG) wirkt gegen jedermann. Es schließt nach § 8 ErbbauRG auch Verfügungen im Wege der Zwangsvollstreckung aus.[94] Die Zwangshypothek kann dann erst mit Zustimmung des Grundstückseigentümers oder deren rechtskräftiger Ersetzung eingetragen werden. Eintragung ohne diese ist schwebend unwirksam und führt zu Widerspruch von Amts wegen nach § 53 GBO.[95] Für Nachweis der Zustimmung (Ersetzung) ist angemessene Frist mit Zwischenverfügung zu gewähren.[96] **32**

---

[90] LG Siegen wie Fußn 89.
[91] AG Glückstadt Rpfleger 1966, 14.
[92] Stöber Einl Rdn 67.6; auch Stöber, FordPfändung, Rdn 1733.
[93] BayObLG 1996, 107 = NJW-RR 1996, 975; OLG Hamm MDR 1985, 585 = OLGZ 1985, 159 = Rpfleger 1985, 233.
[94] Kammergericht JW 1933, 704; OLG Hamm Rpfleger 1953, 520; Haegele Rpfleger 1967, 279 (286); Zöller/Stöber Rdn 6 zu § 867 ZPO.
[95] OLG Hamm wie Fußn 94.
[96] OLG Celle MDR 1985, 331.

33   In **Wohnungseigentum** wird vollstreckt wie in Grundstücke (Rdn 6 a). Eine Zwangshypothek kann unbeschränkt eingetragen werden.

34   Ein **land- oder forstwirtschaftliches** Grundstück kann ohne behördliche Genehmigung mit einer Zwangshypothek belastet werden (§ 37 Grundstücksverkehrsgesetz).

35   Die **Bodenverkehrsbeschränkungen** des Baugesetzbuchs enthalten keine Belastungsbeschränkungen. In Umlegungsverfahren,[97] Sanierungsgebieten und Entwicklungsbereichen bedarf die Eintragung einer Zwangshypothek keiner Genehmigung nach § 51 sowie §§ 144, 169 Baugesetzbuch.[98]

f) Eintragungsnachricht, Rechtsbehelfe, Zurücknahme des Antrags

36   **Eintragungsnachricht** erhalten der Gläubiger (sein Prozessbevollmächtigter) und der Grundstückseigentümer (§ 55 Abs 1 GBO).
Auf dem vollstreckbaren Titel ist die Eintragung der Zwangshypothek zu vermerken (§ 867 Abs 1 S 1 ZPO; dazu Rdn 19). Beglaubigte Abschrift des Vollstreckungstitels (samt Zustellungsnachweis), der sonstigen Urkunden und der Kostenbelege wird zu den Grundakten genommen (§ 10 Abs 1 GBO); die Urschriften werden dem Antragsteller zurückgegeben.

37   **Rechtsbehelf** bei Eintragung oder Ablehnung der Zwangshypothek: Beschwerde (§ 71 GBO, § 76 Schiffsregisterordnung), dann Rechtsbeschwerde, wenn sie zugelassen ist (§ 78 GBO). Es kann aber bei Eintragung der Zwangshypothek nur Eintragung eines Widerspruchs oder Löschung verlangt werden (§ 71 Abs 2 GBO).[99] Die Beschwerde gegen die Eintragung einer inhaltlich zulässigen Zwangssicherungshypothek mit dem Ziel ihrer Löschung ist dann zulässig, wenn nach dem konkreten Inhalt des Grundbuchs die Möglichkeit eines gutgläubigen Erwerbs sowohl für die Vergangenheit (infolge Fehlens einer entsprechenden Eintragung) als auch für die Zukunft (infolge Eintragung eines Amtswiderspruchs) rechtlich ausgeschlossen ist.[100] Nach weitergehender Ansicht soll der Schuldner gegen die Eintragung ebenso vorgehen können wie der Gläubiger gegen die Zurückweisung seines Antrags, weil bei Zwangseintragung kein Schutz des öffentlichen Glaubens bestehe,[101] also Beschwerde nach § 71 GBO.

38   **Zurückgenommen** werden kann der Eintragungsantrag ganz oder teilweise auch noch nach Verfügung der Eintragung bis zur Aufnahme in den Datenspeicher oder Unterzeichnung der Zwangshypothekeneintragung im Grundbuch. Die Zurücknahme des Eintragungsantrags[102] oder der Widerruf der Vollmacht dazu kann nur in öffentlicher oder öffentlich beglaubigter Urkunde erfolgen (§§ 29, 31 GBO). Für die Vollmacht hierzu wird die gleiche Form gefordert. Die Vollmacht ist daher stets zu prüfen; wenn Bevollmächtigter ein Rechtsanwalt (Rechtsbeistand als Kammermitglied, § 3 Abs 1 RDGEG) ist, findet § 88 Abs 2 ZPO keine Anwendung. Bei nur formloser Rücknahme ist dem Antragsteller Gelegenheit zur formgerechten Rücknahme zu geben. Falls dies nicht

---

97 AG Eschweiler Rpfleger 1978, 187.
98 LG Regensburg Rpfleger 1977, 224.
99 Stöber Einl Rdn 72.2 mit weit Nachw.
100 BGH 64, 194 = MDR 1975, 655 = NJW 1975, 1282; auch OLG Frankfurt OLGZ 1981, 261 = Rpfleger 1981, 312.
101 Haegele BWNotZ 1972, 111.
102 OLG Düsseldorf Rpfleger 2000, 62; OLG Hamm MittRhNotK 1985, 76 = Rpfleger 1985, 231; anders: Antragsrücknahme „formlos" (gemeint schriftlich) Hintzen ZIP 1991, 474 (475).

geschieht, ist die Hypothek einzutragen oder bei Eintragungshindernissen der Antrag zurückzuweisen.

g) Eigentümergrundschuld

Als Eigentümergrundschuld (§ 1177 Abs 1 S 1 BGB) erwirbt der Grundstücks- **39** eigentümer die Zwangshypothek kraft Gesetzes, wenn durch eine vollstreckbare Entscheidung die vollstreckte Entscheidung oder ihre vorläufige Vollstreckbarkeit aufgehoben oder die Zwangsvollstreckung für unzulässig erklärt oder deren Einstellung angeordnet wird (§ 868 Abs 1 ZPO). Dies gilt auch, wenn durch eine gerichtliche Entscheidung die einstweilige Einstellung der Vollstreckung und zugleich die Aufhebung der Vollstreckungsmaßregeln angeordnet wird oder wenn die zur Abwendung der Vollstreckung nachgelassene Sicherheitsleistung oder Hinterlegung erfolgt (§ 868 Abs 2 ZPO). Eine „Gesamt"-zwangshypothek (Rdn 28) erwerben Eigentümer der belasteten Grundstücke gemeinschaftlich; wenn jedoch der Vollstreckungstitel nur gegenüber dem Eigentümer eines der belasteten Grundstücke nach § 868 ZPO entfällt, erlischt sie auf seinem Grundstück (§ 1175 Abs 1 S 2 BGB entspr); insoweit besteht keine Eigentümergrundschuld.[103] Eine Besonderheit bei Verwaltungsvollstreckung sieht § 322 Abs 1 AO vor.
Wird die Entscheidung, die den Übergang bewirkt hat, aufgehoben, so verwandelt sich die Eigentümergrundschuld nicht wieder in eine Zwangshypothek.[104]

§ 868 ZPO regelt als Sonderbestimmung den Erwerb der Zwangshypothek **40** durch den Eigentümer aus prozessualen Gründen. Im Übrigen gelten auch für die Zwangshypothek die **Vorschriften des BGB,** nach denen eine Sicherungshypothek **Eigentümergrundschuld** (auch Eigentümerhypothek) wird. Der Eigentümer (im Zeitpunkt der Erlöschens der Forderung) erwirbt die Sicherungshypothek daher, wenn die vollstreckte Forderung erlischt (§ 1163 Abs 1 S 2 mit § 1177 Abs 1 BGB), somit insbesondere, wenn der Schuldner den Gläubiger befriedigt. Wenn die Forderung bereits bei Eintragung der Zwangshypothek nicht bestanden hat, steht die Sicherungshypothek von vornherein (als Grundschuld) dem Eigentümer zurzeit ihrer Eintragung zu (§ 1163 Abs 1 S 1 BGB). Für die beglaubigte Quittung einer siegelführenden Behörde genügt Schriftform unter Beisetzung des Dienstsiegels (-stempels). Verzichtet der Gläubiger auf die Hypothek, so erwirbt sie der Eigentümer (§ 1168 Abs 1 BGB).

2. Abschnitt. Die Arrest-Zwangshypothek

Schrifttum: Blumers, Arrest und Arresthypothek nach der Abgabenordnung 1977, BB 1977, 190.

Eintragungsverfügung (im Anschluss an das Muster Rdn 19): **41**
Sp 4: Höchstbetrags-Hypothek zu ... Euro für ... (= Gläubiger) gemäß Arrestbefehl des Amtsgerichts ... vom ... im Wege der Zwangsvollstreckung (ggfs: im Verwaltungszwangsverfahren) eingetragen am ...

---

[103] Deimann Rpfleger 2000, 193; auch OLG Düsseldorf Rpfleger 2004, 39 mit zust Anm Deimann = aaO (Fußn 75; Unwirksamkeit der „Gesamt"zwangshypothek an nur einem Bruchteil nach § 88 InsO).
[104] BGH NZI 2006, 224 (225) = NJW 2006, 1286 (1287 reSp).

[**oder:** Sicherungshypothek bis zum Höchstbetrag von … Euro für … (= Gläubiger) auf Grund Arrestbefehls des Amtsgerichts … vom … im Wege der Zwangsvollstreckung eingetragen am …]

42   Die **Vollziehung des Arrestes** in ein Grundstück oder eine grundstücksgleiche Berechtigung erfolgt durch Eintragung einer Sicherungshypothek für die Forderung (§ 932 Abs 1 ZPO). Die Lösungssumme, also der Geldbetrag, durch dessen Hinterlegung die Vollziehung gehemmt und der Schuldner zum Antrag auf Aufhebung des Arrests berechtigt wird (§ 923 ZPO), ist als Höchstbetrag zu bezeichnen (§ 932 Abs 1 ZPO).
Die Arresthypothek darf (seit 1. Jan 1999, wie Rdn 26) nur für einen Höchstbetrag von mehr als 750 € eingetragen werden (§ 932 Abs 2, § 866 Abs 3 ZPO). Diese Voraussetzung ist erfüllt, wenn der Arrestbefehl zur Sicherung einer Hauptforderung von nicht über 750 € erlassen ist, die Lösungssumme aber unter Einschluss von Zinsen und Kosten über 750 € liegt.
Der Arrestbefehl bedarf nur ausnahmsweise einer Vollstreckungsklausel (§ 929 Abs 1 ZPO).
Die Eintragung der Hypothek ist auf dem Arrestbefehl zu vermerken (§ 932 Abs 2, § 867 Abs 1 ZPO).
Bei einer Arresthypothek ist für Zwangsversteigerung oder Zwangsverwaltung ein dinglicher Titel nötig (§ 867 Abs 3 ZPO findet keine Anwendung nach § 932 Abs 2 ZPO).

43   Die Vollziehung des Arrestes muss in einer **Frist von einem Monat** erfolgen (§ 929 Abs 2 ZPO). Das Grundbuchamt hat die Wahrung dieser Vollzugsfrist zu prüfen. Die Vollziehungsfrist beginnt mit der Verkündung (§ 310 ZPO), für den ohne mündliche Verhandlung erlassenen Beschluss mit der Zustellung der Ausfertigung des Arrestbefehls an den Gläubiger (§ 929 Abs 2 ZPO), aber auch bereits mit formloser Aushändigung des Arrestbefehls an den Gläubiger.[1] Wenn bereits aus dem Datum des Beschlusses hervorgeht, dass die einmonatige Frist noch nicht abgelaufen ist, hat das Grundbuchamt die Zustellung oder Aushändigung des Arrestbeschlusses an den Gläubiger nicht weiter zu prüfen. Gewahrt ist die Vollziehungsfrist mit dem Eingang des Eintragungsantrages beim Grundbuchamt (§ 932 Abs 3 ZPO), vorausgesetzt, dass der Antrag zur Eintragung führt oder ein (vollstreckungsrechtliches) Eintragungshindernis noch während der Frist so behoben wird, dass die Eintragung rechtlich möglich ist.[2] Die Antragsfrist wahrt auch der (rechtzeitige) Eingang des Antrags bei dem Amtsgericht, zu dem das Grundbuchamt gehört;[3] für die Reihenfolge der Erledigung (§ 17 GBO) und damit den Rang der Arresthypothek (§ 45 GBO) ist dann jedoch der Zeitpunkt des Antragseingangs beim Grundbuchamt (§ 13 GBO) maßgeblich.[4]

43a Die Vollziehung ist **vor Zustellung** an den Schuldner zulässig (sonst darf ein Titel erst nach Zustellung vollstreckt werden, § 750 Abs 1 ZPO), ist aber ohne Wirkung, wenn die Zustellung an den Schuldner nicht innerhalb einer Woche nach der Vollziehung (das ist Eintragung der Arresthypothek)[5] und noch vor Ablauf der genannten Monatsfrist erfolgt (§ 929 Abs 3 ZPO). Als Vollziehung

---

[1] Zöller/Vollkommer Rdn 5 zu § 929 ZPO.
[2] BGH 146, 361 = MDR 2001, 714 = NJW 2001, 1134; Zöller/Vollkommer Rdn 7 zu § 932 ZPO.
[3] BGH 146, 361 = aaO.
[4] BGH 146, 361 = aaO.
[5] OLG Frankfurt NJW-RR 1999, 1446; Zöller/Vollkommer Rdn 24 zu § 929 ZPO.

gilt auch hier schon der Antrag auf Eintragung der Hypothek (§ 932 Abs 3 ZPO. Das Grundbuchamt überwacht nicht die Nachholung der Zustellung, muss aber bei Nichteinhaltung der Frist, ersichtlich aus dem vorgelegten Zustellungsnachweis, auf Antrag des Schuldners und ohne Mitwirkung des Gläubigers die Hypothek löschen;[6] rechtliches Gehör ist dem Gläubiger jedoch zu gewähren (Art 103 Abs 1 GG). Nach der Löschung kann auf neuen Antrag, wenn die Vollziehungsfrist noch läuft, eine neue Arresthypothek eingetragen werden. Vollziehungsfrist nach AO: § 324 Abs 3.

Sollen **mehrere Grundstücke** des Schuldners mit Arresthypothek belastet werden, so muss der Gläubiger im Antrag die Lösungssumme auf die einzelnen Grundstücke verteilen (§ 932 Abs 2, § 867 Abs 2 ZPO). Die Einzelrechte müssen (seit 1. Jan 1999) auf einen Betrag von mehr als 750 € lauten (§ 867 Abs 2 S 2, § 866 Abs 3 S 1 ZPO).   **44**

Umschreibung der Arresthypothek in eine Zwangshypothek ist bei Vorlage eines vollstreckbaren Leistungstitels gegen den Schuldner (Eigentümer) im Zeitpunkt der Eintragung der Arresthypothek[7] auf schriftlichen Antrag des Gläubigers (der Titel ersetzt Einigung und Bewilligung) möglich. Bei Belastung mehrerer Grundstücke muss die Verteilungserklärung schriftlich wiederholt werden. Verteilung und Umschreibung können nur innerhalb der Höchstbeträge der Arresthypothek erfolgen.   **45**

Bei **Aufhebung des Arrestbefehls** entsteht eine Eigentümergrundschuld (§ 932 Abs 2, § 868 ZPO; dazu Rdn 40).   **46**

Dritter Teil. Allgemeine Vorschriften des ZVG

1. Abschnitt. Zuständigkeit
§§ 1, 2 ZVG

a) Vollstreckungsgericht und Rechtspfleger

Für die Zwangsversteigerung oder Zwangsverwaltung eines Grundstücks (oder einer grundstücksgleichen Berechtigung) ist als **Vollstreckungsgericht** das Amtsgericht (ausschließlich, § 802 mit § 869 ZPO) zuständig, in dessen Bezirk das Grundstück liegt (§ 1 Abs 1 ZVG).   **47**

Landesrechtlich können die Verfahren jeweils einem Amtsgericht für mehrere Gerichtsbezirke übertragen werden (§ 1 Abs 2 ZVG). Baden-Württemberg, Bayern, Brandenburg, Nordrhein-Westfalen, Rheinland-Pfalz, Sachsen, Schleswig-Holstein und Thüringen haben von der Ermächtigung Gebrauch gemacht. Näheres im Kommentar Rdn 3.3 zu § 1.

Zuständigkeit für die Versteigerung von **Schiffen** und Schiffsbauwerken: Rdn 677. Zuständig für Luftfahrzeuge ist als Vollstreckungsgericht das Amtsgericht Braunschweig (§ 171 b Abs 1, § 171 h ZVG).   **48**

Funktionell sind alle Verfahren des ZVG dem **Rechtspfleger** übertragen (§ 3 Nr 1 i RPflG). Er entscheidet dabei über Vollstreckungsschutzanträge nach § 765 a ZPO. Ausschließung und Ablehnung des Rechtspflegers: § 10 RPflG, §§ 41–48 ZPO. Die Ablehnung wegen Besorgnis der Befangenheit kann wirk-   **49**

---

[6] Schöner/Stöber, Grundbuchrecht, Rdn 2232; Stöber Einl Rdn 74.2.
[7] LG Zweibrücken NJW-RR 1995, 512.

sam nur darauf gestützt werden, dass ein gegenständlicher vernünftiger Grund vorhanden ist, der den Ablehnenden von seinem Standpunkt aus befürchten lässt, der Rechtspfleger werde nicht unparteiisch sachlich verfahren (§ 42 Abs 2 ZPO). Mit Aufklärung eines Verfahrensbeteiligten (§ 139 ZPO) verletzt der Rechtspfleger seine Pflicht zur Unparteilichkeit nicht.[1] Auch ein ihm ungünstiger Hinweis, den der Rechtspfleger in Ausübung der Verfahrensleitung auf seine Beurteilung der Sach-, Streit- und Rechtslage gibt, bietet einem Beteiligten keinen Anlass, Misstrauen gegen die Unparteilichkeit zu erheben.[2] Die Mitgliedschaft des Rechtspflegers in der Verbandsversammlung eines Sparkassenzweckverbandes, der Gewährträger des vollstreckenden Gläubigers ist, kann für sich allein nicht als Anzeichen einer Voreingenommenheit gewertet werden.[3] Bis zur (rechtskräftigen) Entscheidung über das Ablehnungsgesuch darf der abgelehnte Rechtspfleger nur unaufschiebbare Handlungen vornehmen (§ 47 Abs 1 ZPO). Dazu gehören insbesondere die Wahrnehmung des Versteigerungstermins durch den erst kurz vor Terminsbeginn abgelehnten Rechtspfleger[4] und die Fortführung des Versteigerungstermins, wenn der Rechtspfleger in ihm abgelehnt wird[5] (kein Fall von § 47 Abs 2 ZPO), nicht aber die Bestimmung eines Versteigerungstermins. Dringliche Verfahrenshandlungen (§ 47 Abs 1 ZPO) des abgelehnten Rechtspflegers, damit auch die Wahrnehmung des Versteigerungstermins, bleiben wirksam,[6] auch wenn die Ablehnung noch für begründet erklärt wird (damit keine Wiederholung des Versteigerungstermins nach § 47 Abs 2 ZPO). Über den Zuschlag kann der Rechtspfleger vor Erledigung des Ablehnungsgesuchs jedoch nicht entscheiden[7] (Wartefrist des § 47 ZPO); daher ist Verkündungstermin zu bestimmen (§ 87 Abs 1 ZVG) oder erforderlichenfalls die Entscheidung über den Zuschlag durch einen (als Vertreter zuständigen) Rechtspfleger zu treffen, der den Versteigerungstermin nicht abgehalten hat.[8]

Dem **Richter** ist die Entscheidung über die Vollstreckungserinnerung nach § 766 ZPO vorbehalten (§ 20 Nr 17 RPflG). Außerdem obliegen ihm die Bearbeitung der vom Rechtspfleger im Einzelfall vorgelegten Sachen (§ 5 RPflG) und die Entscheidung über die befristete Rechtspflegererinnerung nach § 11 Abs 2 RPflG.

Vorzulegen ist nach § 5 Abs 1 Nr 1 RPflG, wenn sich ergibt, dass eine Entscheidung des Bundesverfassungs- oder eines Landesverfassungsgerichts nach Art 100 GG einzuholen ist, sowie nach § 5 Abs 1 Nr 2 RPflG dann, wenn zwischen einem Geschäft des Rechtspflegers und einem vom Richter wahrzunehmenden Geschäft ein so enger Zusammenhang besteht, dass eine getrennte Behandlung nicht sachdienlich ist. Vorgelegt werden kann nach § 5 Abs 2 RPflG außerdem, wenn die Anwendung ausländischen Rechts in Betracht kommt.

b) Bestimmung des zuständigen Gerichts

50   **Beschluss:** Das Amtsgericht A-Stadt wird für die Zwangsversteigerung der Grundstücke … und … zum Vollstreckungsgericht bestellt.

---

[1] BVerfG 42, 64 = NJW 1976, 1391 = Rpfleger 1976, 389 mit Anm Stöber und Vollkommer.
[2] OLG Karlsruhe OLGZ 1978, 224.
[3] LG Göttingen Rpfleger 1976, 55.
[4] OLG Celle NJW-RR 1989, 569; Weber Rpfleger 1983, 491 zutreffend gegen LG Konstanz Rpfleger 1983, 490.
[5] BGH MDR 2008, 111 = NJW-RR 2008, 216; LG Aachen Rpfleger 1986, 59.
[6] Zöller/Vollkommer Rdn 3 zu § 47 und Rdn 4 zu § 49 ZPO.
[7] BGH NJW-RR 2008, 216 (217) = aaO.
[8] Stöber Einl Rdn 26.4.

Gründe: Das Grundstück ... liegt im Bezirk des Amtsgerichts A-Stadt, das Grundstück ... im Bezirk des Amtsgerichts B-Dorf. Beide sind mit einer Gesamthypothek
der Sparkasse A-Stadt belastet. Wegen des dinglichen Anspruchs dieser Gläubigerin soll die Zwangsversteigerung in demselben Verfahren erfolgen (§ 18 ZVG). Die
Verfahrensverbindung, über deren Voraussetzungen im Rahmen der Bestimmung
nach § 2 Abs 2 ZVG mitzuentscheiden ist, ist zulässig. Als zuständig ist nach § 2
Abs 2 ZVG das Amtsgericht A-Stadt zu bestimmen. In seinem Bezirk liegt die Hof-
stelle (liegen die bebauten Hauptgrundstücke). Aussicht für Erzielung eines möglichst hohen Erlöses ist dort am günstigsten, weil ... Schuldner und Gläubiger sind
zudem dort ansässig.
Verfügung: Begl Abschrift an Gläubigerin als Antragstellerin;[9] Begl Abschrift an
Amtsgericht A-Stadt zur Verfahrensdurchführung und Benachrichtigung des Amtsgerichts B-Dorf.

Durch das gemeinsame **nächsthöhere Gericht,** wenn das der Bundesgerichts- **51**
hof wäre durch das Oberlandesgericht, zu dessen Bezirk das zuerst mit der Sache befasste Gericht gehört (§ 36 Abs 2 ZPO; Vorlagepflicht an den Bundesgerichtshof dort Abs 3), wird das örtlich zuständige Amtsgericht als Vollstreckungsgericht bestellt (§ 2 ZVG), wenn eine der folgenden Voraussetzungen
vorliegt:
– ein Grundstück liegt in den Bezirken verschiedener Amtsgerichte (kann nach
  Vereinigung oder Bestandteilszschreibung der Fall sein);[10]
– wegen der Grenzen der Gerichtsbezirke ist die Zuständigkeit ungewiss (praktisch nicht denkbar);
– im selben Verfahren sollen mehrere Grundstücke zwangsversteigert oder
  zwangsverwaltet werden, die in den Bezirken verschiedener Amtsgerichte liegen. Mehrere Grundstücke (oder Grundstücksbruchteile) dürfen im selben
  Verfahren nur dann zwangsversteigert (oder zwangsverwaltet) werden, wenn
  das Verfahren
  – wegen derselben persönlichen Forderung gegen denselben Schuldner oder
  – wegen desselben dinglichen Rechts, oder
  – wegen einer Forderung, für welche die Eigentümer gesamtschuldnerisch
    haften
  betrieben wird (§ 18 ZVG); Näheres Rdn 373.
Nur auf **Gesuch** eines Beteiligten (§ 9 ZVG) erfolgt die Bestimmung in den Fäl- **51a**
len des § 2 Abs 1 ZVG (mit § 37 ZPO). Für Zwangsversteigerung mehrerer
Grundstücke in demselben Verfahren (Fall des § 2 Abs 2 ZVG) ergeht die Anordnung auf Gesuch eines Beteiligten oder auf Anregung eines mit einem Verfahren bereits befassten Gerichts,[11] weil die Verbindung von Amts wegen erfolgen kann (§ 18 ZVG). Von rechtlichem Gehör des Schuldners ist in der Regel
abzusehen.[12] Die allgemeinen Vollstreckungsvoraussetzungen sowie Zulässigkeit und Aussichten des beabsichtigten Verfahrens[13] werden nicht von Amts
wegen geprüft. Zu bestimmen ist als Vollstreckungsgericht das Amtsgericht, in
dessen Bezirk nach dem Ermessen des höheren Gerichts bei Ungewissheit über
die Grenzen der Bezirke das Grundstück gelegen ist, sonst das Amtsgericht, bei

---

9 Stöber Rdn 4.6 zu § 2; BayObLG 1974, 15 = NJW 1974, 1204.
10 Fall aus der Praxis: BayObLG KTS 1997, 330 = Rpfleger 1997, 269.
11 BGH MDR 1985, 52 = NJW 1984, 2166; BayObLG Rpfleger 1990, 131, KTS 1995, 736
und Rpfleger 1998, 79; Stöber Rdn 3.2 zu § 2.
12 BGH wie Fußn 11; BGH KTS 1985, 132 = WM 1984, 1342; BayObLG wie Fußn 9.
13 BayObLG 1974, 15 = aaO (Fußn 9); BayObLG Rpfleger 1990, 131; BayObLG KTS 1995,
737 sowie Rpfleger 1998, 79 und 438.

dem die Aussicht für die Erzielung eines möglichst hohen Erlöses am günstigsten ist[14] (auch[15]).

51b Der Beschluss, der das zuständige Gericht bestimmt, ist nicht anfechtbar (§ 37 Abs 2 ZPO). Die ablehnende Entscheidung ist mit sofortiger Beschwerde anfechtbar (§ 37 Abs 1 mit § 793 Abs 1 ZPO), ausgenommen dann, wenn ein Oberlandesgericht (§ 567 Abs 1 ZPO) oder der Bundesgerichtshof entschieden hat.

2. Abschnitt. Die Beteiligten
§ 9 ZVG
§ 24 Erbbaurechtsgesetz

Schrifttum: Sievers, Sind die Miteigentümer Beteiligte im ZVG-Verfahren? Rpfleger 1990, 335.

52 **Beteiligte** beim Zwangsversteigerungs- oder Zwangsverwaltungsverfahren sind grundsätzlich alle (natürlichen und juristischen) Personen, deren Interessen das Verfahren betrifft. Sie werden je nach dem Grad des rechtlichen Interesses in unterschiedlicher Weise zum Verfahren zugezogen (zB durch Zustellung der Terminsbestimmung, § 41 Abs 1 ZVG), damit sie am Verfahren teilnehmen und ihre Rechte wahrnehmen können. Im Wesentlichen sind sie durch § 9 ZVG festgelegt, aber auch durch Sondervorschriften (zB § 163 Abs 3, § 166 Abs 2 ZVG, § 24 ErbbauRG).

53 Beteiligter ist der **Gläubiger** (§ 9 ZVG Einleitung; im Verfahren nach §§ 172, 175, 180 ZVG der **Antragsteller**), also derjenige, für den das Verfahren angeordnet oder dessen Beitritt zu dem Verfahren zugelassen ist. Er ist „betreibender" Gläubiger, auch wenn sein Verfahren einstweilen eingestellt ist. Ein Gläubiger, dessen Anordnungs- oder Beitrittsbeschluss aufgehoben ist, ist in dieser Eigenschaft nicht mehr Beteiligter.[1]

Beteiligter ist der **Schuldner** (§ 9 ZVG Einleitung; im Verfahren nach §§ 172, 175, 180 ZVG der **Antragsgegner**), früher meist Subhastat genannt, also derjenige, gegen den sich das Verfahren richtet. Ist über das Vermögen des Schuldners das Insolvenzverfahren eröffnet und fällt das Grundstück in die Insolvenzmasse, so ist der Insolvenzverwalter statt des Schuldners Beteiligter[2] (der Schuldner wird dennoch „vorbehaltlich der Rechte des Insolvenzverwalters" mit Zustellungen und Mitteilungen „auf dem laufenden" gehalten).[2] Bei Eigentumswechsel nach der Beschlagnahme wird der neue Eigentümer erst durch Anmeldung Beteiligter (§ 9 Nr 2 ZVG); der bisherige Schuldner scheidet dadurch nicht aus dem Verfahren aus.

54 Beteiligte sind diejenigen, deren Interesse sich **aus dem Grundbuch ergibt.** Sie werden von Amts wegen zugezogen, wenn zurzeit der Eintragung des Vollstreckungsvermerks (§ 19 ZVG) für sie im Grundbuch ein Recht eingetragen (zB als Hypothek, Grundschuld, Wohnungsrecht, Grunddienstbarkeit) oder durch Eintragung gesichert (zB Vormerkung, Widerspruch, Pfandrecht) war (§ 9 Nr 1

---

[14] Stöber Rdn 4.4 zu § 2 mit Nachw.
[15] BGH NJW 1984, 2166 = aaO (Fußn 11); BGH KTS 1985, 132 = aaO (Fußn 12); BGH NJW-RR 1986, 1383; BGH KTS 1987, 143.
[1] Stöber Rdn 3.10 zu § 9.
[2] Stöber Rdn 3.15 zu § 9.

ZVG). Der eingetragene Gläubiger eines Briefgrundpfandrechts wird als Beteiligter behandelt, bis der wirkliche Gläubiger sein Recht anmeldet (§ 9 Nr 2 ZVG) und sich als Berechtigter legitimiert (§ 1155 BGB) oder die Abtretung im Grundbuch eingetragen wird, ebenso der eingetragene Gläubiger einer Hypothek, bis der wirkliche Berechtigte seine Eigentümergrundschuld oder den (gesetzlichen) Übergang des Rechts anmeldet und nachweist.[3] Mit Löschung einer Grundbucheintragung fällt der bisherige Berechtigte als Beteiligter weg. Näheres im Kommentar Rdn 2 zu § 9.

Ist die Eintragung oder Sicherung des Rechts im Grundbuch erst nach dem genannten Zeitpunkt erfolgt, so werden die Berechtigten nur dann berücksichtigt, wenn das Recht beim Vollstreckungsgericht **angemeldet** und erforderlichenfalls glaubhaft gemacht wird (§ 9 Nr 2 ZVG). Das gilt auch dann, wenn dem Gericht die Eintragung nach dem Vollstreckungsvermerk auf sonstige Weise, zB durch Mitteilung des Grundbuchamts (siehe § 19 Abs 3 ZVG) oder Grundbucheinsicht, bekannt geworden ist.

Der **Zeitpunkt der Eintragung** des Zwangsversteigerungs- (Zwangsverwaltungs-)Vermerks ist auch dann maßgebend, wenn das vom Anordnungsgläubiger betriebene Verfahren wieder aufgehoben ist und das Verfahren nur noch für einen Beitrittsgläubiger fortgeführt wird, für den die Beschlagnahme erst nach der Eintragung des anmeldepflichtigen Rechts wirksam geworden ist. Für den Beitrittsgläubiger wird ja kein neuer Vollstreckungsvermerk eingetragen, es bleibt der ursprüngliche bestehen. Nach der Eintragung wird eine beglaubigte Grundbuchblattabschrift (ein amtlicher Ausdruck, § 131 GBO) an das Vollstreckungsgericht erteilt (§ 19 Abs 2 ZVG), durch die dieses zuverlässig von den eingetragenen Rechten Kenntnis erhält, die für das ganze weitere Verfahren als Grundbuchinhalt zu berücksichtigen sind.   55

Bei Vollstreckung in einen Grundstücksbruchteil sind die **Miteigentümer** der anderen Grundstücksbruchteile (gegen die sich Zwangsversteigerung oder Zwangsverwaltung nicht richtet) kraft Grundbucheintrags Beteiligte;[4] ebenso bei Vollstreckung in ein Wohnungseigentum oder Wohnungserbbaurecht die anderen Wohnungseigentümer oder Wohnungserbbauberechtigten[5] (Vertretung durch den Verwalter Rdn 395).   56

Beteiligte sind diejenigen, die **anmelden** und erforderlichenfalls **glaubhaft machen** (§ 9 Nr 2 ZVG)   57
- ein der Zwangsvollstreckung **entgegenstehendes Recht** (dazu Rdn 158 ff);
- ein bei Eintragung des Vollstreckungsvermerks **nicht** im Grundbuch **eingetragenes Recht** am Grundstück oder an einem das Grundstück belastenden Recht (Rdn 54), darunter auch die landesrechtlichen Berechtigungen, die nicht eintragungsbedürftig sind und der nach dem Vollstreckungsvermerk neu eingetragene Grundstückseigentümer;
- einen nicht oder erst nach dem Vollstreckungsvermerk eingetragenen Anspruch mit dem Recht auf Befriedigung aus dem Grundstück (zB öffentliche Lasten nach § 10 Abs 1 Nr 3 ZVG);
- einen **schuldrechtlichen Anspruch,** der geeignet ist die Geltendmachung des Rechts eines anderen Beteiligten auf Befriedigung aus dem Grundstück (§ 10

---

[3] Stöber Rdn 2.3 und Rdn 3.12 zu § 9.
[4] Stöber Rdn 2.3 und Rdn 3.19 zu § 9; Jaeckel/Güthe Rdn 3 zu § 9; anders Sievers Rpfleger 1990, 335 (sind nur als Beteiligte zuzuziehen, wenn auf dem Anteil des Schuldners ein Recht oder Vermerk [auch nach § 1010 BGB] eingetragen ist).
[5] OLG Stuttgart NJW 1966, 1036 = Rpfleger 1966, 113 mit Anm Diester.

ZVG) auszuschließen oder zu beschränken[6] (hat ein Recht auf Befriedigung aus dem Grundstück an Stelle des Rechtsinhabers zum Gegenstand), insbesondere damit einen (schuldrechtlichen) **Rückgewähranspruch** auf eine (Sicherungs-) Grundschuld;[7]

– **ein Miet- oder Pachtrecht**, auf Grund dessen das Grundstück überlassen ist; Mieter und Pächter (auch Untermieter/Unterpächter[8]) können hierdurch auf Erhaltung ihrer Rechte hinwirken, auch durch entsprechende Feststellung der Versteigerungsbedingungen nach § 59 ZVG (zB Ausschluss des dem Ersteher nach § 57 a ZVG zustehenden gesetzlichen Kündigungsrechts).

58 Beteiligte sind auch

– bei Vollstreckung in ein **Erbbaurecht** der Grundstückseigentümer (§ 24 ErbbauRG);

– bei Vollstreckung in ein **Bergwerk** die landesrechtlich bestimmten Personen oder Stellen.

Bei Versteigerung eines Grundstücks im Beitrittsgebiet können der Gebäudeeigentümer sowie der Besitzberechtigte (Nutzer) aus der Sachenrechtsbereinigung und der Berechtigte eines Anspruchs auf Rückübertragung eines Vermögenswertes nach dem Vermögensgesetz Beteiligter sein;[9] der Eigentümer des Grundstücks wird bei Versteigerung des Gebäudeeigentums nicht als Beteiligter angesehen.[10]

59 Nicht Beteiligte sind

– die **Landwirtschaftsbehörde** bei Verfahren gegen ein landwirtschaftliches Grundstück,[11]

– **Behörden** oder Stellen, denen Mitteilungen über bestimmte Verfahrensvorgänge formlos oder in formeller Zustellung zugehen müssen, solange sie nicht Rechte mit der Folge der Verfahrensbeteiligung anmelden,

– der **Ersteher** als solcher, falls er nicht gleichzeitig in anderer Eigenschaft (zB als Gläubiger, mit einem Erlösverteilung hindernden Recht, Rdn 419) beteiligt ist.

3. Abschnitt. Die Zustellungen
§§ 3–8 ZVG
§§ 166–190 ZPO

Schrifttum: Drischler, Die Zustellungen im Zwangsversteigerungsverfahren, JVBl 1962, 83; Drischler, Förmliche Zustellungen im Immobiliarvollstreckungsverfahren, JVBl 1965, 225

a) Zustellungen von Amts wegen

60 Von Amts wegen erfolgen alle Zustellungen in den Verfahren des ZVG, nicht im Parteibetrieb (§ 3 ZVG). Zugestellt werden Beschlüsse und Verfügungen, wenn dies ausdrücklich bestimmt ist (zB § 22 Abs 1, § 30 b Abs 1, § 31 Abs 3,

---

[6] LG Koblenz JurBüro 2003, 551 (552); Stöber Rdn 2.8 zu § 9; anders noch OLG Hamm OLGZ 1992, 376 = Rpfleger 1992, 308; OLG Köln KTS 1988, 572 = Rpfleger 1988, 324.

[7] So (allgemein wohl) auch BGH NJW 2002, 1578 (1579).

[8] Stöber Rdn 2.10 zu § 9 (streitig); aA zB Dassler/Rellermeyer Rdn 20 zu § 9; Jaeckel/Güthe Rdn 8 zu § 9.

[9] Stöber Rdn 3.38 zu § 9.

[10] Stöber Rdn 3.38 (zu b) zu § 9.

[11] OLG Stuttgart OLGZ 1967, 301 = BWNotZ 1967, 157 = Justiz 1967, 148; Stöber Rdn 3.16 zu § 9.

§§ 32, 41 Abs 1, §§ 88, 105 Abs 2 ZVG), sonst wenn sie eine Terminsbestimmung enthalten oder eine Frist in Lauf setzen (§ 329 Abs 2 S 2 ZPO), oder einen Vollstreckungstitel bilden oder der sofortigen Beschwerde unterliegen (§ 329 Abs 3 ZPO). Andere Beschlüsse und Verfügungen werden formlos mitgeteilt (§ 329 Abs 2 S 1 ZPO). Die (förmliche) Zustellung richtet sich nach den allgemeinen Vorschriften der ZPO (§§ 166–190) und den besonderen Vorschriften für Auslandszustellungen, für die Zustellung an Angehörige der Stationierungsstreitkräfte usw.

Für Bewirkung der Zustellungen (auch für Mitteilungen) hat die **Geschäftsstelle**   60a
Sorge zu tragen (§ 166 Abs 1 ZPO). Ihr Urkundsbeamter (§ 153 GVG) hat die Zustellungen (Mitteilungen) ohne besondere Weisungen zu besorgen;[1] er handelt, soweit nicht der Rechtspfleger (Richter) Anordnungen (Weisungen) über die Zustellung trifft (der Urkundsbeamte ist an sie gebunden[2]), in eigener Zuständigkeit und Verantwortung.[3] Der Rechtspfleger (Richter) hat die ordnungsgemäße und fristgerechte Zustellung zu überwachen, wenn sie (zB § 43 Abs 2, § 83 Nr 1, § 105 Abs 2 und 4, § 130 Abs 1 ZVG) für den Verfahrensfortgang notwendig oder bedeutsam ist.

Das zuzustellende Schriftstück (die bei Zustellung zu übergebende Abschrift)   60b
muss ordungsgemäß beglaubigt sein (§ 169 Abs 2 ZPO). Ohne Beglaubigung ist die Zustellung unwirksam[4] (keine Heilung nach § 189 ZPO). Wesentliche Abweichung der beglaubigten (zugestellten) Abschrift von der Urschrift bewirkt Formungültigkeit der Zustellung; Heilung ermöglicht § 189 ZPO nicht.[5] Eine nur geringfügige (unwesentliche) Abweichung schmälert die Wirksamkeit des Beglaubigungsvermerks (§ 418 ZPO) nicht, beeinträchtigt somit die Wirksamkeit der Zustellung nicht.[6] Zustellung einer Ausfertigung (vielfach üblich bei Zustellung gerichtlicher Entscheidungen) ersetzt die Übergabe der beglaubigten Abschrift.[7]

An den **Prozessbevollmächtigten** des ersten Rechtszugs (§ 172 Abs 1 S 3 ZPO)   60c
muss zugestellt werden, sofern dessen Prozessvollmacht nicht erloschen ist (§ 172 Abs 1 ZPO). Ist an Stelle dieses Prozessbevollmächtigten für das Vollstreckungsverfahren (die Zwangsversteigerung oder Zwangsverwaltung) ein anderer Verfahrensbevollmächtigter bestellt, so ist nach § 172 Abs 1 ZPO an diesen zuzustellen. Dem Beteiligten selbst ist zuzustellen, wenn er mitgeteilt (auch nur zu verstehen gegeben) hat, dass er nicht mehr vertreten sein will (Anzeige, dass die Vollmacht erloschen ist). Vollmacht kann auch nur zur Entgegennahme von Zustellungen erteilt sein; dann kann (nicht muss) Zustellung an den gewillkürten Zustellungsbevollmächtigten als Vertreter des Zustellungsadressaten erfolgen (s auch § 4 ZVG und § 182 ZPO); zum Fall, dass die Vertretung erstmals bei Ausführung der Zustellung dem Zusteller zur Kenntnis gebracht wird, § 171 ZPO. Für nicht prozessfähige Beteiligte (§§ 51, 52 ZPO), auch an eine Aktiengesellschaft, Gesellschaft mbH sowie offene Handelsgesellschaft und Kommanditgesellschaft, ist an ihren gesetzlichen Vertreter zuzustel-

---

[1] RG 105, 422 (423); BGH LM ZPO § 187 Nr 5 = NJW 1956, 1878; Stöber Rdn 2.1 zu § 3.
[2] BGH NJW-RR 1993, 1213 (1214).
[3] RG 105, 422 (423).
[4] BGH JVBl 1964, 184 = MDR 1964, 316; Zöller/Stöber Rdn 12 zu § 169 ZPO mit weit Nachw.
[5] Zöller/Stöber Rdn 12 zu § 169 ZPO und Rdn 8 sowie 11 zu § 189 ZPO; Stein/Jonas/Roth Rdn 16 zu § 189 ZPO; aA Musielak/Wolst Rdn 2 zu § 189 ZPO.
[6] Zöller/Stöber Rdn 11 zu § 189 ZPO.
[7] Zöller/Stöber Rdn 5 zu § 166 ZPO.

len (§ 170 Abs 1 ZPO). Zustellung an Grundbuch-Zustellungsbevollmächtigte: § 5 ZVG. An Parteien kraft Amtes (Insolvenzverwalter, Nachlassverwalter) muss zugestellt werden, solange die gesetzliche Berechtigung besteht. Zustellungen an den Schuldner des Insolvenzverfahrens bei Versteigerung eines aus der Masse freigegebenen Grundstücks werden (wegen § 99 InsO) mit dem Hinweis für die Post versehen

> Zustellen außerhalb des Insolvenzverfahrens oder Zustellen trotz Insolvenzverfahren.

Die an den Schuldner des Insolvenzverfahrens gerichteten Sendungen können nicht mit Wirkung gegen diesen nach Anordnung einer Postsperre durch das Insolvenzgericht durch Auslieferung an den Insolvenzverwalter zugestellt werden.[8]

60d Zustellungen von Amts wegen können nach den durch das 2. JuMoG dem § 3 ZVG angefügten Sätzen 2 und 3 auch durch „Einschreiben mit Rückschein" erfolgen. Damit soll § 3 ZVG an § 175 ZPO angeglichen worden sein;[9] das soll der Beschleunigung und Vereinfachung des Verfahrens dienen.[7] Diese Bestimmung ist indes als überflüssig verfehlt. Bestimmung, dass Zustellung von Amts wegen auch durch Einschreiben mit Rückschein erfolgen kann, trifft bereits § 3 S 1 ZVG mit § 175 Abs 1 S 1 ZPO. Der übereifrige Gesetzgeber hat durch Ergänzung des § 3 ZVG somit unkritisch nur nochmals dargestellt, was bereits im Gesetz steht. Der Beschleunigung und Vereinfachung des Verfahrens wird diese (postalische) Zustellungsart überdies nicht dienen, weil sie schon scheitert, wenn der Adressat die Annahme der Einschreibesendung verweigert.[10] Diese Möglichkeit der Zustellung von Amts wegen ist in ZVG-Verfahren daher nur mit erheblicher Zurückhaltung wahrzunehmen.

61 **Durch Aufgabe zur Post** (§ 184 ZPO) kann (nicht muss; die Regelung dient der Vereinfachung) in den Verfahren des ZVG, und zwar immer als Einschreibesendung (§ 4 ZVG) zugestellt werden, wenn derjenige, dem zugestellt werden soll, nicht im Bezirk des Vollstreckungsgerichts (Versteigerungsbezirk, § 1 ZVG) wohnt und auch keinen hier ansässigen Prozess- oder Zustellungsbevollmächtigten dem Gericht angezeigt hat (§ 4 ZVG). Das gilt nicht für die Zustellung der Anordnungs- und Beitrittsbeschlüsse an den Schuldner (§ 8 ZVG). Bei unbekanntem Aufenthalt müssen diese öffentlich zugestellt werden (§§ 185 ff ZPO). Wegen des Verfahrens bei öffentlicher Zustellung siehe BayObLG.[11] Für Bewilligung der öffentlichen Zustellung ist der Rechtspfleger zuständig.[12]

Die Aufgabe zur Post soll vom Rechtspfleger verfügt werden. Trifft er keine Bestimmung, dann steht es im Ermessen des Urkundsbeamten, in welcher Form er die Zustellung ausführt.[13] In den Akten hat der Urkundsbeamte zu vermerken, zu welcher Zeit und unter welcher Adresse die Aufgabe erfolgt ist (§ 184 Abs 2 S 4 ZPO). Dieser Aktenvermerk ist vom Urkundsbeamten zu unterschreiben; Datierung ist nicht vorgeschrieben, unrichtige Angabe des Datums seiner Anfertigung ist daher unschädlich.[14] Der Aktenvermerk ist Zustellungsnachweis, nicht (mehr) notwendiger (konstitutiver) Bestandteil der Zustellung.[15] Zum Nachweis der Zustellung kann der Vermerk nicht vor der Aufgabe

---

[8] BayObLGSt 1979, 25 = Rpfleger 1979, 215.
[9] Begründung BT-Drucks 16/3038 S 42.
[10] Musielak/Wolst Rdn 2; Zöller/Stöber Rdn 3, je zu § 175 ZPO.
[11] BayObLG Rpfleger 1978, 446.
[12] OLG München MDR 1988, 679 = Rpfleger 1988, 370.
[13] Stöber Rdn 2.2 zu § 4.
[14] BGH MDR 1983, 204 = NJW 1983, 884.
[15] Zöller/Stöber Rdn 9 zu § 184 ZPO.

zur Post gefertigt werden, bei Anfertigung des Vermerks muss die Aufgabe zur Post schon geschehen sein. Zweckmäßig ist eine Bestätigung des Justizwachtmeisters, dass er

> die Sendung erhalten und heute beim Postamt in ... aufgegeben

hat. Der anschließende, am selben Tag zu fertigende Aktenvermerk des Urkundsbeamten kann lauten:

> Beglaubigte Abschrift vorstehenden Beschlusses wurde heute in verschlossener, mit dem Aktenzeichen ... und der Adresse ... in ... versehener Sendung der Postanstalt ... zum Zwecke der Aushändigung an den bezeichneten Empfänger übergeben.
> ..., den ...Unterschrift, Dienstbezeichnung als Urkundsbeamter der Geschäftsstelle.

Zwei Wochen nach Aufgabe zur Post gilt die Zustellung als bewirkt, selbst wenn die Sendung als unbestellbar zurückkommt (§ 184 Abs 2 S 1 ZPO). Nach einer bundeseinheitlichen Verwaltungsanordnung soll die Sendung durch Beigabe eines Merkblatts mit folgendem Text als Zustellung gekennzeichnet werden:

> Zustellung durch Aufgabe zur Post!
> Die Zustellung gilt zwei Wochen nach der am ... erfolgten Aufgabe zur Post als bewirkt.

Die in das Ausland zu bewirkende Zustellung durch Aufgabe zur Post muss den vom Empfänger in seiner Anschrift aufgeführten Namen des Bestimmungslandes bezeichnen. Fehlt die Angabe des Bestimmungslandes, dann ist die in das Ausland zu bewirkende Zustellung durch Aufgabe zur Post unwirksam.[16]

b) Zustellungsvertreter

Der Zustellungsvertreter (§ 6 ZVG) ist eine besondere Einrichtung für die Verfahren nach dem ZVG zur sicheren und zügigen Verfahrensdurchführung. Das Vollstreckungsgericht bestellt ihn, wenn   **62**
– die Voraussetzungen für eine öffentliche Zustellung gegeben sind (§ 6 Abs 1 ZVG, § 185 ZPO) oder
– bei Zustellung durch Aufgabe zur Post (Rdn 61) die Postsendung als unbestellbar zurückkommt (§ 6 Abs 2 ZVG), oder
– der Aufenthalt des Zustellungsadressaten und seines Zustellungsbevollmächtigten dem Vollstreckungsgericht nicht bekannt ist (§ 6 Abs 1 ZVG). Das ist der Fall, wenn sich aus den Verfahrensakten, Grundakten, Urkunden und den Mitteilungen des Grundbuchamts (§ 19 Abs 2 ZVG) Name und (oder) Anschrift nicht feststellen lassen und auch sonst nicht bekannt sind.[17] Eine unzureichende Mitteilung des Grundbuchamts muss das Vollstreckungsgericht vervollständigen lassen.[18] Zu Ermittlungen und Nachforschungen ist das Gericht nicht verpflichtet; sie sind aber zulässig und, wenn sich dadurch keine Verzögerungen ergeben, auch zweckmäßig. Weitere Einzelheiten im Kommentar Rdn 2 zu § 6.

---

[16] BGH 73, 388 = MDR 1979, 750 = Rpfleger 1979, 195.
[17] Stöber Rdn 2 zu § 6; auch Stöber Rpfleger 1965, 145 und Schiffhauer Rpfleger 1975, 189 (liSp oben).
[18] Stöber Rdn 2.3 zu § 6; Stöber Rpfleger 1965, 145.

Beschluss für Bestellung eines Zustellungsvertreters: Für Hans Müller, Maurer-
meister, zuletzt wohnhaft in …, jetzt unbekannten Aufenthalts (oder: Für die noch
unbekannten Erben des am … verstorbenen …, zuletzt wohnhaft in
in …), der als
Gläubiger der Hypothek in Abt III Nr 2 am Verfahren beteiligt ist, wird gemäß § 6
ZVG als Zustellungsvertreter Herr Rechtsanwalt … in … bestellt.

63 **Ausnahmen:** Ein Zustellungsvertreter muss nicht bestellt werden, es genügt
vielmehr (§ 6 Abs 3 ZVG), wenn
- für nicht Prozessfähige (§§ 51–55 ZPO) an die Vormundschaftsbehörde zugestellt wird,
- für rechtsfähige Vereine (§§ 21–23 BGB) und Stiftungen (§§ 80, 86 BGB)
oder für juristische Personen (Fiskus, Körperschaften, Stiftungen und Anstalten des öffentlichen Rechts, § 89 BGB; Handelsgesellschaften mit Rechtsper-
sönlichkeit, Genossenschaften, Versicherungsvereine auf Gegenseitigkeit) an
die Aufsichtsbehörde zugestellt wird, wobei das Registergericht nicht Aufsichtsbehörde ist.[19]

64 **Auswahl des Zustellungsvertreters:** Das Gericht hat eine zur Übernahme des
Amtes bereite Person auszuwählen; eine Pflicht zur Übernahme besteht nicht,
verspätete Ablehnung kann aber Ersatzansprüche begründen. Bei freier Wahl
des Gerichts ist mit Sorgfalt eine geeignete Person auszuwählen.[20]
Der Beschluss über die Bestellung als Zustellungsvertreter wird diesem formlos
mitgeteilt (§ 329 Abs 2 ZPO); Zustellung ist nicht nötig; eine Bestallung wird
nicht ausgehändigt, auch eine besondere „Verpflichtung" erfolgt nicht. Gerichtskosten fallen nicht an.
Belehrung und Überwachung durch das Gericht sind nicht vorgesehen, können
aber im Einzelfall zur Vermeidung von Ersatzansprüchen geboten sein.[21] Ein
Zwangsgeldverfahren ist gegen den Zustellungsvertreter nicht zulässig;[22] er
kann aber entlassen werden, wenn er seine Pflichten nicht erfüllt.

65 **Aufgaben** des Zustellungsvertreters: Er hat den Vertretenen zu ermitteln und zu
benachrichtigen (§ 7 Abs 2 S 1 ZVG), nach dessen Tod die Erben. Er hat an den
Ermittelten die ihm zugegangenen Schriftstücke auszuhändigen und die Ermittlung dem Gericht anzuzeigen. Mit dem Eingang dieser Anzeige oder wenn das
Gericht anderweitig die Anschrift des Beteiligten erfährt endet sein Amt; es
dauert ohne erneute Bestellung fort, wenn sich herausstellt, dass der Ermittelte
nicht der Beteiligte ist.[23] An den Vertreter erfolgen alle im Verfahren vorkom-
menden Zustellungen und Mitteilungen (nicht aber die Zustellung des Vollstreckungstitels, § 750 ZPO und ohne die Zustellung des Anordnungs- und Beitrittsbeschlusses, § 8 ZVG), bis der Vertretene ermittelt ist (§ 7 Abs 1 ZVG).
Solange Zweifel bestehen, soll an den Vertreter und den Ermittelten zugestellt
werden. Mit der wirksamen Zustellung an den Vertreter treten alle Wirkungen
der Zustellung voll ein. Nach der Ermittlung des Vertretenen wird an diesen
nicht erneut zugestellt. Bei seinem Tode wirken die Zustellungen auch gegen
seine Erben.
An den Vertreter kann auch die Einstellungsbelehrung nach § 30b ZVG zugestellt werden, falls sie nicht mit dem Anordnungs- oder Beitrittsbeschluss verbunden ist. Der Vertreter kann aber keine Anträge stellen, keinen Termin

---

[19] Motive zum ZVG, 1889, Seite 109; Stöber Rdn 4.1 zu § 6.
[20] Drischler JVBl 1962, 83 (85).
[21] RG 157, 89 (92) = JW 1938, 1189.
[22] RG 157, 89 (92) = aaO; Stöber Rdn 3.4 zu § 6.
[23] Drischler JVBl 1962, 83 (85); Stöber Rdn 2.6 zu § 7.

wahrnehmen, kein Rechtsmittel einlegen, keine Anmeldung abgeben. Muss der Vertretene im Verfahren tätig werden, so ist die Aufstellung eines Abwesenheitspflegers (§ 1911 BGB), eines Pflegers für unbekannte Beteiligte (§ 1913 BGB) oder eines Nachlasspflegers (§ 1960 BGB) vom Vollstreckungsgericht anzuregen; dieses ist verpflichtet, das Betreuungs- oder Nachlassgericht zu benachrichtigen (§ 22 a FamFG).

Für seine Tätigkeit kann der Zustellungsvertreter vom Vertretenen eine Vergü- 66
tung und Ersatz seiner (notwendigen) Auslagen fordern (§ 7 Abs 2 S 2 ZVG). Zusätzlich erhält er die zu zahlende Umsatzsteuer[24] (wie (§ 17 Abs. 2 ZwVwV), nicht damit, wenn sie nach § 19 Abs 1 UStG unerhoben bleibt. Die Vergütung bemisst sich nach Dauer, Schwierigkeit und Haftungsgefahr der Tätigkeit sowie nach dem Interesse des Vertretenen und der Arbeitsleistung des Vertreters. Über die Vergütung (nach billigem Ermessen) und die Auslagen entscheidet das Vollstreckungsgericht (§ 7 Abs 2 S 3 ZVG).

> **Festsetzung der Vergütung und Auslagen:** Beschluss: Der ermittelte Beteiligte Hans Müller, jetzt wohnhaft . . ., hat an den Zustellungsvertreter Rechtsanwalt . . . für dessen Tätigkeit eine Vergütung von 50.– € (zuzüglich 19% Mehrwertsteuer) und Auslagenersatz in Höhe von 4.– € (zuzüglich 19% Mehrwertsteuer) zu bezahlen.
> Gründe: Herr Müller ist am Zwangsversteigerungsverfahren als Gläubiger der Hypothek . . . beteiligt. Er war unbekannten Aufenthalts. Für ihn wurde am . . . Rechtsanwalt . . . als Zustellungsvertreter bestellt (§ 6 ZVG). Dieser hat den Aufenthalt ermittelt. Er kann von dem Vertretenen eine Vergütung und Auslagenersatz fordern (§ 7 Abs 2 ZVG). Auf seinen Antrag sind sie festzusetzen. Der Vertretene hat sich bei Anhörung nicht dazu geäußert. Für die Höhe der Vergütung ist zu berücksichtigen . . . (zeitraubend, Haftungsgefahr, Unterlagen des Grundbuchamts fehlten, viele Rückfragen, Vorsprachen bei Behörden usw.). Die Auslagen sind glaubhaft gemacht.

Zugestellt wird der Vergütungsbeschluss an den Vertretenen, formlos mitgeteilt 67
an den Vertreter, falls seinem Antrag voll stattgegeben wird (§ 329 Abs 3 ZPO) (bei Teilablehnung wird auch ihm zugestellt). An den nicht ermittelten Vertretenen wird öffentlich zugestellt.

Rechtsmittel: Sofortige Beschwerde bei einem Beschwerdewert über 200 € (§§ 793, 567 Abs 2 ZPO). Bei einem Beschwerdewert von 200 € und weniger findet gegen den Festsetzungsbeschluss des Rechtspflegers befristete Erinnerung zum Richter statt (§ 11 Abs 2 RPflG).

Der Beschluss ist **Vollstreckungstitel** nach § 794 Nr 3 ZPO gegen den Vertretenen; er bedarf der Vollstreckungsklausel;[25] diese wird auf Antrag erteilt. Die gezahlten oder geschuldeten Beträge gehören nicht zu den notwendigen Vollstreckungskosten (sie sind nicht vom Verfahrensschuldner verursacht) und können nicht vom Vertretenen an der Rangstelle seines Rechts verlangt werden, auch nicht vom Zustellungsvertreter als Verfahrenskosten;[26] sie dürfen also auf keinen Fall aus dem Erlös entnommen werden.

Nur **für die Auslagen haftet** der das Verfahren betreibende Gläubiger (mehrere als Gesamtschuldner), wenn der Vertreter sie vom Vertretenen nicht erlangen kann (§ 7 Abs 3 ZVG). Für die Vergütung haftet er nicht. Über den Auslagenersatz muss notfalls im Prozessweg entschieden werden, nicht vom Vollstreckungsgericht. Die bezahlten Auslagen kann der Gläubiger als Rechtsverfol-

---

[24] Überholt damit BGH NJW 1975, 210 = Rpfleger 1975, 55; Kammergericht NJW 1973, 762 = Rpfleger 1973, 24; OLG Hamm MDR 1972, 1035 = NJW 1972, 2038.
[25] Stöber Rdn 3.4 zu § 7.
[26] Stöber Rdn 3.7 zu § 7.

gungskosten (§ 10 Abs 2 ZVG) bei rechtzeitiger Anmeldung (§ 37 Nr 4 ZVG) an der Rangstelle seines Rechts bekommen. Wenn er damit ausfällt, haftet er dennoch für die Auslagen.

4. Abschnitt. Ansprüche auf Befriedigung aus dem Grundstück
§§ 10–13 ZVG

Schrifttum: Böttcher, Sonstige Nebenleistungen nach § 1115 BGB, Rpfleger 1980, 81; Böttcher, Abtretung von Nebenleistungen bei Grundpfandrechten, Rpfleger 1984, 85; Canaris, Der Zinsbegriff und seine rechtliche Bedeutung, NJW 1978, 1891; Drischler, Das Früchtepfandrecht nach dem Gesetz zur Sicherung der Düngemittel- und Saatgutversorgung, Rpfleger 1948/49, 499; Drischler, Die Grundsteuer in der Zwangsversteigerung, Rpfleger 1984, 340; Elsner, Grundsteuer bei der Zwangsversteigerung, BB 1985, 452; Fischer, Rechtliche Gestaltung und Probleme der öffentlichen Grundstückslast, NJW 1955, 1583; Jäger, Zur Zulässigkeit der Begründung öffentlich-rechtlicher Grundstückslasten auf Grund landesrechtlicher Vorschriften, DVBl 1979, 24; Kaps, Die Tilgungshypothek, DR 1941, 412; Mayer, Grundsteuer im Insolvenzverfahren, in der Zwangsversteigerung und der Zwangsverwaltung, Rpfleger 2000, 263; Schreiber, Die öffentlichen Grundstückslasten nach § 10 Ziff 3 ZVG und ihre Rangverhältnisse, Rpfleger 1951, 117; Stöber, Der Rang der Kostenansprüche der Gerichtskasse im Zwangsversteigerungsverfahren bei Gebührenfreiheit und Armenrecht des vollstreckenden Gläubigers, JVBl 1961, 248; Stöber, Nebenleistungen einer Grundschuld, ZIP 1980, 833.

1. Unterabschnitt. Grundsätze der Rangfolge

68   Ein **Recht auf Befriedigung** aus dem Grundstück gewähren die in § 10 ZVG dargestellten Ansprüche. Andere Ansprüche (rein persönliche Forderungen an den Grundstückseigentümer, deren Gläubiger das Verfahren nicht betreiben) bleiben selbst dann unberücksichtigt, wenn dem Schuldner ein Erlösüberschuss zufällt; ein Anspruch des Schuldners auf den Erlös kann jedoch gepfändet werden. Die Rangfolge, in der die Ansprüche der Gläubiger zu befriedigen sind, regeln die §§ 10–12 ZVG. Diese Bestimmungen bilden die Grundlage für die Feststellung des geringsten Gebots (§§ 44 ff ZVG) sowie für die Verteilung des Versteigerungserlöses (§ 109 Abs 2 ZVG) und der Zwangsverwaltungsüberschüsse (§§ 155 ff ZVG).

69   § 10 ZVG teilt die Ansprüche in (jetzt) **9 Rangklassen** ein. Ihr Verhältnis zueinander ist in der Weise geregelt, dass die Ansprüche einer späteren Rangklasse immer erst dann berücksichtigt werden, wenn alle Ansprüche der vorhergehenden Klasse befriedigt sind.
Die **Kosten des Verfahrens** sind in der Zwangsversteigerung (§ 109 ZVG, Rdn 425) und in der Zwangsverwaltung (§ 155 Abs 1 ZVG, Rdn 630) vorweg zu decken.
Einen **Rangverlust** in der Zwangsversteigerung erleiden solche Ansprüche, die anmeldepflichtig sind (§ 37 Nr 4 ZVG, Rdn 247), aber nicht rechtzeitig angemeldet (oder glaubhaft gemacht) werden (§ 110 ZVG, Rdn 236 und 421).
Eine **Einschränkung** bringt die **Zwangsverwaltung:** hier werden in der zweiten, dritten und vierten Rangklasse nur Ansprüche auf laufende wiederkehrende Leistungen berücksichtigt (§ 155 Abs 2 ZVG, Rdn 632–634). Feststellungskosten zur Insolvenzmasse (§ 10 Abs 1 Nr 1 a ZVG) begründen bei Zwangsverwaltung kein Recht auf Befriedigung aus dem Grundstück.

2. Unterabschnitt. Rangklassen

a) Zwangsverwaltungsvorschuss

Rangklasse 1: Anspruch des die Zwangsverwaltung betreibenden Gläubigers 70
(auch eines Beitrittsgläubigers) auf Ersatz seiner (freiwillig oder auf Verlangen
des Gerichts) geleisteten **Ausgaben zur Erhaltung** oder nötigen Verbesserung
des **Grundstücks.** Beispiele: Instandsetzungskosten (insbesondere Gebäudere-
paratur), Versicherungsprämie für Sachversicherung (wie Feuerversicherung[1]
im Gegensatz zur Gebäudehaftpflichtversicherung), Aufwendungen für Hal-
tung des Viehbestandes. Das Vorrecht beruht auf „dem Gesichtspunkte der
nützlichen Verwendung".[2] Zur Erhaltung oder nötigen Verbesserung des
Grundstücks müssen die Ausgaben objektiv bestimmt gewesen und tatsächlich
verwendet worden sein; sie müssen sich werterhaltend oder werterhöhend aus-
gewirkt haben.[3] Einzelheiten im Kommentar Rdn 2 zu § 10. In der Zwangsversteigerung besteht der Befriedigungsanspruch nur, wenn die Zwangsverwaltung
bis zum Zuschlag fortgedauert hat; Grund: Zusammenhang zwischen Ausgaben und Erlös. Zinsen: § 155 Abs 3 ZVG. Für Ansprüche aus der Lieferung von
Düngemitteln, Saatgut oder Futtermitteln, die der Zwangsverwalter oder der
Schuldner als Verwalter mit Zustimmung der Aufsichtsperson angeschafft hat,
besteht Anspruch in Rangklasse 1 gleichfalls (§ 155 Abs 4 S 1 ZVG). Dieses
Vorrecht besteht auch für Kredite, die zur Bezahlung solcher Lieferungen aufgenommen worden sind (§ 155 Abs 4 S 2 ZVG). Anspruch in Rangklasse 1
besteht für diese Ansprüche auch in einer der Zwangsverwaltung folgenden
Zwangsversteigerung.[4]

Mehrere Ansprüche sind untereinander gleichberechtigt. Sie sind (rechtzeitig)
anzumelden und auf Verlangen glaubhaft zu machen (§ 37 Nr 4 ZVG; auch § 9
Nr 2 ZVG). Die Anmeldung zum Zwangsversteigerungsverfahren wird nicht
dadurch ersetzt, dass sich Anfall und Höhe der Ausgaben aus den Zwangsverwaltungsakten ergeben.

Ein Zwangsverwaltungsvorschuss, der nicht (mehr) in Rangklasse 1 zum Zuge
kommt, zB deshalb, weil die Verwaltung nicht bis zum Zuschlag fortgedauert
hat, kann (bei Notwendigkeit) als Kosten der Rechtsverfolgung nach § 10
Abs 2 ZVG mit dem Rang des Hauptanspruchs des Gläubigers geltend gemacht werden. Vollstreckung der Zwangsverwaltungsvorschüsse in Rangklasse 1 ist nach dem Wesen dieser Vorrangklasse ausgeschlossen.[5] Als Zwangsvollstreckungskosten können Zwangsverwaltungsvorschüsse (bei Notwendigkeit)
jedoch nach § 788 Abs 1 ZPO an der Rangstelle des Rechts des Gläubigers auf
Grund des Hauptsachetitels oder nach Festsetzung (§ 788 Abs 2 ZPO) beigetrieben werden.

b) Feststellungskosten zur Insolvenzmasse

Rangklasse 1 a: Im Falle der Zwangsversteigerung (nicht bei Zwangsverwal- 70a
tung), bei der das Insolvenzverfahren über das Vermögen des Schuldners eröff-

---

[1] BGH 154, 387 (394) = MDR 2003, 1074 = NJW 2003, 2162.
[2] Denkschrift zum ZVG, Seite 37.
[3] BGH 154, 387 (391) = aaO (Fußn 1).
[4] Stöber Rdn 2.4 zu § 10; Jonas/Pohle, ZwVNotrecht, Anm 2 zu § 10 und Anm 4 d zu § 155;
nicht richtig Steiner/Hagemann Rdn 22 und 23 zu § 10.
[5] Stöber Rdn 2.9 zu § 10 mit Einzelheiten.

net ist, die zur Insolvenzmasse gehörenden Ansprüche auf Ersatz der **Kosten der Feststellung der beweglichen Gegenstände,** auf die sich die Versteigerung erstreckt. Zu diesen Gegenständen § 55 Abs 1 ZVG. Zubehörstücke, die einem Dritten gehören, im Schuldnerbesitz aber mitversteigert werden (§ 55 Abs 2 ZVG) gehören nicht zur Insolvenzmasse (§ 35 InsO; auch § 47 Abs 1); der Verwaltungs- und Verwertungsbefugnis des Insolvenzverwalters unterliegen sie nicht. Eine Verwaltertätigkeit für ihre Feststellung begründet daher keinen bevorrechtigten Erstattungsanspruch.[6] Forderungen (damit insbesondere eine Versicherungsforderung) und Rechte, die mit dem Grundstück verbunden sind (§§ 96, 1126 BGB) gehören nicht zu diesen beweglichen Gegenständen.[7] Mit vorrangigem Ersatz der Feststellungskosten soll (wie bei Verwertung einer beweglichen Sache; siehe § 170 InsO) vermieden werden, dass die Insolvenzmasse zum Nachteil der (ungesicherten) Insolvenzgläubiger mit Bearbeitungskosten belastet bleibt, die ausschließlich für Verwaltertätigkeit im Interesse der am Grundstück Berechtigten verursacht sind.[8] Die Feststellungskosten betragen pauschal 4 vH des Wertes der beweglichen Gegenstände (§ 74 a Abs 5 S 2 ZVG). Der Anspruch muss vom Insolvenzverwalter (zur Rangwahrung rechtzeitig) angemeldet werden (§ 37 Nr 4, auch § 45 Abs 1, §§ 110, 114 ZVG). Vollstreckt werden kann der Anspruch auf Feststellungskosten nicht.[9] Bei Eigenverwaltung (§ 270 InsO) besteht Anspruch auf Feststellungskosten nicht (es ist kein Insolvenzverwalter bestellt; der Sachwalter hat nicht die Aufgaben des Insolvenzverwalters).

c) Hausgeld (Wohngeld)

71 **Rangklasse 2:** Nur bei Vollstreckung in ein **Wohnungseigentum** (seit 1. Juli 2007) die als Hausgeld (Wohngeld) bezeichneten Beiträge zu den Lasten und Kosten des gemeinschaftlichen Eigentums oder Sondereigentums (§ 16 Abs 2, § 28 Abs 2 und 5 WEG). Zu diesen Ansprüchen Rdn 399.

Bis zum 30. Juni 2007 waren in Rangklasse 2 Litlohnansprüche (auch Lidlohn, von „Liten" sowie „Laten" = Halbfreie, Hörige) der in Land- und Forstwirtschaft zur Grundstücksbewirtschaftung beschäftigen Personen eingeordnet. Diese Regelung war durch die soziale und rechtliche Entwicklung überholt; sie ist (als entbehrlich) ersatzlos weggefallen. Übergangsvorschrift für am 1. Juli 2007 anhängige Verfahren: § 62 Abs 1 WEG.

72 **Rangklasse 2/3:** Diese Zwischenklasse ist in § 10 ZVG nicht vorgesehen. Landesrechtlich stehen bestimmte **bergrechtliche Ansprüche** zwischen Rangklasse 2 und 3. Näheres im Kommentar Rdn 5 zu § 10.

d) Öffentliche Lasten

73 **Rangklasse 3:** Ansprüche aus **öffentlichen Grundstückslasten.** Eine gesetzliche Begriffsbestimmung für den Rechtsbegriff „öffentliche Grundstückslast" gibt es nicht. Ihr Wesen besteht darin, dass sie dinglicher Natur ist (das Grundstück haftet für sie unmittelbar, daneben kann eine persönliche Zahlungsverpflich-

---

[6] Stöber Rdn 3.2 aE zu § 10.
[7] Stöber Rdn 3.2 zu § 10.
[8] Begründung zu Art 20 EGInsO, BT-Drucks 12/3803, S 68; Stöber Rdn 3.2 zu § 10.
[9] Stöber Rdn 3.7 zu § 10; Morvilius ImmVollstr Rdn 69.

tung bestehen) und im öffentlichen Recht ihre Grundlage hat.[10] Die öffentliche Grundstückslast sichert mithin als Verwertungsrecht eine grundstücksbezogene öffentliche Abgabeforderung; der Eigentümer hat wegen der öffentlichen Last die Zwangsvollstreckung in den Grundbesitz zu dulden (siehe § 77 Abs 2 AO; Text im Kommentar T 4).

Was im Einzelnen öffentliche Grundstückslasten sind, bestimmt sich nach dem öffentlichen Recht der Bundesrepublik und der einzelnen Länder. Die Eigenschaft als öffentliche Grundstückslast kann in einer Rechtsvorschrift ausdrücklich zuerkannt sein; sie kann sich aber auch aus der rechtlichen Gestaltung und der Beziehung zum Grundstück ergeben. Aus der gesetzlichen Regelung muss eindeutig hervorgehen, dass die Abgabeverpflichtung auf dem Grundstück lastet, dass mithin nicht nur eine persönliche Haftung des Abgabenschuldners, sondern auch die dingliche Haftung des Grundstücks besteht.[11] Ausgestaltung einer Beitragsverpflichtung als öffentliche Last durch Satzung einer Gemeinde usw erfordert gesetzliche Ermächtigung; fehlt sie, dann ist die Satzungsregelung, durch die eine dingliche Grundstückshaftung begründet wird, ungültig.[12] Die Eigenschaft als öffentliche Last wird nicht dadurch beseitigt, dass über die Höhe der Abgabe in einem verwaltungsgerichtlichen Verfahren ein Vergleich geschlossen wird.[13]

Hauptsachebeträge (einmalige Leistungen) sind in dieser Rangklasse bevorrechtigt wegen der aus den letzten vier Jahren rückständigen Beträge. **Wiederkehrende Leistungen** (zB Grundsteuer) sind dies nur mit den laufenden Beträgen und den Rückständen aus den letzten zwei Jahren. Diese zeitliche Begrenzung des Vorrechts dient der Sicherheit des Realkredits (wiederkehrende Leistungen sollen nicht endlos anwachsen, sondern zeitlich überschaubar bleiben, Hauptsachebeträge sollen nicht zeitlos vorrangig verlangt werden können), macht es aber dem Abgabengläubiger doch möglich, Leistungen angemessen zu stunden. Der Rückstand wiederkehrender Leistungen bestimmt sich nach dem Fälligkeitszeitpunkt (Abgrenzung nach § 13 ZVG, Rdn 88); durch Vereinbarung oder Stundung können die Zeiten nicht verlängert werden.[14] Für eine einmalige Leistung (Hauptsachebetrag, zB Erschließungsbeitrag nach Baugesetzbuch, einmaliger Beitrag nach einem Landes-Kommunalabgabengesetz) trifft § 13 ZVG keine Bestimmung zur Abgrenzung der Zeitdauer des Vorrechts. Sie ist rückständig, wenn sie bei Fälligkeit nicht bezahlt (getilgt) worden ist. Der Vier-Jahres-Zeitraum beginnt für sie daher mit der Fälligkeit des Anspruchs;[15] er endet vier Jahre später. Gewahrt ist er somit, wenn der Gläubiger innerhalb dieses Zeitraums wegen des bevorrechtigten Anspruchs die Anordnung der Zwangsversteigerung oder Zulassung des Beitritts erwirkt hat oder seinen Anspruch zu einem von ihm nicht selbst betriebenen Verfahren (rechtzeitig, § 37 Nr 4 ZVG) angemeldet hat und dann (im letztgenannten Fall) der Zuschlag vor Ablauf des Vier-Jahres-Zeitraums erteilt worden ist.[16]

---

[10] BGH KTS 1971, 192 = MDR 1971, 205; BGH MDR 1989, 60 = NJW 1989, 107; Stöber Rdn 6.1 zu § 10.

[11] BGH MDR 1981, 1002 = NJW 1981, 2127; BGH MDR 1989, 60 = NJW 1989, 107.

[12] BGH NJW 1989, 107 = aaO (Fußn 10).

[13] BGH MDR 1971, 205 und NJW 1989, 107 = je aaO (Fußn 10).

[14] Stöber Rdn 2.5–2.8 zu § 13; siehe auch Rdn 89.

[15] BGH NJW-RR 2006, 1096 = Rpfleger 2006, 424 (425); BGH Rpfleger 2008, 213; BGH NJW 2008, 1445 (1446).

[16] So wohl BGH NJW-RR 2006, 1096; anders (kein Hinweis auf Zeit des Zuschlags) BGH Rpfleger 2008, 213 und (darauf verweisend) BGH NJW 2008, 1445 (1446).

Mehrere Ansprüche sind untereinander gleichberechtigt, gleich ob sie auf Bundes- oder Landesrecht beruhen. Einem Grundpfandrecht kann ein Befriedigungsvorrecht vor einer öffentlichen Last für als Beitrag geschuldete Geldleistungen einer Umlegung oder Grenzregelung bewilligt sein (§ 64 Abs 4, § 81 Abs 1 BauGB).

Die Ansprüche sind rechtzeitig anzumelden und auf Verlangen glaubhaft zu machen (§ 37 Nr 4 ZVG; auch § 9 Nr 2 ZVG).

74   **Arten der öffentlichen Grundstückslasten** nach Bundesrecht (nur wichtige; Einzelheiten im Kommentar Rdn 6.2–6.16 zu § 10):

Ausgleichsbetrag für Einsatz öffentlicher Mittel bei Maßnahmen zur Erfüllung boden- und altlastenbezogener Pflichten (§ 25 Abs 6 S 1 BBodSchG).

Erschließungsbeitrag nach § 134 Abs 2 BauGB (Text im Kommentar T 10). Ein Erschließungsbeitrag wird zur Deckung des anderweit nicht gedeckten Aufwands der Gemeinden für Erschließungsanlagen erhoben (§ 127 Abs 1 BauGB). Erschließungsanlagen sind (§ 127 Abs 2 ebenda) insbesondere die öffentlichen zum Anbau bestimmten Straßen, Wege, Plätze, Sammelstraßen innerhalb der Baugebiete, Parkflächen und Grünanlagen. Der Erschließungsaufwand umfasst (§ 128 BauGB) die Kosten für den Erwerb und die Freilegung der Flächen für die Erschließungsanlagen, ihre erstmalige Herstellung einschließlich der Einrichtungen für ihre Entwässerung und ihre Beleuchtung sowie die Übernahme von Anlagen als gemeindliche Erschließungsanlagen. Der Erschließungsbeitrag kann für Teile der Erschließungsanlagen selbstständig erhoben werden (Kostenspaltung; § 127 Abs 3 BauGB). Voll als öffentliche Last ruht der Erschließungsbeitrag zur Herstellung einer Erschließungsanlage für ein Grundstück, das der Eigentümer in Wohnungseigentumsrechte aufgeteilt hat, auf einer noch nicht veräußerten Eigentumswohnung des für den gesamten Betrag herangezogenen Eigentümers[17] (einzelne Wohnungs- und Teileigentümer sind nur anteilig beitragspflichtig, § 134 Abs 1 S 4 BauGB). Zu Grundstücksabgaben (grundstücksbezogene Benutzungsgebühren) s Rdn 395 b.

Flurbereinigungsgebühren (Beiträge und Vorschüsse) nach § 20 (auch § 106) des Bundes-Flurbereinigungsgesetzes[18] (Text im Kommentar T 18).

Geldleistungen, zu denen Eigentümer (Erbbauberechtigte) an die Gemeinde nach einem **Umlegungsplan** verpflichtet sind (§ 64 Abs 3 BauGB). Keine öffentliche Last ist jedoch der Ausgleichbetrag, den der Eigentümer der Gemeinde zur Finanzierung der Sanierung zu entrichten hat (§ 154 Abs 4 S 3 BauGB).

Geldleistungen an die Gemeinde für Wertänderung (Wertunterschiede), die durch eine vereinfachte Umlegung (früher Grenzregelung) bewirkt sind (§ 81 Abs 2 S 4 mit § 64 Abs 3 BauGB).

Grundsteuer nach dem Bundes-Grundsteuergesetz vom 7. 8. 1973 (BGBl 1973 I 956 [Text im Kommentar T 21]). Fälligkeiten (§ 28 des Gesetzes) am 15. 2., 15. 5., 15. 8. und 15. 11. zu je einem Viertel des Jahresbetrags (die Gemeinden können abweichend Fälligkeit am 15. 8. mit dem Jahrskleinbetrag, dann am 15. 2. und 15. 8., auf Antrag auch am 1. 7. mit einem Jahresbetrag, bestimmen). Säumniszuschlag (§ 240 Abs 1 AO) und (etwaige) Zinsen (§§ 233–237 AO) sind als steuerliche Nebenleistungen (§ 3 Abs 4 AO) Anspruch aus dem Steuerschuldverhältnis (§ 37 Abs 1 AO), die das rechtliche Schicksal der Steuer teilen, zu der sie erhoben werden. Für sie bestimmt § 12 GrStG als Steuergesetz (§ 43 AO) die dingliche Haftung des Grundstücks in gleicher Weise wie für die

---

[17] LG Lüneburg Rpfleger 1976, 68.
[18] Stöber Rdn 6.5 zu § 10.

Grundsteuer selbst; sie sind somit ebenso wie die Grundsteuer öffentliche Last[19] (s auch Rdn 74 c).

Schornsteinfegergebühren (Kehr- und Überprüfungsgebühren mit Umsatzsteuer) nach § 25 Abs 4 Schornsteinfegergesetz (Text im Kommentar T 39).

Verbandsbeiträge der dinglichen Verbandsmitglieder nach § 29 Wasserverbandsgesetz (WVG) vom 12. 2. 1991 (BGBl I 405).

Nach **Landesrecht** sind öffentliche Lasten eines Grundstücks Abgaben und Leis- **74a** tungen, die auf dem Grundstück lasten und nicht auf einer privatrechtlichen Verpflichtung beruhen, so § 31 Abs 1 BadWürtt GVG-AusfG (Text im Kommentar T 49), Art 2 Hess ZVG-AusfG (Text im Kommentar T 57) und Art 4 RheinlPfälz ZVG-AusfG (Text im Kommentar T 62). Es sind dies landesrechtliche Abgaben und Leistungen, die ausdrücklich zu öffentlichen Grundstückslasten erklärt oder nach ihrer rechtlichen Gestaltung als solche anzusehen sind. Abgaben, die Gemeinden und Gemeindeverbände für die Inanspruchnahme öffentlicher Einrichtungen oder Anlagen als sogen Benutzungsgebühren erheben, können nach **Kommunalabgaberecht** der Länder öffentliche Grundstückslasten sein. Entsprechendes gilt für Beiträge und Umlagen, die Gemeinden und Gemeindeverbände für die Mitgliedschaft in einem Zweckverband zahlen (sogen Verbandslasten) und als Gebühren denjenigen auferlegt haben, die Einrichtungen und Anlagen des Verbandes in Anspruch nehmen oder denen der Verband Vorteile gewährt. Abgaben für wirtschaftliche Gemeindeunternehmen (zur Versorgung mit Gas, Strom, Trinkwasser, zur Abfall- und Abwasserbeseitigung, für Kanalisation, Müllabfuhr und Straßenreinigung) sind öffentliche Abgaben nur, wenn das Unternehmen in öffentlich-rechtlicher Organisationsform (zumeist als Eigenbetrieb oder von einem beliehenen Unternehmer mit öffentlich-rechtlichen Rechtsverhältnissen) geführt wird. Die Erhebung der Abgabe erfordert dann Satzungsgrundlage, die den Abgabenschuldner bezeichnen und somit (gegebenenfalls in Verbindung mit Landesgesetz) die Eigenschaft als öffentliche Last erkennbar machen muss. Keine öffentlichen Lasten sind sonach gemeindliche Benutzungsgebühren, die nur vom jeweiligen Benutzer (auch Mieter, Pächter) für die tatsächliche Inanspruchnahme öffentlicher Einrichtungen erhoben werden, mithin nicht dem Grundstück (seinem jeweiligen Eigentümer) auferlegt sind (siehe auch Rdn 395 b). Gemeindlichen Versorgungsunternehmen auf privatrechtlicher Grundlage (Gesellschaft mbH, Aktiengesellschaft) wird ein privatrechtliches Entgelt geschuldet; ihm fehlt die Eigenschaft als öffentliche Abgabe; es kann daher auch nicht öffentliche Grundstückslast sein (bedenklich daher die Rdn 74 b unter e dargestellte Hamburger Bestimmung).

Wesentliche **landesrechtliche Bestimmungen** und öffentliche Lasten (Kommu- **74b** nalabgabengesetze sind nur für einige Länder erfasst)

a) **Baden-Württemberg:** § 31 Abs 2 BadWürtt GVG-AusfG vom 16. 12. 1975 (Text im Kommentar T 49); Beiträge im Sinne des § 10 des Kommunalabgabengesetzes und Kirchensteuern aus Grundsteuermessbeträgen.

b) **Bayern:** Beiträge zur Viehversicherung nach Art 29 Bay GVG-AusfG (Text im Kommentar T 51) und für Investitionsaufwand nach Art 5 Abs 7 Kommunalabgabengesetz (BayRS 2024–1–I). Nach Art 70 Abs 1 BGB-AusfG (BayRS 400–1–7) haftet das Grundstück für öffentliche Lasten. Die Haftung

---

[19] Verfehlt daher Sievers Rpfleger 2006, 522, der bei dem Vergleich mit den Mobiliarvollstreckungskosten (§ 523 liSp) gleich auch noch übersieht, dass sie für Vollstreckung gegen den (persönlichen) Steuerschuldner (§§ 10, 11 GrStG) erhoben werden, nicht jedoch für (dingliche) Vollstreckung der öffentlichen Last (§ 12 GrStG) entstehen.

für fällige wiederkehrende Leistungen erlischt jedoch mit dem Ablauf von zwei Jahren, für fällige einmalige Leistungen mit dem Ablauf von vier Jahren nach dem Eintritt des Zeitpunktes, von dem an die Leistung gefordert werden kann, wenn nicht vorher die Beschlagnahme des Grundstücks erfolgt ist (sonach keine Rangklasse 7); über den Zeitpunkt hinaus, in dem die persönliche Schuld erlischt, haftet das Grundstück nicht.

c) **Berlin:** Art 1 Berl ZVG-AusfG (Text im Kommentar T 53); Beiträge und Leistungen zur Erfüllung der Deichpflicht und gemeine Lasten, zu denen namentlich gehören (siehe Art 2): Abgaben und Leistungen, die aus dem Kommunal-, Kirchen-, Pfarr- oder Schulverband entspringen oder an Kirchen, Pfarren, Schulen, Kirchen- oder Schuldbedienstete zu entrichten sind, Beiträge, die aus der Verpflichtung zu öffentlichen Wege-, Wasser- oder Uferbauten entstehen und Beiträge, die an einen gemeinnützigen Zweck verfolgende Körperschaften des öffentlichen Rechts zu entrichten sind (nicht damit Beiträge an privatrechtlich organisierte Versicherungsgesellschaften).

d) **Bremen:** § 5 Brem ZVG-AusfG (Text im Kommentar T 55); Leistungen zur Erfüllung der Deichpflicht, Reallasten, welche den Grundbesitzern als Mitgliedern politischer oder kirchlicher Gemeinden zu den gemeinschaftlichen Anstalten und Einrichtungen obliegen, Verbindlichkeiten in Beziehung auf Straßen, Wege, Flüsse, Gräben, Brücken, Kanalisationsanlagen usw, die nach Gesetz, Satzung oder Herkommen auf dem Grundstück ruhen.

e) **Hamburg:** Art 3 und 4 Hamb ZVG-AusfG (Text im Kommentar T 56); die für die Wasserversorgung durch die Hamburger Wasserwerke GmbH zu entrichtenden Beiträge (bedenklich, siehe Rdn 74a aE) und die für Marschentwässerung zu erstattenden Kosten.

f) **Hessen:** Art 2 Hess ZVG-AusfG (Text im Kommentar T 57); Abgaben und Leistungen, die auf der Zugehörigkeit zu einer Gemeinde oder einem Gemeindeverband beruhen, Kirchspielumlagen usw, Beiträge an Stiftungen, Anstalten und Körperschaften des öffentlichen Rechts, die einen gemeinnützigen Zweck verfolgen, sowie an öffentlichrechtliche Genossenschaften zur Verbesserung der Bodenverhältnisse und zu öffentlichen Wege-, Wasser- und Uferbauten.

g) **Nordrhein-Westfalen:** Art 1 Nordrhein-Westfäl ZVG-AusfG (Text im Kommentar T 61); Beiträge und Leistungen zur Erfüllung der Deichpflicht und gemeine Lasten (Art 2; Einzelangabe siehe bei Berlin; außerdem Beiträge nach dem Gesetz betr Schutzwaldungen).

h) **Rheinland-Pfalz:** Art 4 RheinlPfälz ZVG-AusfG (Text im Kommentar T 62); Abgaben und Leistungen, die auf dem Grundstück lasten und nicht auf einer privatrechtlichen Verpflichtung beruhen.

i) **Saarland:** § 42 Saarl Justizausführungsgesetz (Text im Kommentar T 63); Abgaben und Leistungen, die auf dem Grundstück lasten und nicht auf einer privatrechtlichen Verpflichtung beruhen.

k) **Schleswig-Holstein:** Art 1 SchleswHolst ZVG-AusfG (Text im Kommentar T 66); Beiträge und Leistungen zur Erfüllung der Deichpflicht und gemeine Lasten (Art 2; Einzelangabe siehe bei Berlin; außerdem Beiträge nach dem Gesetz betr Schutzwaldungen).

l) **Thüringen:** § 1 ThürAGZVG (Text im Kommentar T 67); Abgaben und Leistungen, die auf dem Grundstück lasten und nicht auf einer privatrechtlichen Verpflichtung beruhen.

74c Als **Nebenleistungen** einer öffentlichen Last gewähren Zinsen und Zuschläge (wiederkehrende Leistungen in der 2-Jahresgrenze) bevorrechtigt Anspruch auf

Befriedigung aus dem Grundstück[20] (siehe Wortlaut des § 10 Abs 1 Nr 3 ZVG), somit der Steuersäumniszuschlag[21] (§ 240 AO) und Zinsen (§§ 233–239 AO) (s auch Rdn 74 bei Grundsteuer). Für (dingliche, nicht auch für persönliche) Rechtsverfolgungskosten einer öffentlichen Last begründet § 10 Abs 2 ZVG Anspruch auf Befriedigung aus dem Grundstück. Der Verspätungszuschlag (§ 152 AO) wird gegen den zur Abgabe einer Steuererklärung verpflichteten säumigen Steuerpflichtigen festgesetzt; Zwangsgeld (§ 328 AO) wird bei Vollstreckung wegen Handlungen usw festgesetzt. Diese Leistungen werden somit von dem Pflichtigen persönlich geschuldet; sie sind daher keine Nebenleistungen einer öffentlichen Last des Grundstücks nach § 10 Abs 1 Nr 3 ZVG.

Keine öffentlichen Grundstückslasten sind insbesondere die sogen Betriebs-   75
steuern (§§ 74, 75 AO), so Gewerbe-, Umsatz-, Körperschafts- und Verbrauchssteuern (Bier-, Getränke-, Tabaksteuer usw), und zwar auch dann, wenn der Eigentümer des zu versteigernden Grundstücks für sie als Betriebsübernehmer haftet.[22] Auch Sozialversicherungsbeiträge und Grunderwerbsteuer sind nicht öffentliche Grundstückslast, ebenso nicht Versicherungsbeiträge für Brandversicherung usw, die (nun) privatrechtlichen Versicherungsgesellschaften geschuldet werden.

Rangklasse 3/4: Diese Zwischenklasse, in § 10 ZVG nicht vorgesehen, hat bei   76
landwirtschaftlichen Grundstücken das zwischen den öffentlichen Grundstückslasten und den dinglichen Rechten stehende **Früchtepfandrecht** gemäß dem Düngemittelgesetz.[23]

e) Rechte am Grundstück

Rangklasse 4: Rechte am Grundstück, mithin Hypothek, Grundschuld und   77
Rentenschuld, Erbbaurecht, Dienstbarkeiten und Nießbrauch, Vorkaufsrecht und Reallast, ausgenommen die in Rangklasse 6 (Rdn 82) fallenden. Dazu gehören auch (offene und versteckte) Eigentümergrundpfandrechte, Rechte, die durch Eintragung einer Vormerkung oder eines Widerspruchs gesichert sind (§ 48 ZVG), auch die nicht eintragungspflichtigen altrechtlichen Dienstbarkeiten sowie die sonst ohne Eintragung entstandenen (§ 1287 BGB, § 848 Abs 2 ZPO)[24] oder zu Unrecht gelöschten Rechte, ferner die Überbau- und Notwegrente (§ 912 Abs 2, § 917 Abs 2 BGB).[25] Bei den nicht auf Kapitalzahlung gerichteten Rechten ist im Verteilungsverfahren, wenn das Recht durch den Zuschlag erloschen ist, an seiner Stelle sein Wertersatzanspruch (§ 92 ZVG) in dieser Rangstelle anspruchsberechtigt.

Wiederkehrende Leistungen der dinglichen Rechte fallen in die Rangklasse 4 nur   78
mit den laufenden und den aus den letzten zwei Jahren rückständigen Beträgen. Der Grund für die Beschränkung ist derselbe wie bei den öffentlichen Lasten (Rdn 73). Der Rückstand bestimmt sich nach dem Fälligkeitszeitpunkt und kann durch nachträgliche Vereinbarung oder Stundung nicht abgeändert werden.

Beträge, die zur allmählichen Tilgung einer Kapitalschuld als Zuschlag zu den Zinsen zu entrichten sind, bleiben stets Hauptsacheansprüche, die ohne zeitliche Begrenzung in Rangklasse 4 fallen (Zinsen altern, Tilgungszuschläge

---

[20] Stöber Rdn 6.16 zu § 10.
[21] BGH MDR 2010, 411 = NJW-RR 2010, 671 = Rpfleger 2010, 225.
[22] LG Stuttgart Rpfleger 1976, 329 mit zust Anm Stöber.
[23] Stöber Rdn 7 zu § 10.
[24] Stöber, FordPfändung, Rdn 2046, 2058.
[25] Stöber Rdn 8.1 zu § 10.

nicht[26]). Bei Tilgungs- (Amortisations-) Hypotheken (gleich bleibende, aus sinkenden Zinsen und entsprechend ansteigenden Tilgungsleistungen bestehende Fälligkeiten) unterliegen also nur die Zinsanteile der einzelnen Fälligkeit der zeitlichen Beschränkung von zwei Jahren, nicht aber die Kapitalanteile, die (als fällige Hauptsachebeträge) immer in Rangklasse 4 bleiben.

> **Beispiel:** Eine aus dem dritten Jahr vor der Beschlagnahme noch offene Amortisationsrate mit 500 € enthält 50 € Tilgungsanteil und 450 € Zinsen. Der Tilgungsanteil fällt in Rangklasse 4, der Zinsbetrag in Rangklasse 8 des § 10 ZVG.

Ebenso bleiben Tilgungsraten einer Abzahlungshypothek (Zinsen sinken, Tilgungsraten bleiben gleich, also wechselnde Jahresleistungen) als Hauptsachebeträge in Rangklasse 4; Besonderheiten gelten allerdings in der Zwangsverwaltung (Rdn 653).

79 **Rang untereinander:** Die Ansprüche aus Grundstücksrechten der Rangklasse 4 haben den Rang, der unter den Rechten besteht (§ 11 Abs 1 ZVG). Maßgebend ist also der Grundbuchrang (§§ 879–881, 883, 1131 BGB), bei nicht eingetragenen dinglichen Rechten die Entstehungszeit.[27] Ein Eigentümerrecht hat Rang des bisherigen Fremddrechts; ist dieses nur zum Teil Eigentümerrecht geworden, dann muss es dem verbliebenen Fremddrecht nachgehen (§ 1176 BGB). Eintragungen in der Veränderungsspalte des Grundbuchs (Spalten 4, 5 der Abt II, Spalten 5–7 der Abt III), insbesondere Zinsänderungen, Abtretungen, aber auch sogen Nachverpfändungen, kommt der Rang des Hauptrechts zu, wenn keine Rangabweichung eingetragen ist.[28]

Anzumelden und auf Verlangen glaubhaft zu machen sind dingliche Rechte mit allen Ansprüchen, die zurzeit der Eintragung des Vollstreckungsvermerks in das Grundbuch aus diesem nicht ersichtlich waren, sowie für die damals eingetragenen Rechte alle Einzelansprüche (insbesondere Rechtsverfolgungskosten), die bei Eintragung des Vollstreckungsvermerks nicht aus dem Grundbuch ersichtlich waren (§ 37 Nr 4 ZVG; dazu Rdn 247; auch § 9 Nr 2 ZVG). Von wiederkehrenden Leistungen eingetragener Rechte brauchen laufende Beträge nicht angemeldet werden, rückständige müssen angemeldet, brauchen aber nicht glaubhaft gemacht werden (§ 45 Abs 2 ZVG).

f) Ansprüche des Gläubigers

80 **Rangklasse 5:** Ansprüche des das Verfahren „betreibenden" Gläubigers, soweit sie nicht schon in einer der vorhergehenden Rangklassen zu befriedigen sind.
Das Befriedigungsrecht der betreibenden Gläubiger entsteht mit der Beschlagnahme (mit ihrem Wirksamwerden); diese erfolgt durch Anordnung der Zwangsversteigerung (§ 20 Abs 1 ZVG) oder durch Zulassung des Beitritts zur Zwangsversteigerung (§ 27 Abs 2 ZVG). Der Gläubiger ist auch dann „betreibender Gläubiger", wenn sein Verfahren einstweilen eingestellt ist. Der das Verfahren betreibende persönliche (Anordnungs- oder Beitritts-) Gläubiger wird also so behandelt, wie „wenn für ihn eine Hypothek an letzter Grundbuch-Rangstelle eingetragen wäre". Der Anspruch eines Gläubigers aus Rangklasse 6, 7 oder 8 rückt mit der Beschlagnahme für ihn in Rangklasse 5 auf. Betreibt dagegen ein Gläubiger aus einer der Rangklassen 2–4, so verschlechtert sich die

---

[26] Stöber Rdn 8.7 zu § 10.
[27] Stöber Rdn 3.4 zu § 11.
[28] Stöber Rdn 3.2 zu § 11 mit Nachw; Schöner/Stöber, Grundbuchrecht, Rdn 2656; OLG Hamm OLGZ 1985, 23 = Rpfleger 1985, 17 und 144 Leits mit Anm Streuer.

Rangstelle seiner bevorrechtigten Ansprüche durch die Beschlagnahme nicht. Betreibt der Gläubiger dinglich und zugleich persönlich, so hat er zwei Rangstellen: wegen des dinglichen Anspruchs (soweit dieser in Rangklasse 4 fällt) die bevorrechtigte Rangklasse 4, wegen der persönlichen Ansprüche und wegen der als veraltet sonst in Rangklasse 8 stehenden Ansprüche die Rangklasse 5. Befriedigt werden kann der Anspruch nur einmal. Der Gläubiger soll zum Verteilungstermin anmelden, an welcher Rangstelle er zum Zuge kommen will,[29] unterbleibt dies, kommt die bessere Rangstelle zum Zuge. Vollstreckt der Gläubiger eines dinglichen Rechts (zB einer Zwangshypothek) nur aus dem persönlichen Anspruch und bleibt sein dingliches Recht bestehen (weil es als dem bestrangig betreibenden Gläubiger vorgehend ins geringste Gebot fällt, § 52 ZVG), so wird er nur aus dem persönlichen Anspruch befriedigt;[30] damit geht die Hypothek auf den Schuldner über (§ 1164 Abs 1 BGB; keine Eigentümergrundschuld des Erstehers; keine Ersatzzahlung nach § 50 ZVG).

Rang untereinander haben mehrere aus Rangklasse 5 betreibende Gläubiger 81 nach dem Zeitpunkt der Beschlagnahme (§ 11 Abs 2 ZVG).

Anzumelden sind Ansprüche aus Rangklasse 5, die sich aus dem Versteigerungsantrag (Anordnungs- oder Beitrittsantrag) ergeben, nicht. Auch für das Verteilungsverfahren gelten sie insoweit als angemeldet (§ 114 Abs 1 S 2 ZVG); auch die aus dem Versteigerungsantrag (betragsmäßig) ersichtlichen Gerichts- und Anwaltskosten fallen hierunter.[31] Betragsmäßig bestimmt ist ein Kostenanspruch im Versteigerungsantrag auch geltend gemacht, wenn er sich aus den Angaben ohne weiteres ziffernmäßig errechnen (bestimmen) lässt (zB 0,4 Gebühr nach Nr ... RVG-VergV aus ... € Geschäftswert).[32] Andere Ansprüche, insbesondere spätere Kosten, sind rechtzeitig anzumelden (und auf Verlangen glaubhaft zu machen) (§ 37 Nr 4 ZVG).

g) Dem Beschlagnahmegläubiger gegenüber unwirksame Rechte

Rangklasse 6: Ansprüche aus **dinglichen Rechten,** die an sich in Rangklasse 4 82 fallen würden (Rdn 77–79), die aber infolge der Beschlagnahme dem **betreibenden Gläubiger gegenüber unwirksam** sind. Es sind das dingliche Rechte, die erst nach der Beschlagnahme am Grundstück begründet wurden (dazu auch Rdn 141). Sie sind infolge des durch die Beschlagnahme ausgelösten Veräußerungsverbots (§ 23 ZVG) dem betreibenden Gläubiger gegenüber unwirksam (§§ 135, 136 BGB) und können daher nur mit Rang nach seinem betreibenden Anspruch (Rangklasse 5) zum Zuge kommen. Wird aus einem Anspruch der Rangklasse 6 das Verfahren betrieben, so rückt er seinerseits in Rangklasse 5 auf (wie veraltete dingliche Ansprüche der Rangklasse 8, aus denen betrieben wird).[33]

Ansprüche aus mehreren in Rangklasse 6 fallenden Rechten haben untereinander den Rang, der unter den Rechten selbst besteht (§ 11 Abs 1 ZVG); maßgebend ist also der Grundbuchrang (§§ 879–881, 883 BGB), bei nicht eingetragenen Rechten die Entstehungszeit.

Anzumelden und auf Verlangen glaubhaft zu machen sind alle nach dem Vollstreckungsvermerk eingetragenen Rechte (§ 37 Nr 4 ZVG; auch § 9 Nr 2

---

[29] Stöber Rdn 9.4 zu § 10.
[30] Stöber Rdn 9.3 zu § 10.
[31] Stöber Rdn 9.6 zu § 10.
[32] Stöber Rdn 15.9 zu § 10.
[33] Stöber Rdn 10.2 zu § 10.

ZVG), unabhängig von ihrer Wirksamkeit gegenüber dem betreibenden Gläubiger (Rdn 83).

83 **Relative Unwirksamkeit:** Betreiben mehrere Gläubiger das Verfahren, so kann ein dingliches Recht einem Beschlagnahmegläubiger gegenüber unwirksam, einem später dazukommenden Beschlagnahmegläubiger gegenüber aber wirksam sein. Das Rangverhältnis ist daher jedem betreibenden Gläubiger gegenüber (relativ) selbstständig festzustellen. Die Rangklassen 4, 5, 6 können sich in diesem Falle wiederholen. Was nach dem Vollstreckungsvermerk eingetragen ist, muss auf jeden Fall angemeldet werden (§ 37 Nr 4 ZVG).

> **Beispiel:** Anordnungsbeschlagnahme für A am   1. 3. 2010
> Hypothekeneintragung für B am   22. 3. 2010
> Beitrittsbeschlagnahme für C am   12. 4. 2010
> Hypothekeneintragung für D am   3. 5. 2010
> Beitrittsbeschlagnahme für E am   21. 5. 2010
> Hypothekeneintragung für F am   12. 6. 2010
> Beitrittsbeschlagnahme für G am   21. 6. 2010
> Gegenüber A haben B, D und F Rangklasse 6; gegenüber C hat B Rangklasse 4, D und F aber 6; gegenüber E haben B und D Rangklasse 4, F aber 6; gegenüber G haben B, D und F Rangklasse 4.

h) Ältere Rückstände

84 **Rangklasse 7:** Die nicht mehr zu Rangklasse 3 (Rdn 73) gehörenden älteren **Rückstände aus öffentlichen Lasten** (einmalige über 4 Jahre, wiederkehrende über 2 Jahre[34]). Mehrere Ansprüche sind hierbei gleichberechtigt, gleich ob auf Bundes- oder Landesrecht beruhend. Alle Ansprüche sind (rechtzeitig) anzumelden und auf Verlangen glaubhaft zu machen (§ 37 Nr 4 ZVG; auch § 9 Nr 2 ZVG).

85 **Rangklasse 8:** Die nicht mehr zu Rangklasse 4 (Rdn 77, 78) gehörenden älteren **Rückstände aus wiederkehrenden Leistungen dinglicher Rechte** (Hauptsachebeträge, auch Tilgungszuschläge, stehen hier immer in Rangklasse 4). Als ältere Rückstände aus einem Grundstücksrecht (= Rangklasse 4) fallen auch die mehr als zweijährigen Rückstände eines (infolge Begründung erst nach Beschlagnahme nur) dem Gläubiger gegenüber unwirksamen Rechts in Rangklasse 8 des § 10 Abs 1 ZVG.[35]

Untereinander haben mehrere Ansprüche den Rang, der unter den Rechten selbst besteht (§ 11 Abs 1 ZVG); maßgebend ist also der Grundbuchrang (§§ 879–881, 883 BGB), bei nicht eingetragenen Rechten die Entstehungszeit. Alle Ansprüche sind anzumelden (aber nur dann auf Verlangen glaubhaft zu machen, wenn sie sich bei Eintragung des Vermerks nicht aus dem Grundbuch ersehen ließen, also bei nicht eingetragenen dinglichen Rechten) (§ 37 Nr 4, § 45 Abs 2 ZVG).

3. Unterabschnitt. Sonstige Rangvorschriften

a) Ansprüche mit gleichem Rang

86 Bei gleichem Rang werden Ansprüche nach dem Verhältnis ihrer Beträge befriedigt (§ 10 Abs 1 S 1 ZVG).

---

[34] Stöber Rdn 11.1 zu § 10.

[35] Stöber Rdn 12.1 zu § 10; so auch Steiner/Hagemann Rdn 166 zu § 10; anders Jaeckel/Güthe Rdn 20 zu § 10.

Beispiel: Der Rest eines Versteigerungserlöses von 10 000 € gehört dem Gläubiger A für Ansprüche aus einer Hypothek (mit Zinsen und Kosten) zu 20 000 € und im gleichen Rang Gläubiger B für Ansprüche aus einer Grundschuld (Hauptsache, Zinsen, Kosten) zu 30 000 €. Auf A und B wird der Resterlös von 10 000 € nach dem Verhältnis von 20 000 € : 30 000 € verteilt. Es erhalten: A 4000 €, B 6000 €. Die Ansprüche von A und B werden bis zur Höhe des jeweils verfügbaren Betrags in der Reihenfolge (§ 12 ZVG) Kosten, Zinsen, sonstige Nebenleistungen, Hauptsache befriedigt.

b) Ansprüche aus demselben Recht

Aus demselben Recht haben Ansprüche untereinander folgende Rangordnung   87
(§ 12 ZVG; ähnlich § 367 Abs 1 BGB):
- Kostenersatz nach § 10 Abs 2 ZVG (Rdn 94–99),
- (laufende und rückständige) wiederkehrende Leistungen und andere Nebenleistungen (= unselbstständige, vom dinglichen Recht abhängige Leistungen),
- Hauptanspruch.

Beispiel: Anspruch umfasst 500 € Kosten, 1500 € Zinsen, 10 000 € Hauptsache; Resterlös nur noch 5000 €. Zum Zuge kommen 500 € Kosten, 1500 € Zinsen, 3000 € Hauptsacheteil; Ausfall beträgt 7000 € Hauptsacherest.

Diese Rangfolge gilt auch, wenn die einzelnen Ansprüche verschiedenen Gläubigern zustehen und eine abweichende Rangfolge nicht festgelegt ist.

Beispiel: Im vorausgehenden Beispiel sind 1500 € Zinsen ohne Rangfestlegung abgetreten; der Zessionar erhält sie nach den Kosten, aber vor dem Hauptanspruch des Zedenten.

Gläubiger und Schuldner können eine von § 12 ZVG abweichende Befriedigungsreihenfolge vereinbaren wie zB die Befriedigung der Hauptsache vor den Kosten und Nebenleistungen. Eine von § 12 ZVG abweichende Rangordnung kann auch bei Abtretung (insbesondere von Zinsen) vereinbart sein (zB Vorrang der Hauptsache vor abgetretenen Zinsen). Einzelheiten: Kommentar Rdn 4 zu § 12.

c) Laufende Beträge und Rückstände

Für **wiederkehrende Leistungen** (Rdn 71, 73, 78, 84, 85; § 45 Abs 2, §§ 47, 49,   88
114 Abs 2, § 155 Abs 2, § 156 Abs 1 ZVG) setzt § 13 ZVG den Zeitpunkt fest, nach dem sich die laufenden Beträge und die Rückstände voneinander abgrenzen. Danach gelten als **laufende** Beträge wiederkehrender Leistungen für das ganze Verfahren der **Letzte vor der Beschlagnahme** fällig gewordene Betrag sowie die später fällig werdenden Beträge; sie werden damit auch dadurch nicht zu Rückständen, dass sie während des Verfahrens fällig werden. Alle älteren (nicht getilgte oder nicht erloschene) Beträge sind Rückstände. Bei Fälligkeit am Beschlagnahmetag ist die vorausgehende Fälligkeit (= letzte vor) maßgebend.

Der **Fälligkeitszeitpunkt** ergibt sich
- bei öffentlichen Grundstückslasten (Rangklassen 3 und 7) aus einem Gesetz oder einer kraft Gesetzes erlassenen Satzung oder dem Steuer- bzw Leistungsbescheid, der eine Leistungsverpflichtung für einen bestimmten Zeitpunkt fällig stellt;
- bei dinglichen Rechten (Rangklassen 4, 6 und 8) aus der Grundbucheintragung bzw der dort in Bezug genommenen Eintragungsbewilligung (§§ 1115,

874 BGB). Wenn die Grundbucheintragung eine Fälligkeit nicht ausweist, fehlt es (auch bei der Darlehenshypothek) an einem Fälligkeitszeitpunkt[36] (Folge Rdn 90).

Auf den Berechtigten kommt es nicht an; Leistungen, die nach der Abgrenzung des § 13 ZVG rückständig sind, bleiben auch bei Gläubigerwechsel „Rückstände".

Die am **letzten Fälligkeitstermin vor der Beschlagnahme** zu erbringende Leistung ergibt, für welchen Zeitraum die wiederkehrenden Leistungen als laufende oder rückständige zu berechnen (geschuldet) sind; dies richtet sich nach dem Zeitraum, für den am Fälligkeitszeitpunkt die Leistung zu erbringen ist (nachträglich, im Voraus).

Beispiel: Das am 11. 2. 2010 beschlagnahmte Grundstück ist belastet mit A = Hypothek, deren Zinsen kalenderhalbjährlich nachträglich je am 30. 6. und 31. 12. fällig werden; B = Grundschuld, deren Zinsen halbjährlich im Voraus je am 1. 1. und 1. 7. fällig werden; C = Hypothek, deren Zinsen am 11. 2. für die Zeit vom 1. 9. bis 28. 2. und am 11. 8. für die Zeit vom 1. 3. bis 31. 8. fällig werden; D = Zwangshypothek, für deren Zinsen Fälligkeitszeitpunkte nicht bestimmt sind. Es sind laufende bzw rückständige Zinsen:

bei Recht	**laufende** Zinsen	**rückständige** Zinsen
A	die am 31. 12. 2009 für die Zeit vom 1. 7. bis 31. 12. 2009 fällig gewordenen Zinsen und die später fällig werdenden Beträge	die am 30. 6. 2009 für die Zeit vom 1. 1. bis 30. 6. 2009 fällig gewordenen Zinsen und die älteren Beträge
B	die am 1. 1. 2010 für die Zeit vom 1. 1. bis 30. 6. 2010 fällig gewordenen Zinsen und die später fällig werdenden Beträge	die am 1. 7. 2009 für die Zeit vom 1. 7. bis 31. 12. 2009 fällig gewordenen Zinsen und die älteren Beträge
C	die am 11. 8. 2009 für die Zeit vom 1. 3. bis 31. 8. 2009 fällig gewordenen Zinsen und die später fällig werdenden Beträge	die am 11. 2. 2009 für die Zeit vom 1. 9. 2008 bis 28. 2. 2009 fällig gewordenen Zinsen und die älteren Beträge
D	die ab 11. 2. 2010 (= Beschlagnahmetag) zu berechnenden Zinsen	die bis 10. 2. 2010 (einschließlich) aufgelaufenen Zinsen.

89 **Stundung** oder Teilzahlungsbewilligung macht die (ursprüngliche) Fälligkeit nicht gegenstandslos, bewahrt also einen Vorrang nicht über die Zeit hinaus, die den Ansprüchen nach der in §§ 10, 13 ZVG getroffenen Regelung zusteht.[37]

90 Wenn ein **Fälligkeitstermin** innerhalb der Letzten zwei Jahre **fehlt**, entscheidet der Zeitpunkt der Beschlagnahme für die Abgrenzung laufender und rückständiger wiederkehrender Leistungen (§ 13 Abs 3 ZVG); ein mehr als zwei Jahre zurückliegender Fälligkeitszeitpunkt bleibt dabei also unberücksichtigt. Die bis zur Beschlagnahme zu errechnenden Beträge sind in diesem Fall auch dann als Rückstand zu behandeln, wenn sie in diesem Zeitpunkt noch gar nicht fällig wären.[38]

Beispiel: Beschlagnahme 1. 7. 2010; Fälligkeiten für jeweils drei Jahre nachträglich am 31. 12. 2010, 31. 12. 2007, 31. 12. 2004 usw. Keine Fälligkeit in den letzten zwei

---

[36] Stöber Rdn 2.5 zu § 13.
[37] Stöber Rdn 2.8 zu § 13; siehe auch bereits Rdn 73 und RG 83, 87.
[38] Jaeckel/Güthe Rdn 3 zu § 13.

Jahren; daher maßgebend 1. 7. 2010 als Beschlagnahmetag; laufende Leistungen ab 1. 7. 2010, Rückstände bis 30. 6. 2010, Rückstände aus den letzten zwei Jahren vom 1. 7. 2008 bis 30. 6. 2010.

An einem Fälligkeitstag fehlt es insbesondere auch bei Verzugszinsen (§§ 288, 1118 BGB), Prozesszinsen (§§ 291, 1118 BGB), Wechsel- und Scheckzinsen. Bei Zwangshypotheken entscheidet daher (wenn der Titel nicht ausnahmsweise etwas anderes ausweist) nach § 13 Abs 3 ZVG der Beschlagnahmetag[39] (Beispiel bei Rdn 88). Bei der Hypothek zur Sicherung eines Darlehens (nicht bei der Hypothek zur Sicherung einer Forderung aus anderem Schuldgrund), nach mitunter geäußerter Ansicht selbst bei der demselben Zweck dienenden Grundschuld (obwohl sie abstrakt ist) soll dann, wenn die Hauptsachebeträge noch nicht fällig sind und über die Zinsfälligkeit nichts vereinbart ist (dies kommt in der Praxis kaum vor) § 488 Abs 2 BGB gelten[40]: Fälligkeit der Zinsen nach Ablauf je eines Jahres seit der Eintragung des Grundpfandrechts im Grundbuch. Dem ist nicht zu folgen; es fehlt vielmehr an einem Fälligkeitszeitpunkt, wenn ein solcher durch eingetragene Zahlungsbestimmungen (Bezugnahme auf Eintragungsbewilligung, § 874 BGB) nicht ausgewiesen ist.[41]

91 Bei **mehreren Beschlagnahmen** (Beschlagnahmen für mehrere Ansprüche: Anordnungsbeschluss und mindestens ein Beitrittsbeschluss) ist für die Abgrenzung von laufenden und rückständigen wiederkehrenden Leistungen die erste Beschlagnahme maßgebend (§ 13 Abs 4 S 1 ZVG), und zwar mit dem Zeitpunkt, an dem diese frühestens wirksam geworden ist (Rdn 93). Die Abgrenzung soll im selben Verfahren für alle Gläubiger einheitlich erfolgen. Dabei bleibt es auch dann, wenn das Verfahren des ersten Gläubigers (Anordnungsbeschluss) nach Beitritt eines oder mehrerer Gläubiger (es kann auch derselbe Gläubiger wegen anderer Ansprüche seinem eigenen Verfahren beitreten) aufgehoben ist, das Verfahren also nur noch für Beitrittsgläubiger fortgeführt wird.[42] Das gilt aber nicht, wenn die Anordnungs-Beschlagnahme vor dem Wirksamwerden eines Beitrittsbeschlusses erloschen ist (Erlöschen der Beschlagnahmewirkung bei Antragsrücknahme: Rdn 144); hier entscheidet nur mehr die „zweite" Beschlagnahme, weil sie ein neues Verfahren einleitet.[43]

92 Wenn eine **Zwangsverwaltung** der Zwangsversteigerung **vorausgeht** (vom selben oder einem anderen Gläubiger betrieben), so gilt die Zwangsverwaltungs-Beschlagnahme als die Erste (für die Abgrenzung von laufenden und rückständigen wiederkehrenden Leistungen), falls sie bis zur Zwangsversteigerungs-Beschlagnahme fortgedauert hat (§ 13 Abs 4 S 2 ZVG). Umgekehrt wirkt die vorausgehende Zwangsversteigerungs-Beschlagnahme nicht für das nachfolgende Zwangsverwaltungsverfahren (Ausnahme: § 77 Abs 2 ZVG, Fortsetzung eines ergebnislosen Zwangsversteigerungsverfahrens als Zwangsverwaltung).

93 **Wirksam wird die erste Beschlagnahme** mit einem der folgenden Zeitpunkte, wobei jeweils das im Einzelfall frühere Ereignis maßgebend ist:
– wenn der Anordnungsbeschluss dem Schuldner zugestellt wird (§ 22 Abs 1 ZVG). Bei mehreren Schuldnern als Miteigentümer zur gesamten Hand (Rdn 6 b) wird die Beschlagnahme erst mit der letzten Einzelzustellung wirksam;

---

[39] Stöber Rdn 2.4; Jaeckel/Güthe Rdn 3, je zu § 13.
[40] Jaeckel/Güthe Rdn 2; Korintenberg/Wenz Anm 2; Steiner/Hagemann Rdn 16, je zu § 13.
[41] Stöber Rdn 2.5 zu § 13.
[42] Stöber Rdn 3.1 zu § 13.
[43] Korintenberg/Wenz Anm 6; Jaeckel/Güthe Rdn 2, je zu § 13.

– wenn das Ersuchen um Eintragung des Vollstreckungsvermerks (§ 19 ZVG)
dem Grundbuchamt zugeht, sofern die Eintragung „demnächst" erfolgt (§ 22
Abs 1 S 2 ZVG);
– in der Zwangsverwaltung auch dadurch, dass der Zwangsverwalter in der in
§ 150 ZVG vorgeschriebenen Form den Besitz des Grundstücks erlangt
(§ 151 Abs 1 ZVG).

Beispiel: Nach Anordnung der Zwangsverwaltung ist der Beschlagnahmebeschluss
dem Schuldner am 20. 3. 2010 zugestellt worden; das Eintragungsersuchen ist am
15. 3. 2010 beim Grundbuchamt eingegangen, der Verwalter hat sich auf Grund der
ihm erteilten Ermächtigung bereits am 12. 3. 2010 den Besitz des Grundstücks verschafft. Bei Fortdauer der Zwangsverwaltung wird am 11. 6. 2010 die Zwangsversteigerung angeordnet. Der Anordnungsbeschluss ist am 15. 6. 2010 dem Schuldner zugestellt, das Eintragungsersuchen geht am 18. 6. 2010 beim Grundbuchamt
ein.
Für die Berechnung des geringsten Gebots und die Verteilung des Versteigerungserlöses ist der maßgebende erste Beschlagnahmezeitpunkt der 12. 3. 2010.

Bei Vollstreckung in Bruchteilsmiteigentum mehrerer Schuldner wird jeder
Bruchteil als selbstständig behandelt; die Beschlagnahme wird darum hier für
jeden Bruchteil mit der Zustellung an seinen Eigentümer (dem sonstigen Ereignis) wirksam. § 13 ZVG wird mithin für jeden Bruchteil getrennt angewendet.[44]

Beispiel: Angeordnet wird die Zwangsversteigerung des den Eheleuten A und B
je zur Hälfte gehörenden Grundstücks. Die Beschlagnahme wird wirksam mit Zustellung des Anordnungsbeschlusses an den Ehemann A am 28. 12. 2009, an die
Ehefrau B am 3. 1. 2010. Die Zinsen einer auf dem Grundstück eingetragenen (Ge-
samt-)Hypothek sind am 2. 1. und 1. 7. halbjährlich nachträglich fällig.
Es sind laufende Zinsen
a) für den Miteigentumsanteil des Ehemannes A die am 1. 7. 2009 für die Zeit vom
1. 1.–30. 6. 2009 fällig gewesenen Zinsen,
b) für den Miteigentumsanteil der Ehefrau B die am 2. 1. 2010 für die Zeit vom 1. 7.–
31. 12. 2009 fällig gewesenen Zinsen.

4. Unterabschnitt. Kündigungs- und Rechtsverfolgungskosten

94 Etwaige **Kosten** einer Kündigung des Grundpfandrechts (nicht aber solche der
Kündigung der gesicherten Forderung) und die Kosten der dinglichen Rechtsverfolgung kommen in allen Rangklassen des § 10 ZVG (Rdn 70–85) bei ihrem
Hauptanspruch zum Zuge (§ 10 Abs 2 ZVG; siehe auch § 1118 BGB und
§ 788 ZPO). Ein Recht auf Befriedigung aus dem Grundstück besteht jedoch
nur für notwendig entstandene Kündigungs- und Rechtsverfolgungskosten. Zur
Notwendigkeit: § 788 Abs 1 S 1, § 91 ZPO.

95 **Kosten der Kündigung** sind: Zustellungkosten, Kosten der Vertretung bei Kündigung durch einen Rechtsanwalt (-beistand), Kosten der Vertreterbestellung
nach § 1141 Abs 2 BGB. Kündigungskosten finden nicht nur für den betreibenden Gläubiger Berücksichtigung, sondern auch für alle anderen Berechtigten, insbesondere Hypotheken- und Grundschuldgläubiger (Rangklasse 4,
evtl. 6). Ihre Notwendigkeit wird bei bestehen bleibenden Rechten aber zu verneinen sein, wenn die Kündigung dem Ersteher gegenüber nicht wirksam bleibt
(siehe § 54 ZVG).

---

[44] Stöber Rdn 3.4 zu § 13.

Kosten der die Befriedigung aus dem Grundstück bezweckenden **Rechtsverfol-** 96
gung: Vom Schuldner zu erstattende Kosten der dinglichen Klage (nicht die
durch gleichzeitige persönliche Klage entstandenen Mehrkosten) oder der Errichtung einer dinglich vollstreckbaren Urkunde nach Fälligkeit der Hypothek (Grundschuld) (nicht jedoch die Kosten für eine Eintragungsbewilligung),
Kosten für Erteilung und Zustellung der vollstreckbaren Ausfertigung des
dinglichen Titels, Kosten einer Vollstreckungsabwehrklage gegen den Beschlag-
nahme- oder einen Befriedigungsanspruch, bei der Zwangshypothek die Eintragungskosten (§ 867 Abs 1 S 3 ZPO), alle durch die Zwangsversteigerung selbst
entstehenden Kosten, nämlich Gerichts- und Anwaltskosten (sie sind stets zu
erstatten, § 788 Abs 1 S 1 mit § 91 Abs 2 ZPO), Kosten eines Grundbuchaus-
zugs, der (notwendigen) persönlichen Terminswahrnehmung (Reisekosten,
Zeitversäumnis, und zwar auch bei Terminswahrnehmung durch einen das Verfahren nicht betreibenden Berechtigten), Kosten der Sicherungsmaßregel des
§ 25 ZVG (nicht aber einer Sicherungsmaßregel nach § 1134 BGB), und einem
Zustellungsvertreter geschuldete Auslagen (Rdn 66, 67), sowie aus den Erträgnissen nicht gedeckte Kosten eines gleichzeitigen Zwangsverwaltungsverfahrens, schließlich die Kosten eines Vollstreckungsschutzverfahrens (§ 765 a ZPO,
§§ 30 a–f ZVG).[45]

Nicht notwendig und nach § 10 Abs 2 ZVG daher nicht zu berücksichtigen sind 97
die Hebegebühr eines Rechtsanwalts sowie die Kosten einer rechtsgeschäftlichen
Rechtsnachfolge auf der Gläubigerseite (Klauselumschreibung, Zustellung).
Nicht zu den Vollstreckungskosten des § 10 Abs 2 ZVG gehören Kosten des Bie-
tens und des Grundstückserwerbs (auch wenn dies zur Rettung eines Rechts geschieht[46]), frühere Mobiliarvollstreckungskosten (auch eines Offenbarungsverfahrens) und Kosten früherer Zwangsversteigerungsverfahren (bei Vollstreckung
in dasselbe Grundstück ebenso wie bei früherer Vollstreckung in andere
Grundstücke). Solche Kosten können ebenso wie Kosten eines Rechtsstreits
(Prozesskosten) und etwaige vorgerichtliche Kosten nur als Beschlagnahmeansprüche eines betreibenden Gläubigers Rangklasse 5 erhalten. Die Zeit, die ein
Beteiligter selbst oder einer seiner Angestellten zur Geltendmachung seiner
Rechte aufwendet, wird nicht vergütet, Kosten notwendiger Reisen (Terminswahrnehmung; Verdienstausfall für [notwendige] Teilnahme des Geschäftsfüh-
rers einer juristischen Person an einem Termin[47]) werden auch dem Beteiligten
und einem seiner Angestellen nach den für die Entschädigung von Zeugen geltenden Vorschriften erstattet (siehe § 91 Abs 1 S 2 ZPO).

Für Aufnahme in das geringste Gebot (§ 45 Abs 1 ZVG) und in den Teilungs- 98
plan (§ 114 Abs 1, für Zwangsverwaltung § 156 Abs 2 ZVG) müssen Kosten
der Rechtsverfolgung (§ 10 Abs 2 ZVG) **angemeldet** sein,[48] und zwar zur
Rangwahrung rechtzeitig (§ 37 Nr 4 mit § 110 ZVG). Berücksichtigung erfolgt,
wenn die Anmeldung (notwendige) Kündigungs- und Rechtsverfolgungskosten mit Befriedigungsanspruch nach § 10 Abs 2 ZVG substantiiert ausweist.
Die Anmeldung muss Kosten daher dem Grund nach und betragsmäßig bezeichnen[49] (siehe bereits Rdn 81). Für die erst nach Anmeldung zum Versteige-

---

[45] Stöber Rpfleger 1956, 95; anders, wenn diese Kosten dem Gläubiger auferlegt sind, § 788
Abs 4 ZPO.
[46] Stöber Rdn 15.4 zu § 10.
[47] BGH MDR 2009, 230 = NJW 1009, 1001 = Rpfleger 2009, 274.
[48] Hierzu Stöber Rdn 15.8–15.10 zu § 10.
[49] Stöber Rdn 15.9 zu § 10.

rungstermin (nicht zum Teilungsplan) entstehenden, noch ungewissen Kosten (insbesondere Parteiauslagen für Informationsreisen, weitere Terminswahrnehmungen, Rechtsanwaltskosten im Beschwerdeverfahren, auch für Vertretung im späteren Verteilungsverfahren), nicht aber für Anmeldung bereits entstandener Kosten, wird Anmeldung eines Pauschalbetrags mit Angabe, wofür er geltend gemacht wird (Anspruchsgrund) für genügend erachtet.[50] Glaubhaftmachung ist für Prüfung der Anmeldung durch das Vollstreckungsgericht nicht verlangt[51] (§ 104 Abs 2 ZPO ist nicht für anwendbar erklärt); Festsetzung (§§ 103 ff, 788 Abs 2 ZPO) ist nicht erforderlich. **Glaubhaft zu machen** sind jedoch angemeldete Kündigungs- und Rechtsverfolgungskosten, wenn der Gläubiger widerspricht (§ 37 Nr 4, auch § 45 Abs 1 ZVG). Erfolgt Glaubhaftmachung bei Widerspruch des Gläubigers nicht, dann werden die Kosten bei Feststellung des geringsten Gebots nicht berücksichtigt und bei der Verteilung des Versteigerungserlöses dem Anspruch des Gläubigers und den übrigen Rechten nachgesetzt (§ 37 Nr 4, § 110 ZVG). Andere Beteiligte können Glaubhaftmachung nicht verlangen; sie haben ihre Einwendungen gegen die Berücksichtigung (ordnungsgemäß) angemeldeter Kosten mit den dafür vorgesehenen Rechtsbehelfen geltend zu machen (Widerspruch gegen den Teilungsplan, § 115 ZVG). Das gilt für die Kosten des vollstreckenden (beigetretenen) Gläubigers ebenso wie für Kosten aller anderen Beteiligten (§ 9 ZVG).

99   Bei **Gebühren- oder Auslagenfreiheit** des Gläubigers (zB bei Zwangsversteigerung auf Antrag der Gerichtskasse) oder wenn ihm gebührenfreie Vollstreckungshilfe zu gewähren ist kann die Staatskasse die vom vollstreckenden Gläubiger nicht einziehbaren Kosten der Anordnung oder des Beitritts, aber auch andere nach § 10 Abs 2 ZVG zu befriedigende Vollstreckungskosten (zB Kosten der Eintragung einer Zwangshypothek[52] oder im Vollstreckungsverfahren nach § 322 AO[53]) selbst im Zwangsversteigerungs- oder Verwaltungsverfahren geltend machen (siehe auch § 4 Abs 4 KostV). Zur Rangwahrung ist rechtzeitige Anmeldung erforderlich (§ 37 Nr 4 ZVG). Dem Kostenanspruch der Staatskasse kommt die Rangstelle des vollstreckenden Gläubigers zu (§ 10 Abs 2 ZVG); Antrags- und Beitrittskosten können auch für die Staatskasse nicht nach § 109 ZVG vorweg entnommen werden.[54] Der Kostenanspruch der Staatskasse hat nach § 12 Nr 1 ZVG Rang vor den wiederkehrenden Leistungen und dem Hauptanspruch des Gläubigers, auch wenn dieser insoweit ganz oder teilweise ausfällt. Das gilt auch bei Prozesskostenhilfe. Der Gläubiger kann nicht infolge der ihm persönlich zustehenden Kostenfreiheit oder der ihm bewilligten Prozesskostenhilfe bei der Erlösverteilung um den Kostenbetrag vorrücken.[55] Wegen solcher Kostenansprüche kann die Staatskasse auch dem Verfahren beitreten[56] (Rdn 134).

---

[50] Stöber Rdn 15.9 zu § 10.
[51] Stöber Rdn 15.10; Reinhard/Müller Anm X 2, je zu § 10; anders OLG Dresden OLG 15, 35; Jaeckel/Güthe Rdn 24; Korintenberg/Wenz Anm III 5; Steiner/Hagemann Rdn 178, je zu § 10.
[52] Stöber JVBl 1961, 248 (253).
[53] OLG Köln Rpfleger 1977, 459.
[54] Stöber JVBl 1961, 248; Stöber Einl Rdn 87.5.
[55] Stöber Einl Rdn 87.5; Stöber JVBl 1961, 248, je unter Darstellung abweichender Ansichten.
[56] LG Oldenburg Rpfleger 1970, 215.

5. Unterabschnitt. Rechtsnachfolge nach Ablösung

Durch Ablösung (zum Ablösungsrecht und zu den Voraussetzungen der Ablö-   **100**
sung siehe § 268 BGB und im Kommentar Rdn 20 zu § 15) wird das Recht auf
Befriedigung aus dem Grundstück nicht beeinträchtigt und die Rangstelle des
Anspruchs nicht verändert. Mit wirksamer Ablösung erwirbt der Ablösende die
Forderung (§ 268 Abs 3 BGB) samt Hypothek oder Vormerkung (§§ 401, 412
BGB) und das dem abgelösten Anspruch zukommende Recht auf Befriedigung
aus dem Grundstück an der bisherigen Rangstelle. Ablöseberechtigt ist auch
der Gläubiger eines erst nach Anordnung der Zwangsversteigerung entstandenen Grundpfandrechts[57] und der Gläubiger einer Zwangshypothek.[58] Das Ablösungsrecht besteht auch gegenüber einem Anspruch aus einer öffentlichen
Grundstückslast;[59] mit ihrer Ablösung rückt der neue Gläubiger in Rangklasse
3 des § 10 Abs 1 ZVG ein. Als Erwerber einer öffentlichen Grundstückslast
kann der Ablösende den Anspruch jedoch nicht im Verwaltungszwangsverfahren vollstrecken.
Beteiligter wird der Ablösende (soweit er nicht bereits aus seinem eigenen
Recht, das zur Ablösung befugt hat, Verfahrensbeteiligter ist) mit Anmeldung
und ggfs Glaubhaftmachung (§ 9 ZVG). Im Teilungsplan wird er bei rechtzeitiger Anmeldung berücksichtigt, wenn er als Inhaber des Anspruchs ausgewiesen
ist. Zum Vollstreckungsrecht und zur Rechtsstellung bei Ablösung eines Beschlagnahmegläubigers: Rdn 139.
Der Forderungsübergang bei Ablösung kann nicht zum Nachteil des bisherigen
Gläubigers geltend gemacht werden (§ 268 Abs 3 S 2 BGB); bei Teilablösung
hat mithin die Restforderung des bisherigen Gläubigers – abweichend von § 12
ZVG – dinglichen Vorrang.

> **Beispiel:** Abgelöst sind 3000 € Zinsen der erstrangigen Hypothek aus den beiden
> letzten Jahren. Rang: a) Stammrecht: Kosten, etwaige weitere Zinsen, Hauptsache;
> anschließend b) Anspruch des Ablösenden an (etwaigen) Kosten und 3000 € Zin-
> sen. Betreibt der Ablösende die Zwangsversteigerung wegen des Zinsanspruchs
> von 3000 €, so steht der Hauptsacheanspruch (mit Kosten und Zinsen) des Hypo-
> thekengläubigers mithin im geringsten Gebot.

Vierter Teil. Zwangsversteigerung

1. Abschnitt. Anordnung und Beitritt
§§ 15–17, 19, 27 ZVG

Schrifttum: Drischler, Das Verfahren der Immobiliarvollstreckung (Abschn I: Die Anordnung;
Abschn II: Die Zulassung des Beitritts), RpflJahrbuch 1971, 316; Drischler, Der Beitrittsbeschluss in der Immobiliarvollstreckung als Quelle für Regresse, JVBl 1964, 159; Holthöfer, Bedarf der Gläubiger einer gepfändeten und ihm (zur Einziehung oder an Zahlungs Statt) überwiesenen Eigentümergrundschuld zur Zwangsvollstreckung mit dem Rang der Grundschuld eines

---

[57] BGH DNotZ 2007, 37 = NJW-RR 2007, 165 = Rpfleger 2007, 93.
[58] LG Verden Rpfleger 1973, 296 mit zust Anm Schiffhauer.
[59] RG 135, 25 und RG 146, 317; BGH NJW 1956, 1197; Stöber Rdn 20.14 zu § 15 mit weit
Nachw.

dinglichen Titels? JR 1956, 213; Jaspersen, Vollstreckung nach Anordnung der Nachlassverwaltung, Rpfleger 1995, 243; Klawikowski, Die Grundstücksversteigerung bei Vor- und Nacherbschaft, Rpfleger 1998, 100; Mohrbutter, Rückblick und kritische Stellungnahme zu neueren Entscheidungen auf dem Gebiete des ZVG (Abschn I: Zur Anordnung des Verfahrens), Rpfleger 1960, 203; Stöber, Die Beschränkungen des § 1197 BGB bei Verpfändung und Pfändung einer Eigentümergrundschuld, Rpfleger 1958, 339; Stöber, Insolvenzverfahren und Vollstreckungs-Zwangsversteigerung, NZI 1998, 105.

1. Unterabschnitt. Der Antrag

101 **Antrag:** Gegen den Kaufmann Karl Schuldner, Nürnberg, Weststraße 90, steht mir nach der vollstreckbaren Urkunde des Notars ... vom ... UrkRNr ... aus der in Abt III Nr 6 des Grundbuchs eingetragenen Hypothek ohne Brief ein dinglicher und persönlicher Anspruch zu in Höhe von 20 000 € Hauptsache nebst 6% Zinsen seit dem 1. 1. 2009 und 20 € Zustellungskosten.

Der Schuldner ist eingetragener Eigentümer des im Grundbuch des Amtsgerichts Nürnberg für Gemarkung Gärten, Blatt 3685, vorgetragenen Grundstücks FlStNr 900, Weststraße 90, Wohnhaus, Hofraum, Garten, zu 630 m².

Wegen meines dinglichen und persönlichen Anspruchs und der Kosten der gegenwärtigen Rechtsverfolgung beantrage ich die Zwangsversteigerung dieses Grundstücks anzuordnen.

Mit diesem Antrag lege ich vor: a) als Vollstreckungstitel die vollstreckbare Urkunde mit Zustellungsnachweis b) ein Zeugnis des Grundbuchamts (§ 17 Abs 2 ZVG) (hier auch: wegen der Eintragung des Schuldners als Grundstückseigentümer wird auf die angegebene Grundbuchstelle Bezug genommen) c) Rechnung des Gerichtsvollziehers über 20 € Zustellungskosten.

102 **Angeordnet** wird die Zwangsversteigerung eines Grundstücks vom Vollstreckungsgericht auf **Antrag** des Gläubigers (§ 15 ZVG). Der Antrag unterliegt keinem Anwaltszwang (§ 78 Abs 3, § 79 ZPO). Er kann vom Gläubiger (seinem gesetzlichen Vertreter) selbst oder von einem Verfahrensbevollmächtigten, der nach § 79 Abs 2 ZPO vertretungsbefugt sein muss, schriftlich (üblich) oder zu Protokoll der Geschäftsstelle (selten) gestellt werden. Der schriftlich einzureichende Antrag ist vom Gläubiger (seinem Vertreter) eigenhändig zu unterzeichnen[1] (Faksimile genügt nicht). Er soll bezeichnen (§ 16 Abs 1 ZVG):

– das **Grundstück.** Es muss so angegeben sein, dass es als Eigentum des Schuldners (§ 17 ZVG) mit Sicherheit aus dem Grundbuch festgestellt werden kann. Die Grundstücksbezeichnung sollte daher möglichst übereinstimmend mit dem Grundbuch (vgl § 28 S 1 GBO) erfolgen. Sie kann aber auch durch Hinweis auf das Grundbuchblatt geschehen, wenn auf ihm nur ein Grundstück eingetragen oder durch den Antrag erkennbar gemacht ist, ob alle oder welche von mehreren eingetragenen Grundstücken beschlagnahmt werden sollen. Der Bruchteil eines Grundstücks (Rdn 6) muss durch Angabe seiner Größe und seines Eigentümers bezeichnet werden;

> **Beispiel:** Wegen ... beantrage ich die Zwangsversteigerung des Miteigentumsanteils des Schuldners zu einem Drittel an dem Grundstück ... anzuordnen.

– den **Eigentümer** als Schuldner des Vollstreckungsverfahrens mit seiner zustellungsfähigen Anschrift;

---

[1] Stöber Rdn 2.1 zu § 16; Schiffhauer Rpfleger 1978, 397 (399); LG Berlin MDR 1976, 148 = Rpfleger 1975, 440; Stöber, FordPfändung, Rdn 469 mit weit Nachw und Einzelheiten; anders Dempewolf MDR 1977, 801.

- den **Gläubiger** als Antragsteller des Vollstreckungsverfahrens mit seiner Anschrift (im Anordnungsbeschluss ist er als Partei zu bezeichnen);
- den **Anspruch** mit seinem bestimmten **Betrag,** somit Höhe der Hauptsache, Zinsen und anderen Nebenleistungen sowie Kosten, und nach seiner **rechtlichen Natur** (dinglicher oder persönlicher Anspruch, Anspruch aus Rangklasse 3 des § 10 ZVG). Bezeichnung der Rechtsnatur des Anspruchs durch Bezugnahme auf den Titel (siehe Rdn 116) empfiehlt sich nicht. Es sollte stets (ausdrücklich) angegeben werden, ob (nur) wegen des persönlichen oder (nur) wegen des dinglichen oder zugleich wegen beider Ansprüche vollstreckt werden soll, und zwar insbesondere auch von dem Gläubiger einer Zwangssicherungshypothek, der den vollstreckbaren Zahlungstitel vorlegt, auf dem die Eintragung vermerkt ist (§ 867 Abs 1 S 1, Abs 3 ZPO). Wenn nur ein bezifferter Teil- oder Restanspruch geltend gemacht wird, braucht eine spezifizierte Forderungsaufstellung nicht vorgelegt werden;[2]
- den **vollstreckbaren Titel** als urkundliche Grundlage der Zwangsvollstreckung; wegen der Besonderheit im Verwaltungszwangsverfahren siehe Rdn 29.

Beizufügen sind dem Antrag die für den Beginn der Zwangsvollstreckung erforderlichen Urkunden (§ 16 Abs 2 ZVG) wie Vollstreckungstitel (für Verwaltungszwangsverfahren Rdn 29), Zustellungsnachweis, ggfs Vollmacht (dazu Rdn 16) usw. Damit ist zugleich festgelegt, dass die Zwangsversteigerung bereits mit Erlass des Anordnungsbeschlusses und nicht erst mit der Zustellung dieses Beschlusses beginnt.[3] Von der Vorlage des Hypotheken- oder Grundschuldbriefes darf die Anordnung der Zwangsversteigerung oder -verwaltung (oder die Zulassung des Beitritts) nicht abhängig gemacht werden.[4] Zu einem Vollstreckungstitel über einen Wechsel- (§§ 602–605, 703 a ZPO) oder Scheckanspruch (§§ 605 a, 703 a ZPO) muss der Wechsel oder Scheck vorgelegt sein.[5]   **103**

Der Eigentümer kann als Gläubiger einer **Eigentümergrundschuld** die Zwangsvollstreckung in sein Grundstück nicht betreiben (§ 1197 Abs 1 BGB). Dieser Beschränkung sind der pfändende Gläubiger,[6] dem die Eigentümergrundschuld zur Einziehung überwiesen ist, und der einziehungsberechtigte Vertragspfandgläubiger nicht unterworfen.[7] Der Gläubiger benötigt für die Zwangsvollstreckung in das Grundstück mit der Rangstelle der Eigentümergrundschuld jedoch einen dinglichen Titel.[8] Eine vollstreckbare Urkundenausfertigung kann ihm aber nicht erteilt werden, wenn sich der Eigentümer bei einem durch Hypothek zu sichernden Darlehen in notarieller Urkunde der sofortigen Zwangsvollstreckung unterworfen hat, die Hypothek jedoch infolge Nichtvalutierung Eigentümergrundschuld geblieben ist.[9] Mit der Überweisung an Zahlungs Statt (§ 844 ZPO) ist eine gepfändete Eigentümergrundschuld Fremdrecht des   **104**

---

[2] Stöber Rdn 3.4 zu § 16; Stöber, FordPfändung, Rdn 464 mit zahlr Nachw; Musielak/Lackmann Rdn 11; Zöller/Stöber Rdn 7, je zu § 753 ZPO; streitig.

[3] Denkschrift zum ZVG, Seite 38; Stöber Einl Rdn 20 mit zahlr Nachw.

[4] LG Stuttgart VersR 1961, 576; Stöber Rdn 4.4 zu § 16 mit weit Nachw.

[5] Stöber Rdn 44 zu § 15; mit Nachw; Zöller/Stöber Rdn 4 zu § 756 ZPO.

[6] BGH 103, 30 = DNotZ 1988, 777 = MDR 1988, 395 = NJW 1988, 1026.

[7] Stöber Rdn 11.2 zu § 15; Stöber, FordPfändung, Rdn 1960; je mit Nachw; Stöber Rpfleger 1958, 339.

[8] Dazu Stöber (ZVG und FordPfändung) je wie Fußn 7. Zur Titelumschreibung nach § 727 ZPO siehe Stöber Rpfleger 1958, 339 (341).

[9] Kammergericht JW 1936, 2754; Stöber Rpfleger 1958, 339 (341).

vollstreckenden Gläubigers geworden; auf dieses findet die Beschränkung des § 1197 BGB keine Anwendung.

Zum vollstreckbaren Titel bei Zwangsvollstreckung aus einer Zwangssicherungshypothek siehe Rdn 10.

104a **Eingetragen** wird der Antrag in das Vollstreckungsregister, Abteilung II, unter „K" (§ 14 Abs 1 und 4 AktO). Es ist ein **Vorblatt** (Muster 14a) anzulegen und zu führen, das den Akten vorzuheften ist (§ 14 Abs 4 S 2 AktO).

Aufbewahrungsfristen für Zwangsversteigerungsakten nach den Aufbewahrungsbestimmungen idF vom 16. Aug. 2004

Nr 21 a) Zwangsversteigerungsakten,
     soweit der Zuschlag **nicht** erteilt ist .... 2 Jahre,
    b) Zwangsversteigerungsakten,
     sofern der **Zuschlag erteilt** ist .... 5 Jahre.
     Vor der Vernichtung sind herauszunehmen:
     Beschlüsse über Zuschlagserteilung, Verhandlungen und Protokolle über die Verteilung des Versteigerungserlöses.
     Aus diesen Schriftstücken sind Sammelakten zu bilden.
    c) Sammelakten mit den Beschlüssen über Zuschlagserteilung und mit den Verhandlungen und Protokollen über die Verteilung des Versteigerungserlöses .... 30 Jahre.
Eine längere Aufbewahrungsfrist kann im Einzelfall aus besonderen Gründen sowie dann bestimmt werden, wenn Personen, die ein berechtigtes Interesse (zu ihm OLG Frankfurt[10]) nachweisen, Antrag auf längere Aufbewahrung stellen (Abschn I Nr 4). Die Justizverwaltungsverfügung, mit der eine längere Aufbewahrung abgelehnt wird, kann im Verfahren nach §§ 23 ff EGGVG überprüft werden.[11] Diese gerichtliche Nachprüfung ist auf Ermessenswillkür und Ermessensmissbrauch beschränkt.

2. Unterabschnitt. Voraussetzungen der Anordnung und Entscheidung über den Antrag

a) Schuldner als eingetragener Eigentümer

105 **Vollstreckungsvoraussetzung** ist, dass das Grundstück dem Schuldner gehört. Die Zwangsversteigerung darf daher nur gegen den Schuldner angeordnet werden, der als Eigentümer des Grundstücks im Grundbuch eingetragen ist (§ 17 Abs 1 ZVG; Ausnahme bei Wiederversteigerung § 133 ZVG); Grund: vom Eingetragenen wird vermutet, dass er der Eigentümer ist (siehe § 891 BGB). Dem eingetragenen Eigentümer steht sein Erbe (auch Erbeserbe[12]) gleich (§ 17 Abs 1 ZVG). Die Vollstreckung gegen den Insolvenzverwalter, Nachlasspfleger oder Testamentsvollstrecker (siehe § 748 ZPO) erfordert ebenso Eintragung oder Erbenstellung des Schuldners. Stets notwendig ist die Eintragung eines Miteigentümers in ehelicher Gütergemeinschaft (§§ 1415 ff BGB) oder der Abkömmlinge als Miteigentümer in fortgesetzter Gütergemeinschaft (§§ 1483 ff BGB). Für die Rechtsverfolgung eines dinglichen Gläubigers gilt der eingetragene Schuldner (stets) als Eigentümer (§ 1148 BGB; unwiderlegbare Vermutung). Ein persönlich vollstreckender Gläubiger muss, wenn sein Schuldner Eigentümer, aber nicht eingetragen (und nicht Erbe eines Eingetragenen) ist, erst die Berichtigung des Grundbuch herbeiführen (§§ 14, 22 GBO). Das Vollstreckungsge-

---

[10] OLG Frankfurt Rpfleger 1976, 399.
[11] OLG Frankfurt wie Fußn 10.
[12] RG 53, 298.

richt ist an die Eintragung gebunden; es kann ihre Richtigkeit (die materielle Rechtslage) nicht überprüfen. Einwendungen des wahren Eigentümers sind bei Vollstreckung gegen den eingetragenen Nichteigentümer nach § 771 ZPO geltend zu machen (Ausnahme bei Vollstreckung wegen des dinglichen Anspruchs infolge § 1148 BGB). Nach § 28 Abs 1 ZVG ist zu verfahren (Rdn 158–163), wenn sich die (versehentliche) Anordnung gegen einen Nichteigentümer aus dem Grundbuch ergibt. Gegen den Berechtigten einer Auflassungsvormerkung kann die Zwangsversteigerung nicht angeordnet werden; der Eigentumsübertragungsanspruch und die Anwartschaft aus Auflassung sind jedoch pfändbar.[13] Die für einen Dritten eingetragene Auflassungsvormerkung hindert die Anordnung der Zwangsversteigerung gegen den eingetragenen Schuldner nicht (Rdn 161a).

Die **Eintragung** des Schuldners als **Grundstückseigentümer** kann **nachgewiesen** werden   **106**
- durch Bezugnahme auf das Grundbuch, wenn Vollstreckungsgericht und Grundbuchamt demselben Amtsgericht angehören (§ 17 Abs 2 S 2 ZVG). Das gilt auch, wenn Vollstreckungsgericht und Grundbuchamt verschiedenen Abteilungen desselben Amtsgerichts (Beispiel: Hauptgericht und Zweiggericht) angehören und nicht im selben Gebäude untergebracht sind. Auch das nach § 1 Abs 2 ZVG (und Landesvorschriften) zuständige gemeinsame Gericht ist für alle Gerichte seines Bezirks als „dasselbe Gericht" nach § 17 Abs 2 ZVG anzusehen;[14]
- sonst durch ein Zeugnis des Grundbuchamts. Das Zeugnis muss zum Nachweis des Schuldnereigentums neueren Datums sein. Zeugnisinhalt: Grundbucheintragung in Bestandsverzeichnis und Abteilung I (möglichst – jedoch nicht zwingend – auch Verfügungsbeschränkungen in Abteilung II). Als Zeugnis kann eine beglaubigte Teilabschrift (ein amtliche Ausdruck, § 131 GBO) des Bestandsverzeichnisses und der 1. Abteilung des Grundbuchblatts erteilt werden. Das Zeugnis erteilt[15] der Urkundsbeamte (§ 12c Abs 1 Nr 3 GBO).

Die Erbfolge muss, wenn sie bei Gericht nicht offenkundig ist, durch Erbschein (§§ 2353ff BGB) oder durch sonstige Urkunden nachgewiesen werden (§ 17 Abs 3 ZVG). Es ist daher auch Nachweis durch privatschriftliches Testament (nicht aber eidesstattliche Versicherung) möglich; jedoch wird durch eine solche Urkunde der Nachweis nur in Ausnahmefällen als ausreichend geführt angesehen werden können (siehe vergleichbaren Fall des § 35 Abs 3 GBO). Antrag auf Erbscheinserteilung durch den Gläubiger: § 792 ZPO.

Ist das Grundstück im Grundbuch **nicht eingetragen** (gebucht), so muss auf   **107** Antrag des betreibenden Gläubigers (§ 14 GBO) erst ein Grundbuchblatt angelegt werden.

Einen Vertreter hat das Vollstreckungsgericht nach § 787 ZPO zu bestellen,   **108** wenn durch Zwangsvollstreckung ein Recht an einem Grundstück, das **von dem bisherigen Eigentümer aufgegeben** (§ 928 BGB) und von dem Aneignungsberechtigten noch nicht erworben worden ist, geltend gemacht wird. Zu-

---

[13] Stöber, FordPfändung, Rdn 2034ff, 2054ff.
[14] Stöber, Rdn 5.5 zu § 17 (ausführlich und) mit Stellungnahme zur abzulehnenden anderen Ansicht von Steiner/Hagemann Rdn 22 zu § 17 ZVG; anders auch Dassler/Hintzen Rdn 10 zu § 17.
[15] Gebührenfrei; LG Stuttgart Justiz 1991, 500; Mümmler JVBl 1964, 42; Stöber Rdn 5.4 zu § 17; anders AG Lauf JVBl 1964, 42.

ständigkeit des Rechtspflegers: § 20 Nr 17 RPflG. Grundbucheintragung des Vertreters erfolgt nicht. Im Übrigen s Kommentar Rdn 22 zu § 15.

> **Beschluss:** Herr Rechtsanwalt ... wird gem § 787 ZPO zum Vertreter bestellt, dem für die Geltendmachung der Ansprüche des Gläubigers der Hypothek Abt III Nr ... zu ... € durch Zwangsvollstreckung in das belastete Grundstück FlStNr ... Gemarkung ..., eingetragen im Grundbuch von ... Blatt ... bis zur Eintragung eines neuen Eigentümers die Wahrnehmung der sich aus dem Eigentum ergebenden Rechte und Verpflichtungen im Zwangsvollstreckungsverfahren obliegt.

109   Die Zwangsversteigerung des **Bruchteils** eines Grundstücks (dazu Rdn 6) wird wie die Zwangsversteigerung eines Grundstücks angeordnet.

Das als Inhalt eines **Erbbaurechts** eingetragene Veräußerungsverbot (§ 5 Abs 1 ErbbauRG; dazu Rdn 32) macht für die Anordnung der Zwangsversteigerung die Zustimmung des Grundstückseigentümers nicht erforderlich.[16] Im Verfahren ist der Grundstückseigentümer Beteiligter (§ 24 ErbbauRG).

Die Tatsache, dass das Grundstück im **Flurbereinigungsgebiet** liegt, hindert Anordnung und Durchführung der Zwangsversteigerung nicht[17] (siehe Rdn 401).

Die Anordnung der Zwangsversteigerung eines **land- oder forstwirtschaftlichen** oder gärtnerisch genutzten **Grundstücks** unterliegt keiner Beschränkung.

In **Wohnungseigentum** (Teileigentum) findet die Zwangsvollstreckung wie in Grundstücke statt; die Anordnung der Zwangsversteigerung unterliegt daher keiner Beschränkung (siehe Rdn 6 a).

b) Entscheidung über den Antrag; Rechtsschutzbedürfnis

Schrifttum: Schiffhauer, Die Geltendmachung von Bagatellforderungen in der Zwangsversteigerung, ZIP 1981, 832; Wieser, Der Grundsatz der Verhältnismäßigkeit in der Zwangsvollstreckung, ZZP 98 (1985) 50; Wieser, Die zwecklose Zwangsversteigerung, Rpfleger 1985, 96.

110   Die **Entscheidung** über den Zwangsversteigerungsantrag ist mit größter Sorgfalt und Beschleunigung zu treffen. Sind schwierige Fragen zu klären, die eine sofortige Beschlussfassung nicht ermöglichen, so darf jedenfalls keine unnötige Zurückstellung erfolgen.

110a **Von der Anhörung des Schuldners** zum Antrag auf Anordnung der Zwangsversteigerung ist in der Regel **abzusehen**.[18] Anspruch auf rechtliches Gehör hat der Schuldner in dem auf Vollstreckungshandeln angelegten (schriftlichen) Anordnungsverfahren (vor Beginn des Vollstreckungsverfahrens) nicht.[19] Die gebotene Sicherung gefährdeter Interessen des Gläubigers mit wirksamer Beschlagnahme (§§ 20, 23 ZVG)[20] erfordert sofortigen Vollstreckungszugriff. Schuldnerbelange sind mit Verweisung auf den Rechtsweg nach Verfahrensanordnung (Erinnerung, § 766 ZPO) sachgerecht gewahrt.

---

[16] BGH 33, 76 = MDR 1960, 833 = NJW 1960, 2093; Stöber Rdn 13.8 zu § 15.

[17] OLG Hamm Rpfleger 1987, 258; Stöber Rdn 17.4 zu § 15.

[18] BGH MDR 1985, 52 = NJW 1984, 2166; BGH KTS 1985, 132 = WM 1984, 1342; BayObLG 1974, 15 (18) = NJW 1974, 1204; OLG Stuttgart Justiz 1970, 52; Stöber Rdn 28.1 zu § 15.

[19] Stöber Rdn 28.1 zu § 15.

[20] Der durch Anhörung gewarnte Schuldner könnte das Grundstück schnell noch veräußern oder belasten; auch wenn das Verfahren wegen des Anspruchs aus einem dinglichen Recht betrieben werden soll, droht Gefährdung der Beschlagnahme mit Veräußerung und Entfernung von Zubehörstücken, Bestandteilen oder Erzeugnissen (§ 1121 BGB).

Ein **Rechtsschutzbedürfnis** (als sachliche Vollstreckungsvoraussetzung)[21] muss **111** auch für Anordnung der Zwangsversteigerung gegeben sein.[22] Es fehlt, wenn der Gläubiger kein schutzwürdiges Interesse an der beantragten Verfahrensmaßregel hat.[23] Der Mangel ist von Amts wegen bereits bei Entscheidung über den Anordnungsantrag zu beachten; Amtsermittlung der Tatsachen, die für oder gegen ein Rechtsschutzbedürfnis sprechen könnten, erfolgt jedoch nicht. Der allgemeine Grundsatz, dass jede gerichtliche Maßnahme ein Rechtsschutzbedürfnis erfordert, kann auf das Zwangsversteigerungsverfahren jedoch nur unter Berücksichtigung der dem formal gestalteten Durchsetzungsrecht (siehe Rdn 2) zukommenden Besonderheiten angewandt werden.[24] Grundsätzlich hat mit seinem Vollstreckungsanspruch auch der Gläubiger einer nur **geringen Forderung** (Bagatellforderung) das Recht auf Immobiliarvollstreckung.[25] Es gibt keinen allgemeinen Grundsatz des Inhalts, dass Zwangsversteigerung (oder Zwangsverwaltung) wegen einer nur geringen Forderung nicht betrieben werden dürfe.[26] Ein Rechtsschutzbedürfnis folgt in dem formal gestalteten Vollstreckungsverfahren schon aus dem Gläubigerrecht auf Durchsetzung seiner durch den Vollstreckungstitel begründet ausgewiesenen Geldforderung (siehe Rdn 2). Eine Bagatellforderung kann auch ein Schuldner aufbringen, der in bedrängten Verhältnissen lebt; auch gegen ihn muss daher die zwangsweise Durchsetzung des Gläubigeranspruchs möglich sein.[27] Einem Gläubiger an schlechter Rangstelle kann bei hohen Vorbelastungen das Rechtsschutzbedürfnis nicht abgesprochen werden.[28] Eine dem § 803 Abs 2 ZPO vergleichbare Vorschrift kennt das ZVG nicht; entsprechende Anwendung ist ausgeschlossen.[29] Mit der Begründung, dass der Gläubiger voraussichtlich keine Befriedigung wegen seiner Forderung erlangen wird, kann daher ein Versteigerungsantrag nicht abgelehnt werden. Gleiches gilt, wenn sich das Grundstück derzeit auf Grund seiner Lage, wegen Bauverbots oder Baubeschränkung oder aus anderen Gründen voraussichtlich nur schwer veräußern lässt. Das Rechtsschutzbedürfnis fehlt einem Immobiliarvollstreckungsantrag auch nicht deshalb, weil der Gläubiger sich aus anderen Objekten seines Schuldners (bewegliches Vermögen, Forderungen, Rechte) rascher befriedigen könnte[30] oder solange der Gläubiger nicht vorher in zumutbarer Weise eine Befriedigung durch andere Vollstreckungsmaßnahmen versucht hat.[31] Nicht

---

[21] BVerfG 61, 126 (135) = NJW 1983, 559.

[22] BGH 151, 384 = MDR 2002, 1213 = NJW 2002, 3178; Stöber Einl Rdn 48.1.

[23] Zöller/Stöber Rdn 17 vor § 704 ZPO.

[24] BGH 151, 384 (388) = aaO (Fußn 22); Stöber Einl Rdn 48.2.

[25] Stöber Einl Rdn 48.4; Dassler/Hintzen Rdn 15 zu § 15.

[26] BGH MDR 1973, 89 = NJW 1973, 894; BGH MDR 2005, 55 (56) = NJW 2004, 3635 (3636); OLG Schleswig Rpfleger 1979, 470.

[27] OLG Düsseldorf NJW 1980, 1171.

[28] Einzelheiten Stöber Einl Rdn 48.8; OLG Hamm Rpfleger 1989, 34; OLG Koblenz MDR 1986, 65 = Rpfleger 1986, 25 mit Anm Meyer-Stolte; LG Berlin Rpfleger 1987, 209; LG Detmold Rpfleger 1998, 35; LG Freiburg Rpfleger 1989, 469; LG Koblenz DGVZ 1998, 125 = Rpfleger 1998, 300; LG Krefeld Rpfleger 1994, 35 und 1996, 120; LG Münster MDR 1989, 77 = Rpfleger 1989, 34; LG Stade, LG Aachen und LG Göttingen, alle Rpfleger 1988, 420.

[29] BGH 151, 384 = aaO (Fußn 22); BGH MDR 2004, 711 Leits = Rpfleger 2004, 302.

[30] Stöber Einl Rdn 48.3.

[31] Anders LG Frankenthal Rpfleger 1979, 433 (für Hauptforderung von [damals] 438,84 DM zuzügl Zinsen und Kosten); AG Mainz Rpfleger 1981, 26 (für eine Forderung von 85,92 DM). Siehe auch LG Oldenburg KTS 1982, 146 = Rpfleger 1981, 492 (die weniger belastende Mo-

zutreffend daher Böhmer,[32] der geltend macht, bei Vollstreckung einer geringen
Forderung sei es mit der Eigentumsgarantie des Art 14 Abs 1 S 1 GG unverein-
bar, die schwerste Vollstreckungsmaßnahme durchzuführen, ehe auch nur der
Versuch einer weniger belastenden unternommen worden ist (Einkommens-
pfändung mit Arbeitsplatzverlust kann den Schuldner härter treffen als Anordnung der Zwangsversteigerung oder Zulassung des Beitritts zu einem längst
anhängigen Verfahren). Dem Gläubiger kann vielmehr die Möglichkeit, sich
durch Anordnung der Zwangsversteigerung (Beitritt zu einem Verfahren) mit
Grundstücksbeschlagnahme (§ 20 Abs 1 ZVG) eine Befriedigungschance an
noch aussichtsreicher Rangstelle (§ 10 Abs 1 Nr 5, § 11 Abs 2 ZVG) zu sichern, nicht abgeschnitten werden. Die Erfahrung zeigt auch immer wieder,
dass Schuldner oft erst nach Ausschöpfung vollstreckungsrechtlicher Maßnahmen Zahlungen leisten oder Gläubiger nach Beschlagnahme bei freiwilliger
Veräußerung des Objekts zuverlässig zum Zuge kommen. Zumeist bietet sich
in den angesprochenen Fällen kein Anhalt für die Frage, ob dem Vollstreckungsantrag des Gläubigers ein Rechtsschutzbedürfnis fehlt; vielmehr besteht durchweg Anlass zur Prüfung, ob dem Schuldner Hilfe mit Vollstreckungsschutz zu
gewähren ist. Zweckwidrige und darum nicht schutzwürdige Ziele verfolgt der
Gläubiger nur, wenn im Einzelfall ganz besondere Umstände hervortreten, die
das auch unter außergewöhnlichen Verhältnissen noch gesetzesmäßige Vollstre-
ckungsverlangen als unnütz oder unlauter erscheinen lassen.

c) Aufklärungsverfügung (§ 139 ZPO):

112   **Schreiben an Gläubiger:** Die Zwangsversteigerung kann erst angeordnet werden,
wenn die Zustellung des mit dem Antrag vom ... vorgelegten Urteils an den Schuldner erfolgt ist (§ 750 Abs 1 ZPO). Der Nachweis dieser Zustellung ist nicht erbracht.
Sie erhalten daher das Urteil des ... gerichts ... vom ... Aktenz ... zur Beibringung
des noch fehlenden Zustellungsnachweises zurück.
Zur Behebung des Vollstreckungsmangels durch Wiedervorlage des Urteils mit Zustellungsnachweis wird Frist bis ... gesetzt. Nach fruchtlosem Ablauf dieser Frist
muss Ihr Antrag zurückgewiesen werden. Der Eingang Ihres Antrags und die gesetzte Frist wahren für Ihren Anspruch keinen Rang.

Mit Aufklärungsverfügung (Beanstandungsverfügung; Grundlage: § 139 ZPO;
hierzu auch Rdn 18 a) ist dem Gläubiger Gelegenheit zur Richtigstellung eines
mangelhaften oder unvollständigen Antrags zu geben, wenn das Vollstreckungshindernis alsbald ausgeräumt werden kann.[33] In gleicher Weise ist der
Gläubiger auf einen Gesichtspunkt hinzuweisen, den er erkennbar übersehen
oder für unerheblich gehalten hat; dazu ist Gelegenheit zur Äußerung zu geben
(§ 139 Abs 2 ZPO; siehe bereits Rdn 3 a). Als Verfügung, die eine Frist in Lauf
setzt, ist die Aufklärungsverfügung dem Gläubiger (seinem Bevollmächtigten,
§ 172 ZPO) von Amts wegen zuzustellen (§ 329 Abs 3 ZPO); sie kann aber
auch (zweckmäßig) zuerst formlos mitgeteilt werden.[34] Dem Schuldner wird
eine Aufklärungsverfügung nicht bekannt gemacht. Rechtsbehelf für Gläubiger:
Sofortige Beschwerde (§ 793 ZPO). Die mit Aufklärungsverfügung gesetzte
Frist kann auf Antrag verlängert werden (§ 224 Abs 2 ZPO). Macht der Gläubiger geltend, dass das in der Verfügung bezeichnete Vollstreckungshindernis

---

biliarzwangsvollstreckung muss vorher versucht worden sein; vorheriger Durchführung eines
Verfahrens auf Abnahme der Offenbarungsversicherung bedarf es jedoch nicht).
[32] Böhmer, Sondervotum zu BVerfG NJW 1979, 534 (537).
[33] Stöber Rdn 3.6 zu § 15; Stöber FordPfändung, Rdn 479; auch BGH WM 1996, 933.
[34] Stöber Rdn 3.6 und Rdn 47.3 zu § 15.

nicht vorliege, so ist auch vor Fristablauf über den Antrag sachlich zu entscheiden. Ist in der Beanstandungsverfügung keine Erledigungsfrist gesetzt (nicht empfehlenswert), dann kann der mangelhafte Antrag nach angemessener Zeit zurückgewiesen werden.[35] Eine Aufklärungsverfügung ist nicht rangwahrend; § 18 GBO findet nicht entsprechende Anwendung.

d) Zurückweisungsbeschluss

> Der Antrag vom ... wird zurückgewiesen.   **113**
> Gründe: Der Gläubiger hat Anordnung der Zwangsversteigerung des Grundstücks FlStNr ... Gemarkung ... beantragt. Als Vollstreckungstitel wurde mit dem Antrag das Urteil des ... gerichts vom ... Aktenz ... vorgelegt (§ 16 Abs 2 ZVG, § 750 Abs 1 ZPO). Dieser Vollstreckungstitel ist dem Schuldner nicht zugestellt. Das Vollstreckungshindernis wurde auch auf die Aufklärungsverfügung vom ... nicht ausgeräumt. Da mithin die für den Beginn der Zwangsvollstreckung erforderliche Zustellung des Vollstreckungstitels (§ 750 Abs 1 ZPO) nicht nachgewiesen ist, war der Antrag zurückzuweisen.
> **Verfügung:** Begl Abschrift an Gläubiger zustellen; Antragsunterlagen an Gläubiger zurückgeben; Kosten, abtragen, weglegen.

Zurückzuweisen ist der Vollstreckungsantrag, wenn wesentliche Mängel vorliegen, die innerhalb angemessener Frist nicht behoben werden können, oder wenn ein Vollstreckungshindernis in der mit Aufklärungsverfügung gesetzten Frist nicht behoben ist. Der Zurückweisungsbeschluss ist zu begründen; das folgt aus dem Rechtsstaatgrundsatz.[36] Der Schuldner wird vor Zurückweisung des Antrags nicht gehört. Eine Kostenentscheidung ist in den Ablehnungsbeschluss nicht aufzunehmen; die Kosten treffen als nicht notwendige Zwangsvollstreckungskosten (§ 788 ZPO) den Antragsteller. Zugestellt wird der Beschluss dem Gläubiger (seinem Bevollmächtigten). Zustellung oder Mitteilung an den Schuldner erfolgt nicht. Rechtsbehelf: Sofortige Beschwerde (§ 793 ZPO).

3. Unterabschnitt. Der Anordnungsbeschluss

a) Form und Inhalt

> **Beschluss** in Sachen ... – Gläubiger – gegen ... – Schuldner – wegen Zwangsver-   **114**
> steigerung: Wegen des dem Gläubiger zustehenden dinglichen (Hypothek Abt III Nr 6) und persönlichen Anspruchs im Betrage von
> 20 000 € Hauptsache nebst 6% Zinsen seit dem 1. Januar 2009 und
>   20 € Zustellungskosten
> und wegen der Kosten der gegenwärtigen Rechtsverfolgung (dazu siehe Rdn 118) wird auf Grund der vollstreckbaren Urkunde des Notars ... vom ... UrkRNr ... die
>
> #### Zwangsversteigerung
>
> des in Nürnberg gelegenen, im Grundbuch von Gärten, Blatt 3685, auf den Namen des Schuldners ... eingetragenen Grundstücks
>   FlStNr 900, Weststraße 90, Wohnhaus, Hofraum, Garten, zu 630 m², **angeordnet.**
> Dieser Beschluss gilt zugunsten des Gläubigers als Beschlagnahme des Grundstücks.

---

[35] LG Oldenburg Rpfleger 1976, 109.
[36] Vgl OLG München Rpfleger 1971, 64; OLG Düsseldorf Rpfleger 1971, 175.

Verfügung: 1. Eintragungsersuchen an das Grundbuchamt. 2. Beglaubigte Beschlussabschrift a) mitteilen an Gläubiger b) zustellen an Schuldner zusammen mit der Belehrung nach § 30 b Abs 1 ZVG über das Einstellungsrecht usw. 3. Ersuchen an das Finanzamt … um Mitteilung des Einheitswertes 4. Erholung einer Abschrift der Brandversicherungsurkunde 5. Vorlage an Kostenbeamten 6. WV mit Eingang oder 2 Wochen nach Zustellung an Schuldner.

115 Über Form und Inhalt des die Einleitung des Verfahrens anordnenden Beschlusses enthält das Gesetz keine näheren Vorschriften. Aus § 16 ZVG (dazu Rdn 102) folgt jedoch, dass auch der Beschluss die dort für den Antrag vorgeschriebenen Angaben enthalten muss.[37] Der Beschlagnahmebeschluss hat demgemäß (außer Gerichts-, Ort- und Zeitangabe, Aktenzeichen usw) zu bezeichnen

- den **Eigentümer** und den **Gläubiger** als Parteien des Vollstreckungsverfahrens (und Beteiligte, § 9 ZVG) und deren (etwaige) Prozessbevollmächtigte;
- das **Grundstück** (Rdn 5), nicht aber Zubehör, auf das sich die Beschlagnahme nach § 20 Abs 2 ZVG erstreckt;
- den fälligen (§ 751 Abs 1 ZPO) **Anspruch** (Rdn 102). Wegen erst künftig fällig werdender Unterhaltsforderungen kann ein Zwangsversteigerungsverfahren nicht angeordnet werden.[38] Sind mit der Hauptsacheforderung auch fortlaufende Zinsen geltend gemacht, so müssen sie nicht bis zum Anordnungstag ausgerechnet werden; die Versteigerung kann vielmehr auch wegen der während des Verfahrens weiterlaufenden Zinsen angeordnet werden; § 751 Abs 1 ZPO steht dem nicht entgegen.[39] Nur wenn Zinsen, wie vielfach bei Hypotheken oder Grundschulden, mit Beträgen für bestimmte Zinsperioden an Fälligkeitsterminen zu erbringen sind, kann wegen der künftig erst fällig werdenden Zinsbeträge auf Grund des § 751 Abs 1 ZPO vor dem Fälligkeitszeitpunkt eine Beschlagnahme noch nicht angeordnet werden;
- den **vollstreckbaren Titel** (Rdn 102).

116 Zwischen Anordnung der Versteigerung (oder Zulassung des Beitritts, Rdn 128–132 a)

- wegen einer persönlichen Forderung (= Rangklasse 5 des § 10 Abs 1 ZVG, Rdn 80) und derjenigen
- wegen eines Anspruchs aus einem eingetragenen Recht (= Rangklasse 4 des § 10 Abs 1 ZVG, Rdn 77–79) sowie anderer vorrangiger Ansprüche

muss wegen der verschiedenen Wirkungen der Verfahrensanordnung streng unterschieden werden.[40] Der Anordnungsbeschluss muss deshalb auch diese **Rechtsnatur des Anspruchs** (ggfs seine Einreihung in die Rangklasse 3 des § 10 Abs 1 ZVG[41]) zweifelsfrei erkennen lassen. Das kann geschehen durch ausdrückliche Bezeichnung des Anspruchs als „eines dinglichen aus einem eingetragenen Recht",[42] aber auch (was freilich nicht ratsam und auch nicht üblich ist) durch Bezugnahme auf den Vollstreckungstitel, der die Rechtsnatur des Anspruchs ausweist.[43] Das gilt auch, wenn der Titel sowohl den persönlichen als auch den dinglichen Anspruch umfasst; bei solcher Bezeichnung (in Antrag und

---

[37] RG 134, 56 (60).
[38] LG Berlin Rpfleger 1978, 335.
[39] Stöber, FordPfändung, Rdn 495; siehe außerdem Rdn 21.
[40] RG 134, 56 (60).
[41] Siehe Stöber Rdn 4.4 zu § 15.
[42] RG 134, 56 (60).
[43] RG 134, 56 (61).

Beschluss) führt die Auslegung dazu, dass die Zwangsversteigerung abgesehen von der persönlichen Forderung auch wegen des eingetragenen dinglichen Rechts beantragt und angeordnet sein soll.[44] Wenn der Gläubiger in seinem Antrag keine Angabe gemacht, aber einen dinglichen und persönlichen Titel vorgelegt hat, ist davon auszugehen, dass er persönlich und dinglich betreiben will. Das sollte auch für den Gläubiger einer Zwangssicherungshypothek gelten, der den vollstreckbaren Zahlungsschuldtitel vorlegt, auf dem die Eintragung vermerkt ist (§ 867 Abs 1 S 1, Abs 3 ZPO); hier erscheint das allerdings zweifelhaft und (rechtzeitige) Klarstellung ratsam.

Dass der Beschluss zugunsten des Gläubigers als **Beschlagnahme des Grund-** **117** **stücks** gilt, ist gesetzliche Folge (§ 20 Abs 1 ZVG); es ist zweckmäßig und üblich (nicht jedoch notwendig) dies zum Ausdruck zu bringen.

Über diesen Inhalt hinaus bedarf der Anordnungsbeschluss regelmäßig keiner **117a** **Begründung.**[45] Offensichtliche Schreibversehen und Unrichtigkeiten können nach § 319 ZPO berichtigt werden.[46]

Die **Kosten** der weiteren Rechtsverfolgung (§ 10 Abs 2 ZVG), insbesondere die **118** des Zwangsversteigerungsverfahrens selbst, brauchen in dem Anordnungsbeschluss nicht aufgeführt zu werden. Ein Hinweis auf die

> Kosten der gegenwärtigen Rechtsverfolgung

ist aber üblich und zweckmäßig. Der Vermerk wird mitunter auch wie folgt gefasst:[47]

> … Kosten der Rechtsverfolgung, falls diese rechtzeitig angemeldet werden.

Im Antrag bereits betragsmäßig geltend gemachte und angefallene (nicht die in späteren Verfahrensabschnitten erst entstehenden) Kosten (Antragsgebühr des Rechtsanwalts, Gerichtskosten der Verfahrensanordnung) können im Beschluss sogleich angeführt werden;[48] Kostenpauschbeträge gehören nicht in den Beschluss.

Für Kosten eines nicht legitimierten Dritten, dem ein Anordnungs- oder Beitrittsbeschluss als angeblicher gesetzlicher Vertreter des Schuldners zugestellt wurde, haftet der antragstellende Gläubiger nach dem Veranlassungsprinzip.[49]

Der Anordnungsbeschluss muss vom Rechtspfleger (mit vollem Namen) **unter-** **118a** **zeichnet** werden (§ 329 Abs 1 S 2 mit § 317 Abs 2 S 1 ZPO). Kennzeichnung nur mit einer Paraphe genügt nicht.[50] Ein nicht unterzeichneter Beschluss ist unwirksam.[51]

b) Zustellungen, Mitteilungen

Zuzustellen (siehe Rdn 60) ist der Anordnungsbeschluss dem Schuldner (sei- **119** nem Bevollmächtigten, § 172 ZPO). Die Vollmacht muss bereits nachgewiesen

---

[44] RG 134, 56 (62).
[45] Stöber Rdn 4.9 zu § 15.
[46] Stöber Einl Rdn 29 und Rdn 4.15 zu § 15.
[47] Stöber Rdn 4.6 zu § 15.
[48] Stöber Rdn 4.6 zu § 15.
[49] OLG Köln Betrieb 1976, 1572 = Rpfleger 1976, 323; auch Schneider Rpfleger 1976, 229.
[50] Siehe BGH 76, 236 (241); OLG Brandenburg NJW-RR 1998, 862; OLG Karlsruhe NJW-RR 2004, 1507; OLG Köln NJW 1988, 2805 und Rpfleger 1991, 198; Stöber Rdn 4.12 zu § 15.
[51] BGH 137, 49 (51) = MDR 1998, 298 = NJW 1998, 609.

sein, zB durch Bezeichnung im Vollstreckungstitel (siehe Rdn 16). Dem Gläubiger (seinem Bevollmächtigten) wird der Beschluss nur zugestellt, wenn dem Antrag nicht voll entsprochen ist; sonst erfolgt an den Gläubiger(-Vertreter) formlose Mitteilung (§ 329 ZPO). Ein Hinweis auf das Recht zur Stellung eines Einstellungsantrags soll dem Schuldner (seinem Bevollmächtigten) möglichst zugleich mit dem Anordnungsbeschluss zugestellt werden (§ 30 b Abs 1 ZVG). Den übrigen Beteiligten (§ 9 ZVG) wird der Anordnungsbeschluss nicht zugestellt und nicht mitgeteilt.

120　Bei Anordnung der Zwangsversteigerung eines Erbbaurechts erscheint Zustellung des Beschlagnahmebeschlusses an den Grundstückseigentümer, zu dessen Gunsten ein Veräußerungsverbot eingetragen ist, nötig.[52]

Zuzustellen ist der Anordnungsbeschluss nach § 3 b Abs 2 VermG auch dem Berechtigten eines vermögensrechtlichen Rückerstattungsanspruchs nach dem Vermögensgesetz (§§ 1, 2 VermG), außerdem bei Zwangsversteigerung des von einem Gebäudeeigentum betroffenen Grundstücks dem Nutzer (§ 9 a Abs 3 S 1 EGZVG).

c) Rechtsbehelfe

121　Rechtsbehelf für Schuldner, der nicht gehört wurde: Erinnerung nach § 766 ZPO, über die der Richter entscheidet (§ 20 Nr 17 RPflG). Der Rechtspfleger kann der begründeten Erinnerung abhelfen. Vor Aufhebung eines Anordnungsbeschlusses im Wege der Abhilfe muss der Gläubiger gehört werden.[53] Gegen die Entscheidung des Richters findet sofortige Beschwerde nach § 793 ZPO statt. Bei Entscheidung über den Antrag nach Schuldneranhörung findet sogleich sofortige Beschwerde statt (§ 793 ZPO).
Rechtsbehelf für Gläubiger bei teilweiser Antragszurückweisung: Sofortige Beschwerde (§ 793 ZPO).
Rechtsbeschwerde findet nur statt, wenn das Beschwerdegericht sie zugelassen hat (§ 574 Abs 1 Nr 2 ZPO).

d) Einheitlicher Anordnungsbeschluss

122　**Beschluss** ... (wie Rdn 114 mit folgender Abweichung): Wegen der den Gläubigern zustehenden dinglichen und persönlichen Ansprüche:
a) für den Gläubiger zu 1 (Karl Müller):
3000 € Hauptsache (Hypothek Abt III Nr 11) nebst 8% Zinsen seit dem ...
b) für Gläubiger zu 2 (Horst Schneller):
9000 € Hauptsache (Grundschuld Abt III Nr 12) nebst 6% Zinsen seit dem ...
und je wegen der Kosten der gegenwärtigen Rechtsverfolgung wird auf Grund vollstreckbarer Ausfertigung a) für den Gläubiger zu 1: des Urteils des Amtsgerichts ... vom ... Aktenz ... b) für den Gläubiger zu 2: der Urkunde des Notars ... in ... vom ... UrkRNr ... die Zwangsversteigerung ... angeordnet.

Einheitlich (gleichzeitig) entschieden werden muss über mehrere gleichzeitig vorliegende (entscheidungsreife) Anträge desselben Gläubigers oder mehrerer Gläubiger,[54] wenn Zwangsversteigerung desselben Grundstücks (Grundstücksbruchteils usw, Rdn 6) verlangt ist oder Verfahrensverbindung nach § 18 ZVG erfolgen kann und anzuordnen ist. Das gilt auch, wenn die Anträge zu verschiedenen Zeiten eingegangen (§ 17 GBO findet keine Anwendung) und als

---

52 Stöber Rdn 47.5 zu § 15.
53 OLG Frankfurt Rpfleger 1979, 111.
54 Stöber Rdn 4.13 zu § 15; Korintenberg/Wenz Anm 13 zu § 11.

Anordnungs- sowie Beitrittsantrag bezeichnet sind. Die Entscheidung ist in einem Beschluss zu treffen, weil nur so Gewähr für die gleichzeitige Zustellung besteht (vgl § 22 Abs 1 ZVG). Die Gläubiger betreiben auch das durch einheitlichen Beschluss angeordnete gemeinsame Verfahren selbstständig (dazu Rdn 130, 134 und 187). Einstellungen, Fortsetzungen, Aufhebungen wirken nur für und gegen den davon Betroffenen; auch Termine sind nur für den davon Betroffenen angesetzt (keine Einheit des Verfahrens). Ein gemeinsamer Beschluss kann nicht ergehen, wenn die Versteigerung verschiedener Grundstücke (Grundstücksbruchteile usw) beantragt ist und die Voraussetzungen für eine Verfahrensverbindung (§ 18 ZVG) nicht vorliegen.

4. Unterabschnitt. Grundbuchersuchen

Schrifttum: Baum, Zwangsversteigerungsvermerk und unerledigte Eintragungsanträge, Rpfleger 1990, 141; Böttcher, Beeinträchtigungen der Verfügungsbefugnis, Rpfleger 1983, 49; Böttcher, Verfügungsverbote, Rpfleger 1985, 381; Hagemann, Die Aufgaben des Grundbuchamts nach Anordnung der Zwangsversteigerung, Rpfleger 1984, 397 mit nochmaliger Stellungnahme Rpfleger 1985, 341; Mohrbutter, Die Bedeutung des Versteigerungs- und Konkursvermerkes sowie des Veräußerungsverbotes des Vergleichsverfahrens im Grundbuch, JurBüro 1956, 153; Rieger, Die §§ 17, 18 Abs 2 GBO, BWNotZ 2001, 79; Tröster, Die grundbuchliche Behandlung des Ersuchens nach § 19 ZVG bei Vorliegen unerledigter Eintragungsanträge, Rpfleger 1985, 337.

> **Ersuchen an das Grundbuchamt:** Die Zwangsversteigerung des im Grundbuch von Gärten Blatt 3685 auf den Namen des Schuldners ... eingetragenen Grundstücks FlStNr 900, Weststraße 90, Wohnhaus, Hofraum, Garten, zu 630 m^2 ist angeordnet. Es wird ersucht, diese Anordnung in das Grundbuch einzutragen, das Weitere gem § 19 Abs 2 ZVG zu veranlassen und den Zeitpunkt des Eingangs dieses Ersuchens mitzuteilen. **123**

Bei Anordnung der Zwangsversteigerung hat das Vollstreckungsgericht zugleich (unverzüglich) **von Amts wegen** das Grundbuchamt (auch wenn es zum selben Amtsgericht gehört) **um die Eintragung** dieser Anordnung in das Grundbuch **zu ersuchen** (§ 19 Abs 1 ZVG; auch § 38 GBO). Äußere Form des Ersuchens: Unterschrift und Siegel oder Stempel (§ 29 Abs 3 GBO). Das Ersuchen hat die vorzunehmende Eintragung unter Bezeichnung des Grundstücks nach Maßgabe von § 28 S 1 GBO zu enthalten; hierwegen kann nicht auf eine Anlage Bezug genommen werden.[55] Den Namen des Gläubigers braucht das Ersuchen nicht anzugeben; die (an sich nicht notwendige) Bezeichnung des Eigentümers dient der sicheren Grundstücksbeschreibung. Eine Abschrift (Ausfertigung) des Anordnungsbeschlusses ersetzt das Ersuchen nicht; sie ist dem Ersuchen auch nicht beizufügen; dies kann aber zusätzlich erfolgen. Bis zur Erledigung kann das Ersuchen (in der Form des § 29 Abs 3 GBO) berichtigt oder ergänzt werden. Das Vollstreckungsgericht muss die sachgemäße Erledigung des Ersuchens überwachen und auf alsbaldige Eintragung drängen.[56] **124**

Das **Grundbuchamt** hat den Zwangsversteigerungsvermerk ohne Verzug einzutragen. Es **kann** das Eintragungsersuchen **nur formell,** nicht jedoch sachlich **prüfen.**[57] Das Ersuchen ist ohne Voreintragung des Betroffenen (§ 39 GBO) zu **125**

---

[55] Stöber Rdn 2.2 zu § 19; Schöner/Stöber, Grundbuchrecht, Rdn 201.
[56] Stöber Rdn. 2.7 zu § 19.
[57] Stöber Rdn 3.1; Jaeckel/Güthe Rdn 2, je zu § 19; Schöner/Stöber, Grundbuchrecht, Rdn 219 und 1621.

vollziehen, weil nur das Vollstreckungsgericht (vgl § 28 Abs 1 ZVG), nicht aber das Grundbuchamt das Eigentum des Schuldners zu beachten hat. Der Versteigerungsvermerk ist daher auch bei Eigentumswechsel zwischen Versteigerungs-anordnung und Eingang des Ersuchens einzutragen,[58] ebenso dann, wenn der Schuldner nicht eingetragen ist,[59] wenn ein Miteigentumsanteil nicht als Bruch-teil (oder nicht mit der im Ersuchen bezeichneten Größe) oder wenn ein Insol-venzvermerk eingetragen ist. Unterbleiben kann die Eintragung des Versteige-rungsvermerks, wenn der Vollstreckungsantrag schon wieder zurückgenommen ist. Form des Ersuchens des Vollstreckungsgerichts an das Grundbuchamt um Nichteintragung des Vermerks: § 29 Abs 3 GBO. Der Vermerk wird auch dann nicht mehr eingetragen, wenn dem Grundbuchamt bereits vor Vollzug des Ein-tragungsersuchens (= Aufnahme in den Datenspeicher, § 129 Abs 1 GBO, sonst Unterzeichnung im Grundbuch, § 44 Abs 1 GBO) ein Löschungsersuchen (§ 34 ZVG) zugegangen ist.

125a   Der einzutragende Vollstreckungsvermerk lautet:

> Die Zwangsversteigerung ist angeordnet. Eingetragen am ...

oder nur

> Zwangsversteigerung angeordnet. Eingetragen am ...

Gericht und Aktenzeichen sind in dem Vermerk nicht zu bezeichnen,[60] des-gleichen nicht das Datum der Anordnung. Zwangsversteigerung und -verwal-tung sind voneinander unabhängig; die Anordnungen werden getrennt einge-tragen.

125b   Nach der **Reihenfolge des Eingangs** beim Grundbuchamt (§ 13 Abs 2 GBO) hat Erledigung zu erfolgen, wenn mit dem Ersuchen des Vollstreckungsgerichts um Eintragung des Zwangsversteigerungsvermerks (§ 19 Abs 1 ZVG) dem Grund-buchamt ein anderer Eintragungsantrag (auch mehrere weitere Anträge) vor-liegt, der mit dem Eigentum „dasselbe Recht" betrifft (§ 17 GBO).[61] Es ist bei früherem Eingang des Eintragungsersuchens des Vollstreckungsgerichts zuerst der Zwangsversteigerungsvermerk einzutragen; eine später beantragte Eintra-gung darf erst im Anschluss hieran vollzogen werden. Liegt bei Eingang des Eintragungsersuchens des Vollstreckungsgerichts dem Grundbuchamt bereits ein anderer Eintragungsantrag vor, dann darf der Zwangsversteigerungsver-merk nicht vor Erledigung des früher gestellten Antrags vollzogen werden.[62] Eine bereits beantragte Eintragung der vom Eigentümer erklärten Auflassung oder einer von ihm bewilligten anderen Verfügung (ebenso einer Grundbuchbe-richtigung) hat auch zu erfolgen, wenn die Beschlagnahme mit Verfahrensan-

---

[58] Stöber Rdn 3.2 zu § 19; Schöner/Stöber, Grundbuchrecht, Rdn 1621.
[59] Stöber Rdn 3.2; Jaeckel/Güthe Rdn 2, je zu § 19.
[60] Schöner/Stöber, Grundbuchrecht, Rdn 1622; Stöber Rdn 3.4 zu § 19; anders Steiner/Hage-mann Rdn 14; Dassler/Hintzen Rdn 10, je zu § 19; (unverständlicherweise) auch Muster Grundbuchverfügung Anlage 2a Abt II Nr 6.
[61] RG HRR 1940 Nr 516; Stöber Rdn 4.1 zu § 19; Stöber, GBO-Verfahren, Rdn 333–338; Baum Rpfleger 1990, 141 (III); Hagemann Rpfleger 1984, 397 (II 2); Rieger BWNotZ 2001, 79 (84); Tröster Rpfleger 1985, 337 (IV); Morvilius ImmVollstr Rdn 114; Meikel/Bestelmeyer Rdn 22 zu § 17 GBO; Steiner/Hagemann Rdn 13; Dassler/Hintzen Rdn 12, je zu § 19; anders Jung MittRhNotK 1966, 262 (B I); Mohrbutter zu LG Freiburg KTS 1975, 135; Bauer/ vOefele Rdn 37 zu § 38 GBO; Demharter Rdn 36, je zu § 38 GBO.
[62] Stöber Rdn 4.1 zu § 19, dort Rdn 4.4 auch zur Berücksichtigung der Ordnungsvorschrift des § 45 GBO bei gleichzeitiger Erledigung.

ordnung dem Grundbuchamt bekannt ist, ihm das Eintragungsersuchen (§ 19 Abs 1 ZVG) aber noch nicht vorliegt.[63] Behandlung, wenn dem zuerst eingegangenen Eintragungsersuchen des Vollstreckungsgerichts oder einer früher beantragten (anderen) Eintragung ein Hindernis entgegensteht: Kommentar Rdn 4.5 zu § 19. Ein Rangverhältnis besteht zwischen Zwangsversteigerungsvermerk und Rechten am Grundstück nicht.[64]

Die Eintragung hat das Grundbuchamt dem Vollstreckungsgericht und dem   **126** (eingetragenen) Eigentümer, nicht jedoch den in Abteilung II und III eingetragenen Berechtigten, **bekannt zu machen** (§ 55 Abs 1 GBO).[65]

Erteilung eines **amtlichen Ausdrucks** (§ 130 GBO, einer beglaubigten Grundbuchblattabschrift) und weitere Aufgaben des Grundbuchamts nach Eintragung des Versteigerungsvermerks: § 19 Abs 2 (und 3) ZVG. Diese Aufgaben hat das Grundbuchamt von Amts wegen zu erledigen; das Ersuchen muss sich darauf nicht ausdrücklich erstrecken. Vertreter von Beteiligten (die mit ihren Anschriften mitzuteilen sind) sind auch Bevollmächtigte der Gläubiger von Sicherungshypotheken (wird oft übersehen). Durch den vom Grundbuchamt nach Eintragung des Versteigerungsvermerks zu erteilenden amtlichen Ausdruck (die beglaubigte Grundbuchblattabschrift) wird dem Vollstreckungsgericht in zuverlässiger Weise (Haftung des Grundbuchbeamten für Richtigkeit und Vollständigkeit nach § 839 BGB) von den Rechten Kenntnis gegeben, die im Versteigerungsverfahren nach dem Inhalt des Grundbuchs zu berücksichtigen sind[66] (siehe §§ 9, 28, 37, 45, 114 ZVG). Aus § 22 Abs 1 S 2 ZVG folgt, dass das Grundbuchamt auch den Tag des Eingangs des Ersuchens mitzuteilen hat. Gelöschte Eintragungen brauchen in die beglaubigte Grundbuchblattabschrift nicht aufgenommen werden.

Die Eintragung des Vermerks verschafft dem mit Beschlagnahme bewirkten   **127** Veräußerungsverbot (§ 23 Abs 1 S 1 ZVG) Wirksamkeit gegenüber allen, die ein Recht an dem Grundstück (einem mithaftenden Gegenstand, § 23 Abs 2 S 2 ZVG) durch Rechtsgeschäft erwerben (§ 135 Abs 2, § 892 Abs 1 S 2 BGB). Jede gegen die Beschlagnahme verstoßende Verfügung bleibt damit dem Vollstreckungsgläubiger gegenüber unwirksam (§§ 135, 136 BGB); gutgläubiger Erwerb Dritter bleibt ausgeschlossen (§ 892 Abs 1 S 2 BGB); unberührt bleibt jedoch Schutz gegen nachträgliche Verfügungsbeschränkung nach § 878 BGB. Eine Grundbuchsperre bewirkt der Versteigerungsvermerk nicht;[67] er hindert daher weitere Grundbucheintragungen nicht; spätere Eintragungen soll das Grundbuchamt dem Vollstreckungsgericht mitteilen (§ 19 Abs 3 ZVG). Nach Aufhebung des Verfahrens erfolgt Löschung des Versteigerungsvermerks auf Ersuchen des Vollstreckungsgerichts (§ 34 ZVG). Wird die Versteigerung durchgeführt, so werden der Versteigerungsvermerk sowie die durch den Zuschlag erloschenen Rechte auf Ersuchen des Vollstreckungsgerichts im Grundbuch gelöscht (§ 130 Abs 1 ZVG; dazu Rdn 557).

Rechtsbehelf bei Ablehnung des Ersuchens: Für Vollstreckungsgericht und Gläubiger[68] Beschwerde gemäß § 71 GBO. Bei Ablehnung durch den Urkunds-

---

[63] Stöber Rdn 4.3 zu § 19; Stöber, GBO-Verfahren, Rdn 339 mit Hinweis auf abweichende Ansichten in Rdn 340 und 341.
[64] RG wie Fußn 61; Stöber Rdn 4.8 zu § 19.
[65] Haegele Rpfleger 1971, 283 (290 linke Spalte); Korintenberg/Wenz Anm 3 zu § 19.
[66] Denkschrift zum ZVG, Seite 39.
[67] Schöner/Stöber, Grundbuchrecht, Rdn 1627.
[68] Kammergericht OLG 15, 30 (31); BayObLG Rpfleger 1997, 101.

beamten ist zunächst die Entscheidung des Rechtspflegers[69] herbeizuführen (§ 12 c Abs 4 GBO; Aufhebung des vormaligen § 4 Abs 2 Nr 3 RPflG).

5. Unterabschnitt. Der Beitrittsbeschluss

Schrifttum: Drischler, Der Beitrittsbeschluss in der Immobiliarvollstreckung als Quelle für Regresse, JVBl 1964, 159; Teufel, Der Beitritt zur Zwangsversteigerung und das Zubehör, Rpfleger 1979, 186.

a) Beitrittsantrag und -beschluss

128   **Antrag:** ... (= wie Antrag Rdn 101) ... Die Zwangsversteigerung dieses Grundstücks wurde mit Beschluss vom ... angeordnet. Wegen meines dinglichen und persönlichen Anspruchs und der Kosten der gegenwärtigen Rechtsverfolgung
beantrage ich Zulassung des Beitritts
zu diesem Zwangsversteigerungsverfahren. In Anlage werden vorgelegt: ...

129   **Beschluss:** ... (= wie Rdn 114) ... wird
der **Beitritt** zu der angeordneten Zwangsversteigerung
des in Nürnberg gelegenen, im Grundbuch von Gärten Blatt 3685 auf den Namen des Schuldners ... eingetragenen Grundstücks
FlStNr 900, Weststraße 90, Wohnhaus, Hofraum, Garten, zu 630 m², zugelassen.
Dieser Beschluss gilt zugunsten des Gläubigers als Beschlagnahme des Grundstücks.
Verfügung: 1. Begl Abschrift an a) Gläubiger(-Vertreter) formlos b) Schuldner zustellen zusammen mit der Belehrung nach § 30 b Abs 1 ZVG über das Einstellungsrecht usw 2. Vorblatt (§ 14 Abs 4 AktO) ergänzen 3. Bewerten 4. WV ...

130 **Mehrere Gläubiger** eines Schuldners (Eigentümers) können unabhängig voneinander die Grundstücksversteigerung betreiben. Da aber für ein zweites und weiteres Verfahren kein Raum ist, kann nach Verfahrensanordnung (auch wenn das Verfahren einstweilen eingestellt ist) einem neuen Versteigerungsantrag nur in der Form der Zulassung des Beitritts stattgegeben werden (§ 27 Abs 1 S 1 ZVG). Angeordnet ist die Zwangsversteigerung mit Unterzeichnung des Anordnungsbeschlusses (Rdn 103). Zulassung des Beitritts zu dem angeordneten Verfahren hat daher auch zu erfolgen, wenn die Beschlagnahme noch nicht bewirkt (oder auch nur noch nicht nachgewiesen) ist.[70]

130a Der neue **Versteigerungsantrag**, dem durch Beitrittszulassung stattzugeben ist, kann auch wegen eines weiteren Anspruchs des Gläubigers gestellt werden, auf dessen Antrag das Verfahren angeordnet ist; dabei kann es sich auch um eine andere Rechtsnatur des „gleichen" Anspruchs handeln, zB um den dinglichen Anspruch, wenn die Versteigerungsanordnung zunächst wegen des – gesicherten – persönlichen Anspruchs erfolgt ist. Dann sind auch Anordnungs- und Beitrittsverfahren desselben Gläubigers voneinander unabhängig. Die Gerichtskasse kann wegen der von einem vollstreckenden Gläubiger nicht einziehbaren Kosten (Rdn 99) an der Rangstelle dieses Gläubigers dem Verfahren beitreten.[71] Antrag und Beitrittsbeschluss müssen in diesem Fall die für den Kostenbetrag in Anspruch genommene Rangstelle (vgl § 10 Abs 2 ZVG) bezeichnen (vgl Rdn 102, 116).

---

[69] Rellermeyer Rpfleger 2004, 593; Kuntze/Ertl/Herrmann/Eickmann, Grundbuchrecht, Rdn 16; Meikel/Nowak Rdn 21, je zu § 12 c GBO.
[70] Stöber Rdn 2.3 zu § 27.
[71] LG Oldenburg Rpfleger 1970, 215.

Zuzulassen ist der Beitritt, wenn sich der (neue) Antrag auf den von der Voll- **130b** streckung **bereits erfassten Gegenstand** bezieht, also dasselbe Grundstück oder denselben Grundstücksbruchteil (§ 864 Abs 2 ZPO) betrifft wie der Anordnungsbeschluss.[72] Dabei müssen die Gegenstände nicht identisch sein; es genügt, dass sich der Beitritt auf einen von dem Hauptgegenstand umfassten Teil (eine Teilfläche des bereits beschlagnahmten Grundstücks) bezieht.[73]

Verlangt der neue Gläubiger die Versteigerung eines bereits beschagnahmten **130c** Grundstücks (oder Grundstücksanteils) und eines **weiteren Grundstücks** (oder -bruchteils), so ist der Beitritt zu dem bereits angeordneten Verfahren zuzulassen und die Versteigerung des noch nicht beschlagnahmten weiteren Grundstücks (oder -anteils) anzuordnen, und zwar bei Verfahrensverbindung (§ 18 ZVG) in einem Beschluss.

Wenn die Versteigerung mehrerer Grundstücke angeordnet ist, der weitere An- **130d** trag sich jedoch **nur auf eines** (oder einige) dieser Grundstücke oder auch auf einen Grundstücksbruchteil erstreckt, ist der Beitritt des neuen Gläubigers nur für dieses (diese) Grundstück(e) zuzulassen.

Zulassung des Beitritts erfolgt auch, wenn nach Verfahrensanordnung der neue **130e** Versteigerungsantrag sich gegen einen **anderen Eigentümer** des Grundstücks richtet.

> **Beispiel:** Nach Eigentumswechsel nimmt das Anordnungsverfahren gegen den bisherigen Eigentümer seinen Fortgang, ein neuer Gläubiger vollstreckt gegen den Grundstückserwerber.

Möglich ist nach Eigentumswechsel nur noch der Beitritt der Gläubiger des neuen Eigentümers, nicht mehr aber der Beitritt mit Vollstreckungstiteln gegen den bisherigen (früheren) Eigentümer. Die Vollstreckungsvoraussetzungen richten sich stets nach dem Zeitpunkt des Beitritts. Auch der Gläubiger eines dinglichen Anspruchs muss daher, wenn er nach Eigentumswechsel beitreten will, einen gegen den neuen Eigentümer lautenden (auf ihn umgeschriebenen) und diesem zugestellten Vollstreckungstitel vorlegen.

Die **Zulassung des Beitritts** erfolgt unter denselben Voraussetzungen wie die **131** Anordnung des Verfahrens (§ 27 Abs 1 S 1 ZVG; siehe Rdn 105–109). Der Beitrittsantrag unterliegt daher den gleichen Anforderungen wie der Anordnungsantrag (Rdn 101–108). Auch für Zulassung des Beitritts ist Vollstreckungsvoraussetzung, dass das Grundstück dem (Titel-)Schuldner gehört (Rdn 105). Zulassung des Beitritts erfordert daher, dass der Schuldner (zum Zeitpunkt des Beitritts) als Eigentümer des Grundstücks im Grundbuch eingetragen oder Erbe des eingetragenen Eigentümers ist (§ 17 Abs 1 ZVG). Nachweis der Eintragung erfolgt auch für Entscheidung über den Beitrittsantrag durch Bezugnahme auf das Grundbuch oder ein Zeugnis des Grundbuchamts (§ 17 Abs 2 ZVG, Rdn 106). Keines nochmaligen Nachweises bedarf diese Eintragung jedoch, wenn sie offenkundig (§ 291 ZPO), somit gerichtskundig ist. Das Grundbuchzeugnis ist nicht Urkunde für den Vollstreckungsbeginn (§ 16 Abs 2 ZVG); neues Grundbuchzeugnis zur Beitrittszulassung kann daher nicht verlangt werden, wenn die Schuldnereintragung nach dem Stand des Verfahrens offenkundig ist.[74]

---

[72] BGH DNotZ 2006, 288 = MDR 2006, 622 = MitBayNot 2006, 227 mit Anm Morvilius = NJW 2006, 1000.

[73] BGH NJW 2006, 1000 = aaO für Vollstreckung in eine nach Vereinigung oder Bestandteilszuschreibung weiterhin belastete Grundstücksteilfläche.

[74] Stöber Rdn 3.2 zu § 27.

132 Form und Inhalt des Beitritts**beschlusses:** wie Anordnungsbeschluss, Rdn 114–118a, 122. Auch der Beitrittsbeschluss muss die Rechtsnatur des Anspruchs des Beschlagnahmegläubigers erkennen lassen (Rdn 116). Über **mehrere** gleichzeitig vorliegende (entscheidungsreife) Beitrittsanträge muss einheitlich in einem Beitrittsbeschluss entschieden werden (Rdn 122).

133 **Zugestellt** wird der Beitrittsbeschluss dem Schuldner (seinem Bevollmächtigten); an Gläubiger (seinen Vertreter) erfolgt Zustellung, wenn dem Antrag nicht voll entsprochen ist; sonst wird der Beschluss dem Beitrittsgläubiger nur formlos mitgeteilt (Rdn 119). Eine vor Beitrittszulassung verfügte Terminbestimmung ist dem Beitrittsgläubiger (seinem Vertreter) sogleich mit zuzustellen (§ 41 Abs 1 ZVG); zum Wertfestsetzungsbeschluss Rdn 213. Dem Schuldner (seinem Bevollmächtigten) ist bei Zulassung des Beitritts neuerlich ein Hinweis auf das Recht zur Stellung des Einstellungsantrags für das von dem beigetretenen Gläubiger betriebene Verfahren (§ 30b Abs 1 ZVG, Rdn 164, 169) zuzustellen. Mitteilung des Beitrittsbeschlusses an den bereits betreibenden (= Anordnungs-) Gläubiger erfolgt nicht. Rechtsbehelfe: Rdn 121.

b) Rechte des Beitrittsgläubigers

134 Der Gläubiger, dessen Beitritt zugelassen ist, hat dieselben Rechte, wie wenn auf seinen Antrag die Versteigerung angeordnet wäre (§ 27 Abs 2 ZVG). Zugunsten des Beitrittsgläubigers gilt der Beschluss, durch den sein Beitritt zugelassen wurde, damit als Beschlagnahme des Grundstücks (§ 27 Abs 2 mit § 20 ZVG). Sie wird mit Zustellung des den Beitritt zulassenden Beschlusses wirksam, also selbst dann nicht mit Zustellung des die Zwangsversteigerung anordnenden Beschlusses, wenn auch diesen der später Beitretende erwirkt hat.[75] Anordnungs- und Beitrittsgläubiger sind **voneinander unabhängig.**[76] Für den Beitrittsgläubiger ist das Verfahren daher selbstständig fortzusetzen, wenn das auf den ersten Gläubigerantrag eingeleitete Verfahren aufgehoben oder eingestellt wird. Ebenso halten Einstellung oder Aufhebung der Versteigerung für den Beitrittsgläubiger die Fortsetzung des Verfahrens für den Anordnungsgläubiger nicht auf.

Beispiel:

Anordnungs-gläubiger ⟶	§ 30a I			
	§ 31 I S 1 ⟶	§ 30c		
		§ 31 I S 1 ⟶	§ 30 ⟶	§ 29 ‖
Beitritts-gläubiger **1** ⟶		§ 29 ‖		
Beitritts-gläubiger **2** ⟶	§ 30 I S 1			
	§ 31 I S 1 ⟶	§ 30 I S 2		‖
		§ 31 I S 1 ⟶	§ 30 I S 3 (§ 29)	‖
Beitritts-gläubiger 3 ⟶				Terminsbestimmung (§ 36)
Beitritts-gläubiger **4** ⟶	§ 30a I	‖		
	§ 31 I S 2	‖		

---

[75] BGH DNotZ 1989, 160 = MDR 1988, 958 = NJW-RR 1988, 1274.
[76] RG 125, 24 (30); Stöber Rdn 8.2 zu § 27.

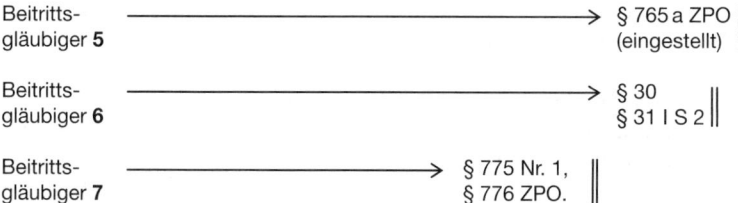

Beitritts-   —————————————————→ § 765 a ZPO
gläubiger **5**   (eingestellt)

Beitritts-   —————————————————→ § 30
gläubiger **6**   § 31 I S 2

Beitritts-   —————————————→ § 775 Nr. 1,
gläubiger **7**   § 776 ZPO.

Ein Versteigerungsvermerk wird bei Zulassung des Beitritts nicht mehr in das **134a**
Grundbuch eingetragen (§ 27 Abs 1 S 2 ZVG). Der bei Verfahrensanordnung
eingetragene Versteigerungsvermerk wirkt auch für den Beitrittsgläubiger, sobald der Beitrittsbeschluss dem Schuldner zugestellt und damit die Beschlagnahme auch für diesen Gläubiger wirksam geworden ist.[77] Um Löschung (§ 34
ZVG) kann daher erst nach Aufhebung des Gesamtverfahrens ersucht werden.

c) Beitrittszulassung nur vor Beendigung der Verfahrens

Zulassung des Beitritts ist auch dann anzuordnen, wenn das Zwangsversteige- **135**
rungsverfahren **einstweilen eingestellt** ist. Ein eingestelltes Verfahren, dessen
Fortsetzung nicht rechtzeitig beantragt ist, endet erst mit Aufhebung (§ 31
Abs 1 ZVG); bis zu diesem Zeitpunkt ist ein Beitritt möglich.[78]
Nach Zurücknahme des Versteigerungsantrags und **Aufhebung des Verfahrens** **136**
(§ 29 ZVG) ist Zulassung des Beitritts nicht mehr möglich. Wenn die Rücknahmeerklärung dem Vollstreckungsgericht bei Eingang des weiteren Versteigerungsantrags bereits vorliegt (oder diese und der weitere Antrag zugleich eingehen) kann der neue Vollstreckungsantrag jedoch die Aufhebung des Verfahrens
nicht hindern; mit der Verfahrensaufhebung kann nicht bis zur Entscheidung
über den Beitrittsantrag und Wirksamwerden der Beschlagnahme für den Beitrittsgläubiger zugewartet werden. Dann ist nach Unterzeichnung des Aufhebungsbeschlusses (§ 29 ZVG) ein Versteigerungsverfahren nicht mehr anhängig
(Ausnahme bei Aufschub der Verfahrensaufhebung bis zur Rechtskraft, siehe
Rdn 369). Auf den neuen Antrag ist die Zwangsversteigerung somit erneut anzuordnen (§ 15 ZVG). Darauf, wann der Aufhebungsbeschluss den Beteiligten durch die Geschäftsstelle zur Kenntnis gelangt, kann für Beendigung des
Verfahrens so wenig abgestellt werden wie für den Zeitpunkt der Anordnung
(Rdn 103). Anhalt dafür, ob ein weiteres (neues) Verfahren über das Grundstück anzuordnen oder mit Zulassung des Beitritts Verfahrensfortführung
geboten ist, können die zeitlichen Zufälligkeiten der Hinausgabe (Absendung)
des Aufhebungsbeschlusses durch die Geschäftsstelle und der Zustellung nicht
bieten.
Ist Zulassung des Beitritts zu einer nicht mehr „angeordneten" (anhängigen) **137**
Zwangsversteigerung ausgeschlossen, dann wird der Beitrittsantrag eines Gläubigers ohne Rückfrage als Anordnungsantrag behandelt.[79] Wird gleichwohl der
Beitritt zu einem bereits beendeten Verfahren zugelassen, so hat der Beitrittsbeschluss die Wirkung eines (neuen) Anordnungsbeschlusses; dann ist auch ein
Versteigerungsvermerk neu in das Grundbuch einzutragen. Es empfiehlt sich,
den Beschluss in einem solchen Fall richtigzustellen (§ 319 ZPO). Ebenso gilt

---

[77] Stöber Rdn 5 zu § 27.
[78] Stöber Rdn 2.3 zu § 27; anders (Beitritt nur bis Fristablauf möglich) Drischler RpflJahrbuch
1971, 331.
[79] Stöber Rdn 4.6 zu § 27.

aber auch ein Anordnungsbeschluss als Beitrittszulassung, wenn nach Beschlagnahme des Grundstücks (versehentlich) nochmals die Verfahrensanordnung erfolgt ist.

138   Nach **Erteilung des Zuschlags** kann bis zu dessen Rechtskraft ein Beitritt nur noch bedingt zugelassen werden; wenn der Zuschlag auf Beschwerde wieder aufgehoben wird, bleibt der Beitritt zulässig und wirksam, andernfalls wird er durch Rechtskraft des Zuschlags rückwirkend unwirksam.[80] Die bedingte Zulassung des Beitrittsgläubigers ist im Beschlagnahmebeschluss erkennbar zu machen.

> **Beispiel:** Der Beitritt wird bedingt zugelassen, weil der Zuschlag bereits am ... erteilt wurde, jedoch noch nicht rechtskräftig ist. Mit Rechtskraft des Zuschlags wird der Beitritt rückwirkend unwirksam.

Nach Rechtskraft des Zuschlags kann im Verteilungsverfahren kein Beitritt mehr zugelassen werden; Vollstreckung ist dann nur noch durch Pfändung des dem Schuldner etwa gebührenden Erlösüberschusses möglich;[81] wegen der Pfändung der Ansprüche aus Eigentümerrechten siehe Rdn 464. Nach Zuschlagversagung ist die Beitrittszulassung möglich, wenn nicht mit rechtskräftiger Versagung des Zuschlags Verfahrensaufhebung erfolgt ist (§ 86 ZVG).

d) Zubehör und mithaftende Gegenstände

138a   Auf Zubehör und andere mithaftende Gegenstände (dazu Rdn 146 ff) erstreckt sich ein Beitritt auch dann, wenn bereits Freigabe durch alle bis dahin betreibenden Gläubiger erklärt (sie ist Antragszurücknahme hinsichtlich dieser Gegenstände und bewirkt Beendigung ihrer Beschlagnahme, Rdn 144) oder Teilaufhebung des Verfahrens aus sonstigem Grund erfolgt ist.[82] Diese Beschlagnahme des Zubehörs und sonst mithaftender Gegenstände muss im Beitrittsbeschluss nicht gesondert zum Ausdruck gebracht werden. Beschlagnahmt zugunsten des Beitrittsgläubigers sind jedoch nur die Gegenstände, die im Zeitpunkt der Zustellung des Beitrittsbeschlusses (Wirksamwerden dieser Beschlagnahme, § 22 Abs 1 S 1 ZVG) hypothekarisch haften (§ 20 Abs 2 ZVG). Dazu gehören Gegenstände nicht, deren Haftung zwar erst nach Verfahrensanordnung (und/oder einem früheren Beitritt), aber doch vor Beitrittsbeschlagnahme mit Veräußerung und Entfernung (§ 1121 BGB) oder nur mit dauernder Entfernung oder auch mit Aufhebung der Zubehöreigenschaft (§ 1122 BGB) aufgehoben wurde. Der Beitrittsgläubiger, der freigegebenes oder mit Teil-Aufhebung bereits ausgenommenes Zubehör oder sonst mithaftende Gegenstände nicht für seine Beschlagnahme in das Verfahren einbeziehen möchte, kann die Teil-Zurücknahme seines Antrags auch sogleich durch Antragsbeschränkung erklären.[83] Dass Antrag auf Zulassung des Beitritts mit der Beschränkung gestellt sein soll, dass Beschlagnahme freigegebener Gegenstände nicht verlangt wird, kann sich auch aus den Umständen des Einzelfalls ergeben (Antragsauslegung). Dann empfiehlt es sich, im Beitrittsbeschluss den Beschlagnahmeumfang zu vermerken. **Beispiel:**[84]

---

[80] Stöber Rdn 2.4 zu § 27.
[81] Dazu Stöber, FordPfändung, Rdn 130.
[82] Stöber Rdn 10.2 zu § 27; OLG Zweibrücken OLGZ 1977, 212 (219); Steiner/Teufel Rdn 42, 43 zu § 27; Teufel Rpfleger 1979, 186.
[83] Stöber Rdn 10.4 zu § 27.
[84] Siehe Stöber Rdn 10.4 zu § 27.

Dieser Beitritt erstreckt sich nicht auf folgende von den bisher betreibenden Gläubigern bereits freigegebene Zubehörstücke, über die das Verfahren aufgehoben ist: ...

Das Zubehör sollte dann auch in den Versteigerungsbedingungen und im Zuschlagsbeschluss ausdrücklich als von der Versteigerung ausgenommen bezeichnet werden.[85]
Wenn das Verfahren hinsichtlich des Zubehörs gegen alle betreibende Gläubiger nur eingestellt ist, ergibt sich keine Einschränkung des Beschlagnahmeumfangs.

e) Rechtsstellung des Zessionars und des Ablösenden

Die Fortführung des Verfahrens durch einen Zessionar oder Ablösenden (Rdn 100) erfordert keinen Beitritt. Die durch Beschlagnahme erlangte Rechtsstellung des alten (bisher vollstreckenden) Gläubigers ist mit Forderungsübertragung auf den Zessionar oder mit Gläubigerbefriedigung auf den Ablösenden (§ 268 BGB) ohne besonderen Rechtsakt übergegangen (§§ 401, 412 BGB).[86] Das Verfahren wird daher für ihn fortgesetzt; der bisherige Gläubiger ist damit aus dem Verfahren ausgeschieden, er ist nicht mehr Beteiligter (§ 9 ZVG). Der neue Gläubiger hat für die Verfahrensfortsetzung die zugestellte Rechtsnachfolgeklausel (§§ 727, 750 Abs 2 ZPO) und ggfs die dieser Klausel zugrundeliegende Urkunde mit Zustellungsnachweis (§ 750 Abs 2 ZPO) vorzulegen.[87] Werden die Nachweise nicht erbracht, so wird das Verfahren einstweilen eingestellt und dem Zessionar oder Ablösenden die Möglichkeit zur Behebung dieses Mangels gegeben.[88] Wenn jedoch der noch durch Vollstreckungstitel und -klausel ausgewiesene vollstreckende (bisherige) Gläubiger die einstweilige Einstellung bewilligt, ist das Verfahren auf Grund dieser Bewilligung einzustellen (deshalb nach Schluss der Versteigerung gem § 33 ZVG der Zuschlag zu versagen).[89] Aufzuheben ist demnach das Verfahren (§ 29 ZVG; nach Schluss der Versteigerung Versagung des Zuschlags, § 33 ZVG), wenn die Vollstreckungsklausel nicht umgeschrieben ist und der noch formell berechtigte bisherige Gläubiger den Antrag zurücknimmt. Nach Abtretung oder Ablösung einer öffentlichen Last (oder sonstigen öffentlichrechtlichen Forderung) kann das Verfahren nicht mehr im Verwaltungszwangsverfahren fortgesetzt werden. Der Zessionar oder Ablösende muss vielmehr einen Titel auf Duldung der Zwangsvollstreckung aus Rangklasse 3 (oder dem sonstigen Rang des Beschlagnahmeanspruchs) im ordentlichen Rechtsweg erwirken.[90] Schon vor Beschaffung des Titels kann er aber, wenn er die Ablösung nachgewiesen hat, das Verfahren einstellen oder aufheben lassen.[91]

139

---

[85] Teufel Rpfleger 1979, 186.
[86] Stöber Rdn 20.22 zu § 15; siehe auch Stöber, FordPfändung, Rdn 700.
[87] So (für Forderungsabtretung) BGH DNotZ 1963, 673 = Betrieb 1963, 1118; hierzu außerdem OLG Düsseldorf NJW-RR 1987, 247 und OLG Hamm Rpfleger 2000, 171.
[88] BGH DNotz 1963, 673 = aaO (Fußn 87).
[89] OLG Düsseldorf NJW-RR 1987, 247.
[90] Stöber Rdn 20.26 zu § 15 mit Nachw. Ablösung der Forderung eines in Rangklasse 3 des § 10 Abs 1 ZVG berechtigten Gläubigers, der das Verfahren nicht betreibt, berührt den Fortgang des Zwangsversteigerungsverfahrens auf Antrag eines nachrangig vollstreckenden Gläubigers nicht; OLG Hamm Rpfleger 1987, 75.
[91] BGH DNotZ 2007, 37 = NJW-RR 2007, 165 = Rpfleger 2007, 93; Stöber Rdn 20.23 zu § 15; Fischer NJW 1955, 1583 (1585).

140 Dem Schuldner ist der Gläubigerwechsel bei der nächsten im Verfahren anstehenden Entscheidung oder Mitteilung (jedenfalls aber vor dem Versteigerungstermin) bekanntzugeben. Die Nachricht kann lauten:

> Das bisher von dem Gläubiger ... nach dem Anordnungs[Beitritts]Beschluss vom ... betriebene Zwangsversteigerungsverfahren wird nach Abtretung der dinglichen (persönlichen) Vollstreckungsforderung fortgesetzt von ... als nunmehriger Gläubiger. Die Verfahrensfortsetzung erfolgt auf Grund der dem Rechtsnachfolger am ... erteilten vollstreckbaren Ausfertigung des ... (= Bezeichnung des Vollstreckungstitels). Vollstreckungstitel mit Rechtsnachfolgeklausel und die Abtretungserklärung vom ... wurden dem Schuldner am ... zugestellt (§§ 727, 750 ZPO).

Eine Frist zur Stellung eines neuen Einstellungsantrags nach §§ 30 a ff ZVG (siehe § 30 b Abs 1 ZVG) wird mit dem Gläubigerwechsel und seiner Bekanntgabe an den Schuldner nicht (neu) in Lauf gesetzt. Ein Hinweis nach § 30 b Abs 1 ZVG wird bei Gläubigerwechsel daher nicht zugestellt.

6. Unterabschnitt. Zwangsversteigerung und Insolvenzverfahren

Schrifttum: Hintzen, Insolvenz und Immobiliarzwangsvollstreckung, Rpfleger 1999, 256; Stöber, Insolvenzverfahren und Vollstreckungs-Zwangsversteigerung, NZI 1998, 105; Vallender, Zwangsversteigerung und Zwangsverwaltung im Lichte des neuen Insolvenzrechts, Rpfleger 1997, 353.

a) Vollstreckungsverbot für Insolvenzgläubiger

140a Grundstücke (andere Objekte der Immobiliarvollstreckung), die dem Schuldner gehören, umfasst das Insolvenzverfahren mit dem gesamten Schuldnervermögen (§ 35 InsO). Diese Insolvenzmasse dient zur Befriedigung der Insolvenzgläubiger (§ 38 Abs 1 InsO). Das sind die persönlichen Gläubiger, die einen zur Zeit der Eröffnung des Insolvenzverfahrens begründeten Vermögensanspruch gegen den Schuldner haben. Es sind daher Zwangsvollstreckungen für einzelne Insolvenzgläubiger während der Dauer des Insolvenzverfahrens nicht zulässig (§ 89 Abs 1 InsO). Unzulässig sind sie auch, wenn der Versteigerungs- oder Beitrittsantrag noch vor Eröffnung des Insolvenzverfahrens gestellt wurde.

b) Abgesonderte Befriedigung

140b Gläubiger, denen ein Recht auf Befriedigung aus dem Grundstück (anderen Objekt der Immobiliarvollstreckung) zusteht, sind nach Eröffnung des Insolvenzverfahrens zur abgesonderten Befriedigung berechtigt (§ 49 InsO); sie können die Zwangsversteigerung (und Zwangsverwaltung) des Grundstücks (haftenden anderen Objekts) betreiben. Es sind dies die Gläubiger der in § 10 ZVG aufgeführten Ansprüche (Rdn 68; aber kein Vollstreckungsrecht in Rangklasse 1 und 1 a), insbesondere somit (§ 10 Abs 1 Nr 4, auch Nrn 3 sowie 6–8, ZVG) die Gläubiger der Hypotheken, Grundschulden und Rentenschulden sowie (wegen fälliger Leistungen, § 1107 BGB) der Reallasten (auch der Erbbauzinsreallasten[92]), die Gläubiger öffentlicher Lasten,[93] und (vollstreckende) persönliche Gläubiger (§ 10 Abs 1 Nr 5 ZVG, Rdn 80), die durch Anordnung der Zwangsversteigerung (§ 15 ZVG) oder Zulassung des Beitritts (§ 27 ZVG) be-

---

[92] BGH NJW-RR 2006, 188 (189) = NZI 2006, 97 (98) = Rpfleger 2006, 94 (96).
[93] BGH NZI 2010, 482.

reits vor Eröffnung des Insolvenzverfahrens das Recht auf Befriedigung aus dem Grundstück erlangt haben (Besonderheit bei Beschlagnahme in der „kritischen Phase" vor Verfahrenseröffnung jedoch Rdn 140 f).

Schuldner des Verfahrens zur abgesonderten Befriedigung aus dem Grundstück 140c ist der Insolvenzverwalter. Auf ihn ist das Recht des Eigentümers, das zur Insolvenzmasse gehörende Grundstück (andere Objekt) zu verwalten und über es zu verfügen, übergegangen (§ 80 Abs 1 InsO). Für Anordnung der Zwangsversteigerung (§ 15 ZVG) oder Zulassung des Beitritts (§ 27 ZVG) auf Antrag des Gläubigers eines zur abgesonderten Befriedigung berechtigenden Grundpfandrechts (Reallastanspruchs) erst nach Eröffnung des Insolvenzverfahrens müssen daher der (dinglichen) Vollstreckungstitel[94] oder die zu ihm erteilte Vollstreckungsklausel gegen den Insolvenzverwalter lauten (§ 750 Abs 1 ZPO). Dieser ist mit Übergang des Verwaltungs- und Verfügungsrechts an die Stelle des Schuldners getreten und damit Adressat der Vollstreckungsmaßnahmen.[95] Ihm müssen der Vollstreckungstitel und die (entspr § 727 ZPO umgeschriebene) Vollstreckungsklausel mit den ihr zugrunde liegenden Urkunden (§ 750 Abs 2 ZPO) auch zugestellt sein; Wartefrist bei notarieller Urkunde: 2 Wochen (§ 798 ZPO). Schuldner (für Erteilung der Vollstreckungsklausel, § 727 ZPO) ist der Insolvenzverwalter auch für dingliche Vollstreckung aus einer Zwangssicherungshypothek mit dem vollstreckbaren Titel samt Eintragungsvermerk (§ 867 Abs 3 ZPO).

Das Versteigerungsverfahren eines zur abgesonderten Befriedigung aus dem 140d Grundstück (anderen Objekt) berechtigten Gläubigers (§ 49 InsO), das bei Eröffnung des Involvenzverfahrens bereits angeordnet war, nimmt **gegen den Insolvenzverwalter** seinen Fortgang. Die Eröffnung des Insolvenzverfahrens berührt die Wirkungen der bereits bewirkten Beschlagnahme (§ 20 ZVG; Wirksamwerdens § 22 ZVG) nicht (§ 80 Abs 2 S 2 InsO). Auch ein persönlich (bereits) vollstreckender Gläubiger (Rangklasse 5 des § 10 Abs 1 ZVG) bleibt daher zur abgesonderten Befriedigung berechtigt (Einschränkung Rdn 140 f); auch sein Immobiliarvollstreckungsverfahren berührt die Eröffnung des Insolvenzverfahrens nicht. Der Insolvenzverwalter tritt in dem fortzusetzenden Vollstreckungsverfahren des zur abgesonderten Befriedigung Berechtigten jedoch als Schuldner an die Stelle des Eigentümers (Insolvenzschuldners). Umschreibung des Vollstreckungstitels auf den Insolvenzverwalter (§ 727 ZPO) und nachträgliche Zustellung an ihn erfordert Verfahrensfortgang nicht,[96] auch nicht die Fortsetzung des von dem Gläubiger einer persönlichen Beschlagnahmeforderung betriebenen Verfahrens.[97] Unterbrechung des Vollstreckungsverfahrens bewirkt dieser Schuldnerwechsel nicht.[98] Der Insolvenzverwalter tritt für den Schuldner in das Verfahren in dem Stand ein, in dem es sich bei Eröffnung des Insolvenzverfahrens befindet. Nochmalige Zustellung der dem Schuldner bereits zuvor zugestellten Beschlüsse (Beschlagnahmebeschluss, Wertfestsetzungsbeschluss, Terminsbestimmung usw) an den Insolvenzverwalter erfolgt daher nicht.

---

[94] BGH DNotZ 2005, 840 = Rpfleger 2006, 423 (hier auch Beschluss vom 24. 11. 2005); OLG Hamm OLGZ 1965, 298 = Rpfleger 1966, 24 und OLGZ 1985, 218 = Rpfleger 1985, 310; Stöber Rdn 23.9 zu § 15; Stöber NZI 1998, 105 (III).

[95] BGH DNotZ 2005, 840 = aaO.

[96] BGH DNotZ 2005, 840 = aaO.

[97] AG Hamburg-Wandsbek Rpfleger 1967, 15 mit zust Anm Stöber; Stöber Rdn 23.11 zu § 15; Stöber NZI 1998, 105 (I 1 a); Mohrbutter KTS 1958, 81.

[98] Stöber Rdn 23.11 zu § 15; Stöber NZI 1998, 105 (I 1 a); Mohrbutter KTS 1958, 81.

140e Einstweilige **Einstellung** der Zwangsversteigerung auf Antrag des Insolvenzverwalters siehe Rdn 179 ff.

c) Rückschlagsperre

140f Eine Einschränkung ergibt sich mit der Rückschlagsperre des § 88 InsO. Die mit
Beschlagnahme im letzten Monat vor dem Antrag auf Eröffnung des Insolvenzverfahrens (Frist 3 Monate in dem auf Antrag des Schuldners eröffneten vereinfachten Insolvenzverfahren, § 312 Abs 1 S 3 InsO) oder nach diesem Antrag
erlangte Sicherung an dem zur Insolvenzmasse gehörenden Grundstück (anderen Objekt) wird mit Eröffnung des Insolvenzverfahrens unwirksam (§ 88 InsO;
Berechnung der Frist § 139 InsO). Erlangt ist die Sicherung für den persönlich
vollstreckenden Gläubiger mit dem Recht auf Befriedigung aus dem Grundstück
(§ 10 Abs 1 Nr 5) in dem Zeitpunkt, in welchem die Beschlagnahme für ihn
wirksam geworden ist (§ 22 Abs 1 ZVG, für Beitrittsgläubiger mit § 27 Abs 2
ZVG). Der frühere Zeitpunkt des Antragseingangs bleibt ohne Bedeutung. Der
Gläubiger einer Zwangssicherungshypothek (§ 866 Abs 1 ZPO), auch wenn sie
im Wege der Sicherungsvollstreckung erlangt ist (§ 720 a ZPO), hat das Grundpfandrecht mit Eintragung in das Grundbuch erlangt (§ 867 Abs 1 S 2 ZPO).
Nicht zulässig ist die Zwangsversteigerung wegen des dinglichen Anspruchs
daher, wenn die Zwangssicherungshypothek erst mit Grundbucheintragung in
der kritischen Phase vor dem Antrag auf Eröffnung des Insolvenzverfahrens
oder nach diesem Antrag erlangt ist[99] (die Sicherungshypothek wird mit Eröffnung des Insolvenzverfahrens nach § 88 InsO unwirksam). Verfahrensanordnung oder Zulassung des Beitritts in der kritischen Phase vor Eröffnung des Insolvenzverfahrens wegen des dinglichen Anspruchs des Gläubigers aus einer vor
dem letzten Monat (den letzten drei Monaten im Falle des § 312 Abs 1 S 3
InsO) vor dem Eröffnungsantrag eingetragenen Zwangshypothek berührt § 88
InsO jedoch nicht. Diese Zwangsversteigerung nimmt nach Eröffnung des Insolvenzverfahrens ihren Fortgang gegen den Insolvenzverwalter. Die Unwirksamkeit der in der kritischen Phase vor Verfahrenseröffnung oder für den Gläubiger einer in dieser Zeit erlangten Zwangssicherungshypothek eingeleiteten
Zwangsversteigerung ist vom Vollstreckungsgericht als Vollstreckungsmangel
nach § 28 Abs 2 ZPO zu beachten.

d) Vollstreckung während des Eröffnungsverfahrens

140g Während des Eröffnungsverfahrens (§§ 1–34 InsO) sind die Anordnung der
Zwangsversteigerung und Zulassung des Beitritts nicht eingeschränkt. Ein Vollstreckungsverbot (später § 89 InsO) besteht noch nicht. Das Insolvenzgericht
kann keine Maßnahme der Zwangsvollstreckung in ein Grundstück (anderes
Objekt der Immobiliarvollstreckung) untersagen oder einstweilen einstellen
(§ 21 Abs 2 Nr 3 InsO). Anordnung der Zwangsversteigerung oder Zulassung
des Beitritts können daher nicht nur für Gläubiger erfolgen, die nach Eröffnung
des Insolvenzverfahrens zur abgesonderten Befriedigung berechtigt sind (§ 49
InsO); sie bleiben auch für Gläubiger eines persönlichen Anspruchs (§ 10 Abs 1
Nr 5) zulässig (Auswirkung der Rückschlagsperre nach Verfahrenseröffnung
Rdn 140 f). Diese (zulässige) Zwangsversteigerung (auch Zwangsverwaltung)
findet **gegen den Schuldner** statt (Wortlaut des § 21 Abs 2 Nr 3 InsO). Für Anordnung des Verfahrens oder Zulassung des Beitritts hat der Vollstreckungstitel

---

[99] Stöber NZI 1998, 105 (I 1 b cc); Stöber Rdn 23.7 zu § 15.

daher gegen den Schuldner zu lauten und ihm zugestellt zu sein (§ 750 Abs 1 ZPO). Er bleibt verwaltungs- und verfügungsbefugt, auch wenn ein vorläufiger Verwalter bestellt ist, ohne dass dem Schuldner ein allgemeines Verfügungsverbot auferlegt wurde (§ 22 Abs 2 InsO). Er bleibt für die Zwangsvollstreckung Schuldner aber auch, wenn ein vorläufiger Verwalter bestellt und dem Schuldner ein allgemeines Verfügungsverbot auferlegt ist[100] (§ 21 Abs 2 Nr 2 InsO). Das hat zwar bereits Übergang der Verwaltungs- und Verfügungsbefugnis auf den vorläufigen Verwalter zur Folge (§ 22 Abs 1 S 1 InsO). Wirkungen hat das Verfügungsverbot jedoch nur für rechtsgeschäftliche Verfügungen und Leistungen an den Schuldner (§ 24 Abs 1 mit §§ 81, 82 InsO). Maßnahmen der Zwangsvollstreckung in unbewegliche Gegenstände hingegen finden weiterhin gegen den Schuldner statt (vgl die Einschränkung in § 21 Abs 2 Nr 3 im Gegensatz zu Nr 2). Für Insolvenzgläubiger können sie nach Eröffnung des Insolvenzverfahrens gegen den Insolvenzverwalter überhaupt nicht erfolgen (§ 89 Abs 1 InsO); sie finden somit auch nicht gegen den verwaltungs- und verfügungsbefugten vorläufigen Verwalter statt. Sie finden für Gläubiger mit Recht auf Befriedigung aus unbeweglichen Gegenständen nicht (wie erst nach Eröffnung des Insolvenzverfahrens) zur abgesonderten Befriedigung statt (§ 49 Abs 1 InsO). Auch der dingliche Anspruch wird vor Verfahrenseröffnung daher gegen den Schuldner, nicht gegen den vorläufigen Verwalter geltend gemacht. Das Insolvenzgericht kann diese Zwangsvollstreckung in das unbewegliche Schuldnervermögen nicht untersagen (§ 21 Abs 2 Nr 3 InsO); ebenso kann für sie das dem Schuldner auferlegte allgemeine Verfügungsverbot keine Bedeutung erlangen. Der vorläufige Insolvenzverwalter tritt mit Bestellung und Erlass eines allgemeinen Verfügungsverbots daher in einem zu dieser Zeit bereits anhängigen Vollstreckungsverfahren auch nicht als Schuldner an die Stelle des Eigentümers. Zustellung, die Beschlagnahme bewirkt (§ 22 Abs 1 S 1 ZVG) hat im Eröffnungsverfahren an den Eigentümer als Schuldner zu erfolgen. Zustellung an den vorläufigen Insolvenzverwalter bewirkt Beschlagnahme nicht.[101] Wenn ein vorläufiger Verwalter bestellt ist kann auf dessen Antrag jedoch die Zwangsversteigerung nach § 30 d Abs 4 ZVG einstweilen einzustellen sein (Rdn 180).

e) Eigenverwaltung, Grundstücksfreigabe, Einstellung des Insolvenzverfahrens

Bei **Eigenverwaltung** (§ 270 Abs 1 InsO) findet Zwangsversteigerung (oder Zwangsverwaltung) zur abgesonderten Befriedigung mit (dinglichem) Vollstreckungstitel (auch im Falle von § 867 Abs 3 ZPO) gegen den verwaltungs- und verfügungsbefugten Schuldner statt. Ein Vollstreckungstitel gegen den Sachwalter ist nicht erforderlich; dieser ist nicht verwaltungs- und verfügungsbefugt.   **140h**

Wenn der Insolvenzverwalter das Grundstück durch eine an den Insolvenzschuldner gerichtete empfangsbedürftige und unwiderrufliche Erklärung[102] aus der Insolvenzmasse **freigegeben** hat, ist der Eigentümer wieder verwaltungs- und verfügungsbefugt. Eine Zwangsvollstreckung ist für Insolvenzgläubiger auch dann unzulässig[103] (§ 89 Abs 1 InsO). Die Zwangsvollstreckung eines zur abgesonderten Befriedigung aus dem Grundstück Berechtigten hat sich wieder   **140i**

---

[100] LG Halle Rpfleger 2002, 89 mit abl Anm Alff; Stöber Rdn 23.1 zu § 15; Morvilius Imm-Vollstr Rdn 26; aA LG Cottbus NZI 2000, 183 = Rpfleger 2000, 294 Leits und Rpfleger 2000, 465.

[101] OLG Braunschweig Rpfleger 2001, 254.

[102] RG 94, 55; LG Dessau-Roßlau NotBZ 2008, 315.

[103] BGH MDR 2009, 832 = NJW-RR 2009, 923 = NZI 2009, 382 = Rpfleger 2009, 407.

gegen den Schuldner zu richten, erfordert somit, wenn sie erst nach Freigabe des Grundstücks beginnen soll, Vollstreckungstitel gegen diesen (§ 750 Abs 1 ZPO). Wenn die Beschlagnahme vor Freigabe des Grundstücks bereits wirksam geworden ist, bestehen die Wirkungen des gegen den Insolvenzverwalter eingeleiteten Vollstreckungsverfahrens fort, wenn der Eigentümer die Verwaltungs- und Verfügungsbefugnis wieder erlangt hat. Der Eigentümer ist wieder Beteiligter (§ 9 ZVG), an den Zustellungen fortan zu erfolgen haben;[104] er ist in das fortzusetzende Vollstreckungsverfahren des zur abgesonderten Befriedigung Berechtigten als Schuldner an die Stelle des Insolvenzverwalters in dem Stand getreten, in dem es sich bei Freigabe befunden hat (wie Rdn 140 d für den umgekehrten Fall). Umschreibung des Vollstreckungstitels auf den Schuldner und nachträgliche Zustellung an ihn erfordert der Verfahrensfortgang nicht;[105] ebenso erfolgt nochmalige Zustellung der dem Insolvenzverwalter bereits zuvor zugestellten Beschlüsse (Beschlagnahmebeschluss usw) an den Schuldner nicht (wie Rdn 140 d).
Entsprechendes gilt, wenn das Insolvenzverfahren während des Zwangsversteigerungsverfahrens mangels Masse (oder aus anderem Grund) **eingestellt** wird[106] (§ 207 InsO).

f) Vereinfachtes Insolvenzverfahren

140k Im vereinfachten Insolvenzverfahren (§§ 311–314 InsO) werden die Aufgaben des Insolvenzverwalters von einem Treuhänder wahrgenommen (§ 313 Abs 1 InsO). Er ist (wie sonst der Insolvenzverwalter) Schuldner der Zwangsvollstreckung zur abgesonderten Befriedigung. Antrag auf Einstellung der Zwangsversteigerung ermöglicht § 30 d ZVG. An Stelle des „Insolvenzverwalters" ist der Treuhänder antragsberechtigt. Der Schuldner (Eigentümer) ist nicht Beteiligter (Rdn 53); er kann damit Anträge nicht stellen und Rechtsmittel nicht einlegen[107] (wie Rdn 367 a, dort auch zur Ausnahme bei Suizidgefahr).

2. Abschnitt. Die Grundstücksbeschlagnahme
§§ 20–26 ZVG

Schrifttum: Graba und Teufel, Anwartschaftsrecht am Zubehör in der Grundstücksversteigerung, Rpfleger 1979, 401; Möschel, Die Eigentumsanwartschaft an Zubehörstücken in der Grundstückszwangsversteigerung, BB 1970, 237; Mümmler, Bestandteil und Zubehör im Zwangsversteigerungsverfahren, JurBüro 1971, 805; Paschold, Die Grundstücksbeschlagnahme nach § 20 ZVG und ihre Auswirkung auf die Fahrnisvollstreckung des Gerichtsvollziehers, DGVZ 1974, 53; Teufel, Der Beitritt zur Zwangsversteigerung und das Zubehör, Rpfleger 1979, 186.

a) Beschlagnahme zugunsten des Gläubigers

141 Zugunsten des vollstreckenden Gläubigers gilt der Anordnungsbeschluss (ebenso jeder Beitrittsbeschluss zugunsten des jeweils beitretenden Gläubigers, § 27 Abs 2 ZVG) als Beschlagnahme des Grundstücks (§ 20 Abs 1 ZVG). Die Be-

---

[104] BGH MDR 2009, 593 = NJW-RR 2009, 601 = Rpfleger 2009, 335.
[105] BGH DNotZ 2005, 840 = Rpfleger 2006, 423 (hier auch Beschluss vom 24. 11. 2005).
[106] BGH (24. 11. 2005) Rpfleger 2006, 423.
[107] AG Duisburg NZI 2009, 397 = Rpfleger 2009, 525.

schlagnahme sichert den Erfolg des Verfahrens.[1] Durch sie wird für den Verfahrensfortgang jede Rechtsänderung durch Rechtshandlungen des Schuldners ausgeschlossen und das Grundstück als Sondervermögen nach den gesetzlichen Vorschriften der Gläubigerbefriedigung zugeführt. Die Beschlagnahme hat insbesondere die Wirkung eines Veräußerungsverbots (§ 23 Abs 1 S 1 ZVG); diese schließt ein Belastungsverbot ein. Die Beschlagnahme und das durch sie begründete Veräußerungsverbot dienen nur dem Schutz des betreibenden Gläubigers (des beigetretenen Gläubigers ab Wirksamwerden „seiner" Beschlagnahme, siehe Rdn 134). Jede rechtsgeschäftliche Verfügung (Begründung, Aufhebung oder Abänderung von Rechten) über das Grundstück oder einen von der Beschlagnahme erfassten Gegenstand (Rdn 146–154) und jede Verfügung im Wege der Zwangsvollstreckung oder Arrestvollziehung ist daher nicht absolut nichtig, sondern nur dem betreibenden sowie beigetretenen Gläubiger gegenüber unwirksam (relative Unwirksamkeit, §§ 135, 136 BGB; siehe auch bereits § 10 Abs 1 Nr 6, § 11 Abs 2 ZVG). Bei Einwilligung oder Genehmigung ist oder wird die Verfügung auch diesen Gläubigern gegenüber voll wirksam. Deshalb bewirkt die Beschlagnahme auch keine Grundbuchsperre (Rdn 127); Verfügungen (Veräußerung, Belastung), die der Schuldner vornimmt, werden im Grundbuch eingetragen, behindern den Fortgang des Verfahrens jedoch nicht.

Auch jede **Veränderung im Bestand** des Grundstücks mit Teilung, Vereinigung **141a** (§ 890 Abs 1 BGB) oder Bestandteilszuschreibung (§ 890 Abs 2 BGB) ist Rechtsänderung, die Beschlagnahme für den Verfahrensfortgang ausschließt.[2] Bildung von Wohnungs- oder Teileigentum (§§ 1, 3, 8 WEG) verstößt ebenso gegen die Beschlagnahme, ist somit unwirksam[3] (hier auch nach § 4 Abs 2 WEG). Den Fortgang des Verfahrens und die Versteigerung des beschlagnahmten Grundstücks berühren solche Rechtsänderung nicht.[4] Zustimmung des Gläubigers (§ 20 ZVG), auch der Beitrittsgläubiger (§ 27 Abs 1 ZVG), zu der Veränderung des Bestands des Grundstücks bewirkt als Verzicht auf den Schutz mit Wegfall der relativen Unwirksamkeit volle Wirksamkeit der Verfügung. Für den Fortgang des Zwangsversteigerungsverfahrens tritt damit das Grundstück in seinem neuen Bestand (bei Vereinigung oder Bestandteilszuschreibung Beschlagnahme der Grundstücksteile vorausgesetzt) an die Stelle des Grundstücks in dem bei Wirksamwerden der Beschlagnahme ausgewiesenen rechtlichen Bestand. Dann jedoch ist der Versteigerungstermin aufzuheben, wenn in der Terminsbestimmung nicht das Grundstück (die Grundstücke, Wohnungseigentum usw) im neuen Bestand bezeichnet und öffentlich bekannt gemacht ist (§ 37 Nr. 1, § 39 Abs 1, § 43 Abs 1 ZVG; erforderlich dann auch Wertfestsetzung für das neue Objekt).

b) Verwaltung und Benutzung des Grundstücks

Die Verwaltung und Benutzung des Grundstücks verbleibt dem Schuldner in- **142** nerhalb der Grenzen einer ordnungsmäßigen Wirtschaft (§ 24 ZVG). Eine Pflicht zur Verwaltung und Benutzung des Grundstücks sowie zur Bewirtschaftung begründet das Schuldnerrecht des § 24 ZVG nicht (siehe aber §§ 1133–

---

[1] Denkschrift zum ZVG, Seite 39.
[2] BayObLG 1996, 41 (44) = DNotZ 1997, 391 = NJW-RR 1996, 1041; Stöber Rdn 2.2 zu § 23.
[3] Stöber Rdn 2.2 zu § 23; Bärmann/Armbrüster Rdn 211 zu § 1 WEG; AG Würzburg und LG Würzburg je Rpfleger 1989, 117; anders LG Essen Rpfleger 1989, 116; OLG Frankfurt OLGZ 1987, 266.
[4] So auch Dassler/Hintzen Rdn 16 zu § 23 und Rdn 10 zu § 63.

1135 BGB). Über einzelne beschlagnahmte bewegliche Sachen kann der Schuldner innerhalb der Grenzen einer ordnungsmäßigen Wirtschaft bis zum Zuschlag (§ 90 ZVG) auch dem Gläubiger gegenüber wirksam verfügen (§ 23 Abs 1 S 2 ZVG). Der Erlös aus Verfügungen des Schuldners im Rahmen einer ordnungsmäßigen Wirtschaft wird von der Beschlagnahme nicht erfasst; er verbleibt dem Schuldner. Im Rahmen der ihm erlaubten Grundstücksbewirtschaftung kann der Schuldner auch Miet- und Pachtverträge schließen. Einer Aufsicht unterliegt die Grundstücksverwaltung durch den Schuldner nicht.

143 Ist zu besorgen, dass durch das Verhalten des Schuldners (ein Verschulden ist nicht erforderlich) die ordnungsmäßige Wirtschaft gefährdet wird, so hat das Vollstreckungsgericht auf Antrag des Gläubigers (nicht aber von Amts wegen) die zur **Abwendung der Gefährdung** erforderlichen Maßregeln anzuordnen (§ 25 S 1 ZVG). Antragsberechtigt ist nur ein Beschlagnahmegläubiger, nicht auch ein nicht betreibender Grundpfandgläubiger. Anordnungs- und Beitrittsgläubiger sind je für sich einzeln antragsberechtigt. Zulässig sind nach dem Ermessen des Gerichts alle geeignet erscheinenden Maßregeln wie Androhung von Zwangsgeld, Einsetzung eines Sequesters oder einer Aufsichtsperson, Gebote und Verbote einzelner Handlungen, vollständige oder teilweise Entziehung der Verwaltung und Einsetzung eines Verwalters, Inanspruchnahme des Gerichtsvollziehers zur Erzwingung von Handlungs- und Duldungspflichten.[5] Eine Verwaltung kann zB angeordnet werden, wenn ein Gebäude mit wertvollen Maschinen und sonstigen Einrichtungsgegenständen vom Schuldner – auch ohne dessen Verschulden – unbeaufsichtigt bleibt und deshalb Gebäude sowie die beschlagnahmten Einrichtungsgegenstände – auch ohne Einwirkung Dritter – gefährdet werden.[6] Zum Verfahren: Kommentar Anm zu § 25.

Rechtsbehelfe: Bei Ablehnung des Antrags sofortige Beschwerde (§ 793 ZPO),[7] gegen die Anordnung von Maßnahmen ohne vorherige Schuldneranhörung für Schuldner Erinnerung nach § 766 ZPO, anschließend sofortige Beschwerde (§ 793 ZPO), nach Schuldneranhörung nur sofortige Beschwerde (§ 793 ZPO).[8]

c) Dauer der Beschlagnahme

144 Die **Beschlagnahme endet**
– bei Zurücknahme des Versteigerungsantrags (§ 29 ZVG) mit der Zustellung (§ 32 ZVG) des Aufhebungsbeschlusses[9] (der konstitutiv wirkt) an den Schuldner. Ausnahme: Bei Anordnung, dass der Aufhebungsbeschluss erst mit seiner Rechtskraft wirksam wird und bei Aufhebung mit rechtskräftiger (§ 86 ZVG) Versagung des Zuschlags (§ 33 ZVG). Wirksam wird der Aufhebungsbeschluss aber auch mit Bekanntgabe durch formlose Mitteilung (§ 329 Abs 2 ZPO), mit der sonach die Beschlagnahme gleichfalls endet. Der Eingang der Rücknahmeerklärung wirkt nicht rechtsgestaltend, lässt (anders als früher angenommen wurde) die Beschlagnahme damit nicht entfallen;
– ebenso bei Aufhebung des Beschlagnahmebeschlusses aus anderem Grund wie zB wegen eines grundbuchersichtlich entgegenstehenden Rechts (§ 28 ZVG), eines eingestellten Verfahrens nach Ablauf der Frist für den Fortset-

---

[5] Stöber Rdn 4.2 zu § 25; Rahn DGVZ 1967, 61.
[6] LG Schweinfurt WM 1966, 1275.
[7] Kammergericht OLGZ 1966, 446.
[8] LG Schweinfurt WM 1966, 1275; Stöber Rdn 6 zu § 25.
[9] BGH 177, 218 = DNotZ 2009, 43 = MDR 2008, 1182 Leits = NJW 2008, 3067 = Rpfleger 2008, 586.

zungsantrag (§ 31 Abs 1 S 2 ZVG), nach ergebnislosem 2. Termin (§ 77 Abs 2 S 1 ZVG), nach § 775 mit § 776 ZPO;
- für einen mithaftenden Gegenstand durch Veräußerung im Rahmen der ordnungsmäßigen Wirtschaft (§ 23 Abs 1 ZVG) oder mit Freigabe durch den vollstreckenden Gläubiger.

d) Beschlagnahmeumfang

Die **Beschlagnahme umfasst** (siehe in Übereinstimmung damit § 865 ZPO und Rdn 8) das **Grundstück** mit seinen wesentlichen[10] und unwesentlichen Bestandteilen (§§ 93–96 BGB). Dazu gehören auch die mit dem Eigentum am Grundstück verbundenen Rechte (§ 96 BGB), jedoch nicht die Ansprüche auf wiederkehrende Leistungen aus solchen Rechten (§ 21 Abs 2 ZVG). **145**
Nicht Bestandteil eines Grundstücks sind Sachen, die nur zu einem vorübergehenden Zweck mit dem Grund und Boden verbunden sind (§ 95 Abs 1 S 1 BGB). Das Gleiche gilt von einem Gebäude oder anderen Werk, das in Ausübung eines Rechts an einem fremden Grundstück von dem Berechtigten mit dem Grundstück verbunden worden ist (§ 95 Abs 1 S 2 BGB). Zu den Bestandteilen des Gebäudes und damit des Grundstücks gehören Sachen nicht, die nur zu einem vorübergehenden Zweck in das Gebäude eingefügt sind (§ 95 Abs 2 BGB). Die unter Eigentumsvorbehalt in ein Gebäude eingebauten Sachen sind regelmäßig für dauernd eingebaut, mithin wesentliche Bestandteile.[11]
      – Schaubild zu Rdn 146–149 auf Seite 86. –
Die Beschlagnahme umfasst außerdem alle **Gegenstände,** auf welche sich **die Hypothek erstreckt** (§ 20 Abs 2 ZVG). Das gilt auch, wenn die Zwangsversteigerung wegen einer persönlichen Forderung betrieben wird und das Grundstück unbelastet ist.[12] Erfasst werden von der Beschlagnahme zugunsten des Gläubigers einer persönlichen Forderung (Rangklasse 5 des § 10 Abs 1 ZVG) alle Gegenstände, die für eine Hypothek haften würden, wenn sie für den Gläubiger im Zeitpunkt der Beschlagnahme entstanden wäre. Als hypothekarisch haftende Gegenstände unterliegen der Beschlagnahme: **146**
- die vom Grundstück **getrennten Erzeugnisse** (Bodenprodukte, Früchte, § 99 BGB, auch § 100 BGB) und **sonstigen Bestandteile** (Ausbeute wie Steine, Sand, Kies, Abbruchmaterial eines Hauses) (§ 1120 BGB). Von der Beschlagnahme frei bleiben jedoch getrennte Erzeugnisse und sonstige Bestandteile, auch soweit sie noch auf dem Grundstück vorhanden sind, wenn sie mit der Trennung nach den §§ 954–957 BGB in das Eigentum eines anderen als des Eigentümers oder des Eigenbesitzers des Grundstücks (zB des Pächters, dem der Besitz des Grundstücks überlassen ist) gelangt sind (§ 1120 BGB) sowie bei Eigentumserwerb eines Dritten mit Verbindung, Vermischung oder Verarbeitung (§§ 949, 950 BGB). Andere getrennte und bereits veräußerte Erzeugnisse und sonstige Bestandteile unterliegen der Beschlagnahme nicht, wenn sie vorher vom Grundstück bereits (räumlich) entfernt worden sind (§ 1121 Abs 1 BGB). Nicht veräußerte Erzeugnisse und Bestandteile bleiben beschlagnahmefrei, wenn sie innerhalb der Grenzen einer ordnungsgemäßen Wirtschaft von dem Grundstück getrennt und vor der Beschlagnahme von dem Grundstück (dauernd) entfernt worden sind (§ 1122 Abs 1 BGB). **147**

---

[10] Dazu gehört eine Fertiggarage aus Beton, die ohne Fundament oder sonstige Verankerung auf den Grund und Boden aufgestellt ist, BFH DNotZ 1980, 390 = NJW 1979, 392.
[11] BGH 58, 309 = MDR 1972, 685 = NJW 1972, 1187.
[12] BGH DNotZ 1996, 551 (553) = NJW 1996, 835 (836).

Zu Rdn 146–149   Haftung – Beschlagnahme – Versteigerung
von Bestandteilen und Zubehör

Grundpfandhaftung
BGB §§ 1120–1122   **Ausnahme:**

Getrennte **Erzeugnisse** und sonstige   • Eigentumserwerb eines Dritten mit
Bestandteile   Trennung nach §§ 954–957 BGB
BGB § 1120   • Eigentumserwerb eines Dritten mit Ver-
                                                   bindung, Vermischung oder Verarbeitung
                                                   nach §§ 949, 950 BGB

                                                Grundpfandhaftung endet mit
                                                – Veräußerung **und** Entfernung
                                                  § 1121 BGB
                                                – Dauernder Entfernung (ohne
                                                  Veräußerung) bei ordnungsgemäßer
                                                  Bewirtschaftung
                                                  § 1122 Abs 1 BGB

Zubehör, das in das Eigentum des   **Grundpfandhaftung endet** mit
Eigentümers des Grundstücks gelangt   – Veräußerung **und** Entfernung
ist BGB § 1120   § 1121 BGB
                                                – Aufhebung der Zubehöreigenschaft
                                                  (ohne Veräußerung) bei ordnungs-
                                                  gemäßer Bewirtschaftung
                                                  § 1122 Abs 2 BGB

Beschlagnahme
ZVG § 20   **Besonderheit** für land- und forstwirtschaft-
                                                liche Erzeugnisse, § 21 Abs 1 ZVG

Umfasst die im Zeitpunkt ihres   **Ermöglicht** ausnahmsweise noch
Wirksamwerdens (§ 22 ZVG) haftenden   Verfügung über einzelne Stücke innerhalb
Gegenstände   ordnungsgemäßer Wirtschaft
                                                § 23 Abs 1 S 2 ZVG

Wirkung: Veräußerungsverbot   **Entfällt** mit gutgläubigem Erwerb Dritter vor
ZVG § 23 Abs 1 S 1   Eintragung des Versteigerungsvermerks
                                                (selten)
                                                § 23 Abs 2 ZVG, § 135 Abs 2 BGB

Versteigerung

• aller noch wirksam beschlagnahmten   **Nicht**
  Gegenstände   bei Aufhebung oder einstweiliger Einstellung
  ZVG § 55 Abs 1   vor Erteilung des Zuschlags
• **und** Zubehör im Eigentum Dritter bei   § 37 Nr 5 ZVG
  Schuldnerbesitz
  ZVG § 55 Abs 2

Eigentumserwerb des Erstehers

mit Zuschlag
ZVG § 90 Abs 2

– **Zubehör** des Grundstücks[13] mit Ausnahme der Zubehörstücke, welche nicht   148
in das Eigentum des Eigentümers des Grundstücks gelangt sind (§ 1120
BGB). Zubehörstücke, die bereits veräußert sind, unterliegen der Beschlagnahme auf Betreiben eines Grundpfandgläubigers nur dann nicht, wenn sie
vorher schon vom Grundstück (räumlich) entfernt worden sind (§ 1121
Abs 1 BGB). Dessen Beschlagnahme nach Veräußerung, aber vor Entfernung
ergreift nicht entferntes Zubehör.[14]
Auf (nicht beschlagnahmtes) Zubehör, das einem Dritten (Mieter, Pächter,
Vorbehaltsverkäufer, Nießbraucher usw) gehört, erstreckt sich jedoch die
Versteigerung, wenn sich das Zubehör im Besitze des Schuldners oder eines
neu eingetretenen Eigentümers befindet und der Eigentümer des Zubehörs
seine Rechte nicht nach Maßgabe des § 37 Nr 5 ZVG geltend gemacht hat
(§ 55 Abs 2 ZVG; dazu Rdn 281–286).

Zubehör sind bewegliche Sachen, die, ohne Bestandteile der Hauptsache zu   149
sein, dem wirtschaftlichen Zwecke der Hauptsache zu dienen bestimmt sind
und zu ihr in einem dieser Bestimmung entsprechenden räumlichen Verhältnisse stehen (§ 97 Abs 1 S 1 BGB).[15] Beispiele: Alarmanlage in Eigentumswohnung,[16] Bierschankanlage einer Gaststätte,[17] Inventar einer Gaststätte,[18]
Kraftfahrzeug eines Betriebs,[19] Maschinen, die auf einem Betriebsgrundstück
für die Produktion zum Einsatz kommen.[20] Die Zubehöreigenschaft wurde
auch bejaht für Baumaterialien, die auf dem Baugrundstück lagern und dazu
bestimmt sind, mit dem Einbau wesentliche Grundstücksbestandteile zu werden.[21] Eine Sache ist nicht Zubehör, wenn sie im Verkehr nicht als Zubehör
angesehen wird (§ 97 Abs 1 S 2 BGB). Die nur vorübergehende Benutzung
einer Sache für den wirtschaftlichen Zweck einer anderen begründet nicht
die Zubehöreigenschaft (§ 97 Abs 2 S 1 BGB). Keine nur vorübergehende
Zweckbestimmung liegt jedoch bei unter Eigentumsvorbehalt stehenden Bau-

---

[13] Zu Bestand bzw Grundpfandhaftung im Zeitpunkt des Wirksamwerdens der Beschlagnahme siehe Stöber Rdn 4.1 und 4.2 zu § 20.
[14] Beispiel BGH DNotZ 1980, 47 = NJW 1979, 2514: Geht unter Eigentumsvorbehalt gelie-
fertes Zubehör eines Betriebsgrundstücks nach Bezahlung des Kaufpreises in das Eigentum
des Grundstückseigentümers über, so haftet es für beschlagnahmte Grundpfandrechte. Eine
spätere Übereignung des Zubehörs an einen Dritten hebt diese Haftung nicht auf, solange
nicht die Enthaftungsvoraussetzungen der §§ 1121, 1122 BGB gegeben sind. Auch BGH
NJW 1996, 835 = aaO (Fußn 12). Außerdem LG Freiburg Justiz 1983, 237 Leits = Rpfleger
1983, 34: Beschlagnahme und Versteigerung (nach § 55 Abs 1 ZVG) von Zubehör, das
der Pächter eines Betriebs vom Eigentümer des Betriebsgrundstücks zu Eigentum erworben, aber auf dem Pachtgrundstück belassen hat, weil (für die zurzeit der Übereignung
bereits bestehenden Grundpfandrechte) keine Enthaftung nach § 1121 BGB eingetreten
ist.
[15] Zu Zubehör Stöber Rdn 3.4 zu § 20.
[16] OLG München MDR 1979, 934.
[17] OLG Celle OLGZ 1980, 13 und MDR 1998, 463 = NdsRpfl 1998, 8.
[18] OLG Schleswig Rpfleger 1988, 76 = SchlHA 1988, 8 und MDR 1995, 1212 = SchlHA
1994, 286. Anders wegen Verkehrsanschauung: LG Kiel Rpfleger 1983, 167 (überholt).
[19] OLG Hamm DGVZ 1954, 7; auch Elektrokarren und Gabelstapler, jedoch nicht der
Kfz-Park eines modernen Speditions/Transportunternehmens, BGH 85, 234 = NJW 1983,
746.
[20] BGH DNotZ 1980, 47 = NJW 1979, 2514. Zum Gewerbebetriebsgrundstück infolge Aus-
stattung eines Gebäudes mit betriebsdienlichen Maschinen und sonstigen Gerätschaften BGH
165, 269 = DNotZ 2006, 366 = MDR 2006, 645 = NJW 2006, 993.
[21] BGH 58, 309 = aaO (Fußn 11).

materialien vor; diese sind daher Zubehör, insbesondere wenn sie mit ihrem Einbau wesentliche Grundstücksbestandteile werden sollen.[22]

Die vorübergehende Trennung eines Zubehörstücks von der Hauptsache hebt die Zubehöreigenschaft nicht auf (§ 97 Abs 2 BGB), ebenso (infolge des Verfügungsverbots) nicht die Änderung der Widmung für den Zweck der Hauptsache während der Beschlagnahme durch den Schuldner.

Dem wirtschaftlichen Zwecke der Hauptsache zu dienen bestimmt und damit nach Maßgabe des § 97 BGB Zubehör (§ 98 BGB) sind

– bei einem Gebäude, das für einen gewerblichen Betrieb dauernd eingerichtet ist, insbesondere bei einer Mühle, einer Schmiede, einem Brauaus, einer Fabrik, die zu dem Betriebe bestimmten Maschinen und sonstigen Gerätschaften,

– bei einem Landgute das zum Wirtschaftsbetriebe bestimmte Gerät und Vieh,[23] die landwirtschaftlichen Erzeugnisse, soweit sie zur Fortführung der Wirtschaft bis zu der Zeit erforderlich sind, zu welcher gleiche oder ähnliche Erzeugnisse voraussichtlich gewonnen werden können, sowie der vorhandene, auf dem Gute gewonnene Dünger.

150 **Versicherungsforderungen** aus der Versicherung von Gebäuden und Früchten (Feuer-, Hagel-, Sturm- usw -Versicherung) haften hypothekarisch nach Maßgabe des § 1127 (auch §§ 1128–1130) BGB; damit erstreckt sich auf sie auch die Beschlagnahme nach § 20 Abs 2 ZVG. Wenn Versicherungsgelder unter Rücknahmeverzicht hinterlegt sind, erfasst die Beschlagnahme die Forderung an die Hinterlegungsstelle.[24]

151 **Land- und forstwirtschaftliche Erzeugnisse** des Grundstücks und ebenso die Forderung aus einer Versicherung solcher Erzeugnisse (insbesondere Hagel- und Feuerversicherung) umfasst die Beschlagnahme jedoch nur dann (§ 21 Abs 1 ZVG), wenn diese Erzeugnisse

– noch mit dem Boden verbunden oder

– Zubehör des Grundstücks (siehe § 98 Nr 2 BGB und Rdn 148) sind

und Versicherungsforderungen aus der Schädigung solcher Erzeugnisse herrühren. Grund: Dem Schuldner sollen sonst diese Hilfsmittel verbleiben, solange eine Zwangsverwaltung nicht eingeleitet ist.

152 Einen hypothekarisch haftenden Gegenstand, insbesondere Zubehör, umfasst die Beschlagnahme **nicht** nach § 20 Abs 2 ZVG, wenn der Gläubiger seinen Versteigerungs**antrag** entsprechend **eingeschränkt** hat und im Anordnungsbeschluss zum Ausdruck gebracht ist, dass der (zu bezeichnende bestimmte) Gegenstand von der Beschlagnahme ausgenommen ist.[25] Beschlagnahme erfolgt (nur) zugunsten des vollstreckenden Gläubigers (Rdn 141). Dieser kann Beschlagnahmewirkungen mit Zustimmung (Verzicht) daher aufgeben, einen Gegenstand somit von der Beschlagnahme und damit auch von der Versteigerung (§ 55 Abs 1 ZVG) ausnehmen lassen. Nach Beschlagnahme gebietet dies Teilaufhebung der Versteigerung für den Gegenstand. Dem entspricht Ausnahme des Gegenstandes sogleich bei Anordnung der Zwangsversteigerung durch (ausdrückliche) Einschränkung der Beschlagnahmewirkungen im Anord-

---

[22] BGH 58, 309 = aaO (Fußn 11).

[23] OLG Oldenburg Rpfleger 1976, 243 (für oldenburger und ostfriesischen Raum).

[24] RG 74, 108; BGH 46, 221 = MDR 1967, 292 = NJW 1967, 568; BGH MDR 1971, 567 = NJW 1971, 1751; OLG Frankfurt Rpfleger 1978, 325 mit Einzelheiten.

[25] BGH DNotZ 1996, 551 (554) = KTS 1996, 197 und 477 = NJW 1996, 835 (836); Stöber Rdn 2.3 zu § 20.

nungsbeschluss (zur Antragsbeschränkung des Beitrittsgläubigers siehe bereits Rdn 138a). Der Beschluss kann lauten:

> Dieser Beschluss gilt zugunsten des Gläubigers als Beschlagnahme des Grundstücks. Ausgenommen von der Beschlagnahme nach § 20 Abs 2 ZVG ist jedoch ... (zB: die folgende Maschine auf dem Betriebsgrundstück: ...) Grund: Der Gläubiger hat bereits in seinem Versteigerungsantrag auf Einbeziehung des bezeichneten Zubehörgegenstandes in das Zwangsversteigerungsverfahren verzichtet. Einschränkung der Beschlagnahmewirkung war mit dieser Zustimmung des Gläubigers daher anzuordnen.

Für (nicht sonderrechtsfähige) wesentliche Bestandteile des Grundstücks ist Einschränkung der Beschlagnahme (hier nach § 20 Abs 1 ZVG) ausgeschlossen. Über freigegebene Gegenstände sonst siehe Rdn 206 und 284.

Hat ein Gegenstand für das Grundstück erst **nach** Wirksamwerden der Be-   153
schlagnahme die Eigenschaft eines hypothekarisch haftenden Gegenstands erlangt, so erstreckt sich die Beschlagnahme auch auf ihn. Über freigegebene Gegenstände siehe Rdn 206 und 284.

Die **Zwangsversteigerungsbeschlagnahme** (für Zwangsverwaltungsbeschlag-   154
nahme siehe Rdn 588) umfasst **nicht** (§ 21 Abs 2 ZVG):
- Miet- und Pachtforderungen (§ 1123 BGB); zum Entgelt für Dauerwohnrecht § 40 WEG;
- Ansprüche aus einem mit dem Eigentum am Grundstück verbundenen Recht auf wiederkehrende Leistungen (§ 1126 BGB; siehe Rdn 145).

Die Einziehung und Verwendung solcher Forderungen ist Grundstücksverwaltung, die dem Schuldner ungeachtet der Beschlagnahme bei Zwangsversteigerung verbleibt (§ 24 ZVG).

Nicht berührt von der Beschlagnahme wird außerdem das Recht eines **Pächters** auf den Fruchtgenuss (§ 21 Abs 3 ZVG). Nur der Pächter, dem der Besitz der Sache überlassen ist, erwirbt jedoch nach § 956 BGB das Eigentum an Erzeugnissen mit der Trennung (vgl auch § 1120 BGB). Im Verhältnis zu dem Recht eines solchen Pächters ist damit die Beschlagnahme auch für die noch mit dem Boden verbundenen Früchte ohne Wirkung. Erzeugnisse (oder sonstige Bestandteile), die vor Beschlagnahme vom Grundstück getrennt und mit der Trennung in das Eigentum des Pächters gelangt sind, werden schon nach § 20 Abs 2 ZVG, § 1120 BGB von der Beschlagnahme nicht ergriffen.

e) Gutgläubiger Rechtserwerb

Der gutgläubige Rechtserwerb eines Dritten wird bei einer gegen das mit Be-   155
schlagnahme begründete Veräußerungs- und Belastungsverbot verstoßenden Verfügung geschützt (§ 135 Abs 2 BGB). Der in Unkenntnis der Beschlagnahme eingetretene Rechtserwerb ist auch gegen den vollstreckenden Gläubiger wirksam. Sobald der Versteigerungsvermerk im Grundbuch eingetragen ist, ist gutgläubiger Erwerb ausgeschlossen (§ 892 Abs 1 S 2 BGB) und zwar auch in Ansehung der mithaftenden beweglichen Sachen (§ 23 Abs 2 S 2 ZVG). **Vor** Eintragung des Versteigerungsvermerks ist gutgläubiger Erwerb ausgeschlossen, wenn dem Erwerber die mit Verfahrensanordnung bewirkte Beschlagnahme bekannt ist (§ 892 Abs 1 S 2 BGB). Maßgebender Zeitpunkt für diese Kenntnis nach § 892 Abs 2 BGB: Zeit der Stellung des Antrags auf Grundbucheintragung (§ 13 Abs 2 GBO), wenn zur Vollendung des Rechtserwerbs nur noch die Eintragung fehlt, oder spätere Einigung (§ 873 BGB) oder Zeit des zur Vollendung des Rechtserwerbs noch erforderlichen nachfolgenden Rechtsakts (Ent-

stehen der gesicherten Forderung für Erwerb der Hypothek, §§ 1113, 1163 Abs 1 S 1 BGB; Übergabe des Briefes bei Briefhypothek oder -grundschuld, wenn keine Aushändigungsabrede nach § 1117 Abs 2 BGB getroffen ist). Weitergehend bestimmt § 23 Abs 2 S 1 ZVG zum Schutz des Gläubigers, dass die Kenntnis des Versteigerungsantrags (im maßgeblichen Zeitpunkt) einer Kenntnis der Beschlagnahme gleichsteht, somit ebenso gutgläubigen Erwerb ausschließt, wenn Beschlagnahme mit Zustellung oder Eingang des Eintragungsersuchens (§ 22 Abs 1 ZVG) bereits erfolgt ist. Grund: Der Erwerber muss hier mit der inzwischen erfolgten Beschlagnahme rechnen. Rechtserwerb mit wirksamer Verfügung des Eigentümers (Schuldners) vor Beschlagnahmewirksamkeit verstößt nicht gegen das erst danach bewirkte Veräußerungsverbot, ist somit wirksam, auch wenn der Erwerber den zu dieser Zeit schon gestellten Versteigerungsantrag gekannt hat. Eine Verfügung vor Zustellung des Beitrittsbeschlusses ist als vor Beitrittsbeschlagnahme erfolgt daher dem Beitrittsgläubiger gegenüber stets wirksam, auch wenn der Versteigerungsvermerk (infolge der Verfahrensanordnung) eingetragen war. Weil gutgläubiger Erwerb nur rechtsgeschäftlich, nicht aber durch Zwangsvollstreckung eintreten kann, ist eine nach Wirksamwerden der Beschlagnahme, aber vor dem Versteigerungsvermerk eingetragene Zwangssicherungshypothek dem betreibenden Gläubiger gegenüber immer unwirksam (= Rangklasse 6 des § 10 Abs 1 ZVG).

156 Die **Veräußerung des Grundstücks** nach der Beschlagnahme hat auf den Fortgang des Verfahrens keinen Einfluss. Eigentumswechsel **nach** (Wirksamwerden der) Beschlagnahme ist als Verstoß gegen das Veräußerungsverbot (§ 23 Abs 1 S 1 ZVG) dem vollstreckenden Gläubiger gegenüber unwirksam (§ 135 Abs 1, § 136 ZVG). Das Verfahren wird daher gegen den Schuldner (Grundstückseigentümer bei Beschlagnahme) fortgesetzt, gegen den es angeordnet wurde. Eine **Ausnahme** ergibt sich jedoch für den Eigentumsübergang nach Beschlagnahme bei
– **gutgläubigem Eigentumserwerb** vor Eintragung des Vollstreckungsvermerks (Rdn 155),
– **Erwerbsschutz nach § 878 BGB;** die Veräußerung erlangt in diesem Fall volle Wirksamkeit auch dem Beschlagnahmegläubiger gegenüber.[26]
Bei **gutgläubigem Eigentumserwerb** nach Beschlagnahme ist zu unterscheiden
– die Vollstreckung des Gläubigers eines **persönlichen Anspruchs** (Rangklasse 5 des § 10 Abs 1 ZVG): Das Eigentum des Erwerbers steht der Fortsetzung des (vor Eigentumsübertragung) zulässig angeordneten Verfahrens entgegen. Der neue Eigentümer kann daher der Fortsetzung des Verfahrens widersprechen (§ 771 ZPO). Er ist nicht Schuldner, in dessen Vermögen der Gläubiger des persönlichen Anspruchs vollstrecken kann (§ 864 ZPO).[27]
– die von dem **Gläubiger eines eingetragenen Rechts** (Hypothek, Grundschuld, Rentenschuld, auch Reallastleistungen) betriebene Vollstreckung (dinglicher Vollstreckungstitel erforderlich). Ihm gewährleistet § 26 ZVG den Verfahrensfortgang. Grund: Rücksicht auf den Realkredit; dem Gläubiger, dessen Anspruch in einem schon zurzeit der Veräußerung eingetragenen Rechte an dem Grundstück sich gründet, soll die glatte Verwirklichung des Anspruchs gesichert werden.[28] Der Erwerber ersieht in diesem Fall das eingetragene Recht aus dem Grundbuch und muss daher von vornherein mit der Mög-

---

[26] Stöber Rdn 2.3 zu § 26.
[27] Hierzu Stöber Rdn 2.7; Steiner/Teufel Rdn 18; je zu § 26.
[28] Motive zum ZVG (1889) Seite 144.

lichkeit rechnen, dass der Gläubiger das Recht im Wege der Zwangsvollstreckung verfolgt. Nur diesen praktisch seltenen Fall, dass der Zwangsversteigerungsvermerk bei Eigentumsübergang noch nicht im Grundbuch eingetragen und die Beschlagnahme auch dem Erwerber in dem nach § 892 Abs 2 BGB maßgeblichen Zeitpunkt nicht bekannt war, regelt § 26 ZVG. Fortgesetzt wird das Verfahren wegen des Anspruchs aus dem eingetragenen Recht gegen den (bisherigen) Schuldner (§ 26 ZVG). Der Erwerber tritt nicht als (neuer) Schuldner in das Verfahren ein; eine gegen ihn gerichtete Vollstreckungsklausel (§ 727 ZPO) muss nicht erwirkt werden. Wenn der Erwerber noch vor (oder zugleich mit) dem Vollstreckungsvermerk in das Grundbuch eingetragen wird, ist er Beteiligter nach § 9 Nr 1 ZVG; bei späterer Eintragung wird er mit Anmeldung und ggfs Glaubhaftmachung Beteiligter (§ 9 Nr 2 ZVG). Der Fall des § 26 ZVG liegt jedoch nicht vor, wenn der Eigentumswechsel im Grundbuch noch vor dem Beschlagnahmewirksamkeitszeitpunkt eingetragen wurde, zB in der kurzen Zeitspanne zwischen Erlass und Wirksamwerden des Anordnungsbeschlusses (dann ist § 28 ZVG anzuwenden). Bei Veräußerung nach Beschlagnahme nimmt das Verfahren aus einem eingetragenen Recht auch dann seinen Fortgang, wenn der Eintragungsantrag beim Grundbuchamt vor Anordnung der Zwangsversteigerung gestellt war.[29]

Bei Grundstücksveräußerung **vor** Beschlagnahme (auch zwischen Erlass des Beschlusses und Wirksamwerden der Beschlagnahme) ist das Schuldnereigentum als Vollstreckungsvoraussetzung (Rdn 105) nicht – mehr – vorhanden. Gegen den im Beschlagnahmebeschluss (Anordnungs- und Beitrittsbeschluss) benannten Schuldner, der bis zur Grundstücksveräußerung Eigentümer war, kann das Verfahren daher nicht (auch nicht, wenn es wegen des Anspruchs aus einem eingetragenen Recht angeordnet ist) fortgeführt werden. Gegen den Erwerber kann es nur betrieben werden, wenn alle für den Beginn der Zwangsvollstreckung gegen ihn erforderlichen Vollstreckungsvoraussetzungen erfüllt sind. Bei Rechtsnachfolge (Rechtskraftwirkung: § 325 ZPO) ist Verfahrensfortsetzung gegen den Erwerber erst nach Titelumschreibung und Zustellung (§§ 727, 750 Abs 2 ZPO) möglich. Sie erfolgt durch Zustellung des (berichtigten) Beschlagnahmebeschlusses an den Erwerber. In allen anderen Fällen (insbesondere bei Anordnung wegen eines persönlichen Anspruchs) muss das Verfahren nach § 28 Abs 1 ZVG oder auf Widerspruchsklage (§ 771 ZPO) hin aufgehoben werden. Für Erbfolge: § 779 ZPO.   156a

Forderungen (Rdn 150, 151) können nicht gutgläubig erworben werden; auf sie findet § 135 Abs 2 BGB (dazu Rdn 155) keine Anwendung. Nach Beschlagnahme ist daher auch die Abtretung einer von ihr erfassten Forderung an einen gutgläubigen Zessionar unwirksam. Dem Schuldner der Forderung (= Drittschuldner) gegenüber wird die Beschlagnahme aber erst mit dem Zeitpunkt wirksam, in dem sie ihm bekannt ist (gleichgestellt ist die Kenntnis des Versteigerungsantrags, allein die Eintragung des Versteigerungsvermerks genügt hier jedoch nicht) oder ihm ein Zahlungsverbot zugestellt wird (§ 22 Abs 2 S 2 ZVG). Bis zu diesem Zeitpunkt kann der Drittschuldner schuldbefreiend an den Vollstreckungsschuldner als Gläubiger der Forderung oder ihren Erwerber zahlen; Schuldner und Zessionar sind bei vorheriger Beschlagnahme der Forderung jedoch verpflichtet, das Empfangene nach § 816 Abs 2 BGB zur Teilungsmasse herauszugeben. Zahlungsverbot an den Drittschuldner: § 22 Abs 2 ZVG, § 845 ZPO.   157

---

[29] LG Kleve DNotZ 1971, 547.

f) Grundstück und Gebäude im Beitrittsgebiet

157a Im Beitrittsgebiet (Rdn 8 a) erlangen Besonderheiten des Sachenrechts Bedeutung auch für den Beschlagnahmeumfang. Es bestimmt

Art 231 § 5 EGBGB:

(1) Nicht zu den Bestandteilen eines Grundstücks gehören Gebäude, Baulichkeiten, Anlagen, Anpflanzungen oder Einrichtungen, die gemäß dem am Tag vor dem Wirksamwerden des Beitritts geltenden Recht vom Grundstückseigentum unabhängiges Eigentum sind. Das Gleiche gilt, wenn solche Gegenstände am Tag des Wirksamwerdens des Beitritts oder danach errichtet oder angebracht werden, soweit dies auf Grund eines vor dem Wirksamwerden des Beitritts begründeten Nutzungsrechts an dem Grundstück oder Nutzungsrechts nach §§ 312 bis 315 des Zivilgesetzbuchs der Deutschen Demokratischen Republik zulässig ist.
(2) Das Nutzungsrecht an dem Grundstück und die erwähnten Anlagen, Anpflanzungen oder Einrichtungen gelten als wesentliche Bestandteile des Gebäudes. Artikel 233 § 4 Abs 3 und 5 bleibt unberührt.

Zu diesem vom Grundstückseigentum unabhängigen (persönlichen) Eigentum siehe Rdn 8 a. Sonderbestimmung für die Zwangsversteigerungsfähigkeit bebauter Grundstücke trifft § 9 a EGZVG (eingefügt durch das Registerverfahrensbeschleunigungsgesetz 1993 mit Änderung der Jahreszahl (zuletzt) durch das 2. Eigentumsfristengesetz vom 20. 12. 1999, BGBl I 2493). Danach gilt:
a) Die **bis 31. Dez. 2000** angeordnete Beschlagnahme des Grundstücks erstreckt sich nicht auf das Gebäudeeigentum. Gebäude, Baulichkeiten, Anlagen, Anpflanzungen oder Einrichtungen, die vom Grundstückseigentum unabhängiges (persönliches) Eigentum sind, und damit auch deren hypothekarisch haftende Gegenstände (§ 20 Abs 2 ZVG) erfasst die Beschlagnahme des Grundstücks somit nicht (Abweichung von § 20 Abs 1 und 2 ZVG).
b) Die **ab 1. Jan. 2001** angeordnete Beschlagnahme des Grundstücks umfasst auch das in Art 233 §§ 2 b, 4 und 8 EGBGB bezeichnete Gebäudeeigentum (§ 9 a Abs 1 S 1 EGZVG). Als persönliches Eigentum seines Inhabers ist es jedoch schuldnerfremdes Eigentum, das der Zwangsversteigerung zusammen mit dem Schuldnergrundstück entgegensteht. Wenn es grundbuchersichtlich ist (Eintragung des dem Gebäudeeigentum zugrunde liegenden Nutzungsrechts oder des Gebäudeeigentums ohne dingliches Nutzungsrecht in Abt II des Grundbuchblatts des Grundstücks) erfolgt Wahrung dieses hindernden Rechts nach § 28 Abs 1 ZVG (§ 9 a Abs 2 S 1 EGZVG). Mit Drittwiderspruchsklage muss das fremde Gebäudeeigentum als entgegenstehendes Recht jedoch geltend gemacht werden, wenn es nicht grundbuchersichtlich ist.[30] Dazu näher im Kommentar Erläuterungen zu § 9 a EGZVG.

157b **Beschlagnahme** mit Anordnung der Zwangsversteigerung eines **Gebäudeeigentums** (Rdn 8 a) oder Zulassung des Beitritts zu einem solchen Verfahren (§ 27 ZVG) umfasst dessen wesentliche Bestandteile und auch diejenigen Gegenstände, auf welche sich beim Gebäudeeigentum als Gegenstand des Immobiliarrechts die Hypothek erstreckt (§ 20 ZVG), nicht jedoch das Grundstück. Beschlagnahmte wesentliche Bestandteile des Gebäudes (als persönliches Eigentum eines Nutzungsberechtigten) sind das Nutzungsrecht an dem Grundstück und die Anlagen, Anpflanzungen oder Einrichtungen (Art 231 § 5 Abs 2 EGBGB). Den Umfang der hypothekarischen Haftung (und damit den Beschlagnahmeumfang,

---

[30] Aufhebung des Verfahrens hinsichtlich des nicht grundbuchersichtlichen, freigegebenen Gebäudeeigentums s BGH NJW-RR 2007, 194.

§ 20 Abs 2 ZVG) bestimmen auch beim Gebäudeeigentum §§ 1120–1130 BGB; diese Vorschriften gelten nach Art 233 § 4 Abs 1 und 3 EGBGB.

3. Abschnitt. Entgegenstehende Rechte; Verfügungsbeschränkung; Verfahrensmangel

1. Unterabschnitt. Entgegenstehende grundbuchmäßige Rechte

§§ 28 Abs 1, 37 Nr 5 ZVG

§§ 771–774 ZPO

Einstellungsbeschluss: 1. Das von dem Gläubiger ... aus dem Anordnungsbe-   158
schluss vom ... betriebene Verfahren zur Zwangsversteigerung des Grundstücks ...
wird gemäß § 28 Abs. 1 ZVG einstweilen eingestellt. Die Beschlagnahme bleibt bestehen.
2. Dem Gläubiger wird zum Nachweis der Vollstreckungsvoraussetzungen gegen
den eingetragenen Grundstückseigentümer ... Frist bis ... gesetzt.
Gründe: Im Grundbuch war nach dem Zeugnis des Grundbuchamts vom ... der
Gastwirt David Durstig als Grundstückseigentümer eingetragen. Nach dem amtlichen Grundbuchausdruck (der beglaubigten Grundbuchblattabschrift, § 19 Abs 2
ZVG) wurde noch vor der Beschlagnahme, die am ... wirksam wurde, Herr ...
am ... auf Grund Auflassung als Grundstückseigentümer neu eingetragen.
Das Verfahren kann daher gegen den im Beschlagnahmebeschluss bezeichneten
Schuldner Durstig nicht fortgeführt werden. Gegen den Erwerber ... kann es wegen
der persönlichen Gläubigerforderung nicht, wegen des Anspruchs aus dem einge-
tragenen Recht Abt III Nr ... nur betrieben werden, wenn alle für den Beginn der
Zwangsvollstreckung gegen ihn erforderlichen Vollstreckungsvoraussetzungen erfüllt sind.
Durch Umschreibung des (dinglichen) Vollstreckungstitels gegen den Erwerber und
Zustellung an ihn (§§ 727, 750 Abs 2 ZPO) kann das der Fortsetzung des Verfahrens
entgegenstehende Hindernis ausgeräumt werden.
Das Verfahren war daher gemäß § 28 Abs 1 ZVG unter Bestimmung einer Frist zur
Behebung des Hindernisses einstweilen einzustellen. Wenn bis zum Ablauf der Frist
der für die Fortsetzung der Zwangsversteigerung erforderliche Nachweis nicht er-
bracht ist, muss das Verfahren aufgehoben werden.
Verfügung: Begl Abschrift zustellen an Gläubiger und Schuldner.

Aufhebungsbeschluss: Das auf Antrag des Gläubigers ... mit Beschluss vom ...   159
angeordnete Verfahren zur Zwangsversteigerung des Grundstücks ... wird aufgehoben [ggfs ist anzuordnen, dass die Wirksamkeit des Aufhebungsbeschlusses bis
zur Rechtskraft ausgesetzt ist; dazu Rdn 190].
Gründe: Die Zwangsversteigerung wurde wegen eines persönlichen Anspruchs des
Gläubigers angeordnet. Bei Verfahrensanordnung war bereits für ... eine Vormerkung
zur Sicherung des Anspruchs auf Eigentumsübertragung eingetragen. Der Vormerk-
te wurde nach Beschlagnahme am ... als Eigentümer des Beschlagnahmegrundstücks in das Grundbuch eingetragen. Das Eigentum hat die Vormerkung ersetzt; infolge der durch die Vormerkung begründeten Rangwirkung (siehe § 883 Abs 3 BGB) ist
das Beschlagnahmerecht des Gläubigers dem nunmehrigen Eigentümer gegenüber
unwirksam. Das damit der Versteigerung entgegenstehende Eigentum ergibt sich aus
dem dem Vollstreckungsgericht vorliegenden amtlichen Grundbuchausdruck (der
beglaubigten Grundbuchblattabschrift) vom ... Der Gläubiger hat keinen vollstreckbaren Anspruch gegen den nunmehrigen Eigentümer; deshalb wird die Behebung
des Vollstreckungshindernisses, das aus dem im Grundbuch eingetragenen Dritteigentum folgt, nicht möglich sein. Das Verfahren war daher nach § 28 Abs 1 ZVG aufzuheben.

Verfügung: Begl Abschrift zustellen an Gläubiger und Schuldner; Löschungsersuchen (nach Rechtskraft) an das Grundbuchamt.

160 Rechtmäßig ist nur die Vollstreckung in das Schuldnervermögen. Unzulässig ist die Zwangsversteigerung eines Grundstücks (anderen Objekts) daher, wenn es nicht Vermögen des Schuldners ist, in das der Gläubiger bei Vorliegen der förmlichen Vollstreckungsvoraussetzungen vollstrecken darf. Das Recht eines Dritten steht der Versteigerung sonst entgegen, wenn es beeinträchtigt wird und der Dritte diese Beeinträchtigung nicht zu dulden hat. Das Vollstreckungsgericht prüft für Anordnung des Verfahrens aber nur, ob Eintragung des Schuldners (des Erblassers bei Vollstreckung gegen den Erben) nachgewiesen ist (§ 17 ZVG). Ein Dritter, der das durch Grundbucheintragung als Schuldnervermögen ausgewiesene Grundstück (andere Objekt) oder ein die Immobiliarvollstreckung hinderndes Recht daran für sich in Anspruch nimmt, muss sein der Veräußerung durch Zwangsversteigerung entgegenstehendes Recht mit **Widerspruchsklage** geltend machen (§§ 771–774 ZPO, § 37 Nr 5 ZVG). Für den Berechtigten eines aus dem Grundbuch nicht ersichtlichen Rechts bleibt stets nur die Widerspruchsklage.[1] Ein eingetragenes Recht, auf dem der Widerspruch beruhen kann, braucht aber infolge der Bedeutung des Grundbuchs nicht erst in einem Rechtsstreit festgestellt zu werden (für eine Widerspruchsklage würde sogar das Rechtsschutzinteresse fehlen[2]). Das Vollstreckungsgericht hat vielmehr Dritteigentum oder ein sonst die Zwangsversteigerung hinderndes Recht, das **aus dem Grundbuch ersichtlich** ist, von Amts wegen zu berücksichtigen. Wenn ein solches Recht schon bei Entscheidung über den Anordnungsantrag bekannt ist, wird dem Antrag nicht stattgegeben (siehe § 17 Abs 1 ZVG). Wird erst später dem Vollstreckungsgericht ein solches Recht bekannt, so hat es **von Amts wegen** die Zwangsversteigerung entweder sofort oder nach fruchtlosem Ablauf einer dem Gläubiger zur Beseitigung des Vollstreckungshindernisses zu gewährenden Frist aufzuheben (§ 28 Abs 1 ZVG). Ob das eingetragene Recht durch Mitteilung des Grundbuchamts (§ 19 ZVG) oder auf sonstige Weise (Nachweis durch Schuldner oder den Dritten) bekannt wird, ist unmaßgeblich.

161 **Entgegenstehendes Recht** im Sinne von § 28 Abs 1 ZVG ist vornehmlich das **Eigentum eines Dritten.** Es steht der Versteigerung entgegen, wenn
a) nach Anordnung der Zwangsversteigerung gegen einen eingetragenen Nichteigentümer der (wirkliche) Grundstückseigentümer die Berichtigung des Grundbuchs (§ 894 BGB) herbeigeführt hat. Die Fortsetzung der Vollstreckung des Gläubigers eines **persönlichen Anspruchs** (Rangklasse 5 des § 10 Abs 1 ZVG) in das Grundstück, das dem Schuldner nicht gehört, ist damit ausgeschlossen. Die Zwangsversteigerung auf Antrag des Gläubigers eines **dinglichen Anspruchs** ist wegen der unwiderlegbaren Vermutung des § 1148 S 1 BGB dann zwar rechtmäßig angeordnet worden. Weil diese Vermutung mit der Eintragung des Eigentümers im Wege der Grundbuchberichtigung endet, kann Fortsetzung der Vollstreckung jedoch nur erfolgen, wenn Vollstreckungsunterlagen gegen ihn beigebracht sind.[3]
b) der Dritte bereits **bei Verfahrensanordnung** (Unterzeichnung) eingetragener **Eigentümer** des Grundstücks **war** (möglich bei Unrichtigkeit des Zeugnisses

---

[1] OLG Hamburg MDR 1965, 748.
[2] Siehe Riedel Rpfleger 1968, 286.
[3] Dazu Stöber Rdn 4.7 zu § 28. Umschreibung der Vollstreckungsklausel nach Eigentumsberichtigung siehe OLG Hamm Rpfleger 1990, 215 und DNotZ 1999, 660 = NJW 1999, 1038; LG Rostock NJW-RR 2001, 1024.

des Grundbuchamts, bei Eintragung des neuen Eigentümers nach Erteilung des Zeugnisses oder Grundbucheinsicht durch das Vollstreckungsgericht, bei unterlassener oder fehlerhafter Prüfung der Grundbucheintragung).

c) der Dritte **nach** Verfahrensanordnung auf Antrag des Gläubigers eines persönlichen Anspruchs (Rangklasse 5 des § 10 Abs 1 ZVG), aber **vor** Wirksamwerden der Beschlagnahme Eigentum mit Auflassung und Eintragung (§ 873 mit § 925 BGB) erworben hat. Eigentumserwerb vor Beschlagnahme verstößt nicht gegen das erst nach Eigentumserwerb wirksam gewordene Veräußerungsverbot (§ 23 ZVG). Zur Besonderheit für die in einem solchen Fall auf Antrag eines dinglichen Gläubigers (Anspruch in Rangklasse 4 des § 10 Abs 1 ZVG) angeordnete Zwangsversteigerung siehe im Kommentar Rdn 4.3 mit 4.7 zu § 28.

Dritteigentum besteht als entgegenstehendes Recht auch, wenn Eigentumserwerb des Dritten zwar erst **nach** Beschlagnahme erfolgt, dennoch aber dem vollstreckenden Gläubiger eines **persönlichen Anspruchs** (Rangklasse 5 des § 10 Abs 1 ZVG) gegenüber wirksam ist, somit nicht gegen das mit Beschlagnahme bewirkte Veräußerungsverbot (§ 23 Abs 1 Satz 1 ZVG) verstößt, weil

– **gutgläubiger Eigentumserwerb** vor Eintragung des Versteigerungsvermerks erfolgt ist (§ 135 Abs 2 mit § 136 und § 892 Abs 1 S 2 BGB),
– **Erwerbsschutz nach § 878 BGB** besteht.

Gutgläubiger Eigentumserwerb oder geschützter Erwerb nach § 878 BGB ist jedoch „aus dem Grundbuch nicht ersichtlich"; in diesen Fällen erfolgt daher Berücksichtigung des entgegenstehenden Eigentums nicht nach § 28 Abs 1 ZVG; der Dritte ist auf Widerspruchsklage (§ 771 ZPO) verwiesen.[4] Auf das von dem Gläubiger eines eingetragenen Rechts (Rangklasse 4 des § 10 Abs 1 ZVG) betriebene Verfahren hat die Veräußerung in diesen besonderen Fällen nach § 26 ZVG überhaupt keinen Einfluss (Rdn 156).

Die **Auflassungsvormerkung** ist kein der Zwangsversteigerung entgegenstehendes Recht.[5] Wenn das Eigentum des Vorgemerkten nach der Beschlagnahme auf Grund der Vormerkung in das Grundbuch eingetragen wird, ist jedoch dieses Eigentum ein aus dem Grundbuch ersichtliches Recht. Es steht der Zwangsversteigerung auf Antrag des Gläubigers eines persönlichen Anspruchs[6] (Rangklasse 5 des § 10 Abs 1 ZVG) und des Gläubigers eines durch vormerkungswidrige Verfügung erlangten Rechts (§ 883 Abs 2 BGB) grundbuchersichtlich entgegen.[7] Das gilt auch, wenn nach Beschlagnahme bei Eintragung des Begünstigten als Eigentümer die vor Anordnung des Verfahrens (oder Zulassung des Beitritts) eingetragene Auflassungsvormerkung im Grundbuch gelöscht wird.[8] Der Zwangsversteigerung wegen des dinglichen Anspruchs (Rangklasse 4 des § 10 Abs 1 ZVG) aus einem dem vorgemerkten Eigentumsübertragungsanspruch gegenüber **wirksamem Recht** (§ 883 Abs 2 BGB) steht das vorgemerkt gewesene Dritteigen-

161a

---

[4] Stöber Rdn 4.5 zu § 28; Steiner/Teufel Rdn 34 zu § 23 und Rdn 20 zu § 28.
[5] BGH 46, 124 = DNotZ 1967, 490 = MDR 1967, 34 = NJW 1967, 566; BGH MDR 1997, 52 = NJW 1996, 3147 (3148); Stöber Rdn 5.1 zu § 28.
[6] Bei vormerkungswidriger Beschlagnahme. Nicht damit bei Beschlagnahme vor Eintragung der Vormerkung (§ 883 Abs 2 BGB).
[7] LG Frankenthal Rpfleger 1985, 371; LG Freiburg KTS 1975, 133 mit Anm Mohrbutter; Reinhard/Müller Anm III; Steiner/Eickmann Rdn 16 und 19; Stöber Rdn 4.8 lit a je zu § 28; mit Einschränkung Jaeckel/Güthe Rdn 2 zu § 28.
[8] Riedel Rpfleger 1968, 285 (richtig) gegen LG Stade DNotZ 1968, 636 = NdsRpfl 1968, 188 = Rpfleger 1968, 284. Zu dieser Frage näher Stöber Rdn 4.8 lit b zu § 28.

tum nicht entgegen[9] (die nachrangige Vormerkung schützt nicht gegen die Geltendmachung des rangbesseren Rechts). Beschlagnahme wegen des dinglichen
Anspruchs aus einem der Vormerkung gegenüber wirksamen dinglichen Recht ist
keine vormerkungswidrige Zwangsversteigerung. Wirksam ist dem Berechtigten
der Vormerkung gegenüber auch ein durch Verfügung nach Eintragung der Vormerkung erlangtes (eingetragenes Recht), wenn er der Verfügung **zugestimmt**
hat.[10] Das vorgemerkt gewesene Eigentum steht daher auch der Zwangsversteigerung wegen des dinglichen Anspruchs (Rangklasse 4 des § 10 Abs 1 ZVG) aus
einem solchen Recht nicht entgegen.[11] Das Vollstreckungsgericht hat das Eigentum nicht als verfahrenshindernd nach § 28 Abs 1 ZVG zu behandeln, wenn ihm
die Zustimmung berücksichtigungsfähig bekannt ist[12] (Wirksamkeitsvermerk;
Nachweis durch öffentliche oder öffentlich beglaubigte Urkunde).

161b   Entgegenstehendes Recht ist auch ein **Pfandrecht am Erbanteil eines Miteigentümers,** wenn die Zustimmung des Pfandgläubigers oder ein Duldungstitel gegen ihn nicht vorliegt;[13] dies gilt nicht für die Versteigerung auf Antrag eines
vor der Pfändung oder Verpfändung eingetragenen dinglichen Gläubigers.[14]

161c   Für **Gebäude- und Grundstückseigentum** im Beitrittsgebiet (Rdn 8 a), das sich
in einer Person vereinigt hat (sämtliche Fälle der Identität[15]) begründet **§ 78
Abs 1 S 1 SachenRBerG** als absolutes Verfügungsverbot für Gläubiger einer
persönlichen Forderung (Rangklasse 5 des § 10 Abs 1 ZVG) ein der Zwangsversteigerung entgegenstehendes Recht. Es schließt nach Erwerb des Grundstücks durch den Nutzer oder des Gebäudeeigentums durch den Grundstückseigentümer Zwangsversteigerung nur des Grundstücks oder nur des Gebäudes
aus.

162   **Kein** der Zwangsversteigerung nach § 28 Abs 1 ZVG **entgegenstehendes Recht**
stellt dar
  – die **Auflassungsvormerkung** (siehe Rdn 161 a);
  – der nur **schuldrechtliche Anspruch** (zB des Käufers) auf Übertragung des
    Eigentums, und zwar auch bei Eigenbesitz des noch nicht eingetragenen
    Grundstückserwerbers.[16] Jedoch wird das Anwartschaftsrecht des Auflas-
    sungsempfängers als Recht bezeichnet, das dazu berechtigt, die Zwangsvoll-
    streckung eines (persönlichen) Gläubigers des noch eingetragenen Eigentü-
    mers (Veräußerers) als Schuldner durch Widerspruchsklage gem § 771 ZPO
    abzuwenden.[17] Grundbuchersichtlich und damit nach § 28 Abs 1 ZVG ent-
    gegenstehendes Recht ist es nicht (für das auf einer Auflassungsvormerkung
    beruhende Anwartschaftsrecht kann das überdies nicht gelten);
  – die **Aufgabe des Eigentums** (Verzicht auf das Eigentum) (vgl Rdn 108); Ei-
    gentumsaufgabe nach Beschlagnahme berührt den Fortgang des Verfahrens
    gegen den bisherigen Eigentümer als Schuldner nicht;

---

[9] BGH 170, 378 = DNotZ 2007, 686 = NJW 2007, 2993 = Rpfleger 2007, 333; Stöber
Rdn 4.8 lit c zu § 28.
[10] RG 154, 355 (367); Stöber MittBayNot 1997, 143 (144 III 2); Schöner/Stöber, Grundbuchrecht, Rdn 1522; Stöber Rdn 4.8 lit d zu § 28.
[11] Stöber MittBayNot 1998, 143 (144; III 3); Stöber Rdn 4.8 lit d zu § 28.
[12] Dazu näher Stöber Rdn 4.8 lit d zu § 28.
[13] OLG Frankfurt JW 1937, 2129; BayObLG 1959, 50 = NJW 1959, 1780.
[14] Siehe Stöber Rpfleger 1962, 113 (114).
[15] Stöber Rdn 11.1 zu § 28 mit Nachw.
[16] RG 127, 8; Stöber Rdn 5.4 zu § 28.
[17] BGH 128, 184 (188) = DNotZ 1995, 532 (535) = NJW 1995, 659 (660); auch BGH 55,
270 (275) = MDR 1971, 212 = NJW 1971, 799.

– das **Enteignungsverfahren** nach dem Baugesetzbuch; ein vereinfachtes Umlegungsverfahren (früher: Grenzregelungsverfahren) (§§ 80–84 BauGB), Städtebauliche Sanierungs- und Entwicklungsmaßnahmen (§§ 136–164 b, §§ 165–171 BauGB) und die **Verfügungssperre** im Umlegungsverfahren (§ 51 Abs 1 BauGB); sie stehen der Zwangsversteigerung nicht entgegen;[18]
– ein **Flurbereinigungsverfahren** (Rdn 109);
– das als Inhalt des **Erbbaurechts** eingetragene Veräußerungsverbot (Rdn 109); es schließt jedoch Erteilung des Zuschlags aus, wenn die Zustimmung des Grundstückseigentümers nicht vorliegt;[19]
– ein **Nießbrauch;**
– der **Rückerstattungsanspruch** (Restitutionsanspruch) nach dem Gesetz zur Regelung offener Vermögensfragen (Vermögensgesetz – VermG) idF vom 9. 2. 2005 (BGBl I 206);[20]
– das **Verwaltungs- und Nutznießungsrecht** des überlebenden Ehegatten am Hof bis zur Vollendung des 25. Lebensjahrs des Abkömmlings;[21]
– gesetzliche und rechtsgeschäftlich bestellte **Vorkaufsrechte;**
– ein **Widerspruch** gegen die Richtigkeit der Eigentümereintragung im Grundbuch (§ 899 BGB, § 18 Abs 2 GBO); vgl Rdn 256 a;
– der nach § 7 Abs 2 Grundstücksverkehrsgesetz eingetragene **Widerspruch;**[22]
– die beim **Wohnungseigentum** als Inhalt des Sondereigentums getroffene Vereinbarung, dass zur Veräußerung die Zustimmung anderer Wohnungseigentümer oder eines Dritten (auch des Verwalters) erforderlich ist (§ 12 Abs 1 WEG); sie schließt jedoch Erteilung des Zuschlags aus, wenn die Zustimmung bis dahin nicht vorliegt.[23]

Ob zunächst unter Fristsetzung **einzustellen oder sofort aufzuheben** ist, bestimmt sich nach der Art des die Versteigerung hindernden Rechts. Wenn die Behebung des Hindernisses ausgeschlossen ist (Beispiel: Dritteigentum bei Vollstreckung wegen eines persönlichen Anspruchs), ist sofort aufzuheben (Hinausschiebung der Wirksamkeit jedoch bis zur Rechtskraft, s Rdn 370), andernfalls ist zunächst einzustellen. Nach Einstellung kann die Frist auf Antrag verlängert werden, wenn die baldige Beseitigung des Hindernisses in Aussicht steht. Auch nach Fristablauf kann der Nachweis noch bis zum Erlass des Aufhebungsbeschlusses erbracht werden.   163

Zuzustellen ist der Einstellungs- und Aufhebungsbeschluss dem Gläubiger und dem Schuldner (§ 32 ZVG).

Nach Schluss der Versteigerung: Versagung des Zuschlags, § 33 ZVG; Versagungsgrund: § 83 Nr 5 und 6 ZVG.

Fortgesetzt wird das Verfahren nach Behebung des Mangels von Amts wegen. Ein Antrag ist nicht erforderlich; ein gesonderter Fortsetzungsbeschluss ist zweckmäßig (Rdn 200 a).

Rechtsbehelfe: Für den vor Entscheidung nicht gehörten Gläubiger oder (bei Fortsetzung) Schuldner: Erinnerung nach § 766 ZPO, sonst sofortige Beschwerde (§ 793 ZPO), § 95 ZVG. Der berechtigte Dritte kann, wenn Aufhebung (ggfs vor-

---

[18] Stöber Rdn 6 zu § 15.
[19] BGH 33, 76 = MDR 1960, 833 = NJW 1960, 2093.
[20] Stöber Rdn 11.2 zu § 28; Limmer VIZ 1994, 516.
[21] Drischler RdL 1958, 90.
[22] AG Waldbröl RdL 1963, 319; Stöber Rdn 24.2 zu § 15.
[23] Stöber Rdn 45.7 zu § 15.

her Einstellung) nicht erfolgt, sein Recht mit Widerspruchsklage verfolgen (§ 771 ZPO).

2. Unterabschnitt. Verfügungsbeschränkung; Verfahrensmangel
§ 28 Abs 2 ZVG

163a Eine dem Vollstreckungsgericht bekannte Verfügungsbeschränkung und ebenso ein vom Vollstreckungsgericht erkannter Verfahrensmangel sind gleichermaßen von Amts wegen zu berücksichtigen (§ 28 Abs 2 ZVG).

163b Mit **Verfügungs„beschränkung"** bezeichnet § 28 Abs 2 ZVG (vornehmlich) die Fälle der Entziehung der rechtlichen Verfügungsbefugnis, die Einleitung oder Fortsetzung des Verfahrens gegen den Grundstückseigentümer als Schuldner hindern,[24] somit

- **Eröffnung des Insolvenzverfahrens** über das Vermögen des Schuldners für Insolvenzgläubiger (§ 38 InsO), für die Zwangsvollstreckung nicht zulässig ist (Vollstreckungsverbot, § 89 Abs 1, auch § 80 InsO), sowie für Gläubiger, deren Beschlagnahme in der kritischen Phase vor Verfahrenseröffnung unwirksam geworden ist (Rückschlagsperre, § 88 InsO). Keine Verfügungs„beschränkung" bewirkt die Eröffnung des Insolvenzverfahrens für Gläubiger, die zur abgesonderten Befriedigung aus dem haftenden Grundstück berechtigt sind (§ 49 InsO);
- **Testamentsvollstreckung**, soweit sie einen gegen den Testamentsvollstrecker lautenden Vollstreckungstitel erfordert (§ 748 ZPO);
- **Nachlassverwaltung** (§ 1984 Abs 1, § 1985 Abs 1 BGB), die Zwangsvollstreckung nur Nachlassgläubigern (§ 1984 Abs 2 BGB) mit Vollstreckungstitel gegen den Nachlassverwalter ermöglicht;
- **Vorerben-Verwaltung**, die dem Vorerben die Verwaltungs- und Verfügungsbefugnis entzieht (§ 2129 Abs 1, § 1052 BGB).

Hindernis nach § 28 Abs 2 ZVG sind außerdem

- der **Sperrvermerk nach § 75 Abs 1 BVersG**[25] (= Veräußerungsverbot für 5 Jahre ohne Genehmigung der zuständigen Verwaltungsbehörde als Verfügungsverbot mit absoluter Wirkung[26]); Ausnahme gegenüber voreingetragenen Rechten:[27]
- ein eingetragenes, dem vollstreckenden Gläubiger vorgehendes Veräußerungsverbot (§§ 135, 136 BGB, § 772 ZPO);

Eine Verfügungs„beschränkung" ist als verfahrenshindernd zu berücksichtigen, wenn sie dem Vollstreckungsgericht bekannt ist. Grundbucheintragung (hat nur deklaratorische Bedeutung; Ausnahme Sperrvermerk nach § 75 Abs 1 BVersG) ist damit nicht erforderlich.

163c Ein **Vollstreckungsmangel** ist verfahrenshindernd, wenn eine Voraussetzung für Anordnung des Verfahrens oder Zulassung des Beitritts nicht erfüllt ist. Das mit einem Vollstreckungsmangel behaftete Verfahren ist nicht rechtmäßig; Eingriff in das durch Art 14 Abs 1 GrundG geschützte Eigentum des Schuldners rechtfertigt es nicht. Es ist daher der Zuschlag zu versagen (§ 83 Nr 6 ZVG). Das Verfahren ist aber auch nicht fortzuführen, wenn der Vollstreckungsman-

---

[24] Stöber Rdn 8.1 zu § 28.
[25] Text Kommentar T 17.
[26] Stein/Jonas/Münzberg Rdn 5 zu § 772 ZPO; Wolber Rpfleger 1978, 433 und 1982, 210.
[27] Stöber Rdn 7.4 zu § 15.

gel bereits vor Entscheidung über den Zuschlag festgestellt wird. Keinen Vollstreckungsmangel begründet ein fehlerhaftes Verfahren (Verfahrensverstoß als Verfahrensmangel). Verstoß des Vollstreckungsgerichts gegen eine Verfahrensvorschrift bewirkt nicht Unzulässigkeit der Zwangsversteigerung. Ein Verfahrensverstoß ist vom Vollstreckungsgericht zu beheben; es hat für ordnungsgemäße Durchführung der (zulässigen) Versteigerung Sorge zu tragen.

Bekannt ist dem Vollstreckungsgericht eine Verfügungs„beschränkung" oder   **163d**
ein Vollstreckungsmangel, wenn es davon sichere Kenntnis hat. Ermittlung zur Aufklärung streitigen Vorbringens der Beteiligten hat das Vollstreckungsgericht nicht vorzunehmen.[28] Einwendungen gegen die Rechtmäßigkeit der Vollstreckung sind mit Rechtsbehelf geltend zu machen (insbesondere §§ 766, 793 ZPO). Kenntnis des Vollstreckungsgerichts erfordert Einstellung oder Aufhebung des Verfahrens (wie Rdn 163). Das schließt nicht aus, dass das Vollstreckungsgericht (insbesondere in einfach gelagerten Fällen) formlos Gelegenheit gibt, einen Vollstreckungsmangel auszuräumen[29] (gebieten § 139 ZPO); Beispiel: Rückgabe des Vollstreckungstitels zur Nachholung ordnungsgemäßer Zustellung.

3. Unterabschnitt. Nacherbenschutz
§ 773 ZPO

Wenn das Grundstück zu einem Nachlass gehört und Nacherbfolge (§ 2100   **163e**
BGB) angeordnet, aber noch nicht eingetreten ist, unterliegt es als Vermögen des Vorerben der Zwangsvollstreckung. Es sollen jedoch Eigengläubiger des Vorerben dessen Erbenstellung nicht zum Nachteil des Nacherben ausnützen können.[30] Daher ist eine die Rechte des Nacherben beeinträchtigende Verfügung im Wege der Zwangsvollstreckung bei Eintritt der Nacherbfolge unwirksam (§ 2115 S 1 BGB). Als Verfahrensbestimmung wahrt § 773 ZPO die Nacherbenrechte mit einem **vorgezogenen Verwertungsverbot**. Es ermöglicht Anordnung der Zwangsversteigerung (Zulassung des Beitritts), verbietet aber Veräußerung mit Zuschlag, aber auch das Veräußerungsverfahren mit Wertfestsetzung, Terminsbestimmung und Terminsabhaltung.[31] Wird dennoch der Zuschlag erteilt, ist jedoch durch Hoheitsakt Eigentumserwerb des Erstehers (§ 90 ZVG) auch gegenüber dem Nacherben eingetreten.[32] Zulässig (durch § 773 ZPO damit nicht behindert) ist die Vollstreckung gegen den Vorerben mit Wirksamkeit auch gegenüber dem Nacherben wegen eines Anspruchs eines Nachlassgläubigers (§ 1967 BGB) sowie eines an dem Nachlassgrundstück lastenden (dinglichen) Rechts, das bei Eintritt der Nacherbfolge dem Nacherben gegenüber wirksam ist (§ 2115 S 2 BGB), damit auch wegen eines durch Verfügung des Vorerben mit Wirkung gegenüber dem Nacherben erlangten Anspruchs. Duldungstitel gegen den Nacherben (Nachweis seiner Zustimmung) ist hierfür erforderlich.[33]

---

[28] Stöber Rdn 9.2 zu § 28.
[29] Stöber Rdn 9.3 zu § 28.
[30] RG 80, 30 (32) und 133, 263 (265).
[31] Stöber Rdn 30.11 (lit f) zu § 15; Steiner/Eickmann Rdn 40 zu § 28; LG Berlin Rpfleger 1987, 457.
[32] MünchKomm/Grunsky Rdn 11; BGB-RGRK/Johannsen Rdn 15, 16; Staudinger/Berend Rdn 25, 26, alle zu § 2115 BGB; Stöber Rdn 30.10 (lit c) zu § 15.
[33] Stöber Rdn 30.8 zu § 15.

§ 773 ZPO bewirkt gesetzlich Stillstand des Verfahrens;[34] die Nacherbfolge ist daher von Amts wegen zu berücksichtigen.[35] Der eingetragene Nacherbenvermerk ist damit nicht nach § 28 Abs 1 ZVG entgegenstehendes Recht. Bleibt das Nacherbenrecht dem Vollstreckungsgericht unbekannt oder findet es (sonst) keine Berücksichtigung, ist es vom Nacherben mit Drittwiderspruchsklage nach § 771 ZPO geltend zu machen (§ 773 S 3 ZPO).

4. Abschnitt. Vollstreckungsschutz

1. Unterabschnitt. Schutz des Eigentümers als Schuldner
§§ 30 a–c ZVG
§ 765 a ZPO

Schrifttum: Arnold, Die Vollstreckungsnovelle vom 1. Februar 1979, MDR 1979, 358; Drischler, Vollstreckungsschutz bei der Zwangsvollstreckung in das unbewegliche Vermögen unter besonderer Berücksichtigung der Härteklausel des § 765 a ZPO, Rpfleger 1956, 91; Drischler, Die ab 1. Juli 1979 in Kraft tretenden Änderungen des Zwangsversteigerungsgesetzes, KTS 1979, 146; Fuchs, Die Ursache der Nichterfüllung der Verbindlichkeiten bei der Einstellung der Zwangsversteigerung nach § 30 a ZVG, MDR 1966, 898; Hornung, Die Zwangsvollstreckungsnovelle 1979, Rpfleger 1979, 321; Müller, Das Gesetz zur Änderung zwangsvollstreckungsrechtlicher Vorschriften, NJW 1979, 905; Riggers, Vollstreckungsschutz nach § 30 a ZVG, JurBüro 1968, 583; Schmidt, Konkurrenz von Einstellungsanträgen nach § 30 a und § 30 ZVG, NJW 1960, 1750; ebenso Lorenz NJW 1960, 1751; Schroeder, Die Änderung zwangsvollstreckungsrechtlicher Vorschriften ab 1. Juli 1979, JurBüro 1979, 793; Schneider, Die Prüfungspflicht des Gerichts bei Einstellungsanträgen des Schuldners in der Grundstücksversteigerung, MDR 1983, 546; Stöber, Die Kostenentscheidung beim Vollstreckungsschutz nach §§ 30 a–d, 180 Abs 2 ZVG, Rpfleger 1956, 95; Wangemann, Das Verhältnis von § 30 zu § 30 a ZVG, NJW 1961, 105.

164   Hinweis an Schuldner (zustellen mit Anordnungs/Beitrittsbeschluss):
Zum Anordnungs/Beitrittsbeschluss vom …; Gläubiger: …
Sehr geehrter Herr …!
Das Verfahren ist auf Ihren Antrag nach § 30 a ZVG einstweilen auf die Dauer von höchstens sechs Monaten einzustellen, wenn a) Aussicht besteht, dass durch die Einstellung die Versteigerung vermieden wird, und b) die Einstellung nach Ihren persönlichen und wirtschaftlichen Verhältnissen sowie nach der Art der Schuld der Billigkeit entspricht.
§ 30 a ZVG, der alle Erfordernisse der Einstellung nennt, lautet: …
Diese einstweilige Einstellung kann von Ihnen nur binnen einer Notfrist von zwei Wochen beantragt werden. Die Frist beginnt mit der Zustellung dieser Verfügung und ist nur eingehalten, wenn der Einstellungsantrag am letzten Tag der Frist bei Gericht eingegangen ist; Aufgabe bei der Post innerhalb der Frist genügt nicht. Das Gericht kann diese Frist nicht verlängern. Lassen Sie die Antragsfrist ungenützt verstreichen, so können Sie im weiteren Verlaufe des Verfahrens aus den Gründen des § 30 a ZVG eine einstweilige Einstellung nicht mehr verlangen. Sollten Sie trotzdem nach Fristablauf noch einen Antrag stellen, so müsste dieser auf Ihre Kosten zurückgewiesen werden.
Für jeden betreibenden Gläubiger muss eine erstrebte Einstellung gesondert beantragt werden; sie muss mithin nach Zulassung eines Beitritts neu beantragt werden. Ein Beitrittsverfahren kann nicht schon deshalb eingestellt werden, weil bereits Ein-

---

[34] Stöber Rdn 30.12 zu § 15.
[35] Stöber Rdn 30.10 zu § 15.

stellung des vom Anordnungsgläubiger betriebenen Verfahrens beantragt (und ggfs angeordnet) wurde. Für einen Beitrittsgläubiger nimmt das Verfahren deshalb seinen Fortgang, wenn die einstweilige Einstellung der von ihm betriebenen Zwangsversteigerung nicht binnen zwei Wochen beantragt wird. Die Frist beginnt in diesem Falle nach Beitrittszulassung mit der Zustellung des Hinweises auf das Recht zur Stellung des Einstellungsantrags, den Fristbeginn und die Rechtsfolgen eines fruchtlosen Fristablaufs.

Der Einstellungsantrag soll mit eingehender Begründung versehen sein. Die Tatsachen, die zur Begründung des Antrags vorgebracht werden, sind, wenn das vom Vollstreckungsgericht gesondert noch verlangt wird, glaubhaft zu machen. Der Antrag soll in doppelter Fertigung vorgelegt werden; richtet er sich gegen mehrere Gläubiger, die keinen gemeinsamen Vertreter haben, so sind ihm Durchschriften nach der Zahl der betreibenden Gläubiger beizufügen.

Mit vorzüglicher Hochachtung Amtsgericht ...

Einstellungsantrag des Schuldners: In dem Zwangsversteigerungsverfahren ... **165** gegen ..., Aktenz ..., stelle ich Antrag, gemäß § 30 a ZVG das Verfahren einstweilen auf die Dauer von sechs Monaten einzustellen.

Gründe: Die Nichterfüllung der Vollstreckungsforderung beruht auf Umständen, die eine Einstellung gebieten. Der Gläubiger hat seine auf meinem Grundstück lastende Hypothek kurzfristig gekündigt. Die für den Hausbau vor drei Jahren aufgenommene Darlehensschuld kann ich nicht sogleich aus meinem Einkommen als Angestellter bei ..., sondern nur durch Umschuldung wegfertigen. Ein für die Umschuldung benötigtes neues Hypothekendarlehen war seit Kündigung infolge der allgemein bekannten Entwicklung auf dem Kapitalmarkt jedoch noch nicht zu erlangen. Nunmehr hat die ...-Bank in ... das benötigte Darlehen in Aussicht gestellt. Die Beschaffung der Darlehensunterlagen, die Bearbeitung meines Darlehensantrages und die Bereitstellung der Darlehenssumme werden aber noch einige Monate in Anspruch nehmen. Die Umschuldung konnte nicht weiter beschleunigt werden. Der Gläubiger kann keine Gründe für die kurzfristige Rückforderung seines Darlehens darstellen. Nach der Art der Schuld und nach meinen persönlichen und wirtschaftlichen Verhältnissen entspricht die Einstellung der Billigkeit. Durch sie kann die Versteigerung zuverlässig vermieden werden.

Zur Glaubhaftmachung meiner Angaben lege ich sogleich vor Schreiben der ...-Bank vom ..., mit dem mir die Darlehensgewährung in Aussicht gestellt und von mir die zur Bearbeitung meines Darlehensantrags benötigten Unterlagen eingefordert wurden.

Beschluss bei Antragsablehnung: Der Antrag des Schuldners vom ..., das **166** Zwangsversteigerungsverfahren aus dem Anordnungs/Beitrittsbeschluss vom ... gemäß § 30 a ZVG einstweilen einzustellen, wird zurückgewiesen. Gründe: ...

Begl Abschrift zustellen an Schuldner, formlos an Gläubiger.

Einstellungsbeschluss: Das von dem Gläubiger ... aus dem Anordnungs/Beitritts- **167** beschluss vom ... betriebene Zwangsversteigerungsverfahren wird gemäß § 30 a ZVG bis einschließlich ... einstweilen eingestellt. Gründe: ...

Begl Abschrift an Gläubiger und Schuldner zustellen, an Gläubiger mit Hinweis nach § 31 Abs 3 ZVG (Rdn 195).

Einstellungsbeschluss mit Zahlungsauflage: ... (wie Rdn 167) wird gemäß **168** § 30 a ZVG bis einschließlich ... unter folgender Auflage einstweilen eingestellt: Der Schuldner hat ab ... jeweils zum ... eines jeden Monats Raten von ... auf die Rückstände dieses Verfahrens zu zahlen. Bei ganzer oder teilweiser Nichteinhaltung dieser Auflage tritt die einstweilige Einstellung vorzeitig außer Kraft. Gründe: ...

Begl Abschrift an Gläubiger und Schuldner zustellen, an Gläubiger mit Hinweis nach § 31 Abs 3 ZVG (Rdn 195).

a) Antragsbelehrung des Schuldners

169 Ein **Hinweis** auf das Recht, die einstweilige Einstellung (= Vollstreckungsschutz) nach § 30 a ZVG zu beantragen, den Fristbeginn und die Rechtsfolgen
eines fruchtlosen Fristablaufs, ist dem Schuldner (seinem Bevollmächtigten,[1]
§ 172 ZPO) möglichst zugleich mit dem Beschluss, durch den die Zwangsversteigerung angeordnet (oder der Beitritt eines Gläubigers zugelassen) wird, zuzustellen (§ 30 b Abs 1 ZVG). Ausnahme bei Vollstreckung eines absonderungsberechtigten Gläubigers gegen den Insolvenzverwalter nach § 30 d Abs 3
ZVG (§ 30 b Abs 1 ZVG gilt hier nicht entsprechend). Wenn gleichzeitige Zustellung nicht erfolgt ist, ist der Hinweis später gesondert zuzustellen. Für den
Empfänger muss der amtliche Charakter des Hinweises ersichtlich sein. Unterschrift und Stempel sind nicht nötig. Der Hinweis kann gesondert abgefasst[2]
oder in Urschrift und beglaubigte Abschrift des Anordnungs- bzw Beitrittsbeschlusses aufgenommen sein.

b) Schutzvoraussetzungen

170 Vollstreckungsschutz[3] mit (befristeter) Verfahrenseinstellung dient der Wahrung
der Schuldnerbelange. Der Schuldner soll in dem Gläubigerinteresse dienenden
(formalisierten) Vollstreckungsverfahren Gelegenheit erhalten, die Zwangsverwertung seines Eigentums zu verhindern. Dem Gläubiger wird nur ein zeitwei-
liges Stillhalten unter Fortbestehen der Beschlagnahmewirkungen, nicht aber
ein Verzicht auf die Vollstreckung zugemutet. **Sachliche Voraussetzungen** der
Einstellung sind nach Abs 1 des § 30 a ZVG (Grundtatbestand)
– **Sanierungsfähigkeit**: es muss Aussicht bestehen, dass durch die Einstellung
   die **Versteigerung vermieden** wird,
– **Schutzwürdigkeit**: die Einstellung muss nach den persönlichen und wirtschaftlichen Verhältnissen des Schuldners sowie nach der Art der Schuld der
   Billigkeit entsprechen.
Beide Einstellungsvoraussetzungen sind gleichwertig. Wenn dem Schuldner auch
durch Einstellung nicht mehr zu helfen ist, darf sie nicht angeordnet werden,
selbst wenn sie nach seinen Verhältnissen der Billigkeit entsprechen würde.[4] Die
Einstellungsvoraussetzungen bei Vollstreckung eines absonderungsberechtigten
Gläubigers gegen den Insolvenzverwalter regelt § 30 d ZVG gesondert.

171 Voraussichtlich **vermieden** werden muss durch die Einstellung nur die Versteigerung auf Betreiben des Gläubigers, dessen Vollstreckungsverfahren auf
Schutzantrag des Schuldners eingestellt werden soll, nicht die Versteigerung für
die Zukunft überhaupt.[5] Vermieden werden kann durch Einstellung die Versteigerung somit, wenn es dem Schuldner möglich sein wird, den vollstreckenden Gläubiger als Gegner des Einstellungsantrags zu befriedigen oder sein Vollstreckungsverfahren sonst abzuwenden. Das ist nicht schon mit der bloßen
Behauptung des Schuldners dargetan, er wolle sich um Kredit oder eine Umschuldung bemühen.[6] Dass der Schuldner seine gesamten wirtschaftlichen Ver-

---

[1] LG Gießen Rpfleger 1981, 26.
[2] Belehrungsformular, das als Formblatt urschriftlich zugestellt, somit nicht mehr durch die
Geschäftsstelle ausgefertigt wird; siehe Stöber Rdn 2.2 zu § 30 b.
[3] Zur Geschichte des Vollstreckungsschutzes siehe Arnold MDR 1979, 358 (362).
[4] Stöber Rdn 3.2 zu § 30 a.
[5] BGH NJW-RR 2009, 1429 (1430) = Rpfleger 2009, 403; Stöber Rdn 3.2 (zu b); Dassler/
Hintzen Rdn 6, je zu § 30 a.
[6] Jonas/Pohle, ZwVNotrecht, Anm 4 b zu § 30 a ZVG.

hältnisse oder wenigstens seine ungünstige Lage als Grundstückseigentümer insgesamt sanieren kann, ist nicht Einstellungserfordernis.[7]

Der **Billigkeit** muss die Einstellung nach den persönlichen und wirtschaftlichen Verhältnissen des Grundstückseigentümers als Vollstreckungsschuldner entsprechen. Keinen Schutz finden Interessen des Schuldners der durch das Grundpfandrecht eines Vollstreckungsgläubigers (dinglicher Gläubiger) gesicherten (persönlichen) Forderung. Zu den **persönlichen** Verhältnissen rechnen Zahlungsbereitschaft und Zuverlässigkeit, aber auch Krankheit, Arbeitslosigkeit, persönliches Mißgeschick, unverschuldete Notlage und Schicksalsschläge (zB Feuer- oder Hochwasserschäden), nicht hingegen Unstimmigkeiten mit dem Gläubiger. Ein böswilliger oder unredlicher Schuldner ist nicht schutzwürdig.[8] Die wirtschaftlichen **Verhältnisse** des Schuldners dürfen sofortige Leistung nicht ermöglichen, müssen bei zeitlichem Aufschub aber Wegfertigung der Gläubigerforderung erwarten lassen. Ein unverschuldeter Einnahmeausfall (Miet- oder Pachtausfall) kann als Einstellungsgrund ebenso wie eine in Aussicht stehende Hilfe eines Dritten (etwa eines nahen Familienangehörigen) in Betracht kommen. Unverschuldetes Zahlungsunvermögen müsste bereits genügen, Fehlinvestitionen hingegen können der Einstellung entgegenstehen. Nach der **Art der Schuld** kann ein Verwertungsaufschub bei Unterhaltsforderungen oder bei einer Forderung aus unerlaubter Handlung ausgeschlossen sein. Es kann auch dem Alter der Forderung bzw dem Zeitpunkt ihrer Fälligkeit und bisherigen Vollstreckungsversuchen des Gläubigers Bedeutung zukommen. Eingehend zu den Einstellungsvoraussetzungen und zur Berücksichtigung der Gläubigerinteressen im Kommentar Rdn 3 zu § 30 a.

Besonders schwerwiegende **Gläubigerinteressen** an alsbaldiger und sicherer Befriedigung der Vollstreckungsforderung schließen nach Abs 2 des § 30 a ZVG die Einstellung aus (selbst wenn die sachlichen Voraussetzungen des Grundtatbestands des Abs 1 erfüllt sind) (= Gegentatbestand). Abzulehnen ist danach ein Einstellungsantrag des Schuldners, wenn die einstweilige Einstellung dem Gläubiger unter Berücksichtigung seiner wirtschaftlichen Verhältnisse nicht zuzumuten ist (insbesondere ihm einen unverhältnismäßigen Nachteil bringen würde), oder wenn mit Rücksicht auf die Beschaffenheit oder die sonstigen Verhältnisse des Grundstücks anzunehmen ist, dass die Versteigerung später einen wesentlich geringeren Erlös bringen würde. **171a**

Zahlungsverpflichtungen oder andere **Auflagen** für den Schuldner müssen oder können bei Einstellung unter den besonderen Voraussetzungen der Abs 3–5 des § 30 a ZVG angeordnet werden. Grund: Wahrung der Gläubigerbelange. Bestimmung, dass die Einstellung außer Kraft tritt, wenn der Schuldner die während der Einstellung fällig werdenden wiederkehrenden Leistung nicht binnen zwei Wochen nach Fälligkeit bewirkt (§ 30 d Abs 3 S 1 ZVG) ist anzuordnen, wenn die Zwangsversteigerung von dem Gläubiger einer Hypothek oder Grundschuld innerhalb der Ersten sieben Zehnteile des Grundstückswertes betrieben wird. Dann ermöglichen es nur besondere Einzelfallumstände, von dieser (sonst gebotenen) Zahlungsauflage abzusehen (§ 30 a Abs 3 S 2 ZVG). Für Bestimmung dieser Wertgrenze ist der Grundstückswert nicht (gesondert) nach § 74 a Abs 5 ZVG (mit kostspieliger Wertermittlung) festzusetzen (siehe Rdn 210). Bemessung des (noch nicht festgesetzten) Grundstückswerts hat nur **171b**

---

[7] Stöber Rdn 3.2 (zu b) zu § 30 a ZVG mit Einzelheiten; anders Steiner/Storz Rdn 35 zu § 30 a.
[8] Dazu Arnold MDR 1979, 358 (362).

für und bei Entscheidung über den Einstellungsantrag zu erfolgen; die Erwägungen für die Höhe des Grundstückswertes sind daher in den Gründen des Einstellungsbeschlusses darzustellen.[9]

c) Einstellungsantrag des Schuldners

172 Nur auf Antrag des Schuldners werden Einstellungsgründe des § 30a ZVG als Voraussetzungen des Schuldnerschutzes im Versteigerungsverfahren geprüft (§ 30a Abs 1 ZVG). Dem Schuldner ist damit die Entscheidung anheimgegeben, ob er von der Schutzvorschrift Gebrauch machen will; sieht er davon ab, so nimmt er das damit verbundene Risiko in Kauf. Von Amts wegen erfolgt eine Prüfung nicht. Das Antragserfordernis ist mit dem GrundG vereinbar.[10]

172a Der Antrag muss die Vollstreckungssache, in der einstweilige Einstellung verlangt wird, somit den Gläubiger und seinen Beschlagnahmebeschluss, und das Einstellungsbegehren als Rechtsbehelf nach § 30a ZVG erkennbar machen. Er muss als Einstellungsgründe die Tatsachen darstellen, die Einstellung nach den Erfordernissen des § 30a ZVG rechtfertigen sollen. Schuldnerantrag ist damit jedes Begehren nach zeitlichem Aufschub der Vollstreckung, auch wenn es mit „Einspruch", „Widerspruch" und dergleichen bezeichnet ist. Von mehreren Schuldnern (Miteigentümern, Miterben) kann jeder selbständig Einstellungsantrag stellen.[11] Wird nur auf Antrag eines Schuldners eingestellt, so unterbleibt bei Gesamthandeigentum die Terminsbestimmung (§ 30b Abs 4 ZVG), bei Bruchteilseigentum wird nur die Versteigerung der Miteigentumsanteile durchgeführt, für die das Verfahren nicht durch Einstellung ruht.

172b **Antragsfrist:** Zwei Wochen ab Zustellung des Hinweises (§ 30b Abs 1 ZVG, Rdn 169). Der Antrag kann schon vor Zustellung dieser Belehrung gestellt werden. Fristberechnung: § 222 ZPO. In der Frist ist Antrag gestellt, wenn der Schuldner Einstellung rechtzeitig verlangt hat. Begründung des Antrags mit Vortrag der Tatsachen, auf die er gestützt wird, ist auch danach noch zulässig.[12] Es kann auch nach Ablauf der Notfrist der Antrag auf neue Tatsachen gestützt, die Begründung somit ergänzt werden. Durch Einreichung bei einem unzuständigen Gericht wird die Frist nicht gewahrt; unzuständig ist auch das Gericht, in dessen Bezirk das Grundstück liegt, nach Übertragung des Verfahrens auf ein gemeinsames Gericht nach § 1 Abs 2 ZVG. Ein nach Fristablauf eingegangener Antrag ist als unzulässig zurückzuweisen. Als Notfrist (§ 30b Abs 1 S 1 ZVG) kann die Antragsfrist nicht verlängert oder abgekürzt werden (§ 224 ZPO). Bei unverschuldeter Versäumung der Frist ist Wiedereinsetzung in den vorigen Stand zu gewähren (§§ 233 ff ZPO).

d) Einstellungsverfahren

172c Für das Einstellungsverfahren gelten die allgemeinen **Grundsätze des ZPO-Verfahrens.**[13] Das folgt aus ZPO § 869. Das Verfahren ist daher vom Beibrin-

---

[9] Steiner/Storz Rdn 55; Stöber Rdn 6.3, je zu § 30a; auch Dassler/Hintzen Rdn 16 zu § 30a.
[10] BVerfG 61, 126 = NJW 1983, 559 (für § 765a ZPO); Zöller/Stöber, Rdn 19 zu § 765a ZPO.
[11] Stöber Rdn 3.1 zu § 30b; Jonas/Pohle, ZwVNotrecht Anm 2b zu § 30b ZVG.
[12] Stöber Rdn 3.5 zu § 30b.
[13] Stöber Rdn 4.1 zu § 30b.

gungsgrundsatz beherrscht mit Darlegungs- und Beweislast der Parteien.[14] Der Schuldner als Antragsteller hat die seinen Einstellungsantrag nach § 30a Abs 1 ZVG rechtfertigenden und die gegen eine Zahlungsanordnung oder Auflage nach § 30a Abs 3–5 ZVG sprechenden Tatsachen vorzutragen, dem Gläubiger obliegt der Sachvortrag für die einer Einstellung nach § 30a Abs 2 ZVG entgegenstehenden Tatsachen und für solche, die nach § 30a Abs 3–5 ZVG eine Zahlungsanordnung oder Auflage gebieten könnten. Das Vollstreckungsgericht hat nicht die der Entscheidung zugrunde zu legenden Tatsachen von Amts wegen zu ermitteln. Es hat jedoch nach § 139 ZPO im Wege der Aufklärung dahin zu wirken, dass sich Schuldner und Gläubiger über alle erheblichen Tatsachen vollständig erklären und sachdienliche Anträge stellen.[15]

Der **Gläubiger** und zu seinem Vorbringen **der Schuldner** sind vor der Entscheidung **zu hören** (§ 30b Abs 2 ZVG, siehe auch Art 103 Abs 1 GrundG). In geeigneten Fällen kann das Gericht mündliche Verhandlung über den Antrag (vielfach ratsam) anberaumen (§ 30b Abs 2 S 2 ZVG). Über sie ist eine Niederschrift nach §§ 159 ff ZPO aufzunehmen. Ein in dem Protokoll festgestellter Vergleich (§ 160 Abs 3 Nr 1 ZPO; zu verlesen und zu genehmigen nach § 162 ZPO) ersetzt die notarielle Beurkundung (§ 127a BGB).   173

Entscheidungsgrundlage ist der Tatsachenvortrag von Schuldner und Gläubiger, wenn er nicht bestritten (§ 138 Abs 3 ZPO), zugestanden (§ 288 ZPO) oder bei Gericht offenkundig ist (§ 291 ZPO). Sonst sind Angaben auf Verlangen des Gerichts glaubhaft zu machen (§ 30b Abs 2 S 3 ZVG), und zwar Einstellungsvoraussetzungen vom Schuldner und Gegenvoraussetzungen vom Gläubiger. Glaubhaftmachung: § 294 ZPO. Verlangt das Gericht Glaubhaftmachung vorgetragener Tatsachen nicht, dann hat es die tatsächlichen Behauptungen ohne Beweiserhebung nach freier Überzeugung zu würdigen (§ 286 ZPO). Dass damit abweichend von den Verfahrensregeln der ZPO Angaben nur auf Verlangen des Gerichts glaubhaft zu machen sind, trägt der Besonderheit des Einstellungsverfahrens und der Verfahrensbeschleunigung Rechnung; dieser kommt Vorrang vor umfassender Beweisführung über vorgetragene Tatsachen zu, weil nur eine in ihren Auswirkungen nicht so umfassende Zwischenentscheidung über den Fortgang des Verfahrens zu treffen ist und dafür nach dem Sach- und Verfahrensstand vielfach auch ohne weitere Nachweise beurteilt werden kann, ob entscheidungserhebliche tatsächliche Angaben für wahr zu erachten sind.[16]   173a

e) Entscheidung, Rechtsbehelf

Entschieden wird über den Antrag **durch Beschluss** (§ 30b Abs 2 S 1 ZVG), der zu begründen und vom Rechtspfleger zu unterzeichnen ist (siehe Rdn 118a). Wenn (ausnahmsweise) erst nach Schluss der Versteigerung eingestellt werden kann, muss (sofern ein nicht erloschenes Gebot abgegeben ist) der Zuschlag versagt werden (§ 33 ZVG).   173b

Einzustellen ist das Verfahren auf die **Dauer von höchstens sechs Monaten** (§ 30a Abs 1 S 1 ZVG); Einstellung für eine kürzere Zeit ist zulässig, wenn   174

---

[14] Stöber Rdn 4.1; Dassler/Hintzen Rdn 6; Jonas/Pohle, ZwVNotrecht, Anm 4d, je zu § 30b ZVG; anders (Offizialmaxime = Amtsgrundsatz) Steiner/Storz Rdn 28 zu § 30a ZVG, verstößt gegen allgemeine prozessuale Grundsätze des Antragsverfahrens. Storz/Kiderlen, Praxis des Zwangsversteigerungsverfahrens, Rdn B 3.1.1 (= Seite 147) hält daran nicht mehr fest.
[15] Eingehend dazu Stöber Rdn 4.1 zu § 30b.
[16] Stöber Rdn 4.1 zu § 30b.

nach Billigkeit unter den Voraussetzungen des § 30a ZVG der Vollstreckungsschutz zeitlich so einzuschränken ist, oder wenn der Schuldner Einstellung nur
für kürzere Zeit beantragt hat. Die Einstellungsdauer muss der Einstellungsbeschluss bezeichnen.[17] Nennt er keine Einstellungsfrist, so ist die Einstellung
für sechs Monate angeordnet.[18] Die Frist von sechs Monaten rechnet vom Zeitpunkt des Einstellungsbeschlusses an.[19] Zweckmäßig ist, die Einstellungszeit nicht nach Monaten („für 6 Monate") oder ähnlich zu bezeichnen, sondern den Tag des Fristablaufs kalendermäßig zu benennen („bis einschließlich …").[20]

174a Eine **Kostenentscheidung** hat der Einstellungsbeschluss oder der den Schuldnerantrag ablehnende Beschluss nicht zu enthalten. Die Kosten des Einstellungsverfahrens sind Kosten der Zwangsvollstreckung; sie fallen, soweit sie
notwendig waren, dem Schuldner nach § 788 Abs 1 ZPO zur Last;[21] nicht
notwendige Kosten des Gläubigers hat dieser selbst zu tragen.

174b **Zuzustellen** ist der Einstellungsbeschluss (auch bei Verkündung, siehe § 32
ZVG) an Gläubiger und Schuldner. An Gläubiger erfolgt Zustellung mit Hin-
weis nach § 31 Abs 3 ZVG auf die für den Fortsetzungsantrag laufende Frist.
Anderen Beteiligten wird der Beschluss nicht zugestellt oder mitgeteilt. Der den
Einstellungsantrag ablehnende Beschluss ist dem Schuldner zuzustellen, dem
Gläubiger mitzuteilen (§ 329 Abs 3 ZPO).

175 **Rechtsbehelf** bei Einstellung oder Antragszurückweisung: Sofortige Beschwerde
(§ 30b Abs 3 S 1 ZVG). Frist: Zwei Wochen ab Zustellung (§ 569 Abs 1 ZPO;
auch bei verkündeten Beschlüssen, § 569 Abs 1 S 2 ZPO, spätestens 5 Monate
nach Verkündung). Einer begründeten Beschwerde hat der Rechtspfleger abzuhelfen (§ 572 Abs 1 S 1 ZPO); er muss daher prüfen, ob die Beschwerde (auch
wenn sie auf neue Tatsachen gestützt wird, § 571 Abs 2 S 1 ZPO) begründet
ist. Eine unbegründete Beschwerde ist (unverzüglich) dem Landgericht als Beschwerdegericht (§ 72 GVG) vorzulegen (§ 572 Abs 1 S 1 ZPO). Vor der Entscheidung des Beschwerdegerichts ist der Beschwerdegegner zu hören (§ 30b
Abs 3 S 1 ZVG, Art 103 Abs 1 GrundG), es sei denn, dass die Beschwerde
sogleich als unzulässig verworfen werden muss.[22] Rechtsbeschwerde, über die
der Bundesgerichtshof entscheidet (§ 133 GVG) findet nur statt, wenn das Beschwerdegericht sie zugelassen hat (§ 574 Abs 1 Nr 2 ZPO).

f) Verfahren mehrerer Gläubiger; mehrere Grundstücke

176 **Mehrere Gläubiger** vollstrecken unabhängig voneinander in das Schuldnervermögen (Rdn 130, 134). Jedes auf Gläubigerantrag nach Anordnung (§ 15 ZVG)
oder Zulassung des Beitritts (§ 27 ZVG) von Amts wegen durchzuführende
Vollstreckungsverfahren ist als Verfahren zur Einzelvollstreckung der Gläubigerforderung in das Schuldnervermögen selbstständig. Verfahrenseinstellung
nach § 30a ZVG muss der Schuldner daher gesondert in jeder mit Anordnungs-
oder Beitrittsbeschluss auf Gläubigerantrag angeordneten Vollstreckungssache
beantragen. Für den Beginn der Notfrist zur Stellung des Einstellungsantrags in

---

[17] Drischler Rpfleger 1956, 91.
[18] Drischler wie Fußn 17; Stöber Rdn 4.2 zu § 30a.
[19] BGH NJW 2004, 3635 (3636); Stöber wie Fußn 18; Jonas/Pohle, ZwVNotrecht Anm 6 zu
§ 30a ZVG.
[20] Stöber und Jonas/Pohle, je wie Fußn 18 und 19.
[21] Stöber Rpfleger 1956, 95; Stöber Rdn 5.2 zu § 30b und Einl Rdn 39.2.
[22] Jonas/Pohle, ZwVNotrecht, Anm 6a zu § 30b ZVG.

dem selbstständigen Vollstreckungsverfahren des Beitrittsgläubigers muss dem Schuldner daher neuerlich (mit bzw für jeden Beitrittsbeschluss) eine Verfügung über Antragsrecht, Fristbeginn und Folgen des Fristablaufs zugestellt werden (§ 30b Abs 1 S 2 ZVG). Die Einstellungsvoraussetzungen des § 30a ZVG müssen für jede Einzelvollstreckung eines Beschlagnahmegläubigers gesondert geprüft werden. Es kann die Einstellung des Verfahrens gegenüber einem Gläubiger der Billigkeit entsprechen, gegenüber einem anderen Gläubiger hingegen ausgeschlossen sein. Das gilt auch, wenn ein Beschlagnahmegläubiger wegen eines weiteren Anspruchs (Rdn 131) neuerlich beitritt. Über gleichzeitig entscheidungsreif vorliegende Anträge gegen mehrere vollstreckende Gläubiger (Anordnungs- und Beitrittsgläubiger oder mehrere Beitrittsgläubiger) ist durch einheitlichen Beschluss zu entscheiden, auch wenn für einen Gläubiger einzustellen, für einen anderen Gläubiger die Einstellung abzulehnen ist. Infolge der Selbstständigkeit der Verfahren der Beschlagnahmegläubiger (Rdn 134) kann die Entscheidung über einen Antrag aber nicht deshalb zur gemeinsamen Erledigung zurückgestellt werden, weil Anträge gegen weitere Gläubiger noch nicht entscheidungsreif sind. Die Wirkung der Einstellung oder Antragsablehnung in dem von einem der mehreren Beschlagnahmegläubiger betriebenen Verfahren erstreckt sich nicht auf andere betreibende Gläubiger.

Wenn die Zwangsvollstreckung **mehrerer Grundstücke** in demselben Verfahren erfolgt (§ 18 ZVG), kann der Schuldner die einstweilige Einstellung hinsichtlich aller, aber auch nur hinsichtlich eines der Grundstücke beantragen. Sind die Einstellungsvoraussetzungen hinsichtlich eines der Grundstücke gegeben, hinsichtlich des (oder eines von mehreren) anderen Grundstücks jedoch nicht erfüllt, dann ist nur das Verfahren zur Zwangsversteigerung dieses einen Grundstücks einzustellen; der weitergehende Einstellungsantrag ist zurückzuweisen.

g) Nochmaliger Antrag

Ob ein nochmaliger **Antrag nach rechtskräftiger Ablehnung** eines Einstellungsantrags auf neue Tatsachen gestützt werden kann, ist streitig.[23] Zu folgen ist der Ansicht, dass eine Wiederholung des Antrags im Falle des § 30a ZVG selbst dann nicht möglich ist,[24] wenn er auf neue Tatsachen gestützt werden kann, die der Schuldner während der Frist des § 30b ZVG nicht vorbringen konnte. Möglich ist in einem solchen Fall nur Antrag nach § 765a ZPO (Rdn 178).

h) Erneute Einstellung, Einstellungsbewilligung

Nach Fortsetzung eines im Wege des Vollstreckungsschutzes **gemäß § 30a ZVG eingestellten** Verfahrens (Rdn 195–200a) kann die Zwangsversteigerung des gleichen Gläubigers aus demselben Beschlagnahmebeschluss auf Grund des § 30a ZVG **einmal erneut eingestellt** werden (§ 30c ZVG). Ausgeschlossen ist diese weitere Einstellung, wenn sie dem Gläubiger unter Berücksichtigung seiner gesamten wirtschaftlichen Verhältnisse nicht zuzumuten ist (§ 30c S 1 letzter Satzteil ZVG). Bei Entscheidung über den Antrag auf erneute Einstellung sind demnach die schutzbedürftigen Gläubigerbelange umfassender (stärker) zu berücksichtigen als bei der ersten Einstellung. Auch die erneute Einstellung erfolgt nur auf Schuldnerantrag, der binnen zwei Wochen (Rdn 172b) zu stellen ist

176a

176b

177

---

[23] Stöber Rdn 12 zu § 30b mit Nachweisen.
[24] So LG Heidelberg NJW 1963, 1929; Stöber wie Fußn 23; Morvilius ImmVollstr Rdn 167; anders OLG Koblenz NJW 1955, 148 (1955, 427 mit zust Anm Jansen).

(§ 30 c S 2 mit § 30 b ZVG). Der für den Fristbeginn erforderliche Hinweis (§ 30 b Abs 1 ZVG) ist möglichst zugleich mit dem Fortsetzungsbeschluss zuzustellen.

177a   **Einstellung auf Bewilligung** des Gläubigers (§ 30 ZVG) hat gegenüber einem Schutzverfahren nach § 30 a ZVG Vorrang.[25] Auf Bewilligung des Gläubigers (der Herr seines Verfahrens ist) ist nach § 30 ZVG immer sofort einzustellen. Verfahrenshandlungen unterbleiben damit. Daher kann in der Zeit dieser Einstellung auch mit Entscheidung über einen Antrag nach § 30 a ZVG (nochmaliger) Schutz zur Verhinderung der Zwangsverwertung des Eigentums des Schuldners nicht gewährt (oder abgelehnt) werden. Über den (nicht gegenstandslos gewordenen) Schuldnerantrag ist jedoch nach Fortsetzung des Verfahrens zu entscheiden.

177b   Nach **Fortsetzung** eines Verfahrens, das auf Bewilligung des Gläubigers **gemäß § 30 ZVG** einstweilen eingestellt war, ist über einen **früheren Schuldnerantrag** auf Verfahrenseinstellung aus den Gründen des § 30 a ZVG zu entscheiden (Rdn 177 a). Der Antrag ist mit bewilligter Einstellung nicht gegenstandslos geworden (Erledigungsereignis und Erledigungserklärung fehlen), somit bis zur Fortsetzung des Verfahrens anhängig geblieben.[26] Der Schuldner muss nach Verfahrensfortsetzung neuen Einstellungsantrag nicht stellen; ein Hinweis nach § 30 b Abs 1 S 1 ZVG wird ihm daher nicht zugestellt.

177c   Ob nach **Fortsetzung** eines Verfahrens, das auf Bewilligung des Gläubigers **nach § 30 ZVG** einstweilen eingestellt war, vom Schuldner (erneut) **Einstellung** aus den Gründen des § 30 a ZVG **beantragt** werden kann, ist nicht ausdrücklich bestimmt. Der Praxis bereitet die Frage Schwierigkeit. Klären lässt sie sich nur, wenn erwogen wird, dass Einstellung nach § 30 b Abs 1 S 1 ZVG binnen einer **Notfrist** von zwei Wochen zu **beantragen** ist. § 30 a ZVG (auch § 30 c als Sonderbestimmung für den dort bezeichneten Fall) regelt die sachlichen Voraussetzungen der Einstellung. Vollstreckungsschutz mit Verfahrenseinstellung erfordert demnach Schuldnerantrag (Rdn 172). Dass dieser Antrag nicht mehr (oder nur noch einmal erneut) gestellt werden könnte, wenn ein nach § 30 ZVG eingestellt gewesenes Verfahren fortgesetzt wird, bestimmt § 30 a ZVG nicht. Ebenso aber eröffnet Verfahrensfortsetzung nach bewilligter Einstellung keine neue Notfrist für einen Schuldnerantrag. Befristung des Antragsrechts des Schuldners auf eine Notfrist von zwei Wochen ab Zustellung der Antragsbelehrung soll Verfahrensverzögerung vermeiden. Nach fruchtlosem Fristablauf kann Antrag auf Verfahrenseinstellung aus den Gründen des § 30 a ZVG daher überhaupt nicht mehr gestellt werden.[27] Ein rechtskräftig abgelehnter Einstellungsantrag kann nicht mehr wiederholt werden[28] (Rdn 176 b). Davon besteht auch für den Fall, dass das Verfahren nicht sogleich bis zur Versteigerung und Erteilung des Zuschlags fortgesetzt und durchgeführt, sondern später aus den Gründen des § 30 ZVG eingestellt und dann wieder fortgesetzt wird, keine Ausnahme.[29] Dem Schuldner ist nach fruchtlosem Ablauf der Antragsfrist oder

---

[25] Stöber Rdn 6.2 zu § 30.

[26] Dazu näher Stöber Rdn 10.6 zu § 30 b.

[27] Anders LG Aachen MDR 1987, 683: Durch spätere Bewilligung einer Einstellung (§ 30 ZVG) wird eine rechtskräftige Ablehnung eines früheren Einstellungsantrags hinfällig und eine frühere Versäumnis der Frist aus § 30 b Abs 1 ZVG geheilt. Dafür bietet aber das Gesetz keinen Anhalt.

[28] Anders LG Aachen MDR 1987, 683.

[29] Stöber Rdn 10.3 zu § 30 b.

nach rechtskräftiger Zurückweisung eines Einstellungsantrags die Möglichkeit der Verfahrenseinstellung aus den Gründen des § 30 a ZVG verschlossen. Daraus folgt:[30]

– Der Schuldner, der (früher) in der Antrags**frist** des § 30 b Abs 1 S 1 ZVG nach Anordnung der Zwangsversteigerung oder Zulassung des Beitritts **keinen Einstellungsantrag** gestellt hatte, kann Einstellung aus den Gründen des § 30 a ZVG auch dann nicht mehr verlangen, wenn der Gläubiger mit Einstellungsbewilligung (§ 30 ZVG) den Verfahrensfortgang aufgehalten hat und später auf seinen Antrag das Verfahren fortgesetzt wird.

– Wenn ein Einstellungs**antrag** des Schuldners bereits **rechtskräftig abgelehnt** ist, kann er ebenso Einstellung aus den Gründen des § 30 a ZVG nicht mehr neu beantragen, wenn der Gläubiger mit Einstellungsbewilligung (§ 30 ZVG) den Verfahrensfortgang aufgehalten hat und später auf seinen Antrag das Verfahren fortgesetzt wird.

– Wenn das Verfahren bereits einmal erneut nach § 30 c ZVG, somit zweimal (§ 30 a, dann § 30 c ZVG) einstweilen eingestellt war, ist weitere Einstellung desselben Verfahrens auf Schuldnerantrag ausgeschlossen. Einstellung aus den Gründen des § 30 a (oder § 30 c) ZVG kann der Schuldner daher auch nicht mehr beantragen, wenn der Gläubiger nochmals Einstellung des nach bereits wiederholter Einstellung (§ 30 c ZVG) fortgesetzten Verfahrens bewilligt hat (§ 30 ZVG) und das Verfahren später auf seinen Antrag wieder fortgesetzt wird.

Eine Verfügung mit Schuldnerbelehrung nach §.30 b Abs 1 Satz 2 ZVG ist in diesen Fällen daher nicht zuzustellen.

– Verfahrenseinstellung kann der Schuldner in einer Notfrist von zwei Wochen jedoch beantragen, wenn der Gläubiger Einstellung in der Antragsfrist des § 30 b ZVG noch vor Eingang eines Einstellungsantrages des Schuldners bewilligt hatte, desgleichen, wenn die Zwangsversteigerung vor Schuldnerantrag in der Notfrist des § 30 b Abs 1 S 1 ZVG aus anderen Gründen (zB nach § 765 a ZPO) einstweilen eingestellt wurde und später auf Gläubigerantrag fortgesetzt wird. Dem Schuldner ist in einem solchen Fall daher bei Verfahrensfortsetzung auch eine Verfügung mit Hinweis nach § 30 b Abs 1 S 2 ZVG zuzustellen.

i) § 765 a ZPO als Härteklausel des Vollstreckungsrechts

Die Schutzbestimmung des § 765 a ZPO findet als allgemeine Vorschrift des **178** Zwangsvollstreckungsrechts auch im Zwangsversteigerungsverfahren Anwendung.[31] Als Ausnahmebestimmung ist § 765 a ZPO aber eng auszulegen; die Bestimmung ist nur in besonders gelagerten Fällen, nämlich dann anzuwenden, wenn die Vollstreckung zu einem ganz untragbaren Ergebnis führen würde.[32] Einstellung nach § 765 a ZPO ist auch nach Ablehnung der Einstellung aus § 30 a ZVG möglich; § 765 a ZPO darf aber nicht dazu benutzt werden, einen verspäteten Antrag nach § 30 a ZVG nachzuholen. Auch wenn das Verfahren nach § 30 a ZVG bereits einmal erneut eingestellt worden ist, kann die Zwangs-

---

[30] Dazu Stöber Rdn 10 zu § 30 b.

[31] Zutreffend herrschende Ansicht; siehe OLG Braunschweig OLGZ 1968, 62 = NJW 1968, 164; Zöller/Stöber Rdn 2 zu § 765 a ZPO; siehe auch BVerfG 49, 220 = MDR 1979, 286 = NJW 1979, 534.

[32] BGH 44, 138 = MDR 1965, 899 = NJW 1965, 2107; BGH 161, 371 (374) = MDR 2005, 650 (651) = NJW 2005, 681 (682); eingehend dazu Stöber Einl Rdn 52–61.

versteigerung eine sittenwidrige Härte begründen, die Schutz nach § 765a ZPO rechtfertigt. § 30c Abs 2 ZVG, der (seinem Wortlaut nach) Anwendung des § 765a ZPO nach erneuter Einstellung nicht mehr ermöglicht hat, ist aufgehoben.

178a Vollstreckungsschutz nach § 765a ZPO wird nur auf **Antrag** gewährt. Deshalb kann vor Schuldneranhörung die Zwangsversteigerung nicht mit dem Hinweis abgelehnt werden, der betreibende Gläubiger werde keine Befriedigung erlangen.[33] Antrag auf Vollstreckungsschutz nach § 765a ZPO kann auch in einem Antrag auf Verfahrenseinstellung nach § 30a ZVG liegen.[34] Die unrichtige Bezeichnung der verlangten Schutzmaßnahme ist unschädlich; ausschlaggebend ist allein, dass nach dem Inhalt des Antrags erkennbar Vollstreckungsschutz wegen sittenwidriger Härte nach Maßgabe des § 765a ZPO erstrebt wird. Das ist nicht der Fall, wenn der Schuldner über Gründe für einen zeitlichen Aufschub nach Maßgabe des § 30a ZVG hinaus nichts vorträgt. Mit einem Einstellungsantrag ist zugleich aber auch Vollstreckungsschutz nach § 765a ZPO begehrt, wenn erkennbar eine nach § 30a ZVG nicht mögliche (oder eine über 6 Monate hinausgehende) Einstellung beansprucht oder eine nach § 30a ZVG nicht mögliche Untersagung der Vollstreckungsmaßnahme (zB die Versagung des Zuschlags) verlangt wird. Der Antrag des Schuldners, der den erstrebten Schutz nicht schon nach § 30a ZVG erlangen kann, ist dann auch aus den Gründen des § 765a ZPO zu prüfen und zu verbescheiden.

178b Zu **entscheiden** ist über einen Antrag auf Vollstreckungsschutz nach § 765a ZPO **ohne Verzögerung.** Der Eingang eines Vollstreckungsschutzantrags kann zwar den Verfahrensfortgang nicht aufhalten (einstweilige Anordnung ermöglicht jedoch § 766 Abs 1 S 2 mit § 732 Abs 2 ZPO). Jedoch darf ein entscheidungsreifer Schutzantrag nicht liegen bleiben und insbesondere auch nicht bis zur Entscheidung über den Zuschlag zurückgestellt werden.[35] Der grundrechtliche Anspruch des Schuldners auf effektiven Rechtsschutz in der Zwangsversteigerung[36] erfordert vielmehr rechtzeitige Entscheidung über einen Vollstreckungsschutzantrag. Diese macht dem Schuldner den Ernst der Lage erkennbar und macht ihn auf die mit dem drohenden Verfahrensfortgang verbundenen Konsequenzen aufmerksam. Wenn er selbst den Schutzantrag nicht verspätet gestellt hat, lässt ihm das Gelegenheit, noch rechtzeitig Schritte zur Abwendung des Eigentumsverlustes durch Zwangsversteigerung in die Wege zu leiten und gegebenenfalls auch im Beschwerdeverfahren alle sein Begehren stützenden tatsächlichen und rechtlichen Gesichtspunkte vorzutragen.[37]

178c Nach Zurückweisung seines auf § 30a ZVG gestützten Einstellungsgesuchs kann der Schuldner Antrag nach § 765a ZPO auch im Beschwerdeverfahren stellen.[38] In dem gegen den Insolvenverwalter betriebenen Verfahren eines absonderungsberechtigten Gläubigers ist der Grundstückseigentümer (Schuldner) nicht Beteiligter; Antrag nach § 765a ZPO kann er daher nicht stellen (Rdn 367a, dort auch zur Ausnahme bei Suizidgefahr).

---

[33] LG Limburg/Lahn Rpfleger 1977, 219.
[34] BVerfG 49, 220 = aaO (Fußn 31).
[35] BVerfG 49, 220 = aaO (Fußn 31).
[36] Zu ihm BVerfG 49, 220 = aaO (Fußn 31).
[37] Dazu BVerfG 49, 220 = aaO (Fußn 31).
[38] OLG Stuttgart OLGZ 1968, 446 = Justiz 1969, 68; Stöber Einl Rdn 59.3 mit weit Nachw.

Eine Fortsetzungsbelehrung ist bei Einstellung nach § 765a ZPO nicht vor-   **178d**
gesehen; sie dürfte aber auch hier nötig, zumindest jedoch empfehlenswert
sein.[39] Einer Frist unterliegt hier der Fortsetzungsantrag nicht. Zum Vollstreckungsschutz nach § 765a ZPO bei Entscheidung über den Zuschlag
Rdn 367.

2. Unterabschnitt. Schutz im Verfahren gegen den Insolvenzverwalter
§§ 30 d–f ZVG

Schrifttum: Stöber, Insolvenzverfahren und Vollstreckungs-Zwangsversteigerung, NZI 1998,
105; Stöber, Aufhebung der auf Antrag des Insolvenzverwalters angeordneten Einstellung der
Zwangsversteigerung, NZI 1999, 439; Hintzen, Insolvenz und Immobiliarvollstreckung,
Rpfleger 1999, 256; Mönning und Zimmermann, Die Einstellungsanträge des Insolvenzverwalters gem §§ 30 d I, 153 b I ZVG im eröffneten Insolvenzverfahren, NZI 2008, 143; Vallender, Zwangsversteigerung und Zwangsverwaltung im Lichte des neuen Insolvenzrechts,
Rpfleger 1997, 353; Wenzel, Die Rechtsstellung des Grundpfandrechtsgläubigers im Insolvenzverfahren, NZI 1999, 101.

Einstellungsantrag des Insolvenzverwalters: In dem Zwangsversteigerungsverfah-   **179**
ren des Gläubigers ... gegen mich als Verwalter in dem Insolvenzverfahren über das
Vermögen des Grundstückseigentümers ... stelle ich Antrag, gemäß § 30 d Abs 1
ZVG das Verfahren einstweilen einzustellen.
Gründe: In dem Insolvenzverfahren hat Berichtstermin (§ 29 Abs 1 Nr 1 InsO) am ...
stattgefunden. Nach dem Ergebnis dieses Termins wird das Grundstück im Insolvenzverfahren für eine Fortsetzung des Unternehmens des Schuldners benötigt.
Einzelheiten weist die Niederschrift über diesen Berichtstermin aus. Zur Glaubhaft-
machung lege ich beglaubigte Abschrift dieser Niederschrift vor.

Einstellungsbeschluss: Das von dem Gläubiger ... nach dem Anordnungs/Bei-   **179a**
trittsbeschluss vom ... betriebene Zwangsversteigerungsverfahren wird gemäß
§ 30 d Abs 1 ZVG einstweilen eingestellt.
Gründe: Die einstweilige Einstellung war auf Antrag des Insolvenzverwalters anzuordnen. Das Grundstück wird nach dem Ergebnis des Berichtstermins in dem Insolvenzverfahren über das Vermögen des Eigentümers ... für eine Fortführung des Unternehmens benötigt (§ 30 d Abs 1 Nr 2 ZVG). ... Das ist durch Vorlage einer
beglaubigten Abschrift der Niederschrift über den Berichtstermin glaubhaft gemacht. Gläubigerinteressen, die der Einstellung nach § 30 d Abs 1 S 2 ZVG entgegenstehen könnten, sind nicht geltend gemacht. Zahlung laufender Zinsen (§ 30 e
Abs 1 ZVG) war dem Insolvenzverwalter nicht aufzugeben, weil nach der Belastung
des Grundstücks nicht mit einer Befriedigung des Gläubigers aus dem Versteigerungserlös zu rechnen ist (§ 30 e Abs 3 ZVG). ...
Begl Abschrift an Gläubiger und Insolvenzverwalter zustellen.

Einstellungsbeschluss mit Zahlungsauflage: ... (wie Rdn 179 a) wird gemäß   **179b**
§ 30 d Abs 1 ZVG unter folgender Auflage einstweilen eingestellt: Der Insolvenzverwalter hat dem betreibenden Gläubiger für die Zeit ab ... (Tag nach dem Berichtstermin) laufend die geschuldeten Zinsen, das sind ... binnen zwei Wochen nach
Eintritt der Fälligkeit aus der Insolvenzmasse zu zahlen (§ 30 e Abs 1 S 1 ZVG).
Gründe: ...

Aufhebungschluss: Die mit Beschluss vom ... angeordnete einstweilige Einstel-   **179c**
lung des von dem Gläubiger ... nach dem Anordnungs-/Beitrittsbeschluss vom ...
betriebenen Zwangsversteigerungsverfahrens wird aufgehoben.

---

[39] Stöber Einl Rdn 58.5.

Gründe: Aufzuheben war die einstweilige Einstellung auf Antrag des Gläubigers, weil der Insolvenzverwalter ... mit Erklärung vom ... zugestimmt hat (§ 30 f Abs 1 S 1 ZVG).
Beglaubigte Abschrift an Insolvenzverwalter zustellen, an Gläubiger (formlos) mitteilen.

a) Einstellungsvoraussetzungen

180   Vollstreckungs**schutz mit Einstellung** des Verfahrens gegen den Insolvenzverwalter auf Antrag soll die bestmögliche und ungestörte Verwertung der Insolvenzmasse, die ungestörte Fortführung eines Unternehmens oder die Veräußerung eines Betriebs sowie Zustandekommen und Erfüllung eines Insolvenzplans gewährleisten. **Sachliche Voraussetzung** der Einstellung sind nach Abs 1 des § 30 d ZVG (Grundtatbestand), dass
– entweder im Insolvenzverfahren der Berichtstermin (§ 29 Abs 1 Nr 1 InsO) noch bevorsteht (Einstellung hat dann ohne weitere Bedingungen zu erfolgen[40]),
– oder das Grundstück nach dem Ergebnis des Berichtstermins im Insolvenzverfahren für eine Fortführung des Unternehmens oder für die Vorbereitung der Veräußerung eines Betriebs oder einer anderen Gesamtheit von Gegenständen benötigt wird,
– oder durch die Versteigerung die Durchführung eines Insolvenzplans gefährdet würde; es soll nicht durch Grundstücksveräußerung dem Plan die Grundlage entzogen werden können;
– oder in sonstiger Weise durch die Versteigerung die angemessene Verwertung der Insolvenzmasse wesentlich erschwert würde;[41] das entspricht dem Einstellungserfordernis des vormaligen § 30 c Abs 1 ZVG (aF).
Auf **Antrag des Schuldners** ist das Verfahren nach Abs 2 des § 30 d ZVG (dort Einzelheiten) einstweilen einzustellen, wenn er einen Insolvenzplan vorgelegt hat (§ 218 Abs 1 InsO). Bereits im Eröffnungsverfahren ist auf **Antrag eines vorläufigen Verwalters** (§ 21 Abs 2 Nr 1 InsO) die Zwangsversteigerung einstweilen einzustellen, wenn glaubhaft gemacht wird, dass dies zur Verhütung nachteiliger Veränderungen in der Vermögenslage des Schuldners erforderlich ist (§ 30 d Abs 4 ZVG). Bei **Eigenverwaltung** (§ 270 Abs 1 S 1 InsO) hat der verwaltungs- und verfügungsbefugte Schuldner das Recht des Insolvenzverwalters, Antrag auf einstweilige Einstellung nach § 30 d Abs 1 ZVG zu stellen. Abzulehnen ist der Einstellungsantrag, gleich auf welche Grundlage er sich stützt, wenn Einstellung dem **Gläubiger** unter Berücksichtigung seiner wirtschaftlichen Verhältnisse **nicht zuzumuten** ist (§ 30 d Abs 1 S 2 ZVG; Gegentatbestand).

b) Einstellungsantrag

180a   Für den Antrag des Insolvenzverwalters, des Schuldners sowie eines vorläufigen Verwalters ist **keine Frist** bestimmt (§ 30 b Abs 1 ZVG gilt nach § 30 d Abs 3 ZVG nicht). Es wird daher auch kein Hinweis auf das Einstellungsrecht zugestellt (Rdn 169). Zulässig ist der Antrag bis zur Erteilung des Zuschlags (nach Schluss der Versteigerung § 33 ZVG beachten), nicht mehr jedoch nach Wirksamwerden des Zuschlags. Antrag ermöglicht § 30 d ZVG nicht nur, wenn nach Eröffnung des Insolvenzverfahrens oder während des Eröffnungsverfahrens

---

[40] Stöber Rdn 2.3 lit a zu § 30 d.
[41] Zu diesem Einstellungsgrund näher Stöber Rdn 2.3 lit d zu § 30 d.

Beschlagnahme zur Versteigerung auf Betreiben eines zur abgesonderten Befriedigung berechtigten Gläubigers (§ 49 InsO) erfolgt ist, sondern auch, wenn Eröffnung des Insolvenzverfahrens erst nach Anordnung der Zwangsversteigerung oder Zulassung des Beitritts erfolgt ist und das Verfahren gegen den Insolvenzverwalter fortgeführt wird, oder wenn ein vorläufiger Verwalter erst nach Beschlagnahme bestellt wurde. Unerheblich ist dann, ob der Grundstückseigentümer als (bisheriger) Vollstreckungsschuldner die für ihn vor Eröffnung des Insolvenzverfahrens laufende Frist (§ 30b Abs 1 ZVG) für einen Antrag nach §§ 30a oder c ZVG versäumt hat oder der Antrag des Schuldners auf Verfahrenseinstellung abgewiesen wurde.[42] Stellt der Insolvenzverwalter sogleich nach Eröffnung des Insolvenzverfahrens unmittelbar vor dem Versteigerungstermin Einstellungsantrag, so ist der Termin in geeigneten Fällen nach § 227 ZPO oder im Wege einstweiliger Anordnung zu verlegen.[43] Wird gleichwohl die Versteigerung durchgeführt, so ist bei Einstellung nach Schluss der Versteigerung durch Versagung des Zuschlags zu entscheiden (§ 33 ZVG); wenn zu diesem Antrag noch Gläubiger gehört werden müssen, darf der Verkündungstermin auch über eine Woche hinaus anberaumt werden.[44]

c) Einstellungsverfahren

Einstellungsverfahren wie Rdn 172c–173b, 174a. Es sind die Voraussetzungen **180b** der Einstellung vom Antragsteller glaubhaft zu machen, ohne dass das vom Vollstreckungsgericht gesondert verlangt werden müsste (§ 30d Abs 3 ZVG, der den in Bezug genommenen § 30b Abs 2 S 3 ZVG modifiziert.[45] Auf fehlende Glaubhaftmachung ist der Insolvenzverwalter vor Entscheidung hinzuweisen (§ 139 ZPO). Die Entscheidung ergeht durch Beschluss (§ 30d Abs 3 mit § 30b Abs 2 S 1 ZVG), der zu begründen ist. Rechtsschutzbegehren des Insolvenzverwalters ist die einstweilige Einstellung der Zwangsversteigerung. Einzustellen ist daher nach dem Einstellungsgrund der Nrn 1–4 des § 30d Abs 1, der bei Entscheidung über den Antrag – nicht bei Antragstellung – erfüllt ist.[46] Angeordnet wird die Einstellung ohne Angabe einer Frist (keine Einstellung nur auf bestimmte Zeit). Als unbegründet kann ein Antrag nur zurückgewiesen werden, wenn bei Entscheidung keiner dieser Einstellungsgründe vorliegt oder dem Gläubiger die Einstellung nicht zuzumuten ist (§ 30d Abs 1 S 2 ZPO). Zur weiteren Begründung seines Antrags ist dem Insolvenzverwalter nach dem Fortgang des Insolvenzverfahrens daher Gelegenheit zu geben (§ 139 ZPO).

d) Auflagen bei Einstellung

Die Einstellung ist (von Amts wegen) mit der Auflage anzuordnen (kein Ermes- **180c** sen), dass dem betreibenden Gläubiger für die Zeit nach dem Berichtstermin (§ 29 Abs 1 Nr 1 InsO) laufend die geschuldeten (nicht die danach fällig werdenden) **Zinsen** (nicht auch Tilgungsbeträge) binnen zwei Wochen nach dem Eintritt der Fälligkeit aus der Insolvenzmasse zu **zahlen** sind (§ 30e Abs 1 S 1 ZVG). Es soll damit vermieden werden, dass durch die Einstellung der wirt-

---

[42] Stöber Rdn 2.2 zu § 30d.
[43] Dazu Stöber Rpfleger 1967, 16.
[44] AG Hamburg-Wandsbek Rpfleger 1967, 15 mit Anm Stöber.
[45] Bericht des Rechtsausschusses, BT-Drucks 12/7303, S 108.
[46] Stöber NZI 1998, 105 (IV 2c); Stöber Rdn 5.6 zu § 30d.

schaftliche Wert des Rechts des Gläubigers vermindert wird.[47] Zu zahlen sind daher Zinsen als Nebenleistungen des vollstreckten Gläubigeranspruchs, die nach § 10 Abs 1 ZVG ein Recht auf Befriedigung aus dem Grundstück gewähren, Zinsen eines Grundpfandrechts (§ 10 Abs 1 Nr 4 ZVG) damit auch, wenn der Gläubiger nur den Hauptsacheanspruch vollstreckt, nur anteilige Zinsen jedoch, wenn er nur wegen eines Teilbetrags seines Grundpfandrechts vollstreckt. Vollstreckt der Gläubiger einer Grundschuld (dinglich), ist Zahlung der Grundschuldzinsen (§ 1192 Abs 2 BGB) anzuordnen,[48] nicht nur der Zinsen einer nach der schuldrechtlichen Abrede gesicherten Forderung.[49] Zahlungsbeginn, wenn die Versteigerung schon vor der Eröffnung des Insolvenzverfahrens nach § 30d Abs 4 ZVG eingestellt wird: § 30e Abs 1 S 2 ZVG. Es sollen laufende Zinszahlungen an den Gläubiger nicht länger als drei Monate unterbleiben. Wenn das **Grundstück** für die Insolvenzmasse **genutzt** wird, ist auf Antrag des Gläubigers weiter die Auflage anzuordnen, „dass der entstehende Wertverlust von der Einstellung des Versteigerungsverfahrens an durch laufende Zahlungen aus der Insolvenzmasse auszugleichen ist" (§ 30e Abs 2 ZVG). Der Wertverlust ist vom Gläubiger darzulegen; auf Verlangen des Gerichts ist er glaubhaft zu machen (§ 30d Abs 3 mit § 30b Abs 2 S 3 ZVG). Zahlung eines Nutzungsentgelts unabhängig von einem Wertverlust, somit von Miete oder Pacht, kann nicht angeordnet werden.[50] Zahlungsauflage für Zinsen und Wertverlust ist nicht zu treffen, wenn (vorausschauend) mit einer Befriedigung des betreibenden Gläubigers aus dem Versteigerungserlös (voraussichtlich) nicht zu rechnen ist (§ 30e Abs 3 ZVG). Wenn nur Teilbefriedigung des Gläubigers zu erwarten ist, ist entsprechend herabgesetzte Zahlungsauflage zu bestimmen.[51]

e) Aufhebung der Einstellung

181 **Fortsetzung** der wegen eines Insolvenzverfahrens eingestellten Zwangsversteigerung erfordert **Aufhebung der einstweiligen Einstellung** (§ 30f ZVG). Sie erfolgt auf Antrag des Gläubigers, wenn die besonderen sachlichen Voraussetzungen für Vollstreckungsschutz nicht mehr bestehen (Einzelregelung: § 30f Abs 1 und 2 ZVG). Fortgefallen im Sinne von § 30f Abs 1 S 1 ZVG sind die Voraussetzungen für die Einstellung nach § 30d Abs 1–3 ZVG erst, wenn alle Voraussetzungen der Verfahrenseinstellung infolge eines Insolvenzverfahrens entfallen sind, nicht somit bereits dann, wenn der einzelne Einstellungsgrund, auf dem die Einstellung beruht (zB noch bevorstehender Berichtstermin) nicht mehr fortbesteht.[52] Aufhebungsverfahren: § 30f Abs 3 ZVG. Das Vollstreckungsgericht entscheidet mit Beschluss; er ist zu begründen. Besonderer Fortsetzungsbeschluss ergeht nicht.

f) Rechtsbehelf

181a Sofortige Beschwerde nach § 30b Abs 3 ZVG, gegen die Entscheidung über den Einstellungsantrag nach § 30d Abs 3 ZVG (damit auch gegen Anordnung oder

---

[47] Begründung BT-Drucks 12/2443, S 176 (zu § 188).
[48] Ebenso Alff Rpfleger 2000, 228 (Anmerkung); Hintzen Rpfleger 1999, 256 (260).
[49] Dafür aber LG Göttingen NZI 2000, 186 = Rpfleger 2000, 228; LG Stade Rpfleger 2002, 472; Knees ZIP 2001, 1568.
[50] Stöber NZI 1998, 105 (IV 3b); Stöber Rdn 3.1 zu § 30e.
[51] Stöber Rdn 4 zu § 30e.
[52] Stöber NZI 1998, 105 (110) und NZI 1999, 439; Stöber Rdn 2.6 zu § 30f; LG Göttingen Rpfleger 2001, 193.

Unterlassung von Auflagen nach § 30 e ZVG), gegen die Entscheidung über den Antrag, die einstweilige Einstellung aufzuheben, nach § 30 f Abs 3 S 2 ZVG.

g) Verfahren mehrerer Gläubiger

Wenn Zwangsversteigerung zur abgesonderten Befriedigung von mehreren **181b** Gläubigern betrieben wird, muss einstweilige Einstellung nach § 30 d ZVG in jedem einzelnen Vollstreckungsverfahren beantragt werden (die Gläubiger vollstrecken mit ihren Einzelforderungen selbstständig in das Grundstück). In jeder Vollstreckungssache ist auch Zinszahlung für Wertverlust nach § 30 e Abs 1 ZVG und, wenn Antrag gestellt ist, Zahlung für Wertverlust nach § 30 e Abs 2 ZVG je unter den Voraussetzungen dieser Bestimmungen anzuordnen. Ausgleichszahlungen für Wertverlust gebühren den Gläubigern für ihre Beschlagnahmeansprüche in der Rangfolge des § 10 Abs 1 mit § 11 ZVG.[53] Bestimmung über die „Rang"folge der Gläubiger ist im Einstellungsbeschluss zu treffen. Es muss auch jeder Gläubiger gesondert die Aufhebung der einstweiligen Einstellung nach § 30 f ZVG herbeiführen.

h) § 765 a ZPO als Härteklausel

Der Insolvenzverwalter kann als Schuldner des Zwangsversteigerungsverfahrens Schutz auch nach der Härteklausel des § 765 a ZPO beantragen.[54] Angesichts der weit gefassten Einstellungsmöglichkeiten nach § 30 d ZVG werden weitergehende Voraussetzungen für eine Einstellung nach § 765 a ZPO jedoch kaum einmal Bedeutung erlangen. Der Grundstückseigentümer ist in dem gegen den Insolvenzverwalter betriebenen Verfahren eines absonderungsberechtigten Gläubigers nicht Beteiligter, kann somit Antrag nach § 765 a ZPO nicht stellen (Rdn 367 a, dort auch zur Ausnahme). **181c**

5. Abschnitt. Einstellungsbewilligung, Verfahrensfortsetzung, Einstellung durch Prozessgericht, Verfahrensaufhebung
§§ 29, 30, 31, 32, 33, 34 ZVG
§§ 707, 719, 732 Abs 2, §§ 769, 775, 776 ZPO

1. Unterabschnitt. Einstellungsbewilligung des Gläubigers

Schrifttum: Ordemann, Die Einreichung und Rücknahme der Einstellungsbewilligung und des Fortsetzungsantrages in der Zwangsversteigerung, AcP 157, 470.

Antrag: Gemäß § 30 ZVG bewillige ich die einstweilige Einstellung des auf meinen **182** Antrag am ... angeordneten Zwangsversteigerungsverfahrens.
Oder: ... des von mir nach dem Beitrittsbeschluss vom ... betriebenen Zwangsversteigerungsverfahrens.

Beschluss: Das von dem Gläubiger ... nach dem Anordnungs/Beitrittsbeschluss **183** vom ... betriebene Zwangsversteigerungsverfahrens wird auf Bewilligung gemäß § 30 ZVG einstweilen eingestellt.

---

[53] Stöber Rdn 5.2 zu § 30 e.
[54] OLG Braunschweig OLGZ 1968, 62 = NJW 1968, 164; OLG Celle OLGZ 1973, 252; OLG Hamm NJW 1976, 1754 = OLGZ 1976, 489; OLG Karlsruhe, Justiz 1968, 281; Stöber Einl Rdn 53.1; Zöller/Stöber Rdn 3 zu § 765 a ZPO; siehe auch LG Köln KTS 1968, 59 mit krit Anm Mohrbutter.

Hinweis für Gläubiger: Das Verfahren wird nur auf Antrag fortgesetzt. Es wird aufgehoben, wenn der Antrag nicht binnen sechs Monaten gestellt wird. Die Frist beginnt mit der Zustellung dieses Hinweises auf den Fristbeginn und die Rechtsfolgen eines fruchtlosen Fristablaufs, § 31 ZVG.
Verfügung: Begl Abschrift zustellen an Gläubiger und Schuldner.

a) Einstellung auf Bewilligung des Gläubigers

184   Die Versteigerung wird auf Gläubigerantrag angeordnet (Rdn 102). Der Gläubiger kann das Verfahren daher auch durch Antragsrücknahme beenden (Rdn 203); er kann es aber auch **zeitweilig zum Stillstand bringen** und dadurch der Lage des Schuldners Rechnung tragen. Bei solcher Unterbrechung des Verfahrens bleiben Beschlagnahme und Versteigerungsvermerk bestehen; es wachsen auch laufende Beträge wiederkehrender Leistungen weiter an, so dass sich damit zugleich die Rangstelle anderer Beteiligter verschlechtern kann. Mit Rücksicht darauf ist nur eine zweimalige Einstellung auf Bewilligung desselben Gläubigers hin möglich (§ 30 Abs 1 S 3 ZVG; Rdn 190).
Die (an keine Frist gebundene) **Einstellungsbewilligung** ist Prozesshandlung. Sie kann schriftlich, zu Protokoll des Urkundsbeamten und in jedem Termin (dann Aufnahme in die Sitzungsniederschrift, § 78 ZVG) erklärt werden. **Wirksam** wird sie **mit Zugang** an das Gericht.[1] Ihm kann die Erklärung vom Gläubiger selbst vorgelegt oder vom Schuldner zugeleitet werden. Sie kann auch in der Weise abgegeben werden, dass die Einstellung „beantragt" oder „verlangt" wird. Als Einstellungsbewilligung ist auch die Stundung der Vollstreckungsforderung zu werten wie überhaupt jedes Verhalten des Gläubigers, das ausweist, dass er die Fortsetzung des Verfahrens nicht wünscht, so zB die Zurücknahme eines Fortsetzungsantrags. Nichtzahlung des Kostenvorschusses (§ 15 Abs 1 GKG) kann jedoch nicht als Einstellungsbewilligung gewertet werden, weil die Verfahrensfortsetzung von der Vorschusszahlung nicht abhängig gemacht werden darf.[2] Die Bewilligung der Aufhebung des Versteigerungstermins durch den Gläubiger (auch in Form des Antrags, den Versteigerungstermin auf einen späteren Tag zu verlegen,[3] nicht aber als Antrag nach § 227 Abs 1 ZPO, zB wegen Verhinderung des Gläubigervertreters) ist Bewilligung der Verfahrenseinstellung (§ 30 Abs 2 ZVG). Keine Einstellungsbewilligung ist in dem Einvernehmen mit dem Hinausschieben der Terminsveröffentlichung zu erblicken, wenn die Bekanntmachungsfrist gewahrt bleibt,[4] ferner nicht darin, dass der Gläubiger gegen einen Vollstreckungsschutzantrag nach §§ 30a, c ZVG keine Einwendungen erhebt oder sich mit der vom Schuldner nach §§ 30a, c ZVG beantragten Einstellung einverstanden erklärt. Auch der Zuschlagsversagungsantrag des betreibenden Gläubigers nach § 74a ZVG kann nicht als Einstellungsbewilligung gewertet werden.[5]
Die **Bewilligung** ist vom Verfahrensbeginn an **bis zur Zuschlagsverkündung möglich.**[6] Nach Schluss der Versteigerung ergeht (wenn ein nicht erloschenes Gebot abgegeben ist) die Einstellung nicht als Einstellungsbeschluss, sondern durch Versagung des Zuschlags (§ 33 ZVG, Rdn 333). Zurückgenommen wer-

---

[1] Stöber Rdn 2.7 zu § 30.
[2] Bedenken auch bei Jaeckel/Güthe Rdn 4 zu § 30.
[3] Jaeckel/Güthe wie Fußn 2.
[4] Stöber Rdn 2.6 zu § 30.
[5] Stöber Rdn 3.7 zu § 74a.
[6] Stöber Rdn 2.12 zu § 30.

den kann die Bewilligung bis zum Erlass des Einstellungsbeschlusses.[7] Die nach Erlass des Einstellungsbeschlusses erklärte Rücknahme der Bewilligung ist Fortsetzungsantrag (§ 31 ZVG).

b) Einstellungsbeschluss

Das Vollstreckungsgericht hat die Verfahrenseinstellung, die der Gläubiger bewilligt hat, **durch Beschluss anzuordnen** (§ 30 Abs 1 S 1, § 32 ZVG; dazu Rdn 183). Der Beschluss hat den Einstellungsgrund anzugeben. Wenn schon ein Versteigerungstermin angesetzt ist (und das Verfahren nicht noch für andere Gläubiger seinen Fortgang nimmt), ist er bei Verfahrenseinstellung aufzuheben. Unter einer Zeitbestimmung oder unter Auflagen (Bedingung, Zahlungsauflage usw) kann nach § 30 ZVG nicht eingestellt werden. Wenn der Gläubiger die Einstellung nur für eine bestimmte Zeit, zB für zwei Monate erklärt, muss daher gleichfalls ohne zeitliche Beschränkung eingestellt werden. Auch wenn Einstellung für mehr als sechs Monate bewilligt wird, kann nicht aufgehoben, sondern nur ohne zeitliche Beschränkung nach § 30 ZVG eingestellt werden.[8] Vom Schuldner angebotene und vom Gläubiger angenommene Zahlungsauflagen können in den Einstellungsbeschluss nicht aufgenommen werden.[9] Der Gläubiger muss Zahlungsauflagen oder sonstige seiner Einstellungsbewilligung zugrunde liegende Auflagen unmittelbar dem Schuldner mitteilen und deren Einhaltung selbst überwachen. Die Verfahrensfortsetzung kann der Gläubiger bei Nichterfüllung einer solchen Bedingung jederzeit ohne Angabe von Gründen betreiben. Rechtsbehelf des Schuldners, wenn der Gläubiger in Abweichung von einem verbindlich gewordenen Einvernehmen, insbesondere auch vorzeitig, die Verfahrensfortsetzung betreibt: § 767 ZPO (nicht Erinnerung oder Beschwerde gegen den Fortsetzungsbeschluss). Belehrung des Gläubigers über die Notwendigkeit eines rechtzeitigen Fortsetzungsantrags und die Folgen des fruchtlosen Fristablaufs: § 31 ZVG (Rdn 183, 199). Über die Folgen einer dritten Einstellungsbewilligung wird der Gläubiger nicht belehrt.
Rechtsbehelf des Gläubigers bei Einstellung ohne Bewilligung und bei Aufhebung nach angenommener dritter Einstellungsbewilligung: Erinnerung (§ 766 ZPO), anschließend sofortige Beschwerde (§ 793 ZPO), bei vorheriger Anhörung sogleich sofortige Beschwerde.
Einstellungsbewilligung und -beschluss können auf einen **Bruchteil** des Beschlagnahmegrundstücks (Rdn 6) oder auf Zubehörstücke (praktisch bedeutsam, wenn diese in Dritteigentum stehen) beschränkt werden. Verfahren in diesem Fall: Wie bei Teilaufhebung (Rdn 206, 207).
Beim **Zusammentreffen** der Einstellungsbewilligung des Gläubigers (§ 30 ZVG) **mit einem Vollstreckungsschutzantrag** des Schuldners (§§ 30a–d ZVG, auch § 765a ZPO) geht die Einstellungsbewilligung vor (Rdn 177a).

185

185a

186

c) Verfahren mehrerer Gläubiger

Jeder von **mehreren betreibenden Gläubigern** (Anordnungsgläubiger und Beitrittsgläubiger) kann die Einstellung selbstständig bewilligen. Durch Verfahrenseinstellung für einen betreibenden Gläubiger wird der Fortgang des Verfah-

187

---

[7] AG Bamberg Rpfleger 1969, 99; Stöber Rdn 2.7 zu § 30.
[8] Jaeckel/Güthe Rdn 2 zu § 30.
[9] Stöber Rdn 2.11 zu § 30.

rens für die von ihm unabhängigen (Rdn 134) anderen Gläubiger nicht berührt. Der Einstellungsbeschluss muss daher zum Ausdruck bringen, dass nur

> das von dem Gläubiger ... betriebene Verfahren eingestellt wird.

Üblich ist in einem solchen Fall auch

> Einstellung des Verfahrens, soweit es von dem Gläubiger ... nach dem Beschluss vom ... betrieben wird.

Ein Gläubiger, der wegen verschiedener Ansprüche aus mehreren Beschlagnahmebeschlüssen betreibt, kann die Einstellungsbewilligung auf einen (oder einige) von ihnen beschränken. Der Einstellungsbeschluss hat diese Beschränkung zu bezeichnen. Anordnungs- und Beitrittsverfahren sowie die Verfahren nach mehrfachem Beitritt desselben Gläubigers sind voneinander unabhängig (Rdn 132; Grundsatz der Einzelvollstreckung). Erfolgt auf Bewilligung des Gläubigers Einstellung des Verfahrens, soweit es auf Grund eines bestimmten (einzelnen) Beschlagnahmebeschlusses (zB nur des Anordnungsbeschlusses) betrieben wird, so wird daher der Fortgang des Verfahrens, das der gleiche Gläubiger auf Grund eines anderen Beschlagnahmebeschlusses (zB eines Beitrittsbeschlusses) betreibt, nicht berührt. Das gilt auch dann, wenn der Gläubiger wegen verschiedener Einzelansprüche des gleichen Rechts (Hauptsache, nacheinander jeweils fällig gewordene Zinsforderungen) Anordnungs- und Beitrittsbeschluss oder mehrere Beitrittsbeschlüsse erwirkt hat.

d) Wirkung der Einstellung

188   Die Einstellung berührt die **Beschlagnahmewirkungen** zugunsten des Gläubigers nicht (Rdn 184). Er bleibt Beteiligter (§ 9 ZVG) und behält sein Befriedigungsrecht aus § 10 Abs 1 Nr 5 ZVG (zur Berücksichtigung im geringsten Gebot Rdn 246b), hat bei der von einem anderen Vollstreckungsgläubiger weiter betriebenen Versteigerung für die Festsetzung der Terminfristen und des geringsten Gebots aber nicht die Stellung eines betreibenden Gläubigers (§§ 43, 44, 45 ZVG).

e) Wiederholte Einstellungsbewilligung

189   Die Einstellung kann wiederholt, vom selben Gläubiger für den gleichen Beschlagnahmebeschluss (siehe Rdn 190a) jedoch **nicht öfter als zweimal bewilligt** werden (§ 30 Abs 1 S 2 und 3 ZVG). Fortsetzungsantrag und erneute Einstellungsbewilligung können miteinander verbunden werden.[10] In solcher Weise ist eine Einstellungsbewilligung zu verstehen, die gegen Ende einer laufenden Einstellung neu eingeht.[11] Bewilligt der Gläubiger sonst während einer Einstellung nach § 30 ZVG erneut die Einstellung, so ist durch Rückfrage zu klären, ob er die frühere Bewilligung neuerlich bestätigen will oder Fortsetzung und gleichzeitig Neueinstellung verlangt.

190   Als **Zurücknahme des Versteigerungsantrags** (Folge: Verfahrensaufhebung nach § 29 ZVG) **gilt** nach zweimaliger Einstellung auf Bewilligung eines Gläubigers dessen **erneute Einstellungsbewilligung** (§ 30 Abs 1 S 3 ZVG). Diese kann auch in Form der Bewilligung der Aufhebung des Versteigerungstermins erklärt sein

---

[10] Stöber Rdn 3.1 zu § 30.
[11] Stöber wie Fußn 10.

(§ 30 Abs 2 ZVG). Grund: Rdn 184. Eingestellt auf Bewilligung des Gläubigers war auch dann, wenn infolge seiner Erklärung (§ 30 ZVG) durch Zuschlagversagung entschieden wurde (§ 33 ZVG). Den vorgehenden beiden Einstellungen werden nicht zugerechnet Einstellungen auf Schuldnerantrag, auf Veranlassung des Prozessgerichts oder nach § 28 ZVG.

Die vom Gläubiger bewilligten beiden Einstellungen brauchen nicht zeitlich aufeinander gefolgt zu sein; vor oder zwischen ihnen können auch Einstellungen aus anderen Gründen gelegen haben. Als Antragsrücknahme gilt die erneute Einstellungsbewilligung auch dann, wenn nach den früheren Bewilligungen nicht sechs Monate (§ 31 ZVG) eingestellt war, sondern früher (insbesondere alsbald nach Erlass des Einstellungsbeschlusses) fortgesetzt wurde. Unberücksichtigt bleiben Bewilligungen, die nicht zur Verfahrenseinstellung geführt haben, so zB die vor Einstellung zurückgenommene Bewilligung, oder wenn nach Gläubigerbewilligung, aber noch vor Erlass des Einstellungsbeschlusses eine durch das Prozessgericht angeordnete Einstellung erfolgt ist. Eine Einstellungsbewilligung vor Verfahrensbeginn (= -anordnung) führt zu keiner Einstellung nach § 30 ZVG (nur Erlass des Beschlagnahmebeschlusses bleibt zurückgestellt), zählt also nicht mit. „Verfahren", das auf Grund einer Gläubigerbewilligung bereits zweimal eingestellt gewesen und in dem die erneute Einstellungsbewilligung erklärt sein muss, ist das durch den Gläubiger mit Anordnungs- oder Beitrittsbeschluss eingeleitete (einzelne) Vollstreckungsverfahren; eine Bewilligung dieses Gläubigers zur Einstellung des mit einem weiteren (anderen) Beschlagnahmebeschluss betriebenen Verfahrens (siehe Rdn 187) zählt nicht hierher. Wenn der Gläubiger seinen Versteigerungsantrag zurücknimmt und später dem von einem anderen Gläubiger weiterbetriebenen Verfahren (wegen der gleichen Vollstreckungsforderung) wieder beitritt, zählen die vor Antragsrücknahme in dem früheren Beschlagnahmeverfahren auf Bewilligung erfolgten Einstellungen für die Rücknahmefiktion bei Einstellungsbewilligung in dem durch Beitritt neu betriebenen Vollstreckungsverfahren daher nicht mit[12] (in diesem Einzelvollstreckungsverfahren keine frühere Einstellung und keine erneute Einstellungsbewilligung).   **190a**

Zurückgenommen werden kann die erneute Einstellungsbewilligung nach zweimaliger Einstellung nicht. Grund: Sie ist Rücknahme des Versteigerungsantrags, die als verfahrensbeendende Prozesshandlung nicht widerrufen (zurückgenommen) werden kann (Rdn 203).   **190b**

Ist die Erklärung des Gläubigers nicht eindeutig, so empfiehlt es sich, erst nach Anhörung des Gläubigers (dann sofortige Beschwerde, Rdn 185) zu entscheiden, im Übrigen die Wirksamkeit des Aufhebungsbeschlusses bis zu seiner Rechtskraft auszusetzen.[13]   **190c**

Beschluss: Dieser Beschluss wird erst mit Eintritt seiner Rechtskraft wirksam.

Sofort mit seiner Bekanntgabe wird der Aufhebungsbeschluss **wirksam**, wenn dies nicht ausdrücklich bis zur Rechtskraft aufgeschoben ist. Damit ist die Gläubigerbeschlagnahme endgültig erloschen. Die Wirkungen der (erloschenen) Beschlagnahme leben auch dann nicht wieder auf, wenn der aufhebende Beschluss auf Erinnerung hin oder vom Beschwerdegericht aufgehoben wird.

---

[12] OLG Düsseldorf OLGZ 1991, 76 = Rpfleger 1991, 28 und 69 mit Anm Hintzen; **anders** (nicht richtig) LG Bonn Rpfleger 1990, 433 und 1991, 69 Leits mit kritischer Anm Hintzen.

[13] Stöber Rdn 3.2 zu § 30, Rdn 5.5 zu § 15; dazu auch Stöber, FordPfändung, Rdn 742.

2. Unterabschnitt. Einstellung durch das Prozessgericht

Schrifttum: Kirberger, Vollstreckungsverfahren nach Einstellung der Zwangsvollstreckung durch das Prozessgericht, Rpfleger 1976, 8.

191   **Beschluss:** Das von dem Gläubiger ... nach dem Anordnungs/Beitrittsbeschluss vom ... betriebene Zwangsversteigerungsverfahren wird nach § 775 Nr 2 ZPO einstweilen eingestellt.
Gründe: Der Gläubiger betreibt die Zwangsversteigerung auf Grund vollstreckbarer Urkunde des Notars ... vom ... UrkNr.... Die Zwangsvollstreckung aus diesem Schuldtitel hat nach der Ausfertigung des Beschlusses des ... gerichts in ... vom ..., Aktenz ... dieses Prozessgericht bis zum Erlass des Urteils über die rechtshängigen Einwendungen gemäß §§ 767, 769 Abs 1 ZPO ohne Sicherheitsleistung einstweilen eingestellt. In Ausführung dieses Beschlusses war das Zwangsversteigerungsverfahren einstweilen einzustellen, § 775 Nr 2 ZPO.
Hinweis für Gläubiger: Das Verfahren wird nur auf Antrag fortgesetzt. Es wird aufgehoben, wenn der Antrag nicht binnen sechs Monaten gestellt wird. Die Frist beginnt mit der Wiederaufhebung der Anordnung des Prozessgerichts oder mit einer sonstigen Erledigung der Einstellung, § 31 Abs 1, Abs 2 d ZVG.
Verfügung: Begl Abschrift zustellen an Gläubiger und Schuldner.

192   **Beschluss:** Das von dem Gläubiger ... nach dem Anordnungs/Beitrittsbeschluss vom ... betriebene Zwangsversteigerungsverfahren wird hinsichtlich eines in der Wohnung im 2. Stock links aufgestellten Ölofens, Marke ..., gemäß § 769 Abs 2 ZPO ohne Sicherheitsleistung einstweilen eingestellt. Dem Antragsteller ... wird Frist bis ... gesetzt, innerhalb der die Entscheidung des Prozessgerichts beizubringen ist. Nach fruchtlosem Ablauf der Frist wird die Zwangsvollstreckung fortgesetzt. Gründe ...

193   Durch Beschluss des Vollstreckungsgerichts ist die Einstellung (ggfs Aufhebung, § 776 ZPO) des Zwangsversteigerungsverfahrens auch dann auszusprechen, wenn ein **Prozessgericht** die Einstellung der Zwangsvollstreckung angeordnet hat. Eingestellt (oder aufgehoben) wird vom Prozessgericht die Zwangsvollstreckung in den Fällen der §§ 707, 719, 732 Abs 2, §§ 738, 742, 744, 744 a, 745, 749, 769–776, 785, 786, 794 a und 795 ZPO. Der Einstellungsbeschluss des Prozessgerichts bringt jedoch das Zwangsversteigerungsverfahren noch nicht unmittelbar zum Stillstand. Das Vollstreckungsgericht hat vielmehr als Vollstreckungsorgan die Einstellungsanordnung des Prozessgerichts noch nach § 775 Nr 2 ZPO zu vollziehen. Das geschieht durch Einstellungsbeschluss des Vollstreckungsgerichts, sobald diesem Ausfertigung des Beschlusses über die Einstellung der Zwangsvollstreckung durch das Prozessgericht vorgelegt oder die Anordnung der einstweiligen Einstellung der Vollstreckung durch das Prozessgericht sonst bekannt geworden ist.[14] Der Einstellungsbeschluss des Vollstreckungsgerichts hat den Einstellungsgrund anzugeben. Schlüssige Handlung allein (Nichtfortführung des Verfahrens) wäre unzureichend.[15] Nach Schluss der Versteigerung stellt das Vollstreckungsgericht (wenn ein nicht erloschenes Gebot abgegeben ist) durch Versagung des Zuschlags ein (§ 33 ZVG).
Der vollziehende Einstellungsbeschluss des Vollstreckungsgerichts ist dem Gläubiger und dem Schuldner, ggfs auch einem betroffenen Dritten (insbesondere im Falle der §§ 769, 771 ZPO) zuzustellen (§ 32 ZVG). Möglichst zugleich mit

---

[14] Kirberger Rpfleger 1976, 8 (9); RG 128, 84; Zöller/Stöber Rdn 9, 10 zu § 775 ZPO; Stöber, FordPfändung, Rdn 609.
[15] Jaeckel/Güthe Rdn 1 zu § 30 und Rdn 1 zu § 32.

dem Beschluss ist dem Gläubiger der Hinweis auf den Fristbeginn für den Fortsetzungsantrag und die Folgen des Fristablaufs zuzustellen (§ 31 Abs 3 ZVG).
Fortgesetzt wird das Verfahren nur auf Gläubigerantrag (nicht von Amts wegen), dazu Rdn 197. Aufgehoben (ggfs vorbehaltlich der Rechtskraft der Entscheidung, Rdn 190 c) wird das Verfahren auf Anordnung des Prozessgerichts
in den Fällen der §§ 776, 775 Nr 1 sowie ggfs Nr 2 ZPO.

Vom Vollstreckungsgericht ist – ohne Anordnung des Prozessgerichts –   **194**
– einstweilen einzustellen nach

§ 775 Nr 4 ZPO, wenn eine öffentliche Urkunde oder eine von dem Gläubiger ausgestellte Privaturkunde vorgelegt wird, aus der sich ergibt, dass der
Gläubiger nach Erlass des zu vollstreckenden Urteils befriedigt ist oder Stundung bewilligt hat. Die Einstellung muss unterbleiben, wenn der Gläubiger
die Befriedigung bestreitet und Fortsetzung der Vollstreckung verlangt;[16]

§ 775 Nr 5 ZPO, wenn der Einzahlungs- oder Überweisungsnachweis einer
Bank (auch der Postbank AG) oder Sparkasse vorgelegt wird, aus dem sich
ergibt, dass nach Erlass des Urteils der zur Befriedigung des Gläubigers erforderliche Betrag zur Auszahlung an diesen oder auf dessen Konto eingezahlt
oder überwiesen ist;

§ 769 Abs 2 ZPO in dringenden Fällen unter Fristbestimmung, wenn Vollstreckungsabwehrklage, Klage gegen die Vollstreckungsklausel oder Drittwiderspruchsklage (§ 771 Abs 3 ZPO) erhoben ist. Der Beschluss nach § 769
Abs 2 ZPO muss die tatsächlichen und rechtlichen Erwägungen des Gerichts
erkennen lassen, also begründet werden;[17]

– **aufzuheben** nach §§ 776, 775 Nr 3 ZPO, wenn eine öffentliche Urkunde vorgelegt wird, aus der sich ergibt, dass die zur Abwendung der Vollstreckung
nachgelassene Sicherheitsleistung oder Hinterlegung erfolgt ist.

Rechtsbehelf: wie Rdn 185.
Zur Einstellung nach § 28 ZVG Rdn 158–163 d; zur Einstellung nach §§ 75–77
ZVG Rdn 332–336.

3. Unterabschnitt. Fortsetzung des eingestellten Verfahrens

Hinweis nach § 31 Abs 3 ZVG (bei Zustellung erst nach dem Zeitpunkt des   **195**
jeweils genannten Fristbeginns ist im Hinblick auf § 31 Abs 3 ZVG anzugeben,
dass „die Frist aber erst mit der Zustellung des Hinweises zu laufen beginnt"):
– für den Fall des § 30 ZVG siehe Rdn 183;
– für den Fall des § 30 a ZVG:

> Das Verfahren wird nur auf Antrag fortgesetzt. Es wird aufgehoben, wenn der Antrag
> nicht binnen sechs Monaten gestellt wird. Die Frist beginnt mit dem Zeitpunkt, bis
> zu dem die Einstellung angeordnet ist, also mit dem ...

– für den Fall des § 30 d ZVG:

> Das Verfahren wird nur auf Antrag fortgesetzt. Es wird aufgehoben, wenn der Antrag
> nicht binnen sechs Monaten gestellt wird. Die Frist beginnt mit dem Ende des Insol-
> venzverfahrens, wenn Einstellung vor der Eröffnung des Insolvenzverfahrens auf An-
> trag eines vorläufigen Verwalters erfolgt ist jedoch bereits mit der Rücknahme oder

---

[16] OLG Hamm MDR 1973, 857 = Rpfleger 1973, 324 mit Nachw; LG Berlin DGVZ 1975,
165 = MDR 1976, 149.
[17] OLG Celle NJW 1966, 936, 1367 mit Anm Schneider und 2174 mit Anm Arndt.

der Abweisung des Antrags auf Eröffnung des Insolvenzverfahrens. Fortsetzung ist
mit Antrag zu verlangen, die einstweilige Einstellung nach § 30 f ZVG aufzuheben.

196 **Fortsetzungsbeschluss:** „Das von dem Gläubiger ... nach dem Anordnungs/Bei-
trittsbeschluss vom ... betriebene Zwangsversteigerungsverfahren, das mit Beschluss vom ... nach § 30 ZVG einstweilen eingestellt wurde, wird auf rechtzeitigen
Antrag fortgesetzt, § 31 ZVG.

Hinweis für Schuldner:[18] Das Verfahren kann auf Ihren Antrag nach § 30 a ZVG
einstweilen auf die Dauer von höchstens sechs Monaten eingestellt werden, wenn
a) Aussicht besteht, dass durch die Einstellung die Versteigerung vermieden wird,
und b) die Einstellung nach Ihren persönlichen und wirtschaftlichen Verhältnissen
sowie nach der Art der Schuld der Billigkeit entspricht ... (Weiter wie Muster
Rdn 164).

a) Fortsetzungsantrag des Gläubigers

197 Fortgesetzt wird jedes eingestellte Verfahren nur **auf Antrag des Gläubigers**
(§ 31 Abs 1 ZVG). Auch wenn die Einstellung nach § 30 a Abs 3 ZVG mit Zah-
lungsrückstand des Schuldners oder nach § 30 a Abs 5 ZVG mit Nichterfüllung
von Auflagen außer Kraft getreten ist sowie bei Einstellung nach Vorlage eines
Einzahlungs- oder Überweisungsnachweises einer Bank oder Sparkasse (§ 775
Nr 5 ZPO) erfolgt Fortsetzung nur auf Gläubigerantrag. Ausnahmen: Befristete
Einstellung nach § 28 ZVG (Rdn 163), Einstellung durch das Vollstreckungsgericht in dringenden Fällen unter Fristbestimmung nach § 769 Abs 2 ZPO (vgl
dort Satz 2), § 771 Abs 3 ZPO (Antrag ist aber bei Einstellung durch das Prozessgericht nach §§ 769, 771 ZPO erforderlich). Ohne Antrag nimmt das Verfahren seinen Fortgang, wenn der Einstellungsbeschluss des Vollstreckungsgerichts auf Beschwerde hin überhaupt aufgehoben wird; dann ist keine Einstellung erfolgt. Wenn für mehrere betreibende Gläubiger (Anordnungs- und/oder
Beitrittsgläubiger) eingestellt ist, kann jeder Beschlagnahmegläubiger die Verfahrensfortsetzung unabhängig von der weiterbestehenden Einstellung für die
anderen Gläubiger beantragen und betreiben (vgl Rdn 187). Der Fortsetzungsantrag kann mit einer erneuten Einstellungsbewilligung (§ 30 ZVG) verbunden
werden, die Einstellung kann jedoch nicht gleichzeitig unter Fortsetzungsantrag
verlangt werden.[19]

198 Der an **keine Form** gebundene Fortsetzungsantrag ist **zeitlich begrenzt** (§ 31
Abs 1 S 2 ZVG). Grund: Andere Beteiligte sollen nicht durch eine übermäßige
Dauer der Unterbrechung des Verfahrens beeinträchtigt werden (siehe
Rdn 184). Aufzuheben ist das Verfahren (von Amts wegen), wenn der Fortset-
zungsantrag nicht rechtzeitig – binnen **sechs Monaten** – gestellt wird (§ 31
Abs 1 S 2 ZVG). Die Frist kann auch mit Zustimmung aller Beteiligten[20] nicht
verlängert und nicht abgekürzt[21] werden. Bei einstweiliger Einstellung wegen
Deckung des Gläubigers aus einem Einzelausgebot beträgt die Antragsfrist nur
drei Monate ab Verteilungstermin (§ 76 Abs 2 ZVG). Gewahrt ist die Frist nur,
wenn der Fortsetzungsantrag rechtzeitig bei Gericht eingegangen ist. Das Ver-

---

[18] Nur zuzustellen, wenn ein Einstellungsantrag nach Fortsetzung des auf Bewilligung des
Gläubigers eingestellt gewesenen Verfahrens noch gestellt werden kann, dazu Rdn 177c.

[19] Stöber Rdn 4.6 zu § 31; Drischler Rpfleger 1967, 357 (361); LG Traunstein Rpfleger 1989,
35; siehe Rdn 189. Für Antrag auf Fortsetzung bereits in dem die Einstellungsbewilligung
enthaltenden Schriftsatz LG Frankfurt MDR 1986, 595 = Rpfleger 1986, 231 mit abl Anm
Schriftleitung.

[20] Streitig; siehe Stöber Rdn 3.11 zu § 31.

[21] LG Frankenthal Rpfleger 1983, 120.

fahren muss daher auch aufgehoben werden, wenn der Fortsetzungsantrag nach Fristablauf, aber noch vor Erlass des Aufhebungsbeschlusses eingeht.

Fristbeginn: Frühestens mit Zustellung des Hinweises auf die Rechtsfolgen eines fruchtlosen Fristablaufs an Gläubiger (§ 31 Abs 3 ZVG; Zustellung an den Bevollmächtigten nach § 172 ZPO). Wenn diese Voraussetzung erfüllt ist, bei Einstellung   **199**

– auf Gläubigerbewilligung (§ 30 ZVG, Rdn 182–189) mit der Einstellung des Verfahrens, § 31 Abs 2 a ZVG (die bei Zuschlagversagung, § 33 ZVG, mit Rechtskraft eintritt, § 86 ZVG), bei Einstellung außerhalb der Zuschlagversagung praktisch mithin mit Zustellung des Einstellungsbeschlusses samt Hinweis nach § 31 Abs 3 ZVG;

– auf Schuldnerschutzantrag (§ 30 a ZVG, Rdn 164–177 c) – auch bei erneuter Einstellung nach § 30 c ZVG – mit dem Zeitpunkt, bis zu dem die Einstellung angeordnet war (§ 31 Abs 2 b ZVG). Mit diesem Zeitpunkt beginnt die Frist auch, wenn die Einstellung wegen Nichterfüllung von Auflagen schon früher außer Kraft getreten ist (§ 30 a Abs 3, 5 ZVG). Das hier früher gegebene sofortige Antragsrecht des Gläubigers verändert die Antragsfrist des § 31 ZVG nicht.[22] Soweit die Einstellung nicht nach diesen Bestimmungen außer Kraft getreten ist, kann vor Ablauf der Einstellungszeit Fortsetzungsantrag nicht gestellt werden. Ein vorzeitiger Antrag ist jedoch nicht wirkungslos, sondern auf das Ende der Einstellungszeit zu beziehen;

– infolge eines Insolvenzverfahrens (§ 30 d ZVG, Rdn 179–181 b) mit dem Ende des Insolvenzverfahrens, bei Einstellung bereits im Eröffnungsverfahren schon vorher mit der Rücknahme oder Abweisung des Antrags auf Eröffnung des Insolvenzverfahrens (§ 31 Abs 2 c ZVG), nicht aber schon mit der Zustimmung des Insolvenzverwalters zur Verfahrensfortsetzung, auch nicht mit Wegfall der Einstellungsvoraussetzungen oder nachträglichem Eintritt des Ablehnungsgrundes. Auch bei Freigabe des Grundstücks aus der Insolvenzmasse beginnt die Frist erst mit dem Ende des Insolvenzverfahrens, nicht bereits früher mit Wirksamwerden der Freigabe (praktisch sonach mit Zustellung des Hinweises nach § 31 Abs 3 ZVG).[23]

– nach einer Anordnung des Prozessgerichts mit der Wiederaufhebung der Anordnung oder mit einer sonstigen Erledigung der Einstellung (§ 31 Abs 2 d ZVG). Grund: Die Dauer der Einstellung ist zunächst vom Prozessgericht abhängig. Maßgebend ist die Verkündung des aufhebenden oder die Aufhebung bewirkenden Urteils oder der Zeitpunkt der Verkündung bzw Zustellung (§ 329 ZPO) des aufhebenden Beschlusses des Prozessgerichts. Eine ausdrückliche Aufhebung braucht das Urteil nicht auszusprechen; eine Einstellungsanordnung nach §§ 707, 719 ZPO wirkt nur bis zum Erlass des Endurteils der Instanz und erledigt sich mit diesem von selbst, wenn das angefochtene Urteil aufrechterhalten wird;[24] Gleiches gilt bei Zurücknahme des Rechtsmittels.[25] Mit dem entsprechenden Zeitpunkt beginnt daher in diesen Fällen (nach vorheriger Belehrung) bereits die Antragsfrist;

– nach § 775 Nr 4 und 5 ZPO nur mit Zustellung des Hinweises nach § 31 Abs 3 ZVG.

Fristberechnung: § 222 ZPO, §§ 186–190, 193 BGB.

---

[22] Jonas/Pohle, ZwVNotrecht, Anm 2 b zu § 31 ZVG.
[23] Stöber Rdn 3.4 zu § 31.
[24] RG 42, 370; Stein/Jonas/Münzberg Rdn 23 zu § 707 ZPO.
[25] Stein/Jonas/Münzberg wie Fußn 24.

Für jeden von **mehreren betreibenden Gläubigern,** deren Verfahren zugleich eingestellt ist, läuft die Frist nach dem jeweils maßgeblichen Ereignis gesondert.

Die **Gläubigerbelehrung** über Fristbeginn und Rechtsfolgen eines fruchtlosen Fristablaufs (§ 31 Abs 3 ZVG) soll mit dem Einstellungsbeschluss verbunden (zugleich mit ihm zugestellt) werden;[26] sie kann auch gesondert nachgeholt werden. Die Belehrung erfolgt durch das Landgericht, wenn es als Beschwerdegericht einstellt;[27] das Vollstreckungsgericht kann (und hat) die vom Landgericht unterlassene Belehrung gesondert nachholen. Eine Belehrung des Gläubigers ist nicht mehr nötig, wenn dieser bereits Fortsetzungsantrag gestellt hat.

200   **Zurückgenommen** (widerrufen) werden kann der Fortsetzungsantrag bis zum Erlass des Fortsetzungsbeschlusses oder bis zur Vornahme einer ihn ersetzenden Verfahrenshandlung. Bei Zurücknahme gilt die Fortsetzung als nicht verlangt; es laufen die Einstellung oder nach deren Ablauf die sechsmonatige Frist für den Fortsetzungsantrag (§ 31 ZVG) unverändert weiter.

b) Fortsetzungsbeschluss

200a   Ein Fortsetzungsbeschluss ist gesetzlich nicht vorgeschrieben, praktisch aber notwendig (mindestens jedoch zweckmäßig) und heute allgemein üblich.[28] Bei der Gesetzesberatung wurde ein Fortsetzungsbeschluss noch nicht gefordert, „um das Verfahren nicht unnötig verwickelt zu machen".[29] Nach heute einhelliger Ansicht machen ihn vornehmlich § 30c ZVG (neuer Vollstreckungsschutz) und wohl insbesondere auch Art 103 Abs 1 GrundG notwendig. Geboten ist er als Verfahrenshandlung des Gerichts, mit der Gläubiger und Schuldner Kenntnis davon gegeben wird, dass in der Vollstreckungssache des Gläubigers, der Fortsetzung beantragt hat, der Einstellungsgrund entfallen und Verfahrensfortsetzung zulässig ist, weitere Verfahrenshandlungen somit auch das eingestellt gewesene Verfahren fortsetzen. Der Fortsetzungsbeschluss trägt dem Erfordernis Rechnung, dass den Beteiligten nach Zustellung des Einstellungsbeschlusses Kenntnis davon zu geben ist, dass dieser keine Wirkung mehr äußert; er schafft Klarheit über Grundlage und Zulässigkeit des fortzuführenden Vollstreckungsverfahrens. Damit trägt er zugleich dem Erfordernis Rechnung, dass dem Schuldner der Beschluss, auf Grund dessen die Versteigerung erfolgen kann, vier Wochen vor dem Versteigerungstermin zugestellt zu sein hat (§ 43 Abs 2, § 44 Abs 2 ZVG). Ohne Fortsetzungsbeschluss würde Fortsetzung eines eingestellten Verfahrens erfolgen durch Zustellung der Belehrung über ein mögliches erneutes Einstellungsrecht (§ 30c ZVG), sonst durch die anstehende, auf Verfahrensdurchführung gerichtete Verfahrenshandlung.

Zustellung des Fortsetzungsbeschlusses an Schuldner mit Hinweis auf das Antragsrecht (§ 30a oder § 30c ZVG; zur Ausnahme für Hinweis Rdn 177c); an Gläubiger ergeht, wenn seinem Antrag voll entsprochen ist, formlose Mitteilung.

Ablehnung eines Fortsetzungsantrags erfolgt durch Beschluss. Er ist dem Gläubiger zuzustellen, dem Schuldner mitzuteilen. Wenn der Antrag nicht binnen

---

[26] Drischler Rpfleger 1956, 91; Stöber Rdn 2.3 zu § 31.

[27] Stöber Rdn 2.2 zu § 31; anders Drischler Rpfleger 1956, 91; Jonas/Pohle, ZwVNotrecht, Anm 3b zu § 31.

[28] Stöber Rdn 5.5; Dassler/Hintzen Rdn 11; Steiner/Storz Rdn 42, je zu § 31; Morvilius Imm-VollStr Rdn 193.

[29] Siehe Jaeckel/Güthe Rdn 7 zu § 31.

sechs Monaten gestellt (eingegangen) ist, erfolgt seine Ablehnung mit Aufhebung des Verfahrens (§ 31 Abs 1 S 2 ZVG); Zustellung des Aufhebungsbeschlusses: § 32 ZVG.

Rechtsbehelf: Gegen Fortsetzungsbeschluss für Schuldner Vollstreckungserinnerung (§ 766 ZPO), bei vorheriger Anhörung sogleich sofortige Beschwerde (§ 793 ZPO). Gegen Ablehnung des Fortsetzungsantrags und Verfahrensaufhebung nach Fristablauf für Gläubiger: Sofortige Beschwerde (§ 793 ZPO). Aussetzung der Wirkungen des Aufhebungsbeschlusses bis zu seiner Rechtskraft kann sich empfehlen; dazu Rdn 190 c.

Wenn infolge eines **Insolvenzverfahrens** eingestellt war, wird die einstweilige Einstellung auf Antrag des Gläubigers aufgehoben (§ 31 f ZVG); gesonderter Fortsetzungsbeschluss ergeht dann nicht.

4. Unterabschnitt. Aufhebung des Verfahrens

Beschluss: Das von dem Gläubiger ... nach dem Anordnungs/Beitrittsbeschluss   201
vom ... betriebene Zwangsversteigerungsverfahren wird nach Zurücknahme des
Antrags aufgehoben, § 29 ZVG.
Das Verfahren zur Zwangsversteigerung des Grundstücks ... wird im Übrigen nicht
berührt; die Beschlagnahme bleibt bestehen, der Versteigerungstermin vom ... fällt
nicht weg.
Verfügung: Beglaubigte Beschlussabschrift an Gläubiger und Schuldner zustellen.

Beschluss (wenn überhaupt keine weiteren Beschlagnahmegläubiger mehr vorhanden sind): Das Verfahren zur Zwangsversteigerung des im Grundbuch von ...
Blatt ... eingetragenen Grundstücks ... wird nach Zurücknahme des Antrags aufgehoben, § 29 ZVG.

Grundbuchersuchen: Das Verfahren zur Zwangsversteigerung des im Grundbuch   202
von Gärten Blatt 3685 auf den Namen des Schuldners ... eingetragenen Grundstücks FlStNr 900, Weststraße 90, Wohnhaus, Hofraum, Garten, zu 630 m^2 ist aufgehoben. Es wird daher gemäß § 34 ZVG ersucht, den nach dem Ersuchen vom ...
eingetragenen Zwangsversteigerungsvermerk im Grundbuch zu löschen.

Zurücknehmen kann der Gläubiger seinen Versteigerungsantrag (Rdn 102)   203
schriftlich oder zu Protokoll (auch mit Fernschreiben oder fernmündlich[30]). Eltern und ein Vormund (Pfleger, Betreuer) benötigt zur Antragsrücknahme keine familien/betreuungsgerichtliche Genehmigung.[31] Vollmachtsnachweis durch einen Vertreter: Rdn 16. Eine erneute (dritte) Einstellungsbewilligung gilt nach zweimaliger Verfahrenseinstellung auf Bewilligung des Gläubigers als Rücknahme des Versteigerungsantrags (§ 30 Abs 1 S 3 ZVG; Rdn 190). Die Zurücknahme des Antrags auf Zeit oder unter einer einschränkenden Bedingung (Kostenübernahme durch Schuldner) ist als Einstellungsbewilligung zu werten,[32] zu empfehlen ist in einem solchen Fall jedoch stets Aufklärung durch Rückfrage beim Gläubiger.

Mit der Antragszurücknahme endet das Verfahren. Es erledigt sich ohne weiteres mit der Folge, dass die Verfahrensaufhebung (ohne weitere sachliche Prü-

---

[30] Stöber Rdn 2.2 zu § 29.
[31] Jaeckel/Güthe Rdn 2 zu § 29; Stöber Rdn 2.4 zu § 29 mit Stellungnahme zur (unzutreffenden) Gegenansicht Eickmann Rpfleger 1983, 199 (200, Abschn II 1); Dassler/Hintzen Rdn 3 zu § 29.
[32] Jaeckel/Güthe Rdn 2; Stöber Rdn 2.2, je zu § 29.

fung[33]) durch Beschluss auszusprechen ist[34] (§ 29 ZVG). Durch dessen Zustellung (§ 32 ZVG) wird die Erledigung des Verfahrens den unmittelbar) Beteiligten zur Kenntnis gebracht;[35] damit endet die (dann ohnedies bereits inhaltlose) Beschlagnahme (Rdn 144). Als verfahrensbeendende Prozesshandlung, die den Aufhebungsbeschluss zur Folge hat, hat die (mit Eingang bei Gericht wirksam gewordene) Rücknahmeerklärung als nicht widerruflich zu gelten;[36] sie kann somit nicht zurückgenommen werden. Wirksam und bindend ist auch die dem Vollstreckungsgericht versehentlich zugegangene Antragsrücknahme.[37] Nicht wirksam ist die Rücknahme, wenn dem Gericht vorher oder gleichzeitig ein Widerruf zugeht (§ 130 Abs 1 S 2 BGB).

Ist die Erklärung des Gläubigers nicht eindeutig und äußert er sich nach Aufforderung auch nicht weiter, so kann es sich empfehlen, die Wirksamkeit des Aufhebungsbeschlusses bis zu seiner Rechtskraft auszusetzen (siehe Rdn 190 c); nach Gläubigeranhörung dann sofortige Beschwerde (Rdn 185).

Die Antragszurücknahme hebt den vollstreckbaren Anspruch des Gläubigers nicht auf; der Gläubiger kann dem weiterlaufenden Verfahren neu beitreten (mit Rang in Klasse 5 nach dem Zeitpunkt der neuen Beschlagnahme, soweit nicht der Anspruch in eine bessere Rangklasse fällt; aber auch dann Beschlagnahmewirkungen nach dem Zeitpunkt des Beitritts) oder, nach Aufhebung des Gesamtverfahrens, die Versteigerung neu anordnen lassen.

204   Jeder von **mehreren betreibenden Gläubigern** (Anordnungsgläubiger und Beitrittsgläubiger) kann seinen Versteigerungsantrag selbstständig zurücknehmen. Der Fortgang des Verfahrens für die von dem zurücknehmenden unabhängigen (Rdn 134) weiteren Gläubiger wird davon nicht berührt. Der Aufhebungsbeschluss muss daher zum Ausdruck bringen, dass nur

> das von dem Gläubiger ... betriebene Verfahren aufgehoben wird.

Üblich ist in einem solchen Fall auch

> Aufhebung des Verfahrens, soweit es von dem Gläubiger ... nach dem Beschluss vom ... betrieben wird.

Gleiches gilt, wenn ein Gläubiger, der wegen verschiedener Vollstreckungsforderungen mehrere Beschlagnahmebeschlüsse erwirkt hat (Anordnungs- und Beitrittsbeschluss oder mehrere Beitrittsbeschlüsse), nur einen seiner Anträge (zB nur den Anordnungs-, nicht auch den Beitrittsantrag) zurücknimmt.

Antragszurücknahme nach Ablösung des Anspruchs des Beschlagnahmegläubigers siehe Rdn 139.

Zeitlich möglich ist die Antragszurücknahme bis zur Verkündung des Zuschlags, also auch noch nach Schluss der Versteigerung (dann Zuschlagversagung, § 33 ZVG, Rdn 333; bei Vollstreckung durch mehrere Gläubiger jedoch nur dann, wenn der bestrangig betreibende Gläubiger den Antrag zurückgenommen hat).[38] Maßgebender Zeitpunkt der Rücknahme ist der Eingang der Erklärung bei der Einlaufstelle des Gerichts. Gelangt die hier vor dem Zuschlag eingegangene Rücknahmeerklärung erst nach dem Zuschlag zu den Versteige-

---

[33] BGH 155, 38 (43) = NJW 2003, 1419 (1420) = Rpfleger 2003, 457.

[34] Denkschrift zum ZVG Seite 42.

[35] Denkschrift aaO.

[36] AG Bamberg Rpfleger 1969, 99; AG Euskirchen Rpfleger 1973, 149; Stöber Rdn 2.3 zu § 29; Eickmann, Zwangsversteigerung (2. Aufl), Seite 62.

[37] AG Euskirchen Rpfleger 1973, 149.

[38] AG Bamberg Rpfleger 1968, 98.

rungsakten, so kann dieser (nicht aber vom Ersteher) nach § 83 Nr 6 ZVG mit Beschwerde angefochten werden. Die Antragszurücknahme (Eingang bei Gericht) nach Erteilung des Zuschlags kann auch vom Beschwerdegericht nicht mehr berücksichtigt werden; sie erlangt aber dann noch Bedeutung, wenn der Zuschlag vom Beschwerdegericht aus anderen Gründen aufgehoben wird.[39] Rücknahme des Versteigerungsantrags durch den bestrangig betreibenden Gläubiger nach Versagung des Zuschlags ist auch noch vom Beschwerdegericht zu berücksichtigen (das damit unrichtig gewordene geringste Gebot schließt Erteilung des Zuschlags aus).[40]

Nach Aufhebung des Gesamtverfahrens (Rdn 135) ist das Grundbuchamt um **205** **Löschung des Versteigerungsvermerks** zu ersuchen (§ 34 ZVG). Äußere Form des Ersuchens und grundbuchamtliche Prüfung: Wie beim Eintragungsersuchen; siehe daher Rdn 124, 125.

Rechtsbehelf des Gläubigers bei Aufhebung ohne Antragszurücknahme: Sofortige Beschwerde (§ 793 ZPO). Bei Aufhebung nach angenommener dritter Einstellungsbewilligung siehe Rdn 185.

Aufhebung aus anderen Gründen: Rdn 193.

Teilzurücknahme des Versteigerungsantrags und **Teilaufhebung** des Zwangs- **206** versteigerungsverfahrens können für einen Bruchteil des Beschlagnahmegrundstücks (Rdn 6; zB die Miteigentumshälfte der Ehefrau) oder für Zubehörstücke im Dritteigentum (§ 55 Abs 2; siehe auch § 37 Nr 5 ZVG) erfolgen.[41] Für einen unselbstständigen Teil des Grundstücks (zB die zu einer Straße weggemessene Teilfläche, die keine eigene Flurstücksnummer hat; siehe § 864 ZPO), kann Teilaufhebung nicht angeordnet werden. Für Zubehör in Dritteigentum ist bei Schuldnerbesitz (§ 55 Abs 2 ZVG) die Aufhebung des Zwangsversteigerungsverfahrens anzuordnen, wenn die betreibenden Gläubiger den Gegenstand freigegeben haben (= Antragsrücknahme hinsichtlich dieses Gegenstandes). Das Gericht hat dann nicht darüber zu entscheiden, ob die Sache tatsächlich Zubehör oder (nicht sonderrechtsfähiger, § 93 BGB) wesentlicher Bestandteil des Grundstücks ist.[42] Ohne Bedeutung ist, dass der Gegenstand von der Beschlagnahme nicht ergriffen ist (Rdn 281). Die auf ein Zubehörstück beschränkte Teilaufhebung hat die Folge des § 55 Abs 2 ZVG auszuschließen; siehe auch § 37 Nr 5 ZVG.

Aufhebungsbeschluss für eine Grundstückshälfte nach Anordnung des Verstei- **207** gerungsverfahrens über das Gesamtgrundstück: Das Verfahren zur Zwangsversteigerung des im Grundbuch von … Blatt … eingetragenen Grundstücks wird hinsichtlich des halben Miteigentumsanteils der Ehefrau … nach Zurücknahme des Antrags gegen diese Schuldnerin aufgehoben, § 29 ZVG. Das Verfahren zur Zwangsversteigerung der Grundstückshälfte des Ehemannes … wird nicht berührt; die Beschlagnahme seines Grundstückshälfteanteils bleibt bestehen.

Aufhebungsbeschluss für Grundstückszubehör: Das Zwangsversteigerungsverfahren wird hinsichtlich des in der Wohnung im 2. Stock links aufgestellten Ölofens, Marke …, aufgehoben, weil die Versteigerungsanträge insoweit zurückgenommen sind, § 29 ZVG.

Ermäßigung der Vollstreckungsforderung ist keine Teilrücknahme. Ein Teilauf- **207a** hebungsbeschluss ergeht nicht. Der Schuldner ist jedoch zu benachrichtigen

---

[39] Stöber Rdn 2.7 zu § 29; Jaeckel/Güthe Rdn 1 zu § 31.
[40] LG Aachen Rpfleger 1985, 452.
[41] OLG Hamm OLGZ 1967, 445 = MDR 1967, 773; OLG Düsseldorf NJW 1955, 188.
[42] OLG Hamm und OLG Düsseldorf je wie Fußn 41.

(Übersendung einer Abschrift). Die Erklärung des Gläubigers ist als (Minder)Anmeldung zu berücksichtigen (siehe Rdn 237c).

Wenn der Gläubiger, der einen einheitlichen Anordnungsbeschluss wegen **mehrerer selbstständiger Ansprüche** von verschiedenem Rang (zB wegen der dinglichen Ansprüche aus der Hypothek Abteilung III Nr 1 und aus der Grundschuld Abteilung III Nr 5) erwirkt hat, seinen Antrag wegen eines dieser Ansprüche (so wegen der Hypothekenforderung Abteilung III Nr 1) samt (etwaigen) Zinsen und Kosten (prüfen und Frage, ob Antragsrücknahme sich darauf erstreckt, ggfs durch Rückfrage klären) ganz zurücknimmt, sollte Teilaufhebung beschlossen werden.

> **Beschluss:** ... wird aufgehoben, soweit es wegen des dinglichen Anspruchs aus der Hypothek Abteilung III Nr 1 (ggfs auch: auf Grund der vollstreckbaren Urkunde des Notars ... vom ... UrkR Nr ...) betrieben wird (§ 29 ZVG).
> Das Verfahren zur Zwangsversteigerung des Grundstücks ... wird im Übrigen nicht berührt; die Beschlagnahme bleibt bestehen.

6. Abschnitt. Vorbereitung des Versteigerungstermins

1. Unterabschnitt. Festsetzung des Grundstückswerts
§ 74a Abs 5 ZVG

Schrifttum: Alff, Alternative Verkehrswertfestsetzung (mit und ohne Belastung) im Versteigerungsverfahren?, Rpfleger 2003, 113; Barsties, Sachverständige bei der Wertfestsetzung gem. § 74a ZVG, SchlHA 1972, 129; Barsties, Zur Frage der Anhörung von Sachverständigen bei der Wertfestsetzung gem. § 74a ZVG, SchlHA 1985, 49; Budde, Anfechtbarkeit der Verkehrswertfestsetzung, Rpfleger 1991, 189; Drischler, Einzel- und Zweifelsfragen des Immobiliarvollstreckungsrechts (Nr 11: Wertfestsetzung), Rpfleger 1967, 357 (362); Drischler, Zuschlagserteilung u. Zuschlagsversagung unter Berücksichtigung der §§ 74a u. 85a ZVG, JurBüro 1982, 1121; Drischler, Zur Festsetzung des Verkehrswertes in der Zwangsversteigerung, Rpfleger 1983, 99; Grohmann, Beeinflussen Grundstücksbelastungen, insbesondere Altenteilsrechte, den Wert nach § 74a Abs 5 ZVG? JurBüro 1970, 559; Herwig, Besteht Duldungspflicht des Realschuldners zur Augenscheinseinnahme durch einen Sachverständigen bei bebauten Grundstücken vor der Zwangsversteigerung?, NotBZ 2002, 407; Leyerseder, Zur Grundstückswertfestsetzung im Zwangsversteigerungsverfahren, NJW 1955, 1427; Lorenz, Die Problematik des Zeitpunktes der Wertfestsetzung gemäß § 74a Abs 5 ZVG, MDR 1961, 371; Mayer, Gläubiger-Mehrheit im Zwangsversteigerungsverfahren, Rpfleger 1983, 265; Metz, Zur Anfechtbarkeit der Verkehrswertfestsetzung im Zwangsversteigerungsverfahren von Privathotels aus verfassungsrechtlicher Sicht, Rpfleger 2010, 13; Mohrbutter, Zur Festsetzung des Grundstückswerts, BB 1953, 875; Mohrbutter, Rechtsfragen zum Grundstückswert in der Zwangsversteigerung, MDR 1955, 711; Riggers, Fragen zur Festsetzung und Auswirkung des Grundstückswertes im Zwangsversteigerungsverfahren, JurBüro 1968, 777; Schiffhauer, Muß in jedem Fall der Verkehrswert gemäß § 74a Abs 5 ZVG festgesetzt werden? MDR 1963, 901; Schiffhauer, Kann ein Verfahrensbeteiligter die Herabsetzung des Verkehrswertes (§ 74a Abs 5 ZVG) im Beschwerdeverfahren verlangen? Rpfleger 1973, 81; Schmidt, Der Zeitpunkt der Festsetzung des Grundstückswerts im Zwangsversteigerungsverfahren, Rpfleger 1960, 41; Schulz, Verkehrswert bei Zwangsversteigerungen, Rpfleger 1987, 441; Spies, Die Festsetzung des Grundstückswertes im Zwangsversteigerungsverfahren, NJW 1955, 813; Stöber Festsetzung des Grundstückswertes (§ 74a Abs 5 ZVG) und Entscheidung über den Zuschlag, Rpfleger 1969, 221.

Auftrag an den Sachverständigen (Abdruck an Gläubiger und Schuldner):   **208**
Zwangsversteigerungsverfahren: K ... /2009
Grundstück: ...
Eigentümer (zugleich Schuldner): ...
Gläubiger: ...
Sehr geehrter Herr ...
Das Vollstreckungsgericht hat den Verkehrswert des Beschlagnahmegrundstücks nach § 74a Abs 5 und § 85a Abs 2 S 1 ZVG festzusetzen.
Mit der Wertermittlung werden Sie als Sachverständiger beauftragt. Sie werden gebeten, den Grundstückswert gutachtlich zu ermitteln und das von Ihnen unterschriebene Gutachten innerhalb eines Monats auf der Geschäftsstelle niederzulegen. Das Gutachten wird in ... facher Fertigung erbeten. Die Besichtigung des Beschlagnahmeobjekts wird Ihnen übertragen. Gläubiger und Schuldner (bzw deren Vertreter) ist Gelegenheit zu geben, bei der Ortsbesichtigung anwesend zu sein. Der Besichtigungstermin wolle Gläubiger und Schuldner (bzw deren Vertreter) daher rechtzeitig mitgeteilt werden. Nachricht an das Gericht ist nicht nötig.
Einwendungen der Beteiligten gegen die Schätzung wollen Sie nicht beachten. Sollten sich bei der Ortsbesichtigung erhebliche Hindernisse ergeben, so wird gebeten, das Gutachten nach dem äußeren Eindruck des Beschlagnahmeobjekts zu erstellen. Der Wert der beweglichen Gegenstände, auf die sich die Versteigerung erstreckt (dazu siehe § 55 ZVG), ist unter Würdigung aller Verhältnisse frei zu schätzen und im Gutachten gesondert auszuweisen.
In dem Schätzgutachten bitte ich insbesonders auch zu berichten
a) über die Verkehrs- und Geschäftslage,
b) über den baulichen Zustand und etwa anstehende Reparaturen,
c) darüber, ob Bauauflagen oder baubehördliche Beschränkungen oder Beanstandungen vorliegen,
d) darüber, ob Verdacht auf Hausschwamm besteht.
Beizufügen bitte ich dem Schätzgutachten einige Lichtbilder der Gebäude oder der Örtlichkeiten und einfache Lage- sowie Gebäudepläne. (Oder: Pläne und Skizzen werden nicht benötigt). Außerdem bitte ich festzustellen
e) ob ein Gewerbebetrieb vorhanden ist (Art und Inhaber),
f) ob Maschinen oder Betriebseinrichtungen vorhanden sind, die von Ihnen nicht geschätzt wurden (Art, Bezeichnung).
Mit vorzüglicher Hochachtung
Schreiben an Gläubiger, Schuldner und alle Beteiligte: Der mit der Feststellung des Grundstückswertes beauftragt gewesene Sachverständige ... hat sein Schätzgutachten auf der Geschäftsstelle des Vollstreckungsgerichts niedergelegt. Abdruck geht Ihnen beigefügt zu. (Oder: Das Gutachten kann auf der Geschäftsstelle eingesehen werden). Zur Feststellung des Grundstückswertes liegen dem Vollstreckungsgericht außerdem vor: ... Vor der Festsetzung des Grundstückswertes (Verkehrswertes) nach § 74a Abs 5 und § 85a Abs 2 S 1 ZVG wird Ihnen hiermit Gelegenheit zur Äußerung bis ... gegeben.
Wertfestsetzungsbeschluss in dem Zwangsversteigerungsverfahren ...: Der   **209**
Grundstückswert (Verkehrswert) des Beschlagnahmegrundstücks FlStNr ... der Gemarkung ... wird gemäß § 74a Abs 5 sowie § 85a Abs 2 S 1 ZVG auf ... € festgesetzt.
Gründe: Das Vollstreckungsgericht hat den Verkehrswert des Beschlagnahmegrundstücks festzusetzen (§ 74a Abs 5 und § 85a Abs 2 ZVG). Verkehrswert ist der Preis, der bei einer freihändigen Veräußerung für Objekte gleicher Art unter Berücksichtigung der örtlichen und zeitlichen Verhältnisse voraussichtlich erzielt würde.
Die Wertfestsetzung dient vornehmlich der Feststellung der Versteigerungsgrenze des § 85a ZVG und der sogenannten $7/10$-Wertgrenze. Nach § 85a ZVG ist der Zuschlag zu versagen, wenn das Meistgebot einschließlich des Kapitalwertes der nach den Versteigerungsbedingungen bestehen bleibenden Rechte die Hälfte des Grundstückswertes nicht erreicht. Wird ein höheres Meistgebot erzielt, bleibt es jedoch unter sieben Zehnteln des Verkehrswertes, so kann ein Berechtigter, dessen

Anspruch ganz oder teilweise durch das Meistgebot nicht gedeckt ist, aber voraussichtlich gedeckt sein würde, wenn das Gebot sieben Zehntel des Verkehrswertes erreicht, die Versagung des Zuschlags beantragen (§ 74a Abs 1 ZVG). Im Übrigen kann der Zuschlag sowohl auf ein höheres als auch auf ein niedrigeres Gebot erteilt werden. Grundlage der Verkehrswertfeststellung bildet das eingehend begründete und nach den geltenden Bewertungsmethoden erstellte Gutachten vom ... des ... Der Gutachter ist öffentlich bestellter und vereidigter Sachverständiger für Grundstücks- und Gebäudewerte.

In diesem Gutachten hat der Sachverständige den festgesetzten Betrag als Verkehrswert des Beschlagnahmegrundstücks auf der Grundlage des Sachwertes – Ertragswertes – ermittelt. Die Beteiligten wurden zu dem Schätzungsergebnis gehört. Einwendungen haben sie nicht erhoben. Da dem Gericht keine Umstände bekannt sind, die die Richtigkeit des Gutachtens in Frage stellen könnten, schließt es sich der Wertermittlung des Sachverständigen an; es macht diese zur Grundlage der Entscheidung.

Verfügung: Begl Abschrift zustellen an Gläubiger(-vertreter), Schuldner(-vertreter) und die sämtlichen Beteiligten, nämlich ...

209a   **Rechtsmittelschriftsatz:** Gegen den Beschluss vom ... erhebe ich sofortige Beschwerde. Ich beantrage, den Beschluss aufzuheben und den Grundstückswert nach § 74a Abs 5 und § 85a Abs 2 S 1 ZVG unter Berücksichtigung des folgenden Beschwerdevorbringens neu zu ermitteln und auf mindestens ... € festzusetzen. Gründe: ...

a) Der Grundstückswert

210   Grundstückswert ist der Verkehrswert.[1] Er wird vom Vollstreckungsgericht **von Amts wegen** in einem besonderen Verfahren mit eigenem Rechtsmittelzug[2] festgesetzt (§ 74a Abs 5 S 1, § 85a Abs 2 S 1 ZVG). Die Beteiligten können auf die Wertfestsetzung nicht verzichten. Bestimmt wird der Grundstückswert durch den Preis, der im Bewertungszeitpunkt im gewöhnlichen Geschäftsverkehr nach den rechtlichen Gegebenheiten und tatsächlichen Eigenschaften, der sonstigen Beschaffenheit und der Lage des Grundstücks ohne Rücksicht auf ungewöhnliche oder persönliche Verhältnisse zu erzielen wäre (Marktwert; § 194 BauGB). Alle den Grundstückswert beeinflussende Umstände tatsächlicher und rechtlicher Art hat das Vollstreckungsgericht (sorgfältig) zu ermitteln und zu berücksichtigen.[3] Bei Altlastenverdacht muss es den Verdachtsmomenten nachgehen und alle zumutbare Erkenntnisquellen über die Bodenbeschaffenheit nutzen.[4] Der Wert beweglicher Gegenstände, auf die sich die Versteigerung erstreckt (dazu Rdn 281) ist unter Würdigung aller Umstände frei zu schätzen (§ 74a Abs 5 S 2 ZVG). Auch den Anspruch auf eine der Versteigerung unterliegende (ggfs bereits hinterlegte) Versicherungssumme (Rdn 150) hat die Wertfestsetzung zu erfassen.[5] Der Wert, den eine Grunddienstbarkeit für das Beschlagnahmeobjekt als herrschendes Grundstück hat, ist zu berücksichtigen.[6] Maßgebend ist der festgesetzte Wert in allen Fällen, in denen das ZVG vom Grundstückswert ausgeht, mithin für
– die Zuschlagversagung zur Abwendung einer Verschleuderung des Grundstücks nach § 85a Abs 1 ZVG, weil das Meistgebot die Hälfte des Grundstückswerts nicht erreicht (dazu Rdn 344a);

---

[1] Dazu Stöber Rdn 7.3 zu § 74a (Wertermittlung Rdn 7.4).
[2] BVerfG 6, 12 = MDR 1957, 84 = NJW 1957, 17 und 947 mit Anm Schätzler.
[3] BGH MDR 2007, 110 = NJW-RR 2006, 1389 (1390) = Rpfleger 2006, 55.
[4] BGH NJW-RR 2006, 1389 = aaO.
[5] BGH MDR 1971, 567 = NJW 1971, 1750.
[6] Schiffhauer Rpfleger 1975, 195.

- Bestimmung der $^7/_{10}$-Grenze des § 74a ZVG, wenn zur Abwendung einer Grundstücksverschleuderung Antrag auf Versagung des Zuschlags gestellt ist (dazu Rdn 339);
- Anordnungen nach § 30a Abs 3 ZVG bei einstweiliger Einstellung (in der Regel ist zu diesem Zeitpunkt ein Wert aber noch nicht festgesetzt; er wird für diesen Zweck allein auch nicht vorweg ermittelt, siehe Rdn 171b);
- Verteilung eines im geringsten Gebot stehenden Gesamtrechts (§ 64 ZVG);
- Feststellung des Rechts, Antrag auf Zuschlagversagung nach § 85 Abs 1 ZVG zu stellen;
- Höhe der Sicherheitsleistung (§ 68 Abs 1 S 1 ZVG);
- Verteilung des Erlöses beim Gesamtausgebot (§ 112 Abs 2 ZVG);
- fiktive Befriedigung des Erstehers (§ 114a ZVG)[7] (Prozessgericht kann von keinem anderen Wert ausgehen, aber keine Bindung nach einem zweiten Termin, für den das Vollstreckungsgericht den „überholten" Wert nicht mehr zu überprüfen hatte[8]);
- Berechnung der Gerichtskosten (§ 54 Abs 1 GKG) und der Rechtsanwaltskosten (§ 26 RVG);
- Entscheidung über einen Vollstreckungsschutzantrag nach § 765a ZPO (hier: Feststellung der Grundstücksverschleuderung).

Darüber hinaus gibt der (festgesetzte) Grundstückswert Bietinteressenten eine Orientierungshilfe für ihre Entscheidung.[9]

b) Zeitpunkt der Wertfestsetzung

Über den Zeitpunkt der Wertermittlung und -festsetzung bestanden früher 210a Meinungsverschiedenheiten. Jetzt ist (zutreffend) allgemeine Ansicht, dass Festsetzung jedenfalls so rechtzeitig vor dem (nicht erst im) Versteigerungstermin zu erfolgen hat (davon geht § 38 ZVG als selbstverständlich aus), dass die bereits bekannten Beteiligten (§ 9 ZVG) noch die Möglichkeit haben, von ihrem Beschwerderecht (§ 74a Abs 5 S 3 ZVG) Gebrauch zu machen und eine Entscheidung des Beschwerdegerichts herbeizuführen.[10] Durch vorzeitige Wertermittlung darf vermeidbares Aufsehen nicht verursacht werden; unnötige Kosten dürfen dem Schuldner nicht entstehen. Ein Sachverständigengutachten (Rdn 211) ist daher erst in Auftrag zu geben, wenn das Verfahren mit Terminsbestimmung Fortgang nehmen wird, mithin noch nicht, wenn der Schuldner Antrag auf Verfahrenseinstellung (§§ 30aff ZVG, auch § 765a ZPO) gestellt hat und dieser nicht aussichtslos erscheint. Entsprechendes gilt, wenn gegen einen Ablehnungsbeschluss Beschwerde eingelegt ist. Nach rechtskräftiger Ablehnung des auf den Anordnungsbeschluss (oder einen Beitrittsbeschluss) gestellten Einstellungsantrags kann die Verfahrensfortführung mit Wertermittlung aber nicht deshalb zurückgestellt werden, weil der Schuldner nach Beitritt eines weiteren Gläubigers auch gegen diesen Einstellungsantrag gestellt hat. Bei Stillstand des Verfahrens mit einstweiliger Einstellung wird eine Wertermittlung nicht durchgeführt und ein Wertfestsetzungsbeschluss nicht erlassen.

---

[7] BGH 99, 110 = DNotZ 1987, 504 = MDR 1987, 317 = NJW 1987, 503 = Rpfleger 1987, 120 mit Anm Ebeling; BGH NJW-RR 2004, 666; dazu näher Rdn 572.

[8] BGH NJW-RR 2004, 666; Stöber Rdn 3.1 zu § 114a; dazu s Rdn 572.

[9] BGH Rpfleger 2003, 310; NJW 2006, 1733 = Rpfleger 2006, 551 (552) und NJW-RR 2006, 1389 (1390) = Rpfleger 2006, 554 (555).

[10] Hornung Rpfleger 1979, 365 (D VI 1); Stöber Rpfleger 1969, 221 (223); Stöber Rdn 7.12 zu § 74a.

c) Anhörung eines Sachverständigen

211 Grundlagen der Wertfestsetzung sind: Sachverständigengutachten (siehe § 74a Abs 5 S 1 ZVG), aber auch von den Beteiligten vorgelegte (private) Schätzgutachten und Brandversicherungswert, frühere Verkaufspreise, Bodenrichtwerte nach § 196 BauGB und Stellungnahmen der Beteiligten. Grundstücksbelastungen (soweit sie nicht die wirtschaftliche Nutzung des Grundstücks beeinträchtigen wie zB Wegerechte, Baubeschränkungen[11]) sowie Mietvorauszahlungen (Baukostenzuschüsse) sind nicht abzusetzen. Alle zur Wertermittlung beschafften und vorgelegten Unterlagen hat das Vollstreckungsgericht frei zu würdigen. Wenn (wie zumeist) zur Wertbestimmung die **Zuziehung eines Sachverständigen** nötig ist, muss das Vollstreckungsgericht seine gutachtliche Äußerung ohne Antrag anordnen. Die Auswahl des Sachverständigen erfolgt durch das Vollstreckungsgericht (vgl § 404 Abs 1 ZPO). Seine Anhörung erfolgt nach den Bestimmungen der Zivilprozessordnung (§§ 402 ff) über die Beweiserhebung.[12] Besonderheiten ergeben sich nur daraus, dass ohne mündliche Verhandlung entschieden und der Sachverständige von Amts wegen angehört wird. Daher bedarf es keines förmlichen Beweisbeschlusses (§ 358 ZPO). Wegen des Ablehnungsrechts (§ 406 ZPO) ist Gläubiger und Schuldner, nicht aber den sonstigen Beteiligten, Kenntnis von der Zuziehung und Auswahl des Sachverständigen zu geben. Das Sachverständigengutachten kann auch von dem Gutachterausschuss nach dem BauGB (§§ 192, 193) angefordert werden.[13]

Dem Sachverständigen kann das Gericht auch die Feststellung der zu begutachtenden Tatsachen, für die Wertermittlung mithin die **Besichtigung des Grundstücks** und Feststellung des Bauzustandes von Gebäuden (Ortsbesichtigung) übertragen. Der Sachverständige muss dann Gläubiger und Schuldner, nicht jedoch den sonstigen Beteiligten, Gelegenheit geben, bei der Besichtigung anwesend zu sein.[14] Zugang zu dem Versteigerungsgrundstück kann das Gericht dem Sachverständigen (oder sich selbst) nicht erzwingen.[15]

Der Sachverständige hat das von ihm unterschriebene Gutachten auf der Geschäftsstelle niederzulegen; das Gericht kann ihm hierzu eine Frist bestimmen (§ 411 Abs 1 ZPO).

Der Sachverständige kann (insbesondere wegen Befangenheit) abgelehnt werden (§§ 406, 41, 42 ZPO). Über das Ablehnungsgesuch entscheidet der Rechtspfleger. Eine für begründet erklärte Ablehnung wäre bei Entscheidung durch den Richter nicht anfechtbar (§ 406 Abs 5 ZPO); daher findet bei Entscheidung durch den Rechtspfleger sofortige Erinnerung statt (§ 11 Abs 2 RPflG), über die der Richter abschließend entscheidet. Wenn die Ablehnung für unbegründet erklärt wird, findet sofortige Beschwerde statt (§ 406 Abs 5 ZPO). Gegen den Beschluss des Landgerichts, durch den die Ablehnung des für das Verfahren über die Beschwerde gegen den Wertfestsetzungsbeschluss zugezogenen Sachverständigen für unbegründet erklärt wird, findet Beschwerde nicht statt (§ 567 Abs 1 ZPO).[16]

---

[11] Dazu Grohmann JurBüro 1970, 559.
[12] BGH MDR 2003, 1180 (1181) = NJW-RR 2003, 2825 (2826); Stöber Rpfleger 1974, 186; Stöber Rdn 10.2 zu § 74a.
[13] BGH 62, 93 = MDR 1974, 477 = NJW 1974, 701 = Rpfleger 1974, 185 und Anm Stöber Rpfleger 1974, 186.
[14] Vgl Zöller/Greger, Rdn 5a zu § 402 und Rdn 4 zu § 404a ZPO; Stöber Rdn 10.5 zu § 74a.
[15] BGH NJW-RR 2003, 2825; Stöber Rdn 10.5 zu § 74a.
[16] Anders (früher) OLG Frankfurt Rpfleger 1977, 66.

Haftung des gerichtlichen Sachverständigen für Folgen eines vorsätzlich oder grob fahrlässig unrichtig erstatteten Gutachten: § 839 a BGB. Sachverständigenentschädigung: §§ 8, 9 Justizvergütungs- und -entschädigungsgesetz (JVEG).

d) Wertfestsetzungsverfahren

Rechtliches Gehör ist allen Verfahrensbeteiligten vor Wertfestsetzung zu gewähren (Art 103 Abs 1 GrundG).[17] Das erfordert, dass ihnen Gelegenheit zur Stellungnahme zu dem vom Sachverständigen auf der Geschäftsstelle des Gerichts niedergelegten Gutachten (§ 411 Abs 1 S 1 ZPO) und anderen Unterlagen, die der Wertfestsetzung zugrunde gelegt werden sollen, in angemessener Frist (s § 411 Abs 4 ZPO) gewährt wird. Eine Äußerung des Gerichts, in welcher Höhe es den Wert festzusetzen beabsichtigt, ist nicht erforderlich. Abschrift des Gutachtens können die Beteiligten sich jedenfalls nach § 299 Abs 1 ZPO erteilen lassen. Übersendung einer Gutachtenabschrift von Amts wegen ist nicht bestimmt; sie kann auch nicht für Gewährung rechtlichen Gehörs geboten sein. Gleichwohl sollte es sich als naheliegend und praktisch erweisen, jedenfalls dem (betreibenden) Gläubiger und dem Schuldner Gelegenheit zur Stellungnahme unter Zuleitung einer Gutachtenabschrift zu gewähren. Für die mit unterschiedlichsten Interessen sonst Beteiligten (§ 9 ZVG), die vielfach an der Wertfestsetzung nicht unmittelbar interessiert sind, kann Übersendung einer Gutachtenabschrift zur Stellungnahme nur in Frage kommen, wenn sie das bei Anhörung aus triftigem Grund verlangen (sonst § 299 Abs 1 ZPO). Ob den Verfahrensbeteiligten das rechtliche Gehör auch tatsächlich gewährt wurde, hat das Gericht vor dem Erlass des Wertfestsetzungsbeschlusses zu prüfen.[18] Es hat daher zu überwachen – etwa durch förmliche Zustellung oder Beifügung einer rückgabepflichtigen Empfangsbescheinigung – ob die Beteiligten in den Besitz der Benachrichtigung über die Niederlegung des Gutachtens und den für Geltendmachung etwaiger Einwendung bestimmten Zeitraum gelangt sind.[19] **212**
Der Wertfestsetzungsbeschluss muss begründet werden. Die Begründung muss unter Darlegung der Art der Berechnung und der Berechnungsgrundlagen die Erwägungen erkennen lassen, die zu dem festgesetzten Wert geführt haben. Bei Abweichung von dem Sachverständigengutachten sind die maßgeblichen Erwägungen nachvollziehbar darzustellen.
Zuzustellen ist der Wertfestsetzungsbeschluss allen Beteiligten (§ 9 ZVG), auch wenn deren Glaubhaftmachung noch aussteht (§ 329 Abs 3 ZPO). Einem Gläubiger, der erst nach Wertfestsetzung beitritt und der bis dahin nicht bereits (zB als Berechtigter eines eingetragenen Rechts) Beteiligter war, soll der Wertfestsetzungsbeschluss zugleich mit dem Beitrittsbeschluss oder alsbald nach der Beschlagnahme zugestellt werden. Für ihn beginnt die Beschwerdefrist mit dieser Zustellung. Gleiches gilt für Berechtigte, die erst nach Wertfestsetzung durch Anmeldung die Stellung eines Beteiligten erlangen. Einem Berechtigten, der erst nach Wertfestsetzung durch Anmeldung eines voll im geringsten Gebot stehenden Anspruchs Beteiligter wird (wie regelmäßig bei Ansprüchen der Rangklasse 3 des § 10 Abs 1 ZVG) müsste der Beschluss jedoch nicht mehr **213**

---

[17] Dazu Stöber Rdn 7.15 zu § 74 a; BVerfG 6, 12 = aaO Fußn 2; zur Frage des rechtlichen Gehörs siehe auch BVerfG MDR 1963, 738 = Rpfleger 1964, 41.
[18] BVerfG (Kammerbeschluss) FamRZ 2006, 763 = NJW 2006, 2248.
[19] Siehe BVerfG aaO.

gesondert zuzustellen sein.[20] Der Rechtsnachfolger eines Beteiligten muss den Wertfestsetzungsbeschluss und seine Rechtskraft gegen sich gelten lassen;[21] nach Eintritt des Rechtsnachfolgers als Beteiligter (§ 9 ZVG) erfolgt daher an ihn keine neue Zustellung. Nicht zugestellt wird Mietern und Pächtern, da sie kein Beschwerderecht haben (dazu Rdn 214). Bei Neufestsetzung infolge Änderung erst im Versteigerungstermin wird der Beschluss verkündet (§ 329 Abs 1 ZPO); für den Beginn der Beschwerdefrist (§ 569 Abs 1 S 2 ZPO) ist er zudem zuzustellen;[22] das erübrigt sich jedoch nach Zuschlagerteilung, weil dann nicht mehr der Wertfestsetzungsbeschluss, sondern nur noch der Zuschlagsbeschluss anfechtbar ist (Rdn 364).

214 **Rechtsmittel:** Es findet sofortige Beschwerde statt (§ 74a Abs 5 S 3 ZVG). Beschwerdeberechtigt sind alle Beteiligten (§ 9 ZVG), auch der (betreibende) Gläubiger und der Schuldner,[23] nicht aber Mieter oder Pächter.[24] Zu eng wegen der umfassenden Bedeutung des Wertes, jetzt auch im Hinblick auf § 85a ZVG (siehe Rdn 210) LG Lübeck:[25] Beschwerdeberechtigt sei nur, wer bei erfolgreicher Beschwerde Zuschlagversagung nach § 74a Abs 1 ZVG beantragen könne. Beschwerde kann auch mit dem Ziel der Festsetzung eines geringeren Grundstückswertes eingelegt werden.[26] Rechtsbeschwerde gegen den Beschluss des Beschwerdegerichts findet nur statt, wenn sie zugelassen ist (§ 574 Abs 1 Nr 2 ZPO).
Auch im Beschwerdeverfahren ist den Beteiligten rechtliches Gehör zu gewähren.

215 Festgesetzt wird der Grundstückswert unabhängig von einzelnen Versteigerungsterminen **für das Verfahren insgesamt.**[27] Er ist bei Fortsetzung eines nach Wertfestsetzung eingestellten Verfahrens daher nicht neu zu ermitteln und nicht nochmals festzusetzen.[28] Der rechtskräftig festgesetzte Wert kann grundsätzlich nicht geändert werden; eine spätere andere Beurteilung der für die Wertbestimmung maßgeblichen Umstände und eine Korrektur von Fehlern sind damit ausgeschlossen.

e) Überprüfung und Abänderung des Wertes

215a **Neue Tatsachen** nach rechtskräftiger Wertfestsetzung, die ein Beteiligter (insbesondere der Schuldner) ausdrücklich geltend macht oder die auf sonstige Weise dem Vollstreckungsgericht bekannt werden (Wegfall von Zubehör, Schäden am

---

[20] Stöber Rpfleger 1969, 221 (223 Abschn IV e).

[21] LG Mainz Rpfleger 1974, 125.

[22] Stöber Rdn 7.18 zu § 74a; OLG Braunschweig NdsRpfl 1984, 259; OLG Hamm Rpfleger 1991, 73.

[23] BGHRep 2004, 1060 = MDR 2004, 1023 und Rpfleger 2006, 554 = NJW-RR 2006, 1389 (1390); OLG Frankfurt BB 1954, 1043; LG Braunschweig NdsRpfl 1955, 172 = NJW 1955, 1641 und NdsRpfl 1956, 163 = NJW 1956, 1644; LG Frankfurt Rpfleger 1980, 30; LG Hildesheim NdsRpfl 1965, 275; LG Osnabrück MDR 1956, 239; LG Traunstein MDR 1956, 751.

[24] OLG Hamm JMBlNRW 1954, 130.

[25] LG Lübeck SchlHA 1970, 231.

[26] BGH MDR 2004, 1023 = aaO (Fußn 23); Schiffhauer Rpfleger 1973, 81 richtig gegen LG Göttingen Rpfleger 1973, 105.

[27] Stöber Rdn 7.13 zu § 74a; Steiner/Storz Rdn 80 zu § 74a ZVG; OLG Köln Rpfleger 1993, 258; OLG Schleswig JurBüro 1981, 115 = NJW 1981, 235 (Leits) = Rpfleger 1981, 27 (in Abweichung von OLG Schleswig JurBüro 1959, 250 = SchlHA 1959, 148). Anders LG München I Rpfleger 1969, 251.

[28] Stöber Rpfleger 1969, 221 (226 Abschn X).

Gebäude, bauliche Verbesserungen, auch Umstände, die auf Grund der allgemeinen Entwicklung zu einer anderen Bewertung führen müssen, wie wesentliche Wertsteigerung im Grundstücksbezirk, auch infolge starker allgemeiner Preissteigerungen, oder im Einzelfall infolge eines Bescheides über eine Bauvoranfrage,[29] Änderung der Nutzungsart, der Bauleitplanung, auch der Verkehrsverhältnisse) erfordern aber in jeder Verfahrenslage eine Überprüfung und ggfs Abänderung des bereits rechtskräftig festgesetzten Grundstückswerts.[30] Solche Umstände ermöglichen und erfordern auch bei Fortsetzung eines nach Wertfestsetzung eingestellten Verfahrens eine Wertänderung.[31] Veranlassung zu einer Wertüberprüfung besteht jedenfalls, wenn seit der Wertfestsetzung ein langjähriger Zeitraum ($4\frac{1}{2}$ Jahre) mit erheblichen allgemeinen Preissteigerungen verstrichen ist.[32] Die Änderung muss, wenn sie veranlasst ist, erfolgen, damit vor dem Versteigerungstermin so rechtzeitig, dass die Beteiligten die geänderte Festsetzung in dem hierfür vorgesehenen Verfahren (§ 74a Abs 5 S 3 ZVG) noch überprüfen lassen können.[33] Sie kann nicht zurückgestellt werden und erst in den Gründen des Zuschlagsbeschlusses erfolgen.[34] Vor der Wertänderung ist den Beteiligten wieder rechtliches Gehör (Art 103 Abs 1 GrundG) zu gewähren; allen ist der Änderungsbeschluss zuzustellen. Neue Tatsachen, die erst im Versteigerungstermin vorgebracht werden, können nur dann noch berücksichtigt werden, wenn der Antragsteller sie so nachweist, dass sie als feststehend anzusehen sind.[35] In einem zweiten Termin (iS von § 74a Abs 4, § 85a Abs 2 ZVG) ist der Wert nicht mehr zu ändern; hier fehlt das Rechtsschutzbedürfnis.[36] Neue Tatsachen, die sich auf die Grundstücksbewertung beziehen, gehören jedoch zu den das Grundstück betreffenden Nachweisungen. Sie sind daher mit diesen bekanntzumachen (§ 66 Abs 1 ZVG), erforderlichenfalls mit dem Hinweis, dass eine Überprüfung nicht erfolgt ist.

Änderungsbeschluss. In Abänderung des Beschlusses vom ... wird der Grundstückswert (Verkehrswert) des Beschlagnahmegrundstücks FlStNr ... der Gemarkung ... auf ... € festgesetzt. Gründe: ...

f) Terminsbestimmung und Versteigerungstermin

Der Grundstückswert soll in der Terminsbestimmung bezeichnet werden (§ 38   **215b** Abs 1 ZVG); er wird im Versteigerungstermin bekanntgemacht (§ 66 Abs 1 ZVG). Änderung des (öffentlich bekannt gemachten) Verkehrswerts (§ 38 Abs 1, § 39 ZVG) soll Bekanntmachung des geänderten Wertes rechtzeitig vor dem Versteigerungstermin gebieten[37] (§ 43 Abs 1 ZVG); abgesehen werden darf

---

[29] OLG Köln KTS 1984, 160 = MDR 1983, 851 = OLGZ 1983, 474 = Rpfleger 1983, 362.

[30] BGH MDR 2004, 294 = NJW-RR 2004, 302 (303) = Rpfleger 2004, 172; Stöber wie Fußn 28; OLG Braunschweig NJW 1960, 205; OLG Düsseldorf Rpfleger 2000, 559; OLG Hamm KTS 1978, 46 = MDR 1977, 1028 = OLGZ 1978, 230 = Rpfleger 1977, 452.

[31] Dazu Stöber Rdn 7.20 zu § 74a; OLG Köln aaO (Fußn 29); OLG Koblenz Rpfleger 1985, 410.

[32] OLG Hamm Rpfleger 1977, 452 = aaO (Fußn 30).

[33] BGH NJW-RR 2008, 944 = Rpfleger 2008, 214.

[34] BGH aaO.

[35] LG Oldenburg KTS 1970, 63 mit Anm Schiffhauer.

[36] BGH NJW-RR 2004, 302 = aaO (Fußn 30); BGH NJW-RR 2004, 666 = Rpfleger 2004, 433; auch BGH NJW-RR 2005, 1359 (1360) = Rpfleger 2005, 554 (555); Stöber Rdn 7.9 und 7.20 (lit e) zu § 74a; anders Hornung Rpfleger 1979, 365 (D VI 1).

[37] BGH MDR 2008, 1185 = NJW-RR 2008, 1741 = Rpfleger 2008, 588.

jedoch davon, wenn der neue Wert nur „unwesentlich" (in der Regel bei weniger als 10 vH der Fall) von dem bereits bekannt gemachten abweicht.[38] Durchführung eines bereits anberaumten Versteigerungstermins sollte die Abänderung des Verkehrswerts jedoch nicht behindern[39] (§ 38 Abs 1 ZVG ist „Soll"-Vorschrift). Terminsbestimmung (§ 36 Abs 1 ZVG) und Terminsbekanntmachung (§§ 39 ff ZVG) erfordern keine Rechtskraft des Wertfestsetzungsbeschlusses;[40] ebenso hemmt eine Beschwerde gegen den Festsetzungsbeschluss den Fortgang des Versteigerungsverfahrens nicht; Ausnahme bei einstweiliger Anordnung des Vollstreckungs- oder Beschwerdegerichts nach § 572 Abs 2, 3 ZPO.[41] Bei Verfahrensfortsetzung ist auch dann über den Zuschlag zu entscheiden, wenn der Wertfestsetzungsbeschluss überhaupt noch nicht oder gegenüber einem einzelnen Beteiligten nicht rechtskräftig ist.[42] Folgen für Zu-

---

[38] BGH NJW-RR 2008, 1741 = aaO.

[39] Hierzu auch BGH NJW-RR 2008, 1741 = aaO.

[40] So auch Budde Rpfleger 1991, 189 (193) für den Fall, dass der Wertfestsetzungsbeschluss einem neu hinzutretenden Beitrittsgläubiger gegenüber nicht rechtskräftig ist. Anders OLG Schleswig aaO (Fußn 27).

[41] Siehe Stöber Rpfleger 1969, 221 (223 (Abschn V).

[42] Stöber wie Fußn 41; OLG Köln JurBüro 1970, 100 = OLGZ 1970, 187 (für den 2. Termin, in dem Zuschlagversagungsantrag nicht mehr gestellt werden kann); LG Kassel Rpfleger 1984, 474 (Anm Storz; für Änderungsbeschluss); anders (rechtskräftiger Wertfestsetzungsbeschluss vor Erteilung des Zuschlags erforderlich) OLG Düsseldorf NJW 1981, 253 (Leits) = Rpfleger 1981, 69; OLG München NJW 1968, 2249 = Rpfleger 1969, 250; OLG Braunschweig NdsRpfl 1984, 259; LG und OLG Oldenburg Rpfleger 1992, 209 mit abl Anm Hornung; auch OLG Hamm Rpfleger 2000, 12; LG Münster Rpfleger 2010, 44.

Anders auch Budde Rpfleger 1991, 189, der verlangt, dass bei zuschlagsfähigem Meistgebot die Entscheidung über den Zuschlag durch Anberaumung eines Verkündungstermins so lange hinausgeschoben wird, bis entweder die formelle Rechtskraft des Wertfestsetzungsbeschlusses eingetreten ist oder die (landgerichtliche) Beschwerdeentscheidung (§ 74 a Abs 5 S 3 ZVG) vorliegt, *sofern* nicht eine Rechtsbeeinträchtigung des beschwerdeberechtigten Beteiligten ausgeschlossen werden kann. Dem jedoch ist schon deshalb nicht zu folgen, weil folgerichtig (und nach der Argumentation Buddes) Beschwerde ausgeschlossen wäre, wenn der Rechtspfleger des Vollstreckungsgerichts Rechtsbeeinträchtigung verneint (oder auch Rechtskraft des Wertfestsetzungsbeschlusses unzutreffend annimmt) und den Zuschlag erteilt. Rechtsweg und Rechtsschutz wären Beteiligten damit stets auch verschlossen, wenn der Rechtspfleger des Vollstreckungsgerichts Rechtsbeeinträchtigung unzutreffend verneint (Irrtum über Rangstelle des Rechts des Beteiligten; Ablehnung der Wertänderung infolge fehlerhafter Würdigung neuer Tatsachen; unrichtige Einschätzung der Wertsteigerung für Wertänderung [das Vollstreckungsgericht kann ohnedies nur den ihm bekannten Sachverhalt, damit zumeist einseitiges Vorbringen des vermeintlich Beeinträchtigten, würdigen; wie soll es wissen, welche neuen Tatsachen, § 570 ZPO, im Beschwerdeverfahren für Wertsteigerung und dagegen vorgebracht werden?]). Das widerspricht eindeutig dem Gesetz. Eigentumsgewährleistung erfordert zudem auch Verfahrensschutz des Gläubigerrechts (Rdn 2) und auch Schutz des an sein Gebot gebundenen Bieters (bei Wertbeschwerden ergibt sich praktisch oft eine übermäßige Verzögerung). Diese nicht minder schützenswerten Belange können nicht einfach deshalb übergangen werden, weil (mehr oder weniger ungewisse) Rechtsbeeinträchtigung des gegen den Wertbeschluss formell noch immer Beschwerdeberechtigten sogleich durch das Vollstreckungsgericht angenommen wird. Einwendungen gegen den Verfahrensfortgang und Erteilung des Zuschlags, die sich auf unrichtige Festsetzung des Grundstückswertes stützten, gehören bei (dann zumeist ohnedies nur einzelnen Beteiligten gegenüber) fehlender Rechtskraft des Wertfestsetzungsbeschlusses in das Zuschlagbeschwerdeverfahren. Erteilung des Zuschlags wahrt daher nicht nur betroffenen Beteiligten den Rechtsweg, sondern entspricht zudem durchweg angemessener Verfahrensgestaltung im Rahmen des Ermessens- und Beurteilungsspielraums des Vollstreckungsgerichts (siehe Rdn 3 a).

schlagsanfechtung bei Rdn 364. Auf die Wirksamkeit des Zuschlags hat eine fehlerhafte Wertfestsetzung keinen Einfluss.[43] Zu versagen ist der Zuschlag jedoch nach § 83 Nr 1 ZVG, wenn es an einer zum Zeitpunkt der Versteigerung ordnungsgemäßen Wertfestsetzung fehlt.[44]

g) Bekanntmachung des Wertgutachtens

Das Wertgutachten (§ 74 a Abs 5 ZVG) und von den Beteiligten vorgelegte Ab-   215c
schätzungen (Rdn 211) können in einem für das Gericht bestimmten elektronischen Informations- und Kommunikationssystem (zu diesem Rdn 223) öffentlich bekannt gemacht werden (§ 38 Abs 2 ZVG). Das soll der Verbesserung der Verwertungsmöglichkeit dienen. Veröffentlicht werden können daher nur Wertgutachten und ggf Abschätzungen, die der Wertfestsetzung zugrunde liegen; im Einzelfall kann auch nur auszugsweise Bekanntmachung des Wertgutachtens geboten sein. Die Einstellung in das Internet hat der Rechtspfleger nach pflichtgemäßem Ermessen zu bestimmen; der Urkundsbeamte kann sie nicht von sich aus vornehmen. Die Bestimmung ist aktenkundig zu machen. Erfolgen kann diese Bekanntmachung nur, wenn auch die Terminsbestimmung öffentlich bekannt zu machen ist (folgt aus §§ 38, 39 ZVG), nicht aber selbständig zuvor, etwa schon sogleich nach Wertfestsetzung, wenn das Verfahren eingestellt ist. Als Informationsmöglichkeit für Erwerbsinteressenten verliert die Veröffentlichung ihre Bedeutung, wenn der Versteigerungstermin aufgehoben oder der Schluss der Versteigerung verkündet ist; die Bekanntmachung im gerichtlichen Informationssystem ist dann zurückzunehmen. § 38 Abs 2 ZVG hat nur die Bedeutung einer Ordnungsvorschrift; Terminsaufhebung oder Zuschlagsversagung ist daher nicht geboten, wenn Veröffentlichung des Gutachtens im Internet nicht erfolgt ist.

2. Unterabschnitt. (Frühere) Ermittlung und Aufforderung der Mieter (Pächter)

Die bisherigen Rdn 216–218 sind entfallen.

Das Kündigungsrecht des Erstehers gegenüber Mietern und Pächtern (§ 57 a ZVG) ist bei Finanzierungsleistungen nicht mehr beschränkt. Ermittlung der Mieter und Pächter sowie Aufforderung zur Abgabe einer Erklärung über Finanzierungsleistungen erfolgt nicht mehr.

3. Unterabschnitt. Terminsbestimmung und -bekanntmachung
§§ 35–43 ZVG

Schrifttum: Büchmann, Schuldnerschutz bei der Vorbereitung des Zwangsversteigerungstermins, ZIP 1985, 138; Papke, Wirtschaftliche Bedeutung der Terminsbestimmung im Zwangsversteigerungsverfahren, KTS 1965, 140.

Terminsbestimmung: Im Wege der Zwangsvollstreckung soll das in Nürnberg ge-   216
legene, im Grundbuch des Amtsgerichts Nürnberg für Gemarkung Gärten Blatt 3685 eingetragene, nachstehend bezeichnete Grundstück am …tag, den 16. Juni 2010, vorm. 9.00 Uhr an der Gerichtsstelle, Justizgebäude … straße, Zimmer Nr …, versteigert werden:

---

[43] BGH MDR 1971, 567 = NJW 1971, 1751.
[44] OLG Hamm Rpfleger 1977, 452.

Ge-markung	Flurstück Nr	Wirtschaftsart und Lage	Größe ha a m²
Gärten	900	Weststraße 90 Wohnhaus, Hofraum, Garten	- 6 30

Der Versteigerungsvermerk wurde am ... in das Grundbuch eingetragen. Rechte, die zurzeit der Eintragung des Versteigerungsvermerks aus dem Grundbuche nicht ersichtlich waren, sind spätestens im Versteigerungstermin vor der Aufforderung zur Abgabe von Geboten anzumelden und, wenn der Gläubiger widerspricht, glaubhaft zu machen, widrigenfalls sie bei der Feststellung des geringsten Gebots nicht berücksichtigt und bei der Verteilung des Versteigerungserlöses dem Anspruche des Gläubigers und den übrigen Rechten nachgesetzt werden. Wer ein Recht hat, das der Versteigerung des Grundstücks oder des nach § 55 ZVG mithaftenden Zubehörs entgegensteht, wird aufgefordert, vor der Erteilung des Zuschlags die Aufhebung oder einstweilige Einstellung des Verfahrens herbeizuführen, widrigenfalls für das Recht der Versteigerungserlös an die Stelle des versteigerten Gegenstandes tritt. Der Grundstückswert (Verkehrswert) wurde am ... gemäß § 74 a Abs 5, § 85 a Abs 2 S 1 ZVG auf ... DM festgesetzt.

Verfügung:
1. Terminsbestimmung im Amtsblatt ... veröffentlichen.
2. Terminsbestimmung an Gerichtstafel anheften und an Gemeindetafel anschlagen lassen.
3. Beglaubigte Abschrift der Terminsbestimmung zustellen an
   a) Gläubiger(-vertreter) ...; Anschrift ...
   b) Schuldner(-vertreter) ...; Anschrift: ...
   c) die folgenden Beteiligten ...
4. Begl Abschrift der Terminsbestimmung mitteilen an
   a) die Gemeindesteuerstelle ...
   b) den Bezirks-Kaminkehrermeister ...
   c) ... (zB Flurbereinigungsamt)
   Zusatz bei a)–c): Namen und Anschrift des Vollstreckungsschuldners sind ...
5. Wertgutachten (Bl ... d. A.) im elektronischen Informationssystem (...) öffentlich bekannt machen.
6. Herrn Kostenbeamten; sodann WV ...

a) Voraussetzungen der Terminsbestimmung

217 Die Voraussetzungen der Terminsanberaumung müssen gewissenhaft überprüft werden. Terminsbestimmung erfordert (wegen aller Einzel- und Besonderheiten siehe im Kommentar Rdn 3 zu § 35):
– wirksame Grundstücksbeschlagnahme (§ 36 Abs 1 ZVG; auch Überprüfung der Beschlagnahmebeschlüsse mit Zustellungsnachweisen und Grundbuchblattabschrift)
– Eingang der Mitteilungen des Grundbuchamts (§ 36 Abs 1, § 19 Abs 2 ZVG)
– Rechtskraft des die einstweilige Einstellung ablehnenden Beschlusses[45] (§ 30 b Abs 4 ZPO) oder fruchtlosen Ablauf der Antragsfrist von 2 Wochen (§ 30 b Abs 1 ZVG) auch im Anschluss an rechtzeitigen Fortsetzungsbeschluss (Rdn 200 a und § 30 c ZVG), wenn Einstellungsantrag des Schuldners dann noch zulässig war,

---

[45] Zu dieser Soll-Vorschrift BGH MDR 2009, 711 = NJW-RR 2009, 1429 = Rpfleger 2009, 403.

– Überprüfung, dass aus dem Grundbuch ersichtliche entgegenstehende Rechte nach § 28 Abs 1 ZVG (Rdn 158–163) nicht vorhanden sind,
– Wertfestsetzung (§ 74 a Abs 5 ZVG) (siehe Rdn 215 b),
– Vorliegen des (zugestellten) Schuldtitels des vollstreckenden Gläubigers.

Mit der **Terminsbestimmung** wird von Amts wegen die **Ausführung der Versteigerung** betrieben. Die Terminsbestimmung ist Beschluss im Sinne der ZPO.[46] Sie muss ordnungsgemäß (mit vollem Namen) unterzeichnet sein; Handzeichen (Paraphe) genügt nicht. Ordnungsvorschriften über Zeit und Ort des Versteigerungstermins enthält § 36 ZVG. Bei Verstoß: Erinnerung nach § 766 ZPO; kein weiteres Rechtsmittel (§ 95 ZVG). Erinnerung auch, wenn Terminsbestimmung trotz Terminsreife unterlassen wird.[47] **Verlegung** und auch **Vertagung** des Versteigerungstermins ist nach § 227 Abs 1 ZPO durch Bestimmung eines neuen Termins ausnahmsweise möglich (keine Fortsetzung; wichtig für Formalitäten; Fristen und Zustellungen sind, ebenso wie bei Terminsaufhebung und Neuansetzung nach § 43 ZVG, neu zu wahren).

b) Inhalt der Terminsbestimmung

Den Inhalt der Terminsbestimmung regeln § 37 ZVG (wesentlich; bei Verletzung Terminsaufhebung oder Zuschlagversagung, keine Heilung durch Rügeverzicht, weil auch Unbekannte angesprochen sind) und § 38 ZVG (Sollvorschrift, deren Vorgaben im Regelfall ebenfalls erfüllt sein müssen;[48] dem Vollstreckungsgericht steht es nicht frei, auf diese Angaben zu verzichten[49]). Bedeutung: Alle, deren Rechte von dem Verfahren berührt werden, sollen zur Wahrnehmung dieser Rechte aufgefordert und zugleich sollen mögliche Interessenten auf die Erwerbsmöglichkeit aufmerksam gemacht werden.[50]   **218**

Die **Bezeichnung des Grundstücks** (§ 37 Nr 1 ZVG) – unter genauer Angabe des Bruchteils, wenn ein solcher Gegenstand der Versteigerung ist, Rdn 6 – muss für die Beteiligten, für mögliche Interessenten und für alle, an die sich die Aufforderungen (§ 37 Nr 4, 5 ZVG) richten, ersehen lassen, um welches Grundstück es sich genau handelt[51] (auch welches Grundstück sich die Bekanntmachung der Versteigerung bezieht); sichere Identifizierung des Versteigerungsgegenstandes muss gewährleistet sein.[52] Auf jeden Fall sollte daher Grundstücksbeschrieb übereinstimmend mit dem Grundbuch und Angabe zwischenzeitlicher Änderungen der Beschaffenheit oder Nutzungsart[53] erfolgen. Angabe des Grundbuchblatts allein genügt nicht. Bei einem gewerblich oder gemischt (privat und gewerblich) genutzten Grundstücks ist auch ein Hinweis auf die Nutzungsart aufzunehmen,[54] hat somit auch die gewerbliche Nutzung (zB Restaurationsbetrieb mit Bistro, Hotelbetrieb,[55] Tankstelle,[56] Werkstattge-   **219**

[46] Stöber Rdn 2.1 zu § 36; Jaeckel/Güthe Rdn 1 zu § 36.
[47] Stöber Rdn 2.7 zu § 36.
[48] BGH MDR 2008, 1185 = NJW-RR 2008, 1741 (1742) = Rpfleger 2008, 588 (589).
[49] BGH NJW-RR 2008, 1741 = aaO.
[50] BGH NJW 2007, 2995 (2998) = Rpfleger 2007, 410 (413).
[51] Vgl RG 57, 200 (203); OLG Düsseldorf Rpfleger 1997, 225; OLG Oldenburg Rpfleger 1980, 75 mit Anm Schiffhauer; LG Augsburg Rpfleger 1999, 232.
[52] BGH NJW 2007, 2995 = aaO.
[53] OLG Karlsruhe Justiz 1990, 129 = MDR 1990, 452 = OLGZ 1990, 346.
[54] BGH NJW 2007, 2995 (2998) = aaO.
[55] OLG Nürnberg MDR 2006, 656 = Rpfleger 2006, 215 und 615 Leits mit Anm Storz und Kiderlen.

bäude[56]) mindestens schlagwortartig bezeichnet zu sein)[57] (Bürofläche soll genügen[58]). Bei einem Grundstück mit einem Gehöft, das aus einem Wohnhaus mit zwei Wohnungen (240 m² Wohnfläche), einer Reithalle mit eingebauten Pferdeställen (1600 m²) und zwei Remisen besteht, genügt die Angabe „mehrere Flurstücke verschiedener Wirtschaftsart und Lage" samt Größe und Verkehrswert nicht[59] (siehe auch Rdn 223). Bezeichnung als „Hof- und Gebäudefläche" mit Angabe der jeweiligen Lage in Verbindung mit Größenangaben und Verkehrswert lässt nicht auf eine industrielle Nutzung schließen, ist mithin bei Nutzung als Fabrikgrundstück ebenso unzureichend[60] (nicht zutreffend daher[61]) wie Bezeichnung eines Hotelgrundstücks[62] oder eines sonst gewerblich genutzten Grundstücks[63] als „Gebäude- und Freifläche" (anders:[64] „Gebäude- und Freifläche" genügt für das mit einem privat genutzten Wohnhaus bebaute Grundstück, und:[65] genügt für das mit einem Mehrfamilienhaus [mit 13 Wohnungen] bebaute Grundstück, sowie:[66] genügt für das mit einer gewerblich genutzten Halle bebaute Grundstück). Fehlender Hinweis, dass ein Gebäude (eine Sägemühle) sich zum Teil auf einem anderen Grundstück befindet, kann die Terminsbestimmung unzulänglich machen.[67] Selbst Bezeichnung in Übereinstimmung mit dem Grundbuch ist unzureichend, wenn sie in wesentlichen Punkten mit der wirklichen Beschaffenheit nicht übereinstimmt (ungenügend Bezeichnung als „Wiese" des mit einem zum Teil fertigen Wohnhaus bebauten Grundstücks[68] oder als „Ackerland" eines als Gartenbaubetrieb genutzten Grundstücks[69]). Ungenügend ist die Bezeichnung „Hof- und Gebäudefläche", wenn sie nur so verstanden werden kann, dass auf dem Grundstück auch Gebäude vorhanden sind, die vorhandenen Gebäudeteile aber Überbauten und damit Bestandteile des Nachbargrundstücks sind, die nicht mit versteigert werden.[70] Entspricht der Grundbuchbeschrieb nicht mehr der tatsächlichen Nutzung, so wird er am besten unter ausdrücklichem Hinweis auf die Änderung dargestellt.

> **Beispiel:** Bauplatz an der Hauptstraße; nun Hauptstraße 10, Einfamilienhaus mit Hausgarten.

Eine Änderung der im Grundbuch nach dem Liegenschaftskataster genannten Beschreibung des Grundstücks (§ 2 Abs 2 GBO), damit der Lagebezeichnung mit Straßen- und Hausnummerangabe oder sonst ortsüblicher Bezeichnung, der Art der Nutzung (Wirtschaftsart) mit Bezeichnung eines Gebäudes, muss das

[56] OLG Koblenz Rpfleger 2000, 342.
[57] OLG Hamm OLGZ 1992, 220 = Rpfleger 1992, 122.
[58] BGH NJW 2007, 2995 (2998) = aaO.
[59] LG Oldenburg Rpfleger 1979, 115.
[60] Schiffhauer Rpfleger 1980, 76 (Anm).
[61] OLG Oldenburg aaO (Fußn 51).
[62] OLG Hamm MDR 1991, 261 = OLGZ 1991, 193; OLG Nürnberg MDR 2006, 656 = Rpfleger 2006, 215 und 615 Leits mit Anm Storz und Kiderlen.
[63] OLG Hamm Rpfleger 1997, 226 mit zust Anm Demharter.
[64] OLG Hamm OLGZ 1992, 218 = Rpfleger 1992, 122.
[65] OLG Düsseldorf Rpfleger 1997, 225.
[66] OLG Ellwangen Rpfleger 1996, 361.
[67] OLG Dresden HRR 1936 Nr 828.
[68] LG Kaiserslautern Rpfleger 1964, 120 und Stöber in Anm dazu.
[69] LG Frankenthal Rpfleger 1984, 326 mit zust Anm Meyer-Stolte.
[70] LG Oldenburg Rpfleger 1980, 306.

Vollstreckungsgericht sicher feststellen. Zweifel sind auszuräumen, Unklarheiten aufzuklären. Bedenken bestehen gegen die Angabe einer vom Liegenschaftskataster und Grundbuch abweichenden Nutzungsart unter Berufung auf die Feststellungen des Sachverständigen („laut SV-Gutachten nun …“). Das wird zwar für zulässig erachtet;[71] damit soll deutlich gemacht werden, dass diese Angabe durch das Gericht nicht abschließend geprüft ist. Das Vollstreckungsgericht muss jedoch wissen, damit auch selbst feststellen, welches Grundstück es versteigert und bestimmen, wie es zur Unterrichtung einer möglichst breiten Öffentlichkeit für bestmögliche Verwertung so genau wie möglich bezeichnet werden kann.

Die Angabe der tatsächlichen Nutzung kann Vertrauensschutz dafür nicht geben (siehe § 56 S 3 ZVG), dass diese Nutzung auch rechtlich zulässig ist (so[72] für „Schankwirtschaft“ für einen zum Ladengeschäft eines Wohnungseigentümers gehörenden Raum).

Eine zugunsten des Grundstücks bestehende Grunddienstbarkeit wird nicht bezeichnet; in Ausnahmefällen (wenn sie ein wesentlicher Wertfaktor ist) kann ihre Erwähnung geboten sein.[73]

Die neben der (genauen) Terminszeit notwendige Angabe des Orts der Versteigerung (§ 37 Nr 2 ZVG) muss so genau sein, dass er von Beteiligten und Interessenten zuverlässig aufzufinden ist. Üblich ist Bezeichnung nach Ort, Straße, Hausnummer und Zimmernummer. Abhaltung des Termins in einem anderen Sitzungssaal (Zimmer) ist nicht ausgeschlossen; jedoch müssen dann am Terminstag ausreichend sichere Maßnahmen zur Verständigung der Beteiligten und der Öffentlichkeit getroffen werden. Die Maßnahmen müssen sicherstellen, dass jeder Interessent die Terminsstelle rechtzeitig finden kann. Welche Maßnahmen erforderlich sind, richtet sich nach den Umständen des Einzelfalls. Allgemein muss (wenn auch weitergehende Vorsorge nicht schaden kann) ein deutlicher Hinweis auf den Versteigerungsraum im Gerichtsgebäude als Terminsort genügen (Terminsaushang am ursprünglichen Sitzungszimmer usw;[74] ähnlich:[75] als genügend zu erachten ist, dass durch Anbringung entsprechender Zettel vor beiden Räumen auf die Verlegung deutlich aufmerksam gemacht wird). Es wurde zwar für nicht ausreichend angesehen, dass ein deutlicher, von einem Terminszettel zu unterscheidender Hinweis an der ursprünglichen Terminsstelle angebracht wird und dass die dort tagenden Gerichtspersonen sowie die Wachtmeisterei von der Verlegung des Terminsortes unterrichtet werden. Für erforderlich wurde vielmehr erachtet, die ursprüngliche Terminsstelle während der gesamten Dauer des Versteigerungstermins von einem Gerichtswachtmeister oder einer anderen geeigneten Person beobachten zu lassen, um eine zuverlässige Unterrichtung aller Interessenten zu gewährleisten.[76] Diese Ansicht ist jedoch zu eng; sie überspannt die Anforderungen und unterschätzt die Befähigung der Beteiligten und Interessenten, im Gerichtsgebäude den Versteigerungsraum aufzusuchen. Die erforderlichen (und ausreichenden) Maßnahmen

220

---

[71] OLG Hamm Rpfleger 2000, 172.

[72] OLG Karlsruhe OLGZ 1990, 346 = aaO (Fußn 53).

[73] Schiffhauer Rpfleger 1975, 195.

[74] Einzelheiten Stöber Rdn 3.2 zu § 66.

[75] LG Oldenburg Rpfleger 1990, 470 unter Aufgabe von LG Oldenburg Rpfleger 1985, 311 mit teilweise kritischer Anm Schiffhauer.

[76] OLG Hamm KTS 1979, 108 = MDR 1979, 151 = Rpfleger 1979, 29; außerdem LG Oldenburg Rpfleger 1985, 311.

können stets nur an den besonderen örtlichen Verhältnissen gemessen werden.[77] Die Vorkehrungen, die das Gericht bei Verlegung des Terminsorts trifft, sind in dem Versteigerungsprotokoll festzuhalten.

221 Dass die **Versteigerung im Wege der Zwangsvollstreckung** erfolgt (§ 37 Nr 3 ZVG) ist (notwendig) anzugeben, weil die besonderen Voraussetzungen und Wirkungen der Versteigerung aus dem Recht der Zwangsvollstreckung sich ergeben.

222 Die Aufforderung, **zurzeit der Eintragung des Versteigerungsvermerks** (§ 19 Abs 1 ZVG; Rdn 123 ff) **aus dem Grundbuch nicht ersichtliche Rechte anzumelden** (§ 37 Nr 4 ZVG) und ggfs glaubhaft zu machen, ist durch die Regelung veranlasst, dass dem Vollstreckungsgericht mit dem Grundbuchausdruck (-blattabschrift) in zuverlässiger Weise vom Grundbuchstand Kenntnis gegeben wird (§ 19 Abs 2 ZVG; Rdn 126) und daher nur die vor dem Versteigerungsvermerk eingetragenen Rechte nach dem Inhalt des Grundbuchs zu berücksichtigen sind (vgl §§ 9, 45, 66, 110, 114 ZVG). Folge bei Nichtanmeldung: Zuziehung als Beteiligter (§ 9 ZVG) erfolgt nicht; Berücksichtigung im geringsten Gebot (§ 45 ZVG) und Teilungsplan (§ 114 ZVG) unterbleiben; bei verspäteter Anmeldung: Rangverlust nach § 110 ZVG, Rdn 236, 421. Zur Anmeldung Rdn 230 ff.

222a Die Aufforderung, **entgegenstehende Rechte geltend zu machen** (§ 37 Nr 5 ZVG) hat Bedeutung wegen §§ 9, 28, 55, 90, 91 ZVG; sie wird seit der AV des RJM vom 16. 8. 1938 (Dt Justiz 1938; 1294)[78] wie folgt gefasst:

> Wer ein Recht hat, das der Versteigerung des Grundstücks oder des nach § 55 ZVG mithaftenden Zubehörs entgegensteht, wird aufgefordert, vor der Erteilung des Zuschlags die Aufhebung oder einstweilige Einstellung des Verfahrens herbeizuführen, widrigenfalls für das Recht der Versteigerungserlös an die Stelle des versteigerten Gegenstandes tritt.

222b Der **Grundstückswert** (Verkehrswert; § 74 a Abs 5, § 85 a Abs 2 S 1 ZVG) soll in der Terminsbestimmung bezeichnet werden (§ 38 Abs 1 S 1 ZVG); seine Angabe dient der Unterrichtung der Interessenten. Zur Wertänderung vor dem Termin siehe Rdn 215 b.

222c Durch Angabe in der Terminsbestimmung (nach § 38 Abs 1 S 2 ZVG Sollvorschrift) wird sichergestellt, dass den Beteiligten die in einem früheren Versteigerungstermin erfolgte **Versagung des Zuschlags** nach § 74 a Abs 1 ZVG oder nach § 85 a Abs 1 ZVG bekannt wird, damit sie die zur Wahrung ihrer Interessen nötigen Schritte veranlassen können. Hierfür braucht der frühere Terminstag nicht benannt zu werden; seine Bezeichnung ist aber zulässig und ratsam. Ein Hinweis darauf, dass in dem neuen Termin der Zuschlag nicht mehr aus den Gründen des § 74 a Abs 1 ZVG oder des § 85 a Abs 1 ZVG versagt werden darf, ist nicht vorgesehen, braucht mithin in die Terminsbestimmung nicht aufgenommen zu werden.

Beispiel für den Hinweis in der Terminsbestimmung:

> In dem Versteigerungstermin vom ... ist der Zuschlag bereits aus den Gründen des § 74 a Abs 1 ZVG (oder: des § 85 a Abs 1 ZVG) versagt worden.

222d Zusätzlicher Sollinhalt: Nach landesrechtlichen Vorschriften (§ 6 EGZVG).

---

[77] Dazu eingehend Stöber Rdn. 3.2 zu § 66.
[78] Text Kommentar T 42; siehe auch Rdn 6 und 10 zu § 37.

c) Bekanntmachung, Zustellung

Öffentliche Bekanntmachung des ganzen Wortlauts **der Terminsbestimmung** 223
erfolgt unter Bezeichnung des Gerichts und Datums,[79] jedoch ohne Unterschrift,
in dem (landesrechtlich)[80] für Bekanntmachungen des Gerichts bestimmten Blatt
oder in einem für das Gericht (landesrechtlich)[81] bestimmten elektronischen
Informations- und Kommunikationssystem (§ 39 Abs 1 ZVG). Diese Bekanntmachung kann bei geringem Grundstückswert (§ 39 Abs 2 ZVG; keine Wertgrenze, aber Zurückhaltung geboten) nach Anordnung des Vollstreckungsgerichts (ist aktenkundig zu machen, den Parteien aber nicht zuzustellen)
entfallen. Zur Terminsbestimmung, deren ganzer Wortlaut bekanntzumachen
ist, gehört die volle Grundstücksbezeichnung (§ 37 Nr 1 ZVG). Für eine
Grundstückseinheit (ein aus mehreren Flurstücken bestehendes Grundstück)
sind die Flurstücknummern mit ihrem Beschrieb daher einzeln anzugeben; Zu-
sammenfassung mit Angabe der Gesamtfläche unter Hinweis auf das Liegen-
schaftsbuch wäre unzureichend (siehe Rdn 219).

Bekanntmachungsfrist (im Falle des § 39 Abs 2 ZVG gerechnet ab Tag der Anheftung): sechs Wochen (bei früherer Verfahrenseinstellung zwei Wochen), § 43
Abs 1 ZVG. Grund: Beteiligten und Interessenten soll Vorbereitung ausreichend
ermöglicht werden. Bei gemeinsamem Gericht (§ 1 Abs 2, § 2 ZVG) erfolgt Bekanntmachung im Amtsblatt des Vollstreckungsgerichts (nicht des anderen Gerichts, bei dem das Grundbuch geführt wird).[82] Erscheint die Zeitung, die
Amtsblatt ist, mit einem Anzeigenteil für die Gesamtausgabe und für regionale
Ausgaben, so entscheidet die Anordnung über die Bestimmung des Amtsblatts,
ob in der Gesamtausgabe oder in einer regionalen Teilausgabe zu veröffentlichen ist. Ergibt sich nichts, dann ist die Gesamtausgabe Amtsblatt und in ihr zu
veröffentlichen. Die Bekanntmachung ist am Tag der Ausgabe des Amtsblatts
bewirkt.

Die alternativ (nicht kumulativ) vorgesehene Veröffentlichung in einem für das Vollstreckungsgericht (landesrechtlich) bestimmten elektronischen Informations- und Kommunikationssystem soll benutzerfreundlichere Bekanntmachung ermöglichen (die jedoch zweifelhaft
ist). Das Vollstreckungsgericht kann die Bestimmung (ohne landesrechtliche Ermächtigung)
nicht selbst treffen. Stets kann es jedoch Internet-Veröffentlichung als zusätzliche Bekanntmachung veranlassen (§ 40 Abs 2 ZVG).

Weitere Veröffentlichung (dafür keine Fristen) ist nach Landesrecht (§ 7
EGZVG) oder (ganz oder auszugsweise, § 40 Abs 2 ZVG) auf Veranlassung des
Vollstreckungsgerichts möglich; auch die Kosten solcher weiterer Veröffentli-
chungen sind dem Erlös nach § 109 ZVG vorweg zu entnehmen. Zusätzliche
Veröffentlichung kann auch als Kurzausschreibung vor dem Termin im Immobilienteil einer Tageszeitung erfolgen. Solche Ausschreibungen finden erfahrungsgemäß große Beachtung durch Interessenten.

Anheftung der Terminsbestimmung **an Gerichtstafel:** § 40 Abs 1 ZVG.

Zuzustellen ist die Terminsbestimmung an alle Beteiligten (§ 41 Abs 1, § 9 224
ZVG), auch wenn Glaubhaftmachung noch aussteht (§ 41 Abs 3 ZVG). Grund:

---

[79] Jaeckel/Güthe Rdn 2 zu § 39; Datum entbehrlich nach Stöber Rdn 2.5 zu § 39; ähnlich
Steiner/Teufel Rdn 12 zu § 39; die Angabe ist gleichwohl zweckmäßig.
[80] Dazu BGH NJW 2008, 3708 = Rpfleger 2009, 99.
[81] Für Bayern siehe Bekanntmachung über die Änderung der Bekanntmachung über die Veröffentlichung gerichtlicher Bekanntmachungen vom 28. 8. 2007, BayJMBl 2007, 116.
[82] Stöber Rdn 2.2; Steiner/Teufel Rdn 14.

Beteiligten muss wegen ihrer Beziehung zum Verfahren besondere Kenntnis und damit Gelegenheit zur Wahrnehmung ihrer Rechte gegeben werden. Die Zustellung ist unter Bezeichnung der Beteiligten vom Rechtspfleger zu verfügen (vgl Rdn 60 a). Zustellungsfrist für die schon zurzeit der Terminsbestimmung bekannten Beteiligten: vier Wochen vor Termin (§ 43 Abs 2 ZVG). Grund: Die Beteiligten müssen die nötige Zeit zur Ermittlung des Sachverhalts und zur Vorbereitung haben. Zustellung für Wahrung der Frist ist bei Heilung eines Zustellungsmangels nach § 189 ZPO der (festgestellte) Zeitpunkt des tatsächlichen Zugangs.[83]

Verstoß erfordert Terminsaufhebung (§ 43 Abs 2 ZVG), außer bei Genehmigung. Auch an die erst nach Terminsbestimmung (Unterzeichnung)[84] auftretenden Beteiligten (auch Behörden, die öffentliche Lasten anmelden) ist (ohne Fristwahrung; die Zustellfrist des § 43 Abs 2 ZVG gilt für sie nicht) zuzustellen.

Mitteilung der Terminsbestimmung nach Teil II Abschn 3 XI Nr 1 MiZi (Text: im Kommentar T 34) unter Angabe der Anschrift des Schuldners an Gemeindeverwaltung und andere Stellen, die öffentliche Lasten einziehen, soweit feststeht, dass derartige Abgaben nach landesrechtlichen Bestimmungen in Betracht kommen. Mitteilung an Steuer- und Zollbehörden mit der Aufforderung, Betriebssteuer-Rückstände mitzuteilen, erfolgt (schon lange) nicht mehr (der Ersteher haftet für Betriebssteuer-Rückstände nicht; siehe im Kommentar Rdn 34.8 zu § 15).

Ein **Beschlagnahmebeschluss** muss dem Schuldner **vier Wochen vor dem Termin zugestellt** sein (§ 43 Abs 2 ZVG; siehe aber auch § 8 ZVG und § 189 ZPO [wie vorstehend]). Grund: Schuldner soll angemessene Frist zur Verständigung mit dem Gläubiger und Herbeiführung der Einstellung haben. Deshalb gilt die Frist nach eingestelltem Verfahren auch für Zustellung des Fortsetzungsbeschlusses (Rdn 200 a) sowie des Aufhebungsbeschlusses nach § 30 f ZVG (Rdn 181). Bei Verstoß: Terminsaufhebung und Neubestimmung (§ 43 Abs 1, 2 ZVG).

224a Für Durchführung **mehrerer Versteigerungen** in voneinander unabhängigen Einzelverfahren zur selben Zeit und am selben Ort (Vielfachversteigerung zur selben Zeit, auch als überlappende Terminierung) gibt es keine Gesetzesgrundlage; sie ist nicht zu rechtfertigen,[85] von ihr ist dringend abzuraten.

4. Unterabschnitt. Mitteilung an die Beteiligten
§ 41 ZVG

225 **Mitteilung:** In dem Verfahren zur Zwangsversteigerung des in Nürnberg gelegenen, im Grundbuch des Amtsgerichts Nürnberg für Gemarkung Gärten Blatt 3685 eingetragenen Grundstücks FlStNr 900, Weststraße 90, Wohnhaus, Hofraum, Garten, zu 630 m², Eigentümer und Vollstreckungsschuldner: ... wird gemäß § 41 Abs 2 ZVG

---

[83] OLG Celle Rpfleger 1991, 166.

[84] Jaeckel/Güthe Rdn 2 zu § 43.

[85] Eingehend dazu Stöber Rdn 10 zu § 66 mit abl Stellungnahme zu BGH MDR 2007, 975 = NJW 2007, 2995 = Rpfleger 2007, 410, der (nicht überzeugend) annimmt, dass diese Verfahrensweise jedenfalls im Regelfall (was ist das?) nicht dem verfassungsrechtlichen Gebot einer fairen Verfahrensgestaltung widerspreche. Für Zulässigkeit zeitgleicher Versteigerung nochmals BGH MDR 2009, 109 Leits = NJW 2008, 3710 = Rpfleger 2009, 95. Gegen Mehrfachversteigerung auch Hasselblatt und Wojtkowiak NJW 2007, 2998 (Anmerkung) und Morvilius ImmVollstr Rdn 120 a.

mitgeteilt, dass in dem auf ...tag, den 16. Juni 2010, vorm. 9.00 Uhr anberaumten Termin die Versteigerung erfolgt auf Antrag:
1. der ... Bank in ... platz Nr ...,
   nach dem Anordnungsbeschluss vom ... dem Schuldner zugestellt am ...,
   wegen des dinglichen Anspruchs aus der Hypothek Abt III Nr 6 und wegen des persönlichen Anspruchs in Höhe von 20 000 € Hauptsache nebst 6% Zinsen seit dem 1. Jan. 2009, sowie 20 € Zustellungskosten;
2. der ... in ..., ... straße Nr ...,
   nach dem Beitrittsbeschluss vom ..., dem Schuldner zugestellt am ...,
   wegen des persönlichen Anspruchs in Höhe von ... € Hauptsache nebst ...% Zinsen seit dem ..., ... € festgesetzte Prozesskosten, ... € Kosten früherer Zwangsvollstreckungen.
Die für die Abgrenzung der laufenden Beträge wiederkehrender Leistungen von den Rückständen maßgebliche erste Beschlagnahme (§ 13 Abs 4 ZVG) ist am ... erfolgt. Der Berechnung des geringsten Gebots wird voraussichtlich der vorstehend Nr 1 bezeichnete dingliche Anspruch der ... Bank zugrunde gelegt werden.

Die **Mitteilung** nach § 41 Abs 2 ZVG ergeht **formlos** (keine Zustellung). Zweck: Soll (Ordnungsvorschrift; aber ggfs Schadensersatzansprüche bei unterlassener oder unrichtiger Mitteilung) den Beteiligten (§ 9 ZVG) von dem für den Termin und die Bildung der Versteigerungsbedingungen voraussichtlich maßgeblichen Verfahrensstand genaue Kenntnis geben. Sie soll damit den Beteiligten die Vorbereitung auf den Termin und insbesondere die sichere Prüfung, ob und wie sie von der Versteigerung berührt werden, ermöglichen. Bezeichnung des Anspruchs des Gläubigers (wie im Beschlagnahmebeschluss; dazu Rdn 115–116; keine Angabe weitergehend angemeldeter Beträge) nach Betrag und Rechtsnatur, bei dinglichem Anspruch außerdem durch Bezeichnung des Rechts, das die Grundbuchrangstelle ergibt; für öffentliche Grundstückslasten ist Bezeichnung als Anspruch in „Rangklasse § 10 Abs 1 Nr 3 ZVG" genügend.[86] Beschlagnahmegläubiger, deren Verfahren eingestellt ist, werden nicht angeführt (ihnen kommt keine Bedeutung für die Vorbereitung der Beteiligten auf den Versteigerungstermin zu; nur dem allein dient die Mitteilung); dem Schuldner verspätet (§ 43 Abs 2, Rdn 224) zugestellte Beitritts- bzw Fortsetzungsbeschlüsse werden nicht aufgenommen.[87] Die Mitteilung ergeht auch an den Schuldner.[88] Veränderungen (Einstellungen, Aufhebungen) nach der Mitteilung werden den Beteiligten nicht gesondert bekanntgegeben.

5. Unterabschnitt. Akteneinsicht
§ 42 ZVG
§ 299 ZPO

Gläubiger, Schuldner und sonstige Beteiligte (§ 9 ZVG) **können** die Versteige- **226** rungsakten **einsehen** und sich aus ihnen Ausfertigungen, Auszüge und Abschriften erteilen lassen (§ 299 Abs 1 ZPO).
Dritte Personen können mit Einwilligung der Parteien oder bei rechtlichem (nicht nur wirtschaftlichem) Interesse mit Erlaubnis des Vorstands des Gerichts die Akten einsehen (§ 299 Abs 2 ZPO). Für Einsicht in Akten über aufgehobene Zwangsversteigerungsverfahren begründet Besitz eines Vollstreckungstitels al-

---

[86] LG Traunstein Rpfleger 1982, 232; Dassler/Hintzen Rdn 8 zu § 41.
[87] Dassler/Hintzen Rdn 8 zu § 41; Stöber Rdn 3.4 zu § 41; Morvilius ImmVollstr Rdn 223; anders Jaeckel/Güthe Rdn 3 zu § 41.
[88] Stöber Rdn 3.2 zu § 41; anders Jaeckel/Güthe Rdn 3 zu § 41.

lein ein rechtliches Interesse nicht.[89] Wenn Einsicht in Akten über ein aufgeho-
benes (und längere Zeit zurückliegendes) Verfahren verlangt wird, ist stets auch
den (zumeist vorrangigen) Interessen des Schuldners und der Verfahrensbeteiligten, ihre Vermögensbeziehungen nicht offenbart zu sehen, Rechnung zu tragen.[90] **Für jedermann** – jedoch nur bis zum Schluss der Versteigerung (§ 73
Abs 2 ZVG) – ist die Einsicht der Mitteilungen des Grundbuchamts sowie der
erfolgten Anmeldungen gestattet (§ 42 Abs 1 ZVG). Gleiches gilt für die anderen das Grundstück betreffenden Nachweisungen, welche ein Beteiligter eingereicht hat, insbesondere von Schätzungen, aber auch für die vom Gericht nach
§ 74a Abs 5 ZVG eingeholten Gutachten[91] und Grundstücksnachweise (Brandversicherungsurkunde usw)[92] (§ 42 Abs 2 ZVG). Grund: Bietinteressenten sollen sich schon vor dem Termin unterrichten und von Unterlagen Kenntnis
erlangen können, die für den Grundstückserwerb bedeutsam sind. Der Einse-
hende kann Aufzeichnungen (Abschriften oder Ablichtungen[93]) fertigen, Abschriften vom Gericht jedoch nicht verlangen (anders für Beteiligte nach § 299
Abs 1 ZPO). Die Einsicht erfolgt während der Dienststunden auf der Geschäftsstelle oder im Versteigerungstermin; Herausgabe der Akten oder von
Teilen davon, insbesondere an einen Rechtsanwalt, kann der Rechtspfleger aus
besonderen Gründen gestatten. Ein Anspruch auf Überlassung der Akten besteht aber nicht.[94] Die Hinausgabe sollte auf seltene Ausnahmen beschränkt
bleiben; durch sie darf das Recht anderer Beteiligter auf jederzeitige Akteneinsicht nicht verkürzt werden. Nach Versteigerung kann Dritten Akteneinsicht
auch nicht zur Feststellung der Höhe des Meistgebots ermöglicht, daher auch
Auskunft über das Meistgebot nicht erteilt werden.[95]

6. Unterabschnitt. Vortermin

§ 62 ZVG

227   **Bestimmung des Vortermins:** In dem Verfahren zur Zwangsversteigerung des
in ... gelegenen, im Grundbuch des Amtsgerichts ... für Gemarkung ... Blatt ... auf
den Namen des ... eingetragenen Grundstücks ... wird gemäß § 62 ZVG **Vortermin**
zur Erörterung des geringsten Gebots und der Versteigerungsbedingungen bestimmt auf ..., den ..., ... Uhr.
Der Termin findet im Justizgebäude ..., Zimmer ... statt.
Die Verhandlungen im Vortermin sollen vornehmlich Klarheit darüber bringen
a) mit welchen Beträgen die Auflassungsvormerkung des ..., Abt II Nr 1, und die
   Grunddienstbarkeit des ..., Abt II Nr 5, nach § 51 Abs 2 ZVG zu werten sind;
b) welche Zubehörstücke von der Versteigerung auszunehmen sind;
c) wie demgemäß geringstes Gebot und Versteigerungsbedingungen im Versteigerungstermin festgestellt werden müssen;
d) welche Ausgebote durch die Feststellung der von der Hypothekenbank in ... verlangten folgenden abweichenden Versteigerungsbedingungen erforderlich sein
   werden: ...
e) ob sonst Antrag auf abweichende Versteigerungsbedingungen gestellt wird.

---

[89] OLG Köln KTS 1991, 204.
[90] OLG Köln aaO (Fußn 89).
[91] LG Berlin Rpfleger 2006, 274.
[92] Stöber Rdn 2.2 zu § 42.
[93] LG Berlin aaO (Fußn 91: Ablichtung des Wertgutachtens).
[94] OLG Köln MDR 1983, 848 = Rpfleger 1983, 325.
[95] OLG Frankfurt JurBüro 1993, 24 = OLGZ 1992, 285.

Die dem betreibenden Gläubiger im Rang vorgehenden Beteiligten werden gebeten, ihre Anmeldungen für die Berechnung des geringsten Gebots möglichst bereits 10 Tage vor dem Vortermin einzureichen.

Niederschrift über den nichtöffentlichen **Vortermin** in dem Zwangsversteigerungs- 228
verfahren ... Gegenwärtig: ...
Zu dem heutigen Vortermin (§ 62 ZVG) erschienen bei Aufruf der Sache: ...
Die bis jetzt erfolgten Anmeldungen wurden bekannt gemacht. Weiter wurde bekannt gemacht, dass die Mieter ... und der Pächter ... Antrag gestellt haben, die folgenden Zubehörstücke von der Versteigerung auszunehmen: ... Die anwesenden Gläubiger ... erklärten: Wir bewilligen die Aufhebung des Verfahrens für diese Zubehörstücke. V. u. g.
Entsprechende Aufhebungserklärungen der abwesenden Gläubiger ... liegen schriftlich vor; sie wurden bekannt gemacht.
Es erging Beschluss: Das Zwangsversteigerungsverfahren wird, weil die Versteigerungsanträge insoweit zurückgenommen sind, gemäß § 29 ZVG hinsichtlich der folgenden Gegenstände aufgehoben: ... Diese Zubehörstücke sind damit von der Versteigerung ausgenommen.
Zum Wert der Auflassungsvormerkung Abt II Nr 1 und der Grunddienstbarkeit Abt II Nr 5 äußerten sich die Anwesenden wie folgt: ... Der Rechtspfleger stellte fest, dass nach dem Ergebnis dieser Erörterungen gemäß § 51 Abs 2 ZVG zu bestimmen sein wird ein Betrag von ... € für die Auflassungsvormerkung und ein Betrag von ... € für die Grunddienstbarkeit, und zwar aus folgenden Gründen: ... Einwendungen wurden nicht erhoben.
Sodann wurde festgestellt, dass im Versteigerungstermin das geringste Gebot und die gesetzlichen Versteigerungsbedingungen wie folgt festzustellen sein werden: ...
Der Gläubiger ... erläuterte anschließend seinen mit der Anmeldung bereits bekannt gemachten Antrag, als abweichende Versteigerungsbedingung festzustellen, dass die als Teil des geringsten Gebots bestehen bleibende Grundschuld Abt III Nr 5 zu 5000 € bar auszuzahlen ist.
Die Anwesenden stimmten nicht zu.
Der Rechtspfleger wies darauf hin, dass nicht feststehe, ob das Recht eines Beteiligten durch die Abweichung beeinträchtigt werde, dass mithin das Grundstück doppelt, nämlich mit der verlangten Abweichung und ohne sie auszubieten ist (§ 59 Abs 2 ZVG). Darauf bestand der Antragsteller; er erläuterte seinen Antrag noch näher.
Ein weiterer Antrag zu den Versteigerungsbedingungen wurde nicht gestellt.
Hierauf schloss der Rechtspfleger den Vortermin.

Das Vollstreckungsgericht kann schon vor dem Versteigerungstermin **schriftlich** 229
Erörterungen der Beteiligten über das geringste Gebot und die Versteigerungsbedingungen veranlassen und zu diesem Zweck nach seinem Ermessen (ggfs auf Anregung eines Beteiligten) auch **einen besonderen Termin** bestimmen (§ 62 ZVG). In verwickelten Fällen soll der Versteigerungstermin von einer übermäßigen Belastung freigehalten werden, wenn zeitraubende Aufklärungen erforderlich, besonders schwierige Fragen zu klären oder umfangreiche Vorbereitungen zu treffen sind. In der Praxis hat der Vortermin wenig Bedeutung, in der Regel stellen die Beteiligten Anträge erst im Versteigerungstermin.
Es erfolgt einfache (formlose) Mitteilung der Terminsbestimmung. Den Kreis der zum Vortermin einzuladenden Beteiligten kann das Vollstreckungsgericht nach seinem Ermessen abgrenzen. Das persönliche Erscheinen des Schuldners zum Vortermin (§ 141 ZPO) kann nicht angeordnet werden.[96]
Über den nichtöffentlichen Vortermin wird eine Niederschrift aufgenommen. Die Erörterungen und Feststellungen im Vortermin sind für den Versteigerungs-

---

[96] Stöber Rdn 3.2 zu § 62; anders Mohrbutter/Drischler Anm 1 zu Muster 31.

termin nicht bindend; die endgültigen Feststellungen erfolgen erst im Versteige-
rungstermin nach Anhörung der in ihm anwesenden Beteiligten (§ 66 ZVG).
Für diesen wirksam bleiben jedoch bindende Vereinbarungen oder Anträge der
Beteiligten, zB auf abweichende Versteigerungsbedingungen (§ 59 ZVG) oder
Gesamtausgebot (§ 63 ZVG), und die zu Protokoll genommenen Anmeldungen.
Wenn Stellung eines Antrags im Vortermin zuzumuten war, kann der erst im
Versteigerungstermin vorgebrachte Antrag unzulässige Rechtsausübung sein.
Im Vortermin sind Vergleichsverhandlungen möglich. Bei Beurkundung des
Vergleichs ist auf klare Abfassung der schuldrechtlichen Verpflichtungen, der
dinglichen Erklärungen (Auflassung, Einigung über Grundstücksbelastung usw)
und der Verfahrenserklärungen an das Grundbuchamt (Antrag, Bewilligung,
Eigentümerzustimmung, §§ 13, 19, 27 GBO usw) sowie der Anträge und Erklärungen im Versteigerungsverfahren (Einstellungsbewilligung, Antragsrücknahme usw, §§ 30, 29 ZVG) zu achten.[97] Beurkundung in der Sitzungsniederschrift
wahrt die Form des § 127a BGB. Für den Grundbuchvollzug wird das Bestehen der Vollmacht des bei Vergleichsabschluss mitwirkenden Prozessbevollmächtigten eines (abwesenden) Beteiligten schon dadurch nachgewiesen, dass
der Prozessbevollmächtigte als solcher in dem Vergleich aufgeführt ist.[98] Ein zu
Protokoll genommener Vergleich ist Vollstreckungstitel nach § 794 Abs 1 Nr 1
ZPO.

7. Unterabschnitt. Anmeldung von Rechten und Ansprüchen
§§ 9, 37 Nr 4, §§ 45, 110, 114 ZVG

Schrifttum: Riedel, Die Anmeldungen im Laufe des Zwangsversteigerungsverfahrens, JurBüro
1974, 689.

230   **Anmeldung eines** nach dem Versteigerungsvermerk eingetragenen **Rechts:** Zu
dem Versteigerungsverfahren ... melde ich die dinglichen Ansprüche aus meiner
nach dem Versteigerungsvermerk in das Grundbuch eingetragenen Grundschuld
Abt III Nr 10 wie folgt an:
20 000 € Hauptsache
 2 400 € Zinsen, nämlich 6% für die
           Zeit vom 1. 1. 2008–31. 12. 2009,
   100 € Stückzinsen, nämlich 6% für die
           Zeit vom 1. 1.–31. 1. 2010 (§ 47 ZVG),
   500 € Reisekosten für Wahrnehmung des Versteigerungs- und Verteilungstermins;
           die Kosten setzen sich wie folgt zusammen: ...

Anmeldung von Rechtsverfolgungskosten: Zu dem Versteigerungsverfahren ...
melde ich als Vertreter des Beitrittsgläubigers ... folgende Kosten an:
... € Gerichtskosten des Beitritts (Kostenrechnung vom ...)
... € = 0,4 Gebühr aus ... € Wert für die Tätigkeit bis zur Einleitung des Vertei-
           lungsverfahrens,
           RVG-VergVerz Nr 3311 Ziff 1
... € = 0,4 Gebühr aus ... € Wert für die Tätigkeit im Einstellungsverfahren,
           RVG-VergVerz Nr 3311 Ziff 6

---

[97] Beispiele und Musterformulierungen siehe Schöner/Stöber, Grundbuchrecht; dort auch zur
Belehrungspflicht des Notars, die bei Vergleichsbeurkundung sinngemäß dem Vollstreckungsgericht obliegt.
[98] Kammergericht JFG 1, 331; OLG Frankfurt Rpfleger 1980, 291; Schöner/Stöber, Grundbuchrecht, Rdn 161.

... € = 0,4 Gebühr aus ... € Wert für die Wahrnehmung des Versteigerungster-
  mins, RVG-VergVerz Nr 3312
... € = 0,4 Gebühr aus ... € Wert für die Tätigkeit im Verteilungsverfahren,
  RGV-VergVerz Nr 3311 Ziff 2
... € Entgelte für Post- und Telekommunikationsdienstleistungen, pauschal,
  RVG-VergVerz Nr 7002
... € Umsatzsteuer aus ... €
  RVG-VergVerz Nr 7008
... € Auslagen des Gläubigers bei Information vor Versteigerungs- und Vertei-
  lungstermin
... € Pauschalbetrag für weitere Kosten (Vertretung im Zuschlagsbeschwerdever-
  fahren, weitere persönliche Auslagen des Gläubigers).

a) Die Anmeldung

Angemeldet (ggfs auch glaubhaft gemacht) **werden müssen** Rechte und An- **231**
sprüche, soweit sie zurzeit der Eintragung des Versteigerungsvermerks (Rdn
124, 125) **aus dem Grundbuch nicht ersichtlich** waren (§ 37 Nr 4 ZVG; siehe
Rdn 222). Mit Anmeldung eines solchen Rechts (Anspruchs) erlangt ein Gläubiger die Stellung eines Beteiligten (§ 9 ZVG; Rdn 52 ff). Die Anmeldung ist
Voraussetzung für
– Berücksichtigung des Rechts (Einzelanspruchs) im geringsten Gebot (§ 45
  ZVG); notwendig hierfür: Anmeldung (ggfs auch Glaubhaftmachung) spätestens im Versteigerungstermin vor Aufforderung zur Abgabe von Geboten
  (§ 37 Nr 4, § 45 ZVG);
– Aufnahme in den Teilungsplan (§ 114 ZVG); dafür muss die Anmeldung spätestens im Verteilungstermin erfolgen; bei Anmeldung erst nach Geboteaufforderung im Versteigerungstermin tritt aber eine Rangverschlechterung ein
  (§ 37 Nr 4, §§ 110, 114 ZVG; Rdn 236).
„Anmeldung" ist **Verlautbarung** (Bekundung) **des Willens,** dass das bei Eintra- **231a**
gung des Versteigerungsvermerks aus dem Grundbuch nicht ersichtliche Recht
(der Anspruch) trotzdem bei der Feststellung des geringsten Gebotes und bei
der Verteilung des Versteigerungserlöses berücksichtigt werden soll.[99] Die Anmeldung ist damit Prozesshandlung. Der Anmeldende muss Rechtsgrund und
Rang seines Anspruchs sowie bei Zahlungsansprüchen einen bestimmten Betrag angeben. In untätigem Verhalten des Gläubigers (Berechtigten) kann keine
Anmeldung liegen; Kenntnis des Vollstreckungsgerichts und/oder der übrigen
Beteiligten von einem nach dem Versteigerungsvermerk im Grundbuch ver-
lautbarten Recht (mithin ebenso die zu den Versteigerungsakten gelangte Eintragungsmitteilung des Grundbuchamtes, § 19 Abs 3 ZVG) ersetzt die notwendige Anmeldung nicht. Anmeldung in der Zwangsverwaltung genügt nicht für
die Zwangsversteigerung;[100] es muss zu jedem Verfahren gesondert angemeldet
werden.
Eine bestimmte **Form** ist für die Anmeldung nicht vorgeschrieben. Sie kann **231b**
sowohl schriftlich als auch mündlich abgegeben werden.[101] Dies kann vor einem Termin durch ein Schreiben an das Vollstreckungsgericht oder zu Protokoll des Urkundsbeamten geschehen; die Anmeldung kann auch im Termin
mündlich angebracht werden; sie ist dann in die Sitzungsniederschrift aufzunehmen. Zulässig (jedoch nicht zu empfehlen) ist auch eine telegraphische und

---

[99] BGH 21, 30 = KTS 1956, 120; Stöber Rdn 5.3 zu § 37.
[100] Stöber Rdn 2.4 zu § 45.
[101] BGH aaO (Fußn 99); Stöber Rdn 5.12 zu § 37.

unter bestimmten Voraussetzungen eine fernmündliche Anmeldung. Bei Anmeldung für einen anderen ist Vollmacht vorzulegen (§ 80 S 1 ZPO); sie wird
von Amts wegen geprüft, sofern nicht als Bevollmächtigter ein Rechtsanwalt
auftritt (§ 88 Abs 2 ZPO).

b) Anzumeldende Rechte und Ansprüche

232 Anzumelden (ggfs auch glaubhaft zu machen) sind (**zur Vermeidung des Rangverlustes** nach § 110 ZVG spätestens im Versteigerungstermin vor Aufforderung zur Abgabe von Geboten, § 37 Nr 4 ZVG)
– **für** alle bei der Eintragung des Versteigerungsvermerks **bereits eingetragenen
   Rechte**
   • die aus dem Grundbuch nicht ersichtlichen Ansprüche, das sind
   – die **Kosten** der Kündigung und der die Befriedigung aus dem Grundstück
     bezweckenden Rechtsverfolgung (§ 10 Abs 2, § 12 Nr 1 ZVG; Rdn 94 ff),
     bei der Zwangssicherungshypothek auch Eintragungskosten (§ 867 Abs 1
     ZPO, Rdn 24). Zum Versteigerungstermin sind bekannte (bereits entstan-
     dene oder vorausbestimmbare) Kosten mit ihren Beträgen zu bezeich-
     nen, erst anfallende, noch nicht endgültig bestimmbare Kosten können mit
     einem Pauschbetrag geltend gemacht werden (Rdn 98), wenn angegeben
     wird, wofür die Kosten beansprucht werden (mögliche Reisekosten,
     Rechtsanwaltsgebühren für ein etwaiges Beschwerdeverfahren); der ange-
     meldete Pauschbetrag kann – ohne Rangverlust nach § 110 ZVG – nach-
     träglich nicht überschritten werden, auch wenn Unkosten nicht voraussehe-
     bar waren. Zum Verteilungstermin sind die Kosten betragsmäßig genau
     geltend zu machen. Keiner Anmeldung bedarf der Kostenvorschuss des
     Gläubigers auf die nach § 109 ZVG vorweg zu entnehmenden Verfahrens-
     kosten (dazu Rdn 425);
   – Ansprüche auf **rückständige wiederkehrende Leistungen** (Rdn 78–79); lau-
     fende Beträge eingetragener wiederkehrender Leistungen brauchen nicht
     angemeldet zu werden (§ 45 Abs 2, § 114 Abs 2 ZVG);
   – laufende und rückständige nicht eingetragene gesetzliche Zinsen (Verzugs-
     zinsen, Prozesszinsen, §§ 1118, 1146 BGB) oder erst nach dem Versteige-
     rungsvermerk eingetragene Zinsen (wichtig für Zinserhöhung);
   – **Rangänderungen** nach Eintragung des Versteigerungsvermerks;[102]
   – **Nebenleistungen,** deren Fälligkeit sich nicht aus dem Grundbuch ergibt
     (wichtig für Vorfälligkeitsentschädigung);[103]
– alle zurzeit der Eintragung des Versteigerungsvermerks im Grundbuch **nicht
   eingetragenen Rechte und Ansprüche mit**
   • Hauptsache, wiederkehrenden Leistungen und anderen Nebenleistungen
     sowie Kosten. Das sind
   – der Anspruch des **Zwangsverwaltungsgläubigers** auf Auslagenersatz (§ 10
     Abs 1 Nr 1 ZVG);
   – die zur **Insolvenzmasse** gehörenden Ansprüche auf **Ersatz der Kosten der
     Feststellung** der beweglichen Gegenstände, auf die sich die Versteigerung
     erstreckt (§ 10 Abs 1 Nr 1 a ZVG);
   – **Haus/Wohngeldforderungen** (bei Vollstreckung in ein Wohnungseigentum;
     § 10 Abs 1 Nr 2 ZVG);

---

[102] Stöber Rdn 3.5; Jaeckel/Güthe Rdn 1, je zu § 45.
[103] Stöber Rdn 2.6 zu § 49.

- **öffentliche Lasten** (§ 10 Abs 1 Nr 3 ZVG), auch mit den in Rangklasse 7 fallenden älteren Rückständen;
- **ohne Eintragung entstandene Rechte**, zB die Sicherungshypothek nach § 1287 BGB oder § 848 Abs 2 ZPO, der Nießbrauch des § 1075 BGB;
- ein zu Unrecht **gelöschtes Recht** (auch wenn bei Abschreibung Übertragung versehentlich nicht erfolgt ist, § 46 Abs 2 GBO), es sei denn, dass gegen die Löschung ein Widerspruch eingetragen ist (vgl § 48 ZVG);
- die erst **nach dem Versteigerungsvermerk eingetragenen Rechte** (Ausnahme: wenn sie bereits vorher durch Vormerkung gesichert waren). Nach dem Versteigerungsvermerk eingetragen sind Rechte in Abteilung II des Grundbuchs, wenn sie mit laufender Nummer in Spalte 1 nach dem Versteigerungsvermerk eingetragen sind (dann auch bei Eintragung am gleichen Tag), Rechte in Abteilung III des Grundbuchs, wenn sie unter Angabe eines späteren Tages (§ 44 GBO) eingetragen worden sind (dazu gehören somit Rechte nicht, die in Abteilung III mit dem Versteigerungsvermerk in Abteilung II am gleichen Tag eingetragen wurden;[104] sie bedürfen keiner Anmeldung);
- ein aus dem Grundbuch **nicht ersichtlicher Vorrang** vor einem anderen Recht oder Anspruch (nicht nur vor dem betreibenden Gläubiger).[105]

Nur zum Erwerb der Stellung eines Beteiligten (§ 9 ZVG) und zur Sicherstel- **233** lung der Erlösauszahlung an den richtigen Berechtigten (vgl § 117 Abs 1 ZVG), nicht aber für die Berücksichtigung des Rechts selbst im geringsten Gebot oder Aufnahme des Anspruchs in den Teilungsplan sind **anzumelden:**
- ein Wechsel in der Person des Berechtigten bei einem vor dem Versteigerungsvermerk eingetragenen Recht (Abtretung, auch Pfändung und Verpfändung, Übergang kraft Gesetzes);[106]
- der Rückgewähranspruch auf eine vor dem Versteigerungsvermerk eingetragene Grundschuld (Rdn 57);
- das Entstehen einer Eigentümergrundschuld aus einem vor dem Versteigerungsvermerk eingetragenen Recht.

Wenn auch in diesen Fällen eine Zurückstellung des Rechts mangels Anmeldung nicht erfolgen wird, so kann die Nichtanmeldung der Person des Berechtigten doch bewirken, dass bei Ausführung des Teilungsplans an einen unrichtigen Berechtigten gezahlt wird (§ 117 Abs 1 ZVG). Im Einzelfall kann daher jedenfalls Geltendmachung des Rechts vor Ausführung des Teilungsplans dringend geboten sein.

Sonstige Anmeldungen, die erfolgen müssen: **233a**
- **Rechtshängigkeit** für Urteilswirkung gegen Ersteher (§ 325 Abs 3 ZPO);
- **Persönliche Haftung** des Schuldners bei Grundschuld oder Rentenschuld für Übergang auf Ersteher (§ 53 Abs 2 ZVG), siehe Rdn 277;
- **Kündigung** eines Grundpfandrechts zur Wirksamkeit gegen Ersteher (§ 54 Abs 1 ZVG; siehe dort auch Abs 2; dazu Rdn 279.

Der durch die Aufforderung nach § 37 Nr 4 ZVG begründeten **Anmeldepflicht 234 unterliegen nicht:**
- nicht eingetragene Rechte, die auch ohne Aufnahme in das geringste Gebot bestehen bleiben (Überbau- und Notwegrente, §§ 912–917 BGB, § 52 Abs 2

---

[104] Stöber Rdn 5.4 zu § 37; insoweit anders Steiner/Eickmann Rdn 10 und 19 (2) zu § 45, nicht richtig.
[105] RG 122, 61 (63); Stöber Rdn 5.6 zu § 37.
[106] RG 77, 296; BGH Rpfleger 1978, 363.

ZVG; altrechtliche Grunddienstbarkeiten und Leibgedinge nach Landesrecht, § 9 EGZVG); anmeldepflichtig sind jedoch stets Rückstände und in das geringste Gebot aufzunehmende fällige (laufende) Leistungen;
- die (vor dem Versteigerungsvermerk eingetragene) Höchstbetragshypothek, weil der Umfang der Belastung durch den eingetragenen Höchstbetrag feststeht (§ 1190 Abs 1 BGB) und Unklarheit nur über die Person des Berechtigten besteht (dazu Rdn 438);
- der Ersatzanspruch für ein erlöschendes Recht (§ 92 ZVG), auch wenn ein Höchstbetrag (§ 882 BGB) nicht eingetragen ist; siehe jedoch wegen der Geltendmachung zum Verteilungstermin Rdn 453, 458 a.

c) Glaubhaftmachung

235   Ein anmeldepflichtiges Recht (ein Anspruch) ist glaubhaft zu machen (Art der Glaubhaftmachung § 294 ZPO):
- soweit Anmeldung nach § 9 Nr 2 ZVG erfolgt und die Stellung eines Beteiligten verschaffen soll, auf Verlangen des Gerichts oder eines (jeden) Beteiligten;
- bei Anmeldung zur Berücksichtigung im geringsten Gebot oder Rangwahrung für den Teilungsplan (siehe § 110 ZVG) auf Widerspruch des Anordnungs- oder eines (jeden) Beitrittsgläubigers (§ 37 Nr 4, § 45 Abs 1 ZVG). In diesem Fall kein Widerspruch des Gerichts oder eines Beteiligten, keine Glaubhaftmachung für Zinsansprüche eingetragener Rechte, § 45 Abs 2 ZVG. Der Anordnungs- oder Beitrittsgläubiger, dessen Verfahren (gleich aus welchem Grund) einstweilen eingestellt oder nicht vier Wochen vor dem Termin fortgesetzt ist, ist nicht (betreibender) Gläubiger, kann somit nicht mit Widerspruch nach § 45 Abs 1 ZVG Glaubhaftmachung verlangen.

d) Unterlassene Anmeldung

236   **Folge einer** trotz Aufforderung nach § 37 Nr 4 ZVG **unterlassenen rechtzeitigen Anmeldung** oder Glaubhaftmachung:
- Bei völlig ausgebliebener Anmeldung: Nichtberücksichtigung im geringsten Gebot (§ 45 Abs 1 ZVG) und Teilungsplan (§ 114 Abs 1 ZVG);
- bei später (nach der Aufforderung zur Abgabe von Geboten im Versteigerungstermin und spätestens im Verteilungstermin, § 114 Abs 1 ZVG) nachgeholter Anmeldung oder Glaubhaftmachung: Zurücksetzung hinter alle übrigen Rechte (§ 37 Nr 4, § 110 ZVG). Der Rangverlust ist endgültig; er gewährt dem dadurch benachteiligten Gläubiger keinen Bereicherungsanspruch gegen den Begünstigten.[107] Die Rangänderung kann auch über § 242 BGB nicht rückgängig gemacht werden;[108] nur ganz besondere Umstände könnten das Verhalten des Begünstigten ausnahmsweise als sittenwidrig erscheinen lassen. Mehrere nach § 110 ZVG zurückgesetzte Ansprüche haben untereinander den bisherigen Rang (§§ 10–12 ZVG); die Zeitfolge der Anmeldung begründet keine eigene Rangfolge.
Findet nach Aufforderung zur Abgabe von Geboten (§ 66 Abs 2 ZVG) ein **weiterer Versteigerungstermin** statt (wegen Ergebnislosigkeit, nach Vertagung, wegen Zuschlagversagung nach § 74a Abs 3 oder § 85a Abs 1 ZVG usw), so sind weitere Anmeldungen möglich. Sie führen als dann rechtzeitige Anmeldungen zu keinem Rangverlust, wenn sie in dem vor Zuschlagerteilung abgehaltenen

---

[107] BGH 21, 30 (34) = aaO (Fußn 99) mit Nachw.
[108] BGH 21, 30 (34) = aaO (Fußn 99).

Versteigerungstermin spätestens bis zu der Aufforderung zur Abgabe von Geboten erfolgt sind.

e) Beschlagnahmegläubiger; Verfahrensdauer

Ansprüche des Beschlagnahmegläubigers gelten als angemeldet, soweit sie sich   237
aus dem Anordnungs- (Beitritts-) Antrag ergeben (§ 114 Abs 1 S 2 ZVG). Mit
Rücknahme des Versteigerungsantrags (Beitrittsantrag) ist aber auch die in ihm
enthaltene Anmeldung zurückgenommen.[109]
Jede Anmeldung gilt für die **gesamte Dauer** des Verfahrens, die Anmeldung zu
einem früheren Termin mithin ohne weiteres auch für alle in dem Verfahren
anstehenden weiteren Termine; zu einem späteren Termin braucht daher eine
Anmeldung nicht wiederholt werden (siehe auch Rdn 421). Ebenso braucht
eine ordnungsgemäße Anmeldung zum Versteigerungstermin für den Verteilungstermin nicht wiederholt zu werden. Gleichwohl empfiehlt es sich, die Ansprüche zu einem weiteren Termin neu geltend zu machen; Überzahlung bei
Erlösverteilung nach der nur zu einem früheren Termin eingereichten, später
jedoch teilweise überholten Anmeldung bereitet dem Gläubiger oft erhebliche
Schwierigkeiten.

Eine ausdrücklich **zurückgenommene** oder durch eine spätere Erklärung (=   237a
neue Anmeldung) **eingeschränkte Anmeldung** wird der Berechnung der Gläubigeransprüche nicht mehr zugrunde gelegt. Unter mehreren Anmeldungen, die
ein Gläubiger für seine Ansprüche eingereicht hat, ist immer die wirksame letzte Anmeldung maßgeblich. Das schließt nicht aus, dass der Gläubiger seinen
Gesamtanspruch stückweise anmeldet, so dass sich mehrere Anmeldungen ergänzen.

Wenn **weniger** als gesetzlich zulässig **angemeldet** (oder glaubhaft gemacht) ist,   237b
ergeben sich für einen weitergehenden anmeldepflichtigen Anspruch (Rdn 232)
die Folgen der trotz Aufforderung unterlassenen rechtzeitigen Anmeldung (oder
Glaubhaftmachung). Der nicht angemeldete Mehrbetrag bleibt bei Feststellung
des geringsten Gebots (§ 45 Abs 1 ZVG) und Aufstellung des Teilungsplans
(§ 114 Abs 1 ZVG) dann unberücksichtigt; bei verspäteter Anmeldung erleidet
er nach § 110 ZVG Rangverlust.

> **Beispiel:** Eine nach dem Versteigerungsvermerk eingetragene Grundschuld in Höhe
> von 50 000 € wird nur mit dem Betrag von 20 000 € nebst Zinsen hieraus angemel-
> det.

Es ist jedoch aufzuklären (§ 139 ZPO), ob nicht ein Versehen vorliegt und
durch Auslegung die Anmeldung des gesamten Anspruchs als erklärt anzusehen
ist. Letzteres ist nicht der Fall, wenn ein Briefrecht nach Eintragung teilweise
abgetreten wurde und der Anmeldende nur den ihm zustehenden Betrag des
Grundpfandrechts geltend macht.

f) Minderanmeldung

Schränkt die Anmeldung den Betrag ein, der sonst – ohne Anmeldung – von   237c
Amts wegen nach dem Inhalt des Grundbuchs zu berücksichtigen wäre (§§ 45,
114 ZVG), so wird für den Gläubiger der angemeldete geringere Betrag berücksichtigt. Der zu berücksichtigende Betrag wird mithin durch **Minderanmeldung**[110] (zu ihr auch Rdn 247) eines von Amts wegen zu berücksichtigenden

[109] Stöber Rdn 5.17 zu § 37; Dassler/Hintzen Rdn 63 zu § 114.
[110] Zur Minderanmeldung näher Stöber Rdn 7 zu § 45, auch LG Frankenthal Rpfleger 1986,
232 mit Anm Meyer-Stolte; Riedel JurBüro 1974, 689 (691).

Anspruchs (zB von Zinsen, § 45 Abs 2, § 114 Abs 2 ZVG, des Beschlagnahmeanspruchs eines Gläubigers in Rangklasse 5 des § 10 Abs 1 ZVG), auch in
Form der Erklärung, es sei bezahlt, begrenzt (Rdn 247).

> **Beispiel:** Bei Feststellung des geringsten Gebots wären von Amts wegen 1000 €
> laufende Zinsen aus 2 zurückliegenden Jahren zu berücksichtigen (§§ 13, 45 ZVG).
> Der Gläubiger meldet jedoch einen Zinsanspruch von nur noch 200 € an. Auch
> wenn er nicht ausdrücklich erklärt, dass die zurückliegenden weiteren Zinsen be-
> reits bezahlt sind, werden in das geringste Gebot und – später – den Teilungsplan
> die Zinsen nur in der geltend gemachten Höhe von 200 € aufgenommen.

Als Prozesshandlung erfordert die Minderanmeldung die Befugnis, das Recht
(den Anspruch) im Verfahren geltend zu machen. Bedeutung erlangt daher
nur eine Minderanmeldung des (legitimierten) Rechtsinhabers (Gläubiger des
Grundpfandrechts, Berechtigter eines sonstigen Grundstücksrechts, Gläubiger
eines Anspruchs in Rangklassen 1–3 des § 10 Abs 1) oder des an seiner Stelle
zur Verfügung über den Anspruch Befugten (zB des Insolvenzverwalters, § 80
Abs 1 InsO). Eine danach als prozessuale Erklärung nicht wirksame Minderanmeldung bleibt als unzulässig unberücksichtigt.
Die Minderanmeldung kann, wenn sie den Gesamtanspruch berechnet, nur so
verstanden werden (vgl § 133 BGB), dass eine weitere Forderung nicht besteht
oder im Verfahren nicht geltend gemacht wird (dann darf über den Antrag hinaus keine Berücksichtigung erfolgen, § 308 Abs 1 ZPO). Ein weitergehender
Anspruch bleibt bei Feststellung des geringsten Gebotes und Aufstellung des
Teilungsplans dann immer unberücksichtigt. Er ist mit der Aufforderung zur
Abgabe von Geboten nach Maßgabe des § 37 Nr 4 ZVG von der Berücksichtigung ausgeschlossen, erleidet sonach bei später nachgeholter Anmeldung den
Rangverlust des § 110 ZVG.[111]
Keine Minderanmeldung in diesem Sinn liegt in der Erklärung eines Hypothe-
kengläubigers, die gesicherte Forderung bestehe nicht (das Recht ist dann Ei-
gentümergrundschuld, Rdn 249; Nichtberücksichtigung könnte nur unter den
Rdn 248 dargestellten Voraussetzungen erfolgen) oder die durch eine Grund-
schuld gesicherte Forderung sei nicht entstanden oder wieder erloschen (die
Grundschuld bleibt Fremdrecht, Rdn 260).

g) Bekanntmachung im Versteigerungstermin; Berechtigung bei unterbliebener Anmeldung

237d   Die Anmeldungen werden im Versteigerungstermin **bekannt gemacht** (§ 66
Abs 1 ZVG).

237e   Als **Prozesshandlung** (Rdn 231 a) ist die Anmeldung von der materiell-rechtlichen Willenserklärung zur Herbeiführung einer rechtsgeschäftlichen Rechtsänderung zu unterscheiden. Ein Gläubiger, der anmeldepflichtige Ansprüche
oder eine anmeldepflichtige Tatsache (zB eine Kündigung) nicht angemeldet
hat, verliert seine dingliche (materielle) Berechtigung nicht, soweit er damit
nicht bei Verfahrensfortgang oder gegenüber dem Ersteher ausgeschlossen ist
(wie zB nach §§ 53, 54 ZVG, auch § 325 Abs 3 ZPO). Der Rechtsinhaber kann
seine Berechtigung daher bei Verfahrensfortgang (siehe Rdn 236) vor nochmaliger Aufforderung zur Abgabe von Geboten oder für einen späteren neuen Versteigerungstermin wieder rechtzeitig anmelden. Er kann einen nicht angemeldeten Anspruch auch in einem anderen Verfahren weiter verfolgen (so nach

---

[111] So auch Riedel JurBüro 1974, 689 (692).

Ausfall in der Zwangsversteigerung, wenn noch restiger Erlös aus der Zwangsverwaltung verteilt wird, bei Versteigerung eines mithaftenden Grundstücks).

7. Abschnitt. Geringstes Gebot und Versteigerungsbedingungen
§§ 44 ff ZVG

1. Unterabschnitt. Allgemeines

Schrifttum: Drischler, Geringstes Gebot, Mindestgebot, Meistgebot und höchstzulässiges Gebot in der Zwangsversteigerung, Rpfleger 1951, 175; Drischler, Das geringste Gebot in der
Zwangsversteigerung, RpflJahrbuch 1960, 347; Drischler, Gesetzliche und abgeänderte Versteigerungsbedingungen in der Immobiliarvollstreckung, RpflJahrbuch 1974, 335; Haegele,
Wohnungsrecht, Leibgeding und ähnliche Rechte in Zwangsvollstreckung, Konkurs und Vergleich, DNotZ 1976, 5; Maier, Die Aufnahme des Deckungs- und Übernahmeprinzips in das
Zwangsversteigerungsgesetz, Tübingen, 1984; Morvilius, Versteigerungsrechtliche Auswirkungen von Rangvorbehalt und Rangrücktritt auf die Eigentumsvormerkung, MittBayNot 2005,
477; Reichel, Die Behandlung des Rangvorbehalts in der Zwangsversteigerung, JW 1926, 779;
Reinhard, Rangvorbehalt und Zwangsversteigerung, JW 1923, 262; Schiffhauer, Die Grunddienstbarkeit in der Zwangsversteigerung, Rpfleger 1975, 187; Schiffhauer, Die Wirkung des
Rangvorbehalts in der Zwangsversteigerung, BlGrBW 1962, 17; Kurt Schmidt, Grundpfandrechte und geringstes Gebot in der Zwangsversteigerung von Grundstücken (Ausgabe 1953);
Schmidt, Das geringste Gebot bei Fortsetzung eingestellter Zwangsversteigerungsverfahren
DRiZ 1959, 119; Stöber, Wirksamkeitsvermerk und Zwangsversteigerung, MittBayNot 1997,
143; Ulbrich, Rechtsprobleme des Rangrücktritts und des Rangvorbehalts in der notariellen
Praxis, MittRhNotK 1995, 289.

Bei Verkauf eines Grundstücks werden die Bedingungen durch die Vertragspart-   **238**
ner vereinbart; ergänzende Bestimmungen bringt das Gesetz (§§ 433 ff BGB).
Eine Zwangsversteigerung darf die Interessen des Schuldners nicht verletzen,
muss aber auch den Belangen des Gläubigers und der Beteiligten Rechnung
tragen. Wegen des oft großen Kreises der Beteiligten und der Auswirkungen auf
Dritte sind die **Bedingungen und Wirkungen** einer Zwangsversteigerung **durch
das Gesetz** (ZVG §§ 44 ff) festgelegt. Abänderungen sind möglich (§ 59 ZVG).
Im Einzelnen regeln die Versteigerungsbedingungen
– die Rechte und Pflichten des Erstehers und der Beteiligten,
– den Umfang des Versteigerungsgegenstands (§ 55 ZVG),
– den Gefahrenübergang (§ 56 ZVG) und
– das Rechtsverhältnis zu Mietern und Pächtern (§§ 57 ff ZVG).
Teil der Versteigerungsbedingungen sind die Vorschriften über die Feststellung
des geringsten Gebots. Die im Einzelfall geltenden Versteigerungsbedingungen
werden im Versteigerungstermin (bei mehreren für jeden Termin neu) festgestellt und durch Vorlesen bekanntgemacht (§ 66 Abs 1 ZVG).
Wesentlich ist der **Deckungsgrundsatz** des ZVG, der besagt:
**Die Versteigerung darf nur unter Wahrung der dem betreibenden Gläubiger
vorgehenden Rechte ausgeführt werden.**
Verwirklichen lässt sich der Deckungsgrundsatz
– im weiteren Sinn mit dem **Deckungsprinzip**, bei dem der Ersteher alle dem betreibenden Gläubiger vorgehenden Grundpfandrechte bar wegfertigen müsste;
– mit dem sogen **Übernahmeprinzip**, bei dem der Ersteher die dem betreibenden Gläubiger vorgehenden Rechte in Anrechnung auf den Kaufpreis zu
  übernehmen hat.

Die absolute Wirkung (besserrangiger) dinglicher Rechte (dazu nachfolgend) und die Erwartung, den Interessentenkreis (Bieter) zu erweitern, haben den Gesetzgeber veranlasst, den Deckungsgrundsatz als **Übernahmeprinzip** einzuführen. Das erfordert Aufstellung eines geringsten Gebots (Rdn 239).

Als andere Lösung hätte sich der lastenfreie Erwerb angeboten, also die Regelung dass mit dem Zwangsverkauf die Hypotheken und alle sonstigen Belastungen erlöschen und die Gläubiger mit ihren Pfand- und Vorzugsrechten lediglich auf das Kaufgeld verwiesen sind (sogenanntes „Löschungssystem"). Bei solcher Regelung bräuchte die Erteilung des Zuschlags von der Höhe eines Meistgebots überhaupt nicht abzuhängen; es könnte mithin vorkommen, dass weder der betreibende Gläubiger noch ihm im Range vorgehende Berechtigte aus dem Versteigerungserlös befriedigt würden. Das ZVG hat in Übereinstimmung mit der vorhergehenden überwiegenden Rechtsentwicklung in Deutschland eine Regelung auf dieser Grundlage nicht bestimmt. Es hat mit dem Deckungsgrundsatz Forderungen der Gerechtigkeit Rechnung getragen. Dieser hindert den Gläubiger, eine von der Höhe des Meistgebots unabhängige und daher für ihn selbst aussichtslose Versteigerung lediglich zum Nachteil des Schuldners durchzuführen; er sichert in Verbindung mit dem Übernahmeprinzip Grundstücksrechte gegen Beeinträchtigungen (auch durch Erlöschen bei voller Deckung), die sich auf ein nachstehendes Recht stützen. Damit ist zugleich der absoluten Wirkung (besserrangiger) dinglicher Rechte Rechnung getragen.

2. Unterabschnitt. Geringstes Gebot

1. Kapitel. Deckungsgrundsatz, Ausgangsbeispiel

239 Der **Deckungsgrundsatz** ist in der Weise durchgeführt, dass bei der Versteigerung nur ein solches Gebot zugelassen wird (Zurückweisung bei Unzulässigkeit, § 71 Abs 1 ZVG; ggfs Zuschlagsversagung, § 83 Nr 1 und 6 ZVG), durch welches

– die **dem Anspruch** des (betreibenden) **Gläubigers vorgehenden** – nicht auch die gleichstehenden – **Rechte** sowie
– die aus dem Versteigerungserlös zu entnehmenden **Kosten** des Verfahrens

gedeckt werden; sogenanntes **geringstes Gebot** (§ 44 Abs 1 ZVG). Das geringste Gebot wird allein durch die **Rangstelle des betreibenden Gläubigers** bestimmt; es ergibt sich der Höhe nach nur aus der Summe der diesem vorgehenden Ansprüche; zum Grundstückswert steht es in keiner Beziehung. Schutz vor Versteigerung zu einem erheblich unter dem Grundstückswert liegenden Gebot gewähren §§ 74 a, 85, 85 a ZVG, § 765 a ZPO.

Mit dem Deckungsgrundsatz erfordert die Zwangsversteigerung unter Wahrung der dem betreibenden Gläubiger vorgehenden Rechte auch deren Schutz vor Rechtsbeeinträchtigung durch Veränderung. Vorrangige dingliche Rechte werden daher dadurch gedeckt, dass sie mit der **Hauptsache bestehen bleiben** (§ 52 Abs 1 ZVG), mithin unverändert auf den Ersteher übergehen (Übernahmeprinzip, siehe schon Rdn 238). Das **geringste Gebot** bestehe somit aus den beiden Teilen:

– **bestehen bleibende Rechte** (§ 52 Abs 1 ZVG),
– durch Zahlung zu befriedigende Ansprüche (= **bar zu zahlender Teil;** § 49 Abs 1 ZVG).

Durch Zahlung zu befriedigen sind als Teil des geringsten Gebots folgende dem 240
betreibenden Gläubiger vorgehende Ansprüche:
– aus dem Versteigerungserlös (von Amts wegen, ohne Anmeldung) zu ent-
nehmende **Kosten des Verfahrens** (§ 44 Abs 1, § 109 ZVG; dazu Rdn 425);
dazu gehört auch ein Kostenvorschuss des betreibenden Gläubigers (§ 15
Abs 1 GKG). Die Gebühr für das Verteilungsverfahren (GKG-KostVerz
Nr 2215; § 54 Abs 3 GKG) wird bereits mit eingesetzt und für das geringste
Gebot vorläufig aus dem Grundstückswert (§ 74a Abs 5, § 85a Abs 2 S 1
ZVG) oder dem höheren Betrag des geringsten Gebots berechnet[1] (herrschende Ansicht, anders: bei geringerer Summe des geringsten Gebots aus
dieser[2]); sind die Kosten bei Erlösverteilung tatsächlich höher als vorläufig
im geringsten Gebot berücksichtigt, so trifft der Ausfall den letzten zum
Zuge kommenden Beteiligten; einen durch geringere Kosten ersparten Betrag
erhält der Erstausfallende;
– in § 10 Abs 1 Nr 1 bis 3 ZVG bezeichnete Ansprüche, das sind
  – Zwangsverwaltungsvorschüsse (Rdn 70),
  – Feststellungskosten zur Insolvenzmasse (Rdn 70a),
  – Haus-/Wohngeldforderungen (Rdn 71),
  – Ansprüche auf Entrichung der öffentlichen Lasten (Rdn 73, 74c);
– in § 12 Nr 1 und 2 ZVG bezeichnete **Ansprüche aus** den dem Gläubiger
rangmäßig (dingliches Rangverhältnis, § 11 Abs 1 ZVG, §§ 879ff BGB) **vorgehenden Rechten** auf
  – Kosten der Kündigung und der die Befriedigung aus dem Grundstück bezweckenden Rechtsverfolgung (dazu Rdn 94–99),
  – wiederkehrende Leistungen und andere Nebenleistungen (§ 12 Nr 2 ZVG).

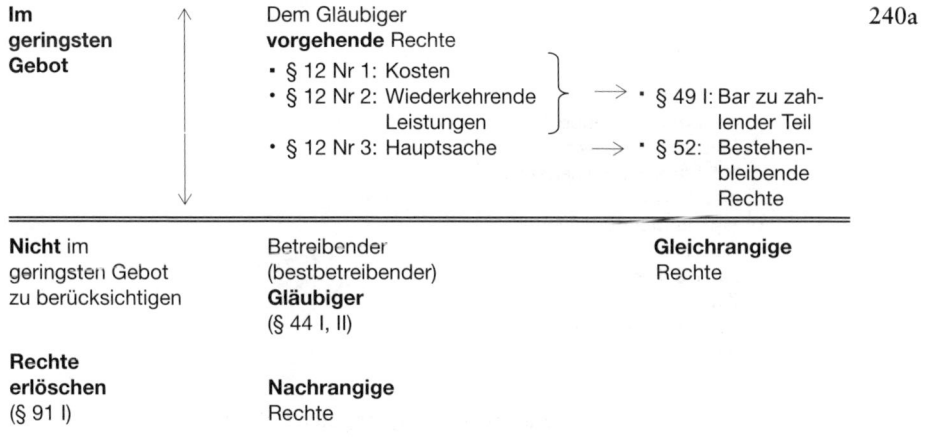

240a

Beispiel: Für die weiteren Ausführungen benutzen wir folgendes 241

Ausgangsbeispiel

Versteigerungstermin:	16. 6. 2010
Beschlagnahme:	10. 2. 2010
Grundstückswert:	160 000 €

---

[1] Stöber Rdn 12.2 zu § 44; Morvilius ImmVollstr Rdn 245.
[2] Korintenberg/Wenz Anm 4 zu § 44 ZVG.

Ansprüche und Rechte	Anmeldungen und Bemerkungen
1. Verfahrenskosten	Die Auslagen betragen 1116 € Kostenvorschuss: 1000 €
2. Stadt X, Stadtkasse, Grundsteuer	Seit 1. 1. 2009 vierteljährlich 100 €
3. Hypothek ohne Brief Abt III Nr 1 zu 20 000 € der Stadtsparkasse A Zinsen: 6% jährlich zahlbar 15. 6. für 1. 1.–30. 6. 15. 12. für 1. 7.–31. 12.	Zinsen für die Zeit ab 1. 1. 2007
4. Hypothek Abt III Nr 2 zu 30 000 € der Hypothekenbank X Zinsen: 8% jährlich zahlbar monatlich im Voraus	Es ist keine Anmeldung eingegangen
5. Wohnungsrecht Abt II Nr 1 an einem Zimmer im 1. Stock für Schwester Anna E, 70 Jahre alt	Wert: monatlich 25 €
6. Zwangs-Sicherungshypothek Abt III Nr 3 zu 10 000 € des Schreinermeisters Karl B Zinsen: 12% jährlich	a) 400 € spezifizierte RAnwKosten für Verstei- gerungsverfahren b) Zinsen seit 1. 1. 2009
7. – Im Gleichrang – a) Grundschuld Abt III Nr 4 zu 40 000 € der Bank für Baugeld Zinsen: 6% jährlich zahlbar kalendervierteljährlich nachträglich b) Eigentümergrundschuld Abt III Nr 5 zu 10 000 € Zinsen: 12% jährlich zahlbar kalenderhalbjährlich nachträglich	

Berechnung des geringsten Gebots

242

Fall 1: Die Bank für Baugeld vollstreckt wegen ihres dinglichen Anspruchs aus der in Abt III Nr 4 eingetragenen Grundschuld zu 40 000 € nebst Zinsen.

I. Bestehen bleibende Rechte:
1. Hypothek ohne Brief
   Abt. III Nr 1
   der Stadtsparkasse A   zu 20 000 €
2. Hypothek
   Abt III Nr 2
   der Hypothekenbank X   zu 30 000 €

3. Wohnungsrecht
   Abt II Nr 1
   der Schwester Anna E,
   gemäß § 51 Abs 2 ZVG gewertet auf   3 000 €
4. Zwangs-Sicherungshypothek
   Abt III Nr 3
   des Schreinermeisters Karl B   zu 10 000 €

Summe der bestehen bleibenden Rechte: 63 000 €

II. Bar zu zahlender Teil:
1. Verfahrenskosten, Wert: 160 000 €,
   gemäß § 109 ZVG vorweg zu entnehmen
   0,5 Allgemeine Verfahrensgebühr
   GKG-KostVerz Nr 2211;
   Wert § 54 Abs 1 GKG   628,–
   0,5 Terminsgebühr
   GKG-KostVerz Nr 2213;
   Wert § 54 Abs 1 GKG   628,–
   0,5 Gebühr für das Verteilungsverfahren,
   GKG-KostVerz Nr 2215;
   Wert § 54 Abs 3 GKG   628,–
   Auslagen   1116,–   3 000 €

es entfallen
auf die Staatskasse   2000 DM
auf die Bank für Baugeld
der Kostenvorschuss von   1000 DM

2. Stadt X – Stadtkasse
   Grundsteuer für die Zeit
   vom 1. 1. 2009–30. 6. 2010   600 €
3. Stadtsparkasse A
   Ansprüche aus der Hypothek Abt III
   Nr 1 nämlich 6% Zinsen
   aus 20 000 €, und zwar
   a) laufende für die Zeit vom
      1. 7. 2009–30. 6. 2010   1200 €
   b) Rückstände für 2 Jahre,
      also für die Zeit vom
      1. 7. 2007–30. 6. 2009   2400 €   3 600 €

4. Hypothekenbank X
   Ansprüche aus der Hypothek Abt III
   Nr 2 nämlich 8% Zinsen aus
   30 000 €, und zwar
   laufende für die Zeit
   vom 1. 2. 2010–30. 6. 2010   1 000 €
5. Wohnungsrecht Abt II Nr 1:
   – keine laufenden Leistungen,
   keine Kosten –   —
6. Schreinermeister Karl B
   Ansprüche aus der Zwangs-Sicherungshypothek Abt III Nr 3, und zwar
   a) Kosten der Rechtsverfolgung   400 €
   b) 12% Zinsen aus 10 000 €
      für die Zeit
      vom 1. 1. 2009–30. 6. 2010   1800 €   2 200 €

Summe des bar zu zahlenden Teils des geringsten Gebots   10 400 €

243   **Fall 2:** Die Stadt X (Stadtkasse) vollstreckt Grundsteueransprüche (der Rang-
              klasse 3 des § 10 Abs 1 ZVG)
              I. Bestehen bleibende Rechte: Keine   —
              II. Bar zu zahlender Teil:
              Verfahrenskosten, gemäß § 109 ZVG
              vorweg zu entnehmen,
              Einzelaufstellung wie vorher Fall 1, zusammen   3 000 €

2. Kapitel. Anspruch des betreibenden Gläubigers
als Grundlage des geringsten Gebots
§ 44 ZVG

a) Rangstelle des betreibenden Gläubigers

244   Auszugehen ist von der Rangstelle des betreibenden Gläubigers (Rdn 239).
      Sein Anspruch steht nicht im geringsten Gebot. Er wird auch nicht aufgenom-
      men, wenn bei einheitlichem Rang nur wegen eines Teils vollstreckt wird (etwa
      nur wegen Zinsen oder nur wegen eines Hauptsacheteilbetrags).
      Dann kann jedoch als abweichende Versteigerungsbedingung nach § 59 Abs 1
      ZVG verlangt werden, dass der (ganz oder teilweise) nicht vollstreckte Haupt-
      sacheanspruch des betreibenden Gläubigers bestehen bleibt. Zu dieser kaum
      bekannten Möglichkeit des betreibenden Gläubigers, der nur Zinsen oder einen
      Hauptsacheteil vollstreckt, sein Interesse daran zu wahren, dass er zur Annah-
      me des (nicht vollstreckten) Kapitals nicht genötigt werde, s Rdn 298 b.
      Um ein einheitliches Recht mit einheitlichem Rang handelt es sich gegenüber
      Dritten auch, wenn an einem Teil ein Pfandrecht mit Rang vor dem Rest be-
      stellt oder durch Zwangsvollstreckung erlangt ist. Bei Zwangsversteigerung nur
      wegen des mit dem Pfandrecht belasteten Teils oder nur wegen des Restes steht
      daher der weitere Teil nicht im geringsten Gebot. Wird nur aus Zinsen der
      Rangklasse 8 des § 10 Abs 1 ZVG vollstreckt (dann Rangklasse 5 als Beschlag-
      nahmeanspruch), so kommen (da insoweit kein einheitlicher Rang) Kapital und
      alle Ansprüche aus Rangklasse 4 des § 10 Abs 1 ZVG in das geringste Gebot.
      Zu selbstständigem Rang für Teilrechte führen Teilabtretung eines Rechts (An-
      spruchs) mit Vorrang vor dem Rest oder Teilablösung (§ 268 BGB; siehe
      Rdn 100, 139). Bei Zwangsvollstreckung aus dem nachrangigen Rest fällt der
      vorrangige Teil daher in das geringste Gebot.

          Beispiel: Die Zinsen werden ohne die Hauptsache abgelöst (oder mit Nachrang ab-
          getreten), der neue Gläubiger betreibt. Die Hypothek selbst kommt hier in das ge-
          ringste Gebot (siehe § 268 Abs 3 BGB).

245   Im Gleichrang mit dem (maßgeblichen) betreibenden Gläubiger stehende An-
      sprüche kommen nicht ins geringste Gebot (siehe im Beispiel 1 bei Rdn 242 die
      Eigentümergrundschuld Abt III Nr 5).

b) Mehrere Gläubiger

245a Mehrere Gläubiger vollstrecken mit selbstständiger Verwertungsbefugnis in
      das Grundstück; ihre Verfahren sind voneinander unabhängig (Rdn 130, 187).
      Die Verwertungsbefugnis des bestrangigen Gläubigers wird daher durch die
      gleichzeitige Vollstreckung anderer Gläubiger nicht geschmälert. Das gerings-
      te Gebot bestimmt sich deshalb **immer nach der Rangstelle des Anspruchs des**

mit bestem Rang vollstreckenden Gläubigers (siehe § 44 Abs 2 ZVG). Voraussetzung jedoch: Der wegen des vorgehenden Anspruchs ergangene Beschlagnahmebeschluss (wegen Fortsetzung nach Einstellung siehe Rdn 197–200 a, 224; wegen Aufhebung der Einstellung infolge eines Insolvenzverfahrens Rdn 224) muss dem Schuldner 4 Wochen vor dem Versteigerungstermin zugestellt sein (§ 44 Abs 2 ZVG). Grund: Rdn 224. Abweichung: Nach § 59 ZVG oder mit Zustimmung des Schuldners und der Beteiligten, die bei Bildung des geringsten Gebots nach einem verspätet zugestellten besserrangigen Beschlagnahmebeschluss nicht berücksichtigt werden (§ 83 Nr 1, § 84 Abs 1 ZVG). Auch eine das geringste Gebot mindernde Rangänderung zugunsten des betreibenden Gläubigers muss mindestens 4 Wochen vor dem Termin eingetragen sein.[3]

Betreibt **ein Gläubiger wegen mehrerer Ansprüche** aus verschiedenem Rang,   **246**

> **Beispiel:** Hypothek an 1. Rangstelle und Grundschuld an 5. Rangstelle, oder Hypothek an 3. Rangstelle und weitere, dinglich nicht gesicherte Forderung,

so bestimmt sich das geringste Gebot nach dem **bestrangigen Anspruch.** Voraussetzung auch hier: Zustellung an Schuldner 4 Wochen vor dem Termin (§ 44 Abs 2 ZVG). Gleiches gilt, wenn ein Gläubiger zugleich (dazu Rdn 116) wegen des dinglichen Anspruchs und wegen der gesicherten persönlichen Forderung vollstreckt.

Betreibt ein **dinglich gesicherter Gläubiger** nur **wegen seines persönlichen Anspruchs,** so wird das vorgehende, somit in Klasse 4 des § 10 Abs 1 ZVG zu berücksichtigende (dingliche) Recht samt Kosten und Nebenleistungen in das geringste Gebot aufgenommen. Folge: Wenn der persönliche Anspruch des Gläubigers aus dem Versteigerungserlös befriedigt wird, wird eine bestehen gebliebene Hypothek zur Hypothek (für den Ersatzanspruch) des bisherigen Grundstückseigentümers (§ 1164 BGB).[4]

Nach **Einstellung des Verfahrens** für einen von mehreren Gläubigern kann sein   **246a** Anspruch der Berechnung des geringsten Gebots nicht zugrunde gelegt werden; er hat in der Zeit der Einstellung nicht die Stellung eines betreibenden Gläubigers (Rdn 188).

c) Vorgehender persönlicher Anspruch

Geht dem maßgeblichen bestrangig betreibenden Gläubiger der **persönliche**   **246b** **Anspruch** eines in Rangklasse 5 des § 10 Abs 1 ZVG stehenden Gläubigers vor, so ist nach einstweiliger Einstellung des von diesem betriebenen Verfahrens seine Beschlagnahmeforderung voll in den bar zu zahlenden Teil des geringsten Gebots aufzunehmen,[5] und zwar mit Zinsen bis zum mutmaßlichen Verteilungstermin.[6]

Ein nach dem Anspruch des bestrangig betreibenden Gläubigers berechnetes   **246c** geringstes Gebot wird rückwirkend unrichtig, wenn der Gläubiger (auch nach Schluss der Versteigerung) seinen Antrag zurücknimmt oder das von ihm be-

---

[3] Stöber Rdn 6.1; Jaeckel/Güthe Rdn 4, je zu § 44; Schmidt DRiZ 1959, 119.

[4] RG 76, 116; Stöber Rdn 4.5 zu § 44.

[5] BGH 66, 217 (227); RG 125, 24 (31); AG Gemünd Rpfleger 1957, 88 mit zust Anm Drischler; Stöber Rdn 2.7 zu § 49; jetzt allgemeine Ansicht.

[6] Stöber Rdn 4; Dassler/Hintzen Rdn 3; Steiner/Eickmann Rdn 12–15, je zu § 47.

triebene Verfahren eingestellt wird.[7] Folge: Neufeststellung der Versteigerungsbedingungen mit geringstem Gebot und Wiederholung der Versteigerung, nach
Schluss der Versteigerung (§ 73 Abs 2 ZVG) Zuschlagversagung.[8]

3. Kapitel. Berücksichtigung der Rechte und Ansprüche im geringsten Gebot
§ 45 ZVG

a) Berücksichtigung der Rechte und Ansprüche

247 Berücksichtigt werden die in das geringste Gebot aufzunehmenden Rechte am
Grundstück und die anderen Ansprüche, denen nach § 10 Abs 1 ZVG ein
Recht auf Befriedigung aus dem Grundstück zukommt, bei der Feststellung des
geringsten Gebots als bestehen bleibende Rechte oder bar zu zahlen Ansprüche (§ 45 Abs 1 ZVG; siehe bereits Rdn 231)
- **nach dem Inhalt des Grundbuchs** insoweit, als sie zurzeit der Eintragung des
  Versteigerungsvermerks aus dem Grundbuch ersichtlich waren (auch bei Eintragung nach Beschlagnahme, aber vor dem Versteigerungsvermerk); das gilt
  auch für die Rangordnung; eine später eingetragene Rangänderung bedarf
  daher der Anmeldung (Rdn 232);
- im Übrigen nur dann, wenn sie **rechtzeitig angemeldet** (dazu Rdn 230–237e)
  und, falls der Gläubiger widerspricht, glaubhaft gemacht werden.
Von **wiederkehrenden Leistungen**, die nach dem Inhalt des Grundbuchs zu berücksichtigen sind, werden laufende Beträge von Amts wegen in das geringste
Gebot aufgenommen. Dies gilt dann nicht, wenn der Berechtigte erklärt, es
sei bezahlt,[9] oder wenn er weniger anmeldet, als gesetzlich möglich wäre
(Rdn 237c; Anspruchsbeschränkung durch sogen Minderanmeldung). Die Anmeldung bildet die obere Grenze des zu berücksichtigenden Anspruchs. Rückstände müssen angemeldet werden (§ 45 Abs 2 ZVG). Abgrenzung: Rdn 88–93.

b) Nichtige und erloschene Rechte

248 Keine Berücksichtigungen finden
- trotz Eintragung **nichtige Rechte** (darüber muss Klarheit bestehen),[10]
- einwandfrei **erloschene Rechte**;[11] das Erlöschen muss objektiv feststehen.[12]

> **Beispiel:** Wohnungsrecht nach Tod (Nachweis) des Berechtigten;
> Gesamtgrundschuld, wenn sie nach Versteigerung eines der für sie mithaftenden
> Grundstücke an dem nun zur Versteigerung anstehenden weiteren Grundstück be-
> reits erloschen ist (siehe § 1181 Abs 2 BGB);
> Hypothek, auf die der Zwangsverwalter Kapitalzahlungen (§ 158 ZVG, auch in Form
> von Tilgungsbeträgen) geleistet hat.

Ein Löschungs- oder Berichtigungsantrag braucht nicht gestellt sein;[12]

---

[7] RG 89, 426 und RG 125, 24.
[8] AG Bamberg Rpfleger 1968, 98; RG 89, 426; Stöber Rpfleger 1971, 327 und ZIP 1981, 944;
Stöber Rdn 7.4 zu § 66.
[9] Jaeckel/Güthe Rdn 2 zu § 45.
[10] Stöber Rdn 6.1 und 6.2 zu § 45.
[11] Stöber Rdn 6.3 zu § 45; Dassler/Hintzen Rdn 2 zu § 45.
[12] OLG Hamm OLGZ 1967, 57 = JMBlNRW 1966, 226.

– Rechte, für die sämtliche **zur Löschung erforderlichen Urkunden vorliegen;**[13] die Urkunden sind zu den Versteigerungsakten zu nehmen.[14]

– **Verfügungsbeschränkungen,** so der Nacherbenvermerk.[15]

Ein auf die **Lebenszeit des Berechtigten** beschränktes Recht erlischt mit dem   248a
Tod des Berechtigten. Steht sein Erlöschen objektiv fest, so ist das Recht nicht mehr als bestehen bleibend in das geringste Gebot aufzunehmen (Ausnahme für Vorkaufsrecht und Vormerkung sowie Widerspruch nachf). Nicht mit dem Recht erloschene rückständige Leistungen sind von Amts wegen (grundbuchersichtliche wiederkehrende, § 45 Abs 2 ZVG) oder auf Anmeldung (§ 45 Abs 1 ZVG) im bar zu zahlenden Teil des geringsten Gebots zu berücksichtigen.

Gesetzlich auf Lebenszeit des Berechtigten beschränkt sind

– der Nießbrauch (§ 1061 BGB),

– die beschränkte persönliche Dienstbarkeit (§ 1090 Abs 2 mit § 1061 BGB), damit auch ein Wohnungsrecht (§ 1093 Abs 1 BGB),

– das subjektiv-persönliche Vorkaufsrecht (§ 1094 Abs 1 BGB) nach § 1098 Abs 1 S 1 mit § 473 BGB, wenn nichts anderes vereinbart ist (erfordert Grundbucheintragung; zur Berücksichtigung siehe jedoch nachfolgend).

Rechtsgeschäftlich (erfordert Einigung und Eintragung, die auch durch Bezugnahme nach § 874 BGB erfolgt sein kann) auf Lebenszeit des Berechtigten beschränkt sein können

– die subjektiv-persönliche Reallast (§ 1105 Abs 1 BGB),

– ein Grundpfandrecht (Hypothek, Grundschuld, Rentenschuld),

– das Pfandrecht an einem Recht (§ 1273 BGB),

– eine Vormerkung (§ 883 BGB) und ein Widerspruch (§ 899 BGB).

Das mehreren als Gesamtberechtigte oder Gesamthänder (zB Gläubigern einer Reallast als Gesamtgläubiger nach § 428 BGB) je auf Lebenszeit zustehende Recht bleibt bei Tod eines der Berechtigten zugunsten des Überlebenden bestehen; es erlischt erst mit dem Tod des letztversterbenden Berechtigten.

Das Vorkaufsrecht kann einen durch die Ausübung des Rechts bereits entstandenen Anspruch auf Übertragung des Eigentums sichern (§ 1098 Abs 2 BGB); die Vormerkung (ein Widerspruch) kann noch einen vererblichen rückständigen Anspruch auf Eingentümereintragung oder Eintragung eines Rechts sichern. Diese Rechte sind daher stets auch nach dem Tod des Berechtigten als bestehen bleibend in das geringste Gebot aufzunehmen.

c) Eigentümergrundschuld und Eigentümerhypothek

Eine nicht valutierte Hypothek ist nicht erloschen, sondern als Eigentümer-   249
grundschuld (§ 1177 Abs 1 BGB) oder Eigentümer**hypothek** (§ 1177 Abs 2 BGB) unverändert Grundstücksbelastung. Als Recht an dem Grundstück findet sie in Rangklasse 4 des § 10 Abs 1 ZVG Berücksichtigung; bei Rang vor dem betreibenden Gläubiger ist sie daher in das geringste Gebot aufzunehmen,[16] und zwar mit ihrem Hauptsachebetrag bei den bestehen bleibenden Rechten. **Zinsen** zu einem Eigentümerrecht kommen nicht in das geringste Ge-

---

[13] Stöber Rdn 6.6 zu § 45 mit Nachw.

[14] Jaeckel/Güthe aaO (Fußn 9); Stöber Rdn 6.7 zu § 45.

[15] BGH DNotZ 2000, 705 = FamRZ 2000, 1149 = MDR 2000, 883 = NJW 2000, 3358; OLG Hamm MDR 1969, 56 = NJW 1969, 516.

[16] Stöber Rdn 5.4 zu § 44.

bot (§ 1178 Abs 1, § 1197 Abs 2 BGB), und zwar auch nicht für einen Pfändungsgläubiger oder für die beiden Wochen des § 47 ZGV.

Steht das Entstehen einer Eigentümergrundschuld oder Eigentümerhypothek fest (infolge Gläubigeranmeldung oder auf Grund vorgelegter Nachweise), so wird sie im geringsten Gebot als solche bezeichnet. Zinsen werden im baren geringsten Gebot dann nicht berücksichtigt (§ 1178 Abs 1, § 1197 Abs 2 BGB; vgl vorst). Die nur aus einem Teil des Fremdrechts entstandene Eigentümergrundschuld oder Eigentümerhypothek kann dabei gesondert neben dem verbleibenden Hauptsacheteil des Fremdrechts mit ihrem Nachrang (§ 1176 BGB) dargestellt werden.

> **Beispiel** (zum Abschnitt bestehen bleibende Rechte):
> Hypothek Abt III Nr 2
> der Hypothekenbank X
> mit dem Hauptsacheteil von   20 000 €
> Eigentümerschuld, entstanden
> in Höhe von   10 000 €
> aus der für die Hypothekenbank X
> eingetragenen Hypothek Abt III Nr 2.
>
> Oder: Hypothek ohne Brief Abt III Nr 1,
> eingetragen mit dem Betrag von   30 000 €
> für die Sparkasse A
> (ist nach der Anmeldung der eingetragenen
> Gläubigerin ganz – in Höhe eines Teiles
> von ... DM – Eigentümergrundschuld
> geworden).

Es braucht bei Aufstellung des geringsten Gebots aber nicht ermittelt oder geprüft werden, ob im Einzelfall tatsächlich eine Eigentümergrundschuld oder Eigentümerhypothek entstanden ist. Das geringste Gebot dient der Deckung der zu berücksichtigenden Rechte ihrem Umfang nach. Dazu gehört eine Feststellung des materiell tatsächlich Berechtigten nicht. Dingliche Rechte sind daher mit ihrem im Grundbuch eingetragenen Betrag zu berücksichtigen. Die Benennung eines Berechtigten dient bei Aufstellung des geringsten Gebots der näheren Bezeichnung des Rechts. Die Anführung eines tatsächlich zur Eigentümergrundschuld oder zur Eigentümerhypothek gewordenen Rechts noch in Übereinstimmung mit der Grundbucheintragung als Fremdrecht (Hypothek oder auch Grundschuld) ist daher unschädlich. Wenn eine Hypothek (Grundschuld) in das geringste Gebot aufgenommen ist, bleibt auch eine etwa an ihre Stelle getretene Eigentümergrundschuld (oder Eigentümerhypothek) gedeckt und bei Zuschlagerteilung bestehen.[17] Umgekehrt bleibt das Recht auch als Fremdrecht bestehen, wenn es irrig als Eigentümergrundschuld (Eigentümerhypothek) benannt ist. Aus der Angabe eines unrichtigen Berechtigten können diesem keine materiellen Rechte entstehen und keine Beweismöglichkeiten für einen Anspruch auf das Recht erwachsen.

Entsprechendes gilt für sonstigen Gläubigerwechsel.

> **Beispiel:** Nach Abtretung oder Ablösung der im geringsten Gebot stehenden Hypothek bei Bezeichnung des noch eingetragenen Gläubigers.

Das Entstehen einer Eigentümergrundschuld oder Eigentümerhypothek aus einem bei Eintragung des Versteigerungsvermerks grundbuchersichtlichen Recht

---

[17] BGH MDR 1961, 673 = NJW 1961, 1352.

(§ 45 Abs 1 ZVG; sowie ein Gläubigerwechsel) bedarf daher für die Berücksichtigung im geringsten Gebot keiner Anmeldung.

Die **Unverzinslichkeit** der Eigentümergrundschuld **endet,** wenn sie mit Abtre   **249a**
tung des Grundpfandrechts und ebenso mit Veräußerung des Grundstücks
(ohne Übertragung des Eigentümerrechts an den Grundstückserwerber) **Fremdrecht** geworden ist. Abgetreten sein kann die Eigentümergrundschuld auch mit
rückwirkendem Zinsbeginn (mit Zinsen für die Zeit vor der Abtretung,
Rdn 432a). Wenn diese Rechtsänderung, somit die Abtretung der Eigentümergrundschuld oder der Erwerber als neuer Eigentümer des Grundstücks, bei Eintragung des Versteigerungsvermerks bereits im Grundbuch eingetragen ist (ist
auch bei gleichzeitiger Eintragung der Fall), sind mit dem Grundpfandrecht
nach dem Inhalt des Grundbuchs die **laufenden Zinsen** (Abgrenzung § 13
ZVG) von Amts wegen in das geringste Gebot aufzunehmen (§ 45 Abs 2 ZVG;
rückständige Zinsen bedürfen immer der Anmeldung), und zwar
– nach Abtretung des Eigentümerrechts Zinsen für den Neugläubiger vom
  Gläubigerwechsel an (Wirksamkeit der Abtretung) oder von dem rückwirkenden Zinsbeginn an, von dem ab Zinsabtretung erfolgt ist,
– nach Veräußerung des Grundstücks (ohne Mitübertragung der Eigentümergrundschuld) für den Veräußerer als Grundpfandgläubiger ab Eigentumswechsel (mit dem das Grundpfandrecht Fremdrecht geworden ist).
Wenn die Abtretung der Eigentümergrundschuld oder die Veräußerung des
Grundstücks (ohne Übertragung des Eigentümerrechts an den Grundstückserwerber) erst nach dem Versteigerungsvermerk in das Grundbuch eingetragen wurde, weist dieses in dem nach § 45 Abs 1 ZVG maßgeblichen Zeitpunkt zwar ein eingetragenes verzinsliches Grundpfandrecht, als dessen Inhalt
aber die Unverzinslichkeit für den grundbuchsichtlichen Berechtigten (§ 1197
Abs 2 ZVG) aus. Dann ist die mit Änderung des Rechtsinhabers eingetretene Verzinslichkeit nach § 45 Abs 1 ZVG anzumelden. Das Vollstreckungsgericht hat eine solche Rechtsänderung (ebenso wie sonstige Änderungen des
Berechtigten, Rdn 249) nicht zu ermitteln. Die Verzinslichkeit des Rechts ist
jedoch (ebenso wie umgekehrt die Unverzinslichkeit nach § 1197 Abs 2 BGB
mit Entstehen der Eigentümergrundschuld, Rdn 249) auch dann zu berücksichtigen, wenn der Gläubiger- oder Eigentümerwechsel, mit dem die Beschränkung des § 1197 Abs 2 BGB fortfällt, dem Vollstreckungsgericht bei
Aufforderung zur Abgabe von Geboten sicher bekannt ist (gleich auf welche
Weise er Kenntnis erlangt hat).[18] Auch Kenntnis des Vollstreckungsgerichts
erlangt hier Bedeutung, weil nach § 37 Nr 4 ZVG (damit auch nach § 45
Abs 1 ZVG), nur ein nicht grundbuchsichtliches Recht mit Anspruch
auf Befriedigung aus dem Grundstück (§ 10 Abs 1 ZVG), nicht aber eine Änderung des Rechtsinhabers, der bei Planausführung zu berücksichtigen ist
(§§ 117, 118 ZVG) angemeldet werden muss. Mit der dem Vollstreckungsgericht bekannten Änderung des Rechtsinhabers ist daher auch der Auswirkung
auf die Verzinslichkeit für betragsmäßige Berücksichtigung des Grundpfandrechts bei Feststellung des geringsten Gebots von Amts wegen Rechnung zu
tragen.[19]

Eine Eigentümergrundschuld (Eigentümerhypotkek) ist nach dem vorstehend   **249b**
Gesagten auch dann im geringsten Gebot zu berücksichtigen, wenn sie mit einer Löschungsvormerkung (§ 1179 BGB) belastet ist oder wenn ein gesetzlicher

---

[18] Stöber Rdn 3.3 zu § 45.
[19] Stöber Rdn 3.3 zu § 45.

Löschungsanspruch eines nachrangigen Grundpfandrechtsgläubigers (§ 1179 a BGB) besteht.

249c Die im **Beitrittsgebiet** (Rdn 8 a) auf einem Grundstück oder Gebäudeeigentum nach dem vormaligen Zivilgesetzbuch „DDR" entstandene **Hypothek** (§§ 452–457 ZGB „DDR") ist mit dem sich aus dem Recht ergebenden Inhalt und Rang bestehen geblieben (Art 233 § 3 Abs 1 EGBGB). Als Grundstücksbelastung wird diese Hypothek (bei Rang vor dem vollstreckenden Gläubiger) in das geringste Gebot aufgenommen. Diese Hypothek ist mit der Forderung untrennbar verbunden (§ 454 Abs 1 S 1 ZGB „DDR"). Sie besteht nur in der jeweiligen Höhe der Forderung (einschließlich Zinsen und Nebenforderungen, § 454 Abs 1 S 2 ZGB „DDR"). Erlischt die Forderung, so erlischt auch diese Hypothek (§ 454 Abs 2 S 1 ZGB „DDR"). Eine Eigentümergrundschuld gelangt somit nicht zur Entstehung. Die mit der Forderung erloschene Hypothek (oder ein mit einem Forderungsteil erloschener Teil dieser Hypothek) bleibt bei Feststellung des geringsten Gebots nach allgemeinen Grundsätzen unberücksichtigt, wird somit dann nicht aufgenommen, wenn das Erlöschen einwandfrei (objektiv) feststeht (Rdn 248). Dem kann auch Erklärung des Forderungsgläubigers zugrunde liegen (Erklärung auch des Eigentümers ist hierfür nicht erforderlich; siehe Art 233 § 6 Abs 1 S 2 BGB).

Eine Höchstbetragshypothek kann an Objekten im Beitrittsgebiet nach § 454 a ZGB „DDR" lasten. Zu Hypotheken, Grundschulden und Rentenschulden noch aus der Zeit vor Inkrafttreten des ZGB „DDR" (1. Jan. 1976, § 1 EGZGB „DDR") siehe Art 233 § 6 Abs 2 EGBGB).

4. Kapitel. Berechnung des geringsten Gebots

a) Bezeichnung der Rechte und Ansprüche

250 **Bestehen bleibende Rechte** werden im geringsten Gebot mit ihrem im Grundbuch eingetragenen Inhalt bezeichnet, eine Hypothek demnach mit dem Geldbetrag der Forderung (§ 1115 Abs 1 BGB), eine Grundschuld (auch Eigentümergrundschuld) mit der aus dem Grundstück zu zahlenden Geldsumme (§ 1191 Abs 1 BGB), eine Rentenschuld mit der regelmäßig aus dem Grundstück zu zahlenden Geldsumme und der (eingetragenen) Ablösungsumme (§ 1199 BGB), eine Reallast mit den aus dem Grund zu entrichtenden wiederkehrenden Leistungen (§ 1105 Abs 1 BGB). Eine wertgesicherte Reallast sowie eine Reallast mit automatischer Anpassung werden mit diesem eingetragenen Inhalt genannt.[20] Rechte in Fremdwährung siehe § 145 a ZVG. Andere Rechte werden mit ihrer eingetragenen Bezeichnung (zB Nießbrauch) und ihrem schlagwortartig gekennzeichneten Inhalt (zB Beschränkte persönliche Dienstbarkeit [Wohnungsrecht oder Geh- und Fahrtrecht]) angeführt. Die Angabe auch der Grundbuchstelle (Hypothek ohne Brief Abt III Nr 1) und des (eingetragenen) Gläubigers oder Berechtigten dient der sicheren Kennzeichnung des Rechts.

b) Laufende wiederkehrende Leistungen

251 **Endzeitpunkt für** die Berücksichtigung **laufender Beträge** von regelmäßig oder unregelmäßig **wiederkehrenden Haupt- oder Nebenleistungen** wäre nach § 103

---

[20] Stöber Rdn 5.20 zu § 44.

BGB (dazu § 56 S 2 ZVG) der Zeitpunkt des Zuschlags. Bei Feststellung des geringsten Gebots und Beginn der Versteigerung steht dieser Zeitpunkt aber noch nicht fest. § 47 ZVG sieht daher (nur für das geringste Gebot) Berücksichtigung der wiederkehrenden Leistungen (Zinsen, Verwaltungskosten und andere Nebenleistungen, aber auch Ansprüche aus § 10 Abs 1 Nr 3 ZVG wie Kaminkehrergebühren, Grundsteuer usw) bis zum Ablauf von zwei Wochen nach dem Versteigerungstermin vor. Dabei ist die Zeit der Fälligkeit gleichgültig (vor oder nach dem Endzeitpunkt des § 47 ZVG). Grund für diese Berechnung über den Versteigerungstermin hinaus: Zuschlag kann später verkündet werden (§ 87 Abs 1, 2 ZVG), dann soll mögliche Schädigung der Berechtigten, deren Ansprüche gedeckt werden müssen, unterbleiben. Wird jedoch der Zuschlag noch später erteilt (etwa vom Beschwerdegericht, § 101 Abs 1, § 104 ZVG) und ist nur das geringste Gebot abgegeben, rechtfertigt der durch weiteren Zinsanspruch vorgehender Gläubiger entstehende Teilausfall des im geringsten Gebot stehenden Rangletzten keine Zuschlagsversagung. Entsprechendes gilt, wenn ein nicht im geringsten Gebot stehender Gläubiger so lange mitgeboten hat, bis sein Anspruch gedeckt (ausgeboten) war, gleichwohl jedoch einen Ausfall erleidet, weil mit der weiter hinausgeschobenen Zuschlagserteilung vorgehenden Berechtigten zusätzliche Zinsen gebühren.

c) Andere Leistungen

Zu den Nebenleistungen, die durch Barzahlung zu decken sind (§ 49 Abs 1, **251a** § 12 Nr 2 ZVG) gehört auch die sogenannte **Vorfälligkeitsentschädigung**, selbst wenn sie der Höhe nach in Prozenten für einen bestimmten Zeitraum berechnet wird und das – fällige – Recht bestehenbleibt.[21]

Der **Kapitalbetrag** eines Rechts gehört auch dann zu den bestehen bleibenden Rechten (nicht in den bar zu zahlenden Teil des geringsten Gebots), wenn seine Fälligkeit angemeldet ist (§ 54 ZVG) oder sonst feststeht.

Für nicht in Geld bestehende wiederkehrende Leistungen   **252**

Beispiel: Naturalleistungen eines Leibgedings

hat das Vollstreckungsgericht einen Geldbetrag festzusetzen (§ 46 ZVG). Zu bewerten sind die bis zu dem Endzeitpunkt des § 47 ZVG zu berücksichtigenden Leistungen. Zu bestimmen ist der Wert nach dem Zeitpunkt der Fälligkeit der Leistungen (nicht nach den Verhältnissen bei Begründung des Rechts). Bestimmung trifft das Gericht nach pflichtgemäßem Ermessen. Anmeldung eines Geldbetrags (nicht aber nur ein Vorschlag als Äußerung zur Bewertung durch das Gericht) begrenzt den festzusetzenden Wert (§ 308 Abs 1 ZPO).[22] Wenn ein angemeldeter Betrag den Wert der Leistungen nicht zutreffend (objektiv) wiedergibt, ist der vom Gericht zu bestimmende geringere Geldbetrag festzusetzen[23] (kleinliche Beurteilung bei Bewertung ist jedoch nicht angebracht).

---

[21] Stöber Rdn 2.6 zu § 49.

[22] Stöber Rdn 2.3 zu § 46 mit Nachw; Steiner/Eickmann Rdn 6 zu § 46.

[23] So auch Dassler/Hintzen Rdn 3; Steiner/Eickmann Rdn 6, je zu § 46; anders (Anmeldung, gegebenenfalls mit Glaubhaftmachung, ist maßgebend) Jaeckel/Güthe Rdn 2; Reinhard/Müller Anm II, je zu § 46.

> **Beispiel** für Feststellung im geringsten Gebot (bar zu zahlender Teil)
> Naturalleistungen für die Monate ...
> des ... in ...
> als Berechtigter des Leibgedings Abt II Nr 1;
> der Geldbetrag der Ansprüche wird gemäß
> § 46 ZVG festgesetzt auf   ... €.

253   **Bedingte Rechte** (§ 158 BGB) sind (nur im geringsten Gebot) wie unbedingte zu behandeln (§ 48 ZVG). Grund: Die Bedingungen des Zwangsverkaufs müssen endgültig, das geringste Gebot mithin bestimmt sein; an eine Bedingung kann dieses nicht geknüpft werden. Berücksichtigung der (aufschiebenden oder auflösenden) Bedingung jedoch bei Erlösverteilung (vgl Rdn 489–499). Unberücksichtigt bleibt ein bedingtes Recht nur in den Rdn 248 dargestellten Fällen.

> **Beispiel** für Feststellung im geringsten Gebot (bestehen bleibendes Recht)
> Bedingte Grundschuld in Abt III Nr 9
> der Darlehenskasse O   15 000 €.

253a   Auf einen **betagten Anspruch** findet § 48 ZVG keine Anwendung.[24] Er ist als betagter Anspruch, also mit der zeitlichen Begrenzung in das geringste Gebot einzustellen und bei Aufnahme in das Bargebot nur mit seinem gegenwärtigen Wert (§ 111 ZVG analog) zu berücksichtigen.[25] Wenn ungewiss ist, ob das Ereignis überhaupt eintritt, handelt es sich um keinen betagten, sondern um einen bedingten Anspruch.

d) Vormerkung und Widerspruch

254   Ein durch **Vormerkung** (§ 883 BGB, § 18 Abs 2, § 76 Abs 1 GBO) oder einen **Widerspruch**[26] (§ 899 BGB, § 18 Abs 2, § 76 Abs 1 GBO) gesichertes Recht wird – als bedingtes Recht (Rdn 253) – wie ein eingetragenes Recht berücksichtigt (§ 48 ZVG). Grund: Rdn 253. Die Sicherung durch Vormerkung oder Widerspruch muss ein Recht zum Gegenstand haben, das, wenn es endgültig eingetragen wäre, eine neue **selbstständige Belastung** des Grundstücks bilden würde; die Vormerkung oder der Widerspruch muss daher die Neubestellung oder Wiedereintragung eines Rechts am Grundstück[27] oder die Erweiterung eines solchen Rechts (Zinserhöhung) sichern. Durch Widerspruch kann eine nicht eingetragene Belastung gesichert sein, wenn der Widerspruch eingetragen ist
– gegen die Löschung eines Rechts,
– gegen die Richtigkeit des Grundbuchs, weil ein ohne Eintragung materiell entstandenes Recht (Rdn 232) noch nicht eingetragen ist.
Keine Bedeutung[28] hat bei Berechnung des geringsten Gebots daher die Vormerkung zur Sicherung des Anspruchs auf
– Aufhebung eines Rechts (auch Löschungsvormerkung, siehe bereits Rdn 249 b),

---

[24] Stöber Rdn 2.3 zu § 48.

[25] Jaeckel/Güthe Rdn 2; Steiner/Eickmann Rdn 17, je zu § 48; zum Teil anders Korintenberg/Wenz Anm 3 zu § 48.

[26] Zu diesem Stöber Rdn 4.1 zu § 48.

[27] BGH 53, 47 = MDR 1970, 222 = NJW 1970, 565; dazu siehe auch Häsemeyer KTS 1971, 22.

[28] BGH 53, 47 = aaO (Fußn 27).

– Übertragung eines Rechts,
– Einräumung eines Rechts an einem das Grundstück belastenden Recht (Pfandrecht an Hypothek usw).

Eine Vormerkung mit solchem Inhalt ist Nebenrecht, das mit Aufnahme ihres Hauptrechts in das geringste Gebot ohne weiteres bestehenbleibt (siehe Rdn 265). Gleiches gilt für den Widerspruch mit dem Ziel der Löschung einer unzutreffenden Eintragung oder gegen die Person des Berechtigten.

Ein vorgemerkter, dem bestrangig betreibenden Gläubiger vorgehender **Hauptanspruch** (§ 12 Nr 3 ZVG) wird bei den bestehen bleibenden Rechten (§ 52 Abs 1 ZVG), der durch Vormerkung gesicherte Anspruch auf **wiederkehrende Leistungen** (insbesondere Zinsen einer vorgemerkten Hypothek oder Grundschuld) sowie andere Nebenleistungen und der Anspruch auf **Kosten** wird in den bar zu zahlenden Teil des geringsten Gebots (§ 12 Nr 1, 2, § 49 Abs 1 ZVG) aufgenommen. Rückständige wiederkehrende Leistungen und andere Nebenleistungen können (in den Grenzen des § 10 Abs 1 Nr 4 ZVG) von dem vorgemerkten Zeitpunkt ab (nicht etwa erst ab Umschreibung des Rechts) geltend gemacht werden; ebenso sind laufende Beträge von Amts wegen (§ 45 Abs 2 ZVG) auch schon dann zu berücksichtigen, wenn das Recht noch nicht umgeschrieben ist. Wenn eine Vormerkung zur Sicherung einer Hypothekeneintragung besteht, ohne dass im Grundbuch oder in der Eintragungsbewilligung der Beginn der Verzinsung angegeben ist, wird die Bewilligung dahin ausgelegt, dass – normalerweise – die Verzinsung erst vom Tag der Eintragung der Hypothek an beginnen soll.[29]

Zur Behandlung im Verteilungsverfahren:
– vorgemerkter Hauptanspruch: § 125 ZVG (Rdn 510 ff);
– wiederkehrende Leistungen, Nebenleistungen und Kosten (bar zu zahlender Teil des geringsten Gebots) §§ 119, 120 ZVG (Rdn 490).

Beispiel für Vormerkung und Widerspruch im geringsten Gebot:
Vormerkung Abt III Nr 10
zur Sicherung des Anspruchs des …
auf Eintragung einer mit 5% jährlich
verzinslichen brieflosen Hypothek zu   20 000 €

Widerspruch zur Sicherung des Anspruchs
des … auf Wiedereintragung der zu
Unrecht gelöschten, mit 7% jährlich
verzinslichen Grundschuld Abt III Nr 3
in Höhe von   30 000 €.

Eine **Auflassungsvormerkung,** die dem Anspruch des betreibenden Gläubigers   255
vorgeht, ist in das geringste Gebot aufzunehmen[30] (sie steht der Versteigerung
nicht entgegen, Rdn 161 a). Das gilt auch dann, wenn die Vormerkung einen
bedingten Auflassungsanspruch sichert.[31] Rang hat die Auflassungsvormerkung
nach dem Zeitpunkt ihrer Eintragung[32] (§ 879 Abs 1 BGB) oder nach abwei-

---

[29] Schöner/Stöber, Grundbuchrecht, Rdn 2268; LG Lübeck SchlHA 1957, 99; siehe auch BGH 129, 1 = DNotZ 1996, 84 mit Anm Kutter = NJW 1995, 1081 (Zinsbeginn bei Rangvorbehalt).
[30] BGH 46, 124 = DNotZ 1967, 490 = MDR 1967, 34 = NJW 1967, 566; BGH MDR 1997, 52 = NJW 1996, 3147.
[31] BGH 46, 124 = aaO (Fußn 30).
[32] BGH 46, 124 (127) = aaO (Fußn 30); BGH 141, 169 (172) = aaO (nachf Fußn 37).

chender Rangeintragung (§ 879 Abs 3 BGB), damit auch nach (zulässiger[33]) Rangänderung. Zur Wertung nach § 51 Abs 2 ZVG siehe Rdn 268.

> **Beispiel** für Auflassungsvormerkung im geringsten Gebot:
> Vormerkung Abt II Nr 3
> zur Sicherung des Anspruchs des ...
> auf Übertragung des Eigentums an einer
> Teilfläche von 27 m²,
> gemäß § 51 Abs 2 ZVG gewertet auf   ... €.

256 **Nicht** im geringsten Gebot berücksichtigt wird jedoch eine dem (bestrangig) vollstreckenden Gläubiger gegenüber **wirkungslose,** aber „vorrangig" eingetragene Auflassungsvormerkung.[34] Wirksam ist das durch Verfügung nach Eintragung der Auflassungsvormerkung (sonach mit „Rang" nach der Vormerkung) erlangte Recht des (best)betreibenden Gläubigers dem Vormerkungsberechtigten gegenüber mit seiner Zustimmung[35] (§ 182 Abs 1, auch § 185 Abs 1 BGB). Verfahrenserfordernis für Nichtberücksichtigung der Vormerkung ist, dass ihre Wirkungslosigkeit dem (best)betreibenden Gläubiger gegenüber dem Vollstreckungsgericht (sicher) bekannt (Nachweis durch öffentliche oder öffentlich beglaubigte Urkunde) oder grundbuchersichtlich ist[36] (kann durch Wirkamkeitsvermerk[37] dargestellt sein). Keine Berücksichtigung findet die (vorrangige) Auflassungsvormerkung, wenn sie **keine Sicherungswirkung** äußert, weil der (vorgemerkte) Anspruch (auch als bedingter oder künftiger, § 883 Abs 1 S 2 BGB) nicht besteht[38] (weil er unwirksam oder erloschen ist); das muss sicher (objektiv) feststehen (s Rdn 248).

256a Der **Widerspruch gegen das Eigentum** des Schuldners (§ 17 Abs 1 ZVG) zugunsten eines nicht eingetragenen (wirklichen) Eigentümers schützt gegen Rechtsverlust mit Verfügung des eingetragenen Nichteigentümers (§ 892 Abs 1 BGB), sichert somit kein (selbstständiges) dingliches Recht am Grundstück. Berücksichtigung des durch den Widerspruch geschützten Eigentums im geringsten Gebot (Aufnahme des Widerspruchs in das geringste Gebot) erfolgt daher nicht.[39] Der eingetragene Eigentümer hat sein der Versteigerung entge-

---

[33] OLG Frankfurt Rpfleger 1980, 185 mit Nachw; Schöner/Stöber, Grundbuchrecht, Rdn 1531 a.

[34] Stöber Rdn 3.3 zu § 48; Stöber MittBayNot 1997, 143 (144).

[35] RG 154, 355 (367).

[36] Stöber Rdn 3.3 zu § 48; Stöber MittBayNot 1997, 143 (144).

[37] BGH 141, 169 = DNotZ 1999, 1000 = NJW 1999, 2275 = MDR 1999, 796 = LM BGB § 873 Nr 25 mit Anm Amann; OLG Hamm (Vorlagebeschluss) (MittBayNot 1999, 181 = Rpfleger 1999, 68; Stöber Rdn 3.3 zu § 48; Stöber MittBayNot 1997, 143 (145); OLG Saarbrücken BWNotZ 1995, 170 mit Anm Bühler = MittRhNotK 1995, 25; LG Amberg MittBayNot 1996, 41; Schöner/Stöber, Grundbuchrecht, Rdn 296 und 1523 a; Frank MittBayNot 1996, 271; Gursky DNotZ 1998, 273; Keller BWNotZ 1998, 25; Lehmann NJW 1993, 1558; Schultz RNotZ 2001, 541.

[38] Stöber Rdn 3.4 zu § 48 mit Rdn 4.8 (lit f) zu § 28. Zur Wiederverwendung einer nicht entstandenen oder erloschenen Auflassungsvormerkung s BGH 143, 175 = DNotZ 2000, 639 mit Anm Wacke = NJW 2000, 805. Zu Erweiterung oder Austausch des gesicherten Anspruchs siehe BGH DNotZ 2008, 578 mit krit Anm Amann S 520 = NJW 2008, 578 = Rpfleger 2008, 178. Zu Rang (Sicherungswirkung) und Behandlung in diesen Fällen bei Zwangsversteigerung Stöber Rdn 4.8 f zu § 28 und Rdn 3.4 zu § 48.

[39] Stöber Rdn 4.2; Dassler/Hintzen Rdn 4; Reinhard/Müller Anm III 2; Steiner/Eickmann Rdn 25, je zu § 48; anders Jaeckel/Güthe Rdn 5; Korintenberg/Wenz Anm 6, je zu § 48; Staudinger/Gursky, BGB, Rdn 9 zu § 899.

genstehendes Eigentum nach § 37 Nr 5 ZVG (rechtzeitig) geltend zu machen.[40]

e) Sicherungshypothek

Die **Höchstbetragshypothek** (sie ist immer Sicherungshypothek) (§ 1190 BGB)   **257**
– auch als Arresthypothek, Rdn 42 – belastet das Grundstück in Höhe der vollen eingetragenen Geldsumme unbedingt und endgültig zugunsten des noch unbestimmten wirklichen Berechtigten (§ 1190 Abs 1 BGB). Sie ist kein bedingtes Recht nach § 48 ZVG, sondern als unbedingtes Recht in das geringste Gebot aufzunehmen. Besonderheiten aus dem Unbekanntsein des Berechtigten ergeben sich erst im Verteilungsverfahren (dazu Rdn 438). Zinsen sind im Höchstbetrag enthalten (§ 1190 Abs 2 BGB), werden im bar zu zahlenden Teil des geringsten Gebots daher nicht gesondert berücksichtigt; etwaige Rechtsverfolgungskosten finden gesondert Berücksichtigung.

> **Beispiel** für Höchstbetragshypothek im geringsten Gebot:
> Höchstbetragshypothek
> Abt III Nr 11,
> eingetragen für … in ..
> im Betrage von   … €

Die **Zwangssicherungshypothek** (§ 866 Abs 3, § 867 ZPO; Rdn 14–40) gibt   **258**
ihrem Gläubiger die Stellung des Berechtigten einer Sicherungshypothek nach bürgerlichem Recht mit den gleichen Rechten wie bei einer durch Rechtsgeschäft bestellten Sicherungshypothek (Rdn 10). Ihre Berücksichtigung bei Feststellung des geringsten Gebots zeigt daher keine Besonderheiten (siehe Beispiel Rdn 242; dort Abt III Nr 3); ein Nachweis, dass die Forderung besteht, ist nicht erforderlich. Bei Nichtvalutierung ist die Zwangssicherungshypothek Eigentümergrundschuld; Entstehungsgrund für Eigentümergrundschuld weiter: Aufhebung der Entscheidung oder einstweilige Einstellung, siehe § 868 ZPO. Laufende Zinsen beginnen mit dem ersten Beschlagnahmetag (§ 13 Abs 3 ZVG), nicht mit dem Tag davor. Für die Kosten der Eintragung haftet das Grundstück (§ 867 Abs 1 S 3 ZPO; Rdn 24); Kostenanmeldung ist stets erforderlich (§ 37 Nr 4 ZVG).

f) Gesamthypothek

Eine Gesamthypothek (Gesamtgrundschuld, Gesamtrentenschuld, § 1132 BGB)   **259**
wird bei Versteigerung nur eines der haftenden Grundstücke voll (ohne Rücksicht auf die Mithaft anderer Grundstücke) in das geringste Gebot aufgenommen. Grund: Jedes Grundstück haftet voll (§ 1132 Abs 1 S 1 BGB); der Deckungsgrundsatz erfordert Wahrung des Gläubigerrechts, nach Belieben Befriedigung aus dem Beschlagnahmegrundstück ganz oder zum Teil zu suchen (§ 1132 Abs 1 S 2 BGB) und auch nach Zuschlag durch Verteilung des Rechts vorwiegend das Beschlagnahmegrundstück in Einzelhaftung zu nehmen (§ 1132 Abs 2 BGB). Die volle Berücksichtigung des Gesamtrechts erfolgt mit dem Kapitalbetrag bei den bestehen bleibenden Rechten, mit den wiederkehrenden Leistungen, Nebenleistungen und Kosten im bar zu zahlenden Teil. Ein Hinweis auf die Mithaft ist nicht notwendig, wegen der möglichen Folgen für den Ersteher (dazu § 50 Abs 2 Nr 2 ZVG) aber geboten.

---

[40] Stöber Rdn 4.2 zu § 48.

Beispiel für Gesamthypothek im geringsten Gebot:
Hypothek ohne Brief
Abt III Nr 8 zu   50 000 €
der ... Bank in ...
Mithaft: Nr 1 des BestVerz von Blatt 2069,
= ...straße Nr ...

260   **g) Grundschuld**

ZVG § 52 Abs 1	ZVG § 49 Abs 1
Bestehen blei-bendes Recht	**Bar zu zahlender Teil** des geringsten Gebots

- Grundschuld-
  Hauptsache

  - § 12 Nr 1 ZVG: **Kosten** der (dinglichen) Rechtsverfolgung (§ 10 Abs 2 ZVG)
  - § 12 Nr 2 ZVG:
    - **Zinsen** (§ 1191 Abs 2 BGB) Endzeitpunkt: § 47 ZVG
    - und **andere Nebenleistungen** (§ 1191 Abs. 2 BGB)

wiederkehrende Leistungen Endzeitpunkt: § 47 ZVG	**einmalige** • fällige • und **nicht fällige**

wenn unverzinslich

betagt: ZVG § 111 S 2	Fälligkeitszeitpunkt noch ungewiss = aufschiebend bedingt ZVG § 111 S 2

Die **Grundschuld** ist ihrem dinglichen Inhalt nach mit einer (persönlichen) Forderung (zB einer Darlehensforderung, § 488 Abs 1 S 2 BGB) **nicht** verbunden; sie ist abstrakt (§ 1191 BGB; näher Rdn 444). Im geringsten Gebot ist der Kapitalbetrag einer Sicherungsgrundschuld bei den bestehen bleibenden Rechten daher auch dann unverändert als Fremdrecht zu berücksichtigen, wenn der Gläubiger erklärt, die gesicherte Forderung sei nicht bzw nicht voll entstanden oder inzwischen teilweise bzw ganz bereits wieder erloschen. Eine Eigentümergrundschuld (dazu Rdn 249) ist in einem solchen Fall nicht entstanden. Wiederkehrende Leistungen (Zinsen) werden von Amts wegen mit laufenden Beträgen (§ 45 Abs 2 ZVG; Rdn 247), bei Anmeldung durch den Grundschuldgläubiger außerdem mit rückständigen Leistungen in den bar zu zahlenden Teil des geringsten Gebots eingestellt. Laufende Grundschuld**zinsen** sind von Amts wegen nach § 45 Abs 2 ZVG auch dann voll (aus dem gesamten Grundschuldkapital berechnet) zu berücksichtigen, wenn der Gläubiger erklärt, die gesicherte Forderung besteht nicht oder nur noch teilweise. In dieser Erklärung über den Umfang der gesicherten Forderung ist für Grundschuldzinsen (dinglicher Anspruch) keine Minderanmeldung zu erblicken (Rdn 237c). Nur wenn der Gläubiger durch Minderanmeldung der Grundschuldzinsen den dinglichen

Zinsanspruch beschränkt (Rdn 237 c, 247), bestimmt die Anmeldung die obere Grenze des zu berücksichtigenden Anspruchs. Kosten (§ 10 Abs 2 ZVG) werden nur auf Anmeldung berücksichtigt.

Ob und in welchem Umfang der Gläubiger **wiederkehrende Leistungen** (mit Rückständen) in Anspruch nehmen und anmelden muss oder von Geltendmachung (ggfs mit Minderanmeldung) absehen darf, bestimmt sich nach dem der Grundschuldbestellung zugrunde liegenden Schuldverhältnis zu seinem Sicherungsgeber (Sicherungsabrede). Dem Wesen der Sicherungsabrede und dem Charakter der Sicherungsgrundschuld entsprechend ist zwischen

– Anmeldung der gesicherten persönlichen Forderung sowie
– Anmeldung der Rechte aus der Grundschuld

zu unterscheiden. Für die Feststellung des geringsten Gebots kommt nur der Grundschuldanmeldung Bedeutung zu. Die Anmeldung nur der Forderung kann wegen der dinglichen Selbstständigkeit der Grundschuld auf diese nicht ohne weiteres bezogen werden. Ob nur die Forderung oder – auch – Grundschuldansprüche angemeldet sein sollen, ist jedoch Auslegungsfrage. Dabei (siehe § 133 BGB) darf an der wörtlichen Formulierung der Anmeldung nicht festgehalten werden. Entscheidend ist, ob der Wille des Gläubigers, den Grundschuldanspruch zur Berücksichtigung im Verfahren geltend zu machen (vgl Rdn 231 a), ausreichend erkennbar ist. Das wird meist der Fall sein, kann aber nicht angenommen werden, wenn der Gläubiger nur seine Forderung zusammenstellt, wie zB bei Vorlage eines Kontoauszugs für eine Kontokorrentforderung oder bei Mitteilung der Restforderung und Berechnung von Zinsen daraus.

Beispiel: Grundschuldzinsen

a) 2jährige Rückstände	3 600 €
b) laufende	1 800 €
Grundschuldhauptsache	30 000 €
Dinglicher Gesamtanspruch	35 400 €

Der Gläubiger meldet an: Meine Kontokorrentforderung an den Schuldner beträgt noch 17 389 €, die ich beanspruche.
Oder: Meine Forderung beläuft sich auf 17 389 € nebst 5% Zinsen hieraus seit …

Grundschuldansprüche sind hier nicht angemeldet. Im geringsten Gebot ist von Amts wegen (§ 45 ZVG) daher zu berücksichtigen:

(Beispiel:) a) für laufende Grundschuldzinsen	1 800 €
b) die Grundschuldhauptsache als bestehen bleibendes Recht	30 000 €.

Dagegen: Der Gläubiger meldet an, seine „Forderung" an den Grundstückseigentümer (oder Schuldner) betrage neben 30 000 € Hauptsache noch 2500 € Zinsen. Er bringt damit zum Ausdruck, dass alle weiteren Zinsen bezahlt sind.

(Beispiel:) a) Zinsen (laufende und Rückstände)	2 500 €
b) Grundschuldhauptanspruch als bestehen bleibendes Recht	30 000 €.

Andere Nebenleistungen einer Grundschuld (§ 1191 Abs 2 BGB) sind in das Geringste **Bargebot** aufzunehmen (§ 49 Abs 1 mit § 12 Nr 2 ZVG), und zwar   **260a**
– (regelmäßig) **wiederkehrende** für die Zeit bis zum Ablauf von zwei Wochen nach dem Versteigerungstermin (§ 47 ZVG),
– fällige und nicht fällige **einmalige** (zB „… einmalige Nebenleistung von 10 vH des Grundschuldbetrags").

Eine einmalige nicht fällige betagte Nebenleistung (Fälligkeit mit einem künftigen gewissen Ereignis) ist als unverzinslicher Anspruch unter Abzug eines Zwischenzinses nach § 111 S 2 ZVG zu berücksichtigen.[41] Wenn der Zeitpunkt der Fälligkeit der unverzinslichen einmaligen Nebenleistung noch nicht feststeht, ist der Anspruch als aufschiebend bedingt (§ 111 S 2 ZVG; ohne Abzug eines Zwischenzinses) zu berücksichtigen.[42] Die fällige und die nicht fällige einmalige Nebenleistung kann somit nicht mit dem Hauptanspruch der Grundschuld als Belastung des Grundstücks nach § 52 ZVG bestehen bleiben; die Nebenleistungen erlöschen mit dem Zuschlag als Grundstücksbelastungen (§ 91 Abs 1 ZVG).

h) Tilgungshypothek (Annuitätenhypothek)

Schrifttum: Hagemann, Die Tilgungshypothek im geringsten Gebot und Teilungsplan, Rpfl-Stud. 1982, 25; Kaps, Die Tilgungshypothek, Deutsches Recht (Wochenausgabe) 1941, 401; Brox, Die Tilgungsfondhypothek in der Zwangsversteigerung, Rpfleger 1959, 176.

261   Bei einer **Tilgungshypothek** (Annuitätenhypothek) (zu den Begriffen Rdn 78) braucht für die Feststellung des geringsten Gebots nicht ermittelt werden, ob und in welcher Höhe bereits durch bisherige Tilgungsleistungen eine Teil-Eigentümergrundschuld entstanden ist (zur Behandlung der Eigentümergrundschuld siehe bereits Rdn 249). Wiederkehrende Leistungen (Zinsen und Tilgungsanteile) werden auch bei der Tilgungshypothek (Annuitätenhypothek) von Amts wegen nur mit den laufenden Beträgen berücksichtigt (§ 45 Abs 1, 2 ZVG); ältere Tilgungsbeträge müssen zur Aufnahme in das geringste Gebot (wie rückständige Zinsen) angemeldet werden, unterliegen aber für zurückliegende Zeit keiner Beschränkung (Rdn 78). Die Hauptsache bleibt nur unter Abzug der aus dem Bargebot zu befriedigenden Tilgungsraten bestehen.[43] In Höhe der berücksichtigten baren Tilgungsraten erlischt das Recht durch Befriedigung aus dem Grundstück (§ 1181 Abs 1 BGB). Da Hypothekenteile nicht doppelt gedeckt werden können, kann im geringsten Gebot das Kapital als bestehen bleibendes Recht nur mit dem Betrag berücksichtigt werden, der sich nach Abzug der im Bargebot berücksichtigten Tilgungsteile ergibt.[44]

> **Beispiel:** Annuitätenhypothek 30 000 €; durch Annuitätenzahlungen des Eigentümers sind bereits 7195,86 € getilgt; als laufende Leistungen fallen in den bar zu zahlenden Teil des geringsten Gebots Tilgungsleistungen in Höhe von zusammen 736,72 €. Berücksichtigung im geringsten Gebot als bestehen bleibendes Recht:
> a) Hypothek ohne Brief Abt III Nr 7
>   der ... Bank in ... mit dem Hauptsacheteil von   22 067,42 €
> b) Eigentümergrundschuld, entstanden in Höhe von   7 195,86 €
>   aus der für die ... Bank in ... eingetragenen
>   Hypothek ohne Brief Abt III Nr 7
> Dazu Anmerkung: In Höhe der im bar zu zahlenden
> Teil des geringsten Gebots berücksichtigten
> Annuitäten von   736,72 €
> erlischt das Recht gemäß § 1181 Abs 1 BGB.

Tilgungsbeträge sind als Kapitalteile an Fälligkeitstagen zu entrichten, nicht für bestimmte Zeiträume. Sie gehören daher nicht zu den nach § 56 ZVG (§ 103 BGB) zeitlich abzugrenzenden Lasten des Grundstücks. Der Endzeitpunkt des

---

[41] Einzelheiten Stöber Rdn 2.5 zu § 49.
[42] Hierzu Stöber Rdn 2.5 zu § 49.
[43] Stöber Rdn 6.2 zu § 49.
[44] So richtig auch Korintenberg/Wenz, Einf Kap 22 Anh, S 135.

§ 47 ZVG erlangt daher für die Abgrenzung keine Bedeutung.[45] Als Tilgungsbeträge können daher nur die vor dem Versteigerungstermin bereits fällig gewordenen Beträge – diese aber ohne zeitliche Abgrenzung voll – aufgenommen werden. Bei Fälligkeit nach Versteigerung kann ein bestehen bleibendes Recht nicht, eine Tilgungshypothek daher nicht mit einem zeitlich abgrenzbaren Teil in das Bargebot aufgenommen werden. Das muss unverändert auch gelten, wenn die Rate zwischen Versteigerungstermin und der Zwei-Wochenfrist des § 47 ZVG fällig wird. Wenn der Zuschlag tatsächlich erst nach diesem Fälligkeitszeitpunkt erteilt wird, geht, ebenso wie bei noch späterer Zuschlagerteilung aus anderem Grund und zwischenzeitlicher Fälligkeit einer weiteren Rate, das Recht mit der Maßgabe auf den Ersteher über, dass die nach der Grundbucheintragung eingetretene Teil-Fälligkeit nunmehr besteht. Von der letzten Annuitätenfälligkeit vor dem Versteigerungstermin bis zum Ablauf der Zwei-Wochenfrist des § 47 ZVG sind daher zum geringsten Bargebot nur noch Zinsen (sogen Stückzinsen), jedoch keine Tilgungsbeträge mehr zu berechnen. Die durch teilweise Tilgung einer bestehen gebliebenen Tilgungshypothek entstandene Eigentümergrundschuld hat der Ersteher vom Zuschlag an zu verzinsen. Dem steht nicht entgegen, dass auf die Tilgungshypothek als Fremdrecht weiterhin gleich bleibende Jahresleistungen nach dem ursprünglichen Kapital dergestalt geschuldet werden, dass sich der Tilgungsanteil fortlaufend um den sich durch die Tilgung verringernden Zinsanteil erhöht.[46] In Ansehung der Kündigung einer durch Tilgung einer Tilgungshypothek entstandenen Eigentümergrundschuld bleiben nach § 1177 Abs 1 S 2 BGB die für die ursprüngliche Forderung getroffenen Bestimmungen maßgebend; § 1193 BGB ist daneben nicht anwendbar.[47]

i) Erbbaurecht, Nacherbenvermerk, Nebenrechte

Ein Erbbaurecht lastet auf dem Grundstück an erster Rangstelle (§ 10 Erb-   262
bauRG). Es kommt daher bei Versteigerung des Grundstücks auf Antrag eines anderen dinglichen oder persönlichen Gläubigers als bestehenbleibendes Recht in das geringste Gebot. Bestehen bleibt es mit dem vollen gesetzlichen und eingetragenen vertraglichen (nicht aber mit dem schuldrechtlichen) Inhalt.[48] Wenn aus Ansprüchen der Klasse 3 des § 10 Abs 1 ZVG betrieben wird, bleibt das Erbbaurecht nach § 25 ErbbauRG trotz Nichtberücksichtigung im geringsten Gebot bestehen; das Vollstreckungsgericht trifft die Amtspflicht, darauf hinzuweisen (s Rdn 269).
Der Nacherbenvermerk (§ 51 GBO) gehört nicht in das geringste Gebot; er ist   263
eine Verfügungsbeschränkung des Grundstückseigentümers[49] (siehe Rdn 248, auch 163 e).
Ein Vorkaufsrecht (§ 1094 BGB) ist bei Rang vor dem betreibenden Gläubi-   264
ger immer (auch wenn es nur für einen Fall bestellt ist) in das geringste Gebot

[45] Hierzu Stöber Rdn 6.2 zu § 49; so auch Dassler/Hintzen Rdn 5; Steiner/Eickmann Rdn 10, je zu § 47; anders Jonas/Pohle, ZwVNotrecht Anm 5 b zu § 10 (Seite 193); Jaeckel/Güthe Rdn 18 zu § 10; Korintenberg/Wenz, Einf Kap 22 Anh S 135.
[46] BGH 67, 291 = MDR 1977, 214 = NJW 1977, 100; OLG Hamburg MDR 1976, 401.
[47] BGH 71, 206 = MDR 1978, 738 = NJW 1978, 1579; siehe zur Kündigung auch OLG Hamburg MDR, 1976, 401.
[48] Stöber Rdn 13 zu § 15. Zur Besonderheit beim Erbbaurecht alter Art (entstanden bis 21. 1. 1919) siehe Stöber 13.1 zu § 15.
[49] BGH NJW 2000, 3358 = aaO (Fußn 15); OLG Hamm MDR 1969, 56 = NJW 1969, 516.

aufzunehmen.[50] Das nur für einen Verkaufsfall eingetragene Vorkaufsrecht kann einen durch Ausübung bereits entstandenen Anspruch auf Übertragung des Eigentums sichern (§ 1098 Abs 2 BGB); schon deshalb darf es nicht übergangen werden.

265 **Nebenrechte usw:** Eine bestehen bleibende Grundstücksbelastung wird in der Form, in der sie besteht, in das geringste Gebot aufgenommen (und durch den Zuschlag nicht berührt).[51] Mit einem dinglichen Recht bleiben daher seine etwaigen Belastungen (Pfandrecht, aber auch Vormerkung und Widerspruch – siehe Rdn 254 –) bestehen (für wiederkehrende Leistungen – Zinsen – und Kosten gilt aber § 56 ZVG; sie sind nicht Nebenrechte im Sinne dieser Erläuterung). Dabei kommt es auf die ausdrückliche Berücksichtigung der Belastung (des Nebenrechts) bei Feststellung des geringsten Gebots, also die wörtliche Benennung im geringsten Gebot nicht an; ihr Bestehen ergibt sich aus dem Grundbuch[52] oder der Anmeldung; ihr Fortbestehen folgt kraft Gesetzes aus dem Nichterlöschen des Hauptrechts. Die im Grundbuch eingetragenen Belastungen eines Rechts müssen daher im geringsten Gebot nicht aufgeführt werden. Als zweckmäßig hat es sich jedoch erwiesen wenigstens angemeldete nicht eingetragene Belastungen ausdrücklich zu nennen, noch besser alle.

> **Beispiel** für geringstes Gebot:
> Hypothek Abt III Nr 5
> des Kaufmanns Karl Müller in ...   zu 10 000 €
> Nach Anmeldung gepfändet zugunsten des Großhändlers Oskar Schnell
> in ... nach dem Beschluss des Amtsgerichts ... in ..., Aktenz ..., wegen
> einer Forderung von ...

k) Rangvorbehalt; Rangänderung

Schrifttum: Morvilius, Versteigerungsrechtliche Auswirkungen von Rangvorbehalt und Rangrücktritt auf die Eigentumsvormerkung, MittBayNot 2005, 477.

266 Ein **Rangvorbehalt** (§ 881 BGB) hat auf die Aufstellung des geringsten Gebots keinen Einfluss, wenn das vorbehaltene Recht noch nicht eingetragen oder das nach dem Versteigerungsvermerk eingetragene vorbehaltene Recht nicht angemeldet (Rdn 231) ist.[53] Gleiches gilt bei einer nach Beschlagnahme erfolgten Ausübung des Vorbehalts, die dem betreibenden Gläubiger gegenüber (bei mehreren dem für die Feststellung des geringsten Gebots maßgeblichen Gläubiger gegenüber) unwirksam ist.[54] Mit Bestehen bleiben des Rechts, bei dem der Vorbehalt eingetragen ist, geht (als Nebenrecht, siehe Rdn 265) auch die Befugnis, das vorbehaltene Recht eintragen zu lassen, auf den Ersteher über.[55] Sonst erlischt der Vorbehalt mit dem Recht; wenn eine (erforderliche) Anmeldung nicht erfolgt oder die Ausübung des Vorbehalts dem betreibenden Gläubiger gegenüber unwirksam ist, erlischt der Vorbehalt auch trotz Bestehen bleibens des Rechts.

---

[50] Stöber Rdn 5.27 zu § 44 mit Nachw und Hinweisen auf Gegenansicht für das nur für den ersten Verkaufsfall bestellte Vorkaufsrecht; wie hier Dassler/Hintzen Rdn 34 zu § 44.
[51] OLG Hamm Rpfleger 1959, 130 mit Anm Stöber.
[52] OLG Hamm Rpfleger 1959, 130 mit Anm Stöber.
[53] Stöber Rdn 6.5 zu § 44; Schiffhauer BlGrBW 1962, 17.
[54] Jaeckel/Güthe Rdn 4 zu § 11; Korintenberg/Wenz Einf Kap 6 VII.
[55] Stöber Rdn 6.5 zu § 44; Jaeckel/Güthe Rdn 4 zu § 11 gegen Rdn 8 zu § 45; Korintenberg/Wenz Einf Kap 6 VII; Morvilius MittBayNot 2005, 477 (478).

Ist das vorbehaltene Recht an der vorgehenden Rangstelle bereits eingetragen (zu den Zinsen[56]) und sind Zwischenrechte (Rechte zwischen dem mit dem Vorbehalt belasteten Recht und dem in den Vorbehalt eingerückten Recht) nicht vorhanden, so hat dies die Wirkung einer Rangänderung (§ 880 BGB). Das später eingetragene, in den Vorbehalt eingerückte (vorbehaltene) Recht hat Rang vor dem mit dem Vorbehalt belasteten Recht. Das eingerückte Recht steht mithin im geringsten Gebot, wenn das zurückgetretene Recht die Versteigerung betreibt; keines der beiden Rechte ist dagegen in das geringste Gebot aufzunehmen, wenn das vorgetretene (begünstigte) Recht vollstreckt.

Bei Vorhandensein von Zwischenrechten zeigen sich erhebliche Besonderheiten: siehe § 881 Abs 4 BGB und dazu im Kommentar Rdn 6.5 zu § 44; Steiner/ Eickmann Rdn 85 zu § 44 ZVG; Morvilius MittBayNot 2005, 477 und ImmVollstr Rdn 308; Schiffhauer BlGrBW 1962, 17.

Die **Rangänderung** (§ 880 BGB) führt zu einem Rangtausch zwischen dem zu-   **267** rücktretenden und dem vortretenden Recht. Der dem vorgetretenen Recht zukommende Vorrang geht durch spätere Aufhebung (Löschung) des zurückgetretenen Rechts nicht wieder verloren (§ 880 Abs 4 BGB). Das vorgetretene Recht verliert aber den Rang wieder, wenn das zurückgetretene Recht kraft Gesetzes oder durch Zeitablauf erlischt. Zur Berücksichtigung im geringsten Gebot muss eine erst nach dem Versteigerungsvermerk eingetragene Rangänderung angemeldet (Rdn 232, 247) und eine das geringste Gebot mindernde Rangänderung vier Wochen vor dem Terminstag eingetragen sein. Sind Zwischenrechte nicht vorhanden, dann steht das vorgetretene Recht im geringsten Gebot, wenn das zurückgetretene Recht die Versteigerung betreibt; keines der beiden Rechte wird in das geringste Gebot aufgenommen, wenn das vorgetretene Recht vollstreckt. **Zwischenrechte** werden durch die Rangänderung nicht berührt; sie werden weder begünstigt noch beeinträchtigt[57] (§ 880 Abs 5 BGB). In der Versteigerung auf Antrag des vorgetretenen Rechts ist sein Anspruch der Berechnung des geringsten Gebots zugrunde zu legen; es ist sonach keines der beiden Rechte (vor- und zurückgetretenes Recht) und kein Zwischenrecht darin aufzunehmen. In der Versteigerung auf Antrag des zurückgetretenen Rechts wird das vorgetretene Recht im geringsten Gebot berücksichtigt; Zwischenrechte werden in diesem Fall darin aufgenommen, wenn das zurückgetretene Recht kleiner oder gleich groß wie das vorgetretene Recht ist.[58]

> **Beispiel I:** A 20 000 €, B 5000 €, C 3000 €; nach Rangtausch zwischen A und C ist die Reihenfolge: C 3000 €, A 17 000 €, B 5000 € und A 3000 €. Wenn A betreibt, steht C mit 3000 € als vorgetretenes Recht im geringsten Gebot, nicht jedoch das Zwischenrecht B.

> **Beispiel II:** A 3000 €, B 5000 €, C 20 000 €; nach Rangtausch zwischen A und C ist die Reihenfolge: C 3000 €, B 5000 €, C 17 000 € und A 3000 €; wenn A betreibt, stehen C mit (3000 + 17 000 =) 20 000 € und B mit 5000 € im geringsten Gebot.

In der Versteigerung auf Antrag des Zwischenrechts werden bis zur Höhe des zurückgetretenen Rechts das vorgetretene Recht und ggfs ein Teil des zurückgetretenen Rechts in das geringste Gebot aufgenommen. Zu Besonderheiten,

---

[56] BGH 129, 1 = DNotZ 1996, 84 mit Anm Kutter = NJW 1995, 1081.
[57] Zu den Auswirkungen Morvilius aaO.
[58] Stöber Rdn 6; Steiner/Eickmann Rdn 72, je zu § 44; siehe auch die Beispiele bei Morvilius ImmVollstr Rdn 300 ff; Drischler RpflJahrbuch 1960, 346; Mohrbutter/Drischler Muster 76; Korintenberg/Wenz Einf Kap 6.

wenn mehrere Rechte zurücktreten oder wenn das vor- oder zurückgetretene Recht (oder beide) nicht auf Zahlung einer Geldsumme gerichtet und Zwischenrechte vorhanden sind, siehe im Kommentar Rdn 6 zu § 44; Steiner/ Eickmann Rdn 74 ff zu § 44 ZVG; Morvilius MittBayNot 2005, 477; auch LG Frankfurt[59] (sowie Anmerkung Hoche) mit folgendem Leitsatz: Wird aus einem Grundpfandrecht, das einem nachstehenden, hinter einem Zwischenrecht eingetragenen Recht den Vorrang eingeräumt hat, die Zwangsversteigerung betrieben und löst der Zwischenberechtigte das Grundpfandrecht in Höhe des Unterschiedsbetrages zwischen diesem und dem niedrigeren vorgerückten Recht ab, so fallen sowohl der abgelöste, kraft Gesetzes auf den Ablösenden übergegangene Teil des Rechts als auch das Zwischenrecht in das geringste Gebot, wenn das Verfahren wegen des nichtabgelösten Restes fortgesetzt wird.

l) Zuzahlungsbetrag für bestehen bleibende sonstige Rechte

268   Als Zuzahlungsbetrag ist bei Feststellung des geringsten Gebots für ein bestehen bleibendes Recht, das keine Hypothek, Grundschuld oder Rentenschuld ist, mithin insbesondere für ein Erbbaurecht, eine Grunddienstbarkeit[60] (auch für eine Eigentümergrunddienstbarkeit[61]), eine beschränkte persönliche Dienstbarkeit, einen Nießbrauch, ein Vorkaufsrecht oder eine Reallast, stets der Betrag zahlenmäßig zu bestimmen, um den sich der Wert des Grundstücks erhöht, wenn das Recht tatsächlich nicht besteht (§ 51 Abs 2 ZVG; siehe im Beispiel Rdn 242 das Wohnungsrecht Abt II Nr 1). Es ist das der Betrag, um den sich der Wert des Grundstücks objektiv durch die Belastung mindert, der somit bei Verkauf des Grundstücks ohne die zu wertende Einzelbelastung über den bei Veräußerung des belasteten Grundstücks erreichbaren Kaufpreis hinaus erzielt werden könnte.[62] Auf den Wert, den das Recht für den Berechtigten besitzt, kommt es nicht an. Gesetzliche Bewertungsregeln bestehen nicht. Der Ersatzbetrag wird von Fall zu Fall verschieden hoch sein; steuerliche (§ 16 Bewertungsgesetz) oder kostenrechtliche (§ 24 KostO) Bewertungsgrundsätze enthalten keine allgemeinen Rechtsgedanken, sind also nicht anwendbar. Von Bedeutung ist, ob das Recht als Belastung von unbegrenzter Dauer (Grunddienstbarkeit, subjektiv-dingliche Reallast) oder zeitlich begrenzt, wenn auch im Einzelfall von unbestimmter Dauer ist. Der Betrag ist nach Anhörung der im Termin anwesenden Beteiligten (§ 66 Abs 1 ZVG; ggfs auch eines Sachverständigen) durch Schätzung zu bestimmen; er ist nicht durch einen etwa eingetragenen Höchstbetrag (§ 882 BGB) begrenzt.[63]

Ein Zuzahlungsbetrag (§ 51 Abs 1 ZVG) ist auch für eine Auflassungsvormerkung festzustellen.[64] Auch er bestimmt sich nach der Wertminderung des Grundstücks infolge der Belastung. Anhaltspunkte für die Wertbestimmung:[65]

---

[59] LG Frankfurt NJW 1959, 1443.

[60] Zu ihr Schiffhauer Rpfleger 1975, 187 (189); aus der Rechtsprechung: OLG Nürnberg RdL 1969, 295 (Leitungsrecht für landwirtschaftliches Grundstück); OLG Hamm RdL 1970, 109 (für zweite Leitung).

[61] Schiffhauer Rpfleger 1975, 190.

[62] OLG Hamm OLGZ 1984, 71 = Rpfleger 1984, 30; Stöber Rdn 3.1 zu § 51.

[63] Schiffhauer Rpfleger 1975, 189 mit zutreffender Begründung; Stöber Rdn 3.1 zu § 51. Anderer Ansicht Jaeckel/Güthe Rdn 16 zu §§ 50, 51.

[64] Stöber Rdn 4.2 zu § 51.

[65] Dazu (auch zur Auflassungsvormerkung für einen Teil des Grundstücks) Stöber Rdn 4.2 zu § 51.

Verkehrswert des Grundstücks (oder -teils), gemindert um die auf ihm ruhenden (dem Berechtigten des vorgemerkten Anspruchs gegenüber wirksamen) Belastungen (wie im Fall[66]), nicht aber geschmälert auch um die Gegenleistung, die der Vormerkungsberechtigte noch zu erbringen hat (sie gebührt dem Ersteher nicht). Ersatzwert eines Vorkaufsrechts[67] ist nicht der Grundstückswert, sondern der Betrag, um den sich der Grundstückswert durch die Behinderung der freien Verwertbarkeit mindert.

m) „Außerhalb des geringsten Gebots" bestehen bleibende Rechte

In Ausnahmefällen bleiben einzelne bestimmte Ansprüche und **Rechte von der**   269
Zwangsversteigerung unberührt, auch wenn Berücksichtigung bei der Feststellung des geringsten Gebots nicht erfolgt ist. Diese Ansprüche und Rechte bleiben – in Abweichung von § 52 Abs 1 ZVG – außerhalb des geringsten Gebots stets auch dann bestehen, wenn sie dem Anspruch des betreibenden Gläubigers gleich- oder nachstehen. Ihr Bestehen bleiben ist unabhängig davon, ob der Ersteher bei Abgabe seines Gebots Kenntnis hatte und ob sie in den Versteigerungsbedingungen erwähnt sind. Ein Zuzahlungsbetrag (§ 51 Abs 2 ZVG, Rdn 268) wird nicht festgesetzt. Soweit solche Ansprüche und Rechte bekannt sind, werden sie zweckmäßig in den Versteigerungsbedingungen mit dem Zusatz aufgeführt, dass sie „außerhalb des geringsten Gebots bestehen bleiben". Dies gilt für

– Altenteilsrechte (auch Auszug, Leibgeding oder Leibzucht)[68] nach Maßgabe der Landesgesetze (§ 9 Abs 1 EGZVG); Ausnahme bei Unwirksamkeit dem betreibenden Gläubiger gegenüber.[69] Zum Erlöschen des Rechts auf Verlangen eines Beteiligten siehe § 9 Abs 2 EGZVG. Das Vollstreckungsgericht trifft die Amtspflicht gegenüber den beteiligten Gläubigern und den Bietern, darauf hinzuweisen, dass das Altenteilsrecht nur dann erlischt, wenn dies ausdrücklich in den Versteigerungsbedingungen und im Zuschlagsbeschluss festgehalten ist.[70]

– altrechtliche Grundstücksrechte (nicht aber Hypotheken) nach Maßgabe der Landesgesetze; siehe ebenfalls § 9 Abs 1 und – zum Erlöschen – § 9 Abs 2 EGZVG; zu altrechtlichen Grunddienstbarkeiten siehe Schiffhauer;[71]

– das Baugesetzbuch-Vorkaufsrecht nach §§ 24, 25 BauGB;

– das Erbbaurecht bei der Zwangsversteigerung des Grundstücks (§ 25 ErbbauRG; Rdn 393);

– eine Notwegrente nach §§ 917, 912–916 BGB (§ 52 Abs 2 ZVG);

---

[66] BGH 46, 124 = MDR 1967, 34 = NJW 1967, 566.
[67] Stöber Rdn 4.14 zu § 51.
[68] **Schrifttum** dazu: Bengel, Das Leibgeding in der Zwangsversteigerung, MittBayNot 1970, 133; Drischler, Altenteil und Zwangsversteigerung, KTS 1971, 145; Drischler, Das geringste Gebot in der Zwangsversteigerung (Abschn. VI: Das Altenteil im geringsten Gebot), RpflJahrbuch 1960, 346 (370); Drischler, Das Altenteil in der Zwangsversteigerung, Rpfleger 1983, 229; Haegele, Wohnungsrecht, Leibgeding und ähnliche Rechte in Zwangsvollstreckung, Konkurs und Vergleich, DNotZ 1976, 5; Hagena, Probleme des Doppelausgebots nach § 9 Abs 2 EGZVG, Rpfleger 1975, 73; Hagena, Das Leibgeding und sein Schutz in der Zwangsversteigerung, BWNotZ 1975, 73; Kahlke, Erlöschen des Altenteils in der Zwangsversteigerung, Rpfleger 1990, 233.
[69] OLG Hamm Rpfleger 2001, 254; Steiner/Eickmann Rdn 23 zu § 52; Stöber Rdn 3.7 zu § 9 EGZVG.
[70] BGH FamRZ 1991, 929 = Rpfleger 1991, 329.
[71] Schiffhauer Rpfleger 1975, 195.

– öffentliche Lasten des Grundstücks;
– eine Überbaurente nach §§ 912–196 BGB (§ 52 Abs 2 ZVG);
– Vorkaufsrechte nach dem Reichssiedlungsgesetz.
Rückstände und laufende Beträge solcher Rechte müssen in den bar zu zahlenden Teil des geringsten Gebots aufgenommen, regelmäßig also angemeldet werden. Vom Zuschlag an trägt sie der Ersteher (§ 56 ZVG). Geht ein solcher Anspruch als berücksichtigungsfähiges Recht (siehe etwa § 54 GBO) dem betreibenden Gläubiger rangmäßig vor, so muss das Recht nach Grundbucheintragung oder Anmeldung in das geringste Gebot aufgenommen und ein Ersatzbetrag (Rdn 268) für den Wegfall bestimmt werden. Auch dann bleibt aber das Recht bei Nichtaufnahme in das geringste Gebot (zB mangels Anmeldung) bestehen.

n) Abweichende Feststellung, Anfechtung

270 Abweichende Feststellung des geringsten Gebots (§ 59 ZVG) Rdn 292 ff.
Rechtsbehelfe gegen Feststellung des geringsten Gebots: Keine (§ 95 ZVG). Möglich ist nur Anfechtung des Zuschlags wegen unrichtiger Feststellung des geringsten Gebots[72] (§ 83 Nr 1 ZVG).

3. Unterabschnitt. Versteigerungsbedingungen
§§ 49–59, 65, 66 ZVG

a) Die Versteigerungsbedingungen

271   **Ausgangsbeispiel** zu diesem **Muster:** Rdn 241
a) Es bleiben die im Grundbuch eingetragenen folgenden Belastungen bestehen:

1. Hypothek ohne Brief Abt III Nr 1 der Stadtsparkasse A	zu 20 000 €
2. Hypothek Abt III Nr 2 der Hypothekenbank X	zu 30 000 €
3. Wohnungsrecht Abt II Nr 1 der Schwester Anna E, gemäß § 51 Abs 2 ZVG gewertet auf	3 000 €
4. Zwangs-Sicherungshypothek Abt III Nr 3 des Schreinermeisters Karl B	zu 10 000 €

b) Ausgenommen von der Versteigerung sind (die folgenden Gegenstände): ...
c) Das Bargebot ist vom Zuschlag an mit 4% (vier vH) zu verzinsen.
d) Das Bargebot (mit diesen Zinsen) ist so rechtzeitig durch Überweisung oder Einzahlung auf ein Konto der Gerichtskasse zu entrichten, dass der Betrag der Gerichtskasse vor dem Verteilungstermin gutgeschrieben ist und ein Nachweis hierüber im Termin vorliegt.
e) Das Meistgebot gibt nur diesen durch Zahlung zu berichtigenden Betrag an. Die unter a bezeichneten bestehen bleibenden Rechte im Gesamtbetrag von 63 000 € sind in dem gebotenen Betrag nicht mit inbegriffen; sie bleiben daneben bestehen.
f) Die Kosten des Zuschlagsbeschlusses trägt der Ersteher.
g) Im Übrigen gelten die gesetzlichen Versteigerungsbedingungen.

272 **Die Versteigerungsbedingungen regeln:**
– den Umfang des Gegenstands der Versteigerung (§ 55 ZVG; Rdn 281–286 a);
– die Rechte und Pflichten des Erstehers, insbesondere

---

[72] BGH 165, 119 (121) = NJW-RR 2006, 521.

- Zahlung und Verzinsung des Bargebots (§ 49 ZVG);
- Ersatzzahlung (§§ 50, 51 ZVG);
- bestehen bleibende Rechte (§ 52 ZVG);
- Schuldübernahme und Fälligkeit (§§ 53, 54 ZVG);
- Gefahrenübergang und
- Übergang der Nutzungen sowie Lasten, ferner
- Ausschluss der Gewährleistung (§ 56 ZVG);
- Verhältnis des Erstehers zu Mietern und Pächtern (§§ 57–57 b ZVG);
- Zuschlagskosten (§ 58 ZVG);
- das Verfahren bei Versteigerung mehrerer Grundstücke (§§ 63, 64 ZVG; Rdn 379–383);
- die Feststellung abweichender Bedingungen (§ 59 ZVG; dazu Rdn 292–298);
- die Möglichkeit der besonderen Versteigerung oder anderweitigen Verwertung (§ 65 ZVG; dazu Rdn 298 a).

b) Feststellung der Versteigerungsbedingungen

Festgestellt werden die Versteigerungsbedingungen **im Versteigerungstermin;** 273
nach Feststellung werden sie verlesen (§ 66 Abs 1 ZVG). Im Zuschlagsbeschluss werden die Versteigerungsbedingungen bezeichnet (§ 82 ZVG). Daher
werden sie bereits im Versteigerungstermin so gefasst, dass sie unverändert in
den Zuschlag übernommen werden können.

Festzustellen sind die im Einzelfall geltenden **besonderen gesetzlichen** und die 274
von gesetzlichen Vorschriften **abweichenden** (§ 59 ZVG) **Bedingungen.** Im Übrigen genügt Feststellung, dass die Versteigerung zu den gesetzlichen Bestimmungen erfolgt; diese brauchen nicht alle einzeln genannt werden.

Das geringste Gebot wird in den Versteigerungsbedingungen nicht nochmals
angegeben. Geboten und üblich ist die ausdrückliche Bezeichnung der einzelnen
bestehen bleibenden Rechte. Eine Zahlungsverpflichtung der §§ 50, 51 ZVG
(Rdn 514–519) wird als gesetzliche Versteigerungsbedingung nicht gesondert
angeführt. Missverständnisse werden jedoch vermieden, wenn darauf im Versteigerungstermin ausdrücklich hingewiesen wird. Üblich (und zweckmäßig) –
als gesetzliche Folge jedoch nicht notwendig – ist auch die Angabe der Verpflichtung des Erstehers zur Verzinsung des Bargebots (§ 49 Abs 2 ZVG) sowie
zur Zahlung rechtzeitig vor dem Verteilungstermin (§ 49 Abs 1 ZVG) und zur
Kostentragung (§ 58 ZVG). Auf sein Recht, sich durch Hinterlegung von seiner
Verbindlichkeit zu befreien (§ 49 Abs 4 ZVG), wird der Ersteher zweckmäßig
nach Erteilung des Zuschlags (gesondert) hingewiesen; Aufnahme eines Hinweises in die Versteigerungsbedingungen ist weder geboten noch üblich. Eine
angemeldete Kündigung oder andere Fälligkeit (§ 54 ZVG) und eine Rechtshängigkeit (§ 325 Abs 3 ZPO) wird in den Versteigerungsbedingungen nicht
bezeichnet.

Die von der Versteigerung etwa ausgenommenen Zubehörstücke werden, um
volle Klarheit zu schaffen,[73] gleichfalls in den Versteigerungsbedingungen bezeichnet. Folge der Nichtangabe: Rdn 285.

Außerhalb des geringsten Gebots bestehen bleibende Rechte (Rdn 269) bleiben 275
nach gesetzlicher Vorschrift lasten; Angabe ist daher nicht notwendig, aber
doch zulässig und sehr zweckmäßig (zu beachten ist aber die Aufklärungs-

---

[73] Stöber Rdn 2.6 zu § 82; Angabe notwendig nach Mohrbutter, Handbuch, B IV 7 (V b), nur
zweckmäßig nach RG 70, 399 sowie RG 127, 272.

pflicht des Vollstreckungsgerichts, s Rdn 269). Notwendig ist jedoch immer die Angabe, dass ein solches Recht im Einzelfall erlischt (§ 9 Abs 2 EGZVG).

c) Zahlungspflicht des Erstehers

276 Mit Grundstückserwerb übernimmt der Ersteher die bestehen bleibenden Rechte (§§ 52, 91 Abs 1 ZVG); seine weitergehende Verpflichtung aus dem Meistgebot hat er bis zum Verteilungstermin durch Überweisung oder Einzahlung auf ein Konto der Gerichtskasse zu erfüllen (§ 49 Abs 1 und 3 ZVG). Einzelheiten: Rdn 416. Dieses Bargebot ist vom Zuschlag an mit **4 vH zu verzinsen** (§ 49 Abs 2 ZVG); dazu Rdn 417.

Vor dem Verteilungstermin kann sich der Ersteher durch Hinterlegung von seiner Verbindlichkeit befreien (§ 49 Abs 4 ZVG); dazu Rdn 418.

Im Versteigerungstermin verlangt das Gericht keine Zahlung. Auf Antrag eines Beteiligten ist jedoch Sicherheit zu leisten; dazu Rdn 325–331.

Eine weitergehende Zahlungspflicht ergibt sich, wenn eine als bestehen bleibend übernommene Hypothek oder Grundschuld oder eine andere im geringsten Gebot berücksichtigende Belastung nicht besteht oder als bedingtes Recht oder als Gesamtrecht später wegfällt (§§ 50, 51 ZVG); Einzelheiten: Rdn 514 ff.

d) Schuldübernahme

277 Mit dem **Bestehenbleiben einer Hypothek** übernimmt der Ersteher nach §§ 52, 91 Abs 1 ZVG nur die Grundstücksbelastung als dingliches Recht. Haftet bei einer nach § 52 oder § 59 (nicht aber § 91 Abs 2) ZVG bestehen bleibenden Hypothek der Schuldner im Zeitpunkt der Zuschlagerteilung zugleich persönlich, dann geht nach § 53 Abs 1 ZVG auch diese Schuld auf den Ersteher über. Der Schuldner, der sein Grundstück mit dem Zuschlag zwangsweise verliert, ist damit gegen eine weitere Inanspruchnahme aus seiner persönlichen Verbindlichkeit geschützt.[74] Diese Schuldübernahme tritt kraft Gesetzes in Höhe des Grundpfandrechts ohne besondere Erklärung des Gerichts, des Erstehers oder eines Beteiligten ein. Wirkung: Zunächst nur zwischen Ersteher und Vollstreckungsschuldner, da dem Gläubiger ein anderer Schuldner nicht aufgezwungen werden kann (siehe § 415 BGB). Der Ersteher wird also nicht sogleich unmittelbarer Schuldner des Hypothekengläubigers; er ist vielmehr zunächst nur dem Vollstreckungsschuldner gegenüber verpflichtet, den Gläubiger rechtzeitig zu befriedigen (§ 415 Abs 3 BGB).

Ob der bisherige persönliche **Schuldner frei** und der Ersteher unmittelbarer persönlicher Forderungsschuldner des Hypothekengläubigers wird, hängt von dessen Entschließung ab. Ohne ausdrückliche Erklärung des Gläubigers kann die Schuldübernahme nach § 416 BGB (mit § 53 Abs 1 ZVG) Wirksamkeit erlangen. Wenn der Veräußerer (Schuldner, dessen Grundstück versteigert ist) die gesetzlich nach § 53 Abs 1 ZVG erfolgte Schuldübernahme nach Wirksamwerden des Zuschlags schriftlich mitgeteilt hat[75] (dazu § 416 Abs 2 BGB; Eintragung des Erstehers ist hier jedoch nicht maßgebend; Mitteilung durch Ersteher ist nach § 416 BGB unerheblich) und die Genehmigung dem Veräußerer gegenüber nicht verweigert wird, gilt die Genehmigung nach sechs Monaten als erteilt. Der Hinweis auf § 416 BGB in § 53 Abs 1 ZVG stellt klar, dass die befreiende Schuldübernahme auch ohne ausdrückliche Erklärung des Gläubigers

---

[74] BGH 133, 51 (56) = DNotZ 1997, 175 = MDR 1996, 1178 = NJW 1996, 2310.
[75] Sorgfaltspflicht und Haftungsgefahr für den Rechtsanwalt, der den Schuldner vertritt.

wirksam erfolgen[76] und der Schuldner nach Wirksamwerden des Zuschlags eine Klärung herbeiführen kann. Damit ist nicht festgelegt, dass nur diese Art der Schuldübernahme in Betracht kommen kann; es sind vielmehr auch §§ 414, 415 BGB anzuwenden.[77] Wenn der Gläubiger die Genehmigung der mitgeteilten Schuldübernahme dem Ersteher oder dem (persönlichen) Schuldner erklärt (§ 182 Abs 1 BGB), beurteilen sich daher Wirksamkeit der Genehmigung und der Schuldübernahme allein nach § 415 BGB (das Wort „nur" in § 416 Abs 1 S 1 BGB ist missverständlich). Wirksamkeit erlangt die genehmigte Schuldübernahme nach § 415 BGB daher auch, wenn der Ersteher (als Dritter) dem Gläubiger die Schuldübernahme mitgeteilt hat (§ 415 Abs 1 S 2 BGB). Die (formfreie und nicht fristgebundene) Mitteilung soll auch in diesem Fall erst das Zugriffsrecht des Gläubigers nach dem Willen des bisherigen Schuldners oder Übernehmers eröffnen; sie ist daher auch im Falle des § 53 ZVG erforderlich.[78] Wenn der **Ersteher selbst Gläubiger** der Hypothek und der Forderung ist, erlischt mit dem Zuschlag die Forderung in Höhe der Hypothek (Ausnahme: wenn Rechte an der Forderung bestehen); diese Wirkung der Schuldübernahme (§ 53 ZVG) erfordert nicht, dass der Ersteher als Gläubiger sie noch nach § 416 BGB genehmigt.[79]

Entsprechendes gilt, wenn bei einer **Grund-** oder **Rentenschuld**, die bestehen bleibt, der Schuldner zugleich persönlich haftet.[80] Diese persönliche Haftung des Erstehers tritt hier jedoch, da eine persönliche Haftung nicht ohne weiteres mit der Grundschuld (Rentenschuld) als solcher verbunden und aus dem Grundbuch nicht ersichtlich ist, nur bei Anmeldung ein (§ 53 Abs 2 ZVG). Anzumelden – und ggfs glaubhaft zu machen – hat der Schuldner (nicht der Gläubiger) spätestens im Versteigerungstermin vor der Aufforderung zur Abgabe von Geboten die gegen ihn bestehende Forderung unter Angabe des Betrags und Grunds. Hat der Schuldner seine gesicherte persönliche Schuld nicht angemeldet, so hat er, wenn er aus dieser Schuld vom Grundschuldgläubiger in Anspruch genommen wird, gegen den Ersteher einen Anspruch aus ungerechtfertigter Bereicherung.[81]

e) Fälligkeit eines bestehen bleibenden Grundpfandrechts

> Als Gläubiger der bestehen bleibenden Hypothek Abt III Nr 1 zu 20 000 € melde ich   **278**
> gemäß § 54 ZVG an, dass dem Eigentümer von mir die Kündigung der Hypothek
> erklärt wurde. Die Kündigung wurde dem Eigentümer am ... zugestellt; die Hypo-
> thek ist mithin am/seit ... fällig.

Eine aus dem Grundbuch **nicht ersichtliche Fälligkeit** einer bestehen bleibenden   **279**
Hypothek, Grundschuld oder Rentenschuld ist dem Ersteher gegenüber nur wirksam, wenn die Kündigung (Erfordernis der Fälligkeit bei der Grundschuld § 1193 BGB; dazu Art 229 § 18 III EGBGB) spätestens in dem Versteigerungstermin vor der Aufforderung zur Abgabe von Geboten erfolgt und bei dem Ge-

---

[76] RG 125, 100 (103).

[77] RG 125, 100 (103); Stöber Rdn 2.2; Dassler/Hintzen Rdn 7, je zu § 53.

[78] Stöber Rdn 2.3 zu § 53.

[79] BGH 133, 51 = aaO (Fußn 74).

[80] Zur persönlichen Haftung bei einer sogen Sicherungsgrundschuld siehe eingehend Stöber, FordPfändung, Rdn 1874 ff.

[81] BGH 56, 22 = MDR 1971, 567 = NJW 1971, 1750; ebenso (für Miteigentümer nach Teilungsversteigerung) BGH 64, 170 = JR 1975, 337 mit Anm Kaehler = MDR 1975, 566 = NJW 1975, 1126.

richt angemeldet worden ist (§ 54 Abs 1 ZVG). Gleiches gilt von einer aus dem Grundbuch nicht ersichtlichen anderen Tatsache, infolge deren der Anspruch vor der Zeit geltend gemacht werden kann (§ 54 Abs 2 ZVG). Die Anmeldung erübrigt sich nicht, wenn der Bieter (Ersteher) von der Fälligkeit auf sonstige Weise rechtzeitig Kenntnis erlangt hat. Zur Anmeldung befugt ist der Gläubiger des Rechts, der Schuldner und ein Dritter, sofern er ein rechtliches Interesse hat (zB der Pfandgläubiger, ein Nießbraucher). Das Bestehen bleiben des gekündigten oder bereits fälligen Rechts wird durch die Anmeldung nicht berührt. Nach Erteilung des Zuschlags braucht der Gläubiger dem Ersteher zur Fälligstellung jedoch nicht erneut zu kündigen. Keiner Anmeldung bedarf eine Fälligkeit, die sich aus Tatsachen ergibt, die aus dem Grundbuch ersichtlich sind (siehe § 54 Abs 2 ZVG), wie die Fälligkeit mit Einleitung der Zwangsversteigerung oder -verwaltung oder bei Eröffnung des Insolvenzverfahrens (bei Eintragung des Zwangsvollstreckungs- oder Insolvenzvermerks vor dem Beschlagnahmevermerk). Anmeldepflichtig sind jedoch nach § 54 Abs 2 ZVG die Fälligkeit auf Grund kassatorischer Klausel (da Zahlungssäumnis nicht aus dem Grundbuch ersichtlich) und infolge des Befriedigungsanspruchs bei Grundstücksverschlechterung (§ 1133 BGB).

f) Urteilswirkung

280   Gegen den Ersteher wirkt ein Urteil über einen Anspruch aus einer eingetragenen Reallast, Hypothek, Grundschuld oder Rentenschuld nur dann, wenn die Rechtshängigkeit spätestens im Versteigerungstermin vor der Aufforderung zur Abgabe von Geboten angemeldet worden ist (§ 325 Abs 3 S 2 ZPO). Das gilt auch, wenn der Ersteher (oder das Vollstreckungsgericht) die Rechtshängigkeit kannte.[82] Ist Anmeldung nicht erfolgt, kann dem Gläubiger keine vollstreckbare Ausfertigung gegen den Ersteher erteilt werden (§ 727 ZPO).

g) Umfang der Versteigerung

281   Die Versteigerung erstreckt sich
– auf das Grundstück (oder Gebäudeeigentum, Rdn 8a) und alle Gegenstände, deren Beschlagnahme (dazu Rdn 141, 144–157b) noch wirksam ist. Dazu gehören nicht bewegliche Sachen, über die der Schuldner innerhalb der Grenzen einer ordnungsgemäßen Wirtschaft wirksam verfügt hat (§ 23 Abs 1 S 2 ZVG), und die durch Verfahrensaufhebung oder -einstellung wirksam freigegebenen Gegenstände. Nach Hinterlegung einer beschlagnahmten Brandversicherungsentschädigung erstreckt sich die Versteigerung auch auf den Herausgabeanspruch an die Hinterlegungsstelle (Rdn 150).
– auf (nicht beschlagnahmtes) **Zubehör** (dazu Rdn 149), das einem **Dritten** (Vorbehaltsverkäufer, Nießbraucher, Entleiher, Verwahrer usw) gehört, wenn sich das Zubehör **im Besitz des Schuldners** oder eines neu eingetretenen Eigentümers befindet und der Dritte als Eigentümer seine Rechte nicht nach Maßgabe des § 37 Nr 5 ZVG rechtzeitig geltend gemacht hat (§ 55 Abs 2 ZVG) (siehe auch Rdn 206). Grund:[83] Es soll der Bieter geschützt werden, der die Eigentumsverhältnisse am Zubehör nicht kennt und auf klare rechtliche Grundlagen für die Bemessung seines Gebots angewiesen ist; er darf erwarten, dass das Gebot und damit der Zuschlag sich auf alle vorhande-

---

[82] RG 122, 156 (158); Stöber Rdn 4.1 zu § 54; Zöller/Vollkommer, ZPO, Rdn 49 zu § 325.
[83] BGH MDR 1969, 743 = NJW 1969, 2135.

nen Zubehörstücke bezieht, und zwar auch dann, wenn sie Dritten gehören (sogen tatsächliches Zubehör). Der Bieter soll sich auf das, was wahrnehmbar ist, verlassen können; damit soll ein angemessenes Ergebnis der Versteigerung gewährleistet werden.

Zum **Zubehör:** §§ 97, 98 BGB (dazu Rdn 149). Unter den dort bezeichneten   282 Voraussetzungen ist eine bewegliche Sache auch dann Zubehör, wenn sie nicht dem Grundstückeigentümer, sondern einem Dritten gehört. Jedoch begründet die nur vorübergehende Benutzung einer Sache für den wirtschaftlichen Zweck des Grundstücks keine Zubehöreigenschaft (§ 97 Abs 2 BGB). Änderung der Widmung für den Zweck der Hauptsache hebt die Zubehöreigenschaft auf (Entwidmung). Zu einer solchen Änderung, für die es auf den Willen des tatsächlichen Benutzers der Hauptsache ankommt, führt noch nicht dessen Pflicht zur Herausgabe des Zubehörs, seine rechtskräftige Verurteilung zur Herausgabe und die Einleitung der Zwangsvollstreckung aus diesem Titel.[84]

Nur wenn sich Zubehör im Eigentum eines Dritten **bei Versteigerung** (nach   282a BGB[85] bei Beginn, dh Aufforderung zur Abgabe von Geboten) im **Besitz des Schuldners** (oder eines neu eingetretenen Eigentümers) befindet, erstreckt sich nach § 55 Abs 2 ZVG die Versteigerung darauf. Besitz bloß zur Zeit der Beschlagnahme genügt nicht; Zubehör, dessen Besitz der Schuldner erst im Laufe des Verfahrens erlangt hat, wird aber mitversteigert. Auf Fremdzubehör, dessen vormaligen Besitz der Schuldner (Grundstückseigentümer) vor Versteigerung verloren hat (zB durch Wegschaffen der Gegenstände), erstreckt sich die Versteigerung nicht. Schuldnerbesitz auch zurzeit des Zuschlags ist nicht erforderlich (bedeutsam für Mitversteigerung bei Entfernung nach Versteigerung, aber vor Erteilung des Zuschlags).[86] Gleichgültig ist, ob der Schuldner unmittelbarer Besitzer (an Baumaterial auch bei Eigentumsvorbehalt Erwerb des Besitzes nach § 854 Abs 2 BGB möglich)[87] oder mittelbarer Besitzer ist. Zubehör im Eigentum eines Dritten, das ein Mieter, Pächter, Nießbraucher, Verwahrer usw „für den Schuldner (Eigentümer)" nur auf Zeit in Besitz hat (§ 868 BGB; das der Schuldner mit der Wohnung vermietet hat), unterliegt daher nach § 55 Abs 2 ZVG der Versteigerung. Besitzdienerschaft (§ 855 BGB) und fehlerhafter Besitz des Schuldners (durch verbotene Eigenmacht erlangt, § 858 BGB) genügen nicht.

Auf die Kenntnis oder Unkenntnis des Erstehers vom Dritteigentum kommt es   282b nicht an. Der Eigentumserwerb des Erstehers an mitversteigertem fremden Zubehör tritt mit dem Zuschlag auch dann ein (§ 90 Abs 2 ZVG), wenn er das Vorhandensein des mitversteigerten Fremdzubehörs nicht gekannt hat.

Sachen, die ein **Mieter, Pächter,** Nießbraucher Verwahrer usw als ihr Eigentü-   283 mer oder Besitzer selbst zur vorübergehenden Benutzung auf das Grundstück gebracht hat (zB Öfen, Herde, Werkstatteinrichtung), sind nicht Zubehör (§ 97 Abs 2 S 1 BGB). Sie sind zudem durch den Besitz des Mieters usw erkennbar (der Schuldner hat keinen mittelbaren Besitz). Auf sie erstreckt sich die Versteigerung nach § 55 Abs 2 ZVG daher nicht.[88]

Ein **Dritter,** insbesondere der Eigentümer, **hat sein besseres Recht,** das die Ver-   284 steigerung eines nicht beschlagnahmten, aber in Schuldnerbesitz stehenden Zu-

---

[84] BGH NJW 1969, 2135 = aaO (Fußn 83).
[85] BGH 58, 309 = MDR 1972, 685 = NJW 1972, 1187; auch RG 143, 33.
[86] BGH NJW 1969, 2135 = aaO (Fußn 83).
[87] BGH NJW 1969, 2135 = aaO (Fußn 83).
[88] Motive zum ZVG, Amtl Ausgabe 1889, S 179; Stöber Rdn 3.2 zu § 55.

behörs hindert, rechtzeitig, also vor der Erteilung des Zuschlags, nach Maßgabe von § 37 Nr 5, § 55 Abs 2 ZVG, **geltend zu machen**. Lediglich Anmeldung beim Vollstreckungsgericht genügt nicht. Die notwendige Aufhebung oder Einstellung des Verfahrens hinsichtlich solcher Zubehörstücke erfolgt

– dadurch, dass der (= alle) betreibende Gläubiger für einzelne Zubehörstücke die Einstellung (§ 30 ZVG; Rdn 184–190 c) oder Aufhebung (§ 29 ZVG; Rdn 203–207, insbes Rdn 206 und Muster Rdn 207) des Verfahrens bewilligt (auch in der Form, dass er den Gegenstand freigibt). Nach Freigabe oder Einstellungsbewilligung muss das Vollstreckungsgericht aufheben oder einstellen;[89] es kann nicht selbst entscheiden, ob es sich um wesentliche Bestandteile oder Zubehör handelt, und auch eine Zustimmung nichtbetreibender Gläubiger nicht einholen; Letztere sind auch nicht anzuhören;[90]

– wenn bereits Widerspruchsklage erhoben ist durch Anordnung des Prozessgerichts nach § 771 Abs 3, § 769 Abs 1 ZPO, die dem Vollstreckungsgericht zum Vollzug zugegangen sein muss (Rdn 193);

– durch das Vollstreckungsgericht in dringenden Fällen unter Bestimmung einer Frist zur Beibringung der Entscheidung des Prozessgerichts (§ 769 Abs 2 ZPO; siehe Rdn 192–194);

– nach Vorlage der im Widerspruchsprozess ergangenen Entscheidung gemäß §§ 776, 775 ZPO (siehe Rdn 193).

285   Nach **rechtzeitiger Geltendmachung** des Rechts eines Dritten (§ 37 Nr 5, § 55 Abs 2 ZVG) wird das entsprechende Zubehör nach gesetzlicher Versteigerungsbedingung nicht mit veräußert. Der Ersteher erlangt mit dem Zuschlag Eigentum an solchem Zubehör daher auch dann nicht, wenn der Gegenstand im Zuschlagsbeschluss nicht ausgeschlossen ist[91] (Erwähnung ist zu empfehlen[92]).

Geht die Erklärung des Gläubigers über Aufhebung oder Einstellung der Versteigerung hinsichtlich einzelner Zubehörstücke oder eine diesbezügliche Anordnung des Prozessgerichts oder die bereits im Widerspruchsprozess ergangene Entscheidung dem Vollstreckungsgericht erst **nach Schluss der Versteigerung** zu, so kann das Grundstück nicht mehr in dem Umfang zugeschlagen werden, in dem es nach § 55 ZVG Gegenstand der Versteigerung war. Der Zuschlag muss dann insgesamt versagt werden. Nach einhelliger Meinung kann das Grundstück jedoch unter Ausschluss des nach der Erklärung des Gläubigers oder der Entscheidung des Prozessgerichts auszunehmenden Einzelgegenstandes zugeschlagen werden, wenn der Meistbietende sich damit einverstanden erklärt[93] (Feststellung der Erklärung im Protokoll).

Nach Wirksamwerden des **Zuschlags** erlangen Aufhebungs- oder Einstellungserklärungen des Gläubigers oder Einstellungsbeschlüsse hinsichtlich einzelner (bereits) mitversteigerter Gegenstände keine Bedeutung mehr. Desgleichen hat für die Zwangsversteigerung Einstellung oder Aufhebung des Zwangsverwaltungsverfahrens für mithaftende Gegenstände keine Bedeutung.[94]

---

[89] Stöber Rdn 3.7 zu § 55.
[90] OLG Düsseldorf NJW 1955, 188 = JMBlNRW 1954, 138.
[91] RG 127, 272 (274); nicht eindeutig BGH DNotZ 1996, 551 (553) = NJW 1996, 835 (836); anders Jaeckel/Güthe Rdn 2 zu § 55.
[92] Stöber Rdn 3.9 zu § 55 sowie Rdn 274.
[93] Stöber Rdn 5; Jaeckel/Güthe Rdn 1; Dassler/Hintzen Rdn 4, je zu § 33; Korintenberg/Wenz Anm 4 zu § 55; Steiner/Storz Rdn 29 zu § 33.
[94] BGH DNotZ 1996, 551 (556) = NJW 1996, 835 (836).

Die Mitversteigerung von Fremdzubehör unterbleibt außerdem, wenn dies durch abweichende Versteigerungsbedingung nach § 59 ZVG bestimmt ist; wegen des möglichen geringeren Gebots ist Rechtsbeeinträchtigung ungewiss, mithin Zustimmung aller nicht im geringsten Gebot stehenden Beteiligten erforderlich. Ein Gegenstand, der nicht Zubehörstück ist, kann jedoch nicht durch abweichende Versteigerungsbedingung mitversteigert werden.

Folge der nicht rechtzeitigen Geltendmachung eines der Versteigerung des **286** Fremdzubehörs im Schuldnerbesitz entgegenstehenden Rechts: Für das Recht (meist Sacheigentum) tritt der Versteigerungserlös an die Stelle des versteigerten Gegenstands (§ 37 Nr 5 ZVG). Behandlung im Verteilungsverfahren: Rdn 536–538. Ein Recht auf Zuschlagsbeschwerde wird für den Dritten aus der Mitversteigerung des Zubehörs nach § 55 Abs 2 ZVG nicht begründet.

Die **Milchquote** eines Milcherzeugers (Recht zur abgabefreien Milchanliefe- **286a** rung) ist personenbezogen. Sie ist nicht Zubehör und gehört nicht zu den mit dem Eigentum am Grundstück verbundenen Rechten (§ 96 BGB). Beschlagnahme und Versteigerung erstrecken sich auf sie somit nicht. Dazu näher im Kommentar Rdn 4.2 zu § 55.

h) Gefahrenübergang, Gewährleistungsausschuss

Die Gefahr des zufälligen Untergangs (zB durch Brand, Überschwemmung, **287** Erdbeben, Erdrutsch) geht hinsichtlich des Grundstücks mit dem Wirksamwerden des Zuschlags (§§ 89, 104 ZVG), bezüglich der übrigen Gegenstände (Zubehör usw) mit dem Schluss der Versteigerung (§ 73 Abs 2 ZVG) auf den Ersteher über; § 56 S 1 ZVG (an Stelle von § 446 BGB).

Eine **Gewährleistung** findet nicht statt (§ 56 S 3 ZVG). Der Ersteher erwirbt auf eigenes Risiko; Einzelheiten: Kommentar Rdn 4 zu § 56.

i) Nutzungen und Lasten

Die öffentlichen und privaten Lasten – soweit sie nicht erlöschen (§ 52 Abs 1 **288** S 2, § 91 Abs 1 ZVG) – sowie die Nutzungen des Grundstücks (auch Miete;[95] zu Vorausverfügungen usw aber Rdn 290 c, d) gehen mit dem Zuschlag (diesen Tag eingeschlossen) auf den Ersteher über (§ 56 S 2 ZVG). Folge:
- für Nutzungen (§§ 101–102 BGB): Miete (Pacht) gebührt ungeachtet der Fälligkeit dem Schuldner und dem Ersteher anteilig nach der Dauer ihrer Berechtigung;
- für Lasten (§ 103 BGB): Regelmäßig wiederkehrende Leistungen, gleichgültig, ob sie im vor- oder nachhinein zu zahlen sind, treffen den Schuldner und den Ersteher nach dem Verhältnis der Dauer der Verpflichtungen (für Grundsteuer zB haftet der Ersteher damit ab Zuschlag[96]), andere Lasten treffen den Ersteher, wenn sie nach dem Zuschlag zu entrichten sind, sonst den Schuldner.

Beispiel: Grundsteuer für 1. 1.–31. 3. 2010	= 360 €
Zuschlag: 20. 2. 2010	
Den Schuldner trifft der Anteil	
für die Zeit vom 1. 1.–19. 2. 2010	
(50 Tage von 90, das sind)	200 €

---

[95] OLG Celle Rpfleger 1979, 32.
[96] OVG Lüneburg Rpfleger 1990, 377 mit Anm Hornung.

Dieser anteilige Betrag wird daher bei der
Erlösverteilung berücksichtigt (siehe Rdn 414).
Den Ersteher trifft der Anteil
für die Zeit vom 20. 2.–31. 3. 2010
(= 40 Tage von 90, das sind)   160 €.

k) Versicherungen

289   Der Ersteher tritt als Erwerber in die Rechte und Pflichten ein, die sich aus einem mit dem Grundstück zusammenhängenden Versicherungsverhältnis ergeben (§§ 95, 99 VVG). Einzelheiten regeln §§ 95–98 VVG, die nach § 99 VVG entsprechende Anwendung finden. Für die Prämie, die auf die bei Zuschlag laufende Versicherungsperiode entfällt, haften dem Versicherer Schuldner und Ersteher als Gesamtschuldner (§ 95 Abs 2 VVG); im Innenverhältnis regelt § 56 S 2 ZVG die Lastentragung.

l) Miet- und Pachtverhältnisse

Schrifttum: Heitgreß, Zum Wegnahmerecht des Mieters nach Veräußerung oder Zwangsversteigerung des Mietgrundstücks, WuM 1982, 31; Klawikowski, Die Auswirkungen der Grundstücksversteigerung auf Miet- und Pachtverhältnisse, Rpfleger 1997, 418; Liebl-Wachsmuth, Rechtsverhältnisse über Miet- und Pachtvertragsurkunden nach einer Grundstücksversteigerung, ZMR 1984, 145; Mayer, Verkürzt § 57 a ZVG die gesetzliche Kündigungsfrist? Rpfleger 1999, 210; Weimar, Kann das Wegnahmerecht des Mieters auch gegenüber einem Grundstückserwerber ausgeschlossen werden, ZMR 1965, 198; Witthinrich, Kündigungsschutz in der Zwangsversteigerung, Rpfleger 1987, 98.

aa) Mietverhältnis und außerordentliche Kündigung

290   Der Grundsatz „Kauf bricht nicht Miete (Pacht)" gilt auch für das Rechtsverhältnis zwischen Ersteher und Mieter (Pächter; § 57 ZVG mit den entsprechend geltenden § 566 Abs 1, §§ 578, 581 Abs 2 BGB). Als Erwerber tritt der Ersteher an Stelle des Vermieters (Verpächters) in die sich während der Dauer seines Eigentums aus dem Mietverhältnis (Pachtverhältnis) ergebenden Rechte und Verpflichtungen nach Maßgabe des § 566 BGB ein, sofern das Grundstück dem Mieter (Pächter) überlassen war[97] (§ 57 ZVG). Das Mietverhältnis bleibt sonach mit der Maßgabe unverändert, dass der Ersteher als Vermieter an die Stelle des Schuldners tritt. Der Ersteher tritt auch in die durch Sicherheitsleistung des Mieters (Pächters) begründeten Rechte und Pflichten ein (§ 566 a S 1 BGB). Damit ist der Ersteher (als Erwerber) auch (neuer) Vertragspartner für den Anspruch des Mieters auf Rückgewähr der Mietersicherheit (der frühere Abs 2 von § 572 BGB aF [Rückgewähr nur bei Aushändigung der Sicherheit oder selbstständigem Rechtsgrund] ist entfallen). Dem Ersteher gebührt auch das Vermieterpfandrecht (§§ 562, 581 Abs 2 BGB), und zwar mit Rang nach dem alten Pfandrecht des bisherigen Eigentümers wegen des Mietzinses aus früherer Zeit. Bei der vom Schuldner als Verpächter übernommenen Verpflichtung zur Ablösung des dem Pächter gehörenden Inventars handelt es sich um eine aus dem Pachtverhältnis sich ergebende Verpflichtung, die auf den Ersteher übergeht.[98]

---

[97] Dazu Stöber Rdn 3.3 zu § 57.
[98] BGH DNotZ 1966, 405 = MDR 1966, 45 = NJW 1965, 2198.

Der **Ersteher** (nicht auch der Mieter oder Pächter) ist berechtigt, das Miet- oder 290a
Pachtverhältnis unter Einhaltung der gesetzlichen Frist zum ersten zulässigen
Termin nach dem Zuschlag (näher: im Kommentar Rdn 5 zu § 57a), damit
unabhängig vom vertraglich vereinbarten Kündigungsrecht und der vertraglichen Kündigungsfrist, zu **kündigen** (außerordentliche Kündigung mit gesetzlicher Frist, § 57a ZVG). Grund dieser Regelung: Die Erzielung eines angemessenen Erlöses soll nicht dadurch behindert werden, dass Interessenten damit
rechnen müssen, das Grundstück im Besitz eines Mieters (Pächters) zu finden,
dessen Recht vielleicht noch Jahre dauert und auch durch sonstige Beschränkungen dem Eigentümer hinderlich ist. Die gesetzliche Frist für außerordentliche Kündigung eines Mietverhältnisses regeln
- für **Mietverhältnisse über Wohnraum** § 573d Abs 2 BGB (beim Zeitmietvertrag § 575a Abs 3 BGB). Kündigungstermin und gesetzliche Frist danach:
 spätestens am dritten Werktag eines Kalendermonats zum Ablauf des über-
 nächsten Monats, wobei im Kündigungsschreiben die Gründe für ein berechtigtes Interesse anzugeben sind (§ 573 Abs 3 mit § 573d Abs 1 BGB). Eine
 (hier unerhebliche) Besonderheit für möblierten Wohnraum sieht § 549 Abs 2
 Nr 2 BGB vor.
- für Mietverhältnisse über andere Sachen (auch Geschäftsräume) § 580a
 Abs 4 BGB; Kündigungstermin und gesetzliche Frist siehe dort.
Die gesetzliche Kündigungsfrist des Pachtrechts gilt auch für die Kündigung
eines Pachtverhältnisses von bestimmter (zB 5-jähriger) Dauer. Bei Pacht eines
Grundstücks ist die Kündigung nur für den Schluss eines Pachtjahres zulässig
(§ 584 Abs 2 mit Abs 1 BGB; auch zur Frist). Entsprechendes gilt für den
Landpachtvertrag (§ 594a Abs 2 BGB).
Auch das außerordentliche Kündigungsrecht des Erstehers nach § 57a ZVG
steht aber unter dem Vorbehalt der Gesetzgebung zum Kündigungsschutz des
Mieters.[99] Deren Zweck, nämlich Schutz des vertragstreuen Mieters von
Wohnraum vor einer Kündigung, lässt auch die Kündigung des Erstehers nach
§ 57a ZVG nur zu, wenn die gesetzlichen besonderen Voraussetzungen (zB
§§ 573 Abs 1 [§ 573a] mit § 573d Abs 1 und § 575a BGB) gegeben sind.[100]
Der Ersteher muss daher auch für die Ausübung des außerordentlichen Kündigungsrechts nach § 57a ZVG ein berechtigtes Interesse an der Beendigung
des Mietverhältnisses über Wohnraum (§ 573 mit § 573d Abs 1 und § 575a
Abs 1 BGB) nachweisen. Der Mieter kann auch der außerordentlichen Kündigung des Erstehers in Härtefällen widersprechen (§ 574 BGB; Sozialklau-
sel) und die Fortsetzung des Mietverhältnisses verlangen (§ 574a BGB). Zeitliche Einschränkung bei Zeitmietvertrag: § 575a Abs 2 BGB; Ausnahme in
Sonderfällen: § 549 BGB. Im Einzelfall kann die Ausübung des Kündigungsrechts des Erstehers missbräuchlich und deshalb nach § 242 BGB unzulässig
sein.[101] Kein außerordentliches Kündigungsrecht steht dem Ersteher eines
(ideellen) Grundstücksbruchteils zu, auch wenn er schon Eigentümer des anderen Bruchteils ist. Der Mieter (Pächter) kann sein Interesse dadurch wahren, dass er das Recht aus dem Mietverhältnis nach § 9 Nr 2 ZVG anmeldet
und nach § 59 ZVG (Rdn 295) eine ihm günstigere Versteigerungsbedingung
erstrebt.

---

[99] BGH 84, 90 = MDR 1982, 747 = NJW 1982, 1696.
[100] BGH 84, 90 = aaO (Fußn 99).
[101] BGH MDR 1979, 51 = Rpfleger 1978, 305.

bb) Vorausverfügungen, Rechtsgeschäfte

290b Die Regelungen des Mietrechts des BGB über **Vorausverfügungen** des Vermieters (fortan auch für Verpächter) (§ 566b Abs 1 BGB), über **Rechtsgeschäfte** zwischen Vermieter und Mieter (fortan auch für Pächter) über den Mietzins (§ 566c BGB) und über die **Aufrechnungsbefugnis** des Mieters gegenüber dem Vermieter (§ 566d BGB) finden, sofern dem Mieter (Pächter) das Grundstück überlassen ist, nach § 57 ZVG mit den Besonderheiten des § 57b ZVG entsprechende Anwendung. Als Bestimmungen zum Schutz des Mieters mit weitergehender Wirkung (erst Kenntnis des Mieters hat Bedeutung) enthalten § 566c BGB für Rechtsgeschäfte zwischen Mieter und Vermieter sowie § 566d BGB für eine Aufrechnung des Mieters Sondervorschriften, die der Regelung des § 566b BGB vorgehen. Der Anwendungsbereich des § 566b BGB beschränkt sich damit zum Schutz des begünstigten Dritten auf Verfügungen, die nur der Vermieter über die Mietforderung trifft.

290c **Vorausverfügungen des Schuldners** (als Vermieter) vor oder nach Beschlagnahme (siehe § 21 Abs 2 ZVG) über den Mietzins zugunsten eines Dritten sind Abtretung, Verpfändung, auch Pfändung als Verfügung im Wege der Zwangsvollstreckung,[102] sowie Aufrechnung des Vermieters (zur Aufrechnung des Mieters Rdn 290f), nicht aber die Bestellung eines Nießbrauchs am Grundstück.[103] Der Ersteher muss solche Verfügungen nur an den Grenzen des § 566b Abs 1 BGB iVm § 57b ZVG gegen sich gelten lassen, auch wenn er diese gekannt hat (§ 566b Abs 2 BGB findet keine Anwendung, § 57 ZVG). Gleiches gilt für Verfügungen, die von anderen Personen auf Grund besonderer Rechtsstellung an Stelle des Schuldners als Vermieter getroffen wurden (Nießbraucher, Testamentsvollstrecker, Pfandgläubiger, Insolvenzverwalter). Wirksam sind Vorausverfügungen nur insoweit, als sie sich auf den Mietzins (fortan auch für Pachtzins) des Kalendermonats, in dem die Beschlagnahme des Grundstücks erfolgt ist, beziehen; bei Beschlagnahme nach dem fünfzehnten Tag des Monats ist die Verfügung auch noch hinsichtlich des Mietzinses für den folgenden Kalendermonat wirksam. Hierfür kommt es auf die Zeit der Fälligkeit des Mietzinses (im Voraus, mehrere Monate nachträglich, in der Mitte eines Quartals usw) nicht an; maßgebend ist allein der Kalendermonat, für den der (gleich wann fällige) Mietzins geschuldet wird. Auf die Kenntnis des Mieters oder des durch die Verfügung begünstigten Dritten kommt es nicht an.

Die Frage, ob eine Verfügung über den Mietzins dem Ersteher gegenüber unwirksam ist, stellt sich jedoch nur für die „**Zeit der Berechtigung des Erwerbers**" (siehe § 566b Abs 1 BGB). Diese bestimmt sich nach dem Zuschlag (§ 56 S 2 ZVG). Mietzins bis zum Zuschlag gebührt dem Ersteher nicht. Erteilung des Zuschlags im Monat der Beschlagnahme oder im folgenden Monat kommt (schon infolge § 30b Abs 4 ZVG und wegen der Fristen des § 43 ZVG) nicht mehr vor. Daher hat die Regelung in § 57b Abs 1 ZVG, dass für die Anwendung des § 566b Abs 1 BGB an die Stelle des Eigentumsübergangs der Zeitpunkt der Grundstücksbeschlagnahme tritt, praktisch die Bedeutung, dass dem Ersteher der Mietzins auch bei Vorausverfügungen des Schuldners (als Vermieter) stets sogleich vom Zuschlag an gebührt.

---

[102] Allgemeine Meinung, siehe zB Jaeckel/Güthe Rdn 7ff zu §§ 57–57b; Stöber Rdn 2.2 zu § 57b.
[103] RG 68, 10.

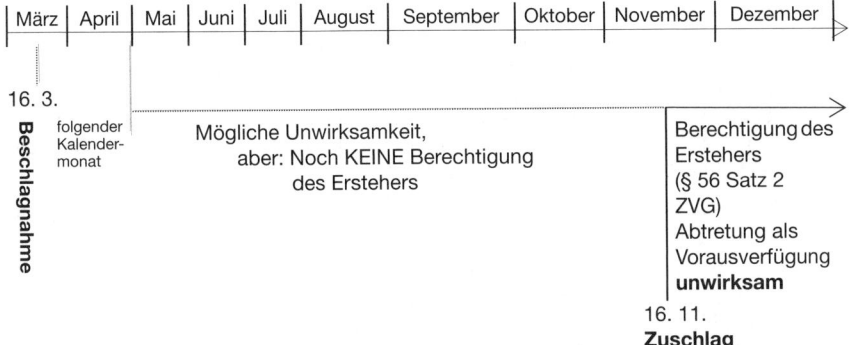

Beispiel: Die Miete von monatlich 1000 € ist an die X-Bank abgetreten.
Beschlagnahme 16. 3. 2010; Zuschlag 16. 11. 2010.
Beschlagnahmemonat: März; folgender Monat: April. Vorausverfügung sonach nicht
mehr wirksam für den Mietzins Mai und die folgenden Monate, wenn „er auf die Zeit
der Berechtigung des Erwerbers entfällt". Dies ist erst ab 16. 11. 2010 der Fall. Anspruch des Erstehers auf den Mietzins ab 16. 11. (für November in Höhe von 500 €)
daher durch die Vorausverfügung nicht beeinträchtigt.

Ein **Rechtsgeschäft zwischen dem Mieter und dem Schuldner** als Vermieter **in**   290d
Ansehung der Mietzinsforderung (vor oder nach Beschlagnahme, § 21 Abs 2
ZVG) ist dem Ersteher gegenüber nur in den Grenzen des § 566c BGB iVm
§ 57b ZVG wirksam. Als Rechtsgeschäft kommen in Betracht Erfüllung (Zah-
lung, § 362 BGB), Erlass (§ 397 BGB), Annahme an Zahlungs Statt (§ 364
BGB), Stundung, Vorauszahlung (nicht aber Änderung des Mietvertrags und
Kündigung). In gleicher Weise bestimmt sich die Wirksamkeit eines Rechtsgeschäfts, das zwischen dem Mieter und dem Zessionar des Vermieters, einem zur
Einziehung berechtigten Pfandgläubiger oder einem sonst für den Schuldner
verfügungsberechtigten Dritten, vorgenommen wird, nach § 566c BGB iVm
§ 57b ZVG.
Dem Ersteher gegenüber ist ein Rechtsgeschäft der bezeichneten Art über eine
auf die Zeit seiner Berechtigung entfallende Mietzinsforderung (ab Zuschlag,
§ 56 S 2 ZVG) ohne Rücksicht darauf, ob es vor oder nach Beschlagnahme
oder nach Eigentumsübertragung durch den Zuschlag (Ausnahme bei Kenntnis
des Mieters, § 566c S 3 BGB) vorgenommen worden ist, nur (noch) wirksam,
soweit es sich auf den Mietzins für den Kalendermonat bezieht, in welchem der
Mieter von der Beschlagnahme **Kenntnis** erlangt hat. Ist dies der 16. oder ein
späterer Tag des Monats, so ist das Rechtsgeschäft dem Ersteher gegenüber
auch noch hinsichtlich des Mietzinses für den folgenden Monat wirksam.

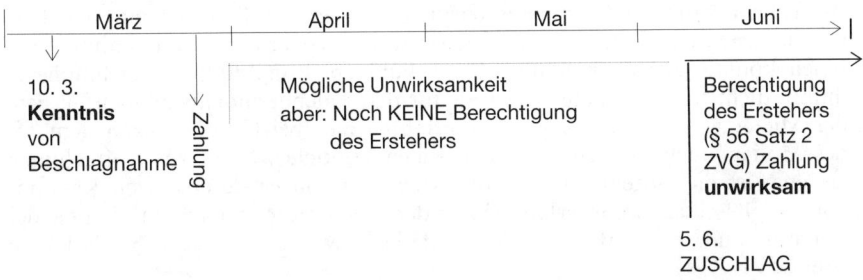

Beispiel: Der Mieter, der die Beschlagnahme seit 10. 3. 2010 kennt, zahlt am 20. 3. 2010 die Miete für die Monate März mit Juni 2010 an den Schuldner (als Vermieter). Das Grundstück wird dem Meistbietenden M am 5. 6. 2010 zugeschlagen.
Wirksam wäre die Entrichtung des Mietzinses dem Ersteher gegenüber nur noch für März 2010 (Kenntnis des Mieters seit 10. 3. 2010). Der Ersteher hat jedoch erst vom Zuschlag an (§ 56 S 2 ZVG) Anspruch auf die Miete. Ihm gegenüber ist daher die Entrichtung des Mietzinses für die Zeit vom 5.–30. 6. 2010 unwirksam.

Maßgebend ist für die Wirksamkeit eines Rechtsgeschäfts, anders als im Falle des § 566b BGB, nicht der Zeitpunkt der Beschlagnahme, sondern der Zeitpunkt, in dem der **Mieter von der Beschlagnahme Kenntnis** erlangt. Ein Mieter darf mit befreiender Wirkung sonach den Mietzins für den Monat, in dem er von der Beschlagnahme Kenntnis erlangt hat, an den Schuldner zahlen; dies gilt auch für die Miete für den folgenden Kalendermonat, wenn der Mieter Beschlagnahmekenntnis nach dem 15. des Monats erlangt. Wegen einer möglichen Ersatzzustellung (dazu nachfolgend) ist dennoch Vorsicht geboten. Gleichgültig ist, auf welchem Weg der Mieter Kenntnis von der Beschlagnahme erlangt. Fahrlässige Unkenntnis („Kennen-Müssen") steht der Kenntnis jedoch nicht gleich. Kenntnis von einer bis zum Zuschlag andauernden Zwangsverwaltungsbeschlagnahme (Rdn 591) genügt (§ 57b Abs 2 ZVG).

290e Beschlagnahmekenntnis bewirkt auf jeden Fall die **Zustellung des Beschlusses über die Anordnung** der Zwangsversteigerung (nach § 27 Abs 2 ZVG ebenso die Zustellung des Beschlusses über den Beitritt) an den Mieter (Pächter) (§ 57b Abs 1 S 2 ZVG), auch wenn sie im Ersatzwege erfolgt (unwiderlegbare Vermutung). Die Zustellung erfolgt durch das Vollstreckungsgericht nur auf Antrag des Anordnungs- oder (jedes) Beitritts-Gläubigers an die von ihm als Mieter (Pächter) bezeichneten Personen. Dem Beschluss soll eine Belehrung über die Bedeutung der Beschlagnahme für den Mieter oder Pächter beigefügt werden (§ 57b Abs 1 S 3 ZVG).
Die Zustellung hat unverzüglich zu erfolgen; sie darf nicht bis zur Bestimmung des Versteigerungstermins aufgeschoben werden. Zur Feststellung der Mieter (Pächter) eines Grundstücks hat das Gericht auf Antrag des Gläubigers Ermittlungen zu veranlassen (§ 57b Abs 1 S 4 ZVG mit Einzelheiten). Die Feststellung soll es dem Gläubiger ermöglichen, den Mietern zur Abwendung wirksamer Vorausverfügungen Kenntnis zu geben. Auch sie hat somit ohne Verzögerung zu erfolgen.
Für Verfügungen und Rechtsgeschäfte des **Zwangsverwalters** gilt der Zeitpunkt, in dem der Mieter von der Beschlagnahme Kenntnis erlangt hat, nicht (§ 57b Abs 3 ZVG). Die Wirksamkeit eines Rechtsgeschäfts, das zwischen dem Mieter und dem Zwangsverwalter in Ansehung des Mietzinses vorgenommen ist, bestimmt sich daher gem § 566c BGB nach der Kenntnis des Mieters vom Eigentumswechsel.

290f **Aufrechnen** kann der Mieter mit Wirkungen gegen den Ersteher mit einer Forderung gegen den Schuldner in gleicher Weise, wie er sich durch Zahlung befreien könnte (zur Aufrechnung des Schuldners Rdn 290c). Aufrechnung ist mithin nicht für eine spätere Zeit als für den Kalendermonat möglich, in dem der Mieter von der Beschlagnahme erfahren hat (bei Kenntnis nach dem 15. des Monats auch für den folgenden Kalendermonat). Nicht zur Aufrechnung geeignet ist die Gegenforderung des Mieters, wenn er sie erst nach Kenntnis von der Beschlagnahme erlangt hat oder wenn sie erst nach Erlangung der Kenntnis und später als der Mietzins fällig geworden ist. Dazu § 566d BGB iVm § 57b ZVG.

Zahlung des mit einem **Einmalbetrag** bereits im (ursprünglichen) Mietver- 290g
trag vereinbarten, **nicht** somit **nach periodischen Zeitabschnitten bemessenen**
Mietzinses ist dem Ersteher als Erwerber des Grundstücks gegenüber wirksam[104]
(s auch Rdn 589 a). Angewendet wird § 566 c BGB, der die Wirksamkeit der
Mietzahlung zugunsten des Erstehers zeitlich begrenzt, nur auf Verträge, in denen der Mietzins nach wiederkehrenden Zeitabschnitten bemessen ist.[105] Dazu
gehört auch der Einmalbetrag, den die Vertragsparteien auf der Grundlage
des nach periodischen Zeitabschnitten bemessenen Mietzinses vereinbart[106]
und schon im Mietvertrag fällig gestellt haben;[107] auch in einem solchen Fall ist
somit Vorausverfügung oder Vorausentrichtung des Einmalbetrags dem Ersteher
gegenüber nach Maßgabe von §§ 566 b, 566 c BGB mit § 57 b Abs 1 ZVG unwirksam.

Vorauszahlungen auf den Mietzins in Form von **Baukostenzuschüssen** (zu die- 290h
sem im Kommentar Rdn 7.4 zu § 57 b) unterliegen nach der Rechtsprechung des
Bundesgerichtshofs nicht der gesetzlichen Einschränkung der §§ 566 b, 566 c
BGB (iVm §§ 57, 57 b ZVG). Sie muss der Ersteher in Höhe der nicht abgewohn-
ten Teile gegen sich gelten lassen,[108] weil erst durch die Zuschussleistung des
Mieters ein sachlicher Wert geschaffen wurde, der eine mindestens später sich
auswirkende Besserstellung der späteren Eigentümer (und der Gläubiger) herbeiführt. Erfordernis ist sonach, dass der Zuschuss zum Aufbau des Grundstücks
tatsächlich verwendet worden ist.[109] Vereinbarung der Zweckbestimmung und
bestimmungsgemäße Leistung allein genügen nicht[110] (war lange Zeit streitig).

Vorausentrichteten Mietzins hat der Ersteher nach Maßgabe des § 547 BGB 290i
zurückzuerstatten, sofern die Leistung ihm gegenüber wirksam ist (so in Form
von Baukostenzuschuss; kann auch in einem Miet- und Aufbauvertrag als
durch Verrechnung mit Mietzinsraten zu tilgendes Mieterdarlehen vereinbart
sein[111]). Bei Mietverhältnissen über Wohnraum ist eine von den Mietparteien
getroffene Vereinbarung, die den Ausschluss der nach § 547 Abs 1 BGB gegebenen Verpflichtungen des Erstehers zur Rückerstattung vorausbezahlten Mietzinses zur Folge hat, unwirksam (§ 547 Abs 2 BGB).

m) Kosten des Zuschlags

Die Kosten des Zuschlagbeschlusses treffen den Ersteher (§ 58 ZVG). Dies ent- 291
spricht § 449 BGB, wonach Kosten der Eigentumsübertragung dem Käufer zur
Last fallen. Zu den Zuschlagskosten siehe näher Rdn 777 ff.

n) Abweichende Bedingungen

Schrifttum: Mayer, Ist § 59 Abs 3 ZVG wirklich verfassungswidrig?, Rpfleger 2003, 281;
Muth, Das Fortbestehen von Grundpfandrechten als abweichende Versteigerungsbedingung

---

[104] BGH 137, 106 = DNotZ 1998, 802 = MDR 1998, 209 = NJW 1998, 595.
[105] BGH 137, 106 = aaO (Fußn 104).
[106] BGH 137, 106 = aaO (Fußn 104); auch BGH 15, 293 = MDR 1955, 152 = NJW 1955, 301.
[107] BGH 37, 346 = MDR 1962, 892 = NJW 1962, 1860.
[108] BGH 6, 202 = MDR 1952, 544 = NJW 1952, 867 = Rpfleger 1952, 411 mit Anm Bruhn; BGH 15, 293 = aaO (Fußn 107); BGH 16, 31 = NJW 1955, 302; BGH MDR 1959, 207 und 387 mit Anm Thieme = NJW 1959, 380.
[109] BGH 53, 35 = MDR 1970, 133 = NJW 1970, 93.
[110] BGH MDR 2002, 1214 = NJW-RR 2002, 579; Stöber Rdn. 7.5 zu § 57 b mit Nachw.
[111] BGH MDR 1970, 671 = NJW 1970, 1124.

nach § 59 Abs 3 ZVG, JurBüro 1985, 13; Muth, Änderung von Versteigerungsbedingungen, Rpfleger 1987, 397; Schiffhauer, § 59 ZVG – eine Crux ohne Ende? Rpfleger 1986, 326; Stöber, Änderung der Versteigerungsbedingungen während der Bietstunde, ZIP 1981, 944; Storz, Nochmals, Änderung der Versteigerungsbedingungen während der Bietstunde, ZIP 1982, 416.

292   **Terminprotokoll:** Der erschienene Schreinermeister Karl B (= Gläubiger der Zwangssicherungshypothek Abt III Nr 3) beantragte, abweichend von den gesetzlichen Vorschriften als Versteigerungsbedingung festzustellen, dass
Fall 1: der Ersteher sein Bargebot vom Zuschlag an mit 7,5 % (oder: mit 2 % über dem jeweiligen Basiszinssatz) zu verzinsen hat;
Fall 2: seine Zwangssicherungs-Hypothek Abt III Nr 3 zu 10 000 € nicht bestehen bleibt, sondern auch mit der Hauptsache in den bar zu zahlenden Teil des geringsten Gebots aufgenommen wird.
Beschlossen und verkündet: Das Grundstück ist gemäß § 59 Abs 2 ZVG doppelt auszubieten, nämlich
I. zu den bereits verlesenen gesetzlichen Versteigerungsbedingungen (Rdn 271);
II. mit der verlangten Abweichung, nämlich
Fall 1: dass der Ersteher sein Bargebot vom Zuschlag an mit 7,5 % Zinsen (oder: mit 2 % Zinsen über dem jeweiligen Basiszinssatz) zu verzinsen hat;
Fall 2: dass die Zwangssicherungs-Hypothek Abt III Nr 3 zu 10 000 € des Schreinermeisters Karl B nicht bestehenbleibt, sondern in den bar zu zahlenden Teil des geringsten Gebots aufgenommen wird, der sich damit von 10 400 € (siehe Rdn 242) um die bei den bestehen bleibenden Rechten wegfallenden 10 000 € auf 20 400 € erhöht.

293   Die Vorschriften über das geringste Gebot und die Versteigerungsbedingungen (Rdn 238) sind **nicht zwingender Natur.** Auf (rechtzeitigen, § 59 Abs 1 S 1 ZVG) Antrag kann daher eine von der gesetzlichen Regelung abweichende Feststellung getroffen werden (§ 59 Abs 1 ZVG). Die abweichende Feststellung kann von jedem Beteiligten (§ 9 ZVG), auch vom Schuldner sowie einem Mieter oder Pächter[112] verlangt werden (§ 59 Abs 1 ZVG), nicht jedoch von einem (nicht beteiligten) Erwerbsinteressenten; von Amts wegen wird sie nicht angeordnet. Da eine Abweichung von gesetzlichen Vorschriften die Interessen eines anderen (auch des Schuldners) jedoch nicht verletzen darf, ist dann, wenn die verlangte Abweichung das Recht eines anderen Beteiligten (auch eines Abwesenden) beeinträchtigen würde, dessen Zustimmung erforderlich (§ 59 Abs 1 S 3 ZVG). Beeinträchtigung liegt in jeder materiellen oder formellen Änderung der Rechte des Beteiligten, so bei anderer Befriedigung (Barzahlung statt Bestehen bleiben oder umgekehrt), geringerer Deckung, geschmälertem Übererlös. Wenn zweifelhaft ist, ob eine solche Beeinträchtigung vorliegt (das ist praktisch die Regel), ist das Grundstück mit der verlangten Abweichung und ohne sie, damit doppelt auszubieten (§ 59 Abs 2 ZVG). Nur dann, wenn das Fortbestehen eines Rechts bestimmt werden soll, das nach § 52 ZVG erlöschen würde, bedarf es nicht der Zustimmung der nachstehenden Beteiligten, mithin auch nicht der Zustimmung des Schuldners (§ 59 Abs 3 ZVG; Rdn 295); die Zustimmung eines (beeinträchtigten) gleichrangigen Berechtigten ist erforderlich. Zustimmung Zwischenberechtigter ist stets nötig, wenn das Recht, das Bestehenbleiben soll, im Rang nicht an die im geringsten Gebot stehenden Rechte anschließt (siehe Rdn 295).
Grundregel mithin: Abweichende Versteigerungsbedingung nur auf (rechtzeitigen) Antrag; Antragserledigung:

---

[112] BGH MDR 1971, 287 = Rpfleger 1971, 102.

- Es steht sicher fest, dass **niemand beeinträchtigt** wird: Dem Antrag muss stattgegeben werden; das Grundstück wird nur mit der verlangten Abweichung ausgeboten (kein Doppelausgebot).
- Das Recht eines anderen **wird beeinträchtigt:** Dessen Zustimmung ist erforderlich. Wenn sie verweigert wird (damit fehlt), muss der Antrag abgelehnt werden; ein doppeltes Ausgebot ist dann ausgeschlossen. Wird die Zustimmung erklärt, so wird das Grundstück nur mit der verlangten Abweichung ausgeboten (kein Doppelausgebot).
- Es ist **ungewiss** (Regelfall), ob durch die Abweichung das Recht eines anderen beeinträchtigt wird: Das Grundstück wird doppelt ausgeboten, mit der verlangten Abweichung und ohne sie. Nur wenn alle (auch die abwesenden) möglicherweise beeinträchtigten Beteiligten (unter Einschluss des Schuldners) zustimmen, muss dem Antrag stattgegeben werden; das Grundstück wird dann nur mit der verlangten Abweichung ausgeboten. Doppelausgebot ist dagegen stets erforderlich, wenn auch nur die Zustimmung eines Beteiligten fehlt.

Der **Antrag** kann schriftlich (zu Protokoll) vor dem Termin oder im Versteigerungstermin bis zur Aufforderung zur Abgabe von Geboten (§ 59 Abs 1 S 1 ZVG; Aufnahme in die Niederschrift, § 80 ZVG) gestellt werden. Er kann bis zur Aufforderung zur Abgabe von Geboten (§ 66 Abs 2 ZVG) zurückgenommen werden (§ 59 Abs 1 S 2 ZVG). Zu dem Abweichungsantrag sind die im Versteigerungstermin anwesenden Beteiligten zu hören (§ 66 Abs 2 ZVG). **294**

Eine erforderliche **Zustimmung** kann im Versteigerungs- oder Vortermin erklärt (dann Aufnahme in das Protokoll) oder durch öffentliche beglaubigte Urkunde (§ 84 Abs 2 ZVG) nachgewiesen werden.

Verlangt werden kann als abweichende Versteigerungsbedingung zB, dass **295**
- ein erlöschendes **Recht bestehen bleibt.** Erforderlich ist Zustimmung des – beeinträchtigten – Inhabers des Rechts (wenn er nicht selbst Antragsteller ist), sowie weiter (sonst Doppelausgebot) des betreibenden Gläubigers, des dem bestehen bleibenden Recht gleichstehenden Berechtigten und der Inhaber ihm vorgehender Rechte (Zwischenrechte), wenn sie nicht im geringsten Gebot stehen (siehe Rdn 293). Zustimmung des Schuldners (oder neuen Eigentümers) und nachgehender Berechtigter ist nicht notwendig[113] (§ 59 Abs 3 ZVG; siehe auch Rdn 293). Der Antrag, das Fortbestehen eines Rechts zu bestimmen, bewirkt nur, dass das Recht als bestehen bleibend (§ 52 ZVG) in das geringste Gebot aufgenommen wird. Laufende und rückständige wiederkehrende Leistungen sowie Rechtsverfolgungskosten dieses Rechts kommen daher nicht ins geringste Gebot. Erhöhung auch des geringsten Bargebots (§ 49 Abs 1 ZVG) um Kosten und wiederkehrende Leistungen sowie andere Nebenleistungen des dem betreibenden Gläubiger nachgehenden Rechts würde Antrag auf weitere Abweichung erfordern.[114]
- ein **Recht erlischt,** das nach § 52 ZVG bestehen bleiben würde, und in den bar zu zahlenden Teil des geringsten Gebots eingestellt werden oder überhaupt außerhalb des geringsten Gebots stehen soll. Erforderlich ist Zustimmung des – beeinträchtigten – Rechtsinhabers, sowie weiter (sonst Doppelausgebot) der nicht im geringsten Gebot stehenden nachrangigen Berechtigten und des

---

113 Jaeckel/Güthe Rdn 7; Korintenberg/Wenz Anm 4b; Steiner/Storz Rdn 33; Stöber Rdn 7.1, alle zu § 59; Morvilius ImmVollstr Rdn 361; anders hingegen (nicht zutreffend) Muth JurBüro 1985, 13; Dassler/Hintzen Rdn 49, 50 zu § 59; Schiffhauer Rpfleger 1986, 326 (336).
114 Stöber Rdn 7.5 zu § 59.

Schuldners[115] (ggf des neuen Eigentümers), da durch die erforderliche weitere Barzahlung die Höhe des Gebots gemindert werden kann;
- das **Bargebot**[116] **höher** als mit **4% verzinst** werden soll.[117] Eine Beeinträchtigung ist ungewiss; erforderlich ist mithin (sonst Doppelausgebot) Zustimmung des Schuldners und aller nicht im geringsten Gebot stehenden Beteiligten (nicht aber der Mieter und Pächter), da durch die zusätzliche Verzinsung die Höhe des Meistgebots beeinträchtigt werden kann;[118]
- **Sicherungshypotheken** (§ 128 ZVG) **höher** als mit **4% verzinst** werden sollen. Wegen möglicher Beeinträchtigung ist ebenso Zustimmung und Doppelausgebot notwendig;[119]
- ein bestehen bleibendes **Recht fällig** oder eine angemeldete Fälligkeit aufgehoben sein soll. Es ist Zustimmung des – beeinträchtigten – Inhabers des Rechts und des Eigentümers erforderlich;
- für die Rechtsstellung des Erstehers gegenüber **Mietern oder Pächtern** Besonderheiten gelten sollen, dass zB das Kündigungsrecht des Erstehers (§ 57 a ZVG) nicht gelten soll. Eine Rechtsbeeinträchtigung ist ungewiss; daher Doppelausgebot, wenn nicht alle Beteiligten außerhalb des geringsten Gebots zustimmen.

296 Grundlegende **zwingende Verfahrensbestimmungen dürfen nicht geändert werden**[120] (zB nicht die Vorschriften über Bindung an Gebote und Erlöschen der Gebote, über Sicherheitsleistung, über die Zuschlagserteilung an den Meistbietenden, über den Eigentumsübergang mit Zuschlagserteilung, über Mitversteigerung wesentlicher Bestandteile, über die Vollstreckbarkeit des Zuschlags, über die aus dem Meistgebot zu Befriedigenden), da nur Versteigerungsbedingungen abweichend festgestellt werden können; Einzelheiten: Kommentar Rdn 2.5 zu § 59. Die Abweichung, dass ein „Übergebot nur zulässig ist, wenn es das vorgehende wirksame Höchstgebot um ... € übersteigt", ist nicht möglich, weil sie gegen die grundlegenden gesetzlichen Verfahrensbestimmungen verstößt, dass mit jedem Übergebot das bisherige Gebot erlischt (§ 72 Abs 1 ZVG) und dass der Zuschlag dem Meistbietenden zu erteilen ist (§ 81 Abs 1 ZVG).[121] Das Bestehen oder Nichtbestehen einer Wohnungsbindung nach dem Wohnungsbindungsgesetz kann bei Feststellung der Versteigerungsbedingungen nicht festgelegt werden. Da die Wohnungsbindung eine Maßnahme des sozialen Wohnungsbaus ist, kann auch als abweichende Versteigerungsbedingung nicht festgestellt werden, dass der Ersteher keiner Wohnungsbindung unterliege.[122]

---

[115] LG Arnsberg Rpfleger 2005, 42; aA LG Berlin Rpfleger 2006, 93.

[116] Erforderlich ist Klarstellung, ob die höheren Zinsen auch für den Fall der Forderungsübertragung (samt Sicherungshypothek, § 128 ZVG) zu leisten sein sollen.

[117] Dazu LG Freiburg Rpfleger 1975, 105 mit Anm Schiffhauer; LG Münster Rpfleger 1982, 77 mit zust Anm Schiffhauer sowie Schiffhauer Rpfleger 1986, 326 (336).

[118] Stöber Rdn 5.19 zu § 59; dazu auch Mohrbutter/Drischler, Anm 3 zu Muster 77.

[119] Dazu Stöber Rdn 5.20 zu § 59; Steiner/Storz Rdn 26 zu § 59; Schiffhauer Rpfleger 1986, 326 (339) in Abweichung zu Anmerkung Rpfleger 1981, 154; nicht zutreffend LG Aurich Rpfleger 1981, 153.

[120] Stöber ZIP 1981, 944 (V 4.1); Nussbaum, Die Zwangsversteigerung und Zwangsverwaltung, S 10; Dassler/Hintzen Rdn 22 zu § 59.

[121] Stöber Rdn 5.14 zu § 59; Schiffhauer Rpfleger 1986, 326 (340); Dassler/Hintzen Rdn 26 zu § 59; anders LG Aurich Rpfleger 1981, 153; OLG Oldenburg Rpfleger 1981, 315 mit abl Anm Schiffhauer.

[122] LG Siegen Rpfleger 1969, 173 (174); Stöber Rdn 5.16 zu § 59; Schiffhauer Rpfleger 1986, 326 (340).

Bei **Doppelausgebot** entspricht gleichzeitige Versteigerung mit einheitlicher Auf-   **297**
forderung zur Abgabe von Geboten (§ 66 Abs 2 VG) dem Verfahrensziel am
besten.[123] Die Mindestbietzeit von 30 Minuten (§ 73 Abs 1 S 1 ZVG) beginnt
mit dieser einheitlichen Geboteaufforderung. Bis zum Schluss der Versteigerung
(§ 73 ZVG) sind alle Ausgebotsarten zu wahren. Das gebietet gemeinsamen
Schluss der Versteigerung für alle Ausgebotsarten; vorzeitigen Schluss der Versteigerung für nur eine Ausgebotsart schließt das aus.[124] Es ist **jeder Meistbietende an sein Gebot gebunden,** bis durch den Zuschlag festgestellt ist, welches
Gebot maßgebend bleibt.[125]
Zuschlag ist zu erteilen
– wenn **nur** mit der **gesetzlichen** Versteigerungsbedingung ausgeboten wurde:
  dem Meistbietenden;
– wenn **nur** mit der verlangten **Abweichung** ausgeboten wurde: dem Meistbietenden;
– bei **Doppelausgebot** und Geboten **nur** auf das Ausgebot mit **gesetzlichen** Versteigerungsbedingungen: diesem Meistbietenden;[126]
– bei **Doppelausgebot** und Geboten **nur** auf das Ausgebot mit der **abweichenden** Versteigerungsbedingung diesem Meistgebot;[127] es beeinträchtigt gegenüber dem Ausgebot zu den gesetzlichen Versteigerungsbedingungen nicht (ist
  allerdings heftig umstritten);[128]
– bei **Doppelausgebot** und **Geboten auf beide** (gesetzliche und abweichende)
  Versteigerungsbedingungen: dem Meistgebot auf die verlangte Abweichung,
  wenn sich herausstellt, dass niemand (auch der Schuldner nicht) in seinem
  Recht beeinträchtigt ist oder wenn der (bei mehreren: alle) Beeinträchtigte
  zustimmt, sonst dem Meistgebot zu den gesetzlichen Versteigerungsbedingungen. Einzelheiten: Kommentar Rdn 6 zu § 59. Wenn gesetzlich mit 4%
  und abweichend mit höheren (10%) Bargebotszinsen ausgeboten wurde, ist
  für Feststellung, ob ein Ausfall durch die Abweichung höher als beim Meistgebot zu den gesetzlichen Versteigerungsbedingungen eintritt, davon auszugehen, dass am Tag des Zuschlags Bargebotshinterlegung erfolgt.[129] Weil es
  sonach auf den Zeitpunkt des Zuschlags, nicht den der Erlösverteilung ankommt, können für den Vergleich der Gebote vom Ersteher eventuell bis zum
  Verteilungstermin zu zahlende Zinsen keinen Einfluss auf die Höhe der zu
  vergleichenden Gebote haben.[130]
Sind **mehrere Abweichungen** beantragt, die niemanden beeinträchtigen oder   **298**
denen alle Beteiligte zugestimmt haben, so sind sie in einem Ausgebot zusam-

---

[123] Stöber Rdn 4.4 zu § 59.
[124] Stöber aaO.
[125] Stöber Rdn 4.4 zu § 59.
[126] Stöber Rdn 6.3; Steiner/Storz, Rdn 54, je zu § 59; Schiffhauer Rpfleger 1986, 326 (337).
[127] Stöber Rdn 6.3; Muth Rpfleger 1987, 397 (401); auch LG Berlin Rpfleger 2006, 93.
[128] **Anders** einerseits (für Abweichung Zustimmung aller Beeinträchtigten nötig) LG Rostock
Rpfleger 2001, 509; Schiffhauer Rpfleger 1975, 105 (Anmerkung) und Rpfleger 1986, 326
(338); andererseits (ohne Zustimmung aller Beteiligten kein Zuschlag) LG Freiburg Justiz
1975, 348 Leits = Rpfleger 1975, 105 mit Anm Schiffhauer; Drischler KTS 12 975, 283 und
RpflJahrbuch 1978, 260 (B 9) sowie 1974, 335 (B VII 4).
[129] Das gilt somit nicht, wenn die höheren Zinsen auch für den Fall der Forderungsübertragung (Eintragung der Sicherungshypothek) zu leisten sein sollen; siehe Schiffhauer Rpfleger
1986, 326 (339).
[130] Stöber Rdn 5.19 zu § 59 mit Nachw; siehe aber auch Schiffhauer Rpfleger 1986, 326
(338).

menzufassen. Wenn für mehrere Abweichungen eine Beeinträchtigung ungewiss ist, sind mehrfache Ausgebote erforderlich (Ausgebot mit und ohne die einzelnen Abweichungen, die nebeneinander (gleichzeitig) erfolgen können. Auf Antrag sind die verschiedenen Abweichungen in einem Ausgebot zusammenzufassen.[131]

298a   Eine **Forderung** (Rdn 150, 151, 281) oder eine **bewegliche Sache** (Rdn 146 ff, 281) kann auf Antrag nach Anordnung des Gerichts von der Versteigerung des Grundstücks ausgeschlossen und besonders versteigert oder anderweitig verwertet werden (§ 65 ZVG). Das kann angezeigt sein, wenn von der Einzelversteigerung ein höherer Erlös zu erwarten ist oder (bei Forderungen) die Einziehung vorteilhafter (oder angemessener) als die Mitversteigerung ist. Geboten ist eine solche Maßregel, wenn das Verfahren hinsichtlich eines Gegenstands eingestellt ist, weil er von einem Dritten in Anspruch genommen wird.

Antragsberechtigt ist jeder Beteiligte, auch der Schuldner, nicht aber ein Mieter oder Pächter.[132] Das Gericht entscheidet nach freiem Ermessen. Jedoch kann ein Grundpfandgläubiger, dessen Recht bestehenbleibt, widersprechen, wenn von der Verwertung eine die Sicherheit des Rechts gefährdende Verschlechterung des Grundstücks zu besorgen ist (§§ 1134, 1135 BGB). Der Antrag muss angeben, welche „andere Verwertung" verlangt ist. Er kann schriftlich und schon vor dem Versteigerungstermin, somit bis zur Aufforderung zur Abgabe von Geboten (§ 66 Abs 2 ZVG), gestellt werden.[133] Die Anordnung hat vor Aufforderung zur Abgabe von Geboten zu ergehen; sie kann jedoch erst nach der Versteigerung des Grundstücks und nur dann ausgeführt werden, wenn dabei das geringste Gebot erreicht ist (§ 65 Abs 2 ZVG).

Rechtsbehelf: Erinnerung (§ 766 ZPO), jedoch nicht durch den angeblichen Eigentümer der Gegenstände (Gläubiger der Forderung).[134]

o) Bestehenbleiben des Hauptanspruchs des vollstreckenden Gläubigers

Schrifttum: Stöber, Fortbestehen einer Reallast und eines Grundpfandrechts bei Zwangsversteigerung auf Antrag des Berechtigten, NotBZ 2004, 265.

aa) Hypothek und Grundschuld

298b   Das Recht des Gläubigers (§ 10 Abs 1 Nr 4 ZVG), der die Zwangsversteigerung betreibt, wird nicht in das geringste Gebot aufgenommen, auch wenn er nicht wegen seines Hauptanspruchs vollstreckt (Rdn 244). Vollstreckt der Gläubiger **nur rückständige** (dingliche) **Zinsen**, andere wiederkehrende Leistungen oder sonstige Nebenleistungen (§ 12 Nr 2 ZVG), dann erlischt somit nach gesetzlicher Versteigerungsbedingung auch sein Hauptanspruch als Belastung des Grundstücks (§ 91 Abs 1 mit §§ 44, 52 Abs 1 ZVG). Der Gläubiger und Berechtigte erlöschender nachrangiger Grundpfandrechte können gleichwohl ein Interesse daran haben, dass sie zur Annahme des Kapitals nicht genötigt werden.[135] Diesem Interesse trägt § 59 ZVG (nach den Motiven zum

---

[131] Jaeckel/Güthe Rdn 8; Stöber Rdn 3.7, je zu § 59; auch Schiffhauer Rpfleger 1986, 326 (332).

[132] Stöber Rdn 2.1 zu § 65.

[133] Stöber Rdn 2.2 zu § 65 (dort auch Hinweise auf früher andere Ansicht).

[134] LG Berlin Rpfleger 1978, 268.

[135] So wörtlich Motive zum ZVG-Entwurf, Amtliche Ausgabe 1889, S 176; auch Jaeckel/Güthe Rdn 2 zu § 44.

ZVG:[136] „ausreichend") Rechnung. Das beruht auf der Erwägung, dass der bestbetreibende Gläubiger und ihm nachstehende Berechtigte auf Wahrung ihrer Rechte selbst bedacht sein müssen.[137] Dafür ist auch ihnen die Möglichkeit gewährt, eine von den gesetzlichen Vorschriften abweichende Feststellung der Versteigerungsbedingungen herbeizuführen.[138] Der **vollstreckende Grundpfandgläubiger** kann somit (ebenso wie das nachrangigen Berechtigten möglich ist) als **abweichende** Feststellung der **Versteigerungsbedingungen** nach § 59 Abs 1 S 1 ZVG verlangen, dass sein **Hauptanspruch** als Belastung des Grundstücks **bestehen bleibt.**[139] Die Bestimmung, dass das Recht des bestvollstreckenden Gläubigers fortbestehen soll, bedarf der Zustimmung nachstehender Beteiligter und damit auch des Eigentümers nicht[140] (siehe bereits Rdn 295). Dem Antrag des vollstreckenden Gläubigers, wenn es mehrere sind, dem Antrag des bestbetreibenden Gläubigers (§ 44 Abs 2 ZVG) muss somit stets stattgegeben werden. Immer erfolgt damit das Ausgebot auf Antrag des (bestbetreibenden) Gläubigers nur mit der verlangten Abweichung. Gleiches gilt für den Antrag eines nachrangig (auch gleichrangig) vollstreckenden Gläubigers, und eines Beteiligten, dessen nachrangiges Recht ebenfalls erlischt, wenn die ihm vorgehenden (gleichrangigen) Berechtigten zustimmen, die nicht in das geringste Gebot aufgenommen sind (§ 59 Abs 1 S 3 ZVG). In der Praxis ist diese bereits in den ZVG-Motiven dargestellte Möglichkeit der Rechtswahrung weitgehend in Vergessenheit geraten. Aufgezeigt und erörtert habe ich sie NotBZ 2004, 265.

bb) Teilbetrag eines Grundpfandrechts

Auch das Fortbestehen eines Hauptsache-**Teilbetrags,** der nicht vollstreckt wird, kann als abweichende Versteigerungsbedingung nach § 59 Abs 1 ZVG bedungen werden.[141] Hypothek und Grundschuld sind teilbar (vgl § 1151 BGB). Sie können teilweise abgetreten, verpfändet oder gepfändet werden. Durch Liegenbelassungsvereinbarung mit dem Ersteher kann nach § 91 Abs 2 ZVG bestimmt werden, dass das Recht nur mit einem Teilbetrag bestehen bleibt. Ebenso kann als abweichende Versteigerungsbedingung das Fortbestehen nur des nicht vollstreckten Hauptsachebetrags als Grundstücksrecht bewirkt werden. An der Verteilung des baren Versteigerungserlöses (§ 114 ZVG) nimmt dann der vollstreckende Gläubiger nur mit dem Teilbetrag teil, der mit dem Zuschlag erlischt (§ 91 Abs 1, § 114 ZVG).

298c

cc) Kein Bestehenbleiben auch des vollstreckten Hauptsacheanspruchs

Dass auch der vollstreckte Hauptsachebetrag (-teilbetrag) des betreibenden Gläubigers bestehen bleiben soll, kann als abweichende Versteigerungsbedingung nicht verlangt werden. Im Wege der Zwangsvollstreckung erfolgt Befriedigung des Gläubigers des Grundpfandrechts aus dem Grundstück (§ 1147 BGB). Der Gläubiger, der seinen (dinglichen) Anspruch auf Zahlung aus dem Grundstück (§§ 1113, 1191 BGB) im Wege der Zwangsvollstreckung (§ 1147 BGB) verfolgt, kann daher nicht zugleich in dem Verfahren Wahrung eines Inte-

298d

---

[136] Motive zum ZVG-Entwurf S 176.
[137] Stöber NotBZ 2004, 265 (267).
[138] Motive zum ZVG-Entwurf S 182; Stöber NotBZ 2004, 265 (267).
[139] So schon Jaeckel/Güthe Rdn 2 zu § 44.
[140] Jaeckel/Güthe Rdn 2 und 7 zu § 44; Kotintenberg/Wenz Anm 4 b zu § 59; Reinhard/Müller Anm VI zu § 59.
[141] Stöber NotBZ 2004, 265 (267).

resses verlangen, zur Annahme des (vollstreckten) Kapitals nicht genötigt zu werden (Rdn 298 b). Zwar kann durch Liegenbelassungsvereinbarung mit dem Ersteher bewirkt werden, dass das nach den (gesetzlichen) Versteigerungsbedingungen erlöschende Recht des vollstreckenden Gläubigers bestehen bleibt (§ 91 Abs 2 ZVG). Diese Liegenbelassungsvereinbarung wirkt jedoch wie die Befriedigung aus dem Grundstück (§ 91 Abs 3 S 2 ZVG). Abweichende Versteigerungsbedingung, dass ein Grundpfandrecht mit dem Zuschlag nicht erlöschen soll, hätte demgegenüber keine Befriedigungswirkung. Allein mit dem Ziel, dass ein anderer als Ersteher Eigentümer des Grundstücks wird (§ 90 Abs 1 ZVG), der Gläubiger Befriedigung aus dem Grundstück aber nicht erlangt, kann Zwangsversteigerung jedoch keineswegs betrieben werden.

dd) Reallast

298e Auch der Gläubiger einer **Reallast,** der (fällige) Einzelleistungen (§§ 1105, 1107 BGB) vollstreckt, hat es keineswegs hinzunehmen, dass sein Gesamtrecht (Stammrecht) nach gesetzlicher Versteigerungsbedingung bei Feststellung des geringsten Gebots nicht berücksichtigt wird, demnach mit Erteilung des Zuschlags erlischt (§ 91 Abs 1 ZVG) und damit letztlich bei Verteilung des Versteigerungserlöses (möglicherweise zu einem erheblichen Teil) ausfällt. Auch er muss jedoch auf Wahrung seines Rechts selbst bedacht sein. Das gewährleistet ihm § 59 ZVG mit der Möglichkeit, eine abweichende Feststellung der Versteigerungsbedingungen in der Weise herbeizuführen, dass seine Reallast bestehen bleibt.[142] Die Zustimmung nachstehender Berechtigter und damit auch des Eigentümers ist dazu nicht erforderlich.[143]

8. Abschnitt. Der Versteigerungstermin
§ 66 ZVG

Schrifttum: Drischler, Versteigerungstermin – Zuschlag – Vorkaufsrechte, RpflJahrbuch 1961, 292; Drischler, Das Verfahren der Immobiliarvollstreckung (Abschn I: Der Versteigerungstermin, Abschn IV: Zum Protokoll), RpflJahrbuch 1972, 297; Hornung, Empfiehlt sich die Abschaffung der Bietungsstunde (§ 73 ZVG)? KTS 1973, 239; Schneider, Die Bieterstunde, Jur-Büro 1974, 1094.

1. Unterabschnitt. Überlegungen von Gericht und Beteiligten über den Verfahrensablauf

1. Kapitel. Gericht

299 Das Gericht muss bei Zuschlagentscheidung sein gesamtes Verfahren nochmals überprüfen (§ 79 ZVG). Es vergewissert sich daher bereits bei Terminanberaumung von der **Ordnungsmäßigkeit des bisherigen Verfahrens.** Ebenso prüft es bei Vorbereitung auf den Versteigerungstermin bereits vor dem Termintag auf jeden Fall folgende Punkte:

[142] Stöber NotBZ 2004, 265; Schöner/Stöber, Grundbuchrecht, Rdn 1317c; Jaeckel/Güthe Rdn 2 zu § 44.
[143] Stöber NotBZ 2004, 265 (267); Morvilius ImmVollstr Rdn 361.

– Ordnungsmäßigkeit, insbesondere Vollständigkeit der Terminbestimmung (siehe Rdn 219–222 d);
– rechtzeitige und ordnungsgemäße öffentliche Bekanntmachung der Terminsbestimmung und deren Anheftung an die Gerichtstafel (Rdn 223);
– ordnungsgemäße und rechtzeitige Zustellung der Terminsbestimmung (Rdn 224; liegen keine Zustellungsmängel vor?);
– Beschlusszustellungsfrist des § 43 Abs 2 ZVG (Rdn 224); insbesondere, ob die Gläubiger, für die bei Terminsbestimmung die Frist noch gewahrt war, nicht inzwischen noch (zB im Text der Anmeldungen) die Verfahrenseinstellung oder -aufhebung bewilligt haben;
– rechtzeitige Absendung der Mitteilung nach § 41 Abs 2 ZVG (Rdn 225; siehe dort wegen Sollvorschrift);
– Wertfestsetzung (Rdn 210 ff), insbesondere Zustellung an alle (auch neu dazu gekommene, Rdn 213) Beteiligte, sowie daraufhin, ob Anhaltspunkte für eine Änderung geltend gemacht oder erkennbar geworden sind (Rdn 215 a) und daher eine Wertänderung vorzubereiten ist;
– Anmeldungen (Rdn 230–237 e), insbesondere auch daraufhin, ob sie Anträge zum geringsten Gebot oder den Versteigerungsbedingungen oder sonst zum Termin enthalten;
– etwaige Anträge (insbesondere auch der Mieter und Pächter) auf Einstellung des Zwangsversteigerungsverfahrens hinsichtlich des Grundstückszubehörs im Schuldnerbesitz (Rdn 284);
– Grundstücksnachweise (§ 66 Abs 1 ZVG) vollständig, ggfs Auszug aus Baulastenverzeichnis zugezogen (Rdn 307);
– Besonderheiten des Einzelfalls daraufhin, ob sie im Termin Hinweise veranlassen (zB über die Zahlungspflicht nach §§ 50, 51 ZVG);
– etwa noch eingegangene Vollstreckungsschutzanträge des Schuldners (insbesondere auch nach § 765 a ZPO);
– stimmt Terminszimmer mit dem in der Terminsbestimmung bezeichneten Raum überein? Sind bei Änderung alle nötigen Maßnahmen (Rdn 220) veranlasst?
– ist die (zugestellte) vollstreckbare Ausfertigung des Schuldtitels bei den Akten?

Zur Vorbereitung des geringsten Gebots und der Versteigerungsbedingungen vor dem Termin Rdn 229.

Zur Überprüfung hat sich ein **Formblatt** bewährt mit folgendem Inhalt über den   300

Ablauf des Versteigerungstermins

1. Aufruf der Sache – Feststellung der anwesenden Beteiligten
2. Grundstücks-Nachweisungen:
   - a) Ausdruck des Grundbuchblatts   Bl
   - b) Brandversicherung   Bl
   - c) Grundstückswert: €
     Beschluss vom ......   Bl
   - d) Schätzgutachten   Bl
   - e) Besonderheiten (Flurbereinigung usw)   Bl
3. Formalitäten des Verfahrens: Zustellung geprüft
   - a) Anordnung   vom ...... Bl
   - b) Beschlagnahme durch aa) Zustellung:
     bb) Eingang beim GBAmt: Bl

Zeit der ersten Beschlagnahme ...

c) Beitritt Nr 1	vom ...... Bl	
d) Beitritt Nr 2	vom ...... Bl	
e) Beitritt Nr 3	vom ...... Bl	
f) Beitritt Nr 4	vom ...... Bl	
g) Beitritt Nr 5	vom ...... Bl	

h) Entscheidungen über Vollstreckungs-
schutzanträge   Bl
i) Terminsbestimmung   Bl
k) Zustellungsnachweis zur Terminsbestimmung vollständig und richtig?
l) Veröffentlichung der Terminsbestimmung in
aa) Amtsblatt   Bl
bb) ...   Bl
m) Mitteilung nach § 41 ZVG   Bl
n) Vollstreckungstitel liegt vor.
4. Gläubigeranmeldungen:
5. Nachzahlungspflicht nach §§ 50, 51 ZVG $\dfrac{ja - wegen}{nein}$
6. Unbedenklichkeitsbescheinigung
7. Hinweise für Bietende
a) Bietvollmacht und Personalausweis
b) Erwerb durch mehrere Personen
c) Sicherheitsleistung.

2. Kapitel. Beteiligte

301 Für die Beteiligten von entscheidender Bedeutung ist, zu welchen Bedingungen das Grundstück versteigert wird. Wesentlich ist insbesondere, an welcher Rangstelle der betreibende Gläubiger steht, nach dem sich das geringste Gebot bestimmt (Rdn 238, 239, 244; für mehrere Gläubiger Rdn 245 a), ob mithin das Recht (ein Anspruch) im geringsten Gebot steht, nach dem Deckungsgrundsatz sonach keine Rechtsbeeinträchtigung erfahren kann, oder seine Deckung – außerhalb des geringsten Gebots – allein von der Höhe des Meistgebots abhängig ist. Der **Gläubiger** (**Beteiligte**) wird daher im Hinblick auf den Versteigerungstermin insbesondere prüfen,
– ob das geringste Gebot sich nach einem Rang bestimmt, bei dem er vor oder nach dem maßgebenden Gläubiger steht;
– bis zu welcher Höhe das Grundstück zur Rettung des eigenen Rechts eingesteigert werden müsste sowie, erforderlichenfalls,
– in welcher Höhe zur Abgabe eines Gebots Sicherheit durch bestätigten Bundesbankscheck, (geeigneten) Verrechnungsscheck (§ 69 Abs 2 ZVG), Bürgschaft eines Kreditinstituts (§ 69 Abs 3 ZVG) oder (rechtzeitige) Überweisung auf ein Konto der Gerichtskasse (§ 69 Abs 4 ZVG) zu leisten ist; weiter ob
– Rechte und Ansprüche anzumelden sind (Rdn 230–237 e), insbesondere weil
– zu einem zur Zeit der Eintragung des Versteigerungsvermerks bereits eingetragenen Recht einzelne Ansprüche (Kosten, Zinsen) nicht aus dem Grundbuch ersichtlich waren (Rdn 232),
– das Recht bzw der Anspruch zur Zeit der Eintragung des Versteigerungsvermerks im Grundbuch überhaupt – noch – nicht eingetragen war (Rdn 232),
– Anmeldung erforderlich ist, damit Zuziehung als Beteiligter erfolgt (Rdn 54, 57, 231, 233),
– andere Anmeldungen veranlasst sind (Rechtshängigkeit, Kündigung bzw Fälligkeit, durch Schuldner persönliche Haftung bei Grundschuld, siehe Rdn 233 a);

- Anträge zum geringsten Gebot und den Versteigerungsbedingungen erforderlich sind;
- durch Ablösung (§ 268 BGB) die Vollstreckungsforderung des betreibenden Gläubigers weggefertigt und die Versteigerung abgewendet werden soll;
- noch Vollstreckungsschutzanträge des Schuldners (insbesondere nach § 765a ZPO) laufen oder im Versteigerungstermin zu erwarten sind und wie dazu Stellung genommen werden soll;
- Mieter und Pächter oder andere Dritte Antrag auf Freigabe von Zubehörstücken im Schuldnerbesitz gestellt oder zu stellen haben;
- Interessenten vorhanden sind oder schon Umstände für einen Versagungsantrag nach § 74a ZVG (Rdn 339 ff) oder nach § 85 Abs 1 ZVG (Rdn 346) sprechen oder ob mit einem Meistgebot unter der Hälfte des Grundstückswerts und daher Versagung des Zuschlags nach § 85a ZVG zu rechnen ist.

Der **Schuldner** (sein Vertreter) wird im Hinblick auf den Versteigerungstermin   **301a**
prüfen, ob
- noch Einvernehmen mit dem betreibenden Gläubiger über die Abwendung der Zwangsversteigerung erzielt werden kann, insbesondere durch Leistung von Abschlagszahlungen;
- noch Antrag auf Vollstreckungsschutz gestellt werden kann und soll;
- nach rechtskräftiger Wertfestsetzung sich etwa neue Tatsachen ergeben haben und eine Wertänderung angeregt werden soll (Rdn 215a);
- ein freihändiger Verkauf sich noch ermöglichen und einen günstigeren Erlös erwarten lässt;
- sofern die Versteigerung unumgänglich ist: ob alle in Betracht kommenden Interessenten auf den Versteigerungstermin aufmerksam geworden sind (ggfs kann eine private Kurzanzeige im Immobilienteil der örtlichen Tageszeitung von Wert sein) und nach Lage der Verhältnisse (insbesondere nach dem örtlichen Grundstücksmarkt) mit einem ausreichend hohen Gebot gerechnet werden kann oder ob bei einem Gebot über die Hälfte des Grundstückwerts (sonst § 85a Abs 1 ZVG; siehe Rdn 344a) Antrag auf Vollstreckungsschutz durch Zuschlagversagung gestellt werden kann;
- die Forderung, für die bei einer Grundschuld (Rentenschuld) eine persönliche Haftung besteht, angemeldet ist (§ 53 Abs 2 ZVG; dazu Rdn 277).

2. Unterabschnitt. Äußerer Rahmen, Feststellungen, Mitteilungen

Terminsniederschrift   **302**

„Gegenwärtig: Nürnberg, den 16. Juni 2010
Rechtspfleger Sicher,
Justizsekretär Genau
als Urkundsbeamter
In dem Verfahren zur Zwangsversteigerung des in Nürnberg gelegenen, im Grundbuch des Amtsgerichts Nürnberg für Gemarkung Gärten Blatt 3685 auf den Namen des ... eingetragenen Grundstücks
        FlStNr 900 Gemarkung Gärten, Weststraße 90,
            Wohnhaus, Hofraum, Garten, zu 630 m²,
erschienen zum öffentlichen Versteigerungstermin nach Aufruf der Sache folgende Beteiligte:
1. der Schuldner ...;
2. Verwaltungsinspektor Horst Huber, Nürnberg,
    für die Stadt Nürnberg, Vollmacht wurde übergeben;

3. Sparkassenamtmann Karl Ordentlich
    für die Stadtsparkasse A, Vollmacht Bl ...;
4. Abteilungsleiter Fritz Erl
    für die Hypothekenbank X, Vollmacht wurde übergeben;
5. Rechtsanwalt ...
    für den Hypothekengläubiger Karl B, Schreinermeister in ...

Den Erschienenen wurden die das Grundstück betreffenden Nachweisungen durch Verlesung des wesentlichen Inhalts der folgenden Schriftstücke bekannt gemacht:

a) der amtliche Ausdruck des Grundbuchblatts vom ... (Bl ...)
    mit Ergänzungen vom ... (Bl ...)
b) Brandversicherungsurkunde vom ... (Bl ...)

Weiter wurde bekannt gemacht, dass die Zwangsversteigerung betrieben wird auf Antrag:

    ... (hierher Text aus Rdn 225 (Ziff 1 und 2) übernehmen) ...

Festgestellt wurde, dass der Vollstreckungstitel des bestbetreibenden Gläubigers ... und ebenso die Vollsteckungstitel des/der weiter betreibenden Gläubiger/s dem Vollstreckungsgericht heute vorliegen.

Weiter wurde festgestellt, dass die für die Abgrenzung der laufenden Beträge wiederkehrender Leistungen von den Rückständen maßgebliche erste Beschlagnahme (§ 13 Abs 4 ZVG) am ... durch Eingang des Eintragungsersuchens beim Grundbuchamt erfolgt ist.

Bekannt gemacht wurde, dass der Grundstückswert nach § 74 a Abs 5 (§ 85 a Abs 2 S 1) ZVG mit Beschluss vom ... auf ... € festgesetzt worden ist und dass Anhaltspunkte, die eine Wertänderung veranlassen könnten, nicht erkennbar sind.

Hierauf wurden die folgenden Anmeldungen mitgeteilt:

a) Anmeldung der Stadt X, Stadtkasse, vom ... über die noch offene Grundsteuer (Bl ...)
b) Anmeldung der Stadtsparkasse A vom ... (Bl ...) über die Zinsansprüche aus der Hypothek ohne Brief Abt III Nr 1
c) Anmeldung des Rechtsanwalts ... vom ... (Bl ...) für den Gläubiger der Zwangs-Sicherungshypothek Abt III Nr 3

Sodann wurden das geringste Gebot und die Versteigerungsbedingungen nach Anhörung der anwesenden Beteiligten wie folgt festgestellt:

    ... [einzuschalten Wortlaut des geringsten Gebots aus Rdn 242 (oder 243) und Wortlaut der Versteigerungsbedingungen aus Rdn 271] ...

Geringstes Gebot und Versteigerungsbedingungen wurden nach Feststellung verlesen.

Oder (kurz): Der Rechtspfleger verlas die Entwürfe des geringsten Gebots und der Versteigerungsbedingungen.

    Die anwesenden Beteiligten wurden zu diesen Entwürfen gehört. Sie gaben dazu keine Erklärungen ab.

    Der Rechtspfleger verkündete sodann folgenden Beschluss:

    Geringstes Gebot und Versteigerungsbedingungen werden gemäß den verlesenen Entwürfen festgestellt. Sie sind diesem Versteigerungsprotokoll als Anlagen 1 und 2 beigefügt.

Der Rechtspfleger wies sodann darauf hin, dass der Ersteher erst dann als Erwerber des Grundstücks in das Grundbuch eingetragen werden kann, wenn die Bescheinigung des Finanzamts ... darüber vorliegt, dass der Eintragung steuerliche Bedenken nicht entgegenstehen (Unbedenklichkeitsbescheinigung hinsichtlich der Grunderwerbsteuer, § 22 Abs 1 GrEStG).

Sodann wies der Rechtspfleger auf die bevorstehende Ausschließung weiterer Anmeldungen hin. Es erfolgten keine Anmeldungen mehr.

Hierauf forderte der Rechtspfleger um ... Uhr ... Minuten zur Abgabe von Geboten auf.

Herr ..., ausgewiesen durch ... bot ... € .

Nach Ablauf der Bietzeit wurde dieses (letzte) Gebot durch dreimaligen Aufruf verkündet.

Der wiederholten Aufforderung des Gerichts ungeachtet wurde ein weiteres Gebot nicht mehr abgegeben.

Um ... Uhr ... Minuten wurde daher der Schluss der Versteigerung verkündet.

Die anwesenden Beteiligten wurden hierauf über den Zuschlag gehört.

Der Meistbietende ... beantragte noch ausdrücklich, ihm den Zuschlag zu dem Gebot von ... € zu erteilen. Sonst wurden keine Erklärungen abgegeben.

Der Rechtspfleger verkündete um ... Uhr den anliegenden
Zuschlagsbeschluss.

Sicher   Genau
Rechtspfleger   Justizsekretär als Urkundsbeamter

a) Gang der Verhandlung, Aufruf der Sache

Terminsabschnitte sind: 303
– Aufruf bis zur Aufforderung zur Abgabe von Geboten (§ 66 ZVG);
– Entgegennahme der Gebote (§ 73 ZVG) = sogenannte Bietzeit (früher: Bietstunde);
  zum Versteigerungsgeschäft siehe auch: §§ 67–70 ZVG = Sicherheitsleistung;
  §§ 71, 72 ZVG = Behandlung der Gebote;
– Verhandlung über den Zuschlag (§§ 74, 74a, 74b, 75, 76, 85, 85a ZVG) sowie Zuschlagsentscheidung (§§ 79–87 ZVG).
Versteigerungsniederschrift: § 78 ZVG. Unrichtigkeiten des Protokolls können nach § 164 ZPO berichtigt werden. Eine Beschwerde gegen die Protokollberichtigung ist nicht zulässig.[1] Der Beschluss, durch den ein Antrag auf Protokollberichtigung zurückgewiesen wird, ist ausnahmsweise nur dann anfechtbar, wenn eine hierzu nicht berufene Person entschieden hat oder wenn der Antrag als unzulässig zurückgewiesen worden ist.[2]

Der **Versteigerungstermin ist öffentlich** (§ 169 GVG); jedermann muss somit zu-   304
gelassen werden. Beachtung ist im Protokoll festzustellen (§ 160 Abs 1 Nr 5 ZPO).

Der Versteigerungstermin beginnt mit **dem Aufruf der Sache** (§ 66 Abs 1 ZVG),   305
der vernehmlich (ggfs auch außerhalb des Verhandlungsraums) erfolgen muss[3] und im Protokoll festzuhalten ist. Dazu gehört die Feststellung der erschienenen Beteiligten sowie deren Vertreter (nicht jedoch der Bietinteressenten und übrigen Anwesenden). Wer später erscheint oder trotz sofortiger Anwesenheit sich nicht zu erkennen gibt, aber später meldet, wird bei Feststellung seiner Anwesenheit an dem bis dahin erreichten Stand der Verhandlung im Protokoll vermerkt.

> **Beispiel:** Nunmehr erschien noch der Kaufmann Karl Müller, Nürnberg (= Gläubiger der Hypothek Abt III Nr 20).

---

[1] BGH MDR 2005, 46 = NJW-RR 2005, 214; OLG Frankfurt NJW-RR 2007, 1142; OLG Hamm MDR 1979, 151 = NJW 1979, 1720 = Rpfleger 1979, 29, Rpfleger 1984, 193 und NJW 1989, 1680; OLG Karlsruhe Rpfleger 1994, 311; OLG München OLGZ 1980, 465 = Rpfleger 1981, 67; OLG Stuttgart MDR 2004, 410; Stöber Rdn 3.3 zu § 78.

[2] OLG Düsseldorf MDR 2002, 230 = NJW-RR 2002, 863; OLG Frankfurt Rpfleger 1978, 454 und NJW-RR 2007, 1142; weitergehend (bei Ablehnung einfache Beschwerde) OLG Koblenz MDR 1986, 593.

[3] BVerfG 42, 364 = NJW 1977, 1443.

Oder: Festgestellt wurde nunmehr, dass im Zuhörerraum auch der Kaufmann Karl Müller, Nürnberg (= Gläubiger der Hypothek Abt III Nr 20) anwesend ist. Dieser trug vor, dass er bereits seit Aufruf der Sache anwesend war, sich jedoch bei Feststellung der Beteiligten nicht gemeldet hat.

Nicht gesondert vermerkt wird, wenn ein Beteiligter den Termin vorzeitig oder vorübergehend verlässt.[4] Festgestellt wird jedoch, dass ein Beteiligter nicht mehr (oder zu dieser Zeit nicht) anwesend ist, wenn er zu einem Antrag zu hören ist und dies nicht möglich ist, insbesondere seine Stellungnahme nicht in das Protokoll aufgenommen werden kann. Zur Vorführung eines Beteiligten aus Haft: Kommentar Rdn 4.5 zu § 66 und LG Braunschweig MDR 1969, 933.

306   Vertreter haben sich durch eine **schriftliche Vollmacht** auszuweisen und diese zu den Akten zu geben (§ 80 S 1 ZPO). Geprüft wird die Vollmacht von Amts wegen (§ 88 Abs 2 ZPO), die Vollmacht eines Rechtsanwalts (auch eines Rechtsbeistands als Kammermitglied, § 3 Abs 1 RDGEG) jedoch nur, wenn der Mangel vom Gegner gerügt wird (§ 88 ZPO). Eine Prozessvollmacht (Nachweis durch Nennung im Vollstreckungstitel, auch bei Titel des Landgerichts oder Oberlandesgerichts[5]) erstreckt sich auch auf die Zwangsvollstreckung (§ 81 ZPO). Die Vertretungsbefugnis gesetzlicher Vertreter (handelnder Organe) ist gleichfalls zu prüfen (Bestallung, Handelsregisterauszug[6]). Zur Bietvollmacht siehe Rdn 316.

b) Bekanntmachungen

307   Sodann werden die Anwesenden über die für die Versteigerung in Betracht kommenden Verhältnisse unterrichtet. Es werden bekannt gemacht:

– die **Grundstücksnachweisungen.** Zu diesen gehören der wesentliche Inhalt des Grundbuchs (amtlicher Ausdruck des Grundbuchblatts; siehe § 42 ZVG) und die Mitteilungen des Grundbuchamts, ggfs auch die in Bezug genommenen Eintragungsbewilligungen (zB wegen des Umfangs einer Grunddienstbarkeit[7] oder eines Wohnungsrechts), aber auch die von den Beteiligten eingereichten Unterlagen (Pläne, Wertgutachten, ein Energieausweis, Mitteilungen der Baubehörde über Baubeschränkungen usw), nicht jedoch der zur Gebührenberechnung erholte Einheitswert[8] (er darf nicht bekannt gemacht werden, § 30 AO). Bekanntgegeben wird der wesentliche Inhalt der Grundstücksnachweisungen; das Ausmaß der Bekanntgabe richtet sich nach dem Einzelfall; Sorgfalt ist geboten, wörtliche Wiedergabe jedoch nicht notwendig; die Bekanntgabe muss in einer Weise geschehen, dass die Erschienenen in der Lage sind, sie richtig aufzufassen;[9] Hinweis nur auf den Akteninhalt genügt nicht. Fragen der Beteiligten oder Unklarheiten sind auf Grund der Aufklärungspflicht (§ 139 ZPO), ggfs durch Gewährung von Akteneinsicht (§ 42 ZVG), auszuräumen;

– der oder die das Verfahren **betreibenden Gläubiger** und dessen (deren) Ansprüche (siehe bereits § 41 Abs 2 ZVG und Rdn 225; jedoch zwischenzeitliche Änderungen beachten);

---

4 Stöber Rdn 4.2; Dassler/Hintzen Rdn 24; Steiner/Storz Rdn 89, je zu § 66.
5 Stöber, FordPfändung, Rdn 470; LG Hamburg AnwBl 1961, 231.
6 Siehe Stöber Rdn 4.1 zu § 66.
7 Schiffhauer Rpfleger 1975, 189 (linke Spalte).
8 Stöber Rdn 5.2 zu § 66.
9 RG JW 1935, 2955 mit Anm Fraeb.

– die Zeit der – ersten[10] – **Beschlagnahme** (andere Beschlagnahmezeitpunkte werden nur bei besonderem Anlass mitgeteilt[11]);

– der festgesetzte **Grundstückswert** (§ 74 a Abs 5, § 85 a Abs 2 S 1 ZVG);

– die erfolgten **Anmeldungen,** und zwar **alle,** nicht nur die für die Berechnung des geringsten Gebots maßgebenden, und auch die aus dem Versteigerungsantrag und aus Beitrittsanträgen sich ergebenden Anmeldungen (§ 114 Abs 1 S 2 ZVG) und Anmeldungen, für die Glaubhaftmachung noch aussteht. Anmeldungen, die erst im Termin erfolgen, werden gleichfalls ausdrücklich noch bekannt gemacht.

Mitteilungen der zuständigen Landesbehörde über **Altlasten,** altlastenverdächtigte Flächen, schädliche Bodenveränderungen sowie Verdachtsflächen und Nachrichten über getroffene Maßnahmen (Erkundungs- und Sanierungsmaßnahmen, Sanierungsuntersuchungen und Sanierungsplanung; näher dazu Gesetz zum Schutz des Bodens) sind als Grundstücksnachweise bekanntzumachen.[12] Erforderlichenfalls hat das Vollstreckungsgericht (rechtzeitig) für Sachverhaltsaufklärung besorgt zu sein.

In Ländern, in denen nach Bau- oder Bauordnungsrecht **Baulasten** (verwaltungsrechtliche dingliche und damit gegen den Rechtsnachfolger, uU auch gegen den Ersteher, wirkende Duldungs- und Unterlassungspflichten) bestehen und in einem Baulastenverzeichnis festgehalten werden (nicht in Bayern), ist als Grundstücksnachweisung auch ein dem Vollstreckungsgericht zugegangener Auszug aus dem Baulastenverzeichnis (ggfs auch aus dem Wasserbuch) bekannt zu machen. Auf bloßen Verdacht ist das Vollstreckungsgericht nicht zur Ermittlung verpflichtet, ob das Baulastenverzeichnis eine Eintragung enthält; eine Ermittlungspflicht ist weder vorgeschrieben noch der allgemeinen Fürsorgepflicht des Vollstreckungsgerichts zu entnehmen.[13] Erforderliche Sachverhaltsaufklärung hat das Vollstreckungsgericht jedoch zu treffen, wenn Bestellung einer Baulast bekannt ist oder wenn Anhalt dafür besteht, dass eine Baulast übernommen sein könnte.[14]

Feststellung aller Bekanntmachungen im Protokoll: § 78 ZVG.

Üblich, jedoch nicht notwendig ist Feststellung der Terminsbekanntmachung sowie der rechtzeitigen Zustellung der Terminsbestimmung und (zweckmäßig) der Genehmigung etwaiger Zustellungsmängel.

Das **geringste Gebot** und die (gesetzlichen sowie etwaige abweichende) **Versteigerungsbedingungen** werden hierauf – unter Bezeichnung der bestehen bleibenden einzelnen Rechte – nach Anhörung der anwesenden Beteiligten (ihnen ist Gelegenheit zur Stellungnahme zu geben; wesentlich, da rechtliches Gehör nach Art 103 Abs 1 GrundG) festgestellt. Diese Feststellungen (Aufnahme in das Protokoll: § 78 ZVG; nur dessen Inhalt, nicht eine andere – auch ergänzende – Erklärung, ist für den Zuschlag maßgebend, § 80 ZVG) werden verlesen (Protokollangabe darüber); nur sinngemäße Wiedergabe statt Vorlesen genügt nicht. Feststellung und Verlesung erfolgen jedoch zulässig in einem Vorgang, wenn geringstes Gebot und Versteigerungsbedingungen vorbereitet sind und aus dem Entwurf (ohne anschließende Abänderung) wörtlich vorgetragen wer-

308

---

[10] So zutreffend Korintenberg/Wenz Anm 2; Jaeckel/Güthe Rdn 3, je zu § 66; anders Steiner/Storz Rdn 106 zu § 66.

[11] Stöber Rdn 5.2 (c) zu § 66.

[12] Stöber Rdnr. 6.2 zu § 66.

[13] Hierzu sowie zur Baulast (mit Hinweis auf Literatur) Stöber Rdn 6.5 zu § 66.

[14] So Stöber Rdn 6.5 zu § 66.

den. Der dem Protokoll als Anlage beigefügte Entwurf gehört zum Protokollinhalt (§ 160 Abs 5 ZPO). Das Verlesen braucht nicht durch den Rechtspfleger selbst erfolgen; es kann dem Protokollführer oder Rechnungsbeamten übertragen werden.

Ergeben sich später Änderungen (Einstellung vor Schluss der Versteigerung usw), so sind geringstes Gebot und Versteigerungsbedingungen neu festzustellen und (beide) wiederum zu verlesen;[15] Fortführung des Termins erfolgt dann von der neuen Feststellung an.

309   Weiter bekannt zu machen ist vor der Aufforderung zur Abgabe von Geboten ein Hinweis auf die **Grunderwerbsteuerpflicht** des Erstehers und darauf, dass das Grundbuchamt erst dann um Eintragung ersucht werden kann, wenn die steuerliche Unbedenklichkeitsbescheinigung des Finanzamts vorliegt (§ 22 Abs 1 GrEStG; Text im Kommentar T 20).

310   Auf die **bevorstehende Ausschließung weiterer Anmeldungen** ist sodann ausdrücklich hinzuweisen (§ 66 Abs 2 ZVG; wesentlich wegen § 37 Nr 4, § 83 Nr 4 ZVG). Feststellung im Protokoll: § 78 ZVG. Die Ausschließung weiterer Anmeldungen wird als solche nicht gesondert festgestellt; sie vollzieht sich von selbst mit der Aufforderung zur Abgabe von Geboten. Spätere Anmeldungen sind dann zwar noch zulässig und auch im Versteigerungstermin entgegenzunehmen sowie bekannt zu geben; Folge jedoch: Rangverlust (§ 110 ZVG).

c) Abgabe von Geboten

311   Hierauf wird zur Abgabe von Geboten aufgefordert (§ 66 Abs 2 ZVG). Der Zeitpunkt ist wesentlich für die Mindestdauer der Bietzeit (§ 73 Abs 1 ZVG); Feststellung im Protokoll (§ 78 ZVG) daher nach Stunde und Minute.

Zu den Geboten siehe Rdn 314 ff, zur Sicherheitsleistung Rdn 325 ff.

312   Zur Abgabe von Geboten müssen mindestens 30 Minuten zur Verfügung stehen (§ 73 Abs 1 ZVG). Grund: Übereilung bei der Versteigerung soll verhütet, den Bietern, Interessenten und Beteiligten ausreichend Zeit zur sorgsamen Überlegung gelassen werden. Aufforderung zur Abgabe von Geboten (Anfangstermin) und Bekanntgabe des Schlusses der Versteigerung (Endtermin) werden in diese Zeit nicht eingerechnet.[16]

> **Beispiel:** Aufforderung zur Abgabe von Geboten: 11.45 Uhr; Verkündung des Versteigerungsschlusses frühestens um 12.16 Uhr (nicht bereits 12.15 Uhr, da sonst Zuschlagsversagung bzw. -aufhebung).

Feststellung auch des Versteigerungsschlusses im Protokoll nach Stunde und Minute (§ 78 ZVG). Zur Frage, ob sich ein Beteiligter auf eine im Gerichtssaal befindliche, unrichtig gehende Uhr berufen kann, siehe OLG Frankfurt.[17]

Während der gesamten Bietzeit muss der Rechtspfleger jederzeit zur Entgegennahme von Geboten bereit, also ständig im Versteigerungsraum anwesend sein,[18] und zwar auch dann, wenn zunächst keine Gebote gelegt werden, sämtliche Beteiligte und Interessenten sich entfernen oder nur ein oder überhaupt kein Interessent anwesend ist. Unschädlich ist Entfernung des Protokollführers, wenn für die Zeit seiner Abwesenheit von der Zuziehung abgesehen wird

---

[15] LG Köln Rpfleger 1989, 297 (Abbruch der Bietstunde vor Abgabe eines Gebots zur Neuberechnung des als fehlerhaft erkannten geringsten Gebots).

[16] Stöber Rdn 2.2 zu § 73.

[17] OLG Frankfurt Rpfleger 1975, 326 mit Anm Schiffhauer.

[18] RG 142, 383 (385); RG 154, 397 (399).

(§ 159 Abs 1 ZPO);[19] dies ist im Protokoll festzustellen; etwaige Gebote sind dann durch den Rechtspfleger allein entgegenzunehmen und zu protokollieren. Die Bietzeit kann unterbrochen werden;[20] eine Unterbrechung tritt mit jeder Entfernung des Vorsitzenden aus dem Versteigerungsraum ein,[21] selbst wenn er jederzeit rasch wieder herbeigerufen werden kann.[22] Jede Unterbrechung ist nach Stunde und Minute im Protokoll festzustellen (§ 78 ZVG); in die Mindestbietzeit (§ 73 Abs 1 ZVG) wird eine Unterbrechung nicht eingerechnet.[23] Hinweise und allgemeine Belehrungen (zB über steuerliche Unbedenklichkeits-bescheinigung, auf Bestimmungen über Bietersicherheit) unterbrechen die Bietzeit nicht, wenn der Rechtspfleger zur Entgegennahme von Geboten bereit bleibt.[24] Entsprechendes gilt von Aufklärungen im Einzelfall (§ 139 ZPO). Die Nichteinhaltung der Mindestbietzeit (auch infolge zeitweiliger Unterbrechung) führt zwingend zur Zuschlagversagung (§ 83 Nr 7 ZVG).

Nach Ablauf der Mindestbietzeit von 30 Minuten muss die Versteigerung so lange fortgesetzt werden, bis der Aufforderung des Gerichts[25] ungeachtet ein Gebot nicht mehr abgegeben wird (§ 73 Abs 1 S 2 ZVG). **Das letzte Gebot** (= Meistgebot) ist (= Mussvorschrift) mit seinem Betrag und mit dem Namen des Bieters zu **verkünden;** dies soll **mittels dreimaligen Aufrufs** geschehen (§ 73 Abs 2 ZVG). Grund: Hinweis der Anwesenden auf den unmittelbar bevorstehenden Versteigerungsschluss. Wenn dem letzten Gebot (sofort) widersprochen wurde, ist das niedrigere (vorhergehende letzte) Gebot nicht erloschen (§ 72 Abs 1 S 1 ZVG). Es kann daher für die Erteilung des Zuschlags Bedeutung erlangen; daher ist auch dieses Gebot (unter Darstellung des Grundes) bei Verkündung mittels dreimaligen Aufrufs zu bezeichnen. Ebenso sind das Meistgebot, für das erhöhte Sicherheitsleistung nach § 68 Abs 4 ZVG erst noch zu erbringen ist, und das deshalb nicht erloschene vorausgehende letzte Gebot (§ 72 Abs 4 ZVG) unter Darstellung des Grundes zusammen mittels dreimaligen Aufrufs zu verkünden. Mit dem dritten Aufruf wird das Versteigerungsgeschäft noch nicht beendet. Gebote sind daher auch während dieses Aufrufs und unmittelbar nach ihm noch zulässig. Neue Gebote bedingen Wiederholung der Aufforderung zur Abgabe weiterer Gebote (§ 73 Abs 1 S 2 ZVG) und Verkündung des letzten (neuen) Gebots. Wenn überhaupt kein Gebot abgegeben ist, entfällt Verkündung des „letzten" Gebots. Dann aber ist (zweckmäßig unter Hinweis darauf, dass Gebote bisher nicht abgegeben sind; Hinweis ist nicht vorgeschrieben nach[26]) nach Absatz 1 Satz 2 des § 73 ZVG vor Schluss der Versteigerung zur Abgabe von Geboten aufzufordern.

Der **Schluss der Versteigerung** ist zu **verkünden,** wenn nach dreimaligem Aufruf   313
des letzten Gebots und der Aufforderung des Gerichts ungeachtet ein weiteres Gebot nicht mehr abgegeben wird (§ 73 Abs 2 ZVG). Feststellung nach Stunde und Minute siehe Rdn 312. Gebote können dann nicht mehr angenommen werden; ein späteres Gebot wird auch nicht mehr ausdrücklich zurückgewiesen. Nochmaliger Eintritt in das Versteigerungsgeschäft wird mit Zustimmung

---

[19] Vgl RG 154, 397 (399).
[20] BGH VersR 1961, 897.
[21] RG 142, 383 (385) und 154, 397 (399); Dassler/Hintzen Rdn 5 zu § 73.
[22] RG je aaO (Fußn. 21).
[23] Stöber Rdn 2.6 zu § 73; RG 142, 383 (385).
[24] OLG München JurBüro 1977, 1464 = Rpfleger 1977, 69.
[25] Unterlassen der Aufforderung als Zuschlagversagungsgrund: OLG Karlsruhe MDR 1998, 60 = Rpfleger 1998, 79.
[26] LG Kassel Rpfleger 1984, 474 mit Anm Storz.

aller (auch der abwesenden) Beteiligten und des Meistbietenden für zulässig gehalten,[27] ist aber abzulehnen.[28]

3. Unterabschnitt. Gebote
§ 66 Abs 2, §§ 71–73 ZVG

Schrifttum: Drischler, Das Verfahren der Immobiliarvollstreckung (Abschn II: Die Gebote im Versteigerungstermin), RpflJahrbuch 1972, 297 (308); Eickmann, Vormundschaftsgerichtliche Genehmigung im Zwangsversteigerungsverfahren, Rpfleger 1983, 199; Flik, Vorausgenehmigung ... zum Grundstückserwerb im Zwangsversteigerungsverfahren, BWNotZ 1995, 44; Riggers, Zur Anfechtung von Geboten im Zwangsversteigerungsverfahren, JurBüro 1970, 359; Schiffhauer, Zur Anfechung eines Gebots wegen Irrtums, Rpfleger 1972, 341.

314   **Gebot** ist die auf Grundstückserwerb durch staatlichen Hoheitsakt (Zuschlag) an das Vollstreckungsgericht gerichtete Willensäußerung, damit Prozesshandlung.[29] Wirksam bieten kann nur ein voll Geschäftsfähiger (§§ 51, 52 ZPO). Abgegeben werden Gebote mündlich im Versteigerungstermin[30] gegenüber dem Vollstreckungsgericht durch Nennung des bar zu zahlenden Betrags (Bargebot, § 49 Abs 1 ZVG). Schriftlich (vor oder im Termin) kann ein Gebot nicht eingereicht werden. Ein Gebot kann nicht bedingt sein.[31] Der gebotene Betrag ist in Euro zu bezeichnen (siehe § 145a Nr 3 ZVG); Gebote in anderer Währung sind unwirksam. Der als Gebot genannte Betrag bezeichnet das Bargebot (§ 49 Abs 1 ZVG, Rdn 276); die nach den Versteigerungsbedingungen bestehen bleibenden Rechte sind in dem gebotenen Betrag nicht enthalten, sie bleiben daneben bestehen (Rdn 276).

315   **Mehrere Personen** können ein **Gebot gemeinschaftlich** abgeben (Bietergemeinschaft), wenn sie (wegen § 47 GBO) die Anteile (deren Größe), zu denen sie als Bieter auftreten, in Bruchteilen angeben oder das für die Gemeinschaft maßgebende Rechtsverhältnis (Gütergemeinschaft, Erbengemeinschaft) bezeichnen. Fehlt diese Angabe, so ist ein gemeinschaftliches Gebot als unvollständig zurückzuweisen.[32] Es ist außerdem zurückzuweisen, wenn die angegebene Rechtsgemeinschaft (zB Gütergemeinschaft) nicht besteht.

> **Beispiel** für gemeinschaftliches Gebot:
> A als Berechtigter zu einem Drittel und B als Berechtigter zu zwei Dritteln bieten 20 000 €.

315a   Die **Gesellschaft bürgerlichen Rechts** (§§ 705 ff BGB) ist rechtsfähig;[33] Eigentum an einem zum Gesellschaftsvermögen (§ 718 BGB) gehörenden Grund-

---

[27] Jaeckel/Güthe Rdn 2; Korintenberg/Wenz Anm 3 (2), je zu § 73; anders Steiner/Storz Rdn 33 zu § 73.
[28] Stöber Rdn 3.3 zu § 73.
[29] BGH MDR 2005, 1072 = NJW-RR 2005, 1359 (1361); Musielak/Becker Rdn 3; Stein/Jonas/Münzberg Rdn 8; Zöller/Stöber Rdn 5, je zu § 817 ZPO; Stöber Rdn 2.1 zu § 71.
[30] Stöber Rdn 2.2 zu § 71 mit Nachw; LG Braunschweig DNotZ 1957, 322 = NdsRpfl 1957, 147.
[31] Stöber Rdn 2.6 zu § 71.
[32] Jaeckel/Güthe Rdn 2 zu §§ 71, 72.
[33] BGH 146, 314 = DNotZ 2001, 234 mit Anm Schemann = MDR 2001, 459 mit Anm Mülther = MittBayNot 2001, 192 mit Anm Ann = NJW 2001, 1056 = Rpfleger 2001, 246; Stöber Rdn 7.13 g mit Nachw.

stück steht der Gesellschaft selbst zu[34] (als Rechtssubjekt), nicht damit den einzelnen Gesellschaftern (als Privatvermögen). Die Gesellschaft kann somit selbst als Erwerbsinteressentin bieten.[35] Als Bieterin ist bei Abgabe der Gebote und im Protokoll (§ 78 ZVG) somit die Gesellschaft selbst (mit oder ohne eigenen Namen) mit ihren Gesellschaftern zu nennen; die Gesellschafter sind mit Vor- und Familiennamen, Geburtsdatum (oder Beruf) und Wohnort mit Anschrift zu bezeichnen (wie § 47 Abs 2 GBO und § 15 Abs 1 Buchst c GBVfg). Geben alle (anwesenden) Gesellschafter (zusammen) das Gebot ab, kann nicht (auch) noch nachzuweisen sein (etwa durch Vorlage des Gesellschaftsvertrags in irgendeiner Form), dass die Gesellschaft mit den bezeichneten Gesellschaftern besteht; das ergibt sich aus dem Zusammenwirken der Gesellschafter.[36] Wenn das Gebot nicht von allen Gesellschaftern gemeinsam, sondern nur von einem vertretenden Gesellschafter (oder mehreren) abgegeben wird ist nachzuweisen
– dass die Gesellschaft mit den bezeichneten Gesellschaftern besteht (wirksam gegründet wurde, bei Beteiligung eines Minderjährigen Mitwirkung des gesetzlichen Vertreters und ggfs Genehmigung des Familiengerichts),
– sowie (durch öffentlich beglaubigte Urkunde, § 71 Abs 2 ZVG) die (nicht offenkundige) Vertretungsmacht (§ 714 BGB) des Bieters.
Nachweis, dass die Gesellschaft besteht, muss durch Bestätigung der nicht anwesenden Gesellschafter in der die Vertretungsmacht (auch Bevollmächtigung) des Bieters ausweisenden Urkunde möglich sein. Der rechtsfähigen Gesellschaft bürgerl Rechts muss es jedenfalls möglich sein, am Rechtsverkehr teilzunehmen, damit auch Gebote für den Grundstückserwerb abzugeben. Weil Nachweis durch Registereintragung nicht erfolgen kann, müssen sich Nachweisschwierigkeiten[37] mit Zusammenwirken oder Bestätigungen der Gesellschafter überbrücken lassen; jedenfalls rechtfertigen Rechtsscheingrundsätze das Vertrauen auf die Wirksamkeit des Gebots für die mit den bezeichneten Gesellschaftern aufgetretene BGB-Gesellschaft und legitimieren deren Eigentumserwerb mit Erteilung des Zuschlags (§ 90 Rdn 2).
Ob die (teilrechtsfähige, § 10 Abs 6 S 1 WEG) **Gemeinschaft der Wohnungsei-** 315b **gentümer** Eigentum an einer Wohnungs- oder Teileigentums-Einheit am „eigenen" gemeinschaftlichen Gründstück oder an fremdem Grundbesitz zum Verwaltungsvermögen erwerben kann, ist umstritten.[38] Das ist mE nicht der Fall.[39] Das Gebot einer Gemeinschaft der Wohnungseigentümer ist daher als nicht zulässig zurückzuweisen.

---

[34] BGH DNotZ 2006, 777 = NJW 2006, 3717 = Rpfleger 2006, 478; BGH DNotZ 2007, 118 mit Anm Volmer = NJW 2006, 2191 = Rpfleger 2007, 23.
[35] Stöber Rdn 7.13 g zu § 71.
[36] Siehe Schöner/Stöber Grundbuchrecht Rdn 3314 für den Fall der Auflassung; anders Bestelmeyer Rpfleger 2010, 169 (184): Gründung der Bieter-Gesellschaft bürgerl Rechts im Versteigerungstermin vor Gebotabgabe und Protokollierung in der Terminsniederschrift. Gesellschafter einer (längst) bestehenden BGB-Gesellschaft (deren Mitgliederbestand sich seit Gründung verändert haben kann) müssen für Wahrung einer Gelegenheit zum Grundstückserwerb durch Zwangsversteigerung aber weder die Gründung der Gesellschaft (die schon lange Zeit am Rechtsverkehr teilnimmt oder die für den Grundstückserwerb und dessen Finanzierung bereits gegründet wurde) wiederholen noch eine personengleiche (weitere) BGB-Gesellschaft neu gründen. Für Nachweis des Bestehens der Gesellschaft muss mangels Registereintragung das gemeinschaftliche Auftreten aller Gesellschafter (§ 709 BGB) genügen.
[37] Zu diesen Problemen Bestelmeyer Rpfleger 2010, 169 (184).
[38] Schöner/Stöber Grundbuchrecht Rdn 2838 c (mit eigenhender Begründung).
[39] Stöber Rdn 7.23 b zu § 71; anders Hügel NotBZ 2008, 169 (176).

316   Durch einen **Vertreter** (Bevollmächtigten) kann ein Gebot wirksam abgegeben werden, wenn die Vertretungsmacht bei Gericht offenkundig ist (Feststellung im Protokoll ist ratsam, für die Wirksamkeit des Gebots aber nicht wesentlich[40]) oder durch eine öffentlich beglaubigte (§ 129 BGB) Bietvollmacht (sie muss in Urschrift oder Ausfertigung vorgelegt werden; beglaubigte Abschrift genügt nicht) sofort nachgewiesen wird (§ 71 Abs 2 ZPO), und zwar auch dann, wenn ein Rechtsanwalt als Bevollmächtigter bietet (§ 88 Abs 2 ZPO trifft nicht zu und wäre zudem durch die Spezialvorschrift des § 71 Abs 2 ZVG ausgeschlossen). Eine Bietvollmacht muss ausdrücklich „zum Erwerb des Grundstücks" oder „zur Abgabe von Geboten", „zum Bieten" ermächtigen oder ähnlich speziell gehalten sein; dem entspricht eine öffentlich beglaubigte Generalvollmacht.[41] Ungenügend ist (auch bei öffentlicher Beglaubigung) eine Prozessvollmacht oder eine Vollmacht zur Abgabe rechtsgeschäftlicher Erklärungen. Eine Beschränkung der Bietvollmacht nach der Höhe des Gebots schließt Abgabe eines höheren wirksamen Gebots aus. Der allein für eine Erbengemeinschaft bietende Miterbe benötigt eine Bietvollmacht der übrigen Erben.

> **Beispiel** für das Gebot eines Bevollmächtigten:
> Herr Rechtsanwalt … bot für den Kaufmann Hans Reich in Nürnberg, Paulstraße 70, unter Übergabe einer öffentlich beglaubigten Bietvollmacht vom … (UrkRNr … des Notars …) den Betrag von 35 000 €.

317   Der **Geschäftsunfähige** (§ 104 BGB) kann selbst wirksam nicht bieten (§ 105 Abs 1 BGB). Ein Minderjähriger (er ist in der Geschäftsfähigkeit beschränkt, § 106 BGB) kann wirksam nur mit Einwilligung seines gesetzlichen Vertreters bieten (§ 107 BGB); dieser benötigt hierfür die Genehmigung des Familiengerichts (Rdn 318). Die Einwilligung (samt Genehmigung des Familiengerichts) muss im Termin (zu Protokoll) erklärt oder in öffentlicher oder öffentlich beglaubigter Form sofort nachgewiesen werden oder bei Gericht offenkundig sein (§ 71 Abs 2 ZVG). Ein Betreuer kann selbst bieten; wenn das Betreuungsgericht für seine Willenserklärung im Aufgabenbereich des Betreuers Einwilligungsvorbehalt angeordnet hat, muss die Einwilligung und die betreuungsgerichtliche Genehmigung zu einem Gebot des Betreuten im Termin sofort nachgewiesen werden oder offenkundig sein (§ 1903 Abs 1, § 1908 i BGB).

318   Ein **gesetzlicher Vertreter** (Eltern, Vormund, Pfleger, Betreuer) und für eine juristische Person das handelnde Organ oder für eine Handelsgesellschaft der handelnde Gesellschafter (Vorstand eines Vereins, einer Aktiengesellschaft, vertretender Gesellschafter einer offenen Handelsgesellschaft oder Kommanditgesellschaft usw) muss seine Vertretungsmacht sofort bei Abgabe des Gebots nachweisen; Ausnahme Offenkundigkeit, § 71 Abs 2 ZVG. Der Nachweis erfolgt insbesondere durch Vorlage der Bestallung oder eines Handelsregisterauszugs; dieser hat neueren Datums zu sein; eine Zeitgrenze besteht nicht; es entscheidet das pflichtgemäße Ermessen des Rechtspflegers.[42] Es kann jedoch nicht Aufgabe des Rechtspflegers sein, bei unzulänglichem Vertretungsnachweis beim Registergericht Rückfrage wegen der Vertretungsbefugnis zu halten[43] (§ 71 Abs 2 ZVG gebietet sofortigen Nachweis; die Möglichkeit telefonischer oder

---

[40] LG Braunschweig DNotZ 1957, 322 mit Anm Riedel = NdsRpfl 1957, 147.
[41] Stöber Rdn 6.4 zu § 71 mit Nachweisen.
[42] Jaeckel/Güthe Rdn 14 zu §§ 71, 72; OLG Hamm MDR 1990, 163 = OLGZ 1990, 106 = Rpfleger 1990, 85 und 218 Leits mit Anm Hintzen.
[43] So zutreffend Hintzen Rpfleger 1990, 218 gegen OLG Hamm aaO.

fernschriftlicher Rückfrage beim Registergericht begründet weder Offenkundigkeit noch Wahrung der Form des § 71 Abs 2 ZVG). Wenn mehrere gesamtvertretungsberechtigte Personen bieten, genügt mündliche Abgabe des Gebots durch einen Wortführer, sofern die anderen ihr Einvernehmen in irgendeiner Weise kundtun.[44] Vater und Mutter können für ihr unter elterlicher Gewalt stehendes Kind nur gemeinsam bieten (§ 1626 Abs 1 BGB); wenn nur ein Elternteil anwesend ist und bietet, muss die Zustimmung des anderen Elternteils offenkundig sein oder durch öffentliche oder öffentlich beglaubigte Urkunde sofort nachgewiesen werden (§ 71 Abs 2 ZVG). Alleinvertretungsbefugnis hat ein Elternteil, wenn er allein sorgeberechtigt ist (§§ 1671, 1672, 1678, 1680, 1681 usw BGB) oder wenn ihm das Entscheidungsrecht nach § 1628 BGB übertragen ist (§ 1629 Abs 1 S 3 BGB). Zum Erwerb von Grundvermögen für den Minderjährigen und damit auch zur Abgabe von Geboten bedürfen Eltern der familiengerichtlichen Genehmigung[45] (§ 1821 Nr 5 mit § 1643 Abs 1 BGB); Pfleger und Betreuer bedürfen der familien-/betreuungsgerichtlichen Genehmigung. Ein im gesetzlichen Güterstand lebender Ehegatte bedarf zur Abgabe eines Gebots keiner Zustimmung nach § 1365 BGB.[46] Ein Testamentsvollstrecker kann Gebote für den Nachlass abgeben.[47]

Der **Schuldner** und ein (nach Beschlagnahme) neu eingetretener Eigentümer   319
können unbeschränkt Gebote abgeben (ggfs aber erhöhte Sicherheitsleistung; Rdn 327). Ein Kaufmann kann im Grundbuch nicht unter seiner Firma, sondern nur mit seinem bürgerlichen Namen eingetragen werden (§ 15 GBV); wenn er unter seiner Firma bietet, muss sein bürgerlicher Name daher festgestellt werden.[48] Für landwirtschaftliche, forstwirtschaftliche und gärtnerisch genutzte Grundstücke bestehen derzeit keine Gebotsbeschränkungen.[49]

Ausländische natürliche Personen (auch Staatenlose) und ausländische juristische Personen unterliegen bei Grundstückserwerb, damit auch Abgabe von Geboten, keinen Beschränkungen (Art 86 EGBGB); eine beschränkende Rechtsverordnung der Bundesregierung ist (bis jetzt) nicht erlassen.

Besonderheiten bei Abgabe eines Gebots durch
– Gemeinde: deren Vertretung richtet sich nach den Gemeindeordnungen der Länder. Wenn die Gemeindeordnung Gesamtvertretung bestimmt (ist vom Gericht zu prüfen), müssen die vertretenden Personen zusammen bieten. Kommunalrechtliche Bindung an Beschlüsse des Gemeinderats (eines anderen Organs) sieht der BGH[50] als nur interne Zuständigkeitsregelung an; sie ist auf die Wirksamkeit von Vertretungshandlungen (die Vertretung „nach außen") ohne Einfluss, somit nicht Wirksamkeitserfordernis; ein Gemeinderatsbeschluss ist für Abgabe eines Gebots daher nicht nach § 71 Abs 2 ZVG nachzuweisen.[51] In kommunalrechtlichen Förmlichkeitsvorschriften (Schriftform mit Unterzeichnung und Beifügung des Gemeindesiegels) sieht der BGH[52] Vertretungsregelungen; sie können aber die Vertretungsmacht nur im

---

[44] LG Braunschweig DNotZ 1957, 322 = aaO (Fußn. 40).

[45] Stöber Rdn 7.4 zu § 71.

[46] LG Freiburg Rpfleger 1973, 302 mit zust Anm Schiffhauer.

[47] BayObLG Rpfleger 1998, 426 („im Rahmen einer ordnungsgemäßen Verwaltung").

[48] Stöber Rdn 7.13 lit a zu § 71.

[49] Stöber Rdn 7.15 zu § 71.

[50] BGH 92, 164 (169, 174); BGH 97, 224 (236); BGH DNotZ 1994, 474 = NJW 1994, 1528.

[51] Anders (für Bayern) früher AG Bayreuth Rpfleger 1969, 397 mit zust Anm Riedel; durch die Rechtsprechung des BGH überholt.

[52] BGH 97, 224 (226); BGH DNotZ 1994, 474 = aaO; BGH DtZ 1997, 222.

rechtsgeschäftlichen Verkehr einschränken, nicht aber auch Bestimmung für die (durch ZVG-Verfahrensrecht bundesrechtlich geregelte) Abgabe eines Gebots treffen.[53]

– Insolvenzverwalter: er benötigt zum Grundstückerwerb nur im Innenverhältnis die Zustimmung des Gläubigerausschusses (§ 160 Abs 1 InsO). Diese braucht bei Abgabe des Gebots jedoch nicht nachgewiesen (= vorgelegt) zu werden; die Wirksamkeit des Gebots ist von der Zustimmung nicht abhängig (§ 164 InsO);

– Kirchenbehörde: erforderlich ist zumeist Genehmigung der Aufsichtsbehörde;[54]

– Pfleger: siehe bei Vormund;

– Rechtspfleger, Richter und Urkundsbeamter (Protokollführer): sie dürfen selbst nicht bieten (§§ 41, 49 ZPO, dort auch für verwandte Personen);

– Versicherungsträger (Träger der Sozialversicherung; Orts-, Betriebs- und Innungskrankenkassen, See-Krankenkasse, landwirtschaftliche Krankenkassen, Bundesknappschaft und Ersatzkassen, dann gewerbliche und landwirtschaftliche Berufsgenossenschaften, Gemeindeunfallversicherungsverbände usw, die Deutsche Rentenversicherung [Bund und Regionalträger sowie Knappschaft-Bahn-See] und die landwirtschaftlichen Alterskassen) bedürfen zum Erwerb von Grundstücken und grundstücksgleichen Rechten, mithin auch zur Abgabe von Geboten, der Genehmigung der Aufsichtsbehörde (§ 85 Abs 1 SGB IV); ist Wirksamkeitserfordernis.[55] Ausnahmen: § 85 Abs 2 und 3 SGB IV;

– Vormund (Pfleger): er kann für sein Mündel (seinen Pflegling) nur mit Genehmigung des Familiengerichts bieten (§ 1821 Nr 5 BGB), die bei Abgabe des Gebots sofort nachzuweisen ist (§ 71 Abs 2 ZVG).

Versicherungsgesellschaften (Versicherungsaktiengesellschaft, Versicherungsverein auf Gegenseitigkeit) und Bausparkasse benötigen nach Neufassung des Versicherungsaufsichtsgesetzes (§ 54) zum Erwerb von Grundstücken keine Genehmigung mehr.

320   Ein Gebot ist nach Abgabe **bindend**; es kann nicht zurückgenommen werden.[56] Erlöschen des Gebots: Rdn 323. **Angefochten** werden kann das Gebot wegen eines Willensmangels.[57] Anfechtung wegen Irrtums (§ 119 BGB) erfordert, dass der Bieter bei der Abgabe des Gebots über dessen Inhalt im Irrtum war (Inhaltsirrtum) oder eine Erklärung dieses Inhalts überhaupt nicht abgeben wollte (Erklärungsirrtum), und anzunehmen ist, dass er sie bei Kenntnis der Sachlage und bei verständiger Würdigung des Falles nicht abgegeben hätte.[58] Nicht anfechtbar ist das Gebot, das auf einem bei Willensbildung unterlaufenen Irrtum im Beweggrund (Motivirrtum) oder auf einer Fehlvorstellung über die Rechtsfolgen beruht, die kraft Gesetzes eintreten (Rechtsfolgeirrtum).[59] Eine Fehlvorstellung des Bieters bei Abgabe des Gebots darüber, welche Rechte bei dem Zuschlag bestehen bleiben, damit auch, dass er das Grundstück lastenfrei erwerbe,

---

[53] Stöber Rdn 7.7 zu § 71.

[54] Stöber Rdn 7.14 zu § 71.

[55] BGH 157, 133 = DNotZ 2004, 461 = NJW 2004, 1622.

[56] OLG Breslau OLG 27, 209; Stöber Rdn 2.4 zu § 71; Jaeckel/Güthe Rdn 14 zu §§ 71, 72 ZVG.

[57] RG 54, 308; Stöber Rdn 3.1 zu § 71 mit weit Nachw; offen gelassen von BGH 177, 62 (65) = DNotZ 2008, 917 = MDR 2008, 1000 = NJW 2008, 2442 (2443) = Rpfleger 2008, 515.

[58] BGH 177, 62 (65) = aaO.

[59] BGH 177, 62 (66) = aaO.

ermöglicht Anfechtung damit nicht.[60] Nicht anfechtbar ist das Gebot auch, wenn der Bieter sich (sonst) verrechnet hat.[61] Anfechtung wegen Irrtums über eine verkehrswesentliche Eigenschaft (§ 119 Abs 2 BGB), deren Fehlen einen Sachmangel begründet (Beispiel: wesentlich geringere Wohnfläche) schließt § 56 S 3 ZVG aus.[62] Die Anfechtung muss gegenüber dem Versteigerungsgericht (unverzüglich; Anfechtung des Zuschlags kann verspätet sein) erfolgen.[63]

Zugelassen werden darf nur ein **wirksames Gebot.** Wirksam ist es, wenn es im 321 Termin zu den Versteigerungsbedingungen abgegeben ist und wenn es als erstes mindestens die Höhe des geringsten Gebots hat, später wenn es ein schon wirksames Gebot überschreitet (zu einer Besonderheit Rdn 322), ihm damit für den Fall, dass es das letzte bleibt und kein Versagungsgrund besteht, der Zuschlag erteilt werden kann (siehe § 71 ZVG). Das Versteigerungsgeschäft ist damit auf eine sichere Grundlage gestellt. Zulässigkeit und Wirksamkeit eines jeden Gebots sind daher **sofort zu überprüfen.** Urkunden, die die Wirksamkeit eines Gebots ausweisen, müssen deshalb bei Abgabe des Gebots vorliegen (§ 71 Abs 2 ZVG); sie können nicht nachträglich beigebracht werden.[64] Ebenso muss die Vertretungsmacht desjenigen, der für einen anderen geboten hat, sofort nachgewiesen werden. Ein unzulässiges oder unwirksames Gebot ist sogleich zurückzuweisen (§ 71 Abs 1 ZVG). Es wird auch nicht wirksam, wenn die Zurückweisung versehentlich unterbleibt; Folge dann: Versagung des Zuschlags. Unter dem Vorbehalt nachträglicher Vorlage einer Genehmigung oder des Nachweises der Vertretungsmacht darf der Zuschlag nicht erteilt werden;[65] auch Vorlage erst an das Beschwerdegericht ermöglicht Zuschlagerteilung nicht.[66]

> **Beispiel:** Das von dem Vormund … für sein minderjähriges Mündel … abgegebene Gebot im Betrage von … € wird zurückgewiesen, weil die erforderliche Genehmigung des Familiengerichts nicht nachgewiesen und dem Vollstreckungsgericht auch nicht offenkundig ist (§ 71 Abs 2 ZVG).

Zurückgewiesen wird ein unwirksames Gebot nur dann nicht mehr, wenn es sogleich (noch vor Entscheidung) durch ein Übergebot, dem nicht widersprochen ist, wieder erloschen ist (§ 72 Abs 1 ZVG; dann aber Aufklärung über die Unzulässigkeit des erloschenen Gebots). Ein zurückgewiesenes Gebot ist erloschen. Ausnahme: Wenn der Bieter oder ein Beteiligter (§ 9 ZVG, Rdn 52–58) der Zurückweisung sofort widerspricht (§ 72 Abs 2 ZVG).

> **Beispiel:** Der Bieter … erklärte nach Verkündung des Beschlusses sogleich, dass er der Zurückweisung seines Gebots ausdrücklich widerspreche.

Die Zulassung eines wirksamen Gebots wird nicht ausdrücklich ausgesprochen. Sie ergibt sich aus der Entgegennahme des Gebots und (soweit erforderlich) Feststellung in der Niederschrift.

Der Grundsatz, dass ein Gebot unwirksam und daher zurückzuweisen ist (§ 71 322 Abs 1 ZVG), wenn es unter dem vorausgehenden zulässigen Gebot liegt (gerin-

---

[60] BGH 177, 62 = aaO.
[61] Stöber Rdn 3.1 zu § 71 mit Nachw.
[62] BGH MDR 2008, 168 = NJW-RR 2008, 222 = Rpfleger 2008, 92.
[63] LG Krefeld Rpfleger 1988, 166; Stöber Rdn 3.2 zu § 71.
[64] BGH LM § 71 ZVG Nr. 1; OLG Celle JW 1933, 2712; OLG Stettin JW 1926, 2586; OLG Frankfurt Rpfleger 1967, 51.
[65] OLG Frankfurt Rpfleger 1967, 51.
[66] OLG Frankfurt Rpfleger 1967, 51.

ger oder auch gleich hoch ist als dieses; sogen Untergebot) erleidet durch § 68 Abs 4 und § 72 Abs 4 ZVG eine bemerkenswerte **Einschränkung.** Diese Bestimmungen sollen (nach Abschaffung der baren Sicherheitsleistung)
– es einem nach § 68 Abs 2 oder 3 ZVG zu **weitergehender** (erhöhter) **Sicherheitsleistung** verpflichteten Erwerbsinteressenten ermöglichen, wirksame Gebote abgeben zu können,[67]
– zugleich aber auch gewährleisten, dass bei Nichtleistung der erhöhten Sicherheit ein geringeres anderes Gebot für die Entscheidung über den Zuschlag wirksam bleibt.

Die erhöhte Sicherheit ist daher nicht notwendig „sofort" im Versteigerungstermin zu leisten (§ 70 Abs 2 S 1 ZVG); sie kann auch danach erbracht werden, spätestens jedoch bis zur Entscheidung über den Zuschlag (§ 68 Abs 4 ZVG). Das Gebot kann daher nicht nach § 70 Abs 2 S 3 ZVG zurückgewiesen werden, wenn Leistung der erhöhten Sicherheit nicht „sofort" (sogleich im Versteigerungstermin) erfolgt. Bei Nichtleistung der erhöhten Sicherheit bis zum Zuschlagtermin liegt dann aber kein wirksames Gebot vor, dem der Zuschlag erteilt werden könnte.[68] Ein vorausgehendes wirksames (geringeres) Gebot ist in einem solchen Fall nicht erloschen (§ 72 Abs 4 ZVG); ihm ist der Zuschlag zu erteilen.

Der Gesetzeswortlaut fasst damit nur den Fall ins Auge, dass zunächst wirksam das Gebot eines Dritten und dann ein Übergebot zugelassen wird, für das nach § 68 Abs 2 und 3 ZVG eine weitergehende Sicherheitsleistung zu erbringen ist, die bis zur Entscheidung über den Zuschlag nicht geleistet wird. Gleiches muss aber auch gelten, wenn vorweg ein Gebot zugelassen wird, für das nach § 68 Abs 2 und 3 ZVG eine weitergehende Sicherheitsleistung zu erbringen ist und erst anschließend ein zuschlagsfähiges, aber geringeres Gebot eines Dritten abgegeben wird und die weitergehende Sicherheit für das höhere erste Gebot bis zur Entscheidung über den Zuschlag nicht geleistet wird. Weil in diesem Fall die Wirksamkeit des Gebots des zu einer erhöhten Sicherheitsleistung verpflichteten Erwerbsinteressenten bis zur Entscheidung über den Zuschlag nicht feststeht, kann es auch die nachfolgende Abgabe eines geringeren Gebots nicht ausschließen und nicht Grundlage für dessen Zurückweisung als unwirksam bieten (§ 71 Abs 1 ZVG). Das nachfolgende geringere Gebot ist ebenso wirksam wie ein vorausgehendes minderes Gebot nicht erlischt, so lange für das Übergebot die erhöhte Sicherheit (§ 68 Abs 2 und 3 ZVG) nicht geleistet ist. Andernfalls könnten bei hohem Gebot des zu erweiterter Sicherheitsleistung Verpflichteten andere Erwerbsinteressenten wirksam nicht mehr bieten, der zur Sicherheitsleistung Verpflichtete, damit vornehmlich der Schuldner (§ 68 Abs 3 ZVG), durch Abgabe eines hohen Gebotes, für das er bis zum Verkündungstermin Sicherheit nicht leistet, verhindern, dass bei Entscheidung über den Zuschlag ein wirksames Gebot vorliegt, sonach damit letztlich die Versteigerung abwenden. Das würde Sinn und Zweck der Bestimmungen über die Sicherheitsleistung, Wirksamkeit und Zurückweisung von Geboten widersprechen.

Beispiel: Bei Versteigerung eines Grundstücks im Werte von 200 000 € bietet der Schuldner sogleich 250 000 €. Der Gläubiger verlangt weitergehende Sicherheitsleistung. Sicherheit für ein Zehntel des Verkehrswerts leistet der Schuldner sofort. Daraufhin bietet ein weiterer Interessent (wirksam) 180 000 €. Dieses Gebot unter dem vorausgehenden zulässigen Gebot des Schuldners ist nicht nach § 71 Abs 1

---

[67] Begründung BT-Drucks 16/3038 S 42.
[68] Begründung BT-Drucks 16/3038 S 42.

ZVG als unwirksam zurückzuweisen. Es ist zulässig; als Meistgebot ist ihm der Zuschlag zu erteilen, wenn der Schuldner die nach § 68 Abs 3 ZVG zu erbringende (weitergehende) Sicherheit bis zur Entscheidung nicht geleistet hat.

In der **Niederschrift** (§ 78 ZVG) festzustellen sind mit Namen und Anschrift 323 des Bieters und dem gebotenen Betrag das Meistgebot und die ihm vorgehenden anderen Gebote, wenn sie für die Erteilung des Zuschlags Bedeutung erlangen können. Festzustellen ist im Protokoll daher auch
– das (zugelassene) Übergebot (Meistgebot), dem sofort widersprochen wurde (§ 72 Abs 1 ZVG) und das daher nicht erloschene vorausgehende Gebot,
– das zurückgewiesene Meistgebot, wenn der Zurückweisung sofort widersprochen wurde (§ 72 Abs 2 ZVG) und das daher nicht erloschene vorausgehende Gebot,
– das (zugelassene) Übergebot, für das die erhöhte Sicherheit (§ 68 Abs 2 und 3 ZVG) bis zur Entscheidung über den Zuschlag noch geleistet werden kann (§ 68 Abs 4 ZVG) und das daher nicht erloschene vorausgehende Gebot (§ 72 Abs 4 ZVG).
Andere Gebote, insbesondere Gebote, die jeweils durch ein Übergebot, dem nicht widersprochen ist, sofort erlöschen (§ 72 Abs 1 ZVG), brauchen nicht festgehalten werden.[69] Wenn Gebote rasch aufeinander abgegeben werden, braucht nach ihrer mündlichen Entgegennahme daher zumeist nur das höchste protokolliert zu werden.[70] Dazu mit Einzelheiten im Kommentar Rdn 2.8 zu § 78. Die im Protokoll aufgeführten Gebote müssen nicht verlesen und genehmigt werden.[71] Die Zurückweisung eines Gebots (§ 71 Abs 1 ZVG) braucht nicht in das Protokoll aufgenommen werden, wenn nicht widersprochen und das Gebot damit zweifelsfrei erloschen ist (§ 72 Abs 2 ZVG; dann kein „erheblicher Vorgang" im Sinne von § 78 ZVG). Das gilt auch für die Zurückweisung eines Gebots, wenn Sicherheitsleistung unterblieben ist. Üblich ist es, ein zurückgewiesenes Gebot und den Zurückweisungsbeschluss dann in der Niederschrift festzustellen, wenn es das einzige oder das höchste Gebot war, ein Übergebot somit nicht mehr erfolgt ist (erforderlich nach[72]). Weitergehende Feststellung der Gebote mit den sich auf sie beziehenden Anträgen, Entscheidungen und Sicherheitsleistungen gebietet auch § 160 Abs 2 ZPO nicht.[73] Die Sitzungsniederschrift hat nicht die Aufgabe, den zeitlichen Ablauf des Versteigerungsgeschäfts differenziert darzustellen und sogleich gegenstandslos gewordene Vorgänge zur Erinnerung festzuhalten.[74]
Die **Bindung des Bieters an sein Gebot** endet mit dessen Erlöschen. Ein Gebot 324 **erlischt,**
– wenn ein Übergebot zugelassen wird und ein Beteiligter der Zulassung nicht sofort widerspricht (§ 72 Abs 1 ZVG). Auch ein Übergebot, das sich später als unwirksam erweist, bringt durch seine Zulassung das vorausgehende Gebot zum Erlöschen.[75] Wenn für das Übergebot Sicherheit zu leisten ist, erlischt das vorhergehende Gebot erst, wenn die Sicherheit geleistet oder das

---

[69] OLG Hamm JMBlNRW 1958, 233 = Rpfleger 1959, 57; Dassler/Hintzen Rdn 7; Jaeckel/Güthe Rdn 2 i; Stöber Rdn 2.8 je zu § 78.
[70] Jaeckel/Güthe wie Fußn 55; Stöber wie Fußn 69.
[71] OLG Hamm Rpfleger 1959, 57 = aaO (Fußn. 69); Stöber Rdn 2.8 zu § 78.
[72] Korintenberg/Wenz Anm 2 g zu § 78.
[73] Stöber Rdn 2.8 zu § 78.
[74] Stöber Rdn 2.8 zu § 78.
[75] OLG Düsseldorf OLG 19, 190; Stöber Rdn 2.1 zu § 72.

Übergebot ohne Sicherheitsleistung zugelassen ist. Eine nach § 68 Abs 2 oder 3 ZVG zu leistende weitergehende (erhöhte) Sicherheit kann bis zur Entscheidung über den Zuschlag erbracht werden (§ 68 Abs 4 ZVG). Bis dahin erlischt das Gebot daher nicht. Wenn die erhöhte Sicherheit für das (zugelassene) Übergebot nicht bis zur Entscheidung über den Zuschlag geleistet worden ist, ist auch das vorausgehende Gebot nicht erloschen (§ 72 Abs 4 ZVG). Bei Nichtleistung der erhöhten Sicherheit bis zum Zuschlagstermin ist damit dem nicht erloschenen vorhergehenden (wirksamen) Gebot der Zuschlag zu erteilen;

– wenn es zurückgewiesen wird und der Bieter oder ein Beteiligter (§ 9 ZVG, Rdn 52–58) der Zurückweisung nicht sofort widerspricht (§ 72 Abs 2 ZVG);

– wenn das Verfahren aufgehoben oder einstweilen eingestellt oder der Termin aufgehoben wird (§ 72 Abs 3 ZVG). Keine Terminaufhebung ist die Unterbrechung des Termins, wenn der Zeitpunkt der Fortsetzung (zB nach einer Mittagspause, infolge fortgeschrittener Tageszeit am nächsten Tag) durch sofort verkündeten Beschluss bestimmt ist;[76]

– wenn die Bietzeit zur Änderung der Versteigerungsbedingungen (mit geringstem Gebot) nach Rücknahme des Versteigerungsantrags oder Bewilligung der Einstellung des Verfahrens durch den bestbetreibenden Gläubiger abgebrochen werden muss;[77] schließlich

– durch rechtskräftige Versagung des Zuschlags (§ 86 ZVG).

324a Zu **Ausbietungsgarantie** und **Bietabkommen** siehe im Kommentar Rdn 8 zu § 71.

4. Unterabschnitt. Sicherheitsleistung

§§ 67–70 ZVG

Schrifttum (Durch Gesetzesänderung teilweise überholt): Drischler, Die Sicherheitsleistung im Zwangsversteigerungstermin, JurBüro 1965, 329; Drischler, Das Verfahren der Immobiliarvollstreckung (Abschn III: Zur Sicherheitsleistung), RpflJahrbuch 1972, 297 (311); Hornung, Änderungen des Zwangsversteigerungsrechts (Abschn III) NJW 1999, 460; Klawikowski, Die besondere Sicherheitsleistung im Zwangsversteigerungsverfahren, Rpfleger 1997, 202; Mayer, Gläubiger-Mehrheit im Zwangsversteigerungsverfahren, Rpfleger 1983, 265; Pöschl, Sicherheitsleistung in der Zwangsversteigerung, BB 1963, 957; Ripfel, Zur Sicherheitsleistung in der Zwangsversteigerung, BWNotZ 1968, 49.

a) Verlangen nach Sicherheitsleistung

325 Mit Bestimmungen über die Sicherheitsleistung für die Erfüllung eines Gebots will das ZVG Schutz gegen Gebote nicht leistungsfähiger Interessenten gewährleisten. Es soll der antragstellende Beteiligte vor Schaden bewahrt, andererseits jedoch der Kreis der Bieter nicht über Gebühr eingeschränkt werden. Das Gericht verlangt im Versteigerungstermin keine Zahlung (Zahlungspflichten des Erstehers siehe § 49 Abs 1 ZVG). Mit Antrag auf Sicherheitsleistung müssen Beteiligte im Versteigerungstermin selbst für Schutz vor Beeinträchtigung durch Nichterfüllung eines Gebots besorgt sein.
Sicherheitsleistung kann verlangen: Ein Beteiligter (§ 9 ZVG; Rdn 52–58), dessen Recht durch Nichterfüllung des Gebots beeinträchtigt würde (§ 67 Abs 1

---

[76] Korintenberg/Wenz Anm 4 zu § 72.
[77] Stöber Rdn 7.4 zu § 66 und Rdn 1.3 sowie 4. 1 zu § 72.

ZVG). Das sind der Gläubiger und jeder Beteiligte, dessen Anspruch durch das abgegebene Gebot ganz (auch innerhalb des geringsten Gebots) oder teilweise bar gedeckt ist, nicht aber ein Beteiligter, der bei einem Zuschlag auf das abgegebene Gebot nicht zum Zuge kommen würde. Der Berechtigte eines bestehen bleibenden Rechts, der keinen aus dem Versteigerungserlös zu befriedigenden Barzahlungsanspruch hat, wird als beeinträchtigt und damit antragsberechtigt angesehen, wenn bei Nichterfüllung des Meistgebots die Sicherheit seines Rechts mit dem Anwachsen der Kosten und Zinsen (anderen Nebenleistungen) eines vorgehenden Berechtigten geschmälert wird.[78] Deckung und damit Antragsrecht des Schuldners können sich für ein Recht am Grundstück, aus seiner persönlichen Haftung für eine durch ein Grundpfandrecht gesicherte Forderung, für einen aus dem Bargebot zu befriedigenden Anspruch oder für einen Erlösüberschuss ergeben,[79] nicht aber aus seiner Mithaftung für Verfahrenskosten.[80] Ob ein Beteiligter „gedeckt", mithin durch die Nichterfüllung des Gebots beeinträchtigt werden würde, ist für einen voraussichtlichen Verteilungstermin annähernd festzustellen. Sicherheit kann jedoch **nur sofort** nach Abgabe (= Entgegennahme) des Gebots verlangt werden (§ 67 Abs 1 ZVG). Vorsorglich, schriftlich, oder sonst vor Abgabe des Gebots kann der Antrag nicht gestellt werden. Er braucht nicht sogleich bei Abgabe des ersten Gebots eines (jeden) Bieters, sondern kann auch erst im Laufe der Versteigerung bei späteren Geboten gestellt werden. Für jeden Bieter muss Sicherheitsleistung selbstständig verlangt werden; es kann daher auch für das Gebot eines Bieters Sicherheitsleistung begehrt, für das Gebot eines anderen Bieters von einem Antrag auf Sicherheitsleistung jedoch Abstand genommen werden. Ist das Verlangen rechtzeitig geltend gemacht, so gilt es im gleichen Termin (nicht aber in einem neuen Versteigerungstermin) auch für alle weiteren Gebote desselben Bieters (§ 67 Abs 1 S 2 ZVG). Eine Einschränkung des Antrags auf Sicherheitsleistung ist jedoch jederzeit möglich. Der Antrag kann auch zurückgenommen werden.

Einschränkung und **Ausnahme** von der Verpflichtung zur Sicherheitsleistung: 326 § 67 Abs 2, 3 ZVG, außerdem gemäß § 10 EGZVG (Text im Kommentar T 2) nach landesrechtlichen Vorschriften für Gebote kommunaler Körperschaften sowie gewisser Kreditanstalten und Sparkassen.

b) Höhe der Sicherheitsleistung

Sicherheit ist zu leisten in Höhe von **einem Zehntel** des in der Terminsbestim- 327 mung genannten (§ 38 ZVG) **Verkehrswertes** (§ 68 Abs 1 ZVG). Maßgebend ist der in der Terminsbestimmung angegebene Verkehrswert auch dann, wenn er später noch abgeändert (ermäßigt oder erhöht)[81] oder wenn er versehentlich unrichtig angegeben wurde (die Beteiligten sollen aus der Terminsbestimmung zuverlässig ersehen können, wie hoch die Sicherheitsleistung sein wird). Die Höhe der Sicherheit ist unabhängig vom Bargebot und von bestehen bleibenden Rechten. Sie beträgt ein Zehntel des Verkehrswerts auch dann, wenn ein Zehntel des Bargebots höher als diese Sicherheit ist. Wenn die Sicherheit für ein Zehntel des Verkehrswerts das Bargebot (mit voraussichtlichen Bargebotszin-

---

[78] Stöber Rdn 2.2; Dassler/Hintzen Rdn 4, je zu § 67.
[79] LG Essen Rpfleger 2006, 31; Stöber Rdn 2.2 zu § 67; Dassler/Hintzen Rdn 5 zu § 67; weitergehend (Schuldner immer) OLG Düsseldorf Rpfleger 1989, 36 mit abl Anm Meyer-Stolte.
[80] Stöber aaO (Fußn 79); anders Hornung Rpfleger 2000, 529.
[81] BGH NJW-RR 2008, 1741 (1742) = Rpfleger 2009, 588 (589); Stöber Rdn 2.1 zu § 68; anders Hornung NJW 1999, 460 (III 1).

sen[82]) übersteigt (möglich bei hohen bestehen bleibenden Rechten) ist jedoch der Unterschiedsbetrag freizugeben (§ 68 Abs 1 S 3 ZVG).

Ein Beteiligter dessen Recht nach § 52 ZVG (Rdn 239) bestehenbleibt, kann **weitergehend Sicherheit** bis zur Höhe des Betrages fordern, welcher zur Deckung der seinem Rechte vorgehenden Ansprüche erforderlich ist, die durch Zahlung zu berichtigen sind (§ 68 Abs 2 ZVG). Die Regelung trägt dem Deckungsgrundsatz Rechnung; der Beteiligte wird dagegen geschützt, dass bei Nichterfüllung der Verpflichtung aus dem Meistgebot mit dem Anwachsen vorgehender Ansprüche an Kosten, Zinsen und anderen wiederkehrenden Leistungen sein Befriedigungsrecht geschmälert wird.[83] Die erhöhte Sicherheit muss als solche ausdrücklich verlangt werden. Wenn dem Beteiligten mehrere bestehen bleibende Rechte zustehen, ist das Recht zu bezeichnen, als dessen Gläubiger er weitergehende Sicherheit verlangt; im Zweifel ist davon auszugehen, dass Antrag wegen des letztrangigen Rechts gestellt ist, die Sicherheit somit alle durch Zahlung zu berichtigende vorgehende Ansprüche decken soll. Zu den dem nachrangigen Recht vorgehenden Ansprüchen gehören stets auch die durch Zahlung zu berichtigenden Ansprüche der besserrangigen eigenen Rechte. Ist die erhöhte Sicherheit im Einzelfall rechnerisch geringer als der normale Sicherheitsbetrag von $1/10$ des Verkehrswerts, dann bleibt es bei diesem.[84]

Für Gebote des **Schuldners** oder eines (nach Beschlagnahme) neu eingetretenen Eigentümers kann der Gläubiger (nicht ein anderer Beteiligter) Sicherheit bis zur Höhe des Betrages verlangen, welcher zur Deckung seines Anspruchs durch Zahlung zu berichtigen ist (§ 68 Abs 3 ZVG). Grund: Die Zahlungsfähigkeit eines solchen Bieters erscheint von vornherein zweifelhaft; es soll daher dem betreibenden Gläubiger nicht zugemutet werden, sich bei dem gewöhnlichen Betrag der Sicherheitsleistung zu beruhigen. Auch diese erhöhte Sicherheitsleistung muss ausdrücklich verlangt werden. Wird sie nicht geltend gemacht, so bleibt es bei der Sicherheitsleistung von 10 vH des Verkehrswertes.

c) Art der Sicherheitsleistung

328 Sicherheitsleistung kann erfolgen durch
– **Bundesbankschecks** und **Verrechnungsschecks;**
  – sie dürfen frühestens am **dritten Werktag** vor dem Versteigerungstermin ausgestellt worden sein,
  und müssen
  – von der Bundesbank oder einem im Bundesgebiet zum Betreiben von Bankgeschäften berechtigten Kreditinstitut ausgestellt sein,
  – und im Inland zahlbar sein (§ 69 Abs 2 ZVG).

Zugelassen sind somit nicht nur bestätigte Bundesbankschecks, sondern (anders als früher nach § 69 Abs 1 ZVG aF) auch nicht bestätigte Bundesbankschecks. Ein bankbestätigter Scheck, der vom Bieter (oder einem Dritten) ausgestellt (und mit Einlösungszusage des Kreditinstituts versehen) ist, steht einem vom Kreditinstitut ausgestellten Scheck nicht gleich; zur Sicherheitsleistung ist er nicht geeignet.[85] Für alle (zugelassenen) Schecks ist nicht (mehr wie nach § 69 Abs 1 ZVG aF) auf die Vorlegungsfrist abgestellt, sondern auf den **Tag der Ausstellung.** Die Bestimmung, ob der Scheck zur Sicherheitsleis-

---

[82] Stöber Rdn 2.6 zu § 68.
[83] Jaeckel/Güthe Rdn 10 zu §§ 67–70.
[84] Stöber Rdn 3.2 zu § 68.
[85] BGH MDR 2006, 1072 = NJW-RR 2008, 715 = Rpfleger 2006, 211 (212).

tung im Versteigerungsverfahren geeignet ist (§ 69 Abs 2 S 1 und 2 ZVG) ist
verfahrensrechtlicher Natur. Die Berechnung der Frist regelt daher § 222
ZPO. Fällt das Ende der Frist (3 Werktage vor dem Versteigerungstermin) auf
einen Sonnabend (Ausstellung am Donnerstag), so endet sie mit Ablauf des
nächsten Werktags (§ 222 Abs 2 ZPO); allgemeine Feiertage (am Ort des
Vollstreckungsgerichts) rechnen nicht als Werktage der Frist. Wenn ein Werktag der Frist ein Samstag ist (Ausstellung am Freitag), dann ist der Tag für die
Frist von 3 Werktagen mit zu berücksichtigen. Das Vollstreckungsgericht (die
Gerichtskasse) hat für unverzügliche Einlösung des Schecks zu sorgen.

– **Bürgschaft** eines (berechtigten) Kreditinstituts (nicht aber eines anderen taug-
  lichen Bürgen), wenn sie unbefristet, unbedingt und selbstschuldnerisch ist
  und die Verpflichtung im Inland zu erfüllen ist (§ 69 Abs 3 ZVG). Ausnahmen hier aber für Gebote des Schuldners oder eines neu eingetretenen Eigentümers.

Bereits vor dem Versteigerungstermin (§ 70 Abs 2 S 2 ZVG) kann Sicherheitsleistung erfolgen durch **Überweisung** auf ein **Konto der Gerichtskasse**; der Betrag muss der Gerichtskasse vor dem Versteigerungstermin gutgeschrieben sein,
Nachweis hierüber muss im Termin vorliegen (§ 69 Abs 4 ZVG). Sicherheitsleistung durch **Barzahlung** im Versteigerungstermin ist **ausgeschlossen** (§ 69
Abs 1 ZVG).
Nicht vorgesehen ist Sicherheitsleistung durch Sparkassenbücher, Wertpapiere,
Hypotheken- oder Grundschuldbriefe, Sachwerte (Gold) usw. Auch Euro-
schecks (mit Scheckkarte) genügen nicht.[86] Solche Möglichkeiten der Sicherheitsleistung sind nur mit ausdrücklicher Zustimmung des die Sicherheit
verlangenden Beteiligten möglich.[87] Dessen Einvernehmen ist im Protokoll festzuhalten. Einzelheiten: Kommentar Rdn 5.3 zu § 69.

d) Entscheidung über die Sicherheitsleistung

Entscheidung über den Antrag auf Sicherheitsleistung: **Sofort** (§ 70 Abs 1   **329**
ZVG). „Sofort" heißt unmittelbar nach Niederschrift des Antrags.[88] Erlischt
das Gebot sogleich wieder durch Zulassung eines Übergebots, so braucht über
den schon gestellten Antrag nicht mehr entschieden werden. Er bleibt aber für
weitere Gebote des gleichen Bieters wirksam.
Erlegung der für erforderlich erklärten Sicherheitsleistung (Übergabe des Bun-
desbank- oder Verrechnungsschecks oder der schriftlichen Bürgschaft [§ 766
S 1 BGB]): **Sofort** (§ 70 Abs 2 S 1 ZVG), also innerhalb kurzer Frist, die zu keiner Verzögerung des Bietgeschäfts und Verfahrensfortgangs führen darf.[89] Die
Bietzeit ist nicht zu verlängern, damit der Bieter noch Gelegenheit findet, die
Sicherheit beizubringen.[90] Sie kann nach Abschluss des Versteigerungstermins,[91]
damit auch nach dem Ende der Bietzeit bis zum Verkündungstermin nicht mehr

---

[86] Vollkommer Rpfleger 1978, 108 (3, Anm); Stöber Rdn 5.4 zu § 69; anders OLG Celle
Rpfleger 1982, 388 = ZIP 1982, 954; Steiner/Storz Rdn 23 zu § 69. Nach der Entscheidung
des Gesetzgebers gegen die Ersetzung von Notenbankgeld durch Bankschecks (dazu Stöber,
15. Aufl, Rdn 5.4 zu § 69) und Regelung jetzt in § 69 Abs 2 ZVG abzulehnen.
[87] Anders Dassler/Hintzen Rdn 26 zu § 69.
[88] Stöber Rdn 2.1 zu § 70.
[89] LG Münster NJW 1958, 149 und 288 (Leits) mit Anm Mohrbutter = MDR 1958, 173 mit
abl Anm Friese; zust Anm Holthöfer; siehe auch Holthöfer JR 1958, 337.
[90] BGH MDR 2006, 1072 = NJW-RR 2006, 715.
[91] BGH NJW-RR 2007, 143 = Rpfleger 2006, 665.

beigebracht werden[92] (zu Besonderheiten im Kommentar § 70 Rdn 3.3 und 3.4). Nur die **weitergehende** (erhöhte) Sicherheitsleistung nach Abs 2 oder 3 des § 68 ZVG kann spätestens bis zur Entscheidung über den Zuschlag erbracht werden (§ 68 Abs 4 ZVG). Wenn weitergehende (erhöhte) Sicherheit zu leisten ist, ist somit zu unterscheiden
- die Sicherheit für ein Zehntel des Verkehrswerts (§ 68 Abs 1 ZVG), die auch der zur weitergehenden Sicherheitsleistung verpflichtete Bieter sofort zu leisten hat (§ 70 Abs 2 S 1 ZVG),
- die nach § 68 Abs 2 oder 3 ZVG darüber hinausgehende Sicherheit; nur diese ist spätestens bis zur Entscheidung über den Zuschlag zu erbringen (§ 68 Abs 4 ZVG).

Dem zur weitergehenden Sicherheitsleistung verpflichteten Bieter ist somit nicht ermöglicht, den Gesamtbetrag der Sicherheitsleistung noch bis zur Entscheidung über den Zuschlag zu erbringen (keine Besserstellung gegenüber anderen Bietern).

Unterbleibt sofortige Leistung und liegt ein Nachweis für Überweisung auf ein Konto der Gerichtskasse nicht vor, erfolgt Zurückweisung des Gebots (§ 70 Abs 2 S 3 ZVG). Ausnahme für weitergehende (erhöhte) Sicherheitsleistung (nicht aber auch für die Sicherheit des weitergehend verpflichteten Bieters für ein Zehntel des Verkehrswertes; siehe vorstehend): § 68 Abs 4 ZVG (Rdn 323). Besonderheit: Wird das Gebot versehentlich ohne Sicherheitsleistung zugelassen und von dem antragstellenden Beteiligten dagegen nicht sofort Widerspruch erhoben, so gilt das Verlangen als zurückgenommen (§ 70 Abs 3 ZVG). Das Gebot eines Bieters ist mithin wirksam, wenn es ohne Leistung der Sicherheit (§ 67 Abs 1 ZVG) und ohne Widerspruch des die Sicherheit Verlangenden zugelassen ist.

e) Niederschrift, Rechtsbehelf

329a   Der Antrag auf Sicherheitsleistung, Erklärungen dazu und die Entscheidung darüber sowie die Leistung der Sicherheit sind durch das **Protokoll** festzuhalten (§ 78 ZVG). Feststellung im Protokoll unterbleibt jedoch, wenn das Gebot, auf das sich die Vorgänge beziehen, mit widerspruchsloser Zulassung eines Übergebots zweifelsfrei erloschen ist (§ 72 Abs 1 ZVG). Dann ist der Antrag auf Sicherheitsleistung aber im Protokoll festzustellen, wenn er für ein (zu beurkundendes) weiteres Gebot des gleichen Bieters wirksam bleibt.

329b   Die Entscheidung des Rechtspflegers über den Antrag auf Sicherheitsleistung ist nicht selbstständig anfechtbar. Auch § 11 Abs 2 RPflG ermöglicht keine Anfechtung, weil als Rechtsbehelf der Widerspruch gegeben ist (§ 70 Abs 3, § 72 ZVG).

f) Verzinsung des Bargebots nach Sicherheitsleistung

330   Von der **Verpflichtung zur Verzinsung des Bargebots** (§ 49 Abs 2 ZVG, Rdn 417) muss die durch Überweisung auf ein Konto der Gerichtskasse bewirkte **Sicherheitsleistung befreien**. Der Ersteher wird auch durch Hinterlegung des Bargebots (weiterhin) von seiner Verbindlichkeit befreit; damit endet die Verpflichtung zur Verzinsung des Bargebots (§ 49 Abs 4 ZVG). Sicherheitsleistung kann nicht mehr durch Hinterlegung bewirkt werden (Änderung des § 69 Abs 3 ZVG aF). Den als Sicherheitsleistung der Gerichtskasse überwiesenen,

---

[92] LG Essen Rpfleger 2006, 31.

nicht jedoch hinterlegten Geldbetrag kann der Ersteher daher nicht durch bloße Erklärung zu Protokoll des Vollstreckungsgerichts oder diesem gegenüber
schriftlich zugleich weitergehend für eine Hinterlegung zur Befreiung von seiner Verbindlichkeit verwenden.[93] Die Gesetzesänderung soll jedoch dem Interesse der Bieter dienen, Sicherheitsleistung nicht mehr im „förmlichen Hinterle-
gungsverfahren" leisten zu müssen.[94] Eine Änderung gegenüber dem früheren
Recht, die nach Zahlung der Sicherheitsleistung fortdauernde Verzinsung gebieten würde, war damit nicht gewollt und ist auch nicht erfolgt. Es wird der
Geldbetrag, der zur Sicherheit für ein Gebot bei der Gerichtskasse einbezahlt
ist, auf die vom Ersteher zu leistende Bargebotszahlung angerechnet (§ 107
Abs 3 ZVG). Der Ersteher kann über die der Gerichtskasse einbezahlte Sicherheit ebenso nicht mehr verfügen wie über einen (früher) als Sicherheit unter
Rücknahmeverzicht hinterlegten Geldbetrag. Sicherheitsleistung durch Überweisung auf ein Konto der Gerichtskasse muss daher bereits mit dem Zuschlag
von der Zahlungspflicht des Erstehers befreien und damit fortdauernde Verzinsung des Bargebots ausschließen (§ 49 Abs 4 ZVG, jedenfalls in entspr Anwendung). Dafür noch einen gesonderten Hinterlegungsantrag des Erstehers mit
Erklärung des Rücknahmeverzichts zu verlangen wäre eine durch nichts ge-
rechtfertigte Förmelei.

g) Rückgabe der Sicherheit

Zurückzugeben ist die geleistete Sicherheit, wenn das Gebot (zweifelsfrei) er-   331
loschen ist (Zulassung eines gültigen Übergebots, rechtskräftiger Zuschlagsversagung usw). Grund: Der Bieter ist von den ihm aus seinem Gebot erwachsenen
Verpflichtungen frei geworden. Zurückgegeben wird die Sicherheit so, wie sie
geleistet ist; zurückgegeben wird dem Bieter somit der (noch nicht eingelöste)
Bundesbank- oder Verrechnungsscheck oder die (schriftliche) Bürgschaftserklä-
rung; überwiesenes Geld wird zurückgezahlt (Auszahlungsanweisung an die
Gerichtskasse). Zurückzahlung erfolgt auch, wenn bei Erlöschen des Gebots
(wie erst mit Entscheidung des Beschwerdegerichts) ein Bundesbank- oder Verrechnungsscheck bereits eingelöst ist. Die Wirksamkeit eines Gebots wird nicht
beeinträchtigt, wenn die Sicherheit nachträglich, insbesondere auch nach Beendigung des Versteigerungstermins, versehentlich an den Bieter widerspruchslos
zurückgezahlt wird.[95] Die Rückgabe der Sicherheit im Termin ist im Protokoll
festzuhalten (§ 78 ZVG). Freigabe eines überschießenden Betrags (§ 68 Abs 1
S 3 ZVG): Rdn 327.

5. Unterabschnitt. Einstweilige Einstellung während der Versteigerung

1. Kapitel. Zahlungsnachweis im Termin
§ 75 ZVG

Durch **Zahlungsnachweis** kann der Schuldner auch noch im Versteigerungs-   332
termin (vor oder nach Aufforderung zur Abgabe von Geboten) die Veräußerung des Grundstücks nach § 75 ZVG abwenden. Der Zahlungsnachweis kann

---

93 Zu dieser Hinterlegung bisher s 7. Auflage Rdn 330.
94 Begründung BT-Drucks 16/3038 S 43.
95 OLG Koblenz Rpfleger 1963, 53; siehe auch LG Verden mit Anm Schiffhauer Rpfleger 1974,
31 ff.

auch noch zwischen dem Versteigerungs- und Verkündungstermin und selbst noch im Verkündungstermin erbracht werden. Die Regelung orientiert sich an § 775 Nr 5 ZPO.[96] Mit dem Einzahlungs- oder Überweisungsnachweis einer Bank (auch Annahmestelle der Postbank AG) oder Sparkasse (Einzelheiten in Zöller/Stöber, ZPO, Rdn 8 zu § 775) sind die Fälle des bargeldlosen Zahlungsverkehrs erfasst. Bare Zahlung an das Gericht im Versteigerungstermin ist damit zugleich ausgeschlossen.[97] Stattdessen kann Zahlung an die Gerichtskasse (zur Weiterleitung an den Gläubiger) erfolgen. Nachzuweisen hat der Schuldner die Zahlung dem Vollstreckungsgericht durch öffentliche Urkunde. Einzustellen ist nach § 75 ZVG die Zwangsversteigerung aber auch dann von Amts wegen, wenn ein Dritter, der berechtigt ist, den Gläubiger zu befriedigen (wie der zur Ablösung Berechtigte, §§ 268, 1150 BGB) den Zahlungsnachweis im (oder vor dem) Versteigerungstermin vorlegt[98] oder wenn das Vollstreckungsgericht auf andere Weise (wie durch Zahlungsmitteilung der Gerichtskasse) zuverlässig von der Zahlung Kenntnis erlangt.[99]

Der Zahlungsnachweis muss ausweisen, dass Zahlung der Vollstreckungsforderung des (der mehreren) betreibenden Gläubigers, bei der Grundschuld somit des vollstreckten Nennbetrags[100] (nicht damit auch eines nicht vollstreckten Teilbetrags der [gesamten] Grundschuld), und der gesamten (vom Gericht vorläufig zu berechnenden) Verfahrenskosten (§ 109 ZVG; eine Gebühr für das Verteilungsverfahren gehört nicht dazu[101]) durch (oder für) den Schuldner oder einen zur Befriedigung des Gläubigers befugten Dritten (§§ 268, 1150 BGB; siehe Rdn 100) erfolgt ist. Folge: Einstellung des Verfahrens nach § 75 ZVG, bei mehreren betreibenden Gläubigern bezüglich der (oder des) Gläubiger(s), für die (den) Zahlung erfolgt ist.[102] Nach dem Schluss der Versteigerung hat Entscheidung durch Versagung des Zuschlags zu erfolgen (§ 33 ZVG; Einzelheiten Rdn 333). Nicht mehr möglich ist Verfahrenseinstellung nach Wirksamwerden des Zuschlags mit Verkündung (§ 89 ZVG), auch dann nicht mehr, wenn der Ersteher auf die Rechte aus dem Meistgebot verzichten will. Teilzahlung (geringere Zahlung) rechtfertigt Verfahrenseinstellung nicht, mithin auch nicht eine Zahlung, die nicht zugleich zur Deckung der Kosten (§ 109 Abs 1 ZVG) ausreicht. Ein verhältnismäßig geringfügiger Fehlbetrag (insbesondere an Zinsen oder Kosten) kann aber nach Treu und Glauben unschädlich sein.[103] Auf eine (verbindliche) Forderungsaufstellung des Gläubigers darf der Schuldner (zahlende Dritte) vertrauen; wird Zahlung in demnach festgestellter Höhe nicht für ausreichend erachtet, ist durch sachgerechte Verfahrensgestaltung eine Klärung herbeizuführen.[104] Keine unzulässige Teilleistung ist Zahlung des gesamten Vollstreckungsanspruchs des Gläubigers in Rangklasse 4 des § 10 Abs 1 ZVG, wenn dieser aus seinem Recht auch noch wegen nicht gezahlter älterer

---

[96] Diese allgemeine Bestimmung des Vollstreckungsrechts hat die Änderung des § 75 ZVG nicht beeinträchtigt. Einstellung der Zwangsversteigerung hat daher nach § 775 Nr 4 oder 5 ZPO zu erfolgen, wenn Zahlung an den Gläubiger geleistet oder der vollstreckte Betrag (samt Kosten) auf dessen Konto überwiesen worden ist.

[97] Begründung, BT-Drucks 16/3038 S 42.

[98] BGH MDR 2009, 224 = NJW 2009, 81 = Rpfleger 2009, 96.

[99] BGH NJW 2009, 81 = aaO.

[100] BGH NJW 2005, 2398.

[101] BGH NJW-RR 2007, 165 (167) = Rpfleger 2007, 93 (97).

[102] BGH NJW 2009, 81 = aaO (Fußn 98).

[103] OLG Hamburg OLG 35, 195.

[104] BGH NJW-RR 2007, 165 (167) = aaO.

Zinsen in Rangklasse 8 (dann als vollstreckender Anspruch Rangklasse 5) vollstreckt.

Wird eine dem Schuldner zustehende, nicht zweckgebundene **Brandversicherungssumme** zur Verfügung des Vollstreckungsgerichts bezahlt und übersteigt sie den Betrag, der zur Befriedigung des betreibenden Gläubigers und der vorgehenden sowie gleichstehenden Rechte erforderlich ist, so ist das Verfahren nur hinsichtlich der Versicherungssumme fortzusetzen und hinsichtlich des Grundstücks entsprechend § 76 ZVG einzustellen.[105]

2. Kapitel. Nach Schluss der Versteigerung
§ 33 ZVG

> Der Zuschlag auf das im Versteigerungstermin vom ... abgegebene Meistgebot des | 333
> ... in Höhe von ... € wird versagt. Dieser Beschluss hat mit Eintritt seiner Rechtskraft die Wirkung einer einstweiligen Einstellung des von dem Gläubiger ... nach dem Anordnungs/Beitrittsbeschluss vom ... betriebenen Zwangsversteigerungsverfahrens.
> **Gründe:** Der Gläubiger ... hat nach Schluss der Versteigerung gemäß § 30 ZVG die einstweilige Einstellung des Verfahrens beantragt. Die Entscheidung über den Einstellungsantrag war nach § 33 ZVG durch Versagung des Zuschlags zu treffen.
> **Hinweis für den Gläubiger:** Wie Rdn 183; zustellen erst nach Einstellung mit Eintritt der Rechtskraft.

Ein Grund zur Aufhebung oder Einstellung des Verfahrens kann sich auch **nach Schluss der Versteigerung** (§ 73 Abs 2 ZVG) und vor Zuschlagerteilung noch ergeben (siehe für Einstellungsbewilligung Rdn 184, für Antragsrücknahme Rdn 204, für Antrag nach § 765 a ZPO Rdn 368). Die Aufhebung oder Einstellung des Verfahrens ist dann aber nicht durch (einfachen) Aufhebungs- oder Einstellungsbeschluss, sondern nur durch Versagung des Zuschlags auszusprechen (§ 33 ZVG) Grund: Verfahrensaufhebung oder -einstellung würde das sofortige Erlöschen der Gebote bewirken (§ 72 Abs 3 ZVG, Rdn 323) und daher auch bei Anfechtung einer sachlich nicht gerechtfertigten Aufhebung oder Einstellung des Verfahrens Zuschlagserteilung durch das Beschwerdegericht nicht ermöglichen.[106] Die Versagung des Zuschlags bringt die am Schluss der Versteigerung noch gültigen Gebote dagegen erst zum Erlöschen, wenn sie rechtskräftig ist (§ 86 ZVG), so dass von den Beteiligten die Aufhebung des Beschlusses und Erteilung des Zuschlags im Beschwerdeverfahren noch verfolgt werden kann. Das gilt auch dann, wenn nach Schluss der Versteigerung – unzulässig – einstweilen eingestellt und zugleich der Zuschlag versagt worden ist; die Einstellung hat dann, sofern der Beschluss nichts anderes ergibt, als Hinweis auf die Zuschlagsversagung keine selbstständige rechtliche Bedeutung.[107]

Der **Versagungsbeschluss wird verkündet** (§ 87 Abs 1 ZVG), nicht jedoch zugestellt (§ 32 ZVG findet keine Anwendung). Zugestellt werden muss aber eine etwa nach § 31 ZVG erforderliche Belehrung.

Wenn **mehrere Gläubiger** das Verfahren betreiben, führt nur ein das Verfahren des bestrangig vollstreckenden Gläubigers betreffender Aufhebungs- oder | 334

---

[105] BGH 46, 221 = MDR 1967, 292 = NJW 1967, 568; OLG Hamburg OLG 35, 195; Stöber Rdn 2.8 zu § 76.

[106] Denkschrift zum ZVG, S 43.

[107] OLG Hamm OLGZ 1965, 311 = NJW 1965, 2410; Mohrbutter Rpfleger 1967, 102 (103).

Einstellungsgrund nach Schluss der Versteigerung zur Zuschlagsversagung (Rdn 333). Liegt der Aufhebungs- oder Einstellungsgrund lediglich bei einem nachrangig betreibenden Gläubiger vor, so ist ihm gegenüber – normal, ohne Anwendung des § 33 ZVG – aufzuheben oder einzustellen.[108]

334a   Ist im Versteigerungstermin kein Gebot abgegeben oder sind alle Gebote (zweifelsfrei) erloschen, dann ist das Verfahren durch Beschluss (§ 29 ZVG) aufzuheben oder (§ 30 ZVG) einstweilen einzustellen (siehe § 77 ZVG).
Teileinstellung und Teilaufhebung (zB nur hinsichtlich einzelner Zubehörstücke) siehe im Kommentar Rdn 5 zu § 33.

3. Kapitel. Wegen Nichtabgabe eines Gebots
§ 77 ZVG

Schrifttum: Drischler, Die ergebnislose Versteigerung, JurBüro 1967, 966

335   Nach dem Ablauf der Bietzeit stellte der Rechtspfleger um ... Uhr ... Min fest, dass noch kein Gebot abgegeben ist. Er forderte nochmals wiederholt zur Abgabe von Geboten auf. Der Aufforderung mittels dreimaligen Aufrufs ungeachtet wurde auch weiterhin kein Gebot gelegt. Um ... Uhr ... Min wurde daher der Schluss der Versteigerung verkündet. Den anwesenden Beteiligten wurde daraufhin Gelegenheit zur Äußerung gegeben. Anträge wurden nicht gestellt, Erklärungen nicht abgegeben.
Beschlossen und verkündet: Das Verfahren wird gemäß § 77 Abs 1 ZVG einstweilen eingestellt, weil im Versteigerungstermin ein Gebot nicht abgegeben worden ist.

336   Einstellung nach ergebnislosem Versteigerungsversuch ermöglicht es dem Gläubiger, noch einen **zweiten Termin zu beantragen.** Erst wenn auch dieser ergebnislos verläuft, ist das Verfahren aufzuheben oder – auf Antrag – als Zwangsverwaltung fortzusetzen (§ 77 Abs 2 ZVG). Nach Verkündung des Aufhebungsbeschlusses kann Antrag auf Fortsetzung des Verfahrens als Zwangsverwaltung nicht mehr gestellt werden.[109]
Der Einstellungsbeschluss nach § 77 Abs 1 ZVG ist im Termin zu verkünden und (mit der Belehrung des § 31 ZVG, Rdn 183) nach § 32 ZVG zuzustellen.
Rechtsbehelf: Sofortige Beschwerde (§ 95 ZVG, § 793 Abs 1 ZPO).
Fortgesetzt wird das eingestellte Verfahren nur auf Antrag (§ 31 ZVG). Fortsetzungsantrag ist nur binnen 6 Monaten ab Zustellung der Belehrung möglich.
Überleitung in ein Zwangsverwaltungsverfahren: § 77 Abs 2 ZVG; **Beispiel:**

Das Verfahren zur Zwangsversteigerung des in Nürnberg gelegenen, im Grundbuch des Amtsgerichts Nürnberg für Gemarkung Gärten Blatt 3685 eingetragenen Grundstücks FlStNr 900, Weststraße 90 Wohnhaus, Hofraum, Garten, zu 630 m², Eigentümer und Vollstreckungsschuldner: ...
wird auf Antrag des Gläubigers ...
wegen des ihm zustehenden dinglichen (Hypothek Abt III Nr 6) und persönlichen Anspruchs im Betrage von
20 000 € Hauptsache nebst 6% Zinsen seit dem 1. Januar 2009 und
20 € Zustellungskosten
und wegen der Kosten der Rechtsverfolgung
als Zwangsverwaltungsverfahren fortgesetzt.

---

[108] Stöber Rdn 3.1 zu § 33.
[109] Anders (bis zur Zustellung des Beschlusses) LG Oldenburg KTS 1970, 234 mit Anm Schiffhauer.

Die Wirkungen der für die Zwangsversteigerung mit Anordnungsbeschluss vom ... erfolgten Beschlagnahme bleiben bestehen. Durch die Fortsetzung des Verfahrens als Zwangsverwaltung wird dem Schuldner die Verwaltung und Benutzung des Grundstücks einschließlich der Verfügung über Miet- und Pachtforderungen entzogen.
Als Verwalter wird ... bestellt. Dieser wird ermächtigt, sich selbst den Besitz des Grundstücks zu verschaffen.
Gründe: Die Versteigerung ist auch im zweiten Termin am ... erfolglos geblieben. Auf Antrag des Gläubigers war daher Fortsetzung des Verfahrens als Zwangsverwaltung anzuordnen (§ 77 Abs 2 S 2 ZVG).
Verfügung: 1. Eintragungsersuchen für Umschreibung des Versteigerungsvermerks in einen Zwangsverwaltungsvermerk an das Grundbuchamt; 2. Beglaubigte Beschlussabschrift a) mitteilen an Gläubiger; b) zustellen an Schuldner; c) zustellen an Zwangsverwalter mit der Bitte ... (wie Rdn 578); 3. Vorlage an Kostenbeamten; 4. WV mit Eingang (Übernahmebericht; Mitteilungen des Grundbuchamts) oder in 3 Wochen.

6. Unterabschnitt. Nachverhandlung, Entscheidung
§§ 74, 87 ZVG

Nach dem Schluss der Versteigerung werden die anwesenden Beteiligten, auch 337 Bieter, deren Gebote noch wirksam sind,[110] **über den Zuschlag gehört** (§ 74 ZVG). Aufklärung (§ 139 ZPO) und Hinweis auf Anträge zur Rechtswahrung (Feststellung im Protokoll, § 78 ZVG) werden für erforderlich erachtet, wenn sich bei Verhandlung die Vermutung aufdrängt, dass ein Beteiligter für ihn nachteilige Folgen der Zuschlagserteilung nicht erkannt hat.[111] Zur Abgabe einer Erklärung sind die Beteiligten nicht verpflichtet.[112]
Der Beschluss, durch welchen der Zuschlag erteilt oder versagt wird, ist in dem Versteigerungstermin oder in einem sofort zu bestimmenden, wiederum öffentlichen (Verkündungs-)Termin zu verkünden (§ 87 Abs 1 ZVG). Ob über den Zuschlag sofort zu entscheiden oder Verkündungstermin zu bestimmen ist, richtet sich nach den Umständen des Einzelfalls; Bestimmung trifft das Vollstreckungsgericht nach pflichtgemäßem Ermessen.[113] Bei Vorliegen besonderer Umstände kann verfassungskonforme Anwendung des § 87 Abs 1 ZVG zur Bestimmung eines Verkündungstermins verpflichten[114] (s auch Rdn 3a). Nichterscheinen des Schuldners im Versteigerungstermin hindert sofortigen Zuschlag regelmäßig nicht.[115] Bei krassem Missverhältnis zwischen Meistgebot und Grundstückswert (wenn damit Erteilung des Zuschlags nach Maßgabe der im Versteigerungstermin gegebenen Voraussetzungen zu einer Verschleuderung des Grundbesitzes führen wird[116]) oder wenn sonst Anhaltspunkte für einen aussichtsreichen Antrag auf Vollstreckungsschutz nach § 765a ZPO vorliegen, kann ein Verkündungstermin anzusetzen sein.[117] Eine weitergehende Sicherheit

---

[110] Jaeckel/Güthe Rdn 3 zu § 74 ZVG.
[111] BVerfG (Kammerbeschluss) NJW 1997, 34.
[112] Stöber Rdn 2.2 zu § 74.
[113] BGH MDR 2004, 744 = NJW-RR 2004, 1074.
[114] BGH NJW-RR 2004, 1074 = aaO.
[115] BGH NJW-RR 2004, 1074 = aaO.
[116] BGH MDR 2005, 353 = NZI 2005, 181 = Rpfleger 2005, 151; LG Mönchengladbach Rpfleger 2004, 436.
[117] BVerfG 46, 325 = MDR 1978, 835 = NJW 1978, 368; BGH NJW-RR 2004, 1074 = aaO.

nach § 68 Abs 2 und 3 ZVG kann spätestens bis zur Entscheidung über den Zuschlag erbracht werden (Rdn 329). Dem Bieter soll es damit (nach Abschaffung der baren Sicherheitsleistung) möglich bleiben, „bei verlangter erhöhter Sicherheitsleistung nach § 68 Abs 2 oder 3 ZVG wirksame Gebote abgeben zu können". Er muss daher Gelegenheit finden, die weitergehende (nicht die normale, Rdn 327) Sicherheit beizubringen; das gebietet Bestimmung eines Verkündungstermins. Der Verkündungstermin soll nicht über eine Woche hinaus bestimmt werden (§ 87 Abs 2 S 1 ZVG). Die Bestimmung des Termins ist zu verkünden und durch Anheftung an die Gerichtstafel bekannt zu machen (§ 87 Abs 2 S 2 ZVG). Für die Wirksamkeit der Verkündung ist es ohne Belang, ob die Anheftung des Verkündungstermins tatsächlich erfolgt war.[118]

> **Beispiel:** Beschlossen und verkündet: Termin zur Verkündung einer Entscheidung über den Zuschlag wird bestimmt auf
> ..., den ...vorm 9.00 Uhr,
> an der Gerichtsstelle, Justizgebäude ... straße Nr ..., Zimmer Nr ...

Der Verkündungstermin kann aus erheblichem Grund (Ausnahmefall) verlegt[119] (erfordert Zustellung an alle Beteiligte und Anheftung an die Gerichtstafel) oder durch zu verkündenden Beschluss[120] vertagt werden (erfordert Anheftung an die Gerichtstafel [ist aber nicht Wirksamkeitserfordernis], nicht aber Zustellung[121]).

7. Unterabschnitt. Mindestgebot
§ 74 a ZVG

Schrifttum: Drischler, Zuschlagserteilung und Zuschlagsversagung unter Berücksichtigung der §§ 74 a u. 85 a ZVG, JurBüro 1982, 1121

338   **Beispiel:** Ausgangsfall Rdn 241, 243; Protokollfall Rdn 302.
> Grundstückswert 160 000 €, geboten sind 90 000 €.
> Rechtsanwalt Paul Y ..., der sich als Vertreter der Bank für Baugeld meldete und Vollmacht übergab, erklärte:
> Gemäß § 74 a Abs 1 ZVG beantrage ich die Versagung des Zuschlags, weil das Meistgebot zusammen mit den bestehen bleibenden Rechten unter sieben Zehnteln des Grundstückswerts bleibt und deshalb der Grundschuldanspruch Abt III Nr 4 zu einem Teil nicht gedeckt ist, aber bei einem Gebot in Höhe von sieben Zehnteln des Grundstückswerts gedeckt sein würde. V. u. g.
> Erklärungen wurden dazu nicht abgegeben, andere Anträge wurden nicht gestellt.
> **Beschlossen** und verkündet: Der Zuschlag auf das im Versteigerungstermin vom ... abgegebene Meistgebot des ... in Höhe von 90 000 DM wird gemäß § 74 a Abs 1 versagt.
> Neuer Versteigerungstermin wird gemäß § 74 a Abs 3 ZVG von Amts wegen mit der anliegenden Terminsbestimmung anberaumt auf ... Gründe: ...

a) Schutz des in der 7/10-Wertgrenze Berechtigten

339   Vor **Grundstücksverschleuderung** soll § 74 a ZVG die am Grundstück Berechtigten mit dem **Mindestgebot** schützen.[122] Wenn das abgegebene bare Meistge-

---

[118] OLG Karlsruhe BWNotZ 1967, 216; OLG Köln Rpfleger 1997, 34.
[119] OLG Hamm Rpfleger 1995, 176; OLG Köln Rpfleger 1997, 34.
[120] OLG Köln Rpfleger 1997, 34.
[121] OLG Köln Rpfleger 1997, 34.
[122] Jonas/Pohle, ZwVNotrecht, Anm 1 zu § 74 a ZVG stellt die unzureichende Regelung heraus.

bot (Rdn 276, 314) zusammen mit den bestehen bleibenden Rechten unter sieben Zehnteln des Grundstückswerts (Rdn 210) liegt, kann **Antrag** auf Versagung des Zuschlags gestellt werden. Hinzuzurechnen sind dem baren Meistgebot die bestehen bleibenden Rechte mit ihrem Kapitalwert; das ist bei einer Hypothek oder Grundschuld der Nennbetrag; bei einer Rentenschuld die Ablösungssumme, bei anderen Grundstücksrechten der nach § 51 Abs 2 ZVG festgesetzte Zuzahlungsbetrag.[123] Der Antrag kann nur im Versteigerungstermin (Feststellung im Protokoll, §§ 78, 80 ZVG) bis zum Schluss der Verhandlung über den Zuschlag (§ 74 ZVG, Rdn 337), nicht mehr im Verkündungstermin und auch nicht schriftlich vor dem Versteigerungstermin gestellt werden. Bis zur Entscheidung über den Zuschlag kann der Antrag zurückgenommen werden.[124]

Antragsberechtigt ist ein „Berechtigter" (§ 10 ZVG), dessen Anspruch ganz   339a
oder teilweise durch das abgegebene Meistgebot nicht gedeckt ist, aber bei einem Gebot in Höhe von sieben Zehnteln des Grundstückswerts voraussichtlich gedeckt sein würde (§ 74a Abs 1 S 1 ZVG). Der Antragsberechtigte kann nach Rangklasse 1–3 des § 10 Abs 1 ZVG bevorrechtigt, dinglicher (§ 10 Abs 1 Nr 4, auch Nr 6 ZVG) oder betreibender persönlicher (§ 10 Abs 1 Nr 5 ZVG) Gläubiger sein; auch ein Anspruch in Rangklasse 7 oder 8 des § 10 Abs 1 ZVG oder ein nur vorgemerktes Recht (nicht aber eine Löschungsvormerkung allein) begründet das Antragsrecht. Aus dem mit einem Pfandrecht belasteten Recht folgt sowohl für den Berechtigten wie für den Pfandgläubiger das Antragsrecht. Eine Sicherungsgrundschuld, die ihr Gläubiger in Höhe des in den $^7/_{10}$-Grundstückswert fallenden Kapitals in Anspruch nimmt, begründet für den Pfändungsgläubiger oder Zessionar des Rückgewähranspruchs jedoch kein Antragsrecht.[125] Nach Ablösung eines Anspruchs (§§ 268, 1150 BGB, Rdn 100) erlangt der Ablösende mit dem Anspruch (Recht) das Antragsrecht. Der Schuldner ist als Berechtigter eines Eigentümergrundpfandrechts antragsberechtigt[126] (Anmeldung ggfs erforderlich), nicht aber allgemein als Beteiligter (§ 9 ZVG);[127] ebenso steht seinem Insolvenzverwalter kein allgemeines Antragsrecht zu.[128] Antragsberechtigt ist auch der betreibende Gläubiger.[129] Nach anderer Ansicht gilt, wenn noch weitere betreibende Gläubiger vorhanden sind, der Antrag eines Beschlagnahmegläubigers für seine Forderung als Einstellungsbewilligung (§ 30 ZVG) mit der Folge, dass er als betreibender Gläubiger ausscheidet und im Verhältnis zu den übrigen Gläubigern wirksam Antrag nach § 74a ZVG gestellt hat.[130] Der Meistbietende kann Versagungsantrag nicht stellen und auch sein etwaiges Antragsrecht als dinglicher Gläubiger nicht geltend machen. Kein Antragsrecht steht auch dem nicht betreibenden persönlichen Gläubiger

---

[123] LG Hamburg Rpfleger 2003, 142. Nicht richtig LG Verden Rpfleger 1982, 33.
[124] LG Oldenburg KTS 1971, 60; Stöber Rdn 4.5 zu § 74a.
[125] LG Düsseldorf Rpfleger 1974, 124 mit Anm Schiffhauer; Dassler/Hintzen Rdn 18 zu § 74a; Stöber Rdn 3.15 zu § 74a.
[126] BGH MDR 1988, 578 = NJW-RR 1988, 1206; OLG Hamburg MDR 1957, 238 (Leits); Stöber Rdn 3.6 zu § 74a.
[127] BGH NJW-RR 1988, 1206 = aaO; Stöber Rdn 3.6 zu § 74a mit Nachweisen und Hinweisen auf Gegenansicht.
[128] LG Göttingen Betrieb 1955, 1138 = NdsRpfl 1957, 135 = NJW 1956, 428; Stöber Rdn 3.12 zu § 74a.
[129] BVerfG (Kammerbeschluss) NJW 1993, 1699; OLG Koblenz Rpfleger 1999, 407; LG Oldenburg Rpfleger 1974, 324; Stöber Rdn 3.7 zu § 74a; Steiner/Storz Rdn 20 zu § 74a.
[130] BGH 46, 107 = MDR 1967, 34 = NJW 1966, 2403.

zu, selbst wenn er den Schuldneranspruch auf den Übererlös gepfändet hat; auch Mieter oder Pächter sind nicht antragsberechtigt.

340   **Antragsvoraussetzung** ist (§ 74a Abs 1 S 1 ZVG) dass
   – das (wirksame) **Meistgebot** einschließlich des Kapitalwertes (Rdn 339) der nach den Versteigerungsbedingungen bestehen bleibenden Rechte (aber ohne Bargebotszinsen[131]) **unter sieben Zehnteilen** des (festgesetzten) Grundstückswertes (§ 74a Abs 5 ZVG) geblieben ist,
   – der Anspruch des Antragstellers durch dieses Meistgebot ganz oder teilweise **nicht gedeckt** ist, somit ganz oder mindestens zum Teil ausfallen würde,
   – der Anspruch des Antragstellers bei einem Meistgebot einschließlich Kapitalwert der Rechte von sieben Zehnteilen des Grundstückswerts (§ 74a Abs 5 ZVG) aber **voraussichtlich gedeckt** sein würde, sonach (voraussichtlich) mindestens zum Teil oder mit einem größeren Betrag zum Zuge kommen würde.

> **Beispiel:**
>
> | | |
> |---|---:|
> | Grundstückswert 100 000 DM; sieben Zehntel | 70 000 € |
> | Vorgehende Ansprüche (Kosten, öffentliche Lasten, erlöschende Rechte und wiederkehrende Leistungen daraus) | 50 000 € |
> | Recht des Antragstellers | 25 000 € |
> | Meistgebot (keine bestehen bleibenden Rechte): | 55 000 € |
> | Teilweise (weitere) Deckung bei einem Meistgebot von 70 000 DM | 15 000 €. |

Bei der Berechnung, ob der Antragsteller „ganz oder teilweise gedeckt" sein würde, ist eine vor- oder gleichrangige Grundschuld mit ihrem Nennbetrag (Hauptsache und wiederkehrende Leistungen, andere Nebenleistungen sowie Kosten) zu berücksichtigen.[132] Für die Berechnung wiederkehrender Leistungen ist auf die Verteilung in dem mutmaßlichen Verteilungstermin abzustellen[133] („ … voraussichtlich gedeckt"); § 47 ZVG (Berechnung bis 2 Wochen nach dem Versteigerungstermin) findet keine Anwendung.

b) Widerspruch des betreibenden Gläubigers

341   **Abzulehnen** ist der (zulässige und begründete) Antrag, wenn der betreibende Gläubiger **widerspricht** und glaubhaft macht, dass ihm durch die Versagung des Zuschlags ein **unverhältnismäßiger Nachteil** erwachsen würde (§ 74a Abs 1 S 2 ZVG). „Unverhältnismäßig" wäre der Nachteil, wenn dem Gläubiger mit Aufschub der Befriedigung seiner Vollstreckungsforderung ein unverhältnismäßiger Schaden erwachsen oder bei späterer Grundstücksverwertung der Ausfall seiner Forderung drohen würde. Von mehreren betreibenden Gläubigern kann jeder selbstständig widersprechen (auch der, der zugleich Meistbietender ist). Widerspruchsberechtigter Gläubiger ist nur der Anordnungs- oder Beitrittsgläubiger, der im Versteigerungstermin die Stellung des betreibenden Gläubigers hat. Ein Beschlagnahmegläubiger, dessen Verfahren einstweilen eingestellt ist (gleich aus welchem Grund) oder dessen Beschluss dem Schuldner nicht rechtzeitig zugestellt ist (§ 43 Abs 2 ZVG), ist im Versteigerungstermin nicht betreibender Gläubiger, kann somit nicht widersprechen. Der Widerspruch kann nur bis

---

[131] Dassler/Hintzen Rdn 11 zu § 74a; Stöber Rdn 3.2 zu § 74a; anders Steiner/Storz Rdn 34 zu § 74a (gegen den Gesetzeswortlaut).

[132] BGH 158, 159 = MDR 2004, 771 = NJW 2004, 1803.

[133] Jonas/Pohle, ZwVNotrecht, Anm 4a zu § 74a ZVG; Stöber Rdn 3.3 zu § 74a.

zum Schluss der Verhandlung über den Zuschlag erklärt werden (§ 74 a Abs 2 ZVG). Zurückgenommen werden kann er bis zur Entscheidung über den Zuschlag.

c) Entscheidung über den Antrag und Widerspruch

Entschieden wird über den Versagungsantrag und über einen Widerspruch 341a durch Versagung des Zuschlags aus den Gründen des § 74 a Abs 1 ZVG oder (bei Ablehnung des Antrags) durch Erteilung des Zuschlags. Die Entscheidung ist zu begründen; die Begründung des Beschlusses über die Versagung des Zuschlags muss auch darstellen, aus welchen Erwägungen einem Widerspruch nicht stattgegeben werden konnte. Die Bindung des Bieters an das Meistgebot erlischt erst mit Rechtskraft des Versagungsbeschlusses (§ 86 mit § 72 Abs 3 ZVG); Erteilung des Zuschlags durch das Beschwerdegericht ist daher möglich.
Rechtsmittel: Bei Antragsablehnung mit Zuschlagerteilung: Sofortige Beschwer- 342 de gegen den Zuschlagsbeschluss (Rdn 363), bei Zuschlagversagung sofortige Beschwerde (§ 97 ZVG). Rechtsbeschwerde: § 574 Abs 1 Nr 2 ZPO.
Neue Terminsbestimmung sofort nach Zuschlagversagung: § 74 a Abs 3 ZVG. 343 Inhalt der Terminsbestimmung, Bekanntmachung, Zustellung und Mitteilungen bestimmen sich nach den gleichen Vorschriften wie bei der ersten Terminsbestimmung (Rdn 219–224).

d) Grundsatz der Einmaligkeit

Schutz vor Grundstücksverschleuderung nach § 74 a ZVG oder nach § 85 a 343a ZVG (Rdn 344 a ff) wird **nur einmal** gewährt (Grundsatz der Einmaligkeit).[134] Ausgeschlossen ist nochmalige Versagung des Zuschlags auf Antrag eines Berechtigten nach § 74 a ZVG oder deshalb, weil das Gebot unter dem halben Grundstückswert liegt (§ 85 a Abs 1 ZVG), wenn in einem neuen Termin das Mindestgebot oder die Hälfte des Grundstückswerts wieder nicht erzielt wird (§ 74 a Abs 4, § 85 a Abs 2 S 2 ZVG). Auch auf Antrag eines anderen in der 7/10-Grenze stehenden Berechtigten kann der Zuschlag in dem neuen Termin nicht versagt werden.[135] Nach Versagung des Zuschlags aus den Gründen des § 74 a ZVG oder des § 85 a ZVG ist nochmalige Versagung des Zuschlags auf Antrag eines Berechtigten nach § 74 a ZVG oder von Amts wegen nach § 85 a ZVG auch ausgeschlossen, wenn zwischenzeitlich das Verfahren auf Gläubigerbewilligung eingestellt und erst nach Verfahrensfortsetzung „neuer" Versteigerungstermin anberaumt wurde.[136] In dem neuen Versteigerungstermin kann der Zuschlag aus diesen Gründen auch nicht versagt werden, wenn nun zu anderen Bedingungen versteigert wurde, zB nach Beitritt eines rangbesseren Gläubigers oder weil der rangbessere Gläubiger die Einstellung bewilligt hat und das Verfahren für nachrangige Gläubiger fortgesetzt wurde.[137] Der Grundsatz der Einmaligkeit darf nicht als „erstmalig" verstanden werden.[138] Versagung des Zuschlags aus dem Grunde des § 74 a Abs 1 (wie auch nach § 85 a Abs 1) ZVG ist daher möglich und geboten, wenn ein früherer Termin aus anderen Gründen ergebnislos war, zB deshalb, weil nach Bewilligung der Einstellung (§ 30 ZVG)

---

[134] BGH MDR 2004, 294 = NJW-RR 2004, 302 (303).
[135] Stöber Rdn 6.3 zu § 74 a.
[136] Stöber Rdn 6.3 zu § 74 a.
[137] Stöber Rdn 6.3 zu § 74 a; Jonas/Pohle, ZwVollstrNotrecht, Anm 8 a zu § 74 a ZVG.
[138] Stöber Rdn 4.3 zu § 74 a.

der Zuschlag gem § 33 ZVG versagt werden musste oder weil in dem ersten Termin kein Gebot abgegeben wurde (§ 77 Abs 1 ZVG). Ein „neuer Versteigerungstermin", der nochmalige Versagung des Zuschlags aus den Gründen des § 74a ZVG oder des § 85a ZVG verbietet, findet nur statt, wenn er dem früheren Termin in dem gleichen Verfahren folgt. Wenn nach Versagung des Zuschlags das Verfahren aufgehoben ist und später nach neuer Beschlagnahme in dem weiteren Verfahren erstmalig Versteigerungstermin stattfindet, kann der Zuschlag wieder aus den Gründen des § 85a ZVG oder auf Antrag nach § 74a Abs 1 ZVG versagt werden.

e) Vertagung des Termins?

344   Es wird die Ansicht vertreten, zur Vermeidung einer Grundstücksverschleuderung könne der **Versteigerungstermin nach § 227 Abs 1 ZPO** auf Antrag oder von Amts wegen **aufgehoben (vertagt)** werden;[139] hiergegen aber bestehen erhebliche Bedenken.[140] Vollstreckungsschutz auf Schuldnerantrag nach § 765a ZPO: Rdn 367, 368.

8. Unterabschnitt. Zuschlagversagung bei Meistgebot unter halbem Grundstückswert (absolutes Mindestgebot)
§ 85a ZVG

Schrifttum: Drischler, Zuschlagserteilung u. Zuschlagsversagung unter Berücksichtigung der §§ 74a u. 85a ZVG, JurBüro 1982, 1121; Ebeling, Abtretung der Rechte aus dem Meistgebot und § 85a Abs 3 ZVG, Rpfleger 1988, 400; Groß, Das Eigengebot des Terminsvertreters ist wirksam!, Rpfleger 2008, 545; Hasselblatt, Scheingebote im Zwangsversteigerungsverfahren, NJW 2006, 1320; Hornung, Die Zwangsvollstreckungsnovelle 1979 (III), Rpfleger 1979, 365; Hornung, Kein Ausschluss der Schutzgrenzen nach ergebnisloser Zwangsversteigerung, Rpfleger 2000, 363; Kirsch, Ergebnislose Zwangsversteigerung, Rpfleger 2000, 147; Muth, Zur Zuschlagserteilung nach § 85a Abs 3 ZVG, Rpfleger 1985, 45; Scherer, Die Anrechnung der Sicherungsgrundschuld bei § 85a Abs 3 ZVG, Rpfleger 1984, 259; Scherer, Nochmals: Zur Zuschlagserteilung nach § 85a Abs 3 ZVG, Rpfleger 1985, 181.

344a   **Beschluss:** Der Zuschlag auf das im Versteigerungstermin vom ... abgegebene Meistgebot des ... in Höhe von ... € wird gemäß § 85a Abs 1 ZVG versagt.
Neuer Versteigerungstermin wird gemäß § 85a Abs 2 iVm § 74a Abs 3 ZVG von Amts wegen mit der anliegenden Terminsbestimmung anberaumt auf ... Gründe: ...

a) Schutz vor Verschleuderung des Grundstücks

344b   Verschleuderung des Grundstücks zu einem (wirksamen Meist-)Gebot **unter dem halben Grundstückswert** (Rdn 210) bei nur einmaligem Versteigerungsversuch verbietet § 85a Abs 1 ZVG. Die Bestimmung dient, ebenso wie § 817a Abs 1 ZPO als entsprechende Regelung für die Versteigerung beweglicher Sachen, einem verstärkten Schuldnerschutz, zugleich aber auch der Wahrung der Belange der am Grundstück an günstiger Rangstelle Berechtigten. Gewährleistet werden soll damit ein wirtschaftlich vertretbares Ergebnis der Versteigerung. Die Regelung beruht auf der Erwägung, dass ein ungünstiges Versteigerungsergebnis auf Umständen beruhen kann, die nicht von Dauer sind, bei nochmaliger Versteigerung sonach ein höherer Versteigerungserlös erzielbar sein könnte.

[139] Dazu Jonas/Pohle, ZwVNotrecht, Anm 9 zu § 74a ZVG.
[140] Stöber Rdn 13 zu § 74a.

Dass ein Meistgebot unter dem halben Grundstückswert nicht zum Zuschlag führen darf, ist **von Amts wegen** zu beachten; Verzicht der Beteiligten auf die Anwendung des § 85 a ZVG ist unzulässig. Zu versagen ist der Zuschlag, wenn das im „ersten" (dazu Rdn 343 a) Versteigerungstermin erzielte Meistgebot unter Einbeziehung der nach den Versteigerungsbedingungen (nicht auch der nach § 91 Abs 2 ZVG oder außerhalb des geringsten Gebots, wie zB ein Altenteil) bestehen bleibenden Rechte (zu deren Werten Rdn 339) die Hälfte des Grundstückswerts (Rdn 208 ff) nicht erreicht (absolutes Mindestgebot).

Beispiel: Grundstückswert   200 000 €.
Bestehen bleibende Rechte   30 000 €
(Bares) Meistgebot   60 000 €
Zusammen somit   90 000 €,
mithin weniger als die Hälfte des Grundstückswerts.

Ein Widerspruchsrecht des Gläubigers gegen die Versagung des Zuschlags bei einem Meistgebot unter dem halben Grundstückswert gibt es (im Gegensatz zu § 74 a Abs 1 S 2 ZVG) nicht.

Ein Gebot unter dem halben Grundstückswert ist wirksam.[141] Gesetzlich ist es nicht unzulässig; es ist auch nicht unzulässig, wenn es der am Erwerb des Grundstücks interessierte Bieter in der ausschließlichen Absicht abgegeben hat, einen weiteren Versteigerungstermin zu erreichen, um den Zuschlag, dann auf sein wiederum unter dem halben Grundstückswert liegendes Gebot zu erhalten.[142] Ein solches Gebot kann daher nicht als unwirksam (nach § 71 Abs 1 ZVG, Rdn 321) zurückgewiesen werden. Schon bei Abgabe des Gebots ist jedoch auf den absoluten Versagungsgrund des § 85 a Abs 1 ZVG hinzuweisen (Aufklärungspflicht nach § 139 ZPO).

Der BGH[143] hat allerdings ein Gebot unter dem halben Grundstückswert (oder auch nur unter $7/10$ des Grundstückswerts, § 74 a Abs 1 ZVG) dann für unwirksam gehalten, wenn der Bieter von vornherein nicht am Erwerb des Grundstücks (auch nicht auf ein Gebot in einem weiteren Versteigerungstermin auf weniger als die Hälfte [oder $7/10$] des Verkehrswertes) interessiert ist. Für unwirksam gehalten hat er sonach das **Eigengebot** des nicht am Grundstückserwerb interessierten Gläubigervertreters, der sein Gebot abgibt, damit in einem weiteren Versteigerungstermin einem anderen Interessenten der Zuschlag auf ein Gebot unter der Hälfte (oder $7/10$) des Grundstückswerts erteilt werden kann.[144] Diese Ansicht wird allgemein überzeugend abgelehnt.[145] Dennoch hat der BGH[146] ein Eigengebot des Gläubigervertreters, das ausschließlich darauf

---

[141] BGH MDR 2006, 708 = NJW 2006, 1355 = Rpfleger 2006, 144; BGH 172 (218 (221) = NJW 2007, 3279 mit Anm Storz und Kiderlen = Rpfleger 2007, 483; OLG Koblenz Rpfleger 1999, 407; Hornung Rpfleger 1979, 365 (366) und 2000, 363 (365); anders, wenn das Verhalten des Bieters gegen Treu und Glauben verstößt); Stöber Rdn 2.3 zu § 85 a mit Nachw.
[142] BGH NJW 2006, 1355; BGH 172, 218 (224) = aaO; OLG Koblenz = aaO (je Fußn 141).
[143] BGH NJW 2006, 1355 = aaO.
[144] BGH NJW 2006, 1355 = aaO.
[145] Hasselblatt NJW 2006, 1320; Hintzen Rpfleger 2006, 145 (Anmerkung); Groß Rpfleger 2007, 91 (Anmerkung); LG Detmold Rpfleger 2006, 491; LG Potsdam Rpfleger 2007, 337; AG Stade Rpfleger 2006, 275; AG Tostedt Rpfleger 2006, 492; zustimmend nur LG Dessau Rpfleger 2006, 557.
[146] BGH 172, 218 = BGHRep 2007, 1153 mit abl Anm Stöber = NJW 2007, 3279 = Rpfleger 2007, 483. Dann weiter BGH MDR 2007, 1344 = NJW 2007, 3360 = Rpfleger 2007, 617 mit Anm Alff; BGH MDR 2008, 105 = NJW-RR 2008, 360 (361) = Rpfleger 2008, 146; BGH

gerichtet sein soll, zu Gunsten des Gläubigers und zu Lasten des Schuldners die Rechtsfolgen des § 85a Abs 1 und 2 ZVG herbeizuführen, als rechtsmiss-bräuchlich und deshalb unwirksam angesehen und überdies angenommen, dass bei dem Eigengebot des Vertreters eine tatsächliche Vermutung für die rechts-missbräuchliche Absicht spricht, den vom Gesetz bezweckten Schuldnerschutz zu unterlaufen. Gelungen ist der Versuch, die Unwirksamkeit des Eigengebots des Gläubigervertreters mit anderer (neuer) Begründung zu rechtfertigen, je-doch nicht (dazu ausführlich im Kommentar Rdn 4.2 zu § 85a ZVG). Weiter-hin hat der BGH[147] dann aber auch noch das Gebot eines Dritten, damit auch eines „Beauftragten" des Gläubigers (der nicht dessen [Termins-]Vertreter ist), als unwirksam angesehen, wenn es „ausschließlich" darauf gerichtet ist, zu Gunsten des Gläubigers und zu Lasten des Schuldners die Rechtsfolgen von § 85a Abs 1 und 2 ZVG herbeizuführen. Es soll jedoch in diesem Fall (anders als beim Eigengebot des Gläubigervertreters) keine tatsächliche Vermutung für den Rechtsmissbrauch sprechen, sondern das rechtlich zu missbilligende Ver-halten Nichtigkeit des Gebots nur zur Folge haben, wenn es positiv festgestellt ist. Auch das überzeugt jedoch nicht (dazu im Kommentar Rdn 4.4 zu § 85a). Wenn das Versteigerungsergebnis rechtlich zu missbilligen ist, kann der Schuld-ner auf Antrag Schutz nach § 765a ZPO erlangen. Nach der (nicht zu billigen-den) Ansicht des BGH wäre hingegen das Eigengebot des Gläubigervertreters als unwirksam nach § 71 Abs 1 ZVG zurückzuweisen.[148] Gleichermaßen zu-rückgewiesen werden müsste das Gebot eines Dritten, wenn das rechtlich (ver-meintlich) zu missbilligende Verhalten positiv feststeht.

344c   Vor Versagung des Zuschlags sind die anwesenden **Beteiligten** nach Schluss der Versteigerung **zu hören** (§ 74 ZVG). Die Versagung des Zuschlags auf ein Ge-bot unter dem halben Grundstückswert erfolgt durch Beschluss (§ 33 ZVG); er ist zu begründen. Wenn die Beteiligten Zuschlagsversagung nach § 85a Abs 1 ZVG angeregt oder erwartet haben, der Zuschlag jedoch erteilt wird, ist in den Gründen darzustellen, warum § 85a Abs 1 ZVG nicht einschlägig ist (zB weil das Gebot infolge der darzustellenden Bewertung eines bestehen bleibenden Rechts der Abt II über dem halben Grundstückswert liegt). Die Bindung des Bieters an das Meistgebot erlischt erst mit Rechtskraft des Versagungsbeschlus-ses (§ 86 mit § 72 Abs 3 ZVG); Erteilung des Zuschlags durch das Beschwer-degericht ist daher möglich.

344d   **Rechtsmittel:** Bei Zuschlagerteilung unter Verletzung des § 85a Abs 1 ZVG: Sofortige Beschwerde gegen den Zuschlagsbeschluss (Rdn 363), bei Zuschlag-versagung gleichfalls sofortige Beschwerde (§ 97 ZVG). Rechtsbeschwerde nach § 574 Abs 1 Nr 2 ZPO.

344e   **Neue Terminsbestimmung** nach Versagung des Zuschlags: § 85a Abs 2 S 1 iVm § 74a Abs 3 ZVG; dazu Rdn 343.

344f   Schutz vor Grundstücksverschleuderung nach § 85a ZVG oder auf Antrag nach § 74a ZVG wird **nur einmal** gewährt (§ 85a Abs 2 S 2, § 74a Abs 4 ZVG; siehe dazu Rdn 343a).

344g   Die **Versagungsgründe** des § 74a Abs 1 ZVG (Rdn 338ff) und des § 85a Abs 1 ZVG bestehen **nebeneinander.** Wenn ein Meistgebot unter der Hälfte des Grundstückswerts liegt und daher der Zuschlag nach § 85a Abs 1 ZVG zu ver-

---

MDR 2008, 229 = NJW-RR 2008, 688 (689) = Rpfleger 2008, 147 und noch immer BGH MDR 2008, 230 = NJW-RR 2008, 944 = Rpfleger 2008, 215.
147 BGH MDR 2008, 1360 = Rpfleger 2008, 587.
148 BGH 172, 218 (234) = aaO (Fußn 146).

sagen ist (Schutz vor Grundstücksverschleuderung), kann der Antrag aus § 74a Abs 1 ZVG keine Bedeutung mehr erlangen; mit Versagung des Zuschlags auf das Gebot unter der Mindestgrenze ist Einzelschutz des am Grundstück in der $^7/_{10}$-Grenze Berechtigten auf dessen Antrag ausgeschlossen. Der Antrag aus § 74a Abs 1 ZVG bleibt aber bis zur Rechtskraft der Entscheidung wirksam; er ist daher vom Beschwerdegericht zu prüfen, wenn es den Versagungsgrund des § 85a ZVG (infolge anderer Beurteilung des nicht rechtskräftigen Grundstückswertes, wegen anderer Bewertung nach Freigabe von Zubehör usw) verneint. Es kann auch Versagung des Zuschlags nach § 85a Abs 3 (wegen Berücksichtigung der erweiterten Befriedigung des Bieters als Ersteher) ausscheiden, gleichwohl aber der Versagungsantrag nach § 74a Abs 1 ZVG begründet sein (so der Antrag des Gläubigers eines dem Meistbietenden vorgehenden ausfallenden Rechts oder eines Gleichrangrechts).

b) Recht des Meistbietenden am Grundstück

Wenn Meistbietender mit einem Gebot unter dem halben Grundstückswert **ein** **zur Befriedigung aus dem Grundstück Berechtigter** ist, erlangt die Befriedigungswirkung des § 114a ZVG Bedeutung. Berechtigter in diesem Sinn kann jeder Berechtigte eines nach § 10 ZVG aus dem Grundstück zu befriedigenden Anspruchs sein, somit nicht nur der Gläubiger eines Rechts an dem Grundstück, insbesondere einer Hypothek oder Grundschuld, sondern auch der Gläubiger einer persönlichen Vollstreckungsforderung in Rangklasse 5 des § 10 Abs 1 ZVG und der Gläubiger eines in Rangklasse (7 sowie) 8 des § 10 Abs 1 ZVG fallenden älteren rückständigen Anspruchs.[149] Der Betrag (Kosten, wiederkehrende Leistungen und andere Nebenleistungen, Hauptsache), mit dem der Meistbietende bei Erlösverteilung ausfallen würde, jedoch nach § 114a ZVG als aus dem Grundstück (fiktiv) befriedigt gilt (Rdn 570–575), ist mit dem baren Meistgebot und dem Kapitalwert der bestehen bleibenden Rechte zusammenzurechnen. Ergibt die **Summe** der Beträge die **Hälfte des Grundstückswerts** oder mehr, dann ist der Versagungsgrund des § 85a Abs 1 ZVG nicht gegeben (§ 85a Abs 3 ZVG), der Zuschlag mithin zu erteilen. Grund: Keine Verschleuderung des Grundstücks; denn infolge der Befriedigungswirkung des § 114a ZVG ist der Verwertungserlös höher als die Hälfte des Grundstückswertes. Ausfallende Zwischenrechte bleiben auch hier nach § 114a S 2 ZVG unberücksichtigt.

344h

Beispiel 1:

Grundstückswert		200 000 €.
Bestehen bleibende Rechte	30 000 €	
(Bares) Meistgebot	50 000 €	80 000 €.

Aus dem baren Meistgebot können alle dem betreibenden Gläubiger vorgehende Berechtigte befriedigt werden. Dem Anspruch des betreibenden Gläubigers in Höhe von 70 000 € werden aus dem baren Meistgebot von 50 000 € voraussichtlich noch 6000 € zugeteilt. Sein Ausfall wird mithin 64 000 € betragen. Bei einem Gebot zum Betrage der Sieben-Zehnteile-Grenze würde der betreibende Gläubiger jedoch gedeckt sein in Höhe weiterer 60 000 €, nämlich 140 000 € (= $^7/_{10}$-Wert) − (30 000 € + 50 000 €; Meistgebot und bestehen bleibende Rechte).

---

[149] Hintzen Rpfleger 1994, 34 (Anmerkung) gegen LG Verden Rpfleger 1994, 34; Stöber Rdn 4.8 zu § 85a.

Gebot und Kapitalwert der bestehen bleibenden Rechte und anzurechnender Ausfall des Meistbietenden zusammen somit   140 000 €;
mithin nach § 85 a Abs 3 ZVG keine Versagung des Zuschlags.

Beispiel 2:

Grundstückswert:		200 000 €.
Bestehen bleibende Rechte	40 000 €.	
(Bares) Meistgebot	50 000 €	90 000 €.

Ausfallende Zwischengläubiger nach Wegfertigung der durch das Meistgebot gedeckten Berechtigten 80 000 €. Im Rang danach steht der dingliche Anspruch des Meistbietenden in Höhe von 30 000 €; er fällt aus.

Befriedigungswirkung nach § 114 a ZVG	
bei $^7/_{10}$-Grundstückswert von	140 000 €:
Gebot und bestehen bleibende Rechte	90 000 €.
Es bleiben	50 000 €.

Weil nach § 114 a S 2 ZVG ausfallende erlöschende Zwischenrechte nicht zu berücksichtigen sind, fällt der Differenzbetrag sogleich auf den dinglichen Anspruch des Meistbietenden. Erweiterte Befriedigung nach § 114 a ZVG sonach in Höhe des Gesamtanspruchs von   30 000 €.
Mithin sind nach § 85 a Abs 3 ZVG zu berücksichtigen:
50 000 € (Gebot) + 40 000 € (bestehen bleibende Rechte) + 30 000 € (Betrag aus § 114 a ZVG) = 120 000 €; das ist mehr als der halbe Grundstückswert. Nach § 85 a Abs 3 ZVG kann daher der Zuschlag nicht versagt werden.

344i Eine **Grundschuld** des Meistbietenden ist nach Abs 3 des § 85 a ZVG seinem Gebot für Ausschluss des Versagungsgrundes des § 85 a Abs 1 ZVG mit ihrem Nennbetrag (Hauptsache; dazu Rechtsverfolgungskosten, wiederkehrende Leistungen und andere Nebenleistungen) hinzuzurechnen. Das gilt auch, wenn die Grundschuld nach der (schuldrechtlichen) Sicherungsabrede eine Forderung (mehrere Forderungen) sichert und diese geringer als der dingliche Anspruch (§ 1191 mit § 1147 BGB) des Grundschuldgläubigers ist.[150] Grund: „Zur Befriedigung aus dem Grundstück Berechtigter" ist nach § 10 Abs 1 Nr 4 ZVG und damit auch im Sinne von § 85 a Abs 3 ZVG der Grundschuldgläubiger nur mit seinem (dinglichen) Grundschuldanspruch. Als Grundpfandrecht ist die Grundschuld nicht akzessorischer Natur; sachenrechtlich besteht kein Zusammenhang zwischen Grundschuld und einer Forderung. Der schuldrechtlichen Sicherungsabrede kommt somit auch für den „dinglichen" Anspruch auf Befriedigung aus dem Grundstück keine Bedeutung zu. Betrag, mit dem der Gläubiger der Grundschuld bei der Verteilung des Erlöses ausfallen würde, ist damit allein sein dinglicher Anspruch auf Zahlung aus dem Grundstück (§ 1191 BGB). Daher ist nur dieser der Berechnung nach Abs 3 des § 85 a ZVG zugrunde zu legen. Auf schuldrechtliche Beziehungen zwischen Sicherungsgeber und Sicherungsnehmer und damit auf die nach einer Sicherungsabrede gesicherte Forderung kommt es nicht an.
Ein im Grundbuch auf den Namen des Meistbietenden eingetragenes Recht ergibt für Erteilung des Zuschlags seine Berechtigung zur Befriedigung aus dem Grundstück nicht, wenn die Person des **Berechtigten unbekannt** ist, weil der

---

[150] BGH 158, 150 = MDR 2004, 771 = NJW 2004, 1803 = Rpfleger 2004, 432; Stöber Rdn 6.3 zu § 85 a; Muth Rpfleger 1985, 45 (III 4); LG Frankfurt Rpfleger 1988, 35; LG Hanau Rpfleger 1988, 77; LG Landau Rpfleger 2001, 366 (367); LG Lüneburg Rpfleger 1986, 188 und 234 (Leits) mit krit Anm Hennings; LG München mitgeteilt in Anm Rpfleger 1985, 373; Dassler/Hintzen Rdn 27 zu § 85 a. Frühere (unzutreffende) Gegenansicht durch BGH überholt.

Brief nicht vorliegt. Gleiches gilt, wenn für das auf den Namen eines Dritten eingetragene Recht nicht festgestellt werden kann, dass es (wie geltend gemacht) dem Meistbietenden zusteht, weil Brief, Abtretungserklärung(en), Erbschein oder sonstige Rechtsnachfolgenachweise nicht vorliegen. Für Erteilung des Zuschlags unter den besonderen Voraussetzungen des § 85a Abs 3 ZVG steht dann nicht fest, dass das Meistgebot von einem in der $^5/_{10}$-Wertgrenze zur Befriedigung aus dem Grundstück Berechtigten abgegeben ist. Der Zuschlag ist daher nach § 85a Abs 1 ZVG zu versagen.

c) Berechtigung eines Dritten

Bei **Abtretung des Rechts aus dem Meistgebot** (§ 81 Abs 2 ZVG) sind folgende Fälle[151] zu unterscheiden: **344k**

1. Der **Meistbietende ist Gläubiger** eines Rechts am Grundstück in der $^5/_{10}$-Wertgrenze. Er tritt das Recht aus dem Meistgebot ab an einen am Grundstück dinglich nicht Berechtigten oder an einen am Grundstück Berechtigten, dessen Recht nicht in der $^5/_{10}$-Wertgrenze steht.

In diesem Fall findet (nach BGH[152]) die Befriedigungsfiktion des § 114a ZVG Anwendung (siehe Rdn 575a). Der Zuschlag ist nach § 85a Abs 3 ZVG daher nicht zu versagen, dem Zessionar des Rechts aus dem Meistgebot (§ 81 Abs 2 ZVG) somit zu erteilen,[153] wenn Gebot und Kapitalwert der bestehen bleibenden Rechte zusammen mit dem Betrag, mit dem der Meistbietende (nicht der Ersteher) bei der Erlösverteilung ausfallen würde, die Hälfte des Grundstückswerts erreicht.

2. Der **Meistbietende** hat selbst **kein Recht** auf Befriedigung aus dem Grundstück (oder auch nur ein Recht außerhalb der $^5/_{10}$-Wertgrenze); er tritt das Recht aus dem Meistgebot jedoch ab an einen am Grundstück in der $^5/_{10}$-Wertgrenze dinglich Berechtigten.

Die Befriedigungsfiktion des § 114a ZVG kann (nach hier vertretener Ansicht, siehe Rdn 575a, dort auch zu abweichenden Meinungen) gegenüber dem Zessionar des Rechts aus dem Meistgebot nicht gelten. Der Meistbietende hat kein Recht zur Befriedigung aus dem Grundstück in der $^5/_{10}$-Wertgrenze. Der Zuschlag ist daher nach § 85a Abs 1 ZVG zu versagen. Der Ausnahmefall des § 85a Abs 3 ZVG ist nicht gegeben.[154]

3. Der **Meistbietende ist Gläubiger** eines Rechts am Grundstück in der $^5/_{10}$-Wertgrenze; er tritt das Recht aus dem Meistgebot ab an einen gleichfalls am Grundstück in der $^5/_{10}$-Wertgrenze dinglich Berechtigten.

Die Befriedigungsfiktion des § 114a ZVG wird in diesem Fall bei Ausfall des Meistbietenden Anwendung finden (siehe Fall 1), nicht aber bei Ausfall des Dritten, dem das Recht aus dem Meistgebot abgetreten ist (siehe Fall 2). Beide Fälle sind daher nicht gleich zu beurteilen.

---

[151] Einzelheiten sind noch immer teilweise umstritten. Zu verschiedenen Fallgestaltungen liegt noch keine Rechtsprechung und im Schrifttum noch keine gesicherte Anschauung vor.
[152] BGH 108, 248 = MDR 1989, 1097 = NJW 1989, 2396; BGH WM 1979, 977; OLG Celle NJW-RR 1989, 639.
[153] So auch Dassler/Hintzen Rdn 32 zu § 85a.
[154] So auch OLG Koblenz MDR 1986, 682 = Rpfleger 1986, 233 und 397 (Leits) mit abl Anm Rosenberger; Stöber Rdn 7.4 zu § 85a; Ebeling Rpfleger 1988, 400 (401, Fall 1); aA Dassler/Hintzen Rdn 34 zu § 85a.

Beispiel: Grundstückswert 100 000 € ; Hälfte   50 000 €
Meistgebot   30 000 €.
Rechte am Grundstück und Erlösverteilung:
- Kosten, öffentliche Lasten   5 000.– €
- Recht Abt III Nr 1   25 000.– €
- Recht Abt III Nr 2   30 000.– €.

Fall: Gläubiger des Rechts Abt III Nr 1 ist der Dritte, dem das Recht aus dem Meistgebot abgetreten ist, Gläubiger des Rechts Abt III Nr 2 ist der Meistbietende.
Erlösverteilung:
- Kosten, öffentliche Lasten   5 000.– € bar
- Recht Abt III Nr 1 des Dritten   25 000.– € bar
- Ausfall des Meistbietenden mit 30 000.– €.

Die Befriedigungsfiktion des § 114 a ZVG findet (nach BGH, siehe Fall zu 1) Anwendung. Nach § 85 a Abs 3 ZVG ist daher der Zuschlag nicht zu versagen; dem Zessionar des Rechts aus dem Meistgebot (§ 81 Abs 2 ZVG) ist der Zuschlag somit zu erteilen (wie im Fall zu 1).

Fall: Gläubiger des Rechts Abt III Nr 1 ist der Meistbietende, Gläubiger des Rechts Abt III Nr 2 ist der Dritte, dem das Recht aus dem Meistgebot abgetreten ist.
Erlösverteilung:
- Kosten, öffentliche Lasten   5 000.– € bar
- Recht Abt III Nr 1 des Meistbietenden   25 000.– € bar
- **Ausfall** des Rechtes Abt III Nr 2 des Dritten 30 000.– €

Der Zuschlag ist nach § 85 a Abs 1 ZVG zu versagen. Der Ausnahmefall des § 85 a Abs 3 ZVG ist nicht gegeben (siehe Fall zu 2).

4. Der **Meistbietende ist Gläubiger** eines Rechts am Grundstück in der $^5/_{10}$-Wertgrenze; er tritt das Recht aus dem Meistgebot ab an einen gleichfalls am Grundstück in der $^5/_{10}$-Wertgrenze dinglich Berechtigten, der das Recht aus dem Meistgebot wiederum an einen gleichfalls am Grundstück in der $^5/_{10}$-Wertgrenze weiter dinglich Berechtigten abtritt.

Erteilung oder Versagung des Zuschlags wie im Fall 3.

5. Der **Meistbietende ist Gläubiger** eines Rechts am Grundstück in der $^5/_{10}$-Wertgrenze. Er tritt **vor Entscheidung über den Zuschlag** dieses Grundstücksrecht ab an einen Dritten, der am Grundstück in der $^5/_{10}$-Wertgrenze dinglich nicht berechtigt ist.

Keine Befriedigungsfiktion nach § 114 a ZVG (bei Erteilung des Zuschlags keine Berechtigung des Meistbietenden am Grundstück); daher Versagung des Zuschlags nach § 85 a Abs 1 ZVG.

6. Der **Meistbietende** selbst hat **kein Recht** auf Befriedigung aus dem Grundstück (oder auch nur ein Recht außerhalb der $^5/_{10}$-Wertgrenze). Ihm wird jedoch vor Erteilung (Verkündung, § 87 ZVG, oder Wirksamwerden mit Zustellung, § 104 ZVG) des Zuschlags das Recht eines Dritten am Grundstück in der $^5/_{10}$-Wertgrenze abgetreten.

Der Meistbietende ist Gläubiger eines Rechts in der $^5/_{10}$-Wertgrenze, das nach der Fiktion des § 114 a ZVG bei Erteilung des Zuschlags als aus dem Grundstück befriedigt gilt. Dem Meistbietenden ist daher der Zuschlag zu erteilen.

344l   Ein in **verdeckter** (stiller) **Vollmacht** abgegebenes Meistgebot (§ 81 Abs 3 ZVG) ist für Erteilung des Zuschlags Gebot des Dritten, für den (verdeckt) geboten worden ist. Der mit dem Meistgebot nach § 85 a Abs 3 ZVG zusammenzurechnende Betrag, mit dem der Meistbietende bei der Verteilung des Erlöses ausfallen würde, kann daher nur Betrag eines aus dem Grundstück zu befriedigenden Anspruchs des Vertretenen sein, dem der Zuschlag zu erteilen ist.[155] Rechte des Vertreters, der im Termin das Gebot erklärt hat, erlangen somit keine Bedeutung. Dem Gläubiger eines **Zwischenrechtes**, das nach § 85a Abs 3 ZVG unberück-   344m sichtigt bleibt, bringt ein Gebot unter 50% des Grundstückswertes bei Erteilung des Zuschlags mit Ausfall Rechtsverlust. Er muss für Schutz selbst Sorge tragen (mit Antrag nach § 74a Abs 1 ZVG, als betreibender Gläubiger auch mit Einstellungsbewilligung, sonst mit Ablösung usw). Der mit einem Recht (Anspruch) im Rang vor dem Meistbietenden am Grundstück Berechtigte, der nichts unternimmt, insbesondere den Versteigerungstermin nicht wahrnimmt, läuft damit Gefahr, mit seinem Anspruch vollständig oder doch teilweise auszufallen (Haftungsgefahr für den Gläubigervertreter). Wenn der Zwischenberechtigte bestbetreibender Gläubiger ist, verpflichtet rechtsstaatliche Verfahrensgestaltung das Vollstreckungsgericht, ihn über die Möglichkeit aufzuklären,[156] Verlust mit Einstellungsbewilligung (§ 30 ZVG) oder Antragsrücknahme (§ 29 ZVG) zu verhindern; über den Zuschlag ist dann nicht sofort, sondern in einem späteren Verkündungstermin (§ 87 ZVG) zu entscheiden.

9. Unterabschnitt. Zuschlagversagung mit neuem Termin
§ 85 ZVG

Herr … erklärte: Ich beantrage, gemäß § 85 Abs 1 ZVG unter Bestimmung eines   345 neuen Versteigerungstermins den Zuschlag zu versagen. Zum Ersatz des durch die Versagung des Zuschlags entstehenden Schadens verpflichte ich mich. V. u. g.

Das Versteigerungsverfahren kann ordnungsmäßig verlaufen, das **Meistgebot**   346 gleichwohl so **ungünstig** ausgefallen sein, dass es hinter dem erwarteten Betrag zurückbleibt. Für diesen Fall gewährt das ZVG in § 85 Abs 1 jedem Beteiligten (§ 9 ZVG, Rdn 52–58), der bei Zuschlag auf das vorliegende Meistgebot einen Ausfall erleiden würde, nicht zu den nach § 74a Abs 1 ZVG Antragsberechtigten gehört und sich zum Ersatz des durch die Versagung des Zuschlags entstehenden Schadens verpflichtet die Befugnis, die wiederholte Versteigerung des Grundstücks in einem neuen Termin zur Erzielung eines höheren Erlöses zu verlangen. Der Antrag kann erst nach Schluss der Versteigerung und nur bis zum Schluss der Verhandlung über den Zuschlag (§ 85 Abs 1 ZVG) gestellt werden, nicht mehr im Verkündungstermin; er kann nicht zurückgenommen werden.[157] Ein Bevollmächtigter benötigt für den Antrag, der einem abgegebenen Gebot gleichsteht (§ 85 Abs 3 ZVG), eine öffentlich beglaubigte Bietvollmacht (Rdn 316), wenn die Vertretungsmacht nicht bereits offenkundig ist (§ 71 Abs 2 ZVG), Prozessvollmacht genügt nicht. Die Vertretungsmacht und die etwa erforderliche Zustimmung einer Behörde (§ 71 Abs 2 ZVG; Rdn 319) müssen sofort nachgewiesen werden (§ 71 Abs 2 ZVG). Sicherheit ist auf Ver-

---

[155] Stöber Rdn 7.6; Dassler/Hintzen Rdn 35, je zu § 85a; Ebeling Rpfleger 1985, 279 (II 1, 2); Rosenberger Rpfleger 1986, 398 (Anmerkung).
[156] Hierzu Stöber Rdn 6.6 zu § 85a; so zutreffend auch OLG Hamm Rpfleger 1986, 441; LG Krefeld Rpfleger 1988, 34; gegen Hinweispflicht, wenn es sich bei dem Gläubiger um ein geschäftserfahrenes Realkreditinstitut handelt, OLG Schleswig JurBüro 1984, 1264; ebenso, wenn Gläubigerin eine Gemeinde ist, OLG Oldenburg Rpfleger 1988, 277; auch Muth Rpfleger 1986, 417; LG Kiel Rpfleger 1988, 277 (ist abzulehnen; vor Verletzung der Aufklärungspflicht ist dringend zu warnen). Zur Aufklärungpflicht siehe auch BVerfG (Kammerbeschluss) NJW 1993, 1699.
[157] Stöber Rdn 2.2 zu § 85; Dassler/Hintzen Rdn 7 zu § 85.

langen bis zur Verkündung der Entscheidung über den Zuschlag (möglich somit auch noch bis zum Verkündungstermin) in Höhe des bis zum Verteilungstermin zu berichtigenden Teils des bisherigen Meistgebots (§ 49 Abs 1 ZVG) ohne Zinsen aus § 49 Abs 2 ZVG zu leisten (§ 85 Abs 1 S 3 ZVG).

Zu dem Antrag müssen die anderen (anwesenden) Beteiligten gehört werden, da sie Sicherheit verlangen können (§ 85 Abs 1 S 1 ZVG). Versagung des Zuschlags auf Antrag nach § 85 Abs 1 ZVG erfolgt durch Beschluss (§ 33 ZVG), der zu begründen ist (Ablehnung des Antrags mit Erteilung des Zuschlags). Bestimmung des neuen Termins: Unter erneuter Beachtung der schon für den ersten Termin vorgeschriebenen Förmlichkeiten, Fristen, Bekanntmachungen, Zustellungen und Mitteilungen;[158] Zustellungen außerdem an den Meistbietenden (§ 85 Abs 2 ZVG). Im neuen Termin ist die Versteigerung wieder von Anfang an durchzuführen. Das bisherige Meistgebot zuzüglich der Zinsen des Bargebots (§ 49 Abs 2 ZVG, § 246 BGB) vom alten bis zum neuen Versteigerungstermin zuzüglich der aus dem Versteigerungserlös zu entnehmenden Mehrkosten (§ 109 ZVG) gilt im neuen Versteigerungstermin (und im weiteren Versteigerungsverfahren) als ein vom Antragsteller abgegebenes Gebot (§ 85 Abs 3 ZVG) (fingiertes Meistgebot), auch wenn der Antragsteller im neuen Termin nicht erscheint. Antrag aus § 85 ZVG ist im neuen Termin nicht mehr möglich, auch nicht für andere Beteiligte (§ 85 Abs 4 ZVG).

9. Abschnitt. Die Zuschlagentscheidung
§§ 79–84, 85 a–94 ZVG

Schrifttum: Drischler, Versteigerungstermin – Zuschlag – Vorkaufsrechte, RpflJahrbuch 1961, 292; Drischler, Das Verfahren der Immobiliarvollstreckung (Abschn VI: Zur Zuschlagsentscheidung), RpflJahrbuch 1972, 297 (326); Hornung, Der Einfluss des Beurkundungsgesetzes auf die gerichtlichen Beurkundungsbefugnisse im Zwangsversteigerungsverfahren (Abschn II: Erklärungen zum Meistgebot); Rpfleger 1972, 203 (209).

1. Unterabschnitt. Voraussetzungen, Hindernisse

347   Az: K …/09   **Zuschlagsbeschluss**

Das im Grundbuch des Amtsgerichts Nürnberg für Gemarkung Gärten Blatt 3685 eingetragene Grundstück FlStNr 900, Weststraße 90, Wohnhaus, Hofraum, Garten, zu 630 m²

wird dem Kaufmann Paul Erwerber, geb am … Nürnberg, Ottostraße 35, für den durch Zahlung zu berichtigenden Betrag von … € (mit Worten: … Euro) zugeschlagen, und zwar unter folgenden

Versteigerungsbedingungen:

1. Es bleiben die im Grundbuch eingetragenen folgenden Belastungen bestehen:
   a) Hypothek ohne Brief Abt III Nr 1
      der Stadtsparkasse A   zu 20 000 €
   b) Hypothek Abt III Nr 2
      der Hypothekenbank X   zu 30 000 €
   c) Wohnungsrecht Abt II Nr 1
      der Schwester Anna E,
      gemäß § 51 Abs 2 ZVG gewertet auf   3000 €
   d) Zwangs-Sicherungshypothek Abt III Nr 3
      des Schreinermeisters Karl B   zu 10 000 €.

---

158 Stöber Rdn 3.4 zu § 85.

2. Ausgenommen von der Versteigerung sind (die folgenden Gegenstände): ...
3. Das Bargebot in Höhe von ... € ist vom Zuschlag an mit 4% (vier vH) zu verzinsen.
4. Das Bargebot (mit diesen Zinsen) ist so rechtzeitig durch Überweisung oder Einzahlung auf ein Konto der Gerichtskasse zu entrichten, dass der Betrag der Gerichtskasse vor dem Verteilungstermin gutgeschrieben ist und ein Nachweis hierüber im Termin vorliegt.
5. Das Meistgebot gibt nur diesen durch Zahlung zu berichtigenden Betrag an. Die unter 1 bezeichneten bestehen bleibenden Rechte im Gesamtbetrag von 63 000 € sind in dem gebotenen Betrag nicht mit inbegriffen, sondern bleiben daneben bestehen.
6. Die Kosten des Zuschlagsbeschlusses trägt der Ersteher.
7. Im Übrigen gelten die gesetzlichen Versteigerungsbedingungen.
Gründe: Herr Erwerber ist im Versteigerungstermin Meistbietender geblieben. Alle Verfahrensvorschriften sind beachtet; ein Versagungsgrund besteht nicht; §§ 81–84 ZVG.
Verkündet am ...   ... Rechtspfleger
Der Urkundsbeamte der Geschäftsstelle
Justiz ...

Der Zuschlag muss dem Meistbietenden erteilt werden (§ 81 Abs 1 ZVG). Aus-   348
nahme nach § 81 Abs 2, 3 ZVG für Zessionar und verdeckten Vollmachtgeber
(Rdn 360–362). Meistbietender ist, wer das höchst wirksame Gebot abgegeben
hat.[1] Das ist das betragsmäßig höchste Gebot; für das Gebot eines zur Befriedigung aus dem Grundstück in der $^7/_{10}$-Grenze Berechtigten bleibt daher die Befriedigungsfolge des § 114 a ZVG, die mit dem Zuschlag eintreten würde, außer
Betracht; sie ist materiellrechtliche Folge des Zuschlags auf ein unzulängliches
Gebot, nicht aber als Gebot erklärte Willensäußerung des Bieters.[2] Der Meistbietende hat bei ordnungsgemäß verlaufenem Verfahren, in dem kein gesetzlicher Versagungsgrund vorliegt, einen öffentlich-rechtlichen Anspruch auf Erteilung des Zuschlags.[3] Wegen der Bindung des Meistbietenden an sein Gebot
(Rdn 320) berühren Tod (hier Zuschlag an den Erben[4]), Geschäftsunfähigkeit
oder Eröffnung des Insolvenzverfahrens nach dem Meistgebot den Zuschlags-
anspruch nicht.[5]
Das gemeindliche **gesetzliche Vorkaufsrecht nach §§ 24, 25 Baugesetzbuch**
(Text im Kommentar T 10) ist in der Zwangsversteigerung ausgeschlossen[6] (für
Vollstreckungsversteigerung § 28 Abs 2 S 2 BauGB mit § 471 BGB). Das
Meistgebot ist der Gemeinde daher nicht mitzuteilen. Erteilung des Zuschlags
an den Meistbietenden kann nicht von der Vorlage eines Zeugnisses der Gemeinde über Nichtausübung oder Nichtbestehen des Vorkaufsrechts abhängig
gemacht werden.
Erteilt wird der Zuschlag, wenn ein wirksames Meistgebot vorliegt, bei dem   349
Verfahren keine der Vorschriften verletzt worden ist, die den Schutz der Beteiligten bezwecken (§ 83 ZVG), und sonst kein Versagungsgrund (§§ 74 a, 85,

---

[1] OLG Düsseldorf NJW 1953, 1757 (1758).
[2] So zutreffend Ebeling Rpfleger 1986, 314 in Anm zu (anderer Ansicht) LG Darmstadt Rpfleger 1986, 314.
[3] BGH 111, 14 (16) = MDR 1990, 989 = NJW 1990, 3141.
[4] So Stöber Rdn 3.4 zu § 81 mit Nachw.
[5] Zuschlag an Meistbietenden, wobei das Grundstück in die Insolvenzmasse fällt, Stöber
Rdn 3.4 zu § 81.
[6] Stöber NJW 1988, 3121; Stöber Rdn 10.5 zu § 81; LG Frankenthal Rpfleger 1984, 183;
anders noch OLG Koblenz Rpfleger 1982, 155.

85 a ZVG) besteht. Die Verfahrensmängel, bei denen der Zuschlag zu versagen ist,[7] zählt § 83 ZVG in einer das Ermessen des Vollstreckungsgerichts ausschließenden Weise auf. Unterschieden ist zwischen

– den Gesetzesverletzungen der **Nrn 1–5** des § 83 ZVG, die lediglich bestimmte Rechte betreffen und daher **nach § 84 ZVG heilbar** sind, der Erteilung des Zuschlags somit nicht entgegenstehen, wenn durch diesen das Recht des Beteiligten nicht beeinträchtigt wird oder wenn der Beteiligte das Verfahren genehmigt (**relative Versagungsgründe**),

– den Versagungsgründen der **Nrn 6 und 7** des § 83 ZVG, bei denen ungewiss ist, wie weit sich ihre Wirkung erstreckt, die daher **nicht nach § 84 ZVG heilbar** und in der Rechtsmittelinstanz von Amts wegen zu berücksichtigen sind (§ 100 Abs 3 ZVG; **absolute Versagungsgründe**),

– dem (nun) nach Nr 8 des § 83 ZVG nicht zuschlagsfähigen Meistgebot, für das die nach § 68 Abs 2 oder 3 ZVG verlangte erhöhte Sicherheitsleistung nicht erbracht ist.

Diese schon durch die Entstehungsgeschichte ausgewiesene und mit § 84 ZVG vorgesehene Auswirkung der Versagungsgründe der Nrn 1–7 des § 83 ZVG stellt der BGH[8] im Widerspruch zum gesamten Schrifttum in Frage. Ob ein Verfahrensmangel nach § 83 Nr 6 ZVG Versagung des Zuschlags bedingt, soll unter Beachtung des jeweiligen Versagungsgrundes anhand einer Interessenabwägung im Einzelfall zu beurteilen und zu verneinen sein, wenn Rechte des Schuldners (Beteiligten) nicht verkürzt werden. Das jedoch ist nicht so.

Zu erwägen ist vielmehr, dass §§ 83 und 84 ZVG Bestimmung **nur** darüber treffen, ob eine Gesetzesverletzung, die bei (= zur Zeit) der Entscheidung über den Zuschlag (Verkündung, § 87 ZVG, oder Entscheidung des Beschwerdegerichts, § 104 ZVG) besteht, Versagung des Zuschlags gebietet oder außer Betracht zu bleiben hat. Nur dafür bezeichnet § 84 ZVG die „unheilbaren" Versagungsgründe. Das schließt schon nach dem Gesetzeswortlaut aus, dass auch für einen Versagungsgrund nach § 83 Nr 6 (und 7) ZVG Bedeutung erlangen könnte, ob Rechte des Schuldners (sont eines Beteiligten) verkürzt werden und dies anhand einer Interessenabwägung im Einzelfall zu beurteilen sei. Weil sich der Umfang der Beeinträchtigung „nicht mit Sicherheit übersehen lässt, muss … stets die Versagung des Zuschlags erfolgen".[9] Einzelfallprüfung und ein Ermessen des Gerichts schließt das ebenso aus wie die Genehmigung durch den Beeinträchtigten. Das Beschwerdegericht muss überdies die Verletzung des für das Verfahren wesentlichen Beschwerdegrundes immer von Amts wegen berücksichtigen[10] (§ 100 Abs 3 ZVG).

Das hat nichts zu tun mit der Selbstverständlichkeit, dass auch der Zwangsversteigerung oder dem Fortgang des Verfahrens entgegenstehende Verfahrensmängel (§ 83 Nr 6 ZVG) grundsätzlich heilbar sind.[11] Darauf beruht schon seit geraumer Zeit § 28 Abs 2 ZVG. Wenn dem Vollstreckungsgericht ein Verfah-

---

[7] Zur Berechnung des Schadens eines Meistbietenden, dem infolge eines Formfehlers der Zuschlag versagt wird und der im nächsten Versteigerungstermin wiederum Meistbietender bleibt, BGH MDR 1987, 298 = NJW-RR 1987, 246.

[8] BGH MDR 2004, 774 = NJW-RR 2004, 1366 (1367) = Rpfleger 2004, 368 (369); BGH MDR 2008, 820 = NJW-RR 2008, 1018 (1019) = Rpfleger 2008, 433.

[9] Denkschrift zum ZVG Seite 54.

[10] Denkschrift zum ZVG Seite 57.

[11] Zur Heilung von fehlerhaften ZwV-Verfahren grundsätzlich Zöller/Stöber Rdn 34 und 35 vor § 704 ZVG.

rensmangel bekannt wird, ist demnach das Verfahren zur Hebung des Hindernisses einzustellen. Mit Behebung des Mangels ist das Verfahren dann nicht mehr fehlerhaft[12] (Heilung ex tunc). Weil sonach (später) in dem bei Entscheidung über den Zuschlag rechtmäßigen Verfahren keine Gesetzesverletzung die Erteilung des Zuschlags hindert, ist völlig belanglos, welche der in § 83 ZVG festgestellten Verfahrensverletzungen nach § 84 ZVG heilbar wären oder stets Versagung des Zuschlags gebieten würden. §§ 83, 84 ZVG treffen für diesen Fall keine Bestimmung.

Für eine Interessenabwägung im Einzelfall bieten demnach die (beiden) Beschlüsse des BGH keinen Anhalt. Es war im einen Fall[13] die Vorbelastungsvollmacht zum Vollstreckungstitel (doch noch) vor Verkündung des Zuschlags zugestellt worden; bei Entscheidung über den Zuschlag hat ein Versagungsgrund somit nicht bestanden.[14] Im anderen Fall[15] hat die vollstreckbare Ausfertigung des Vollstreckungstitels bei Erlass der Entscheidung über den Zuschlag nicht vorgelegen, sie war während des Beschwerdeverfahrens aber (wieder) zu den Akten eingereicht worden. Das Verfahren war somit bei Erteilung des Zuschlags nicht fehlerhaft; die Zwangsversteigerung war auf Grund einer vollstreckbaren Ausfertigung des Schuldtitels durchgeführt worden (§ 724 Abs 1 ZPO), der vorgelegte Nachweis konnte bei Entscheidung des Beschwerdegerichts (Tatsacheninstanz) als Beweismittel nach § 571 Abs 2 ZPO berücksichtigt werden. So sieht es nun auch der BGH[16] mit der Aussage, dass
– die Ausfertigung des Vollstreckungstitels bei der Versteigerung und bei der Erteilung des Zuschlags vorliegen muss, ein Verstoß gegen dieses Verfahrensgebot aber auch noch im Verfahren der sofortigen Beschwerde geheilt werden kann,
– im Verfahren der sofortigen Beschwerde nicht mehr heilbar dagegen ein Mangel des Titels ist (fehlende Erteilung und Zustellung der Rechtsnachfolgeklausel), dieser vielmehr nur bis zur Erteilung des Zuschlags geheilt werden kann.

Der Wortlaut von **§ 83 Nr 2 ZVG** ist nach Änderung des § 63 ZVG[17] unge-   349a
nau; es ist bei Versteigerung mehrerer Grundstücke der Zuschlag zu versagen[18]
– nach § 63 Abs 1 **Satz 1** ZVG, wenn **Einzelausgebote nicht** erfolgt sind, ausgenommen wenn Beteiligte hierauf verzichtet haben, weil ein Gesamt- oder Gruppenausgebot stattfinden hatte (§ 63 Abs 4 ZVG); der neue § 63 Abs 1 Satz 2 ZVG begründet keinen Versagungsgrund;
– wenn das **Gesamtausgebot** (§ 63 Abs 2 Satz 1 ZVG) und ebenso ein Gruppenausgebot (§ 63 Abs 2 **Satz 2** ZVG) unterblieben ist, das auf Verlangen eines Beteiligten zu erfolgen hatte.

Einen Versagungsgrund nach **§ 83 Nr 6 ZVG** begründet die Verletzung einer Soll-Vorschrift (wie des § 30 b Abs 4 ZVG) nur dann, wenn schutzwürdige Be-

---

[12] Zöller/Stöber Rdn 35 vor § 704 ZVG.
[13] BGH NJW-RR 2008, 1018 = aaO.
[14] Dazu im Kommentar Rdn 2.1 e zu § 83 ZVG.
[15] BGH NJW-RR 2004, 1366.
[16] BGH 18. 3. 2010, V ZB 124/09, MDR 2010, 771 = Rpfleger 2010, 437.
[17] Mit Wirkung ab 1. Aug 1998 durch das ZVG-ÄndG 1998 (BGBl I 866) sowie (teilweise) Anpassung des Wortlauts durch Art 10 Nr 2 des 1. Justizmodernisierungsgesetzes, BGBl 2004 I 2198 (2206).
[18] Dazu infolge unterbliebener Folgeänderung der Bezugnahme auf § 63 Abs 1 und § 63 Abs 2 Satz 1 ZVG Stöber Rdn 3.2 zu § 83.

lange des Schuldners beeinträchtigt worden sind.[19] Nicht entgegen steht der Erteilung des Zuschlags die unterbliebene Belehrung nach § 30b Abs 1 ZVG über das Recht, einen Einstellungsantrag nach § 30a ZVG zu stellen.[20]

Zu versagen ist der Zuschlag zB auch, wenn der Vollstreckungstitel nicht wirksam zugestellt ist,[21] oder wenn die Terminsbestimmung das mit einem zum Teil fertigen Wohnhaus bebaute Grundstück in Übereinstimmung mit dem Grundbuch – ohne Hinweis auf das Bauwerk – nur als Wiese bezeichnet hat,[22] oder wenn die ohne Erläuterung in die Terminsbestimmung übernommenen Angaben im Grundbuch sonst in wesentlichen Punkten mit der wirklichen Beschaffenheit des Grundstücks nicht übereinstimmen.[23]

349b Nach **§ 83 Nr 8 ZVG** ist (nun) der Zuschlag auch zu versagen, wenn die nach § 68 Abs 2 und 3 ZVG verlangte (erhöhte) Sicherheitsleistung (dazu Rdn 327) nicht bis zur Entscheidung über den Zuschlag geleistet worden ist (s Rdn 324). Das ist missverständlich. Gemeint ist, dass dem Gebot eines zu erhöhter Sicherheitsleistung verpflichteten Bieters der Zuschlag nicht zu erteilen ist, wenn diese (erhöhte) Sicherheit nicht erbracht ist (§ 68 Abs 4 ZVG), und zwar auch dann nicht, wenn der Bieter die (normale) Sicherheit für ein Zehntel des Wertes geleistet hat. Dann ist ein vorausgehendes (geringeres) Gebot jedoch nicht erloschen (§ 72 Abs 4 ZVG, Rdn 324). Daher ist dann dem Bieter, der das nicht erloschene vorhergehende Gebot abgegeben hat, der Zuschlag zu erteilen. Zu versagen ist der Zuschlag somit nur, wenn kein zuvor abgegebenes Meistgebot vorliegt, das nicht erloschen ist.

Wenn erhöhte Sicherheitsleistung nach § 68 Abs 2 oder 3 ZVG verlangt ist, bleibt das Gebot bis zur Entscheidung über den Zuschlag wirksam. Das ermöglicht es zugleich dem Beteiligten, der weitergehende Sicherheit verlangt hat, diesen Antrag **zurückzunehmen**. Erhöhte Sicherheitsleistung soll dem Beteiligten Schutz vor Beeinträchtigung durch Nichtzahlung des Gebots gewährleisten. Daher ist sie nur auf (ausdrücklichen) Antrag zu leisten. Zurücknahme des Verlangens schließt das ZVG nicht aus; vielmehr sieht es in § 70 Abs 3 ausdrücklich vor, dass der Antrag auf Sicherheitsleistung zurückgenommen sein kann. Das ermöglicht auch Zurücknahme des Antrags auf erhöhte Sicherheitsleistung. Sie ist dem Vollstreckungsgericht zu erklären; schriftliche Zurücknahme des Antrags muss genügen. Folge ist, dass bei Entscheidung über den Zuschlag eine Verpflichtung zu erhöhter Sicherheitsleistung nicht besteht, das Gebot sonach wirksam bleibt, dem (nicht mehr zu erhöhten Sicherheitsleistung verpflichteten) Bieter sonach der Zuschlag zu erteilen ist (kein Versagungsgrund nach § 83 Nr 8 ZVG).

349c Der Zuschlag ist weiter zu versagen
– wenn das Meistgebot unwirksam ist (§ 71 ZVG),
– wenn im „ersten" Termin das abgegebene Meistgebot einschließlich des Kapitalwertes der nach den Versteigerungsbedingungen bestehen bleibenden Rechte die Hälfte des Grundstückswerts nicht erreicht (§ 85a Abs 1 ZVG; Rdn 344a–344l),

---

[19] BGH MDR 2009, 711 = NJW-RR 2009, 1429 = Rpfleger 2009, 403.
[20] BGH aaO.
[21] OLG Hamm JMBlNRW 1962, 126.
[22] LG Kaiserslautern Rpfleger 1964, 120 mit zust Anm Stöber.
[23] Stöber wie Fußn 22; zur unzulänglichen Bezeichnung des Grundstücks in der Terminsbestimmung als Verfahrensmangel siehe im Übrigen Rdn 221.

– wenn begründeter Antrag wegen Nichterreichung des Mindestgebots gestellt ist (§ 74 a ZVG; dazu Rdn 339–341).

An eine im Verlaufe des Verfahrens getroffene Entscheidung ist das Vollstre   350
ckungsgericht bei der Beschlussfassung über den Zuschlag **nicht gebunden** (§ 79 ZVG). Grund: Wegen der weittragenden Bedeutung des Zuschlags sollen bei der Beschlussfassung alle Voraussetzungen, Anträge und Einwendungen überprüft, die Ordnungsmäßigkeit des gesamten Verfahrens mithin unabhängig von bisherigen Entscheidungen abschließend festgestellt werden. Diese Befreiung von der Bindung gilt für alle nach § 95 ZVG nicht selbstständig anfechtbaren Entscheidungen und für Entscheidungen, welche die Anordnung, Aufhebung, einstweilige Einstellung (ohne eigenen Rechtsmittelzug) oder Fortsetzung des Verfahrens betreffen und daher nach § 95 ZVG anfechtbar gewesen wären aber nicht angefochten worden sind.[24] An Rechtsmittelentscheidungen (und an die im Rechtsmittelverfahren sachlich bestätigten eigenen Entscheidungen) sowie an Entscheidungen, für die schon vor Beschlussfassung über den Zuschlag ein selbstständiger Rechtsmittelzug vorgesehen ist (§§ 30 b, 30 f Abs 3 S 2, § 74 a Abs 5 und § 85 a Abs 2, § 96 ZVG; §§ 765 a, 793 ZPO) ist das Vollstreckungsgericht auch bei der Beschlussfassung über den Zuschlag gebunden.[25]

Berücksichtigt werden nur die Vorgänge in dem Versteigerungstermin (Gebote,   351
Anträge, Erklärungen, Widersprüche, Sicherheitsleistungen usw), die aus dem **Protokoll** ersichtlich sind (§ 80 ZVG). Insoweit können auch mit Beschwerde neue Tatsachen und Beweise nicht vorgetragen werden (§ 571 Abs 2 ZPO). Protokollberichtigung: § 164 ZPO; dazu im Kommentar Rdn 3 zu § 78. Zur Auslegung und Lückenhaftigkeit im Kommentar Rdn 2.4 und 3 zu § 78.

2. Unterabschnitt. Inhalt, Zustellung, Mitteilung des Zuschlags

Die **Entscheidung** über den Zuschlag erfolgt **durch Beschluss** (vgl § 79 ZVG).   352
Wesentlicher Inhalt des Zuschlagsbeschlusses (§ 82 ZVG):
– Bezeichnung des Grundstücks. Es ist nach Maßgabe des Grundbuchs anzuführen.[26] Eine davon abweichende wirkliche Beschaffenheit wird zweckmäßig vermerkt; erforderlich ist ein Hinweis darauf (anders für Terminsbestimmung; Rdn 219) nicht. Eine mitversteigerte Forderung wird nicht angegeben. Geboten ist jedoch (im Einzelnen streitig) die Angabe, dass Zubehör, auf das sich der Zuschlag nach § 55 ZVG erstrecken würde, von der Versteigerung ausgeschlossen ist (siehe Rdn 274 und 285).[27]
– Bezeichnung des Erstehers nach Familienname, Vorname, Stand und Wohnort; das Geburtsdatum ist (wegen § 15 Abs 1 Buchst b GBV) stets anzugeben, wenn es festgestellt ist; neben ihm sollte immer auch der Beruf bezeichnet werden. Juristische Personen und Handelsgesellschaften sind mit ihrem Namen oder ihrer Firma und dem Sitz zu bezeichnen. Bezeichnung der BGB-Gesellschaft mit ihren Gesellschaftern: wie Rdn 315 a.

---

[24] BGH 169, 205 = aaO (Fußn 25).
[25] BGH MDR 2008, 230 = NJW-RR 2008, 944 = Rpfleger 2008, 214; BGH 169, 305 (307) = MDR 2007, 547 = NJW-RR 2007, 194 = Rpfleger 2007, 155; Stöber Rdn 4.1 und 4.4 zu § 79.
[26] Jaeckel/Güthe Rdn 2 zu § 82; s auch Stöber Rdn 2.2 zu § 82.
[27] Siehe auch Jaeckel/Güthe wie Fußn 16; Stöber Rdn 2.6 zu § 82 mit Nachw.

- Bei Erwerb durch eine Bietergemeinschaft: die Angabe der Anteile in Bruchteilen oder des für die Gemeinschaft maßgebenden Rechtsverhältnisses (Rdn 315).
- Bezeichnung des Meistgebots, also des höchsten Bargebots (Rdn 314, 348); eine Zusammenrechnung mit den Rechten, die nach den Versteigerungsbedingungen bestehen bleiben, erfolgt nicht.
- Bezeichnung der Versteigerungsbedingungen (in der Beschlussformel, nicht in den Gründen). Zulässig (jedoch nicht zweckmäßig) ist Zusammenstellung der Bedingungen in einer Anlage, auf die verwiesen wird.[28] Die gesetzlichen Bedingungen brauchen nicht gesondert aufgeführt werden; sie gelten, wenn der Beschluss überhaupt keine oder soweit er keine weiteren Versteigerungsbedingungen nennt. Üblich und zweckmäßig ist Angabe:

> Es gelten (im Übrigen) die gesetzlichen Versteigerungsbedingungen.

Zu bezeichnen sind die im Versteigerungstermin festgestellten und verlesenen (Rdn 273) (besonderen) gesetzlichen (erforderlich daher Bezeichnung der demnach bestehen bleibenden Rechte[29]) und die von den gesetzlichen Vorschriften abweichenden (§ 59 ZVG) Bedingungen.

Das geringste Gebot wird im Zuschlag nicht bezeichnet.[30] Ein Hinweis auf die Anmeldung einer Fälligkeit (§ 54 ZVG) oder einer Rechtshängigkeit (§ 325 Abs 3 ZPO) erfolgt nicht.

- Bezeichnung des Bürgen, der zur Sicherheitsleistung zugelassen wurde (§ 69 Abs 3 ZVG), unter Angabe der Höhe der Schuld, und bei Zuschlag an einen anderen die Mithafterklärung des Meistbietenden (§ 81 Abs 4 ZVG).

Der Zuschlagsbeschluss ist von dem Rechtspfleger, der ihn erlassen hat, zu **unterzeichnen** (Paraphe [Handzeichen] genügt nicht). **Verkündungsvermerk:** § 315 Abs 3 ZPO.

353 Eine **Begründung** des Zuschlagsbeschlusses ist nicht vorgeschrieben. Die ihn tragenden Gründe folgen bereits aus seinem notwendigen Inhalt. Jedoch ist eine weitergehende kurze Begründung geboten und zu empfehlen; eine (ausführliche) Begründung ist stets erforderlich, wenn streitige Fragen oder ungeklärte Verhältnisse zu entscheiden waren[31] (siehe auch bereits Rdn 344 c).

354 **Berichtigt** werden können nach § 319 ZPO Schreibfehler, Rechenfehler und ähnliche offenbare Unrichtigkeiten, die in dem Zuschlagsbeschluss vorkommen.[32] Eine sachliche Ergänzung wäre wirkungslos.[33] Für Auslegung des Zuschlagsbeschlusses (wird selten nötig sein) ist Heranziehung der Begründung statthaft und geboten.[34]

355 Der Zuschlagsbeschluss oder der Beschluss durch den der Zuschlag versagt wird, wird durch Verlesen **verkündet** (§ 87 Abs 1 ZVG). Verkündung erfolgt im Versteigerungstermin oder in einem gesonderten, gleichfalls öffentlichen Verkündungstermin (Rdn 337). Durch Bezugnahme auf den Beschluss kann die Vorlesung ersetzt werden, wenn Verfahrensbeteiligte und der Meistbietende (sowie ein anderer Bieter, dessen Gebot nicht erloschen ist) nicht erschienen, damit auch nicht mehr anwesend sind (§ 311 Abs 2 S 2 ZPO). Der Zuschlags-

---

[28] Jaeckel/Güthe Rdn 5 zu § 82.
[29] Stöber Rdn 2.5 zu § 82 unter Hinweis auf einschränkende andere Ansichten.
[30] Jaeckel/Güthe wie Fußn 26.
[31] Stöber Rdn 3 zu § 82.
[32] OLG Hamm KTS 1977, 50 = OLGZ 1976, 489 = Rpfleger 1976, 146.
[33] RG 129, 155; Stöber Rdn 4.2 zu § 82.
[34] BGH DtZ 1996, 212 = KTS 1996, 480 = Rpfleger 1996, 417.

beschluss kann auch von einem Rechtspfleger (Richter) erlassen[35] und verkündet[36] werden, der den Versteigerungstermin nicht abgehalten hat.

Zuzustellen ist der Zuschlagsbeschluss (§ 88 ZVG) (nicht der Versagungsbeschluss)   356

– dem Ersteher (stets);
– den Beteiligten (§ 9 ZVG, Rdn 52–58; auch soweit sie ihr angemeldetes Recht noch nicht glaubhaft gemacht haben), die weder im Versteigerungs- noch im Verkündungstermin erschienen waren. Zustellung erfolgt nicht, wenn ein Beteiligter in einem dieser beiden Termine erschienen war, auch wenn er sich vorzeitig (insbesondere vor Schluss der Versteigerung) wieder entfernt hat; siehe dazu auch Rdn 365;
– dem (im Falle des § 69 Abs 3 ZVG, siehe Rdn 352) für mithaftend erklärten Bürgen und dem (im Falle des § 81 Abs 4 ZVG, siehe Rdn 352) Meistbietenden (auch diesen stets).

Bedeutung der Zustellung: Beginn der Beschwerdefrist (siehe § 98 ZVG). Wirksam wird der Zuschlag bereits mit der Verkündung (§ 89 ZVG), nur wenn das Beschwerdegericht den Zuschlag erteilt, wird er (erst) mit Zustellung an den Ersteher wirksam (§ 104 ZVG). Bei Versagungsbeschluss nur Verkündung, ggfs Zustellung des Hinweises nach § 33 ZVG; siehe Rdn 333.

Mitzuteilen ist der Zuschlag nach Teil II Abschn 3 XI Nr 2 und 3 MiZi (Text im Kommentar T 34)

– binnen zwei Wochen nach Verkündung mit amtlich vorgeschriebenem Vordruck (gilt nicht für alle Bundesländer) unter Beifügung einer Abschrift des Zuschlagsbeschlusses an das für die Erhebung der Grunderwerbsteuer zuständige Finanzamt, ohne Rücksicht darauf, ob der Eigentumsübergang grunderwerbsteuerpflichtig ist (§ 18 GrEStG). Die Absendung der Mitteilung ist auf der Urschrift des Zuschlagsbeschlusses zu vermerken.
– dem zuständigen Gutachterausschuss nach Baugesetzbuch.

3. Unterabschnitt. Tragweite und Folgen des Zuschlags

a) Wirkungen des Zuschlags

Der Zuschlagsbeschluss ist **Vollstreckungsakt,** der die Bedeutung eines Richterspruchs hat.[37] Er hat als staatlicher Hoheitsakt privatrechtsgestaltende Wirkung. Als konstitutiver Staatshoheitsakt begründet der Zuschlag Eigentum des Erstehers[38] (§ 90 ZVG) unter Freistellung von allen nicht nach den Versteigerungsbedingungen bestehen bleibenden Rechten (§ 91 Abs 1 ZVG).[39] Der Ersteher erwirbt Eigentum damit originär, nicht als Rechtsnachfolger des Schuldners.[40] Für die Rechtsstellung des Erstehers und für die Änderungen, die an den Rechten der Beteiligten eintreten, ist der Zuschlagsbeschluss bestimmend.   357

---

[35] BGH Rpfleger 2010, 277 (279); LG Aachen Rpfleger 1986, 59.
[36] Siehe BGH MDR 1974, 219 = NJW 1974, 143 (144) (für Urteil).
[37] BGH 53, 42 = MDR 1970, 222 = NJW 1970, 565; BGH MDR 1971, 567 = NJW 1971, 1751 RG 138, 125 (127); Gaul Rpfleger 1971, 41; siehe auch BGH 112, 59 = MDR 1990, 990 = NJW 1990, 2744.
[38] Der Zuschlag ist öffentlichrechtlicher Eigentumsübertragungsakt, BGH 112, 59 = MDR 1990, 990 = NJW 1990, 2744.
[39] BGH DNotZ 1987, 90 = MDR 1986, 1022 = NJW-RR 1986, 1115, hier auch zur Anfechtung eines Erwerbs in der Zwangsversteigerung nach dem Anfechtungsgesetz.
[40] BGH NJW-RR 1986, 1115 = aaO (Fußn 39); BGH 111, 14 (16).

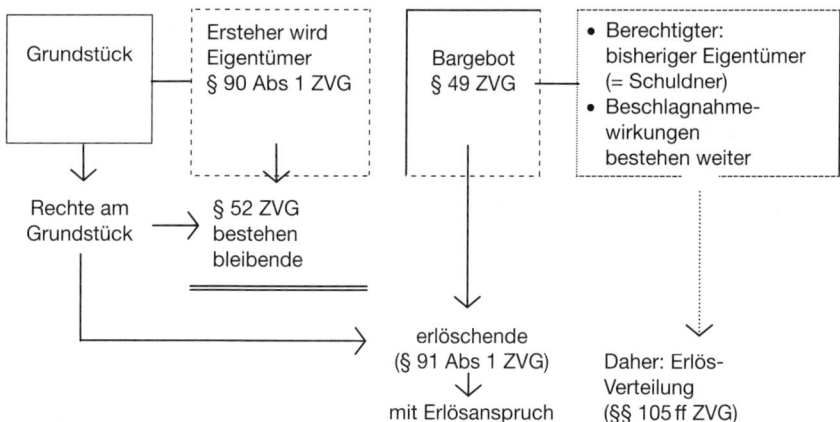

Wirkung des Zuschlags (sofern er nicht im Beschwerdeweg rechtskräftig aufgehoben wird):

– **Eigentumsübergang auf den Ersteher** (§ 90 Abs 1 ZVG) und damit Untergang des Eigentums des Schuldners oder anderen (nach Beschlagnahme neu eingetretenen) Eigentümers. Der Eigentumserwerb des Erstehers vollzieht sich unabhängig von der Berichtigung des Bargebots und der Grundbucheintragung des Erstehers. Eine vorzeitige Verfügung des Erstehers zum Schaden der Beteiligten schließt § 130 ZVG mit der Regelung aus, dass Grundbuchberichtigung erst nach Erlösverteilung erfolgt und vom Ersteher bewilligte Rechte erst nach Eintragung seines Eigentums sowie der aus der Zwangsversteigerung herrührenden Sicherungshypotheken eingetragen werden können. Schutz gegen tatsächliche Verfügungen des Erstehers bietet die nach § 94 ZVG auf Antrag anzuordnende gerichtliche Verwaltung (siehe Rdn 357a).

– Eigentumserwerb des Erstehers auch an **Gegenständen,** auf welche sich die Versteigerung erstreckt (§ 90 Abs 2 mit § 55 ZVG, dazu Rdn 281).

– **Erlöschen der Rechte,** welche nicht nach den Versteigerungsbedingungen bestehen bleiben sollen (§ 91 Abs 1 ZVG). Auch ein zu Unrecht in das geringste Gebot (die Versteigerungsbedingungen) aufgenommenes Recht bleibt stets bestehen.[41] Eine Gesamthypothek (-grundschuld) erlischt nur an dem versteigerten Grundstück, bleibt jedoch an mitbelasteten, nicht mitversteigerten Grundstücken bestehen (beachte aber § 1181 BGB). Wenn nur der (ideelle) Bruchteil eines Grundstücks versteigert wird, erlischt eine – bis dahin auf dem ganzen Grundstück lastende – Dienstbarkeit, die nach den Versteigerungsbedingungen nicht bestehen bleiben soll, an diesem. Die Löschung der Dienstbarkeit an dem versteigerten Bruchteil hat dann jedoch zur Folge, dass ihre Eintragung auf dem nicht versteigerten Bruchteil als inhaltlich unzulässig zu löschen ist.[42] Entsprechendes gilt bei Versteigerung des Miteigentumsanteils eines Wohnungseigentümers für die auf dem **Gesamt**grundstück lastende Dienstbarkeit[43] (anders aber für die auf das Sonder-/Teileigentum beschränkte, damit an einer Wohnungs/Teileigentumseinheit einzeln lastende Dienstbarkeit.[44] Erlöschen von Dienstbarkeiten bei Versteigerung von Woh-

---

[41] BGH 53, 42 = aaO (Fußn 27).

[42] Kammergericht DNotZ 1975, 105 = MDR 1975, 151; Schiffhauer Rpfleger 1975, 194.

[43] OLG Frankfurt Rpfleger 1979, 149.

[44] LG Göttingen NJW-RR 1997, 1105.

nungseigentum schließt § 52 Abs 2 Nr 2 Buchst b ZVG nun aber weitgehend aus (dazu Rdn 399 r).

– **Weitere Zuschlagswirkungen:** Gefahrenübergang (§ 56 S 1 ZVG, Rdn 272, 287), Übergang der Nutzungen und Lasten (§ 56 S 2 ZVG, Rdn 272, 288), Übernahme der persönlichen Schuld einer Hypothek und ggfs bei einer Grundschuld oder Rentenschuld (§ 53 ZVG, Rdn 277), Eintritt in bestehende Miet- und Pachtverhältnisse (§§ 57–57 b ZVG, Rdn 290), Kostenpflicht des Erstehers (§ 58 ZVG, Rdn 291). Zu Versicherungen siehe Rdn 289.

b) Gerichtliche Verwaltung

Für Rechnung des Erstehers in gerichtliche Verwaltung genommen wird das **357a** Grundstück auf Antrag eines durch das bare Meistgebot gedeckten Befriedigungsberechtigten, solange nicht Zahlung oder Hinterlegung des Bargebots erfolgt ist (§ 94 Abs 1 ZVG; **Sicherungsverwaltung**); der zur Sicherheit für das Gebot der Gerichtskasse überwiesene oder bei ihr eingezahlte Geldbetrag gilt auch hier als bereits gezahlt (§ 107 Abs 3 ZVG). Über den Antrag entscheidet das Vollstreckungsgericht (Rechtspfleger) durch Beschluss. Anhörung des Erstehers wird nicht für erforderlich erachtet, sollte (mit kurzer Frist, ggfs fernmündlich) als sachdienlich aber geboten sein.

> **Beschluss** über Verwaltungsanordnung (§ 94 ZVG)
> 1. Auf Antrag des Gläubigers ... wird das im Grundbuch des Amtsgerichts Nürnberg für Gemarkung Gärten Blatt 3685 eingetragene Grundstück
> FlStNr 900, Weststraße 90, Wohnhaus, Hofraum, Garten, zu 630 m^2
> **in gerichtliche Verwaltung genommen,**
> bis Zahlung oder Hinterlegung des zur Befriedigung des dinglichen Anspruchs des Antragstellers aus der Grundschuld Abt III Nr ... nötigen Betrags des Bargebots erfolgt ist (§ 94 Abs 1 ZVG).
> 2. Dem Ersteher wird durch diese Sicherungsverwaltung die Verwaltung und Benutzung des Grundstücks und der mitversteigerten Gegenstände einschließlich der Verfügung über die Miet- und Pachtforderungen vom Zuschlag an (§ 56 Satz 2 ZVG) entzogen.
> 3. Als Verwalter wird ... bestellt. Dieser wird ermächtigt, sich selbst den Besitz des Grundstücks zu verschaffen.
> 4. Auf die Rechte und Pflichten des Verwalters finden die Vorschriften über die Zwangsverwaltung entsprechende Anwendung, insbesondere § 151 Abs 3, §§ 152–155, § 156 Abs 1, § 161 Abs 2 je mit § 94 Abs 2 ZVG (nicht aber § 156 Abs 2, §§ 157–160 ZVG).
> **Verfügung:** 1. Beglaubigte Beschlussabschrift
>   a) mitteilen an Gläubiger
>   b) zustellen an Ersteher
>   c) zustellen an Verwalter mit der Bitte, Bericht über die Erlangung des Besitzes des Grundstücks nach Maßgabe des § 3 der ZwangsverwalterVO (siehe Anhang 1 dieses Buches) zu fertigen und (dreifach) binnen einer Woche einzureichen.
>   2. WV mit Eingang (Übernahmebericht) oder in einer Woche.

Mitteilung an Schuldner erfolgt nicht (er ist nicht mehr Eigentümer). In das Grundbuch wird die Anordnung der Verwaltung nicht eingetragen. Die Beteiligten erhalten keine Mitteilung nach § 146 Abs 2 ZVG. Durchgeführt wird die Verwaltung nach den Vorschriften über die Zwangsverwaltung (§ 94 Abs 2 ZVG).

Der Verwalter hat somit das Verwaltungs- und Benutzungsrecht unter Ausschluss des Erstehers[45] (§ 148 Abs 2 ZVG). Er hat die Pflicht, das Grundstück in seinem wirtschaftlichen Bestand zu erhalten und für ordnungsgemäße Nutzung besorgt zu sein (§ 152 ZVG). Der Kündigung eines Mieters durch den Verwalter hat eine Abstimmung mit dem Ersteher vorauszugehen.[46] Die dem Ersteher ab Zuschlag (§ 56 S 2 ZVG) gebührenden Erträgnisse des Grundstücks hat der Verwalter geltend zu machen und einzuziehen. Aus diesen Nutzungen des Grundstücks sind die Kosten und Ausgaben der Verwaltung zu bestreiten (§ 155 Abs 1 ZVG); ein Überschuss ist auf die Ansprüche zu verteilen, die der Ersteher ab Zuschlag (§ 56 S 2 ZVG) zu tragen hat und in einer Zwangsverwaltung zum Zuge kommen können[47] (§ 155 Abs 2 ZVG); Kapitalzahlungen erfolgen somit nicht. Ein etwaiger Überschuss gebührt dem Ersteher, bei Aufhebung des Zuschlags dem Schuldner; zum Versteigerungserlös ist er nicht zu nehmen.

Aufstellung eines Teilungsplans hat in entsprechender Anwendung von § 156 ZVG zu erfolgen. Beaufsichtigung des Verwalters durch das Vollstreckungsgericht: § 153 Abs 1 ZVG; Verantwortlichkeit des Verwalters und Rechnungslegung: § 154 ZVG. Der Verwalter hat Anspruch auf angemessene Vergütung, die das Vollstreckungsgericht festsetzt (§ 153 Abs 1 ZVG). Kosten der Verwaltung, die aus den Grundstücksnutzungen nicht gedeckt werden können, treffen den Ersteher, wenn sie nicht eingebracht werden können den Antragsteller.

Aufgehoben wird die Verwaltung, wenn eine ihrer Anordnungsvoraussetzungen wegfällt, also bei Antragsrücknahme, bei Zahlung oder Hinterlegung eines zur Befriedigung des Antragstellers und der seinem Anspruch vorgehenden Ansprüche ausreichenden Teils des baren Meistgebots, bei (rechtskräftiger) Aufhebung des Zuschlags, bei Befriedigung des Antragstellers mit Planausführung nach § 117 ZVG und bei unterlassener Vorschlussleistung (§ 161 Abs 3 ZVG). Eine vollstreckbare Ausfertigung des Zuschlagsbeschlusses (§ 93 ZVG) darf, solange die Verwaltung dauert, dem Ersteher nicht erteilt werden.

c) Räumungs- und Herausgabevollstreckung

358   Für den Ersteher ist der Zuschlagsbeschluss **Vollstreckungstitel** zur Durchsetzung seines Rechts auf Besitzergreifung (§ 93 ZVG). Die Zwangsvollstreckung auf Räumung und Herausgabe gegen den Besitzer des Grundstücks oder einer mitversteigerten Sache kann ab Wirksamkeit (§§ 89, 104 ZVG), also vor Rechtskraft betrieben werden. Vollstrecken muss der Ersteher, nicht das Gericht. Die Vollstreckung erfolgt durch den Gerichtsvollzieher nach § 885 ZPO (Herausgabe des Grundstücks) bzw § 883 ZPO (Herausgabe einer mitversteigerten Sache). Der räumungs- und herausgabepflichtige Besitzer muss als Schuldner der Zwangsvollstreckung in der Vollstreckungsklausel zu dem Zuschlagsbeschluss bezeichnet sein (§ 750 Abs 1 ZPO). Räumungsschuldner als Besitzer ist der (vormalige) Grundstückseigentümer, bei ungestörter Ehe auch sein Ehegatte;[48] zumeist auch ein nichtehelicher Lebensgefährte.[49] Personen, die Räume (üblicherweise) nicht selbstständig nutzen und besitzen (Mitbenutzung ohne eigenen Besitzwillen), wie minderjährige und volljährige Kinder im elterli-

---

[45] Jaeckel/Güthe Rdn 7 zu § 94.
[46] OLG Düsseldorf NJW-RR 1997, 1100.
[47] Stöber Rdn 3.3 zu § 94.
[48] BGH 12, 380 (398–400) = NJW 1954, 918; Zöller/Stöber Rdn 6 zu § 885 ZPO.
[49] Stöber Rdn 2.2 zu § 93; Zöller/Stöber Rdn 10 zu § 885 ZPO mit weit Nachw.

chen Haushalt, ein nur vorübergehend anwesender Angehöriger, ein Gast und Dritte, die sich als Besitzdiener auf dem Grundstück aufhalten (Hausange-stellte, Gewerbegehilfen usw) sind nicht Besitzer; Räumung erfordert daher Vollstreckungsklausel auch gegen sie nicht; Räumungsvollstreckung mit Voll-streckungstitel (-klausel) gegen den Schuldner führt zu rechtlichem Zwang auch gegen diese Personen, die sich auf dem Grundstück ohne eigenes Besitz-recht auf Grund eines vom Schuldner abgeleiteten Mitbenutzungsrechts aufhal-ten (Einzelheiten und Abgrenzung siehe die ZPO-Kommentare zu § 885). Zu-stellung nach § 750 ZPO mit Vollstreckungsklausel ist erforderlich,[50] und zwar an Dritte mit etwa zugrunde liegenden Urkunden. Die vollstreckbare Ausferti-gung des Zuschlagsbeschlusses (§ 724 ZPO) gegen den Schuldner erteilt der Urkundsbeamte des Vollstreckungsgerichts (§ 724 Abs 2 ZPO). Die Klausel gegen einen besitzenden Dritten hat der Rechtspfleger zu erteilen[51] (§ 20 Nr 12 RPflG).

> **Vollstreckungsklausel:** Die vorstehende Ausfertigung des Zuschlagsbeschlusses wird dem Ersteher ... zum Zwecke der Zwangsvollstreckung auf Räumung und Herausgabe gegen ... als Besitzer des Grundstücks erteilt (§ 93 ZVG, § 724 ZPO). Der Besitz ist bei Gericht offenkundig.

Für Räumungsvollstreckung der Wohnung mit einem Zuschlagsbeschluss des Rechtspflegers ist gesonderte richterliche Anordnung nicht erforderlich (§ 758 a Abs 2 ZPO). Vollstreckung zur Herausgabe mitversteigerter Sachen in der Wohnung erfordert Einwilligung des Schuldners oder richterliche Durchsu-chungsanordnung (§ 758 a Abs 1 ZPO).

Besitz[52] auf Grund eines durch den Zuschlag **nicht erloschenen Rechts** (zB des Mieters oder Pächters, § 57 ZVG, § 571 BGB; eines Nießbrauchers oder Alten-teilers, dessen Recht bestehen geblieben ist) schließt die Zwangsvollstreckung aus dem Zuschlagsbeschluss aus (§ 93 Abs 1 S 2 ZVG); erfolgt sie in diesem Fall gleichwohl, so kann der Besitzer Drittwiderspruchsklage erheben (§ 771 ZPO) und das Prozess- oder Vollstreckungsgericht nach § 769 iVm § 771 Abs 3 ZPO einstweilige Anordnung treffen. Es verbietet sich auch Erteilung der Vollstre-ckungsklausel gegen den Besitzer, dessen Besitz sich auf ein nicht erloschenes Recht gründet. Dieser Besitzer kann somit auch gegen die Erteilung der Vollstre-ckungsklausel Einwendungen nach § 732 ZPO erheben. Der Besitz eines Mie-ters oder Pächters beruht auch dann auf seinem durch den Zuschlag nicht erlo-schenen Recht, das nach § 93 Abs 1 ZVG Räumungsvollstreckung ausschließt, wenn der Ersteher sein außerordentliches Kündigungsrecht (§ 57 a ZVG) ausge-übt hat; in diesem Fall hat somit der Ersteher auf Räumung zu klagen.

Im Räumungsvollstreckungsverfahren kann Vollstreckungsschutz nach § 765 a **359** ZPO,[53] nicht aber Räumungsfrist nach § 721 ZPO[54] gewährt werden.

Ganz besonders Umstände können ergeben, dass die Berufung auf einen rechtskräftigen Zuschlagsbeschluss als **sittenwidrig** im Sinne des § 826 BGB an-

---

[50] Stöber Rdn 2.3; Dassler/Hintzen Rdn 14, je zu § 93; abweichend (Klausel gegen den Schuldner nicht) Steiner/Eickmann Rdn 41 zu § 93.

[51] OLG Hamm Rpfleger 1989, 165 und NJW-RR 1990, 1277 = OLGZ 1990, 362; LG Darm-stadt DGVZ 1996, 72; Dassler/Hintzen Rdn 6; Stöber Rdn 2.3, je zu § 93.

[52] Zum Besitzrecht nach § 93 Abs 1 S 2 ZVG siehe OLG Hamm OLGZ 1990, 362 = NJW-RR 1990, 1277.

[53] LG Aschaffenburg DGVZ 2002, 169; LG Kiel NJW 1992, 1174.

[54] Stöber Rdn 5 zu § 93; LG Hamburg MDR 1971, 671; LG Kiel NJW 1992, 1174; OLG München OLGZ 1969, 43; Zöller/Stöber Rdn 3 zu § 721 ZPO.

zusehen ist,[55] auch dann, wenn zwar der Zuschlagsbeschluss selbst nicht unrichtig ist, aber auf einer fehlerhaften Festsetzung des Grundstückswerts beruht.[56] Es kann sich dabei aber äußerstens um einzelne Auswirkungen des Zuschlags handeln, keinesfalls um den Zuschlagsbeschluss als solchen, der nach Rechtskraft durch nichts mehr beseitigt werden kann (denkbar Schadensersatz- oder Rückübertragungspflicht).

4. Unterabschnitt. Abtretung der Rechte aus dem Meistgebot, verdeckter Vollmachtgeber
§ 81 Abs 2 u 3 ZVG

Schrifttum: Hagemann, Meistbietender und Zessionar in der Zwangsversteigerung und ihre Beziehungen untereinander, ZBlFG 12, 591; Helwich, Die Mithaft des Meistbietenden in der Zwangsversteigerung, Rpfleger 1988, 467; dazu nochmals Strauch und Helwich Rpfleger 1989, 314.

360   Der Meistbietende ... erklärte: Mein Recht aus dem Meistgebot in Höhe von ... € habe ich abgetreten an den Sänger Horst Huber, München 90, Balanstraße 16. V. u. g.
Der Sänger Horst Huber, geb am ..., meldete sich und wies sich durch Vorlage seines Reisepasses (ausgestellt von ... unter Nr ...) aus. Er erklärte:
Die Verpflichtung aus dem von ... im Versteigerungstermin am ... mit einem Betrag von ... € abgegebenen Meistgebot habe ich übernommen. V. u. g.
Zusatz im Zuschlagsbeschluss: Der Meistbietende ... wird samtverbindlich mit dem Ersteher Horst Huber für mithaftend erklärt, § 81 Abs 4, § 82 ZVG.

361   Die nachträgliche **Abtretung des Rechts** mit Übernahme der Verpflichtung[57] **aus dem Meistgebot** (§ 81 Abs 2 ZVG) sowie der nachträgliche Nachweis oder die nachträgliche Offenbarung eines zwischen dem Meistbietenden und einem Dritten bestehenden **Vertretungsverhältnisses** (§ 81 Abs 3 ZVG) sind bei Erteilung des Zuschlags abweichend vom Inhalt des Versteigerungsprotokolls (§ 80 ZVG, Rdn 351) zu berücksichtigen. Grund: Das Bieten soll auch solchen Personen erleichtert werden, die das Grundstück nicht für sich behalten wollen. Eine zum Bieten erforderliche Genehmigung (Rdn 319) muss auch für die Erteilung des Zuschlags nach Abtretung des Rechts aus dem Meistgebot vorgelegt werden. Für die Verpflichtungen aus dem Meistgebot (auch für die Kosten des Zuschlags, § 29 Abs 2 GKG) haften nach Abtretung des Rechts aus dem Meistgebot oder nachträglicher Offenlegung der Stellvertretung der Meistbietende und der Ersteher als Gesamtschuldner (§ 81 Abs 4 ZVG). Die Mithaft des Meistbietenden ist im Zuschlagsbeschluss festzustellen (§ 82 ZVG). Die persönliche Schuld aus einer Hypothek oder Grundschuld übernimmt nur der Ersteher (§ 53 ZVG, Rdn 277), nicht auch der Meistbietende.[58] Auch für die Ersatzzahlung der §§ 50, 51 ZVG haftet nur der Ersteher (nicht auch der Meistbietende).

362   **Abtretung und Übernahme** des Rechts aus dem Meistgebot können zwischen Schluss der Versteigerung[59] und Zuschlagverkündung erklärt werden; Protokol-

---

[55] BGH 53, 42 = aaO (Fußn 37).
[56] BGH MDR 1971, 567 = NJW 1971, 1750 = Rpfleger 1971, 212.
[57] Nur Annahme der Abtretung wird nicht als genügend angesehen; LG Heilbronn Rpfleger 1996, 78.
[58] RG 125, 100 (104); Stöber Rdn 6 zu § 81.
[59] Hornung Rpfleger 1972, 203 (209); für Erklärung schon vor diesem Zeitpunkt Jaeckel/ Güthe Rdn 3 zu § 81.

lierung kann auch noch im Verkündungstermin (§ 87 ZVG) erfolgen.[60] Die Erklärungen müssen nicht gleichzeitig abgegeben werden. Daher kann zB auch die Abtretung des Rechts aus dem Meistgebot im Versteigerungstermin erklärt, die Annahmeerklärung durch öffentlich beglaubigte Urkunde nachgewiesen werden, oder die Erklärung, dass für einen anderen geboten wurde, in öffentlich beglaubigter Urkunde vorgelegt, die Zustimmung des anderen im Verkündungstermin erklärt werden (Feststellung im Protokoll; dann Offenkundigkeit). Rücknahme oder Widerruf der Abtretung oder der Übernahme sind unzulässig. Nach Erteilung des Zuschlags ist nur noch Weiterveräußerung des Grundstücks durch Auflassung möglich. Zur Übernahme des Rechts benötigt ein Vertreter eine Bietvollmacht (Rdn 316). Als Verfügungsgeschäft ist die Abtretung des Rechts aus dem Meistgebot von schuldrechtlichen Beziehungen des Beteiligten unabhängig. Der Schuldvertrag (zu ihm[61]) bedarf als Rechtskauf nicht der Form des § 311b Abs 1 BGB; er kann frei geschlossen werden.[62] Dem Vollstreckungsgericht ist nur die Abtretung (mit Annahme) nach § 81 Abs 2 ZVG nachzuweisen, nicht aber ein ihr zugrunde liegender Schuldvertrag. Erklärungen über das (formlos mögliche) Verpflichtungsgeschäft hat das Vollstreckungsgericht auch nicht aufzunehmen.[63] Die Möglichkeit der Entgegennahme der Abtretung und Übernahme des Rechts aus dem Meistgebot durch das Vollstreckungsgericht (§ 81 Abs 1 ZVG) hat das BeurkG nicht berührt.[64]
Bei verdeckter Bietvollmacht (§ 81 Abs 3 ZVG) kann auch die Zustimmung des Vollmachtgebers im Versteigerungs- oder Verkündungstermin erklärt und in die Terminsniederschrift aufgenommen werden.[65] Das BeurkG hat auch insoweit keine Änderung gebracht.[66]
Zur Grunderwerbsteuer und zur zweimaligen Steuerpflicht bei Abtretung des Rechts aus dem Meistgebot sowie verdeckter Stellvertretung siehe im Kommentar Rdn 7.3 zu § 81.

10. Abschnitt. Rechtsmittel, Rechtsbehelfe

§§ 95–104 ZVG
§ 11 RPflG
§§ 765 a, 766–771, 793 ZPO

1. Unterabschnitt. Erinnerung, Beschwerde, Klagen

Schrifttum: Braun, Zuschlagsbeschluss und Wiederaufnahme, NJW 1976, 1923; Drischler, Zur Zuschlagsbeschwerde im Zwangsversteigerungsverfahren, KTS 1971, 258; Hannemann, Auswirkungen der Neuregelung der Beschwerde im ZPO-RG auf das Zwangsversteigerungsverfahren, Rpfleger 2002, 13; Kirberger, Die Zulässigkeit der Nichtigkeitsbeschwerde nach der Erlösverteilung im Zwangsversteigerungsverfahren, Rpfleger 1975, 43; Mohrbutter und Leyerseder, Zuschlagsbeschwerde und neue Tatsachen, NJW 1958, 370; Rimmelspacher und

---

[60] LG Braunschweig Rpfleger 1999, 554; LG Heilbronn Rpfleger 1996, 78; Hornung Rpfleger 1972, 203 (209); Stöber Rdn 4.2; Steiner/Storz Rdn 48, je zu § 81.
[61] Stöber Rdn 4.9 zu § 81.
[62] RG 150, 397 (403, 404); Stöber Rdn 4.10 zu § 81 mit Einzelheiten.
[63] Hornung Rpfleger 1972, 203 (209); Jaeckel/Güthe Rdn 3; Korintenberg/Wenz Anm 2, je zu § 81.
[64] Hornung wie Fußn 63; Stöber Rdn 4.2 zu § 81.
[65] Hornung Rpfleger 1972, 203 (210); Korintenberg/Wenz Anm 3; Stöber Rdn 5.2, je zu § 81; Drischler RpflJahrbuch 1972, 297 (328).
[66] Hornung wie Fußn 65.

Fleck, Die Kostentragung im Fall der Hinzuziehung nach § 99 Abs 1 ZVG, WM 2005, 1777;
Schmahl und Braun, Nochmals: Zuschlagsbeschluss und Wiederaufnahme, NJW 1977, 27.

363 Rechtsbehelfe in Zwangsversteigerungsverfahren regeln Bestimmungen des
8. Buchs der Zivilprozessordnung, deren Teil das Zwangsversteigerungsgesetz
ist (§ 869 ZPO). Auch gegen Entscheidungen des Rechtspflegers ist das
Rechtsmittel gegeben, das nach diesen allgemeinen verfahrensrechtlichen Vorschriften zulässig ist (§ 11 Abs 1 RPflG). Besonderheiten regelt das Zwangsversteigerungsgesetz ergänzend zur Beschränkung der Beschwerde gegen die vor
Zuschlag ergehenden Entscheidungen (§ 95 ZVG) und für die Anfechtung des
Zuschlags (§§ 96–104 ZVG). Es findet statt:
- **Erinnerung** nach § 766 ZPO für Einwendungen gegen die prozessuale Zulässigkeit (Art und Weise) der Vollstreckung (= Vollstreckungserinnerung);
- **sofortige Beschwerde** nach § 793 ZPO gegen Entscheidungen im Zwangsvollstreckungsverfahren. Frist für sofortige Beschwerde: 2 Wochen (= Notfrist;
  § 569 Abs 1 ZPO). Einzulegen ist sie durch Einreichung einer Beschwerde-
  schrift oder durch Erklärung zu Protokoll der Geschäftsstelle; telefonisch (zu
  Protokoll der Geschäftsstelle) kann sie nicht eingelegt werden.[1] Einer begründeten sofortigen Beschwerde hat der Rechtspfleger abzuhelfen (§ 572
  Abs 1 S 1 ZPO). Rechtsbeschwerde: § 574 Abs 1 Nr 2 ZPO.

Mit Erinnerung anfechtbare Zwangsvollstreckungsmaßnahmen sind zB die Anordnung des Verfahrens und die Zulassung des Beitritts ohne (vorherige)
Schuldneranhörung.[2] Eine mit Beschwerde anfechtbare Entscheidung (im Gegensatz zu der einseitigen Zwangsvollstreckungsmaßnahme, gegen die Erinnerung stattfindet) liegt vor, wenn der Richterspruch nach Anhörung der Parteien
auf einer tatsächlichen oder rechtlichen Würdigung des beiderseitigen Vorbringens beruht.[3] Das ist der Fall bei Zurückweisung des Anordnungs- oder Bei-
trittsantrags,[4] Verfahrensanordnung und Zulassung des Beitritts nach Anhörung des Schuldners, Entscheidung über einen Einstellungsantrag (§ 30 b Abs 3,
auch § 30 d Abs 3 ZVG sowie § 765 a ZPO), Wertfestsetzung (§ 74 a Abs 5
ZVG) sowie bei Entscheidung über den Zuschlag (Erteilung oder Versagung
des Zuschlags).

Befristete Erinnerung findet gegen eine Entscheidung des Rechtspflegers statt,
wenn gegen sie nach den allgemeinen verfahrensrechtlichen Vorschriften ein
Rechtsmittel nicht gegeben wäre (§ 11 Abs 2 S 1 RPflG). Frist: 2 Wochen ab
Zustellung (§ 11 Abs 2 RPflG mit § 569 Abs 1 S 1 ZPO). Der Rechtspfleger
kann der Erinnerung abhelfen (§ 11 Abs 2 S 2 RPflG); hilft er nicht ab, entscheidet der Richter des Amtsgerichts (§ 11 Abs 2 S 3 RPflG).

Rechtsbeschwerde, über die der Bundesgerichtshof entscheidet (§ 133 GVG)
findet (nur) statt, wenn das Landgericht sie in der Entscheidung über die Beschwerde zugelassen hat (§ 574 Abs 1 Nr 2 ZPO).

364 Gegen eine Entscheidung **vor der Beschlussfassung über den Zuschlag** kann,
solange der Zuschlag nicht erteilt ist (vom Zuschlag an ist auch insoweit eine
selbstständige Anfechtung nicht möglich[5]), Beschwerde nur eingelegt werden,

---

[1] BGH NJW 2009, 852 = Rpfleger 2009, 395.
[2] OLG Koblenz Rpfleger 1972, 220; OLG Stuttgart Justiz 1970, 52 (Leits) und Justiz 1970,
109 (Leits).
[3] Stöber, FordPfändung, Rdn 723; Stöber Rdn 2.3 zu § 95; Zöller/Stöber Rdn 2 zu § 766
ZPO.
[4] OLG Koblenz Rpfleger 1972, 220.
[5] LG Verden NdsRpfl 1967, 60; OLG Schleswig SchlHAnz 1968, 122.

soweit die Entscheidung die Anordnung, Aufhebung, einstweilige Einstellung oder Fortsetzung des Verfahrens (§ 95 ZVG) oder die Wertfestsetzung (§ 74 a Abs 5 S 3, § 85 a Abs 2 ZVG) betrifft. Grund: Andere Entscheidungen dienen der Vorbereitung des Beschlusses über den Zuschlag, ihnen fehlt daher die Selbstständigkeit, die eine Voraussetzung für die Zulassung eines Rechtsmittels bildet.[6]

Für die **Beschwerde** gegen die Entscheidung über den **Zuschlag** (§ 96 ZVG) bringen die Eigentümlichkeiten des Versteigerungsverfahrens Abweichungen von den Beschwerdevorschriften der ZPO. Einzelheiten: §§ 97–104 ZVG. Gläubiger, dem bei Versagung des Zuschlags die Beschwerde zusteht (§ 97 ZVG), ist nur der betreibende Gläubiger, nicht aber ein Beschlagnahmegläubiger, der die Verfahrenseinstellung bewilligt hat.[7] Der Schuldner ist bei Versagung des Zuschlags nicht beschwerdeberechtigt;[8] Ausnahme jedoch: Auch der Schuldner kann (entgegen dem Wotlaut des § 97 Abs 1 ZVG) die Entscheidung anfechten, wenn der Zuschlag auf ein unwirksames Gebot nach § 85a Abs 1 ZVG rechtsfehlerhaft versagt (das Gebot damit nicht nach § 71 Abs 1 ZVG zurückgewiesen) wurde.[9] Zu Beschwerdegründen, die der Ersteher geltend machen kann, siehe Kammergericht.[10]

Die Beschwerdefrist (2 Wochen, Rdn 363) beginnt (§ 98 ZVG)
– bei **Versagung** des Zuschlags mit der Verkündung des Beschlusses;
– bei **Erteilung** des Zuschlags
– mit der Verkündung des Beschlusses für die Beteiligten, welche im Versteigerungstermin oder[11] im Verkündungstermin erschienen oder vertreten waren, sowie für den Bieter, dessen Gebot nicht erloschen ist. Ausreichend ist Anwesenheit in nur einem dieser Termine, selbst wenn der Beteiligte sich vor Schluss der Verhandlung (und damit vor Verkündung des Zuschlags) bereits wieder entfernt[12] oder nach Anwesenheit im Versteigerungstermin noch kurz vor dem Verkündungstermin einen Rechtsanwalt zum Verfahrensbevollmächtigten bestellt hat.[13]
– mit der Zustellung des Beschlusses für alle übrigen (in keinem der beiden Termine erschienenen oder vertretenen) Beteiligten, für den Ersteher und den nach § 82 ZVG für zahlungspflichtig erklärten Bürgen sowie Meistbietenden (falls er nicht Ersteher ist).

Eine **Rechtsmittelbelehrung** sieht weder das Zwangsversteigerungsgesetz noch die Zivilprozessordnung (§ 869) vor. Für befristete Rechtsmittel in ZVG-Verfahren wird gleichwohl (verallgemeinernd) angenommen, dass sich das Erfordernis einer Rechtsmittelbelehrung aus der Verfassung ergebe.[14] Geboten sein soll insbesondere eine Rechtsmittelbelehrung des anwaltlich nicht vertretenen Beteiligten bei Entscheidungen über den Zuschlag, weil die gesetzliche Rege-

365

365a

---

6 Dazu Stöber Rdn 4.1 zu § 95.
7 OLG Nürnberg MDR 1976, 234 = NJW 1976, 902 (Leits) = OLGZ 1976, 126.
8 OLG Köln Rpfleger 1997, 176; Jaeckel/Güthe Rdn 5; Stöber Rdn 2.11, je zu § 97; anders Hintzen Rpfleger 1997, 150 und Dassler/Hintzen Rdn 7 zu § 97 (nicht richtig).
9 BGH MDR 2008, 229 = NJW-RR 2008, 688 = Rpfleger 2008, 147.
10 Kammergericht Rpfleger 1976, 146.
11 OLG Hamm Rpfleger 1995, 176; OLG Köln Rpfleger 1980, 354; OLG Celle Rpfleger 1986, 489.
12 OLG Köln JMBlNRW 1966, 103; OLG Karlsruhe BWNotZ 1967, 216.
13 OLG Frankfurt JurBüro 1978, 107 = Rpfleger 1977, 417.
14 BGH 180, 199 = MDR 2009, 829 = NJW-RR 2009, 890 = Rpfleger 2009, 405; so auch BGH NJW-RR 2009, 1026 (für Rechtsbeschwerde).

lung (§ 98 ZVG) mit dem heutigen Verständnis des verfassungsrechtlich gesicherten Anspruchs auf wirkungsvollen Rechtsschutz nicht zu vereinbaren ist.[15] Zu erwägen ist demgegenüber allerdings, dass allgemein bekannt ist, dass mit Rechtsmittelfristen zur Herstellung von Rechtssicherheit Vorkehrung gegen eine zu lange Dauer gerichtlicher Verfahren getroffen ist[16] und daher nahe liegt, dass der Zuschlag in Immobiliarversteigerungsverfahren wegen seiner umfassenden Rechtswirkungen nur befristet anfechtbar sein kann. Eine Rechtsmittelbelehrung kann die Rechtsschutzgarantie daher nur gebieten, wenn sie erforderlich ist, um unzumutbare Schwierigkeiten des Rechtswegs auszugleichen, die die Ausgestaltung des Rechtsmittels andernfalls mit sich brächte.[17] Solche zeigen sich bei Beschwerde gegen den Zuschlag jedoch nicht.[18] Ein anwaltlich nicht vertretener Beteiligter kann sich sogleich an einen Rechtsanwalt wenden, aber auch bei dem Gericht, das den Zuschlag erteilt hat (ebenso bei jedem Immobiliarvollstreckungsgericht) nach den Rechtsmittelmöglichkeiten und -erfordernissen erkundigen.[19] Diese Maßnahmen, die er ergreifen muss, um sich über die Rechtsmittelerfordernisse (und -frist) Klarheit zu verschaffen, liegen im Rahmen des Zumutbaren.[20] Überzeugen kann die verallgemeinernde BGH-Entscheidung daher nicht. Wenn man ihr gleichwohl – vorsorglich – Rechnung tragen will, ist demnach jedoch anzunehmen

– weil eine Rechtsmittelbelehrung nicht vorgesehen ist (anders jetzt § 39 FamFG), ist sie nicht Voraussetzung für den Beginn der Rechtsmittelfrist und den Eintritt der Rechtskraft;[21]
– der Beschluss, durch welchen der Zuschlag erteilt oder versagt wird, hat nur für die anwaltlich nicht vertretenen Beteiligten eine Rechtsmittelbelehrung zu enthalten. Inhalt (entspricht § 39 FamFG): Bezeichnung des Rechtsmittels sowie des Gerichts, bei dem es einzulegen ist, dessen Sitz und die einzuhaltende Form und Frist;
– die Form der Rechtsmittelbelehrung bestimmt das Gesetz nicht. Die schriftliche Belehrung kann mit dem Beschluss verbunden (auf ihn gesetzt) sein (sie ist dann mit ihm auszufertigen) oder auf einem gesonderten (unterzeichneten) Beschlussformular dargestellt sein, das den amtlichen Charakter (somit das absendende Gericht und die Entscheidung, zu der sie angefertigt ist) ersichtlich macht, das als Formblatt urschriftlich zugestellt (nicht mehr durch die Geschäftsstelle ausgefertigt) wird und von dem Abdruck zu den Akten genommen wird;
– genügen muss stets auch (mündliche) Rechtsmittelbelehrung im Versteigerungs- oder Verkündungstermin (ist im Protokoll festzustellen, § 78, auch § 80 ZVG). Das muss auch für einen Beteiligten gelten, der sich vorzeitig entfernt hat (wird im Protokoll nicht festgestellt, Rdn 305). Dafür, dass die Belehrung schriftlich erfolgen müsse und damit insbesondere Beteiligten, denen die Entscheidung über den Zuschlag nicht zuzustellen ist (siehe § 88 ZVG) isoliert zuzustellen wäre, gibt es keinen Anhalt. Dafür dass Zustellung einer Belehrung nach Beginn der Beschwerdefrist mit Verkündung des Beschlusses (§ 98 ZVG) noch einen Sinn geben und wirkungsvoller Rechtssicherheit gewähren könnte als die mit Rücksicht auf die große Zahl der Beteiligten zur Verfahrensvereinfachung und -beschleunigung getroffene Bestimmung des Gesetzgebers über die Festlegung der Anfechtungsfrist, gibt es sachliche Gesichtspunkte nicht;

[15] BGH 180, 199 (204) = aaO.
[16] BVerfG 93, 99 = NJW 1995, 3173 (3174).
[17] BVerfG 93, 99 = aaO.
[18] Anders BGH 180, 199 (203, Tz 15) = aaO.
[19] BVerfG 93, 99 = NJW 1995, 3173 (3174 liSp). Diese (zweite) Möglichkeit hat BGH 180, 199 nicht ins Auge gefasst. Das Gericht hat (außerhalb des Anwaltszwangs) über die Anfechtbarkeit seiner Entscheidung Auskunft zu erteilen, Zöller/Vollkommer Einl Rdn 57a mit Nachw und Rdn 26 zu § 313 ZPO.
[20] BVerfG 93, 99 = aaO.
[21] BGH 180, 199 = aaO.

– fehlt die Rechtsmittelbelehrung oder ist sie unrichtig oder mangelhaft, kann der anwaltlich nicht vertretene Beteiligte Wiedereinsetzung in den vorigen Stand beantragen, wenn er deshalb ohne Verschulden an der Einhaltung der Beschwerdefrist verhindert war (§ 233 ZPO). Dass der Belehrungsmangel für die Versäumung der Rechtsmittelfrist ursächlich war, wird vermutet (entspricht § 17 S 2 FamFG); unwiderleglich (entsprechend § 44 S 2 StPO)[22] kann das nicht sein;

– abgestellt hat der BGH für die verfassungsmäßig gebotene Rechtsmittelbelehrung auf den juristischen Laien, von dem nicht anzunehmen ist, dass er als Beteiligter an einem Zwangsversteigerungsverfahren wegen der Anfechtung einer Entscheidung den Rat eines Rechtsanwalts in Anspruch nehmen wird.[23] Für den durch einen Rechtsanwalt vertretenen Beteiligten kann sich das Erfordernis einer Rechtsmittelbelehrung aus der Verfassung nicht ergeben; der bevollmächtigte Rechtsanwalt kennt das Rechtsmittel oder kann sich zügig und hinreichend informieren;

– die gesetzlichen Rechtsmittelvorschriften über die Befristung der sofortigen Beschwerde gegen andere ZVG-Entscheidungen (zB § 30b Abs 3, § 74a Abs 5 S 3 ZVG usw) liegen nicht in einem solchen Maße fern (wie infolge des § 98 ZVG für den Beginn der Frist für die Zuschlagsbeschwerde angenommen),[24] dass von Verfassungs wegen eine Rechtsmittelbelehrung des nicht anwaltlich vertretenen Beteiligten geboten sein könnte;

– Banken und Sparkassen, Versicherungen, Bausparkassen usw sowie Behörden und juristische Personen des öffentlichen Rechts verfügen über die zur sachgerechten Erledigung ihrer rechtlichen Angelegenheiten erforderlichen personellen und sachlichen Ausstattungen. Für sie kann sich das Erfordernis einer Rechtsmittelbelehrung aus der Verfassung daher nicht ergeben. Das muss allgemein für juristische Personen (damit auch für die Aktiengesellschaft, Gesellschaft mbH, Genossenschaft usw) gelten, deren Organe in rechtlichen Dingen erfahren oder doch jedenfalls so geschäftsgewandt sind, dass sie sich in zumutbarer Weise Aufklärung über das Rechtsmittel gegen den Zuschlag und die Rechtsmittelfrist verschaffen können;

– einer „Negativbelehrung" dahin, dass ein Rechtsmittel gegen eine Entscheidung nicht gegeben ist, bedarf es für die Gewährleistung wirkungsvollen Rechtsschutzes nicht.[25]

Beschwerdegegner sind die zahlreichen Beteiligten des Verfahrens nicht ohne weiteres. Als Gegner des Beschwerdeführers kommt vielmehr nur in Betracht, wen das Beschwerdegericht nach seinem Ermessen[26] bestimmt und zugezogen hat (§ 99 Abs 1 ZVG). Diese Zuziehung dient der Gewährung des rechtlichen Gehörs.[27] Partei des Beschwerdeverfahrens wird der Hinzugezogene nicht; er ist nicht verpflichtet, sich zu äußern; er kann auch keine Anträge stellen.[28] Es gibt daher auch keine gegenseitigen Kostenerstattungsansprüche; eine Kostenentscheidung zugunsten[29] oder zu Lasten[30] des Zugezogenen kann nicht ergehen. Es wird aber auch vertreten, einem hinzugezogenen Ersteher könnten, wenn der Zuschlag aufgehoben wird, Verfahrenskosten auferlegt werden, wenn er Anträge gestellt oder sich sonst aktiv am Beschwerdeverfahren beteiligt hat.[31] **365b**

---

[22] So aber BGH 180, 199 = aaO.
[23] Für den allgemein gefassten Leitsatz BGH 180, 199 bieten die Entscheidungsgründe sonach keine Grundlage.
[24] Auch insoweit bieten die Gründe der BGH-Entscheidung 180, 199 daher keine Grundlage für den allgemein gefassten Leitsatz.
[25] BGH 150, 390 (396, 397).
[26] BVerfG NJW-RR 2005, 936 (937).
[27] BVerfG aaO.
[28] BVerfG aaO.
[29] OLG Hamburg MDR 1957, 753; OLG Hamm NJW 1976, 1754 = Rpfleger 1976, 146.
[30] OLG Bremen MDR 1985, 590 = Rpfleger 1985, 160; OLGe Hamburg und Hamm je aaO (Fußn 29); OLG Schleswig SchlHA 1956, 294 und 1958, 10.
[31] OLGe Bremen und Hamm je aaO; Stöber Rdn 2.5 zu § 99 mit weit Nachw.

Wenn das Beschwerdegericht dieser Meinung folgen will, ist es (jedenfalls verfassungsrechtlich) gehalten, den Ersteher ausdrücklich auf das Kostenrisiko hinzuweisen[32] (§ 139 Abs 1 und 2 ZPO).

365c   Die **Beschwerdegründe** sind in § 100 ZVG ausdrücklich und erschöpfend geregelt. Gestützt werden kann die Zuschlagsbeschwerde danach nur auf bestimmte, vor der Erteilung des Zuschlags liegende Rechtsmängel,[33] sonach nur darauf, dass dem Vollstreckungsgericht bei Erteilung des Zuschlags ein wesentlicher Rechtsfehler unterlaufen ist. Neue Tatsachen können daher nicht berücksichtigt werden;[34] die Anwendung des § 571 Abs 2 S 1 ZPO schließt das aus.[35] Einen Versagungsgrund nach § 83 Nr 6 und 7 ZVG hat das Beschwerdegericht von Amts wegen zu berücksichtigen (§ 100 Abs 3 ZVG); geschieht das nicht, dann stützt sich die Begründung der (zugelassenen) Rechtsbeschwerde, der Rechtsmangel sei bereits bei Erteilung des Zuschlags unbeachtet geblieben, zulässig auf den Versagungsgrund, nicht damit auf eine neue Tatsache. Auf eine neue Tatsache kann die Beschwerde auch nicht gestützt werden, wenn sie die Verfahrenseinstellung (damit Versagung des Zuschlags) nach § 765a ZPO rechtfertigen könnte.[36] Mit Zuschlagsbeschwerde kann die Einstellung nach § 765a ZPO daher nicht erstmals (neu) verlangt werden. Nur wenn sich Suizidgefahr als neuer Umstand erst nach Erteilung des Zuschlags ergibt oder geltend gemacht wird,[37] kann auch sie zur Aufhebung des Zuschlagsbeschlusses und zur einstweiligen Einstellung des Verfahrens führen.[38] Ein rechtskräftiger Zuschlagsbeschluss kann jedoch nicht nach § 765a ZPO aufgehoben werden.[39] Das ist verfassungsrechtlich bedenkenfrei.[40]

365d   Bei begründeter Beschwerde hat das Beschwerdegericht unter Aufhebung des angefochtenen Beschlusses in der Sache **selbst zu entscheiden** (Erteilung oder Versagung des Zuschlags, § 101 Abs 1 ZVG). Aufhebung des angefochtenen Beschlusses unter Übertragung der erforderlichen Anordnungen auf das Vollstreckungsgericht (§ 572 Abs 3 ZPO) ist damit ausgeschlossen. Grund: Das Verfahren soll nicht verzögert werden. Zu anderen als den im Versteigerungstermin festgestellten Bedingungen kann das Beschwerdegericht den Zuschlag nicht erteilen; wenn diese Bedingungen fehlerhaft sind, muss es den Zuschlag versagen.[41]

365e   **Zustellung** des Beschwerdebeschlusses muss in allen Fällen (auch bei mündlicher Verhandlung) erfolgen; Einzelheiten: § 103 ZVG.

366   Mit **außerordentlicher Beschwerde**, auch als Nichtigkeitsbeschwerde bezeichnet, kann der Zuschlagsbeschluss noch angefochten werden, wenn die Erfordernisse der Nichtigkeits- oder Restitutionsklage (§§ 579, 580 ZPO) vorlie-

---

[32] BVerfG aaO (Fußn 26).

[33] BGH 44, 138 (144) = MDR 1965, 899 = NJW 1965, 2107.

[34] BGH 44, 138 (144) = aaO; BGH FamRZ 2006, 245 = MDR 2006, 775 = NJW 2006, 505 (506) = Rpfleger 2006, 147.

[35] BGH 44, 138 (144) = aaO.

[36] BGH 44, 138 = aaO; OLG Frankfurt Rpfleger 1975, 326 mit zust Anm Schiffhauer; OLG Schleswig JurBüro 1975, 1508 = Rpfleger 1975, 372; OLG Stuttgart OLGZ 1975, 368; aA OLG Bamberg Rpfleger 1975, 144 mit abl Anm Schiffhauer.

[37] BVerfG FamRZ 2007, 1717 = NJW 2007, 2910; BVerfG FamRZ 2010, 795 (796).

[38] BGH FamRZ 2006, 265 = MDR 2006, 775 = NJW 2006, 505.

[39] BGH FamRZ 2009, 2079 = MDR 2010, 50 = NJW-RR 2010, 232 = Rpfleger 2010, 101.

[40] BVerfG (Kammerbeschluss) FamRZ 2010, 795 = Rpfleger 2010, 383.

[41] OLG Hamm JurBüro 1966, 894 = OLGZ 1967, 57 = JMBlNRW 1966, 226.

gen[42] (§ 96 ZVG, § 569 Abs 1 S 3 ZPO). Sie befreit von der Zweiwochenfrist des § 569 Abs 1 S 1 ZPO, ist mithin sofortige Beschwerde mit verlängerter Frist[43] und kann daher sachlichen Erfolg nur haben, wenn sie auf einen Zuschlagsversagungsgrund nach § 100 ZVG gestützt wird.[44] Erhoben werden kann die außerordentliche Beschwerde (Nichtigkeitsbeschwerde) nach Ablauf der für die sofortige Beschwerde geltenden Notfrist von zwei Wochen (Rdn 363, 365) innerhalb der für die Nichtigkeits- oder Restitutionsklage geltenden Notfristen (§ 569 Abs 1 S 3 ZPO). Frist sonach (§ 586 ZPO): Ein Monat ab Kenntnis von dem Anfechtungsgrund (genau: § 586 Abs 2 ZPO), jedoch nur innerhalb von 5 Jahren vom Tage der gegenüber dem Beschwerdeführer (nicht auch gegenüber allen anderen Verfahrensbeteiligten)[45] eingetretenen formellen Rechtskraft an. Anders ist der Fristbeginn geregelt, wenn außerordentliche Beschwerde wegen mangelnder Vertretung des Beschwerdeführers im Verfahren (§ 579 Abs 1 Nr 4 ZPO) erhoben wird; dann gilt auch die 5-Jahresfrist nicht (§ 586 Abs 3 ZPO).[46] Streitig ist, ob mit Erlösverteilung (als Abschluss des Zwangsversteigerungsverfahrens) die Möglichkeit der außerordentlichen Beschwerde (Nichtigkeitsbeschwerde) endet.[47]

Wenn nicht die Beschwerdefrist von 2 Wochen ungenützt verstrichen, sondern der Rechtsmittelzug bereits erschöpft ist, findet Nichtigkeitsbeschwerde nicht statt.[48] Dann kommt nach[49] (abgelehnt im Kommentar, Rdn 3.1 zu § 96) eine Wiederaufnahme analog §§ 578 ff ZPO in Betracht.[50]

Gegenvorstellung gegen einen auf sofortige Beschwerde ergangenen sowie gegen einen ihr unterliegenden, aber nicht angefochtenen Beschluss ist unzulässig. Das gilt insbesondere (jedenfalls) dann, wenn dem Beschluss – wie bei Erteilung des Zuschlags – aus Gründen der Rechtssicherheit die Unwiderruflichkeit zugesprochen werden muss.[51]

366a

Einwendungen gegen die Richtigkeit der zur Vollstreckung stehenden Forderung sind mit **Vollstreckungsabwehrklage** (-gegenklage) geltend zu machen (§ 767 ZPO).

366b

Widerspricht ein Dritter der Zwangsvollstreckung mit der Behauptung, dass ihm an dem Gegenstand der Zwangsvollstreckung ein die Veräußerung hinderndes Recht zustehe, so hat er dieses mit **Widerspruchsklage** geltend zu machen (§ 771 ZPO). Siehe dazu bereits Rdn 222 a und insbes Rdn 284.

---

[42] OLG Hamm JMBlNRW 1978, 78 = KTS 1978, 101 mit abl Anm Mohrbutter = OLGZ 1978, 236 = Rpfleger 1978, 422 mit zust Anm Kirberger; Kammergericht OLGZ 1976, 364 = Rpfleger 1976, 368; OLG Oldenburg NdsRpfl 1990, 147 = NJW-RR 1991, 61 = Rpfleger 1990, 179; Stöber Rdn 3 zu § 96; Kirberger Rpfleger 1975, 43; aA OLG Stuttgart NJW 1976, 1324 = OLGZ 1975, 370; siehe außerdem BayVerfGH Rpfleger 1976, 350 mit Anm Kirberger.
[43] OLG Hamm und Stöber, je wie Fußn 42.
[44] BGH FamRZ 2005, 200; Stöber Rdnr 3.4 zu § 96; OLG Stuttgart wie Fußn 42.
[45] Kammergericht OLGZ 1976, 364 = aaO (Fußn 42).
[46] Dazu Kirberger Rpfleger 1975, 43.
[47] Siehe Kirberger Rpfleger 1975, 43; LG Hannover 28. 6. 1971, mitgeteilt von Kirberger Rpfleger 1975, 43; anders LG Verden NdsRpfl 1967, 60.
[48] OLG Hamm OLGZ 1978, 236 = aaO (Fußn 42).
[49] OLG Hamm OLGZ 1978, 236 = aaO (Fußn 42) mit Nachw und Hinweisen auf Gegenansichten, und in Abw von OLG Hamm JMBlNRW 1952, 229; OLG Braunschweig OLGZ 1974, 51; Braun NJW 1976, 1923 und 1977, 27; aA OLG Köln Rpfleger 1975, 406 mit abl Anm Kirberger; OLG Stuttgart NJW 1976, 1324 = aaO (Fußn 42).
[50] OLG Hamm wie Fußn 49.
[51] OLG Braunschweig OLGZ 1965, 313 = NdsRpfl 1966, 14.

2. Unterabschnitt. Härteklausel, Vollstreckungsschutz nach Schluss der Versteigerung
§ 33 ZVG
§ 765 a ZPO

Schrifttum: Drischler, Vollstreckungsschutz bei der Zwangsvollstreckung in das unbewegliche Vermögen unter besonderer Berücksichtigung der Härteklausel des § 765 a ZPO, Rpfleger 1956, 91; Mohrbutter, Berufung auf § 765 a ZPO nach dem Schluss der Versteigerung (§ 73 Abs 2 ZVG), Rpfleger 1967, 102; Mümmler, Maßnahmen zur Verhütung der Verschleuderung eines Grundstücks im Zwangsversteigerungsverfahren, JurBüro 1973, 689; Schutz des Grundstückseigentümers vor Verschleuderung in der Zwangsversteigerung, Pöschl BWNotZ 1967, 129 und Metzler BWNotZ 1967, 239; Riedel, § 765 a ZPO und das Zwangsversteigerungsverfahren, NJW 1955, 1705; Schiffhauer, Soziale Aspekte im Zwangsversteigerungsverfahren, Rpfleger 1978, 397; Schmidt, Zur Anwendung des § 765 a ZPO in der Grundstückszwangsversteigerung bei ungenügendem Meistgebot, Rpfleger 1961, 141, eingehend dazu außerdem Stöber Einl Rdn 52–61.

367   Bis zur Erteilung des Zuschlags kann **Antrag** auf Vollstreckungsschutz nach § 765 a ZPO (zur Anwendung dieser Bestimmung siehe bereits Rdn 178) in jeder Lage des Zwangsversteigerungsverfahrens gestellt werden (siehe auch Rdn 365 c). Als eng auszulegende Ausnahmevorschrift des Vollstreckungsrechts ermöglicht § 765 a ZPO Schutz nur, wenn im Einzelfall die Gesetzesanwendung zu einem ganz untragbaren Ergebnis führen würde.[52] Das wird nicht ohne weiteres schon bei Anordnung der Zwangsversteigerung des verpachteten Grundstücks eines erkrankten, von Sozialhilfe lebenden Schuldners der Fall sein, und zwar auch nicht im Hinblick auf die später drohende Räumungsvollstreckung.[53] Das Schutzbedürfnis des Gläubigers muss stets voll gewürdigt werden; für den Schuldner muss die Vollstreckung wegen ganz besonderer Umstände eine mit den guten Sitten nicht zu vereinbarende Härte bedeuten.[54] Zu Anwendungsgrundsätzen im Einzelnen siehe im Kommentar Einl Rdn 54, 55.

367a   In dem gegen den **Insolvenzverwalter** zur abgesonderten Gläubigerbefriedigung betriebenen Verfahren (Rdn 140b) ist der Schuldner (Grundstückseigentümer) nicht Beteiligter (Rdn 53). Rechte eines Beteiligten kann er (statt des Insolvenzverwalters) daher nicht ausüben;[55] er kann daher auch Antrag auf Vollstreckungsschutz nach § 765 a ZPO nicht stellen. Eine Ausnahme davon macht der BGH[56] für den Fall, dass der Schuldner Vollstreckungsschutz nach § 765 a ZPO wegen einer Suizidgefahr für sich oder einen nahen Angehörigen geltend macht.

367b   **Schutz vor Grundstücksverschleuderung** gewährleistet dem Schuldner bereits § 85 a ZVG (dazu Rdn 344 a ff); Zuschlag auf ein Gebot, das die Hälfte des Grundstückswerts nicht erreicht, darf bei „Erst"versteigerung demnach nicht erteilt werden (von Amts wegen zu beachten). Sonach kann auf Antrag Vollstreckungsschutz nach § 765 a ZPO nur bei einem Gebot von 50% und mehr des Grundstückswerts oder bei drohender Grundstücksverschleuderung nach wie-

---

[52] BGH 44, 138 = MDR 1965, 899 = NJW 1965, 2107; BGH MDR 2005, 55 = NJW 2004, 3635 (3636); BGH 161, 371 (374) = NJW 2005, 681 (682).
[53] OLG Hamm Rpfleger 1970, 405.
[54] OLG Hamm NJW 1976, 1754.
[55] BVerfG 51, 405 = MDR 1979, 907 = NJW 1979, 2510.
[56] BGH FamRZ 2009, 500 = NJW 2009, 1283 = NZI 2009, 163 = Rpfleger 2009, 259.

derholter Versteigerung iS des § 74a Abs 4, § 85a Abs 2 ZVG (Rdn 343a, 344f) gewährt werden. In solchen Fällen rechtfertigt nach allgemein vertretener Auffassung allein die Tatsache, dass zwischen dem Verkehrswert und dem Meistgebot ein Missverhältnis besteht, die Anwendung der Schutzvorschrift des § 765a ZPO noch nicht.[57] Sittenwidrige Grundstücksverschleuderung droht vielmehr erst, wenn zu dem Missverhältnis zwischen dem Verkehrswert und dem Meistgebot die bestimmte Erwartung hinzutritt, dass in einem folgenden Versteigerungstermin ein günstigeres Ergebnis erzielt, also ein erheblich höheres Meistgebot abgegeben wird.[58] Wenn nicht erwartet werden kann, dass in einem folgenden Versteigerungstermin ein wesentlich besseres Ergebnis erzielt wird (zB bei einem nach Alter, Bauart und Erhaltungszustand kaum verwertbaren Objekt), liegt jedenfalls auch in der Erteilung des Zuschlags auf ein Meistgebot unter der Hälfte des Grundstückswerts (im entschiedenen Fall 49%) nach wiederholter Versteigerung keine sittenwidrige Härte iS des § 765a ZPO.[59] Auch bei einem Meistgebot von nur etwa 40% des Grundstückswertes können konkrete Tatsachen gegen die Annahme sprechen, dass in einem neuen Termin mit einiger Wahrscheinlichkeit ein höheres Gebot erzielt werden wird.[60] Beispiel[61] dafür: Grundstückskomplex mit Betriebsgebäuden, wenn für das Objekt seiner Art nach wegen der erforderlichen Mittel zum Erwerb einerseits und der Art der Nutzung (erhebliche Umbauinvestitionen) andererseits nur ein beschränkter Kreis von Bietern in Betracht kommt und der Insolvenzverwalter schon jahrelang vergeblich versucht hat, die Betriebsgrundstücke nach seinen Wertvorstellungen freihändig zu veräußern. Zwischen Meistgebot und Grundstückswert liegt auch nicht schon ohne weiteres ein Missverhältnis vor, wenn das Gebot mit (damals) 260 000 DM um rund 50 000 DM unter einem geschätzten Erlös bei freihändigem Verkauf liegt.[62] Abgabe eines bei 60% des Wertes liegenden Meistgebots in einem früheren Termin (mit Versagung des Zuschlags nach § 74a Abs 1 ZVG) kann bei einem Meistgebot von dann nur noch 39% des Verkehrswertes Anhalt für ein erzielbares besseres Ergebnis und damit Verschleuderung des Grundstücks bei Zuschlag auf das mindere Gebot bieten[63] (die Erwartung nach einem höheren Meistgebot in einem späteren Termin hat sich hier aber nach den besonderen Umständen des Einzelfalls zu richten). Ein Höchstgebot von nicht einmal 30% des Schätzwerts in einem zeitlich außerordentlich ungünstig gewählten Versteigerungstermin (vor Weihnachten) kann die Voraussetzungen des § 765a ZPO begründen, wenn in einem baldigen neuen Termin vermutlich ein wesentlich höheres Entgelt erzielt werden kann, insbesondere auch in der Erwartung der Belebung des Kapitalmarkts.[64] Bei Abwägung, ob eine Grundstücksverschleuderung durch ein geringes Gebot erfolgen wird, ist auch die Befreiung des Schuldners von Schuldverpflichtungen gemäß

---

[57] OLG Bamberg JurBüro 1971, 925 mit zust Anm Mümmler; OLG Bremen NJW 1968, 2249 (Leits) = OLGZ 1969, 60; OLG Celle OLGZ 1973, 252; OLG Frankfurt JurBüro 1976, 533 = Rpfleger 1976, 25; OLG Hamburg MDR 1954, 369; OLG Hamm JMBlNRW 1960, 198 = Rpfleger 1960, 410; OLG Hamm OLGZ 1971, 187; OLG Hamm NJW 1976, 1754.
[58] BGH MDR 2003, 1245 (1246) = NJW-RR 2003, 1648 (1649) = Rpfleger 2003, 604 (605); BGH FamRZ 2006, 697.
[59] OLG Frankfurt Rpfleger 1976, 25 = aaO (Fußn 57).
[60] OLG Hamm NJW 1976, 1754.
[61] OLG Hamm NJW 1976, 1754.
[62] OLG Karlsruhe BWNotZ 1968, 224.
[63] LG Krefeld Rpfleger 1989, 375.
[64] OLG Karlsruhe BWNotZ 1967, 318 (Leits).

§ 91 Abs 2 und 3 ZVG zu berücksichtigen.[65] Zahlungseinwendungen (auch bei behaupteter Befriedigung aus Mitteln der Zwangsverwaltung) können nicht nach § 765a ZPO, sondern stets nur nach § 767 ZPO geltend gemacht werden;[66] in Eilfällen: § 769 ZPO.

367c Schwerwiegende (konkrete) **Gefahr für Leben** (Suizidgefahr) oder Gesundheit des Schuldners (auch nur eines von mehreren Schuldnern[67]) kann unabhängig von ihrer Ursache sittenwidrige Härte begründen. Es sind daher unter Berücksichtigung der in der Zwangsvollstreckung gewährleisteten Grundrechte (Rdn 3, 3a) das Vorbringen des Schuldners und Beweisangebote für konkrete Gefährdung besonders sorgfältig zu prüfen[68] (siehe auch Rdn 3a). Abzuwägen sind die – ganz besonders gewichtigen – Interessen des Schuldners mit dem Vollstreckungsinteresse des Gläubigers.[69] Auch dessen Interesse genießt Grundrechtsschutz (Rdn 3). Die Verhältnisse müssen daher klar und eindeutig zugunsten des Schuldners sprechen. Zu prüfen ist sorgfältig auch, ob der Gefährdung des Schuldners nicht auf andere Weise als durch Einstellung der Zwangsversteigerung wirksam begegnet werden kann.[70] Sittenwidrige Härte für den Schuldner kann auch die Auswirkung der Zwangsversteigerung auf einen nahen Angehörigen begründen, wie zB die Gefahr für Leben oder Gesundheit eines ernsthaft erkrankten Elterteils.[71] Zu den verfassungsrechtlichen Maßstäben für Prüfung des Schutzantrags des Schuldners näher

für *Zwangsversteigerung:* BVerfG NJW 2007, 2910 = aaO (Fußn 72); BGH FamRZ 2006, 265 = MDR 2006, 775 = NJW 2006, 505 = Rpfleger 2006, 147, sowie weiter BVerfG FamRZ 2007, 107 Leisatz = NJW-RR 2007, 228 und FamRZ 2007, 1717 = NJW 2007, 2910; BGH MDR 2007, 1155 Leisatz = NJW 2007, 3719 = Rpfleger 2007, 561; BGH FamRZ 2008, 403 = MDR 2008, 286 = NJW 2008, 586 = Rpfleger 2008, 212; NJW-RR 2008, 1741 (1742) = Rpfleger 2008, 588 (589); BGH FamRZ 2008, 273 = NJW 2009, 80; LG Koblenz Rpfleger 2008, 656.

für *Räumungsvollstreckung:* BGH 163, 66 = MDR 2005, 891 = NJW 2005, 1859 = Rpfleger 2005, 454, und weiter BVerfG FamRZ 2005, 1972 = NJW 2005, 3414 = Rpfleger 2005, 614; BGH MDR 2006, 535 = NJW 2006, 508 = Rpfleger 2006, 149; BGH FamRZ 2008, 260 = NJW 2008, 1000; BGH FamRZ 2009, 2078 = MDR 2010, 53 = NJW 2009, 3440 = Rpfleger 2010, 32.

Wenn nicht der Eigentumsverlust durch Zwangsversteigerung der für die Suizidgefahr maßgebliche Grund ist (eine auf den Zuschlagsbeschluss zurückzuführende Suizidgefahr wird als Ausnahme anzusehen sein[72]), sondern die nach dem Zuschlag drohende Zwangsräumung, ist später dieser mit einstweiliger Einstellung zu begegnen.[73]

368 Wenn bei Schluss der Zwangsversteigerung zwischen Meistgebot und Grundstückswert ein krasses Missverhältnis besteht, kann verfassungskonforme

---

[65] OLG Bremen OLGZ 1969, 60 = aaO (Fußn 57).
[66] OLG Bremen OLGZ 1969, 60 = aaO (Fußn 57).
[67] BGH NJW 2006, 505 (507 liSp).
[68] BVerfG 52, 214 (220) = NJW 1979, 2607 = Rpfleger 1979, 450.
[69] Stöber Einl Rdn 54.5 mit Nachw.
[70] BGH FamRZ 2006, 265 = MDR 2006, 775 = NJW 2006, 505 (506) = Rpfleger 2006, 147.
[71] BGH FamRZ 2005, 1170 = NJW 2005, 1859 = Rpfleger 2005, 454; Stöber Einl Rdn 54.5 mit weit Nachw.
[72] BVerfG (Kammerbeschluss) FamRZ 2007, 1717 = NJW 2007, 2910 (2911); BGH NJW 2005, 505 (507) = aaO (Fußn 70).
[73] BVerfG und BGH je aaO (Fußn 72).

Anwendung der Verfahrensvorschriften gebieten, die Entscheidung über den Zuschlag nicht sogleich zu treffen, sondern einen Verkündigungstermin zu bestimmen (s Rdn 337). Gleichermaßen kann der Anspruch des Schuldners auf „faire Verfahrensführung" erfordern, dass der Zuschlag nicht sofort erteilt wird, wenn der im Versteigerungstermin für den Schuldner auftretende Rechtsanwalt bei Ende der Bietzeit nicht anwesend ist; dem Rechtsanwalt ist jedenfalls dann Gelegenheit zu geben, Antrag auf einstweilige Einstellung des Verfahrens nach § 765a ZPO zu stellen, wenn ein solcher Antrag nicht offensichtlich aussichtslos ist.[74] Der Hinweis auf einen zur Abwendung drohender Grundstücksverschleuderung möglichen Antrag ist in der Sitzungsniederschrift festzuhalten[75] und einem abwesenden Beteiligten (am einfachsten durch Zustellung des den Hinweis enthaltenden Protokolls) zukommen zu lassen.[76] Über einen Schutzantrag muss rechtzeitig entschieden werden. Die Entscheidung darf nicht monatelang zurückgestellt und sodann gleichzeitig mit dem Zuschlagsbeschluss erlassen werden (Rdn 178b).

Einem noch **nach Schluss der Versteigerung** (§ 73 ZVG) zulässigen Antrag aus § 765a ZPO kann nur durch Versagung des Zuschlags stattgegeben werden[77] (§ 33 ZVG). Versagungsgrund bei berechtigtem Schutzantrag: § 83 Nr 6 ZVG.[78] Wird schon vorher abgelehnt, so kann das Versteigerungsgericht vor der Entscheidung über die Beschwerde gegen diesen ablehnenden Beschluss den Zuschlag erteilen.[79] Der Meistbietende kann eine auf § 765a ZPO gestützte Versagung des Zuschlags insoweit nicht anfechten, als es sich um die Abwägung der Gläubiger- und Schuldnerbelange handelt.[80] Mit Zuschlagsbeschwerde kann die Einstellung nach § 765a ZPO nicht erstmals (neu) geltend gemacht werden (Rdn 365c, auch zur Besonderheit bei Suizidgefahr). Nach der Versagung des Zuschlags ist ein Vollstreckungsschutzantrag auch im Beschwerdeverfahren noch zu berücksichtigen.[81]

3. Unterabschnitt. Aufschub der Verfahrensaufhebung bis zur Rechtskraft

Dieser Aufhebungsbeschluss wird erst mit Eintritt seiner Rechtskraft wirksam.   369

Die Aufhebung eines Anordnungs- oder Beitrittsbeschlusses im Erinnerungs- oder Beschwerdeverfahren wird sofort mit der Bekanntgabe der Entscheidung wirksam;[82] Ausnahme: § 765a Abs 5 ZPO. Damit sind die Beschlagnahmewirkungen beseitigt; die so erloschene Beschlagnahme kann nicht wieder aufleben und insbesondere auch vom Gericht der (weiteren) Beschwerde nicht mit dem früheren Rang wieder hergestellt werden: möglich ist nur noch eine erneute Vornahme der aufgehobenen Beschlagnahme. Mit dem Ziel, eine neue Anordnung der Vollstreckung mit neuem Rang herbeizuführen, ist gegen den einen

---

[74] OLG Celle KTS 1979, 320 = Rpfleger 1979, 116.
[75] Vollkommer Rpfleger 1976, 395.
[76] Vollkommer Rpfleger 1976, 396.
[77] OLG Köln Rpfleger 1997, 34 (35); LG Bayreuth Rpfleger 2001, 367.
[78] OLG Koblenz BWNotZ 1967, 318 (Leits); OLG Hamm NJW 1976, 1754.
[79] BGH 44, 138 = aaO (Fußn 52); LG Itzehoe SchlHA 1969, 232.
[80] OLG Saarbrücken OLGZ 1966, 182; OLG Hamm NJW 1976, 1754.
[81] OLG Schleswig JurBüro 1975, 1508 = aaO (Fußn 36).
[82] BGH 66, 394 = MDR 1976, 1014 = NJW 1976, 1453; OLG Koblenz Rpfleger 1973, 65; OLG Hamm OLGZ 1971, 66; Stöber, FordPfändung, Rdn 741 mit weit Nachw in Fußn 71.

Beschlagnahmebeschluss mit sofortiger Wirkung aufhebenden Beschluss Beschwerde zulässig.[83]

370 Gegen einen dem Gläubiger mit sofortiger Aufhebung der Beschlagnahme drohenden Rangverlust schützt die Anordnung, dass die Wirksamkeit der aufhebenden Entscheidung bis zu ihrer Rechtskraft hinausgeschoben wird.

11. Abschnitt. Versteigerung mehrerer Grundstücke in einem Verfahren
§§ 18, 63, 64 ZVG

Schrifttum: Drischler, Das geringste Gebot in der Zwangsversteigerung (Abschn VIII: Versteigerung mehrerer Grundstücke), RpflJahrbuch 1960, 346 (376); Muth, Anzahl zulässiger Ausgebotsarten, Rpfleger 1990, 502.

1. Unterabschnitt. Verbindung und Trennung der Verfahren

371 **Beschluss:** Die von dem Gläubiger ... betriebenen Verfahren
a) gemäß Anordnungs/Beitrittsbeschluss vom ..., Az K .../09, zur Zwangsversteigerung des Grundstücks FlStNr ...
b) gemäß Anordnungs/Beitrittsbeschluss vom ..., Az K .../09, zur Zwangsversteigerung des Grundstücks FlStNr ...
werden zur Durchführung der Versteigerung in demselben, unter dem Aktenzeichen K .../09 weiterzuführenden Verfahren miteinander verbunden, § 18 ZVG.

372 **Beschluss:** Die am ... angeordnete Verbindung der Verfahren
a) K .../09 zur Zwangsversteigerung des Grundstücks FlStNr ...
b) K .../09 zur Zwangsversteigerung des Grundstücks FlStNr ...
wird aufgehoben.
Gründe: Der Beitrittsgläubiger, der das Verfahren wegen seiner an beiden Grundstücken bestehenden Gesamthypothek betrieben hatte, hat seinen Versteigerungsantrag zurückgenommen. Die noch in die Grundstücke vollstreckenden Gläubiger haben Einzelforderungen gegen jeden der Schuldner. Damit liegen die Voraussetzungen der Versteigerung mehrerer Grundstücke in demselben Verfahren (§ 18 ZVG) nicht mehr vor. Die Verbindung der beiden Verfahren war daher aufzuheben.

373 Es gilt der **Grundsatz der Einzelversteigerung.** Bei Zwangsversteigerung mehrerer Grundstücke findet somit für jedes von ihnen ein besonderes Verfahren statt. Ausnahmen sind aus Gründen der Zweckmäßigkeit, namentlich zur Erzielung eines günstigeren Erlöses mit gemeinsamem Ausgebot, aber auch zur Verminderung der Kosten, jedoch vorgesehen (§ 18 ZVG) für
a) Versteigerung mehrerer Grundstücke wegen einer **Forderung gegen denselben Schuldner** (auch wenn die Grundstücke unterschiedlich belastet sind);
b) Versteigerung mehrerer demselben Eigentümer oder verschiedenen Eigentümern gehörender Grundstücke auf Antrag eines Gläubigers wegen **eines an jedem** dieser **Grundstücke bestehenden Rechts** (insbesondere auf Grund einer Gesamthypothek oder -grundschuld), nicht aber auf Grund einer verteilten Zwangshypothek (§ 867 Abs 2 ZPO), wenn nur wegen des dinglichen Anspruchs betrieben wird (anders, wenn zugleich die Voraussetzungen der Buchst a oder c vorliegen);
c) Versteigerung mehrerer Grundstücke verschiedener Schuldner wegen einer Forderung, für welche die **Eigentümer gesamtschuldnerisch haften** (nicht

---

[83] OLG Koblenz und OLG Hamm wie Fußn 82; OLG Nürnberg Rpfleger 1961, 52 mit Anm Berner = MDR 1960, 931 (Leits).

aber, wenn gegen mehrere Schuldner wegen verschiedener Einzelforderungen vollstreckt wird).
Diese Voraussetzungen können auch nebeneinander gegeben sein.

> **Beispiel:** Wegen einer Forderung, für die A und B gesamtverbindlich haften, können die Grundstücke 1 und 2 des A (vorst a) und das Grundstück 3 des B (vorst c) nach § 18 ZVG in demselben Verfahren versteigert werden.

Ausgeschlossen ist Verbindung jedoch, wenn keine dieser Voraussetzungen erfüllt ist. Dass gemeinsames Ausgebot zweckmäßig wäre (§ 63 Abs 1 S 2 ZVG), ermöglicht allein Verfahrensverbindung nicht.
Verbunden werden können unter den Voraussetzungen des § 18 ZVG auch ein Verfahren über ein Grundstück mit einem solchen über einen Grundstücksbruchteil[1] oder über ein grundstücksgleiches Recht.
Die **Verbindung der Verfahren** zur Versteigerung mehrerer Grundstücke erfolgt auf Antrag **oder** von Amts wegen nach pflichtgemäßem Ermessen des Vollstreckungsgerichts (erforderlich auch Abwägung der Interessen der Beteiligten; Verbindung kann zB zweckmäßig sein, wenn die Grundstücke eine wirtschaftliche Einheit bilden[2]) durch
– Anordnung der Versteigerung in demselben Verfahren; in dem gemeinsamen Anordnungsbeschluss (ggfs auch noch Beitrittsbeschluss) kann die Verbindung ausdrücklich verfügt oder schlüssig durch Erlass des einheitlichen Beschlusses ausgesprochen werden;
– gesonderten Beschluss bei nachträglicher Verfahrensverbindung.
Die **Verbindung** kann nach dem Ermessen des Vollstreckungsgerichts **wieder** **374** **aufgehoben** werden, wenn sie sich als unzweckmäßig erweist. Sie ist aufzuheben, wenn sie unzulässig war oder ihre Voraussetzungen (zB mit Aufhebung des Beschlusses des Gläubigers, der allein wegen eines Gesamtrechts betrieben hat), weggefallen sind.
Rechtsbehelf: Verbindung und Trennung sind als Vollstreckungsmaßnahmen **375** mit Erinnerung (§ 766 ZPO) anfechtbar;[3] sofortige Beschwerde findet sodann nach § 793 ZPO statt[4] (§ 95 ZVG schließt sie nicht aus).
Für alle **Bruchteile eines Grundstücks** (Rdn 6) gilt mit dem Grundsatz der Ein- **376** zelversteigerung gleichfalls, dass für jeden Grundstücksbruchteil ein besonderes Verfahren erforderlich ist. In einem gemeinsamen Verfahren erfolgt die Versteigerung mehrerer Grundstücksbruchteile (an demselben Grundstück oder an verschiedenen Grundstücken) gleichfalls nur unter den Voraussetzungen des § 18 ZVG. Gemeinsame Anordnung oder spätere Verfahrensverbindung: wie bei Versteigerung mehrerer Grundstücke; siehe Rdn 373.
Wenn nach Anordnung der Zwangsversteigerung des Bruchteils eines Miteigentümers der Gläubiger einer Vollstreckungsforderung gegen alle Grundstückseigentümer Antrag auf Zwangsversteigerung des gesamten Grundstücks stellt und Verfahrensverbindung (§ 18 ZVG) angeordnet werden soll, erfolgt die Beschlagnahme für den neuen Gläubiger
– mit Beitrittsbeschluss hinsichtlich des Miteigentumsanteils, dessen Zwangsversteigerung bereits angeordnet ist,

---

[1] BGH KTS 1985, 132 = WM 1984, 1342.
[2] OLG Hamm Rpfleger 1989, 249.
[3] Stöber Rdn 3.10 zu § 18 mit Nachw.
[4] OLG Hamm NJW-RR 1988, 320 = OLGZ 1987, 449 = Rpfleger 1987, 467 mit zust Anm Muth, und Rpfleger 1989, 249.

– mit Anordnungsbeschluss (neues Grundbuchersuchen erforderlich) hinsichtlich des (oder der) noch nicht beschlagnahmten Miteigentumsanteils,
– durch Verbindung der beiden Verfahren, die ausdrücklich oder stillschwei-
gend durch gemeinsamen Beschluss (= zusammengefassten Beitritts- und Anordnungsbeschluss) ausgesprochen werden kann.

377 **Aufhebung** (§ 29 ZVG) oder **Einstellung** (§§ 30, 30 a–f ZVG, § 765 a ZPO usw)
können bei **gemeinsamem Verfahren** für jedes einzelne Grundstück bewilligt,
beantragt und angeordnet werden. Bewilligt der Gläubiger nur einfach die Einstellung (siehe Rdn 184; ebenso, wenn rundweg Aufhebung beantragt wird), so
bezieht sich seine Erklärung auf das Gesamtverfahren. Der Gläubiger kann
aber auch nur für eines der Grundstücke (Bruchteile) oder eines der vor Verbindung selbstständigen Verfahrens die Einstellung bewilligen oder Aufhebung
beantragen. Dann läuft das Verfahren im Übrigen weiter.

> **Beschluss** in einem solchen Fall: Das von dem Gläubiger ... nach dem Anord-
> nungs/Beitrittsbeschluss vom ... betriebene Verfahren zur Zwangsversteigerung des
> auf den Namen von ... im Grundbuch für Gemarkung ... Blatt ... eingetragenen
> Grundstücks FlStNr ... wird auf Bewilligung gemäß § 30 ZVG einstweilen eingestellt.
> Das Verfahren zur Zwangsversteigerung der weiteren Grundstücke FlStNr ... wird
> nicht berührt, es nimmt seinen Fortgang.

378 Der **Grundstückswert** (§ 74 a Abs 5, § 85 a Abs 2 S 1 ZVG, Rdn 210–215) ist für
jedes in dem gemeinsamen Verfahren zu versteigernde Grundstück gesondert
festzustellen und in dem nach Verbindung einheitlichen Wertfestsetzungsbeschluss selbstständig festzusetzen. Grund: Mögliche Verfahrenstrennung, Einzelausgebot (§ 63 ZVG), Verteilung eines Gesamtrechts (§ 64 ZVG), Erlösverteilung
bei Gesamtausgebot (§ 112 ZVG). Für Bruchteile eines Grundstücks von gleichem Wert (wie Eheleute als Miteigentümer je zur Hälfte) ergeben diese bereits
den Wertanteil, so dass der Grundstückswert für jedes Einzelgrundstück bei Festsetzung nicht mehr nach den Bruchteilen unterteilt zu werden braucht. In der bei
verbundenen Verfahren einheitlichen Terminsbestimmung für die mehreren
Grundstücke wird der Verbindungsbeschluss nicht bezeichnet. Bei Verbindung
erst bei oder nach Zulassung eines Beitritts mit teilweise neuer Anordnung ist die
Zeit der Eintragung des Versteigerungsvermerks (siehe § 38 ZVG) auf den verschiedenen Grundstücken (Grundstücksteilen) jedoch einzeln zu vermerken.

> **Beispiel:** Der Versteigerungsvermerk wurde in das Grundbuch eingetragen am ...
> auf dem Miteigentumshälfteanteil des Ehemannes ... und am ... auf dem Miteigen-
> tumshälfteanteil der Ehefrau ...

2. Unterabschnitt. Einzel- und Gesamtausgebot

Schrifttum: Bachmann, Zuschlagserteilung bei Gesamtausgebot, Rpfleger 1992, 3; Heidrich
und Bachmann, Nochmals: Zuschlagsentscheidung bei Gesamtausgebot, Rpfleger 1993, 11;
Hornung, Änderungen des Zwangsversteigerungsrechts (Abschn V 3), NJW 1999, 460; Muth,
Anzahl zulässiger Ausgebotsarten, Rpfleger 1990, 502.

a) Einzelausgebot als Regel

379 Auch wenn mehrere Grundstücke (nicht aber als Flurstücksnummern im Katas-
ter ausgewiesene Flächen eines Grundstücks) in demselben Verfahren zu ver-
steigern sind, bildet die **Einzelversteigerung die Regel**. Die Grundstücke (auch
jeder Bruchteil eines Grundstücks; siehe Rdn 6 und 376) sind grundsätzlich
(ohne Antrag) einzeln auszubieten (§ 63 Abs 1 S 1 ZVG).

Geringstes Gebot (Rdn 239–268) und Versteigerungsbedingungen (Rdn 271–298) sind für jedes einzelne Grundstück (für jeden Bruchteil) **gesondert** (selbstständig) festzustellen. Bei bis auf Einzelrechte (zB bestehen bleibende Rechte) gleichen Versteigerungsbedingungen geschieht dies zweckmäßig in der Weise, dass in der gemeinsamen Feststellung herausgestellt wird, was einheitlich für alle Grundstücke und was für jedes einzelne Grundstück jeweils gesondert gilt. Berechnung des **geringsten Gebots für Einzelausgebot:** Wie bei einzelner Versteigerung des Grundstücks oder Bruchteils. Voll aufzunehmen sind mithin alle dem betreibenden Gläubiger vorgehende Belastungen und Barbeträge des Einzelgrundstücks. Verfahrenskosten (gemeinsame Gebühren, § 54 Abs 4 GKG, und Auslagen) werden nach dem Verhältnis der Grundstückswerte aufgeteilt.[5] Bei Ansprüchen der Rangklassen 1–3 des § 10 Abs 1 ZVG ist auf getrennte Anmeldung hinzuwirken; bei nur gemeinsamer Anmeldung sind solche Ansprüche, wenn sonstige Anhaltspunkte für die Einzelhaftung der Grundstücke fehlen, im Verhältnis der Grundstückswerte aufzuteilen.[6] Gesamtbelastungen werden berücksichtigt
– wenn keine Verteilung (s Rdn 384) erfolgt: **voll bei jedem Grundstück** für das Einzelausgebot dieses Grundstücks (Rdn 259);
– **nach Verteilung** gemäß § 64 ZVG (Rdn 384–388) mit dem jeweils anteiligen Betrag.

Auch wenn **nur Einzelausgebote** erfolgen (§ 63 Abs 1 S 1 ZVG) können diese **gleichzeitig aufgerufen** werden (zweckmäßig und üblich). Es ist aber auch zulässig, die Ausgebote zeitlich nacheinander (in gesonderten Bietzeiten für jedes Grundstück) vorzunehmen; bei gleichzeitigem Gesamtausgebot aber Rdn 382. Wird zur Abgabe von Geboten allgemein, also sogleich für alle Grundstücke einzeln (nur Einzelausgebote) aufgefordert, so kann stets für jedes Grundstück geboten werden (die Versteigerung läuft ineinander). Verkündung des letzten Gebots und des Schlusses der Versteigerung (§ 73 Abs 2 ZVG, Rdn 313) dann nach Ablauf der Mindestbietzeit für jedes einzelne Grundstück gesondert oder (besser) zusammen für alle Gebote und Grundstücke. Einstellung, wenn auf eines (oder einige) der Grundstücke so viel geboten ist, dass der Anspruch des Gläubigers gedeckt ist: § 76 ZVG.

Einzelausgebote unterbleiben nur, wenn Gesamt- oder (soweit) Gruppenausgebot erfolgt oder die Grundstücke gemeinsam ausgeboten werden und wenn alle anwesenden Beteiligten, deren Rechte bei der Feststellung des geringsten Gebots nicht berücksichtigt sind, auf Einzelausgebot rechtzeitig verzichtet haben (§ 63 Abs 4 ZVG), mithin auch Gläubiger und Schuldner (wenn anwesend), nicht aber Mieter und Pächter. Der Verzicht muss ausdrücklich erklärt und im Versteigerungsprotokoll festgestellt werden (§ 80 ZVG);[7] Stillschweigen ist kein Verzicht.[8] Schriftliche Erklärung, Zustimmung in einem Vortermin und Verzicht in einem erfolglos gebliebenen früheren Termin genügt nicht (§ 63 Abs 4 ZVG: die anwesenden Beteiligten müssen verzichten). Dieser Verzicht kann nur bis zur Aufforderung zur Abgabe von Geboten (§ 66 Abs 2 ZVG) erklärt wer-

---

[5] Korintenberg/Wenz Anm II 1 zu §§ 63, 64; Stöber Rdn 2.5 zu § 63.
[6] Korintenberg/Wenz wie Fußn 5; Drischler RpflJahrbuch 1960, 346.
[7] BGH MDR 2009, 222 = NJW-RR 2009, 158 = Rpfleger 2009, 98; OLG Jena Rpfleger 2000, 509 und 637 Leits mit Anm Fisch.
[8] BGH NJW-RR 2009, 158 = aaO; Stöber Rdn 2.1 zu § 63. Für schlüssige Zustimmung (früher), wenn kein Anwesender dem Antrag widerspricht, von Einzelausgeboten abzusehen: LG Aurich Rpfleger 1980, 306 (überholt).

den (§ 63 Abs 4 S 2 ZVG), danach auch dann nicht mehr, wenn noch kein Gebot abgegeben ist. Wenn während der Bietzeit neue Beteiligte erscheinen, müssen sie auf Einzelausgebote daher nicht mehr verzichten.[9] Zurückgenommen
werden kann der Verzicht bis zur Aufforderung zur Abgabe von Geboten,[10]
nicht mehr danach.

b) Grundstücke mit einheitlichem Bauwerk

379a Grundstücke, die mit einem einheitlichen Bauwerk überbaut sind, können
(ohne Antrag) nach dem Ermessen des Gerichts auch **gemeinsam ausgeboten**
werden (§ 63 Abs 1 S 2 ZVG). Grund: Vereinfachung und Beschleunigung des
Verfahrens, vor allem aber Erzielung eines möglichst günstigen Erlöses. Selbstverständliche Voraussetzung auch für dieses gemeinsame Ausgebot ist, dass die
Grundstücke in demselben Verfahren (§ 18 ZVG) versteigert werden[11] (bringt
§ 63 Abs 1 S 1 ZVG mit Satz 2 [„können auch …"] zum Ausdruck). Überbaut
mit einem einheitlichen Bauwerk sind die Grundstücke, wenn das Gebäude
wesentlicher Bestandteil der mehreren Grundstücke ist (§ 94 Abs 1 BGB); das
ist bei rechtmäßigem Überbau und bei Eigenüberbau nicht der Fall; hier ist das
Gebäude wesentlicher Bestandteil nur des Stammgrundstücks. Miteigentumsanteile am gleichen (bebauten) Grundstück (zB Miteigentum je zur Hälfte von
Eheleuten) sind als Objekte der Immobiliarvollstreckung mit dem Bauwerk
einheitlich überbaut, können somit nach § 63 Abs 1 S 2 ZVG gemeinsam ausgeboten werden.[12] Mit gemeinsamem Ausgebot ermöglicht § 63 Abs 1 S 2 ZVG
Versteigerung der Grundstücke von Amts wegen auch in dieser Weise; Einzelausgebote (als Regel, § 63 Abs 1 S 1 ZVG) entfallen damit nicht, können daher
nur unterbleiben, wenn auf sie verzichtet ist[13] (§ 63 Abs 4 ZVG). Geringstes
Gebot bei gemeinsamem Ausgebot: wie beim Gesamtausgebot (Rdn 381).

c) Gesamtausgebot

380 Alle Grundstücke sind **auch zusammen** – neben den Einzelausgeboten – **aufzurufen,** wenn ein Beteiligter dies verlangt (§ 63 Abs 2 S 1 ZVG; nicht aber von
Amts wegen). Grund: Ein Gesamtausgebot liefert bei Versteigerung mehrerer
Grundstücke in demselben Verfahren nicht selten ein besseres Versteigerungsergebnis als Einzelausgebote.[14] Antragsberechtigt sind die (= alle) Beteiligten (§ 9
ZVG), auch der Schuldner sowie Mieter und Pächter nach Anmeldung,[15] nicht
aber Bietinteressenten. Antrag: formlos (Aufnahme in das Protokoll, § 78
ZVG); er kann auch schriftlich vor dem Termin sowie im Vortermin gestellt
werden. Er liegt bereits in dem Verzicht aller anwesenden Beteiligten auf Einzelausgebot. Zulässig ist der Antrag nur bis zur Aufforderung zur Abgabe von
Geboten (§ 66 Abs 2 ZVG), danach auch dann nicht mehr, wenn noch kein
Gebot abgegeben ist. Dem Antrag muss entsprochen werden (kein Ermessen
des Gerichts), auch wenn die Grundstücke mit keinem Gesamtrecht belastet
sind. Die Einzelversteigerung kann auch nicht mit Zustimmung der anwesen-

---

[9] Stöber Rdn 2.2; Steiner/Storz Rdn 13, je zu § 63 (natürlich können sie vorsorglich befragt
werden, ob auch sie zustimmen).
[10] Stöber Rdn 2.3 zu § 63; Stöber ZIP 1981, 944 (VI); Hornung NJW 1999, 460 (V 3 d).
[11] Anders Storz/Kiderlen, Praxis des Zwangsversteigerungsverfahrens, D 2.6.1; nicht richtig.
[12] BGH NJW-RR 2009, 158 = aaO.
[13] BGH NJW-RR 2009, 158 = aaO; OLG Jena aaO (Fußn 7); Stöber Rdn 3.1 und 3.4 zu § 63.
[14] Stöber Rpfleger 1971, 327.
[15] Stöber Rdn 4.2 zu § 63; anders Jaeckel/Güthe Rdn 3 zu §§ 63, 64.

den Beteiligten abgebrochen werden.[16] Der Antrag ist widerruflich; auch zurückgenommen werden kann er jedoch nur bis zur Aufforderung zur Abgabe
von Geboten.[17]

Das **geringste Gebot für das Gesamtausgebot** ist selbstständig zu berechnen. In   381
ihm erscheinen Gesamtrechte (als bestehen bleibend und mit Barzahlungsbe-
trägen) nur einmal; daher ist nicht rundweg die Summe der geringsten Gebote
für die Einzelausgebote maßgebend.

Erhöhung des geringsten Gebots bei dem Gesamtausgebot erfolgt, wenn bei
einem Einzelausgebot auf eines der Grundstücke ein Gebot abgegeben wird,
das mehr beträgt als das geringste Gebot für dieses Grundstück, um den Mehrbetrag (§ 63 Abs 3 S 1 ZVG). Grund: Die Deckung, die ein Beteiligter durch
das Einzelausgebot bereits gefunden hat, muss auch für das Gesamtausgebot
gesichert bleiben. Die Erhöhung erfolgt bereits mit jedem über das geringste
Gebot hinausgehenden Gebot, nicht erst am Schluss der Versteigerung, wenn
das Meistgebot feststeht.

> **Beispiel:** Geringstes Gebot bei
> a) Einzelausgebot des Grundstücks A   2000 €
> b) Einzelausgebot des Grundstücks B   5000 €
> c) Einzelausgebot des Grundstücks C   15 000 €
> d) Gesamtausgebot   22 000 €.
> Gebote auf Grundstück A 2500 €, Grundstück B 20 000 €, Grundstück C 0 €. Erhö-
> hung des geringsten Gebots beim Gesamtausgebot um 500 € und 15 000 € auf
> 37 500 €.

Die Erhöhung wirkt sich nur für danach (später) auf das Gesamtausgebot abgegebene Gebote aus. Die vor Erhöhung schon wirksam abgegebenen Gebote
macht sie nicht (nachträglich) unwirksam.

Bei der Versteigerung mehrerer Grundstücke in demselben Verfahren (und Ver-   382
steigerungstermin) sind jedem Bieter alle Ausgebotsarten bis zum Schluss der
Versteigerung offen zu halten.[18] Das bedingen die in § 63 Abs 3 S 1 ZVG bestimmte Wahrung der Deckung, die ein Beteiligter durch ein Einzelausgebot
gefunden hat, auch für das Gesamtausgebot, und der in § 63 Abs 3 S 2 ZVG
bestimmte Vorrang der Einzelausgebote.[19] Das gebietet zwangsläufig **gleichzeitige Durchführung** der Einzelausgebote mit einem (etwaigen) Gruppenausgebot
und dem Gesamtausgebot. Das legt gleichzeitigen Beginn und Bietzeit für alle
Gebotsarten nahe, erfordert dies aber nicht zwingend. Vorzeitigen Schluss nur
einer der Gebotsarten oder einzelner Gebotsarten vor dem Ende der gesamten
Versteigerung schließt das jedoch aus.[20] Der Schluss der Versteigerung ist daher
einheitlich zu verkünden.[20] Somit erfordert Wahrung der Bietzeit (§ 73 Abs 1
ZVG), dass dann, wenn (ausnahmsweise) nicht zugleich für alle Gebotsarten
mit der Versteigerung begonnen wurde, zwischen der Aufforderung zur Abgabe
von Geboten für die zeitlich zuletzt aufgerufene Gebotsart und dem gemeinsamen Schluss der Versteigerung für alle Gebotsarten mindestens 30 Minuten
liegen müssen. In dieser Bietzeit können Gebote somit nach Wahl eines Bieters
auf jede der mehreren Ausgebotsarten abgegeben werden.

---

[16] Stöber ZIP 1981, 944 (VI).
[17] Stöber Rdn 4.4 zu § 63 ZVG.
[18] BGH MDR 2003, 1074 = NJW-RR 2003, 1077; LG Kassel Rpfleger 2007, 97; Stöber
Rdn 5.1 zu § 63 und Rdn 2.7 zu § 73.
[19] BGH aaO (Fußn 18).
[20] BGH aaO (Fußn 18).

Der **Zuschlag** wird auf Grund des Gesamtausgebots nur erteilt
– wenn das Meistgebot höher (nicht: gleich hoch) ist als das Gesamtergebnis der Einzelausgebote (§ 63 Abs 3 S 2 ZVG).[21] Grund: Das Einzelausgebot bildet die regelmäßige Versteigerungsart;
– dieses Meistgebot das nach den Meistgeboten auf die Einzelausgebote erhöhte geringste Gebot (§ 63 Abs 3 S 1 ZVG erreicht[22] (Versagungsgrund nach § 83 Nr 1 ZVG).
Für diesen Vergleich sind Meistgebote die gebotenen Barbeträge und die bei jedem Meistgebot bestehen bleibenden Rechte.[23] Das auf das Gesamtausgebot abgegebene Meistgebot (Gesamtmeistgebot) kann auch dann höher sein als das Gesamtergebnis der Einzelausgebote, wenn nach § 63 Abs 4 S 1 ZVG für ein (einige) Grundstück auf Einzelausgebote verzichtet oder für ein (einige) Grundstück kein Einzelgebot abgegeben worden ist.[24]
Bewilligt der bestbetreibende Gläubiger nach Schluss der Versteigerung die einstweilige Einstellung des Verfahrens hinsichtlich eines Grundstücks, so darf kein Zuschlag auf das Gesamtausgebot mehr erteilt werden.[25] Der Zuschlag darf dann nach § 83 Nr 2 ZVG aber auch nicht auf die verbleibenden Einzelgebote erteilt werden.[26]

383 Auch einige – mit einem und demselben Recht belastete – Grundstücke sind zusammen auszubieten, wenn ein Beteiligter dies verlangt (**Gruppenausgebot**; in diesem Fall zwingend) § 63 Abs 2 S 2 ZVG. In anderen Fällen kann nach dem Ermessen des Gerichts auf Antrag das Gesamtausgebot einiger der zur Versteigerung anstehenden Grundstücke angeordnet werden (Gruppenausgebot nach § 63 Abs 2 S 3 ZVG). Mit dem Gruppenausgebot gibt das Gesetz eine (bzw mehrere) weitere Möglichkeit(en), die Verbesserung des Versteigerungsergebnisses zu versuchen.[27] Geringstes Gebot bei Gruppenausgebot: Selbstständig zu berechnen; Kosten und Ansprüche aus Rangklassen 1–3 werden – wie bei Einzelausgebot – anteilig berücksichtigt; Gesamtbelastungen erscheinen nur einmal. Erhöhung des geringsten Gebots beim Gruppenausgebot, wenn bei einem daneben anstehenden Einzelausgebot ein Meistgebot abgegeben ist, nach § 63 Abs 3 ZVG, desgleichen beim Gesamtausgebot, wenn auf ein Gruppenausgebot ein Meistgebot abgegeben ist.

3. Unterabschnitt. Verteilung einer Gesamthypothek

a) Verteilung eines Gesamtrechts

384 Die volle **Berücksichtigung eines Gesamtrechts** (= Gesamthypothek, Gesamtgrundschuld, Gesamtrentenschuld, siehe § 64 Abs 1 und 3 ZVG) bei jedem Ein-

---

[21] Hierzu BGH NJW-RR 2007, 1139 = Rpfleger 2007, 95; Stöber Rdn 7 zu § 63.
[22] BGH NJW-RR 2007, 1139 = aaO.
[23] BGH NJW-RR 2007, 1139 = aaO; Stöber Rdn 7.1 zu § 63.
[24] BGH NJW-RR 2007, 1139 = aaO.
[25] OLG Köln OLGZ 1972, 62 = Rpfleger 1971, 326 mit insoweit zust Anm Stöber.
[26] Stöber Rdn 7.8 zu § 63, zutreffend gegen OLG Köln aaO (Fußn 25); OLG Hamm OLGZ 1972, 312 = Rpfleger 1972, 149; OLG Stuttgart Rpfleger 2005, 165; anders OLG Celle Rpfleger 1989, 471: Zuschlag auf die von der Einstellungsbewilligung nicht betroffenen Einzelgrundstücke jedenfalls dann, wenn die Summe aller Einzelmeistgebote höher lag als das Meistgebot im Gesamtausgebot (nicht zutreffend).
[27] Siehe Stöber Rpfleger 1971, 327.

zelausgebot (Rdn 259, 379) kann zu Erschwernissen sowie auch dazu führen, dass Grundstücke im Einzelausgebot überhaupt nicht verkäuflich sind. Mit Zulassung der Verteilung des Gesamtrechts ermöglicht § 64 ZVG daher im Interesse aller Beteiligten stets den Versuch, durch Einzelversteigerung einen höheren Erlös zu erzielen.

Bei der Feststellung des geringsten Gebots ist auf Antrag (nicht von Amts wegen) für die einzelnen Grundstücke ein dem Anspruch des bestrangig betreibenden Gläubigers vorgehendes Gesamtgrundpfandrecht (nicht auch eine Reallast) jeweils **nur zu dem Teilbetrage** zu berücksichtigen, der dem Verhältnisse des Wertes des jeweiligen Grundstücks zu dem Werte der sämtlichen Grundstücke entspricht (§ 64 Abs 1 S 1 ZVG). Verteilt werden der (bei den bestehen bleibenden Rechten zu berücksichtigende) Kapitalbetrag und ebenso die (in das Bargebot aufzunehmenden) Kosten (§ 10 Abs 2 ZVG) und wiederkehrenden Leistungen sowie sonstigen Nebenleistungen (§ 12 Nr 2 ZVG). Antragsberechtigt sind der betreibende Gläubiger (alle, nicht nur der bestrangige), der Eigentümer (Schuldner oder ein nach Beschlagnahme neu eingetretene Eigentümer) und jeder dem zu verteilenden Gesamtrecht gleich- oder nachstehende Beteiligte, auch wenn er selbst noch im geringsten Gebot steht. Der Gläubiger des Gesamtrechts selbst hat kein Antragsrecht; wenn er Gläubiger eines weiteren, nachrangigen Rechts ist, kann er Antrag jedoch in dieser Eigenschaft stellen.

Der **Antrag** ist formlos schriftlich oder im Versteigerungstermin (Protokollfeststellung, § 78 ZVG) bis zur Aufforderung zur Abgabe von Geboten zu stellen.[28] Er kann zurückgenommen werden,[29] jedoch gleichfalls nur bis zur Aufforderung zur Abgabe von Geboten.[30]

Grundstückswerte für die Verteilung sind die nach § 74a Abs 5, § 85a Abs 2 S 1 ZVG festgesetzten Werte.[31] Landesrecht nach § 11 EGZVG (Text im Kommentar T 2) findet keine Anwendung mehr.[32] Die Wertverhältnisse bestimmen sich nach dem jeweiligen Grundstückswert **unter Abzug** der Belastungen, die dem Gesamtrecht im Range vorgehen und bestehen bleiben (§ 64 Abs 1 S 1 letzter Halbs ZVG).

Berechnung der Verteilung: 385

$$(W\,1 + W\,2 + W\,3) : W\,1 = \text{Gesamtrecht} : x$$

Beispiel (siehe bereits Kommentar Rdn 4.2 zu § 64)

Grundstück	Wert § 74a	Vorbelastung	Restwert = W
1	10 000 €	5000 €	5 000 €
2	5 000 €	1000 €	4 000 €
3	20 000 €	4000 €	16 000 €

---

[28] LG Krefeld Rpfleger 1987, 323; Stöber Rdn 3.4 zu § 64; anders (bis zum Schluss der Versteigerung) Jaeckel/Güthe Rdn 10; Korintenberg/Wenz Anm II 3; Steiner/Storz Rdn 11, je zu § 64; Storz ZIP 1982, 416.

[29] Stöber Rdn 3.4 zu § 64.

[30] Stöber Rdn 3.4 zu § 64 mit Nachw und Darstellung anderer Ansicht.

[31] Stöber Rdn 4.8 zu § 64; Steiner/Storz Rdn 19 zu § 64; siehe auch Rdn 210.

[32] Anderer Ansicht Mohrbutter/Drischler, ZwVPraxis, Muster 94 Bem C, S 461; Drischler Rpfleger 1951, 175 und RpflJahrbuch 1960, 346; Mohrbutter, Handbuch des Vollstreckungsrechts, § 40 III Fußn 8. Der Gegenmeinung kommt jedoch keine besondere Bedeutung zu, weil auch sie den nach § 74a Abs 5 ZVG festgesetzten Wert als Grundlage der eigenständigen Wertbestimmung ansieht.

Aufteilung einer Gesamthypothek in Höhe von 3000 €.
Teilbetrag bei Grundstück

Nr 1   (5000 € + 4000 € + 16 000 €) :   5 000 € = 3000 € : x
Nr 2   (5000 € + 4000 € + 16 000 €) :   4 000 € = 3000 € : x
Nr 3   (5000 € + 4000 € + 16 000 €) : 16 000 € = 3000 € : x

Zu berücksichtigen ist mithin die Gesamthypothek im geringsten Gebot bei

Grundstück 1 mit einem Teilbetrag von   600 €
Grundstück 2 mit einem Teilbetrag von   480 €
Grundstück 3 mit einem Teilbetrag von   1920 €.

386 **Für jedes Gesamtrecht** ist der **Antrag** selbstständig zu stellen, wenn mehrere Gesamtrechte unter § 64 Abs 1 ZVG fallen. Zu verteilen ist, beginnend mit dem rangbesten Recht, nach der Reihenfolge der Gesamtrechte. Es kann aber Antrag auch nur für eines der Gesamtrechte gestellt werden.

b) Folge der Verteilung

386a Bei jedem Grundstück bleibt mit dem Zuschlag (§ 91 Abs 1 ZVG) das Recht nur noch als Einzelhypothek (Einzelgrundschuld) mit dem im geringsten Gebot berücksichtigten (anteiligen) Betrag bestehen. Mit dem Betrag, der bei der Feststellung des geringsten Gebots für das Grundstück nicht berücksichtigt ist, erlischt das Recht auf jedem Einzelgrundstück. Lastet das Gesamtrecht noch auf weiteren, nicht versteigerten Grundstücken, so dauert für jeden auf einem Grundstück bestehen gebliebenen Einzelteil die Gesamthaft an den nicht versteigerten Grundstücken im bisherigen Umfang fort.

c) Gegenantrag

387 Ein Verteilungsantrag beeinträchtigt die Rechtsstellung des Gesamtgläubigers. Ihm ist daher nach § 64 Abs 2 S 1 ZVG (bis zum Schluss der Versteigerung;[33] Verkündung des Schlusses, § 73 Abs 2 S 1 ZVG) das **Recht zum Gegenantrag** auf Feststellung des geringsten Gebots nach der Rangstelle seines Rechts eingeräumt. Wenn er Antrag stellt, muss das geringste Gebot so aufgestellt werden, als ob der Gesamtgrundpfandrechtsgläubiger bestrangig betreibender Gläubiger wäre. Dann: Doppelausgebot (siehe § 64 Abs 2 ZVG). Zum Wahlrecht des Gläubigers nach dem Ausgebot: § 64 Abs 2 S 2 ZVG. Hierzu und zum Zuschlag: Kommentar Rdn 6 und 7 zu § 64. Bei Entscheidung über den Zuschlag ist auch § 83 Nr 3 ZVG zu beachten. Der Gegenantrag kann widerrufen werden. Nicht berührt durch die Versteigerung wird das Verteilungsrecht des Gesamtgläubigers nach § 1132 BGB. Diese Verteilung erfordert (auch bei einer Eigentümergrundschuld) Erklärung des Gläubigers gegenüber dem Grundbuchamt (oder Eigentümer) und Grundbucheintragung.[34] Berücksichtigt wird eine solche Verteilung (nach dem Versteigerungsvermerk) nur bei Anmeldung und Nachweis spätestens bis zum Schluss der Versteigerung.

d) Persönlich vollstreckender Gläubiger

388 Kommt der in mehrere Grundstücke persönlich vollstreckende Gläubiger (Rangklasse 5 des § 10 Abs 1 ZVG) infolge Verfahrenseinstellung in den bar zu zahlenden Teil des geringsten Gebots (siehe Rdn 246 b), so ist auf Antrag in entsprechender Anwendung des § 64 ZVG auch seine Forderung entsprechend

---

[33] Stöber Rdn 5.3 zu § 64 mit Hinweis auf Gegenansicht; Morvilius ImmVollstr Rdn 393.
[34] BGH Betrieb 1976, 866 = WM 1976, 585.

zu verteilen.[35] Der Gläubiger kann seine Ansprüche nicht selbst unter Aufrechterhaltung nach § 1132 BGB verteilen; er ist jedoch zum Gegenantrag nach § 64 Abs 2 S 1 ZVG berechtigt.

12. Abschnitt. Einzelfälle

1. Unterabschnitt. Erbbaurecht
§§ 1, 5–8, 11, 14, 24 ErbbauVO

Schrifttum: Behmer, Der Rang des Heimfallanspruchs beim Erbbaurecht, Rpfleger 1983, 477; Busse, Zur Zwangsversteigerung von Erbbaurechten, NJW 1955, 1546; Furtner, Die rechtsgeschäftliche Verfügungsbeschränkung und ihre Sicherung, NJW 1966, 182; Haegele, Streit- und Zweifelsfragen um das Erbbaurecht, Justiz 1956, 89; Haegele, Streitfragen und Probleme des Erbbaurechts, Rpfleger 1967, 279; Hagemann, Zwangsvollstreckung in das Erbbaurecht, 1929; Hansen, Wann ist die Zustimmung des Grundstückseigentümers zur Zwangsversteigerung des Erbbaurechts erforderlich, SchlHA 1954, 77; Helwich, Erbbaugrundstücke in der Zwangsversteigerung, Rpfleger 1989, 389; Kalter, Einige Rechtsfragen zur Zwangsvollstreckung im Erbbaurecht, KTS 1966, 177; Kappelhoff, Die im Voraus erteilte Zustimmung des Grundstückseigentümers zur Zwangsversteigerung des Erbbaurechts, Rpfleger 1985, 281; Lutter, Zustimmung zur Erbbaurechtsübertragung für den Fall der Zwangsversteigerung, DNotZ 1960, 235; Chr Mohrbutter, Die Eigentümerrechte und der Inhalt des Erbbaurechts bei dessen Zwangsversteigerung, 1995; Muth, Belastungsbeschränkung des Erbbaurechts, Rpfleger 1991, 441; Pöschl, Das Erbbaurecht in der Zwangsversteigerung, BWNotZ 1956, 41; Pöschl, Zwangsversteigerung von Erbbaurechten, BB 1951, 977 und 1961, 581; Reinke, Eigentümerzustimmung in der Zwangsversteigerung des Erbbaurechts, Rpfleger 1990, 498; Scharen, Der Heimfallanspruch in der Zwangsversteigerung des Erbbaurechts, Rpfleger 1983, 342; Stakemann, Zur Zwangsversteigerung des Erbbaurechts, NJW 1984, 962; Stöber, Wirksamkeitsvermerk und Zwangsversteigerung, MittBayNot 1997, 143; Weichhaus, Der Heimfallanspruch bei der Zwangsversteigerung eines Erbbaurechts, Rpfleger 1979, 329; Winkler, Der Erbbauzins in der Zwangsversteigerung des Erbbaurechts, DNotZ 1970, 390; Winkler, Der Erbbauzins in der Zwangsversteigerung des Erbbaurechts, NJW 1985, 940.

a) Versteigerung des Erbbaurechts

Terminsbestimmung (im Anschluss an Muster Rdn 216):   389

Im Wege der Zwangsvollstreckung soll am ... an der Gerichtsstelle ... das im Erbbaugrundbuch des Amtsgerichts Schönberg für Gemarkung Waslingen Blatt 148 vorgetragene Erbbaurecht (mit dem auf seinem Grund errichteten Wohnhaus Weststraße 90) versteigert werden, das eingetragen ist auf dem im Grundbuch von Waslingen Blatt 28 unter Nr 2 des Bestandsverzeichnisses verzeichneten Grundstück der Gemarkung Waslingen, Flurstück Nr 27, Garten an der Wublitz, zu 25 a 15 m² in Abteilung II Nr 1 für die Dauer von 99 Jahren seit dem 1. Juni 2000. Der Erbbauberechtigte bedarf zur Veräußerung des Erbbaurechts der Zustimmung des Grundstückseigentümers, die auch für die Erteilung des Zuschlags notwendig ist.
Der Versteigerungsvermerk wurde am ... in das Erbbaugrundbuch eingetragen. (Weiter wie Rdn 216 unter Abänderung einzelner Worte in ‚Erbbaugrundbuch' bzw ‚Erbbaurecht').

Das Erbbaurecht ist als **grundstücksgleiches Recht** Gegenstand der Zwangs-   390
vollstreckung in das unbewegliche Vermögen (§ 864 ZPO, § 11 ErbbauRG; Rdn 5). Bei seiner Versteigerung ist auch der Grundstückseigentümer (stets

---

[35] AG Gemünd Rpfleger 1957, 88 mit zust Anm Drischler; Stöber Rdn 2.3 zu § 64.

ohne Anmeldung) Beteiligter nach § 9 ZVG (Rdn 58), § 24 ErbbauRG. Angeordnet werden kann die Zwangsversteigerung des Erbbaurechts nur, wenn
der Schuldner als Erbbauberechtigter im Erbbaugrundbuch (§ 14 Abs 1 ErbbauRG) eingetragen ist (§ 17 ZVG; dort auch wegen der Besonderheiten). Anordnungsbeschluss: Kommentar Rdn 13.3 zu § 15. Ausgeschlossen ist Anordnung der Zwangsversteigerung eines nichtigen Erbbaurechts. Nichtig ist
ein Erbbaurecht, wenn es entgegen § 10 ErbbauRG nicht zur ersten Rangstelle eingetragen ist; es kann auch durch Eintragung eines rangändernden Vermerks über die Einräumung der ersten Rangstelle nicht entstanden sein.[1] Zum
„Grundstücks“wert: Kommentar Rdn 7.7 zu § 74 a. Die Terminbestimmung
muss nach § 37 Nr 1 ZVG das Erbbaurecht bezeichnen; notwendig ist außerdem (siehe auch § 14 ErbbauRG) Angabe über Erbbaugrundbuchblatt, belastetes Grundstück (Grundbuchblatt, Gemarkung, Flurstücknummer, Beschrieb),
Dauer und Inhalt des Erbbaurechts sowie über das auf dem Grund des Erbbaurechts errichtete Bauwerk.[2] Das Bauwerk ist wesentlicher Bestandteil des Erbbaurechts (§ 12 ErbbauRG). Angezeigt, zumindest jedoch empfehlenswert ist
außerdem ein Hinweis auf eine nötige Zustimmung des Grundstückseigentümers zum Zuschlag.[3] Die mit dinglicher Wirkung als Inhalt des Erbbaurechts
vereinbarten Rechte und Pflichten (§§ 2–8 ErbbauRG) gehören nicht in das
geringste Gebot; sie sind nicht Belastungen des Rechts. Bei Bildung des geringsten Gebots gehören zu den öffentlichen Lasten daher nur die den Erbbauberechtigten als solchen treffenden öffentlichen Lasten des Erbbaurechts (§ 10
Abs 1 Nr 3 ZVG), nicht jedoch auch die von ihm nach § 2 Nr 3 ErbbauRG
übernommenen öffentlichen Lasten.

391 Ist als **Inhalt des Erbbaurechts** vereinbart (Einigung und Eintragung erforderlich), dass der Erbbauberechtigte zur Veräußerung des Erbbaurechts der
Zustimmung des Grundstückseigentümers bedarf (§ 5 Abs 1 ErbbauRG), so
gilt: Bereits vorhandene dingliche Berechtigte (Grundpfandrechtsgläubiger)
haben der Veräußerungsbeschränkung (Inhaltsänderung des Erbbaurechts) zu-
zustimmen; sie wirkt gegen später erst entstandene Grundstücksrechte. Es ist
daher jede die Rechte des Grundstückseigentümers aus der Vereinbarung ver-
eitelnde oder beeinträchtigende Verfügung auch im Wege der Zwangsvollstreckung unwirksam (§ 8 ErbbauRG). Die Anordnung des Zwangsversteigerungsverfahrens, die Eintragung des Zwangsversteigerungsvermerks, die Zulassung
eines Beitritts und die Durchführung des Zwangsversteigerungsverfahrens
(Terminsbestimmung, Abhaltung des Versteigerungstermins sowie Entgegennahme von Geboten) erfordern die Zustimmung des Eigentümers jedoch noch
nicht.[4] Insbesondere ist die Abgabe von Geboten ohne Einschränkung zulässig. Ein gesetzliches Vorkaufsrecht des Grundstückseigentümers besteht nicht.
Seine Zustimmung muss jedoch vor der Entscheidung über den Zuschlag erteilt oder ersetzt sein.[5] Zustimmungspflichtig ist auch die Zwangsversteigerung,
die der Grundstückseigentümer selbst betreibt.[6] Ist die – nicht formbedürfti-

---

[1] So OLG Hamm MDR 1976, 499 = NJW 1976, 2023; Staudinger/Ring, BGB, 13. Aufl,
Rdn 6 zu § 10 ErbbauVO.
[2] Stöber Rdn 2.7 zu § 37; zur Angabe des Bauwerks siehe Rdn 221.
[3] Stöber Rdn 2.7 zu § 37.
[4] BGH 33, 76 = MDR 1960, 833 = NJW 1960, 2093. Auch vom Nachweis einer nach § 5
Abs 2 ErbbauRG erforderlichen Belastungsbeschränkung des Grundstückseigentümers kann
die Verfahrensanordnung nicht abhängig gemacht werden, siehe Muth Rpfleger 1991, 441.
[5] BGH 33, 76 = aaO (Fußn 4); BayObLG 1960, 467 = DNotZ 1961, 266.
[6] BayObLG 1960, 467 = DNotZ 1961, 266.

ge[7] (Erklärung somit schriftlich oder zu Protokoll) und bis zur Erteilung des Zuschlags widerrufliche[8] – Zustimmung erteilt oder rechtskräftig oder mit sofortiger Wirksamkeit (§ 7 Abs 3 ErbbauRG, § 40 Abs 2 und 3 FamFG) ersetzt, so wird dem Meistbietenden der Zuschlag erteilt. Kann sich der Grundstückseigentümer, was oft der Fall sein wird, im Versteigerungstermin über die Erteilung oder Versagung der Zustimmung noch nicht schlüssig werden, so muss gemäß § 87 ZVG ein besonderer Termin zur Verkündung der Entscheidung über den Zuschlag anberaumt werden, um dem Grundstückseigentümer vor seiner Entschließung Gelegenheit zu etwa erforderlichen Ermittlungen zu geben.[9] Versagt dieser die Zustimmung, so ist eine Frist zur Beibringung der gerichtlichen Entscheidung zu bestimmen und der Verkündungstermin angemessen weit hinauszusetzen;[10] § 71 Abs 2 ZVG findet mithin keine Anwendung. Der Erbbauberechtigte hat nach § 7 Abs 1 ErbbauRG unter bestimmten Voraussetzungen ein Recht auf die Zustimmung des Grundstückseigentümers. Wird sie ohne ausreichenden Grund verweigert, so kann sie auf Antrag nach § 7 Abs 3 ErbbauRG ersetzt werden.[11] Antrag auf Ersetzung der Zustimmung kann auch der die Zwangsversteigerung betreibende Gläubiger stellen[12] (Pfändung des Zustimmungsanspruchs ist dafür nicht erforderlich), nicht aber der Meistbietende.[13] Der Anspruch auf Zustimmung kann nach § 857 Abs 3 ZPO (zur Ausübung) gepfändet und einem Dritten zur Ausübung überwiesen werden,[14] der dann Ersetzungsantrag stellen kann. Wird die Zustimmung endgültig verweigert[15] (möglich auch, wenn der Eigentümer selbst die Zwangsversteigerung betreibt) und kann ihre Ersetzung in angemessener Zeit nicht nachgewiesen werden, so ist der Zuschlag zu versagen. Für die Zwangsversteigerung auf Antrag eines nach dem Veräußerungsverbot eingetragenen dinglichen Gläubigers wird zwar die Ansicht vertreten, dass bereits die Zustimmung des Eigentümers zur Belastung die Zustimmung auch zu der aus dieser Belastung betriebenen Zwangsversteigerung einschließt.[16] Dem kann aber nicht gefolgt werden; die Versteigerung gehört nicht zum gesetzlichen Inhalt der Hypothek, so dass die Belastungszustimmung nicht die Veräußerungszustimmung umfassen kann.[17]

---

[7] Stöber Rdn 13.9 zu § 15; streitig.

[8] LG Essen KTS 1977, 191; Stöber Rdn 13.9 zu § 15.

[9] BGH 33, 76 = aaO (Fußn 4).

[10] BGH 33, 76 = aaO (Fußn 4).

[11] Ersetzung infolge Verweigerung ohne ausreichenden Grund bei Zwangsversteigerung aus einem mit Zustimmung des Grundstückseigentümers vorrangig bestellten Grundpfandrecht, wenn die Verweigerung der Zustimmung lediglich darauf gestützt wird, dass die Erbbauzinsreallast infolge des Zuschlags erlischt und dass der Meistbietende nicht bereit ist, in die schuldrechtlichen Verpflichtungen des zahlungsunfähigen Erbbauberechtigten hinsichtlich des Erbbauzinses einzutreten, BGH 100, 107 = aaO (Fußn 12); Kammergericht DNotZ 1984, 384 = MDR 1984, 581 = OLGZ 1984, 171; OLG Hamm Rpfleger 2008, 634; anders OLG Hamm (Vorlagebeschluss) DNotZ 1987, 40 = JMBlNW 1986, 283; OLG Oldenburg Rpfleger 1985, 203 mit Anm Hagemann.

[12] BGH 100, 107 = MDR 1987, 570 = NJW 1987, 1942; OLG Köln OLGZ 1969, 228 = Rpfleger 1969, 300; Kammergericht OLGZ 1984, 171 (172) = aaO (Fußn 11).

[13] OLG Köln OLGZ 1969, 228 = aaO (Fußn 12).

[14] BGH 33, 76 = aaO (Fußn 4); Stöber, FordPfändung, Rdn 1535.

[15] BayObLG 1960, 467 = aaO (Fußn 5).

[16] Jaeckel/Güthe Rdn 2; Korintenberg/Wenz Anm 2, je zu § 28; LG Frankfurt DNotZ 1959, 598 (Leits) = NJW 1959, 772; LG Hof DNotZ 1954, 210 = NJW 1954, 1247.

[17] BGH 100, 107 aaO (Fußn 12); Kammergericht DNotZ 1984, 384 = aaO (Fußn 11); Stöber Rdn 13.6 zu § 15; Steiner/Eickmann Rdn 67 zu § 28, je mit Nachw.

b) Erbbauzins-Reallast

392 Eine Erbbauzins-Reallast ist Belastung des Erbbaurechts (§ 9 Abs 1 S 1 ErbbauRG; §§ 1105–1112 BGB). Mit ihrem Hauptanspruch (Stammrecht; im Gegensatz zu den einzelnen Leistungen, § 1107 BGB) bleibt sie daher bei Versteigerung des Erbbaurechts bestehen, wenn sie bei der Feststellung des geringsten
Gebots berücksichtigt ist (§ 52 Abs 1 S 1 ZVG); ein Ersatzwert ist nach § 51
Abs 2 ZVG zu bestimmen. Im Übrigen erlischt sie durch den Zuschlag[18] (§ 91
Abs 1 ZVG) mit Anspruch auf Wertersatz nach § 92 Abs 1 ZVG; dann erwirbt der Ersteher das Erbbaurecht frei von Erbbauzinsverpflichtungen (erb-
bauzinsloses Erbbaurecht). Für Feststellung des geringsten Gebots sind zu unterscheiden:
a) die Reallast für den Erbbauzins **ohne Bestandsschutz.** Mit ihrem Hauptanspruch (Stammrecht) wird sie nach § 44 in das geringste Gebot als bestehen
bleibendes Recht (§ 52 Abs 1 ZVG) aufgenommen, wenn sie dem Anspruch des
betreibenden Gläubigers im Rang vorgeht; abweichende Feststellung würde
§ 59 ZVG ermöglichen. Nicht in das geringste Gebot wird diese Erbbauzins-
Reallast auch aufgenommen, wenn der Grundstückseigentümer als Berechtigter
aus der Reallast selbst die Zwangsversteigerung betreibt (dann kein vorgehendes Recht). Dann ermöglicht jedoch auf Antrag abweichende Bestimmung, dass
die Erbbauzins-Reallast bestehen bleibt (§ 59 ZVG), Wahrung des Rechts des
Grundstückseigentümers; Zustimmung nachstehender Berechtigter und damit
auch das Erbbauberechtigten ist dazu nicht erforderlich (Rdn 298 e). Zur Lösung des Interessenkonflikts zwischen Kreditgeber (der für sein Grundpfandrecht Rang vor dem Erbbauzins verlangt) und dem Grundstückseigentümer
(der sich gegen das Erlöschen seiner (nicht versteigerungsfesten) Erbbauzins-
reallast sichern möchte) können „Stillhalteerklärung"[19] und Verpflichtung, Änderung der Versteigerungsbedingungen herbeizuführen und/oder ihr zuzustim-
men[20] beitragen. Gleichwertigen Ersatz für Sicherheit der Erbbauzinsreallast
mit Rang vor Grundpfandrechten bieten diese Lösungen jedoch nicht.[21]
b) Die **versteigerungsfeste** Erbbauzins-Reallast (seit 1. Okt 1994). Als ihr Inhalt
ist nach § 9 Abs 3 Nr 1 ErbbauRG vereinbart, dass sie abweichend von § 52
Abs 1 ZVG mit ihrem Hauptanspruch (Stammrecht) bestehen bleibt, wenn der
Grundstückseigentümer aus der Reallast oder der Inhaber eines im Rang vorgehenden oder gleichstehenden dinglichen Rechts oder der Berechtigte von
Haus/Wohngeldansprüchen (§ 10 Abs 1 Nr 2 ZVG) die Zwangsversteigerung
des Erbbaurechts betreibt. Das vereinbarte Bestehen bleiben des Rechts ordnet
für das Versteigerungsverfahren § 52 Abs 2 S 2 ZVG an. Die Erbbauzins-
Reallast muss auch in diesem Fall mit ihrem Hauptanspruch (Stammrecht) in
das geringste Gebot als bestehen bleibendes Recht aufgenommen werden[22]
(Zuzahlungsbetrag: § 51 Abs 2 ZVG). Geschieht dies nicht, erlischt auch diese
Erbbauzins-Reallast nach § 91 Abs 1 ZVG; sie bleibt nicht etwa „außerhalb"
des geringsten Gebots bestehen.[23] Hat die versteigerungsfeste Erbbauzins-

---

[18] BGH 81, 358 = MDR 1982, 131 = NJW 1982, 234; BGH 100, 107 (125) = aaO (Fußn 12);
OLG Hamburg MDR 1975, 853; OLG Nürnberg MDR 1980, 401; LG Braunschweig Rpfleger 1976, 310.
[19] Dazu Groth DNotZ 1984, 372; Karow NJW 1984, 2669; Sperling NJW 1983, 2487.
[20] Groth DNotZ 1984, 372; Karow NJW 1984, 2669; Tradt DNotZ 1984, 370.
[21] Dazu Groth und Karow je wie Fußn 20.
[22] Stöber Rpfleger 1996, 136; Mohrbutter ZIP 1985, 806 (V 2); Stöber Rdn 6.2 zu § 52.
[23] Stöber wie Fußn 22; Stöber Rdn 6.2 zu § 52.

Reallast Rang vor dem betreibenden Gläubiger, dann wird sie nach § 44 ZVG in das geringste Gebot als bestehen bleibendes Recht (§ 52 Abs 1 ZVG) aufgenommen. Die Vereinbarung einer versteigerungsfesten Erbbauzins-Reallast schließt den Fall nicht ein, dass ein Gläubiger der Rangklasse 3 des § 10 Abs 1 ZVG die Zwangsversteigerung des Erbbaurechts betreibt.[24] In diesem Fall erlischt die bei der Feststellung des geringsten Gebots nicht berücksichtigte Erbbauzins-Reallast nach § 52 Abs 1 ZVG.

Bestehen bleibt der Hauptanspruch (das Stammrecht) der Erbbauzins-Reallast   **392a**
(ohne Bestandsschutz ebenso wie die versteigerungsfeste) mit dem gesetzlichen und rechtsgeschäftlich vereinbarten Inhalt des Rechts. Die Erbbauzins-Reallast kann somit sein
- nach Zeit und Höhe **fest bestimmt** (§ 9 Abs 2 S 1 ErbbauVO idF bis 30. 9. 1994),
- **desgleichen** oder auch mit einer **Verpflichtung zur Anpassung** an veränderte Verhältnisse ausgestaltet (§ 9 Abs 2 S 2 ErbbauVO; ab 1. 10. 1994–15. 6. 1998), möglich als gesondert zu erfüllende Verpflichtung zur Anpassung oder mit dinglicher Gleitklausel;
- inhaltlich mit **automatischer Anpassung** ausgestaltet (ab 16. 6. 1998). Sie bleibt dann bestehen in dem durch die Anpassung bis zum Zuschlag bestimmten Umfang mit der Anpassungsklausel als fortbestehender Inhalt.

Eine **Vormerkung** zur Sicherung des Anspruchs auf Erhöhung des Erbbauzinses   **392b**
(§ 9a Abs 3 ErbbauRG; bis 30. 9. 1994 allgemein üblich) bleibt gleichfalls nur bestehen, wenn sie (als bestehen bleibendes Recht, § 48 ZVG) bei der Feststellung des geringsten Gebots berücksichtigt ist (§ 52 Abs 1 S 1 ZVG); im Übrigen erlischt sie durch den Zuschlag (§ 91 Abs 1 ZVG). Auch Bestehen bleiben der Vormerkung kann nach § 9 Abs 3 Nr 1 ErbbauRG vereinbart sein. Auch dann muss sie aber in das geringste Gebot als bestehen bleibendes Recht aufgenommen werden. Die nur für den Erbbauzins getroffene Inhaltsvereinbarung wirkt nicht auch für die Vormerkung.[25]

Inhalt der Erbbauzins-Reallast kann (seit 1. 10. 1994) auch die Vereinbarung   **392c**
sein, dass der jeweilige Erbbauberechtigte dem jeweiligen Inhaber der Reallast gegenüber berechtigt ist, das Erbbaurecht in einem bestimmten Umfang mit einer der Reallast im Rang **vorgehenden Grundschuld**, Hypothek oder Rentenschuld im Erbbaugrundbuch zu **belasten** (§ 9 Abs 3 Nr 2 ErbbauRG). Als Rangvorbehalt zugunsten des jeweiligen Erbbauberechtigten besteht diese Befugnis auch für den Ersteher, wenn ein vorrangiges Grundpfandrecht mit dem Zuschlag erlischt, die Erbbauzins-Reallast aber als versteigerungsfest bestehen geblieben ist.

Auf die **einzelnen Leistungen** der Erbbauzins-Reallast finden die für die Zinsen   **392d**
einer Hypothekenforderung geltenden Vorschriften entsprechende Anwendung (§ 9 Abs 1 S 1 ErbbauRG mit § 1107 BGB). Grundbuchsichtliche oder rechtzeitig angemeldete (§ 45 ZVG) Leistungen der Erbbauzins-Reallast mit Rang vor dem betreibenden Gläubiger (nur die laufenden und die aus den letzten 2 Jahren rückständigen in Rangklasse 4 des § 10 Abs 1 ZVG) sind daher in den bar zu zahlenden Teil des geringsten Gebots aufzunehmen (§§ 44 mit 49 Abs 1 ZVG); Endtermin hier: § 47 ZVG. Die Leistungen einer nach- oder gleichrangigen Erbbauzins-Reallast erlangen für Feststellung des geringsten Gebots auch dann keine Bedeutung, wenn die Hauptsache (Stammrecht) infolge Inhaltsver-

---

[24] Stöber Rdn 6.12 zu § 52 mit Nachw.
[25] Stöber Rdn 6.7 zu § 52.

einbarung nach § 9 Abs 3 Nr 1 ZVG versteigerungsfest ausgestaltet ist. Der Ersteher trägt die Leistungen einer bestehen gebliebenen Erbbauzins-Reallast vom Zuschlag an (§ 56 S 2 ZVG).

c) Wirkung des Zuschlags

392e   Mit dem Zuschlag erwirbt der Ersteher das Erbbaurecht in dem Umfang und Zustand, wie es von der Beschlagnahme erfasst war, also mit dem gesamten gesetzlichen und eingetragenen vertragsmäßigen (§ 2 ErbbauRG) Inhalt. Eine als Inhalt des Erbbaurechts vereinbarte Verpflichtung zur Zahlung einer Vertragsstrafe (§ 2 Nr 5 ErbbauRG) wirkt jedoch gegen den Ersteher nur dann, wenn auch die strafbewehrte Hauptverpflichtung zulässiger Erbbaurechtsinhalt ist.[26]

d) Erbbaurechts-Grundstück

393   Bei Zwangsversteigerung des mit dem Erbbaurecht belasteten Grundstücks ist das Erbbaurecht kein nach § 28 Abs 1 ZVG entgegenstehendes Recht. Als Grundstücksbelastung (siehe § 1 ErbbauRG) bleibt das erstrangige (§ 10 Abs 1 daselbst) Erbbaurecht regelmäßig nach den Versteigerungsbedingungen, sonst (zB bei Versteigerung aus Rangklasse 2–3 des § 10 Abs 1 ZVG) außerhalb des geringsten Gebots (§ 25 ErbbauRG) bestehen. Erlöschen nach § 59 ZVG ist jedoch möglich. Der Ersteher des Grundstücks erwirbt das Bauwerk nicht, da es wesentlicher Bestandteil des Erbbaurechts ist (§ 12 Abs 1 ErbbauRG). Die (subjektiv-dingliche) Erbbauzins-Reallast geht als Grundstücksbestandteil (§ 96 BGB) mit dem Zuschlag auf den Ersteher über.

2. Unterabschnitt. Wohnungseigentum
§§ 1, 12, 30, 31, 39 WEG

Schrifttum: Barsties, Zur Frage der Zwangsversteigerung nicht mehr bestehender oder noch nicht erbauter Wohnungseigentumsrechte, SchlHA 1983, 17; Ebeling, Hausgeldrückstände in der Zwangsversteigerung des Wohnungseigentums, Rpfleger 1986, 125; Friese, Versteigerung von Wohnungseigentum, MDR 1951, 592; Rudolphi, Die Wirkung einer Eigentumsbeschränkung nach § 12 WEG auf die Zwangsversteigerung des Wohnungseigentums, BlGrBW 1960, 369; Schindelmeiser, Die Zwangsversteigerung von Wohnungseigentum in besonderen Fällen, SchlHA 1983, 51; Weimar, Zwangsvollstreckung in das Erbbaurecht und Wohnungseigentum, BlGrBW 1976, 188.

a) Versteigerung von Wohnungs- und Teileigentum

394   **Anordnungsbeschluss** (im Anschluss an Muster Rdn 114):
... wird ... die Zwangsversteigerung des im Wohnungsgrundbuch des Amtsgerichts Schönberg für Gemarkung Waslingen Blatt 171 auf den Namen des Schuldners ... eingetragenen Wohnungseigentums
$^{42}/_{100}$ Miteigentumsanteil an dem Grundstück Waslingen, FlStNr 112,
Wohn- und Geschäftshaus mit Garten, Mühlenstr 10, zu 468 m^2
verbunden mit dem Sondereigentum an der Wohnung im ersten Stockwerk links (AuftPlan Nr ...) angeordnet. Dieser Beschluss gilt zugunsten des Gläubigers als Beschlagnahme des Wohnungseigentums.

---

[26] BGH 109, 230 = DNotZ 1991, 391 = MDR 1990, 110 = NJW 1990, 832.

Wohnungs- und Teileigentum nach dem Wohnungseigentumsgesetz unterliegt 395 als besonders gestalteter Grundstücksmiteigentumsanteil der Zwangsvollstreckung in das unbewegliche Vermögen (Rdn 6 a). **Bezeichnet** wird es im Anordnungs- und Beitrittsbeschluss nach der Eintragung im Bestandsverzeichnis des Wohnungs- oder Teileigentumsgrundbuchs (§ 3 Abs 1 WGV). Bei seiner Zwangsversteigerung sind die übrigen Wohnungseigentümer (beim Wohnungserbbaurecht die übrigen Wohnungserbbauberechtigten und nach § 24 ErbbauRG, siehe Rdn 390, der Grundstückseigentümer) **Beteiligte** (§ 9 ZVG, Rdn 56).[27] Sie werden ohne Anmeldung zugezogen, wenn sie schon bei Eintragung des Versteigerungsvermerks eingetragen waren; bei späterer Eintragung sind sie mit Anmeldung nach § 9 Nr 2 ZVG Beteiligte.[28] Es ist aber nicht erforderlich, Zustellungen, insbesondere die Terminsbestimmung, an jeden einzelnen Wohnungseigentümer (Wohnungserbbauberechtigten) gesondert zu richten. Vielmehr kann (insbesondere auch die Terminsbestimmung) dem Verwalter mit dem Hinweis zugestellt werden, dass die Zustellung an ihn in seiner Eigenschaft als Verwalter nach dem Wohnungseigentumsgesetz des gemeinschaftlichen Eigentums (oder Erbbaurechts) an dem näher bezeichneten Grundstück erfolgt.[29] Es genügt Zustellung einer begl Abschrift an ihn.[30] Für Zustellung an den Wohnungseigentümer, der Schuldner ist (sowie an den Grundstückseigentümer beim Wohnungserbbaurecht) gilt dies nicht; ihm ist selbst zuzustellen. Ausgeschlossen ist die Zustellung an den Verwalter bei Interessenkollision (so wenn er selbst Verfahrensgegner ist).[31]
Steht ein Wohnungseigentum (Teileigentum) nicht einer Person allein zu, sondern mehreren Berechtigten **zu Bruchteilen** (zB Eheleuten je zur Hälfte), so ist die Zwangsvollstreckung auch in den Bruchteil jedes Mitberechtigten möglich. Für jeden Bruchteil an einem Wohnungseigentum ist dann ein selbstständiges Versteigerungsverfahren erforderlich (Rdn 376); Verbindung nur nach § 18 ZVG (Rdn 373). Der Grundsatz der Einzelversteigerung erfordert auch für jeden in demselben Verfahren (Verbindung nach § 18 ZVG) zu versteigernden Bruchteil an einem Wohnungseigentum Einzelausgebot (§ 63 Abs 1 S 1 ZVG; Rdn 379); Ausgebot der Bruchteile zusammen auch ohne Antrag ermöglicht § 63 Abs 1 S 2 ZVG (Rdn 379 a). Die weiteren Bruchteils-Mitberechtigten des Wohnungseigentums (Teileigentums) sind Beteiligte nach § 9 ZVG (Rdn 56). Zur Vollstreckung bei Miteigentum zur gesamten Hand an einem Wohnungs- oder Teileigentum siehe Rdn 6 b.
Die Bezeichnung des Wohnungs- oder Teileigentums in der **Terminsbestimmung** 395a (§ 37 Nr 1 ZVG) hat die Angabe des mit einem zahlenmäßigen Bruchteil zu nennenden Miteigentumsanteils an dem darzustellenden Grundstück (zweckmäßig übereinstimmend mit dem Bestandsverzeichnis des Wohnungs-/Teileigentumsgrundbuchs) mit seiner Größe und des mit dem Miteigentumsanteil verbundenen Sondereigentums an einer bestimmten Wohnung oder anderen Räumen zu enthalten. Angaben über Lage mit Geschossbezeichnung, Zahl der (Wohn-)Räume und auch (etwaige) Größe der im Sondereigentum stehenden Gebäudeteile (Räume) gehören aus der Sicht eines Erwerbsinteressenten zu den notwendigen Informationen. Bezeichnung des Gegenstands der Versteigerung in

---

[27] OLG Stuttgart OLGZ 1966, 57 = NJW 1966, 1036 = Rpfleger 1966, 113 mit Anm Diester.
[28] Stöber Rdn 3.35 zu § 9.
[29] OLG Stuttgart NJW 1966, 1036 = aaO (Fußn 27); Stöber Rdn 2.8 zu § 41.
[30] BGH 78, 166 = MDR 1981, 220 = NJW 1981, 282 mit abl Anm Kellermann.
[31] BayObLG 1973, 145 = MDR 1973, 850 = Rpfleger 1973, 310.

der Terminsbestimmung für Unterrichtung einer möglichst breiten Öffentlichkeit zur Gewinnung von Erwerbsinteressenten für bestmögliche Verwertung des Wohnungs- oder Teileigentums erfordert daher auch Angaben dazu. Das gebietet nicht wörtliche Darstellung des Gegenstands und Inhalts des Sondereigentums nach der Eintragungsbewilligung (auf die im Grundbuch nach § 7 Abs 3 WEG Bezug genommen ist), aber doch so konkrete Angabe, dass Interessenten sehen können und in der Lage sind zu entscheiden, ob das Objekt für ihre Zwecke geeignet ist. Zurückhaltender nimmt der BGH[32] an, für den Zweck der Terminsbestimmung, Bietinteressenten auf die Zwangsversteigerung aufmerksam zu machen, genüge Bezeichnung so, dass eindeutig erkennbar ist, auf welches „Grundstück" sich die Bekanntmachung bezieht. Es soll daher Bezeichnung ausreichen, die sichere Identifizierung des Versteigerungsgegenstands ermöglicht, wofür es weiterer Angaben, etwa zur näheren Beschaffenheit des Objekts und zur Größe des Sondereigentums, nicht bedürfe. Zumeist wird eine so karge Bezeichnung das Interesse möglichst vieler Erwerbsinteressenten aber nicht finden (Beispiel: Mehrwohnhausanlage mit Eigentumswohnungen unterschiedlichster Größe); sie ist daher weder ratsam noch hinreichend sicher. Bezugnahme nur noch auf den der Eintragungsbewilligung beigefügten Aufteilungsplan („Sondereigentum an der Wohnung Aufteilungsplan Nr. ...") ist allein auf jeden Fall ebenso unzureichend wie Angabe des falschen Stockwerks[33] oder einer wesentlich von der tatsächlichen Wohnfläche abweichenden Größe einer Eigentumswohnung.[34] Ebenso sind Besonderheiten des Objekts zu kennzeichnen wie das konkrete Gebäude einer Mehrwohnhausanlage oder ein in der Rechtsform des Wohnungseigentums verselbstständigtes Reihenhaus oder eine Doppelhaushälfte, in denen sich die Räume des Sondereigentums befinden.

Ein **Sondernutzungsrecht** ist jedenfalls dann konkret anzugeben, wenn es einen wesentlichen Vorteil und Wert darstellt (Rdn 396 a) wie das Recht zur ausschließlichen Benutzung einer Garage oder eines Kfz-Abstellplatzes, eines Hausgartens oder die eine Doppelhaushälfte umgebende (insbesondere große) Grundstücksfläche (anders BGH:[35] Nähere Angaben zum Sondernutzungsrecht müssen die Interessenten sich selbst beschaffen; ist in dieser Verallgemeinerung nicht sachgerecht). Die dann noch erforderlichen Angaben sind nach der im Grundbuch in Bezug genommenen Eintragungsbewilligung festzustellen und zu bezeichnen; (unverbindlicher) Hinweis auf das Sachverständigengutachten („lt Schätzgutachten 3-Zimmerwohnung" oder „lt Schätzgutachten Sondernutzungsrecht an einem Kfz-Stellplatz"), der einem Interessenten selbst die Ermittlung des Gegenstands und wesentlichen Inhalts des Sondereigentums oder Sondernutzungsrechts anheim gibt, kann nicht genügen.

395b **Grundstücksabgaben** wie das Entgelt für Abfallentsorgung, Straßenreinigung und Abwasserentsorgung können als öffentliche Last, aber auch als privatrechtlich geschuldetes Entgelt zu leisten sein. Sie sind öffentliche Last in Rangklasse 3 des § 10 Abs 1 ZVG, wenn das durch Rechtsvorschrift (wie das Kommunalabgabengesetz eines Bundeslandes) bestimmt ist oder sie auf Grund gesetzlicher Ermächtigung durch Satzung einer öffentlichen Körperschaft als Abgabeverpflichtung ausgestaltet sind, für die eine dingliche Haftung des Grundstücks be-

---

[32] BGH NJW 2007, 2995 (2998) = Rpfleger 2007, 410 (413).
[33] LG Augsburg Rpfleger 1999, 232.
[34] OLG Karlsruhe (ZS Freiburg) MDR 1993, 472 = OLGZ 1993, 346 = Rpfleger 1993, 256 mit Anm Meyer-Stolte.
[35] BGH NJW 2007, 2995 (2998) = aaO.

steht (siehe Rdn 73). Dann erstreckt sich für jeden Miteigentumsanteil die öffentliche Last auch auf das zu ihm gehörende Sondereigentum (§ 6 Abs 2 WEG). Die öffentliche Last ist damit Gesamtlast sämtlicher Wohnungs-/Teileigentumseinheiten, die auch bei Versteigerung eines einzelnen Wohnungs- bzw Teileigentums insgesamt in Rangklasse 3 geltend gemacht werden (Lastentragung der Wohnungs- und Teileigentümer im Innenverhältnis: § 16 Abs 2 WEG) und bei Versteigerung mehrerer Objekte nach § 64 ZVG (entspr Anwendung) aufzuteilen sein kann. Abweichend kann landesrechtliche Bestimmung aber auch regeln, dass die öffentliche Last nur anteilig auf jedem einzelnen Wohnungs- bzw Teileigentum lastet, es sich somit nicht um eine gemeinschaftliche Last aller Miteigentums-Teilrechte mit zugehörigem Sondereigentum sämtlicher Wohnungs-/Teileigentumseinheiten handelt. Dann begründet bei Versteigerung eines einzelnen Wohnungs- oder Teileigentums nur der auf ihm ruhende Teilbetrag der öffentlichen Last „des Grundstücks" Anspruch auf Befriedigung in Rangklasse 3. Für grundstücksbezogene Abgaben (Benutzungsgebühren), die nach einem gesetzlich angeordneten Anschluss- und Benutzungszwang bestehenden privatrechtlich ausgestaltetem Benutzungsverhältnis geschuldet werden, kann durch Landesgesetz gesamtschuldnerische persönliche Haftung der Wohnungs- und Teileigentümer in ihrer Eigenschaft als Miteigentümer des Grundstücks angeordnet sein.[36] Die (teilrechtsfähige) Gemeinschaft der Wohnungseigentümer schuldet dieses Entgelt damit nicht. Für Verbindlichkeiten aus einem Vertrag mit der Gemeinschaft der Wohnungseigentümer (§ 10 Abs 6 WEG) haften andererseits die (einzelnen) Wohnungseigentümer nur dann als Gesamtschuldner, wenn sie sich neben dem Verband klar und eindeutig auch persönlich verpflichtet haben.[37] Eine dingliche Haftung des Grundstücks und damit der Wohnungs- bzw Teileigentumseinheiten für das vertraglich geschuldete Entgelt begründet das privatrechtlich ausgestaltete Benutzungsverhältnis nicht. Diese privatrechtlichen Grundstücksabgaben sind daher nicht öffentliche Grundstückslast in Rangklasse 3.

Ein **Erschließungsbeitrag** zur Herstellung einer Erschließungsanlage für das Grundstück, das der Eigentümer sodann in Wohnungseigentumsrechte aufgeteilt hat, ruht auf noch nicht veräußerten Eigentumswohnungen voll als öffentliche Last, ist daher bei Versteigerung einer Eigentumswohnung voll in das geringste Gebot aufzunehmen.[38]   395c

Das Wohnungs- oder Teileigentum geht mit dem **Zuschlag** nach § 90 Abs 1 ZVG auf den Ersteher über. Ein nicht mit dem gesetzlich gebotenen oder mit unzulässigem Inhalt begründetes Teileigentum kann jedoch nach OLG Hamm[39] durch Zuschlag nicht erworben werden. Zur Abweichung zwischen Teilungsplan (Grundbucheintragung) und Bauausführung: Kommentar Rdn 45.13 zu § 15.   395d

Räumungsvollstreckung aus dem Zuschlagsbeschluss gegen den bisherigen Wohnungseigentümer: § 93 ZVG. Zum Erlöschen der auf dem Gesamtgrundstück lastenden Dienstbarkeit bei Versteigerung des Miteigentumsanteils eines Wohnungseigentümers siehe Rdn 357 und Rdn 399r.   395e

---

[36] BGH 181, 304 = DNotZ 2010, 118 = NJW 2009, 2521 (für Berlin); VG Mannheim NJW 2009, 1017 (für BW); OLG Hamm NJW-RR 2009, 1464 (1465, für NRW); auch BVerwG NJW 2006, 791 = NZM 2006, 146.

[37] BGH NJW 2010, 932 im Anschluss an BGH 163, 154 = NJW 2005, 2061.

[38] LG Lüneburg Rpfleger 1976, 68; Stöber Rdn 5.29 (zu c) zu § 44.

[39] OLG Hamm DNotZ 1977, 308 = NJW 1976, 1752 (Leits) = OLGZ 1977, 265.

b) Inhalt des Sondereigentums; Sondernutzungsrechte

396   Als Inhalt des Sondereigentums kann vereinbart sein, dass ein Wohnungseigentümer zur Veräußerung seines Wohnungseigentums der **Zustimmung anderer Wohnungseigentümer oder eines Dritten** (meist des Verwalters) bedarf (§ 12 Abs 1 WEG). Wie bei gleichartiger Verfügungsbeschränkung beim Erbbaurecht (siehe Rdn 391) erfordern dann die Anordnung des Zwangsversteigerungsverfahrens und die Zulassung des Beitritts, die Eintragung des Versteigerungsvermerks und die Verfahrensdurchführung die Zustimmung noch nicht.[40] Die Zustimmung muss jedoch vor der Entscheidung über den Zuschlag erteilt oder ersetzt sein. Wegen der Einzelheiten siehe die entsprechend geltenden Ausführungen in Rdn 391. Zum Dauerwohnrecht siehe Rdn 398a.

396a   Gegenstand der Zwangsversteigerung ist das Wohnungseigentum mit dem gesetzlichen und für das Verhältnis der Wohnungseigentümer untereinander ergänzend oder abweichend vereinbarten, durch Grundbucheintragung verdinglichten **Inhalt des Sondereigentums** (§ 10 WEG). Die als Inhalt des Sondereigentums für das Verhältnis der Wohnungseigentümer untereinander getroffenen Vereinbarungen gehören daher nicht in die Versteigerungsbedingungen und nicht in das geringste Gebot (sie sind nicht Belastungen des Rechts). Sie wirken, ebenso wie Beschlüsse der Wohnungseigentümer und Entscheidungen des Richters, als Inhalt des Sondereigentums (für und) gegen den Ersteher, der Sondernachfolger des Schuldners als Wohnungseigentümer ist (§ 10 Abs 2, 3 WEG).

396b   Vereinbarung (Bestimmung nach § 8 WEG) über das **Verhältnis der Wohnungseigentümer untereinander** kann insbesondere den Gebrauch des Sondereigentums und des gemeinschaftlichen Eigentums regeln (§ 15 Abs 1 WEG); auf diese Weise können sogen **Sondernutzungsrechte** geschaffen sein. Beispiele dafür: Kfz-Stellplätze im Freien, Garagenstellplätze in Sammel- und Tiefgaragen oder auf dem Oberdeck eines Parkhauses, ebenerdige Terrassen, Dachterrassen, Hof- und Gartenflächen im Freien, Garagenstellplätze in Doppelstockgaragen usw. Das Sondernutzungsrecht erfasst die Beschlagnahme des begünstigten Wohnungs-/Teileigentums automatisch mit.[41] Für den sondernutzungsberechtigten Wohnungseigentümer stellt seine Berechtigung zur dauernden ausschließlichen Benutzung des von dieser Regelung erfassten Grundstücks- oder Gebäudeteils einen wesentlichen Vorteil und Wert dar; anderen Wohnungseigentümern bringt der Ausschluss von ihrer eigenen gesetzlichen Berechtigung zur Benutzung des Grundstücks- oder Gebäudeteils oft erhebliche Einschränkungen. Im Grundbuch können Gebrauchsregelungen und insbesondere auch Sondernutzungsrechte durch Bezugnahme auf die Eintragungsbewilligung eingetragen sein (§ 7 Abs 3 WEG). Es ist daher bereits für die Wertermittlung nach § 74a Abs 5 (§ 85a Abs 2 S 1) ZVG und sodann für die Bekanntmachungen im Versteigerungstermin (Rdn 395a) notwendig, den näheren Inhalt der zu den („Grundstücks-")Nachweisungen (§ 66 Abs 1 ZVG) gehörenden Eintragungsbewilligung (Teilungserklärung) festzustellen. Ertl[42] berichtet von einem Fall, in dem eine Hausmeisterwohnung, der bei Zuschlag Sondernutzungsrechte an mehreren Kfz-Stellplätzen „auf Vorrat" zugeordnet waren, zum reinen Wohnungswert ohne Berücksichtigung des Wertes der Stellplätze versteigert wurde, weil der wahre Grundbuchinhalt hinter einem rechtlich einwandfreien, aber nichts sagenden Eintragungsvermerk verborgen war und der Inhalt der Eintragungsbe-

---

[40] LG Berlin Rpfleger 1976, 149; Stöber Rdn 45.7 zu § 15.
[41] OLG Stuttgart BWNotZ 2002, 186 = Rpfleger 2002, 576.
[42] Ertl Rpfleger 1979, 81 (83 linke Spalte).

willigung (Teilungserklärung) nicht geprüft wurde. Solche Versehen können leicht eine Haftung nach sich ziehen.

c) Zuschlagswirkungen

Mit Eigentumserwerb durch Zuschlag (§ 90 Abs 1 ZVG) tritt der Ersteher in die **Wohnungseigentümer-Gemeinschaft** ein. Sein Verhältnis zu den übrigen Wohnungseigentümern bestimmt sich damit nach den gesetzlichen Vorschriften über das Verhältnis der Wohnungseigentümer untereinander (§§ 10 ff WEG) und nach den als Inhalt des Sondereigentums gegen den Sondernachfolger wirkenden Vereinbarungen der Wohnungseigentümer. Der Zuschlag erstreckt sich damit zwingend auch auf das dem Wohnungs-/Teileigentümer zugeordnete Sondernutzungsrecht.[43] Bestimmungen der Teilungserklärung (§ 10 Abs 2 WEG), Beschlüsse der Wohnungseigentümer (§ 23 WEG) und gerichtliche Entscheidungen (§ 43 WEG) wirken gegen den Ersteher als Sondernachfolger auch ohne Eintragung in das Grundbuch (§ 10 Abs 3 und 4 WEG).   397

Als Wohnungseigentümer ist der Ersteher den **anderen Wohnungseigentümern** gegenüber verpflichtet, anteilig die Lasten des gemeinschaftlichen Eigentums sowie die Kosten der Instandhaltung, Instandsetzung, sonstigen Verwaltung und eines gemeinschaftlichen Gebrauchs des gemeinschaftlichen Eigentums (§ 16 Abs 2 WEG) **vom Zuschlag an** zu tragen (§ 56 S 2 WEG). Gläubigerin der Beitragsforderung ist die (teilrechtsfähige) Gemeinschaft der Wohnungseigentümer (§ 10 Abs 6 WEG). Zum Befriedigungsvorrecht dieser Ansprüche (Rangklasse 2 des § 10 Abs 1 ZVG) Rdn 399 ff.   397a

Begründet werden die Beitragsforderungen zum Verwaltungsvermögen (§ 10 Abs 7 WEG) durch Beschluss der Wohnungseigentümer über
– den Wirtschaftsplan (§ 28 Abs 1 und 5 WEG),
– die Jahresabrechnung (§ 28 Abs 3 und 5 WEG),
– eine Sonderumlage als Änderung des oder Nachtrag zum Jahreswirtschaftsplan.[44]

Verpflichtet werden durch den Eigentümerbeschluss die Wohnungseigentümer bei Beschlussfassung;[45] die Abgrenzung wiederkehrender Leistungen bei Wechsel der Verpflichtung bestimmt § 56 S 2 ZVG (Ersteher vom Zuschlag an). Somit gilt:

Regelmäßig wiederkehrende Leistungen sind zwischen Schuldner und Ersteher nach dem durch den Zuschlag abzugrenzenden Verhältnis der Dauer der Verpflichtung aufzuteilen (§ 103 BGB; frühere „Fälligkeitstheorie" damit überholt). Dauer der Verpflichtung für Hausgeld (Wohngeld) als Vorschuss (§ 28 Abs 2 WEG): Kalenderjahr, für das der (beschlossene) Wirtschaftsplan aufgestellt ist (§ 28 Abs 1 WEG), für monatsweise bemessene Vorschussleistung die Monatsleistung. Hausgeld (zeitanteilig) bis zum (Tag vor dem) Zuschlag begründet Anspruch auf Befriedigung in Rangklasse 2 des § 10 Abs 1 ZVG (erfordert rechtzeitige Anmeldung durch die Gemeinschaft der Wohnungseigentümer, § 10 Abs 2 Nr 2 WEG, und Glaubhaftmachung, § 45 Abs 3 WEG). Hausgeld zeitanteilig vom Zuschlag an trägt der Ersteher (§ 56 S 2 ZVG). **Einmalige Leistungen,** die nach der Jahresabrechnung als Fehlbeträge (Abrechnungsspitze) oder Son-

---

[43] OLG Stuttgart Justiz 2002, 407 = OLGRep 2002, 290 und Rpfleger 2002, 576 = aaO (Fußn 41).
[44] BGH 108, 44 (47) = NJW 1989, 3018.
[45] BGH 104, 197 (203) = DNotZ 1989, 148 mit Anm Weitnauer S 156 = MDR 1988, 765 = NJW 1988, 1910 = Rpfleger 1988, 357.

derumlage zu zahlen sind (auch zum Ausgleich des durch einen Wohngeldrück-
stand eines [anderen] Eigentümers bestimmten Ausfallbetrag) trägt der Schuldner, wenn sie durch Beschluss der Wohnungseigentümer vor dem Zuschlag
begründet wurden, der Ersteher, wenn sie durch Eigentümerbeschluss vom Zuschlag an begründet werden.[46] Für Kosten und Lasten (Hausgeldschulden) des
Schuldners aus der Zeit vor Erteilung des Zuschlags haftet der Ersteher auch
dann nicht, wenn durch Vereinbarung oder in der Teilungserklärung für den Fall
der Veräußerung bestimmt ist, „dass der Ersteher gesamtschuldnerisch für etwaige Rückstände hafte"[47] (trifft Bestimmung nur für den rechtsgeschäftlichen
Erwerb[48]) Eine Bestimmung der Teilungserklärung, dass bei Erwerb durch Zuschlag der Ersteher für Wohngeld und Lastenrückstände des Schuldners hafte,
verstößt gegen § 56 S 2 ZVG und ist daher nichtig.[49]

d) Wohnungserbbau- und Teilerbbaurecht

398 **Wohnungserbbau- und Teilerbbaurecht** (§ 30 WEG) unterstehen neben den
Vorschriften des Erbbaurechtsgesetzes den Bestimmungen des Wohnungseigen-
tumsgesetzes. Es sind daher neben Verfügungsbeschränkungen nach §§ 5–8
ErbbauRG Veräußerungsbeschränkungen nach § 12 WEG denkbar. Behandlung dann nach Rdn 391 und 396.

e) Dauerwohn- und Dauernutzungsrecht

398a Ein Dauerwohn- und ein Dauernutzungsrecht (§ 31 WEG) bleibt bei Versteigerung des Grundstücks als Grundstücksbelastung nach den Versteigerungsbedingungen bestehen, wenn es mit Rang vor dem vollstreckenden Gläubiger in
das geringste Gebot aufgenommen ist (§§ 44, 52, 91 Abs 1 ZVG). Andernfalls
erlischt es. Als Inhalt des Dauerwohnrechts kann nach § 39 WEG vereinbart
sein, dass es abweichend von § 44 ZVG stets auch dann bestehen bleiben soll,
wenn der Gläubiger einer ihm im Range vorgehenden oder gleichstehenden
Hypothek, Grundschuld, Rentenschuld oder Reallast die Zwangsversteigerung
betreibt. Es bleibt dann nicht außerhalb des geringsten Gebots bestehen, sondern ist, wie bei abweichender Feststellung (§ 59 ZVG), aufzunehmen und in
den Versteigerungsbedingungen als bestehen bleibend festzustellen. Die Vereinbarung des § 39 WEG gilt nicht, wenn ein Anspruch der Rangklasse 2–3 des
§ 10 Abs 1 ZVG betreibt.[50] Kann nicht geklärt werden, ob die Voraussetzungen
des § 39 Abs 3 WEG (insbesondere Erfüllung fälliger Zahlungsverpflichtungen)
gegeben sind, dann ist das Dauerwohnrecht als bedingtes Recht in das geringste
Gebot aufzunehmen. Ein im geringsten Gebot stehendes Dauerwohnrecht ist
stets nach § 51 Abs 2 ZVG zu werten.

---

[46] BGH 104, 197 = aaO. Anders für nach dem Zuschlag fällig werdende Raten einer
vor dem Eigentumserwerb beschlossenen Sonderumlage LG Saarbrücken NJW-RR 2009,
1167.
[47] BGH 88, 302 = DNotZ 1984, 556 = MDR 1984, 222 = NJW 1984, 308 = Rpfleger 1984,
70 mit Anm Schiffhauer.
[48] BGH 88, 302 = aaO.
[49] BGH 99, 358 = DNotZ 1988, 27 = JR 1988, 203 mit krit Anm Pick = MDR 1987, 485 =
NJW 1987, 1638 = Rpfleger 1987, 208.
[50] Stöber Rdn 5.29 zu § 44; Bärmann/Pick, WEG, Rdn 41 zu § 39; Weitnauer/Hauger, WEG,
Rdn 4 zu § 39.

3. Unterabschnitt. Anmeldung und Vollstreckung des Haus-/Wohngeldanspruchs

a) Rangklasse 2 für Hausgeldansprüche

aa) Fällige **Hausgeldforderungen** (auch als Wohngeld bezeichnet) der Gemein-   399
schaft der Wohnungseigentümer (§ 10 Abs 6 WEG) gegen einen zahlungsunfähigen oder -unwilligen Miteigentümer gewähren (in den vom 1. Juli 2007 an
anhängigen Verfahren, § 62 Abs 1 WEG) bei Zwangsversteigerung des Wohnungseigentums ein Recht auf Befriedigung in Rangklasse 2 des § 10 Abs 1
ZVG. Hausgeldforderungen sind Ansprüche auf Zahlung der Beiträge zu den
Lasten und Kosten des gemeinschaftlichen Eigentums oder des Sondereigentums (Beitragsschulden), die nach § 16 Abs 2, § 28 Abs 2 und 5 WEG geschuldet werden, dabei die Vorschüsse (§ 28 Abs 2 WEG) und Rückstellungen (§ 21
Abs 5 Nr 4 WEG). Die Zahlungsverpflichtung gründet sich auf die Beschlüsse
der Wohnungseigentümer über den Wirtschaftsplan, die Abrechnung des Verwalters oder über die Erhebung einer Sonderumlage (§ 28 Abs 5 WEG). Kosten
des Sondereigentums gehören nur dazu, „wenn sie über die Gemeinschaft abgerechnet werden",[51] wie etwa Wasser- oder Stromkosten, ihre Tilgung somit gemeinschaftliche Aufgabe der Wohnungseigentümer ist, nicht damit, soweit sie
vom Gläubiger bei dem Schuldner als Wohnungseigentümer unmittelbar eingezogen werden. Bevorrechtigt sind ebenso **Rückgriffsansprüche** (Regressansprü-
che) eines einzelnen Wohnungseigentümers, der gemeinschaftliche Lasten und
Kosten beglichen hat.[52] Solche Ansprüche entstehen vornehmlich in einer
Zweiergemeinschaft, wenn kein Verwalter bestellt ist und Verwaltungskosten
durch einen Miteigentümer beglichen werden mussten.

bb) Fällig ist eine Hausgeldforderung, wenn sie durch Beschluss der Wohnungs-   399a
eigentümer (§ 28 Abs 5 WEG) über den Wirtschaftsplan als Vorschuss (§ 28
Abs 1, 2 WEG) und über die Jahresabrechnung des Verwalters (§ 28 Abs 3
WEG) als Fehlbetrag (Abrechnungsspitze) oder als Sonderumlage zur Entstehung gelangt ist (zur Abgrenzung Rdn 397a). Auf die Leistungszeit iS von
§ 271 BGB ist damit nicht abgestellt. Leistungen über den Beschluss für die anteilige Verpflichtung der Wohnungseigentümer zur vorschussweisen oder endgültigen Lasten- und Kostentragung noch nicht gefasst ist (wie Restzahlungen
aus einer Jahresabrechnung), gehören nicht dazu.

cc) Nebenleistungen (dingliche Rechtsverfolgungskosten, § 10 Abs 2 ZVG),   399b
Verzugszinsen für Beitragsrückstände, Vertragsstrafe, sind wie das Hausgeld in
Rangklasse 2 bevorrechtigt.

dd) Das Vorrecht in Rangklasse 2 besteht für **laufende** und die **rückständigen**   399c
Beiträge aus dem **Kalenderjahr der Beschlagnahme** sowie den Folgejahren und
den **letzten zwei Kalenderjahren** vor dem Beschlagnahmejahr (§ 10 Abs 1 Nr 2
S 2 ZVG). Abgrenzung der laufenden Beiträge wiederkehrender Leistungen von
den Rückständen: § 13 ZVG. Wenn mehrere Beschlagnahmen vorliegen ist die
erste maßgebend (§ 13 Abs 4 S 1 ZVG). Wenn zuerst die Zwangsverwaltung
und dann die Zwangsversteigerung angeordnet wurde und die Zwangsverwaltung bis zur Zwangsversteigerungsbeschlagnahme fortgedauert hat, entscheidet
auch für die Zwangsversteigerung der frühere Beschlagnahmezeitpunkt aus der
Zwangsverwaltung (§ 13 Abs 3 S 2 ZVG). Dann können in der Zwangsverstei-

---

[51] Begründung BT-Drucks 16/887 S 44.
[52] Dazu Bärmann/Merle, WEG, Rdn 4 zu § 28.

gerung auch Rückstände aus weit zurückliegenden Kalenderjahren als laufende und zwei Jahre rückständige Leistungen in Rangklasse 2 bevorrechtigt zu befriedigen sein. Die Begrenzung des Vorrechts auf zwei Jahre zurückliegende Rückstände soll die Eigentümer dazu anhalten, bei säumigen Zahlern frühzeitig aktiv zu werden. Rückstände wiederkehrender Leistungen aus einem mehr als zwei Jahre zurückliegenden Kalenderjahr gewähren kein Recht auf Befriedigung aus dem Grundstück (keine dem Abs 1 Nrn 7 und 8 ZVG entsprechende Regelung), auch wenn sie mit Beschluss über die Jahresabrechnung erst innerhalb des 2-Jahreszeitraums begründet wurden oder gestundet waren. Sie können in Rangklasse 5 des § 10 Abs 1 ZVG vollstreckt werden.

399d **ee) Begrenzt** ist das Vorrecht auf Hausgeldansprüche einschließlich aller Nebenleistungen (Rdn 399 b) auf Beträge von zusammen nicht mehr als 5 vH des nach § 74 a Abs 5 festgesetzten Wertes (§ 10 Abs 1 Nr 2 S 3 ZVG). Auch hier wird aber eine (überholte) Wertfestsetzung nicht maßgeblich bleiben können, wenn sich eine Wertänderung ergeben hat, nach Wegfall der (zuschlagsfähigen) Mindestbietgrenze für einen zweiten Versteigerungstermin (§ 74 a Abs 4, § 85 a Abs 2 S 2 ZVG) Überprüfung und Neufestsetzung des Wertes aber nicht erfolgt ist (wie Rdn 572). Wenn die WE-Gemeinschaft mit Vorrecht in Rangklasse 2 in voller Höhe vollstreckt (die Beschlagnahme des Wohnungseigentums bewirkt) hat, steht ihr nach Ablösung, somit Übergang der vollstreckten Hausgeldforderung mit Vorrecht auf den Ablösenden, in dem selben Versteigerungsverfahren das Vorrecht für weitere Hausgeldansprüche nicht nochmals zu.[53] Das kann nach Aufhebung der Zwangsversteigerung (Erlöschen der Beschlagnahme) wegen des auf den Ablösenden übergegangenen Hausgeldanspruchs, somit auch dann, wenn nach Beendigung des Verfahrens ein neues Zwangsversteigerungsverfahren anhängig wird, nicht gelten (offen gelassen von[54]); es ist das Recht auf Befriedigung aus dem Grundstück bei Erlösverteilung (§ 10 Abs 1 Nr 2, §§ 114, 117, 118 ZVG) der Höhe nach begrenzt, nicht aber die Vollstreckung weiterer (später fällig gewordener) „bevorrechtigter" Beträge durch ältere, nicht (oder nur früher) vollstreckte Hausgeldforderungen behindert.

399e **ff)** Für Hausgeldansprüche **haftet das Wohnungseigentum** mit dem begrenzten Vorrecht der Rangklasse 2 **gesetzlich.** Dieses Recht auf Befriedigung gewähren die „daraus", somit aus dem zu versteigernden Wohnungseigentum fälligen Hausgeldansprüche der anderen Wohnungseigentümer. Ein Eigentümerwechsel während des zu berücksichtigenden Zeitraums berührt dieses Befriedigungsvorrecht für Wohngeld nicht.[55] Es gilt für Ansprüche aus den letzten zwei Jahren und bis zum Zuschlag auch, wenn der Anspruch nicht von dem Vollstreckungsschuldner, sondern von einem Voreigentümer oder einem nachfolgenden Eigentümer geschuldet wird. Das gilt auch, wenn der Eigentumserwerb durch Vormerkung gesichert war. Fortlaufend geschuldete Ansprüche auf Leistung des Hausgeldes auch nach Eintragung der Auflassungsvormerkung und des neuen Eigentümers gründen sich nicht auf eine vormerkungswidrige Verfügung über das Wohnungseigentum[56] (§ 883 Abs 2 BGB).

399f **gg) Geltend gemacht** werden können Hausgeldforderungen (Wohngeldansprüche) in Rangklasse 2

---

[53] BGH (4. 2. 2010, V ZB 129/09) Rpfleger 2010, 333; LG Köln Rpfleger 2010, 43 (Vorinstanz).
[54] BGH aaO.
[55] Stöber Rdn 4.7 zu § 10.
[56] Stöber aaO.

- bei Vollstreckung mit dem Rang nach § 10 Abs 1 Nr 2 ZVG (Rdn 399l),
- wenn die Gemeinschaft der Wohnungseigentümer selbst Hausgeldforderungen in Rangklasse 2 vollstreckt und noch weitere (nicht vollstreckte) Hausgeldforderungen verlangt wie zB weiter fortlaufend fällig gewordenes Wohngeld,
- wenn die Gemeinschaft der Wohnungseigentümer selbst die Zwangsversteigerung betreibt, die Hausgeldforderungen aber (nur) in Rangklasse 5 des § 10 Abs 1 ZVG vollstreckt,
- wenn die Zwangsversteigerung von einem anderen Gläubiger als der Gemeinschaft der Wohnungseigentümer betrieben wird,
- in der Zwangsversteigerung zum Zwecke der Aufhebung einer Gemeinschaft (§§ 180 ff ZVG) sowie in anderen besonderen Fällen (§§ 172 ff ZVG).

b) Anmeldung der Hausgeldansprüche

aa) Ansprüche der Gemeinschaft der Wohnungseigentümer (§ 10 Abs 6 S 2 WEG) auf Zahlung des Hausgeldes (Wohngeldes) müssen als nicht grundbuchersichtlich (rechtzeitig) **angemeldet** werden (§ 37 Nr 4, §§ 45, 114 ZVG, Rdn 231 ff). Folge verspäteter Anmeldung: § 110 (auch § 114 Abs 1) ZVG. Anzumelden hat die Gemeinschaft der Wohnungseigentümer (§ 10 Abs 1 Nr 2 S 4 ZVG), vertreten durch den Verwalter (§ 27 Abs 3 Nr 4 mit Abs 1 Nr 4 WEG). Individualansprüche (Rückgriffsansprüche) sind von dem berechtigten Wohnungseigentümer selbst geltend zu machen (anzumelden, § 10 Abs 1 Nr 2 S 5 WEG). Als angemeldet gelten Ansprüche, die sich aus dem Versteigerungsantrag ergeben (§ 114 Abs 1 S 2 WEG). Aus der Anmeldung muss sich ergeben (§ 45 Abs 3 S 2 ZVG) **399g**
- die Zahlungspflicht,
- die Art des Anspruchs,
- der Bezugszeitraum
- sowie die Fälligkeit des Anspruchs.
Diese Angaben sind für die Prüfung erforderlich, ob geltend gemachte Beträge der Rangklasse 2 zuzuordnen sind.[57]

bb) Glaubhaft zu machen sind die Hausgeldansprüche schon bei der Anmeldung (näher § 45 Abs 3 ZVG), damit spätestens vor der Aufforderung zur Abgabe von Geboten (§ 37 Nr 4 ZVG), dem Vollstreckungsgericht gegenüber, nicht somit erst auf Widerspruch (Wortlaut des § 37 Nr 4 ZVG für diese Ansprüche durch den neuen § 45 Abs 3 ZVG somit überholt). Erfolgen kann Glaubhaftmachung durch Vorlage der Niederschriften mit den Beschlüssen der Wohnungseigentümer (samt Anlagen wie Wirtschaftsplan oder Jahresabrechnung), aus denen die Zahlungsverpflichtung (§ 28 Abs 2 und 5 WEG) hervorgeht, oder in sonst geeigneter Weise, damit auch durch Vorlage anderer Schriftstücke. Wenn Glaubhaftmachung fehlt oder nicht hinreichend erfolgt ist, ist die Wohnungseigentümergemeinschaft (der vertretende Verwalter) zur Nachbesserung aufzufordern (Aufklärungspflicht nach § 139 ZVG), sofern das vor Aufforderung zur Abgabe von Geboten (damit auch im Versteigerungstermin) noch möglich ist. Wenn Glaubhaftmachung (gleichwohl) verspätet erfolgt, erleiden die Ansprüche Rangverlust nach § 110 ZVG (Wortlaut auch hier ungenau). **399h**

cc) Berücksichtigung im (damit Anmeldung zum) **geringsten Gebot** erfolgt für die Zeit bis zum Ablauf von 2 Wochen nach dem Versteigerungstermin (§ 47 **399i**

---

[57] Begründung BT-Drucks 16/887 Seite 46.

ZVG). Bei **Erlösverteilung** kommen die Ansprüche bis zum Tag vor dem Zuschlag zum Zuge (§ 56 S 2 ZVG). Verpflichtung des Erstehers zur Zahlung des Hausgeldes: § 56 S 2 ZVG (Rdn 397a).

399k   cc) **Rechtsbehelf:** Nichtaufnahme in das geringste Gebot oder – für nachrangige Gläubiger – fehlerhafte Berücksichtigung im geringsten Gebot ist nicht anfechtbar (§ 95 ZVG; Rdn 270). Es kann jedoch der Zuschlag angefochten werden (§ 83 Nr 1 ZVG; wird zumeist keine Bedeutung erlangen) oder Widerspruch gegen den Teilungsplan erhoben werden (§ 115 ZVG).

c) Vollstreckung des Hausgeldanspruchs (§ 10 Abs 3 ZVG)

399l   aa) Die Gemeinschaft der Wohnungseigentümer kann die Zwangsversteigerung in Rangklasse 2 des § 10 Abs 1 ZVG selbst (nur) betreiben, wenn ihr zu vollstreckender Anspruch „die Höhe des **Verzugsbetrages nach § 18 Abs 2 Nr 2 WEG** übersteigt" (§ 10 Abs 3 S 1 ZVG). Vollstreckt werden muss demnach ein Anspruch auf Zahlung von Beiträgen zu den Lasten und Kosten (§ 16 Abs 2 WEG) in Höhe eines Betrags, der drei vom Hundert des Einheitswertes des Wohnungseigentums des Schuldners überschreitet und mit dem der Schuldner sich länger als drei Monate in Verzug befindet. Grund:[58] Dem säumigen Miteigentümer soll sein Wohnungseigentum nicht im Wege der Vollstreckung aus Rangklasse 2 wegen eines niedrigeren Betrags entzogen werden können (Verhältnismäßigkeit zwischen dem Fehlverhalten und der Pflicht zur Veräußerung). Für den Anspruch der Gemeinschaft der Wohnungseigentümer auf Befriedigung in Rangklasse 2 des § 10 Abs 1 ZVG in dem von einem anderen Gläubiger betriebenen Zwangsversteigerungsverfahren (zur Anmeldung § 45 ZVG) hat der Mindestverzugsbetrag keine Bedeutung. Unberücksichtigt für Bestimmung des Mindest-Verzugsbetrags für Versteigerung mit Rangklasse 2 bleiben Beiträge zu den Lasten und Kosten des gemeinschaftlichen Eigentums, die nicht vollstreckt werden, damit insbesondere weiter laufende (später fällig gewordene) Beiträge. Nach Eröffnung des Insolvenzverfahrens ist die Gemeinschaft der Wohnungseigentümer wegen der Hausgeldansprüche, die (in den vom 1. 7. 2007 an anhängigen Verfahren, Rdn 399) ein Recht auf Befriedigung aus dem Grundstück in Rangklasse 2 des § 10 Abs 1 ZVG gewähren (nicht wegen anderer Hausgeldansprüche) nach § 49 InsO zur **abgesonderten Befriedigung** Rdn 140 b) berechtigt.[59] Selbst betreiben kann sie die Zwangsversteigerung jedoch nur mit einem die Mindesthöhe nach § 10 Abs 3 ZVG übersteigenden Verzugsbetrag. Die Zwangsverwaltung zur abgesonderten Befriedigung wegen rückständiger Hausgeldansprüche (zur Abgrenzung § 13 ZVG) schließt § 155 Abs 2 S 2 ZVG aus.

399m   bb) Die Zwangsversteigerung für die Wohnungseigentümergemeinschaft findet statt aus einem rechtskräftigen oder für vorläufig vollstreckbar erklärten Zahlungsurteil (§ 704 ZPO) oder einem anderen Vollstreckungstitel (§ 794 ZPO) über die Geldforderung (§§ 864 ff ZPO). Dass der Anspruch mit Vorrecht nach § 10 Abs 1 Nr 2 ZVG vollstreckbar ist, hat das Vollstreckungsgericht zu prüfen. Für die Vollstreckung genügt ein Titel, aus dem die Verpflichtung des Schuldners zur Zahlung, die Art („Hausgeldforderung") und der Bezugszeitraum des Anspruchs sowie seine Fälligkeit zu erkennen sind (§ 10 Abs 3 S 2 ZVG); ausrei-

---

[58] Begründung BT-Drucks 16/887 S 45.
[59] BGH MDR 2009, 832 = NJW-RR 2009, 923 = NZI 2009, 382 (383) = Rpfleger 2009, 407 (408); AG Kobelenz Rpfleger 2010, 282; Ganter NZI 2010, 361 (366).

chend sein muss, dass sich dies aus den Gründen des Urteils oder im Wege der Auslegung ergibt. Ein Zahlungstitel über die Gesamtsumme von Hausgeldrückständen für mehrere WE-Einheiten desselben Eigentümers, der auch im Wege der Auslegung den Hausgeldrückstand für die einzelne WE-Einheit nicht ausweist, ist unzureichend.[60] Ein Vollstreckungstitel, der die Gläubigerforderung falsch bezeichnet (zB Forderung aus Miete) wird ebenfalls als unzureichend angesehen[61] (keine Auslegung und keine anderweitige Glaubhaftmachung). Soweit die Art und der Zeitraum des Anspruchs sowie seine Fälligkeit nicht aus dem Titel zu erkennen sind (Bezeichnung im Mahn- und damit Vollstreckungsbescheid genügt), sind sie in sonst geeigneter Weise glaubhaft zu machen (§ 294 ZPO; § 10 Abs 3 S 3 ZVG), nicht damit nachzuweisen (wie im Falle von § 811 Abs 2 S 2 ZPO). Ein Vollstreckungsbescheid (ohne vollständige Darstellung des Anspruchs, § 794 Abs 1 Nr 4 ZPO), ein Urteil ohne Tatbestand und Entscheidungsgründe (§ 313 a Abs 1 und 2 ZPO) sowie ein Versäumnis- oder Anerkenntnisurteil (§ 313 b ZPO) reicht somit zusammen mit Glaubhaftmachung zur Vollstreckung in Rang 2 aus. Ein Duldungstitel ist mithin nicht notwendig. Weitergehende, damit insbesondere nach Erlass des Vollstreckungstitels und nach Beschlagnahme wegen einer in Rang 2 vollstreckten Hausgeldforderung entstandene (oder auch nur fällig gewordene) Hausgeldbeträge können auch in dem von der Wohnungseigentümergemeinschaft betriebenen Verfahren zur Befriedigung in dieser Vorrangklasse angemeldet werden (Rdn 399 f).

cc) Die Glaubhaftmachung muss sich für Vollstreckung mit dem Rang nach § 10 **399n** Abs 1 Nr 2 ZVG auch darauf erstrecken, dass die Gläubigerforderung die Höhe des **Verzugsbetrags** nach § 18 Abs 2 Nr 2 WEG (Rdn 399 l) **übersteigt** (§ 10 Abs 3 S 1 ZVG). Zur Glaubhaftmachung kann der Verwalter als Vertreter der Gemeinschaft der Wohnungseigentümer oder der Einzelgläubiger eines Rückgriffsanspruchs vom Finanzamt Mitteilung des Einheitswertes verlangen (§ 30 AO steht nicht entgegen). Ist der zu vollstreckende Hausgeldanspruch geringer, dann ist Vollstreckung nur in Rangklasse 5 des § 10 Abs 1 ZVG möglich.

dd) Die **Rechtsnatur** des Anspruchs ist bereits im Versteigerungsantrag zu be- **399o** zeichnen (§ 16 Abs 1 ZVG; Rdn 102), demnach auch schon für Beginn der Zwangsversteigerung erforderlichenfalls glaubhaft zu machen (§ 16 Abs 2 ZVG) und im Anordnungs- oder Beitrittsbeschluss zu kennzeichnen (Rdn 166). Wenn der Titel den Anspruch zur Vollstreckung mit dem Rang in Rangklasse 2 des § 10 Abs 1 ZVG nicht bezeichnet und auch Glaubhaftmachung in sonst geeigneter Weise (auch nach Fristsetzung) nicht erfolgt ist (vgl § 10 Abs 3 ZVG), kann die Auslegung ergeben, dass die Zwangsversteigerung wegen des persönlichen Anspruchs in Rangklasse 5 erfolgen solle.[62] Ausgeschlossen ist somit nach Anordnung der Zwangsversteigerung nur wegen des persönlichen Anspruchs in Rangklasse 5 des § 10 Abs 1 ZVG spätere Bestimmung als Hausgeldforderung und Nachweis der Voraussetzungen für Vollstreckung in Rangklasse 2 (Art der Forderung, Bezugszeitraum sowie Fälligkeit der Beträge). Bestimmung über die Begrenzung des Vorrechts auf nicht mehr als 5 vH des nach § 74 a Abs 5 ZVG festgesetzten Wertes (§ 10 Abs 1 Nr 2 S 2 ZVG) kann bei Anordnung des Verfahrens oder Zulassung des Beitritts vor Wertfestsetzung

---

[60] LG Passau Rpfleger 2008, 381.
[61] LG Mönchengladbach JurBüro 2009, 48 = Rpfleger 2009, 257.
[62] LG Mönchengladbach Rpfleger 2009, 257 = aaO (großzügiger; der Antrag umfasst, ohne dass dies ausdrücklich erklärt werden müsste, als „Minus" den Antrag auf Anordnung der Versteigerung in Rangklasse 5).

zahlenmäßig noch nicht getroffen werden. Es muss daher genügen, wenn der Versteigerungs- oder Beitrittsantrag und der Beschlagnahmebeschluss wie folgt gefasst werden:

> Angeordnet wird die Zwangsversteigerung (Zugelassen wird der Beitritt) wegen des Anspruchs auf Zahlung der Beiträge zu den Lasten und Kosten des gemeinschaftlichen Eigentums
> – in Rangklasse 2 des § 10 Abs 1 ZVG begrenzt auf Beträge (Nebenleistungen eingeschlossen) in Höhe von nicht mehr als fünf vom Hundert des nach § 74a Abs 5 ZVG noch festzusetzenden Grundstückswertes;
> – und (zugleich) in Rangklasse 5 des § 10 Abs 1 ZVG für den gesamten Gläubigeranspruch.

Damit sind Beschlagnahme und Fortgang des Versteigerungsverfahrens für Befriedigung der Vollstreckungsforderung der Gemeinschaft der Wohnungseigentümer in Rangklasse 5 (wie bei Vollstreckung eines Titel sowohl über den dinglichen wie auch über den persönlichen Anspruch, Rdn 116) stets auch gewährleistet, wenn die Vollstreckung wegen des Anspruchs in der Vorrangklasse 2 auf irgendwelche Hindernisse stößt. Praktische Bedeutung kann insbesondere erlangen, dass die Vollstreckungsforderung nach Beschlagnahme mit Vorrang 2 sich durch Teilzahlungen (auch auf sonstige Weise) ermäßigt und dann insgesamt den Verzugsbetrag nach § 18 Abs 2 Nr 2 WEG nicht mehr übersteigt.

399p ee) **Einwendungen gegen die Vollstreckung des Anspruchs der Gemeinschaft der Wohnungseigentümer** mit dem Vorrecht der Rangklasse 2 sind vom Schuldner geltend zu machen mit
– Erinnerung nach § 766 ZPO, wenn er (wie regelmäßig) vor Anordnung der Zwangsversteigerung oder Zulassung des Beitritts nicht gehört wurde,
– sofortiger Beschwerde (§ 793 ZPO), wenn die Anordnung der Zwangsversteigerung oder Zulassung des Beitritts nach Anhörung der Schuldners erfolgt ist (dazu Rdn 121). Zu beschränken auf die Zwangsversteigerung nur noch wegen des (auch) in Rangklasse 5 des § 10 Abs 1 ZVG vollstreckten Restbetrags ist die Zwangsversteigerung, wenn eine Urkunde oder ein Einzahlungs- oder Überweisungsnachweis einer Bank oder Sparkasse vorgelegt wird aus der oder dem sich ergibt, dass die Hausgeldforderung der Wohnungseigentümergemeinschaft bis auf einen (restigen) Betrag, der den Verzugsbetrag von § 18 Abs 2 Nr 2 WEG nicht mehr übersteigt, befriedigt oder der dazu erforderliche Betrag auf ein Gläubigerkonto eingezahlt oder überwiesen worden ist. Gleiches gilt, wenn das Vollstreckungsgericht durch Mitteilung des Gläubigers (wie zB bei Anmeldung, § 45 Abs 3 ZVG; Einschränkung des Antrags) Kenntnis von der Ermäßigung des Vollstreckungsforderung erlangt (Privaturkunde des Gläubigers, § 775 Nr 4 ZPO). Zu beschränken ist die Zwangsversteigerung, wenn die Vorrangklasse 2 entfällt, von Amts wegen durch Beschluss des Vollstreckungsgerichts.

399q ff) **Schutz der Grundpfandgläubiger** gegen das Erlöschen ihrer Rechte in Rangklasse 4 des § 10 Abs 1 ZVG: **Ablösung** (§ 268 BGB).

4. Unterabschnitt. Gesetzlich bestehen bleibende Dienstbarkeiten
§ 52 Abs 2 S 2 Buchst b ZVG

399r a) Eine **Grunddienstbarkeit** (§ 1018 BGB) und **beschränkte persönliche Dienstbarkeit** (§ 1090 BGB), die das **Grundstück als Ganzes belastet** (nicht somit nur das versteigerte Wohnungseigentum), wie zB ein Wegerecht, Leitungsrecht, Bebauungsverbot, Zaunrecht, bleibt, wenn in ein Wohnungseigentum mit Rang nach § 10 Abs 1 Nr 2 ZVG (Rdn 399 l–q) vollstreckt wird, gesetzlich auch dann bestehen, wenn sie „bei der Feststellung des geringsten Gebots" (§ 44 ZVG) nicht berücksichtigt ist (§ 52 Abs 2 S 2 Buchst b ZVG). Das Recht kann seinem Inhalt nach nur auf dem Grundstück insgesamt ausgeübt werden. Wenn es bei Versteigerung nur einer WE-Einheit nicht nach den Versteigerungsbedingungen bestehen bleiben könnte, würde es mit dem Erlöschen an dem versteigerten Grundstücks-Miteigentumsanteil (§ 1 Abs 2 WEG) des Schuldners durch den Zuschlag (§ 91 Abs 1 ZVG) an den nicht versteigerten Miteigentumsanteilen der (= aller) anderen Wohnungseigentümer inhaltlich unzulässig werden (deren Grundstücksmiteigentumsanteile können mit einer Dienstbarkeit nicht belastet werden und einzeln nicht belastet bleiben), damit auch dort erlöschen (s Rdn 357). Das schließt § 52 Abs 2 S 2 Buchst b ZVG aus. Solche Dienstbarkeiten wirken sich auf die Höhe des Gebots und Deckung des vorrangig vollstreckenden Gläubigers im Grunde nicht aus; sie sollen sich dem Einfluss der Versteigerung daher in gleicher Weise entziehen wie nach § 52 Abs 2 S 1 ZVG das (nicht grundbuchersichtliche) Recht auf eine Notweg- oder Überbaurente.[63] **Ausnahme:** Wenn der Dienstbarkeit ein Recht in Rangklasse 4 vorgeht, aus dem die Versteigerung betrieben werden könnte, somit eine Hypothek, Grundschuld oder Rentenschuld, sowie eine Reallast über Geldleistungen und eine Erbbauzinsreallast. Gleich ist, ob die Versteigerung im Einzelfall (auch) wegen eines solchen Rechts betrieben wird. Grund: Eine Dienstbarkeit soll durch das Bestehenbleiben nicht praktisch einen Vorrang vor anderen dinglichen (Verwertungs-)Rechten erlangen, den sie sich durch Rangänderung hätte verschaffen müssen.[64]

b) Dass eine Dienstbarkeit nach § 52 Abs 2 S 2 Buchst b ZVG bestehen bleibt, **399s** ist **besondere gesetzliche Versteigerungsbedingung** im Einzelfall. Ihr Bestehenbleiben ist daher in den Versteigerungsbedingungen zu bezeichnen (Rdn 274), die im Versteigerungstermin aufzustellen (§ 66 Abs 1 ZVG) und im Zuschlag anzuführen sind (§ 82 ZVG). Weitergehend wird das bestehen bleibende Recht bei Feststellung des geringsten Gebots (§ 52 Abs 1, § 66 Abs 1 ZVG) nicht berücksichtigt. Wie das Recht auf eine Überbau- oder Notwegrente (§ 52 Abs 2 S 1 ZVG) entzieht sich die Dienstbarkeit unter den Voraussetzungen des § 52 Abs 2 S 2 Buchst b ZVG „ihrer Natur nach" *gesetzlich* dem Einfluss der Zwangsversteigerung. Damit unterscheidet sich das Recht grundlegend von der nach dem Willen der Beteiligten versteigerungsfesten Erbbauzinsreallast (§ 9 Abs 3 Nr 1 ErbbauRG). Für diese hat § 52 Abs 2 S 2 Buchst a ZVG die Aufgabe, das *vereinbarungsgemäße* Bestehenbleiben des Rechts für das Versteigerungsverfahren anzuordnen; das gebietet Berücksichtigung der nach *abweichender Inhaltsvereinbarung* bestehen bleibenden Erbbauzinsreallast bei Feststellung des geringsten Gebots.[65] Im Gegensatz dazu schließt Bestehenbleiben der Dienstbarkeit im Falle des § 52 Abs 2 ZVG bereits nach den (gesetzlichen) Versteigerungsbedingungen aus, dass das Recht durch den Zuschlag erlischt.

c) Ob eine Dienstbarkeit nach § 52 Abs 2 S 2 Buchst b ZVG gesetzlich auch be- **399t** stehen bleibt, wenn sie erst **nach Beschlagnahme** mit Anordnung der Zwangsversteigerung oder Zulassung des Beitritts wegen eines Anspruchs im Rang von § 10 Abs 1 Nr 2 ZVG auf dem Grundstück als Ganzem bestellt wurde, ist nicht

---

[63] Begründung BT-Drucks 16/887 S 47.
[64] Begründung aaO.
[65] Stöber Rdn 6.2 zu § 52.

bestimmt und nicht geklärt. Es wird jedoch, wenn nur die Gemeinschaft der Wohnungseigentümer die Versteigerung wegen des Hausgeldanspruchs vorrangig betreibt, davon auszugehen sein, dass sich die Dienstbarkeit auch dann dem Einfluss der Zwangsversteigerung entziehen soll, mithin (gesetzlich) bestehen bleibt. Dafür spricht, dass die Beschlagnahme (nur) ein relatives Veräußerungsverbot bewirkt (§ 23 Abs 1 ZVG) und Bestehenbleiben der Dienstbarkeit sich auf die Höhe des Gebots und Deckung des Anspruchs der bereits vollstreckenden Wohnungseigentümergemeinschaft im Grunde nicht auswirkt (Rdn 399r). Das kann aber nicht gelten, wenn auch bereits ein der Dienstbarkeit im Rang nachfolgender dinglicher Gläubiger oder ein (persönlicher) Gläubiger der Rangklasse 5 des § 10 Abs 1 ZVG die Beschlagnahme erwirkt hat. Gegenüber diesen Gläubigern kann die Dienstbarkeit nicht besser als (nach dem Gesetzeswortlaut) gegenüber einem vorgehenden Recht der Rangklasse 4 gestellt sein.

5. Unterabschnitt. Teileigentum, Wohnungserbbau- und Teilerbbaurecht

399u   Dass § 10 Abs 1 Nr 2 ZVG auch das Teileigentum sowie das Wohnungs- und Teilerbbaurecht erfasst, ist im Gesetzestext nicht ausdrücklich hervorgehoben. Das ergibt sich aber bereits aus § 1 Abs 6 und § 30 Abs 3 S 2 WEG. Entsprechendes gilt für die Glaubhaftmachung nach § 45 Abs 3 ZVG und für das Bestehenbleiben einer das Grundstück insgesamt belastenden Dienstbarkeit nach § 52 Abs 2 S 2 Buchst b ZVG.

6. Unterabschnitt. (Vormalige) Heimstätte

400   Bedeutung hat nur noch § 17 Abs 2 S 2 des (seit 1. Okt 1993) aufgehobenen RHeimstG. § 1163 BGB findet danach mit der Maßgabe Anwendung, dass mit der Forderung auch die bis 1. Okt 1993 im Grundbuch eingetragene Hypothek oder Grundschuld erlischt (Art 6 § 1 Abs 1 Gesetz vom 17. 6. 1993, BGBl I 912; somit keine Eigentümergrundschuld). Die Beschränkung der Zwangsvollstreckung nach § 20 RHeimstG bestand (für alte Forderungen) nur noch bis 31. Dez 1998. Vorkaufsrecht und Heimfallanspruch des (vormaligen) Ausgebers bestehen nicht mehr. Dieser ist nicht (mehr) Beteiligter. Ein etwa noch eingetragener Heimstättenvermerk ist als gegenstandslos nicht in das geringste Gebot aufzunehmen.[66] Er ist nach Erteilung des Zuschlags zu löschen.

7. Unterabschnitt. Flurbereinigung, Umlegungsverfahren
§§ 15, 20 Flurbereinigungsgesetz (Text im Kommentar T 18)
§§ 45–79 Baugesetzbuch

Schrifttum: Ebeling, Verfügungsverbot bei Flurbereinigung und Zwangsversteigerung, Rpfleger 1987, 232.

401   Die Einleitung eines **Flurbereinigungsverfahrens** bringt **keine Grundbuchsperre**.[67] Die Tatsache, dass ein Grundstück im Flurbereinigungsgebiet liegt, bildet

---

66 Hornung Rpfleger 1994, 277; Stöber Rdn 31.4 zu § 15.
67 OLG Oldenburg KTS 1975, 239.

daher auch kein Hindernis für Anordnung und Durchführung der Zwangsversteigerung.[68] Angeordnet und durchgeführt wird die Zwangsversteigerung des bisherigen (= Einlage-)Grundstücks. In das Grundbuch ist der Zwangsversteigerungsvermerk (§ 19 Abs 1 ZVG) bei den bisherigen Grundstücken auch dann einzutragen, wenn mit wirksamer Ausführungsanordnung der neue Rechtszustand bereits eingetreten, Ersuchen der Flurbereinigungsbehörde auf Berichtigung des Grundbuchs durch Eintragung der Ersatzgrundstücke aber noch nicht erfolgt ist.[69] Zur Mitteilung der Terminbestimmung an die Flurbereinigungsbehörde siehe die landesrechtlichen Ergänzungen zu MiZi. In dem Verfahren kann auch der Zuschlag bis zu dem in der Ausführungsanordnung der Flurbereinigungsbehörde bestimmten Zeitpunkt, mit dem der neue Rechtszustand eintritt (§ 61 FlurbG), erteilt werden.[70] Bis zu diesem Zeitpunkt steht auch die vorläufige Besitzeinweisung der am Flurbereinigungsverfahren Beteiligten der Zuschlagerteilung nicht entgegen.[71] Der Ersteher, dem während eines Flurbereinigungsverfahrens der Zuschlag erteilt wird, muss gemäß § 15 FlurbG das bereits durchgeführte Verfahren gegen sich gelten lassen. Das Einlagegrundstück wird also mit der Maßgabe versteigert, dass der Ersteher in das Flurbereinigungsverfahren eintritt, wie es ist, und dort das Ersatzgrundstück (oder ggfs auch nur eine Geldabfindung) erwirbt. Durch abweichende Versteigerungsbedingung (§ 59 ZVG) kann die gesetzliche Folge der Flurbereinigung nicht abgeändert oder ausgeschlossen werden.[72] Wegen der Auswirkungen auf das Verfahren und die Rechtsstellung des Erstehers erscheint es nötig, in die Terminsbestimmung einen Hinweis auf das Flurbereinigungsverfahren und möglichst auch auf seinen Verfahrensstand aufzunehmen.[73]

Mit dem in der endgültigen (§ 61 FlurbG) oder vorläufigen Ausführungsanordnung (§ 63 FlurbG) bestimmten Zeitpunkt treten mit dem neuen Rechtszustand die Abfindungsgrundstücke an die Stelle des Einlagegrundbesitzes. Von da an ist daher die Zwangsversteigerung der Abfindungsgrundstücke anzuordnen und durchzuführen, auch wenn sie noch nicht im Grundbuch eingetragen sind.[74] Bis zur Berichtigung des Liegenschaftskatasters dient der Flurbereinigungsplan als amtliches Verzeichnis der Grundstücke iS des § 2 Abs 2 GBO (§ 81 Abs 1 FlurbG). Für das Schuldnereigentum (§ 17 ZVG) werden die Abfindungsgrundstücke durch die eingetragenen Einlagegrundstücke repräsentiert.[75]

Beispiel für Anordnungsbeschluss (im Anschluss an Rdn 114): (Es) wird die Zwangsversteigerung der in … gelegenen Grundstücke FlStNr … angeordnet, die mit der Ausführungsanordnung der Flurbereinigungsbehörde … vom … an die Stelle der im Grundbuch von … auf den Namen des Schuldners … eingetragenen Grundstücke … getreten sind.

---

[68] OLG Hamm Rpfleger 1987, 258; OLG Koblenz Rpfleger 1967, 418; OLG Oldenburg KTS 1975, 239. Zum Verfügungsverbot nach § 52 Abs 3 FlurbG, das dem Recht des betreibenden Gläubigers vorgeht, s jedoch Ebeling Rpfleger 1987, 232.

[69] LG Ellwangen BWNotZ 1989, 91.

[70] OLG Hamm Rpfleger 1987, 258; OLG Koblenz Rpfleger 1967, 418; Stöber Rdn 17.6 zu § 15 und Rdn 4 zu § 90.

[71] Siehe die Fußn 70 Genannten.

[72] Zur Berücksichtigung einer auf Grund vorläufiger Besitzeinweisung vom Schuldner vorgenommenen Bebauung des Abfindungsgrundstücks durch abweichende Versteigerungsbedingung siehe jedoch OLG Hamm Rpfleger 1987, 258.

[73] Stöber Rdn 9.2 zu § 37.

[74] OLG Oldenburg KTS 1975, 239, mit Einzelheiten.

[75] OLG Oldenburg KTS 1975, 239.

Die Beitrags- und Vorschusspflicht an die Teilnehmergemeinschaft (§ 19 FlurbG) ruht als öffentliche Last auf den im Flurbereinigungsgebiet liegenden Grundstücken; die Einzelgrundstücke haften in Höhe des auf sie entfallenden Anteils (§ 20 daselbst).

402 Für das **Umlegungsverfahren** nach Baugesetzbuch (§§ 49–84) gilt Entsprechendes. Eine Verfügungssperre (§ 51 BauGB) hindert Anordnung und Durchführung einer Zwangsversteigerung nicht. Der Zuschlag bedarf auch keiner Genehmigung der Umlegungsstelle.[76] Der Ersteher tritt in das Umlegungsverfahren in dem Zustande ein, in dem es sich im Zeitpunkt des Zuschlags befindet (§ 49 BauGB). Der durch den Umlegungsplan vorgesehene neue Rechtszustand tritt mit der Bekanntmachung des Umlegungsplans ein (§§ 63, 71, 72 daselbst). Geldleistungen als öffentliche Grundstückslasten bei Umlegungsverfahren: § 64 Abs 3 BauGB.

13. Abschnitt. Verteilung des Versteigerungserlöses

Schrifttum: Drischler, Die Verteilung des Versteigerungserlöses, RpflJahrbuch 1962, 322; Drischler, Das Verfahren der Immobiliarvollstreckung, RpflJahrbuch 1973, 328; Mohrbutter, Rückblick und kritische Stellungnahme zu neueren Entscheidungen auf dem Gebiete des ZVG (Nr 4: zum Verteilungsverfahren) Rpfleger 1960, 203 (205).

1. Unterabschnitt. Terminsbestimmung und -vorbereitung, Vortermin
§§ 105, 106 ZVG

1. Kapitel. Terminsbestimmung

403　　　**Muster für Terminsbestimmung:** I. In dem Verfahren zur Zwangsversteigerung des in ... gelegenen, im Grundbuch des Amtsgerichts ... für Gemarkung ... Blatt ... auf den Namen des Schuldners ... eingetragenen Grundstücks FlStNr ... (mit vollständigem Beschrieb) wird gemäß § 105 Abs 1 ZVG
Termin zur Verteilung des Versteigerungserlöses
bestimmt auf ..., ... Uhr, vor dem Amtsgericht ..., Justizgebäude ...straße Nr ..., Zimmer Nr ...
Die Beteiligten werden gebeten, alsbald eine genaue Berechnung ihrer Ansprüche an Hauptsache (Kapital), Zinsen und Kosten mit Angabe des beanspruchten Rangs schriftlich einzureichen.
Hinweise: In den Teilungsplan werden Ansprüche, soweit ihr Betrag oder ihr Höchstbetrag zurzeit der Eintragung des Versteigerungsvermerks aus dem Grundbuch ersichtlich war, nach dem Inhalte des Buches, im Übrigen nur dann aufgenommen, wenn sie spätestens im Termin angemeldet sind. Laufende Beträge wiederkehrender Leistungen werden ohne Anmeldung nach dem Inhalte des Grundbuchs aufgenommen (§ 114 ZVG).
Zuteilung und Auszahlung des Versteigerungserlöses kann nur an ausgewiesene Berechtigte erfolgen. Erforderlich ist daher insbesondere Vorlage des für eine Hypothek, Grundschuld oder Rentenschuld erteilten Briefes (§ 126 ZVG) und Nachweis einer Rechtsnachfolge durch Urkunden (Vorlage des Erbscheins, der Abtretungserklärungen, eines Pfändungs- und Überweisungsbeschlusses usw).
Zahlung des in Geld vorhandenen Versteigerungserlöses wird unbar geleistet (§ 117 Abs 1 ZVG). Bezeichnung eines Kontos, auf das Überweisung erfolgen soll, wird daher erbeten.

---

[76] Stöber Rdn 6.4 zu § 15; Schöner/Stöber, Grundbuchrecht, Rdn 3866.

Vertretung durch eine prozessfähige, nach § 79 Abs 2 ZPO vertretungsbefugte Person ist zulässig. Ein Bevollmächtigter hat seine Bevollmächtigung durch eine schriftliche Vollmacht (die für Zahlungen zu ergeben hat ob sie zur Geldempfangnahme ermächtigt) nachzuweisen und diese zu den Akten abzugeben; gesetzliche Vertreter müssen sich als solche ausweisen.
II. Terminsbestimmung zustellen an a) Ersteher ... mit Merkblatt über Zahlung und Zinsberechnung (Rdn 404), b) die folgenden Beteiligten (bzw deren Vertreter): ...,
c) den folgenden Zahlungspflichtigen (Mithaftenden): ...
III. Terminsbestimmung an Gerichtstafel anheften.

... Rechtpfleger.

Muster für **Merkblatt** zur Einzahlung des Bargebots: Das Bargebot ist vor dem Ver- **404** teilungstermin (mit den Zinsen) zu berichten (§ 49 Abs 1, § 107 Abs 2 ZVG). Es ist so rechtzeitig durch Überweisung oder Einzahlung auf ein Konto der Gerichtskasse zu entrichten, dass der Betrag der Gerichtskasse vor dem Verteilungstermin gutgeschrieben ist und ein Nachweis hierüber im Termin vorliegt (§ 49 Abs 3 ZVG). Konten der Gerichtskasse: ... Zu verzinsen ist das Bargebot vom Tage des Zuschlags an (einschließlich) bis zum Tag des Verteilungstermins (ausschließlich) mit 4 vH jährlich (§ 49 Abs 2 ZVG).
Die Verzinsungspflicht entfällt vom Hinterlegungstag an, wenn das Bargebot unter Verzicht auf die Rücknahme zur Verfügung des Vollstreckungsgerichts bei der Hinterlegungsstelle ... hinterlegt wird (§ 49 Abs 4 ZVG). Diese Hinterlegung ist dem Vollstreckungsgericht durch Vorlage des Hinterlegungsscheins mit -quittung spätestens im Verteilungstermin nachzuweisen.

Das bare Meistgebot beträgt ... €
die Zahlungspflicht verringert sich um den
Geldbetrag der Bietersicherheit, das sind ... €
dazu kommen 4 vH Zinsen aus ...
für die Zeit vom ... bis ..., das sind ... €
Rechtzeitig vor dem Verteilungstermin sind damit noch zu berichtigten ... €.

Erfolgt noch vor dem Verteilungstermin Hinterlegung unter Rücknahmeverzicht (nicht bloße Einzahlung oder bargeldlose Überweisung), so kann für jeden damit für die Zinsberechnung entfallenden Tag noch ein Zinsbetrag von ... € in Abzug gebracht werden.

Die **Erlösverteilung** ist vom Vollstreckungsgericht **in einem** nach Wirksamkeit **405** des Zuschlags (§§ 89, 104 ZVG) **von Amts wegen anzuberaumenden Termin** auszuführen (§ 105 Abs 1 ZVG). Rechtskraft des Zuschlags ist nicht nötig, sie wird wegen des Zeitverlustes zweckmäßig auch nicht abgewartet (Aussetzung der Planausführung: § 116 ZVG). Frist: Nach oben nicht, nach unten begrenzt durch die Sollvorschrift des § 105 Abs 4 ZVG (= Zustellung an Ersteher und ggfs zahlungspflichtigen Dritten zwei Wochen vorher). Inhalt der Terminsbestimmung: Nicht vorgeschrieben. Ausreichend und notwendig ist Bestimmung des Termins zur Verteilung des Versteigerungserlöses mit Bezeichnung von Ort (= regelmäßig Gerichtsstelle, § 219 ZPO), Tag und Stunde. Eine Ladung (Aufforderung, zum Termin zu erscheinen) erfolgt nicht. Zweckmäßig jedoch: Hinweis auf § 114 ZVG (= Anmeldung), § 117 ZVG (= Ausführung des Teilungsplans), auf zulässige Vertretung und Notwendigkeit der Geldempfangsvollmacht, Erfordernis der Urkundenvorlage (§ 126 ZVG: Hypotheken-, Grundschuld- und Rentenschuldbriefe; Abtretungserklärungen, Erbscheine, Pfändungsbeschlüsse usw). Möglich: Aufforderung an Beteiligte, zur Terminsvorbereitung binnen zwei Wochen eine Berechnung der Ansprüche einzureichen (§ 106 S 1 ZVG).

Zustellung (§§ 3–7 ZVG; an Vertreter nach § 172 ZPO) gemäß § 105 Abs 2 ZVG: An alle Beteiligte (§ 9 ZVG, auch wenn nach Anmeldung die Glaubhaftmachung noch aussteht; siehe § 105 Abs 2 S 2 ZVG), Ersteher, den für mithaftend erklärten Bürgen (§ 69 Abs 2, § 82 ZVG) und den mithaftenden Meistbietenden (§ 81 Abs 2, 3 ZVG). Bei Vertretung eines Beteiligten, der zugleich Ersteher (Mithaftender) ist: Zustellung an Vertreter (§ 172 ZPO) und Ersteher (Mithaftenden) selbst, wenn er in dieser Eigenschaft nicht vertreten war (Bietungsvollmacht). Verkündung oder Bekanntgabe des Verteilungstermins bei der Versteigerung erübrigt Zustellung nicht. Bekanntmachung: Durch Anheftung an Gerichtstafel (§ 105 Abs 3 ZVG; Sollvorschrift); bei gemeinschaftlichem Gericht (§ 1 Abs 2, § 2 ZVG) an der Tafel des Vollstreckungsgerichts und zweckmäßig auch an der des anderen Gerichts. Für die Anheftung ist eine Zeit oder Zeitspanne nicht vorgeschrieben. Keine Bekanntmachung im Amtsblatt und keine Mitteilung nach MiZi.

Aufhebung (Verlegung) **des Termins:** Bei nicht fristgerechter Zustellung an Ersteher, mithaftenden Bürgen oder Meistbietenden (§ 105 Abs 4 ZVG; Genehmigung formlos möglich, auch durch vorbehaltlose Zahlung des Meistgebots); bei Zuschlagsanfechtung auch auf Anordnung des Beschwerdegerichts[1] (§ 570 Abs 3 ZPO) oder aus wichtigem Grund[2] (§ 227 ZPO); das Interesse allein des Erstehers genügt nicht.[3]

Rechtsbehelf: Bei Verzögerung der Terminsbestimmung Erinnerung nach § 766 ZPO oder Dienstaufsichtsbeschwerde, bei Terminsdurchführung trotz Nichtwahrung der Zustellfrist (nur) für Ersteher und Mithaftenden: sofortige Beschwerde (§ 793 ZPO).

2. Kapitel. Terminsvorbereitung

406   **Muster für Aufforderung** in der Terminsbestimmung: Zur Vorbereitung des Verteilungsverfahrens werden die Beteiligten gemäß § 106 ZVG aufgefordert, binnen zwei Wochen eine Berechnung ihrer Ansprüche einzureichen. Sie werden gebeten, in der Berechnung die Ansprüche an Hauptsache (Kapital), Zinsen und Kosten mit Angabe des beanspruchten Rangs je gesondert anzuführen.

407   Zur **Vorbereitung des Verteilungstermins** kann das Vollstreckungsgericht in der Terminsbestimmung die **Berechnungsaufforderung** des § 106 ZVG an – sämtliche – Beteiligte richten. Zweck: Entlastung des Verteilungstermins. Zu empfehlen ist die Aufforderung aber nur ausnahmsweise in besonders umfangreichen oder rechtlich schwierigen Verfahren. Besser ist die nur unverbindliche Empfehlung in der Terminsbestimmung (wie Muster Rdn 403), die Ansprüche alsbald (oder etwa binnen zwei Wochen) anzumelden. Ein Rechtsnachteil kann auch nach § 106 ZVG nicht angedroht und mit Fristsetzung nicht verbunden werden. Jede spätere Anmeldung ist daher ebenso wie die Änderung oder Ergänzung einer rechtzeitigen Anmeldung bei Aufstellung des (endgültigen) Teilungsplans zu berücksichtigen (anders: § 874 ZPO). Folge der Aufforderung des § 106 ZVG nur: Das Vollstreckungsgericht hat nach Ablauf der Zwei-Wochenfrist (ab Zustellung) den Teilungsplan (der auch in diesem Fall erst im Termin aufgestellt wird, § 113 Abs 1 ZVG) vorweg anzufertigen. Dieser vor-

---

[1] Siehe Denkschrift zum ZVG, S 57.
[2] Dazu näher Stöber Rdn 4.6 zu § 105.
[3] Jaeckel/Güthe Rdn 1 zu § 105.

weg gefertigte Plan ist spätestens drei Tage vor dem Termin auf der Geschäftsstelle des Gerichts zur Einsicht der Beteiligten niederzulegen (§ 106 S 2 ZVG). Der Plan ist in diesem Fall kein gerichtsinterner Entwurf (§ 299 Abs 3 ZPO); die Beteiligten können sich daher Abschriften erteilen lassen[4] (§ 299 Abs 1 ZPO). Der vorweg gefertigte Plan ist jedoch stets nur vorläufig; die Beteiligten können sich auf ihn daher nicht verlassen. Nichtbeachtung der Vorschrift über Fertigung und Niederlegung des Plans hat keine Folgen für das weitere Verfahren.

3. Kapitel. Verteilungstermin

Muster für (Termins-)Niederschrift[5]   408
Gegenwärtig: ... Rechtspfleger
        ... Urkundsbeamter.
In dem Verfahren zur Zwangsversteigerung des in ... gelegenen, im Grundbuch des Amtsgerichts ... für Gemarkung ... Blatt ... auf den Namen des Schuldners ... eingetragenen Grundstücks FlStNr ... (mit vollem Grundbuchbeschrieb) erschienen zum heutigen nichtöffentlichen Verteilungstermin nach Aufruf der Sache:
    1. der Ersteher ...
    2. der Schuldner ...
    3. der Gläubiger ...
    4. für den Beteiligten ... Rechtsanwalt ...
        Vollmacht befindet sich bei den Akten.
Der Rechtspfleger verlas den am ... verkündeten Zuschlagsbeschluss und stellte fest, dass der Zuschlag seit ... rechtskräftig ist. Sodann machte der Rechtspfleger den wesentlichen Inhalt des amtlichen Grundbuchausdrucks und die folgenden Anmeldungen bekannt: ...
Nach Anhörung der anwesenden Beteiligten wurde hierauf der
                            Teilungsplan
wie folgt aufgestellt: ... (Fassung des Plans siehe Rdn 414).
(**Oder:** ... hierauf an Hand des vorweg gemäß § 106 ZVG bereits gefertigten, am ... auf der Geschäftsstelle zur Einsicht der Beteiligten niedergelegten Plans der Teilungsplan endgültig aufgestellt.
Der Teilungsplan in seiner endgültigen Fassung ist dieser Niederschrift als Anlage 1 beigefügt. Die Anlage wurde zum wesentlichen Inhalt der Niederschrift erklärt.)
Über den Teilungsplan wurde sofort verhandelt.
Ein Widerspruch gegen den Teilungsplan wurde nicht erhoben. Festgestellt wurde, dass auch keine abweichende Anmeldung, die als Widerspruch zu behandeln wäre, vorliegt. (Fassung bei Widerspruch siehe Rdn 482).
Der Gläubiger ... übergab den für die Hypothek Abt III Nr 2 zu ... € ausgestellten Brief.
Festgestellt wurde, dass nach der Zahlungsanzeige der Gerichtskasse
der Ersteher das Bargebot in Höhe von (noch)   ... €
durch Überweisung auf ein Konto der Gerichtskasse berichtigt hat und
dass weiter der Geldbetrag der Bietersicherheit, das sind   ... €,
anzurechnen, damit gezahlt ist. Da somit der gesamte Versteigerungserlös
in Höhe von   ... €
in Geld vorhanden ist, wurde Ausführung des Teilungsplans durch unbar zu leistende Zahlung an die Berechtigten angeordnet.
Die der Gerichtskasse erteilte Auszahlungsanweisung ist dieser Niederschrift als Anlage 2 beigefügt.

---

[4] So auch Steiner/Teufel Rdn 17 zu § 106.
[5] Beispiel für eine Terminsniederschrift auch Stöber Rdn 5 zu § 113.

Die gesamte Teilungsmasse ist damit abgewickelt.
Der vorliegende Brief über die erloschene Hypothek Abt III Nr 2 in Höhe von ... (eingetragener Gläubiger: ...) wurde gemäß § 127 Abs 1 ZVG unbrauchbar gemacht. Schließlich wurde angeordnet, dass auf dem Brief über die nur zum Teil erloschene Grundschuld Abt III Nr ..., eingetragen für ..., und auf dem vollstreckbaren Titel des Gläubigers ..., nämlich der Urkunde des Notars ... in ..., vom ..., UrkRNr ... gemäß § 127 Abs 1 und 2 ZVG folgende Vermerke anzubringen sind: ... (Wortlaut der Vermerke siehe Rdn 555).

Rechtspfleger   Urkundsbeamter

409 Der Verteilungstermin ist **nicht öffentlich** (§ 169 GVG).[6] Anwesend sein können daher nur die Beteiligten (§ 9 ZVG), auch soweit Glaubhaftmachung noch aussteht, und der Ersteher sowie ein mithaftender Dritter; Interessenten ist jedoch Gelegenheit zur sofortigen Anmeldung und damit Erlangung der Stellung des Beteiligten zu geben. Termins**ablauf**:
– Aufstellung des Teilungsplans (§ 113 ZVG, dazu Rdn 413 ff)
– Verhandlung über den Teilungsplan (§ 115 ZVG, dazu Rdn 462 ff)
– Feststellung, dass – oder in welcher Höhe teilweise – das Bargebot vom Ersteher berichtigt ist (§ 49 ZVG)
– Entnahme der Kosten (§ 109 Abs 1 ZVG) und Planausführung (§ 109 Abs 2, §§ 115 ff ZVG)
– Behandlung der Grundrechtsbriefe und Vollstreckungstitel (§ 127 ZVG).

410 Das Verteilungsverfahren findet **zur** raschen und sicheren **Verteilung des Versteigerungserlöses** statt. Es ist als gesetzlicher Teil der Zwangsvollstreckung Ausübung staatlicher Zivilgerichtsbarkeit (Rechtspflege).[7] Der Teilungsplan hat zwar nicht – wie der Zuschlagsbeschluss – die Kraft eines Richterspruchs.[8] Dennoch übt, wie angenommen wird, der Rechtspfleger bei Aufstellung des Teilungsplans nicht lediglich eine beurkundende Tätigkeit aus.[9] Im Teilungsplan werden nach den gesetzlichen Vorschriften die durch den Inhalt des Grundbuchs oder auf Grund Anmeldung formell ausgewiesenen Ansprüche und ihre Rangfolge ausschließlich vom Vollstreckungsgericht festgestellt. Einwendungen gegen den vom Vollstreckungsgericht bestimmten Inhalt des Plans können als Erlösstreitigkeiten nur im Verteilungsverfahren und mit den Rechtsbehelfen gegen den Plan ausgetragen werden (Ausschließlichkeit des Verteilungsverfahrens). Grundlage der Erlösverteilung ist der Teilungsplan unmittelbar als staatliche Vollstreckungsmaßregel; er wird nicht erst, wie manchmal angenommen wird, dadurch Grundlage der Verteilung, dass ihm nicht widersprochen wird. Vielmehr hält der Widerspruch als gesetzlicher Rechtsbehelf für Einwendungen gegen den Plan seine Ausführung nur ebenso auf, wie ein Rechtsmittel gegen ein Urteil dessen Rechtskraft und damit (§ 704 Abs 1 ZPO) Vollstreckbarkeit hemmt. Auch daraus kann nichts anderes hergeleitet werden, dass den Beteiligten einer Erlösstreitigkeit die Möglichkeit gegeben ist, sich zu einigen und Planausführung ihrer Einigung gemäß herbeizuführen, weil auch im Rechtsstreit ein Vergleich ein noch nicht rechtskräftiges Urteil stets wirkungslos macht.

411 Zur Beurkundung eines **Vergleichs** ist der Rechtspfleger auch im Rahmen des Verteilungsverfahrens befugt.[10] Zu eng dürfte jedoch die Meinung sein, als Gegenstand einer vergleichsweisen Regelung käme nur noch der Erlös in Be-

---

[6] Stöber Rdn 2.5 zu § 105; Morvilius ImmVollstr Rdn 496.
[7] Dazu (für Zwangsvollstreckung insgesamt) Gaul Rpfleger 1971, 41–52.
[8] RG 153, 252 (256); OLG Köln MDR 1969, 401.
[9] So insbesondere Jaeckel/Güthe Vorbem vor § 105, unter Hinweis auf die Motive.
[10] OLG Nürnberg Rpfleger 1972, 305 (für Teilungsversteigerung).

tracht.[11] Vielmehr kann, wenn ein Vergleich über den Erlös als Verfahrensgegenstand des Verteilungsverfahrens geschlossen wird, – wie stets beim Prozessvergleich – auch ein verfahrensfremder Gegenstand einbezogen werden.

Ein **Protokoll über den Verteilungstermin** ist nach den allgemeinen Vorschriften **412** aufzunehmen (§§ 159 ff ZPO). Zuziehung eines Protokollführers erfolgt nur aus besonderem Grund nach § 159 Abs 1 S 2 ZPO. Protokollinhalt: Ort und Tag, Namen der mitwirkenden Personen (auch eines Rechnungsbeamten), Bezeichnung der Sache, Angabe, dass nicht öffentlich verhandelt wurde, Namen der Erschienenen (mit ihren Vertretern). Die wesentlichen Vorgänge sind aufzunehmen (§ 160 Abs 2 ZPO). Darzustellen sind alle wichtigen Verfügungen und der Wortlaut der Vermerke, die auf Briefe oder Vollstreckungstitel zu setzen sind (§ 127 Abs 3 ZVG). Den Beteiligten vorzulesen (oder zur Durchsicht vorzulegen) sind die zu Protokoll erklärten Anträge sowie der nach § 160 Abs 3 Nr 1, 3 ZPO notwendige Protokollinhalt, insbesondere also Anerkenntnisse, Verzichtsleistungen und Vergleiche, mithin besonders auch Liegenbelassungsvereinbarungen (§ 91 Abs 2 ZVG) und Befriedigungserklärungen (Rdn 468). Im Protokoll ist zu vermerken, dass Vorlesung oder Vorlage zur Durchsicht erfolgt ist und Genehmigung erteilt wurde oder welche Einwendungen erhoben wurden (§ 162 ZPO). Ausreichend: „V. u. g." Lautes Diktieren ersetzt die Verlesung nicht.[12] Protokollberichtigung: § 164 ZPO. Der Inhalt des Protokolls kann nach Maßgabe des § 160 a ZPO vorläufig aufgezeichnet werden.

2. Unterabschnitt. Aufstellung des Teilungsplans
§§ 107, 109, 113, 114 ZVG

1. Kapitel. Grundfassung

Der **Teilungsplan ist Grundlage der Erlösverteilung** (vgl § 117 Abs 1, § 118 **413** Abs 1 ZVG). Er wird im Verteilungstermin nach Anhörung der anwesenden Beteiligten aufgestellt (§ 113 Abs 1 ZVG). Zum Wesen des Verteilungsverfahrens (samt Planaufstellung) siehe Rdn 410. Vorbereitung: § 106 ZVG (Rdn 407).
Gliederung:
– Feststellung der Teilungsmasse (§ 107 Abs 1), siehe Rdn 415–418;
– Bezeichnung der bestehen bleibenden Rechte (§ 113 Abs 2 ZVG), siehe Rdn 420;
– Feststellung der Schuldmasse (§§ 109, 114 ZVG), siehe Rdn 421–426;
– Zuteilung (der Masse auf die Ansprüche), siehe Rdn 460, 461.

Beispiel für einen Teilungsplan
Ausgangsfall für das nachstehende Beispiel ist der **Rdn 241 dargestellte Fall** (Be- **414** schlagnahme: 10. 2. 2010) **mit folgender Maßgabe:**

Zuschlagstag:	1. 7. 2010
Bares Meistgebot:	103 200 €
Bestehen bleibendes Recht:	**Nur** die 1. Hypothek
Betreibender Gläubiger:	Hypothekenbank X mit Hauptsache
Auslagen des Verfahrens (angenommen hier mit)	766 €
Verteilungstermin:	1. 10. 2010

---

[11] Hornung Rpfleger 1972, 203 (211).
[12] Zur Heilung des Vorlesungsmangels siehe Vollkommer Rpfleger 1973, 269.

I. Teilungsmasse

1. Bares Meistgebot:	103 200 €	
2. Zinsen zu 4% hieraus gemäß § 49 Abs 2 ZVG vom 1. 7.–30. 9. 2010	1 032 €	104 232 €

II. Bestehen bleibende Rechte

Nach den gesetzlichen Versteigerungsbedingungen
(§ 52 Abs 1, § 91 Abs 1 ZVG)
     Hypothek ohne Brief Abt III Nr 1
     der Stadtsparkasse A in Höhe von   20 000 €

III. Schuldenmasse

1. Kosten des Verfahrens,[13] die gemäß § 109 ZVG vorweg aus dem Versteigerungserlös zu entnehmen sind		2 500 €
Berechtigte:		
a) Landesjustizkasse ... mit Restanspruch von	500 €	
b) Hypothekenbank X in ...		
mit dem Kostenvorschuss in Höhe von	2 000 €	
2. Stadt X, Stadtkasse, in ... Grundsteueranspruch für die Zeit vom 1. 1. 2009–30. 6. 2010		600 €
3. Stadtsparkasse A in ... Zinsanspruch[14] aus der bestehen gebliebenen Hypothek ohne Brief Abt III Nr 1 zu 20 000 €, nämlich 6% Zinsen aus 20 000 € für die Zeit vom 1. 7. 2007–30. 6. 2010, das sind		3 600 €
4. Hypothekenbank X in ... Ansprüche aus der Brief-Hypothek Abt III Nr 2 zu 30 000 € – der Brief liegt vor – und zwar		
a) 8% Zinsen aus 30 000 DM für die Zeit vom 1. 2. 2010–30. 9. 2010	1 600 €	
b) Hauptsache	30 000 €	31 600 €
5. Schwester Anna E in ... Ansprüche aus dem Wohnungsrecht Abt II Nr 1 – siehe die gesonderte Darstellung Rdn 452–456; hier berücksichtigt mit (für diesen Plan unterstellt, dass kein Anspruch besteht) –		0 €
6. Schreinermeister Karl B in ... Ansprüche aus der Zwangs-Sicherungshypothek Abt III Nr 3 zu 10 000 €, das sind:		
a) Rechtsverfolgungskosten	400 €	
b) 12% Zinsen aus 10 000 € für die Zeit vom 1. 1. 2009–30. 9. 2010	2 100 €	
c) Hauptsache	10 000 €	12 500 €

---

[13] Kostenberechnung Rdn 424.
[14] Berechnung: Letzte Fälligkeit vor der am 10. 2. 2010 erfolgten Beschlagnahme war am 15. 12. 2009 für die Zeit vom 1. 7. 2009 an. Rangklasse 4 des § 10 Abs 1 ZVG besteht für die aus den letzten 2 Jahren rückständigen Beträge, mithin für die Zinsen ab 1. 7. 2007. Ältere Rückstände: Rangklasse 8 (berücksichtigt lfd Nr 8 dieses Abschn III des Plans).

– 7. Im Gleichrang untereinander
  I. Bank für Baugeld in ...
     Ansprüche aus der Grundschuld
     Abt III Nr 4 zu 40 000 €, (Brief liegt vor)
     a) 6% Zinsen aus 40 000 € für die Zeit
        vom 1. 10. 2009–30. 9. 2010   2 400 €
     c) Hauptsache   40 000 €   42 400 €
  II. Grundstückseigentümer ... in ...
     Anspruch aus der Eigentümergrundschuld
     Abt III Nr 5 zu 10 000 € (Brief liegt vor)
     a) Kosten; keine angemeldet
     b) Zinsen: keine, § 1197 Abs 2 BGB
     c) Hauptsache   10 000 €
 8. Stadtsparkasse A in A
     Zinsanspruch in Rangklasse 8 des § 10 Abs 1 ZVG
     aus der bestehengebliebenen Hypothek ohne Brief
     Abt III Nr 1 zu 20 000 €, das sind
     6% Zinsen aus 20 000 € für die Zeit
     vom 1. 1. 2007–30. 6. 2007   600 €

IV. Zuteilung

 1. Aus der Teilungsmasse (Abschn I) in Höhe von   104 232 €
    sind gemäß § 109 ZVG die Kosten des Verfahrens
    vorweg zu entnehmen in Höhe von   2 500 €
    und zu zahlen an die
    a) Landesjustizkasse ... in Höhe von   500 €
    b) Hypothekenbank X in ... mit   2 000 €
    Der Überschuss wird den Rechten, welche durch Zahlung
    zu decken sind, wie folgt **zugeteilt:**
 2. Stadt X, Stadtkasse, in X ...
    Zuteilung auf den Grundsteueranspruch,
    festgestellt Abschn III lfd Nr 2 in Höhe von   600 €
 3. Stadtsparkasse A in A ...
    Zuteilung auf Zinsanspruch
    aus der Hypothek Abt III Nr 1
    festgestellt Abschn III lfd Nr 3 in Höhe von   3 600 €
 4. Hypothekenbank X in ...
    Zuteilung auf die Ansprüche
    aus der Brief-Hypothek Abt III Nr 2
    festgestellt Abschn III lfd Nr 4 in Höhe von   31 600 €
 5. Schwester Anna E in ...
    – entfällt hier; siehe bereits den Vermerk
    in Abschn III Nr 5 des Planes –
 6. Schreinermeister Karl B in ...
    Zuteilung auf die Ansprüche aus der
    Zwangshypothek Abt III Nr 3
    festgestellt Abschn III lfd Nr 6 in Höhe von   12 500 €
 7. I. Bank für Baugeld in ...
    Zuteilung auf die Ansprüche aus der
    Grundschuld Abt III Nr 4
    festgestellt in Abschn III lfd Nr 7 I in Höhe von   42 400 €
  II. Grundstückseigentümer ... in ...
    Zuteilung auf den Anspruch aus der
    Eigentümergrundschuld Abt III Nr 5
    festgestellt Abschn III lfd Nr 7 II in Höhe von   10 000 €

8. Stadtsparkasse A in ...
    Zuteilung auf den nachrangigen Zinsanspruch
    aus der Hypothek Abt III Nr 1

festgestellt Abschn III lfd Nr 8 in Höhe von	600 €
Damit ist die Teilungsmasse verteilt in Höhe von	103 800 €
Der verbleibende Rest von	432 €

gebührt unverteilt als Erlösüberschuss dem bisherigen Grundstückseigentümer ...

2. Kapitel. Die Teilungsmasse

§ 107 ZVG

415   **Gegenstand der Verteilung** ist:
- der **zu zahlende Versteigerungserlös** (§ 49 Abs 1, § 107 Abs 2 ZVG), einschließlich Zinsen des Bargebots (§ 49 Abs 2 ZVG, dazu Rdn 276, 404) und etwaiger Hinterlegungszinsen, die bei Hinterlegung zur Schuldabwendung (§ 49 Abs 4 ZVG, Rdn 418) in die Teilungsmasse fallen;
- der Erlös der Gegenstände, die nach § 65 ZVG gesondert versteigert oder anderweit verwertet worden sind (§ 107 Abs 1 ZVG). Ergeben sich Schwierigkeiten, weil der Erlös nicht rechtzeitig zur Verfügung steht (zB bei Einstellung, weil die Entscheidung des Prozessgerichts noch nicht abzusehen ist), so kann eine Nachtragsverteilung durchgeführt werden;[15]
- der bare Betrag, den der Ersteher mit Wegfall einer nach den Versteigerungsbedingungen bestehen bleibenden Belastung (§§ 50, 51 ZVG) zu zahlen hat (§ 125 ZVG; dazu Rdn 514 ff);
- beschlagnahmtes Versicherungsgeld, wenn es nach den Versteigerungsbedingungen vom Zuschlag ausgeschlossen und seine Einziehung für Rechnung der Masse angeordnet ist.[16]

Verringerung bei Liegenbelassungserklärung: § 91 Abs 2, 3 ZVG; dazu Rdn 539 ff; Auswirkung einer Befriedigungserklärung Rdn 468.

Nicht zur Teilungsmasse gehören die in der Zwangsverwaltung noch nicht verteilten Einkünfte. Die Erlösverteilung in der Zwangsverwaltung ist selbstständig zu Ende zu führen. Jedoch darf an Berechtigte keine Doppelzahlung erfolgen. Es muss daher in einem Verfahren auf das andere Rücksicht genommen werden.[17]

416   Die **Teilungsmasse** ist als Versteigerungserlös Grundstücksersatz (= Surrogat).[18] Erlös ist der Anspruch gegen den Ersteher auf Zahlung, nach Zahlung der an das Vollstreckungsgericht geleistete Betrag[19] (§ 107 Abs 2 ZVG). Er steht, ebenso wie bis zum Zuschlag das Grundstück, dessen bisherigem Eigentümer (meist Schuldner) zu.[20] Am Erlös bestehen als Vorzugsrechte die durch den Zuschlag erloschenen Grundstücksrechte und die Vollstreckungsansprüche der Beschlagnahmegläubiger (§ 10 Abs 1 Nr 5 ZVG) fort. Ihre Befriedigung erfolgt im Verteilungsverfahren. Der Erlös ist daher bis zum Verteilungstermin (unbar, § 49

---

[15] Stöber Rdn 2.2 (zu c); Dassler/Hintzen Rdn 6; Jaeckel/Güthe Rdn 2, je zu § 107.

[16] Jaeckel/Güthe Rdn 3; Stöber Rdn 2.2 (zu e), je zu § 107.

[17] Dazu Stöber Rdn 2.4 zu § 107.

[18] BGH 108, 237 (239) = DNotZ 1990, 581 = NJW 1989, 2536. Dazu auch Stöber Rdn 1.4 zu § 114.

[19] BGH 58, 298 = MDR 1972, 601 = NJW 1972, 1135; BGH MDR 1979, 44 = Rpfleger 1978, 363.

[20] BGH 68, 276 = NJW 1977, 1287; BGH 108, 237 = aaO (Fußn 18).

Abs 3 ZVG) an das Vollstreckungsgericht zu zahlen (§ 107 Abs 2 ZVG). Dieses nimmt den Erlös in amtlicher Eigenschaft entgegen;[21] es wird damit nicht Gläubiger des Anspruchs und auch nicht – nach Zahlung – Schuldner der Berechtigten sowie Drittschuldner für eine Pfändung. Da der Erlös an das Vollstreckungsgericht zu zahlen ist und dem Schuldner die freie Verfügung über die Forderung gegen den Ersteher fehlt, kann dieser mit einer Forderung nicht gegen einen Anspruch des Vollstreckungsschuldners auf Hebung aus dem Erlös aufrechnen;[22] anders nach Forderungsübertragung gemäß § 118 ZVG. Hinterlegung des Erlöses Rdn 418.

Zinsen aus dem baren Meistgebot sind vom Tag des Wirksamwerdens des Zu-   **417** schlags (§§ 89, 104 ZVG) an (diesen Tag eingerechnet, § 49 Abs 2 ZVG, § 187 Abs 2 BGB) bis zum Tag des Verteilungstermins (diesen Tag ausgenommen, § 188 Abs 1, § 362 BGB) zu zahlen (§ 49 Abs 2 ZVG). Die bei Nichtzahlung über den Verteilungstermin hinaus weiterlaufenden Zinsen gehören nicht mehr zur Teilungsmasse (Rdn 471). Zinssatz: 4 vH (§ 246 BGB), wenn nicht durch abweichende Versteigerungsbedingung (§ 59 ZVG) ein anderer Zinssatz festgelegt ist. Berechnung 365 (bzw 366) Tage jährlich.

Schon vor dem Versteigerungstermin kann der Ersteher durch **Hinterlegung**   **418** (nach der Hinterlegungsordnung) sich von seiner Verbindlichkeit befreien (§ 49 Abs 4 ZVG). Erfordernis: Hinterlegung muss unter Ausschließung der Rücknahme erfolgen (§ 376 Abs 2, § 378 BGB) und spätestens im Verteilungstermin nachgewiesen werden. Folge: Pflicht zur Verzinsung des Bargebots endet mit Hinterlegung (der Hinterlegungstag wird bereits nicht mehr verzinst). Hinterlegungstag: Tag, an dem bei der Hinterlegungsstelle das Geld (auf ihr Konto; Tag der Gutschrift) einbezahlt wird und der Hinterlegungsantrag mit Rücknahmeverzicht vorliegt. Hinterlegungszinsen gehören zur Teilungsmasse. Hinterlegung unter Verzicht auf das Recht der Rücknahme schließt nur das eigene Recht des Erstehers aus, das Geld zurückzunehmen (§ 376 BGB). Entfällt der Hinterlegungsgrund (Aufhebung des Zuschlags nach Beschwerde), so hat das allein verfügungsberechtigte Vollstreckungsgericht Rückzahlung an den Hinterleger anzuordnen.

Zur Befreiung von der Zahlungsverpflichtung des Erstehers und damit von der Verpflichtung zur Verzinsung des Bargebots bei Überweisung der Sicherheitsleistung auf ein Konto der Gerichtskasse oder Einzahlung bei dieser s Rdn 330. Mit außergerichtlicher Befriedigung eines aus dem Erlös hebungsberechtigten Gläubigers vor dem Verteilungstermin endet die Verpflichtung zur Verzinsung des Meistgebots nicht (siehe Rdn 468).

Rechtsbehelf gegen Feststellung der Teilungsmasse: **Widerspruch** (Rdn 479–   **419** 488). Nach immerfort vertretener und dennoch nicht gefestigter Ansicht soll zwar sofortige Beschwerde (§ 793 ZPO) stattfinden.[23] Es wird erwogen, dass nicht die materielle Unrichtigkeit des formell richtig aufgestellten Plans behauptet, sondern geltend gemacht wird, dass der Plan nicht den gesetzlichen Vorschriften entsprechend aufgestellt sei. Auch der BGH[24] hat das so gesehen; er hat (ohne Problemerörterung) ausgeführt, dass dem Ersteher, der sich „gegen die Feststellung der Verteilungsmasse" wendet „gegen den Verteilungsplan das Beschwerderecht offen" steht. In diesem Fall ging es um die zu geringe Berech-

---

[21] BGH 68, 276 = aaO (Fußn 20).
[22] BGH 39, 242 = MDR 1963, 580 = NJW 1963, 1497.
[23] ZB Steiner/Teufel Rdn 26 mit Fußn 15; Dassler/Hintzen Rdn 14, je zu § 113.
[24] BGH (23. 6. 1972, V ZR 125/70) WM 1972, 1032.

nung des Kürzungsbetrags infolge einer Liegenbelassungsvereinbarung (§ 91 Abs 3 ZVG). Später verweist der BGH[25] ohne Prüfung und Erörterung nur noch (beiläufig) darauf; es ging gleichfalls um den Kürzungsbetrag. Für die Änderung des in einem Zwangsverwaltungsverfahren aufgestellten Teilungsplans hat der BGH[26] sodann (unter Bezugnahme auf das Schrifttum) nur allgemein ausgeführt, dass sich der Rechtsbehelf gegen die Planaufstellung nach der Art der Einwendungen richtet und Verstöße gegen Verfahrensvorschriften mit sofortiger Beschwerde geltend zu machen sind. Dass Verfahrensverstöße bei Aufstellung des Teilungsplans „nach allgemeinen Grundsätzen" mit der sofortigen Beschwerde gerügt werden können, ist für den BGH[27] dann unter Hinweis auf die Beschlüsse aus den Jahren 1972 und 2007 geradezu selbstverständlich.

Überzeugend ist das alles nicht. Es gibt keine Gesetzesgrundlage dafür, dass Rechtsbehelf gegen die Feststellung der Teilungsmasse sofortige Beschwerde sei. Für den Verfahrens**beteiligten** (§ 9 ZVG), der bei zu geringer Feststellung der Teilungsmasse (Beispiel: unrichtige Berechnung der Meistgebotszinsen, § 49 Abs 2 ZVG) keine Zuteilung erlangt, bewirkt der Ausfall jedenfalls eine materielle Beeinträchtigung. Der Ersteher wird durch den Zuschlag zur Zahlung des Bargebots mit Zinsen an das Vollstreckungsgericht verpflichtet.[28] Dieser Erlös tritt an die Stelle des Grundstücks,[29] das dem ausfallenden Beteiligten ein Recht auf Befriedigung gewährt (§ 10 Abs 1 ZVG). Änderung des Teilungsplans wird von dem Beteiligten daher auf Grund eines sachlichen (materiellen) Rechts verlangt, wenn er (gleich aus welchem Grund) Zuteilung eines ihm gebührenden Erlösbetrags nicht oder nur unvollständig vorsieht. Rechtsbehelf ist daher Widerspruch. Er gebietet Hilfsverteilung (§ 124 ZVG), veranlasst Hinterlegung oder Forderungsübertragung auch auf den Widersprechenden[30] (§ 118 ZVG) und Eintragung einer Sicherungshypothek mit dem Rang seines Anspruchs (§ 128 ZVG). Damit ist der Teilungsplan ausgeführt (§§ 117, 118 ZVG); das Grundbuchamt ist um Eintragung des Erstehers und Löschung der nicht bestehen gebliebenen Rechte zu ersuchen (§ 130 Abs 1 ZVG); Rechte, die der Ersteher bewilligt hat, damit insbesondere solche zur Sicherung von Finanzierungsdarlehen, können eingetragen werden. Beschwerde würde nur Aussetzung des angefochtenen Plans ermöglichen (§ 570 Abs 2 und 3 ZPO; Kannbestimmung), aber weder Forderungsübertragung mit der Möglichkeit „bedingter"[31] Vollstreckung noch hypothekarische Sicherung erlauben und überdies Verfügungen des Erstehers „über das Grundstück" ausschließen. Das entspricht nicht dem Gesetz.

Für den **Ersteher,** der nach dem Teilungsplan zur Zahlung eines zu hoch festgestellten Verteilungserlöses verpflichtet sein soll, kann nichts anderes gelten. Durch den Zuschlag hat er Eigentum an dem Grundstück erworben (§ 90 ZVG); er ist zur Zahlung (Entrichtung) des Bargebots mit Bargebotszinsen verpflichtet (§§ 49, 107 Abs 2 S 1 ZVG). Unrichtige (zu hohe) Feststellung der Teilungsmasse ist daher materielle Beeinträchtigung des Erstehers, der er mit der Folge widersprechen kann, dass mit Hilfsverteilung (§ 124 ZVG) der strei-

---

[25] BGH Rpfleger 1977, 246 (247 reSp), ist BGH 68, 276 (281) nicht mit abgedruckt.
[26] BGH (1. 2. 2007, V ZB 80/86) NJW-RR 2007, 782 = Rpfleger 2007, 336 = WM 2007, 745.
[27] BGH NJW-RR 2009, 1427 = Rpfleger 2009, 401.
[28] BGH 68, 276 (278) = aaO (Fußn 25).
[29] BGH aaO.
[30] Stöber Rdn 3.2 zu § 124.
[31] Stöber Rdn 3.2 zu § 124.

tige Betrag anderweit in der Weise zu verteilen ist, dass seine Zahlungspflicht in Wegfall kommt. Auch in diesem Fall würde Beschwerde als Rechtsbehelf Forderungsübertragung, Sicherstellung durch Eintragung der Sicherungshypothek und – zum Nachteil des Erstehers – Grundbuchberichtigung nicht ermöglichen. Ein Widerspruch des Erstehers kann auch nicht formal daran scheitern,[32] dass er nicht Beteiligter nach § 9 ZVG ist. Das ist zum einen nicht einmal richtig, weil der Ersteher für den streitigen (Mehr-)Betrag ein der Zwangsvollstreckung entgegenstehendes Recht in Anspruch nimmt und daher nach § 9 Nr 2 ZVG Beteiligter ist oder wird. Überdies wird dem Ersteher die Terminsbestimmung – wie den Beteiligten – zugestellt (§ 105 Abs 1 ZVG); er wird somit zugezogen. Grundsätzlich können in Zwangsvollstreckungsverfahren auch beeinträchtigte Dritte ihre Rechte mit Erinnerung und (sofortiger) Beschwerde wahren; für den Widerspruch als eigenständigen Rechtsbehelf für Einwendungen gegen den Teilungsplan kann nichts anderes gelten. Gegenteiliges rechtfertigt auch die Erwägung nicht,[33] der Ersteher wende sich gegen die Feststellung der Teilungsmasse, nicht gegen die Verteilung. Es ist schon nicht nachvollziehbar, dass eine solche Differenzierung für Zulässigkeit des Widerspruchs als Rechtsbehelf gegen Rechtsbeeinträchtigung Bedeutung haben könnte. Dem ist auch entgegenzuhalten, dass der Ersteher sich schon gegen die Verteilung eines (vermeintlich) nach dem Zuschlag von ihm als Meistgebot nicht zu zahlenden Betrags wendet, die nach § 132 ZVG auch noch Vollstreckbarkeit ermöglichen kann.

Zu alledem kommt, dass bereits der Gesetzeswortlaut sofortige Beschwerde gegen den Teilungsplan ausschließt. Sofortige Beschwerde findet nach dem in ZVG-Verfahren anwendbaren (§ 869 ZPO) § 567 Abs 1 Nr 1 ZPO gegen eine erstinstanzliche amtsgerichtliche Entscheidung nur statt, wenn dies ausdrücklich bestimmt ist. Gesetzliche Bestimmung über die sofortige Beschwerde in Zwangsversteigerungsverfahren trifft § 793 (mit § 869) ZPO. Sie findet demnach nur gegen Entscheidungen statt, die ohne mündliche Verhandlung ergehen können. Dazu gehört aber der Teilungsplan nicht, auch wenn man ihn als Entscheidung im Zwangsversteigerungsverfahren ansieht. Denn ein Termin zur Verteilung des Versteigerungserlöses wird nach § 105 Abs 1 ZVG bestimmt. In diesem Verteilungstermin wird nach Anhörung der Beteiligten der Teilungsplan aufgestellt (§ 113 Abs 1 ZVG). Über diesen wird sofort verhandelt (§ 115 Abs 1 S 1 ZVG). Zweck der Verhandlung ist die Feststellung des Plans und, soweit ihm nicht widersprochen wird, dessen Ausführung. Ohne mündliche Verhandlung wird der Plan somit nicht angefertigt.

Zahlt der Ersteher auf Grund falscher Berechnung des Bargebots (zB der Zinsen nach § 49 Abs 2, § 91 Abs 3 ZVG) zu viel an das Vollstreckungsgericht, so kann er den überzahlten Betrag nach Verteilung des Erlöses nicht vom letztrangig befriedigten Grundpfandgläubiger aus ungerechtfertigter Bereicherung herausverlangen.[34] **419a**

3. Kapitel. Bestehen bleibende Rechte
§ 113 Abs 2 ZVG

Ihre Angabe im Plan, die keine besondere (= eigene) rechtliche Wirkung hat, **420** schreibt § 113 Abs 2 ZVG vor. Grund: Den Beteiligten soll Gelegenheit gegeben

---

[32] Wie von BGH WM 1972, 1032 angenommen.
[33] BGH WM 1972, 1032 (1033).
[34] BGH 68, 276 = aaO (Fußn 20).

werden, etwaige Einwendungen zu erheben, weil sich bei Wegfall eines Rechts das zu zahlende und zu verteilende Meistgebot (ggfs bedingt, § 125 Abs 2 ZVG) erhöht. Anzugeben sind alle nach § 91 ZVG nicht erlöschenden Rechte, außer Hypotheken, Grund- und Rentenschulden auch die in Abt II des Grundbuchs eingetragenen Rechte und die auf Grund Liegenbelassungsvereinbarung (§ 91 Abs 2 ZVG) bestehen bleibenden Rechte.[35] Anzugeben ist, ob das Recht nach den (gesetzlichen oder abweichenden) Versteigerungsbedingungen (§§ 52, 59, 91 Abs 1 ZVG) oder infolge Vereinbarung (§ 91 Abs 2 ZVG) bestehen bleibt.

4. Kapitel. Schuldenmasse
§ 114 ZVG

421 Als Schuldenmasse sind **im Teilungsplan festzustellen:**
   – die Kosten des Verfahrens, die nach § 109 Abs 1 ZVG aus dem Versteigerungserlös vorweg zu entnehmen sind;
   – die Ansprüche, die durch Zahlung zu decken sind (§ 109 Abs 2 ZVG). Sie werden berücksichtigt (§ 114 Abs 1 ZVG):
      – nach dem Inhalt des Grundbuchs, soweit ihr Betrag oder Höchstbetrag zur Zeit der Eintragung des Versteigerungsvermerks aus dem Grundbuch ersichtlich war. Nur in Ausnahmefällen finden eingetragene Rechte keine Berücksichtigung (dazu Rdn 248). Zur Berücksichtigung bei Anmeldung eines hinter dem eingetragenen Anspruch zurückbleibenden Betrags (sogen Minderanmeldung) siehe Rdn 237b, c, sowie bei Entstehen einer Eigentümergrundschuld Rdn 249. Zur Behandlung einer überhöhten Anmeldung als Widerspruch siehe Rdn 479.
      – im Übrigen dann, wenn sie spätestens in dem Verteilungstermin angemeldet sind. Zur Anmeldung Rdn 230–237e. Laufende Beträge wiederkehrender Leistungen, die nach dem Inhalte des Grundbuchs zu entrichten sind, brauchen nicht angemeldet zu werden (§ 114 Abs 2 ZVG, vgl ebenso Rdn 247); die Ansprüche des Anordnungs- oder Beitrittsgläubigers gelten als angemeldet, soweit sie sich aus dem Versteigerungsantrag ergeben (§ 114 Abs 1 S 2 ZVG). Anmeldung nach Aufforderung zur Abgabe von Geboten (siehe § 37 Nr 4 ZVG) schließt Aufnahme in den Teilungsplan nicht aus, führt aber zu Nachrang (§ 110 ZVG, dazu Rdn 236).

422 Als Schuldenmasse sind **alle Ansprüche** anzuführen, mithin auch solche, zu deren Deckung kein Erlös vorhanden ist. Diese voll ausfallenden Rechte brauchen jedoch nicht genau (mit Nebenleistungen und Kosten) ausgerechnet zu werden; ausreichend ist ihre allgemeine Darstellung an der ihnen zukommenden Rangstelle.[36]

423 Nicht aufgenommen werden trotz Anmeldung Ansprüche persönlicher Gläubiger des Schuldners oder Eigentümers, die nach § 10 ZVG kein Recht auf Befriedigung aus dem Grundstück (auch keinen Anspruch auf Wertersatz nach § 37 Nr 5 ZVG) (Rdn 536, 537) gewähren. Unzulässige Anmeldungen dieser Art werden nicht beachtet (übergangen); klarstellender Beschluss über die Nichtaufnahme (nicht Zurückweisung) der Anmeldung ist jedoch zulässig und oft ratsam.[37]

---

[35] Dassler/Hintzen Rdn 11; Jaeckel/Güthe Rdn 7; Stöber Rdn 4; Steiner/Teufel Rdn 6, alle zu § 113; anders – unzutreffend – Korintenberg/Wenz Fußn 2 zu § 113.
[36] So auch Morvilius ImmVollstr Rdn 508.
[37] Stöber Rdn 2.8 zu § 114.

5. Kapitel. Kosten des Verfahrens
§ 109 ZVG

Schrifttum: Drischler und Stöber, In welchem Umfang können im Immobiliarvollstreckungs-verfahren Kosten für förmliche Zustellungen aus dem Erlös entnommen werden, Rpfleger 1969, 119 und 122; Nicken, Die Vorwegentnahme der Kosten des Zwangsversteigerungsver-fahrens bei Gebührenfreiheit des betreibenden oder beitretenden Gläubigers, SchlHA 1960, 213; Stöber, Der Rang der Kostenansprüche der Gerichtskasse im Zwangsversteigerungsver-fahren bei Gebührenfreiheit und Armenrecht des vollstreckenden Gläubigers, JVBl 1961, 248.

Kostenberechnung:		**424**
0,5 Gebühr für das Verfahren im Allgemeinen		
GKG-KostVerz Nr 2211,		
aus 160 000 € Wert (§ 54 Abs 1 GKG)		628,- €
0,5 Gebühr für die Abhaltung eines Versteigerungstermins,		
GKG-KostVerz Nr 2213,		
aus 160 000 € Wert (§ 54 Abs 1 GKG)		628,- €
0,5 Gebühr für das Verteilungsverfahren		
GKG-KostVerz Nr 2215,		
aus 123 200 € Wert (103 200 + 20 000 DM) (§ 54 Abs 3 GKG)		478,- €
Verfahrensauslagen		766,- €
Gesamtbetrag der Kosten		2 500,- €.

Die Kosten des Verfahrens sind aus dem Versteigerungserlös vorweg zu ent- **425** nehmen (§ 109 Abs 1 ZVG). Grund: Sie sind zur Durchführung des Verfahrens im Interesse aller Beteiligten aufgewendet. Zu diesen Kosten gehören:

a) 0,5 Gebühr für das Verfahren im Allgemeinen (GKG-KostVerz Nr 2211), berechnet aus dem nach § 74a Abs 5 ZVG festgesetzten Grundstückswert, wenn keine Wertfestsetzung erfolgt sein sollte (was jetzt nicht mehr vor-kommen wird), aus dem Einheitswert (§ 54 Abs 1 GKG). Dazu näher Rdn 769 ff.

b) 0,5 Gebühr für die Abhaltung eines Versteigerungstermins (GKG-KostVerz Nr 2213), berechnet aus dem festgesetzten Grundstückswert, hilfsweise aus dem Einheitswert (wie vorstehend);

c) 0,5 Gebühr für das Verteilungsverfahren (GKG-KostVerz Nr 2215), sie beträgt nur 0,25 in den Fällen der §§ 143, 144 ZVG (GKG-KostVerz Nr 2216). Wert (§ 54 Abs 3 GKG): Gebot, für das der Zuschlag erteilt ist, ohne Zinsen, zuzüglich Wert der nach den Versteigerungsbedingungen (nicht über sie hinaus wie nach § 52 Abs 2 S 1 ZVG, § 9 EGZVG) bestehen blei-benden Rechte. Dazu gerechnet wird ein Erlös aus gesonderter Versteigerung oder sonstiger Verwertung (§ 65 ZVG). Einzelheiten: Rdn 780, 781.

d) Verfahrensauslagen (§ 3 Abs 2 GKG und GKG-KostVerz Nr 9000 ff.), und zwar auch für die Zustellung des Zuschlagsbeschlusses (diese Auslagen tref-fen nicht den Ersteher),[38] Kosten für öffentliche Bekanntmachungen (GKG-KostVerz Nr 9004), Sachverständigenvergütungen insbesondere für Wert-feststellung (GKG-KostVerz Nr 9005), diese auch, soweit im Beschwerdever-fahren angefallen, Kosten der Auswärtstermine (GKG-KostVerz Nr 9006) und Rechnungsgebühren (§ 70 GKG).

---

[38] AG Kellinghusen Rpfleger 1968, 61; Stöber Rpfleger 1969, 122 f; Stöber Rdn 3 zu § 58; Dassler/Hintzen Rdn 2 zu § 58; anders – unzutreffend – LG Freiburg JurBüro 1991, 1211 = Rpfleger 1991, 382; Steiner/Storz Rdn 9 zu § 58; Drischler Rpfleger 1969, 119; Schiffhauer BlGrBW 1968, 205 (209).

Die Kosten werden mit **Kostenrechnung** durch den Kostenbeamten (§§ 1, 4, 5, 27 KostV), nicht vom Gericht im Teilungsplan berechnet. Rechtsbehelf daher: Erinnerung nach § 66 GKG, über diese entscheidet der Rechtspfleger;[39] ausgeschlossen ist er, wenn er als Kostenbeamter die Kostenrechnung aufgestellt hat.[40] Der Ersteher kann Erinnerung nicht einlegen (auch wenn er Gebührenfreiheit genießt), da er nicht Kostenschuldner ist. Die vorweg zu entnehmenden Kosten sind an die Staatskasse zu zahlen; soweit der betreibende Gläubiger einen Vorschuss geleistet hat (§ 15 GKG), ist der Betrag für ihn vorweg zu entnehmen. Die Restforderung der Gerichtskasse hat jedoch Rang vor dem Erstattungsanspruch des betreibenden Gläubigers, der Kosten vorgeschossen hat,[41] die Erstattungsansprüche mehrerer Gläubiger haben Gleichrang.

426   Nicht aus dem Versteigerungserlös **vorweg zu entnehmen** sind:
– die durch Anordnung des Verfahrens oder den Beitritt eines Gläubigers entstandenen Kosten (Gebühr: GKG-KostVerz Nr 2210) samt den Zustellungsauslagen, auch bei Auslandszustellung des Beschlagnahmebeschlusses. Sie können auch bei Gebührenfreiheit oder Prozesskostenhilfe des betreibenden Gläubigers für die Gerichtskasse nur an der Rangstelle des vollstreckenden befreiten Gläubigers (§ 10 Abs 2 ZVG, § 788 ZPO; zur Anmeldung siehe insbesondere auch § 4 Abs 4 KostV) berücksichtigt, nicht aber nach § 109 ZVG vorweg aus dem Versteigerungserlös entnommen werden;
– die Kosten des Zuschlags (GKG-KostVerz Nr 2214; Rdn 777–779);
– Kosten nachträglicher Verteilungsverhandlungen; sie sind aus der Sondermasse bei der Nachtragsverteilung vorweg zu entnehmen;
– Kosten, die einzelne Beteiligte allein treffen: Pauschale für die Herstellung und Überlassung von Dokumenten, Beschwerdegebühren, Kosten der Zwangsvollstreckung aus dem Zuschlag (§ 93 ZVG), Auslagen eines Vollstreckungsschutzverfahrens nach § 765 a ZPO; Vergütung und Auslagen des Zustellungsvertreters (§ 7 ZVG).

3. Unterabschnitt. Berücksichtigung der Einzelnen auf Kapitalzahlung gerichteten Rechte

1. Kapitel. Hypothek
§ 1113 BGB

427   **Beispiel** für Berücksichtigung einer erloschenen Hypothek:
Bayerische Landesbank
in München, ... straße ...
Ansprüche aus der Hypothek ohne Brief
Abt III Nr 11 zu 30 000 €, nämlich:

a) Kosten der Terminswahrnehmung (ggfs: Berechnung: ...) zusammen	182,20 €	
b) 4% Zinsen aus 30 000 € vom 1. 1. 2009–31. 12. 2009	1 200,— €	
c) Hauptsache	30 000,— €	31 382,20 €

[39] BayObLG 1974, 329 = JurBüro 1975, 46 = Rpfleger 1974, 391; OLG Zweibrücken Rpfleger 1998, 332; LG Koblenz MDR 1998, 437 = NJW-RR 1998, 359; LG München II Rpfleger 1973, 15; Stöber Einl Rdn 85.1 mit weit Nachw (auch zu vereinzelter Gegenansicht).
[40] BayObLG Rpfleger 1990, 245; OLG Zweibrücken und LG Koblenz je aaO (Fußn 39).
[41] Stöber JVBl 1961, 248; Stöber Rdn 2.4 zu § 109; anders Nicken SchlHA 1960, 213.

Eine zur Zeit der Eintragung des Versteigerungsvermerks eingetragene Hypothek ist von Amts wegen zu berücksichtigen (Rdn 421). Angemeldet werden (bei nicht rechtzeitiger Anmeldung Rangverlust nach § 110 ZVG) müssen stets die Kosten (§ 10 Abs 2, § 12 Nr 1 ZVG) und die rückständigen wiederkehrenden Leistungen (insbesondere Zinsen). Berücksichtigung der über zwei Jahre rückständigen wiederkehrenden Leistungen gesondert in Rangklasse 8 des § 10 ZVG. Zinsen und andere wiederkehrende Leistungen werden berechnet
– bei einer bestehen gebliebenen Hypothek bis zum Zuschlag (diesen Tag ausgenommen), weil von da an mit den Grundstückslasten der Ersteher die Zinsen trägt (§ 56 S 2 ZVG);
– bei einer erloschenen Hypothek bis zum Verteilungstermin (diesen Tag ausgenommen).
Bei der Annuitäten-(Tilgungs-)Hypothek ist, da insgesamt nicht mehr als der eingetragene Hauptsachebetrag berücksichtigt werden kann, das Kapital um die mit wiederkehrenden Leistungen berücksichtigten Tilgungsbeträge (= Hauptsacheteile) zu kürzen; siehe dazu bereits Rdn 261.
Eine erloschene Gesamthypothek (§ 1132 BGB) ist bei Versteigerung eines der belasteten Grundstücke voll zu berücksichtigen, sofern nicht der Gläubiger erklärt, dass er Befriedigung aus dem Grundstück nur zum Teile beanspruche (§ 1132 Abs 1 S 2 BGB). Versteigerung mehrerer Grundstücke: Rdn 550, 551.

2. Kapitel. Eigentümergrundschuld (-hypothek)
§§ 1163, 1177, 1196 BGB

Beispiel für Berücksichtigung einer erloschenen Eigentümergrundschuld: 428
Schuldner Hans Meyer, Kaufmann
in München, ... straße Nr ...
Ansprüche aus der Eigentümergrundschuld ohne Brief
Abt III Nr 17 zu 20 000 €:
a) Rechtsverfolgungskosten: keine angemeldet
b) Zinsen: keine (§ 1197 Abs 2 BGB)
c) Hauptsache   20 000,— €
Schuldner Hans Meyer, Kaufmann   429
in München, ... straße Nr ...
Ansprüche aus dem Eigentümergrundschuld gewordenen Teil
der für die ... Bank in ... eingetragenen Hypothek ohne Brief
Abt III Nr 17 zu 15 000 €, nämlich
a) Rechtsverfolgungskosten: keine angemeldet
b) Zinsen: keine (§ 1178 Abs 1, § 1197 Abs 2 BGB)
c) Hauptsache (= EigtGrdsch)   7 385,17 €.

Die Eigentümer**grundschuld** und ebenso die Eigentümer**hypothek** (siehe dazu   430
bereits Rdn 249) gibt dem Schuldner das Recht auf Zahlung einer bestimmten Geldsumme aus seinem eigenen Grundstück (§ 1191 BGB). Als Grundstücksbelastung ist sie ein vom Eigentum am Grundstück verschiedenes Vermögensrecht des Schuldners, das ihm auch bei Grundstücksverkauf (Versteigerung) verbleibt und nach Erlöschen in der Zwangsversteigerung einen Anspruch auf Zahlung des auf die Rangstelle des Rechts entfallenden Versteigerungserlöses gibt.[42]
Die bereits **auf den Namen des Schuldners** als Grundstückseigentümer ein-   431
getragene Grundschuld (sogen offene Eigentümergrundschuld, § 1196 Abs 1

---

[42] Stöber, FordPfändung, Rdn 1913 und – für Eigentümerhypothek – Rdn 1970.

BGB) wird nach ihrem Erlöschen durch den Zuschlag von Amts wegen in den Teilungsplan aufgenommen (siehe § 114 Abs 1 ZVG), wenn das Recht als Grundstücksbelastung zurzeit der Eintragung des Versteigerungsvermerks aus dem Grundbuch ersichtlich war. Es macht keinen Unterschied, ob das Recht in diesem Zeitpunkt bereits als (offene) Eigentümergrundschuld eingetragen war oder ob es zu dieser Zeit noch Fremdrecht war und erst später in eine Eigentümergrundschuld umgeschrieben wurde. Eine überhaupt erst nach dem Versteigerungsvermerk (§ 19 ZVG) eingetragene (offene) Eigentümergrundschuld oder das erst nach dem Versteigerungsvermerk eingetragene Fremdrecht, das später auf den Eigentümer umgeschrieben wurde, wird stets nur nach Anmeldung berücksichtigt (§ 114 Abs 1 ZVG).

432   **Zinsen** aus einer Eigentümergrundschuld werden in der Zwangsversteigerung nicht berücksichtigt (§ 1197 Abs 2, auch § 1178 Abs 1, BGB), bei einer erloschenen Eigentümergrundschuld auch nicht für die Zeit vom Zuschlag bis zur Verteilung.[43] Zwar kann auch eine Eigentümergrundschuld als verzinsliches Recht bestellt und im Grundbuch mit einem Zinsbeginn vor ihrer Eintragung eingetragen sein.[44] Für die Dauer der Vereinigung von Grundstückseigentum und Grundschuld in einer Person ruht aber die Verzinslichkeit der Grundschuld.[45] Ist neben dem Zwangsversteigerungsverfahren auch ein Zwangsverwaltungsverfahren anhängig, dann erhält der Eigentümer aus den Zwangsverwaltungserträgnissen Grundschuldzinsen (§ 1197 Abs 2 ZVG); wenn sie in der Zwangsverwaltung nicht zum Zuge kommen, können bei Verteilung des Versteigerungserlöses Zinsen nicht berücksichtigt werden.

432a   Die **Unverzinslichkeit** der Eigentümergrundschuld **endet,** wenn sie mit Abtretung des Grundpfandrechts und ebenso mit Veräußerung des Grundstücks ohne Übertragung des Eigentümerrechts an den Grundstückserwerber Fremdrecht geworden ist;[46] der neue Gläubiger erhält daher Zinsen wie eingetragen. Zinsen gebühren nach Abtretung des Eigentümerrechts dem Neugläubiger vom Gläubigerwechsel an (Wirksamwerden der Abtretung), nach Veräußerung des Grundstücks (ohne Mitübertragung der Eigentümergrundschuld) dem bisherigen Eigentümer als Grundpfandgläubiger ab Eigentumswechsel (mit Eintragung der Auflassung). Eine Eigentümergrundschuld kann (nach nun herrschender Ansicht) auch mit rückwirkendem Zinsbeginn (mit den Zinsen aus der Zeit vor der Abtretung) abgetreten werden.[47]

In den Teilungsplan sind Zinsen nach den Rdn 249a dargestellten Grundsätzen aufzunehmen, wenn mit Abtretung der (bestehen gebliebenen oder erloschenen) Eigentümergrundschuld (samt Zinsen) oder mit Veräußerung des Grundstücks (ohne Eigentümergrundschuld) die Unverzinslichkeit des Grundpfandrechts nach § 1197 Abs 2 BGB beendet ist. Es sind somit für den nun Be-

---

[43] Stöber Rpfleger 1958, 339 (342); Stöber Rdn 6.14; Dassler/Hintzen Rdn 53, je zu § 114; auch RG 60, 359 (362) sowie BGH 67, 291 (293) = NJW 1977, 100; anders (Zinsen vom Zuschlag an) Korintenberg/Wenz, Einl Kap 19 IV; Fischer NJW 1955, 573 (I 2).

[44] BGH 64, 316 (320) = NJW 1975, 1356; BayObLG 1978, 136 = Rpfleger 1978, 309; BayObLG Rpfleger 1979, 100.

[45] BGH 64, 316 und BayObLG 1978, 136 je aaO (Fußn 44).

[46] BGH 64, 316 und BayObLG 1978, 136 je aaO (Fußn 44).

[47] BayObLG 1987, 241 = DNotZ 1988, 116 = NJW-RR 1987, 1418 = Rpfleger 1987, 364 und 1988, 139 (Leits) mit krit Anm Bayer; OLG Celle NJW-RR 1989, 1244 = Rpfleger 1989, 323 und 363 (Leits) mit Anm Hennings; OLG Düsseldorf DNotZ 1990, 747 = NJW-RR 1990, 22; Stöber Rdn 6.12 zu § 114 mit weit Nachw. Zur früher anderen Ansicht siehe 6. Auflage Rdn 432 Fußn 6.

rechtigten laufende Zinsen (Abgrenzung § 13 ZVG) in den Teilungsplan aufzunehmen, wenn die Rechtsänderung (Abtretung der Eigentümergrundschuld
oder Veräußerung des belasteten Grundstücks) spätestens im Zeitpunkt der
Aufforderung zur Abgabe von Geboten im Versteigerungstermin angemeldet oder dem Vollstreckungsgericht sicher bekannt ist.[48] Bei späterer Anmeldung oder Kenntnis kann der Anspruch auf laufende Zinsen nur noch mit
Nachrang nach § 110 ZVG (entsprechende Anwendung) berücksichtigt werden. Rückständige Zinsen finden immer nur auf Anmeldung Berücksichtigung
(§ 114 Abs 1 ZVG), bei verspäteter Anmeldung mit Rangverlust nach § 110
ZVG.

Eine Eigentümergrundschuld (oder Eigentümerhypothek) kann aus einem **433**
Fremdrecht, also aus einer noch für einen anderen – Dritten – eingetragenen
Hypothek oder Grundschuld entstanden sein (sogen verschleierte Eigentümergrundschuld oder Eigentümerhypothek). Aus einem Fremdrecht ist die Eigentümergrundschuld auch dann entstanden, wenn sie aus einer Fremdgrund-
schuld hervorgegangen ist, die Fremdrecht durch Abtretung einer im Grundbuch
auf den Namen des Eigentümers eingetragenen Briefgrundschuld außerhalb des
Grundbuchs (durch Briefübergabe und Abtretungserklärung, siehe §§ 873, 1154,
1192 BGB) geworden ist. Eine verschleierte Eigentümergrundschuld ist aus einer
Hypothek entstanden, wenn
– die Forderung, für welche auf dem Grundstück des Schuldners einem Dritten
  eine Hypothek bestellt worden ist, (ganz oder teilweise) nicht zur Entstehung
  gelangt ist (§ 1163 Abs 1 S 1, § 1177 Abs 1 BGB). Berechtigter: Grundstückseigentümer im Zeitpunkt der Eintragung des dinglichen Rechts;
– die Forderung, für welche auf dem Grundstück des Schuldners einem Dritten
  eine Hypothek bestellt worden ist, (ganz oder teilweise) wieder erloschen ist
  (§ 1163 Abs 1 S 2, § 1177 Abs 1 BGB). Berechtigter: Eigentümer bei Erlöschen der Forderung;
– der für die Hypothek erteilte Brief dem Gläubiger nicht übergeben ist
  (§ 1163 Abs 2 BGB). Berechtigter: Eigentümer im Zeitpunkt der Eintragung
  des Rechts;
– der Gläubiger auf die Hypothek verzichtet hat (§ 1168 BGB). Berechtigter:
  Eigentümer im Zeitpunkt des Wirksamwerdens des Verzichts (Verzichtserklärung und Grundbucheintragung);
– der unbekannte Gläubiger ausgeschlossen worden ist (§ 1170 Abs 2 BGB).
  Berechtigter: Eigentümer bei Rechtskraft des Ausschließungsbeschlusses
  (§ 1170 Abs 2 S 1 BGB; früher: bei Verkündung des Ausschlussurteils);
– Eigentum und Gläubigerrecht an der Hypothek sich in einer Person vereinigt
  haben (Eigentümer beerbt Gläubiger oder umgekehrt, Hypothek wird dem
  Eigentümer abgetreten oder Grundstück dem Gläubiger übereignet; sogen
  Konfusion, § 889 BGB).

Siehe außerdem für Zwangssicherungs- oder Arresthypothek §§ 868, 932 ZPO,
für Gesamthypothek §§ 1172–1174 BGB.

Entstehungsfälle für Eigentümerhypothek (§ 1143 Abs 1, § 1173 Abs 2 BGB):
Stöber FordPfändung, Rdn 1970.

Umwandlung einer (Fremd-)Grundschuld in eine Eigentümergrundschuld siehe
Rdn 449.

Die bei einem Fremdrecht eingetragene Löschungsvormerkung (§ 1179 BGB) **434**
und ebenso der vormerkungsgesicherte gesetzliche Löschungsanspruch eines

---

[48] Stöber Rdn 6.18 zu § 114.

nachrangigen Grundpfandgläubigers (§ 1179 a BGB) hindern das Entstehen einer Eigentümergrundschuld nicht; vgl im Übrigen Rdn 249.

Keine Eigentümergrundschuld entsteht jedoch

– aus der Belastung einer (vormaligen) Heimstätte im Falle des § 17 Abs 2 S 2 RHeimstG (siehe Rdn 400);

– aus einer Vormerkung zur Sicherung des Anspruchs auf Einräumung einer Hypothek; die Wirkungen der Vormerkung erlöschen mit dem gesicherten Anspruch;

– bei Befriedigung des Gläubigers aus dem Grundstück (§ 1181 Abs 1 BGB), zB in einem gleichzeitigen Zwangsverwaltungsverfahren oder mit Tilgung wiederkehrender Leistungen (Annuitäten, Tilgungs-, Abzahlungsbeträge) aus dem Versteigerungserlös;

– für Rückstände von Zinsen und anderen Nebenleistungen sowie für Kosten (§ 1178 Abs 1 BGB).

435   Für die Aufnahme der durch den Zuschlag erloschenen **verschleierten Eigentümergrundschuld** (Eigentümerhypothek) in den Teilungsplan ist zunächst ebenso wie für die Berücksichtigung eines eingetragenen Fremdrechts erforderlich, dass das Recht als Grundstücksbelastung zurzeit der Eintragung des Versteigerungsvermerks aus dem Grundbuch ersichtlich war oder – bei späterer Eintragung – rechtzeitig angemeldet wurde (§ 114 Abs 1 ZVG). Da nur das eingetragene Recht, nicht aber die Person des Berechtigten der Anmeldung bedarf, kann die Anmeldung der nach dem Versteigerungsvermerk eingetragenen Hypothek oder Grundschuld durch den eingetragenen (Fremd-)Gläubiger oder durch den Eigentümer selbst erfolgt sein. Ein demnach in den Teilungsplan aufzunehmendes Grundpfandrecht ist als Eigentümerrecht zinslos (Rdn 432) in den Teilungsplan aufzunehmen, wenn das Entstehen der Eigentümergrundschuld oder Eigentümerhypothek dem Vollstreckungsgericht bekannt geworden ist. Zur Ermittlung einer Änderung und damit Prüfung, ob eine Eigentümergrundschuld (Eigentümerhypothek) entstanden ist, ist das Vollstreckungsgericht nicht verpflichtet. Es hat jedoch alle ihm bekannt gewordenen Änderungen, mithin alle Nachweise, aus denen das Entstehen der Eigentümergrundschuld (Eigentümerhypothek) folgt, zu berücksichtigen.[49] Solche Nachweise können in der für eine Grundbucheintragung erforderlichen Form (§ 29 Abs 1 GBO) geführt oder eingereicht sein. Jedoch bedarf es dieser Form zur Berücksichtigung im Vollstreckungsverfahren für Verteilung des Erlösanspruchs nicht (weil dieser Grundbucheintragung und damit dem Grundbuchverfahrensrecht nicht mehr unterliegt). Ausreichend ist daher Wahrung der für prozessuale Erklärungen im Vollstreckungsverfahren genügenden Form, also Schriftform oder Erklärung zu Niederschrift. Ergibt sich die Änderung aus einer unzureichenden (unvollständigen) Anmeldung des Gläubigers des Rechts, so ist das Vollstreckungsgericht nach § 139 ZPO und auf Grund der ihm obliegenden Verpflichtung zur Zahlung nur an den wirklich Berechtigten (vgl § 117 Abs 1 ZVG) gehalten, dem Anmeldenden eine weitere Aufklärung aufzugeben. Lässt sich eine notwendige Aufklärung (insbesondere darüber, ob und – bei Eigentumswechsel – für wen ein Recht teilweise Eigentümergrundschuld oder Eigentümerhypothek geworden ist), nicht rechtzeitig herbeiführen, so ist ggfs nach § 126 ZVG zu verfahren.

In den **Teilungsplan** ist eine verschleierte Eigentümergrundschuld (Eigentümerhypothek) als solche demnach **aufzunehmen,** wenn ihr Entstehen sich ergibt aus

---

[49] So auch LG Bonn JurBüro 1975, 1243; Stöber Rdn 6.16 zu § 114.

– einem Unrichtigkeitsnachweis, also mit unmittelbarem Beweis (nicht nur Glaubhaftmachung) der Tatsachen, aus denen folgt, dass ein Tatbestand verwirklicht ist, der Erwerb des eingetragenen Fremdrechts (Hypothek, Grundschuld, Rentenschuld) durch den Grundstückseigentümer (das Entstehen der Eigentümergrundschuld) zur Folge hat;

– einem Anerkenntnis des nach dem Grundbuch (bei Briefrechten nach Maßgabe der §§ 1155, 1160 BGB legitimierten) Berechtigten, dass das Grundbuch bei Zuschlag unrichtig war (§ 894 BGB), das eingetragene Grundpfandrecht mithin nicht Hypothek, Grundschuld oder Rentenschuld des Gläubigers, sondern bereits kraft Gesetzes Eigentümergrundschuld (Eigentümerhypothek) war. Das Anerkenntnis tritt ab Erlöschen des Rechts mit dem Zuschlag an die Stelle der für eine Grundbuchberichtigung benötigten Löschungsbewilligung (§§ 19, 22 BGB). Abstrakte Löschungsbewilligung allein genügt nicht;

– einer (nachgewiesenen) Verfügung des Berechtigten über den Erlösanspruch, in den sich das dingliche Recht mit dem Zuschlag aufgelöst hat, zugunsten des Eigentümers (zB durch Vorlage des nach dem Zuschlag mit dem Eigentümer geschlossenen Abtretungsvertrags, § 398 BGB).

Eine Hypothek ist mithin als Eigentümergrundschuld (Eigentümerhypothek) in den Teilungsplan aufzunehmen

– für den Eigentümer bei Eintragung, wenn der Gläubiger erklärt, dass eine Forderung nicht entstanden ist;

– für den Eigentümer bei Erlöschen der Forderung, wenn der Gläubiger erklärt, dass die Hypothekenforderung wieder erloschen ist. Wenn in diesem Fall ein Dritter durch Ablösung oder als zahlender Bürge oder durch Abtretung die Forderung mit Hypothek erworben hat und sich das aus der Erklärung des Gläubigers nicht ergibt, muss der Dritte seine Rechte geltend machen (vgl Rdn 100) und ggfs Widerspruch erheben. Hat seit Bestellung der Hypothek ein Eigentumswechsel stattgefunden und lässt sich nicht klären, ob der frühere oder jetzige Eigentümer den Gläubiger befriedigt hat, so wird der Berechtigte als unbekannt zu behandeln sein;[50]

– für den Eigentümer bei Zuschlagserteilung, der Berechtigter des Erlösanspruchs ist, wenn der Gläubiger nach Zuschlagerteilung auf den Hypotheken-(Grundschuld-)Anspruch verzichtet (vgl § 1168 BGB).

Vielfach liegen die Voraussetzungen für das Entstehen einer Eigentümergrundschuld(-hypothek) nur in Ansehung eines (oft kleinen) Teilbetrags der Hypothek (Grundschuld) vor. Das Eigentümerrecht hat dann Rang nach dem verbleibenden Fremdrecht (siehe § 1176 BGB).

Freigabe des Grundstücks durch den Insolvenzverwalter bedeutet nicht auch die Freigabe einer in diesem Zeitpunkt auf dem Grundstück lastenden Eigentümergrundschuld.[51] Ebenso bleibt nach Freigabe des Grundstücks durch den Insolvenzverwalter der Anspruch des Schuldners des Insolvenzverfahrens als Grundstückseigentümer und Sicherungsgeber auf Rückgewähr (Abtretung oder Verzicht) einer nicht mehr „valutierten" Grundschuld bei der Insolvenzmasse.[52]

Die im **Beitrittsgebiet** (Rdn 8 a) auf einem Grundstück oder Gebäudeeigentum **435a** nach dem vormaligen Zivilgesetzbuch „DDR" entstandene Hypothek (§§ 452–457 ZGB „DDR") ist mit der Forderung untrennbar verbunden (§ 454 Abs 1

---

[50] Korintenberg/Wenz, Einl Kap 22, S 132.
[51] BGH DNotZ 1978, 729 = MDR 1979, 44 = Rpfleger 1978, 363.
[52] BGH MDR 1979, 44 = aaO.

S 1 ZGB „DDR"). Sie besteht nur in der jeweiligen Höhe der Forderung (einschließlich Zinsen und Nebenforderungen, § 454 Abs 1 S 2 ZGB „DDR"). Erlischt die Forderung, so erlischt auch diese Hypothek (§ 454 Abs 2 S 1 ZGB „DDR"). Eine Eigentümergrundschuld gelangt nicht zur Entstehung, ist somit nicht in den Teilungsplan aufzunehmen (s Rdn 249 c).

3. Kapitel. Sicherungshypothek
§ 1184 BGB
§§ 866, 867 ZPO

436 **Beispiel** für Berücksichtigung einer erloschenen Sicherungshypothek
Schlau Franz, Makler
in München 90, Balanstraße 60
Ansprüche aus der Zwangssicherungshypothek
Abt III Nr 12 zu 7000 € , nämlich
a) Rechtsverfolgungskosten
(= angemeldete Eintragungskosten)   48 €
b) 6% Zinsen aus 7 000 €
vom 1. 2. 2010–30. 9. 2010   280 €
c) Hauptsache   7 000 €   7 328 €.

Berücksichtigt wird die Sicherungshypothek wie eine gewöhnliche Buchhypothek; eingetragene Zinsen werden „von Amts wegen" oder nach Anmeldung in den Teilungsplan aufgenommen. Abgrenzung laufender wiederkehrender Leistungen von den Rückständen bei der Zwangssicherungshypothek Rdn 90. Haftung des Grundstücks für Eintragungskosten bei der Zwangssicherungshypothek Rdn 24. Der auf die (rechtsgeschäftlich bestellte) Sicherungshypothek entfallende Betrag ist stets dem eingetragenen Gläubiger auszuzahlen, wenn kein Widerspruch erhoben ist; § 1184 Abs 1 BGB (Gläubiger kann sich zum Beweis der Forderung nicht auf die Eintragung berufen) steht dem nicht entgegen.[53]

436a Eine **Zwangssicherungshypothek** kann im Wege der sogen **Sicherungsvollstreckung** eingetragen worden sein (§ 720 a ZPO; Rdn 16 a). Der Gläubiger eines nur gegen Sicherheitsleistung vollstreckbaren Urteils (oder sonstigen Schuldtitels) kann nach Eintragung der Zwangssicherungshypothek ohne Sicherheitsleistung selbst die Zwangsvollstreckung in das Grundstück nicht betreiben (§ 720 a Abs 1 ZPO). Seine Zwangssicherungshypothek kann aber in der von einem anderen, besserrangigen Berechtigten betriebenen Zwangsversteigerung mit dem Zuschlag erlöschen (§ 91 Abs 1 ZVG). Dann kann der Gläubiger aus dem Versteigerungserlös nur nach Leistung der Sicherheit (§ 720 a Abs 1 S 2 ZPO) oder unter der Voraussetzung Befriedigung erlangen, dass das Urteil unbedingt vollstreckbar geworden und damit für ihn die Veranlassung zur Sicherheitsleistung entfallen ist. Das ist von Amts wegen zu beachten. Daher ist der Versteigerungserlös, der auf die im Wege der Sicherungsvollstreckung erlangte Zwangssicherungshypothek entfällt, dem Gläubiger nur mit diesem Vorbehalt (unter dieser Bedingung) zuzuteilen. Hilfsberechtigter ist der Eigentümer bei Zuschlag (siehe nachf). Für Rückstände von Zinsen und anderen Nebenleistungen sowie für Kosten (§ 12 Nr 1, 2 ZVG), kann eine Berechtigung dieses Eigentümers nicht eintreten (§ 1178 BGB); Hilfsberechtigter des damit freiwerden-

---

[53] Jaeckel/Güthe Rdn 5; Korintenberg/Wenz Anm 3 a; Stöber Rdn 5.24, je zu § 114.

den Betrags ist daher der erstausfallende Gläubiger (mehrere in der Rangfolge ihrer Ansprüche). Zuzuteilen ist den danach Berechtigten unter der jeweiligen Bedingung. Bis zur Befriedigungsberechtigung des Gläubigers, hilfsweise bis zum Wegfall seiner Berechtigung, ist der Versteigerungserlös zu hinterlegen (§ 720a Abs 1 S 2 iVm Abs 2 und § 930 Abs 2 ZPO analog; auch § 117 Abs 2 S 3 ZVG). Diese Hinterlegung hat zu erfolgen für den Gläubiger der Zwangssicherungshypothek unter der Bedingung, dass er mit Sicherheitsleistung oder unbedingter Vollstreckbarkeit seines Urteils (sonstigen Schuldtitels) zur Befriedigung aus dem belastet gewesenen Grundstück berechtigt wird, und unter der entgegengesetzten Bedingung für den Schuldner (= Eigentümer bei Zuschlag; siehe § 868 ZPO, dazu Rdn 40) oder sonst Hilfsberechtigten. Der Teilungsplan ist mit dieser Hinterlegung ausgeführt; das Vollstreckungsgericht wirkt daher bei Auszahlung des Hinterlegungsgeldes nicht mit. Antrag auf Herausgabe hat der Berechtigte unmittelbar an die Hinterlegungsstelle zu richten (§§ 12 ff HinterlO). Eine Änderung der Berechtigung, die sich ergibt, weil der Schuldner durch Sicherheitsleistung die Zwangsvollstreckung abgewendet hat (§ 720a Abs 3 ZPO) oder weil die Zwangssicherungshypothek nach § 868 ZPO durch einen Voreigentümer erworben wurde, ist zu berücksichtigen, wenn sie dem Vollstreckungsgericht zur Kenntnis gelangt ist (vgl Rdn 435). Wenn ein nachrangiger Berechtigter eine Löschungsvormerkung oder einen gesetzlichen Löschungsanspruch (§§ 1179, 1179a BGB) geltend macht, ist der hilfsweise dem Eigentümer bei Zuschlag zugeteilte Erlösanteil zugleich weiter als auflösend bedingter Anspruch nach §§ 119, 120 ZVG zu behandeln (siehe Rdn 523, 534d).

Die Arresthypothek (Rdn 41 ff) ist Höchstbetragssicherungshypothek; siehe daher Rdn 437 ff.

4. Kapitel. Höchstbetragshypothek
§ 1190 BGB

Beispiel für Berücksichtigung einer erloschenen Höchstbetragshypothek   437
Lustig Karl, Kaufmann
in München 71, ...straße...
oder Eigentümer Fritz Schuldig,
Geschäftsinhaber in München 40, ...straße...
Ansprüche aus der Sicherungshypothek
Abt III Nr 14 im Höchstbetrag von 7000 €,
Hauptsache, das sind   7000 €.
Zugeteilt wird als Hauptsache der
Sicherungshypothek Abt III Nr 14 der Betrag von   7000 €
a) dem Gläubiger Karl Lustig
    unter der Bedingung, dass er die Feststellung der Forderung
    durch Anerkenntnis oder durch rechtskräftiges Prozessurteil nachweist,
b) an den früheren Eigentümer Fritz Schuldig wenn – und soweit – die Forderung
    des Gläubigers Karl Lustig nicht nachgewiesen wird und nicht besteht.

Das Grundstück ist **mit** dem eingetragenen **Höchstbetrag** (endgültig, nicht be-   438
dingt) **belastet** (§ 1190 Abs 1 BGB). Zinsen sind im Höchstbetrag enthalten (§ 1190 Abs 2 BGB); Kosten (§ 10 Abs 2, § 11 Nr 1 ZVG) können (Anmeldepflicht) daneben verlangt und berücksichtigt werden. Unbestimmt bis zur Feststellung der Forderung (§ 1190 Abs 1 S 1 BGB) ist jedoch der Berechtigte.

Berechtigter und unter der entsprechenden Bedingung als solcher zu berück-sichtigen ist bei Feststellung der Forderung, soweit diese reicht, der eingetrage-ne Gläubiger.

Soweit eine Forderung noch nicht entstanden und endgültig festgestellt ist, ist die Höchstbetragshypothek eine vorläufige, durch Entstehen und Feststellung der Forderung auflösend bedingte Eigentümergrundschuld. Sie gebührt als endgültige Eigentümergrundschuld dem Eigentümer bei Bestellung der Höchst-betragshypothek, wenn überhaupt keine Forderung entstanden ist.[54] Bei Eigen-tumswechsel ist mithin der frühere Eigentümer Berechtigter. War die Höchstbe-tragshypothek valutiert, so erwirbt bei Tilgung der Forderung die Eigentümer-grundschuld der Eigentümer im Zeitpunkt des Erlöschens der Forderung;[55] bei mehrfachem Eigentumswechsel und ratenweisem Erlöschen der Forderung sind mithin die verschiedenen Eigentümer Berechtigte des jeweiligen Teilanspruchs. Eine Zahlung auf den Höchstbetrag tilgt die Forderung aber noch nicht end-gültig, wenn weitere Forderungen entstehen können (laufender Kredit).

439 Die **Feststellung der Forderung** kann nur zwischen dem Gläubiger und dem Besteller der Hypothek (also bei Eigentumswechsel dem früheren Eigentümer) erfolgen durch

– Einigung (Vertrag, §§ 781, 782 BGB),

– Prozessurteil.

Die Feststellung durch Einigung kann im Verteilungstermin erklärt werden.

> **Beispiel:** Der Gläubiger ... der Sicherungshypothek Abt III Nr ... und der Grund-stückseigentümer ... als Besteller des Rechts erklärten übereinstimmend:
> Wir sind darüber einig, dass die durch die Sicherungshypothek Abt III Nr ... gesi-cherte Forderung endgültig 3789 € beträgt; die Forderung wird auf diesen Betrag nunmehr festgestellt. Eine weitere Forderung aus der Höchstbetragssicherungshy-pothek besteht nicht und kann auch nicht mehr entstehen. V. u. g.

Die zur Einigung erforderliche Anerkennung der Forderung durch den Schuld-ner wird nicht dadurch ersetzt, dass er keine Erklärung abgibt oder im Vertei-lungstermin nicht erscheint. Dass der Schuldner von der Möglichkeit, Wider-spruch zu erheben, keinen Gebrauch macht, kann ebenfalls nicht als Forde-rungsanerkenntnis gewertet werden.

Bei **Eigentumswechsel** seit Eintragung der Hypothek wirkt der spätere Eigen-tümer an der Forderungsfeststellung nicht mit; er ist am Feststellungsprozess daher nicht beteiligt, sein Anerkenntnis führt noch nicht zur Forderungsfeststel-lung.[56] Ein Eigentümer, der nicht Besteller des Rechts ist, muss seinen Anspruch aus der Eigentümergrundschuld, die durch Erlöschen einer valutiert gewesenen Höchstbetragshypothek entstanden sein soll, mit Widerspruch geltend machen.

5. Kapitel. Grundschuld
§ 1191 BGB

440   **Beispiel** für Berücksichtigung einer erloschenen Grundschuld:
Stadtsparkasse Nürnberg
in Nürnberg, Lorenzerplatz 3
Ansprüche aus der Grundschuld ohne Brief
Abt III Nr 20 zu 15 000 €, nämlich

---

[54] Vgl RG 97, 226; RG 120, 112; Stöber, FordPfändung, Rdn 1953.

[55] Stöber, FordPfändung, Rdn 1956.

[56] Jaeckel/Güthe Rdn 6 zu § 114.

a) Rechtsverfolgungskosten	50 €	
b) 4% Zinsen für die Zeit vom		
1. 1.–31. 12. 2009	600 €	
c) Kapital	15 000 €	15 650 €.

Die Grundschuld ist mit Kapital, Zinsen (sowie anderen Nebenleistungen) und Kosten wie eine Hypothek (Rdn 427) zu berücksichtigen. Zinsen und andere wiederkehrende Leistungen werden berechnet
– bei einer bestehen gebliebenen Grundschuld bis zum Zuschlag (diesen Tag ausgenommen), weil von da an mit den Grundstückslasten der Ersteher die Zinsen trägt (§ 56 S 2 ZVG),
– bei einer erloschenen Grundschuld bis zum Verteilungstermin (diesen Tag ausgenommen).
Wenn ein Zinsbeginn nicht eingetragen ist (sich nicht aus der Eintragungsbewilligung ergibt), ist der Eintragungstag maßgebend. Fällige und nicht fällige einmalige Nebenleistungen (zB „… einmalige Nebenleistung von 10 vH des Grundschuldbetrags"), die mit dem Zuschlag als Grundstücksbelastung erlöschen (hierzu Rdn 260 a), sind (unter den Voraussetzungen des § 114 Abs 1 ZVG) in den Teilungsplan aufzunehmen. Zu berücksichtigen ist eine einmalige nicht fällige betagte Nebenleistung (Fälligkeit mit einem künftigen gewissen Ereignis) als unverzinslicher Anspruch unter Abzug eines Zwischenzinses nach § 111 S 2 ZVG. Wenn der Zeitpunkt der Fälligkeit der unverzinslichen einmaligen Nebenleistung noch nicht feststeht, ist der Anspruch als aufschiebend bedingt (§ 111 S 2 ZVG; ohne Abzug eines Zwischenzinses) zu berücksichtigen (s auch Rdn 260 a). Besonderheiten bestehen bei der sogen Sicherungsgrundschuld (nachf).

6. Kapitel. Sicherungsgrundschuld

Schrifttum: Stöber, Zuteilung des Versteigerungserlöses an den Gläubiger einer Grundschuld, ZIP 1980, 833; Storz, Die nicht voll valutierte Sicherungsgrundschuld in der Zwangsversteigerung, ZIP 1980, 506; s außerdem (zur Sicherungsgrundschuld) Schöner/Stöber, Grundbuchrecht, Rdn 2279 ff; Kommentar Rdn 7 zu § 114.

Beispiel für Übertragung des Erlösanspruchs: 441
Der eingetragene Gläubiger der Grundschuld ohne Brief Abt III Nr … zu 20 000 € erklärt, dass nach schuldrechtlicher Abrede die Grundschuld der Sicherung einer Forderung gedient hat, dass aber die Forderung bereits wieder erloschen und der Sicherungszweck damit endgültig erledigt ist. Der auf die Grundschuld entfallende Erlösanspruch, der nach Abschn III lfd Nr … des Teilungsplans insgesamt … € beträgt, werde daher nicht in Anspruch genommen, sondern vielmehr in Erfüllung des Rückgewähranspruchs an … abgetreten. V. u. g.
Der Zessionar … erklärt, dass er mit dem bisherigen Gläubiger der vormaligen Grundschuld Abt III Nr … zu 20 000 € über diese Abtretung einig ist und somit als neuer Gläubiger des Erlösanspruchs an die Stelle des bisherigen Berechtigten tritt. V. u. g.

Beispiel für Verzicht: 442
Der eingetragene Gläubiger der Grundschuld ohne Brief Abt III Nr … zu 20 000 € erklärt, dass nach schuldrechtlicher Abrede die Grundschuld der Sicherung einer Forderung gedient hat, der Sicherungszweck sich jedoch bereits endgültig erledigt hat, und deshalb in Erfüllung des Rückgewähranspruchs gemäß § 1168 BGB auf den Erlösanspruch in Höhe von … der nach Abschn III lfd Nr … des Teilungsplanes auf die Grundschuld entfällt, verzichtet wird. V. u. g.

443   **Beispiel für Aufhebung:**
Der eingetragene Gläubiger der Grundschuld ohne Brief Abt III Nr ... zu 20 000 €
erklärt, dass nach schuldrechtlicher Abrede die Grundschuld der Sicherung einer
Forderung gedient hat, der Sicherungszweck sich jedoch bereits endgültig erledigt
hat und demgemäß die Nichtberücksichtigung der löschungsreif gewesenen Grundschuld bei der Erlösverteilung bewilligt wird. V. u. g.
Der bisherige Grundstückseigentümer ... erklärt, dass er der Nichtberücksichtigung
der löschungsreif gewesenen Grundschuld bei der Erlösverteilung zustimmt. V. u. g.

a) Grundschuld als Grundstücksrecht

444   Die **Grundschuld** (§ 1191 BGB) berechtigt schlechthin zur Zahlung einer bestimmten Geldsumme aus dem Grundstück (mit Zinsen sowie etwaigen anderen Nebenleistungen). Sie ist (anders als die Hypothek, § 1113 Abs 1 BGB)
nicht akzessorischer Natur. Entstehen und Bestand der Grundschuld sind (sachenrechtlich) von einer Forderung nicht abhängig (abstrakter Charakter der
Grundschuld; siehe auch § 1192 Abs 1 BGB).

b) Aufnahme in den Teilungsplan

444a   In den Teilungsplan aufzunehmen ist der (in seinem sachenrechtlichen Bestand
von einer Forderung nicht abhängige) **Anspruch des Gläubigers** der Grundschuld auf Befriedigung aus dem Grundstück[57] (§ 10 Abs 1 Nr 4 ZVG; hierzu Rdn 440). Eine zurzeit der Eintragung des Versteigerungsvermerks im
Grundbuch eingetragene Grundschuld wird von Amts wegen berücksichtigt
(Rdn 421); eine erst danach in das Grundbuch eingetragene Grundschuld muss
angemeldet werden (§ 114 Abs 1 ZVG). Immer müssen angemeldet werden (bei
nicht rechtzeitiger Anmeldung Rangverlust nach § 110 ZVG) die Kosten (§ 10
Abs 2, § 12 Nr 1 ZVG) und die rückständigen wiederkehrenden Leistungen
(insbesondere Zinsen). Infolge der Selbstständigkeit der Grundschuld (Rdn 444)
ist in der Anmeldung der Forderung (oder, wie oft, nur eines Forderungsteils)
mit zugehörigen Zinsen noch keine Anmeldung der Grundschuld und von
Grundschuldzinsen und ebenso noch keine Anmeldung eines hinter dem von
Amts wegen zu berücksichtigenden Grundschuldzinsanspruch zurückbleiben-
den Betrags (siehe Rdn 247 und 421) zu erblicken. Im Einzelfall kann es aber
Auslegungsfrage sein (§ 133 BGB), ob der Gläubiger tatsächlich nur seine persönliche Forderung anmelden oder auch Grundschuldzinsen (teilweise) geltend
machen wollte, insbesondere ob er darstellen wollte, dass Grundschuldzinsen
(teilweise) bezahlt sind und nicht in Anspruch genommen werden.

> **Beispiel:** Grundschuld 10 000 €, laufende Zinsen 1200 €. Der Gläubiger meldet an:
> Meine Forderung (ggfs mein Anspruch) beträgt noch 10 000 € Hauptsache und
> 300 € Zinsen. Mit dieser Erklärung ist ausreichend erkennbar, dass zu dem vollen
> Hauptsacheanspruch 300 € Zinsen (mithin auch als Grundschuldzinsen) verlangt
> sind, weitere Grundschuldzinsen aber nicht in Anspruch genommen werden.

Berücksichtigung der über zwei Jahre rückständigen wiederkehrenden Leistungen erfolgt in Rangklasse 8 des § 10 Abs 1 ZVG. **Zinsen** und andere wiederkehrende Leistungen werden berechnet
– bei einer bestehengebliebenen Grundschuld bis zum Zuschlag (diesen Tag
  ausgenommen), weil von da an mit den Grundstückslasten der Ersteher die
  Zinsen trägt (§ 56 S 2 ZVG);

---

[57] BGH 158, 159 (164) = MDR 2004, 771 = NJW 2004, 1803.

– bei einer erloschenen Grundschuld bis zum Verteilungstermin (diesen Tag ausgenommen).

Behandlung der einmaligen Nebenleistungen: Rdn 440.

Eine erloschene **Gesamtgrundschuld** wird bei Versteigerung eines der damit belasteten Grundstücke voll berücksichtigt, sofern nicht der Gläubiger erklärt, dass er Befriedung aus dem Grundstück nur zum Teil beanspruche (§ 1132 Abs 1 S 2 mit § 1192 Abs 1 BGB). Gleiches gilt für die Zinsen einer bestehen gebliebenen Gesamtgrundschuld.

c) Der Gläubiger der Grundschuld als Berechtigter

Berechtigter, der bei Aufstellung des Teilungsplans festzustellen ist (Rdn 465 b)   **444b**
und an den Ausführung des Teilungsplans mit Zahlung (§ 117 Abs 1 ZVG) oder Forderungsübertragung (§ 118 Abs 1 ZVG) zu erfolgen hat (Rdn 464), ist der **Gläubiger der Grundschuld.** Verfahrensgrundlage für Feststellung des Berechtigten bietet der Grundbuchstand bei Zuschlag (Rdn 465). Briefvorlage: Rdn 465 a. Die Abtretung einer Briefgrundschuld wird als außergrundbuchliche Rechtsänderung berücksichtigt, wenn sie zur Kenntnis des Vollstreckungsgerichts gelangt ist (Rdn 465 b sowie d). Der (berechtigte) Grundschuldgläubiger kann den auf seine Grundschuld entfallenden Versteigerungserlös nicht mit einem sogen „Hebungsverzicht" dem Vollstreckungsgericht zur Ermittlung des Gläubigers eines schuldrechtlichen Anspruchs auf Rückgewähr der Grundschuld und Auszahlung an diesen zur Verfügung stellen.[58] Zu hinterlegen ist der auf die Grundschuld entfallende Erlösbetrag für den (anspruchsberechtigten) Gläubiger der Grundschuld, wenn dieser den ihm zugeteilten Betrag nicht beansprucht und nicht annimmt (§ 117 Abs 2 S 3 ZVG).[59]

d) Die Grundschuld als Sicherungsrecht

In der Kreditpraxis wird die Grundschuld heute allgemein zu **Sicherungszwe-**   **445**
cken verwendet (sogen Sicherungsgrundschuld). Rechtsbeziehungen, die Verwendung der Grundschuld als Sicherungsrecht für Forderungen ermöglichen, können jedoch nur durch **schuldrechtlichen Vertrag** (§ 311 Abs 1 BGB) hergestellt werden[60] (sogen Sicherungsvertrag, auch Sicherungsabrede, Zweckbestimmungserklärung). Begründet werden damit **nur schuldrechtliche Rechtsbeziehungen** (§ 311 Abs 1, § 241 BGB) zwischen den Vertragsparteien, das sind
– der Gläubiger der Grundschuld als **Sicherungsnehmer,**
– der **Sicherungsgeber,** der die Grundschuld als Kreditsicherungsmittel zur Verfügung stellt (regelmäßig, wovon hier ausgegangen wird, der Eigentümer, der sein Grundstück mit Bestellung der Grundschuld belastet oder durch Abtretung einer Eigentümergrundschuld Sicherheit leistet).

Der Schuldner der zu sichernden Forderung wirkt in dieser Eigenschaft bei Abschluss des Sicherungsvertrags nicht mit.

Vertragsinhalt ist im Wesentlichen die
– **Verpflichtung** des Sicherungsgebers zur Sicherung der Forderung durch Grundschuld;

---

[58] Stöber ZIP 1980, 833; Stöber Rdn 7.5 zu § 114; Morvilius ImmVollstr Rdn 520; zu widersprechen ist der (in einem Beschluss über die Ablehnung der Revisionsannahme) allgemein gehaltenen Aussage des BGH Rpfleger 1986, 312 und 443 (Leits) mit abl Anm Mayer.
[59] Stöber Rdn 7.5 zu § 114 mit weit Nachw.
[60] Hierzu (auch zu Einzelfragen) siehe auch Schöner/Stöber, Grundbuchrecht, Rdn 2316 ff.

– **schuldrechtliche Beschränkung** (§ 137 S 2 BGB) der Befugnisse des Sicherungsnehmers als Gläubiger der Grundschuld auf den Sicherungszweck;
– (schuldrechtliche) **Verpflichtung** des Sicherungsnehmers zur **Rückgabe** (Rückgewähr) der Grundschuld nach Erledigung des Sicherungszwecks.

Nach dem Sicherungsvertrag bestimmt sich damit auch, **für welche Forderung**[61]
der Sicherungsnehmer die Grundschuld in Anspruch nehmen (= geltend machen) kann. Für eine Forderung, die nach der schuldrechtlichen Abrede nicht
gesichert ist, darf der Gläubiger die Grundschuld nicht geltend machen.

e) Rechtliche Selbstständigkeit der Grundschuld

445a   Begründung und Fortbestand der **Grundschuld als Grundstücksbelastung,** damit gleichermaßen der Anspruch ihres Gläubigers (Rdn 444) auf Zahlung aus
dem Grundstück (§ 1191 BGB, § 10 Abs 1 Nr 4 ZVG), sind **unabhängig von
schuldrechtlichen Beziehungen** der Beteiligten, sonach auch von der Sicherungsabrede (oder einem sonstigen obligatorischen Bestellungsvertrag). Für
Aufnahme der Grundschuld in den Teilungsplan (Rdn 444 a), Feststellung des
Berechtigten des Anspruchs auf Befriedigung aus dem Grundstück (§ 10 Abs 1
Nr 4 ZVG) und Ausführung des Teilungsplans mit Zahlung oder Forderungsübertragung an den Gläubiger der Grundschuld erlangen die durch den schuldrechtlichen Sicherungsvertrag begründeten (schuldrechtlichen) Rechtsbeziehungen keine Bedeutung. Der Sicherungsvertrag (die Sicherungsabrede) berührt die
rechtliche Selbstständigkeit der Grundschuld daher nicht; diese bleibt vom
Schicksal der gesicherten Forderung unabhängig. Auch wenn die durch schuldrechtliche Abrede (wirtschaftlich) gesicherte Forderung entweder überhaupt
nicht entstanden oder wieder erloschen ist, steht daher die Grundschuld ihrem
Gläubiger unverändert zu (Ausnahme: § 17 Abs 2 S 2 RHeimstG; die Grundschuld erlischt hier mit der Forderung; siehe Rdn 400 und 434). Eine Eigentümergrundschuld gelangt mit dem Nichtentstehen oder Wegfall der Forderung
nicht zur Entstehung, § 1163 Abs 1 BGB findet keine Anwendung.[62] Der auf
eine erloschene Sicherungsschuld entfallende Versteigerungserlös ist ihrem
Gläubiger daher unabhängig davon zuzuteilen, ob die gesicherte Forderung
noch besteht und diesem Gläubiger noch zusteht. Das gilt auch dann, wenn
dieser Gläubiger nur einen Teil des auf die Grundschuld entfallenden Erlöses in
Anspruch nimmt und erklärt, wegen des Restes eine Valuta nicht gewährt (oder
keine Forderung mehr) zu haben.[63]

Auch der Anspruch auf Grundschuldzinsen ist unabhängig von schuldrechtlichen Beziehungen der Beteiligten (abstrakt),[64] somit auch unabhängig von Forderungszinsen. Geltend machen kann der Gläubiger der Grundschuld Zinsen
(rückständige und laufende) somit auch dann, wenn ihm auf die gesicherte
Forderung vom Schuldner Zinsen bezahlt worden sind, weil durch Zahlung auf
die Forderung nicht die Grundschuld (hier also auch nicht deren Zinsen) nach

---

[61] Zur Forderung, die mit schuldrechtlicher Abrede im Einzelfall gesichert sein kann, und
zu Einzelfragen bei formularmäßiger Sicherung (AGB-Abrede) siehe Schöner/Stöber, Grundbuchrecht, Rdn 2323–2326; Stöber Rdn 7.6 zu § 114, sowie die BGB-Kommentare zu
§ 1191.

[62] BGH DNotZ 1957, 602 = MDR 1958, 24 = Rpfleger 1958, 51 mit Anm Bruhn; BGH
MDR 1981, 742 = NJW 1981, 1505.

[63] BGH Rpfleger 1958, 51 = aaO (Fußn 62).

[64] BGH 163, 344 (349) = NJW-RR 2005, 1638 (1640) = NZI 2005, 619 (621).

Rechtsverhältnisse bei Grundschuld

SicherungsNEHMER	Schuldrechtlicher **Sicherungs-VERTRAG** (BGB § 311 Abs. 1, § 241)	SicherungsGEBER
(Rdn 445)	(Rdn 445)	(Rdn 445)
GRUNDSCHULD (Rdn 444)	↓ Begründet **RückgewährANSPRUCH** (Anspruch evtl auch aus § 812 BGB)	(Zumeist:) Grundstücks- eigentümer
• Dinglicher Anspruch BGB § 1191 (§ 1147)	und **Einrede** nach BGB § 1157 S 1 mit § 1192 Abs 1	Schuldner der **Forderung** (Rdn 445 aE)
• Recht am Grundstück ZVG § 10 Abs 1 Nr 4	(Rdn 446) ↓	
• Für Teilungsplan Anspruch nach ZVG § 114	Erst **ERFÜLLUNG** des Rückgewähranspruchs mit	
• § 12 Nr 1: Kosten • § 12 Nr 2: Zinsen und Nebenleistungen • § 12 Nr 3: Hauptsache	• Übertragung (Abtretung) • Verzicht (BGB § 1168) • Aufhebung (BGB § 875 Abs 1 mit § 1183)	
• Berechtigter nach ZVG § 117: Gläubiger der Grundschuld	**bewirkt** ↓ dingliche **Rechtsänderung**	
(Rdn 444 b)	(Rdn 446–446 f)	

§ 1192 Abs 2 mit § 1178 BGB erlischt.[65] Der Gläubiger der Grundschuld darf Zinsen zum Verteilungsverfahren auch dann anmelden, geltend machen und in Empfang nehmen, wenn er sie zur Abdeckung seiner nach der schuldrechtlichen Abrede (Sicherungsabrede) gesicherten (persönlichen) Forderung nicht benötigt[66] (zu seiner schuldrechtlichen Verpflichtung dem Sicherungsgeber gegenüber siehe aber Rdn 447). Die der Grundschuld nachgehenden Gläubiger haben aus eigenem Recht nicht Anspruch darauf, dass der Gläubiger der Grundschuld zu ihren Gunsten (damit sie nachrücken) die Geltendmachung der Grundschuldzinsen unterlässt.[67] Den auf Grundschuldzinsen zugeteilten Erlösanteil, der zur Abdeckung einer Forderung nicht benötigt wird, muss der Grundschuldgläubiger jedoch dem Sicherungsgeber in Erfüllung des Rückgewähranspruchs auszahlen.[68]

---

[65] BGH DNotZ 1966, 98 = WM 1965, 1197.
[66] BGH NJW 1981, 1505 = aaO (Fußn 62); Räfle ZIP 1981, 821 (II 2); Stöber zu OLG München ZIP 1980, 976; Stöber Rdn 7.6 (zu e) zu § 114; nicht richtig OLG München ZIP 1980, 974, auch Vollkommer zu OLG München NJW 1980, 1052.
[67] BGH NJW 1981, 1505 = aaO (Fußn 62); Räfle und Stöber je wie Fußn 66; siehe auch Rdn 447 b.
[68] BGH NJW 1981, 1505 = aaO (Fußn 62); Stöber Rdn 7.6 (zu e) zu § 114.

f) Einrede des Grundstückseigentümers

446   **Erfüllung** der mit dem Sicherungsvertrag begründeten **schuldrechtlichen Verpflichtung** des Gläubigers der Grundschuld, über die Grundschuld nur nach Maßgabe seiner vereinbarten und festgelegten Befugnisse zu verfügen (§ 137 S 2 BGB), somit die Grundschuld nur zu Sicherungszwecken geltend zu machen, kann der Grundschuldbesteller (oder sonstige Sicherungsgeber) von dem Gläubiger der Grundschuld als Sicherungsnehmer **verlangen** (schuldrechtlicher Anspruch). Für den Eigentümer des Grundstücks begründet das damit zwischen ihm und dem Gläubiger der Grundschuld bestehende Rechtsverhältnis bei abredewidriger Geltendmachung der Grundschuld eine **Einrede** (siehe § 1157 S 1 mit § 1192 Abs 1 BGB). Sie kann bei Abtretung der Grundschuld (Übergang kraft Gesetzes) auch dem neuen Gläubiger entgegengehalten werden[69] (§ 1157 S 1 mit § 1192 Abs 1 BGB). Gutgläubiger einredefreier Erwerb der Sicherungsgrundschuld ist (seit dem 20. 8. 2008) ausgeschlossen (§ 1192 Abs 1 a BGB, Art 7 § 18 Abs 2 EGBGB). Wirkung äußert die Einrede nur, wenn sie **geltend gemacht** wird. Das hat mit **Widerspruch** gegen die Zuteilung im Teilungsplan (§ 115 Abs 1 ZVG) und Verfolgung mit Widerspruchsklage (§ 878 ZPO) zu geschehen. Hilfsverteilung und Planausführung bei Widerspruch: § 124 ZVG (Rdn 479 ff). Das Vollstreckungsgericht hat die Einrede weder von sich aus (somit nicht von Amts wegen) zu berücksichtigen noch zu prüfen, wenn sie geltend gemacht ist.

g) Rückgewähranspruch

446a   Zur **Rückgabe** (Rückgewähr) der Grundschuld verpflichtet ist deren Gläubiger (Sicherungsnehmer), wenn mit dem Erlöschen der (gesicherten) Forderung (auch wenn endgültig feststeht, dass eine Forderung überhaupt nicht entstehen wird) der Sicherungszweck erledigt ist. Berechtigter (Gläubiger) des Rückgewähranspruchs ist der Sicherungsgeber. Anspruchsgrundlage: § 311 Abs 1, § 241 BGB (hilfsweise auch § 812 BGB). Auch der Rückgewähranspruch erlangt für Aufnahme der Grundschuld in den Teilungsplan und Planausführung an den Gläubiger der Grundschuld keine Bedeutung. Als (nur) schuldrechtlicher Anspruch muss der Rückgewähranspruch, wenn er nicht bereits (berücksichtigungsfähig, Rdn 465 ff) erfüllt ist, im Verteilungsverfahren **geltend gemacht** werden. Das hat mit **Widerspruch** gegen die Zuteilung im Teilungsplan (§ 115 Abs 1 ZVG) und Verfolgung mit Widerspruchsklage (§ 878 ZPO) zu geschehen. Hilfsverteilung und Planausführung bei Widerspruch: § 124 ZVG (Rdn 479 ff). Das Vollstreckungsgericht hat den (schuldrechtlichen) Rückgewähranspruch weder von sich aus (somit nicht von Amts wegen) zu berücksichtigen noch zu prüfen, wenn er geltend gemacht ist.

h) Abtretung und Pfändung des Rückgewähranspruchs

446b   Der **Rückgewähranspruch** kann von seinem Gläubiger (dem Sicherungsgeber) an einen anderen, auch an einen am Grundstück nicht berechtigten Zessionar,[70] übertragen werden (Abtretung);[71] er kann (als schuldrechtlicher Anspruch) ge-

---

[69] Siehe BGH 108, 237 (243) = aaO (Fußn 72).
[70] BGH 104, 26 (29) = DNotZ 1988, 788 = NJW 1988, 1665.
[71] BGH LM BGB § 1169 Nr 1 = Rpfleger 1952, 487; BGH DNotZ 1958, 383 mit Anm Hoche = Rpfleger 1958, 53 mit Anm Bruhn = WM 1957, 1458; BGH BB 1967, 1144 = WM 1967, 566; BGH DNotZ 1977, 542 = MDR 1977, 301 = NJW 1977, 247; zur Abtretung näher Stöber Rdn 7.8 zu § 114.

pfändet[72] und verpfändet sein. Die **Abtretung** erfolgt nach § 398 BGB durch (formlos wirksamen) Vertrag zwischen dem Sicherungsgeber als Gläubiger des Anspruchs und dem Neugläubiger; Mitwirkung des Gläubigers der Grundschuld und Übergabe des Grundschuldbriefes sind nicht erforderlich. Die stillschweigende Abtretung des durch die Darlehenstilgung bedingten Rückgewähranspruchs an den Grundstückserwerber, der ein dem Verkäufer von dritter Seite gewährtes Grundschulddarlehen in Anrechnung auf den Kaufpreis übernimmt, ist in einem Grundstückskaufvertrag mit diesem Inhalt enthalten.[73] Immer erfordert Abtretung des Rückgewähranspruchs Berechtigung des verfügenden Sicherungsgebers als Anspruchsgläubiger. Ist der Rückgewähranspruch bereits abgetreten und damit Gläubigerwechsel erfolgt (§ 398 S 2 BGB), dann ist und bleibt eine nachfolgende nochmalige Abtretung durch den vormaligen Berechtigten des Rückgewähranspruchs (meist den Grundstückseigentümer als Sicherungsgeber) unwirksam.[74] Pfändung: § 829 (auch § 857 Abs 1) ZPO. Die Abtretung (ebenso Pfändung und Verpfändung) des Rückgewähranspruchs bleibt (wie der Anspruch selbst) für die Aufnahme der Grundschuld in den Teilungsplan (Rdn 444a), Feststellung des Berechtigten des Anspruchs auf Befriedigung aus dem Grundstück (§ 10 Abs 1 Nr 4 ZVG) und Ausführung des Teilungsplans ohne Bedeutung. Die Abtretung des schuldrechtlichen Anspruchs bewirkt mit Gläubigerwechsel Änderung des Berechtigten des Anspruchs auf Rückgewähr der Grundschuld (§ 398 BGB; Pfändung und Verpfändung bewirken Aufspaltung des Einziehungsrechts). Auch der neue Gläubiger (ebenso der Pfandgläubiger[75]) muss den nicht erfüllten Anspruch im Verteilungsverfahren mit Widerspruch geltend machen[76] (siehe das Rdn 446a Gesagte).

i) Erfüllung des Rückgewähranspruchs

Erfüllung (Leistung) des (schuldrechtlichen) Rückgewähranspruchs **erfordert**   446c
Änderung des Grundschuld-Gläubigerrechts, somit **dingliche Rechtsänderung** durch Verfügung über die Grundschuld. Solange die Grundschuld (als Grundstücksbelastung) besteht, ist der Rückgewähranspruch zu erfüllen durch
– **Übertragung** (= Abtretung) der Grundschuld auf den Anspruchsberechtigten (§§ 873, 1154, 1155, 1192 Abs 1 BGB),
– **Verzicht** auf die Grundschuld (§ 1168 mit § 1192 Abs 1 BGB),
– **Aufhebung** der Grundschuld (§ 875 Abs 1 mit § 1183 S 1 und § 1192 Abs 1 BGB).
Verfügung über Kosten, rückständige Zinsen sowie andere Nebenleistungen in vereinfachter Form: §§ 1159, 1178 Abs 2 BGB.
Diese drei Leistungen (Übertragung, Verzicht oder Aufhebung der Grundschuld) werden wahlweise geschuldet[77] (§ 262 BGB). Wahlberechtigt ist jedoch nicht der verpflichtete Grundschuldgläubiger, sondern der anspruchsberechtigte Sicherungsgeber oder sein Rechtsnachfolger.[78] Der Anspruch kann aber auch

---

[72] Dazu BGH NJW 1975, 980; BGH 108, 237 (242, 245) = DNotZ 1990, 581 = MDR 1990, 147 = NJW 1989, 2536; Stöber, FordPfändung, Rdn 1888; Stöber Rpfleger 1959, 84; Stöber Rdn 7.8 zu § 114.
[73] BGH MDR 1991, 753 = MittBayNot 1991, 113 = NJW 1991, 1821.
[74] BGH 104, 26 (28) = aaO (Fußn 70).
[75] Zur Berechtigung des Pfandgläubigers, den Rückgewähranspruch durch Widerspruch geltend zu machen, siehe BGH Rpfleger 1991, 381 (382).
[76] BGH 158, 159 (164) = aaO (Fußn 57).
[77] Hierzu auch Stöber Rdn 7.7 zu § 114 sowie Stöber, FordPfändung, Rdn 1887.
[78] BGH 108, 237 (244) = aaO (Fußn 72); Stöber Rpfleger 1959, 84 mit weit Nachw in Fußn 7; Dempewolf NJW 1959, 556; Schiffhauer Rpfleger 1974, 124.

bereits in der Sicherungsabrede konkretisiert sein. Nach Zuschlag ist eine Erfüllung durch Verzicht auf die bestehen gebliebene Grundschuld (§ 52 Abs 1 ZVG) oder Erteilung der Löschungsbewilligung an den Ersteher nicht mehr zulässig, weil diese Art der Rückgewähr nicht dem Sicherungsgeber oder sonstigen Berechtigten des Rückgewähranspruchs zugute kommt, sondern dem (nicht anspruchsberechtigten) Ersteher.[79] Eine abweichende Vereinbarung hält der richterlichen Inhaltskontrolle nicht stand.[80] Für Erfüllung nach rechtsgeschäftlichem Eigentumswechsel muss entsprechendes gelten. Ebenso verletzt der Grundschuldgläubiger seine Treuhänderpflichten gegenüber dem Forderungsschuldner, der ihm auf Grund einer zwischen beiden getroffenen Sicherungsabrede eine Grundschuld am Grundstück eines Dritten verschafft hat, wenn er ohne dessen Einwilligung auf die Grundschuld verzichtet (begünstigt Grundstückseigentümer, nicht aber Sicherungsgeber).[81]

k) Rückgewähranspruch nach Erlöschen der Grundschuld

446d Wenn die Grundschuld mit dem Zuschlag erloschen ist (§ 91 Abs 1 ZVG), ist der (schuldrechtliche) Rückgewähranspruch mit Leistung des an die Stelle der Grundschuld getretenen **Versteigerungserlös-Anspruchs** zu erfüllen. Denn an ihm bestehen die früheren Rechtsbeziehungen fort. Kraft Surrogation hat sich mit dem Zuschlag der bisherige Anspruch auf Rückgewähr der Grundschuld (Sicherungsrecht) in einen Anspruch auf einen entsprechenden Teil des Versteigerungserlöses verwandelt.[82] Der an die Stelle einer Grundschuld getretene Erlösanspruch gebührt daher dem bisherigen Grundschuldgläubiger stets so lange, bis eine Änderung dieser dinglichen Rechtslage durch rechtsgeschäftliche Verfügung herbeigeführt ist. Die tatbestandsmäßigen Erfordernisse und Wirkungen der rechtsgeschäftlichen **Verfügung über den** an die Stelle der erloschenen Grundschuld getretenen **Erlösanspruch** bestimmen sich gleichermaßen nach **Sachenrecht**; ausgeschlossen sind nur Bestimmungen, die zur Wirksamkeit Eintragung in das Grundbuch oder Briefübergabe erfordern. Daher kann über den Grundschulderlös nur verfügt[83] werden durch
- **Abtretung** des Grundschulderlösanspruchs. Sie erfordert als Willensäußerung Einigung (§ 873 BGB) zwischen Grundschuldgläubiger und Neugläubiger, nicht mehr aber Kundbarmachung durch Briefübergabe oder Grundbucheintragung, und bewirkt, dass der Zessionar als neuer Gläubiger des Erlösanspruchs an die Stelle des bisherigen Berechtigten tritt.
- **Verzicht** auf den Grundschulderlös. Er hat Verzichtserklärung zur Voraussetzung (§ 1168 mit § 1192 Abs 1 BGB), nicht mehr aber Grundbucheintragung, und bewirkt, dass der Eigentümer bei Zuschlag den Erlösanspruch als Eigentümerberechtigung erwirbt[84] (jedoch ohne Rückstände von Zinsen und anderen Nebenleistungen sowie Kosten, § 1178 Abs 1 BGB).

---

[79] BGH 106, 375 = DNotZ 1989, 618 = MDR 1989, 630 = NJW 1989, 1349; BGH NJW-RR 1988, 1146 (1148) = Rpfleger 1988, 495 mit Anm Schiffhauer; BGH NJW-RR 1990, 1202.
[80] BGH 106, 375 = aaO (Fußn 79).
[81] BGH DNotZ 1989, 616 = MDR 1989, 430 = NJW 1989, 1732.
[82] BGH MDR 1977, 301 = NJW 1977, 247; BGH Rpfleger 1991, 381 (382).
[83] Hierzu ausführlich Stöber ZIP 1980, 833; siehe außerdem Stöber Rdn 7.4 zu § 114.
[84] BGH 39, 242 = MDR 1963, 580 = NJW 1963, 1497 = Rpfleger 1963, 234 mit Anm Stöber; BGH DNotZ 1978, 729 = MDR 1979, 44 = Rpfleger 1978, 363. Für diesen Fall zum Löschungsanspruch Nachrangiger Rdn 534 e.

– **Aufhebung des Anspruchs** auf den Grundschulderlös. Sie erfordert Aufgabeerklärung des (bisherigen) Grundschuldgläubigers, der Erlösberechtigter ist, und Zustimmung des Eigentümers bei Zuschlag (§§ 875, 1183 S 1, § 1192 Abs 1 BGB), nicht mehr aber Löschung im Grundbuch, und hat Untergang des Erlösanspruchs zur Folge (er nimmt an der Erlösverteilung nicht mehr teil; Nachrangige rücken auf).

Als Verfügung muss die Erklärung des Grundschuldgläubigers die gewollte Rechtsänderung eindeutig bezeichnen. Durch Auslegung (§ 133 BGB) kann seine Willenserklärung bei unklarer Ausdrucksweise die erstrebte Rechtswirkung herbeiführen.[85] Eine die dingliche Rechtslage ändernde rechtsgeschäftliche Erklärung ist jedoch darin noch nicht zu erblicken, dass der Grundschuldgläubiger nur einen Teil des auf die Grundschuld entfallenden Erlösanspruches in Anspruch nimmt (= zum Verteilungstermin anmeldet) und erklärt, wegen des Restes eine Valuta nicht gewährt oder nicht mehr zu haben,[86] oder auch, „weitere Ansprüche nicht geltend zu machen". Bei solcher Erklärung muss vielmehr gleichwohl die gesamte Grundschuld ihrem Gläubiger zugeteilt werden.[87] Ebenso stellt es keinen Verzicht (oder andere rechtsgeschäftliche Erklärung) dar, wenn der Grundschuldgläubiger im Verteilungstermin erklärt, er erhebe keinen Anspruch auf den Erlös, weil die Grundschuld nicht valutiert sei.[88]

Welche dieser Leistungsmöglichkeiten der Grundschuldgläubiger zu erfüllen hat, **446e** bestimmt sich im Einzelfall nach der Sicherungsabrede (ggfs nach § 812 BGB) unter Berücksichtigung der durch Wahl des Berechtigten bewirkten Konkretisierung (siehe Rdn 446c). Bei Erlösverteilung muss der Grundschuldgläubiger selbst bestimmen, welche der dargestellten Erklärungen er abgeben will. Er hat zu verantworten, dass er sich seiner Bereicherung in der aus seiner Schuldverpflichtung folgenden zutreffenden Weise und zugunsten des richtigen Berechtigten entledigt. Das **Vollstreckungsgericht** kann auf die Richtigkeit der Erklärung und die Wahl des Grundschuldgläubigers, welchen der drei rechtlich möglichen Wege er zur Erfüllung seiner Verpflichtung beschreiten soll, **nicht einwirken;** es hat lediglich bei Planaufstellung und ausführung den Auswirkungen der Erklärung des Grundschuldgläubigers Rechnung zu tragen. Den Gläubiger hat es jedoch, ohne dass seine Wahl beeinflusst werden dürfte, auf die rechtlichen Folgen seiner Erklärung hinzuweisen (§ 139 ZPO).

Verfügung über den Grundschulderlös durch Abtretung, Verzicht oder Aufhe **446f** bung bewirkt **Änderung der Berechtigung.** Sie ist daher bei Aufstellung und Ausführung des Teilungsplans zu berücksichtigen, wenn sie zur Kenntnis des Vollstreckungsgerichts gelangt ist (Rdn 465b). Das ist der Fall, wenn die Erklärungen zu Niederschrift des Vollstreckungsgerichts abgegeben oder diesem mitgeteilt (nachprüfbar bekannt gegeben) sind.

l) Geltendmachung der Grundschuld

Bei Geltendmachung des (dinglichen) Anspruchs auf die **Zinsen** (auch auf andere **447** Nebenleistungen) der durch den Zuschlag erloschenen Grundschuld (zum dinglichen Anspruch Rdn 444a) hat deren Gläubiger seinen durch den Sicherungsvertrag begründeten **Vertragspflichten** Rechnung zu tragen. Für die schuldrecht

---

[85] OLG Frankfurt 4. 6. 1980, mitgeteilt von Stöber ZIP 1980, 833 (835 unter IV 3).

[86] BGH Rpfleger 1958, 51 = aaO (Fußn 62).

[87] Siehe hierzu auch Stöber, FordPfändung, Rdn 1908 ff.

[88] RG JW 1931, 2733.

lichen Rechtsbeziehungen der Vertragsparteien, damit für Erfüllung der dem Sicherungsgeber gegenüber übernommenen Vertragspflichten (Rdn 445), stellt sich die Frage, welche Grundschuldzinsen der Gläubiger in Anspruch zu nehmen hat. Das bestimmt sich nach dem schuldrechtlichen Vertrag (Sicherungsvertrag). Wenn er – wie vielfach – keine oder keine hinreichend bestimmte Vereinbarung vorsieht, deckt das Grundschuldkapital alle gesicherten Haupt- und Nebenforderungen ab (auch vertragliche und gesetzliche Forderungszinsen); gleichermaßen deckt dann auch der (abstrakte) Anspruch auf Grundschuldzinsen (dies auch bei Rang in Klasse 8 des § 10 Abs 1 ZVG) alle gesicherten Haupt- und Nebenforderungen (nicht nur schuldrechtliche Zinsansprüche) ab.[89] Unklarheiten bestehen, weil fraglich ist,

1. ob der Grundschuldgläubiger Zinsen der Grundschuld in Höhe seiner **Forderungszinsen** in Anspruch zu nehmen hat oder ob er seine (geringere) Gesamtforderung (an Hauptsache, Zinsen und Nebenleistungen sowie Kosten) aus dem Kapital der sichernden Grundschuld zu decken und von Anmeldung (Geltendmachung) der Grundschuldzinsen absehen kann (oder auch absehen muss).

Beispiel: Forderung	50 000 €
Forderungszinsen	5 000 €.
Gesamte gesicherte Forderung	55 000 €.
Grundschuldanspruch	80 000 €
Zinsen 12 vH	
a) laufende	9 600 €
b) Rückstände, 2 Jahre	19 200 €
Grundschuldanspruch zusammen	108 800 €.

Muss der Grundschuldgläubiger diese 108 800 € in Anspruch nehmen? Oder kann er 55 000 € aus der Grundschuldhauptsache von 80 000 € verlangen, wegen der weiteren 25 000 € den Rückgewähranspruch erfüllen, von der Anmeldung der Zinsrückstände (19 200 €) abgesehen und den Anspruch auf laufende Zinsen (9600 €) durch Minderanmeldung aufgeben?

Davon auszugehen ist, dass dem Gläubiger der Grundschuld (ohne Regelung einer entsprechenden Vertragspflicht) nicht die Aufgabe zufällt, Grundschuldzinsen über sein eigenes Interesse hinaus geltend zu machen (Sonderfall nachf 2). Er ist daher für berechtigt zu halten, seine Gesamtforderung allein aus der dafür ausreichenden Grundschuldhauptsache zu verlangen und nur diese geltend zu machen. Hierzu im Kommentar Rdn 7.6 (zu g) zu § 114.

2. ob der Gläubiger der Grundschuld dem Sicherungsgeber (auch seinem Rechtsnachfolger) **verpflichtet** ist, im Verteilungsverfahren die zur Abdeckung seiner (persönlichen) Forderung **nicht benötigten Grundschuldzinsen** (voll) in Anspruch zu nehmen und **einzuziehen**. Folge wäre, dass er rückständige Zinsen anmelden müsste (§ 114 ZVG), laufende nicht mit Minderanmeldung (Rdn 237c) einschränken dürfte und nach Ausführung des Teilungsplans verpflichtet wäre, dem Sicherungsgeber (oder seinem Rechtsnachfolger) empfangene Beträge in Erfüllung des Rückgewähranspruchs herauszugeben, soweit sie zur Deckung der (gesicherten) Forderung nicht benötigt werden. Eine solche Verpflichtung wird bejaht[90] oder auch verneint.[91] Sie könnte sich aus dem Sicherungsvertrag

---

[89] BGH NJW 1982, 2768; BGH NJW-RR 1992, 1176; BGH NJW 1996, 253 (256); BGH 163, 344 (349) = aaO.

[90] Kolbenschlag WM 1958, 1434; Eckelt WM 1980, 454; Blumenthal zu LG Karlsruhe NJW 1971, 2032; Räbel NJW 1953, 1248.

[91] Storz ZIP 1980, 506 (IV); OLG München NJW 1980, 1051, sowie Vollkommer in Anm hierzu NJW 1980, 1052; offen gelassen von BGH NJW 1981, 1505 = Rpfleger 1981, 292.

ergeben[92] oder dort (ausdrücklich) abbedungen sein. Enthält er keine Abrede über eine entsprechende Vertragspflicht, dann kann sie einer (allgemeinen) Interessenwahrungspflicht (ausnahmsweise) nur entspringen, wenn der Rückgewähranspruch durch Übertragung der Grundschuld und damit des auf sie zugeteilten und ausgezahlten Erlöses erfüllt werden muss und der Sicherungsgeber mit einer für ihn verzinslich an dem Grundstück eines anderen lastenden Grundschuld Sicherheit geleistet hat. Eine Vertragspflicht zur Geltendmachung von Zinsen kann somit nicht angenommen werden, wenn die Grundschuld vom Eigentümer als Sicherungsgeber bestellt (oder abgetreten) worden ist. Grund: Wenn die Rückgewährverpflichtung durch Verzicht auf die Grundschuld (ihren Erlös) oder durch Aufhebung zu erfüllen ist oder erfüllt werden kann, erlischt mit solcher Verfügung vor Erlöszahlung der Zinsanspruch (§§ 1178, 1192 Abs 2 BGB). Der Grundstückseigentümer würde auch bei Übertragung der Grundschuld vor Zuschlag keinen Zinsanspruch haben (§ 1178 Abs 1 mit § 1197 Abs 2 BGB), kann somit weitergehende Interessenwahrung auch im Verteilungsverfahren nicht verlangen und daher auch durch Abtretung des Rückgewähranspruchs seinem Rechtsnachfolger nicht übertragen. Dazu im Kommentar Rdn 7.6 (zu f) zu § 114.

Für die **bestehen gebliebene Grundschuld** (§§ 52, 91 Abs 1 ZVG) stellt sich die Frage, ob ihr Gläubiger **Zinsen** über seine gesicherte Forderung hinaus geltend zu machen hat, in gleicher Weise. Das Rdn 447 Gesagte gilt entsprechend.   **447a**

m) Nachrangige Grundpfandgläubiger

Die Gläubiger nachrangiger Grundpfandrechte begünstigt der aus der Sicherungsabrede fließende Rückgewähranspruch nicht.[93] Sie haben daher keinen Anspruch darauf, dass der Gläubiger des Rückgewähranspruchs von diesem in einer Weise Gebrauch macht, dass auch sie mit ihren nachrangigen Grundpfandrechten aufrücken.[94]   **447b**

n) Kosten der Rechtsverfolgung

Kosten der Rechtsverfolgung aus der Grundschuld (dingliche Rechtsverfolgungskosten, § 10 Abs 2 ZVG), die notwendig entstanden sind, können zu dem Recht auf Befriedigung aus dem Grundstück selbstständig, also zusätzlich zur Grundschuldhauptsache und zu den Grundschuldzinsen in Anspruch genommen werden (Vorrang nach § 12 Nr 1 ZVG). Kosten, die bei Rechtsverfolgung der gesicherten Forderung entstanden sind (Kosten eines Rechtsstreits, eines Mahnverfahrens, des Gerichtsvollziehers für Vollstreckungsmaßnahmen gegen den Forderungsschuldner, eines Offenbarungsverfahrens usw) können (wie die gesicherte Forderung selbst) nur nach Maßgabe der Sicherungsabrede aus der Grundschuld gedeckt werden.   **447c**

o) Rechtsbehelfe

Gegen die Aufnahme des Anspruchs des Grundschuldgläubigers in den Teilungsplan (§ 114 Abs 1 ZVG) können sich wenden   **448**

---

[92] Räfle ZIP 1981, 821 (II 2); Vollkommer wie Fußn 91.
[93] BGH 104, 26 (32) = aaO (Fußn 70); BGH NJW 1985, 800; BGH NJW-RR 1988, 972.
[94] BGH 104, 26 (32) = aaO (Fußn 70); siehe auch bereits Rdn 445 a.

– der Eigentümer und ausfallende Berechtigte mit **Widerspruch** (Einzelheiten Rdn 479 ff), wenn materielle Einwendungen gegen den Anspruch geltend gemacht werden, zB mit dem Vorbringen, es sind nicht nur Forderungszinsen, sondern zugleich auch Grundschuldzinsen gezahlt (Rdn 445 a), oder mit der Behauptung, die Grundschuld sei Eigentümergrundschuld geworden (Rdn 449);
– der Eigentümer oder ein sonstiger Berechtigter des Rückgewähranspruchs mit **Widerspruch** (Rdn 479 ff), wenn Erfüllung des Rückgewähranspruchs geltend gemacht, also verlangt wird, der Grundschuldgläubiger habe den auf die Grundschuld fallenden Erlösanspruch durch Verzicht, Aufhebung oder Abtretung aufzugeben (siehe Rdn 480 aE; zum Interesse des Widersprechenden siehe Rdn 480).

Der Rückgewähranspruch (auf Verzicht usw; Rdn 446 a) bedarf als solcher keiner Anmeldung nach § 37 Nr 4 ZVG.[95] Er kann daher (erstmals) auch erst im Verteilungstermin und mit Widerspruch gegen den Teilungsplan geltend gemacht werden.

p) Mehrerlös

448a   Zur **Auskehrung des Mehrerlöses** bleibt der Grundschuldgläubiger verpflichtet, wenn er durch Zuteilung und Auszahlung eines Erlösanspruches in der Zwangsversteigerung einen Betrag erhalten hat, der die gesicherte persönliche Forderung übersteigt, zu ihrer Abdeckung also nicht benötigt wird.[96] Der Anspruch auf Auskehrung des Mehrerlöses ist außerhalb des Verteilungsverfahrens geltend zu machen; insbesondere findet zu seiner Abwicklung keine Nachtragsverteilung statt. Der vormalige Grundschuldgläubiger kann auch durch Hinterlegung des Mehrerlöses seine weitere Verteilung durch das Vollstreckungsgericht nicht veranlassen.

q) Vormerkung für Rückgewähranspruch

448b   Der Rückgewähranspruch kann durch **Vormerkung** (§ 883 BGB) gesichert sein.[97] Bei Sicherung des Abtretungsanspruchs sind dann für den unbedingten Anspruch auf Befriedigung aus dem Grundstück (§ 10 Abs 1 Nr 4 ZVG) Berechtigte sowohl der Rechtsinhaber als auch der Gläubiger des Anspruchs auf Übertragung des Rechts (näher Rdn 490). Gleiches gilt bei Sicherung des Verzichtsanspruchs (hier ist aber mitberechtigt der Eigentümer, § 1168 Abs 1 BGB; bei Gesamthypothek Besonderheit nach § 1175 Abs 1 BGB). Bei Sicherung des Aufhebungsanspruchs ist hingegen das Recht auf Befriedigung aus dem Grundstück auflösend bedingt (näher Rdn 490). Sichert die Rückgewährvormerkung zugleich alle drei Ansprüche, dann sind für den Fall, dass der Abtretungs- oder Verzichtsanspruch erfüllt wird, für den unbedingten Anspruch auf Befriedigung aus dem Grundstück (§ 10 Abs 1 Nr 4 ZVG) als Berechtigte sowohl der Rechtsinhaber als auch der Gläubiger des Anspruchs auf Übertragung des Rechts (Besonderheiten für Verzichtsanspruch wie vorstehend) anzusehen und

---

[95] BGH Rpfleger 1978, 363.
[96] Dazu Stöber Rpfleger 1959, 274; BGH DNotZ 1959, 598 = MDR 1959, 571 und 755 mit Anm Thieme = Rpfleger 1959, 273.
[97] OLG Hamm JMBlNRW 1957, 184 = Rpfleger 1957, 379 mit Anm Bruhn und DNotZ 1990, 601 = NJW-RR 1990, 272 = OLGZ 1990; 3. Kammergericht OLGZ 1976, 44 = Rpfleger 1976, 128; BayObLG 1969, 316 = DNotZ 1970, 155 = MDR 1970, 233.

zugleich für den Fall, dass der Aufhebungsanspruch erfüllt wird, das Recht auf Befriedigung aus dem Grundstück im Plan als auflösend bedingter Anspruch nach § 119 ZVG zu behandeln.

r) Eigentümergrundschuld aus Grundschuld

In eine **Eigentümergrundschuld** (dazu Rdn 430 ff) kann sich auch eine (Fremd-) **449** Grundschuld **kraft Gesetzes umgewandelt** haben; diese Fälle sind entsprechend dem Wesen der Grundschuld jedoch selten. Entstanden ist eine Eigentümergrundschuld
- wenn der Eigentümer (oder für seine Rechnung und mit seiner Zustimmung ein Dritter) den Grundschuldgläubiger befriedigt, also nicht die wirtschaftlich durch die Grundschuld gesicherte Forderung getilgt, sondern die Grundschuld als solche zurückgezahlt (abgelöst) hat (§§ 1142, 1143, 1192 BGB);[98]
- bei sonstiger Vereinigung von Eigentum und Recht in einer Person (§ 889 BGB);
- bei Verzicht des Gläubigers auf die Grundschuld (§ 1168 Abs 1, § 1175 Abs 1, § 1192 BGB);
- bei Ausschluss des unbekannten Gläubigers (§ 1170 Abs 2, § 1175 Abs 2, § 1192 BGB);
- bei nicht erfolgter Briefübergabe (§ 1163 Abs 2, § 1192 BGB).

Verfahrensrechtlich gilt für die Berücksichtigung der vollen oder teilweisen Umwandlung einer Grundschuld in eine Eigentümergrundschuld das Rdn 431, 435 Gesagte. Aus dem abstrakten Charakter der Sicherungsgrundschuld folgt jedoch, dass die Erklärung des Gläubigers, die gesicherte Forderung bestehe nicht oder nicht in voller Höhe der Grundschuld, noch keinen zu berücksichtigenden Nachweis (oder Anhaltspunkt) dafür gibt, dass eine Eigentümergrundschuld entstanden wäre.

7. Kapitel. Rentenschuld
§ 1199 BGB

Die Rentenschuld ist als erlöschendes Recht auf Kapitalzahlung gerichtet. **450** Recht auf Befriedigung aus dem Grundstück gewährt sie mit der Ablösungssumme (§ 1199 Abs 2 BGB); auf diese finden die für das Grundschuldkapital geltenden Vorschriften entsprechende Anwendung (§ 1200 Abs 1 BGB). Berücksichtigt wird sie demnach mit der Ablösungssumme. Für die bis zur Erteilung des Zuschlags zahlbar gewesenen einzelnen Leistungen (§ 1199 Abs 1 BGB) gelten die für Hypothekenzinsen maßgeblichen Vorschriften (§ 1200 Abs 1 BGB). Sie sind daher als wiederkehrende Leistungen gleichfalls aus dem Versteigerungserlös zu decken. Laufende werden von Amts wegen, rückständige (§ 13 ZVG) auf Anmeldung in den Teilungsplan aufgenommen (§ 114 ZVG).

---

[98] Siehe hierzu Schöner/Stöber, Grundbuchrecht, Rdn 2305, 2421. Auch bei Zinszahlung kann bedeutsam sein, ob der Schuldner (Eigentümer) neben den Forderungszinsen gleichzeitig die Grundschuldzinsen in gleicher Höhe abdecken wollte und abgedeckt hat; hierzu BGH BB 1965, 931 = Betrieb 1965, 1477 = DNotZ 1966, 98 = WM 1965, 1197.

8. Kapitel. Vormerkung, Widerspruch

450a Beide sichern einen bedingten Anspruch (siehe Rdn 254). Behandlung daher Rdn 497–499.

4. Unterabschnitt. Wertersatz für erlöschende andere Rechte
§§ 92, 121 ZVG

1. Kapitel. Wertersatzanspruch und Teilungsplan

Schrifttum: Haegele, Wohnungsrecht, Leibgeding und ähnliche Rechte in Zwangsvollstreckung, Konkurs und Vergleich, DNotZ 1976, 5; Rahn, Eigentümerdienstbarkeit und Wertersatz, BWNotZ 1965, 45; Schiffhauer, Die Grunddienstbarkeit in der Zwangsversteigerung, Rpfleger 1975, 187; Schiffhauer, Soziale Aspekte in der Zwangsversteigerung, Rpfleger 1978, 397; Staudenmaier, Eigentümerdienstbarkeit und Wertersatz, BWNotZ 1964, 308; Streuer, Bewertung des Erbbauzinses und des „reinen" Erbbaurechts in der Zwangsversteigerung des Erbbaurechts, Rpfleger 1997, 141; Teufel, Gedanken zu § 14 ZVG, Rpfleger 1977, 193.

451 Anspruch auf Befriedigung aus dem Versteigerungserlös gewähren auch alle erlöschenden Rechte am Grundstück, die **nicht auf Zahlung eines Kapitals** gerichtet sind (vgl § 10 Abs 1 Nr 4 ZVG). An ihre Stelle tritt – nach dem Surrogationsgrundsatz, siehe Rdn 416 – mit dem Zuschlag der Anspruch auf **Ersatz ihres Wertes** (§ 92 ZVG).

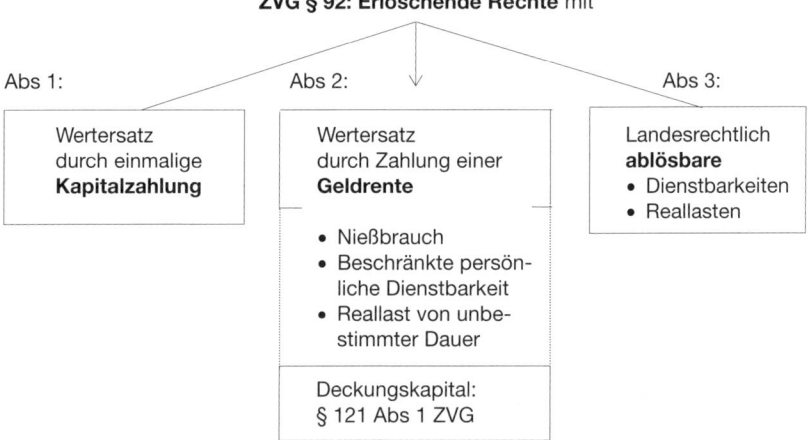

Zu unterscheiden ist zwischen
- **Nießbrauch** (§ 1030 BGB; erlischt mit dem Tod des Nießbrauchers, § 1061 BGB), **beschränkter persönlicher Dienstbarkeit** (§§ 1090–1093 BGB; erlischt mit dem Tod des Berechtigten, § 1090 Abs 2 mit § 1061 BGB) und **Reallast** (§§ 1105–1112 BGB) **von unbestimmter Dauer.** Für sie wird der Wertersatz durch Zahlung einer Geldrente geleistet, die dem Jahreswert des Rechts gleichkommt (§ 92 Abs 2 S 1 ZVG). Dazu gehören Nießbrauch und beschränkte persönliche Dienstbarkeit auch bei zeitlicher Befristung, weil die Rechte vor Zeitablauf mit dem Tod des Berechtigten erlöschen können und deshalb von unbestimmter Dauer sind;

– den **übrigen Rechten,** deren Wertersatz durch einmalige Kapitalzahlung erfolgt (Kapitalabfindung) (§ 92 Abs 1 ZVG).
– den **ablösbaren Rechten,** deren Wert die Ablösungssumme bestimmt (§ 92 Abs 3 ZVG). Das gilt nur für Dienstbarkeiten und Reallasten auf Grund landesrechtlicher Bestimmungen auf der Grundlage von Art 113 EGBGB.[99]
Stets bestimmt sich der Ersatzwert nach der Sach- und Rechtslage im Zeitpunkt des Zuschlags,[100] nicht des Verteilungstermins;[101] für die Bewertung in diesem Zeitpunkt können sich Anhaltspunkte auch aus der späteren Entwicklung ergeben.[102] Die Rentenschuld fällt nicht unter § 92 Abs 3 ZVG.

In den **Teilungsplan** aufzunehmen sind Rechte mit Anspruch auf Ersatz ihres   **451a** Wertes aus dem Versteigerungserlös (§ 92 ZVG) nach § 114 Abs 1 ZVG
– von Amts wegen nach dem **Inhalte des Grundbuchs,** wenn sie aus diesem zur Zeit der Eintragung des Versteigerungsvermerks ersichtlich sind;
– im Übrigen nur dann, wenn sie spätestens im Verteilungstermin **angemeldet** sind. Anmeldung eines zur Zeit der Eintragung des Versteigerungsvermerks nicht grundbuchersichtlichen Rechts erst nach Aufforderung zur Abgabe von Geboten bewirkt Rangverlust nach § 110 (mit § 37 Nr 4) ZVG.
Für Aufnahme in den Teilungsplan nach dem **Inhalte des Grundbuchs** muss aus diesem jedoch nicht nur das Recht, sondern auch der zu berücksichtigende **Betrag** oder **Höchstbetrag** seines aus dem Versteigerungserlös zu deckenden Anspruchs ersichtlich sein. Zu unterscheiden sind daher noch Rechte, deren Anspruch auf Ersatz ihres Wertes nach dem Inhalt des Grundbuchs
– in einem **bestimmten Betrag** besteht (Rdn 453 und 458 a),
– zwar nicht in einem bestimmten Betrag besteht, somit erst festgestellt werden muss (§ 14 ZVG; Rdn 459), der aber nach § 882 BGB mit einem **Höchstbetrag des Ersatzes** bestimmt ist;
– von **unbestimmtem Betrag** (ohne Begrenzung durch einen Höchstbetrag) und daher nicht grundbuchersichtlich ist.
Für Aufnahme eines unbestimmten Betrages des Wertersatzes (ohne Begrenzung auf einen Höchstbetrag nach § 882 BGB) ist auch **Anmeldung des Wertersatzbetrages** erforderlich. Ohne Anmeldung des Ersatzbetrags kann dieser unbestimmte Anspruch nicht in den Teilungsplan aufgenommen werden.[103] Ermittlung durch das Gericht und Berücksichtigung von Amts wegen erfolgen nicht (siehe § 114 Abs 1 ZVG: ein „Betrag" des Anspruchs ist nicht grundbuchersichtlich). Die erforderliche Betrags-Anmeldung für Berücksichtigung eines unbestimmten Anspruchs muss spätestens im Verteilungstermin erfolgt sein (§ 114 Abs 1 ZVG). Bezifferung nur des Betrages des Wertersatzes eines zu berücksichtigenden Rechts erst nach Aufforderung zur Abgabe von Geboten bewirkt daher keinen Rangverlust[104] (kein Fall des § 110 mit § 37 Nr 4 ZVG). Durch das Schikaneverbot des § 226 BGB kann eine nachrangige Berechtigte schädigende Anmeldung erst nach der Versteigerung jedoch ausgeschlossen sein (kaum denkbarer Fall).

---

99 Stöber Rdn 5 zu § 92 ZVG.
100 So zutreffend Schiffhauer Rpfleger 1975, 192; auch Stöber Rdn 3.2 zu § 92.
101 So aber BGH MDR 1974, 573 = NJW 1974, 702.
102 BGH aaO (Fußn 101); Schiffhauer wie Fußn 100.
103 Stöber Rdn 3.4 und 4.10; Dassler/Hintzen Rdn 35; Jaeckel/Güthe Rdn 7; Korintenberg/Wenz Anm 5; Steiner/Eickmann Rdn 19, je zu § 92; Schiffhauer Rpfleger 1975, 187 (III 1).
104 OLG Koblenz Rpfleger 1984, 242; Stöber Rdn 3.4; Steiner/Eickmann Rdn 25, je zu § 92; Schiffhauer Rpfleger 1975, 187 (III 1).

451b Aufgenommen in den Teilungsplan werden daher (wenn das Recht als solches grundbuchersichtlich oder angemeldet ist)

a) für Rechte mit Anspruch auf **einmaligen Wertersatz** (§ 92 Abs 1 ZVG):

– als **bestimmter Anspruch** ohne (Betrags-)Anmeldung nach dem Inhalt des Grundbuchs (§ 114 Abs 1 ZVG) der Ersatzbetrag für eine **Reallast** von bestimmter Dauer, wenn die aus dem Grundstück zu entrichtenden wiederkehrenden Leistungen **in Geld** bestehen (Rentenzahlungen, auch bei Wertsicherungsklausel, Erbbauzins [nach Höhe bestimmt]; zum Abzug von Zwischenzinsen Rdn 458 a);

– als **unbestimmter Anspruch** ohne (Betrags-)Anmeldung der im Grundbuch eingetragene **Höchstbetrag** des Wertersatzes (§ 882 BGB);

– als **unbestimmter Anspruch** in allen anderen Fällen der Geldbetrag des Wertersatzes nur dann, wenn er (oder die für rechnerische Bestimmung des Geldwertes maßgeblichen Umstände) **angemeldet** ist.

b) ein **Deckungskapital** (§ 121 Abs 1 BGB) nach den zu berücksichtigenden Dreimonatsbeträgen der Geldrente (§ 92 Abs 2 ZVG)

– für eine **Reallast** von unbestimmter Dauer, wenn die aus dem Grundstück zu entrichtenden wiederkehrenden Leistungen **in Geld** bestehen, ohne (Betrags-)Anmeldung nach dem Inhalt des Grundbuchs (§ 114 Abs 1 ZVG) als der Höhe nach bestimmter Anspruch („Rückstände", § 13 ZVG, sind stets anzumelden, § 114 Abs 2 ZVG);

– als **unbestimmter Anspruch** ohne (Betrags-)Anmeldung mit dem Betrag, der sich anteilig aus einem im Grundbuch eingetragenen **Höchstbetrag** des Ersatzes (§ 882 BGB) ergibt, für einen Nießbrauch, eine beschränkte persönliche Dienstbarkeit und eine Reallast von unbestimmter Dauer (ohne grundbuchersichtliche Geldbeträge);

– als **unbestimmter Anspruch** in allen anderen Fällen der Geldbetrag des Wertersatzes (Dreimonatsrente) nur dann, wenn er (oder die für rechnerische Bestimmung der Geldrente maßgeblichen Umstände) **angemeldet** ist (da nicht grundbuchersichtlich, § 114 Abs 1 ZVG).

Bestimmung des **Deckungskapitals** (§ 121 ZVG) erfordert neben Anmeldung des Geldbetrags eines unbestimmten Anspruchs auf Zahlung einer Geldrente (§ 92 Abs 2 ZVG) nicht auch noch Anmeldung der voraussichtlichen Dauer des Rechts.[105] Diese ist vom Vollstreckungsgericht nach den Umständen des Einzelfalls zu bestimmen.

Ein unbestimmter Anspruch ist durch Feststellung des Betrags aufschiebend bedingt (§ 14 ZVG). Zur Feststellung Rdn 459.

2. Kapitel. Nießbrauch, beschränkte persönliche Dienstbarkeit, Reallast von unbestimmter Dauer

452   **Beispiel** für Erklärung zur Niederschrift des Vollstreckungsgerichts:
Der Schuldner und Grundstückseigentümer bei Zuschlag, Herr … erklärt:
Zur Feststellung des Betrags des Anspruchs auf Wertersatz aus dem Versteigerungserlös, der an die Stelle des erloschenen Wohnungsrechts Abt II Nr 1 der Schwester Anna E in … getreten ist, erkenne ich den geltend gemachten Jahreswert von 3 000 € an. Gegen die beanspruchte Dauer des Rechts mit 10 Jahren bestehen keine Einwendungen. V. u. g.

---

[105] Stöber Rdn 4.9 zu § 92 (mit eingehender Begründung); Jaeckel/Güthe Rdn 2 zu § 121; anders Steiner/Eickmann Rdn 26 zu § 92; auch Reinhard/Müller Anm II 2 zu § 121; Korintenberg/Wenz Anm 3 zu § 121.

Beispiel für Berücksichtigung im Teilungsplan:
  I. Schuldenmasse:
    Schwester Anna E in ...
    Ansprüche aus dem Wohnungsrecht Abt II Nr 1
    Deckungskapital gemäß § 121 Abs 1 ZVG   30 000 €.
    (Jahresleistung: 3000 €; Alter der Berechtigten:
    78 Jahre; Dauer mithin noch: 10 Jahre [hier gerundet])."
  II. Zuteilung:
    Schwester Anna E in ...
    auf die in Abschn III Nr ... festgestellten Ansprüche
    aus dem Wohnungsrecht Abt II Nr 1
    a) der bereits fällige Betrag in Höhe von   ... €;
    b) das verbleibende Deckungskapital in Höhe von   ... €.
    Aus diesem Deckungskapital ist der Berechtigten Anna E eine für 3 Monate
    vorauszahlbare Geldrente von monatlich 250 €, vierteljährlich mithin 750 € zu
    zahlen. Fälligkeit jeweils am ... eines jeden Jahres, erstmals ab ... Die Leis-
    tungen mit vierteljährlich 750 € sind zurzeit der bezeichneten Fälligkeitszeit-
    punkte aus den Zinsen und dem Deckungskapital selbst zu entnehmen.
    Für den Fall, dass und soweit der Anspruch der Berechtigten Anna E mit de-
    ren Tod wegfällt, wird der Betrag anderweit zugeteilt an ... auf den An-
    spruch ... in Höhe von ...

Der **Betrag** der Geldrente, die als Ersatz zu leisten ist (§ 92 Abs 2 ZVG), steht **453**
bei einer dem Betrag nach bestimmten **Reallast in Geld** von unbestimmter
Dauer **fest**. Sonst wird der Jahreswert des Rechts bestimmt bei der Reallast
durch den Geldwert der Leistungen (§ 1105 BGB), beim Nießbrauch und bei
der beschränkten persönlichen Dienstbarkeit durch den in Geld auszudrücken-
den Wert, den das Grundstücksrecht für den Berechtigten hatte.[106] Aufnahme
eines sonach unbestimmten Betrags in den Teilungsplan Rdn 451a, b; Feststellung Rdn 459.

In den Teilungsplan aufgenommen wird an der Rangstelle des Rechts für den **453a**
Ersatzanspruch eines Nießbrauchs, einer beschränkten persönlichen Dienstbarkeit sowie einer Reallast von unbestimmter Dauer ein **Deckungskapital** (§ 121
Abs 1 ZVG). Es bestimmt sich aus der Summe aller (ab Zuschlagswirksam-
keit zu bestimmenden) künftigen Leistungen (ohne Abzug eines Zwischenzinses).[107]
Begrenzt wird es
– durch den **25fachen Jahresbetrag** (§ 121 Abs 1 ZVG),
– durch den etwa **nach § 882 BGB bestimmten** (= Grundbucheintragung)
  Höchstbetrag.
Auch wenn als Deckungskapital ein Höchstbetrag des Ersatzes (§ 882 BGB) in
den Teilungsplan aufgenommen wird (§ 114 Abs 1 ZVG), bleibt die Höhe der
nach § 92 Abs 2 ZVG in Dreimonatsbeträgen zu zahlenden Geldrente von unbestimmtem Betrag im Sinne des § 14 ZVG.

Für ein auf die **Lebensdauer** des Berechtigten befristetes Recht wird zur Bildung **454**
des Deckungskapitals die Zahl der Jahresbeträge durch die Lebenserwartung
begrenzt (höchstens jedoch 25 Jahre nach § 121 Abs 1 ZVG). Die Lebenserwartung wird allgemein nach der durchschnittlichen = statistischen Lebenserwartung gemäß Tabelle (Kommentar Tabellenanhang Tab 2) bemessen.[108]

---

[106] Stöber Rdn 4.2 zu § 92; zum Nießbrauch an einem Wohngrundstück OLG Karlsruhe
Rpfleger 2005, 686.
[107] Stöber Rdn 4.3 zu § 92.
[108] Stöber Rdn 4.4 zu § 92.

Wenn der Berechtigte zwischen Zuschlag und Verteilungstermin gestorben ist, ist für die Berechnung des Ersatzwertes nur die Zeitspanne bis zum Ende des Sterbevierteljahres maßgebend.[109]

454a Die Anmeldung des Geldbetrages des Wertersatzes für einen unbestimmten Anspruch und der nach der Lebensdauer zu bewertenden Berechtigung sind für das Gericht nicht bindend. Sie unterliegen seiner **Prüfung** daraufhin, ob nach Betrag und Dauer gesetzlich Anspruch auf Wertersatz aus dem Versteigerungserlös besteht.[110] Denn angemeldete Beträge werden in den Teilungsplan nicht aufgenommen, wenn sie kein Recht auf Befriedigung aus dem Grundstück gewähren (Rdn 423). Betragsmäßig (hinsichtlich der Höhe des Jahreswertes) wird ein angemeldeter Anspruch kaum einmal beanstandet und ermäßigt werden können, weil der Inhalt des Grundbuchs als Plangrundlage (§ 114 Abs 1 ZVG) eine betragsmäßige Begrenzung nahezu nicht ermöglicht. Mit der Summe aller künftigen Jahresleistungen (§ 121 Abs 1 ZVG) kann sich jedoch eine Begrenzung des Deckungskapitals gegenüber einer verlangten Dauer des Rechts ergeben (bei Abweichung aber Widerspruch nach § 115 Abs 2 ZVG). Es sollte jedoch nicht nur von der statistischen durchschnittlichen Lebenserwartung ausgegangen werden; vielmehr kann im Einzelfall auch der mutmaßlichen Lebensdauer des Berechtigten Rechnung getragen werden. Nach anderer Ansicht, der nicht gefolgt werden kann, kann nur von der mutmaßlichen Lebensdauer des Berechtigten, nicht aber von einer durchschnittlichen Lebenserwartung ausgegangen werden.[111] Sicherstellung auch für ein extrem hohes Alter ist keinesfalls möglich.[112]

> **Beispiel:** Wohnrecht eines 90-jährigen Berechtigten wird mit 25-jähriger Laufzeit angemeldet. Anspruch auf Befriedigung aus dem Grundstück gewährt die Durchschnittslebenserwartung von 3,64 Jahren. Besonderheiten des Einzelfalls kann Rechnung getragen werden; mit einer 25-jährigen Laufzeit kann das Recht jedoch nicht in den Plan aufgenommen werden.

454b Ein durch **Vormerkung** oder **Widerspruch** gesicherter Anspruch auf Eintragung eines Nießbrauchs, einer beschränkten persönlichen Dienstbarkeit oder einer Reallast von unbestimmter Dauer gewährt nach §§ 119, 120 ZVG aufschiebend bedingt Anspruch auf Wertersatz durch Zahlung einer dem Wert des Rechts gleichkommenden Geldrente. Er ist sonach auch mit dieser Bedingung nach § 92 Abs 2, § 121 ZVG nach vorstehend Rdn 453, 454a Gesagtem zu behandeln.

454c Wer **Einwendungen** gegen die Höhe des Deckungskapitals oder gegen die angenommene Dauer des Rechts auf der Grundlage der Lebenserwartung als Beteiligter geltend macht, muss gegen die daraus berechnete Zuteilung Widerspruch erheben.

455 Im Teilungsplan (Abschnitt Zuteilung) ist die **Bestimmung** zu treffen, dass aus den Zinsen des (hinterlegten oder angelegten) Deckungskapitals und dem in den Teilungsplan aufgenommenen Geldbetrag (Deckungskapital) selbst die einzelnen dreimonatigen **Leistungen** (§ 92 Abs 2 ZVG) **zur Zeit der Fälligkeit zu entnehmen** sind (§ 121 Abs 1 ZVG). Die Geldrente steht dem Berechtigten für die gesamte Dauer des Rechts zu; ihre Zahlung ist nicht auf höchstens fünfundzwanzig Jahre begrenzt.[113] Nur mit Erschöpfung des Betrages oder mit dem

---

[109] Stöber Rdn 4.4 zu § 92; BGH BGH-Warn 1972, 432 = WM 1972, 1032.

[110] Stöber Rdn 4.11 zu § 92.

[111] OLG Oldenburg JurBüro 1964, 55 mit Anm Drischler = Rpfleger 1965, 80; OLG Hamburg MittBayNot 1961, 229 = MDR 1961, 696 (Leits).

[112] Anders OLG Hamburg MDR 1961, 696.

[113] Stöber Rdn 4.5 zu § 92.

Ende der Dauer des Rechts endet die Entnahme und Auszahlung der Raten. Fälligkeit der Geldrente: Am Zuschlagstag[114] und fortlaufend nach jeweils 3 Monaten. Dem Berechtigten verbleibt der Anspruch auf eine fällig gewordene Vierteljahresleistung auch dann voll, wenn das Recht auf die Rente vor dem Ablauf der drei Monate erlischt (§ 92 Abs 2 S 3 ZVG). Auszahlung eines unbestimmten Betrages kann jedoch erst nach Feststellung erfolgen (dazu Rdn 459).

Im Teilungsplan ist zugleich festzustellen (§ 121 Abs 2, § 119 ZVG), wie das Deckungskapital – **anderweitig** – **verteilt** werden soll, wenn der Anspruch auf künftige Leistungen erlischt. **Hilfsberechtigte:** Die ausfallenden Berechtigten in der unter ihren Ansprüchen bestehenden Rangfolge. An die Hilfsberechtigten wird der für sie verfügbare Kapitalbetrag voll ausbezahlt (keine ratenweise Befriedigung), sofern sie nicht selbst wiederum Inhaber eines nach § 92 Abs 2, § 121 ZVG zu behandelnden Rechts sind.   455a

Die am Verteilungstag schon fälligen Leistungen werden dem in Geld vorhandenen Versteigerungserlös sogleich entnommen und – ggfs nach Feststellung des Betrags, dazu Rdn 459 – an den Erstberechtigten bezahlt (§ 117 Abs 1 ZVG). Das für die künftigen Leistungen bestimmte Deckungskapital wird für die Berechtigten (Inhaber des Rechts und Eventualberechtigte) nach Maßgabe des § 120 ZVG (dazu Rdn 497) hinterlegt (angelegt). Hinterlegung „unter der entsprechenden Bedingung" besteht in der Bestimmung, dass die Vierteljahresleistungen dem Inhaber des Rechts für den Fall des Erlebens des Fälligkeitstages (bei Ansprüchen von unbestimmtem Betrag unter der weiteren Bedingung ihrer Feststellung; dazu Rdn 459) gebühren, für den entgegengesetzten Fall jedoch dem Eventualberechtigten zustehen. Die Art der Anlegung bestimmt der Inhaber des Rechts als der zunächst Berechtigte. Nach Hinterlegung führt das Vollstreckungsgericht die Eventualverteilung nicht aus; es ersucht um deren Ausführung auch die Hinterlegungsstelle nicht. Seine Tätigkeit ist mit der Hinterlegung beendet. Über den Hinterlegungsbetrag wird nur noch durch die Berechtigten selbst verfügt. Der Betrag unterliegt ihrer gemeinsamen Verfügung. Der Erstberechtigte kann am Fälligkeitstag den ihm jeweils gebührenden Betrag (bei unbestimmtem Betrag unter der weiteren Bedingung, dass Feststellung erfolgt ist) allein empfangen. Der Nachweis, dass der Berechtigte den Fälligkeitszeitpunkt erlebt und damit allein Anspruch auf den fälligen Vierteljahresbetrag hat, ist der Hinterlegungsstelle zu führen und von ihr zu prüfen. Nach Wegfall des Anspruchs des Erstberechtigten muss auch der dann Berechtigte selbst Antrag auf Auszahlung bei der Hinterlegungsstelle stellen (oder Grundbuchumschreibung beantragen) und die erforderlichen Nachweise führen. Die Unpfändbarkeit einer beschränkten persönlichen Dienstbarkeit endet mit dem Zuschlag; der an ihre Stelle getretene Anspruch auf Wertersatz aus dem Versteigerungserlös ist als Geldforderung pfändbar.[115]   456

3. Kapitel. Die übrigen Rechte

Beispiel für Berücksichtigung im Teilungsplan: 457
Stadt X als Eigentümerin des herrschenden Grundstücks FlStNr ... Gemarkung ...:
Wertersatz (§ 92 Abs 1 ZVG) für die erloschene Grunddienstbarkeit Abt II Nr 7 im
angemeldeten und festgestellten Betrag von 7000 €.

---

[114] Stöber Rdn 4.7 zu § 92.
[115] BGH 130, 314 (323) = NJW 1995, 2846 (2848); OLG Schleswig Rpfleger 1997, 256; LG Frankfurt Rpfleger 1974, 122 mit zust Anm Hoebelt; Stöber, FordPfändung, Rdn 1517.

458 **Übrige Rechte sind:**

a) die nicht in § 92 Abs 2 ZVG genannten Rechte auf wiederkehrende Leistungen, nämlich

– **Reallast** von bestimmter Dauer (§§ 1105–1112 BGB);

– **Erbbauzins-Reallast** (= zu behandeln als Reallast von bestimmter Dauer. Zu Besonderheiten bei wertgesicherter Erbbauzins-Reallast und Erbbauzins-Reallast mit automatischer Anpassung siehe im Kommentar Rdn 6.4 zu § 92.

b) Rechte, die nicht auf wiederkehrende Leistungen gerichtet sind, nämlich

– **Grunddienstbarkeit**[116] (§§ 1018–1029 BGB); ihr Betrag ist unbestimmt. Berechtigter des auf eine erloschene Grunddienstbarkeit fallenden Ersatzbetrags ist der Eigentümer des herrschenden Grundstücks im Zeitpunkt der Erlösverteilung.[117] Wenn das herrschende Grundstück mit Rechten (Hypothek, Grundschuld) belastet ist, kann dessen Eigentümer nur gemeinsam mit diesen Berechtigten über den Ersatzbetrag verfügen.[118] Als Grunddienstbarkeit gewährt auch eine Eigentümergrunddienstbarkeit Anspruch auf Wertersatz.[119]

– **Erbbaurecht** aus der Zeit **vor 22. 1. 1919**; sein Betrag ist unbestimmt;

– dingliche **Vorkaufsrechte** für mehr als einen Verkaufsfall (§§ 1094–1104 BGB); ihr Betrag[120] ist unbestimmt. Das nur für einen Verkaufsfall bestellte Vorkaufsrecht erhält keinen Wertersatz.[121]

– **Auflassungsvormerkung,** auch wenn sie ein Wiederkaufsrecht sichert; ihr Betrag ist unbestimmt;

– **Veräußerungsverbote** (gesetzliche und behördliche); ihr Betrag ist unbestimmt;

– **Dauerwohn-** und **Dauernutzungsrecht** nach WEG;[122] ihr Betrag ist unbestimmt.

458a Diese Rechte erhalten Befriedigung aus dem Grundstück durch **Wertersatz** mit einmaliger **Kapitalzahlung** (§ 92 Abs 1 ZVG). Bei der Reallast in Geld von bestimmter Dauer und beim Erbbauzins stehen die zu bewertenden Geldleistungen fest. Sie finden als bestimmter Anspruch Berücksichtigung (Rdn 451a, b). Kapitalisierung der Einzelleistungen unter Abzug von Zwischenzins nach § 111 ZVG. Sonst gibt das Gesetz wegen der Verschiedenartigkeit der in Betracht kommenden Rechte keine Berechnungsgrundlagen oder Anhaltspunkte. Ersatzanspruch ist in diesen Fällen der Wert, den das erloschene Grundstücksrecht für den Berechtigten hatte,[123] nicht der Zuzahlungswert des § 51 Abs 2 ZVG (das ist der Wert, mit dem das Grundstück durch das Recht belastet ist). Der aus dem **Grundbuch** (bei Eintragung des Versteigerungsvermerks) ersichtliche bestimmte Betrag (Reallast in Geld von bestimmter Dauer, Erbbauzins)

---

[116] Zu ihr Schiffhauer Rpfleger 1975, 187 (191).

[117] Schiffhauer Rpfleger 1975, 391 und BlGrBW 1968, 211; aA (letzter Inhaber des Rechts vor Zuschlag) LG Ellwangen BWNotZ 1965, 41; Staudenmaier BWNotZ 1965, 42.

[118] Schiffhauer Rpfleger 1975, 193.

[119] Schiffhauer Rpfleger 1975, 191; Rahn BWNotZ 1965, 45; anders Staudenmaier BWNotZ 1964, 307 (siehe diesen aber auch Rpfleger 1968, 16).

[120] Der Ersatzwert wird in der Regel mit 2 vH des Verkehrswertes des Grundstücks angenommen; zB LG Hildesheim Rpfleger 1990, 87 = ZIP 1990, 200 mit weit Nachw.

[121] Stöber Rdn 6.10 zu § 92.

[122] Siehe Stöber Rdn 3.1 zu § 92; Dassler/Hintzen Rdn 11 zu § 92; anders Steiner/Eickmann Rdn 39 zu § 92 (ist Abs 2 zuzuordnen; nicht richtig).

[123] Stöber Rdn 3.2 zu § 92; Schiffhauer Rpfleger 1975, 191.

bedarf keiner Anmeldung. Es wird der durch Kapitalisierung der eingetragenen Leistung für die Restlaufzeit und nach Abzug der Zwischenzinsen (§ 111
ZVG) bestimmte Ersatzwert oder ein angemeldeter geringerer Betrag in den
Teilungsplan aufgenommen. Ansprüche von unbestimmtem Betrag sind **anzumelden**; sie werden ohne Anmeldung nicht berücksichtigt (Rdn 451 a),
auch wenn die Umstände, die den Betrag ergeben würden, gerichtsbekannt
sind. Darauf hat das Vollstreckungsgericht ggfs rechtzeitig hinzuweisen (§ 139
ZPO). Die Anmeldung der Höhe des Ersatzbetrages fällt nicht unter § 37
Nr 4, § 110 ZVG, kann also erstmals auch noch im Verteilungstermin erfolgen (Rdn 451 a). Ist ein Höchstbetrag des Ersatzes bestimmt und im Grundbuch eingetragen (§ 882 BGB), dann wird, wenn eine Anmeldung nicht erfolgt ist, dieser in den Teilungsplan aufgenommen (§ 114 Abs 1 ZVG); erfolgt Anmeldung, dann wird der angemeldete Betrag berücksichtigt (auch wenn
er niedriger ist), jedoch höchstens der eingetragene Höchstbetrag des Ersatzes.
Die Anmeldung des Geldbetrags ist für das Gericht nicht rundweg bindend. Sie
unterliegt der Prüfung daraufhin, ob der verlangte Wertersatzbetrag der Höhe
nach bestehen kann (Rdn 454 a).
Nur wenn das Recht selbst zur Zeit der Eintragung des Versteigerungsvermerks aus dem Grundbuch (noch) nicht ersichtlich war, muss es zur Vermeidung des Rangverlustes nach diesen Bestimmungen rechtzeitig angemeldet
werden (Rdn 451 a).

Einwendungen gegen die Höhe des nach Anmeldung oder als eingetragener   458b
Höchstbetrag berücksichtigten Wertersatzes sind **mit Widerspruch** gegen die
Zuteilung zu erheben.

Ein angemeldeter oder mit dem eingetragenen Höchstbetrag des Ersatzes von   458c
Amts wegen berücksichtigter Anspruch von **unbestimmtem Betrag** ist nach
§ 14 ZVG durch die Feststellung des Betrages aufschiebend bedingt.[124] Behandlung daher nach §§ 119, 120 ZVG; dazu Rdn 459.

Ein durch **Vormerkung** oder **Widerspruch** gesicherter Anspruch auf Eintragung   458d
eines Rechts mit Anspruch auf festen Wertersatz (§ 92 Abs 1 ZVG, Rdn 458)
gewährt nach §§ 119, 120 ZVG aufschiebend bedingt Anspruch auf Wertersatz.
Er ist sonach mit dieser Bedingung nach § 92 Abs 1 ZVG nach vorstehend
Rdn 458 a Gesagtem zu behandeln.

Ein **Rangvorbehalt**, der nicht ausgenützt ist, erlischt mit dem belasteten Recht   458e
ersatzlos.[125]

4. Kapitel. Feststellung eines unbestimmten Betrags
§ 14 ZVG

Ein Anspruch auf **Wertersatz** aus dem Versteigerungserlös (§ 92 Abs 1 ZVG   459
unter Einschluss der Fälle des Abs 2, Rdn 451 ff), der **von unbestimmtem Betrag** ist, gilt als aufschiebend bedingt durch die Feststellung des Betrages (§ 14
ZVG). Wenn Feststellung nicht erfolgt ist, kann der Betrag des Wertersatzes
dem Berechtigten nicht in der angemeldeten Höhe oder mit dem berücksich-
ten Höchstbetrag (§ 882 BGB) ausbezahlt werden. Es muss dann durch den

---

[124] Anders (für Grunddienstbarkeit) Schiffhauer Rpfleger 1975, 192 (rechte Spalte).
[125] Stöber Rdn 6.8 zu § 92.

Teilungsplan ein Ersatzberechtigter bestimmt (§ 119 ZVG) und der Betrag des bedingten Anspruchs hinterlegt werden (§ 120 Abs 1 S 1 ZVG).

Die **Feststellung** hat **gegenüber dem Schuldner** (Grundstückseigentümer bei Zuschlag) zu erfolgen (Feststellungsgegner).[126] Nachfolgend am Grundstück Berechtigte sind nicht Feststellungsgegner; auch ausfallende Berechtigte sind bei der Feststellung nicht zu beteiligen. Sie können sich gegen eine zu hohe Berücksichtigung des Ersatzwertes nur mit Widerspruch gegen den Plan (§ 115 Abs 1 ZVG, Rdn 479) wenden.

Die Feststellung erfolgt durch **Erklärung (Anerkenntnis) des Schuldners** (Grundstückseigentümers als Feststellungsgegner) oder durch Vorlage eines Nachweises, der bei Hinterlegung Erlass der Herausgabeanordnung ermöglicht (§ 13 Abs 2 HinterlO),[127] insbesondere einer rechtskräftigen Entscheidung über die Berechtigung des Empfängers.

Die unbekannte Dauer des Rechts und damit der Betrag des Deckungskapitals (§ 121 Abs 1 ZVG) können nicht Gegenstand einer Feststellung sein.

5. Unterabschnitt. Zuteilung

460 **Die Zuteilung** ist **die Erlösverteilung.** Sie stellt dar, in welcher Höhe der Versteigerungserlös (= Teilungsmasse, Rdn 415) auf die Ansprüche entfällt, die nach dem Abschnitt Schuldenmasse (= Rdn 421) ein Recht auf Befriedigung aus dem Grundstück gewähren. Die Zuteilung ist nach dem Rang der Ansprüche darzustellen; sie hat Beschränkungen des Empfängers (Hinterlegungsfälle, siehe §§ 120, 126 ZVG, auch bei Sicherungsvollstreckung, § 720a ZPO) auszuweisen und erkennbar zu machen, ob dem Berechtigten ein Teil des durch Zahlung zu berichtigenden Betrags oder ggfs ein Teil der Ersatzzahlung (Zuzahlung, § 125 ZVG, dazu Rdn 517, 518) gebührt. Nicht zu nennen hat die Zuteilung die Art der Planausführung (Verteilung durch unbare Zahlung, Forderungsübertragung, Befriedigungserklärung).[128]

Der **Ausfall** der nicht zum Zuge kommenden Rechte wird nicht ausdrücklich dargestellt; die Tatsache des Ausfalls und die ausfallenden Rechte ergeben sich aus der Nichtberücksichtigung von Ansprüchen der Schuldenmasse bei der Zuteilung.

461 Ein **Erlösüberschuss,** der nach Deckung aller Rechte unverteilt bleibt, gebührt dem Grundstückseigentümer zur Zeit des Zuschlags. Er wird diesem nicht förmlich zugeteilt. Es ist auch nicht notwendig – wohl aber zweckmäßig –, dass im Plan der dem Ersteher verbleibende Erlösüberschuss ausdrücklich festgehalten wird.

> **Beispiel** für Feststellung des Erlösüberschusses:
> Der nach Deckung aller Ansprüche nach Abschn III (= Schuldenmasse) verbleibende Rest der Teilungsmasse im Betrage von ... € gebührt als Erlösüberschuss unverteilt dem bisherigen Grundstückseigentümer ...

Mehreren bisherigen Grundstückseigentümern steht der Erlösüberschuss gemeinsam unverteilt zu; ihre Gemeinschaft, die bis zum Zuschlag an dem Grund-

---

[126] Teufel Rpfleger 1977, 193 (195); Stöber Rdn 4.13 zu § 92.
[127] Teufel Rpfleger 1977, 193 (195 f); Stöber Rdn 4.14 zu § 92.
[128] Stöber Rdn 3.5 zu § 113; Korintenberg/Wenz, § 113 Fußn 3; Reinhard/Müller Anm II 3 zu § 113; anders Jaeckel/Güthe Rdn 9 zu § 113.

stück bestanden hat, setzt sich am Erlös fort. Die Auseinandersetzung dieser Gemeinschaft am Erlös nimmt das Vollstreckungsgericht nicht vor.[129]

6. Unterabschnitt. Verhandlung über den Teilungsplan
§ 115 ZVG

Über den Teilungsplan wird sofort **mündlich verhandelt** (§ 115 S 1 ZVG). Da **462** der Teilungsplan „im Verteilungstermin aufgestellt wird" (§ 113 Abs 1 ZVG), ist sein gesamter Inhalt den Anwesenden bekannt zu geben. Die Verhandlung soll feststellen, ob die anwesenden Beteiligten gegen die Erlösverteilung nach dem Plan Einwendungen vorbringen, und soll schriftlich vorgetragene Widersprüche (§ 115 Abs 2 ZVG) bekannt machen.

Anfechtbar ist der Plan mit **Widerspruch** (§ 115 Abs 1 ZVG, § 876 ZPO). Vertreten wird zwar auch, dass der Teilungsplan mit sofortiger Beschwerde (§ 793 ZPO) anzufechten sei wenn geltend gemacht wird, dass er nicht den gesetzlichen Vorschriften entsprechend aufgestellt, mithin eine prozessuale Vorschrift über die Aufstellung des Plans verletzt worden sei. Dem ist jedoch zu widersprechen; eine Gesetzesgrundlage dafür gibt es nicht. Eingehend dazu bereits Rdn 419. Wer die Erlösverteilung beanstandet, verlangt eine andere (abweichende) Verteilung.[130] Für diese ist ohne Belang, ob Änderung der im Plan vorgesehenen Berechtigung auf Grund eines besseren sachlichen Rechts erstrebt oder wegen Verletzung von Verfahrensvorschriften verlangt wird, die zu der inhaltlich (vermeintlich) unrichtigen Erlösverteilung geführt hat. Stets erfordert anderweitige Verteilung für Zuteilung an den (widersprechenden) Berechtigten, dass dieser ein (besseres, siehe § 878 Abs 2 ZPO) Recht auf Befriedigung aus dem Versteigerungserlös hat (§ 10 ZVG). Wenn sich die Beteiligten bei der Verhandlung über die Beanstandung nicht einigen, hat daher stets das Prozessgericht die (materielle) Berechtigung festzustellen, damit darüber zu entscheiden, welchem Berechtigten der streitige Teil des Erlöses gebührt (§ 878 Abs 1 S 1, § 880 ZPO). Im Vollstreckungsverfahren kann auch das Beschwerdegericht über die streitige (sachliche) Berechtigung auf Befriedigung aus dem Versteigerungserlös (§ 10 ZVG) nicht entscheiden.

Zustellung des Teilungsplans an die – zumeist zahlreichen – Beteiligten (§ 9 **462a** ZVG) und den Ersteher sieht das Zwangsversteigerungsgesetz mit den Bestimmungen über die Verteilungen des Erlöses (§§ 105–145) nicht vor. Gleichwohl nimmt der (V. ZS des) BGH[131] an, dass der Beschluss über die Aufstellung (oder die Ausführung) des Teilungsplans zuzustellen sei. Das beruht auf der Annahme, dass der Plan der sofortigen Beschwerde unterliege. Notwendig soll die Zustellung daher nach § 329 Abs 3 ZPO sein, weil erst damit die Frist für Einlegung der sofortigen Beschwerde beginnt (§ 569 Abs 1 S 2 ZPO). Das jedoch ist nicht der Fall, Zustellung des Teilungsplans damit auch nicht veranlasst.

---

[129] Stöber Rpfleger 1958, 73 (mit Einzelheiten).
[130] Siehe dazu, dass Widerspruch der einzige Weg ist, der einem Gläubiger zu Gebote steht, um einen besseren Rang, mehr Erlös oder die gesetzwidrig unterbliebene Aufnahme in den Plan zu erreichen, so dass mit Widerspruch auch die Verletzung von Verfahrensvorschriften zu rügen ist, die zu einer inhaltlich unrichtigen Feststellung des Teilungsplans geführt hat, Stein/Jonas/ Münzberg Rdn 2; MünchKomm/Eickmann Rdn 3; Musielak/Becker Rdn 2; Zöller/Stöber Rdn 1, je zu § 876.
[131] BGH MDR 2009, 769 = NJW-RR 2009, 1427 = Rpfleger 2009, 401.

7. Unterabschnitt. Ausführung des Teilungsplans bei Zahlung des Bargebots
§ 117 ZVG

a) Zeit der Planausführung

463 **Auszuführen** ist der Teilungsplan, wenn ein Widerspruch nicht erhoben ist (§ 115 Abs 1 ZVG, § 876 S 1 ZPO) oder soweit, als er durch einen Widerspruch nicht betroffen ist (siehe § 876 S 4 ZPO); zur Planausführung nach Erledigung eines Widerspruchs siehe Rdn 485.

Wenn der Zuschlag noch nicht rechtskräftig ist, soll (Ordnungsvorschrift; jedoch kein Ermessensspielraum) die Planausführung auf Antrag des Erstehers (im Falle des § 69 Abs 3 ZVG des für mithaftend erklärten Bürgen, in den Fällen des § 81 Abs 2 und 3 ZVG auch des Meistbietenden) bis zur Rechtskraft des Zuschlags ausgesetzt werden (§ 116 ZVG). Auszusetzen ist auch, wenn die Rechtskraft gegenüber nur einem Beteiligten noch aussteht.

> **Beispiel für Aussetzungsbeschluss:** Die Ausführung des Teilungsplans wird auf Antrag des Erstehers ... bis zur Rechtskraft des Zuschlags ausgesetzt, § 116 ZVG.

Rechtsbehelf für Antragsteller bei Antragsablehnung und für die Beteiligten bei Aussetzung: Sofortige Beschwerde (§ 793 ZPO).

Die Aussetzung hält nur die Planausführung durch Zahlung der zugeteilten Beträge (Rdn 464, 466–469) oder Forderungsübertragung (Rdn 464, 470–478) auf. Der Verteilungstermin wird voll abgehalten, das Bargebot ist vom Ersteher zu entrichten (§ 49 Abs 3, § 107 Abs 2 ZVG; Beendigung seiner Verzinsungspflicht), Fristen zur Erhebung der Widerspruchsklagen beginnen zu laufen. Nach Rechtskraft des Zuschlags wird zur Planausführung neuer Termin von Amts wegen anberaumt. In ihm sind neue Anmeldungen (sie heben die Folgen des § 110 ZVG nicht auf) und weitere Widersprüche zulässig. Zinsen erlöschender Rechte sind bis zum Zahlungstermin weiterzurechnen. Einen Verlust durch Verringerung der Teilungsmasse trägt der letzte Hebungsberechtigte.

b) Berechtigter bei Planausführung

464 Die Planausführung erfolgt, soweit der Versteigerungserlös entrichtet ist, **durch** (unbare) **Zahlung an die Berechtigten** (§ 117 Abs 1 ZVG). Soweit das Bargebot nicht berichtigt ist, wird der Teilungsplan durch Forderungsübertragung auf die Berechtigten ausgeführt (§ 118 Abs 1 ZVG).

Berechtigter ist der Gläubiger des Anspruchs, der nach § 10 ZVG ein Recht auf Befriedigung aus dem Grundstück gewährleistet.[132] Beschränkungen in der Verfügungsbefugnis über sein Recht (zB Eröffnung des Insolvenzverfahrens, § 80 Abs 1 InsO; Nacherbenanordnung, § 2114 BGB; Veräußerungsverbot, §§ 135, 136 BGB; Pfändung, §§ 829, 857 ZPO; Verpfändung, §§ 1273–1291 BGB; auch bei Sicherungsvollstreckung, § 720 a ZPO) müssen vom Vollstreckungsgericht bei Zahlung ebenso beachtet werden wie die Einziehungsbefugnis eines Dritten (zB des Pfandgläubigers nach Pfandreife, § 1282 BGB, oder nach Überweisung zur Einziehung, § 835 ZPO). Geprüft werden muss die Berechtigung im Zeitpunkt der Planausführung (Auszahlung oder Forderungsübertragung).[133] Der (wirkliche) Berechtigte braucht nicht Beteiligter (§ 9 ZVG) und

---

[132] Stöber ZIP 1980, 833 (II); Stöber Rdn 2.1; Steiner/Teufel Rdn 4, je zu § 117.
[133] RG 73, 298 (300); auch Morvilius ImmVollstr Rdn 628.

nicht der bei Feststellung des geringsten Gebots genannte Rechtsinhaber zu sein; es kann dies auch eine im Teilungsplan nicht angeführte Person sein (vgl § 126 ZVG).

Den Versteigerungserlös zahlt oder überträgt das Vollstreckungsgericht an den **465** Berechtigten aus dem Schuldnervermögen. Es hat damit den Anspruch auf Befriedigung aus dem Grundstück unter denselben Voraussetzungen zu erfüllen, unter denen der Eigentümer (Schuldner) zur Leistung verpflichtet und berechtigt ist.[134] Für die dem Vollstreckungsgericht obliegende Zahlung (auch Forderungsübertragung) ist die Verpflichtung zur **Feststellung des Berechtigten** daher an § 893 BGB zu messen (entsprechende Anwendung des Schutzgedankens dieser Bestimmung).[135] **Verfahrensgrundlage** für Feststellung des Berechtigten bietet damit der Grundbuchstand bei Zuschlag (nicht der bei Eintragung des Versteigerungsvermerks).[136]

Festzustellen hat das Vollstreckungsgericht daher als Berechtigten den eingetra- **465a** genen Gläubiger eines Rechts. Zahlung auf das Kapital einer Briefhypothek (Briefgrundschuld, Briefrentenschuld) erfordert weiter **Vorlage des Briefes** (§ 126 ZVG, dazu Rdn 502) durch den eingetragenen Gläubiger (bei Abtretung bis Zuschlag durch den als Rechtsnachfolger des eingetragenen Gläubigers nach § 1155 BGB Legitimierten). Ausgeschlossen ist die Feststellung des Berechtigten nach dem Grundbuchinhalt, wenn seine Unrichtigkeit zur Überzeugung des Vollstreckungsgerichts feststeht. Zu berücksichtigen sind daher nicht eingetragene Rechtsänderungen (auch Verfügungsbeschränkungen), die sich aus vorgelegten Urkunden, aus Grundakten oder aus Erklärungen der Beteiligten zur Niederschrift des Vollstreckungsgerichts oder aus offenkundigen Tatsachen (§ 291 ZPO) ergeben. Bloße Zweifel an der Richtigkeit des Grundbuchs genügen nicht.

Der Berechtigte ist bereits bei **Aufstellung des Teilungsplans** festzustellen und **465b** im Teilungsplan unter Bezeichnung einer etwaigen Verfügungsbeschränkung (auch der Einziehungsbefugnis eines Dritten) anzugeben. Dafür müssen auch alle Rechtsänderungen, die durch Grundbucheintragung bis zur Erteilung des Zuschlags ausgewiesen oder durch außergrundbuchliche Verfügungen (auch im Wege der Zwangsvollstreckung) oder mit Eintritt einer Verfügungsbeschränkung bis zum Verteilungstermin erfolgt sind, berücksichtigt werden. Zur Feststellung der nach dem Versteigerungsvermerk in das Grundbuch eingetragenen Rechtsänderungen ist das Vollstreckungsgericht verpflichtet.[137] Außergrundbuchliche Rechtsänderungen müssen berücksichtigt werden, wenn sie zur Kenntnis des Vollstreckungsgerichts gelangt sind; kennt sie das Vollstreckungsgericht nicht, stehen sie einer wirksamen Zahlung an den festgestellten (bisherigen) Rechtsinhaber nicht entgegen.

Planausführung mit Zahlung (oder Forderungsübertragung) an den Berechtig- **465c** ten erfordert aber auch Berücksichtigung einer **Änderung** der Berechtigung (auch einer Verfügungsbeschränkung des Berechtigten und der Einziehungsbefugnis eines Dritten), die sich erst **nach Planaufstellung** ergeben hat.[138] Weil der

---

[134] Stöber Rdn 2.4 (zu c); Steiner/Teufel Rdn 4, je zu § 117.
[135] Stöber Rdn 2.4 (zu c) zu § 117.
[136] Stöber Rdn 2.3 und 2.4 zu § 117.
[137] Stöber Rdn 2.4; Steiner/Teufel Rdn 9, je zu § 117; anders (sollen nur zu berücksichtigen sein, wenn sie dem Vollstreckungsgericht bekannt geworden sind, jedoch keine Ermittlung mit Grundbucheinsicht) Korintenberg/Wenz Anm 2; Jaeckel/Güthe Rdn 2, je zu § 117.
[138] RG 73, 298 (300); Stöber Rdn 2.7; Steiner/Teufel Rdn 4 und 9, je zu § 117.

Versteigerungserlös an den gegenwärtigen Berechtigten zu zahlen (oder zu übertragen) ist, müssen auch jeder Gläubigerwechsel (insbesondere eine Abtretung, die erst nach dem Verteilungstermin noch vor Auszahlung erfolgt ist) und ebenso eine Verfügungsbeschränkung des Berechtigten und die Einziehungsbefugnis eines Dritten noch berücksichtigt werden, die nach Aufstellung des Teilungsplans bis zur Planausführung Wirksamkeit erlangt haben. Das gilt ebenso für einen schon vor Planaufstellung eingetretenen Gläubigerwechsel und für eine Verfügungsbeschränkung sowie die Einziehungsbefugnis eines Dritten, die vor Planaufstellung Wirksamkeit erlangt haben (Beispiel: Abtretung oder Pfändung noch vor dem Verteilungstermin), wenn sie dem Vollstreckungsgericht erst nach Aufstellung des Teilungsplans bekannt geworden sind. Dann jedoch muss dem im Teilungsplan angeführten Berechtigten von der Änderung Kenntnis (vgl § 139 ZPO) und Gelegenheit gegeben werden, seine Interessen in zu bestimmender Frist zu wahren.[139]

465d   Als **Berechtigter**, an den Erlös zu zahlen (§ 117 Abs 1 ZVG) oder die Forderung an den Ersteher zu übertragen ist (§ 118 Abs 1 ZVG) ist sonach insbesondere festzustellen

– der Gläubiger einer **Hypothek** (Grundschuld oder Rentenschuld) **ohne Brief** (§ 1116 Abs 2 BGB), der bei Erteilung des Zuschlags im Grundbuch eingetragen war (§ 1115 Abs 1 BGB);

– der Gläubiger einer **Hypothek** (Grundschuld oder Rentenschuld), über die ein **Brief erteilt** ist (§ 1117 Abs 1 BGB), wenn er diesen Brief vorlegt (§ 126 ZVG; auch § 1160 Abs 1 BGB) und bei Erteilung des Zuschlags im Grundbuch eingetragen war;

– der Berechtigte eines durch den Zuschlag erloschenen **Rechts** mit Anspruch auf **Wertersatz** (§ 92 ZVG), der bei Erteilung des Zuschlags im Grundbuch eingetragen war;

– der Grundstückseigentümer für Eigentümergrundpfandrechte (dazu Rdn 428–435) und den Erlösüberschuss;

– der **Rechtsnachfolger** des Gläubigers einer Hypothek, Grundschuld oder Rentenschuld (auch Eigentümergrundschuld) oder des Berechtigten eines Rechts mit Anspruch auf Wertersatz, wenn der Rechtsübergang festgestellt (nachgewiesen) ist, insbesondere für einen

  – Erben durch Erbschein (oder anderen Erbausweis);
  – Ablösenden durch die den Rechtsübergang belegenden Urkunden;
  – zahlenden Bürgen durch die den Forderungsübergang mit Gläubigerbefriedigung ausweisenden Unterlagen (§ 774 BGB);
  – Zessionar durch Vorlage der die Abtretung an ihn ausweisenden Urkunden (zur Briefvorlage siehe auch Rdn 465 a, 502).

Verfügungsbeschränkungen und Einziehungsbefugnisse Dritter sind in allen Fällen zu beachten (Rdn 464).

c) Auszahlung

466   Die Empfangsberechtigung ist vor der Auszahlung (die unbar erfolgt, § 117 Abs 1 S 2 ZVG) zu überprüfen. Eine etwa erforderliche familien/betreuungsgerichtliche Genehmigung (bei einem Anspruch von mehr als 3000 €, §§ 1812, 1813, 1908i, 1915 BGB) muss vorliegen. Ein Bevollmächtigter benötigt Geldempfangsvollmacht; die Prozessvollmacht ermächtigt nur zur Empfangnahme

---

[139] Stöber Rdn 2.7 zu § 117.

von (Prozess- und Zwangsvollstreckungs-)Kosten, nicht aber der Hauptsache (mit Zinsen und anderen Kosten) (§ 81 ZPO).

Die **unbare Zahlung** (§ 117 Abs 1 S 2 ZVG) an die Berechtigten veranlasst das **467** Vollstreckungsgericht mit Zahlungsanweisung. Wenn (oder so weit) der Erlös hinterlegt ist (§ 49 Abs 4 ZVG) erteilt es eine Anweisung auf den hinterlegten Betrag (§ 117 Abs 3 ZVG).

> **Beispiel:** Die Landesjustizkasse ... wird angewiesen, das zu HL .../10 hinterlegte bare Meistgebot des Erstehers ... in Höhe von ... wie folgt auszuzahlen:
> a) ... € sind dem Berechtigten ... auf Konto Nr ... bei der ... Bank (BLZ ...) zu überweisen;
> b) ... € sind dem geldempfangsbevollmächtigten Vertreter ... des Berechtigten ... auf das Konto Nr ... beim Postgiroamt ... (BLZ ...) zu überweisen;
> c) usw.

d) Befriedigungserklärung

Die Erlöszahlung kann durch Befriedigungserklärung des Berechtigten abgewi- **468** ckelt werden.

> **Beispiel:** Der Gläubiger ... erklärte, dass er den ihm nach Abschn IV Nr ... des Teilungsplanes zugeteilten Betrag von ... € bereits erhalten hat und daher wegen dieses ihm aus dem Versteigerungserlös zu zahlenden Betrags voll befriedigt ist. V. u. g.

Die Befriedigungserklärung ist vereinfachte Form der Erlöszahlung,[140] keine Aufrechnung.[141] Die Befriedigungserklärung des Gläubigers, der nicht zugleich Ersteher ist (unechte Befriedigungserklärung) bringt zum Ausdruck, dass er das, was auf ihn nach der Zuteilung entfällt, bereits erhalten hat. Dieser Betrag ist daher nicht mehr ein- und wieder auszuzahlen;[142] an der Verzinsung nach § 49 Abs 2 ZVG ändert sich damit nichts. Die – echte – Befriedigungserklärung des Hebungsberechtigten, dem das Grundstück zugeschlagen wurde, bringt zum Ausdruck, dass der Ersteher im Augenblick der Erklärung (frühestens der Zuteilung im Verteilungstermin) gezahlt und gleichzeitig seinen Erlösanteil empfangen hat. Sie ist ebenfalls keine zum Zuschlag rückwirkende Aufrechnung; vielmehr bleibt der Teilungsplan unverändert, so dass sich auch an der Verzinsung des Bargebots nichts ändert. Eine Aufrechnung des Erstehers ist vor Forderungsübertragung ausgeschlossen (Rdn 416).

Die Befriedigungserklärung ist zu Protokoll des Vollstreckungsgerichts oder in öffentlicher oder öffentlich beglaubigter Form abzugeben.[143] Ein Bevollmächtigter benötigt Geldempfangs- oder Sondervollmacht.

Kann eine Auszahlung nicht erfolgen, so ist der Betrag für den Berechtigten zu **469** **hinterlegen** (§ 117 Abs 2 S 3 ZVG). Hinterlegungsfall auch: Unbekanntsein des Berechtigten (§ 372 BGB, auch § 126 Abs 2 ZVG) wie insbesondere auch dann, wenn ein Hypotheken-, Grundschuld- oder Rentenschuldbrief nicht vorliegt; dazu Rdn 502.

---

[140] BGH MDR 1988, 860 = NJW-RR 1988, 1146 = Rpfleger 1988, 495 mit Anm Schiffhauer.

[141] Stöber Rdn 5.3 zu § 117; Jaeckel/Güthe Rdn 4 zu § 118; Korintenberg/Wenz Anm 2 zu § 107; LG Berlin Rpfleger 1978, 33.

[142] BGH NJW-RR 1988, 1146 = aaO (Fußn 140).

[143] AA (Schriftform genügt) Dassler/Hintzen Rdn 10 u 11; Steiner/Teufel Rdn 40, je zu § 117.

8. Unterabschnitt. Planausführung bei Nichtzahlung des Bargebots
§ 118 ZVG

a) Forderungsübertragung auf Berechtigte

470 Wenn der Ersteher das Bargebot mit Zinsen bis zum Verteilungstermin (§ 49 Abs 1 ZVG) nicht entrichtet hat, haben die Beteiligten **Befriedigung aus der Forderung** gegen ihn (auch gegen den mithaftenden Bürgen) zu suchen. Das Vollstreckungsgericht hat die Erfüllung der Zahlungspflicht durch den Ersteher (mithaftenden Bürgen) nicht zu erzwingen. Als Grundstücksersatz (Rdn 416) steht der Anspruch gegen den Ersteher auf Zahlung des baren Versteigerungserlöses dem bisherigen Eigentümer des Grundstücks zu; ein Berechtigter kann die Forderung gegen den Ersteher daher nur geltend machen, wenn und soweit sie auf ihn übertragen ist. Mit der Übertragung erlangt der Berechtigte die Forderung des Schuldners (= bisherigen Grundstückseigentümers) gegen den Ersteher als neuer Gläubiger.[144] Die Übertragung der Forderung gegen den Ersteher erfolgt in Ausführung des Teilungsplans durch – ausdrückliche, in das Protokoll aufzunehmende – Anordnung (Beschluss) des Vollstreckungsgerichts (§ 118 Abs 1 ZVG); Zustellung erfolgt nicht. Mit übertragen wird die Forderung gegen einen mithaftenden Bürgen (§ 118 Abs 1 ZVG). Geltendmachung der Forderung gegen einen nach § 81 Abs 4 ZVG mithaftenden Dritten ermöglicht § 132 Abs 1 ZVG (keine besondere Anordnung bei Übertragung). Die Forderungsübertragung hat als Akt der Zwangsvollstreckung den Charakter einer Überweisung im Sinne der ZPO mit der Maßgabe, dass die materiellrechtlichen Wirkungen im ZVG selbstständig geregelt sind. Zu übertragen ist „auf die Berechtigten"; deren Legitimation muss daher im Zeitpunkt der Forderungsübertragung geprüft werden (dazu Rdn 464 ff).

471 Die zu **übertragende Forderung** an den Ersteher setzt sich zusammen aus
– dem nicht berichtigten baren Meistgebot (§ 49 Abs 1 ZVG), und
– den nicht berichtigten Zinsen vom Zuschlag an bis zum (Tag vor dem) Verteilungstermin (§ 49 Abs 2 ZVG; Rdn 417).
Zu übertragen ist die Forderung jedem Berechtigten in Höhe des ihm zugeteilten Betrags seines Anspruchs (Rdn 460) **mit** den vom Tag des Verteilungstermins an **fortlaufenden Zinsen** (§ 49 Abs 2 ZVG). Diese Zinsen in Höhe von gesetzlich **4 vH** (oder abweichend nach anderer Versteigerungsbedingung, § 59 ZVG) gebühren dem Berechtigten als fortlaufende Zinsen der Forderung, die er als (neuer) Gläubiger durch die Übertragung erlangt hat (Rdn 470). Sie werden ihm ohne Rücksicht darauf mit übertragen, ob und in welcher Höhe sein früherer Anspruch gegen den Schuldner verzinslich und ob er selbst eine Zinsforderung war. Die Meistgebotzinsen vom Zuschlag an bis zum Verteilungstermin gehören zur Teilungsmasse; (nochmals) zu verzinsen nach § 49 Abs 2 ZVG sind sie nicht (§ 289 BGB), damit auch nicht (fortlaufend) ab Übertragung vom Verteilungstermin an.[145] Die Forderung an den Ersteher, die durch die nicht berichtigten Zinsen vom Zuschlag bis zum Verteilungstermin begründet ist, wird daher zinslos dem (oder den) am letzter Stelle zur Hebung kommenden Berechtigten übertragen. Wenn nur ein Teil des Bargebots berichtigt ist (auch

---

[144] Jaeckel/Güthe Rdn 4 zu § 118 ZVG.
[145] So auch OLG Oldenburg Rpfleger 1986, 103 mit Anm Schiffhauer; Dassler/Hintzen Rdn 17; Jaeckel/Güthe Rdn 3; Korintenberg/Wenz Anm 3; Steiner/Teufel Rdn 16; Stöber Rdn 3.8, alle zu § 118.

als Sicherheitsleistung, die als gezahlter Geldbetrag gilt, § 107 Abs 3 ZVG), wird der damit vorhandene Betrag zuerst auf die zur Teilungsmasse gehörenden Zinsen vom Zuschlag bis zum Verteilungstermin angerechnet und erst anschließend auf das bare Meistgebot. Die dann noch nicht berichtigte Restforderung gegen den Ersteher ist somit als Teil des baren Meistgebots insgesamt weiter verzinslich.

Beispiel: Teilungsmasse (s Rdn 414)

Bares Meistgebot	103 200 €
Zinsen zu 4 vH gemäß § 49 Abs 2 ZVG	1032 €
Teilungsmasse damit	104 232 €

Berichtigung ist nicht erfolgt. Ausführung des Teilungsplans erfolgt durch Übertragung der Forderung gegen den Ersteher auf die Berechtigten in Höhe der ihnen zugeteilten Ansprüche

– bis zum Betrag von   103 200 € mit 4 vH vom Versteigerungstermin an fortlaufende Zinsen,

– in Höhe des restigen Betrags der Teilungsmasse von   1 032 € zinslos.

Wenn ein Teilbetrag in Höhe von beispielsweise   54 000 € vor dem Verteilungstermin auf ein Konto der Gerichtskasse überwiesen ist, sind berichtigt

– die Zinsen in Höhe von   1 032 €

– ein Teil des Meistgebots in Höhe von   52 968 €.

Übertragen wird somit die Restforderung an den Ersteher in Höhe von   50 232 € als verbleibender Teil des baren Meistgebots mit 4 vH vom Verteilungstermin an fortlaufenden Zinsen.

Vertreten wird auch, dass die mit zu übertragenden Zinsen der Forderung vom **471a** Tag des Verteilungstermins an (gesetzlich) nicht 4 vH betragen sollen, sondern infolge Verzugs des Erstehers fünf Prozentpunkte über dem Basiszinssatz[146] (§ 288 Abs 1 BGB). Es wird die (gesetzliche) Versteigerungsbedingung, dass das Bargebot bis zum Verteilungstermin zu entrichten ist (§ 49 Abs 2 mit § 107 Abs 2 ZVG) als Bestimmung der Zeit der Leistung nach dem Kalender angesehen, die Verzinsung nach § 286 Abs 2 Nr 1 BGB begründet.[147] Dem kann jedoch nicht gefolgt werden (dazu im Kommentar Rdn 5.1 zu § 118). Es ist eine Erhöhung des Zinssatzes von 4 vH nach Erteilung des Zuschlags zu den gesetzlichen Versteigerungsbedingungen bei Forderungsübertragung ausgeschlossen.

In **Verzug** setzen kann nach Forderungsübertragung der Berechtigte als (neuer) **471b** Gläubiger der Forderung (Rdn 470) den Ersteher **durch Mahnung** (§ 286 Abs 1 BGB). Die Forderung ist dann während des Verzugs mit fünf Prozentpunkten über dem Basiszinssatz zu verzinsen (§ 288 Abs 1 BGB). Verzugszinsen sind jedoch für die durch die Meistgebotszinsen (§ 49 Abs 2 ZVG) begründete, damit letztrangig zinslos übertragene Forderung (Rdn 471) nicht zu entrichten (§ 289 S 1 BGB). Schadensersatzanspruch des Gläubigers infolge des Verzugs: § 289 S 2 BGB. Verzugszinsen und weitergehender Schaden werden im Vertei-

---

[146] LG Augsburg Rpfleger 2002, 374; LGe Berlin und Kempten Rpfleger 2001, 192; LG Cottbus Rpfleger 2003, 256; LG Hannover Rpfleger 2005, 324; anders (= wie hier) demgegenüber AG Viersen Rpfleger 2003, 256; Streuer Rpfleger 2001, 401; Wilhelm Rpfleger 2001, 166 (169).

[147] Für diese Auslegung auch Petershagen Rpfleger 2009, 442.

lungsverfahren nicht festgestellt, damit auch bei Forderungsübertragung nicht berücksichtigt. Das Grundstück haftet für die (gesetzlichen) Verzugszinsen der übertragenen Forderung kraft der Sicherungshypothek (§ 128 ZVG; § 1118 BGB). Das Vollstreckungsgericht hat um Eintragung nicht zu ersuchen. Näher im Kommentar Rdn 5.3 zu § 118.

472 Der **Rang** des Anspruchs eines jeden Berechtigten bestimmt die Rangfolge auch für die Eintragung der Sicherungshypotheken (§ 128 Abs 1 S 1 ZVG). Bei Forderungsübertragung ist der Rang daher nach Maßgabe des Teilungsplans festzulegen. Im Übrigen (bei Mobiliarvollstreckung und Pfändung von Forderungen oder Rechten) haben die übertragenen Forderungsteile keinen Rang zueinander.

473 **Beispiel für Forderungsübertragung** im Anschluss an den Teilungsplan Rdn 414 bei Nichtzahlung des gesamten Versteigerungserlöses von 104232 €.
Beschluss: Der Teilungsplan wird dadurch ausgeführt, dass die Forderung gegen den Ersteher nach § 118 Abs 1 ZVG auf die folgenden Berechtigten in der nachbezeichneten Rangfolge übertragen wird:

1. a) in Höhe eines Betrages von 500 € (mit Worten fünfhundert Euro) nebst 4 vH Zinsen seit dem 1. 10. 2010 (= Tag des Verteilungstermins) auf das Land ..., vertreten durch die Landesjustizkasse ...
   b) in Höhe des Betrages von 2000,– € (mit Worten zweitausend Euro) nebst 4 vH Zinsen seit dem 1. 10. 2010 auf die Hypothekenbank X in ...
2. in Höhe eines Betrages von 600 € (mit Worten sechshundert Euro) nebst 4 vH Zinsen seit dem 1. 10. 2010 auf die Stadt X, vertreten durch die Stadtkasse in X
3. in Höhe eines Betrages von 3600 € (mit Worten dreitausendsechshundert Euro) nebst 4 vH Zinsen seit dem 1. 10. 2010 auf die Stadtsparkasse A in A ... (für den Zinsanspruch aus der Hypothek Abt III Nr 1)
4. in Höhe eines Betrages von 31 600 € (mit Worten einunddreißigtausendsechshundert Euro) nebst 4 vH Zinsen seit dem 1. 10. 2010 auf die Hypothekenbank X in ... (für 1600 € Zinsanspruch und 30 000 € Hauptsache aus der Brief-Hypothek Abt III Nr 2)
5. in Höhe eines Betrages von 12 500 € (mit Worten zwölftausendfünfhundert Euro) nebst 4 vH Zinsen seit dem 1. 10. 2010 auf den Schreinermeister Karl B in ... (für 400 € Kosten, 2100 € Zinsen und 10 000 € Hauptsache aus der Zwangs-Sicherungshypothek Abt III Nr 3)
6. I. – im Gleichrang mit II –
   in Höhe eines Betrages von 42 400 € (mit Worten zweiundvierzigtausendvierhundert Euro) nebst 4 vH Zinsen seit dem 1. 10. 2010 auf die Bank für Baugeld in ... (für 2400 € Zinsen und 40 000 € Hauptsache aus der Grundschuld Abt III Nr 4)
   II. – im Gleichrang mit I –
   in Höhe eines Betrages von 10 000 € (mit Worten zehntausend Euro) nebst 4 vH Zinsen seit dem 1. 10. 2010 auf den Grundstückseigentümer ... in ..., dem dieser Betrag als Hauptsache der Eigentümergrundschuld Abt III Nr 5 zu 10 000 € zur freien Verfügung zugewiesen wird
7. in Höhe eines Betrages von 600 € (mit Worten sechshundert Euro)[*] auf die Stadtsparkasse A in A ... (für nachrangige Zinsen der Hypothek ohne Brief Abt III Nr 1 zu 20 000 €)
8. in Höhe des verbleibenden Erlösüberschusses von 432 € (mit Worten vierhundertzweiunddreißig Euro)[*] auf den Grundstückseigentümer ..., dem dieser Betrag zur freien Verfügung zugewiesen wird.

474 Die gemeinschaftliche Berechtigung **mehrerer Empfänger** (zB Erben in Erbengemeinschaft) ist in der Übertragung zu bezeichnen. Bei einer Bruchteilsgemein-

---

[*] Zu Nrn 7 und 8: **Zinslos,** da Forderung aus Meistgebotzinsen (Rdn 471).

schaft ist die Teilung (§ 752 BGB) oder Feststellung der Berechtigung zu gleichen Anteilen (§ 420 BGB) nicht Aufgabe des Vollstreckungsgerichts; die Berechtigung der mehreren Personen zu Bruchteilen ist daher bei der Übertragung ebenfalls festzulegen. Nach Verpfändung oder Pfändung (mit sowie ohne Überweisung zur Einziehung) ist auf den Pfandschuldner mit der Maßgabe zu übertragen, dass seine Beschränkung durch das Recht des Dritten zu bezeichnen ist. Entsprechendes gilt bei Belastung des Anspruchs des Berechtigten mit einem Nießbrauch oder bei Beschränkung des Berechtigten durch Nacherbenanordnung.

> **Beispiel:** ... in Höhe eines Betrages von ... nebst 4 vH Zinsen seit dem ... auf den Grundstückseigentümer ..., dem dieser Betrag als Hauptsache der Eigentümergrundschuld Abt III Nr ... zu ... € zur freien Verfügung mit der Maßgabe überlassen wird, dass der Anspruch gepfändet und zur Einziehung überwiesen ist zugunsten des ... mit Beschluss des Amtsgerichts ... vom ... Aktenz ... wegen einer Forderung in Höhe von ... €.

Mit **Wirksamwerden** einer Überweisung an Zahlungs Statt an einen pfändenden Gläubiger ist die Forderung wie bei Abtretung auf den Gläubiger übergegangen,[148] so dass nur noch auf den Pfändungsgläubiger als Neugläubiger des Befriedigungsanspruchs zu übertragen ist.[149] Für Verfahrenskosten (§ 109 ZVG) erfolgt Forderungsübertragung auf den Staat, vertreten durch die Landesjustizkasse, soweit Kosten vorschussweise bezahlt sind auf den Gläubiger, der Vorschuss geleistet hat. Wenn der Ersteher selbst hebungsberechtigt ist, vereinigen sich mit Übertragung Forderung und Schuld, damit erlischt die Zahlungspflicht des Erstehers.[150] Der dem Schuldner als Inhaber eines Eigentümerpfandrechts gebührende und der ihm unverteilt als Erlösüberschuss verbleibende Betrag (Rdn 461) werden ihm mit der Übertragung zur Einziehung freigegeben;[151] statt Übertragung heißt es daher besser, dass der Erlösüberschuss dem Schuldner

> ... zur freien Verfügung zugewiesen wird.

Wird nur ein **Teil des Meistgebots** nicht bezahlt, so ist der Teilungsplan durch Zahlung des in Geld vorhandenen Erlöses an die in der Rangfolge besser Berechtigten auszuführen. Die verbleibende Forderung gegen den Ersteher ist auf die im Rang nachfolgenden Berechtigten zu übertragen.   **475**

Eine **Genehmigung** des Familien-/Betreuungsgerichts (siehe Rdn 466) oder Vorlage einer Geldempfangsvollmacht (keine Übertragung an Bevollmächtigten) sind für die Forderungsübertragung nicht nötig. Die Empfangsberechtigung des Gläubigers muss nach Forderungsübertragung der Ersteher bei Zahlung prüfen.[152]   **476**

Rechtsbehelf: Anfechtbar ist die Forderungsübertragung als Maßnahme des Vollstreckungsgerichts zur Planausführung (Rdn 470, sie ist nicht Entscheidung) mit Erinnerung (§ 766 ZPO), nicht – wie durchweg angenommen wird[153] – mit   **477**

---

[148] Stöber, FordPfändung, Rdn 613.
[149] Stöber Rdn 3.7 zu § 118.
[150] BGH MDR 1988, 860 = NJW-RR 1988, 1146 = Rpfleger 1988, 495 mit Anm Schiffhauer; Stöber Rdn 3.2 zu § 118.
[151] Stöber Rdn 3.2 zu § 118.
[152] Jaeckel/Güthe Rdn 3 zu § 118.
[153] Dassler/Hintzen Rdn 27; Jaeckel/Güthe Rdn 6 aE; Steiner/Teufel Rdn 37, je zu § 118; OLG Dresden OLG 20, 388.

sofortiger Beschwerde. Sicherung übertragener Forderungen durch **Sicherungs-hypotheken nach § 128 ZVG** (Rdn 558–562); Vollstreckbarkeit: § 132 ZVG; Wiederversteigerung: §§ 132, 133 ZVG.

b) Wirkungen der Forderungsübertragung, Verzicht

478 Der Berechtigte ist in Höhe des ihm übertragenen Betrags neuer Forderungs-gläubiger (Rdn 470). Die Übertragung wirkt wie eine Befriedigung aus dem Grundstück[154] (§ 118 Abs 2 S 1 ZVG); nicht aber für Ersatzzahlungsbetrag der §§ 50, 51 ZVG nach § 125 Abs 3 ZVG. Ausnahme bei Nichtzahlung des im Verteilungstermin fälligen Bargebots (siehe § 118 Abs 2 S 2 ZVG), wenn vor dem Ablaufe von drei Monaten ab Verkündung der Übertragung der Berechtig-te dem Gericht gegenüber den Verzicht auf die Rechte aus der Übertragung erklärt oder die Zwangsversteigerung beantragt.

> **Muster für Verzicht-Schreiben** an das Vollstreckungsgericht: Im Verteilungstermin vom … wurde mir bei Ausführung des Teilungsplans die Forderung gegen den Ersteher gemäß § 118 Abs 1 ZVG in Höhe eines Betrages von … zur Deckung mei-nes Anspruchs … übertragen.
> Auf die Rechte aus dieser Übertragung verzichte ich hiermit.

Der **Verzicht** ist auch für einen Teil der Forderung möglich; Schriftform genügt, ebenso Erklärung zu Niederschrift des Gerichts oder der Geschäftsstelle. Wirk-sam wird der Verzicht mit fristgemäßem Eingang beim Vollstreckungsgericht (§ 130 BGB). Wirkung des Verzichts: Der Berechtigte verliert die Rechte aus der übertragenen Forderung gegen den Ersteher, der (bisherige) Anspruch an den Schuldner, damit auch an mithaftende Dritte und dafür bestehende (akzessori-sche) Sicherheiten (zB die Hypothek an einem bisher mithaftenden Grund-stück) bleibt erhalten. Die Interessenlage schließt entsprechende Anwendung von § 1165 BGB aus.[155] Der freigewordene Teil der Forderung gegen den Ersteher geht kraft Gesetzes auf den nach dem Plan zum Zuge kommenden nächsten Berechtigten über. Das ist der Berechtigte, der Zuteilung erhalten hät-te, wenn dem Verzichtenden sogleich kein Betrag zugeteilt worden wäre. Bei Verzicht auf den Kapitalanspruch aus einer Hypothek (Grundschuld, Renten-schuld) erwirbt die Forderung mithin der Eigentümer (siehe § 1168 Abs 1 BGB), in anderen Fällen geht sie auf die ausgefallenen Berechtigten in der Rei-henfolge ihrer Ansprüche über; sind solche nicht vorhanden, so verbleibt sie dem früheren Eigentümer als Erlösüberschuss. Dem Ersteher sowie demjenigen, auf welchen die Forderung infolge des Verzichts übergegangen ist, soll das Ge-richt die Verzichtserklärung mitteilen (§ 118 Abs 2 S 4 ZVG); Zustellung ist wegen des neuen Fristlaufs empfehlenswert.

> **Beispiel für Mitteilung der Verzichtserklärung:** Der Berechtigte … hat mit Erklä-rung vom … die am … rechtzeitig vor dem Ablauf von drei Monaten dem Vollstre-ckungsgericht zugegangen ist, den Verzicht auf die Rechte aus der im Verteilungs-termin am … beschlossenen Übertragung der Forderung gegen den Ersteher

---

[154] Zur Wirkung der Forderungsübertragung an den Gläubiger einer Grundschuld (Bestand der durch sie gesicherten Forderung, Rückgewähranspruch) BGH MDR 1987, 404 = NJW 1987, 1026. Erfüllung der übertragenen Forderung durch Aufrechnung des Erstehers: BGH ZIP 1987, 902.

[155] BGH MDR 1983, 568 = NJW 1983, 1423. In Verbindung mit weiteren Umständen kann Verzicht mit Ausnutzung der formalen Rechtsstellung aus § 118 ZVG jedoch treuwidrig sein und damit den Einwand der Arglist begründen, BGH aaO.

erklärt. Infolge des Verzichts ist die Forderung gegen den Ersteher in Höhe des damit freigewordenen Betrages von ... auf die folgenden nach dem Teilungsplan nächsten Berechtigten übergegangen:

a) in Höhe von ... nebst 4 vH Zinsen seit dem ... (= Tag des Verteilungstermins) auf den Gläubiger ... (Abschn III Nr ... des Teilungsplans)

b) ... usw ...

Die Verzichtserklärung des zunächst Berechtigten ... wird gemäß § 118 Abs 2 S 4 ZVG hiermit in Abschrift, die angefügt ist, mitgeteilt.

Durch diese Mitteilung (= Sollvorschrift) soll dem oder den nächsten Berechtigten Gelegenheit zur Wahrung der Rechte gegeben werden. Für ihn oder sie hat der Übergang ebenfalls die Wirkung der Befriedigung aus dem Grundstück, sofern er oder sie nicht gleichfalls den Verzicht auf die Rechte aus der Übertragung erklären oder Zwangsversteigerung beantragen. Beginn der Drei-Monatsfrist des § 118 Abs 2 ZVG in diesem Fall: Mit Empfang der Mitteilung des Vollstreckungsgerichts. Weitere Einzelheiten: Kommentar Rdn 4 zu § 118.

9. Unterabschnitt. Widerspruch
§§ 115, 124 ZVG
§§ 867–882 ZPO

a) Widerspruch gegen den Teilungsplan

Einwendungen gegen den Teilungsplan sind mit Widerspruch geltend zu machen (siehe Rdn 462). Dieser hält die Planausführung auf (§ 876 ZPO). Er ist (als Prozesshandlung) zu erheben mündlich im Termin (möglich bis zur Planausführung, siehe Rdn 463, 464, 470) oder vor dem Termin schriftlich oder zu Protokoll. Eine Anmeldung, auch ein im Versteigerungsantrag geltend gemachter Anspruch, der nach § 114 Abs 1 S 2 ZVG als angemeldet gilt, gilt als Widerspruch, wenn der vor dem Termin angemeldete Anspruch nicht nach dem Antrag in den Plan aufgenommen ist (§ 115 Abs 2 ZVG). 479

Widerspruch kann nur **ein Beteiligter** (§ 9 ZVG) erheben,[156] der eine Planänderung zu seinen Gunsten verlangt. Widerspruchsberechtigt sind daher auch der Schuldner (jeder von mehreren selbstständig) und der neu eingetretene Eigentümer,[157] der Miteigentümer des nicht versteigerten Grundstücksbruchteils als gesamtberechtigter Grundschuldgläubiger.[158] Der widersprechende Beteiligte muss ein Recht auf Befriedigung aus dem Erlös haben, aber durch das von einem anderen geltend gemachte Recht auf Befriedigung ganz oder teilweise verdrängt[159] oder sonst beeinträchtigt sein. Ein solches Recht hat ein Mieter (Pächter), auch wenn er einen Baukostenzuschuss oder Mietkaution geleistet hat, nicht; seine Stellung als Beteiligter gibt ihm daher kein Widerspruchsrecht.[160] Gegen einen Nachrangigen kann sich ein Widerspruch nicht richten, weil durch ihn der Anspruch des am Erlös besserrangig Berechtigten nicht verdrängt wird. Zugunsten eines Vormannes ist ein Widerspruch nicht möglich, weil er dem 480

---

[156] BGH BB 1962, 1222 = WM 1962, 1138 (1139); BGH Rpfleger 1969, 202.
[157] Näher Stöber Rdn 3.4 (zu d) zu § 115.
[158] BGH DNotZ 1975, 847 = MDR 1975, 307 = NJW 1975, 445.
[159] BGH MDR 1971, 287 = Rpfleger 1971, 102; RG 71, 424 (426); RG 97, 61 (64, 65); BGH BGH-Warn 1972, 432 = WM 1972, 1032.
[160] BGH MDR 1971, 287 = aaO (Fußn 159).

Widersprechenden keine Berechtigung auf den Erlös gibt. Für den Grundstückseigentümer ist die Möglichkeit des Widerspruchs gegeben, wenn er Zuteilung an sich (auf ein Eigentümergrundpfandrecht oder als Erlösüberschuss) verlangt, aber auch dann, wenn er aus eigenem Interesse (gegeben zB, wenn eine Schuldverpflichtung dadurch erlischt) Zuteilung an einen nachstehenden Berechtigten betreibt. Ein anderer Beteiligter kann eine Eigentümergrundschuld des Schuldners vor wirksamer Pfändung nicht geltend machen. Zum eigenen Interesse am Widerspruch trotz voller Berücksichtigung bei Nichtzahlung siehe im Kommentar Rdn 3.4 (zu a) zu § 115. Wer noch nicht Beteiligter ist, kann nur bei Anmeldung und erforderlichenfalls Glaubhaftmachung seines Rechts (§ 9 Nr 2 ZVG) widersprechen. Nicht widersprechen kann daher der Gläubiger einer nur persönlichen Forderung gegen den bisherigen Eigentümer. Eine Anmeldung gilt deshalb auch nicht als Widerspruch, wenn sie einen Anspruch verfolgt, der im Zwangsversteigerungsverfahren überhaupt nicht geltend gemacht werden kann,[161] wie eine nicht betreibende persönliche Forderung, die nach § 10 Abs 1 ZVG kein Recht auf Befriedigung aus dem Grundstück gewährt (Rdn 423) oder Kosten für andere Zwangsvollstreckungen gegen den Schuldner persönlich (§ 788 ZPO), die nicht in das Grundstück vollstreckt werden. Keinen Widerspruch enthält daher ein zurückgewiesener weitergehender Versteigerungsantrag des Gläubigers, sofern diesem nicht aus sonstigem Recht (zB als dinglicher Gläubiger in Rangklasse 4 des § 10 Abs 1 ZVG) ein Befriedigungsanspruch zusteht. Wer Beteiligter nur bei einem Zwangsverwaltungsverfahren über das gleiche Grundstück ist, kann der Verteilung des Versteigerungserlöses nicht widersprechen, weil er in diesem Verfahren nicht Beteiligter ist (§ 9 ZVG). Ein Widerspruch ist, sofern das nicht ausdrücklich vorgebracht ist, auch nicht in der einheitlichen Anmeldung von Ansprüchen mit verschiedenem Rang (zB bei Zurücksetzung der älteren Leistungen in Rangklasse 7 oder 8) zu erblicken, desgleichen nicht in der gesetzlich vorgeschriebenen Berücksichtigung verspätet angemeldeter Ansprüche an der ihnen nach § 37 Nr 4, § 110 ZVG zukommenden Rangstelle. Die Pfändung des Anspruchs eines Berechtigten gewährt erst mit Wirksamwerden (Zustellung, § 829 Abs 3 ZPO, ggfs Grundbucheintragung, § 830 ZPO) ein Widerspruchsrecht.[162]

Ein schuldrechtlicher **Anspruch auf Überlassung eines Erlöses** an Stelle eines anderen Gläubigers des Anspruchs gibt mit dem Recht auf Befriedigung aus dem Grundstück (§ 9 Nr 2 ZVG) an Stelle des schuldrechtlich Verpflichteten bei Nichtberücksichtigung des Rechts überhaupt oder bei Zuteilung nur an den Verpflichteten ein Widerspruchsrecht.[163]

> **Beispiel:** Rückgewähranspruch für Sicherungsgrundschuld,[164] vertragliche Verpflichtung zur Abtretung einer Hypothek, Anspruch eines Vermächtnisnehmers auf eine Hypothek, grundbuchmäßig nicht gesicherte Verpflichtung zum Rangrücktritt, Anspruch bei Anfechtung nach Anfechtungsgesetz.

---

[161] Stöber Rdn 4 zu § 115; anders Steiner/Teufel Rdn 59 zu § 115 (fiktiver Widerspruch, der als unzulässig zurückgewiesen werden muss; nicht folgerichtig; ein unzulässiger Widerspruch kann nicht in der Anspruchsanmeldung liegen).

[162] Stöber Rpfleger 1958, 251 (260) und FordPfändung, Rdn 1990.

[163] BGH MDR 2002, 603 = NJW 2002, 1578; Stöber Rdn 3.4 (zu b) zu § 115; Dempewolf, Rückübertragungsanspruch, 1958, XI 1 b; Jaeckel/Güthe Rdn 5 zu § 115; nicht eindeutig noch BGH 108, 237 (248) = NJW 1989, 2536.

[164] BGH NJW 2002, 1578 = aaO (Fußn 163); BGH 158, 159 (164) = MDR 2004, 771 = NJW 2004, 1803 (1804, 1805).

b) Ziel des Widerspruchs

Der **Widerspruch kann sich richten** gegen   481
- die zu hohe Berücksichtigung des Anspruchs eines anderen Beteiligten zu Lasten des Widersprechenden;
- Berücksichtigung des Anspruchs eines anderen Berechtigten (auch wenn er gegen den Schuldner einen Vollstreckungstitel über seinen Anspruch erwirkt hat[165]) mit besserem Rang zum Nachteil des Widersprechenden;
- die (ggfs teilweise) Nichtberücksichtigung des Anspruchs des Widersprechenden,
- die Person des Berechtigten, wenn der Widersprechende geltend macht, das Recht stehe ihm zu (zB infolge Abtretung, Pfändung, Übergang kraft Gesetzes).

Der Widerspruch bedarf keiner Begründung. Er muss jedoch, damit über ihn verhandelt werden kann, erkennen lassen, gegen wen er sich richtet und welche andere Verteilung er verlangt (Aufklärung erforderlichenfalls nach § 139 ZPO). Der Widerspruch kann zurückgenommen werden.

c) Protokoll; Verhandlung über den Widerspruch

Protokoll bei Widerspruch: 482
Der ausfallende Gläubiger ... (siehe Abschn III Nr ... des Plans) erklärte: Gegen die Zuteilung in Abschn IV Nr ... des Plans eines Betrags von ... € an den Gläubiger der Hypothek Abt III Nr 15 erhebe ich Widerspruch. Der Betrag gebührt mir. Die Post ist Eigentümergrundschuld geworden; diese wurde mit Beschluss des Amtsgerichts ... vom ... Aktenz ... zu meinen Gunsten wirksam gepfändet und mir zur Einziehung überwiesen. V. u. g.
Über den Widerspruch wurde verhandelt.
Der beteiligte Hypothekengläubiger ... erklärte: In Höhe des rangletzten Teils von 1000 € erkenne ich den Widerspruch als begründet an; mit der Zuteilung dieses Betrages an den widersprechenden Beteiligten ... bin ich einverstanden. Der weitergehende Widerspruch wird nicht anerkannt, weil die Post insoweit nicht Eigentümergrundschuld geworden ist, der Erlösanspruch daher mir gebührt. V. u. g.
Beschlossen und verkündet
1. Der Teilungsplan wird dahin berichtigt, dass der rangletzte Teil von 1000 € der Zuteilung Abschn IV Nr ... dem widersprechenden Gläubiger ... gebührt, der als Pfändungsgläubiger nach Überweisung hebungsberechtigt ist, weil das Recht Abt III Nr ... des Grundbuchs insoweit Eigentümergrundschuld geworden ist.
2. Wenn und soweit der weitergehende Widerspruch für begründet erklärt wird, gebührt der bis zur Höhe von ... € noch streitige weitere Betrag gleichfalls dem widersprechenden Gläubiger ..., der als Pfändungsgläubiger der Eigentümergrundschuld nach Überweisung hebungsberechtigt ist.

Das Vollstreckungsgericht prüft, ob der Widerspruch zulässig,[166] dh von einem   483
dazu Berechtigten erhoben ist. Ein unzulässiger Widerspruch wird mit Beschluss zurückgewiesen.[167] **Rechtsbehelf:** Erinnerung (§ 766 ZPO). Wenn der Widerspruch zugelassen wird, gibt es dagegen keinen Rechtsbehelf.
Darüber, ob ein zulässiger Widerspruch begründet ist, entscheidet das Vollstreckungsgericht nicht. Es hat über den Widerspruch jedoch mit den Beteiligten zu **verhandeln;** jeder dabei Beteiligte, der anwesend ist, hat sich sofort zu erklären

---

[165] BGH 63, 61 = MDR 1975, 39 = NJW 1974, 2284.
[166] BGH MDR 2007, 796 = NJW-RR 2007, 782 = Rpfleger 2007, 736; Stöber Rdn 3.11; zu § 115; Stöber Rpfleger 1969, 203.
[167] Stöber Rdn 3.11; Dassler/Hintzen Rdn 8, je zu § 115; Stöber Rpfleger 1969, 203 und 1958, 251 (260).

(§ 876 S 2 ZPO). Die Verhandlung soll feststellen, ob der Widerspruch ganz oder teilweise als begründet anerkannt wird oder ob sonst eine Einigung zu erzielen ist. Die Abwesenheit eines am Widerspruch Beteiligten gilt als Nichtanerkennung (§ 877 Abs 2 ZPO).

Wird von dem betroffenen Beteiligten der Widerspruch als **begründet anerkannt** oder kommt anderweit eine Einigung zustande, so ist der Plan demgemäß zu berichten (§ 876 S 3 ZPO). Erledigt sich der Widerspruch nicht, so ist der Plan insoweit auszuführen, als er durch den Widerspruch nicht betroffen wird (§ 876 S 4 ZPO). Für den streitigen Betrag ist eine **Hilfsverteilung** anzuordnen; durch den Plan (Ergänzung im Protokoll) ist festzustellen, wie der Betrag anderweit verteilt werden soll, wenn der Widerspruch für begründet erklärt wird (§ 124 Abs 1 ZVG). **Zweitberechtigter:** Stets der Widersprechende ohne Rücksicht auf Zwischenberechtigte. An mehrere Widersprechende erfolgt die Hilfsverteilung nach ihrer im Plan festgestellten Rangfolge. Bei Widerspruch des Schuldners zugunsten eines anderen Berechtigten, der nach dem Antrag des Schuldners mit besserem Recht zum Zuge kommen soll, erfolgt Hilfsverteilung an diesen Berechtigten. Zwischenberechtigte dürfen durch den Widerspruch weder bevorzugt noch benachteiligt werden.

Rechtsbehelf gegen die Hilfsverteilung: Widerspruch; dazu im Kommentar Rdn 2.5 zu § 124.

483a Ob der Widersprechende **Anspruch** auf den streitigen Betrag hat, wenn **Zwischenberechtigte** vorhanden sind, ist im Widerspruchsverfahren für die Hilfsverteilung nicht zu prüfen. Das Vollstreckungsgericht kann nur prüfen, ob der Widerspruch zulässig, nicht aber, ob er auch begründet ist (Rdn 483). Die Hilfsverteilung sagt somit nichts darüber aus, ob der streitige Betrag dem Widersprechenden gebührt, wenn sich der Erlösanspruch des Erstberechtigten als nicht begründet erweist; sie regelt nur die Erlösverteilung für den Fall, dass der geltend gemachte Anspruch des Widersprechenden auf den streitigen Betrag tatsächlich besteht. Ob das der Fall ist, ist eine vom Prozessgericht zu entscheidende Frage der materiellen Berechtigung. Gebührt ein streitiger Betrag materiell einem ausfallenden Zwischenberechtigten, dann kann sich ein Widerspruch nicht als begründet erweisen, die Widerspruchsklage mithin keinen Erfolg haben.

> **Beispiel:** Streitig ist die Berechtigung des Gläubigers einer vorrangigen Hypothek über 10 000 €. Ausgefallen ist als Zwischenberechtigter der Gläubiger einer Grundschuld zu 20 000 €. Im Rang danach steht der Anspruch des Widersprechenden, der die Zuteilung auf die Hypothek zu 10 000 € nicht für berechtigt erachtet, weil das Grundpfandrecht nichtig eingetragen sein soll. Für diesen Fall würden jedoch die nachrangigen Grundpfandgläubiger im Rang aufrücken. Anspruch auf Befriedigung aus dem Erlös hätte daher der ausgefallene Zwischenberechtigte als jetzt mit der Grundschuld zu 20 000 € besser berechtigter Grundpfandgläubiger (§ 10 Abs 1 Nr 4, § 11 Abs 1 ZVG), nicht jedoch der widersprechende nachrangige Grundpfandgläubiger.

d) Anlegung des streitigen Betrags

484 Der **streitige Betrag** ist bis zur Erledigung des Widerspruchs für den Erstberechtigten und den nach der ergänzten Planfassung Berechtigten nach der Bestimmung des Erstberechtigten **anzulegen** (§ 124 Abs 2, § 120 ZVG) oder zu hinterlegen. Beide Berechtigte gemeinsam können Überlassung des streitigen Betrags verlangen; nach Anlegung (Hinterlegung) erfolgt dann Auszahlung jedoch nur auf Anordnung des Vollstreckungsgerichts. Hinterlegungszinsen gebühren dem

Berechtigten, der den hinterlegten Betrag endgültig erhält; ggfs sind sie anteilig zu teilen. Zum Verfahren bei Widerspruch des Schuldners Rdn 487.

> **Hinterlegungsantrag:** Teil des Versteigerungserlöses in der Zwangsversteigerungssache ... Hinterlegung erfolgt, weil gegen die Zuteilung an den Berechtigten ... von dem Beteiligten ... Widerspruch erhoben ist. § 124 Abs 2, § 120 ZVG. Auszahlungsanordnung erteilt des Vollstreckungsgericht.

Wenn das Bargebot nicht berichtigt ist, wird der Teilungsplan durch **Übertragung der Forderung** gegen den Ersteher (§ 118 Abs 1 ZVG, Rdn 470) auf den im Plan festgestellten Erstberechtigten und durch Hilfsverteilung an den infolge des Widerspruchs Eventualberechtigten (Rdn 483) je unter der entsprechenden Bedingung ausgeführt (§ 124 Abs 2, § 120 Abs 1 S 2 ZVG).

> **Beispiel:** (im Anschluss an Rdn 473) ... dass die Forderung gegen den Ersteher gemäß § 118 Abs 1 ZVG übertragen wird in Höhe eines Betrages von 2000 € nebst 4 vH Zinsen seit dem ... (= Tag des Verteilungstermins)
> a) unter der Bedingung, dass und soweit der Widerspruch des Beteiligten ... gegen die im Teilungsplan unter Abschn IV Nr ... festgestellte Zuteilung nicht begründet ist, auf den Erstberechtigten ...
> b) unter der Bedingung, dass und soweit der Widerspruch begründet ist, auf den widersprechenden Gläubiger ...

Die Umschreibung der entsprechend bedingt einzutragenden Sicherungshypothek in eine unbedingte Sicherungshypothek des nach Erledigung des Widerspruchs endgültig Berechtigten erfolgt auf Veranlassung des Vollstreckungsgerichts. Erledigt sich der Widerspruch noch vor Absendung des Grundbuchersuchens, so wird sogleich um Eintragung einer unbedingten Sicherungshypothek für den endgültig Berechtigten ersucht.

e) Widerspruchsklage

Der Widerspruch ist mit Widerspruchsklage (§ 878 ZPO) zu verfolgen. Zur **485** Klage bei Widerspruch gegen einen öffentlich-rechtlichen Anspruch im Kommentar Rdn 5.1 zu § 115. Ohne Rücksicht auf den Widerspruch wird der Teilungsplan durch Zahlung an den zunächst bestimmten Berechtigten (oder Eintragung einer unbedingten Sicherungshypothek für diesen) ausgeführt, wenn der widersprechende Gläubiger nicht binnen einer Frist von einem Monat dem Vollstreckungsgericht nachgewiesen hat, dass er gegen den (die) beteiligten Gläubiger Klage erhoben hat (§ 878 Abs 1 S 1 ZPO, § 115 Abs 1 ZVG).
Beginn der Frist: Mit dem Terminstag[168] (auch bei schriftlichem Widerspruch eines abwesenden Beteiligten); nach anderer Ansicht[169] (nicht zutreffend) soll der Terminstag noch nicht in die Frist fallen, diese also mit dem ihm folgenden Tag beginnen (siehe § 187 Abs 1 BGB). Eine vorherige Aufforderung (Belehrung oder Zustellung) erfolgt nicht. Fristablauf: Nach einem Monat mit dem Ende des Tages, der vor dem nach seiner Benennung dem Terminstag entsprechenden Tag liegt (§ 187 Abs 2, § 188 Abs 2, auch Abs 3 BGB); Fristende am Sonnabend, Sonn- und allgemeinen Feiertag: § 222 Abs 2 ZPO. Fristverlängerung durch Parteivereinbarung ist nicht möglich (siehe § 224 Abs 2 ZPO). Fristwahrung mit Einreichung der Klage (siehe §§ 167, 495 ZPO),[170] wenn in

---

[168] Stöber Rdn 5.4 zu § 115; Zöller/Stöber Rdn 6 zu § 878 ZPO; Steiner/Teufel Rdn 73 zu § 115.
[169] Jaeckel/Güthe Rdn 13 (b) zu § 115; Stein/Jonas/Münzberg Rdn 5 zu § 878.
[170] OLG Hamburg MDR 1960, 767; OLG Neustadt MDR 1961, 767 = NJW 1961, 1268; OLG Bremen MDR 1982, 762; anders OLG Frankfurt NJW 1961, 787.

der Frist nachgewiesen ist, dass die fällige Prozessgebühr gezahlt oder ein Gesuch um Prozesskostenhilfe oder Stundung der Gebühr nach § 14 GKG gestellt ist,[171] es sei denn, dass der Gläubiger Gebührenfreiheit genießt. Verspätete Klageerhebung sowie der nach Fristablauf geführte Nachweis halten die Planausführung nicht mehr auf.[172] Zuständigkeit für Widerspruchsklage: § 879 ZPO.

> **Klageantrag:** Der Widerspruch des Klägers vom ... gegen den Teilungsplan des Amtsgerichts ... vom ..., Aktenz K ..., wird für begründet erklärt. Der Teilungsplan wird wie folgt geändert: ...

Wird Klage nur wegen eines Teils des Widerspruchs erhoben, so ist der Plan nach Ablauf der Widerspruchsfrist wegen des Restes auszuführen.

Nach Entscheidung des Prozessgerichts wird die Auszahlung des vom Widerspruch betroffenen hinterlegten Betrages auf Grund des Urteils vom Vollstreckungsgericht angeordnet (§ 882 ZPO). Urteilsvorlage an die Hinterlegungsstelle ermöglicht Auszahlung durch diese nicht; das Vollstreckungsgericht hat die Hinterlegungsstelle um Auszahlung zu ersuchen (§ 15 HinterlO). Erforderlich ist Rechtskraft des Urteils.[173]

> **Beispiel für Auszahlungsersuchen:** In dem Zwangsversteigerungsverfahren ... ist zu HL .../10 der vom Widerspruch betroffene Betrag von 2000 € hinterlegt. Auf Grund des rechtskräftigen Urteils des ... gerichts vom ... Aktenz ... wird nunmehr ersucht, den Betrag wie folgt auszuzahlen:
> a) 1500 € sind dem Erstberechtigten ... auf dessen Konto Nr ... bei ... zu überweisen;
> b) 500 € sind dem widersprechenden Beteiligten ... auf dessen Konto Nr ... bei ... zu überweisen;
> Erledigungsnachricht zu den Akten wird erbeten.

Die Umschreibung einer bedingt eingetragenen Sicherungshypothek erfolgt nach Erledigung des Widerspruchs gleichfalls auf Veranlassung des Vollstreckungsgerichts (siehe Rdn 484). Wegen der Hinterlegungszinsen siehe bereits Rdn 484.

486 **Mehrere Widersprüche,** die sich gegen verschiedene Zuteilungen richten, sind getrennt zu behandeln. Ist dieselbe Zuteilung von mehreren Widersprüchen betroffen, so sind die Widersprüche gemeinsam zu verhandeln. Hilfsverteilung an die Widersprechenden erfolgt in der Rangfolge ihrer Rechte. Die Widerspruchsklage ist dann gegen alle vom Widerspruch Betroffene zu richten, die den Widerspruch nicht anerkannt haben.[174]

f) Widerspruch des Schuldners gegen vollstreckbaren Anspruch

487 Der **Schuldner** kann Auszahlung des dem Gläubiger eines vollstreckbaren Anspruchs gebührenden Betrags durch Widerspruch[175] nicht ohne weiteres aufhalten. Sein nicht durch Einigung bei Verhandlung ausgeräumter Widerspruch

---

[171] OLG Hamm MDR 1965, 305 = NJW 1965, 825; Stöber Rdn 5.9 zu § 115; Zöller/Stöber Rdn 6; Stein/Jonas/Münzberg Rdn 3, je zu § 878 ZPO.

[172] Einzelheiten Stöber Rdn 5.3 zu § 115; außerdem OLG Hamm MDR 1965, 305 = NJW 1965, 825.

[173] Zöller/Stöber Rdn 1 zu § 882 ZPO.

[174] OLG Celle FamRZ 1996, 1228.

[175] Widerspricht der Vollstreckungsschuldner, weil einem für außergerichtlich befriedigt erklärten Grundpfandgläubiger das angemeldete Recht nicht zusteht, so muss die Widerspruchsklage gegen den Ersteher gerichtet werden, BGH 77, 107 = MDR 1980, 836 = NJW 1980, 2586.

gegen einen vollstreckbaren Anspruch wird vielmehr nach §§ 767, 769, 770 ZPO erledigt (§ 115 Abs 3 ZVG). Er hält die Ausführung des Teilungsplans daher nur auf, wenn Vollstreckungsabwehrklage erhoben (§ 767 ZPO) und die einstweilige Einstellung nach § 769 ZPO angeordnet oder eine einstweilige Anordnung im Urteil nach § 770 ZPO getroffen ist. Nach § 769 Abs 2 kann das Vollstreckungsgericht auf Schuldnerantrag unter Fristsetzung anordnen, dass bis zum Erlass des Urteils über die Einwendungen die Zwangsvollstreckung einstweilen einzustellen ist. Erforderlich hierfür: Die tatsächlichen Behauptungen, die den Antrag begründen, müssen glaubhaft gemacht sein (§ 769 Abs 1 S 2 ZPO) und den Antrag rechtfertigen. Schriftlicher Widerspruch ohne Einstellungsantrag und Glaubhaftmachung hält mithin die Planausführung in diesem Fall nicht auf. Dies gilt auch, wenn der Gläubiger, der den Titel hat, nicht selbst in das Grundstück vollstreckt hat.[176] Vorausgesetzt ist nur, dass ein Vollstreckungstitel (kann auch eine vollstreckbare Urkunde sein, § 794 Abs 1 Nr 5 ZPO) vorliegt, dessen Vollstreckbarkeit mit Vollstreckungsabwehrklage nach § 767 ZPO beseitigt werden muss.

Hat das Vollstreckungsgericht keine Kenntnis davon, dass der vom Widerspruch betroffene Anspruch durch einen vollstreckbaren Schuldtitel festgestellt ist, dann hat es davon auszugehen, dass der Widerspruch des Schuldners zulässig und nach §§ 876–882 ZPO zu erledigen ist. Kosten (auch Zwangsvollstreckungskosten, § 10 Abs 2 ZVG, § 788 ZPO) sind als vollstreckbarer Anspruch nur ausgewiesen, wenn über sie ein Kostenfestsetzungsbeschluss vorliegt (§ 794 Abs 1 Nr 2 ZPO); der Hauptsachetitel weist solche Kosten nicht vollstreckbar aus. Nicht festgesetzten Kosten kann der Schuldner somit nach § 115 Abs 1 S 2 ZVG widersprechen; dieser Widerspruch wird nach §§ 876–882 ZPO erledigt.

> **Beschlussbeispiel für Einstellung nach § 769 Abs 2 ZPO:** Auf Widerspruch und Antrag des Schuldners wird gemäß § 769 Abs 2 ZPO die Zwangsvollstreckung aus dem Urteil des ... gerichts vom ..., Aktenz ... ohne Sicherheitsleistung eingestellt. Der streitige Betrag von ... € (= Zuteilung Abschn IV Nr ... des Teilungsplans) ist demgemäß zu hinterlegen.
>
> Dem Schuldner wird Frist, innerhalb der die Entscheidung des Prozessgerichts über die weitere Einstellung der Zwangsvollstreckung (§ 769 Abs 1, auch § 770 ZPO) beizubringen ist, gesetzt bis ... Nach fruchtlosem Ablauf der Frist wird die Zwangsvollstreckung durch Planausführung fortgesetzt.

Kann der **Schuldner** wegen eines nicht rechtskräftigen (vollstreckbaren) Gläubigeranspruchs die Zwangsvollstreckung durch **Sicherheitsleistung** oder Hinterlegung abwenden, dann unterbleibt die Planausführung, wenn Sicherheit geleistet oder Hinterlegung erfolgt und dem Vollstreckungsgericht nachgewiesen ist (§ 115 Abs 4 ZVG). Gleichgültig ist, ob dem Schuldner nach §§ 707, 719 ZPO oder auf Grund einer anderen Vorschrift der ZPO (zB §§ 711, 712, 720a Abs 3) Sicherheitsleistung oder Hinterlegung möglich ist. Es hat Hilfsverteilung nach § 124 Abs 3 ZVG und Anlegung des betroffenen Erlöses nach § 124 Abs 2 ZVG mit § 120 ZVG oder Forderungsübertragung an Haupt- und Hilfsberechtigten zu erfolgen.

g) Bereicherungsanspruch und -klage

Die Möglichkeit, eine Planänderung zu verlangen oder vorzunehmen, endet mit   **488** Erlösverteilung durch Planausführung. Von da an können Ansprüche zum Ver-

---

[176] Stöber Rdn 6.1 zu § 115.

teilungsverfahren nicht mehr geltend gemacht, Anmeldungen nicht mehr vorgenommen oder ergänzt und mit sofortiger Beschwerde oder Widerspruch Einwendungen gegen den Teilungsplan nicht mehr erhoben werden. Nachträgliche Erklärungen der Beteiligten, die mit der Planausführung in Widerspruch stehen, bleiben unbeachtet.[177]

Damit wird die Befugnis eines Berechtigten, ein **besseres Recht** im Wege der (Bereicherungs-)Klage gegen den Gläubiger, der nach dem Plan einen Geldbetrag materiell zu Unrecht erhalten hat, geltend zu machen, jedoch nicht ausgeschlossen. Die Bereicherungsklage ist bei Versäumung der Widerspruchsfrist (§ 878 Abs 2 ZPO), aber auch dann möglich, wenn Widerspruch unterlassen wurde,[178] wenn ein Berechtigter sich am Verfahren überhaupt nicht beteiligt hat oder wenn Tatsachen vorliegen, die erst nach dem Verteilungstermin eingetreten sind.[179] Die Rechtskraftwirkung (§ 325 ZPO) eines im Widerspruchsprozess (§§ 878 ff ZPO) ergangenen Urteils schließt eine spätere Bereicherungsklage aus.

Bei Ausfall eines Berechtigten in der Erlösverteilung besteht sein persönlicher Anspruch fort. Ausnahme: § 114 a ZVG (Rdn 570).

10. Unterabschnitt. Behandlung bedingter Ansprüche
§§ 119, 120 ZVG

a) Bedingte Ansprüche bei Erlösverteilung

489   Dass der dem Berechtigten eines bedingten Rechts zukommende Anspruch auf Befriedigung aus dem Grundstück von einem zukünftigen **ungewissen Ereignis** abhängt, erlangt bei Erlösverteilung Bedeutung. Für einen durch Zahlung zu deckenden bedingten Anspruch (dazu gehören auch Kosten und wiederkehrende Leistungen eines bestehengebliebenen bedingten Rechts; wegen des bestehen bleibenden Rechts selbst siehe Rdn 253) ergeben sich Besonderheiten bei Aufstellung (§ 119 ZVG) und Ausführung (§ 120 ZVG) des Teilungsplans.

Der Inhaber des unter einer **aufschiebenden Bedingung** stehenden Rechts hat Anspruch auf Befriedigung aus dem Grundstück erst mit dem Eintritt der Bedingung (§ 158 Abs 1 BGB); sein bedingter Anspruch entfällt mit dem Ausfall der Bedingung, wenn somit feststeht, dass sie nicht mehr eintreten kann. Der Anspruch des Inhabers eines unter **auflösender Bedingung** stehenden Rechts entfällt rückwirkend mit dem Eintritt der Bedingung (§ 158 Abs 2 BGB). Wegen des betagten Anspruchs: Rdn 500.

Aufschiebend oder auflösend **bedingt ist ein Recht** (Hypothek, Grundschuld, Dienstbarkeit usw), wenn sein Bestehen als Grundstücksbelastung von einer durch Grundbucheintragung kenntlich gemachten Bedingung abhängig ist. Die aufschiebend (auflösend) bedingte Hypothek oder Grundschuld wird bei Ausfall (Eintritt) der Bedingung nicht Eigentümergrundschuld, sondern erlischt als Grundstücksbelastung. Folge: Nachrangige rücken auf. Davon zu unterscheiden ist die für eine bedingte Forderung bestellte unbedingte Hypothek (§ 1113 Abs 2 BGB); als unbedingte Grundstücksbelastung ist die Hypothek für eine aufschiebend bedingte Forderung bis zur Entstehung der Forderung Eigentü-

---

[177] Jaeckel/Güthe Rdn 2 zu § 113.
[178] BGH DNotZ 1995, 204 = MDR 1995, 791 = NJW 1994, 3299.
[179] Stöber Rdn 5.19 zu § 115 mit Nachw.

mergrundschuld (§ 1163 Abs 1, § 1177 BGB), bei der Hypothek für die auflösend bedingte Forderung entsteht die Eigentümergrundschuld mit dem Eintritt der Bedingung.

Zu den bedingten Ansprüchen gehören auch die durch Vormerkung oder Widerspruch gesicherten Rechte. **Aufschiebend bedingt** Anspruch auf Befriedigung (§ 10 Abs 1 Nr 4 ZVG) begründet eine
- **Vormerkung,** wenn sie die **Neubestellung eines Rechts** an dem Grundstück sichert, und ein
- **Widerspruch,** wenn er ein **bestehendes** (nicht eingetragenes) **Recht** an dem Grundstück sichert.

490

Vormerkung und Widerspruch gewähren damit aufschiebend bedingt Anspruch auf Befriedigung aus dem Grundstück bei Sicherung eines Rechts, das, wenn es endgültig eingetragen wäre, eine (neue) selbstständige Belastung des Grundstücks bilden[180] oder die Erweiterung eines solchen Rechts (Zinserhöhung) bewirken würde (s Rdn 254). Bedingungseintritt erfordert Feststellung, dass der durch die Vormerkung gesicherte Anspruch auf Einräumung eines Grundstücksrechts (§ 883 Abs 1 S 1 BGB) oder der durch den Widerspruch gesicherte Anspruch auf Grundbuchberichtigung durch Eintragung des Rechts an dem Grundstück (§ 899 Abs 1 mit § 894 BGB) bestanden hat und für den Erlösanspruch fortbesteht. Die Feststellung kann durch Anerkenntnis des bei Ausfall der aufschiebenden Bedingung Berechtigten oder durch (rechtskräftiges) Urteil erfolgen.

Sichert die Vormerkung die **Aufhebung eines Rechts** (zur Löschungsvormerkung auch Rdn 523), dann ist dieses Recht auf Befriedigung aus dem Grundstück (§ 10 Abs 1 Nr 4 ZVG) auflösend bedingt. Gleiches gilt für den Widerspruch mit dem Ziel der Löschung einer unzutreffenden Eintragung. Vormerkung oder Widerspruch, die Änderung des Rangs eines Grundstücksrechts zum Gegenstand haben, bewirken, dass für den Anspruch die Rangstelle des Rechtsinhabers auflösend bedingt ist.

Keine Bedingung für den (betragsmäßigen) Anspruch auf Befriedigung aus dem Grundstück (§ 10 Abs 1 Nr 4 ZVG) begründen Sicherung der **Übertragung eines Rechts** an dem Grundstück durch Vormerkung oder ein Widerspruch gegen die Übertragung eines Grundstücksrechts. Das Grundstück ist mit dem Recht endgültig belastet, der Anspruch auf Befriedigung aus dem Grundstück somit nicht von einem künftigen Ereignis abhängig. Zuteilung erfolgt somit nicht auf einen bedingten Anspruch; daher sind §§ 119 und 120 ZVG nicht anzuwenden.[181] Vormerkungswidrige Erlöszahlung an den derzeit Berechtigten wäre jedoch dem Vorgemerkten gegenüber unwirksam (§ 883 Abs 2 BGB); für Erlöszahlung nach Eintragung des Widerspruchs würde der grundbuchersichtliche Berechtigte (der Buchberechtigte oder nach § 1155 BGB Legitimierte) nicht mehr als wahrer Berechtigter gelten (§§ 892, 893 BGB). Berechtigte und mit jeweils entsprechender Maßgabe als solche zu berücksichtigen sind vielmehr sowohl der Rechtsinhaber (für den Fall, dass der durch Vormerkung gesicherte Anspruch auf Übertragung des Rechts bzw der durch Widerspruch geschützte Anspruch auf Grundbuchberichtigung nicht besteht) als auch (für den

---

[180] BGH 53, 47 = MDR 1970, 222 = NJW 1970, 565.
[181] Anders noch RG 145, 343 (347): Der noch nicht durch Eintragung der Abtretung verwirklichte, sondern nur durch Vormerkung gesicherte Anspruch ist bei der Erlösverteilung als unter aufschiebender Bedingung stehend nach §§ 119, 120 ZVG zu behandeln. Ebenso Dassler/Hintzen Rdn 7 zu § 119.

entgegengesetzten Fall) der durch Vormerkung gesicherte Gläubiger des Anspruchs auf Übertragung oder der durch den Widerspruch Geschützte. Ausführung des Teilungsplans kann daher nur erfolgen durch Zahlung an die möglichen Berechtigten gemeinsam (auch nach deren gemeinsamen Weisung) oder durch Hinterlegung des auf das unbedingt berücksichtigte Recht fallenden Erlöses für diese Berechtigten zusammen (§ 372 S 2 BGB und § 117 Abs 2 S 3 ZVG). Entsprechendes gilt für die Vormerkung zur Sicherung der Verpfändung eines Grundstücksrechts und für den Widerspruch gegen die Verpfändung eines Rechts.

490a Eine **Vormerkung** (ebenso der entsprechende Widerspruch) zur Sicherung des Anspruchs auf Eintragung einer verzinslichen Hypothek oder Grundschuld sichert auch die **Zinsen** des Grundpfandrechts (bedingt) vom Anfangstag seiner Verzinsung an. Dieser Zinsbeginn kann vor Eintragung des Grundpfandrechts im Grundbuch[182] und damit auch vor Eintragung der Vormerkung liegen. Eintragung des Anfangszeitpunkts der Verzinsung erfolgt durch Bezugnahme auf die Eintragungsbewilligung.[183] Auslegung der Eintragung, wenn eine Angabe über den Zinsbeginn fehlt: Rdn 254. Da der Vormerkungsberechtigte mit Eintritt der Bedingung Anspruch auf Befriedigung aus dem Grundstück hat (§ 158 Abs 1 BGB, Rdn 489), gebühren ihm von diesem Zeitpunkt an auch die Zinsen des Grundpfandrechts für die Zeit von dem vormerkungsgesicherten Anfangszeitpunkt an.

Diese **Zinsen** sind **gleichfalls** als **aufschiebend bedingter Anspruch** in den Teilungsplan aufzunehmen. Voraussetzung ihrer Berücksichtigung ist nach § 114 Abs 1 ZVG (Rdn 421) Eintragung oder Anmeldung. Der auf sie bedingt zuzuteilende Betrag ist ebenfalls nach § 119 ZVG hilfsweise zu verteilen und bei Planausführung ggfs nach § 120 ZVG zu behandeln. In den Teilungsplan aufgenommen (als Schuldenmasse) und bedingt zugeteilt werden vorgemerkte Zinsen einer nach den Versteigerungsbedingungen bestehen gebliebenen Vormerkung (siehe § 48 ZVG; Rdn 254) und vorgemerkte Zinsen einer durch den Zuschlag erloschenen Vormerkung. Der bedingte Zinsanspruch wird bei einer bestehen gebliebenen Vormerkung bis zum Tag vor dem Zuschlag, bei einer erloschenen Vormerkung bis zu dem Tag vor dem Verteilungstermin (die Tage jeweils eingeschlossen) berücksichtigt (siehe Rdn 427). Wenn die Vormerkung bestehen geblieben ist, treffen die weiterlaufenden Zinsen den Ersteher (§ 56 ZVG; für Zuzahlung § 50 Abs 1 S 2, Abs 2 Nr 1 ZVG). Umschreibung der Vormerkung in das verzinsliche Grundpfandrecht ist daher nur noch mit Zinsen vom Zuschlag an möglich; wegen der weiter zurückliegenden Zinsen ist der Berechtigte auf den Versteigerungserlös verwiesen.

b) Eventualberechtigter, Ersatzzuteilung

491 Wenn das Recht **bereits weggefallen** ist, weil der Ausfall der aufschiebenden Bedingung endgültig feststeht oder der auflösend bedingte Anspruch schon mit Sicherheit entfallen ist (siehe die Grundsätze Rdn 248a), bleibt der bedingte Anspruch bei der Erlösverteilung sogleich **unberücksichtigt**. Sonst wird der aufschiebend oder auflösend bedingte Anspruch bei rechtzeitiger Grundbucheintragung oder Anmeldung (§ 114 ZVG) in den Teilungsplan aufgenommen und bei der Zuteilung berücksichtigt.

---

[182] BGH 129, 1 (4) = DNotZ 1996, 84 = NJW 1995, 1081 = Rpfleger 1995, 343; Schöner/Stöber, Grundbuchrecht, Rdn 1957; OLG Stuttgart NJW 1953, 464.
[183] Schöner/Stöber, Grundbuchrecht, Rdn 1957.

Nach § 119 ZVG ist dann jedoch eine **Ersatz-** (auch Hilfs-)**Zuteilung** vorzunehmen. Grund: Eine nochmalige Verteilung bei Ausfall bzw Eintritt der Bedingung soll unterbleiben. Die Ersatzverteilung besteht in der Feststellung, wie der Betrag anderweit verteilt werden soll, wenn der aufschiebend oder auflösend bedingte Anspruch wegfällt. **Eventualberechtigter** ist der Berechtigte des durch Vormerkung oder Widerspruch gesicherten Anspruchs auf das Recht (zB bei Übertragungs- oder Verpfändungsvormerkung oder bei Widerspruch gegen die Person des Berechtigten), sonst sind Zweitberechtigte

– bei Wegfall eines bedingten Rechts (so einer Hypothekenvormerkung) die im Rang aufrückenden Nächstberechtigten, mithin die ausfallenden Berechtigten, in der Reihenfolge ihrer Ansprüche (soweit solche nicht mehr vorhanden sind erhält der Grundstückseigentümer bei Zuschlag den Erlösüberschuss),

– bei Wegfall der bedingten Forderung für eine unbedingte Hypothek (§ 1113 Abs 2 BGB) der Eigentümer, zu dessen Gunsten die Belastung Eigentümergrundschuld geworden ist.

Beispiele für Teilungsplan: Abschnitt Schuldenmasse	492

Bank für Baugeld in ...
Anspruch aus der Grundschuld
Abt III Nr 4 zu 40 000 €
für den Fall, dass die aufschiebende Bedingung unter der
das Recht bestellt wurde, nämlich ... eintritt,
a) 6% Zinsen aus 40 000 €
   für die Zeit
   vom 1. 10. 2009–30. 9. 2010   2 400 €
b) Hauptsache   40 000 €.

Teilungsplan: Abschnitt Zuteilung   493
Bank für Baugeld in ...
Zuteilung auf die Ansprüche aus
der Grundschuld Abt III Nr 4,
wie Abschn III lfd Nr ... festgestellt
für den Fall, dass die dort angegebene Bedingung eintritt,
in Höhe von 42 400 €.

Ersatzzuteilung: 494
Zugeteilt wird für den Fall, dass der Anspruch des Gläubigers der aufschiebend
bedingten Grundschuld Abt III Nr 4 zu 40 000 € mit dem Ausfall der aufschiebenden Bedingung (nämlich: ...) entfällt, der freiwerdende Betrag in Höhe von
42 400 € (= Abschn IV Nr ... des Plans) dem (den, mehreren in der nachbenannten Reihenfolge ihrer Ansprüche) bislang ausfallenden Gläubiger(n) (ggfs dem
Eigentümer als Erlösüberschuss) auf die folgenden Ansprüche: ...

Bedingte Zuteilung bei Hypotheken-Vormerkung: 495
Bank für Baugeld in ...
auf die Vormerkung Abt III Nr 17
für den Fall, dass und soweit der gesicherte Anspruch
auf Eintragung einer Hypothek ohne Brief besteht,
der Betrag bis zur Höhe von ... €.
Für den entgegengesetzten Fall wird der freiwerdende Betrag bis zur Höhe
von ... € dem (den, mehreren in der nachbenannten Reihenfolge ihrer Ansprüche) bislang ausfallenden Gläubiger(n) (ggfs dem Eigentümer als Erlösüberschuss) auf die folgenden Ansprüche zugeteilt: ...

Ist der **Eventualanspruch** wiederum **bedingt,** so ist durch den Teilungsplan auch 496 festzustellen, wie der Betrag auch bei Wegfall dieses Anspruchs weiter verteilt werden soll.

c) Ausführung des Teilungsplans bei bedingtem Anspruch

497 Bei Ausführung des Teilungsplans ist zwischen einem auflösend und einem aufschiebend bedingten Anspruch zu unterscheiden (vgl § 120 ZVG).

Der **auflösend bedingt Berechtigte** hat zunächst wirksamen Anspruch, der erst bei Eintritt der Bedingung wieder wegfällt. Er wird daher auch vor Bedingungseintritt bei Planausführung wie der Inhaber eines unbedingten Anspruchs behandelt; an ihn wird ungeachtet der Bedingung und ohne Rücksicht auf den Hilfsberechtigten Zahlung aus dem Erlös geleistet.[184] Dadurch wird die Verpflichtung zur Rückgewähr bei Eintritt der Bedingung nicht berührt. Der Eventualberechtigte kann sein Recht mit Widerspruch geltend machen und dadurch Hilfsverteilung sowie Hinterlegung nach §§ 124, 120 ZVG erreichen.

Zuteilung auf einen **aufschiebend bedingten Anspruch** führt, weil noch Ungewissheit darüber besteht, ob der (Erst-)Berechtigte den Anspruch wirksam erlangen wird, zur Hinterlegung (§ 120 Abs 1 S 1 ZVG). Hinterlegt wird für den bedingt und den nach der weiteren Zuteilung (§ 119 ZVG, Rdn 491) hilfsweise Berechtigten je unter der entsprechenden Bedingung. Die Berechtigten und die Bedingungen sind im Hinterlegungsantrag genau zu bezeichnen. Mit der Hinterlegung ist die Tätigkeit des Vollstreckungsgerichts beendet. Die Berechtigten müssen bei Eintritt oder Ausfall der Bedingung bei der Hinterlegungsstelle unmittelbar Antrag auf Auszahlung stellen. Während der Schwebezeit können die beiden bedingt Berechtigten das Kapital nur gemeinsam in Anspruch nehmen (§ 1077 Abs 1 BGB). Ihnen ist der zugeteilte Betrag sogleich vom Vollstreckungsgericht gemeinsam zu überlassen, wenn sie sich über die Auszahlung einigen. Während der Schwebezeit hat die Anlegung nach den für die Anlegung von Mündelgeld geltenden Vorschriften verzinslich zu erfolgen (§ 1079 BGB, § 120 Abs 2 ZVG); anzulegen ist mithin nach Maßgabe der §§ 1806 ff BGB. Die Art der Anlegung bestimmt derjenige, welchem der Betrag gebührt, wenn die Bedingung ausfällt, mithin der Eventualberechtigte.

498 An den bis zum Eintritt der Bedingung Berechtigten eines auflösend bedingten Anspruchs wird ausbezahlt bzw bedingungslos übertragen; ihm gebühren daher **Zinsen**, die er durch Anlegung des Geldes erzielt. Bei Widerspruch ist er Zinsberechtigter nach dem Rdn 497 Gesagten. Zinsen, die bei aufschiebend bedingtem Anspruch durch Hinterlegung des dem Berechtigten zugeteilten Betrages erzielt werden, stehen nach allgemeiner Ansicht bis zum Eintritt der Bedingung dem Eventualberechtigten zu, weil das bedingte Recht des anderen erst mit Bedingungseintritt wirksam wird. Der sonach Berechtigte hat die Zinsen jedoch dem bedingt Berechtigten bei Bedingungseintritt ggfs nach § 159 BGB zu erstatten. Im Einzelfall kann etwas anderes bestimmt sein. Die Zinsberechtigung ist bei Hinterlegung zu bezeichnen. Ist der bedingte Anspruch wegen unzureichender Masse noch nicht voll gedeckt, so sind Zinsen zunächst dem Kapital bis zu seiner Auffüllung zuzuführen.

499 Bei **Nichtzahlung des Meistgebots** wird dem Berechtigten eines auflösend bedingten Anspruchs die Forderung gegen den Ersteher bedingungslos übertragen; die Sicherungshypothek wird mit den Zinsen für ihn allein eingetragen (streitig).[185] Auch hier kann sich der Eventualberechtigte mit Widerspruch sichern. Bei aufschiebend bedingtem Anspruch führt die Nichtzahlung des Meistgebots zur Planausführung durch Übertragung der Forderung gegen den

---

[184] Dazu Stöber Rdn 3.1 zu § 119; Dassler/Hintzen Rdn 15 zu § 119 und Rdn 11 zu § 120.
[185] Dazu Stöber Rdn 3.4 zu § 119.

Ersteher auf den Erst- und den (die) Eventualberechtigten je unter der entsprechenden Bedingung (§ 120 Abs 1 S 3 ZVG). In gleicher Weise wird die Sicherungshypothek (§ 128 ZVG) eingetragen; Zinsen gebühren bis zum Eintritt der Bedingung dem Hilfsberechtigten (siehe Rdn 498); das muss auch bei Eintragung der Sicherungshypothek hervorgehoben werden.[186]
Anders wird (bei Barzahlung oder Nichtzahlung) der auflösend bedingte Anspruch behandelt, wenn der bedingt Berechtigte nach dem Inhalt der Bedingung zur Sicherheitsleistung verpflichtet ist.[187]

11. Unterabschnitt. Der betagte Anspruch
§ 111 ZVG

Ein betagter, auf Kapitalzahlung gerichteter Anspruch, damit der Erlösanspruch   500
des Gläubigers einer durch den Zuschlag erloschenen Hypothek, Grundschuld und Rentenschuld (deren Ablösungssumme) gilt als **fällig** (§ 111 S 1). Grund: Es soll die Verteilung endgültig erledigt werden. Betagt ist der Anspruch, wenn die Fälligkeit von einem künftigen gewissen Ereignis abhängt; Beispiele: bestimmter Kalendertag, Ablauf einer Kündigungsfrist, Todestag einer Person. Der verzinsliche betagte Anspruch wird als fälliger Anspruch mit den Zinsen bis zum Verteilungstermin in den Teilungsplan aufgenommen; für die vorzeitige Kapitalzahlung erfolgt kein Ausgleich.
Bei **unverzinslichem** Anspruch darf der Gläubiger aus der vorzeitigen Zahlung „keinen ungerechtfertigten Gewinn ziehen".[188] Die mit vorzeitiger Fälligkeit gegebene Begünstigung wird daher durch Kürzung der Hauptsumme um Zwischenzinsen (nicht Zinseszinsen) ausgeglichen. Der Gläubiger erhält nur die Summe, welche mit Hinzurechnung der gesetzlichen Zinsen für die Zeit von der Zahlung bis zur Fälligkeit dem Betrage des Anspruchs gleichkommt (§ 111 S 2 ZVG).
Solange die Zeit der Fälligkeit ungewiss ist (zB Todestag einer Person), die Abzinsung mithin nicht berechnet werden kann, wird der unverzinsliche betagte Anspruch als aufschiebend bedingt nach §§ 119, 120 ZVG (Rdn 497) behandelt (§ 111 S 2 letzter Satzteil ZVG). Bei einem kündbaren Anspruch ist der Fälligkeitstermin durch den Ablauf der Kündigungsfrist bestimmt; maßgeblich ist die für den Gläubiger geltende Kündigungsfrist, wenn für ihn und den Schuldner verschiedene Kündigungsfristen festgelegt sind.
Die Abzinsung (§ 111 S 2 ZVG) erfolgt nach der sogen **Hoffmannschen Methode**.[189]

$$\text{Formel:}^{190} \; K = \frac{100 \times N}{100 + (Z \times J)} \qquad \text{mit Tagen: } K = \frac{36\,500 \times N}{36\,500 + (Z \times T)}$$

K = gesuchtes (abgezinstes) Kapital
N = Nennbetrag des Kapitals vor Abzinsung
J = Zahl der Jahre ⎫ zwischen ursprünglicher Fälligkeit (einschließlich)
T = Zahl der Tage ⎭ und vorzeitiger Auszahlung (Tag ausgenommen)
Z = Zinsfuß in Prozenten (4 vH).

---

[186] Siehe Stöber Rdn 2.4 zu § 120.
[187] Stöber Rdn 3.1 zu § 119; Korintenberg/Wenz Anm 4 zu § 120.
[188] Motive zum ZVG-Entwurf, zu § 154 Seite 285.
[189] Einzelheiten und andere mathematische Methoden Stöber Rdn 2.11 zu § 111.
[190] Eingehend in Zeller/Stöber Tabelle 3.

Beispiel: Nennbetrag 1200 €; ursprüngliche Fälligkeit 1. 10. 2015, vorzeitige Auszahlung 1. 10. 2010; Zahl der Jahre somit 5; Zinsfuß 4%.

$$K = \frac{100 \times 1200}{100 + (4 \times 5)} = 1000 \text{ €}.$$

12. Unterabschnitt. Der unbekannte Berechtigte
§§ 126, 135–142 ZVG

501   **Zuteilung** an den unbekannten Berechtigten
aus der Brief-Hypothek Abt III Nr 2 zu 30 000 €
(Brief/Abtretungserklärung liegt nicht vor):
der Abschn III lfd Nr … festgestellte
Anspruch in Höhe von … €
Eventualverteilung gemäß § 126 Abs 1 ZVG:
Wenn und soweit der Berechtigte nicht ermittelt wird ist der Betrag zu verteilen
an die folgenden bislang ausgefallenen Gläubiger, denen mit dieser Maßgabe
die nachbenannten Beträge zugeteilt werden: …
Hinterlegungszinsen gebühren bei nachträglicher Ermittlung des Berechtigten diesem, sonst anteilig den Eventualberechtigten.

a) Aufstellung des Teilungsplans

502 Der **Berechtigte** (Rdn 464) **ist unbekannt** (§ 126 Abs 1 ZVG), wenn bei einer Hypothek, Grundschuld oder Rentenschuld der Brief nicht vorgelegt ist oder wenn sonst nicht feststeht, welcher Person ein zuzuteilender Betrag zusteht. Das ist zB der Fall, wenn der nicht eingetragene Gläubiger eines Briefrechts die in § 1155 BGB bezeichneten Urkunden nicht vorgelegt hat oder wenn der Rechtsinhaber verstorben ist und seine Erben nicht ermittelt sind, nicht aber, wenn nur der Aufenthalt oder der gesetzliche Vertreter des bekannten Berechtigten unbekannt ist (dann § 117 Abs 2 S 3 ZVG, Rdn 469). Ein Hypotheken- oder Grundschuld**brief** muss im Verteilungstermin vorliegen, wenn Zahlung auf das Kapital (auch soweit nur Tilgungsbeträge wegzufertigen sind) erfolgen soll (§ 1160 BGB), nicht aber, wenn Zuteilung nur auf rückständige Zinsen oder andere Nebenleistungen und Kosten erfolgt ist (§ 1160 Abs 3 mit § 1159 BGB).[191] Sind Kosten, Zinsen sowie Nebenleistungen und das Kapital eines erloschenen Rechts wegzufertigen, dann hat die Nichtvorlage des Briefes zur Folge, dass der Berechtigte für den Gesamtanspruch (nicht nur für das Kapital) als unbekannt gilt.[192] Der Brief, ggf Urkunden nach § 1155 BGB, haben auch vorzuliegen, wenn Zahlung an einem Neugläubiger erfolgen soll, der Anspruch auf den Erlösbetrag mit Abtretung erst nach Wirksamkeit des Zuschlags erlangt haben kann. Berechtigung des Zessionars erfordert in einem solchen Fall, dass die (nachgewiesene) Zession auf einen Rechtsinhaber zurückgeht, der nach § 126 ZPO legitimiert ist. Er muss als Gläubiger bei Erteilung des Zuschlags mithin im Grundbuch eingetragen oder durch öffentlich beglaubigte Abtretungserklärungen (§ 1155 BGB) als Rechtsnachfolger des Eingetragenen aus-

---

[191] Stöber Rdn 2.1 zu § 126; Jaeckel/Güthe Rdn 2 zu § 126; Korintenberg/Wenz Anm 1 zu § 126; anders Dassler/Hintzen Rdn 7 zu § 126; Steiner/Teufel Rdn 12 zu § 126; Morvilius ImmVollstr Rdn 554.
[192] Stöber und Jaeckel/Güthe je wie Fußn 191.

gewiesen und durch Briefvorlage (die in diesem Fall durch den Zessionar oder Zedenten des Erlösanspruchs erfolgen kann) legitimiert sein.[193]

Durch den Teilungsplan ist, wenn für einen zugeteilten Betrag die Person des **503** Berechtigten unbekannt ist, festzustellen, **wie** der Betrag **verteilt werden soll,** wenn der Berechtigte nicht ermittelt wird (§ 126 Abs 1 ZVG). Grund: Klarstellung des Aufgebotsrechts (§ 138 Abs 1 ZVG) und der Verteilung des mit Erlass eines Ausschließungsbeschlusses freiwerdenden Betrags (§ 141 ZVG). Eventualberechtigter: Ausfallende Berechtigte in der Rangfolge ihres Ausfalls, schließlich Eigentümer mit Anspruch auf den Erlösüberschuss.

b) Ausführung des Teilungsplans

Planausführung erfolgt durch Hinterlegung (nach Hinterlegungsordnung) für **504** den unbekannten Berechtigten (Hinterlegungsgrund: § 126 Abs 2 S 1 ZVG), nicht auch für den Hilfsberechtigten. Rücknahmeverzicht wird im Hinterlegungsantrag nicht erklärt.

Hinterlegungsantrag

Hinterlegung gemäß § 126 Abs 2 S 1 ZVG eines Teils des Versteigerungserlöses in der Zwangsversteigerungssache... zugunsten des unbekannten Berechtigten aus der Briefhypothek Abt III Nr 2 (Grundbuch für Gemarkung... Blatt...) im Betrag von 30 000 €. Anweisung auf den hinterlegten Betrag erteilt das Vollstreckungsgericht.

Verfügung über den Betrag kann nur durch das Vollstreckungsgericht erfolgen (§ 137 Abs 1, § 141 ZVG), nicht durch den Berechtigten und nicht durch den sich ausweisenden Berechtigten gemeinsam mit dem Eventualberechtigten.

Ist der Betrag nicht gezahlt, so wird die **Forderung gegen den Ersteher** auf den **505** unbekannten Berechtigten (nicht auch auf den Eventualberechtigten) übertragen (§ 126 Abs 2 S 2 ZVG).

Beispiel:
Beispiel: Der Teilungsplan wird dadurch ausgeführt, dass die Forderung gegen den Ersteher gemäß § 118 Abs 1 (und § 126 Abs 2 S 2) ZVG übertragen wird auf den unbekannten Berechtigten aus der Briefhypothek Abt III Nr 2 zu 30 000 € in Höhe eines Betrages von... € (mit Worten:... €) nebst 4 vH Zinsen seit dem 1. 10. 20.. (= Tag des Verteilungstermins).

Eintragung der **Sicherungshypothek** (§ 128 ZVG, dazu Rdn 558) erfolgt ebenfalls nur für den „unbekannten Berechtigten" (aus dem zu bezeichnenden Recht). Nach Ermittlung des Berechtigten

– vor Eintragung der Sicherungshypothek: Umwandlung der Übertragung an den unbekannten Berechtigten in eine Forderungsübertragung an den ermittelten Berechtigten;

– nach Eintragung der Sicherungshypothek: Ersuchen um Berichtigung des Grundbuchs durch Eintragung des ermittelten Berechtigten der Sicherungshypothek,

je durch das Vollstreckungsgericht (§ 137 Abs 1 ZVG). Verfahren: Rdn 508. Weiteres Verfahren: §§ 135 ff ZVG.

Ergibt sich erst **nach dem Verteilungstermin,** dass ein Berechtigter unbekannt **506** ist (zB weil ein überwiesener Betrag als unbestellbar zurückkommt) und ist eine weitere Aufklärung nicht möglich, so ist neuer Termin zur Änderung der Planausführung zu bestimmen und nach § 126 ZVG (Bestimmung eines Eventualberechtigten usw) zu verfahren. Zu laden: Schuldner, ausgefallene Gläubiger,

---

[193] Hierzu Stöber Rdn 2.1 zu § 126.

Ersteher (ggfs mithaftender Bürge, Meistbietender), wenn das Meistgebot noch nicht voll bezahlt ist.

c) Ermittlung des unbekannten Berechtigten

507

Vertreterbestellung zur Ermittlung des Berechtigten: § 135 ZVG.
Beschluss: Dem unbekannten Berechtigten für den auf die Brief-Hypothek Abt III Nr 2 zu 30 000 € nach Abschn IV Nr … des Teilungsplanes zugeteilten Betrag in Höhe von … € wird zur Ermittlung gemäß § 135 ZVG als Vertreter Herr Rechtsanwalt … bestellt.

Auslagen und Gebühren des Vertreters sind aus dem zugeteilten Betrag vorweg zu entnehmen (§ 135 S 3 ZVG), auch wenn der Vertretene nicht ermittelt wird und der Eventualberechtigte zum Zuge kommt. Wenn der zugeteilte Betrag nicht bezahlt ist, muss dem Vertreter ein entsprechender Teil der Forderung gegen den Ersteher mit Vorrang vor dem Rest übertragen werden; Vollstreckbarkeit: §§ 132, 133 ZVG.

508 Nach späterer Ermittlung des Berechtigten ist der Teilungsplan **weiter auszuführen** (§ 137 Abs 1 ZVG). Für diese weitere Planausführung kann Termin bestimmt werden (§ 139 Abs 1 ZVG). Bei Planausführung ohne Termin ist den Beteiligten eine Benachrichtigung darüber, wer als Berechtigter angesehen wird, zuzustellen. Zuzuziehen sind der angebliche Berechtigte, der Ermittlungsvertreter, die Hilfsberechtigten und der letzte Grundstückseigentümer (= Schuldner), wenn Widerspruch erhoben ist auch der Widersprechende. Rechtsbehelf: Sofortige Beschwerde (§ 793 ZPO); Fristbeginn mit Zustellung. Muster für Beschluss über die Feststellung des Berechtigten: Kommentar Rdn 3 zu § 137. Behandlung eines Widerspruchs: § 137 Abs 2 und § 139 Abs 2 ZVG.

509 **Ermächtigung** des Eventualberechtigten **zum Aufgebotsantrag:** § 138 Abs 1 ZVG. Antrag: formlos. Antragsberechtigter: Nur der Eventualberechtigte (von mehreren jeder für sich allein), nicht auch der Ermittlungsvertreter.

Beschluss: In dem Verfahren … wird der … gemäß § 138 Abs 1 ZVG ermächtigt, das Aufgebotsverfahren zum Zwecke der Ausschließung des unbekannten Berechtigten von der Befriedigung aus dem auf die … zugeteilten Betrag zu beantragen. (Wenn von mehreren Eventualberechtigten nur einer Antrag gestellt hat: … zugeteilten Betrag zur Befriedigung des ihm hilfsweise zukommenden Erlösanteils von … € zu beantragen).

Beschlusszustellung (§ 329 Abs 3 ZPO) an Antragsteller und Ermittlungsvertreter. Zuständig für das Aufgebotsverfahren ist wegen des engen Zusammenhangs mit dem Verteilungsverfahren das Vollstreckungsgericht (§ 140 Abs 1 ZVG), also das Versteigerungsgericht. Verfahren: §§ 433–441 FamFG mit den Besonderheiten des § 140 ZVG. Bekanntmachung und Fristen sind landesrechtlich zum Teil abweichend geregelt (§ 12 EGZVG).
Planausführung nach Erlass eines Ausschlussurteils: § 141 ZVG.

13. Unterabschnitt. Zuzahlung
§§ 50, 51, 125 ZVG

510

Zuzahlungsverpflichtung steht fest: Der von dem Ersteher deshalb, weil die bei der Feststellung des geringsten Gebots berücksichtigte Hypothek Abt III Nr … nicht besteht, außer dem Bargebot nach § 50 Abs 1 ZVG zu zahlende Betrag des berücksichtigten Kapitals von … € wird zugeteilt:

a) in Höhe von … € mit … vH Zinsen hieraus seit … (= Tag des Verteilungstermins) an … auf den Anspruch …

b) usw.

Zuzahlungsverpflichtung ist streitig: Für den Fall, dass und soweit der Ersteher 511 deshalb, weil die bei der Feststellung des geringsten Gebots berücksichtigte Hypothek Abt III Nr … nicht besteht, außer dem Bargebot nach § 50 Abs 1 ZVG auch den Betrag des berücksichtigten Kapitals bis zur Höhe von … € zu zahlen hat, wird dieser Betrag zugeteilt: …

Zuzahlungspflicht für ein bedingtes Recht: Für den Fall, dass und soweit der 512 Ersteher deshalb, weil der durch die Vormerkung Abt III Nr … gesicherte Anspruch auf Eintragung einer Hypothek nicht besteht und deshalb mit dem Ausfall der aufschiebenden Bedingung dieses bei der Feststellung des geringsten Gebots berücksichtigte bedingte Recht wegfällt, außer dem Bargebot nach § 50 Abs 2 Nr 1 ZVG auch den Betrag des berücksichtigten Kapitals bis zur Höhe von … € zu zahlen hat, wird dieser Betrag zugeteilt: …

Zuzahlungspflicht infolge Wegfalls eines Gesamtrechts: Für den Fall, dass und 513 soweit die bei der Feststellung des geringsten Gebots berücksichtigte Gesamthypothek Abt III Nr …, die noch an dem Grundstück … besteht, an dem versteigerten Grundstück nach den besonderen Vorschriften über die Gesamthypothek erlischt und der Ersteher deshalb außer dem Bargebot nach § 50 Abs 2 Nr 2 ZVG auch den Betrag des berücksichtigten Kapitals bis zum Betrage von … € zu zahlen hat, wird dieser Betrag zugeteilt: …

a) Zuzahlung für Grundpfandrechte

Mit Grundstückserwerb durch Zuschlag übernimmt der Ersteher die bestehen 514 bleibenden Rechte (§§ 52, 91 Abs 1 ZVG, Rdn 276). Damit ist vorausgesetzt, dass jede im geringsten Gebot berücksichtigte Belastung auch tatsächlich besteht. Das vom Ersteher erworbene Grundstück ist indes mit einem Recht nicht belastet, wenn eine berücksichtigte Hypothek, Grundschuld oder Rentenschuld oder ein anderes Recht überhaupt nicht besteht oder als bedingtes Recht später wegfällt oder als Gesamtrecht infolge der Mithaft eines anderen Grundstücks erlischt. Der Vorteil daraus kommt aber nicht dem Ersteher zu (er wäre sonst ohne entsprechende Gegenleistung bereichert), sondern den Beteiligten, deren Befriedigung das bei Anrechnung des Rechts abgegebene Meistgebot nicht ermöglicht hat; der Ersteher hat den Wegfall einer Belastung durch Barzahlung (sogen Zuzahlung,[194] auch Ersatz- oder Nachzahlung) auszugleichen.

Zuzahlung ist zu leisten, wenn eine bei der Feststellung des geringsten Gebots berücksichtigte **Hypothek, Grundschuld** oder Rentenschuld

– bei Wirksamwerden des Zuschlags (§ 89 und § 104 ZVG; bei späterem Wegfall keine Zuzahlung) ganz oder teilweise **nicht besteht** (§ 50 Abs 1 ZVG), insbesondere infolge Unwirksamkeit der Eintragung (siehe Rdn 248) oder Erlöschen durch Zahlung in der Zwangsverwaltung (§ 158 Abs 2 ZVG, § 1181 Abs 1 BGB). Das ist nicht der Fall, wenn eine Hypothek nicht valutiert ist, weil sie dann als Eigentümergrundschuld (bzw -hypothek) als Grundstücksbelastung fortbesteht (siehe Rdn 249), und auch nicht, wenn die Forderung einer Sicherungsgrundschuld erloschen ist[195] (berührt den Bestand der Grundschuld nicht, Rdn 260) und ebenso nicht, wenn für eine bestehen

---

[194] Der Begriff Zuzahlung ist zum Unterschied von „Ersatzzahlung" eingeführt, mit der besser der Wertersatz für erlöschende Rechte (§ 92 ZVG) bezeichnet wird; siehe auch Stöber Rdn 1.3 zu § 50.

[195] BGH NJW-RR 1990, 1202.

gebliebene Grundschuld unter Verstoß gegen den Rückgewähranspruch eines Dritten nach Versteigerung (Zuschlag) Löschungsbewilligung erteilt wird, die es dem Ersteher ermöglicht, sein Grundstück von der dinglichen Belastung zu befreien;[196]

– **bedingt ist** (§ 158 BGB) und (vor oder nach dem Zuschlag) die aufschiebende **Bedingung ausfällt** oder die auflösende **Bedingung eintritt** (§ 50 Abs 2 Nr 1 ZVG). Zu den bedingten Rechten in diesem Sinne gehören auch Vormerkungen, wenn sie eine neue selbstständige Belastung des Grundstücks sichern,[197] und ein durch Widerspruch gesichertes Recht (siehe dazu auch Rdn 490);

– **noch an einem anderen Grundstück**, damit als Gesamtrecht, besteht und an dem versteigerten Grundstück **nach** dem Zuschlag nach den besonderen Vorschriften über die **Gesamthypothek erlischt** (§ 50 Abs 2 Nr 2 ZVG). Ausnahme hier: bei persönlicher Haftung des Erstehers, soweit er nicht bereichert ist (§ 50 Abs 3 ZVG). Der Zuzahlungsfall des § 50 Abs 2 Nr 2 ZVG ist auch gegeben, wenn alle gesamthaftenden Grundstücke zu einem Gesamtausgebot zugeschlagen sind und die bei einem Grundstück in das geringste Gebot aufgenommene, bei dem anderen Grundstück aber ausfallende Grundschuld erlischt.[198] Nicht bestanden hat das Gesamtrecht, wenn es an dem versteigerten Grundstück nach Gesamtrechtsvorschriften bereits bei (= vor) Erteilung des Zuschlags erloschen war; Zuzahlungspflicht begründet dann bereits § 50 Abs 1 ZVG.

Eine bestehen gebliebene Hypothek nach dem vormaligen Zivilgesetzbuch „DDR" besteht nur in der Höhe der Forderung (Rdn 249c). Ist die Forderung erloschen, so ist auch diese Hypothek erloschen (§ 454 Abs 2 S 1 ZGB „DDR"). Eine Eigentümergrundschuld ist damit nicht entstanden. Zuzahlung nach § 50 Abs 1 ZVG hat der Ersteher daher auch zu leisten, wenn (oder soweit teilweise) eine solche bei der Feststellung des geringsten Gebots berücksichtigte Hypothek nicht besteht, weil die Forderung bereits bei Erteilung des Zuschlags erloschen war.

515 **Zuzahlungsbetrag** ist der Betrag des berücksichtigten Kapitals in der im geringsten Gebot als bestehen bleibendes Recht enthaltenen Höhe; die im baren Teil des geringsten Gebots berücksichtigten Kosten und Zinsen zählen nicht dazu (§ 50 Abs 1, Abs 2 ZVG).

Verzinslichkeit, Zinssatz (keine Anwendung des § 49 Abs 2 ZVG), Zahlungszeit, Kündigung (für den Berechtigten des Ersatzbetrags und für den Ersteher als Zahlungspflichtiger) und Zahlungsort bestimmen sich nach den für das berücksichtigte Recht getroffenen Bestimmungen.

b) Zuzahlung für sonstige Rechte

516 **Zuzahlung** ist nach § 51 ZVG **außerdem** zu leisten, wenn ein **anderes** bei der Feststellung des geringsten Gebots berücksichtigtes **Recht** (siehe Rdn 268), insbesondere ein Wohnungsrecht – auch bei Wegfall aus öffentlich-rechtlichen Gründen[199] –, auch eine Auflassungsvormerkung, weil der Auflassungsanspruch

---

[196] BGH 106, 375 (Gründe hier nicht vollständig abgedruckt) = DNotZ 1989, 618 = NJW 1989, 1349; BGH DNotZ 1994, 47 = MDR 1993, 755 = NJW 1993, 1919.
[197] BGH 53, 47 = MDR 1970, 222 = NJW 1970, 565.
[198] BGH 46, 246 = MDR 1967, 292 = NJW 1967, 567.
[199] BGH MDR 1966, 46 = NJW 1966, 154.

nicht entstanden ist,[200] und zwar selbst bei Zuschlag an den Berechtigten des gesicherten Auflassungsanspruches,[201]

– bei Wirksamwerden des Zuschlags nicht besteht (§ 89 und § 104 ZVG); bei späterem Wegfall, auch wenn er unmittelbar oder recht kurz nach dem Zuschlag eintritt, liegt kein Ersatzzahlungsfall vor (§ 51 Abs 1 mit § 50 Abs 1 ZVG),
– bedingt ist und (vor oder nach dem Zuschlag) die aufschiebende Bedingung ausfällt oder die auflösende Bedingung eintritt (§ 51 Abs 1 mit § 50 Abs 2 Nr 1 ZVG).

Nach den besonderen Vorschriften über die Gesamthypothek (Fall des § 50 Abs 2 Nr 2 ZVG) können solche Rechte (auch eine Reallast) nicht erlöschen.[202] Zuzahlungsbetrag hier: Betrag, der bei Feststellung des geringsten Gebots (dazu Rdn 268) als Erhöhung des Werts des Grundstücks[203] (bindend[204]) festgesetzt worden ist (§ 51 Abs 1 S 2, Abs 2 ZVG). Wenn mehrere Versteigerungstermine stattfinden, muss die Festsetzung in jedem bei Feststellung des geringsten Gebots (§ 66 Abs 1 ZVG) neu erfolgen; maßgebend ist im Zuzahlungsfall die Festsetzung in dem letzten Versteigerungstermin vor Erteilung des Zuschlags. Um den etwa zur Nichtentstehung eines Auflassungsanspruchs vom Ersteher aufgewendeten Betrag vermindert sich die Zuzahlungsverpflichtung.[205] Ist Festsetzung des Ersatzbetrags (versehentlich) unterblieben, so muss das Vollstreckungsgericht im Verteilungsverfahren Vermittlung einer Einigung der Beteiligten versuchen, sonst den Betrag bei der Erlösverteilung (jetzt nicht mehr bindend für die Beteiligten) festsetzen;[206] im Streitfall entscheidet dann das Prozessgericht.

Zahlungszeit und Verzinsung: Drei Monate nach Kündigung durch den aus der Zuzahlung Berechtigten mit gesetzlichen Zinsen (4 vH, § 246 BGB; Abweichung nach § 59 ZVG möglich) vom Zuschlag an (§ 51 Abs 1 S 2 ZVG).

c) Zuteilung der Zuzahlung

Steht im Verteilungstermin der Wegfall des Rechts bereits fest und leistet der Ersteher den Zuzahlungsbetrag (mit Zinsen bis zum Terminstag) an das Gericht, so wird dieser Betrag mit der sonst vorhandenen Teilungsmasse **verteilt**. Im Übrigen ist die Forderung auf den **Zuzahlungsbetrag von Amts wegen** in das Verteilungsverfahren einzubeziehen, wenn

– das **Nichtbestehen** (der Wegfall) des Rechts (objektiv) **feststeht,** die eine Ersatzzahlungspflicht begründenden Tatsachen mithin gerichtsbekannt sind (zB Tod des Wohnungsberechtigten vor Zuschlag; Sterbeurkunde liegt vor). Darauf, dass das weggefallene Recht im Grundbuch gelöscht ist, kommt es nicht an;[207]
– ein **bedingtes Recht** bestehen geblieben ist (die Bedingung ergibt sich aus dem Grundbuch); Zuteilung des Ersatzbetrags unter der Bedingung (§ 125 Abs 2 ZVG) muss stets erfolgen;

517

---

[200] BGH 46, 124 = MDR 1967, 34 = NJW 1967, 566.
[201] LG Augsburg Rpfleger 1966, 370; Stöber Rdn 4.2 (lit a) zu § 51.
[202] Jaeckel/Güthe Rdn 12 zu §§ 50, 51 ZVG.
[203] Hierzu Stöber Rdn 3 zu § 51.
[204] BGH MDR 1966, 46 = NJW 1966, 154; Schiffhauer Rpfleger 1975, 190.
[205] BGH 46, 124 = aaO (Fußn 200); näher hierzu Stöber Rdn 4.2 (lit g) zu § 51.
[206] Näher Stöber Rdn 2.7 zu § 125.
[207] BGH MDR 1966, 46 = NJW 1966, 154.

– **Gesamthaft** besteht (die Möglichkeit des Wegfalls ergibt sich mit der Gesamthaft aus dem Grundbuch); Zuteilung des Ersatzbetrags unter der Bedingung (§ 125 Abs 2 ZVG) muss stets erfolgen.

Sonst wird die **mögliche** Zuzahlung im Teilungsplan nach § 125 Abs 2 ZVG behandelt, wenn sie von einem Beteiligten geltend gemacht (behauptet) ist, wenn mithin Nichtbestehen oder Bedingtheit eines Rechts mit Widerspruch gegen den Teilungsplan, soweit er das Recht als bestehen bleibend aufführt, geltend gemacht ist.[208] Die Bestimmungen über die Widerspruchsklage (§§ 878–882 ZPO) finden dann jedoch keine Anwendung (§ 125 Abs 2 S 2 ZVG). Der Widerspruch bewirkt nur, dass das Verteilungsverfahren nach § 125 ZVG auf den Zuzahlungsbetrag ausgedehnt wird.[209]

518   Berücksichtigt wird die **Zuzahlungspflicht** durch Feststellung **im Teilungsplan**, wem der Betrag zugeteilt wird (§ 125 Abs 1 ZVG). Zuteilung erfolgt an die noch nicht befriedigten Berechtigten in der Rangfolge ihrer Ansprüche; nach Befriedigung aller Berechtigten gebührt der Betrag dem Schuldner (Grundstückseigentümer bei Zuschlag) als Erlösüberschuss (siehe Rdn 461). Einwendungen gegen die Person des Berechtigten sind mit Widerspruch gegen die Zuteilung des Zuzahlungsbetrages (§ 115 Abs 1 ZVG, § 876 ZPO; Rdn 480, 481) geltend zu machen; dieser Widerspruch ist nach § 124 ZVG (Rdn 483) zu erledigen. Rechtsbehelf, wenn die Verteilung eines Zuzahlungsbetrags unterbleibt: Rdn 462.

518a   Die Zuteilung des Zuzahlungsbetrags ist, da eine sofortige Zahlungspflicht nicht besteht (Rdn 515, 516), dadurch auszuführen, dass die Forderung gegen den Ersteher übertragen wird (§ 125 Abs 1 S 2 ZVG); zur Übertragung Rdn 470 ff. Zu übertragen ist jedem Berechtigten der Zuzahlungsbetrag samt Zinsen mit dem Zinssatz des weggefallenen Rechts (im Falle des § 51 ZVG mit 4 vH Zinsen) in Höhe seines ausgefallenen Anspruchs auf Befriedigung aus dem Grundstück an Rechtsverfolgungskosten (§ 12 Nr 1 ZVG), fortlaufenden wiederkehrenden Leistungen (insbesondere Zinsen) und anderen Nebenleistungen (§ 12 Nr 2 ZVG) sowie Hauptsache. Weil ein verzinslicher Anspruch des Berechtigten hier nicht bereits mit Forderungsübertragung erlischt (damit auch andere wiederkehrende Leistungen nicht enden) (§ 125 Abs 3 ZVG; Rdn 518 b), hat die Übertragung der Forderung gegen den Ersteher auch für die im Teilungsplan nicht mehr betragsmäßig festgestellten (s Rdn 427) Zinsen und etwaigen sonstigen Nebenleistungen des Gläubigeranspruchs zu erfolgen, die vom Verteilungstermin an weiterlaufen. Auf Grund des damit erlangten Einziehungsrechts kann von dem (jeweiligen) Berechtigten die Forderung gegen den Ersteher mit (übertragenen) Zinsen nach dem Zinssatz des weggefallenen Rechts (im Falle des § 51 ZVG mit 4 vH Zinsen) bis zur Höhe seines bei Befriedigung am späteren Zahltag bestehenden Gesamtanspruchs (an Kosten, Zinsen, sonstigen wiederkehrenden Leistungen und anderen Nebenleistungen, Hauptsache) auf Befriedigung aus dem Grundstück (§ 10 ZVG) geltend gemacht werden. Die mit Überweisung erlangte Einziehungsbefugnis des Berechtigten ist durch den Gesamtbetrag seines Anspruchs auf Befriedigung aus dem Grundstück begrenzt, wenn dieser geringer als der vom Ersteher zu zahlende Betrag mit Zinsen dazu ist.

518b   Die Übertragung des Zuzahlungsbetrags hat nicht die Wirkung der Befriedigung aus dem Grundstück (§ 125 Abs 3 ZVG). Grund: Mit Verweisung auf die

---

[208] Denkschrift zum ZVG Seite 60; Stöber Rdn 3.2; Dassler/Hintzen Rdn 2, je zu § 125.
[209] Korintenberg/Wenz Anm 3 zu § 125.

(nicht fällige und nicht ohne weiteres vollstreckbare) Forderung erlangt der Berechtigte keinen Gegenwert, der Befriedigungswirkung wie Barzahlung äußern könnte. Die Bedeutung der Übertragung besteht vielmehr nur darin, „den Beteiligten, die mit ihren Ansprüchen auf die Forderung angewiesen sind, die Legitimation zu verschaffen, deren sie bedürfen, um die Forderung nach dem Eintritt der Fälligkeit gegen den Ersteher geltend machen zu können".[210] Die Befriedigung erfolgt erst durch die spätere tatsächliche Zahlung.

Ist **ungewiss** (stets beim bedingten Recht, wenn es noch nicht mit Ausfall bzw Eintritt der Bedingung weggefallen ist, und bei einer Gesamtbelastung) oder **streitig** (zB weil das Erlöschen behauptet, aber noch nicht festgestellt ist, insbesondere wenn Widerspruch gegen das Bestehen bleiben des Rechts erhoben ist), ob der weitere Betrag zu zahlen ist, so erfolgen Zuteilung und Übertragung unter der entsprechenden Bedingung (§ 125 Abs 2 ZVG). Nach Forderungsübertragung wird (ggfs unter der entsprechenden Bedingung) eine Sicherungshypothek an dem Grundstück mit dem Rang des Anspruchs eingetragen (§ 128 Abs 1 ZVG). Fälligstellung (Kündigung) und Geltendmachung der übertragenen Forderung selbst muss außerhalb des Verteilungsverfahrens der Berechtigte unmittelbar betreiben.

518c

Stellt sich erst **nach Ausführung der Erlösverteilung** heraus, dass ein im geringsten Gebot als bestehen bleibend berücksichtigtes Recht nicht besteht, so findet eine weitere Tätigkeit des Vollstreckungsgerichts nicht statt; es erfolgt insbesondere keine Nachtragsverteilung. Der ausfallende Gläubiger, dem ein Anspruch auf die an die Stelle des weggefallenen Rechts tretende Ersatzzahlung zusteht, kann seine Rechte jedoch im Prozesswege geltend machen. Auch in diesem Fall haftet der Ersteher unmittelbar aus § 50 oder § 51 ZVG, nicht jedoch aus ungerechtfertigter Bereicherung.[211]

519

14. Unterabschnitt. Löschungsvormerkung
§ 1179 BGB
§§ 119, 120, 124 ZVG

Schrifttum: Drischler, Die Verteilung des Versteigerungserlöses (Abschn F 2: Löschungsvormerkung), RpflJahrbuch 1962, 322 (356); Drischler, Das Verfahren der Immobiliarvollstreckung (Abschn 6 G: Zur Löschungsvormerkung), RpflJahrbuch 1973, 328 (363); Fischer, Die Eigentümergrundschuld im Zwangsversteigerungsverfahren (Abschn II: Eigentümergrundschuld und Löschungsvormerkung), NJW 1955, 573; Keller, Der Löschungsanspruch in der Zwangsversteigerung, RpflJahrbuch 1993, 213; Riedel, Zur Löschungsvormerkung, JurBüro 1973, 379; Riggers, Die Löschungsvormerkung im Zwangsversteigerungsverfahren, JurBüro 1969, 23; Ripfel, Zur Löschungsvormerkung im Zwangsversteigerungsverfahren, JurBüro 1970, 121; Stöber, Der Streit um die Löschungsvormerkung nach § 1179 BGB in der Zwangsversteigerung, Rpfleger 1957, 205; siehe auch die vor Rdn 534 Genannten.

Der Berechtigte Max Müller erklärte:
Die zu meinen Gunsten bei der zur Eigentümergrundschuld gewordenen Hypothek Abt III Nr 14 zu 10 000 € eingetragene Löschungsvormerkung mache ich hiermit geltend. Demgemäß erhebe ich als Gläubiger der ausfallenden nachrangigen Post Abt III Nr ... zu ... € gegen die Zuteilung des auf die Eigentümergrundschuld entfallenden Betrages von 10 000 € an den Schuldner Widerspruch.

520

---

[210] Denkschrift zum ZVG Seite 60; Stöber Rdn 4.1 zu § 125.
[211] BGH MDR 1966, 46 = NJW 1966, 154; siehe auch OLG Celle BB 1958, 934 = NJW 1958, 1543; Stöber Rdn 4.4 zu § 125.

521   **Ersatzzuteilung:** Für den Fall, dass und soweit der Anspruch des Eigentümers in Höhe von 10 000 € auf den Versteigerungserlös wegfällt, weil der durch Vormerkung gesicherte und geltend gemachte Anspruch des … auf Löschung der Eigentümergrundschuld gewordenen Hypothek Abt III Nr 14 besteht, wird der freiwerdende Betrag (= Abschn IV Nr … des Planes) dem widersprechenden Berechtigten … des vorgemerkten Löschungsanspruchs auf seinen ausgefallenen folgenden Anspruch zugeteilt: …

1. Kapitel. Die erloschene Eigentümergrundschuld

a) Löschungsanspruch und -vormerkung

522   Ein **Löschungsanspruch** kann durch **Vormerkung** gesichert sein
– nach § 1179 BGB in der Fassung bis 31. 12. 1977,
– nach § 1179 BGB in der ab 1. 1. 1978 geltenden Fassung sowie
– für ein Alt- oder Übergangsrecht (zum Begriff Rdn 534 a) nach Art 8 § 1 Abs 3 des ÄndG vom 22. 6. 1977, BGBl I 998.
Solche Löschungsvormerkungen hindern den Übergang der Hypothek auf den Eigentümer (das Entstehen einer Eigentümergrundschuld) nicht.[212] Der Anspruch des Vormerkungsberechtigten geht aber auch mit dem Erlöschen des Eigentümerrechts durch Zuschlag (Rdn 357) nicht unter.[213] Soweit der Vormerkungsberechtigte nachrangiger Gläubiger ist, hat er vom Zuschlag an Anspruch, dass der bisherige Grundstückseigentümer den auf die Eigentümergrundschuld entfallenden und damit an sich ihm zustehenden Erlösanteil dem Vormerkungsberechtigten insoweit überlässt, als er diesem zustehen würde, wenn die Löschung der Eigentümergrundschuld schon vor dem Zuschlag erfolgt wäre.[214] Der Gläubiger des der erloschenen Eigentümergrundschuld unmittelbar folgenden begünstigten Rechts hat damit Anspruch auf den Betrag, der auf das Eigentümerrecht entfällt; zu den Besonderheiten bei Zwischenrechten siehe Rdn 526–528. In anderen Fällen, wenn also der Vormerkungsberechtigte überhaupt nicht Gläubiger eines nachrangigen dinglichen Rechts ist (selten; meist wird dann ein Rechtsschutzinteresse an der Durchsetzung des Löschungsanspruchs fehlen, dazu Rdn 524), verpflichtet der Löschungsanspruch den Eigentümer, mit der Eigentümergrundschuld an der Erlösverteilung so nicht teilzunehmen, als sei Löschung des Eigentümerrechts noch vor Erteilung des Zuschlags erfolgt.

b) Berücksichtigung im Verteilungsverfahren

523   Im Verteilungsverfahren wird der durch die Vormerkung gesicherte Löschungsanspruch nur berücksichtigt, wenn er **geltend gemacht** ist. Geltendmachung muss spätestens im Verteilungstermin erfolgen. „Geltend gemacht" wird der vorgemerkte Anspruch durch einfache schriftliche oder im Termin zu Protokoll

---

[212] RG JW 1932, 1550 (1551); Stöber Rpfleger 1957, 205.
[213] BGH 108, 237 (240) = DNotZ 1990, 581 = NJW 1989, 2536.
[214] RG 84, 78 (83) mit weit Nachw; BGH 25, 382 = DNotZ 1958, 144 = MDR 1958, 91 = NJW 1958, 21 = Rpfleger 1958, 49 mit Anm Bruhn; BGH 99, 363 (365) = DNotZ 1987, 510 mit Anm Schelter = MDR 1987, 493 = NJW 1987, 2078; BGH 108, 237 = DNotZ 1990, 147 = MDR 1990, 147 = NJW 1989, 2536; BGH 113, 169 (172) = MDR 1991, 529 = NJW 1991, 1063; OLG Düsseldorf NJW-RR 1989, 599.

zu nehmende Anmeldung[215] und Widerspruch gegen die Planausführung[216] (nachf). Für die Behandlung des geltend gemachten Löschungsanspruchs werden verschiedene Ansichten vertreten:

– Der auf die Eigentümergrundschuld treffende Erlösanteil ist bei Geltendmachung der Löschungsvormerkung als auflösend bedingter Anspruch nach §§ 119, 120 ZVG zu behandeln. Zuteilung erfolgt (siehe Rdn 491) an Eigentümer und an Vormerkungsberechtigten, der sich mit Widerspruch gegen die Planausführung an den Eigentümer als Erstberechtigten wehren und Hinterlegung erwirken kann. Auszahlung an den Vormerkungsberechtigten (oder den mit Durchsetzung des Löschungsanspruchs sonst Begünstigten) erfordert, sofern kein Urteil vorgelegt wird, Anerkennung des Löschungsanspruchs durch den Berechtigten der Eigentümergrundschuld.[217] Dieser Ansicht ist zu folgen, weil sie zutreffend davon ausgeht, dass ein Löschungsanspruch als schuldrechtlicher Anspruch nicht nur geltend gemacht, sondern auch durchgesetzt werden muss, und der dingliche Anspruch aus der Eigentümergrundschuld bis zur Klärung, ob der durch Vormerkung gesicherte Löschungsanspruch zu erfüllen ist, unter auflösender Bedingung fortbesteht.

– Nach Geltendmachung des Löschungsanspruchs muss bei fehlender Zustimmung des Eigentümers diesem der auf das Eigentümerrecht treffende Erlösanteil zugeteilt werden und der Vormerkungsberechtigte den Weg des Widerspruchs gegen den Teilungsplan beschreiten (§ 115 ZVG).[218] In den Auswirkungen führt diese Ansicht zu keinen Abweichungen gegenüber der vorstehend dargestellten Meinung, sofern auch dort die Planausführung mit Widerspruch aufgehalten ist.

– Bereits bei einseitiger Erklärung des Vormerkungsberechtigten, seinen Anspruch auszuüben, muss der Löschungsanspruch als festgestellt behandelt und dem Vormerkungsberechtigten demgemäß der auf sein Recht treffende Teil der Eigentümergrundschuld zugeteilt werden.[219] Eine solche Behandlung ist auf jeden Fall unzutreffend. Denn die Löschungsvormerkung sichert (siehe § 883 BGB) einen Anspruch auf Aufhebung der Eigentümergrundschuld (nach Zuschlag des auf sie fallenden Erlöses). Sie bewirkt keine dingliche Rechtsänderung, führt mithin nicht zum Wegfall der Eigentümergrundschuld (siehe bereits Rdn 522). Sie steht nicht der Löschung oder einer Löschungsbewilligung gleich.[220] Die dingliche Rechtslage ändert sich vielmehr erst mit Durchsetzung des gesicherten Anspruchs. Die Erklärung, die die vorgemerkte Rechtsänderung (Wegfall des Erlösanspruchs der Eigentümergrundschuld) herbeiführt, hat der Schuldner des Löschungsanspruchs abzugeben. Nur diesen Anspruch auf Leistung (siehe § 241 BGB) sichert die Vormerkung, und zwar nach Maßgabe des § 888 BGB auch gegen Dritterwerber. Ohne Leistung (Anerkennung) des Berechtigten der Eigentümergrundschuld (und ggfs nach § 888 BGB verpflichteten Dritten) kann die vorgemerkte Leistung nicht

---

[215] Stöber Rdn 9.15 zu § 114; Steiner/Teufel Rdn 90.

[216] BGB-RGRK/Thumm Rdn 19 zu § 1179 BGB.

[217] Stöber Rpfleger 1957, 205 (211); Dassler/Hintzen Rdn 88 zu § 114; Reinhard/Müller Anm II 4 zu § 119; Steiner/Teufel Rdn 90 zu § 114.

[218] RG 125, 133 (136, 138); Höfer JW 1931, 2125 und DNotZ 1932, 442.

[219] Korintenberg/Wenz, Einl Kap 23, 4 (S 139 oben) sowie Anm I zu Musterbeispiel 11 (S 838, 839); Fischer NJW 1955, 573 (575).

[220] RG 57, 209 (211).

als erfüllt behandelt, der auf die Eigentümergrundschuld fallende Versteigerungserlös sonach nicht übergangen werden.

c) Rechtliches Interesse; mehrere Löschungsvormerkungen

524   Ausgeübt werden kann der Löschungsanspruch nur soweit, als der Vormerkungsberechtigte an dem Wegfall des auf das Eigentümerrecht treffenden Erlöses ein **rechtliches Interesse** hat. Ein rechtliches Interesse an der Geltendmachung der Löschungsvormerkung muss auch dann erkennbar sein, wenn der
Löschungsanspruch einem Dritten, am Grundstück dinglich nicht Berechtigten[221] oder zwar dem Gläubiger eines eingetragenen Rechts, aber ohne Beschränkung auf die Sicherung dieses Rechts zusteht.[222] Für die Frage, ob in solchen Fällen ein Interesse an der Ausübung des Rechts aus der Löschungsvormerkung vorliegt, sind die Verhältnisse zurzeit des Verteilungstermins, nicht zur
Zeit des Zuschlags maßgebend.[223] Dient die Löschungsvormerkung dem Schut-
ze eines am Grundstück bereits bestehenden nachrangigen Rechts, ist sie also
zugunsten des Gläubigers (Berechtigten) eines anderen Rechts (seit 1. 1. 1978
nur noch für die Rechte der Nr 1 des § 1179 BGB) eingetragen, so kann dieser Gläubiger die Löschung nicht schlechthin, sondern nur insoweit verlangen,
als sein rechtliches Interesse in seiner Eigenschaft als Gläubiger des geschützten
Rechtes reicht. Dieses erschöpft sich in und mit der Befriedigung seines
Rechts.[224] Daher kann die Löschungsvormerkung nicht zugunsten eines hinter
der geschützten Post stehenden Rechts geltend gemacht werden.[225]

525   **Mehrere Löschungsvormerkungen** haben untereinander keinen Rang. Bei Geltendmachung der Ansprüche aus mehreren Löschungsvormerkungen gebührt
der mit Wegfall des Eigentümerrechts freiwerdende Erlös daher den Gläubigern
in der Rangfolge ihrer begünstigten Rechte.

d) Zwischenrechte

526   Zwischenrechte, deren Gläubiger ihren Löschungsanspruch nicht geltend machen oder überhaupt nicht durch eine Löschungsvormerkung oder einen gesetzlichen Löschungsanspruch (Rdn 534) begünstigt sind, bewirken, dass der durch
die Löschungsvormerkung begünstigte nachfolgende Grundpfandgläubiger nur
insoweit Anspruch auf den auf die Eigentümergrundschuld entfallenden Erlösanteil hat, als er auch bei einer vor dem Zuschlag durchgeführten Löschung der
Eigentümergrundschuld zum Zuge gekommen wäre.[226] Dem Zwischenberechtigten kommt nach der Rechtsprechung des Bundesgerichtshofes die Geltendmachung der Löschungsvormerkung jedoch nicht, wie die wirkliche Löschung
des Grundpfandrechts vor Erteilung des Zuschlags es getan hätte, zugute.[227]
Demnach bewirkt die Geltendmachung der Löschungsvormerkung im Verteilungsverfahren kein Aufrücken des vor dem durch die Vormerkung begünstigten Recht stehenden Zwischenrechts bei der Verteilung. Zwischenrechte bleiben

---

[221] RG JW 1932, 1550 (1551).

[222] Stöber Rpfleger 1957, 205 (208); RG 63, 152 (154).

[223] RG JW 1932, 1550 (1551).

[224] Stöber wie Fußn 222; RG 84, 78 (82); RG 63, 152 (154).

[225] Stöber wie Fußn 222 mit Beispielen.

[226] BGH 25, 382 = aaO (Fußn 214); BGH 39, 242 = MDR 1963, 580 = NJW 1963, 1497 =
Rpfleger 1963, 234 mit Anm Stöber; OLG Düsseldorf NJW-RR 1989, 599.

[227] BGH 39, 242 = aaO (Fußn 226); OLG Düsseldorf NJW-RR 1989, 599.

vielmehr unberührt; sie erhalten nur so viel, als wenn die Löschungsvormerkung nicht bestünde oder nicht geltend gemacht worden wäre. Der auf die Zwischenrechte (rechnerisch) entfallende Betrag, den der Vormerkungsberechtigte nicht erhalten kann, weil er bei Löschung vor dem Zuschlag nicht auf ihn gefallen wäre, verbleibt dem Eigentümerrecht.

Beispiele: 527

a) Eigentümergrundschuld   100 000 € (volle Zuteilung)
   Zwischenrecht   200 000 € (Ausfall)
   Vormerkungsberechtigter   300 000 € (Ausfall)
   Der Vormerkungsberechtigte erhält nichts, weil er – infolge des Zwischenrechts mit 200 000 € – auch bei einer vor dem Zuschlag durchgeführten Löschung der Eigentümergrundschuld nicht zum Zuge gekommen wäre. Zugunsten des Zwischenrechts kann die Löschungsvormerkung nicht geltend gemacht werden; es erhält mithin ebenfalls nichts. Es erfolgt daher keine Ersatzverteilung nach § 119 ZVG, bei Widerspruch des Vormerkungsberechtigten jedoch Zuteilung an diesen nach § 124 Abs 1 ZVG (siehe Rdn 483). Den damit gegebenen Streit hat das Prozessgericht zu entscheiden, das jedoch die Widerspruchsklage des Vormerkungsberechtigten als unbegründet abweisen muss.

b) Eigentümergrundschuld   100 000 € (volle Zuteilung)
   Zwischenrecht   30 000 € (Ausfall)
   Vormerkungsberechtigter   300 000 € (Ausfall).
   Der Vormerkungsberechtigte erhält 70 000 € (nämlich 100 000 € – 30 000 € Zwischenrecht). Infolge des Zwischenrechts wäre er mit diesem Betrag (nicht jedoch höher) zum Zuge gekommen, wenn die Eigentümergrundschuld vor dem Zuschlag gelöscht worden wäre. Der auf das Zwischenrecht (rechnerisch) entfallende Betrag von 30 000 € verbleibt dem Eigentümerrecht. Ersatzzuteilung erfolgt daher nur für den Betrag von 70 000 €; bei Widerspruch wegen des weitergehenden Betrages von 30 000 € Behandlung wie im Fall a.

c) Eigentümergrundschuld   100 000 € (volle Zuteilung)
   Zwischenrecht   300 000 € (Zuteilung noch 260 000 €)
   Vormerkungsberechtigter   200 000 €.
   Der Vormerkungsberechtigte erhält 60 000 € (100 000 € – 40 000 € Ausfall des Zwischenrechts). Mit diesem Betrag wäre er auch zum Zuge gekommen, wenn die Eigentümergrundschuld vor dem Zuschlag gelöscht worden wäre. Der auf das Zwischenrecht (rechnerisch) noch entfallende Betrag von 40 000 € verbleibt dem Eigentümerrecht.

d) Eigentümergrundschuld   200 000 € (volle Zuteilung)
   Zwischenrecht   50 000 € (Ausfall)
   Vormerkungsberechtigter   120 000 € (Ausfall).
   Zur Verfügung stehen 200 000 € – 50 000 € (= Zwischenrecht) = 150 000 €. Jedoch erhält der Vormerkungsberechtigte nur 120 000 € zur vollen Befriedigung seines Anspruchs. Ihm nachstehende Berechtigte rücken nicht auf; sie erhalten keine Zuteilung. Dem Eigentümer verbleiben auf sein Eigentümerrecht mithin der auf das Zwischenrecht (rechnerisch) entfallende Betrag von 50 000 € und weiter der zur Wegfertigung des Anspruchs des Vormerkungsberechtigten nicht benötigte Betrag von 30 000 €, zusammen 80 000 €.

e) Eigentümergrundschuld   200 000 € (Zuteilung mit 120 000 €)
   Zwischenrecht   50 000 € (Ausfall)
   Vormerkungsberechtigte   200 000 € (Ausfall).
   Der Vormerkungsberechtigte erhält 70 000 € (120 000 € Zuteilung für Eigentümerrecht – 50 000 € Zwischenrecht). Mit diesem Betrag wäre er auch zum Zuge gekommen, wenn die Eigentümergrundschuld vor dem Zuschlag gelöscht worden wäre. Der auf das Zwischenrecht (rechnerisch) entfallende Betrag von 50 000 € verbleibt dem Eigentümerrecht.

f) Eigentümergrundschuld   210 000 € (volle Zuteilung).
Im Anschluss daran in Gleichrang
Post A (= Zwischenrecht)   200 000 € (Ausfall)
Vormerkungsberechtigter   100 000 € (Ausfall).
Der Vormerkungsberechtigte erhält 70 000 €. Mit diesem Betrag wäre er auch zum
Zuge gekommen, wenn die Eigentümergrundschuld vor dem Zuschlag gelöscht
worden wäre (210 000 € im Verhältnis 2 : 1 aufgeteilt ergibt für Post A 140 000 €,
für das Recht des Vormerkungsberechtigten 70 000 €). Der auf das Zwischen-
recht (im gleichen Rang) rechnerisch entfallende Betrag von 140 000 € verbleibt
dem Eigentümerrecht.

e) Sonstiges

528 Eine Löschungsvormerkung zugunsten der zurücktretenden bei der vortretenden Post, „wenn und soweit sie auf den Eigentümer übergeht (§§ 1179, 1163
BGB)" erstreckt sich in der Regel nicht auf die **Eigentümergrundschuld,** die bis
zur Valutierung einer zu Baukreditzwecken bestellten Hypothek besteht und
vom Eigentümer an einen Zwischenfinanzierer abgetreten ist.[228] Jedoch erstreckt sich eine Löschungsvormerkung zugunsten eines rangschlechteren
Grundpfandrechts bei Hypotheken, „wenn und soweit sie sich mit dem Eigentum in einer Person vereinigt haben oder vereinigen werden oder soweit eine
Forderung nicht zur Entstehung gelangt", in der Regel auch auf die Eigentümergrundschulden, die bis zur Valutierung durch die Hypothekengläubiger bestehen und vom Eigentümer an einen Zwischenfinanzierer abgetreten sind.[229]

2. Kapitel. Die bestehen bleibende Eigentümergrundschuld

529 Bleibt das Recht, bei dem die Löschungsvormerkung eingetragen ist (= das mit
der Löschungsvormerkung „belastete" Recht) nach den Versteigerungsbedingungen bestehen (§ 52 Abs 1, § 91 Abs 1 ZVG), dann erlischt auch die Löschungsvormerkung nicht (dazu auch Rdn 254). Sie bleibt mit dem behafteten
Recht bestehen; das Versteigerungsgericht darf das Grundbuchamt nicht um
Löschung der Vormerkung ersuchen,[230] das Grundbuchamt darf sie nicht mit
dem erloschenen „begünstigten" Recht löschen. Nur wenn die Löschungsvormerkung zweifelsfrei gegenstandslos geworden ist, weil sie für den Gläubiger
eines nachrangigen erloschenen Rechts eingetragen war und dieser im Verteilungstermin durch Zahlung voll befriedigt wurde, kann das Grundbuchersuchen auch auf die Löschung dieser Vormerkung ausgedehnt werden.[231] Die mit
dem Grundpfandrecht bestehen gebliebene Löschungsvormerkung sichert jedoch nur Löschungsverpflichtungen des Schuldners (bisherigen Eigentümers),
die Zuzahlungen nach § 50 Abs 2 Nr 1 ZVG auslösen. Vormerkungswirkung
kommt ihr nicht gegenüber einer Eigentümergrundschuld zu, die vom Zuschlag
an für den Ersteher entsteht.

530 Die bestehen gebliebene, mit einer Löschungsvormerkung behaftete **Eigentümergrundschuld ist auflösend bedingt** durch die Verwirklichung des gesicherten Löschungsanspruchs. Ist der Berechtigte des Löschungsanspruchs in der

---

[228] BGH 60, 226 = MDR 1973, 572 = NJW 1973, 846 und 1195 mit Anm Mittenzwei.
[229] BGH MDR 1973, 573 = NJW 1973, 895 und 1195 mit Anm Mittenzwei.
[230] OLG Hamm Rpfleger 1959, 130 mit Anm Stöber.
[231] Stöber Rpfleger 1959, 131.

Zwangsversteigerung ausgefallen und erwirkt er später noch die Löschung der Eigentümergrundschuld, so muss der Ersteher nach § 50 Abs 2 Nr 1 ZVG Zuzahlung leisten (siehe Rdn 514–515). Dieser bedingte Zuzahlungsanspruch ist, wenn der Löschungsanspruch bereits im Verteilungsverfahren geltend gemacht ist,[232] nach § 125 Abs 2 ZVG zu behandeln (Rdn 517, 518).

Einem **Zwischenrecht**, das ebenso wie das Recht des Berechtigten des Lö-   531 schungsanspruchs durch den Zuschlag erloschen und im Verteilungsverfahren ausgefallen ist, muss die nach der Rechtsprechung des Bundesgerichtshofes (dazu Rdn 526) zukommende Bedeutung auch dann anhaften, wenn die mit der Löschungsvormerkung belastete Eigentümergrundschuld zu den bestehen bleibenden Rechten gehört. Auch in diesem Fall kommt einem Zwischenberechtigten die Geltendmachung der Löschungsvormerkung daher nicht zugute; dem Zwischenberechtigten wird ein Ersatzzahlungsbetrag nach § 125 ZVG nicht zugeteilt. Der durch die Löschungsvormerkung begünstigte nachfolgende Grundpfandrechtsgläubiger hat aber auch hier nur insoweit Anspruch auf den durch Löschung der Eigentümergrundschuld freiwerdenden Zuzahlungsbetrag, als er auch bei einer vor dem Zuschlag durchgeführten Löschung der Eigentümergrundschuld aus dem entsprechend höheren Meistgebot zum Zuge gekommen wäre. Der auf ein Zwischenrecht (rechnerisch) entfallende Betrag verbleibt daher dem Eigentümerrecht mit der Maßgabe, dass in Höhe dieses Betrages die Löschungsvormerkung nicht durchgesetzt werden, Verteilung eines Zuzahlungsbetrages auf erloschene Rechte mithin nicht erfolgen kann. Wenn das Bestehen bleiben des dem Zwischenrecht entsprechenden Anteils der Eigentümergrundschuld gleichwohl mit Widerspruch ausdrücklich bestritten wird, ist der streitige Betrag nach § 125 Abs 2 ZVG (dazu Rdn 518 c) zu behandeln.

> **Beispiel:** Eigentümergrundschuld
> (bestehen gebliebenes Recht)   100 000 €
> Nach Befriedigung anderer Ansprüche
> sind ausgefallen die erloschenen Rechte
> des Zwischenberechtigten mit   80 000 €
> des Vormerkungsberechtigten mit   150 000 €.
> Bei Geltendmachung der Löschungsvormerkung ist der Betrag von 20 000 € (= 100 000 € Eigentümerrecht – 80 000 € Zwischenrecht) dem Recht des Vormerkungsberechtigten nach § 125 Abs 2 ZVG bedingt zuzuteilen. Infolge des Zwischenrechts wäre er mit diesem Betrag (nicht jedoch höher) zum Zuge gekommen, wenn die Eigentümergrundschuld vor dem Zuschlag gelöscht worden wäre. In Höhe des auf das Zwischenrecht (rechnerisch) entfallenden Betrages von 80 000 € bleibt die Eigentümergrundschuld endgültig bestehen. Insoweit erfolgt Verteilung eines Zuzahlungsbetrages daher nicht.

3. Kapitel. Löschungsvormerkung und Grundschuld

Die bei einer Grundschuld eingetragene Löschungsvormerkung hat nicht die   532 gleiche Bedeutung wie die Löschungsvormerkung bei einer Hypothek. Eine (Fremd-)Grundschuld wird vielmehr nur selten **kraft Gesetzes** zur Eigentümer-

---

[232] Anders Steiner/Teufel Rdn 8 zu § 125: Bestehen des Löschungsanspruchs gegen ein bestehen gebliebenes Eigentümerrecht möglich, aber ungewiss. Daher Behandlung nach § 125 Abs 2 ZVG ohne besonderen Hinweis (besonderes Geltendmachen). Wenn das betroffene Recht nicht als Eigentümerrecht erkennbar ist, bedarf es dagegen für Sachbehandlung nach § 125 Abs 2 ZVG eines Hinweises durch einen Beteiligten (muss das mögliche Bestehen einer Zuzahlungspflicht geltend gemacht werden).

grundschuld (siehe Rdn 449). In solch besonderen Fällen hindert die Löschungsvormerkung auch den Übergang einer Grundschuld auf den Eigentümer nicht.
Geltendmachung und Behandlung des Anspruchs des Vormerkungsberechtigten
dann nach dem Rdn 522–531 Gesagten.

Dadurch, dass die Forderung, zu deren Sicherung die Grundschuld bestellt ist,
nicht besteht (nicht entstanden oder wieder weggefallen ist) tritt jedoch eine
Vereinigung der Grundschuld mit dem Eigentum in einer Person, die den bei
einer Grundschuld nach § 1179 BGB vorgemerkten oder den nach § 1179a
BGB gesicherten Löschungsanspruch auslöst, nicht ein.[233] Löschungsanspruch
und Löschungsvormerkung schließen somit nicht aus, dass der Gläubiger der
Grundschuld sein Grundpfandrecht voll in Anspruch nimmt (vgl insbesondere
Rdn 445a), und auch nicht, dass den Rückgewähranspruch ein Dritter (vgl
insbesondere Rdn 446b) geltend macht und er mit Leistung an den Dritten
erfüllt wird; sie verhindern nicht, dass der nicht oder nur teilweise valutierten
Grundschuld durch Änderung des Sicherungsvertrags (Rdn 445) andere Forderungen unterlegt werden (dass der Sicherungsrahmen wieder voll ausgeschöpft
wird).[234]

Besteht Streit oder die Ungewissheit darüber, ob eine Eigentümergrundschuld
entstanden ist, so ist der Anspruch aus der Löschungsvormerkung zu verfolgen
mit Widerspruch gegen die Zuteilung an den Grundschuldgläubiger (§ 124
ZVG) oder gegen das festgestellte Bestehen bleiben der Grundschuld (siehe
§ 125 Abs 2 ZVG).

4. Kapitel. Rückgewährvormerkung bei Grundschuld

533   Zur Behandlung der Sicherungsgrundschuld: Rdn 441–448.
Die Wirkungen einer **Vormerkung** (§ 883 BGB) zur Sicherung des Rückgewähr-
(ggfs nur des Abtretungs-)Anspruchs bestimmen sich nach § 883 Abs 2, § 888
BGB. Behandlung eines erloschenen Rechts, bei dem eine Rückgewährvormerkung eingetragen war, als bedingter Anspruch daher nach Rdn 490. Die bei
einer bestehengebliebenen Grundschuld eingetragene Rückgewährvormerkung
bleibt als Nebenrecht mit der Grundschuld bestehen (siehe Rdn 254); ein sich
daraus möglicherweise ergebender Zuzahlungsfall (nur bei Sicherung des Aufhebungsanspruchs durch Vormerkung) ist im Verteilungsverfahren nach § 125
Abs 2 ZVG (dazu Rdn 518c) zu behandeln.

15. Unterabschnitt. Gesetzlicher Löschungsanspruch
§ 1179a BGB
§ 91 Abs 4, § 130a ZVG

Schrifttum: Alff, Der gesetzliche Löschungsanspruch im Verteilungsverfahren nach §§ 105 ff
ZVG, Rpfleger 2006, 241; Brych u. Meinhard, Zweifelsfragen zum gesetzlichen Löschungsanspruch, WM 1978, 342; Brych u. Meinhard, Der gesetzliche Löschungsanspruch bei Rangrücktritt von Altrechten, MittBayNot 1978, 138; Jerschke, Löschungsansprüche gegenüber
Grundpfandrechten nach neuem Recht, DNotZ 1977, 708 (Nachtrag DNotZ 1978, 65); Kis-
sel, Änderung sachen- und grundbuchrechtlicher Vorschriften, NJW 1977, 1760; Mohrbutter,
Löschungsvormerkung in der Zwangsversteigerung nach neuerem Recht, KTS 1978, 17;

---

[233] BGH 25, 382 = MDR 1958, 91 = NJW 1958, 21.
[234] BGH Rpfleger 1991, 381.

Riggers, Die Neuregelung der Löschungsvormerkung ab 1. Januar 1978, JurBüro 1977, 1491; Riggers, Zweifelsfragen zum Übergangsrecht von der Löschungsvormerkung alter Art zum Löschungsanspruch nach neuem Recht, JurBüro 1978, 813; Schön, Änderungen im Recht der Löschungsvormerkung, BWNotZ 1978, 50; Stöber, Löschungsvormerkung und gesetzlich vorgemerkter Löschungsanspruch, Rpfleger 1977, 399 und 425; Stöber, Neuer Löschungsanspruch oder alte Löschungsvormerkung? Rpfleger 1978, 165; Stöber, Löschungs„vormerkung" und Grundschulderlösanspruch, WM 2006, 607; Willke, Zweifelsfragen zum gesetzlichen Löschungsanspruch, WM 1978, 2.

1. Kapitel. Anspruch mit Vormerkungswirkungen

Ein gesetzlicher Anspruch auf Löschung (Aufhebung, §§ 875, 1183 BGB) einer **534** vor- oder gleichrangigen Hypothek (Grundschuld), die mit dem Eigentum in einer Person vereinigt ist, steht dem Gläubiger einer gleich- oder nachrangigen Hypothek (Grundschuld) zu (§§ 1179a, 1192 Abs 1 BGB; für Rentenschuld auch § 1200 Abs 1 BGB). Er gehört zum Inhalt des damit ausgestatteten (begünstigten) Rechts. Gesichert ist der Löschungsanspruch gesetzlich in gleicher Weise, als wenn zu seiner Sicherung gleichzeitig mit der begünstigten Hypothek (Grundschuld) eine Vormerkung in das Grundbuch eingetragen worden wäre (§ 1179a Abs 1 S 3 BGB). Entsprechendes gilt für das eigene Recht eines Grundpfandgläubigers (§ 1179b BGB). Der gesetzliche Löschungsanspruch steht auch zu[235] Gläubigern von Sicherungshypotheken für Inhaber- und Orderpapiere (§ 1187 BGB) sowie von Inhabergrundschulden (§ 1195 BGB), Gläubigern von Sicherungshypotheken für übertragene Forderungen gegen den Ersteher (§§ 128, 130 ZVG) und den Gläubigern von Zwangssicherungshypotheken (§§ 866 ff ZPO). Der gesetzliche Löschungsanspruch besteht auch gegenüber der Eigentümergrundschuld, die bei Fehlen der Forderung von vorneherein dem Eigentümer zusteht (§ 1163 Abs 1 S 1 BGB),[236] kann jedoch erst geltend gemacht werden, wenn die zu sichernde Forderung nicht mehr entstehen wird (§ 1179a Abs 2 ZVG).[237]

Kein gesetzlicher Löschungsanspruch gleich- oder nachrangiger Grundpfandgläubiger besteht
- wenn er **ausgeschlossen** ist (§ 1179a Abs 5 BGB). Im Einzelfall kann die Verwirklichung eines bestehenden gesetzlichen Löschungsanspruchs auch an einer Einrede scheitern,[238]
- gegenüber einer **ursprünglichen** offenen **Eigentümergrundschuld,** die einem anderen als dem Eigentümer noch nicht zugestanden hat (die noch nicht Fremdrecht war, § 1196 Abs 3 BGB),[239]

---

[235] Siehe Stöber Rpfleger 1977, 426. Gläubiger, deren Grundpfandrechte seit 1. Jan 1978 bestellt worden sind, haben den Anspruch auf Löschung vor- oder gleichrangiger Rechte, die mit dem Eigentum in einer Person vereinigt sind, auch dann, wenn diese vor dem 1. Jan 1978 im Grundbuch eingetragen waren, BGH 99, 363 = DNotZ 1987, 510 mit Anm Schelter = MDR 1987, 493 = NJW 1987, 2078.

[236] Begründung in BT-Drucks 8/89 (v 4. 2. 1977) S 10; Stöber Rpfleger 1977, 425.

[237] Dazu näher Stöber Rpfleger 1977, 428.

[238] Zu dieser Einrede Stöber Rpfleger 1977, 430.

[239] Dazu Stöber Rpfleger 1977, 430. Hat ein Gläubiger die Eigentümergrundschuld durch Abtretung erworben und diese zurückübertragen, so muss bei erneuter Abtretung der Eigentümergrundschuld der Empfänger (Dritterwerber) den gesetzlichen Löschungsanspruch im Range nachgehender Gläubiger gem. § 1179a, § 1196 Abs 3 BGB gegen sich gelten lassen. Die Entstehung dieses Anspruchs ist nicht davon abhängig, dass die Grundschuld „valutiert" war;

- gegenüber einer **Eigentümergrundschuld** aus einem Briefrecht **vor Briefübergabe** (§ 1179 a Abs 2 S 2 BGB),
- gegenüber einer **Sicherungshypothek** für **Inhaber- und Orderpapiere** (§§ 1187–1189 BGB) nach § 1187 S 4 BGB, desgleichen an einer Inhabergrundschuld (§ 1195 BGB),
- für den Gläubiger einer **Arrestsicherungshypothek** (§ 932 Abs 1 S 2 ZPO),[240]
- für sogen **Altrechte** (Grundpfandrechte, die bis 31. 12. 1977 in das Grundbuch eingetragen worden sind (Art 8 § 1 Abs 1 ÄndG v 22. 6. 1977, BGBl I 998),
- **für** sogen **Übergangsrechte** (ds Grundpfandrechte, die auf Grund eines vor dem 1. 1. 1978 beim Grundbuchamt gestellten Antrags erst danach in das Grundbuch eingetragen worden sind (Art 8 § 1 Abs 2 ÄndG). Im Grundbuch war das von Amts wegen vermerkt worden; der Löschungsanspruch ist aber auch ausgeschlossen, wenn diese Kennzeichnung unterblieben ist.[241]

Alt- und Übergangsrechte haben einen gesetzlichen Löschungsanspruch auch nicht, wenn sie **nach dem 1. 1. 1978 im Rang** hinter ein Grundpfandrecht **zurückgetreten** sind; § 1179 a Abs 4 BGB findet auf diesen Fall keine Anwendung.[242]

Soweit demnach ein gesetzlicher Löschungsanspruch ausgeschlossen ist, kann auch nach dem 1. 1. 1978 eine Löschungsvormerkung nach § 1179 BGB in der Fassung bis 31. 12. 1977 eingetragen sein (Art 8 Abs 3 ÄndG); dann gilt das Rdn 522–532 Gesagte.

534a   Der gesetzliche, vormerkungsgesicherte Löschungsanspruch hindert den Übergang der Hypothek (Grundschuld) auf den Eigentümer (das Entstehen einer Eigentümergrundschuld) nicht (Rdn 522). Die für den Löschungsanspruch nach § 1179 a Abs 1 S 3 BGB geschaffene Vormerkungswirkung hat die gleiche Funktion, wie sie im Falle des § 1179 BGB die Eintragung der Löschungsvormerkung hat.[243] Die Wirksamkeit von Verfügungen über das Eigentümerrecht vor Entstehen des vormerkungsgeschützten Löschungsanspruchs beeinträchtigt dieser nicht (mehr).[244] Gegenüber einer Grundschuld hat der gesetzliche Löschungsanspruch (ebenso wie die Löschungsvormerkung, dazu Rdn 532) nicht die gleiche Bedeutung wie bei einer Hypothek. Eine Vereinigung der Grundschuld mit dem Eigentum in einer Person, die bei der Grundschuld den Lö-

---

sie muss dem ersten Zessionar nur zugestanden haben; OLG Celle Rpfleger 1986, 398, und (Revisionsurteil) BGH 99, 363 = aaO (Fußn 235). Das gilt auch, wenn eine für den Eigentümer bestellte Grundschuld zur Sicherung künftiger oder bedingter Forderungen abgetreten worden war und nach Erfüllung dieses Sicherungszwecks an den Eigentümer zurückübertragen wurde, BGH aaO.

[240] Bedenklich; dazu Stöber Rpfleger 1977, 426.
[241] Stöber Rpfleger 1977, 432.
[242] BayObLG 1979, 126 = DNotZ 1979, 505 = Rpfleger 1979, 261; OLG Celle DNotZ 1978, 628 = Rpfleger 1978, 308; OLG Düsseldorf MittRhNotK 1979, 17 (Leits); OLG Frankfurt JurBüro 1979, 105 = Rpfleger 1979, 19; OLG Köln MittRhNotK 1979, 38; OLG Oldenburg DNotZ 1979, 35 = JurBüro 1978, 1333 = Rpfleger 1978, 307; LG Detmold MittRhNotK 1978, 50 = Rpfleger 1978, 177; LG Tübingen MittRhNotK 1978, 136 = Rpfleger 1978, 250; LG Aachen MittRhNotK 1978, 51; LG Düsseldorf MittRhNotK 1978, 112; LG Berlin MittRhNotK 1978, 97; LG Bielefeld JurBüro 1978, 1332; LG Köln MittRhNotK 1978, 137; Stöber Rpfleger 1978, 165 und bereits 1977, 432; aA noch Brych und Meinhard MittBayNot 1978, 138.
[243] Begründung in BT-Drucks 8/89 (v 4. 2. 1977) S 11; Stöber Rpfleger 1975, 425.
[244] Dazu Stöber Rpfleger 1975, 426.

schungsanspruch auslöst, tritt nicht dadurch ein, dass die Forderung, zu deren Sicherung die Grundschuld bestellt ist, nicht besteht.[245]

2. Kapitel. Eigentümergrundschuld und begünstigtes Recht sind durch den Zuschlag erloschen

Der gesetzliche Löschungsanspruch (§ 1179 a BGB) geht nicht unter, wenn mit   **534b** Erteilung des Zuschlags die Eigentümergrundschuld (als anspruchsbetroffenes Recht) und das mit ihm inhaltlich ausgestattete (begünstigte) Recht erlöschen (§ 91 Abs 4 ZVG; siehe Rdn 522). Der **Löschungsanspruch besteht** dann **am Erlös** für und gegen die Vorzugsrechte **fort,** in die sich die Grundstücksrechte umgewandelt haben (siehe Rdn 416). Als gleich- oder nachrangiger Grundpfandgläubiger hat der vormerkungsgesicherte Anspruchsberechtigte vom Zuschlag an daher Anspruch darauf, dass ihm der bisherige Grundstückseigentümer (oder der sonst Verpflichtete) den auf die Eigentümergrundschuld entfallenden Erlösanteil insoweit überlässt, als er dem Begünstigten zustehen würde, wenn die Löschung der Eigentümergrundschuld schon vor dem Zuschlag erfolgt wäre (siehe Rdn 522). Der Gläubiger eines der erloschenen Eigentümergrundschuld unmittelbar folgenden begünstigten Rechts hat damit bis zur Höhe seines Rechts am Versteigerungserlös Anspruch auf den Betrag, der auf das Eigentümerrecht entfällt (siehe Rdn 522). Der Gläubiger eines nach Zwischenrechten begünstigten Rechts hat Anspruch auf den auf die Eigentümergrundschuld entfallenden Erlösanteil nur gemindert um den auf die Zwischenrechte (rechnerisch) entfallenden Betrag (wie Rdn 526).

Im Verteilungsverfahren wird der gesetzliche Löschungsanspruch des § 1179 a   **534c** BGB aber nur berücksichtigt, **wenn er geltend gemacht** ist. Es gilt das Rdn 523 Gesagte. Die Geltendmachung des gesetzlichen Löschungsanspruchs bewirkt, dass der auf die Eigentümergrundschuld treffende Erlös als auflösend bedingter Anspruch nach §§ 119, 120 ZVG zu behandeln ist (Rdn 523). Auszahlung an den Berechtigten des Löschungsanspruchs (für sein geschütztes Recht) kann erst erfolgen, wenn der Löschungsanspruch von dem Berechtigten des Eigentümerrechts anerkannt ist (oder wenn ein entsprechendes Urteil vorliegt). Das folgt bereits daraus, dass § 1179 a (und b) BGB einen gesetzlichen schuldrechtlichen Anspruch nur mit Vormerkungswirkungen sichert. Dieser kann ausgeschlossen sein (Rdn 534). Ungewiss oder streitig kann zB sein, ob der Löschungsanspruch besteht, weil eine ursprüngliche offene Eigentümergrundschuld bereits einem anderen als dem Eigentümer zugestanden hat, ob der Löschungsanspruch mit Briefübergabe entstanden ist, ob ein Dritter mit Verfügung über das Eigentümerrecht vor Entstehen des vormerkungsgeschützten Löschungsanspruchs nicht mehr beeinträchtigter Berechtigter geworden ist, mit welchem Betrag ein Zwischenrecht die Geltendmachung des Löschungsanspruchs behindert usw. Im Einzelfall kann die Geltendmachung eines nach § 1179 a (und b) BGB an sich bestehenden gesetzlichen Löschungsanspruchs an einer Einrede scheitern (Rdn 534). Ob demnach der gesetzliche Löschungsanspruch auch tatsächlich gegeben ist und durchgesetzt werden kann, weist der für den Teilungsplan maßgebliche „Inhalt des Grundbuchs" (§ 114 Abs 1 ZVG) im Einzelfall nicht aus. Das schließt es aus, bereits in der Geltendmachung des vormerkungsgesicherten gesetzlichen Löschungsanspruchs dessen Erfüllung (siehe § 241 BGB) und damit die notwendige dingliche Rechtsänderung zu sehen. Vielmehr hat auch bei Gel-

---

[245] BGH 25, 382 = aaO Fußn 233.

tendmachung eines gesetzlichen Löschungsanspruchs nach § 1179a (und b) BGB der Schuldner des Löschungsanspruchs stets die Anerkennungserklärung abzugeben, die erst die vorgemerkte Rechtsänderung (Wegfall des Erlösanspruchs des Eigentümerrechts) herbeiführt.[246]

534d   Der Begünstigte kann den gesetzlichen Löschungsanspruch nur **in eigenem Interesse** (zugunsten seines vormerkungsgeschützten Rechts), nicht aber auch für weitere (eigene oder fremde) Rechte am Grundstück geltend machen (Rdn 524). Folgen einem Eigentümerrecht mehrere Grundpfandrechte mit gesetzlichem Löschungsanspruch, so gebührt der mit Wegfall des Eigentümerrechts freiwerdende Versteigerungserlös den Gläubigern in der Rangfolge ihrer begünstigten Rechte (Rdn 525). Zwischenrechte bewirken, dass der durch den gesetzlichen Löschungsanspruch begünstigte Grundpfandrechtsgläubiger Anspruch auf den auf die Eigentümergrundschuld entfallenen Erlös nur insoweit hat, als er auch bei einer vor dem Zuschlag durchgeführten Löschung der Eigentümergrundschuld zum Zuge gekommen wäre. Zwischenrechte bleiben auch hier unberührt. Der auf ein Zwischenrecht (rechnerisch) entfallende Betrag, den der Vormerkungsberechtigte nicht erhalten kann, weil er bei Löschung vor dem Zuschlag nicht auf ihn gefallen wäre, verbleibt daher dem Eigentümerrecht. Es gilt das Rdn 526 und 527 Gesagte.

3. Kapitel. Der nach dem Zuschlag entstandene Eigentümer-Erlösanspruch

534e   Eine Hypothek oder Grundschuld kann sich mit dem Eigentum in einer Person auch erst nach dem Erlöschen mit Erteilung des Zuschlags (§ 91 Abs 1 ZVG) noch in der Zeit bis zur Erlösverteilung vereinigen. Praktische Bedeutung hat vor allem der Fall, dass der Gläubiger einer durch den Zuschlag erloschenen Grundschuld erst im Verteilungsverfahren für sein Recht (ganz oder teilweise) auf den Grundschulderlös verzichtet (Rdn 446d). Folge dieses Verzichts (§ 1168 mit § 1192 Abs 1 BGB) ist, dass der Eigentümer bei Zuschlag den Erlösanspruch als Eigentümerberechtigung (sogen Eigentümer-Erlöspfandrecht) erwirbt (Rdn 446d).

Der BGH[247] hat es so gesehen, dass in einem solchen Fall der Berechtigte eines (gleich- oder) nachrangigen Grundpfandrechts aus seinem Recht der Zuteilung des Erlöses an den Eigentümer nicht widersprechen kann. Er geht davon aus, dass der Eigentümer zwar auch in diesem Fall entsprechend §§ 1168, 1192 Abs 1 BGB ein Eigentümererlöspfandrecht erworben hat. Dennoch soll § 1179a BGB „nach dem Gegenstand und der Entstehung des Rechts" nicht eingreifen. Es soll der ausfallende Nachranggläubiger seinen Löschungsanspruch bei der Erlösverteilung nur weiter verfolgen können, wenn bei Erlöschen der Grundschuld mit dem Zuschlag diese sich mit dem Eigentum in einer Person bereits vereinigt hat, die Grundschuld damit in diesem Zeitpunkt schon Eigentümergrundschuld war. Denn andernfalls hat sich die (Fremd-)Grundschuld mit dem Zuschlag in ein Erlöspfandrecht ihres Gläubigers verwandelt. Wenn der Gläubiger dann erst während des Verteilungsverfahrens verzichtet, ist demzufolge das Erlöspfandrecht des Eigentümers nicht durch Surrogation einer Eigentümergrundschuld entstanden. Weil es vielmehr von dem fremden Erlösanspruch des Grundschuldgläubigers herrührt, soll es mangels Vereinigung von

---

[246] Siehe (für die Löschungsvormerkung nach § 1179 BGB) RG 57, 209 (211).
[247] BGH 160, 168 = MDR 2005, 176 = NJW-RR 2004, 1458 = WM 2004, 1786.

Grundstückseigentum und Grundpfandrecht niemals einer Ranganwartschaft nachrangiger (mit dem Zuschlag ebenso erloschener) Grundpfandgläubiger gem § 1179 a BGB ausgesetzt gewesen sein.

Das ist in zweifacher Hinsicht verfehlt. Widerspruch kann der (gleich- oder) nachrangige Grundpfandgläubiger als Beteiligter (§ 9 ZVG) erheben (Rdn 480). Von dieser Zulässigkeit des Widerspruchs zu unterscheiden ist, ob der Widerspruch begründet ist; darüber ist im Klageverfahren zu entscheiden. Es trifft aber schon nicht zu, dass nach Verzicht des Grundschuldgläubigers erst im Verteilungsverfahren der löschungsverpflichtete Eigentümer den Erlösbetrag er- und behalten kann, der durch den (gesetzlichen) Löschungsanspruch nach § 1179 a BGB geschützte nachrangige Grundpfandgläubiger hingegen (nun) vollen Ausfall zu erleiden hat.[248] Für die Wirkungen des (vormerkungsgesicherten) Löschungsanspruchs ist vielmehr völlig unerheblich, ob die zu löschende Grundschuld sich mit Gläubigerverzicht (§ 1168 BGB) bei Erteilung des Zuschlags bereits mit dem Eigentum in einer Person vereinigt hat oder ob diese Vereinigung erst eintritt (damit „später" auch im Sinne von § 1179 a Abs 1 S 1 BGB), wenn das „zu löschende" Grundpfandrecht durch den Zuschlag erloschen ist (§ 91 Abs 1 ZVG) und als Erlösanspruch zur Befriedigung aus dem Grundstück im Wege der Zwangsvollstreckung (§ 1147 BGB) bei Erlösverteilung (§ 105 ZVG) fortbesteht. Das hat der BGH[249] bereits im Jahr 1957 gesehen und zutreffend dargestellt. Demgegenüber verwechselt mit der Erwägung, es ergebe sich aus § 91 Abs 4 ZVG, dass bei Gläubigerverzicht auf eine erloschene Grundschuld erst im Verteilungsverfahren der Löschungsanspruch des nachrangig Berechtigten nicht fortbesteht und der Gesetzgeber diese Möglichkeit der Ausgestaltung des Löschungsanspruchs auch noch gesehen habe, der BGH nun zwei grundverschiedene Fälle. § 91 Abs 4 ZVG regelt den Anspruch des Gläubigers eines **erloschenen Nachrangrechts** auf **Löschung einer bestehen gebliebenen** Hypothek oder Grundschuld (das steht schon im Gesetzeswortlaut). Völlig anders ist die Rechtslage hingegen, wenn **beide Rechte** mit dem Zuschlag **erloschen** sind, das zu löschende vorrangige Grundpfandrecht ebenso wie das begünstigte Nachrangrecht des Löschungsberechtigten. Daher stützen auch die angeführten Nachweise die rechtsirrige Ansicht nicht. Das genannte Schrifttum[250] behandelt ausschließlich den Fall des § 91 Abs 4 ZVG, damit den Fall, dass das löschungsbegünstigte Recht erloschen ist, das zu löschende Recht hingegen bestehen geblieben ist. In dem 1987 vom BGH[251] entschiedenen Fall ging es lediglich um die Frage, ob nach § 1196 Abs 3 BGB der Anspruch auf Löschung der Grundschuld entstanden und damit auch von dem durch vormerkungswidrige Verfügung „vor dem Zuschlag"[252] berechtigt gewordenen Neugläubiger zu erfüllen war. Dazu kommt, dass der BGH überdies die schuldrechtliche Natur des vormerkungsgesicherten Löschungsanspruchs nicht gesehen und damit die Bedeutung der Rangverbesserung als geschuldete Leistung nicht erkannt hat.[253]

---

[248] Dazu eingehend Stöber WM 2006, 607.

[249] BGH (26. 6. 1957) Rpfleger 1958, 51 (52) = WM 1957, 979; so auch BGH (13. 3. 1963) BGH 39, 242 (246) = NJW 1963, 1497 = WM 1963, 564.

[250] Dazu Stöber WM 2006, 607 (611; zu VII 2 b).

[251] BGH 99, 363 (366) = NJW 1987, 2078 = WM 1987, 356.

[252] Nach dem Erlöschen der Grundschuld mit dem Zuschlag war in diesem Fall keine Vereinigung von Erlöspfandrecht und „Erlös"eigentum eingetreten.

[253] Näher dazu Stöber WM 2006, 607 (610; Abschn VI).

Die rechtsirrige (neue) Ansicht des BGH ist somit abzulehnen.[254] Sie kann keine Bedeutung erlangen. Auch bei Verzicht des Gläubigers auf eine erloschene Grundschuld hat der Berechtigte des durch einen vormerkungsgesicherten Löschungsanspruch[255] begünstigten (ebenso erloschenen) Gleich- oder Nachrangrechts (vorbehaltlich etwaiger Zwischenrechte) Anspruch auf den Erlösbetrag. Allerdings hat die nicht hinnehmbare Entscheidung erhebliche Rechtsunsicherheit bewirkt. Bis zur Klärung durch weitere Rechtsprechung muss der vormerkungsgesicherte Gläubiger des gesetzlichen Löschungsanspruchs daher auch erwägen, dass er diesen im Widerspruchsprozess verfolgen muss und es sich nicht ohne weiteres umgehen lässt, dass der BGH mit der Frage nochmals befasst wird.

4. Kapitel. Die bestehengebliebene Eigentümergrundschuld

534f Bleiben das vor- oder gleichrangige Eigentümerrecht **und das** mit dem gesetzlichen Löschungsanspruch ausgestattete **Recht bestehen** (§ 52 ZVG), dann besteht für Letzteres der gesetzliche Löschungsanspruch unverändert fort. Er betrifft vom Zuschlag an auch Eigentümergrundschulden, die für den Ersteher entstehen.

534g Wenn das (vor- oder gleichrangige) Grundpfandrecht, dem gegenüber der gesetzliche vormerkungsgesicherte Löschungsanspruch besteht, **bestehen geblieben,** das **begünstigte** (gleich- oder nachrangige) **Grundpfandrecht** jedoch **erloschen** ist, besteht überhaupt kein Löschungsanspruch gegenüber Eigentümerrechten, die **vom Zuschlag an** für den Ersteher entstehen. Wenn ein bestehen gebliebenes Grundpfandrecht bei Zuschlag bereits Eigentümergrundschuld ist, erlischt der gesetzliche Löschungsanspruch mit Befriedigung des Berechtigten aus dem Grundstück (§ 91 Abs 4 S 2 ZVG). Kommt der Berechtigte nicht oder nicht voll zum Zuge, so hat das Erlöschen seines vormerkungsbegünstigten Grundpfandrechts mit dem Zuschlag (§ 91 Abs 1 ZVG) nicht das Erlöschen seines gesetzlichen Löschungsanspruchs zur Folge (§ 91 Abs 4 S 1 ZVG). Die Vormerkungswirkungen sind dann jedoch nicht mehr aus dem Grundbuch ersichtlich, wenn die durch den Zuschlag erloschene (begünstigte) Hypothek (Grundschuld oder Rentenschuld) auf Ersuchen des Vollstreckungsgerichts im Grundbuch gelöscht ist (§ 130 ZVG). Deshalb fallen die den gesetzlichen Löschungsanspruch sichernden Wirkungen einer Vormerkung mit der Ausführung des Grundbuchersuchens des Vollstreckungsgerichts, das heißt mit Löschung des begünstigten Rechts, weg (§ 130a Abs 1 ZVG).

534h Weiter bestehende Rechte des Löschungsberechtigten werden durch **Eintragung einer Vormerkung** für ihn gesichert (§ 130a Abs 2 S 1 ZVG). Um Eintragung dieser Vormerkung wird nur auf Antrag des Löschungsanspruchsberechtigten ersucht. Der Antrag ist beim Vollstreckungsgericht zu stellen. Er kann schriftlich eingereicht oder im Verteilungstermin zu Niederschrift des Gerichts erklärt werden. Er muss spätestens im Verteilungstermin (bis Terminsbeendigung) gestellt werden (§ 130a Abs 2 S 1 ZVG).

---

[254] So auch bereits Stöber Rdn 9.8 (lit c) zu § 114; ebenso („als unzutreffend abzulehnen") Morvilius ImmVollstr Rdn 589–593. Zu dieser BGH-Entscheidung (kritisch, aber in der praktischen Anwendung zurückhaltender und eingeengt auf den [nachrangigen] Gläubiger einer Zwangshypothek) auch Dassler/Hintzen Rdn 106, 107 zu § 114.
[255] Zur Geltendmachung, Zulässigkeit und Berücksichtigung im Verteilungsverfahren Stöber WM 2006, 607 (612, zu VIII).

Beispiel für Antrag: Meine auf dem Grundstück ... eingetragene Grundschuld ohne Brief Abteilung III Nr 2 im Betrag von ... € ist in dem Zwangsversteigerungsverfahren mit Erteilung des Zuschlags am ... gemäß § 91 Abs 1 ZVG erloschen.
Bestehen geblieben ist nach den Versteigerungsbedingungen die vorrangige Hypothek Abteilung III Nr 1 des ... im Betrag von ... .
Diese bestehen gebliebene Hypothek Abt III Nr 1 war bei Zuschlag in voller Höhe (im Teilbetrag von ...) Eigentümergrundschuld.
Für mich bestanden als Gläubiger der erloschenen Grundschuld Abteilung III Nr 2 im Betrag von ... € gegenüber der Eigentümergrundschuld aus der bestehen gebliebenen Hypothek Abteilung III Nr 1 zu (im Teilbetrag von) ... € wegen meines gesetzlichen Löschungsanspruchs nach § 1179 a BGB die Wirkungen einer Vormerkung.
Ich stelle deshalb Antrag, das Eintragsersuchen an das Grundbuchamt nach § 130 a Abs 2 ZVG auch darauf zu richten, dass für mich bei der bestehen gebliebenen, Eigentümergrundschuld gewordenen Hypothek Abteilung III Nr 1 zu (im Teilbetrag von) ... € eine Vormerkung zur Sicherung des sich aus meiner erloschenen Grundschuld Abteilung III Nr 2 zu ... € ergebenden Anspruchs auf Löschung einzutragen ist.

Für die Eintragung der Vormerkung ist Vorlage des Briefs nicht erforderlich (§ 131 S 2 ZVG). Auch Voreintragung des Löschungsverpflichteten (§ 39 Abs 1 GBO) ist, ebenso wie im Fall des § 1179 BGB, nicht geboten. Dass das Bestehen gebliebene Grundpfandrecht tatsächlich Eigentümergrundschuld ist, muss weder nachgewiesen noch glaubhaft gemacht werden. Wenn streitig ist, ob ein Löschungsanspruch bestand oder der Anspruchsberechtigte bei einer Löschung weitere Befriedigung erlangt hätte,[256] hat hierüber nicht das Versteigerungsgericht bei Erlass des Eintragungsersuchens nach § 130 ZVG zu entscheiden.[257] Die Klärung bleibt dann den Beteiligten vorbehalten und muss erforderlichenfalls im Rechtsweg erfolgen.[258] Wenn das nach dem Zuschlag bestehen gebliebene, vom Löschungsanspruch betroffene vor- oder gleichrangige Recht nicht zur Entstehung gelangt oder erloschen ist und deshalb nach § 130 Abs 2 ZVG mit gelöscht wird, scheidet die Eintragung einer Löschungsvormerkung nach § 130 a Abs 2 ZVG aus.[259]

Die nach § 130 a Abs 2 ZVG einzutragende **Vormerkung sichert** einen Löschungsanspruch nur noch wegen solcher Vereinigungen, die vor dem Zuschlag eingetreten sind. Sie sichert mithin nur die Löschungsverpflichtung des Schuldners (bisherigen Eigentümers) oder eines anderen Inhabers des betroffenen Eigentümerrechts. Davon zu unterscheiden ist die Forderung des Löschungsanspruchsberechtigten an den Ersteher auf **Zuzahlung** nach Löschung der Eigentümergrundschuld (§ 50 Abs 2 Nr 1 ZVG). Wenn im Verteilungstermin der Löschungsanspruch geltend gemacht wird, ist zugleich auch der ungewisse (oder streitige) Zuzahlungsbetrag nach § 125 Abs 2 ZVG unter der entsprechenden Bedingung zu verteilen (Rdn 517) und durch Sicherungshypothek sicherzustellen (siehe bereits Rdn 530; zum gesetzlichen Löschungsanspruch für eine solche Sicherungshypothek siehe Rdn 534).   534i

Zuzahlungsverpflichtung (§ 125, insbes Abs 2, ZVG) **und Vormerkungssicherung** (§ 130 a Abs 2 S 1 ZVG) stehen in Zusammenhang miteinander. Wenn ein Berechtigter Vormerkungssicherung nach § 130 a Abs 2 S 1 ZVG beantragt, macht er geltend, dass er als Anspruchsberechtigter die Löschung des bestehen gebliebenen Grundpfandrechts verlangen kann (§ 91 Abs 4 S 1 ZVG), dieses   534k

---

[256] Insoweit anders Dassler/Hintzen Rdn 11 zu § 130 a.
[257] Begründung in BT-Drucks 8/89, S 118; Stöber Rdn 3.4 zu § 130 a.
[258] Begründung in BT-Drucks 8/89, S 18.
[259] Begründung in BT-Drucks 8/89, S 18.

mithin Eigentümergrundschuld ist. Das erfordert, ggfs unter der entsprechenden Bedingung, Verteilung des Ersatzzahlungsbetrags nach § 125 (Abs 2) ZVG und dessen Sicherstellung.[260] Wenn der Berechtigte Ersatzzahlung nach § 125 Abs 2 ZVG verlangt, Antrag auf Vormerkungssicherung nach § 130a Abs 2 S 1 ZVG jedoch nicht stellt, würde zwar nicht der gesetzliche Löschungsanspruch, wohl aber dessen Vormerkungswirkungen mit Ausführung des Grundbuchersuchens wegfallen (§ 130a Abs 1 ZVG). Daher ist die auf Ersatzverteilung nach § 125 ZVG zielende Geltendmachung des Löschungsanspruchs im Wege der Auslegung zugleich auch als Antrag auf Vormerkungseintragung nach § 130a Abs 2 S 1 ZVG anzusehen. Erfahrungen fehlen noch immer. Deshalb sollte der Antrag nach § 130a Abs 2 S 1 ZVG stets auch ausdrücklich gestellt werden; entsprechende Aufklärung des Berechtigten hat immer zu erfolgen.

534l Der Berechtigte des Eigentümerrechts (der Vollstreckungsschuldner, der Eigentümer bei Zuschlag oder einer ihrer Rechtsvorgänger) kann von dem Berechtigten einer nach § 130a Abs 2 ZVG eingetragenen Vormerkung Zustimmung zu deren Löschung verlangen (§ 130a Abs 2 S 3 ZVG)

– wenn dem Vormerkungsberechtigten zur Zeit des Erlöschens seines Rechts durch Erteilung des Zuschlags ein Anspruch auf Löschung des bestehen gebliebenen Rechts nicht zustand,

– wenn der Vormerkungsberechtigte auch bei Verwirklichung seines gesetzlichen Löschungsanspruchs eine weitere Befriedigung nicht erlangen kann (zB weil hohe Zwischenberechtigte vorhanden sind; siehe Rdn 534e i.V.m. Rdn 526 und 527).

Die Kosten der Löschung hat in einem solchen Fall derjenige zu tragen, für den die Vormerkung eingetragen wird (§ 130a Abs 2 S 3 ZVG). Mit dieser Regelung sollte Anträgen auf unnötige Vormerkungseintragungen entgegengewirkt und die Zahl der insgesamt einzutragenden Vormerkungen gemindert werden.[261]

534m Eintragung einer Vormerkung nach § 130a Abs 2 S 1 ZVG kann auf Antrag nicht erfolgen, wenn das Recht des Berechtigten des Löschungsanspruchs infolge einer **Liegenbelassungsvereinbarung** (§ 91 Abs 2 ZVG) bestehen bleibt. Das könnte nur fraglich sein, wenn die Liegenbelassungsvereinbarung über ein ausfallendes Grundpfandrecht zustande kommt; sonst ist der Anspruch bereits mit Befriedigung des Berechtigten erloschen (§ 91 Abs 4 S 2 ZVG). Da die Vereinbarung rückwirkende Kraft hat, bleibt die Grundstücksbelastung jedoch unverändert bestehen (Rdn 545). Mit dem bestehen bleibenden Grundpfandrecht können dann auch Löschungsanspruch und Vormerkungswirkungen nach § 1179a BGB nicht mit Ausführung des Löschungsersuchens gemäß § 130a Abs 1 ZVG wegfallen. Das schließt Vormerkungssicherung auf Antrag nach § 130a Abs 2 ZVG aus. Wenn der Antrag bereits gestellt ist, weil die Liegenbelassungsvereinbarung dem Vollstreckungsgericht erst nach dem Verteilungstermin zugeht (Rdn 540) wird Zurücknahme des Antrags anheimzugeben oder dieser zurückzuweisen sein.

16. Unterabschnitt. Wertersatz für fremdes Eigentum (insbesondere Zubehör)
§ 37 Nr 5, § 55 ZVG

535 Herr ... erklärte: Nach § 55 Abs 2 ZVG ist das mir gehörende Zubehörstück im Schuldnerbesitz, nämlich ... mitversteigert worden. Für das Recht am versteigerten

---

[260] Dassler/Hintzen Rdn 5; Stöber Rdn 5; Steiner/Eickmann Rdn 19, je zu § 130a.
[261] Begründung in BT-Drucks 8/89, S 18.

Gegenstand erhebe ich nach § 37 Nr 5 ZVG Anspruch auf einen Anteil des Versteigerungserlöses im Betrage von … € . Gegen die Zuteilung dieses (rangletzten) Betrages an … erhebe ich daher Widerspruch.

Fremdes Eigentum am Grundstück oder einer mitversteigerten beweglichen 536 Sache (§ 55 ZVG, Rdn 281), ferner Rechte, die nach §§ 772–774 ZPO mit Widerspruchsklage geltend zu machen sind, gehen mit dem Zuschlag (= Eigentumserwerb durch Ersteher, Rdn 357) am Grundstück unter. **Für das Eigentum (Recht)** tritt damit nach dem Surrogationsgrundsatz der **Versteigerungserlös** an die Stelle des versteigerten Grundstücks oder Gegenstands (§ 37 Nr 5 ZVG).[262] Der Ersteher kann einen mitversteigerten Gegenstand nicht seinem bisherigen Eigentümer zurückgeben und um dessen Wert sein Meistgebot kürzen.[263] An dem Erlös hat der Drittberechtigte die gleichen Rechte (daher auch gleiche Rangfolge und keine Zurücksetzung nach § 110 ZVG) wie am versteigerten Gegenstand.[264] Dem Dritten, dem das ganze Grundstück gehörte, gehört deshalb der Gesamterlös. Er muss jedoch Befriedigung der gutgläubig erworbenen dinglichen Ansprüche dulden, nicht aber der persönlichen Beschlagnahmeforderungen.[265] Steht dem Dritten Wertersatz nur für Grundstücksteile oder mitversteigerte Gegenstände zu, so geht der Anspruch nur auf verhältnismäßigen Ersatz,[266] weil der Gesamterlös den Gegenwert für Grundstück einschließlich mitversteigertem Gegenstand darstellt.[267] Der anteilige Wertersatz wird berechnet nach der Formel[268]

$$\frac{\text{Meistgebot} \times \text{Gegenstandswert (meist: Zubehör)}}{\text{Grundstückswert} + \text{Gegenstands-(Zubehör-)Wert}} = \text{Erlösanteil des Gegenstands.}$$

Beispiel: Meistgebot (bar und bestehen bleibende Rechte) 40 000 €, Zubehörwert 6000 €, Grundstückswert (ohne Zubehör) 54 000 €.

$$\frac{40\,000\,€ \times 6\,000\,€}{54\,000\,€ + 6\,000\,€} = 4\,000.$$

Andere Berechnungsmöglichkeit:

$$\frac{\text{Grundstückswert} + \text{Gegenstandswert}}{\text{Gegenstandswert}} = \frac{\text{Meistgebot}}{\text{Erlösanteil des Gegenstands.}}$$

Beispiel:
$$\frac{54\,000 + 6\,000}{6\,000} = \frac{40\,000}{x}$$

Ergebnis ebenso: 4 000 €

Sind Grundstück und fremder Gegenstand gesondert versteigert worden (§ 65 ZVG), so geht der Anspruch des Dritten auf Überlassung des vom Ersteher des Gegenstands für diesen gebotenen Betrags.[269]

---

[262] RG 76, 212 (213).
[263] Jaeckel/Güthe Rdn 1 a zu § 92.
[264] Jaeckel/Güthe Rdn 15 zu § 37.
[265] Jaeckel/Güthe Rdn 1 a zu § 92; Korintenberg/Wenz Anm II 5 zu § 37.
[266] Stöber Rdn 8.2 zu § 92.
[267] RG 76, 212 (213).
[268] Stöber Rdn 8.2; Jaeckel/Güthe Rdn 1, je zu § 92; siehe auch § 471 BGB und RG 76, 212 (213); RG 88, 351 (357).
[269] RG 88, 351 (357).

In Einzelfällen (seltene Ausnahmen) kann eine **andere Aufteilung** zutreffend sein,[270] so wenn der Ersteher ohne Rücksicht auf fremdes Zubehör geboten hat (auf Zubehör trifft weniger oder nichts, weil es den Versteigerungserlös nicht – anteilig – erhöht hat) oder wenn feststeht, dass der Ersteher gerade wegen des mitversteigerten Gegenstands wesentlich höher gesteigert hat.[271] Darüber ist jedoch nicht im Versteigerungsverfahren zu entscheiden. Soweit der Versteigerungserlös vom Dritten in Anspruch genommen ist, ist der Widerspruch vielmehr nach § 124 ZVG zu behandeln. Tatsache und Höhe der Bereicherung durch Mitversteigerung des Gegenstands (Zubehörs) im Dritteigentum sind dann vom Widersprechenden im Widerspruchsprozess zu beweisen.

537 Der an die Stelle eines versteigerten Gegenstands nach § 37 Nr 5 ZVG getretene Anspruch an den Versteigerungserlös ist im Verteilungsverfahren **geltend zu machen.** Der Ersatzberechtigte ist bei Anmeldung und ggfs Glaubhaftmachung Beteiligter nach § 9 ZVG. Die Berücksichtigung seines Anspruchs im Teilungsplan ermöglicht § 114 Abs 1 ZVG nicht; mangels Grundbucheintragung kann der Anspruch nur mit Widerspruch geltend gemacht werden. Behandlung des Widerspruchs: § 124 ZVG und Rdn 483. Betroffen vom Widerspruch ist, wenn der Drittberechtigte nur einen Erlösanteil in Anspruch nimmt, der bis zur Höhe des Betrages jeweils zuletzt zum Zuge gekommene Berechtigte.[272]

538 Wird auch im Verteilungsverfahren der dem entgegenstehenden Recht entspringende Anspruch nicht geltend gemacht, so kann er noch mit **Bereicherungsklage** gegen den letzten aus der Masse befriedigten Berechtigten (nicht gegen den Ersteher) verfolgt werden.[273]

17. Unterabschnitt. Liegenbelassungsvereinbarung
§ 91 Abs 2, 3 ZVG

Schrifttum: Drischler, Der Einfluss einer Vereinbarung gemäß § 91 Abs 2 ZVG auf den Teilungsplan, NJW 1966, 766; Drischler, Einzel- und Zweifelsfragen des Immobiliarvollstreckungsrechts, Rpfleger 1967, 357; Haegele, Zur Frage des Genehmigungserfordernisses des Vormundschaftsgerichts bei Vereinbarung des Liegenbelassens eines Rechts nach § 91 Abs 2 ZVG, Rpfleger 1970, 232; Hornung, Der Einfluss des Beurkundungsgesetzes auf die gerichtlichen Beurkundungsbefugnisse im Zwangsversteigerungsverfahren, Rpfleger 1972, 203; Mayer, Die Behandlung einer Vereinbarung über das Bestehen bleiben von Rechten (§ 91 Abs 2 ZVG) im Verteilungstermin, Rpfleger 1969, 3; Muth, Zum Befriedigungsumfang bei einer Liegenbelassung, Rpfleger 1991, 2.

539 **Liegenbelassungsvereinbarung** (im Anschluss an Fall Rdn 414)
Herr ... als Vertreter der Hypothekenbank X (Vollmacht Bl ...) – Brief wurde vorgelegt – und der Ersteher ... erklärten übereinstimmend: Wir sind übereingekommen, dass die Hypothek Abt III Nr 2 zu 30 000 € mit diesem eingetragenen Betrag gemäß § 91 Abs 2 ZVG in voller Höhe (oder: in Höhe eines rangersten Teilbetrags von ... €) bestehen bleiben soll. V. u. g.

a) Vereinbarung über das Bestehen bleiben eines Rechts

540 Durch Vereinbarung zwischen dem Ersteher und dem – wirklichen, nicht dem nur eingetragenen – Berechtigten kann bestimmt werden, dass ein durch den

---

[270] RG 88, 351 (357).
[271] Jaeckel/Güthe Rdn 1 a zu § 92; Stöber Rdn 8.3 zu § 92.
[272] OLG Celle Rpfleger 1993, 363.
[273] RG 76, 212 und 88, 351; Stöber Rdn 8.5 zu § 92.

Zuschlag an sich (kraft Gesetzes oder infolge gewillkürter Versteigerungsbedingung nach § 59 ZVG) erlöschendes Recht bestehen bleibt (§ 91 Abs 2 ZVG). An der Vereinbarung nicht beteiligt sind der mithaftende Bürge und Meistbietende (§ 69 Abs 3, § 81 ZVG). Der Berechtigte muss Verfügungsbefugnis haben. Erforderlich daher: Ausweis durch Vorlage des Hypotheken- oder Grundschuldbriefes, ggfs mit Abtretungserklärung (vor Zuschlag in öffentlicher oder öffentlich beglaubigter Urkunde,[274] später in einfacher Schriftform), durch Vorlage des Erbscheins usw, Mitwirkung des Pfändungsgläubigers, Erklärung des Zessionars bei Abtretung des auf das Recht treffenden Erlösanspruchs nach Zuschlag, des Pfändungsgläubigers nach Überweisung an Zahlungs Statt. Der Ersteher allein kann das Bestehenbleiben eines ihm gehörenden Rechts erklären.[275] Folge: Hypothek wird Eigentümergrundschuld (§ 1177 Abs 1 BGB). Die Vereinbarung kann vor oder nach dem Zuschlag geschlossen werden.[276] Sie muss dem Vollstreckungsgericht spätestens bis zum Zeitpunkt des Eingangs des Grundbuchersuchens beim Grundbuchamt[277] zugehen (§ 91 Abs 2 ZVG); eine nachträglich vorgelegte Vereinbarung hat keine Wirkung; sie bleibt unberücksichtigt. Die Vereinbarung ist daher auch nach Zahlung[278] und selbst nach Ablauf der 3-Monatsfrist des § 118 Abs 2 ZVG[279] noch möglich. Bei Eingang der Erklärung nach dem Verteilungstermin entfällt eine Forderungsübertragung (sie wird gegenstandslos), soweit sich die Zahlungspflicht des Erstehers mindert (Rdn 546); insoweit ist um Eintragung einer Sicherungshypothek nicht mehr zu ersuchen.[280]

Form der Vereinbarung: Erklärung im Verteilungstermin; Aufnahme in das **541** Protokoll, dessen Förmlichkeiten sich nach §§ 159 ff ZPO richten, Verlesung und Genehmigung nach § 162 ZPO,[281] aber keine Unterzeichnung durch die Erklärenden.[282] Die Befugnisse des Vollstreckungsgerichts, die Übereinkunft im Terminsprotokoll zu beurkunden, hat das Beurkundungsgesetz nicht berührt.[283] Gleichzeitige Anwesenheit beider Teile ist nicht erforderlich. Es kann also eine Erklärung zu Protokoll genommen, die andere durch öffentlich beglaubigte Urkunde nachgewiesen werden.[284] Die Liegenbelassungsvereinbarung kann auch vor dem Zuschlag, mithin auch im Versteigerungs- und Verkündungstermin abgegeben werden.[285] Dann ist sie gegenstandslos, wenn nicht dem Erklärenden, sondern einem anderen der Zuschlag erteilt wird.

Bevollmächtigte müssen eine **Vollmacht** vorlegen; für die Erklärung zu Proto- **542** koll des Vollstreckungsgerichts genügt die Prozessvollmacht,[286] eine Geldemp-

---

[274] Jaeckel/Güthe Rdn 6 zu § 91.

[275] BGH MDR 1976, 131 = NJW 1976, 805; BGH KTS 1981, 413 = MDR 1981, 568; BGH MDR 1981, 482 = NJW 1981, 1601; Stöber Rdn 3.6; Jaeckel/Güthe Rdn 4, je zu § 91; Korintenberg/Wenz Anm 3 zu § 91 unter Hinweis auf Kammergericht Rpfleger 1930, 310.

[276] Stöber Rdn 3.6 zu § 91.

[277] So auch LG Frankfurt Rpfleger 1980, 30; Stöber Rdn 3.6; Dassler/Hintzen Rdn 25, je zu § 91; nur allgemein „ … bis zum Ersuchen" BGH = MDR 1974, 573 = NJW 1974, 202.

[278] Jaeckel/Güthe Rdn 3 zu § 91.

[279] LG Frankfurt Rpfleger 1980, 30.

[280] LG Frankfurt Rpfleger 1980, 30; Stöber Rdn 3.6 zu § 91.

[281] So zutreffend Hornung Rpfleger 1972, 203 (204).

[282] Stöber Rdn 3.6 zu § 91.

[283] Hornung Rpfleger 1972, 203 (206).

[284] Hornung Rpfleger 1972, 203 (204).

[285] Hornung Rpfleger 1972, 203 (204, 207); Korintenberg/Wenz Anm 3 zu § 91.

[286] Stöber Rdn 3.6; Dassler/Hintzen Rdn 23, je zu § 91; Hornung Rpfleger 1972, 203 (204); anders Korintenberg/Wenz Anm 2 zu § 91 (für Vollmacht des Erstehers).

fangsvollmacht ist nicht notwendig. Zur notariellen Erklärung außerhalb des Termins ist auch die Vollmacht in öffentlich beglaubigter Form erforderlich.[287]

543   Eine **Genehmigung** des Familiengerichts benötigen Eltern zur Vereinbarung des Liegenbleibens eines Rechts auf einem vom Kind ersteigerten Grundstück (§§ 1643, 1821 BGB),[288] nicht aber, wenn das Kind Gläubiger des Rechts ist, das auf dem Grundstück eines anderen Erstehers bestehen bleiben soll. Vormund, Pfleger und Betreuer benötigen eine Genehmigung des Familien-/Betreuungsgerichts zur Vereinbarung des Liegenbleibens eines Rechts auf einem vom Mündel (Pflegling, Betreuten) ersteigerten Grundstück und ebenso zur Vereinbarung des Liegenbleibens einer dem Mündel (Pflegling) zustehenden Hypothek (eines sonstigen Grundstücksrechts mit Wertersatz) auf einem fremden Grundstück (§ 1812, § 1821 Abs 2, §§ 1908i, 1915 BGB).[289] Liegenbelassung einer Hypothek, Grundschuld, Rentenschuld oder Reallast nach Versteigerung eines Erbbaurechts bedarf bei Inhaltsbestimmung nach § 5 Abs 2 ErbbaurechtsRG der Zustimmung des Grundstückseigentümers.[290] Nach § 12 WEG kann die Liegenbelassung eines Wohnungsrechts oder Dauerwohnrechts der Zustimmung bedürfen.

544   **Vereinbart werden kann** das Bestehenbleiben eines auf Zahlung eines Geldbetrags gerichteten Rechts (Hypothek, Grundschuld, auch Eigentümergrundschuld, Rentenschuld, auch aus Rangklasse 6 des § 10 Abs 1 ZVG) und eines nicht auf Kapitalzahlung gerichteten Rechts (Nießbrauch, Dienstbarkeit, insbesondere Grunddienstbarkeit[291] usw), aber auch eines nur vorgemerkten Anspruchs. Gegenstand der Vereinbarung kann das Bestehen bleiben eines durch das Meistgebot gedeckten, aber auch eines ausfallenden Rechts sein. Es kann auch das Bestehen bleiben nur eines Teils eines Rechts (oder des Rechtes ohne bestimmte Nebenleistungen)[292] vereinbart werden:

> **Beispiel:** Hypothek zu 20 000 €; vereinbart wird das Bestehenbleiben eines (rangersten oder rangletzten) Betrages von 12 000 €. Die restlichen 8 000 € erlöschen; sie nehmen, sofern der Anspruch zum Zuge kommt, an der Erlösverteilung teil.

Ein Widerspruch schließt die Liegenbelassungsvereinbarung (mit ihren Wirkungen) nicht aus. Die durch den Widerspruch bedingte Hilfsverteilung (§ 124 ZVG, Rdn 483) ist jedoch vorzunehmen; bei Nichtzahlung des streitigen Betrags zur Hinterlegung ist der Plan insoweit durch Forderungsübertragung und Eintragung einer bedingten Sicherungshypothek auszuführen.[293]

544a   Die (fällige und die nicht fällige) **einmalige Nebenleistung** einer Grundschuld ist aus dem Meistgebot bar zu decken (vgl § 49 Abs 1 mit § 12 Nr 2 ZVG). Teil eines (gesetzlich) bestehen bleibenden Rechts ist eine einmalige Nebenleistung nicht (dazu Rdn 260a). Wiederkehrende „andere" Nebenleistungen (zB Verwaltungskosten) trägt der Ersteher vom Zuschlag an (§ 56 S 2 ZVG); die bis dahin zu berechnenden gehören zu den aus dem Versteigerungserlös bar zu befriedigenden Ansprüchen. Die aus dem Versteigerungserlös bar zu deckende einmalige Nebenleistung und die wiederkehrenden Nebenleistungen bis zum

---

[287] Stöber und Dassler/Hintzen je wie Fußn 286.

[288] Stöber Rdn 3.7 zu § 91; Haegele Rpfleger 1970, 232.

[289] Stöber wie Fußn 288; Haegele wie Fußn 288.

[290] Stöber Rdn 3.8 zu § 91; anders Dassler/Hintzen Rdn 22; Steiner/Eickmann Rdn 35, je zu § 91.

[291] Zu ihr Schiffhauer Rpfleger 1975, 187 (194).

[292] OLG Köln Rpfleger 1983, 168.

[293] Vgl Jaeckel/Güthe Rdn 6 zu § 91.

Zuschlag können gleichermaßen nicht durch Vereinbarung nach § 91 Abs 2 ZVG vom Ersteher als „Recht am Grundstück" übernommen werden. Dass mit der Grundschuld auch solche Barzahlungsansprüche bestehen bleiben sollen, kann daher nicht vereinbart werden[294] (eine Vereinbarung hätte nicht die Wirkungen des § 91 Abs 2 und 3 ZVG).

b) Folgen der Liegenbelassungsvereinbarung

Das Recht ist durch den Zuschlag nicht erloschen; es bleibt als Grundstücksbe‑   **545**
lastung (mit den ihm anhaftenden Löschungsvormerkungen) unverändert bestehen (§ 91 Abs 2 ZVG). Die Vereinbarung irgendwelcher Änderungen (zB der Zinsen, der Zahlungsbestimmungen) ist ausgeschlossen. Die Vereinbarung hat insofern rückwirkende Kraft, als die Übernahme des – unveränderten – Rechts rückwirkend vom Zuschlag an als erfolgt gilt.[295] Der Ersteher trägt daher auch vom Zuschlag an die Zinsen der Belastung (§ 56 S 2 ZVG, Rdn 427). Unverändert bleibt auch die bisherige Rangfolge. Erlöschen vorgehende Rechte und werden sie voll befriedigt, so bleibt dem durch Vereinbarung bestehen bleibenden Recht die erste Rangstelle. Bleiben besserrangige Rechte nach den Versteigerungsbedingungen bestehen, so hat es nach diesen gleichfalls Rang an seiner bisherigen Stelle. Werden besserrangige erlöschende Rechte nicht befriedigt, so erhalten die dafür einzutragenden Sicherungshypotheken (§ 128 ZVG) Rang vor dem durch Vereinbarung bestehen bleibenden schlechterrangigen Recht. Das bestehen bleibende Recht behält seinen Rang vor Sicherungshypotheken, die für Gläubiger nachrangiger Ansprüche wegen Nichtberichtigung des Bargebots eingetragen werden.[296]

Auf **Kosten und Zinsen** aus der Zeit vor dem Zuschlag können die Wirkungen der Liegenbelassungsvereinbarung nicht erstreckt werden;[297] sie sind stets aus der Teilungsmasse nach dem Teilungsplan dem Berechtigten zu zahlen. Die Vereinbarung wirkt, auch wenn das Recht durch das Meistgebot nicht gedeckt ist,[298] **wie die Befriedigung** des Berechtigten aus dem Grundstück (§ 91 Abs 3 S 2 ZVG). Die Forderung des Berechtigten an den Eigentümer – Schuldner – erlischt, bei der Gesamthypothek werden mithaftende Grundstücke frei (§ 1181 Abs 2; siehe aber § 1182 BGB), jedoch ersucht das Vollstreckungsgericht nicht um deren Löschung.

Die Liegenbelassungsvereinbarung ändert nichts an der Verpflichtung des Er‑   **546**
stehers, das Bargebot vom Zuschlag an (unverändert weiter) zu verzinsen (§ 49 Abs 2 ZVG). Das nach § 49 ZVG zu zahlende **Meistgebot mindert sich** jedoch mit der Liegenbelassungsvereinbarung. Der Ersteher hat den Betrag nicht zu zahlen, der dem Berechtigten (= „sonst") zustehen würde, wenn eine Vereinbarung über das Bestehen bleiben des Rechts nicht getroffen worden wäre (§ 91 Abs 3 S 1 ZVG); das führt zu keiner Benachteiligung des Erstehers und keiner Begünstigung anderer Gläubiger. Zu den Folgen einer unrichtigen Berechnung der Minderung siehe Rdn 419 a.

---

[294] Vgl auch Stöber Rdn 4.4 zu § 91.
[295] BGH 53, 327 = MDR 1970, 497 = NJW 1970, 1188 mit Anm Drischler; BGH MDR 1976, 131 = NJW 1976, 805; BGH MDR 1985, 405 = Rpfleger 1985, 74.
[296] BGH NJW 1976, 805 = aaO (Fußn 295).
[297] Stöber Rdn 3.3 zu § 91; Mayer Rpfleger 1969, 3.
[298] Jaeckel/Güthe Rdn 9; Korintenberg/Wenz Anm 5, je zu § 91; anders (Umfang der Befriedigung dem Umfang der Erlöszuteilung nach dem Teilungsplan gleich) Muth Rpfleger 1990, 2.

Abzustellen ist auf den Zeitpunkt des Verteilungstermins; der durch Zahlung zu berichtigende Teil des Meistgebots (samt den nach § 49 Abs 2 ZVG berechneten Meistgebotszinsen) vermindert sich, soweit er auf das infolge Vereinbarung bestehen bleibende Recht entfallen wäre, um[299]
– die vom Zuschlag bis zum Erlösverteilungstermin noch angefallenen Zinsen,[300]
– den **Kapitalbetrag** des bestehen bleibenden Rechts.

> **Beispiel:** Im Falle Rdn 414 hat der Ersteher im Verteilungstermin am 1. 10. 2010 zu zahlen
>
> | das bare Meistgebot mit | 103 200 € | |
> |---|---|---|
> | Zinsen zu 4 vH hieraus gemäß § 49 | | |
> | Abs 2 ZVG vom 1. 7.–30. 9. 2010 | 1032 € | 104 232 €. |
>
> Der Hypothekenbank X gebührt als Gläubigerin der Brief-Hypothek Abt III Nr 2 zu 30 000 € (siehe Rdn 414) der Anspruch auf
>
> | 8 vH Zinsen aus 30 000 € für die | | |
> |---|---|---|
> | Zeit vom 1. 2. 2010–30. 9. 2010 | 1 600 € | |
> | sowie die Hauptsache | 30 000 € | 31 600 €. |
>
> Infolge der Liegenbelassungsvereinbarung (Rdn 539) erhält die Hypothekenbank jedoch aus dem baren Erlös nur Zinsen bis zum Zuschlag. Zuzuteilen sind mithin:
>
> | 8 vH Zinsen aus 30 000 € für die Zeit | |
> |---|---|
> | vom 1. 2. 2010–30. 6. 2010 | 1 000 €. |
>
> Betrag, der „sonst" dem Berechtigten gebühren würde, auf den infolge der Liegenbelassungsvereinbarung jedoch keine Zuteilung mehr erfolgt, mithin:
>
> | 8 vH Zinsen aus 30 000 € für die Zeit | | |
> |---|---|---|
> | vom 1. 7. 2010 (Zuschlag, § 56 S 2 ZVG) | | |
> | –30. 9. 2010 | 600 € | |
> | Kapital | 30 000 € | 30 600 €. |
>
> **Ergibt:**
>
> | a) Zuteilung nach Liegenbelassungsvereinbarung | 1 000 € |
> |---|---|
> | b) Minderung nach § 91 Abs 3 ZVG | 30 600 € |
>
> das ist zusammen der (Rdn 414, Abschn III 4) festgestellte Gesamtanspruch von
>
> | | 31 600 €. |
> |---|---|

Die Minderung der Zahlungspflicht des Erstehers kommt auch dem haftenden Bürgen oder Meistbietenden (§ 69 Abs 3, § 81 ZVG) zugute; sie werden von der entsprechenden Zahlungspflicht gleichfalls frei.
Bezieht sich die Vereinbarung auf ein – voll – ausfallendes Recht, so ändert sich die Zahlungspflicht des Erstehers überhaupt nicht; bei Teilausfall wird um den Betrag gekürzt, der noch zum Zuge gekommen wäre; Reihenfolge: Zinsen, Hauptsache, § 12 ZVG. Bleibt ein nicht auf Kapitalzahlung gerichtetes Recht bestehen, so wird um den Ersatzwert (ggfs bedingt) gekürzt.
Anspruch auf **Vorfälligkeitsentschädigung** besteht im Regelfall auch, wenn das Bestehenbleiben eines Rechts vereinbart ist.[301]

547 Die Liegenbelassungsvereinbarung **wirkt nur dinglich;** sie bewirkt keinen Schuldübergang nach § 53 ZVG. Eine Hypothek bleibt, wenn nicht auch die Schuld übernommen wird, daher als Grundschuld bestehen; mit der Vereinba-

---

[299] Zur Minderung auch um eine einmalig fällige Nebenleistung siehe OLG Hamm Rpfleger 1985, 247.
[300] BGH 53, 327 = MDR 1970, 497 = NJW 1970, 1188 mit Anm Drischler mit Nachweisen und Stellungnahmen zu früher abweichenden Ansichten; so auch Stöber Rdn 4 zu § 91 mit Darstellung früher abweichender (überholter) anderer Meinungen.
[301] BGH MDR 1974, 394 = NJW 1974, 702; anders OLG Düsseldorf KTS 1968, 251.

rung kann im Einzelfall aber auch die Schuldübernahme gewollt sein.[302] Wird auch die durch eine Hypothek gesicherte (persönliche) Forderung durch den Ersteher übernommen, dann wird der ursprüngliche (persönliche) Schuldner befreit (§ 414 BGB); der Gläubiger erhält „Ersatz" beim Ersteher.[303] Ob die durch eine bei Verteilung nicht gedeckte (ausfallende) Hypothek gesicherte Forderung erlischt, wenn Ersteher und Hypothekengläubiger identisch sind (Schuldübernahme kommt dann nicht in Betracht), ist nicht geklärt.[304] Nimmt man dies an, dann hat der Ersteher gegen den Darlehensschuldner jedenfalls einen Bereicherungsanspruch auf Wertersatz (§ 812 Abs 1 S 1, § 818 Abs 2 BGB) in der Höhe, in der die Darlehensforderung nicht durch die Erlöszuteilung befriedigt ist.[305]

Zum Liegenbelassen eines Erbbauzinses siehe Kommentar Rdn 3.4 zu § 91.

Mit der Liegenbelassungsvereinbarung kann das Vollstreckungsgericht eine Vereinbarung über die Übernahme der persönlichen Schuld protokollieren.[306] Auf Antrag der Beteiligten ist eine solche Erklärung in die Niederschrift aufzunehmen (kein Ermessen des Vollstreckungsgerichts[307]). Weitere rechtsgeschäftliche Erklärungen (dingliche Einigung mit grundbuchmäßigen Erklärungen wie Änderung von Zins- und Zahlungsbedingungen, Verpfändung, Löschung von Rechten) können zusammen mit der Liegenbelassungsvereinbarung durch das Vollstreckungsgericht nicht beurkundet werden;[308] die Beteiligten müssen sich an einen Notar wenden. Aufnahme in das Protokoll des Vollstreckungsgerichts ermöglicht einen Grundbuchvollzug nicht.

Auf einem **Hypotheken- oder Grundschuldbrief** ist das Liegenbleiben nicht zu vermerken,[309] weil das Recht unverändert bestehen geblieben ist. Für den Fall, dass der Brief bereits unbrauchbar gemacht ist, siehe Rdn 554 aE. **548**

Hat die Liegenbelassungsvereinbarung ein „Berechtigter" erklärt, dem das Recht materiell bereits nicht mehr zustand (so zB bei Erklärung durch den Hypothekengläubiger, wenn die Hypothek, wie sich später herausstellt, tatsächlich bereits Eigentümergrundschuld war), so ändert sich damit an dem durch die formelle Rechtslage bewirkten Bestehen bleiben des Rechts nichts.[310] Der Anspruch aus dem bestehengebliebenen Recht steht jedoch seinem wirklichen Inhaber zu, der die Grundbuchberichtigung herbeiführen und allein das Recht gegenüber dem Ersteher geltend machen kann. **549**

18. Unterabschnitt. Verteilung des Erlöses aus einem Gesamtausgebot
§ 112 ZVG

Bei Zuschlag auf ein Gesamtausgebot (Rdn 382) sowie auf ein gemeinsames Ausgebot (§ 63 Abs 1 S 2 ZVG) wird **Verteilung des einheitlichen Meistgebots** (des Gesamterlöses) erforderlich, wenn die mehreren versteigerten Grundstücke **550**

302 Vgl RG 70, 414.
303 BGH MDR 1981, 482 = NJW 1981, 1601.
304 Siehe BGH NJW 1981, 1601 = aaO (Fußn 303).
305 BGH NJW 1981, 1601 = aaO (Fußn 303).
306 Hornung Rpfleger 1972, 203 (207).
307 Hornung Rpfleger 1972, 203 (208).
308 Hornung Rpfleger 1972, 203 (208).
309 Jaeckel/Güthe Rdn 6 zu § 91; anders Stoll SchlHA 1953, 234.
310 Stöber Rdn 4.5 zu § 91.

(auch Bruchteile,[311] Rdn 6; in Sonderfällen auch Raumteile[312]) mit Ansprüchen, die außerhalb des geringsten Gebots stehen, verschieden belastet sind, nicht aber, wenn nur Gesamtrechte zum Zuge kommen oder der Erlös alle Ansprüche deckt und die Grundstücke demselben Eigentümer gehörten. Zu berechnen ist bei Erlösverteilung wieviel von dem Gesamterlös (nicht gekürzt nach § 91 Abs 3 ZVG) nach dem Verhältnis der Grundstückswerte (Bruchteilswerte) zueinander auf jedes Einzelgrundstück (jeden Grundstücksbruchteil) entfällt.

Berechnung nach § 112 ZVG:

– Vorweg befriedigt werden aus dem ungeteilten Gesamterlös (Bargebot und Zinsen) die Kosten (§ 109 ZVG) und die durch das geringste Gebot gedeckten Ansprüche, für welche die Grundstücke ungeteilt haften (§ 112 Abs 1 ZVG).

– Aufteilung des Überschusses nach dem Verhältnis der gemäß § 74 a Abs 5 ZVG festgesetzten Werte[313] der Grundstücke unter Berücksichtigung der bestehen bleibenden Rechte (ggfs mit Ersatzwert nach § 51 Abs 2 ZVG), jedoch ohne die infolge Liegenbelassungserklärung nach § 91 Abs 2 ZVG nicht erloschenen Rechte.[314] Damit ist berücksichtigt, dass sich das zu verteilende Bargebot bei jedem Grundstück um die zu übernehmenden Rechte verringert. Eine Zurechnung bestehen bleibender Gesamtbelastungen erübrigt sich,[315] weil sie das Ergebnis rechnerisch nicht ändern.

551 **Beispiel:**[316] Gesamtbarerlös 100 000 €; Grundstückswerte (1) 30 000 €, (2) 30 000 € und (3) 40 000 €. Bestehen bleibende Rechte: Gesamtrecht 10 000 €, dann an (1) = 3000 €, an (2) = 3000 €, an (3) = 4000 €. Kosten und öffentliche Lasten 5000 €, Zinsen und Kosten aus Gesamtrecht 5000 €.
Vorwegentnahme (Kosten und öffentliche Lasten = 5000 € sowie Zinsen und Kosten aus Gesamtrecht = 5000 €, zusammen) 10 000 €;
Restbarerlös (100 000 € – 10 000 € =) 90 000 €
Weiter (§ 112 Abs 2 S 2 ZVG): Überschuss 90 000 € + 10 000 € (bestehen bleibende Rechte ohne Gesamtrecht),[317] somit 100 000 € (= berichtigte Masse).
Aufteilung (§ 112 Abs 2 S 1 ZVG) sodann nach der Formel

$$\frac{\text{Berichtigte Masse}}{\text{Summe Grundstückswerte}} \times \text{Wert Einzelgrundstück} = \text{Masseanteil.}$$

Grundstück 1: 100 000 : 100 000 × 30 000 = 30 000 €;
Grundstück 2: ebenso
Grundstück 3: 100 000 : 100 000 × 40 000 = 40 000 €
Schließlich (§ 112 Abs 2 S 3 ZVG) Anrechnung des Betrags der Einzelrechte auf den Anteil:

berichtigter Masseanteil	30 000	30 000	40 000
ab Einzelbelastung	3 000	3 000	4 000
Erlösanteil in bar	27 000	27 000	36 000 €.

Eine **Ausgleichung** erfolgt nach § 112 Abs 3 ZVG, wenn der Erlösanteil eines Grundstücks nicht zur Befriedigung derjenigen Ansprüche ausreicht, welche

---

[311] RG 101, 117 (120).
[312] RG 101, 117 (121).
[313] Stöber Rdn 4.5 zu § 112; siehe außerdem Rdn 210.
[314] RG 101, 117 (121); Stöber Rdn 4.2 und 4.3 zu § 112.
[315] Siehe dazu RG 101, 117 (121); Stöber Rdn 4.3 zu § 112.
[316] Nach Stöber Rdn 3.5 zu § 112.
[317] Berechnung bei Stöber Rdn 4.2 und 4.6–4.8 zu § 112 unter Berücksichtigung des Gesamtrechts mit gleichem Ergebnis.

nach Maßgabe des geringsten Gebots durch Zahlung zu berichtigen sind, oder wenn das beim Einzelausgebot für ein Grundstück erzielte Meistgebot in der Verteilung nicht die Höhe dieses Versteigerungsergebnisses erreicht. Berechnung im Kommentar Rdn 5.5 zu § 112. Ausgleich erfolgt durch anteilige Kürzung der Resterlösanteile der anderen Grundstücke um den Fehlbetrag.

19. Unterabschnitt. Verteilung eines Gesamtrechts
§§ 122, 123 ZVG

Der Gläubiger des Gesamtrechts Abt III Nr ... erklärt: Befriedigung beanspruche ich **552** gemäß § 1132 Abs 1 S 2 BGB aus dem Grundstück 1 in Höhe von ... € Kosten ... € Zinsen und ... € Hauptsache, aus dem Grundstück 2 in Höhe von ... (usw).

Aus Einzelerlösen, die vorliegen, weil mehrere in demselben Verfahren verstei- **553** gerte Grundstücke (oder Grundstücksbruchteile, Rdn 6) einzeln zugeschlagen sind oder weil ein Gesamterlös bereits aufzuteilen war (Rdn 550, 551), werden Gesamtansprüche mit einem jeweils anteiligen Betrag befriedigt. Die Aufteilung nach dem Erlösverhältnis unterbleibt, wenn (und soweit) das Bargebot nicht berichtigt wird (§ 122 Abs 2 ZVG). Dann aber Ersatzverteilung und entsprechend bedingte Übertragung nach § 123 ZVG. Belastungen hinter dem Gesamtrecht berühren die Verteilung nicht.

Das **Wahlrecht des Gläubigers** aus § 1132 Abs 1 S 2 BGB hat Vorrang vor einer rechnerischen Aufteilung eines Anspruchs. Der Gläubiger kann nach dieser Vorschrift die Befriedigung nach seinem Belieben aus jedem der Grundstücke ganz oder zu einem Teile suchen. Ausübung des Wahlrechts bis zur Planausführung[318] schriftlich oder zu Protokoll.

Wenn der Gläubiger sein Wahlrecht nicht ausübt, erfolgt Verteilung des Gesamtanspruchs aus einer Gesamthypothek, -grundschuld oder -rentenschuld, aber auch eines Anspruchs aus Rangklasse 1 und 3 des § 10 Abs 1 ZVG, wenn Einzelhaft anderweit nicht feststellbar ist (siehe auch Rdn 379). Vor Verteilung des Gesamtrechts im Verhältnis der Erlöse sind die Nettoerlöse festzustellen (§ 122 Abs 1 S 2): von den Einzelerlösen sind jeweils erst die Ansprüche abzuziehen, welche dem Anspruch aus dem Gesamtrecht vorgehen.

Die Verteilung der dann bleibenden Nettoerlöse erfolgt nach der Formel:

$$\frac{\text{Nettoerlös des Einzelgrundstücks} \times \text{Gesamtrechtsansprüche}^{319}}{\text{Summe aller Nettoerlöse}} = \frac{\text{Einzelanteil an}}{\text{Gesamtrechtsansprüchen.}}$$

Beispiel: Nettoeinzelerlöse bei Grundstück (1) 10 000 €, (2) 20 000 € und (3) 30 000 €; Gesamtanspruch 30 000 €.
Zu rechnen ist bei Grundstück
(1) 10 000 € × 30 000 € : 60 000 € = 5 000 €
(2) 20 000 € × 30 000 € : 60 000 € = 10 000 €
(3) 30 000 € × 30 000 € : 60 000 € = 15 000 €.

Die nach jeweils anteiliger Deckung der Gesamtrechtsansprüche verbleibenden Überschüsse werden bei jedem Grundstück auf die rangmäßig folgenden Ansprüche verteilt.

---

318 Stöber Rdn 2.7 zu § 122.
319 = Hauptsache + Zinsen + Kosten.

20. Unterabschnitt. Behandlung der Grundpfandrechtsbriefe und Vollstreckungstitel

§ 127 ZVG

554 Der **Brief** über eine durch den Zuschlag erloschene Hypothek, Grundschuld oder Rentenschuld ist unbrauchbar zu machen, wenn er dem Vollstreckungsgericht vorliegt (§ 127 Abs 1 S 1 ZVG). Der gegenstandslose Brief wird damit aus Gründen der Rechtssicherheit dem Rechtsverkehr entzogen.[320] Behandlung: Abtrennung (und Rückgabe an Einsender) einer mit dem Brief verbundenen Schuldurkunde (§ 69 S 2 GBO), sodann ist der Vermerk über die erste Eintragung des Rechts durchzustreichen und der Brief mit Einschnitten zu versehen (§ 53 Abs 1 GBV). Zweckmäßig wird außerdem ein Vermerk über das Erlöschen des Rechts angebracht, der mit Datum, Unterschrift des Rechtspflegers und Dienstsiegel abzuschließen ist. Der unbrauchbar gemachte Brief wird mit dem Eintragungsersuchen an das Grundbuchamt abgegeben; dort Behandlung nach § 53 Abs 2 GBV.

Einen nicht vorliegenden Brief kann das Vollstreckungsgericht von dem Berechtigten einfordern (§ 127 Abs 1 S 3 ZVG); Zwangsmittel sind jedoch nicht gegeben. Das nur teilweise Erlöschen eines Rechts ist auf dem Brief (nicht auf der mit ihm verbundenen Schuldurkunde) zu vermerken (§ 127 Abs 1 S 2 ZVG); dies gilt auch (hier ebenfalls keine Unbrauchbarmachung des Briefes), wenn die erloschene Hypothek (Grundschuld) noch auf einem anderen, nicht versteigerten Grundstück haftet.[321] Der Vermerk ist mit Datum, Unterschrift des Rechtspflegers und Dienstsiegel abzuschließen.

> **Wortlaut** (Feststellung durch Protokoll, § 127 Abs 3 ZVG, bei späterer Vorlage des Briefes in den Akten):
> Die Hypothek ist in Höhe eines Teilbetrages von ... € durch Zwangsversteigerung erloschen. Ort, Datum, Bezeichnung des Vollstreckungsgerichts, Unterschrift des Rechtspflegers (nicht auch des Urkundsbeamten),   Siegel (bzw Stempel).
>
> **Vermerk** wenn ein **gemeinschaftlicher Brief** für mehrere Hypotheken erteilt ist (Fall des § 66 GBO):
> Die Hypothek Abt III Nr ... in Höhe von ... € ist durch Zwangsversteigerung erloschen.
>
> **Vermerk bei Mithaft** anderer Grundstücke:
> Die Hypothek ist auf dem Grundstück ... durch Zwangsversteigerung erloschen.

Der Brief über ein infolge Liegenbelassungsvereinbarung (§ 91 Abs 2 ZVG) bestehen bleibendes Recht wird nicht unbrauchbar gemacht. Wenn die Erklärung erst nach dem Verteilungstermin eingegangen und der Brief bereits unbrauchbar gemacht ist, muss das Grundbuchamt einen neuen Brief erteilen.

555 Auf **vollstreckbaren Titeln** über Ansprüche, auf die ein Betrag zugeteilt wurde, ist zu vermerken, in welchem Umfange der Betrag durch Zahlung, Hinterlegung oder Übertragung gedeckt worden ist (§ 127 Abs 2 ZVG). Der Vermerk ist mit Datum und Unterschrift abzuschließen; Dienstsiegel ist nicht erforderlich, aber zweckmäßig. Abzuquittieren sind Titel auch, wenn aus ihnen nicht betrieben wurde, wenn sie also nur mit Anmeldungen eingereicht und nicht vollstreckbar ausgefertigt sowie nicht zugestellt sind. Vollstreckungstitel nicht

---

[320] RG 157, 287 (289).
[321] RG 157, 287 (290).

betreibender Gläubiger werden jedoch nicht eingefordert. Die Liegenbelassungsvereinbarung über ein Recht wird auf dem Titel gleichfalls vermerkt.

Wortlaut (Feststellung durch Protokoll, § 127 Abs 3 ZVG, bei späterer Vorlage des Titels in den Akten):
In dem Verfahren zur Zwangsversteigerung ... wurden der Hypothekenbank X auf den durch diesen Vollstreckungstitel ausgewiesenen Anspruch aus der Hypothek Abt III Nr 2 zugeteilt:
        8 vH Zinsen für die Zeit vom 1. 2. 2010–30. 6. 2010 in Höhe von 1000 €.
Der Betrag ist durch Zahlung gedeckt worden.
Infolge Liegenbelassungsvereinbarung nach § 91 Abs 2 ZVG ist die Hypothek im Betrage von 30 000 € bestehen geblieben.
Ort, Datum, Bezeichnung des Vollstreckungsgerichts, Unterschrift des Rechtspflegers,
        Siegel (bzw Stempel) ist zweckmäßig, hier aber nicht erforderlich.

Zurückgegeben wird der Vollstreckungstitel an den Einsender, nicht an den Schuldner; § 757 ZPO findet keine Anwendung.

Ist eine vollstreckbare **Urkunde mit einem Brief verbunden,** so wird der Brief   556
nach § 127 Abs 1 (Rdn 554), die Urkunde gesondert nach § 127 Abs 2 ZVG (Rdn 555) behandelt. Wenn die Hypothek voll erloschen ist, ist der Brief somit unbrauchbar zu machen, die abzutrennende Urkunde mit dem Vermerk zu versehen und zurückzugeben.

21. Unterabschnitt. Grundbuchersuchen, Sicherungshypothek
§§ 128–131 ZVG

Schrifttum: Helsper, Keine Grundbuchberichtigung ohne Unbedenklichkeitsbescheinigung? NJW 1973, 1485; Herzig, Wer hat im Zwangsversteigerungsverfahren die Unbedenklichkeitsbescheinigung zu beschaffen, wenn der Ersteher sich um sie nicht bemüht? JurBüro 1968, 686; Hornung, Löschung der nach Zuschlagserteilung „unwirksam" eingetragenen Rechte, Rpfleger 1980, 249; Meyer-Stolte, Eintragung zwischen Zuschlag und Eigentumsberichtigung, Rpfleger 1983, 240; Weber, Grundbuchberichtigung ohne Unbedenklichkeitsbescheinigung, NJW 1973, 2015.

Grundbuchersuchen:[322] In dem Verfahren zur Zwangsversteigerung des in ... ge-   557
legenen, im Grundbuch für Gemarkung ... Blatt ... auf den Namen des Schuldners ... eingetragenen Grundstücks FlStNr ... (mit vollem Grundbuchbeschrieb), wird gemäß § 130 Abs 1 ZVG ersucht
a) den Ersteher Paul Erwerber, geb am ... Kaufmann in Nürnberg, Ottostr. 35,
   auf Grund des Zuschlagsbeschlusses vom ... als Eigentümer einzutragen;
b) den in Abteilung II unter Nr ... auf Grund des Ersuchens vom ... eingetragenen
   Zwangsversteigerungsvermerk zu löschen;
c) die folgenden durch den Zuschlag erloschenen Rechte zu löschen:
   1. Hypothek Abt III Nr 2 zu 30 000 € der Hypothekenbank X in ...
   2. Zwangs-Sicherungshypothek Abt III Nr 3 zu 10 000 € des Schreinermeisters
      Karl B in ...
   3. Grundschuld Abt III Nr 4 zu 40 000 € der Bank für Baugeld in ...
   4. Eigentümergrundschuld Abt III Nr 5 zu 10 000 € des ...;
d) folgende Sicherungshypotheken für die Forderung gegen den Ersteher in der aus
   der nachbezeichneten Reihenfolge sich ergebenden Rangfolge einzutragen, und
   zwar im Anschluss an die bestehen gebliebenen Rechte ...:

---

[322] Muster mit mehreren Fällen der Eintragung von Sicherungshypotheken bei Stöber Rdn 4 zu § 130.

1. Sicherungshypothek für 31 600 € (mit Worten: ...) im Zwangsversteigerungsverfahren K ... des Amtsgerichts ... übertragene Forderung gegen den Ersteher mit vier vom Hundert Zinsen seit ... (= Tag des Verteilungstermins) für die
   Hypothekenbank X in ... Der[323] übertragenen Forderung liegen zugrunde
   1600 € Zinsanspruch und 30 000 € Hauptsache aus der vormaligen Brief-
   Hypothek Abt III Nr 2
2. Sicherungshypothek für 12 500 € mit (Worten: ...) im Zwangsversteigerungsverfahren K ... des Amtsgerichts ... übertragene Forderung gegen den Ersteher mit vier vom Hundert Zinsen seit ... (= Tag des Verteilungstermins) für den
   Schreinermeister Karl B in ... Der übertragenen Forderung liegen zugrunde
   400 € Kosten, 2100 € Zinsen und 10 000 € Hauptsache aus der vormaligen
   Zwangs-Sicherungshypothek Abt III Nr 3;
3. usw

Beigefügt sind
a) die Unbedenklichkeitsbescheinigung des Finanzamts ... vom ...,
b) eine beglaubigte Abschrift des rechtskräftigen Zuschlagsbeschlusses vom ...

a) Ersuchen des Vollstreckungsgerichts

558   Um **Berichtigung des Grundbuchs** durch
- Eintragung des Erstehers,
- Löschung des Versteigerungsvermerks sowie der durch den Zuschlag erloschenen Rechte und um
- Eintragung der Sicherungshypotheken für die Forderung gegen den Ersteher
  (§ 130 Abs 1 ZVG) sowie ggfs
- einer Vormerkung zur Sicherung des sich aus einem erloschenen Grundpfandrecht ergebenden Löschungsanspruchs gegenüber einem bestehen gebliebenen Recht (§ 130 a Abs 2 ZVG; dazu Rdn 534 h)

ist das Grundbuchamt zu ersuchen, wenn der Zuschlag rechtskräftig (ist vom
Vollstreckungsgericht festzustellen) und der Teilungsplan durch Zahlung (§ 117
Abs 1 ZVG) oder durch Forderungsübertragung (§ 118 Abs 1 ZVG) ausgeführt
ist (§ 130 Abs 1 ZVG). Form des Ersuchens: Unterschrift des Rechtspflegers
und Siegel (oder Stempel; §§ 38, 29 Abs 3 GBO). Die Grundbucheintragungen
sind in dem Ersuchen zu bezeichnen; ihre Feststellung darf nicht unter Bezugnahme auf den Zuschlagsbeschluss oder den Teilungsplan dem Grundbuchamt
überlassen werden. Beigefügt werden muss dem Ersuchen die Unbedenklichkeitsbescheinigung des Finanzamts (Grunderwerbsteuergesetz § 22; Text im
Kommentar T 20), nicht aber Abschrift des Zuschlagsbeschlusses oder des Versteigerungsprotokolls (Beilage beglaubigter Abschrift des Zuschlagsbeschlusses
ist jedoch zweckmäßig). Die Unbedenklichkeitsbescheinigung muss der Ersteher beschaffen. Erleichterung für die Eintragung des Erstehers zur Wiederversteigerung Rdn 565.

b) Inhalt des Ersuchens

558a   Der **Ersteher** ist in dem Ersuchen nach dem Zuschlagsbeschluss (Rdn 352) so
zu bezeichnen, wie er nach § 15 GBV im Grundbuch anzugeben ist, auch wenn
er nach Abgabe des Meistgebots verstorben ist.[324] Er ist auch dann einzutragen,
wenn er schon als Vollstreckungsschuldner (eingetragener) Eigentümer (oder

---

[323] Für Herkunft der übertragenen Forderung können auch die daran geknüpfte gesetzliche
Beschränkung und der genaue Rang der Eintragung bezeichnet werden; dazu Stöber Muster in
Rdn 4 zu § 130.
[324] Kammergericht JFG 10, 208 und Rpfleger 1975, 133; Stöber Rdn 2.11 (zu c) zu § 130.

Miteigentümer) war. Bei Zuschlag an mehrere Ersteher hat das Ersuchen das Anteilsverhältnis (auch das zugrunde liegende Gemeinschaftsverhältnis) (§ 47 GBO) in Übereinstimmung mit dem Zuschlagsbeschluss anzugeben, bei Zuschlag an eine Gesellschaft bürgerlichen Rechts auch deren Gesellschafter (Rdn 352 und 315 a).

Die zu **löschenden Rechte** müssen in dem Ersuchen einzeln benannt werden; es   558b darf nicht ersucht werden, alle Rechte zu löschen, die nicht nach dem Zuschlag bestehen bleiben sollen. Ersucht werden muss auch um Löschung der nach Eintragung des Versteigerungsvermerks, aber vor Erteilung des Zuschlags eingetragenen Rechte. Sie sind gleichfalls einzeln aufzuführen; ihre Feststellung kann[325] (jedenfalls aber soll) sonach nicht dem Grundbuchamt mit dem allgemein gehaltenen Ersuchen überlassen werden, „alle nach Eintragung des Versteigerungsvermerks bis zur Zuschlagerteilung in Abteilung II und III des Grundbuchs eingetragenen Rechte zu löschen". Erforderlichenfalls ist das Grundbuchamt um Mitteilung der nach dem Versteigerungsvermerk eingetragenen Rechte zu ersuchen und das Eintragungsersuchen zu ergänzen.

Auf Löschung der **nach** Verkündung (Wirksamwerden) des **Zuschlags noch eingetragenen Rechte** darf das Ersuchen nicht erstreckt werden[326] (diese Rechte sind „nicht durch den Zuschlag erloschen"). Dem Interesse des Erstehers trägt die Möglichkeit der Grundbuchberichtigung (mit Unrichtigkeitsnachweis nach § 22 GBO) ausreichend Rechnung, jedenfalls dann, wenn man das Grundbuchamt für verpflichtet hält, ihm vor Vollzug des Eintragungsersuchens des Vollstreckungsgerichts (Löschung des Versteigerungsvermerks) Nachricht und Gelegenheit zu geben, Berichtigungsantrag zu stellen oder Eintragung eines Widerspruchs zu veranlassen. Als Grundbuchberichtigung kann der Ersteher auch Löschung einer nach Erteilung des Zuschlags auf Grund eines Vollstreckungstitels gegen den früheren Grundstückseigentümer (Schuldner) eingetragenen Zwangssicherungshypothek verlangen.[327]

Auf die Änderung des Inhalts eines bestehen gebliebenen (liegen gelassenen) Rechts darf das Ersuchen nicht ausgedehnt werden.

Die **Sicherung der Ansprüche**, die aus der gegen den Ersteher gebliebenen For-   558c derung zu befriedigen sind (§ 118 ZVG, Rdn 470), erfolgt durch Eintragung einer **Sicherungshypothek** (§ 128 Abs 1 S 1 ZVG). Für sie gilt die Wertgrenze von 750 € (§ 866 Abs 3 ZPO) nicht. Um die Eintragung ersucht das Vollstreckungsgericht (§ 130 Abs 1 S 1 ZVG). Soweit die Forderung gegen den Ersteher unverteilt geblieben ist, wird um Eintragung einer Sicherungshypothek für denjenigen ersucht, welcher zurzeit des Zuschlags Eigentümer des Grundstücks war (§ 128 Abs 2 ZVG), also ggfs für den neu eingetretenen Eigentümer nach dem Grundbuchstand bei Zuschlag. Für einen dem Ersteher selbst zustehenden Anspruch wird keine Sicherungshypothek eingetragen; anders jedoch bei Belastung mit dem Recht eines Dritten. Nach Forderungsübertragung auf den unbekannten Berechtigten (§ 126 Abs 2 ZVG) wird um Eintragung der Sicherungs-

---

[325] Stöber Rdn 2.13 (zu b); Dassler/Hintzen Rdn 27, je zu § 130; Bauer/vOefele, GBO, Rdn 54 zu § 38; anderer Ansicht Kuntze/Ertl/Herrmann/Eickmann, GBO, Rdn 47; Demharter, GBO, Rdn 46, je zu § 38.

[326] Stöber Rdn 2.13 (zu c) zu § 130; Mohrbutter/Drischler, Muster 144 Anm 8; Dassler/Hintzen Rdn 9 zu § 130; Schiffhauer Rpfleger 1979, 352 (Anm); **anders** Hornung Rpfleger 1980, 249; Jaeckel/Güthe Rdn 11 zu §§ 130, 131; Steiner/Eickmann Rdn 39 zu § 130; Bauer/vOefele, GBO, Rdn 52, 53; Kuntze/Ertl/Herrmann/Eickmann, GBO, Rdn 48; Demharter, GBO, Rdn 46, je zu § 38; Meyer-Stolte Rpfleger 1983, 240.

[327] LG Darmstadt MittRhNotK 1978, 139.

hypothek „für den unbekannten Berechtigten" ersucht.[328] Eingetragen wird die Sicherungshypothek nur auf Grundstücken oder Grundstücksanteilen, die dem Berechtigten vor Zuschlag bereits gehaftet haben, auf einem früheren Miteigentumsbruchteil daher auch dann, wenn kein Bruchteil mehr vorhanden ist, weil der Ersteher als Alleineigentümer erworben hat.[329] Für einen nicht verteilten Gesamtanspruch wird um Eintragung einer Gesamtsicherungshypothek an den mehreren Grundstücken ersucht, aus deren Gesamterlös der Anspruch auf die Forderung gegen den Ersteher übertragen worden ist; § 867 Abs 2 ZPO findet keine Anwendung.[330] Eintragung der Sicherungshypothek erfolgt auch, wenn über das Vermögen des Erstehers inzwischen das Insolvenzverfahren eröffnet ist.[331]

559   Aus Ansprüchen **mehrerer Gläubiger** oder Ansprüchen desselben Gläubigers von verschiedenem Rang ergeben sich selbstständige Rechte für die jeweils anteilig übertragene Forderung gegen den Ersteher. Sicherungshypotheken sind daher für den Anspruch jedes Gläubigers (für die selbstständigen Ansprüche desselben Gläubigers) gesondert mit dem jeweiligen Rangverhältnis einzutragen.[332]

Eine Sicherungshypothek wird für die gesamte übertragene Forderung eingetragen, also auch für den Teil, der zur Deckung von Kosten, Zinsen und anderen Nebenansprüchen aus bestehen bleibenden Rechten bestimmt ist. Besonderheit hier für Rangfolge: § 129 ZVG.

Bei **bedingter Forderungsübertragung** muss die Sicherungshypothek die Bedingung erkennen lassen. Zur Umschreibung der infolge eines Widerspruchs bedingt eingetragenen Sicherungshypothek nach Erledigung des Widerspruchs siehe Rdn 484.

559a   Um **Eintragung** einer Sicherungshypothek wird **nicht** ersucht, wenn bis zur Absendung des Ersuchens an das Grundbuchamt in öffentlich beglaubigter Form eine Erklärung des Berechtigten, dass er befriedigt sei oder auf die Sicherungshypothek verzichte, vorgelegt oder der Erlösanteil wirksam und unter Rücknahmeverzicht hinterlegt ist.

c) Eintragung der Sicherungshypotheken

560   Eingetragen werden die Sicherungshypotheken je „**mit dem Rang des Anspruchs**" (§ 128 Abs 1 S 1 ZVG), für den die zu sichernde Forderung übertragen ist. Mit Rang vor bestehen gebliebenen (auch liegengelassenen) Rechten ist eine Sicherungshypothek daher einzutragen, wenn der Anspruch, dem die Forderung übertragen ist, den bestehengebliebenen Rechten vorging, wie zB der Anspruch der Gerichtskasse für Verfahrenskosten (§ 109 ZVG) oder der Berechtigten aus Rangklasse 1–3 des § 10 Abs 1 ZVG oder rangbessere erlöschende Ansprüche bei Vereinbarung des Bestehen bleibens (§ 91 Abs 2 ZVG) eines nachrangigen Rechts. Für Gläubigeransprüche nach bestehen bleibenden Rechten werden die Sicherungshypotheken (mit Rang unter sich wieder nach dem Rang der Ansprüche, auch bei Rangverlust nach § 110 ZVG) an nächst offener Stelle (mithin mit Rang nach den bestehen bleibenden Rechten) eingetragen. Ein infolge Liegenbelassungsvereinbarung bestehen gebliebenes Recht behält seinen Rang vor Sicherungshypotheken, die für Gläubiger nachrangiger

---

[328] RG 136, 91 (93).
[329] Stöber Rdn 2.5 zu § 128; siehe außerdem Rdn 6.
[330] OLG Düsseldorf KTS 1989, 717 = MDR 1989, 747 = Rpfleger 1989, 339.
[331] OLG Düsseldorf MittRhNotK 1978, 139.
[332] Stöber Rdn 2.3 zu § 128; Jaeckel/Güthe Rdn 6 zu § 119, 120.

Ansprüche wegen Nichtberichtigung des Bargebots eingetragen werden.[333] Für bare Nebenansprüche (Kosten, Zinsen und andere Nebenleistungen) aus einem bestehen gebliebenen Recht wird die Sicherungshypothek mit Rang vor dem Hauptanspruch dieses Rechts eingetragen (§ 12 ZVG). Das Grundbuchersuchen des Vollstreckungsgerichts muss das Rangverhältnis der Sicherungshypotheken bezeichnen. Für mehrere aus einer übertragenen Forderung Berechtigte muss das Ersuchen die Anteile oder das gemeinschaftliche Rechtsverhältnis bezeichnen (§ 47 GBO).

War das Recht, aus welchem der zu sichernde Anspruch herrührt, nach dem   **561** Inhalt des Grundbuchs **mit dem Recht eines Dritten belastet** (Pfandrecht, Nießbrauch usw), so wird dieses Recht als Recht an der Forderung mit eingetragen, weil sich das Recht des Dritten am Erlös fortsetzt. Um diese Eintragung hat das Vollstreckungsgericht zu ersuchen. Entsprechendes gilt, wenn ein Recht, aus welchem der Anspruch herrührt, gepfändet, im Grundbuch das Pfandrecht jedoch nicht vermerkt war.[334] Um Eintragung weiterer – auch an der Sicherungshypothek fortbestehender – Belastungen eines Rechts, die bisher nach dem Inhalt des Grundbuchs nicht bestanden haben (zB das durch Briefübergabe erlangte Pfandrecht an einer Hypothek), wird von Amts wegen nicht ersucht.[335] Dabei geht das Gesetz davon aus, dass ein Recht an einem Grundstücksrecht, das bis zur Versteigerung eines Schutzes durch Eintragung nicht bedurft hat oder für das von dem Berechtigten dieser Schutz nicht in Anspruch genommen wurde, auch weiterhin nicht durch Grundbucheintragung geschützt zu werden braucht.[336]

Die **Sicherungshypotheken entstehen mit Eintragung** (§ 128 Abs 3 S 1 ZVG).   **562** Im Grundbuch müssen sie als Sicherungshypotheken bezeichnet werden (§ 1184 Abs 2 BGB). Bei der Eintragung soll im Grundbuch ersichtlich gemacht werden, dass sie

> auf Grund eines Zwangsversteigerungsverfahrens erfolgt

ist (§ 130 Abs 1 S 2 ZVG). Nicht geklärt ist, ob damit auch schon die der Sicherungshypothek nach § 129 ZVG anhaftende Beschränkung zum Ausdruck kommt.[337] Es wird daher gefordert, dass die Sicherungshypothek mit Rücksicht auf § 129 ZVG erkennen lassen muss, ob die übertragene Forderung aus Kosten-, Zinsen- oder Hauptsacheansprüchen entstanden ist, welcher Rangklasse die früheren Ansprüche angehörten und welchen Rang sie im Verhältnis zu den bestehen bleibenden Rechten und den anderen Sicherungshypotheken haben soll.[338] Die Herkunft der übertragenen Forderung aus Verfahrenskosten, Ansprüchen der Rangklassen 1–3, aus Kosten- und Zinsansprüchen bestehen bleibender dinglicher Rechte oder aus Kosten-, Zins- und Hauptsacheansprüchen von erlöschenden dinglichen Rechten oder von betreibenden persönlichen Ansprüchen braucht jedoch nicht besonders gekennzeichnet zu werden, wenn sogleich die daran geknüpfte gesetzliche Beschränkung und der genaue Rang aus der Eintragung ersichtlich ist. Beispiel hierzu im Kommentar Rdn 4 zu § 130.

---

[333] BGH MDR 1976, 131 = NJW 1976, 805.
[334] Jaeckel/Güthe Rdn 5 zu §§ 128, 129.
[335] RG 60, 221.
[336] RG 60, 221 (S 223).
[337] So Jaeckel/Güthe Rdn 10 zu §§ 128, 129.
[338] Stöber Rdn 2.15 zu § 128.

d) Prüfung des Grundbuchamts, Eintragungsmitteilung

563 Das **Grundbuchamt** hat das Ersuchen nur formell, nicht aber auf seinen Inhalt zu **prüfen,**[339] es hat aber das Vollstreckungsgericht auf sachliche Bedenken hinzuweisen. Das Ersuchen kann nur einheitlich ergehen (kein Teilersuchen) und nur insgesamt erledigt werden (bei Beanstandung keine teilweise Erledigung; entspricht § 16 Abs 2 GBO). Eintragungsmitteilung (§ 55 GBO) erhalten das Vollstreckungsgericht als Antragsteller und die aus dem Grundbuch ersichtlichen Personen nach Maßgabe des § 55 GBO. Das Vollstreckungsgericht hat die Vollzugsmitteilung zu prüfen.

563a Die **vom Ersteher bewilligten Rechte** dürfen erst nach vollständiger Erledigung des Eintragungsersuchens des Vollstreckungsgerichts eingetragen werden (§ 130 Abs 3 ZVG). Gleiches gilt bei Zwangsvollstreckung gegen den Ersteher für Eintragung einer Zwangs- und Arresthypothek.

22. Unterabschnitt. Vollstreckbarkeit der übertragenen Forderung und Wiederversteigerung
§§ 132, 133 ZVG

Schrifttum: Hornung, Wiederversteigerung aus der Sicherungshypothek, Rpfleger 1994, 9; Schiffhauer, Wiederversteigerung ohne vorherige Berichtigung des Grundbuches? Rpfleger 1975, 12; Schiffhauer und Hornung, Nochmals: Wiederversteigerung aus der Sicherungshypothek, Rpfleger 1994, 402.

564   **Vollstreckbare Ausfertigung:** Vorstehende Ausfertigung des Zuschlagsbeschlusses wird dem ... (= namentliche Bezeichnung des Berechtigten, siehe § 750 Abs 1 ZPO) zum Zwecke der Zwangsvollstreckung gegen den Ersteher ... (gegen den für mithaftend erklärten Meistbietenden ...) wegen der gemäß § 118 Abs 1 ZVG übertragenen Forderung in Höhe von ... (= Kosten, Zinsen, Hauptsache) erteilt.

565 Die übertragene Forderung ist **gegen den Ersteher** persönlich, also insbesondere auch in sein gesamtes übriges Vermögen, im Falle des § 81 Abs 4 ZVG auch gegen den für mithaftend erklärten Meistbietenden und im Fall des § 69 Abs 3 ZVG auch gegen den für mithaftend erklärten Bürgen, **vollstreckbar.** Der dingliche Anspruch aus der Sicherungshypothek ist gegen den Ersteher und jeden späteren Eigentümer vollstreckbar (§ 132 Abs 1 S 1 ZVG). Ausnahme, soweit der Ersteher einen weiteren Betrag nach den §§ 50, 51 ZVG zu zahlen hat (siehe Rdn 514–519; § 132 Abs 1 S 2 ZVG); hier muss der Gläubiger seinen Anspruch (bei Fälligkeit) auf dem Prozessweg geltend machen.
Grundlage der Vollstreckung: **Vollstreckbare Ausfertigung des Zuschlagsbeschlusses** (§ 132 Abs 2 S 1 ZVG). Die Vollstreckungsklausel (§ 725 ZPO), in der der Berechtigte und der Betrag der übertragenen Forderung anzugeben sind (§ 132 Abs 2 S 2 ZVG) und der Schuldner zu bezeichnen ist, erteilt der Urkundsbeamte des Vollstreckungsgerichts (kein Rechtspflegergeschäft). In Sonderfällen (§ 727 ZPO: Rechtsnachfolge; § 733 ZPO: weitere vollstreckbare Ausfertigung, usw) ist der Rechtspfleger zuständig (§ 20 Nr 12 RPflG). Wegen des Anspruchs aus der Sicherungshypothek kann die Vollstreckungsklausel gegen den Ersteher auch bereits vor deren Eintragung erteilt werden.[340] Zustellung des Zuschlagsbeschlusses mit Klausel (§ 750 Abs 1 ZPO) ist erforderlich

---

[339] Schöner/Stöber, Grundbuchrecht, Rdn 219 und 998; Stöber Rdn 2.15 zu § 130.
[340] Hornung Rpfleger 1994, 403 (III 2); Stöber Rdn 3.2 zu § 132.

für den Beginn der Zwangsvollstreckung in das sonstige Schuldnervermögen, nicht jedoch für die Zwangsvollstreckung in das Grundstück (Wiederversteigerung oder Verwaltung, § 133 S 1 ZVG).

Bei Vollstreckung der übertragenen Forderung gegen den Ersteher in das Grundstück (sogen **Wiederversteigerung**) sind Erleichterungen nur für die Verfahrensanordnung vorgesehen (§ 133 ZVG). Sie gelten auch, wenn die Wiedervollstreckung als Zwangsverwaltung erfolgt. Die für Anordnung der Wiederversteigerung vorgesehene Erleichterung, dass der Ersteher noch nicht eingetragener Grundstückseigentümer sein muss (§ 133 S 1 ZVG), auch nicht bei Vollstreckung des dinglichen Anspruchs aus der Sicherungshypothek,[341] gilt nicht für die Bestimmung des Versteigerungstermins und die weitere Verfahrensdurchführung.[342] Zu der für die Verfahrensdurchführung erforderlichen Eintragung des Erstehers haben die Landesfinanzverwaltungen Erteilung der Unbedenklichkeitsbescheinigung auf Antrag des Vollstreckungsgerichts ermöglicht.[343] Die Wiederversteigerung ist ein neues, selbstständiges Verfahren (neuer Versteigerungsvermerk, neue Beschlagnahme, neue Zustellung einer Schuldnerbelehrung nach § 30b ZVG usw). Daher bestimmen sich die Beteiligten neu[344] nach § 9 ZVG; der frühere Eigentümer ist nicht Beteiligter. Anmeldungen für das geringste Gebot (§ 45 ZVG) und für den Teilungsplan (§ 114 ZVG) müssen neu und wieder rechtzeitig erfolgen (§ 37 Nr 4, § 110 ZVG); Anmeldungen zu dem vorausgegangenen Versteigerungsverfahren haben im neuen Verfahren keine Wirkung. Eine Besonderheit gilt jedoch für das geringste Gebot (§ 128 Abs 4 ZVG).

23. Unterabschnitt. Außergerichtliche Einigung über Erlösverteilung und außergerichtliche Befriedigung des Berechtigten
§§ 143, 144 ZVG

1. Kapitel. Außergerichtliche Einigung

Schrifttum: Fritz, Die außergerichtliche Verteilung des Versteigerungserlöses, SchlHA 1972, 130.

Erklärung an Vollstreckungsgericht in öffentlicher oder öffentlich beglaubigter Urkunde: Wir haben uns über die Verteilung des Erlöses, nämlich des baren Meistgebots in Höhe von ... und 4 vH Zinsen daraus bis zum ..., das sind ..., zusammen mithin ... wie folgt geeinigt: ... Gemäß § 143 ZVG findet daher eine gerichtliche Erlösverteilung nicht statt.   566

Wenn eine **außergerichtliche Einigung** der Beteiligten über die Verteilung des Versteigerungserlöses durch öffentliche oder öffentlich beglaubigte Urkunden   567

---

[341] Hornung Rpfleger 1994, 9 und 405; Stöber Rdn 2.4 zu § 133; anders Schiffhauer Rpfleger 1994, 402.

[342] Schiffhauer Rpfleger 1975, 12; Stöber Rdn 2.10 zu § 133; Dassler/Hintzen Rdn 20 zu § 133; Jaeckel/Güthe Rdn 16 zu §§ 132, 133; Steiner/Eickmann Rdn 11 zu § 133; anderer Ansicht LG Frankenthal Rpfleger 1975, 35; Korintenberg/Wenz Anm 5 zu §§ 132, 133.

[343] Näher dazu Erlass des Nieders Ministers der Finanzen nun vom 30. 8. 1989, BB 1989, 1967 = KTS 1990, 43 = NdsRpfl 1989, 224, abgedruckt auch Stöber Rdn 2.11 zu § 133; inhaltsgleich Erlass des Finanzministeriums Brandenburg vom 18. 7. 1995, KTS 1995, 634.

[344] OLG Karlsruhe Rpfleger 1995, 513.

nachgewiesen wird, findet eine gerichtliche Verteilung des Versteigerungserlöses nicht statt (§ 143 ZVG). Den Beteiligten ist damit (vermeintlich) eine einfachere, billigere und schnellere Ausführung der Erlösverteilung ermöglicht. Vorgelegt werden müssen Einigungserklärungen aller Beteiligten (§ 9 ZVG), auch der ausgefallenen Beteiligten, des Schuldners und der Gerichtskasse wegen der Kostenforderung (§ 109 ZVG), sowie der Berechtigten, die ihre Ansprüche nicht glaubhaft gemacht haben, nicht aber des Erstehers (Mithaftenden) als solchem (wohl aber muss er bei Beteiligung aus anderem Grunde, zB als Gläubiger einer Hypothek, mitwirken). Die Einigung muss die Verteilung des Gesamterlöses (bares Meistgebot mit Zinsen und etwaigem Sondererlös) bezeichnen; bloße Angabe, dass eine Einigung zustande gekommen ist, genügt nicht.

Ergibt die Prüfung, dass die Voraussetzungen des § 143 ZVG gegeben sind, dann wird kein Verteilungstermin angesetzt bzw der schon bestimmte Termin aufgehoben. Der Ersteher wird benachrichtigt, in welcher Höhe er an die einzelnen Beteiligten zu zahlen hat. Die Einigung hat die Wirkung, dass die Forderung gegen den Ersteher (oder Dritten) den Beteiligten in der durch die Einigung festgelegten Höhe endgültig zusteht und dass die Beteiligten insoweit als aus dem Grundstück befriedigt gelten. Eine Sicherstellung der Forderung durch das Vollstreckungsgericht (§ 130 ZVG) erfolgt nicht. Um Eintragung des Erstehers und Löschung des Versteigerungsvermerks und der erloschenen Rechte wird nach Rechtskraft des Zuschlags ersucht. Behandlung der Briefe und Titel auch hier nach § 127 ZVG (Rdn 554–556), siehe § 145 ZVG.

2. Kapitel. Außergerichtliche Befriedigung

568   **Gläubigererklärung** in öffentlich beglaubigter Urkunde: In dem Zwangsversteigerungsverfahren ... sind meine folgenden Ansprüche durch das Gebot gedeckt: ... € Kosten, ... € = ... vH Zinsen aus ... für die Zeit vom ... bis ..., sowie ... € Hauptanspruch. Der Ersteher hat diese durch den Versteigerungserlös bar gedeckten Ansprüche voll befriedigt.

oder: ... Für diese durch den Versteigerungserlös bar voll gedeckten Ansprüche habe ich den Ersteher als alleinigen Schuldner angenommen; (ggf. weiter: Das Weiterbestehen der erloschenen Hypothek ... ist damit nicht vereinbart.)

569   Bei **außergerichtlicher Befriedigung** all derjenigen Berechtigten (nicht bloß einiger von ihnen), deren Ansprüche durch das Gebot gedeckt sind, unterbleibt unter den in § 144 ZVG dargestellten besonderen Voraussetzungen das gerichtliche Verteilungsverfahren. Die Art der Befriedigung (Zahlung, Aufrechnung usw) braucht in der Erklärung nicht dargestellt zu werden. Der Befriedigung gleich steht es, wenn der Ersteher (oder im Falle des § 69 Abs 3 ZVG der für mithaftend erklärte Bürge) von allen Berechtigten, deren Ansprüche durch das Gebot gedeckt ist, als alleiniger Schuldner angenommen ist (§ 144 Abs 1 S 1 ZVG).

Liegen nach Prüfung durch das Gericht (Kontrollteilungsplan) die Voraussetzungen des § 144 Abs 1 ZVG vor, so wird kein Verteilungstermin anberaumt oder ein schon festgesetzter Termin aufgehoben. Auf Anordnung des Gerichts (Mitteilung an Ersteher und ggfs den mithaftenden Bürgen) sind die Urkunden nebst der Erklärung des Erstehers (oder des Bürgen) zur Einsicht der Beteiligten auf der Geschäftsstelle niederzulegen (§ 144 Abs 1 S 1, letzter Halbs ZVG). Die (= alle) Beteiligten (auch soweit Glaubhaftmachung etwa noch aussteht) sind von der Niederlegung zu benachrichtigen und aufzufordern (Zustellung wegen

des Fristbeginns), etwaige Erinnerungen binnen zwei Wochen geltend zu machen. Wenn Erinnerung erhoben wird, ist Verteilungstermin anzuberaumen und das gerichtliche Verteilungsverfahren durchzuführen. Auch eine offensichtlich unbegründete Erinnerung führt notwendig zu einem Verteilungstermin.[345] Wird innerhalb der zweiwöchigen Frist keine Erinnerung erhoben, so findet kein gerichtliches Verteilungsverfahren statt; dann wird nur zur Verteilung eines etwaigen Erlöses aus denjenigen Gegenständen, welche nach § 65 ZVG gesondert versteigert oder anderweit verwertet worden sind, Verteilungstermin bestimmt. Nach Fristablauf ohne Erinnerung werden die Urkunden zurückgegeben.[346] Grundbuchersuchen zur Eintragung des Erstehers und Löschung des Versteigerungsvermerks sowie der erloschenen Rechte sodann nach Rechtskraft des Zuschlags gemäß § 130 ZVG; eine Sicherstellung der Forderung gegen den als alleinigen Schuldner angenommenen Ersteher erfolgt durch das Vollstreckungsgericht nicht. Behandlung der Briefe und Titel auch hier nach § 127 ZVG (Rdn 554–556; siehe § 145 ZVG).
Eine Wiederaufnahme des Verteilungsverfahrens nach Fristablauf findet nicht statt.[347] Bereicherungsklage (siehe Rdn 488) kann ein nicht zum Zuge gekommener Beteiligter jedoch auch hier erheben.

24. Unterabschnitt. Erweiterte Befriedigung des Erstehers
§ 114a ZVG

Schrifttum: Bauch, Zur Befriedigungsfiktion nach § 114a ZVG, Rpfleger 1986, 457; Ebeling, Befriedigungsfiktion des § 114a ZVG in der Vollstreckungspraxis, Rpfleger 1985, 279; Häusele, Zur Verfassungswidrigkeit der Befriedigungsfiktion des § 114a ZVG, KTS 1991, 47; Kahler, Die fiktive Befriedigungswirkung gemäß § 114a ZVG, MDR 1983, 903; Mohrbutter, Zum Verzicht auf die fiktive Befriedigung aus § 114a ZVG, KTS 1977, 89; Muth, Probleme bei der Abgabe eines Gebots in der Zwangsversteigerung aus Gläubigersicht, ZIP 1986, 350; Muth, Alte und neue Fragen zur Befriedigungsfiktion des § 114a ZVG; Rpfleger 1987, 89; Schiffhauer, Was ist Grundstückswert im Sinne des § 114a ZVG? KTS 1968, 218 und 1969, 165; Schiffhauer, Die Befriedigungsfiktion des § 114a ZVG beim Vorhandensein von Zwischenrechten, Rpfleger 1970, 316.

Bei **Grundstückserwerb durch einen dinglichen Berechtigten** muss sich der 570 selbst hebungsberechtigte Ersteher auch mit dem bei der Höhe seines eigenen Gebots ausfallenden Teil seines Rechts bis zu dem innerhalb der Grenze von $^7/_{10}$ des Grundstückswerts liegenden Betrag als aus dem Grundstück befriedigt ansehen lassen (§ 114a ZVG; ist mit dem Grundgesetz vereinbar[348]). Grund: wirtschaftliche Gerechtigkeit. Als Schutzvorschrift stellt § 114a ZVG sicher, dass bei Ersteigerung des Grundstücks durch einen zur Befriedigung aus dem Grundstück Berechtigten der Schuldner (Eigentümer) so gestellt wird, als hätte das Meistgebot $^7/_{10}$ des Grundstückswerts erreicht.[349] Der innerhalb der $^7/_{10}$-Wertgrenze stehende Berechtigte soll auf Grund seiner Gläubigerstellung (weil er nur an die untere Wertgrenze seines Rechts heranbietet) das Grundstück

---

[345] OLG Hamm Rpfleger 1970, 215.
[346] Stöber Rdn 2.8 zu § 144.
[347] Jaeckel/Güthe Rdn 20 zu §§ 143–144.
[348] BGH 117, 8 = DNotZ 1993, 107 = MDR 1992, 369 = NJW 1992, 1702; anders nur Häusele KTS 1991, 47.
[349] BGH 108, 248 (250) = MDR 1989, 1097 = NJW 1989, 2396.

nicht in der Zwangsversteigerung günstig (unter Wert) erwerben und dennoch den ungedeckten Restbetrag seiner „Forderung" ganz oder zum überwiegenden Teil behalten und weiter gegen den Schuldner (Bürgen usw) geltend machen können.[350] Er soll nicht einerseits bei niedrigem Betrag seines Meistgebots wegen seines durch den wirtschaftlichen Grundstückswert gedeckten Anspruchs als dinglich Berechtigter in der Zwangsversteigerung ausfallen und dennoch andererseits das Grundstück günstig erwerben und später mit Gewinn veräußern können.[351] Zugleich soll damit ein Ausgleich dafür geschaffen werden, dass erfahrungsgemäß andere Interessenten von der Abgabe von Geboten abgehalten werden, solange ein dinglich gesicherter Gläubiger innerhalb der Grenze seines Rechts bietet.[352] Mit erweiterter Befriedigung des Erstehers bestimmt § 114a ZVG eine materiell-rechtliche Folge des Zuschlags.[353]

> **Beispiel:** Grundstückswert 100 000 €; Zuschlag an Gläubiger einer erstrangigen Hypothek zu 80 000 € für ein Meistgebot von 55 000 €; keine bestehen bleibenden Rechte.
> Erlösverteilung: Kosten (§ 109 ZVG) und öffentliche Lasten, angenommen mit 3000 €; Kosten des erstrangigen Hypothekengläubigers (§ 10 Abs 2 ZVG), angenommen mit 750 €; Zinsen des erstrangigen Hypothekengläubigers, angenommen mit 9600 €, Hauptsache-Teilbetrag 41 650 €. Gesamtzuteilung 55 000 €.
> Bei einem Gebot im Betrag der $^7/_{10}$-Grenze wären weiter gedeckt (70 000 € – 55 000 €) = 15 000 €. Auch in Höhe dieses weiteren Betrages von 15 000 € gilt der Hauptsacheanspruch des Erstehers gemäß § 114a ZVG als aus dem Grundstück befriedigt. Nicht befriedigt sind mithin (nur): 80 000 € Hauptsache – (41 650 € + 15 000 €) = 23 350 €.

571 Die **Anrechnung** nach § 114a ZVG tritt bei Grundstückserwerb durch jeden zur Befriedigung aus dem Grundstück Berechtigten ein, auch bei Zuschlag an einen persönlich vollstreckenden Gläubiger (Rangklasse 5 des § 10 Abs 1 ZVG)[354] oder an den Gläubiger einer Gesamthypothek, die noch an einem nicht versteigerten weiteren Grundstück lastet sowie an den Gläubiger eines auflösend oder aufschiebend bedingten Anspruchs.[355] Sie tritt auch ein bei Versteigerung in einem im Sinne des § 74a Abs 3, § 85a Abs 2 S 1 ZVG zweiten Termin. „Anspruch", mit dem der Ersteher als befriedigt gilt, ist der Anspruch, mit dem er als Gläubiger nach § 10 ZVG Befriedigung aus dem Grundstück verlangen kann.[356] Reihenfolge der fiktiven Befriedigung, wenn nicht alle Ansprüche des Erstehers gedeckt werden: Kosten, Zinsen (andere Nebenleistungen), Hauptsache (§ 367 BGB, dazu Rdn 87). Über den Gesamtanspruch des Erstehers hinaus erstreckt sich die Anrechnung nicht auf Forderungen nachstehender Gläubiger. Auch auf eine sonstige (ungesicherte) Forderung des Erstehers gegen den Schuldner (zB eine ungesicherte rückständige Lohn-/Gehaltsforderung) wirkt sich die Befriedigungsfiktion nicht aus.[357] Ersteher für erweiterte Befriedigung nach § 114a ZVG ist der Meistbietende, dem der Zu-

---

[350] BGH 99, 110 = DNotZ 1987, 504 = MDR 1987, 317 = NJW 1987, 503 = Rpfleger 1987, 120 mit Anm Ebeling; BGH 108, 248 = aaO (Fußn 349); Schiffhauer, Rpfleger 1970, 316.

[351] Siehe BGH 108, 248 = aaO (Fußn 349).

[352] Siehe BGH 108, 248 = aaO (Fußn 349).

[353] BGH 99, 110 = aaO (Fußn 350).

[354] BGH 99, 110 = aaO (Fußn 350); Stöber Rdn 2.4; Jonas/Pohle, ZwVNotrecht, Anm 1, je zu § 114a.

[355] Stöber Rdn 3.8 zu § 114a.

[356] BArbG ZIP 1981, 1373.

[357] BArbG ZIP 1981, 1373.

schlag erteilt wird (§ 81 Abs 1 ZVG), bei Erteilung des Zuschlags an den verdeckten (stillen) Vollmachtgeber (§ 81 Abs 3 ZVG) dieser[358] (nicht der vertretende Bieter).

(Fiktive) Befriedigung des „Rechts auf Befriedigung aus dem Grundstück" (§ 10 Abs 1 ZVG) hat bei der Hypothek auch Erlöschen der (gesicherten persönlichen) Forderung zur Folge.[359] Bei der Grundschuld ist der dingliche Anspruch auf Zahlung aus dem Grundstück (§ 1191 BGB mit § 10 Abs 1 Nr 4 ZVG) fiktiv befriedigt[360] (hierzu Rdn 344i). Ob damit bei einer Sicherungsgrundschuld auch die (gesicherte) persönliche Forderung (des bisherigen Grundschuldgläubigers gegen den Forderungsschuldner) erlischt, bestimmt sich (wie auch bei sonstiger Verwertung der Grundschuld) nach der Sicherungsabrede. Der über seine Forderung hinaus aus dem Grundstück befriedigte Gläubiger der Grundschuld ist, wie auch sonst bei Erlangung eines Mehrerlöses (siehe Rdn 448 a), zur Rückgewähr (Auskehr) des Übererlöses verpflichtet.[361]

Grundstückswert für die Anrechnung: Der nach § 74a Abs 5 ZVG festgesetzte Wert.[362] Jedoch ist bei Erteilung des Zuschlags nach einem zweiten Termin (§ 74a Abs 3, § 85a Abs 2 S 1 ZVG), für den der Wert nicht mehr neu festgesetzt (überprüft) wurde, das Prozessgericht nicht an die unter anderen Voraussetzungen erfolgte Wertfestsetzung für den 1. Termin gebunden.[363]   **572**

Die Befriedigung nach § 114a ZVG wird **nicht im Verteilungsverfahren festgestellt**, mithin im Teilungsplan nicht ausgewiesen. Sie ist als materiellrechtliche Versteigerungsfolge bei Streit im Prozessverfahren zu klären. Das Vollstreckungsgericht hat lediglich den Betrag des baren Meistgebots (ggfs mit Sondererlös aus § 65 ZVG) zu verteilen, nicht jedoch das, was dem Ersteher nach § 114a ZVG angerechnet wird. Es erfolgt daher auch keine Hilfsverteilung nach § 119 ZVG, wenn ein aufschiebend oder auflösend bedingter Anspruch des Erstehers fiktive Befriedigung erlangt (ein Hilfsberechtigter ist überdies nicht Ersteher, der nach § 114a ZVG befriedigt sein könnte). Die fiktive Befriedigung nach § 114a ZVG wird auch auf Brief und Vollstreckungstitel nicht vermerkt.   **573**

Angerechnet für die Befriedigung des Erstehers wird das bare Meistgebot zuzüglich Kapitalwert (also im Falle des § 51 ZVG der Ersatzwert des Abs 2) der bestehen bleibenden Rechte.   **574**

> **Beispiel:** Im Anschluss an Rdn 570 mit der Abweichung, dass der Ersteher Gläubiger einer zweitrangigen Hypothek zu 80 000 € und eine erstrangige zinslose Grundschuld mit 10 000 € bestehen geblieben ist. Meistgebot 55 000 € + 10 000 € (= bestehen gebliebene Grundschuld) = 65 000 €. Nach Verteilung wären bei einem Gebot einschließlich des Kapitalwerts des bestehen bleibenden Rechts in Höhe von $7/10$ des Grundstückswerts gedeckt weitere 5000 € (nämlich 70 000 € – [55 000 € + 10 000 €]). Befriedigt hier also nur um weitere 5000 €.

---

[358] Stöber Rdn 2.7 zu § 114a.

[359] BGH 99, 110 = aaO (Fußn 350).

[360] Anders Dassler/Hintzen Rdn 10–13 zu § 114a.

[361] Stöber Rdn 3.6 und 3.7 zu § 114a (mit eingehender Begründung); anders OLG München BayJMBl 1953, 246; BGH 99, 110 = aaO; Dassler/Hintzen Rdn 12 zu § 114a.

[362] BGH 99, 110 = aaO (Fußn 350); BGH 117, 8 = aaO (Fußn 348); Stöber Rdn 3.1; Steiner/Eickmann Rdn 14, je zu § 114a; Mohrbutter KTS 1979, 89; Kammergericht JurBüro 1969, 260 = Rpfleger 1968, 403; OLG Frankfurt JurBüro 1976, 533 mit Anm Mümmler.

[363] BGH NJW-RR 2004, 666; Stöber Rdn 3.1 zu § 114a; auch BGH 99, 110 = aaO (Fußn 350), der eine Ausnahme dann für gerechtfertigt erscheinen lässt, wenn zwischen Versteigerung und Zuschlag Umstände eingetreten sind, die den Wert des Grundstücks tatsächlich verändert haben (Brand-, Sturm- oder Erdbebenschäden).

575   **Zwischenrechte** (= die vor dem Recht oder Anspruch des Erstehers oder gleichrangig mit ihm in dem $^7/_{10}$-Grundstückswert stehenden, durch den Zuschlag erlöschenden und ebenfalls ausfallenden Rechte) werden bei Feststellung der Befriedigungsfiktion nicht berücksichtigt. Das war schon bisher zutreffende Ansicht[364] und ist nun durch Satz 2 des § 114a ZVG gesetzlich klargestellt. Die Bestimmung beruht auf der Erwägung,[365] dass der Ausfall von innerhalb der Sieben-Zehntel-Grenze liegenden Zwischenrechten nicht dem Ersteher zugute kommen kann, vielmehr sich die Verbindlichkeit des Schuldners gegenüber dem (auch insoweit durch den Grundstückswert gedeckten) Ersteher entsprechend der Höhe des Ausfalls vermindern muss.

575a   Für die Fälle der **Abtretung des Rechts aus dem Meistgebot** an einen anderen (§ 81 Abs 2 ZVG) ist die Wirkung der Befriedigungsfiktion des § 114a ZVG nicht klar geregelt. Es sind folgende Fälle[366] zu unterscheiden (siehe bereits Rdn 344 k):

a) Der **Meistbietende ist Gläubiger** eines Rechts am Grundstück in der $^7/_{10}$-Wertgrenze. Er tritt das Recht aus dem Meistgebot ab an einen am Grundstück dinglich nicht Berechtigten oder an einen am Grundstück Berechtigten, dessen Recht jedoch nicht in der $^7/_{10}$-Wertgrenze steht. Diesem wird der Zuschlag erteilt.
Beispiel: Grundstückswert: 100 000 €.

Gläubiger III 1 A-Bank mit betreibt die Zwangsversteigerung.	60 000 €,
Bares geringstes Gebot (Kosten und öffentliche Lasten)	10 000 €.
Das Meistgebot der A-Bank in Höhe von 30 000 € wird an den Dritten D abgetreten.	

Auch in diesem Fall findet die Befriedigungsfiktion des § 114a ZVG Anwendung.[367] Grund: Der Meistbietende hat den wirtschaftlichen Wert des Grundstücks zu dem niedrigen Betrag des Meistgebots für sich erworben.[368] Er kann für Veräußerung des Rechts aus dem Meistgebot eine dem Grundstückswert entsprechende Gegenleistung verlangen; darauf, ob er sie auch erzielt, das Grundstück somit tatsächlich gewinnbringend veräußern kann, kommt es nicht an. Daher wird angenommen, dass er wirtschaftlich nicht anders dasteht, als wenn er selbst den Zuschlag erhalten hätte.[369] Dem folgt das Schrifttum weitgehend.[370]

b) Der **Meistbietende** hat selbst **kein Recht** auf Befriedigung aus dem Grundstück (oder auch nur ein Recht außerhalb der $^7/_{10}$-Wertgrenze); er tritt das Recht aus dem Meistgebot ab an einen am Grundstück in der $^7/_{10}$-Wertgrenze dinglich Berechtigten. Diesem wird der Zuschlag erteilt.

---

[364] Schiffhauer Rpfleger 1970, 316 (mit überzeugender Begründung); Zeller, 9. Aufl, Anm 3 zu § 114a; dieses Handbuch in 3. Aufl Rdn 575; anders aber BGH 50, 52 = MDR 1968, 571 = NJW 1968, 1676.

[365] Begründung in BT-Drucks 8/693 v. 28. 6. 1977, Seite 52.

[366] Auch hier ist darauf hinzuweisen, dass Einzelheiten noch teilweise umstritten sind und dass zu verschiedenen Fallgestaltungen noch keine Rechtsprechung und im Schrifttum noch keine gesicherte Anschauung vorliegt.

[367] BGH 108, 248 = MDR 1989, 1097 = NJW 1989, 2396; BGH WM 1979, 977; OLG Celle NJW-RR 1989, 639.

[368] BGH 108, 248 (251) = aaO (Fußn 367).

[369] BGH 108, 248 (251) = aaO (Fußn 367).

[370] Dassler/Hintzen Rdn 21 zu § 114a; Mohrbutter/Drischler Muster 110 Anm 8; Steiner/Eickmann Rdn 11; Stöber Rdn 2.7, je zu § 114a; Jonas/Pohle, ZwVNotrecht, Anm 4 zu § 114a; Ebeling Rpfleger 1987, 279 (II 2) und 1988, 400 (402); Kahler MDR 1983, 902.

Beispiel: Grundstückswert: 100 000 €.
Gläubiger III 2 = B-Bank mit   70 000 €
betreibt die Zwangsversteigerung.
Bares geringstes Gebot (Kosten und
öffentliche Lasten)   10 000 €.
Das Meistgebot des Dritten D von   55 000 €
wird an die B-Bank (Gläubiger III 2) abgetreten.

Der Ersteher würde nach dem Wortlaut des § 114a ZVG bis zur Deckung in der $^7/_{10}$-Wertgrenze als befriedigt gelten.[371] Nach dem Gesetzeszweck bedarf für diesen Fall jedoch der Anwendungsbereich des § 114a ZVG der Einschränkung. Es ist (nach den Erwägungen, die im Fall a erheblich waren) auch hier davon auszugehen, dass der Meistbietende mit dem niedrigen Gebot den wirtschaftlichen Wert des Grundstücks für sich erworben hat. Er kann dafür bei Veräußerung des Rechts aus dem Meistgebot eine dem Wert des Grundstücks entsprechende Gegenleistung verlangen. Insofern steht der Meistbietende nicht anders da, als wenn er selbst den Zuschlag erhielte. Der „andere" als Zessionar ist wirtschaftlich (und auch rechtlich) dem Meistbietenden verpflichtet; ob er dem Meistbietenden eine Gegenleistung für Abtretung des Rechts zu leisten hat und wie hoch diese ist, bestimmt sich nach dem schuldrechtlichen Vertrag[372] zwischen beiden. Zwar ist die Abtretung des Rechts aus dem Meistgebot als Verfügungsgeschäft und damit die Verpflichtung des Zessionars als Ersteher zur Zahlung des Meistgebots bis zum Verteilungstermin (§ 49 mit § 107 Abs 2 ZVG) von schuldrechtlichen Beziehungen unabhängig. Als Schutzvorschrift soll § 114a ZVG den Schuldner (Eigentümer) jedoch so stellen, als hätte das Meistgebot $^7/_{10}$ des Grundstückswerts erreicht (siehe Fall a). Daher wird der wirtschaftliche Wert des Grundstücks für den Meistbietenden als erheblich gewertet; die für den Erwerb dieses Grundstückswertes maßgebliche schuldrechtliche Verpflichtung kann bei Abtretung des Meistgebotsrechts daher nicht bedeutungslos bleiben. Es kann deshalb nicht davon ausgegangen werden, dass der Zessionar mit dem Zuschlag als Ersteher das Grundstück zu dem niedrigen Betrag des Meistgebots erworben hat. Wirtschaftlich steht der Zessionar als Ersteher nicht so da wie der Meistbietende, der selbst den Zuschlag erhält. Der Gesetzeszweck gebietet es daher nicht, seinen Grundstückserwerb für eine wirtschaftlich mit dem Meistgebot nicht identische Erwerbsleistung zugunsten des Schuldners so zu behandeln, als habe er selbst das niedrige Meistgebot abgegeben und unmittelbar dafür den wirtschaftlichen Wert des Grundstücks erworben. Somit kann die Befriedigungsfiktion des § 114a ZVG auch gegenüber dem Zessionar nicht gelten, dem das Recht aus dem Meistgebot abgetreten ist. Bei einem Gebot unter der $^5/_{10}$-Wertgrenze wäre daher auch der Zuschlag zu versagen (siehe Rdn 344k).

c) Der **Meistbietende ist Gläubiger** eines Rechts am Grundstück in der $^7/_{10}$-Wertgrenze; er tritt das Recht aus dem Meistgebot ab an einen gleichfalls am Grundstück in der $^7/_{10}$-Wertgrenze dinglich Berechtigten. Diesem wird der Zuschlag erteilt.

Die Befriedigungsfiktion des § 114a ZVG wird in diesem Fall bei Ausfall des Meistbietenden Anwendung finden (siehe Fall a), nicht aber bei Ausfall des Drit-

---

[371] Das soll unstreitig sein nach Dassler/Hintzen Rdn 20 zu § 114a, der hier aber allein auf den Wortlaut des § 114a ZVG abstellt („zur Befriedigung aus dem Grundstück Berechtigter"; „gilt der Ersteher … als … befriedigt"). Weitere Nachweise zu der Ansicht, dass im besprochenen Fall die Ausnahme des § 85a Abs 3 ZVG nicht gegeben ist, siehe Rdn 344k Fußn 154.
[372] Zu diesem Stöber Rdn 4.9 zu § 81.

ten, dem das Recht aus dem Meistgebot abgetreten ist (siehe Fall b). Beide Fälle sind daher nicht gleich zu beurteilen (hierzu Rdn 344k Fälle 3). Nach anderer Ansicht[373] soll die Befriedigungsfiktion sowohl gegenüber dem Zessionar als auch dem Zedenten zu gelten haben, deren fiktive Befriedigung zusammen aber $7/10$ des Grundstückswerts nicht überschreiten dürfen[374] und innerhalb dieser $7/10$-Grenze Befriedigung in der Reihenfolge anzunehmen sein, die sich aus § 10 Abs 1 ZVG ergibt,[375] nach wiederum anderer Meinung[376] soll in diesem Fall die Befriedigungsfiktion nur dem Ersteher gegenüber zu gelten haben. Dem ist aus den zu vorstehenden Fällen a und b dargelegten Gründen nicht zu folgen.

d) Der **Meistbietende ist Gläubiger** eines Rechts am Grundstück in der $7/10$-Wertgrenze; er tritt das Recht aus dem Meistgebot ab an einen gleichfalls am Grundstück in der $7/10$-Wertgrenze dinglich Berechtigten, der das Recht aus dem Meistgebot wiederum an einen gleichfalls am Grundstück in der $7/10$-Wertgrenze weiteren dinglichen Berechtigten abtritt. Letzterem wird der Zuschlag erteilt.

Befriedigungsfiktion wie in vorstehendem Fall c.[377]

e) Der **Meistbietende ist Gläubiger** eines Rechts am Grundstück in der $7/10$-Wertgrenze. Er tritt vor Entscheidung über den Zuschlag dieses Grundstücksrecht ab an einen Dritten, der am Grundstück in der $7/10$-Wertgrenze dinglich nicht berechtigt ist.

Keine Befriedigungsfiktion nach § 114a ZVG (bei Erteilung des Zuschlags keine Berechtigung des Meistbietenden am Grundstück). Bei einem Meistgebot unter $5/10$ des Grundstückswertes daher Versagung des Zuschlags nach § 85a Abs 1 ZVG (hierzu Rdn 344k Fall 5).

Bei einem Meistgebot zwischen $5/10$ und $7/10$ des Grundstückswertes ist zu berücksichtigen: Ein mit den guten Sitten nicht zu vereinbarender Gebrauch der Rechtsstellung des am Grundstück dinglich Berechtigten nach Abgabe des Meistgebots wird nicht durch die formstrengen Vorschriften des ZVG gedeckt. Wenn Abtretung des Grundstücksrechts an den Dritten nur zu dem Zweck erfolgt (keine Gegenleistung, kein wirtschaftlich rechtfertigender Grund), die Befriedigungsfiktion des § 114a ZVG auszuschalten, kann daher sittenwidrige Ausnutzung der Rechtsstellung mit der Verpflichtung zu Schadensersatz nach Treu und Glauben Berufung darauf ausschließen, dass die Berechtigung des Meistbietenden am Grundstück noch vor Erteilung des Zuschlags aufgehoben wurde. Dann bewendet es bei der Befriedigungsfiktion des § 114a ZVG. Für „taktische Erwägungen" mit Ausnutzung einer Rechtsstellung zu bestmöglichem Grundstückserwerb zum Nachteil des Schuldners bietet die Regelung der materiellen Versteigerungsfolge des § 114a ZVG keine Grundlage (vgl hierzu Rdn 575 b).

f) Der Meistbietende selbst hat kein Recht auf Befriedigung aus dem Grundstück (oder auch nur ein Recht außerhalb der $7/10$-Wertgrenze). Ihm wird jedoch vor Erteilung (Verkündung, § 87 ZVG, oder Wirksamwerden mit Zustellung, § 104 ZVG) des Zuschlags das Recht eines Dritten am Grundstück in der $7/10$-Wertgrenze abgetreten.

---

[373] Steiner/Eickmann Rdn 11 und 29 zu § 114a; Mohrbutter/Drischler Muster 110 Anm 8; Jonas/Pohle, ZwVNotrecht, Anm 4 zu § 114a; Ebeling Rpfleger 1988, 400 (402); Kahler MDR 1983, 903.

[374] Muth ZIP 1986, 350 (356); Dassler/Hintzen Rdn 22; Steiner/Eickmann Rdn 29, je zu § 114a.

[375] Dassler/Hintzen und Steiner/Eickmann je wie Fußn 374; Mohrbutter/Drischler wie Fußn 373.

[376] Muth ZIP 1986, 350 (356) und ZwVPraxis (1989) F Rdn 19, 20.

[377] Anders Dassler/Hintzen Rdn 23 zu § 114a.

Der Meistbietende ist Gläubiger eines Rechts in der $^7/_{10}$-Wertgrenze; er gilt nach der Fiktion des § 114a ZVG als aus dem Grundstück befriedigt (hierzu Rdn 344k Fall 6).

Entsprechend angewendet wird § 114a ZVG auf den Gläubiger eines dingli- **575b** chen Rechts, der einen Dritten den Grundbesitz ersteigern lässt, um den materiell-rechtlichen Folgen eines eigenen Meistgebots (vermeintlich) zu entgehen.[378] Auch Anwendung des § 114a ZVG auf ein solches „verdecktes Meistgebot" des dinglichen Gläubigers ist vor dem Prozessgericht durchzusetzen (wie Rdn 573).

Fünfter Teil. Zwangsverwaltung

1. Abschnitt. Anordnung und Beitritt

Schrifttum: Depré/Mayer, Die Praxis der Zwangsverwaltung, 5. Aufl 2009; Drischler, Fragen zur Zwangsverwaltung, RpflJahrbuch 1969, 369 und 1970, 365; Drischler, Das Verfahren der Immobiliarvollstreckung – Zwangsverwaltung –, RpflJahrbuch 1974, 371; Eickmann, Probleme des Zusammentreffens von Konkurs und Zwangsverwaltung, ZIP 1986, 1517; Haarmeyer/Wutzke/ Förster/Hintzen, Zwangsverwaltung, 3. Aufl 2004 (4. Aufl 2007); Keller, Grundprinzipien der Zwangsverwaltung im Spannungsfeld zwischen Einzelzwangsvollstreckung, Gesamtvollstreckung und Mieterschutz, NZI 2009, 745.

1. Unterabschnitt. Antrag, Beschluss
§ 146 Abs 1, §§ 15–17, 27 ZVG

Antrag: ... wie Rdn 101 mit Abweichung: beantrage ich die Zwangsverwaltung die- **576** ses Grundstücks anzuordnen.

Die **Zwangsverwaltung** soll – ebenso wie die Zwangsversteigerung – im Wege **577** der Zwangsvollstreckung zur Befriedigung des Gläubigers aus dem Grundstück führen. Durch bestmögliche zwangsweise Nutzung des Objekts sollen aus Erträgen, die durch Vermietung oder Verpachtung oder andere Nutzung des Grundstücks erzielt werden, die laufenden Verbindlichkeiten befriedigt und die Ansprüche des vollstreckenden Gläubigers weggefertigt werden (Rdn 10). Für diese Maßregel der Zwangsvollstreckung in Grundstücke gelten Verfahrensvorschriften der ZPO (§ 869; siehe Rdn 12) und (weitgehend) die allgemeinen Vorschriften des Zwangsversteigerungsgesetzes (§§ 1–14). Die Anordnung der Zwangsverwaltung (damit auch die Zulassung des Beitritts) ist durch Verweisung auf die entsprechenden Vorschriften über die Anordnung der Zwangsversteigerung geregelt (§ 146 Abs 1 ZVG). Siehe daher wegen der Voraussetzungen für die Anordnung oder den Beitritt Rdn 102–109 sowie wegen des Anordnungs- und Beitrittsbeschlusses selbst Rdn 115–118a und Rdn 132. Ein Rechtsschutzbedürfnis (Rdn 111) muss auch für Anordnung der Zwangsverwaltung gegeben sein. Es kann sich bei hohen Vorbelastungen, die eine Befriedigung des Gläubigers zunächst aussichtslos erscheinen lassen, auch daraus ergeben, das (verwahrloste) Grundstück vor weiterem Verfall zu bewahren und

---

[378] BGH NJW-RR 2005, 1359 = Rpfleger 2005, 554.

es mit Hilfe des Zwangsverwalters in einen besseren Zustand zu bringen, um es einer einträglichen Nutzung zuzuführen.[1] Als rechtsmissbräuchlich nicht zulässig ist die Zwangsverwaltung jedoch, wenn sie nur dazu dient, dem im Hause wohnenden Schuldner den Bezug von Sozialleistungen zu ermöglichen, damit er an den Zwangsverwalter ein Entgelt für die Nutzung der Räume entrichten kann, die ihm nicht nach § 149 Abs 1 ZVG zu belassen sind.[2] Das Verbot der zwecklosen Pfändung (§ 803 Abs 2 ZPO) findet auf die Zwangsverwaltung keine (entsprechende) Anwendung.[3] Erforderlichenfalls hat der Gläubiger einen benötigten Geldbetrag vorschussweise zur Verfügung zu stellen (§ 161 Abs 3 ZVG; s Rdn 611). Zwangsversteigerung und -verwaltung können nebeneinander betrieben werden (§ 866 Abs 2 ZPO), beide Verfahren sind jedoch voneinander unabhängig und daher auch verfahrensmäßig (aktenmäßig) getrennt zu halten (Auswirkung des Zuschlags siehe Rdn 673). Zwangsverwaltung und Zwangsversteigerung desselben Grundstücks sind daher auch bei gleichzeitigem Antrag in getrennten Beschlüssen anzuordnen.

578   **Anordnungsbeschluss:** ... wie Rdn 114 mit Fortsetzung: wird die Zwangsverwaltung des in Nürnberg gelegenen, im Grundbuch von Gärten Blatt 3685 auf den Namen des Schuldners ... eingetragenen Grundstücks

FlStNr 900, Weststraße 90, Wohnhaus, Hofraum, Garten, zu 630 m^2 angeordnet.

Dieser Beschluss gilt zugunsten des Gläubigers als Beschlagnahme des Grundstücks.

Durch die Beschlagnahme wird dem Schuldner die Verwaltung und Benutzung des Grundstücks einschließlich der Verfügung über Miet- und Pachtforderungen entzogen.

Als Verwalter wird ... bestellt. Dieser wird ermächtigt, sich selbst den Besitz des Grundstücks zu verschaffen.

(Oder: Das Grundstück soll dem Verwalter durch den ... übergeben werden.)

Schuldner und Gläubiger werden aufgefordert, dem Zwangsverwalter einen Versicherungsschutz des Zwangsverwaltungsobjekts, insbesondere gegen Feuer-, Sturm-, Leitungswasserschäden und Haftpflichtgefahren, die vom Grundstück und Gebäude ausgehen, innerhalb von 14 Tagen nach Zugang des Anordnungsbeschlusses mitzuteilen und schriftlich nachzuweisen. Geschieht dies nicht, ist der Zwangsverwalter verpflichtet, die zur ordnungsgemäßen Verwaltung gebotenen Versicherungen unverzüglich abzuschließen, sofern ihm der Gläubiger die unbedingte Kostendeckung schriftlich mitteilt.

Verfügung: 1. Eintragungsersuchen an das Grundbuchamt; 2. Begl Beschlussabschrift zustellen an a) Gläubiger, b) Schuldner, c) Zwangsverwalter mit der Bitte, den Bericht über die Besitzergreifung (§ 3 Abs 1 der ZwangsverwalterVO, siehe Anhang 1 dieses Buches) binnen zwei Wochen einzureichen; 3. Vorlage an Kostenbeamten; 4. WV mit Eingang (Übernahmebericht, Mitteilungen des Grundbuchamts) oder in 2 Wochen.

Aufbewahrungsfristen für Zwangsverwaltungsakten nach den Aufbewahrungsbestimmungen idF vom 16. Aug 2004 ... 2 Jahre. Vor der Vernichtung sind herauszunehmen: Protokolle über die Leistung von Zahlungen auf das Kapital einer Hypothek oder Grundschuld oder auf die Ablösungssumme einer Rentenschuld. Aus diesen Schriftstücken sind Sammelakten zu bilden, deren Aufbewahrungsfrist 30 Jahre beträgt.

---

[1] BGH 151, 384 = MDR 2002, 1213 = NJW 2002, 3178.
[2] BGH FamRZ 2009, 322 = MDR 2009, 289 = NJW 2009, 444 = Rpfleger 2009, 252.
[3] BGH 151, 384 = aaO.

2. Unterabschnitt. Grundbuchersuchen
§ 146 Abs 1, § 19 Abs 1 ZVG

Ersuchen an das Grundbuchamt: Die Zwangsverwaltung des im Grundbuch 579
von Gärten Blatt 3685 auf den Namen des Schuldners ... eingetragenen Grundstücks FlStNr 90, Weststraße 90, Wohnhaus, Hofraum, Garten, zu 630 m², ist angeordnet.
Es wird ersucht, diese Anordnung in das Grundbuch einzutragen, das Weitere gemäß § 19 Abs 2 ZVG zu veranlassen und den Zeitpunkt des Eingangs dieses Ersuchens mitzuteilen.

Bei Anordnung der Zwangsverwaltung hat das Vollstreckungsgericht gleichfalls 580
von Amts wegen das Grundbuchamt um die Eintragung dieser Anordnung in
das Grundbuch zu ersuchen (§ 19 Abs 1 mit § 146 Abs 1 ZVG), und zwar auch
dann, wenn bereits ein Zwangsversteigerungsvermerk eingetragen ist. Einzelheiten: Rdn 123–127. Der einzutragende Vollstreckungsvermerk lautet:

Die Zwangsverwaltung ist angeordnet. Eingetragen am ...

3. Unterabschnitt. Zwangsverwaltung gegen Eigenbesitzer
§ 147 ZVG

Wegen eines **Anspruchs** aus einem eingetragenen Recht (Hypothek, Grund- 581
schuld, Rentenschuld oder Reallast), damit wegen des **dinglichen Anspruchs**,
findet die Zwangsverwaltung gegen den Schuldner auch dann statt, wenn er
das Grundstück im Eigenbesitz hat, jedoch nicht als dessen Eigentümer im
Grundbuch eingetragen (oder Erbe des eingetragenen Eigentümers) ist (§ 147
Abs 1 ZVG). Grund: Gegenstand der Vollstreckung bilden die Nutzungen des
Grundstücks, das Verfahren zur Befriedigung eines dinglichen Rechts richtet
sich daher vornehmlich gegen den Besitzer. Eigenbesitzer ist, wer (ohne Eigentümer zu sein) das Grundstück als ihm gehörend besitzt (§ 872 BGB). Dass der
nicht eingetragene oder als Erbe ausgewiesene Schuldner das Grundstück als
ihm gehörend besitzt, zB der Käufer nach Übergabe, aber vor Vollzug der Auflassung, muss durch Urkunden (öffentliche oder öffentlich beglaubigte Urkunden sind nicht verlangt) glaubhaft gemacht werden (eidesstattliche Versicherung genügt nicht)[4] oder bei Gericht offenkundig sein (§ 147 Abs 2 ZVG).
Weitere Voraussetzung der Anordnung in diesem Fall: Dinglicher Vollstreckungstitel gegen den Besitzer selbst[5] (= Schuldner). Eine entsprechende Anwendung zur Vollstreckung anderer als dinglicher Ansprüche ermöglicht § 147
ZVG nicht.[6] Zwangsverwaltung gegen den Eigenbesitzer kann daher nicht wegen einer öffentlichen Last oder eines persönlichen Anspruchs erfolgen und
auch nicht, wenn Hausgeld gegen den Käufer einer im bereits übergebenen Eigentumswohnung zu vollstrecken und der Erwerbsanspruch durch Auflassungsvormerkung gesichert ist.

---

[4] Stöber Rdn 3 zu § 147.
[5] Umschreibung des gegen den Eigentümer gerichteten (dinglichen) Vollstreckungstitels auf
den Eigenbesitzer als Rechtsnachfolger siehe BGH 96, 61 (67) = NJW-RR 1986, 858.
[6] BGH MDR 2009, 1415 = NJW-RR 2010, 16 = Rpfleger 2010, 37.

4. Unterabschnitt. Mehrere Grundstücke, Bruchteile
§ 146 Abs 1, § 18 ZVG

582   Für **mehrere Grundstücke** (Grundstücksbruchteile) anzuordnende (oder angeordnete) Zwangsverwaltungsverfahren **können** unter den Voraussetzungen des
§ 18 ZVG (Rdn 373) **verbunden werden.** Die Verbindung muss aus Gründen
der Zweckmäßigkeit jedoch geboten sein. Sie darf insbesondere nicht dazu führen, dass umfangreiche Nutzungen eines Grundstücks zur Befriedigung der
allein auf einem anderen, ertragslosen oder ertragsschwachen Grundstück
haftenden Ansprüche verwendet werden. Auch bei Verfahrensverbindung sind
vielmehr die Grundstückserträgnisse (regelmäßig) getrennt zu halten und abzurechnen und gesondert zu verwenden sowie auszuschütten.[7] Eine Verfahrensverbindung wird sich deshalb nur selten als sachdienlich erweisen, so etwa
bei Verwaltung von Teilen desselben Grundstücks (da gleichartige Erträgnisse, die bei Verteilung übersichtlich auf die etwa verschieden belasteten Anteile ausgeschüttet werden können), oder wenn namhafte Erträgnisse mehrerer
Grundstücke zur Befriedigung von Gesamtrechtsansprüchen verwendet werden
müssen.

583   In den **Bruchteil eines Grundstücks** kann die nach § 864 Abs 2 ZPO zulässige
Zwangsvollstreckung (Rdn 6) auch durch Zwangsverwaltung (§ 866 Abs 1
ZPO) betrieben werden. Der Zwangsverwalter ist aber an die von den Eigen-
tümern getroffenen Verwaltungs- und Benutzungsregelungen gebunden.[8] Im
Übrigen ist die Bruchteilszwangsverwaltung auf Ausübung der Rechte des
Schuldners als Bruchteilseigentümer zusammen mit den anderen Miteigentü-
mern beschränkt.[9]

5. Unterabschnitt. Nießbrauch, Nacherbschaft

584   Die Zwangsverwaltung des mit einem **Nießbrauch** (§ 1030 BGB) belasteten
Grundstücks ist ohne Rücksicht auf diesen auf Antrag eines dem Nießbrauch
im Rang **vorgehenden** Grundpfandgläubigers zulässig.[10] Anordnung dieser
Zwangsverwaltung (auch Zulassung des Beitritts) erfordert infolge der Auswirkungen auf die dingliche Berechtigung des Nießbrauchers zum Besitz (§ 1036
Abs 1 BGB) und zur Ziehung der Grundstücksnutzungen (§ 1030 Abs 1 BGB)
jedoch **Vollstreckungstitel**[11]
 – für den **dinglichen Anspruch** (§ 1147 BGB) gegen den **Eigentümer** des Grundstücks (§ 17 Abs 1 ZVG) als Vollstreckungsschuldner,
 – gegen den **Nießbraucher** auf **Duldung** der Zwangsvollstreckung in das
   Grundstück. Ausnahme, wenn der Nießbraucher der Zwangsverwaltung zustimmt[12] (Rangrücktritt genügt nicht) oder sie betreibt.

---

[7] OLG Hamm Rpfleger 2004, 369 (370).
[8] Stöber Rdn 3.3 zu § 146.
[9] Stöber Rdn 3.3 zu § 146.
[10] BGH DNotZ 2003, 703 = MDR 2003, 773 = NJW 2003, 2164 = Rpfleger 2003, 378 und
523 Leits mit Anm Alff; Stöber Rdn 11.2 zu § 146.
[11] BGH NJW 2003, 2164 = aaO (Fußn 10); LG Krefeld Rpfleger 1988, 325; Jaeckel/Güthe
Rdn 5; Reinhard/Müller Anm IV 1; Stöber Rdn 11.3, alle zu § 146.
[12] BGH NJW 2003, 2164 = aaO (Fußn 10); RG 56, 388 (389); Jaeckel/Güthe Rdn 5 zu
§ 146.

Für den Duldungsanspruch ist der (nachrangige) Nießbraucher Rechtsnachfolger, so dass (bei Rechtsnachfolge nach Rechtshängigkeit bzw Errichtung des Titels) der Duldungstitel nach § 727 ZPO erlangt werden kann.[13] Anordnung der Zwangsverwaltung auch gegen den Nießbraucher als Duldungsschuldner gebietet auch Zustellung des Anordnungsbeschlusses an ihn. Für die Übergabe des Grundbesitzes an den Zwangsverwalter (§ 150 Abs 2 ZVG) weist der Duldungstitel gegen den Nießbraucher aus, dass diese Maßnahme der Zwangsvollstreckung durch das Recht des Nießbrauchers nicht beeinträchtigt ist. Daher kann das Grundstück dem Zwangsverwalter auch bei Besitz des Nießbrauchers (§ 1036 Abs 1 BGB) übergeben werden. Wenn der vorrangige Gläubiger nur einen (dinglichen) Vollstreckungstitel gegen den Eigentümer hat, darf die Zwangsverwaltung das Nutzungs- und Besitzrecht des Nießbrauchers nicht schmälern; sie ist dann nur eingeschränkt möglich.[14] Die Gläubiger der dem Nießbrauch im Rang **nachgehenden** Grundpfandrechte und die Gläubiger gewöhnlicher Vollstreckungsforderungen (Rangklasse 5 des § 10 Abs 1 ZVG) sind den aus dem Vorhandensein des Nießbrauchs folgenden Beschränkungen unterworfen. Sie können mit Zwangsverwaltung in das Grundstück das Fruchtziehungsrecht des (rangbesseren) Nießbrauchers nicht schmälern; vom Zugriff auf Miet- und Pachtforderungen sind sie ausgeschlossen, Grundstücksbesitz des Nießbrauchers können sie nicht beeinträchtigen. Durchführung der Zwangsverwaltung kann daher nur „ohne Beeinträchtigung der Rechte des Nießbrauchers" erfolgen (beschränkte Zwangsverwaltung). Beschränkung daher: Der Zwangsverwalter kann nur den mittelbaren Besitz erhalten, das Grundstück und den Nießbraucher überwachen und alle Rechte ausüben, die dem Eigentümer gegenüber dem Nießbraucher (§§ 1051 ff BGB) und gegenüber Dritten zustehen. Der Anordnungsbeschluss hat als hoheitlicher Gerichtsakt diese Beschränkung der Zwangsverwaltung zu bestimmen.[15] Wahrung des grundbuchersichtlichen Rechts des Nießbrauchers, wenn es mit Anordnung unbeschränkter Zwangsverwaltung nicht berücksichtigt wurde: § 28 Abs 1 ZVG.

Zwangsverwaltung bei Besitz eines Dritten infolge eines Wohnungsrechts, auch als Bestandteil eines Altenteils, sowie einer beschränkten persönlichen Dienstbarkeit siehe im Kommentar Rdn 11.13 zu § 146.

Ein **Nacherbenvermerk** hindert Anordnung und Durchführung der Zwangs-   **584a** verwaltung gegen den Vorerben nicht; § 2115 BGB bezieht sich nur auf die Versteigerung (Rdn 163 e). Die Zwangsverwaltung dient der Gläubigerbefriedigung aus den Nutzungen des Grundstücks (Rdn 10). Diese stehen dem Vorerben bis zum Eintritt der Nacherbfolge zu (vgl § 2111 BGB). Zwangsverwaltung als Zwangsvollstreckung in die dem Vorerben zustehenden Nutzungen des Grundstücks ist daher mit Vollstreckungstitel gegen den Vorerben als Schuldner (§ 750 Abs 1 ZPO; Eigentum als Antragserfordernis siehe § 17 Abs 1 mit § 146 Abs 1 ZVG) wegen des dinglichen Anspruchs eines Grundpfandgläubigers, auf Antrag eines (persönlichen) Nachlassgläubigers und selbst für Eigengläubiger des Vorerben zulässig. Mit Eintritt des Nacherbfalls fällt die Erbschaft dem

---

[13] OLG Dresden Rpfleger 2006, 92.
[14] BGH NJW 2003, 2164 = aaO (Fußn 10); Stöber Rdn 11.6 zu § 146.
[15] Staudinger/Frank Vorb 86 zu §§ 1030 ff BGB; OLG Köln NJW 1957, 1769 mit zust Anm Dempewolf; Stöber Rdn 11.7 zu § 146; anders BGB-RGRK/Rothe Rdn 11 zu § 1030: immer unbeschränkte Anordnung; besserrangiger Nießbraucher muss mit Rechtsbehelf eine Einschränkung des Verfahrens erreichen.

Nacherben an; er wird Erbe des Erblassers, der Vorerbe hört auf, Erbe (und damit Grundstückseigentümer) zu sein (§ 2139 BGB). Auch der Nacherbe haftet jedoch dem Gläubiger einer Nachlassverbindlichkeit (§ 1967 BGB), somit insbesondere dem Gläubiger einer vom Erblasser herrührenden Schuld (damit auch für den dinglichen Anspruch eines vom Erblasser bestellten Grundpfandrechts) (§ 1967 Abs 1 BGB). Er hat aber auch die Befriedigung des Gläubigers eines an dem Nachlassgrundstück (Erbschaftsgegenstand) sonst bestehenden Grundpfandrechts zu dulden, wenn es auch ihm gegenüber bei Eintritt der Nacherbfolge wirksam ist (vgl § 2115 S 2 BGB), somit insbesondere die Befriedigung eines Rechts, das vom Vorerben mit Einwilligung des Nacherben bestellt wurde. Auf den Fortgang der von dem Gläubiger eines solchen Anspruchs oder Rechts betriebenen Zwangsverwaltung hat daher der Eintritt des Nacherbfalls keinen Einfluss. Die (auch für Fortsetzung der Vollstreckung, § 750 Abs 1 ZPO) erforderliche Bezeichnung des Nacherben als Schuldner im Vollstreckungstitel ermöglicht Klauselerteilung nach § 728 mit § 727 ZPO. Rechtsbehelf für Nacherben, der sich gegen die Fortsetzung der Zwangsverwaltung wehrt: Klage nach § 771 ZPO. Für die Fortsetzung der Zwangsverwaltung auf Antrag eines Eigengläubigers des Vorerben, damit auch auf Antrag des Gläubigers eines von dem Vorerben bestellten, dem Nacherben gegenüber jedoch nicht wirksamen Rechts an dem Grundstück, ist mit Eintritt der Nacherbfolge der Vorerbe als Schuldner nicht mehr Eigentümer des Grundstücks. Ab Eintritt des Nacherbfalls steht daher das Grundstückseigentum des (nicht leistungs- oder duldungspflichtigen) Nacherben der Fortsetzung der von einem Eigengläubiger des Vorerben oder dem Gläubiger eines dem Nacherben gegenüber nicht wirksamen Rechts an dem Grundstück betriebenen Zwangsverwaltung entgegen. Das Verfahren ist daher, wenn das Eigentum des Nacherben dem Vollstreckungsgericht als grundbuchersichtlich entgegenstehendes Recht bekannt wird, nach § 28 Abs 1 mit § 146 Abs 1 ZVG aufzuheben; sonst ist das entgegenstehende Eigentum des Nacherben mit Drittwiderspruchsklage (§ 771 ZPO) geltend zu machen.

6. Unterabschnitt. Mitteilung an die Beteiligten
§ 146 Abs 2 ZVG

585 **Beispiel für Mitteilung an die Beteiligten:** Gemäß § 146 Abs 2 ZVG wird mitgeteilt, dass am … die Zwangsverwaltung des in Nürnberg gelegenen, im Grundbuch von Gärten Blatt 3685 auf den Namen des Schuldners … eingetragenen Grundstücks FlStNr 900, Weststraße 90, Wohnhaus, Hofraum, Garten, zu 630 m², angeordnet wurde.
Als Zwangsverwalter ist Herr … bestellt.

586 Die Beteiligten (außer Anordnungs- und ggfs bereits zugelassenem Beitrittsgläubiger, Schuldner sowie Zwangsverwalter) sind von der Anordnung der Zwangsverwaltung nach Eintragung des Vollstreckungsvermerks und Eingang der beglaubigten Grundbuchblattabschrift (samt etwa zugehörigen Urkunden, § 19 Abs 2 ZVG) zu benachrichtigen (§ 146 Abs 2 ZVG). Das erfordert auch Benennung des Zwangsverwalters (ist jedenfalls üblich); Bezeichnung des vollstreckenden Gläubigers ist nicht nötig. Die Mitteilung wird nicht zugestellt. (Nochmalige) Benachrichtigung nach Zulassung eines Beitritts erfolgt nicht.

2. Abschnitt. Die Beschlagnahme

1. Unterabschnitt. Beschlagnahmeumfang und -wirkungen
§§ 148, 20–23 ZVG

Zugunsten des vollstreckenden Gläubigers **gilt der Anordnungsbeschluss** (eben- 587
so jeder Beitrittsbeschluss zugunsten des jeweils beitretenden Gläubigers, § 27
Abs 2 mit § 146 Abs 1 ZVG) **als Beschlagnahme des Grundstücks** (§ 20 Abs 1
mit § 146 Abs 1 ZVG). Die Beschlagnahme hat die Wirkung eines **Veräußerungsverbots** (§ 23 Abs 1, § 146 Abs 1 ZVG). Einzelheiten: Rdn 141 ff. Durch
die Zwangsverwaltungsbeschlagnahme wird dem Schuldner die Verwaltung
und Benutzung des Grundstücks entzogen (§ 148 Abs 2 ZVG). Er kann auch
nicht mehr innerhalb der Grenzen einer ordnungsmäßigen Wirtschaft über einzelne beschlagnahmte bewegliche Gegenstände verfügen (§ 148 Abs 1 S 2 mit
§ 23 Abs 1 S 2 ZVG). Die zur Erhaltung und ordnungsgemäßen Nutzung des
Grundstücks erforderlichen tatsächlichen und rechtlichen Verfügungen werden
durch einen Verwalter (Rdn 605) ausgeübt (§ 150 Abs 1, § 152 ZVG). Ihm gegenüber sind Miet- und Pachtverträge wirksam, wenn das Grundstück vor der
Beschlagnahme den Mietern oder Pächtern überlassen ist (§ 152 Abs 2 ZVG).

Die **Zwangsverwaltungsbeschlagnahme umfasst:**   588
– das Grundstück mit allen Gegenständen, auf die sich eine Hypothek erstreckt
  (§ 20 Abs 2 ZVG) in dem gleichen Maße wie eine Zwangsversteigerungsbeschlagnahme (siehe Rdn 146–150);
– land- und forstwirtschaftliche Erzeugnisse des Grundstücks sowie die Forderung aus einer Versicherung solcher Erzeugnisse, auch soweit sie nicht mehr
  mit dem Boden verbunden oder nicht Zubehör des Grundstücks sind bzw
  gewesen sind (§ 21 Abs 1 mit § 148 Abs 1 ZVG);
– Miet- und Pachtforderungen sowie Ansprüche aus einem mit dem Eigentum
  an dem Grundstück verbundenen Recht auf wiederkehrende Leistungen
  (§ 21 Abs 2, § 148 Abs 1 ZVG; für Entgelt für Dauerwohnrecht § 40 WEG;
  zu Einkünften eines Privatkrankenhauses LG Karlsruhe[1]), nicht aber Mietan-
  sprüche des Mieters gegen seinen Untermieter[2] (§ 549 BGB; auch für Unter-
  pächter). Mietnebenkosten (Betriebskosten, § 556 Abs 1 BGB) sind (unter
  Einschluss vereinbarter Vorauszahlungen) Entgelt für Gebrauchsüberlassung,
  auf das sich die Beschlagnahme erstreckt.[3] Die Nutzungsentschädigung nach
  Beendigung des Mietverhältnisses (§ 546 a BGB) tritt bei verspäteter Rügabe
  der Mietsache an die Stelle des Mietanspruchs. Sie teilt damit dessen rechtliches Schicksal, so dass sich auch auf sie die Beschlagnahme erstreckt.[4]

---

[1] LG Karlsruhe Rpfleger 1975, 173.
[2] BGH MDR 2005, 773 = Rpfleger 2005, 323 (anders, wenn der Hauptmietvertrag wegen
Vereitelung der Gläubigerrechte nichtig ist); BGH MDR 2007, 363 = NJW-RR 2007, 265 =
Rpfleger 2006, 614; LG Bonn ZIP 1981, 730; Stöber Rdn 2.3; Dassler/Engels Rdn 14; Steiner/
Hagemann Rdn 35, je zu § 148.
[3] BGH NJW 2003, 2320 (2321 reSp); BGH MDR 2008, 168 (169) = NJW-RR 2008, 323
(324) = Rpfleger 2008, 89 (90); auch LG Berlin NZM 2001, 707 = ZMR 2001, 33; Fälligkeit der Betriebskosten erst, wenn eine ordnungsgemäße Abrechnung vorliegt, BGH 113,
188.
[4] BGH NJW-RR 2003, 1308 = MDR 2003, 1408 = NZI 2003, 562; Stöber Rdn 2.3 (lit g) zu
§ 148.

589   Auf das **Zubehör** des Grundstücks erstreckt sich die Beschlagnahme, wenn es in das Eigentum des Eigentümers des Grundstücks gelangt ist (§ 20 Abs 2 mit § 146 Abs 1 ZVG und § 1120 BGB), und zwar auch dann, wenn es bei Beschlagnahme im Eigentum eines Dritten steht, aber nur Veräußerung, nicht jedoch auch Enthaftung mit Entfernung oder Aufhebung der Zubehöreigenschaft erfolgt ist (§§ 1121, 1122 Abs 2 BGB).[5] Auf nicht beschlagnahmtes Zubehör im Besitz des Schuldners (eines neu eingetretenen Eigentümers), das im Eigentum eines Dritten steht (siehe auch § 1120 BGB), erstreckt sich die Zwangsverwaltung nicht (§ 55 Abs 2 ZVG gilt für die Zwangsverwaltung nicht).

589a   Nicht erfasst von der Beschlagnahme werden die bereits seit mehr als einem Jahr fällig gewesenen **Miet- und Pachtforderungen** (§ 1123 Abs 2 BGB, § 20 Abs 2 ZVG). Jedoch ist vorausentrichtete Miete und Pacht auch bei so weit zurückliegender Fälligkeit von der Beschlagnahme erfasst, soweit sie für eine spätere Zeit als den zur Zeit der Beschlagnahme laufenden Kalendermonat (bei Beschlagnahme nach dem 15. eines Monats auch für den folgenden Kalendermonat) geschuldet bzw bezahlt ist. Wirksam dem Zwangsverwalter gegenüber ist jedoch die Vorauszahlung vor der Beschlagnahme der nach dem Miet-/ Pachtvertrag nicht in periodischen Zeitabschnitten, sondern durch einmalige Leistung (Einmalbetrag) bemessenen Miete oder Pacht[6] (siehe auch Rdn 290 g).

589b   Eine (rechtsgeschäftliche) Vorausverfügung (auch über jährlich im Voraus zu zahlende Beträge),[7] ebenso eine Miet- oder Pachtpfändung, hat Wirkung nur noch für den Beschlagnahmemonat (bei Beschlagnahme erst nach dem 15. des Monats auch für den folgenden Kalendermonat) (§ 1124 BGB). Miete oder Pacht für spätere Zeit wird mit Wirksamwerden der Zwangsverwaltungsbeschlagnahme von der Forderungspfändung frei; sie gebührt dem Zwangsverwalter für die Zwecke der vorrangigen Immobiliarvollstreckung.[8] Das gilt auch bei Abtretung der Miete oder Pacht vor Begründung des Grundpfandrechts des (dinglich) vollstreckenden Gläubigers und bei Abtretung an einen rangbesseren Grundpfandgläubiger.[9] Die Mietpfändung ruht jedoch nur für die Dauer des Zwangsverwaltungsverfahrens; mit dem Wegfall der Beschlagnahme erlangt sie wieder volle Wirksamkeit.[10] Das gilt auch bei Anordnung der Zwangsverwaltung auf Antrag eines persönlichen Gläubigers, und zwar auch gegenüber einer Miet- bzw Pachtpfändung durch einen Hypothekengläubiger wegen seines dinglichen Anspruchs.[11] Eine Miet- oder Pachtpfändung nach Zwangsverwaltungsbeschlagnahme verbietet sich; eine gleichwohl ausgebrachte Pfändung ist wirkungslos.[12]

589c   Auf einzelne Wirkungen der Beschlagnahme kann der betreibende Gläubiger mit Wirksamkeit für die nicht betreibenden Beteiligten verzichten; der Gläubiger kann daher dem Schuldner einzelne Grundstücksnutzungen zur freien Verfügung überlassen.[13]

---

[5] BGH MDR 1985, 669 = NJW 1986, 59.
[6] BGH MDR 2007, 1186 = NJW 2007, 2919 in Fortführung von BGH 137, 106 = DNotZ 1998, 102 = MDR 1998, 209 = NJW 1998, 595.
[7] OLG Hamm NJW-RR 1989, 1421 = WM 1989, 895.
[8] Siehe auch OLG Celle JR 1955, 267 = NdsRpfl 1956, 16; LG Braunschweig ZIP 1996, 193.
[9] BGH 163, 201 = MDR 2005, 1280 = NJW-RR 2005, 1466.
[10] RG 64, 415 (420).
[11] Stöber, FordPfändung, Rdn 232, mit weit Nachw.
[12] RG 59, 87 (91); RG 135, 197 (206).
[13] Stöber Rdn 2.4 zu § 148; aA (nicht zutr) AG Kerpen ZMR 2002, 202.

Nicht berührt von der Zwangsverwaltungsbeschlagnahme wird das Recht eines 590
Pächters auf den Fruchtgenuss (§ 21 Abs 3, § 152 Abs 2 ZVG).

2. Unterabschnitt. Wirksamwerden der Beschlagnahme, Zahlungsverbot
§ 146 Abs 1, §§ 151, 22 ZVG

Wirksam wird die Beschlagnahme durch Zustellung des Anordnungsbeschlusses 591
oder Eingang des Eintragungsersuchens beim Grundbuchamt (§ 22 Abs 1 mit
§ 146 Abs 1 ZVG, siehe Rdn 93) sowie auch dadurch, dass der Verwalter auf dem
dafür bestimmten Weg (§ 150 ZVG; Rdn 604) den Besitz des Grundstücks erlangt (§ 151 Abs 1 ZVG). Bei nur mittelbarem Besitz des Schuldners (§ 868 BGB)
erlangt der Zwangsverwalter den Besitz des Grundstücks, wenn die Einweisung
in den mittelbaren Schuldnerbesitz Wirksamkeit äußert (Rdn 604); zumeist ist
das mit erkennbar gemachter Aufnahme der Verwaltertätigkeit der Fall.[14] Die
Beschlagnahme zugunsten eines Beitrittsgläubigers wird, wenn der Verwalter
sich bereits im Besitz des Grundstücks befindet, auch mit Zustellung des Beitrittsbeschlusses an den Verwalter wirksam (§ 151 Abs 2 ZVG).

Dem Schuldner einer beschlagnahmten Forderung, insbesondere also Mietern 592
und Pächtern gegenüber, wird die Beschlagnahme erst mit dem Zeitpunkt wirksam, in dem sie ihm bekannt wird oder ein **Zahlungsverbot** zugestellt ist (§ 22
Abs 2 S 2, § 146 Abs 1 ZVG). Bis zu diesem Zeitpunkt kann der Forderungsschuldner als Drittschuldner schuldbefreiend leisten. Ein Zahlungsverbot an
Drittschuldner (§ 22 Abs 2 S 2 ZVG) wird auf Antrag des Gläubigers, Schuldners (§ 146 Abs 1 ZVG) oder des Zwangsverwalters (§ 151 Abs 3 ZVG) vom
Vollstreckungsgericht erlassen.

> **Muster für Zahlungsverbot:** An … als Drittschuldner. 593
> Am … wurde die Zwangsverwaltung des in Nürnberg gelegenen, im Grundbuch von
> Gärten Blatt 3685 auf den Namen des Schuldners … eingetragenen Grundstücks
> FlStNr 900, Weststraße 90, Wohnhaus, Hofraum, Garten, zu 630 m², angeordnet.
> Dadurch ist dem Schuldner (Grundstückseigentümer) die Verwaltung und Benut-
> zung des Grundstücks entzogen.
> Als Drittschuldner wird Ihnen hiermit verboten, die von Ihnen zu leistende Miete
> oder Pacht an den Schuldner (Grundstückseigentümer) zu zahlen.
> Die von der Beschlagnahme erfasste Miete oder Pacht darf nur noch an den
> Zwangsverwalter, Herrn … bezahlt werden.

Der Gläubiger (nicht aber das Vollstreckungsgericht) kann auch schon vor der 594
Beschlagnahme nach Maßgabe des § 845 ZPO die bevorstehende Beschlagnahme ankündigen (§ 22 Abs 2 S 3 ZVG, § 845 ZPO).

3. Unterabschnitt. Wohnrecht und Unterhalt des Schuldners
§ 149 ZVG

Dem Schuldner, der bei Wirksamwerden der Beschlagnahme auf dem Grund- 595
stück wohnt (sonst nicht), sind die **für seinen Hausstand** unentbehrlichen
Räume zu belassen (§ 149 Abs 1 ZVG). Grund: Billigkeitsrücksichten.[15] An-

---

[14] Stöber Rdn 2.3 zu § 151.
[15] BGH 130, 314 (318) = NJW 1995, 2846 (2847).

spruch auf dieses Wohnrecht besteht auch, wenn der Schuldner zwar nicht selbst, aber durch seine Familie das Grundstück bewohnt,[16] sowie für die Erben, die bei Tod des Schuldners während der Zwangsverwaltung weiter wohnen bleiben.[17] Anderen Personen kann der Schuldner das Wohnrecht nicht überlassen. Er kann auch einzelne Räume seiner Wohnung nicht vermieten. Mieteinnahmen für „Untervermietung" einzelner Räume fallen vielmehr in die Zwangsverwaltungsmasse. wenn möbliert untervermietet ist, hat der Zwangsverwalter die anteilige Miete für den leeren Raum einzuziehen. Der Schuldner, der bei Beschlagnahme nicht auf dem Grundstück wohnt, kann kein Wohnrecht beanspruchen. Einer juristischen Person oder Handelsgesellschaft (offene Handelsgesellschaft, Kommanditgesellschaft) als Schuldnerin dürfen Räume nicht nach § 149 Abs 1 ZVG überlassen werden.[18] Das gilt auch für den Geschäftsführer einer Gesellschaft m. b. H. oder den Gesellschafter einer offenen Handelsgesellschaft bzw Kommanditgesellschaft.[19]

595a   Zu belassen sind dem Schuldner die für seinen Hausstand **unentbehrlichen** Räume, das sind die nach seinen Verhältnissen erforderlichen Wohnräume, auch wenn sie für die Verwaltung benötigt werden sollten; den Bedürfnissen der Zwangsverwaltung kommt insoweit keine Bedeutung zu. Dazu gehören auch Nebenräume (auch Hof und Garten) sowie von der Beschlagnahme ergriffenes Zubehör in diesen Räumen. Es können dem Schuldner auch andere als die bisher bewohnten Räume zugewiesen werden. Zu belassen sind dem Schuldner die unentbehrlichen Räume unentgeltlich (s § 5 Abs 2 Nr 2 ZwVwV). Er hat jedoch für Heizung, Beleuchtung, Gas und Strom sowie Müllabfuhr selbst zu sorgen; für zentralbeheizte Räume hat er Heizungskosten zu zahlen.[20]

596   Das Wohnrecht des Schuldners hat der Zwangsverwalter **ohne besondere Anweisung zu** erfüllen; er hat darüber dem Gericht zu berichten (§ 3 Abs 1 Nr 6 ZwVwV). Erforderlichenfalls – insbesondere auf Antrag – hat das Gericht den Verwalter nach § 153 ZVG mit der notwendigen Weisung zu versehen. Inbesitznahme der Räume, für die der Schuldner kein Wohnrecht hat, erfolgt nach § 150 Abs 2 ZVG (Rdn 604), nicht aber nach § 149 Abs 2 ZVG; diese Bestimmung regelt nur die Räumung der von dem Wohnrecht des Schuldners betroffenen Räume in besonderen Fällen.

596a   **Andere** als die für den Hausstand unentbehrlichen **Räume**, damit auch Geschäfts- und Gewerberäume, können dem Schuldner nur dann zur Nutzung überlassen werden, wenn er sich zur **Zahlung eines Entgelts** (Nutzungsentschädigung; Anspruchsgrundlage: § 241 Abs 1, § 311 Abs 1 BGB) verpflichtet[21] (Nutzungsüberlassung gegen Entgelt) und zur Zahlung auch imstande ist. Wirtschaftliche Führung der Verwaltergeschäfte (§ 1 Abs 1 ZwVwV) erfordert dann, dass vom Schuldner derselbe Gegenwert erzielt werden kann, zu dem Vermietung an einen Dritten erfolgen könnte.[22] Rechtlich möglich[23] wäre auch Abschluss eines Mietvertrags (ggf Pachtvertrags) mit dem nicht mehr nutzungsberechtigten (§ 148 Abs 2 ZVG) Schuldner (würde Zustimmung des Gerichts nicht gebieten [§ 10

---

[16] Stöber Rdn 2.2 zu § 149; Jaeckel/Güthe Rdn 1 zu § 149.

[17] LG Heilbronn Rpfleger 2005, 154; Steiner/Hagemann Rdn 4 zu § 149.

[18] BGH VersR 1964, 865 = WM 1964, 789.

[19] Stöber Rdn 2.8 zu § 149 mit Nachw.

[20] Stöber Rdn 2.3; Steiner/Hagemann Rdn 11, je zu § 149.

[21] BGH MDR 1992, 1082 = NJW 1992, 2487.

[22] Stöber Rdn 2.6 zu § 149.

[23] RG 104, 308 (310); BGH WM 1964, 789 (795) = VersR 1964, 865.

ZwVwV], ohne gerichtliche Weisung [§ 153 Abs 1 ZVG] aber nicht sachdienlich sein). Begründung mietvertraglicher Rechtsbeziehungen mit dem Schuldner mit der Verpflichtung des Zwangsverwalters zur Gebrauchsgewährung (§ 535 BGB) zu den für Wohn- oder Geschäftsraummietverhältnisse geltenden Sondervorschriften (insbes §§ 549 ff BGB) und für Anwendung der Sonderbestimmungen bei Zwangsversteigerung (§§ 57–57 b ZVG) kann aber durchweg nicht sachgerecht sein.[24]

Sein Wohnrecht **verliert** der Schuldner bei Veräußerung des Grundstücks; auf   **596b** den Erwerber geht es nicht über, auch wenn dieser bei Beschlagnahme schon als Mieter (Pächter) auf dem Grundstück gewohnt hat.[25] Das Wohnrecht erlischt auch, wenn der Schuldner auszieht; Anspruch auf Entschädigung oder Überlassung von Miete oder Pacht für die freigemachten Räume hat der Schuldner nicht. Es endet wenn der Schuldner die Räume für seinen Hausstand nicht mehr benötigt wie bei dauernder Unterbringung des alleinstehenden Schuldners in einem Pflegeheim.[26]

Die **Räumung des Grundstücks** darf das Gericht dem Schuldner mit Wohnrecht   **597** auf Antrag aufgeben, wenn er oder ein Mitglied seines Hausstandes das Grundstück oder die Verwaltung gefährdet (§ 149 Abs 2 ZVG) und mit einer Maßregel nach § 25 ZVG nicht Abhilfe geschaffen werden kann.[27] Die Gefährdung kann darin bestehen, dass der Schuldner die Wohnung vernachlässigt, dem Zwangsverwalter Schwierigkeiten bereitet oder widerrechtlich ihm nicht zustehende Räume bezieht und auch darin, dass er sich beharrlich weigert, Betriebs- und Verbrauchskosten (Rdn 595 a gE) zu zahlen.[28] Es genügt nicht, wenn der Schuldner nur Unfrieden stiftet, den Ertrag des Grundstücks hierdurch jedoch nicht gefährdet.[29] Für Verhalten seiner Angehörigen hat der Schuldner bei Verschulden einzustehen. Die Räumungsanordnung kann der Zwangsverwalter, jeder betreibende Gläubiger und jeder sonstige Verfahrensbeteiligte[30] beantragen. Sie kann sich auf einen Teil der Räume oder darauf beschränken, dass sie sich nur gegen einzelne Mitglieder des Hausstandes des Schuldners richtet.

Die Räumungsanordnung ist (eingehend) zu **begründen**. Die Begründung muss   **597a** die Umstände des Einzelfalls darstellen, die Gefährdung des Grundstücks oder der Verwaltung ausweisen, umfassend dartun, auf welcher Grundlage dies festgestellt wurde und ausweisen, dass bei der Ermessensentscheidung andere (mildere) Möglichkeiten der Gefahrenabwehr, namentlich § 25 S 1 ZVG, erwogen und geprüft wurden.[31]

> **Räumungsanordnung** des Vollstreckungsgerichts: Beschluss. Dem Schuldner …   **598** wird gemäß § 149 Abs 2 ZVG aufgegeben, die folgenden Räume … in dem Beschlagnahmeanwesen … zu räumen. Gründe: … Beglaubigte Abschrift an Schuldner zustellen und formlos an Gläubiger sowie Zwangsverwalter.

Der Räumungsbeschluss ist **Vollstreckungstitel** nach § 794 Abs 1 Nr 3 ZPO.   **599** Er ist sofort vollstreckbar; jedoch ist es ratsam, die Rechtskraft abzuwarten.

---

[24] Hierzu Stöber Rdn 2.6 zu § 149.

[25] BGH 130, 314 (319) = NJW 1995, 2846 (2847); Stöber Rdn 2.2 zu § 149.

[26] AG Heilbronn Rpfleger 2004, 514.

[27] BVerfG NJW 2009, 1259; Stöber Rdn 3.6 zu § 149.

[28] AG Heilbronn Rpfleger 2004, 236 mit Anm Schmidberger; LG Zwickau Rpfleger 2004, 646 Leits und Rpfleger 2006, 426.

[29] Stöber Rdn 3.2 zu § 149.

[30] Streitig, siehe Stöber Rdn 3.4 zu § 149.

[31] BVerfG NJW 2009, 1259.

Eine Vollstreckungsklausel benötigt dieser Beschluss nicht. Richterliche Voll-
streckungsanordnung erfordert die Räumung der Schuldnerwohnung nicht
(§ 758 a Abs 2 ZPO).

Rechtsmittel: für Zwangsverwalter keines, für Gläubiger oder Schuldner sofortige Beschwerde (§ 793 ZPO). In der Räumungsvollstreckung kann der Schuldner Schutz nach § 765 a ZPO verlangen.

600 Bei Zwangsverwaltung eines landwirtschaftlichen, forstwirtschaftlichen oder
gärtnerischen Grundstücks hat der Zwangsverwalter aus den Erträgnissen des
Grundstücks oder aus deren Erlös dem Schuldner die Mittel zur Verfügung zu
stellen, die zur Befriedigung seiner und seiner Familie notwendigen Bedürfnisse
erforderlich sind (§ 149 Abs 3 ZVG). Grund auch hier: Billigkeitsrücksichten.
Im Streitfall entscheidet das Vollstreckungsgericht.

3. Abschnitt. Der Zwangsverwalter
§§ 150–154 ZVG
§§ 1–23 ZwVwV

Schrifttum: Schmidt, Geschäftsführung des Zwangsverwalters, 3. Aufl. 1953; Drischler, Stellung und Aufgaben des Zwangsverwalters, RpflJahrbuch 1959, 273; Drischler, Der Gerichtsvollzieher in der Immobiliarvollstreckung (Abschn B: Zwangsverwaltung), DGVZ 1962, 131;
Drischler, Zur Geschäftsführung des Zwangsverwalters, JurBüro 1965, 262; Eickmann, Die
Neuregelung der Zwangsverwaltervergütung, ZIP 2004, 1736; Hasselblatt, Die neue Zwangs-
verwaltungsverordnung – besser als die alte?, InVo 2004, 81; Hintzen und Alff, Die neue
Zwangsverwalterverordnung, Rpfleger 2004, 129; Mohrbutter, Die Haftung des Zwangsverwalters, „Recht im Wandel" (1965, Heymann), S 159; Nix, Grundsätze der Zwangsverwaltung, 1992; Pape, Die Vergütung nach der neuen Zwangsverwalterverordnung, NZI 2004,
187; Rödder, Umsatzsteuer und Zwangsverwaltung, Rpfleger 1990, 6; Wertenbruch, Die Bindung der Vollstreckungsgerichte an die Zwangsverwalterverordnung bei der Festsetzung der
Verwaltervergütung, KTS 1993, 611; Wrobel, Verfassungsrechtliche Probleme um die
Zwangsverwalterverordnung und § 152 a ZVG, NJW 1993, 374; Wrobel, Umfang und Grenzen der Prozessführung durch den Zwangsverwalter, KTS 1995, 19; s außerdem vor Rdn 576.

1. Unterabschnitt. Bestellung
§ 150 Abs 1 ZVG

601 **Bestellt** wird der (= nur ein, nicht mehrere) Zwangsverwalter **vom Vollstreckungsgericht** (§ 150 Abs 1 ZVG). Die Bestellung erfolgt zweckmäßig im Anordnungsbeschluss. Sie wird durch gesonderten Beschluss vorgenommen, wenn
ein Verwalter erst ausgewählt (ermittelt) werden muss. Dann empfehlenswert
Hinweis im Anordnungsbeschluss:

> Der Zwangsverwalter wird gesondert bestellt.

602 **Späterer Bestellungsbeschluss:** In dem mit Beschluss vom … angeordneten Verfahren zur Zwangsverwaltung des Grundstücks … wird als Zwangsverwalter bestellt Herr … (§ 150 Abs 1 ZVG). Er wird ermächtigt, sich selbst den Besitz des
Grundstücks zu verschaffen (§ 150 Abs 2 ZVG).

603 Bestellt werden kann nur eine natürliche Person (§ 1 Abs 2 ZwVwV; keine juristische Person und keine Handelsgesellschaft); sie muss zur Übernahme des
Amtes im Einzelfall bereit, geschäftskundig (ZwVwV aaO) und von den Beteiligten unabhängig sein. Als Selbstverständlichkeit nennt § 1 Abs 2 ZwVwV in

allgemeiner Form noch, dass eine entsprechende Büroausstattung „vorhanden"
zu sein hat. An Vorschläge und Anträge ist das Vollstreckungsgericht nicht gebunden; Ausnahmen: Rdn 627 und Rdn 629. Unter mehreren Bewerbern ist
auszuwählen, wer nach dem pflichtgemäßen Ermessen des Vollstreckungsgerichts für die Wahrnehmung der im konkreten Einzelfall anstehenden Verwalteraufgaben am besten geeignet ist.[1] Das ist vornehmlich nach dem Interesse
des Gläubigers, Schuldners und der sonstigen Beteiligten an sachkundiger, sachgerechter, reibungsloser und zügiger Durchführung des Verfahrens zu beurteilen.
Auswahl eines in gleichartigen Verfahren erfahrenen ortsnahen Verwalters, der
zuverlässige Wahrnehmung der Aufgaben gewährleistet, entspricht dem am
besten. Ein Vorauswahlverfahren und das Erstellen einer Auswahlliste mit Namen und Anschriften interessierter Bewerber (wie es für Insolvenzverfahren
üblich geworden ist[2]) hat sich für Zwangsverwaltungsverfahren (praktisch)
nicht als erforderlich erwiesen und ist bei überschaubarem Geschäftsanfall –
damit jedenfalls in der Regel – auch nicht geboten.[3]
Als Ausweis erhält der Zwangsverwalter eine Bestallungsurkunde (§ 2 ZwVwV).
Wenn die Zwangsverwaltung unzulässig angeordnet wurde, zB weil sich der
Vollstreckungstitel nicht gegen den Eigentümer (seinen Erben) und auch nicht
gegen den Eigenbesitzer richtet, bleibt die Bestellung des Zwangsverwalters
gleichwohl bis zur Aufhebung des Verfahrens wirksam.[4]
Die Verwalterbestellung ist nur zusammen mit der Verfahrensanordnung anfechtbar. Gegen die Auswahl des Verwalters können die Beteiligten Erinnerung
(§ 766 ZPO) einlegen; bei vorheriger Anhörung findet sofortige Beschwerde
statt (§ 793 ZPO).

2. Unterabschnitt. Besitzverschaffung
§ 150 Abs 2 ZVG
§§ 3, 4 ZwVwV

Dem Zwangsverwalter muss das Grundstück zur Bewirtschaftung und Benut- 604
zung **übergeben** werden. Er erlangt den **Besitz** des Grundstücks (§ 150 Abs 2
ZVG)
– dadurch, dass er sich nach Ermächtigung durch das Vollstreckungsgericht
   selbst den Besitz verschafft. Widerstand des Schuldners (im Falle des § 147
   ZVG des Eigenbesitzers) darf der Zwangsverwalter bei Inbesitznahme nach
   § 892 ZPO mit Hilfe eines Gerichtsvollziehers beseitigen. Vollstreckungs-
   grundlage ist der Ermächtigungsbeschluss;
– durch das Vollstreckungsgericht, das dem Zwangsverwalter das Grundstück
   selbst übergeben oder durch einen Gerichtsvollzieher oder einen sonstigen
   Beamten (zB Urkundsbeamten, aber auch Gemeindebeamten) übergeben lassen kann.
Als Vollstreckungshandlungen sind Übergabe des Besitzes oder Besitzverschaffung durch den ermächtigten Zwangsverwalter nur möglich, wenn der Schuldner das Grundstück besitzt. Auch wenn ein zur Herausgabe bereiter Dritter den

---

[1] OLG Frankfurt Rpfleger 2009 102.
[2] S BVerfG MDR 2004, 1446 = NJW 2004, 2725 = NZI 2004, 574; BVerfG 111, 1 = NJW
2006, 2613 = NZI 2006, 453 und NJW 2010, 1804 = NZI 2010, 413 = Rpfleger 2010, 436.
[3] Siehe OLG Koblenz Rpfleger 2005, 618.
[4] BGH 30, 173 = NJW 1959, 1873 = MDR 1959, 743.

Besitz des Grundstücks inne hat, kann Besitzübergabe als Vollstreckungshandlung gegen den Schuldner (nicht gegen den besitzenden Dritten) durch das Gericht oder Besitzverschaffung durch den ermächtigten Verwalter nach § 150 Abs 2 ZVG erfolgen.

Nur mittelbarer Besitz (§ 868 BGB) kann verschafft werden, wenn das Grundstück auf Grund eines Miet- oder Pachtrechts einem anderen überlassen ist (siehe § 152 Abs 2 ZVG). In der Zwangsverwaltung über einen Grundstücksbruchteil kann der Verwalter nur in die Mitbesitzrechte des Vollstreckungsschuldners eingewiesen werden. Hat ein nicht herausgabebereiter Dritter den Besitz des Grundstücks, dann ist Besitzübergabe oder Besitzergreifung durch den ermächtigten Verwalter nicht möglich.[5] Darauf, ob der Dritte ein Recht zum Besitz hat, kommt es nicht an. Herausgabe des Grundstücks kann der Gläubiger mit Pfändung des Herausgabeanspruchs des Schuldners (§ 846 ZPO) und Erwirkung sowie Vollstreckung eines Herausgabetitels erwirken.[6]

Die Kosten der Besitzeinweisung fallen der Verwaltungsmasse zur Last.

Übergabe oder Verschaffung des Grundstücksbesitzes schließt Auslieferung der **Miet- und Pachtverträge** sowie anderer Urkunden für Ermittlung und Beweis beschlagnahmter Gegenstände und Rechtsbeziehungen ein.[7] Der zur Besitzverschaffung ermächtigte Verwalter kann sich mit dem Grundstück daher auch den Besitz solcher Urkunden (im Schuldnerbesitz) verschaffen.[8] Er kann bei Weigerung des Schuldners den Herausgabeanspruch nach § 883 ZPO vollstrecken[9] (s auch § 836 Abs 3 S 3 ZPO). Vollstreckungstitel ist der ermächtigende Anordnungsbeschluss. Für Übergabe durch das Gericht hat zwangsweise Wegnahme durch den Gerichtsvollzieher zu erfolgen (§ 892 ZPO).

3. Unterabschnitt. Aufgaben
§§ 152–153 a ZVG
§§ 5–10 ZwangsverwalterVO

a) Verwalterrechte und -pflichten

605   Der Zwangsverwalter hat das **Recht und die Pflicht**, alle Handlungen vorzunehmen, die erforderlich sind, um das **Grundstück in seinem wirtschaftlichen Bestande zu erhalten und ordnungsgemäß zu benutzen**. Er hat die Ansprüche, auf welche sich die Beschlagnahme erstreckt, geltend zu machen; die für die Verwaltung entbehrlichen Nutzungen hat er in Geld umzusetzen (§ 152 Abs 1 ZVG). Er hat den Zustand des Objekts zu überprüfen und festzustellen, ob Maßnahmen zur Erhaltung und Instandsetzung des Grundstücks, insbesondere eines Gebäudes, erforderlich sind, damit es zur bestmöglichen Nutzung nötigenfalls in einen guten Zustand gebracht und in diesem erhalten werden

---

[5] Siehe BGH 96, 61 = MDR 1986, 140 = NJW-RR 1986, 858; OLG Koblenz MDR 1985, 856 = Rpfleger 1985, 411.

[6] Dazu näher Stöber Rdn 10.7 zu § 146; Stöber FordPfändung Rdn 2041, 2042.

[7] BGH MDR 2005, 1012 = NJW-RR 2005, 1032 = Rpfleger 2005, 463 mit Anm Schmidtberger.

[8] BGH NJW-RR 2005, 1032 = aaO (Fußn 7); OLG München Rpfleger 2002, 373 und (Vorinstanz) LG München II Rpfleger 2002, 220; LG Berlin MDR 1993, 274 = Rpfleger 1993, 123; AG Stuttgart Rpfleger 1995, 375.

[9] BGH NJW-RR 2005, 1032 = aaO (Fußn 7); OLG München, LG Berlin und LG München II je aaO (Fußn 8).

kann.[10] Bei entsprechendem Verdacht hat er eine Gefahr für das verwaltete Objekt unverzüglich aufzuklären und erforderliche Maßnahmen der Gefahrenabwehr zu treffen (Schutzpflicht bei möglicher Wohnungsverwahrlosung).[11] Umgestaltung eines beschlagnahmten Gebäudes oder wesentliche Veränderung des Beschlagnahmegrundstücks ist nicht Verwalteraufgabe.[12] Nutzung soll grundsätzlich durch Vermietung (oder Verpachtung) erfolgen (§ 5 Abs 2 ZwVwV). Der Zwangsverwalter hat daher auch erforderliche Verträge mit Mietern (oder Pächtern; näher § 6 ZwVwV) ebenso wie mit Handwerkern abzuschließen; Verkehrssicherungspflichten hat er wahrzunehmen. Zu Einzelheiten nachf Rdn 606 ff und Kommentar Rdn 4–6 zu § 152. Er ist zu einer Verfügung über das Grundstück (Veräußerung, Belastung, Aufteilung in Wohnungseigentum) nicht befugt.[13] Der Eigentumsverschaffungsanspruch des Mieters, der in Ausübung seines Vorkaufsrechts (§ 577 Abs 1 BGB) in den vom Vermieter geschlossenen Kaufvertrag eintritt, richtet sich nicht gegen den Zwangsverwalter, sondern gegen den Vermieter.[14] Gegenüber dem Anspruch des Zwangsverwalters auf Zahlung der Miete steht dem Mieter ein Zurückbehaltungsrecht wegen des Eigentumsverschaffungsanspruchs daher nicht zu.[15]

Die ihm obliegenden **Aufgaben** hat der Zwangsverwalter **persönlich wahrzunehmen** (§ 1 Abs 3 S 1 ZwVwV). Er hat sein Amt selbstständig und wirtschaftlich nach pflichtgemäßem Ermessen zu führen (§ 1 Abs 1 ZwVwV). Es obliegt ihm, das Grundstück des Schuldners wie ein sorgsamer, ordentlich wirtschaftender Eigentümer zu verwalten. Er hat daher auch die Anhebung zu niedriger Mieten vorzunehmen, soweit sich dies ohne Benachteiligung der Zwangsverwaltungsmasse und der Gläubiger mit Rücksicht auf Treu und Glauben durchführen lässt.[16] Einen Rechtsanspruch des Eigentümers auf Herabsetzung einer Grundstückslast (zB Grundsteuer) hat er geltend zu machen. Dagegen ist der Zwangsverwalter grundsätzlich nicht verpflichtet, eine Umschuldung vorzunehmen.[17] Einem anderen darf der Zwangsverwalter die Verwaltung nicht übertragen (§ 1 Abs 3 S 1 ZwVwV). Gestattet ist es ihm, zur Besorgung unselbstständiger Tätigkeiten Hilfskräfte unter seiner Verantwortung heranzuziehen (§ 1 Abs 3 S 4 ZwVwV).   605a

Die Geschäftsführung des Zwangsverwalters hat das Vollstreckungsgericht zu **beaufsichtigen** (§ 153 Abs 1 ZVG). Art und Weise der Ausübung des Aufsichtsrechts liegt in seinem pflichtgemäßen Ermessen.[18] Zu überwachen ist die Rechtmäßigkeit der Verwaltertätigkeit. Es darf die Selbstständigkeit des Zwangsverwalters (seine Handlungsfreiheit, § 1 Abs 1 ZwVwV) durch die Aufsicht jedoch nicht beeinträchtigt werden. Gegen unzweckmäßige, insbesondere wirtschaftlich nicht vertretbare Handlungen hat das Gericht damit einzuschreiten. Nicht hinnehmbare Maßnahmen des Verwalters sind abzustellen.[19] Verlangen kann das Vollstreckungsgericht im Rahmen des Aufsichtsrechts Auskunft in allen   605b

---

[10] BGH 161, 336 (341) = MDR 2005, 653 = Rpfleger 2005, 210 (211).

[11] BGH MDR 2006, 22 = Rpfleger 2005, 616.

[12] BGH 161, 336 = aaO (Fußn 10).

[13] BGH MDR 2009, 373 = NJW 2009, 1076 = Rpfleger 2009, 255.

[14] BGH NJW 2009, 1076 = aaO.

[15] BGH NJW 2009, 1076 = aaO.

[16] BGH MDR 2005, 980 = NJW-RR 2005, 1029 (1030) = Rpfleger 2005, 460 (462); OLG Nürnberg KTS 1966, 14 = OLGZ 1966, 317; Kammergericht Rpfleger 1978, 335.

[17] OLG Celle MDR 1964, 157 = NdsRpfl 1963, 282.

[18] BGH NZI 2010, 147 (für Aufsichtsrecht des Insolvenzgerichts über den Insolvenzverwalter).

[19] Stöber Rdn 2.3 zu § 153.

zweckdienlich scheinenden Fragen.[20] Buchführungsunterlagen und Schriftstücke hat der Verwalter auf Anfordern vorzulegen; er hat alle weiteren Auskünfte im Zusammenhang mit seiner Verwaltung zu erteilen (§ 16 ZvVwV). Rechnungslegung: Rdn 615.

605c Die **Zustimmung des Gerichts** hat der Zwangsverwalter nach § 10 ZwVwV zu den dort genannten wesentlichen Maßnahmen einzuholen.

605d Den (= allen) **Beteiligten**[21] ist der Zwangsverwalter für die Erfüllung der ihm obliegenden Verpflichtungen **verantwortlich** (§ 154 S 1 ZVG; Eigenhaftung für Pflichtverletzung). Er hat für Vorsatz und jede Fahrlässigkeit einzustehen.[22]

b) Miete und Pacht

Schrifttum: Die Pflicht des Zwangsverwalters zur Abrechnung von Betriebskosten und Auszahlung entsprechender Mieterguthaben, Klühs Rpfleger 2006, 640; Der Zwangsverwalter, die Mietkaution und der BGH; Mayer Rpfleger 2006, 175.

606 Ein **Miet- oder Pachtverhältnis** ist dem Zwangsverwalter gegenüber wirksam, wenn das Grundstück dem Mieter oder Pächter vor der Beschlagnahme überlassen ist (§ 152 Abs 2 ZVG). Der Zwangsverwalter hat somit die Rechte des Vermieters oder Verpächters zu verfolgen und dessen Pflichten, insbesondere die Pflicht zur Gebrauchsgewährung (§ 535 Abs 1 BGB), zu erfüllen. Die Miet- und Pachtforderungen, die der Beschlagnahme unterliegen (Rdn 588; dazu gehören auch Mietnebenkosten) muss der Zwangsverwalter zeitnah geltend machen (§ 7 ZwVwV). Er hat sich über die Höhe der Ansprüche durch geeignete Maßnahmen zu vergewissern;[23] er darf sich nicht darauf beschränken, die Mieten lediglich anhand einer ihm übergebenen Aufstellung einzuziehen.[24] Zur Anhebung niedriger Mieten s Rdn 605a. Ein Mietverhältnis, das bei (Wirksamwerden der) Beschlagnahme bereits beendet ist, äußert keine Wirkungen mehr gegenüber dem Zwangsverwalter.[25]

606a Umlagefähige **Mietnebenkosten** (Betriebskosten, § 556 Abs 1 BGB) hat der Zwangsverwalter auf mehrere Mieter zu verteilen; er hat Vorauszahlungen abzurechnen.[26] Bei Mietverhältnissen über Wohnraum sind Abrechnungszeitraum und -frist zu wahren (§ 556 Abs 3 BGB). Zur Abrechnung verpflichtet ist der Zwangsverwalter für eine nach der Beschlagnahme beginnende Abrechnungsperiode und für den (gesamten) Abrechnungszeitraum, in den die Beschlagnahme fällt (keine Aufteilung in die Zeitspanne vor und nach Beschlagnahme). Nachforderungen hat er geltend zu machen; ein Guthaben hat er an die Mieter zurückzuzahlen, und zwar auch dann, wenn die Vorauszahlung zulässigerweise noch an den Schuldner als Vermieter geleistet wurde.[27] Für einen bei Beschlag-

---

[20] BGH NZI 2010, 147.
[21] Zum Beteiligtenbegriff BGH 109, 171 (173); BGH 179, 336 = MDR 2009, 652 = NJW 2009, 1674; BGH MDR 2009, 768 = NJW 2009, 1677 = Rpfleger 2009, 406; OLG Hamm ZIP 1989, 1592.
[22] Kammergericht Rpfleger 1978, 315.
[23] Kammergericht aaO.
[24] Kammergericht aaO.
[25] BGH MDR 2006, 1428 = NJW-RR 2006, 1021 = Rpfleger 2006, 489.
[26] BGH NJW-RR 2005, 1029 (1030) = aaO (Fußn 16); KG MDR 1978, 586 = Rpfleger 1978, 335.
[27] BGH MDR 2003, 893 Leits = NJW 2003, 2320 = Rpfleger 2003, 456 und 603 Leits mit krit Anm Haut; BGH MDR 2008, 168 (169) = NJW-RR 2008, 323 (324) = Rpfleger 2008, 89 (90); OLG Hamburg MDR 1990, 248 = NJW-RR 1990, 151.

nahme bereits abgeschlossenen Abrechnungszeitraum ist der Verwalter abrechnungspflichtig, wenn eine mögliche Nachforderung der Beschlagnahme unterliegen wird;[28] der demnach abrechnungspflichtige Zwangsverwalter hat auch ein etwaiges Vorauszahlungsguthaben an den Mieter auszuzahlen.[29] Die Verpflichtung des Vermieters zur Betriebskostenabrechnung hat der Zwangsverwalter (nach § 152 Abs 2 ZVG) für Zeiträume vor der Beschlagnahme überdies zu erfüllen, wenn eine Nachforderung (nach § 556 Abs 3 S 3 BGB) ausgeschlossen ist, vorausgesetzt, dass das Mietverhältnis bei Beschlagnahme noch bestanden hat.[30]

Eine **Mietsicherheit** (-kaution) hat der Zwangsverwalter bei Wohnraummiet-   606b
verhältnissen[31] von den Erträgnissen des Grundstücks (dem beschlagnahmten Schuldnervermögen) getrennt zu halten (§ 551 Abs 3 S 3 BGB). Er hat eine ihm (oder vor Beschlagnahme dem Schuldner als Vermieter) als Sicherheit überlassene Geldsumme bei einem Kreditinstitut anzulegen (§ 551 Abs 3 S 1 BGB). Zur Anlegung der Mietsicherheit wird der Zwangsverwalter auch dann für verpflichtet gehalten, wenn ihm der Schuldner die Kaution nicht ausgefolgt hat.[32] Wenn die Mietkaution nicht angelegt ist steht dem Mieter gegenüber dem Zwangsverwalter (auch wenn er die Kaution vom Schuldner nicht erhalten hat) ein Zurückbehaltungsrecht an der laufenden Miete bis zum Betrag der gezahlten Mietsicherheit (nebst Zinsen) zu.[33] Eine vom Mieter noch nicht erbrachte Mietsicherheit hat der Zwangsverwalter anzufordern;[34] vom Schuldner hat er die Überlassung einer vor Beschlagnahme geleisteten Mietkaution zu verlangen.[35] Ist der Verwalter ermächtigt, sich selbst den Besitz des Grundstücks zu verschaffen, dann stellt der Anordnungsbeschluss zusammen mit der Ermächtigung zur Besitzergreifung einen Vollstreckungstitel dar, auf Grund dessen wegen dieses Anspruchs nach § 883 ZPO vollstreckt werden kann.[36] Nach Beendigung des Mietverhältnisses hat der Zwangsverwalter die Mietsicherheit abzurechnen und zurückzugeben, wenn oder soweit sie nicht zur Deckung von Ersatzansprüchen zu verwenden ist. Zur Rückgabe verpflichtet ist er dem Mieter von Wohnraum nach verbreiteter Ansicht auch, wenn die Mietsicherheit noch dem Schuldner als Vermieter geleistet wurde und dieser sie nach der Beschlagnahme dem Verwalter nicht herausgegeben hat.[37] Zur Auszahlung einer vom Mieter an den Vermieter geleisteten und von diesem nicht an den Zwangsverwalter weitergegebenen Kaution ist der Verwalter einer Mietwohnung jedoch nicht verpflichtet, wenn das Mietverhältnis bereits vor Beschlagnahme beendet war.[38] Zur Führung eines Rechtsstreits auf Rückgabe einer Mietsicherheit ist der Zwangsverwalter dann jedenfalls nicht mehr befugt, wenn die Zwangsverwaltung vor Rechtshängigkeit

---

[28] BGH NJW 2003, 2320 = aaO (Fußn 27).
[29] BGH NJW 2003, 2320 = aaO (Fußn 27).
[30] BGH MDR 2006, 1371 = NJW 2006, 2626.
[31] Entsprechendes gilt bei Vermietung von Gewerberäumen, OLG Nürnberg MDR 2006, 100.
[32] BGH MDR 2009, 620 = NJW 2009, 1673 = Rpfleger 2009, 468).
[33] BGH MDR 2009, 1382 Leits = NJW 2009, 3505 = Rpfleger 2010, 99.
[34] BGH NJW-RR 2005, 1029 (1030) = aaO (Fußn 16).
[35] BGH MDR 2005, 1012 = NJW-RR 2005, 1032.
[36] BGH NJW-RR 2005, 1032 = aaO (Fußn 35).
[37] BGH MDR 2003, 1409 = NJW 2003, 3342; BGH NJW-RR 2005, 1029 = aaO (Fußn 16); BGH MDR 2005, 1044 = NJW-RR 2005, 962 (963); OLG Hamburg NJW-RR 2002, 878.
[38] BGH NJW-RR 2006, 1021 = aaO (Fußn 25).

der Streitsache aufgehoben worden ist, auch wenn die Verfahrensaufhebung nach Erteilung des Zuschlags erfolgt ist.[39]

606c   Es soll die Art der **Nutzung**, die **bis zur Anordnung** des Verfahrens bestanden hat, **beibehalten** werden (§ 5 Abs ZwVwV); zu Miet- und Pachtvertrtägen, die der Zwangsverwalter abschließt oder ändert, s § 6 ZwVwV.

c) Gewerbliche Tätigkeit

607   Betreibt der Schuldner auf dem Beschlagnahmegrundstück ein **gewerbliches Unternehmen**, teilt sich sein Vermögen mit Anordnung der Zwangsverwalter in[40]
– einen beschlagnahmten Teil, damit das (Betriebs-)Grundstück mit Zubehör (§ 20 Abs 2, § 148 Abs 1 ZVG), dessen Verwaltung und Benutzung dem Schuldner entzogen ist (§ 148 Abs 2 ZVG),
– das übrige Betriebsvermögen, das die Beschlagnahme nicht erfasst (= von ihr unberührt bleibt).
Der Zwangsverwalter hat nur das Grundstück (mit beschlagnahmtem Zubehör) zu verwalten und damit für ordnungsgemäße Benutzung in seinem wirtschaftlichen Bestande zu erhalten (§ 150 Abs 1, § 152 Abs 1 ZVG). Er kann einen auf dem Grundstück ausgeübten Gewerbebetrieb des Schuldners daher nicht fortführen, wenn er vom Grundbesitz „ablösbar" ist, mithin mit dem nicht beschlagnahmten Betriebsvermögen auch an einem anderen Ort ausgeübt werden kann. Ausgeschlossen ist damit ebenso Einrichtung (Eröffnung) eines nicht grundstücksbezogenen Gewerbebetriebs in beschlagnahmten Räumen durch den Zwangsverwalter. Sind hingegen für die dem Zwangsverwalter obliegende Erhaltung des für eine bestimmte gewerbliche Nutzung dauerhaft ausgebauten Grundstücks in seinem Bestand und dessen ordnungsgemäße Nutzung (§ 152 Abs 1 ZVG) gewerbliche Tätigkeiten erforderlich, gehören auch sie zu den Verwalteraufgaben.[41] Der Zwangsverwalter ist demnach befugt, einen solchen grundstücksbezogenen Gewerbebetrieb fortzuführen. Beispiele: Hotelbetrieb,[42] Kurklinik,[43] Freizeitpark (mit Läden und Gaststätten),[44] Tankstelle mit Autowaschanlage,[45] Parkhaus,[46] Tennishalle,[47] uU auch Gaststätte und Altenheim. Wenn das (beschlagnahmte) Grundstück und mit beschlagnahmte Gegenstände Betriebsgrundlage sind, kann es die Verwalterpflicht auch gebieten, eine gewerbliche Tätigkeit zur Grundstücksnutzung auf- und wahrzunehmen, wenn eine andere Nutzung des Grundstücks nicht möglich ist, damit auch nicht beibehalten werden kann und eine Vermietung oder Verpachtung nicht (oder nicht sogleich) erfolgen kann. Beispiele: Betrieb eines bewachten Parkplatzes auf einem unbebauten Grundstück, Betrieb eines Campingplatzes, Übernahme von Verpflichtungen über bloße Verwaltertätigkeit hinaus bei Vermietung eines Sitzungssaales oder ähnlicher Räume für regelmäßig kurze Zeit (für einzelne Tage oder Stunden), so für Konzerte und andere Veranstaltungen. Die Abgrenzung ist nicht selten schwierig; Einzelheiten im Kommentar Rdn 9 zu § 152.

[39] BGH MDR 2005, 1306 = NJW-RR 2006, 138.
[40] Dazu BGH 163, 9 (11, 12) = MDR 2005, 1251 = NJW-RR 2005, 1175.
[41] BGH 163, 9 (13, 14) = aaO.
[42] BGH 163, 9 = aaO.
[43] BGH 163, 9 (12) = aaO; dazu auch BAG NJW 1980, 2148.
[44] Anders noch OLG Hamm OLGZ 1994, 611 = Rpfleger 1994, 515.
[45] OLG Dresden MDR 1999, 889 = KTS 1999, 411 = Rpfleger 1999, 410.
[46] BGH 163, 9 (14) = aaO.
[47] BGH 163, 9 (14) = aaO.

d) Versicherungen

Zur Pflicht des Verwalters, das Grundstück ordnungsgemäß zu versichern, s § 9   **608**
Abs 3 ZwVwV. Er hat Sorge dafür zu tragen, dass bestehender Versicherungsschutz (erforderlichenfalls) erhalten bleibt, damit auch zu prüfen, ob Fortführung vorhandener Versicherungsverträge geboten ist; sie ist dann Verwalterpflicht. Gegen den Verwalter wirken Versicherungsverträge nur, wenn er in sie eingetreten ist,[48] Erfüllung mit den verwalteten Mitteln somit zugesagt hat. Rechtsnachfolger des Schuldners ist der Verwalter nicht; er tritt in dessen Verträge somit nicht schon gesetzlich als Erwerber ein[49] (§ 95 VVG). Einen während der Zwangsverwaltung ein- oder zutage getretenen gefahrerhöhenden Umstand hat der Zwangsverwalter dem Versicherer zur Aufrechterhaltung des Schutzes anzuzeigen (§ 23 Abs 2, 3 VVG).

e) Prozessführung

Die Prozessführungsbefugnis in gesetzlicher Prozessstandschaft (im eigenen   **609**
Namen, aber im Interesse des von ihm verwalteten Teils des Schuldnervermögens[50]) kommt dem Zwangsverwalter für die Durchsetzung der beschlagnahmten Ansprüche und der zur Erfüllung seiner Aufgaben notwendigen Handlungen zu[51] (§ 152 Abs 1 ZVG). Er ist befugt, Ansprüche aus einer rechtsgrundlosen (unberechtigten) Nutzung des Grundstücks sowie aus der Verletzung von Besitzrechten[52] und gegen einen früheren Zwangsverwalter bei schuldhafter Verkürzung der Zwangsverwaltungsmasse den Anspruch auf den von diesem zu verantwortenden „Gemeinschaftsschaden" geltend zu machen (die Ersatzleistung des früheren Verwalters gehört zu den nach § 155 ZVG zu verteilenden Nutzungen).[53] Zur Prozessführung durch den Zwangsverwalter und zu den bei Zwangsverwaltungsbeschlagnahme anhängigen Rechtsstreiten des Schuldners siehe näher im Kommentar Rdn 14 zu § 152.

f) Steuerliche Pflichten

Der Zwangsverwalter ist Vermögensverwalter im Sinne von § 34 Abs 3 mit   **609a**
Abs 1 AO. Als solcher hat er die **steuerlichen Pflichten** des Eigentümers für dessen der Zwangsverwaltung unterliegenden Vermögensbereich zu erfüllen.[54] Er hat insbesondere die durch seine Verwaltertätigkeit begründete Umsatzsteuer, die aus steuerpflichtiger Vermietung oder Verpachtung entsteht (§ 4 Nr 12 UStG), als Verwaltungsausgabe (§ 155 Abs 1 ZVG) zu entrichten, ist somit auch verpflichtet, hierfür USt-Voranmeldungen und die USt-Jahreserklärung abzugeben.[55] Die bei Verwaltung des beschlagnahmten Schuldnervermögens begründeten Steuer-Erstattungsansprüche (insbes Vorsteuererstattung) gehören

---

[48] OLG Hamm NJW-RR 2001, 394.
[49] OLG Hamm aaO.
[50] BGH 109, 171 (173) = MDR 1990, 335 = NJW 1990, 454.
[51] BGH NJW 1992, 2487 = aaO (Fußn 52); OLG Düsseldorf NJW 1971, 2081.
[52] BGH MDR 1992, 1082 = NJW 1992, 2487; OLG München OLGZ 1991, 492; OLG Stuttgart Rpfleger 1992, 124.
[53] BGH 109, 171 = aaO (Fußn 50).
[54] BFH BFHE 154, 181 = BStBl 1988 II 920 = BB 1988, 2092 = Betrieb 1988, 2185 mit weit Nachw; FG München ZIP 1990, 1606; Rödder Rpfleger 1990, 6; Stöber Rdn 15.4 zu § 152.
[55] Rödder Rpfleger 1990, 6; Stöber Rdn 15.4 zu § 152; anders Klever Betrieb 1989, 599.

zur Zwangsverwaltungsmasse;[56] sie hat daher der Zwangsverwalter geltend zu machen.[57] Der Umsatzsteuerbescheid für solche Steuern bzw Erstattungsansprüche ist dem Zwangsverwalter bekannt zu machen.[58] Für persönliche Steuern des Eigentümers (Einkommensteuer, Vorsteuerberichtigung nach § 15a UStG bei Veräußerung des Grundstücks während der Zwangsverwaltung[59]) hat der Verwalter Steuerpflichten nicht zu erfüllen; eine Haftung mit dem Verwaltungsvermögen obliegt ihm für solche Steuern des Schuldners nicht.[60]

g) Weisungen des Vollstreckungsgerichts

610   An Weisungen des Vollstreckungsgerichts, die ihm nach Anhörung des Gläubigers und des Schuldners erteilt werden, ist der Zwangsverwalter gebunden (§ 153 Abs 1 ZVG). Wenn der angewiesene Verwalter aus seinem Amt ausscheidet, wird eine ihm erteilte, allein durch sein bisheriges Verhalten veranlasste Anweisung wirkungslos.[61] Anweisungen und Wünsche der Beteiligten binden ihn nicht. Jedoch soll er vor wichtigen Maßnahmen den Gläubiger und den Schuldner hören, soweit dies tunlich und mit dem Aufschub keine Gefahr verbunden ist. Kommt der Zwangsverwalter dem Vorschlag eines Beteiligten nicht nach, so kann sich dieser mit der Bitte um Erteilung einer Weisung nach § 153 Abs 1 ZVG an das Gericht wenden.

> **Beschluss:** Dem Zwangsverwalter ... wird aufgegeben, den von dem Mieter ... geschuldeten Mietzins für die Monate ... in Höhe von ... € mit Klage und Zwangsvollstreckung geltend zu machen.
> **Gründe:** Der Mieter macht geltend, dass die seit Beschlagnahme fällig gewordenen Mietbeträge mit der nun in Höhe von ... € rückständigen Summe als Mietvorauszahlungen bereits vor Anordnung der Zwangsverwaltung wirksam an den Schuldner gezahlt worden seien. Die Voraussetzungen, unter denen eine Mietvorauszahlung dem Zwangsverwalter gegenüber wirksam ist, liegen aber nicht vor, weil ... Der Zwangsverwalter hat daher die Mietbeträge für die Monate ..., auf die sich die Beschlagnahme erstreckt, geltend zu machen (§ 152 Abs 1 ZVG). Da Unklarheit über die Zahlungspflicht des Mieters ... aufgetreten ist, war dem Zwangsverwalter gemäß § 153 Abs 1 ZVG Weisung zu erteilen, den Anspruch auf dem Rechtsweg geltend zu machen.
> **Verfügung:** Beglaubigte Abschrift formlos an Zwangsverwalter sowie an Gläubiger ..., Schuldner ... und Mieter ...

610a   Das Gericht kann dem Verwalter die Leistung einer **Sicherheit** auferlegen, gegen ihn ein Zwangsgeld festsetzen und ihn entlassen (§ 153 Abs 2 ZVG). Von einer Entlassung kann trotz Pflichtverletzung im Einzelfall abzusehen sein, wenn sie den Grundsatz der Verhältnismäßigkeit verletzen würde, weil der Pflichtverletzung durch ein Zwangsgeld wirksam begegnet werden kann.[62]

---

[56] BFH BFHE 154, 181 = aaO (Fußn 54); Stöber wie Fußn 55.

[57] BGH NZI 2010, 530 (531); Rödder Rpfleger 1990, 6.

[58] BFH BFHE 154, 181 = aaO (Fußn 54); Stöber wie Fußn 55.

[59] Anders FG München JurBüro 1999, 160 = Rpfleger 1999, 190; nicht richtig; Verfügungen über das Grundstück gehören nicht zu den Verwaltungsaufgaben (§ 152 ZVG; siehe Rdn 605), auch kann (entgegen der unerforschbaren Ansicht des FG München Rpfleger 1999, 190 [1991 liSp unten]) das Grundstück nicht mit Zustimmung des Zwangsverwalters (beschlagnahmefrei) veräußert werden.

[60] Stöber Rdn 15.6 zu § 152.

[61] LG München II Rpfleger 1977, 455.

[62] LG Berlin Rpfleger 1976, 320 (dieses für den früheren Konkursverwalter).

h) Vorschussanforderung

Zur **Anforderung eines Vorschusses** (siehe § 161 Abs 3 ZVG; Vorrecht in der **611** Zwangsversteigerung § 10 Abs 1 Nr 1 ZVG) hat der Zwangsverwalter dem Vollstreckungsgericht rechtzeitig zu berichten (s § 3 Abs 1 Nr 8 ZwVwV), wenn Ausgaben erforderlich werden, die nicht aus bereits vorhandenen Mitteln oder aus sicheren Einnahmen des laufenden Miet-, Pacht- oder Wirtschaftsabschnitts erfüllt werden können. Von dieser Vorschusspflicht ist der vollstreckende Gläubiger durch Prozesskostenhilfe nicht freigestellt. Der Vorschuss kann auch von Amts wegen eingefordert werden, sobald sich zeigt, dass der Zwangsverwalter über den nötigen Geldbetrag nicht verfügt. Vorschussweise Aufwendungen des Gläubigers stellen keine erstattungsfähigen notwendigen Kosten der Zwangsvollstreckung (§ 788 ZPO) dar, wenn sie für eine erkennbar aussichtslose Zwangsverwaltung geleistet wurden.[63]

> **Beschluss über die Vorschusseinforderung:** Dem beitreibenden Gläubiger ... **611a**
> wird aufgegeben, dem Zwangsverwalter ... bis spätestens ... bei Meidung der Aufhebung des Verfahrens einen Verfahrenskostenvorschuss in Höhe von ... € zur Verfügung zu stellen.
> Gründe: Zur Beseitigung eines verkehrsgefährdenden Zustandes des Beschlagnahmegrundstücks müssen alsbald die folgenden Arbeiten in Auftrag gegeben werden ... Diese Arbeiten sind dem Zwangsverwalter bereits durch baupolizeiliche Anordnung der ... (Behörde) zur Auflage gemacht. Die für diese unaufschiebbaren Arbeiten nötigen Ausgaben können in Höhe des Teils von ... aus den Einnahmen des laufenden Wirtschaftsabschnitts nicht erfüllt werden. Da sonach die Fortsetzung des Verfahrens besondere Aufwendungen erfordert, die aus der Verwaltungsmasse nicht gedeckt werden können, war dem Gläubiger aufzugeben, den nötigen Geldbetrag vorzuschießen. Wenn der Vorschuss nicht gezahlt wird, wird die Aufhebung des Verfahrens angeordnet werden (§ 161 Abs 3 ZVG).
> Verfügung: Zustellen an Gläubiger; Mitteilung an Schuldner und Zwangsverwalter.

i) Zwangsverwalterverordnung (ZwVwV)

Die dem Zwangsverwalter bei seiner Geschäftsführung obliegenden Aufgaben **612** und Verpflichtungen sind in der **Zwangsverwalterverordnung** vom 19. 12. 2003 (BGBl I 2804) dargestellt. Diese Zwangsverwalterverordnung ist in Anhang 1 dieses Buches abgedruckt.

4. Unterabschnitt. Rechnungslegung
§ 154 ZVG
§ 15 ZwVwV

Rechnungslegungspflicht des Zwangsverwalters: **Jährlich** nach Kalenderjahren **613** (§ 14 Abs 2 ZwVwV; Abweichung mit Zustimmung des Gerichts) **sowie nach Beendigung der Verwaltung** (§ 154 S 2 ZVG).
Inhalt der Jahresabrechnung: **Geordnete,** dh verständliche (und überprüfbare) **Zusammenstellung** der (= aller) Einnahmen und Ausgaben unter **Belegvorlage** (§ 259 BGB). Einteilungsanordnung für Einnahmen und Ausgaben: § 15 ZwVwV.
Einzureichen hat der Zwangsverwalter seine Jahresabrechnung an das Vollstreckungsgericht, das sie dem Gläubiger und Schuldner (nicht aber den sonstigen

---

[63] BGH NJW 2005, 2460.

Beteiligten; für diese Akteneinsicht nur nach § 299 ZPO) vorzulegen hat (§ 154 ZVG).

614　**Schreiben an Gläubiger ... und Schuldner ...:** Der Zwangsverwalter ... hat für die Zeit von der Beschlagnahme bis 31. Dez ... Jahresabrechnung eingereicht. Die Rechnung liegt mit den Belegen zu Ihrer Einsicht bis ... auf der Geschäftsstelle des Gerichts, Zimmer Nr ... auf (ggfs: Eine Zweitschrift der Abrechnung ist beigefügt). Etwaige Einwendungen gegen die Abrechnung wollen bis zu diesem Zeitpunkt vorgebracht werden.

615　Aus der Aufgabe des **Vollstreckungsgerichts,** die Geschäftsführung des Zwangsverwalters zu beaufsichtigen (§ 153 Abs 1 ZVG) ergeben sich Recht und Verpflichtung, die **Rechnung** des Verwalters rechnerisch und sachlich **zu prüfen.** Das Vollstreckungsgericht hat daher auf Vervollständigung und ordnungsgemäße Abfassung der Abrechnung sowie Ausräumung der Unklarheiten hinzuwirken. Erforderlichenfalls ist der Verwalter nach § 153 ZVG zur ordnungsgemäßen Erstellung bzw Vervollständigung der Abrechnung anzuhalten. Gleiches gilt, wenn Gläubiger oder Schuldner begründete Einwendungen gegen die Abrechnung erheben, die im Aufsichtsweg (§ 153 ZVG) verfolgt werden können.

616　Der Zwangsverwalter hat seine Rechnungslegungsverpflichtung ordnungsgemäß erfüllt, wenn seine Rechnung nach § 15 ZwVwV (auch § 259 BGB), § 154 ZVG formell richtig vorgelegt und sachlich zutreffend ist. Streit über die Anerkennung der Richtigkeit der Abrechnung, der nicht im Aufsichtsweg durch das Vollstreckungsgericht (§ 153 ZVG) verfolgt wird, ist im Prozessweg auszutragen. Die Erfüllung der Rechnungslegungsverpflichtung wird dem Zwangsverwalter zweckmäßig bestätigt. Eine „Entlastung" durch das Gericht erfolgt nicht.

617　**Schreiben an den Zwangsverwalter:** Ihre am ... mit den Belegen eingereichte Jahresabrechnung für die Zeit von der Beschlagnahme bis ... wurde geprüft. Die Abrechnung wurde sodann dem Gläubiger ... und dem Schuldner ... mitgeteilt. Diese Beteiligten haben innerhalb der ihnen bis ... gesetzten Frist Einwendungen gegen die Abrechnung nicht erhoben. Die Belege erhalten Sie hiermit zurück.

5. Unterabschnitt. Vergütung, Auslagenersatz
§ 153 Abs 1 ZVG
§§ 17–22 ZwVwV

618　Der Zwangsverwalter hat Anspruch auf eine (angemessene) **Vergütung für seine Geschäftsführung** und auf **Erstattung** seiner **Auslagen** sowie auf Ersatz der darauf entfallenden **Umsatzsteuer** (§ 17 Abs 1 und 2 ZwVwV). Der Instituts-Verwalter (§ 150 a Abs 2 S 2 ZVG, Rdn 627) und der Schuldner als Verwalter (§ 150 b ZVG, Rdn 629) erhalten keine Vergütung. Für die dem Schuldner als Verwalter bestellte Aufsichtsperson ist eine Vergütung nicht vorgesehen, in entsprechender Anwendung des § 153 Abs 1 ZVG jedoch festsetzbar.[64]

619　Die Vergütung und den Auslagenersatz regeln nach § 152 a ZVG (Ermächtigungsgrundlage) **§§ 17–21 ZwVwV.** Als **Regelvergütung** für Zwangsverwaltung eines vermieteten oder/und verpachteten Grundstücks bestimmt § 18 Abs 1 ZwVwV

　– **10 vH** des Bruttobetrags der **tatsächlich eingezogenen Miete** und Pacht. Dazu gehören auch alle Betriebskosten (Heizung, Warmwasser, Kanalisation, Stra-

---

[64] Stöber Rdn 3.10 zu § 150 c.

ßenreinigung usw), ebenso eine Mehrwertsteuer zur Nettomiete, sowie eine Nutzungsentschädigung nach Beendigung des Mietverhältnisses (§§ 546 a, 571 BGB);

– **zusätzlich** 20 vH der Vergütung, die der Zwangsverwalter für vertraglich **geschuldete** (fällige) aber **nicht eingezogene Miete** oder Pacht erhalten hätte, wenn sie eingezogen worden wäre. Das entspricht **2 vH** der vertraglich geschuldeten Miete oder Pacht. Dieser (weitere) Vergütungsbetrag ist anzurechnen, wenn die Mietrückstände später bewirkt und in dem dann laufenden Vergütungsabschnitt als eingezogene Miete oder Pacht erfasst werden.

Wenn im Einzelfall sich ein **Missverhältnis** zwischen der Verwaltertätigkeit und dieser Regelvergütung ergibt, kann die nach dem eingezogenen Bruttobetrag der Miete und/oder Pacht zu bemessende Vergütung (§ 18 Abs 1 S 1 ZwVwV) auf bis zu 5 vH vermindert oder auf bis zu 15 vH angehoben werden. Besondere Umstände liegen vor, wenn die Arbeitsleistung, der Arbeitsaufwand und das Maß der Verantwortung insgesamt so wesentlich von den durchschnittlichen Verhältnissen abweichen, dass im konkreten Einzelfall Bemessung eines von der Regelvergütung abweichenden leistungsgerechten Entgelts notwendig ist. Kleinliche Korrekturen der Regelvergütung schließt das aus. Ob ein Missverhältnis besteht, ist für jeden Abrechnungszeitraum gesondert festzustellen. Die besonderen Umstände, die ein Abweichen von der Regelvergütung gebieten, hat der Zwangsverwalter substantiiert (genau)[65] darzulegen.

Wenn dem Zwangsverwalter eine Regelvergütung (§ 18 ZwVwV) nicht zusteht, weil der Grundbesitz nicht durch Vermieten oder Verpachten genutzt wird, bemisst sich die Vergütung nach dem **Zeitaufwand**. Einzelheiten: § 19 ZwVwV.

Mindestvergütung: § 20 ZwVwV. Mit der Mindestvergütung ist die gesamte (nicht nur die in einem [jedem] jährlichen Abrechnungszeitraum entfaltete) Tätigkeit des Zwangsverwalters abgegolten.[66]

Auslagen: § 21 ZwVwV. Die allgemeinen Geschäftsunkosten des Zwangsverwalters (wie der Büroaufwand) ist bereits mit der Verwaltervergütung abgegolten (§ 21 Abs 1 ZwVwV). Honorar eines vom Zwangsverwalter beauftragten Rechtsanwalts muss im Vergütungsfestsetzungsverfahren wie die Auslagen nach § 21 Abs 2 S 1 ZvVwV abgerechnet werden.[67] Durch die Auslagenpauschale (§ 21 Abs 2 S 2 ZwVwV) ist dieses Honorar nicht abgegolten; sie kann somit daneben beansprucht werden.[68] Ob das Honorar als angemessen zu erstatten ist, die Beauftragung des Rechtsanwalts somit gerechtfertigt war,[69] ist vom Vollstreckungsgericht im Vergütungsfestsetzungsverfahren zu überprüfen.[70]

Verwirkt ist der Anspruch auf Vergütung und Auslagenersatz, wenn der bestell- **619a** te Zwangsverwalter seine fachliche Qualifikation durch unerlaubtes Führen eines Doktor- oder Diplomtitels vorgetäuscht hat.[71] Diese Verwirkung des Anspruchs ist im Festsetzungsverfahren nach § 153 ZVG zu beachten. Sie schließt Anspruch aus ungerechtfertigter Bereicherung oder Geschäftsführung wegen der

---

[65] BGH NJW 2004, 3429.
[66] BGH NJW-RR 2006, 1348 = Rpfleger 2006, 490; LG Potsdam Rpfleger 2005, 620.
[67] BGH MDR 2009, 1247 = NJW 2009, 3104 = NZI 2009, 700 = Rpfleger 2009, 632.
[68] BGH NJW 2009, 3104 = aaO.
[69] Verneint für Forderungseinziehung, die keiner besonderen rechtlichen Fähigkeit bedarf, von LG Hannover NZI 2009, 560 (für Insolvenzverwalter).
[70] BGH NJW 2009, 3104 = aaO; Stöber Rdn 6.4 zu § 153.
[71] BGH 2009, 1414 Leits = NJW-RR 2009, 1710 = NZI 2009, 820 = Rpfleger 2010, 96.

Auslagen und Anstrengungen bei Vermietung nicht aus, der im ordentlichen Rechtsweg geltend zu machen ist.[72] Den Anspruch auf Zwangsverwaltervergütung verwirkt auch ein Rechtspfleger, der ohne die für die Nebentätigkeit als Zwangsverwalter erforderliche Genehmigung in dem Bezirk des Amtsgerichts, an dem er tätig ist, sich zum Zwangsverwalter bestellen lässt und das Amt ausübt.[73]

620 **Festsetzung** der Vergütung und Auslagen erfolgt durch das Vollstreckungsgericht (§ 153 Abs 1 ZVG) im Anschluss an die (jährliche) Rechnungslegung (§ 22 S 1 ZwVwV) nach Anhörung des Verwalters, Gläubigers und Schuldners, nicht jedoch der übrigen Beteiligten. Es kann bei Zwangsverwaltung eines vermieteten Grundstücks für einen durch die Rechnungslegung abgegrenzten Abrechnungszeitraum (§ 22 ZwVwV) die Regelvergütung, für einen anderen Abrechnungszeitraum die Zeitaufwandsvergütung zu bestimmen und auf Antrag festzusetzen sein.[74] Festsetzung sowohl der Regel- als auch der Zeitaufwandsvergütung für denselben Zeitraum ist ausgeschlossen[75] (keine kumulative Abrechnung). Einen Vorschuss auf die Vergütung und die Auslagen kann der Zwangsverwalter mit Einwilligung des Gerichts aus den Einnahmen entnehmen (§ 22 S 2 ZwVwV).

> **Beschluss:** Die Vergütung des Zwangsverwalters ... wird für das Kalenderjahr ... auf ... € festgesetzt, § 153 Abs 1 ZVG. Gründe: ...
> **Verfügung:** Beglaubigte Abschrift zustellen an Gläubiger, Schuldner und Zwangsverwalter.

621 **Anfechtung** des Festsetzungsbeschlusses: Mit sofortiger Beschwerde (§ 793 ZPO), auch wenn die Festsetzung ohne Anhörung der Beteiligten erfolgt ist.[76] Beschwerde findet jedoch nur bei einem Beschwerdewert über 200 € statt (§ 567 Abs 2 S 2 ZPO);[77] bei geringerem Betrag ist sofortige Rechtspflegererinnerung nach § 11 Abs 2 RPflG gegeben. Rechtsbeschwerde nur bei Zulassung (§ 574 Abs 1 Nr 2 ZPO). Vergütung und Auslagenersatz entnimmt der Zwangsverwalter (nach Festsetzung) als Ausgaben der Verwaltung (§ 155 Abs 1 ZVG; auch nach Aufhebung der Verwaltung wegen Antragsrücknahme[78]) der Masse. Er hat bei unzureichender Masse Anspruch gegen den (betreibenden) Gläubiger.[79] Diesen kann er unabhängig davon in Anspruch nehmen, ob ein entsprechender Vorschuss verlangt war.[80] Der Anspruch an den Gläubiger ist im Prozessweg geltend zu machen. Den Vollstreckungsschuldner kann der Zwangsverwalter nicht in Anspruch nehmen; er kann sich auch nicht an die Staatskasse halten.

622 Für **Anwaltstätigkeit,** die ein berufsfremder Zwangsverwalter berechtigterweise einem Rechtsanwalt übertragen hätte (kann bei Forderungseinzug durch einen Rechtsanwalt zu verneinen sein[81]), hat der als Zwangsverwalter bestellte

---

[72] BGH aaO.
[73] BGH MDR 2010, 105 = NJW-RR 2010, 426 = Rpfleger 2010, 151.
[74] BGH MDR 2009, 1067 Leits = NJW-RR 2009, 1168 = NZI 2009, 535 = Rpfleger 2009, 634.
[75] BGH NJW-RR 2009, 1168 = aaO.
[76] LG Traunstein MDR 1955, 239.
[77] LG Lübeck JurBüro 1956, 146 = SchlHAnz 1956, 20.
[78] LG Heilbronn Rpfleger 2009, 693.
[79] BGH NJW-RR 2004, 1527; OLG Hamm MDR 1991, 358; Stöber Rdn 7.4 zu § 153.
[80] BGH NJW-RR 2004, 1527.
[81] LG Lübeck NZI 2009, 559 (für Insolvenzverwalter).

Rechtsanwalt zusätzlich zu seiner Verwaltervergütung Anspruch auf Gebühren nach dem Rechtsanwaltsvergütungsgesetz (§ 17 Abs 3 ZwVwV). Die Erstattung dieser Anwaltsvergütung ist Auslagenersatz; Entnahme aus der Zwangsverwaltungsmasse erfordert daher gleichfalls Festsetzung durch das Vollstreckungsgericht (Rdn 619 aE). Entsprechendes gilt, wenn der Zwangsverwalter Steuerberater ist oder eine andere besondere Qualifikation besitzt (§ 17 Abs 3 S 2).

Randnummer 623 ist entfallen.   623

6. Unterabschnitt. Haftung für öffentliche Abgaben

Für **Steuern** und **Abgaben** haftet der Zwangsverwalter (mit der Masse) nur,   624
soweit sie ihn als Ausgaben der Verwaltung treffen (§ 155 Abs 1 ZVG). Er haftet daher nicht für die vom Schuldner persönlich zu leistenden Steuern wie Einkommen- und Körperschaftsteuer. Der Zwangsverwalter hat daher nicht für den Schuldner Steuerbescheide hinsichtlich solcher Abgaben entgegenzunehmen oder andere Verpflichtungen des Schuldners gegenüber einer Steuerbehörde zu erfüllen oder die Steuererklärung zu fertigen[82] (siehe bereits Rdn 609 a). Er kann daher auch nicht angewiesen werden, für den buchführungspflichtigen Schuldner an dessen Stelle Bilanzen zu erstellen oder ihm für diesen Zweck aus der Verwaltung Mittel zu überlassen. Seiner Verpflichtung, dem Schuldner die Unterlagen zur Verfügung zu stellen, die er für seine Steuererklärung benötigt, kommt der Zwangsverwalter regelmäßig bereits mit seiner jährlichen Rechnungslegung nach.

7. Unterabschnitt. Instituts-Zwangsverwalter
§ 150 a ZVG

Fristbestimmung durch Vollstreckungsgericht (zustellen): Die Zwangsverwaltung   625
des im Grundbuch von ... Blatt ... auf den Namen des ... eingetragenen Grundstücks ... ist/soll angeordnet worden/werden. Ihr Institut gehört zu den Verfahrensbeteiligten. Gemäß § 150 a Abs 1 ZVG wird hiermit Frist bis ... bestimmt, in der Ihr Institut eine in seinen Diensten stehende Person als Verwalter vorschlagen kann. Zur Bestellung einer vorgeschlagenen Person zum Verwalter ist weiter erforderlich, dass Ihr Institut die dem Verwalter nach § 154 Satz 1 Zwangsversteigerungsgesetz obliegende Haftung übernimmt und gegen den Vorgeschlagenen mit Rücksicht auf seine Person oder die Art der Verwaltung Bedenken nicht bestehen (§ 150 a Abs 2 ZVG). Der vorgeschlagene Verwalter erhält für seine Tätigkeit keine Vergütung.

Schreiben des beteiligten Instituts an das Vollstreckungsgericht: In dem Verfahren   626
zur Zwangsverwaltung des Grundstücks ... schlagen wir als Verwalter vor Herrn ... Dieser steht als Leiter unserer Hypothekenabteilung in unseren Diensten. Die ihm als Zwangsverwalter nach § 154 Satz 1 ZVG obliegende Haftung wird hiermit von unserem Institut übernommen.

Eine öffentliche Körperschaft, ein unter staatlicher Aufsicht stehendes Insti-   627
tut (Kreditinstitut, das Bankgeschäfte betreibt, Versicherungsunternehmen und Bausparkasse)[83] eine Hypothekenbank oder ein Siedlungsunternehmen im

---

[82] OLG Zweibrücken Rpfleger 1967, 418.
[83] Siehe Stöber Rdn 2.2 (lit c) zu § 150 a.

Sinne des Reichssiedlungsgesetzes, kann als Beteiligter (§ 9 ZVG, Rdn 52–58) innerhalb einer ihm vom Vollstreckungsgericht zu bestimmenden Frist eine in seinen Diensten stehende (= fest angestellte)[84] Person als **Verwalter vorschlagen** (§ 150 a Abs 1 ZVG). Den Vorgeschlagenen hat das Gericht zum Verwalter zu bestellen (sogen Institutsverwalter), wenn der Beteiligte die dem Verwalter nach § 154 S 1 ZVG obliegende Haftung im Einzelfall durch Erklärung gegenüber dem Vollstreckungsgericht übernimmt. Übernahme nur der Mithaft genügt nicht. Gegen den Vorgeschlagenen dürfen mit Rücksicht auf seine Person oder die Art der Verwaltung keine Bedenken bestehen (§ 150 a Abs 2 ZVG). Grund: Verwaltungskosten sollen vermindert (der Vorgeschlagene erhält keine Vergütung, § 150 a Abs 2 S 2 ZVG und Rdn 618), der Beteiligte soll zudem an der wirtschaftlichen Gestaltung des Verfahrens unmittelbar interessiert werden.[85]

Der **Verwaltervorschlag** kann im Anordnungs- oder Beitrittsantrag vorgetragen (zweckmäßig) oder später gesondert eingereicht werden, bei Fristbestimmung (§ 150 a Abs 1 ZVG) aber nur in der Frist eingebracht werden; mit Fristablauf erlischt das Vorschlagsrecht.[86] Das Vollstreckungsgericht kann nach seinem Ermessen Frist nach § 150 a Abs 1 ZVG setzen. Zwingend ist die Bestimmung einer Frist bei Verfahrensbeginn nicht, so dass das Gericht auch nicht bei jeder Anordnung einer Zwangsverwaltung oder Beitrittszulassung von Amts wegen zu prüfen hat, ob Vorschlagsberechtigte vorhanden sind.[87] Wenn der Anordnungs- oder Beitrittsantrag keinen Vorschlag enthält, kann das Gericht daher den Verwalter selbst auswählen (Rdn 603). Geht später noch ein (geeigneter) Vorschlag ein (nicht mehr aber nach Ablauf einer bestimmten Frist), dann ist der vom Gericht zunächst bestellte Verwalter abzulösen. Vorschlagsberechtigte sind nicht nur der Anordnungs- und Beitrittsgläubiger, sondern alle Beteiligte (§ 9 ZVG), welche die Voraussetzungen erfüllen. Wenn Vorschläge von mehreren dazu berechtigten Beteiligten eingehen, wählt das Vollstreckungsgericht unter den Vorgeschlagenen den Verwalter nach pflichtgemäßem Ermessen aus; der Vorschlag des betreibenden Gläubigers oder eines besserrangig Berechtigten hat keinen Vorrang.

Der Institutsverwalter unterliegt der Aufsicht, Kontrolle und den Weisungen des Vollstreckungsgerichts wie andere Verwalter (§ 153 ZVG). Er kann aus wichtigem Grund entlassen werden.

Eine **Vergütung** erhält der Institutsverwalter nicht (§ 150 a Abs 2 S 2 ZVG). Bare Auslagen werden ihm erstattet.

8. Unterabschnitt. Schuldner als Zwangsverwalter, Aufsichtsperson
§§ 150 b–d ZVG

628   **Beschluss:** ... Als Verwalter wird gemäß § 150 b ZVG der Schuldner ... bestellt. Weiter wird bestellt als Aufsichtsperson gemäß § 150 c ZVG Herr ...

629   Der **Schuldner** selbst ist zum **Zwangsverwalter** zu bestellen bei Zwangsverwaltung eines landwirtschaftlichen, forstwirtschaftlichen oder gärtnerischen Grundstücks (§ 150 b Abs 1 ZVG). Grund: Erfahrung und Arbeitskraft des Schuldners

---

[84] BGH MDR 2005, 1011 = NJW-RR 2005, 1299 = Rpfleger 2005, 457.
[85] BGH NJW-RR 2005, 1299 = aaO (Fußn 84).
[86] BGH aaO (Fußn 84).
[87] Stöber Rdn 2.3 zu § 150 a, streitig.

sollen der zur Grundstücksnutzung erforderlichen Wirtschaftsführung zugute kommen. Das Verfahrensziel wird durch gleichzeitige Bestellung einer Aufsichtsperson (§ 150c Abs 1 ZVG) gewährleistet. Die Bestellung der Aufsichtsperson ist zwingend; sie liegt nicht in dem Ermessen des Vollstreckungsgerichts. Aufsichtsperson kann auch eine Behörde oder juristische Person sein, so die durch den Bürgermeister handelnde Gemeinde, ein Siedlungsunternehmen (§ 150c Abs 1 S 2 ZVG). Wenn das Grundstück verpachtet ist, sind die Voraussetzungen des § 150b ZVG für die Bestellung des Schuldners zum Verwalter nicht gegeben; sonst ist von der Bestellung des Schuldners zum Verwalter nur abzusehen, wenn er dazu nicht bereit ist oder wenn nach Lage der Verhältnisse eine ordnungsmäßige Führung der Verwaltung durch ihn nicht zu erwarten ist (§ 150b Abs 1 S 2 ZVG). Zu hören sind vor der Bestellung des Schuldners zum Verwalter der betreibende Gläubiger und etwaige Beteiligte, denen das Recht zum Vorschlag eines Institutsverwalters zukommt (§ 150a ZVG, Rdn 627) sowie die untere Verwaltungsbehörde (§ 150b Abs 2 ZVG); auch der Schuldner ist zu hören, da er nur bestellt werden soll, wenn er zur Führung der Verwaltung bereit ist (§ 150b Abs 1 S 2 ZVG). Das Gericht kann noch weitere Erkundungen einziehen. Bei Dringlichkeit kann zunächst ein Dritter als vorläufiger Verwalter bestellt oder auch der Schuldner selbst vorläufig als Verwalter bestimmt werden. War der Schuldner zunächst nicht bereit oder geeignet, so kann er noch nachträglich in Ablösung des Dritten bestellt werden. Der Schuldner kann aus wichtigem Grund als Verwalter auch wieder entlassen werden (§ 153 Abs 2 ZVG).

Für die **Aufsichtsperson** gelten die Vorschriften des § 153 Abs 2 ZVG und des § 154 S 1 ZVG entsprechend (§ 150c Abs 2 ZVG). Gerichtliche Anordnungen, die dem Verwalter zugestellt werden, sind auch der Aufsichtsperson zuzustellen (§ 150c Abs 2 ZVG). Sie ist vor Erteilung von Weisungen nach § 153 ZVG zu hören (§ 150c Abs 2 S 3 ZVG).

Beschränktes Verfügungsrecht des Schuldners als Zwangsverwalter: § 150d ZVG. Eine Vergütung erhält der Schuldner als Verwalter nicht (§ 150e S 1 ZVG). Nach Bestimmung des Vollstreckungsgerichts darf er Erträgnisse des Grundstücks oder deren Erlös zur Befriedigung seiner und seiner Familie notwendigen Bedürfnisse verwenden (§ 150e S 2); Einzelheiten im Kommentar Rdn 2 zu § 150e.

Für die Aufsichtsperson ist vom Gesetz eine Vergütung nicht vorgesehen. § 153 S 1 ZVG über die Vergütung für den Zwangsverwalter ist aber entsprechend anwendbar (Rdn 618).

4. Abschnitt. Verwendung der Einnahmen

§ 155 ZVG

Schrifttum: Drischler, Zweifelsfragen zur Rangordnung in der Zwangsverwaltung, Rpfleger 1957, 212; Röll, Die gemeinschaftlichen Kosten und Lasten als Problem des Wohnungseigentums, NJW 1976, 1473; Steiger, Das „Hausgeld" in der Zwangsverwaltung des Wohnungseigentums, Rpfleger 1985, 474; Stöber, Pfändung eines Anspruchs auf die vom Zwangsverwalter zu verteilenden Nutzungen eines Grundstücks, Rpfleger 1962, 397.

a) Verteilung der Nutzungen des Grundstücks

Die Zwangsverwaltung soll – im Gegensatz zur Zwangsversteigerung – dem Schuldner den Grundbesitz erhalten (Rdn 10). An die Beteiligten können des-   630

halb nur die durch Nutzung des Grundstücks erwirtschafteten Erträgnisse verteilt werden. Das hat zur Folge, dass die dem betreibenden Gläubiger vorgehenden Berechtigten keine Zahlungen auf Kapitalforderungen, sondern nur ihre laufenden Nebenansprüche erhalten können. Der betreibende Gläubiger kann mit seiner Kapitalforderung erst dann zum Zuge kommen, wenn sämtliche wiederkehrende Ansprüche der vierten Rangklasse (Rdn 634) – auch die seinem Recht nachstehenden – berichtigt sind. Mit seiner Kapitalforderung wird der betreibende (auch beitretende) Gläubiger daher immer erst in der fünften Rangklasse berücksichtigt. Ansprüche der Klassen 6–8 des § 10 Abs 1 ZVG (Rdn 82–85) bleiben überhaupt außer Betracht, weil nach Gläubigerbefriedigung das Verfahren aufzuheben ist (§ 161 Abs 2 ZVG). Die **Verteilung** ist daher in § 155 ZVG **grundsätzlich wie folgt geregelt:**
Aus den Nutzungen des Grundstücks (Bruttoeinnahmen) sind vorweg zu bestreiten (§ 155 Abs 1 ZVG):
– Ausgaben der Verwaltung, das sind die Verwaltungs- und Bewirtschaftungskosten (einschließlich der Verwaltervergütung); Einzelheiten im Kommentar Rdn 4 zu § 155;
– Gerichtskosten des Verfahrens, ausgenommen Gebühr und Auslagen für Anordnung des Verfahrens oder Beitritt eines Gläubigers. Ein Vorschuss des Gläubigers auf die Kosten des Verfahrens wird ihm aus den Einkünften vorweg erstattet.

b) Hausgeld (Wohngeld) als Verwaltungsausgabe

630a **aa)** Auf **Hausgeld** (Wohngeld) der (teilrechtsfähigen) Gemeinschaft der Wohnungseigentümer (Rdn 71 und 399) wird in Zwangsverwaltungsverfahren, die am 1. Juli 2007 anhängig waren, weiterhin das Zwangsversteigerungsgesetz in seiner bis dahin geltenden Fassung angewendet[1] (§ 62 Abs 1 WEG). Bei der Zwangsverwaltung von Wohnungseigentum (Teileigentum) gehört das auf den Schuldner für den Lasten- und Kostenbeitrag sowie zur Instandhaltungsrückstellung entfallende fortlaufende – nicht rückständige – Hausgeld (Wohngeld, § 28 Abs 1 WEG), das während der Beschlagnahme fällig wird, damit (weiterhin) zu den Ausgaben der Zwangsverwaltung, die vom Zwangsverwalter aus den Nutzungen des Grundstücks vorweg zu bestreiten sind (§ 155 Abs 1 ZVG).[2] Ausgenommen sind im Wohngeld enthaltene Beträge für Verzinsung und Tilgung von Gesamt- und Einzelbelastungen; diese Aufwendungen darf der Zwangsverwalter nur im Rahmen des Verteilungsplans wegfertigen (Kapitalbeträge nach § 158 ZVG).
Für Nachforderungen aus Abrechnungen für frühere (vor der Beschlagnahme liegende) Wirtschaftsjahre, somit auch für zurückliegende Zeit des laufenden Jahres, in dem die Beschlagnahme erfolgt ist, werden die Wohnungseigentümer erst durch Beschluss der Eigentümergemeinschaft verpflichtet.[3] Der Verwalter „haftet" daher für Nachforderungen aus früheren Jahren und ebenso

---

[1] BGH NJW 2009, 598 = Rpfleger 2009, 163.
[2] BGH NJW 2009, 598 = aaO; BGH NJW 2009, 1674 (1676) = Rpfleger 2009, 331 (334); BGH 182, 361 = NJW 2010, 1003 (1004) mit Anm Hasselblatt = Rpfleger 2010, 35; BayObLG 1999, 99 = NJW-RR 1999, 1458 = Rpfleger 1999, 408; BayObLG 1991, 93 = NJW-RR 1991, 723 = Rpfleger 1991, 332; OLG Hamburg OLGZ 1993, 431; OLG Stuttgart JurBüro 1976, 1396 = OLGZ 1977, 126.
[3] BGH 104, 197 = DNotZ 1989, 148 mit Anm Weitnauer Seite 156 = MDR 1988, 765 = NJW 1988,1910.

für die zurückliegende Zeit des laufenden Jahres, sofern nur der Beschluss der Eigentümergemeinschaft, durch den die Nachforderung begründet wurde (§ 28 Abs 5 WEG) während der Beschlagnahme gefasst worden ist.[4] Ebenso gehört die anteilige Verpflichtung zur Zahlung einer während der Beschlagnahme beschlossenen Sonderumlage (Ausfallumlage) zu den vom Zwangsverwalter zu erfüllenden Ausgaben der Verwaltung.[5] Wenn die Zwangsverwaltung mehrerer Eigentumswohnungen des gleichen Schuldners angeordnet ist, können Einkünfte einzelner – vermieteter – Eigentumswohnungen nicht dazu verwendet werden, das auf andere – leer stehende Raumeinheiten entfallende Hausgeld an den Verwalter des Wohnungseigentums zu bezahlen;[6] zu ihrer Zahlung kann der Zwangsverwalter auch nicht nach § 153 Abs 1 ZVG angewiesen werden.[7]

bb) Für die vom **1. Juli 2007 an anhängig gewordenen Verfahren** wird angenommen,[8] dass die Änderung von § 10 Abs 1 Nr 2 und § 156 Abs 1 ZVG nicht ausschließt, dass fortlaufende (während der Beschlagnahme fällig werdende) Haus-/Wohngeldforderungen weiterhin als Kosten der Verwaltung im Sinne von § 155 Abs 1 ZVG zu behandeln, aus den Nutzungen des Grundstücks somit vorweg zu bestreiten sind. Die Verpflichtung den anderen Wohnungseigentümern gegenüber, dieses Hausgeld zu zahlen, hat der Zwangsverwalter damit zu erfüllen.
Gleichwohl gewähren die fälligen Ansprüche auf Zahlung der Beiträge zu den Lasten und Kosten des gemeinschaftlichen Eigentums (Sondereigentums) das Vorrecht der Rangklasse 2 des § 10 Abs 1 ZVG. Zahlung durch den Zwangsverwalter, soweit Beträge nicht bereits als Ausgaben der Verwaltung weggefertigt sind: § 156 Abs 1 S 2 ZVG.

cc) Wenn der Zwangsverwalter aus den Erträgnissen des Grundstücks Haus-/Wohngeldverbindlichkeiten nicht oder nicht vollständig erfüllen kann, hat der (vollstreckende) Gläubiger die notwendigen Beträge bereitzustellen.[9] **Vorschusszahlung** kann nach § 161 Abs 3 ZVG (Rdn 611) daher auch angeordnet werden, wenn dem Zwangsverwalter Mittel zur Bezahlung der zu den Ausgaben der Verwaltung gehörenden Haus-/Wohngeldes nicht zur Verfügung stehen.

c) Verteilung der Überschüsse

Die Überschüsse werden verteilt (§ 155 Abs 2 ZVG) auf die Ansprüche, die nach § 10 Abs 1 ZVG ein Recht auf Befriedigung aus dem Grundstück gewähren:

Rangklasse 1: Ersatz der **Ausgaben des Zwangsverwaltungsgläubigers** zur Erhaltung oder nötigen Verbesserung des Grundstücks (siehe § 161 Abs 3 ZVG, dazu Rdn 70) samt Zinsanspruch im gleichen Rang (§ 155 Abs 3 ZVG). An dieser Rangstelle kommen außerdem Ansprüche aus der Lieferung der vom Zwangsverwalter oder von dem zum Verwalter bestellten Schuldner mit Zustimmung der Aufsichtsperson angeschafften Düngemittel, Saatgut- oder Fut-

630b

630c

631

631a

---

[4] BayObLG NJW-RR 1991, 723; OLG Düsseldorf NJW-RR 1991, 724 = Rpfleger 1991, 181; OLG Karlsruhe Justiz 1990, 434 = WuM 1990, 168 (169).
[5] OLG Düsseldorf NJW-RR 1990, 724 = OLGZ 1991, 44.
[6] BGH NJW 2009, 598 = aaO (Fußn 1).
[7] OLG Stuttgart JurBüro 1976, 1396 = OLGZ 1977, 126.
[8] BGH MDR 2010, 107 = NJW 2010, 1003 mit zust Anm Hasselblatt = Rpfleger 2010, 35 mit zahlr Nachw zu den unterschiedlichen Meinungen = Rpfleger 2010 Leits mit Anm Traub.
[9] BGH NJW 2010, 1003 = aaO (für Verfahren vom 1. 7. 2007 an).

termittel zum Zuge, ferner Kredite, die zur Bezahlung dieser Lieferungen in der für derartige Geschäfte üblichen Weise aufgenommen sind (§ 155 Abs 4 ZVG);[10]

Anspruch in **Rangklasse 1 a** (Feststellungskosten der Insolvenzmasse, siehe Rdn 70 a) besteht in der Zwangsverwaltung nicht.

632 **Rangklasse 2: Hausgeldforderungen** (Wohngeld) s Rdn 630 b; zu deren Zahlung durch den Zwangsverwalter Rdn 637 a.

633 **Rangklasse 3: Öffentliche Grundstückslasten** (siehe Rdn 73–75), jedoch nur mit den laufenden wiederkehrenden Leistungen (§ 155 Abs 2 ZVG), also zB nicht Erschließungskosten;

634 **Rangklasse 4: Rechte am Grundstück,** soweit sie nicht dem Gläubiger gegenüber unwirksam sind (siehe Rdn 77, 82), jedoch nur mit den **laufenden wiederkehrenden Leistungen** einschließlich der Rentenleistungen, sowie mit denjenigen Beträgen, die zur allmählichen Tilgung einer Schuld als Zuschlag zu den Zinsen zu entrichten sind. Abzahlungsbeträge auf eine unverzinsliche Schuld finden wie laufende wiederkehrende Leistungen Berücksichtigung, soweit sie fünf vH des ursprünglichen Schuldbetrags nicht übersteigen (§ 155 Abs 2 ZVG). Anteilige – ausscheidbare – Rechtsverfolgungskosten werden mit den wiederkehrenden Leistungen an dieser Rangstelle befriedigt (§ 10 Abs 2 ZVG).

Dem Eigentümer gebühren als Gläubiger eines Rechts in der Zwangsverwaltung Zinsen zum Ausgleich für den Entzug der Nutzungen ab Wirksamwerden (Rdn 591) der Beschlagnahme (§ 1197 Abs 2 BGB). Naturalleistungen, zB aus Altenteil, sind als solche zu leisten, nicht jedoch in Geld umzurechnen. Sie sind an ihrer Rangstelle nach Maßgabe des Teilungsplans zu erbringen, also erst, wenn nicht der Erlös aus ihnen für vorgehende Ansprüche benötigt wird.[11] Die im Höchstbetrag enthaltenen Zinsen einer Höchstbetragshypothek (siehe § 1190 Abs 2 BGB) sind Kapitalteile, kommen mithin bei der Zwangsverwaltung in Rangklasse 4 des § 10 ZVG nicht zum Zuge. Zinsen aus einer durch Sicherungsvollstreckung erlangten Zwangshypothek (§ 720 a ZPO) können nur zur Hinterlegung berücksichtigt werden (siehe Rdn 436 a). Grundpfandrechte in ausländischer Währung: § 158 a ZVG.

635 **Rangklasse 5:** Ansprüche des **vollstreckenden Gläubigers** (Rdn 80). Die Ansprüche mehrerer betreibender Gläubiger haben Rang nach der Zeitfolge der Beschlagnahme (§ 11 Abs 2 ZVG), die verschiedenen Ansprüche eines Gläubigers mit gleichem Beschlagnahmerang haben untereinander die Rangfolge Kosten, wiederkehrende Leistungen (Nebenleistungen, soweit nicht in der Zwangsverwaltung vorrangig), Hauptsache (§ 12 ZVG). Die Herkunft der Ansprüche aus Klasse 3 oder 4 des § 10 Abs 1 ZVG, die dort nach § 155 Abs 2 ZVG (Rdn 633, 634) in der Zwangsverwaltung keine Berücksichtigung finden, begründet für einen vollstreckenden Gläubiger in Rangklasse 5 keinen Vorrang gegenüber einem vollstreckenden nachrangigen dinglichen oder persönlichen Anspruch mit früherem Beschlagnahmerecht.[12]

---

[10] Dazu auch Drischler Rpfleger 1957, 212.
[11] Stöber Rdn 6.9 zu § 155 mit Nachweisen.
[12] So Stöber Rdn 7.2 zu § 155 gegen andere Ansicht in Rechtsprechung und Schrifttum, wie zB RG 89, 147; Drischler Rpfleger 1957, 212 (214); Steiner/Hagemann Rdn 89 zu § 155; Korintenberg/Wenz Anm 4 zu § 155; Mohrbutter/Drischler Anm 2 b zu Muster 160; Reinhard/Müller Anm VI 4 zu § 155; zustimmend nun Dassler/Engels Rdn 74 zu § 155; Morvilius ImmVollstr Rdn 849 (S 492).

Der Mieter (Pächter), der einen Baukostenzuschuss geleistet hat, nimmt an der   636
Verteilung des Überschusses aus der Zwangsverwaltung nicht teil.[13]

5. Abschnitt. Verteilung der Einnahmen
§§ 156, 157, 159 ZVG
§ 11 ZwVwV

1. Unterabschnitt. Grundsätze der Erlösverteilung

Die Ausgaben der Verwaltung und die Kosten des Verfahrens (§ 155 Abs 1   637
ZVG, Rdn 630) sowie die laufenden Beträge (nicht auch Rückstände) der auf
dem Grundstück ruhenden öffentlichen Lasten berichtigt der Verwalter selbstständig (§ 156 Abs 1 ZVG; § 11 Abs 1 ZwVwV). Laufende öffentliche Lasten
dürfen jedoch nur bezahlt werden, wenn die Erträgnisse vorweg die Zwangs-
verwaltungsausgaben und die Kosten sowie auch Ansprüche in Klassen 1 und 2
des § 10 ZVG decken.

Hausgeld (Wohngeld) der Gemeinschaft der Wohnungseigentümer (dabei Vor-   637a
schüsse und Rückstellungen sowie Rückgriffsansprüche einzelner Wohnungseigentümer) s Rdn 630a–630c. Die Vorwegzahlung der laufenden Beträge ist in
der auf Dauer angelegten Zwangsverwaltung durch eine Höchstgrenze (wie
nach § 10 Abs 1 Nr 2 S 3 ZVG) nicht begrenzt (§ 156 Abs 1 S 2 ZVG). Rück-
ständiges Hausgeld kann nur Zahlung erlangen, wenn es vollstreckt wird
(§ 155 Abs 2 ZVG) und dann erst, wenn die laufenden Ansprüche in Rangklasse 2–4 weggefertigt sind. Zahlung auf Rückstände erfordert Aufstellung des
Teilungsplans (§ 156 Abs 2 ZVG).

Der verbleibende Überschuss wird nach einem vom Vollstreckungsgericht auf-   637b
zustellenden **Teilungsplan** verteilt (§ 156 Abs 2 ZVG). Ist zu erwarten, dass
Zahlungen auf Ansprüche geleistet werden können, die Feststellung des Teilungsplans erfordern, so hat der Verwalter dies dem Vollstreckungsgericht anzuzeigen (§ 11 Abs 2 ZwVwV). Das Vollstreckungsgericht hat, sobald zu verteilende Überschüsse von Amts wegen erkennbar oder vom Verwalter angezeigt
werden, nach Eingang der Unterlagen des Grundbuchamts (§ 19 Abs 2 ZVG)
Verteilungstermin zu bestimmen (§ 156 Abs 2 ZVG). Die unverzügliche Aufstellung eines Teilungsplans ist im Zwangsverwaltungsverfahren umso notwendiger, als sie dem Zwangsverwalter erst die Möglichkeit zur ordnungsgemäßen
Verwendung der eingehenden Zahlungen gibt und das Gericht erst in die Lage
versetzt, den Zwangsverwalter dahin zu überwachen, ob Zahlungen an die
Gläubiger regelmäßig ausgeführt werden und sich nicht unnötig längere Zeit
größere Geldsummen in seiner Verwahrung befinden.

2. Unterabschnitt. Bestimmung des Verteilungstermins
§ 156 Abs 2 ZVG

Muster für Terminsbestimmung: In dem Verfahren zur Zwangsverwaltung des in   638
... gelegenen, im Grundbuch des Amtsgerichts ... für Gemarkung ... Blatt ... auf
den Namen des Schuldners ... eingetragenen Grundstücks ... (mit vollständigem
Beschrieb) wird gemäß § 156 Abs 2 ZVG

---

[13] BGH MDR 1971, 287 = Rpfleger 1971, 102.

Verteilungstermin

zur Aufstellung des Teilungsplans für die ganze Dauer des Verfahrens bestimmt auf
…, … Uhr, vor dem Amtsgericht …, Justizgebäude … straße Nr …:, Zimmer Nr …
Die Beteiligten werden gebeten, alsbald eine Berechnung ihrer Ansprüche mit Angabe des beanspruchten Rangs schriftlich einzureichen. Es wolle berücksichtigt
werden, dass in der Zwangsverwaltung in der zweiten, dritten und vierten Rangklasse des § 10 Abs 1 ZVG nur Ansprüche auf laufende wiederkehrende Leistungen, einschließlich Rentenleistungen, sowie diejenigen Beträge berücksichtigt werden, die zur allmählichen Tilgung einer Schuld als Zuschlag zu den Zinsen zu
entrichten sind. Abzahlungsbeträge auf eine unverzinsliche Schuld werden wie laufende wiederkehrende Leistungen berücksichtigt, soweit sie fünf vom Hundert des
ursprünglichen Schuldbetrages nicht übersteigen (§ 156 Abs 2 ZVG).

639 **Zustellung der Terminbestimmung** erfolgt an Zwangsverwalter, Schuldner und
die Beteiligten (§ 9 ZVG), auch soweit sie angemeldete Rechte noch nicht
glaubhaft gemacht haben (§ 105 Abs 2 S 2, § 156 Abs 2 S 4 ZVG). Mieter und
Pächter, die einen Baukostenzuschuss geleistet haben, gehören hier nicht zu den
Beteiligten (siehe Rdn 636). Eine Ladungsfrist und öffentliche Bekanntmachung
sowie Aushang an der Gerichtstafel sind nicht vorgesehen.

3. Unterabschnitt. Anmeldungen

640   **Anmeldung zum Verteilungstermin:** Zu dem Zwangsverwaltungsverfahren … melde ich die dinglichen Ansprüche aus der für den Gläubiger … eingetragenen Hypothek Abt III Nr 8 zu 30 000 € wie folgt an:
0,4 Gebühr aus … € Wert
für die Vertretung des Gläubigers
im Verfahren über den Antrag
RVG-VergVerz Nr 3311 Ziff 3 …   …… €
0,4 Gebühr aus … € Wert
für die Vertretung des Antragstellers
im weiteren Verfahren
RVG-VergVerz Nr 3311 Ziff 4   …… €
Entgelt für Post- und Telekommunikationsdienst-
leistungen, pauschal, RVG-VergVerz Nr 7002   …… €
Umsatzsteuer aus … €, RVG-VergVerz Nr 7008   …… €
Reisekosten für die Wahrnehmung des Verteilungstermins
die sich wie folgt zusammensetzen…   …… €
laufende wiederkehrende Leistungen, nämlich
4 vH Zinsen aus 30 000 €, das sind jährlich   1200 €
zahlbar kalendervierteljährlich nachträglich mit
dem Vierteljahresbetrag von   300 €
in diesem Zwangsverwaltungsverfahren erstmals zahlbar
am 1. 4. 2010 für die Zeit vom 1. 1.–31. 3. 2010.

641 Zum Wesen der Anmeldung Rdn 231a. **Anzumelden sind** im Zwangsverwaltungsverfahren
– für alle zur Zeit der Eintragung des Vollstreckungsvermerks bereits eingetragenen Rechte die aus dem Grundbuch nicht ersichtlichen Ansprüche (siehe
Rdn 232)
– alle zurzeit der Eintragung des Vollstreckungsvermerks im Grundbuch nicht
eingetragenen Rechte und Ansprüche (wiederkehrende Leistungen und andere laufende Nebenleistungen, Kosten) (siehe dazu Rdn 232).

Die Anmeldung hat sich nur auf die Ansprüche zu erstrecken, die nach § 155 ZVG ein Recht auf Befriedigung aus den Zwangsverwaltungsüberschüssen gewähren (dazu Rdn 630–635). Der Anmeldung anderer Ansprüche, insbesondere auch nicht zu berücksichtigender Hauptsacheansprüche aus den dinglichen Rechten am Grundstück (sonst Rangklasse 4 des § 10 Abs 1 ZVG, dazu Rdn 77), kommt keine Bedeutung zu. Eine Anmeldung, die einen solchen Anspruch verlangt, der im Zwangsverwaltungsverfahren überhaupt nicht geltend gemacht werden kann, gilt auch nicht als Widerspruch gegen den Teilungsplan (siehe Rdn 480).

Rechtsverfolgungskosten (§ 10 Abs 2 ZVG) finden bei Anmeldung nur Berücksichtigung, soweit sie zu den in der Zwangsverwaltung zu berücksichtigenden Ansprüchen (zB zu wiederkehrenden Leistungen) gehören. Der Anmeldung anderer Rechtsverfolgungskosten (zB Kosten aus nicht zum Zuge kommenden Kapitalbeträgen) kommt keine Bedeutung zu.

Eine Anmeldung in der Zwangsversteigerung genügt nicht für die gleichzeitig anhängige Zwangsverwaltung. Umgekehrt wirkt eine Anmeldung in der Zwangsverwaltung nicht für ein Zwangsversteigerungsverfahren (Rdn 231 a). Ansprüche des Beschlagnahmegläubigers gelten als angemeldet, soweit sie sich aus dem Anordnungs-(Beitritts-)Antrag ergeben (§ 156 Abs 2 S 4, § 114 Abs 1 S 2 ZVG). Eine (ausdrücklich) zurückgenommene oder durch eine spätere Erklärung eingeschränkte Anmeldung wird der Berechnung der Gläubigeransprüche nicht mehr zugrunde gelegt (siehe Rdn 237 a). § 37 Nr 4 und § 110 ZVG finden in der Zwangsverwaltung keine Anwendung.

Nur zum Erwerb der Stellung eines Beteiligten (§ 9 ZVG) und zur Sicherstellung der Erlösauszahlung an den richtigen Beteiligten, nicht aber für die Berücksichtigung des Rechts selbst im Teilungsplan sind anzumelden (siehe Rdn 233)

– ein Wechsel in der Person des Berechtigten bei einem vor dem Vollstreckungsvermerk eingetragenen Recht (Abtretung, auch Pfändung und Verpfändung, Übergang kraft Gesetzes),

– das Entstehen einer Eigentümergrundschuld.

4. Unterabschnitt. Der Teilungsplan
§ 156 Abs 2, § 113 Abs 1, § 114 ZVG

Der **Teilungsplan** wird in dem Termin nach Anhörung der anwesenden Beteilig- **642** ten vom Gericht (§ 113 Abs 1, § 156 Abs 2 ZVG) **für die ganze Dauer des Zwangsverwaltungsverfahrens** aufgestellt (§ 156 Abs 2 S 2 ZVG). Gegenstand der Verteilung durch den Plan sind also nicht bloß die bereits vorhandenen, sondern auch die bis zur vollen Befriedigung des vollstreckenden Gläubigers zu erwartenden zukünftigen Erträgnisse. Deshalb wird im Teilungsplan im Gegensatz zur Zwangsversteigerung (§ 107 Abs 1 ZVG, der keine Anwendung findet) keine Teilungsmasse, sondern ungeachtet der künftigen Aussichten auf „Zuteilung" (Zahlung durch den Zwangsverwalter) nur die Schuldenmasse festgestellt. Berücksichtigt werden bei Planaufstellung die zurzeit der Eintragung des Zwangsverwaltungsvermerks aus dem Grundbuch ersichtlichen Rechte nach dem Inhalte des Grundbuchs (§ 156 Abs 2, § 114 ZVG, siehe bereits Rdn 421), andere Rechte bei Anmeldung spätestens im Verteilungstermin (§ 156 Abs 2, § 114 ZVG, siehe dazu Rdn 421, 641), je soweit sie in der Zwangsverwaltung einen Anspruch auf Befriedigung aus den Erträgnissen des Grundstücks begründen (Rdn 630–636). Maßgebend ist die in §§ 10–12 ZVG bestimmte Rangordnung (Rdn 69, 70, 71–81, 86–91). Naturalleistungen werden im Plan nicht in Geld, sondern in Natur bezeichnet.

Laufende Beträge **öffentlicher Lasten** (§ 10 Abs 1 Nr 3 ZVG) sind nicht in den Teilungsplan aufzunehmen.[1] Vielfach wird zwar auch ihre Aufnahme in den Plan für erforderlich erachtet;[2] nach älterer Ansicht[3] genügt, wenn der Betrag einer Last nicht festgestellt ist, ihre Bezeichnung mit der Angabe, von welchem Zeitpunkt ab sie zu entrichten ist. Aus § 156 ZVG ergibt sich jedoch, dass öffentliche Lasten im Teilungsplan nach Grund und Betrag nicht zu bezeichnen sind. Ihre Berücksichtigung ist „dem Verwalter ohne weiteres Verfahren" aufgetragen (§ 156 Abs 1 ZVG). Der Plan wird für die Zahlung auf andere Ansprüche aufgestellt (§ 156 Abs 2 ZVG). Er hat mithin nur diese zu benennen, nicht auch öffentliche Lasten, für deren Berücksichtigung es keines Planes bedarf. Solche sind bei Planaufstellung oft schon wiederholt bezahlt. Dann besteht für Berücksichtigung getilgter Beträge keine Grundlage. Der Berechtigte ist weder verpflichtet noch gehalten, bereits getilgte Beträge zu nachträglicher Berücksichtigung und Überprüfung der Verwalterzahlungen anzumelden. Ohne Anmeldung können jedoch weder getilgte Beträge noch künftig fällig werdende wiederkehrende Leistungen in den Plan aufgenommen werden. Damit entfällt aber für die nach Planaufstellung fällig werdenden und ebenso für die noch nicht bezahlten, bereits fälligen wiederkehrenden Leistungen die Verpflichtung des Zwangsverwalters nicht, sie nach § 156 Abs 1 ZVG ohne weiteres Verfahren zu berücksichtigen. Demzufolge sehen Mohrbutter/Drischler[4] von der Berücksichtigung nicht angemeldeter Grundsteuer mit dem Hinweis ab, dass sie der Verwalter (wie sonstige öffentliche Lasten) ohne weiteres Verfahren zu berücksichtigen hat. In Übereinstimmung damit wird selbst für die geforderte Aufnahme öffentlicher Lasten in den Teilungsplan die Ansicht vertreten, dass der Verwalter Änderungen der Beträge im Laufe des Verfahrens wieder von sich aus nach § 156 Abs 1 ZVG ohne Planänderung zu berücksichtigen hat.[5] Wenn also die im Plan berücksichtigten öffentlichen Lasten nicht Grundlage für die Planausführung bleiben und zum Plan nicht angemeldete Leistungen vom Verwalter gleichwohl zu berücksichtigen sind, kann in der Zwangsverwaltung der Teilungsplan nur für Zahlungen auf andere Ansprüche Bedeutung erlangen. Das entspricht der Ansicht, dass infolge der in § 156 ZVG getroffenen Regelung öffentliche Grundstückslasten weder dem Grunde noch dem Betrag nach in den Teilungsplan aufzunehmen sind. Jedoch ist ein Hinweis auf sie im Plan zulässig und üblich (siehe Rdn 643 zu II), damit sie der Verwalter nicht übergeht und damit die Beteiligten über die Befriedigungsfolge im Bilde sind.

Hausgeld (Rdn 630 b) ist, ebenso wie die laufenden Beträge der öffentlichen Lasten, nicht in den Teilungsplan aufzunehmen.

Grundpfandrechte in Fremdwährung werden im Teilungsplan in der eingetragenen Währung festgestellt (§ 158 a Nr 1 ZVG). Auszahlung durch den

---

[1] So auch Stöber Rdn 4.4 zu § 156 mit Stellungnahme zu teilweise abweichender Ansicht; auch Dassler/Engels Rdn 17 zu § 156; Morvilius ImmVollstr Rdn 858.

[2] Jaeckel/Güthe Rdn 4; Steiner/Hagemann Rdn 34, je zu § 156 (Aufnahme ohne Anmeldung; gegen das Gesetz).

[3] Korintenberg/Wenz Anm 4; auch Steiner/Hagemann Rdn 35, je zu § 156.

[4] Mohrbutter/Drischler, Muster 159, Teil B III, Seite 910.

[5] Korintenberg/Wenz Anm 4; Steiner/Hagemann Rdn 35, je zu § 156.

Zwangsverwalter erfolgt in Euro (§ 158a Nr 2 ZVG); bei Kapitalzahlung setzt das Gericht im Termin (§ 158 ZVG) den Kurswert fest (§ 158a Nr 3 ZVG).

Fassung des Teilungsplanes: Praktisches Beispiel (Grundstücksbelastungen) **643** Rdn 241. Beschlagnahme: 10. 2. 2010. Anordnung ist auf Antrag eines dinglich nicht gesicherten Gläubigers erfolgt.

Aus den Nutzungen des Grundstücks sind die Ausgaben der Verwaltung sowie die Kosten des Verfahrens mit Ausnahme derjenigen, welche durch die Anordnung des Verfahrens oder den Beitritt eines Gläubigers entstanden sind oder noch entstehen, vorweg zu bestreiten (§ 155 Abs 1 ZVG).

Die Überschüsse sind auf die in § 10 Abs 1 Nr 1 bis 5 ZVG bezeichneten Ansprüche zu verteilen (§ 155 Abs 2 ZVG), und zwar nach Maßgabe ihrer Rangordnung, bei Gleichrang nach dem Verhältnis der Beträge, wie folgt:

I. Ansprüche in Rangklasse 1 (und 2) des § 10 Abs 1 ZVG sind noch nicht vorhanden.

II. Die in Rangklasse 3 des § 10 Abs 1 ZVG (unter sich mit gleichem Rang) zu befriedigenden laufenden wiederkehrenden Leistungen der öffentlichen Lasten des Grundstücks (§ 155 Abs 2 ZVG) hat der Verwalter ohne weiteres Verfahren zu berichtigen (§ 156 Abs 1 ZVG). Im Zweifelsfall ist nach § 153 Abs 1 ZVG die Weisung des Gerichts einzuholen.

III. In Rangklasse 4 des § 10 Abs 1 ZVG kommen die Ansprüche auf laufende wiederkehrende Leistungen (§ 155 Abs 2 ZVG) aus Rechten an dem Grundstück wie folgt zum Zuge:

1. Stadtsparkasse A
   mit den folgenden Ansprüchen aus der
   Hypothek ohne Brief Abt III Nr 1 zu 20 000 €
   6 vH Zinsen jährlich aus 20 000 €, zahlbar im Betrage von
   600 € am 15. 6. jeden Jahres für die Zeit vom 1. 1. bis 30. 6.
       sowie
   600 € am 15. 12. jeden Jahres für die Zeit vom 1. 7. bis 31. 12.,
   erstmals am 15. 12. 2009 für die Zeit vom 1. 7. bis 31. 12. 2009;

2. Hypothekenbank X
   mit folgenden Ansprüchen aus der
   Hypothek Abt III Nr 2 zu 30 000 € (Brief lag vor)
   8 vH Zinsen jährlich aus 30 000 €,
   zahlbar monatlich im Voraus am Ersten eines jeden Monats
   in Monatsbeiträgen von 200 €,
   erstmals am 1. 2. 2010 für Monat Februar 2010;

3. Schwester Anna E in ...,
   Wohnungsrecht Abt II Nr 1
   In der Zwangsverwaltung kommen keine Ansprüche zum Zuge;

4. Schreinermeister Karl B
   mit den folgenden Ansprüchen aus der
   Zwangs-Sicherungshypothek Abt III Nr 3 zu 10 000 €
   12 vH Zinsen jährlich aus 10 000 €,
   fortlaufend seit 10. 2. 2010 (= Beschlagnahmetag);

5. a) und b) im Gleichrang untereinander
   a) Bank für Baugeld
      mit den folgenden Ansprüchen aus der
      Grundschuld Abt III Nr 4 zu 40 000 € (Brief lag vor)
      6 vH Zinsen jährlich aus 40 000 €,
      zahlbar kalendervierteljährlich nachträglich,
      mithin am 31. 3., 30. 6., 30. 9. und 31. 12. eines jeden Jahres
      mit dem Vierteljahresbetrag von jeweils 600 €,
      erstmals am 31. 12. 2009 für die Zeit vom 1. 10. mit 31. 12. 2009.

b) Grundstückseigentümer ...
mit dem folgenden Anspruch aus der Eigentümer-
Grundschuld Abt III Nr 5 zu 10 000 € (Brief lag vor)
12 vH Zinsen jährlich aus 10 000 €,
zahlbar kalenderhalbjährlich nachträglich, mithin im Betrage von
600 € am 30. 6. jeden Jahres für die Zeit vom 1. 1. mit 30. 6., sowie
600 € am 31. 12. jeden Jahres für die Zeit vom 1. 7. mit 31. 12.,
erstmals am 30. 6. 2010, hier mit dem Teilbetrag von 468,13 € für die Zeit
vom 10. 2. 2010 (Beschlagnahme, § 1197 Abs 2 BGB) bis 30. 6. 2010.
IV. In Rangklasse 5 werden sodann die Ansprüche des betreibenden Gläubigers wie
folgt befriedigt:
... € dingliche Rechtsverfolgungskosten
... € Zinsen, nämlich ... vH aus ... €,
berechnet für die Zeit vom ... bis ...
sowie die ab ... weiterlaufenden Zinsen
in Höhe von ... vH aus ... €
... € Hauptsache.
Ein nach Befriedigung aller berücksichtigten Ansprüche verbleibender Erlösüberschuss gebührt dem Grundstückseigentümer ...

5. Unterabschnitt. Verhandlung über den Teilungsplan, Widerspruch

§ 156 Abs 2, §§ 115, 124 ZVG

644 Über den Teilungsplan wird sofort **verhandelt** (§ 156 Abs 2 S 4, § 115 Abs 1
S 1 ZVG). Der Termin ist nicht öffentlich. Über den Verteilungstermin ist eine
Niederschrift aufzunehmen (§ 159 ZPO). Der in dem Verteilungstermin aufzu-
stellende Teilungsplan (§ 156 Abs 2 S 2 ZVG) und seine Bekanntmachung sind
in der Niederschrift festzustellen (§ 160 Abs 3 Nrn 6 und 7 ZPO, entspr). Aufnahme des Planes in das Protokoll erfolgt zweckmäßig durch Beifügung als
Anlage, die im Protokoll als solche zu bezeichnen ist (§ 160 Abs 5 ZPO).

645   **Muster** für (Termins-)Niederschrift:
Gegenwärtig: ... Rechtspfleger
       ... Urkundsbeamter
In dem Verfahren zur Zwangsverwaltung des in ... gelegenen, im Grundbuch des
Amtsgerichts ... für Gemarkung ... Blatt ... auf den Namen des Schuldners ... ein-
getragenen Grundstücks FlStNr ... (mit vollem Grundbuchbeschrieb) erschienen
zum heutigen nichtöffentlichen Verteilungstermin nach Aufruf der Sache:
       1. der Gläubiger ..
       2. der Schuldner ...
       3. die Beteiligten ...
       4. der Zwangsverwalter ...
Der Rechtspfleger machte den Inhalt des Grundbuchblattes sowie den Anordnungsbeschluss vom ... und die folgenden Anmeldungen ... bekannt. Weiter Anmeldungen erfolgten nicht.
Nach Anhörung der anwesenden Beteiligten wurde hierauf der

Teilungsplan

wie folgt aufgestellt: ... (Fassung des Planes Rdn 643).
Über diesen Teilungsplan wurde sogleich verhandelt.
Ein Widerspruch gegen den Teilungsplan wurde nicht erhoben.
Festgestellt wurde, dass auch keine abweichende Anmeldung, die als Widerspruch
zu behandeln wäre, vorliegt. (Fassung bei Widerspruch siehe Rdn 649).
Der Rechtspfleger verkündete sodann folgenden **Beschluss:**
Es wird gemäß § 157 Abs 1 ZVG die planmäßige Zahlung der Beträge an die Be-
rechtigten nach Maßgabe des Teilungsplans angeordnet.

Rechtsbehelf gegen den Teilungsplan: Widerspruch (§ 156 Abs 2 S 4, § 115   646
Abs 1 ZVG); dazu Rdn 462, 479. Ist ein vor dem Termin angemeldeter Anspruch nicht nach Antrag in den Plan aufgenommen, so gilt die Anmeldung als
Widerspruch (§ 156 Abs 2 S 4, § 115 Abs 2 ZVG). Jedoch liegt auch hier in
einer Anmeldung kein Widerspruch, wenn sie einen Anspruch verfolgt, der im
Zwangsverwaltungsverfahren überhaupt nicht geltend gemacht werden kann
(siehe Rdn 480), wie eine persönliche Forderung, die kein Recht auf Befriedigung aus dem Grundstück gewährt, oder einen nach § 155 Abs 2 ZVG in der
Zwangsverwaltung nicht zu berücksichtigenden Hauptanspruch eines dinglichen Gläubigers. Der Widerspruch des Schuldners gegen einen vollstreckbaren
Anspruch ist nach §§ 767, 769, 770 ZPO geltend zu machen (§ 156 Abs 2 S 4,
§ 115 Abs 3 ZVG, dazu Rdn 487). Darf der Schuldner die Befriedigung eines
solchen Anspruchs durch Sicherheitsleistung oder Hinterlegung abwenden,
dann unterbleibt nach Aufstellung des Plans dessen Ausführung, wenn die Sicherheit geleistet oder die Hinterlegung erfolgt ist (§ 156 Abs 2 S 4, § 115
Abs 4 ZVG). Der Zwangsverwalter kann nicht Widerspruch erheben.

Folge eines zulässigen Widerspruchs: Feststellung im Teilungsplan, wie der   647
streitige Betrag verteilt werden soll, wenn der Widerspruch für begründet erklärt wird; in der Schwebezeit ist der streitige Betrag durch den zahlenden
Zwangsverwalter anzulegen (§ 156 Abs 2 S 4, §§ 124, 120 ZVG).

Hilfsberechtigter ist, wenn sich der Widerspruch gegen die Person des Berechtigten richtet (Beispiel: Eigentümer macht geltend, die Hypothek sei Eigentümergrundschuld, Zinsen gebührten mithin ihm nach § 1197 Abs 2 BGB), der
widersprechende Beteiligte. Wenn der Widerspruch jedoch den Wegfall eines
vorrangigen (meist Zins-)Anspruchs bezweckt, bewirkt er im Erfolgsfall, dass
der Widersprechende so zum Zuge kommt, wie wenn der bestrittene Anspruch
(die bestrittenen Hypothekenzinsen) nicht in den Teilungsplan aufgenommen worden wäre. Daher keine Hilfszuteilung an den Widersprechenden unter
Übergehung von Zwischenansprüchen (so nur bei Widerspruch eines Nachrangigen gegen einen Vorrangigen in Rangklasse 5; siehe Rdn 635), sondern Verteilung unter Streichung des nach dem Widerspruch unbegründeten Anspruchs.[6]

Widerspruchsklage ist ohne vorherige Aufforderung binnen einer Frist von ei-   648
nem Monat, beginnend mit dem Terminstag nachzuweisen (§ 156 Abs 2 S 4,
§ 115 Abs 1 ZVG, § 878 ZPO). Zuständigkeit Rdn 47.

> **Protokoll bei Widerspruch:**   649
> Der vollstreckende Gläubiger ... erklärte: Gegen die Berücksichtigung des Zinsan-
> spruchs des Schreinermeisters Karl B aus der Zwangs-Sicherungshypothek Abt III
> Nr 3 zu 10 000 € mit 12 vH jährlich fortlaufend seit dem Beschlagnahmetag erhebe
> ich Widerspruch. Dieser Gläubiger hat keinen Anspruch auf Befriedigung aus den
> Erträgen des Grundstücks, weil seine Sicherungshypothek aus folgenden Gründen
> nichtig ist ... V. u. g.
> Über der Widerspruch wurde verhandelt.
> Festgestellt wurde, dass sich der Widerspruch nicht erledigt, weil der von ihm be-
> troffene Hypothekengläubiger Karl B nicht erschienen ist, eine Erklärung von ihm
> sonach nicht zu erlangen ist.
> Beschlossen und verkündet:
> Wenn und soweit der Widerspruch für begründet erklärt wird, bleibt der in
> Abschn III Nr 4 des Plans festgestellte Zinsanspruch des Gläubigers Karl B aus der
> Zwangs-Sicherungshypothek Abt III Nr 3 zu 10 000 € bei Verteilung der Erlösüber-
> schüsse unberücksichtigt.

---

[6] Korintenberg/Wenz Anm 5 zu § 156.

650   Da Gegenstand der Verteilung durch den Plan nicht nur bei seiner Aufstel-
      lung schon vorhandene, sondern auch die künftigen Grundstückserträgnisse
      sind, kann die **Änderung des Teilungsplans,** soweit er noch nicht ausgeführt
      ist, von Beteiligten im Klageweg jederzeit auch erwirkt werden, wenn Wider-
      spruch nicht erhoben ist (§ 159 Abs 1 ZVG). Die Planausführung wird durch
      eine nachträgliche Klage jedoch nicht gehindert. Erst wenn dem Vollstre-
      ckungsgericht – in dringenden Fällen dem Verwalter – die Vollstreckbarkeit des
      den Plan abändernden Urteils nachgewiesen wird, hat Änderung der Auszah-
      lungsanordnung (Rdn 666) zu erfolgen, sowie durch den Verwalter die Ausfüh-
      rung der ursprünglichen Anordnung zunächst zu unterbleiben. Vorläufige Aus-
      setzung der Planausführung kann ggfs durch einstweilige Verfügung erwirkt
      werden.

6. Unterabschnitt. Zahlung durch den Zwangsverwalter
§ 157 Abs 1 ZVG
§ 11 ZwVwV

651   Die **Auszahlung ordnet das Vollstreckungsgericht an,** wenn der Teilungsplan
      festgestellt ist. Angeordnet wird „die planmäßige Zahlung der Beträge an die
      Berechtigten" (§ 157 Abs 1 S 1 ZVG). Die Feststellung und Bezeichnung der
      Berechtigten obliegt dem Vollstreckungsgericht. Die **Auszahlung** selbst **erfolgt**
      dann je nach dem Bestande der vorhandenen Mittel zurzeit der Fälligkeit der
      einzelnen Ansprüche fortlaufend **durch den Zwangsverwalter** ohne Mitwirkung
      des Gerichts (§ 157 Abs 1 S 2 ZVG). Der Verwalter darf an einen im Range
      nachstehenden Berechtigten nur zahlen, wenn als sicher vorauszusehen ist, dass
      die Ausgaben der Verwaltung sowie die Kosten des Verfahrens bei Fälligkeit
      gedeckt sind und anstehende Zahlungen an vorgehende Berechtigte aus Ein-
      nahmen geleistet werden können, die bis zur Fälligkeit dieser Zahlungen einge-
      hen. Besonderheit bei Zahlung auf das Kapital einer Hypothek, Grundschuld
      oder Rentenschuld: Rdn 658–664.

652   Ein **Hypotheken-,** Grundschuld- oder Rentenschuld**brief** muss im Verteilungs-
      und (oder) Kapitalzahlungstermin zur Feststellung des Berechtigten vorliegen,
      wenn Kapitaltilgungsbeträge oder künftige Zinsen zu berücksichtigen sind (sie-
      he §§ 1159, 1160 BGB). Nach Feststellung des Berechtigten hat bei der fortlau-
      fenden Zahlung von Zinsen der Gläubiger dem Verwalter jedoch nicht jedes
      Mal den Brief vorzulegen; der Verwalter kann an den im Plan berücksichtigten
      bisherigen Gläubiger vielmehr so lange wirksam zahlen, bis er von der Über-
      tragung der Hypothek oder Grundschuld oder nur des Zinsanspruchs oder
      dem sonstigen Wechsel in der Person des Berechtigten Kenntnis erlangt hat.[7]
      Ebenso kann der Zwangsverwalter Tilgungsbeträge, die als echter Zuschlag zu
      den Zinsen geleistet werden (im Gegensatz zu den festen Tilgungsraten) ohne
      Briefvorlage zahlen.[8]

653   Die als **Zuschlag zu den Zinsen** zur allmählichen Kapitaltilgung zu entrich-
      tenden Beträge (insbesondere Amortisationsbeträge) sind wiederkehrende Leis-
      tungen. Sie werden daher nach der Zahlungsanordnung des Gerichts vom
      Zwangsverwalter bei Fälligkeit entrichtet; dafür wird Zahlungstermin nach
      § 158 ZVG nicht bestimmt. Mit der Zahlung von Amortisations- oder anderen

---

[7] Stöber Rdn 2.5 zu § 157; Jaeckel/Güthe Rdn 6 zu § 156.
[8] Stöber wie Fußn 7.

Tilgungsbeträgen aus der Zwangsverwaltungsmasse erlischt der getilgte Hypothekenteil (§ 1181 Abs 1 BGB). Bei Anlass, spätestens bei Beendigung des Verfahrens, ist das Grundbuchamt daher um Löschung des anteiligen Betrages der Hypothek zu ersuchen (§ 158 Abs 2 S 1 ZVG analog).

Bei Zuteilung an einen **unbekannten Berechtigten** (siehe Rdn 502) ist durch den Teilungsplan festzustellen, wie der Betrag verteilt werden soll, wenn der Berechtigte nicht ermittelt wird (§ 156 Abs 2 S 4, § 126 Abs 1 ZVG). Der Zwangsverwalter hat bei Zahlung auf den Anspruch den Betrag für den unbekannten Berechtigten zu hinterlegen (§ 126 Abs 2 ZVG). Sodann ist nach §§ 135–141 ZVG (dazu Rdn 503–509) zu verfahren (§ 157 Abs 2 ZVG).   654

Bei **auflösend bedingten Ansprüchen** (§ 119 ZVG) ist durch den Plan festzustellen, wie der Betrag bei Wegfall der Bedingung anderweit verteilt werden soll.[9]   655
Zahlung erfolgt an den auflösend bedingt Berechtigten bis zum Eintritt der Bedingung (siehe § 158 Abs 2 BGB); dann ist die Zahlungsanweisung zu ändern (§ 157 Abs 1 ZVG). Eine **Eigentümergrundschuld**, bei der eine **Löschungsvormerkung** nach § 1179 BGB eingetragen ist oder gegen die sich ein gesetzlicher Löschungsanspruch nach § 1179a BGB richtet, ist auflösend bedingt durch das Bestehen und die Verwirklichung des gesicherten Löschungsanspruchs.[10] Zinsen, die dem Eigentümer in der Zwangsverwaltung gebühren (§ 1197 Abs 2 BGB; Rdn 634) sind daher an ihn als den auflösend bedingt Berechtigten bis zum Eintritt der Bedingung zu zahlen. Zu ändern ist die Zahlungsanordnung (siehe Rdn 666), wenn der Eigentümeranspruch auf die Zinsen mit Löschung des Rechts wegfällt oder wenn der Eigentümer auf die Zinsen verzichtet. Vorher kann der Berechtigte des gesicherten Löschungsanspruchs nur mit Widerspruch die Planausführung aufhalten. Demgegenüber wird zumeist und ohne Begründung gesagt, der Zwangsverwalter müsse die auf die Eigentümergrundschuld fallenden Zinsen hinterlegen, wenn die Löschungsvormerkung „geltend gemacht" wird.[11] Dem kann so allgemein nicht gefolgt werden. Auflösend bedingte Ansprüche rechtfertigen keine Hinterlegung; § 120 ZVG, der nur bei aufschiebend bedingten Ansprüchen eine Hinterlegung vorsieht, findet keine Anwendung. Einen Hinterlegungsgrund gibt sonach nur der Widerspruch gegen die Zuteilung an den Eigentümer (§ 156 Abs 2 S 4, § 124 Abs 2, § 120 ZVG). Dann hat jedoch weitere Planausführung zu erfolgen, wenn nicht in Monatsfrist Widerspruchsklage erhoben wird (§ 156 Abs 2 S 4, § 115 Abs 1 ZVG, § 878 ZPO). Folge eines auf einen vormerkungsgesicherten Löschungsanspruch gestützten Widerspruchs auch: Hilfsverteilung (dazu Rdn 647).

Ein **aufschiebend bedingter Anspruch** wird als solcher im Teilungsplan festgestellt. Er bleibt jedoch bis zum Eintritt der Bedingung bei Planausführung unberücksichtigt. Daher erfolgt auch keine Hilfsverteilung (§ 119 ZVG findet keine Anwendung). Im Teilungsplan ist anzugeben, mit welchem künftigen Ereignis (unter welcher Voraussetzung) die Bedingung eintritt und welche Beträge dann als laufende wiederkehrende Leistungen (§ 156 ZVG) und etwaige Kosten zu zahlen sind.[12] Nach Eintritt der Bedingung ist die gerichtliche Zahlungsan-

---

[9] Stöber Rdn 4.6; Jaeckel/Güthe Rdn 7; Steiner/Hagemann Rdn 46, je zu § 156.

[10] RG 57, 209 (212); Korintenberg/Wenz Anm 1 Abs 5 zu § 51 (Seite 297); Stöber Rpfleger 1957, 211 (rechte Spalte); siehe auch bereits Rdn 530.

[11] Mohrbutter/Drischler Muster 159 Anm B (Teilungsplan IV 2); Dassler/Engels Rdn 71 zu § 155 und Rdn 30 zu § 156; Staudinger/Wolfsteiner Rdn 63 zu § 1179 BGB.

[12] Stöber Rdn 4.6 zu § 156; Jaeckel/Güthe Rdn 7 zu § 156; auch Steiner/Hagemann Rdn 45 zu § 156.

ordnung zu ergänzen (§ 157 Abs 1 ZVG) und Zahlung durch den Zwangsverwalter auf den Anspruch an seiner Rangstelle zu leisten.

656 Bei einer **Gesamthypothek,** -grundschuld oder -rentenschuld bleibt die Mithaft
des weiteren Grundstücks, über das Zwangsverwaltung nicht angeordnet ist,
überhaupt unberücksichtigt. Der gesamte Anspruch des Hypotheken-, Grund-
schuld- oder Rentenschuldgläubigers ist voll in den Teilungsplan einzustellen
und aus den Erträgnissen des Beschlagnahmegrundstücks zu befriedigen. Jedoch sind Plan und Zahlungsanordnung (§ 157 Abs 1 ZVG) zu ändern, wenn
Befriedigung, also Zahlung von Zinsen aus einem mithaftenden Grundstück
bekannt wird. Die Prüfung, ob Zahlung aus dem anderen Grundstück erfolgt
ist, und Verständigung des Vollstreckungsgerichts kann im Einzelfall der Sorgfaltspflicht des Zwangsverwalters unterfallen. Weitergehend:[13] Der Zwangsverwalter „hat" zu prüfen.

657 **Kapitalzahlungen auf nicht eingetragene Forderungen** (Hauptsacheansprüche
vollstreckender persönlicher Gläubiger) leistet der Zwangsverwalter auf Grund
der gerichtlichen Anordnung ohne Termin. Der Zwangsverwalter muss aber
nicht vor jeder Zahlung prüfen, ob sich der Vollstreckungstitel noch bei den
Akten befindet,[14] vielmehr hat, da die Zahlungen im Wege der Zwangsvollstreckung erfolgen, das Vollstreckungsgericht den Verwalter von der Titelrückgabe
zu verständigen,[15] der dann Zahlung erst nach Wiedervorlage des Vollstreckungstitels leisten kann.

7. Unterabschnitt. Kapitalzahlungstermin
§ 158 ZVG
§ 11 Abs 3 ZwVwV

658 Auf das **Kapital** einer **Hypothek** oder **Grundschuld** oder auf die Ablösungssumme einer Rentenschuld sind Zahlungen an den vollstreckenden Gläubiger
nicht unmittelbar vom Zwangsverwalter, sondern nur in einem Termin zu leisten (§ 158 Abs 1 ZVG). Wenn solche Kapitalzahlungen geleistet werden sollen,
hat der Verwalter die Anberaumung eines Termins bei dem Gericht rechtzeitig
zu beantragen (§ 158 Abs 1 S 2 ZVG, § 11 Abs 3 ZwVwV). Auch wenn nicht
sogleich das gesamte Kapital gezahlt werden kann, ist Termin zu beantragen
und zu bestimmen, sobald ein angemessener Kapitalteil zur Verfügung steht.

659   Terminsbestimmung: In dem Verfahren zur Zwangsverwaltung des Grundstücks ...
wird gemäß § 158 Abs 1 ZVG
Termin zur Leistung von Zahlungen auf das Kapital
der Hypothek Abt III Nr ... zu ... € des vollstreckenden Gläubigers ... bestimmt
auf .. vor dem Amtsgericht ..., Justizgebäude ... straße Nr ..., Zimmer Nr ...
Verfügung: Beglaubigte Abschrift der Terminsbestimmung zustellen an Zwangsverwalter, Gläubiger ... und Schuldner.

660 Für den Termin ist keine Ladungsfrist vorgesehen. Die Terminsladung wird dem
betreibenden Gläubiger, dem Schuldner[16] und dem Zwangsverwalter zugestellt.
Der Termin ist nicht öffentlich; den weiteren Beteiligten ist die Anwesenheit jedoch erlaubt. Im Termin erfolgt die Zahlung an das Gericht (diese Zahlung ist

---

[13] Mohrbutter/Drischler Muster 159 Anm B 14.
[14] Streitig; anders zB Jaeckel/Güthe Rdn 5 zu § 157.
[15] Stöber Rdn 2.5 zu § 157.
[16] Stöber Rdn 2.4 zu § 158.

unbar zu leisten, § 158 Abs 3 mit § 117 Abs 2 S 1 ZVG) und von diesem an den Gläubiger[17] oder vor dem Gericht unmittelbar vom Verwalter an den Gläubiger. Ausreichend – aber unüblich – ist auch Zahlungsnachweis in öffentlich beglaubigter Form oder Befriedigungserklärung des Gläubigers (siehe Rdn 468). Ist der Verwalter am Erscheinen im Termin verhindert, so kann er den zu zahlenden Betrag rechtzeitig dem Gericht zur Verfügung stellen (Einzahlung bei Gerichtskasse als Verwahrgeld), das dann (unbar) an den Gläubiger zahlt.

Niederschrift über den Zahlungstermin: 661
In dem Verfahren ... erschienen zu dem heutigen nichtöffentlichen Kapitalzahlungstermin (§ 158 Abs 1 ZVG)
    1. der Zwangsverwalter ...
    2. der betreibende Gläubiger ...
    3. der Schuldner ...
Der Zwangsverwalter erstattete kurzen Bericht darüber, dass aus den Nutzungen des Grundstücks Überschüsse zur Auszahlung auf das Kapital des vollstreckenden Gläubigers in Höhe von ... € vorhanden sind.
Festgestellt wurde, dass dem Gläubiger ... nach dem am ... aufgestellten Teilungsplan in Rangklasse 5 auf das Kapital seiner im Grundbuch von ... Blatt ... in Abteilung III unter Nr ... eingetragenen Hypothek ohne Brief aus der Zwangsverwaltungsmasse ein Anspruch im Betrage von insgesamt ... € gebührt (Anordnungsbeschluss vom ...) und dass alle vorgehenden Ansprüche bezahlt sind.
Auf Weisung des Gerichts zahlte der Zwangsverwalter sodann den Betrag von ... € auf das Kapital der bezeichneten Hypothek unmittelbar an den Gläubiger ...
Der Gläubiger ... quittierte[18] hiermit zu Niederschrift den Empfang des Betrages von ... €. (Unterschrift).
Oder: Der Zwangsverwalter nahm auf den Zahlungsnachweis der Gerichtskasse (Blatt ... der Akten) Bezug. Danach ist der Betrag von ... € für das Kapital der bezeichneten Hypothek auf das Konto der Gerichtskasse einbezahlt. Das Vollstreckungsgericht ordnete unbare Zahlung an den Gläubiger ... durch die Gerichtskasse an (Auszahlungsanweisung in Anlage 1).
Angeordnet wurde, dass auf dem vollstreckbaren Titel des Gläubigers, nämlich ... gemäß § 127 Abs 2, § 158 Abs 3 ZVG folgender Vermerk anzubringen ist:
In dem Verfahren zur Zwangsverwaltung ... wurde in dem Termin vom ... dem Gläubiger ... auf den durch diesen Vollstreckungstitel ausgewiesenen Hauptsacheanspruch aus der Hypothek Abt III Nr ... ein Betrag von ... € gezahlt.

Erscheint der Gläubiger (oder ein von ihm mit Geldempfangsvollmacht ermächtigter Vertreter) nicht im Termin, so ist die Auszahlung an ihn von Amts   662
wegen anzuordnen (§ 158 Abs 3, § 117 Abs 2 S 1 ZVG). Das Gericht hat dann die auf das Kapital zu leistende Zahlung – wie einen Versteigerungserlös, Rdn 467 – an den Gläubiger (unbar) abzuführen. Es kann die Absendung oder Hinterlegung des Geldes nicht dem Verwalter überlassen. Kann die Auszahlung nicht erfolgen, so ist der Betrag für den Berechtigten zu hinterlegen (§ 158 Abs 3, § 117 Abs 2 S 3 ZVG; dazu Rdn 469). Hinterlegung hat zu erfolgen, weil die Person des Berechtigten unbekannt ist, wenn im Termin der für eine Hypothek, Grundschuld oder Rentenschuld ausgestellte Brief nicht vorliegt (§ 126 ZVG); es genügt nicht, dass der Brief im früheren Termin zur Aufstellung des Teilungsplanes vorgelegen hat.
Einen **Hypotheken-**, Grundschuld- oder Rentenschuld**brief** hat das Vollstreckungsgericht nach Zahlung unbrauchbar zu machen oder, wenn das Recht nur   663

---

[17] Anders Jaeckel/Güthe Rdn 2 zu § 158.
[18] Unterzeichnung kann zweckmäßig sein, ist aber nicht notwendig, da sich die Förmlichkeiten der Niederschrift nur nach §§ 159 ff ZPO bestimmen.

zum Teil erloschen ist, mit dem entsprechenden Vermerk zu versehen (§ 158 Abs 3, § 127 Abs 2 ZVG). Auf dem **vollstreckbaren Titel** über den Anspruch ist die Zahlung gleichfalls zu vermerken (§ 158 Abs 3, § 127 Abs 2 ZVG).

664 **Wirkung der Kapitalzahlung:** Die Hypothek, Grundschuld oder Rentenschuld erlischt mit der Befriedigung aus dem Grundstück (§ 1181 Abs 1, § 1192 Abs 1, § 1200 Abs 2 BGB). Das Grundbuchamt ist daher vom Vollstreckungsgericht um die Löschung des Rechts oder seines Teils, der mit teilweiser Tilgung des Kapitals erloschen ist, zu ersuchen (§ 158 Abs 2 ZVG). Auf mithaftende Grundstücke, die gleichfalls frei werden (§ 1181 Abs 2 BGB), ist das Löschungsersuchen nicht auszudehnen.

665   **Löschungsersuchen:** In dem Verfahren zur Zwangsverwaltung des Grundstücks … ist auf das Kapital der in Abteilung III unter Nr … eingetragenen Hypothek ohne Brief des Gläubigers … in dem Termin vom … aus den Erträgnissen des Grundstücks ein Teilbetrag von … € geleistet worden. In Höhe dieses Betrages ist die Hypothek mit Befriedigung aus dem Grundstück erloschen (§ 1181 Abs 1 BGB).
Gemäß § 158 Abs 2 ZVG ersuche ich daher, den erloschenen Teilbetrag in Höhe von … € der vorbezeichneten Hypothek Abt III Nr … des Gläubigers … im Grundbuch zu löschen.
Eine Ausfertigung der Niederschrift über den Zahlungstermin vom … ist beigefügt.
Eintragungsmitteilung wird erbeten.

8. Unterabschnitt. Änderung der Zahlungsanordnung
§ 157 Abs 1 S 1 ZVG

666 **Die gerichtliche Anordnung** zur planmäßigen Zahlung der Beträge an die Berechtigten (§ 157 Abs 1 ZVG) **ist zu ergänzen,** wenn nachträglich der Beitritt eines Gläubigers zugelassen wird (§ 157 Abs 1 S 1, 2. Halbs ZVG). Zu ergänzen (zu ändern) ist die Auszahlungsanordnung außerdem, wenn Berechtigte weggefallen oder dazugekommen sind oder sich geändert haben, insbesondere mithin, wenn
– ein Berechtigter verstorben und sein Erbe festgestellt ist,
– eine Rangänderung erfolgt und angemeldet ist,
– ein Anspruch, auf den Grundstücksnutzungen treffen, abgetreten oder gepfändet worden ist,
– ein Berechtigter auf sein Recht oder seinen Anspruch verzichtet hat,
– eine Bedingung eingetreten ist (siehe Rdn 655),
– ein Widerspruch sich erledigt hat,
– ein Anspruch weggefallen ist, zB durch Löschung einer Hypothek oder Befriedigung aus einem mithaftenden Grundstück,
– Planänderung nachträglich im Wege der Klage erwirkt worden ist (§ 159 Abs 1 ZVG).
Die Änderung der Zahlungsanweisung hat das Vollstreckungsgericht anzuordnen, wenn ihm der Änderungsgrund, gleich auf welche Weise, bekannt geworden ist. Der Verwalter darf Änderungen nicht von sich aus berücksichtigen; er hat sie aber dem Gericht zur Beschlussfassung mitzuteilen und dessen Weisung abzuwarten. Mündliche Verhandlung zur Änderung der Zahlungsanweisung ist nicht vorgesehen, kann aber zweckmäßig sein. Der Beschluss über die Änderung ist dem Verwalter, dem Schuldner und den von der Änderung betroffenen Beteiligten zuzustellen.

Änderungsbeschluss: Die nach Feststellung des Teilungsplans im Termin vom ...   667
angeordnete planmäßige Zahlung der Erträgnisse des Grundstücks an die Berechtigten wie folgt geändert: Der unter Nr ... zugunsten des ... berücksichtigte Zinsanspruch aus der Hypothek Abt III Nr ... mit vierteljährlich nachträglich ... vH = ... €,
ist nunmehr zu zahlen an ... Auf diesen Berechtigten ist der Anspruch mit Abtretung
übergegangen. Die Abtretung ist ordnungsgemäß durch ... nachgewiesen.

Änderungsbeschluss nach Beitritt: Nach Wirksamwerden des Beitrittsbeschlus-   668
ses vom ... wird die nach Feststellung des Teilungsplans im Termin vom ... angeordnete planmäßige Zahlung der Erträgnisse des Grundstücks an die Berechtigten
dahin ergänzt, dass die Überschüsse der Grundstücksnutzungen nunmehr an
nächstoffener Rangstelle auch zu verteilen sind an den beigetretenen Gläubiger ...
auf seine folgenden Beschlagnahmeansprüche (samt Kosten) ... (Reihenfolge: ZVG
§ 12).

Rechtsbehelf: Als Verfahrensanweisungen an den Zwangsverwalter (Verfahrens-   668a
maßnahmen, nicht somit Entscheidungen) sind die Zahlungsanordnung und die
ergänzende Anordnung mit Erinnerung anfechtbar (§ 766 ZPO). Für Beträge,
die an Berechtigte bezahlt sind, ist die Zwangsvollstreckung beendet, Anfechtung der Anweisung damit ausgeschlossen (kein Rechtsschutzbedürfnis).

9. Unterabschnitt. Außergerichtliche Verteilung und Befriedigung
§§ 160, 143–145 ZVG

Über die Verteilung der Überschüsse, für die ein gerichtlicher Teilungsplan auf-   669
gestellt werden müsste, können sich die Beteiligten auch **außergerichtlich einigen** (§ 160 ZVG). In der Praxis kommt dies nicht vor.

6. Abschnitt. Verfahrenseinstellung
§§ 153 b, c ZVG
§§ 765 a, 769, 771, 775 ZPO

Schrifttum: Pöschl, § 765 a ZPO und Zwangsverwaltungsverfahren, NJW 1956, 372.

Ein Zwangsverwaltungsverfahren kann einstweilen eingestellt werden   670
– wenn aus dem Grundbuch ein „entgegenstehendes Recht" ersichtlich wird
  (§ 28 Abs 1 ZVG),
– wenn eine Verfügungs„beschränkung" (Rdn 163 b) oder ein Vollstreckungsmangel (Rdn 163 c) bekannt wird (§ 28 Abs 2 ZVG),
– im Wege des Vollstreckungsschutzes nach § 765 a ZPO (mit Besonderheiten;
  Kommentar Rdn 6 zu § 146),
– bei Widerspruchs- oder Vollstreckungsgegenklage nach Anordnung durch das
  Prozess- oder Vollstreckungsgericht (§§ 769, 771 ZPO),
– durch das Vollstreckungsgericht in den Fällen des § 775 ZPO.
Bei Einstellung muss, sofern nicht auch nach § 776 ZPO die Aufhebung der
Maßnahme anzuordnen ist (streitig, ob im Falle des § 765 a ZPO die Aufhe-
bung angeordnet werden kann[1]), der Zwangsverwalter im Amt bleiben und die
Nutzungen vereinnahmen. Die Folge der Einstellung ist dann nur, dass der
Gläubiger (von mehreren Gläubigern der, auf dessen Verfahren die Einstellung

---

[1] Dafür Pöschl NJW 1956, 372; anders OLG Hamm MDR 1969, 851 = OLGZ 1969, 473.

sich bezieht), nicht aber auch die nach dem Plan zu zahlenden vorgehenden Ansprüche der Rangklasse 1–4, aus den Überschüssen keine Befriedigung erlangen kann. Die dem Gläubiger zufallenden Grundstückserträgnisse sind zu hinterlegen.[2] Auf Bewilligung des Gläubigers (§ 30 ZVG) kann ein Zwangsverwaltungsverfahren nicht eingestellt werden.[3]

670a Auf Antrag des **Insolvenzverwalters** als Schuldners ist die Einstellung der Zwangsverwaltung vollständig oder teilweise anzuordnen, wenn durch deren Fortsetzung eine sinnvolle Nutzung der Insolvenzmasse wesentlich erschwert wird; das ist vom Insolvenzverwalter glaubhaft zu machen (§ 153 b Abs 1 ZVG). Einstellung durch das Vollstreckungsgericht soll in diesem Fall Lösung des Konflikts zwischen den Rechten des Insolvenzverwalters (er hat die Insolvenzmasse zu verwalten, § 80 Abs 1 InsO) und der Befugnis des Zwangsverwalters (er hat das Grundstück zu verwalten, § 152 Abs 1 ZVG) bewirken. Einstellung ist nicht bloß deshalb möglich, weil dem Insolvenzverwalter durch die Zwangsverwaltung die Verwaltung und Benutzung des Grundstücks entzogen, seine Verwaltungsbefugnis damit eingeschränkt ist[4] (ist keine wesentliche Erschwerung zur sinnvollen Nutzung), nicht somit, weil der Insolvenzverwalter Miete und Pacht selbst einziehen möchte. Erschwert sein kann die Nutzung des Grundstücks für die Insolvenzmasse, wenn für sie Bodenerträgnisse benötigt werden oder die Grundstücksnutzung (zB als Geschäftsraum, Lagerhalle, Lager- oder Parkplatz) erforderlich ist. Nur teilweise Einstellung der Zwangsverwaltung kann reale Teile des Grundstücks, zB einen Gewerberaum, ein Fabrikgebäude, eine Grundstücksfläche) der Befugnis des Zwangsverwalters entziehen, somit für andere Grundstücksteile oder -flächen (zB für vermietete Räume eines Gebäudes) die Zwangsverwaltung fortdauern lassen.

670b Nachteil darf dem (betreibenden) Gläubiger aus der Einstellung nicht erwachsen. Sie ist daher (ohne Gläubigerantrag) mit der **Auflage** anzuordnen, dass die Nachteile, die sich für den betreibenden Gläubiger (nicht auch Berechtigte vorrangiger laufender Ansprüche, die selbst nicht vollstrecken[5]) aus der Einstellung ergeben werden, durch **laufende Zahlungen** aus der Insolvenzmasse auszugleichen sind (§ 153 b Abs 2 ZVG).

670c Einstellung auf Insolvenzverwalterantrag **hält den Fortgang** der Zwangsverwaltung **auf**. Die Beschlagnahme bleibt bestehen; der Zwangsverwaltungsvermerk bleibt eingetragen; der Zwangsverwalter bleibt im Amt, hat jedoch Verwaltungsrechte nicht auszuüben (Verfahrenshandlungen unterbleiben), daher entfällt auch sein Anspruch auf Vergütung. Die Verwaltung und Benutzung des Grundstücks obliegt dem Insolvenzverwalter; sein Verwaltungsrecht (§ 80 Abs 1 InsO) hat während der Einstellung Vorrang. Ist nur teilweise Einstellung angeordnet, bestehen Rechte und Pflichten des Zwangsverwalters und des Insolvenzverwalters nebeneinander; im Umfang der Teileinstellung haben die Verwaltungsbefugnisse des Insolvenzverwalters Vorrang; sonst hat der Zwangsverwalter Rechte und Pflichten wahrzunehmen.

670d Die einstweilige Einstellung **hebt das Vollstreckungsgericht** (nur) auf Antrag des betreibenden Gläubigers **wieder auf**, wenn ihre Voraussetzungen fortge-

---

[2] OLG Hamm MDR 1969, 851 = OLGZ 1969, 473; Stöber Rdn 6.7 zu § 146.
[3] Streitig; wie hier Stöber Rdn 6.5 zu § 146 mit Nachw; Dassler/Engels Rdn 4 zu § 161; anderer Ansicht Steiner/Eickmann Rdn 110 zu § 161; Mohrbutter/Drischler Muster 162 Anm 1; Drischler RpflJahrbuch 1969, 369 und 1971, 316.
[4] Stöber Rdn 2.3 zu § 153 b.
[5] Stöber Rdn 5.4 zu § 153 b.

fallen sind, wenn die Zahlungsauflagen (§ 153b Abs 2 ZVG) nicht beachtet werden oder wenn der Insolvenzverwalter zustimmt (§ 153c Abs 1 ZVG). Fortgefallen sind die Einstellungsvoraussetzungen, wenn durch die Zwangsverwaltung eine wirtschaftlich sinnvolle Nutzung der Insolvenzmasse nicht mehr wesentlich erschwert wird. Allein das Interesse des Insolvenzverwalters, der das Grundstück nicht mehr sinnvoll nutzt, an der Aufrechterhaltung seiner Verwaltungsbefugnis, rechtfertigt Fortdauer der Einstellung nicht. Nur teilweise Aufhebung der Einstellung kann angeordnet werden, wenn ihre Voraussetzungen nur für einen Grundstücksteil entfallen sind oder der Verwalter nur einer Teilaufhebung zustimmt.[6] Mit Aufhebung der Einstellung nimmt die Zwangsverwaltung mit dem bisherigen Beschlagnahmezeitpunkt ihren Fortgang.

7. Abschnitt. Aufhebung des Verfahrens
§ 161 ZVG
§ 12 ZwVwV

Schrifttum: Hintzen, Beschlagnahmewirkung nach Antragsrücknahme in der Zwangsverwaltung, Rpfleger 2009, 68; Klawikowski, Die Aufhebung der Zwangsverwaltung, Rpfleger 2010, 305; Wendlinger, Der Pflichtenkreis des Zwangsverwalters nach Aufhebung der Zwangsverwaltung, Rpfleger 2009, 544.

Aufzuheben ist das Verfahren (Gesamtübersicht mit weiteren – selteneren –   **671** Aufhebungsfällen siehe im Kommentar Rdn 3 zu § 161):
- wenn der Gläubiger seinen Zwangsverwaltungsantrag zurückgenommen hat (§ 29 Abs 1, § 161 Abs 4 ZVG; dazu Rdn 203, auch zum Zeitpunkt der Beendigung der Beschlagnahme),
- wenn ein der Zwangsverwaltung oder der Fortsetzung des Verfahrens entgegenstehendes Recht aus dem Grundbuch ersichtlich wird, nach Maßgabe des § 28 Abs 1 ZVG (dazu Rdn 160–163) (§ 161 Abs 4 ZVG),
- wenn eine Verfügungs„beschränkung" (Rdn 163b) oder ein Vollstreckungsmangel (Rdn 163c) bekannt wird, nach Maßgabe des § 28 Abs 2 ZVG,
- wenn der Gläubiger durch Zahlungen des Zwangsverwalters aus den Erträgnissen des Grundstücks befriedigt ist (§ 161 Abs 2 ZVG). Die Befriedigung hat der Zwangsverwalter, wenn sie nicht in einem Kapitalzahlungstermin (Rdn 658) erfolgt, dem Gericht unverzüglich anzuzeigen (§ 12 Abs 4 ZwVwV) und durch Vorlage der Belege (Zahlungsnachweise) darzutun. Aufgehoben wird, wenn das Verfahren von mehreren Gläubigern betrieben wird, nur das Verfahren des einzelnen Gläubigers, der voll befriedigt ist. Vollständig aufgehoben wird das Zwangsverwaltungsverfahren, wenn alle (noch) vollstreckenden Gläubiger in dieser Weise befriedigt sind. Befriedigung (Zahlungen usw) durch den Schuldner außerhalb des Verfahrens bewirkt keine Verfahrensaufhebung nach § 161 Abs 2 ZVG, sondern, wenn der Gläubiger seinen Antrag nicht zurücknimmt, nur Verfahrenseinstellung nach § 775 ZPO (siehe auch § 776 ZPO). Wenn Vollstreckungsgegenklage erhoben ist oder werden soll, kann auch nach § 769 (Abs 2) ZPO eingestellt werden,
- nach dem Ermessen des Gerichts (Kann-Vorschrift), wenn besondere Aufwendungen erforderlich sind und der Gläubiger den nötigen Geldbetrag nicht vorschießt (§ 161 Abs 3 ZVG); dazu Rdn 611,

---

[6] Stöber Rdn 2.7 zu § 153c.

– nach Erteilung (Rechtskraft) des Zuschlags; Rdn 673,
– nach Maßgabe des § 776 ZPO, wenn ein Einstellungsfall nach § 775 ZPO zugleich Aufhebung der getroffenen Vollstreckungsmaßregel erfordert.
Die Aufhebung erfolgt durch Beschluss des Gerichts (§ 161 Abs 1 ZVG; dazu Rdn 203), der dem Gläubiger und Schuldner (§ 161 Abs 4, § 32 ZVG) sowie dem Zwangsverwalter zuzustellen ist. Das Grundbuchamt ist um Löschung des Versteigerungsvermerks zu ersuchen (§ 161 Abs 4, § 34 ZVG).

672 **Folgen der Aufhebung** (Auswirkungen bei Aufhebung nach Zuschlag siehe Rdn 673–676): Mit der Aufhebung **enden die Rechte und Pflichten** des Zwangsverwalters; er hat seine Tätigkeit einzustellen. Die von ihm eingeleiteten Verwaltungsmaßnahmen hat der Zwangsverwalter abzuwickeln;[1] er hat somit auch noch nicht erfüllte Ausgaben der Verwaltung (§ 155 Abs 1 ZVG) wegzufertigen, insbesondere somit die von ihm begründeten Verbindlichkeiten aus dem vorhandenen Kassenbestand zu begleichen (§ 12 Abs 3 ZwVwV); die restigen Gerichtskosten des Verfahrens hat er zu bezahlen (§ 155 Abs 1 ZVG). Geschäfte, mit deren Aufschub Gefahr (Nachteile) verbunden wären, hat der Zwangsverwalter noch zu besorgen (§ 672 BGB entspr) bis der Schuldner sie wahrnehmen kann, wie zB die Verkehrssicherungspflicht, Prämienzahlung zur Aufrechterhaltung des Versicherungsschutzes. Eine weitergehende fortdauernde Tätigkeit im Außenverhältnis hat der Zwangsverwalter nicht zu entfalten.[2] Ansprüche, auf welche die Beschlagnahme sich erstreckt hat, kann er nicht mehr geltend machen, Einnahmen hat er somit nicht zu erheben. Öffentliche Lasten (§ 156 Abs 1 ZVG) hat der Zwangsverwalter nicht mehr zu leisten, Zahlungen an Berechtigte (§ 157 Abs 1 ZVG) darf er nicht mehr vornehmen. Die Verwaltung und Benutzung des Grundstücks (s § 148 Abs 2 ZVG) erlangt wieder der Schuldner; ihm (ggfs dem neuen Eigentümer) sind das Grundstück und der vorhandene Überschuss (Kassenbestand) herauszugeben.[3] Ihm obliegt wieder die Wahrnehmung der Rechte und die Erfüllung der Pflichten des Vermieters (Verpächters); daher sind Mieter (und Pächter) vom Zwangsverwalter zu verständigen. Die Prozessführungsbefugnis des Zwangsverwalters für Rechtsstreite über beschlagnahmt gewesene Ansprüche ist mit der Aufhebung der Zwangsverwaltung erloschen.[4] Ein anhängiger Rechtsstreit wird bei (freiwilligem) Eintritt des Eigentümers als materiell Berechtigter fortgeführt.[5] Der Gläubiger, der die Zwangsvollstreckung fortsetzen kann (sonst § 767 ZPO), kann seine Rücknahmeerklärung mit der Einschränkung versehen, dass bestimmte Vermögensrechte bis zu ihrer Durchsetzung weiter beschlagnahmt bleiben sollen.[6] Der Aufhebungsbeschluss ist dann dahin einzuschränken, dass der Verwalter die fortzuführenden Aufgaben weiter wahrzunehmen hat. Nach Verfahrensaufhebung ohne Vorbehalt kann das Vollstreckungsgericht den Verwalter zu Abwicklungsmaßnahmen nicht mehr ermächtigen.

672a Nach Aufhebung der Zwangsverwaltung muss der Verwalter **Schlussrechnung** erstellen (§ 14 Abs 3 ZwVwV) und bei Gericht einreichen (§ 154 S 2 ZVG); darüber hinaus sieht § 14 Abs 4 ZwVwV nach vollständiger Beendigung der

---

[1] BGH 155, 38 (43) = MDR 2003, 1378 = NJW-RR 2003, 1419 (1420).
[2] BGH 155, 38 (44) = aaO.
[3] BGH 71, 216 (220) = NJW 1978, 1529.
[4] BGH 155, 38 = aaO (Fußn 1).
[5] Siehe BGH 155, 38 (45) = aaO; zu älterer Ansicht auch BGH 71, 216 = MDR 1978, 915 = NJW 1978, 1529.
[6] BGH 155, 38 (44) = aaO.

Verwaltertätigkeit (Beendigung aller Zahlungsvorgänge) Einreichung einer Endabrechnung vor. Praktisch werden Schluss- und Endabrechnung zumeist zusammengefasst. Die Schlussrechnung kann auch noch durch Zwangsgeld erzwungen werden. Seine Bestallungsurkunde und den ihm zugestellten Anordnungsbeschluss (ebenso etwaige Beitrittsbeschlüsse) hat der Zwangsverwalter zurückzugeben (§ 12 Abs 2 S 2 ZwVwV).

8. Abschnitt. Zwangsverwaltung und Zuschlag

Mit dem Zuschlag wird der Ersteher Eigentümer des Grundstücks (§ 90 Abs 1 ZVG); ihm gebühren von da an die Nutzungen und er trägt die Lasten (§ 56 ZVG). Das **Zwangsverwaltungsverfahren** muss daher **nach** Erteilung des **Zuschlags aufgehoben** werden,[1] auch wenn der Zuschlag an den bisherigen Schuldner erteilt ist. Das Grundstück ist an den Ersteher als Eigentümer herauszugeben. Angeordnet werden soll die Aufhebung erst nach Rechtskraft des Zuschlags.[2] Mit Erteilung oder Rechtskraft des Zuschlags endet das Verfahren noch nicht von selbst; der Aufhebungsbeschluss wirkt vielmehr konstitutiv.[3] Bis zur Aufhebung hat der Zwangsverwalter nach Erteilung des Zuschlags nicht nur unaufschiebbare Geschäfte vorzunehmen, sondern seine Tätigkeit insgesamt uneingeschränkt fortzusetzen.[4] Jedoch muss der Verwalter in der Schwebezeit zwischen Wirksamkeit des Zuschlags und Aufhebung des Verfahrens im Hinblick auf die Rechtsstellung, die der Ersteher bereits erlangt hat, sich bei Ausübung seiner Befugnisse eine gewisse Zurückhaltung auferlegen.[5] Dem trägt er am besten Rechnung, wenn er im Einvernehmen mit dem Ersteher handelt.   **673**

Nach Erlass des Aufhebungsbeschlusses wegen Zuschlagserteilung **bleibt** der Zwangsverwalter zur Vornahme der noch anstehenden Geschäfte **befugt**. Rechte des Erstehers kann er jedoch nicht geltend machen.[6] Rechtshandlungen des Verwalters nach Zuschlagserteilung (und vor Aufhebung) verpflichten aber den Ersteher; dessen Haftung bleibt nicht auf die Grundstückserträgnisse beschränkt.[7]   **674**

Nach Aufhebung des Verfahrens wegen Zuschlagserteilung hat der Verwalter alle dem Schuldner gebührenden (beschlagnahmten) **Nutzungen** aus der Zeit bis zum Zuschlag noch einzuziehen und entsprechend der Zahlungsanweisung des Vollstreckungsgerichts nach dem Teilungsplan zu verteilen.[8] Erforderlichenfalls ist ein Termin zur Aufstellung des Teilungsplans für Ansprüche, die aus den vorhandenen Nutzungen noch gedeckt werden können, auch im Abwicklungsstadium (nach „Aufhebung" des Verfahrens) noch zu bestimmen.[9] Die Aufstellung eines Teilungsplans kommt dann aber nicht mehr in Betracht, wenn der Kassenbestand bereits ausbezahlt ist, somit keine Nutzungen aus der Zeit bis zum Zuschlag mehr vorhanden sind, jedoch eine andere Erlösabwicklung   **675**

---

[1] BGH 39, 235 = MDR 1963, 580 = NJW 1963, 1499; RG 64, 415 (417).
[2] LG Berlin NJW 1958, 1544; Stöber Rdn 3.11; Dassler/Engels Rdn 9 und 45, je zu § 161; anders Jaeckel/Güthe Rdn 7 zu § 161.
[3] Stöber wie Fußn 2.
[4] BGH 39, 235 = aaO (Fußn 1).
[5] LG Berlin NJW 1958, 1544.
[6] Stöber Rdn 6.2 zu § 161.
[7] BGH 39, 235 = aaO (Fußn 1).
[8] LG Berlin NJW 1958, 1544.
[9] Stöber Rdn 6.3 zu § 161.

(-verteilung) verlangt wird.[10] Die für die Zeit vor dem (bis zum) Zuschlag vereinnahmten Mietnebenkostenvorauszahlungen (Rdn 588, 606) stehen nicht für Ausgaben der Verwaltung sowie Kosten des Verfahrens und die Befriedigung der Gläubiger im Zwangsverwaltungsverfahren zur Verfügung.[11] Die vereinnahmen, aber nicht verbrauchten Nebenkostenvorauszahlungen hat der Zwangsverwalter für die Zeit bis zum Zuschlag (§ 56 S 2 ZVG) – und bei fortdauernder Zwangsverwaltung bis zur (Wirksamkeit der) Aufhebung – abzurechnen und an den Ersteher auszukehren, soweit diesem als Vermieter die Abrechnung und Rückzahlung eines Überschusses an den Mieter obliegt.[12]

675a   Der Zwangsverwalter kann die Nutzungen des Grundstücks bis zum Zuschlag weiterhin gerichtlich geltend machen.[13] Laufende Prozesse kann der Zwangsverwalter fortführen, soweit es die noch ausstehenden Geschäfte erfordern; erforderlichenfalls kann er auch neue Rechtsstreits beginnen.[14] Insoweit bestehen die Befugnisse aus seinem Amt über die Aufhebung hinaus fort. Bestimmung über diese fortdauernde Beschlagnahme- und Verfahrenswirkung für die Nutzungen des Schuldners bis zur Erteilung des Zuschlags (§ 56 S 2 ZVG) kann (und soll) der Aufhebungsbeschluss treffen.

> **Beispiel:** Der Zwangsverwalter hat seine Tätigkeit fortzusetzen
> – für die (außergerichtliche und gerichtliche) Geltendmachung der beschlagnahmten Grundstücksnutzungen bis zum Zuschlag (… 2010),
> – für die Abwicklung der noch laufenden Geschäfte.

Diese Bestimmung kann auch durch gesonderten Beschluss ergehen[15] (§ 12 Abs 2 S 1 ZwVwV). Möglich ist auch eine entsprechende Auslegung des Aufhebungsbeschlusses.[16] Die vorbehaltene Befugnis, rückständige Mieten einzuziehen, ermächtigt den Zwangsverwalter jedoch nicht, einen Rechtsstreit gegen Dritte zu beginnen, welche die Mieten unberechtigt vereinnahmt haben.[17] Ebenso kann der Zwangsverwalter Ansprüche gegen den Ersteher wegen der auf die Zeit nach dem Zuschlag entfallenden Lasten (bereits bezahlte Gebäudeversicherung, Abfallgebühren, Straßenreinigungskosten usw, die vom Zuschlag an der Ersteher zu tragen hat, § 56 S 2 ZVG) nicht einklagen[18] (kein beschlagnahmter Anspruch). Forderungen, die in Bezug auf das Schuldnervermögen erhoben werden, können gegen den Zwangsverwalter gerichtlich nicht mehr geltend gemacht werden.[19]

675b   Zahlungen des Zwangsverwalters sind bei der getrennt vorzunehmenden Verteilung des Versteigerungserlöses zu berücksichtigen. Soweit dies nach dem Stand des Verfahrens möglich ist, sind daher alle planmäßigen **Zahlungen** aus der Zwangsverwaltungsmasse vor der Erlösverteilung in der Zwangsversteige-

---

[10] LG Chemnitz Rpfleger 2002, 91.
[11] BGH NJW-RR 2008, 323 (324) = Rpfleger 2008, 89 (91).
[12] BGH NJW-RR 2008, 323 = aaO. Zur Abrechnungspflicht des Zwangsverwalters nach Aufhebung der Zwangsverwaltung über eine (vermietete) Eigentumswohnung sowie ein Mehrfamilienhaus siehe auch Wendlinger Rpfleger 2009, 544.
[13] BGH MDR 2003, 1306 = NJW-RR 2006, 138 (139); BGH NJW-RR 1990, 1213; OLG Stuttgart NJW 1975, 265; s auch BGH 155, 38 (41, 42) = MDR 2003, 1378 = NJW-RR 2003, 1419.
[14] OLG Frankfurt MDR 1971, 226.
[15] Stöber Rdn 7.2 zu § 161.
[16] BGH 155, 38 (44) = aaO (Fußn 13).
[17] BGH MDR 2009, 1413 = NJW 2010, 17 = NZI 2009, 862 = Rpfleger 2010, 38.
[18] BGH MDR 2009, 1068 = NJW-RR 2010, 214 = NZI 2009, 572.
[19] BGH MDR 2005, 1306 = NJW-RR 2006, 138 (139).

rung zu leisten. Können Zahlungen durch den Zwangsverwalter erst nach der Erlösverteilung in der Zwangsversteigerung geleistet werden (zB weil Mittel erst nach späterem erfolgreichem Abschluss eines Rechtsstreits eingegangen sind), so haben darauf nicht die in der Zwangsversteigerung ausgefallenen Gläubiger Anspruch, sondern die nach dem Teilungsplan des Zwangsverwaltungsverfahrens zum Zuge kommenden Berechtigten, soweit ihre Ansprüche nun nicht bereits aus dem Zwangsversteigerungserlös gedeckt sind. Zwangsversteigerungs- und Zwangsverwaltungserlös dürfen nicht gemeinsam verteilt werden.

Für den Abwicklungszeitraum erhält der Verwalter eine angemessene **Vergütung**, die zweckmäßig bereits im Voraus festgesetzt wird.[20] Der Ersteher darf mit dieser Verwaltervergütung nicht belastet werden.[21] Abzurechnen ist bis zum Zuschlag (§ 56 S 2 ZVG) für den Schuldner, und gesondert für die Zeit danach zugunsten bzw zu Lasten des Erstehers.   676

Sechster Teil. Zwangsversteigerung von Schiffen, Schiffsbauwerken und Luftfahrzeugen im Wege der Zwangsvollstreckung
§§ 162–171 e ZVG

Schrifttum: Bauer, Die Zwangsvollstreckung in Luftfahrzeuge einschließlich Konkurs- und Vergleichsverfahren, JurBüro 1974, 1; Dobberahn, Rechte an Schiffen und Luftfahrzeugen, MittRhNotK 1998, 145; Haupt, Fragen zur Sicherung der Zwangsvollstreckung in Luftfahrzeuge, NJW 1974, 1457; Hornung, Die Abwrackaktion in der Binnenschifffahrt, Rpfleger 1970, 117; Hornung, Das Schwimmdock in der Register- und Vollstreckungspraxis, Rpfleger 2003, 232; Mohrbutter, Treuhänderische Nutzung eines Schiffes in der Zwangsversteigerung, KTS 1963, 21; Mohrbutter, Neuerungen zum Schiffsversteigerungsrecht, KTS 1969, 77; Mohrbutter, Zum Schiffsversteigerungsrecht, KTS 1974, 88.

Schiffe (auch ein Schiffsbauwerk) und Luftfahrzeuge sind Gegenstand der Immobiliarvollstreckung (siehe bereits Rdn 11); eine Zwangsverwaltung findet jedoch nicht statt; eine Besonderheit gilt für Arrestvollziehung (§ 931 ZPO). Das Verfahren zur Zwangsversteigerung von **Schiffen** sowie eines **Schiffsbauwerks** im Wege der Zwangsvollstreckung ist weitgehend den Vorschriften über die Zwangsversteigerung von Grundstücken angepasst (siehe § 162 ZVG). Grundlage dafür stellt das seiner Einrichtung nach dem Grundbuch verwandte Schiffsregister (Schiffsbauregister) (siehe § 163 Abs 2 ZVG) dar. Sonderbestimmungen regeln die Besonderheiten, die sich für das Verfahren mit der natürlichen Eigenschaft der Schiffe usw als „bewegliche Gegenstände" ergeben (zB Bewachung und Verwahrung, § 165 Abs 1, § 170 ZVG). **Zuständig** für die Zwangsversteigerung eines Schiffs ist als Vollstreckungsgericht das Amtsgericht, in dessen Bezirk sich das Schiff bei Erlass des Anordnungsbeschlusses befindet (§ 163 Abs 1 ZVG), also nicht das Gericht des Heimathafens (s auch Rdn 48). In Baden-Württemberg, Hamburg und Nordrhein-Westfalen ist die Zuständigkeit zentralen Amtsgerichten zugeordnet.[1] Entsprechendes gilt für Zwangsversteigerung eines Schiffsbauwerks (§ 170a Abs 2 ZVG) und eines ausländischen Schiffs (§ 171 Abs 2 ZVG). Nicht angeordnet werden darf die Zwangsversteigerung eines Schiffs im Wege der Zwangsvollstreckung, wenn es   677

---

[20] LG Berlin NJW 1958, 1544.
[21] LG Berlin Rpfleger 1990, 267.
[1] Siehe Stöber Rdn 2.3 zu § 163.

sich auf der Reise befindet und nicht in einem Hafen liegt (§ 482 HGB). Auf der Reise ist das Schiff schon, wenn der Lotse an Bord ist und das Schiff „segelfertig" ist. Die **Beschlagnahme** wird auch mit Vollziehung der Bewachung und Verwahrung des Schiffs wirksam (§ 165 Abs 1 ZVG). Sie erstreckt sich auch auf das Zubehör des Schiffs (nicht aber auf Fremdzubehör), auf Bestandteile und Versicherungsforderungen (§§ 31, 32 SchiffsRG), nicht aber auf Miet- und Pachtforderungen. Einstweilige **Einstellung** mit Treuhandschaft: § 165 Abs 2 ZVG. Verfahrens**beteiligte** sind die in § 9 ZVG Bestimmten (Rdn 52–57), somit auch alle Schiffsgläubiger, außerdem die Träger der Sozialversicherung einschließlich der Arbeitslosenversicherung, die gesetzlich durch die Deutsche Rentenversicherung Knappschaft-Bahn-See bzw die Berufsgenossenschaft für Fahrzeughaltungen (mit ihr ist die Binnenschifffahrts-Berufsgenossenschaft fusioniert) vertreten werden (§ 163 Abs 3 ZVG). **Schiffshypothek:** § 8 SchiffsRG; sie ist Buchhypothek; das Gläubigerrecht bestimmt sich nur nach der Forderung (= Sicherungshypothek, § 8 Abs 1 S 3 SchiffsRG); sie erlischt stets mit der Forderung (§ 57 Abs 1 S 1 SchiffsRG); Höchstbetragssicherungshypothek: § 75 SchiffsR. Ein gesetzliches Pfandrecht in Form eines Schiffsgläubigerrechts besteht nach § 755 HGB, § 103 BinSchG. Die Schiffs-Gläubiger können sich vor überraschenden Versteigerungen (etwa während einer Auslandsreise) mit Anmeldung ihrer Forderungen beim Registergericht schützen (§ 168b ZVG). **Wertfestsetzung** erfolgt nach § 74a ZVG bei Schiffsbauwerken, nicht bei Seeschiffen (§ 169a ZVG); für Binnenschiffe gelten Sondervorschriften (§§ 13–16 BinSchG). Besonders geregelt ist die Zwangsversteigerung **ausländischer** Schiffe (§ 171 ZVG).

678 Auch die Zwangsversteigerung von **Luftfahrzeugen** ist unter Regelung der sich aus der Art des Vollstreckungsgegenstandes ergebenden Besonderheiten weitgehend den Vorschriften über die Zwangsversteigerung von Grundstücken angepasst (§§ 171a–g ZVG). Zuständigkeit: § 171b ZVG = Amtsgericht Braunschweig. Zwangsversteigerung ausländischer Luftfahrzeuge: §§ 171h–n ZVG.

679 Auf die Einzel- und **Besonderheiten** der Zwangsversteigerung von Schiffen usw sowie Luftfahrzeugen soll im Rahmen dieses Handbuchs nicht eingegangen werden. Es wird auf die Erläuterungen im Kommentar Anmerkungen zu §§ 162–171n, verwiesen.

Zweites Buch.
Vollstreckungsähnliche Verfahren über das unbewegliche Vermögen

Erster Teil. Zwangsversteigerung und Zwangsverwaltung auf Antrag des Insolvenzverwalters
§§ 172–174 ZVG; § 165 InsO

Schrifttum: Muth, Die Zwangsversteigerung auf Antrag des Insolvenzverwalters, ZIP 1999, 945; Stöber, Erlöschen der Auflassungsvormerkung und Erbbauzins-Reallast bei der Insolvenzverwalterversteigerung, NJW 2000, 3600; Vallender, Zwangsversteigerung und Zwangsverwaltung im Lichte des neuen Insolvenzrechts, Rpfleger 1997, 353; Worm, Die Rechtsstellung des Konkursverwalters und seine Aufgaben im Versteigerungsverfahren nach § 172 ZVG, KTS 1961, 119.

1. Abschnitt. Voraussetzungen und Anordnung

Anordnungsbeschluss: Auf Antrag des Insolvenzverwalters ... wird gemäß § 165 **680** InsO, § 172 ZVG

die Zwangsversteigerung

des in Nürnberg gelegenen, im Grundbuch von Gärten Blatt 3685 auf den Namen des Gemeinschuldners ... eingetragenen Grundstücks FlStNr 900, Weststraße 90, Wohnhaus, Hofraum, Garten zu 630 m² angeordnet. Die Zustellung dieses Beschlusses an den Insolvenzverwalter ist im Sinne der §§ 13, 55 ZVG als Beschlagnahme des Grundstücks anzusehen.

Der Insolvenzverwalter hat das zur Insolvenzmasse gehörende Schuldnervermögen (§ 35 InsO) zu verwerten (§ 159 InsO). Um die zur Masse gehörigen unbeweglichen Gegenstände in Geld umzusetzen, kann er die Zwangs**versteigerung** betreiben (§ 165 InsO). Vorteil gegenüber einer freihändigen Veräußerung durch den Insolvenzverwalter: Gewährleistungsansprüche sind ausgeschlossen (§ 56 S 3 ZVG), Vorkaufsrechte können nicht ausgeübt werden (Rdn 686), der Insolvenzverwalter hat Schadensersatzansprüche nicht zu gewärtigen, auch ein hoch belastetes Grundstück lässt sich mit Sonderfeststellung des geringsten Gebots (§§ 174, 174 a ZVG) verwerten. Oft bringt die Versteigerung auch einen höheren Erlös. **681**

Die Zwangs**verwaltung** kann der Insolvenzverwalter zur Verwaltung der zur Masse gehörigen unbeweglichen Gegenstände beantragen (§ 165 InsO).

Für Antragstellung ist kein Vollstreckungstitel, aber Nachweis des Antragsrechts durch Vorlage der Bestallung (§ 56 Abs 2 InsO) erforderlich. Eintragung des Schuldners des Insolvenzverfahrens nach § 17 ZVG (Rdn 105; dort auch zum Erbnachweis) ist erforderlich. Das Grundstück darf nicht aus der Masse freigegeben sein (Nachweis durch Insolvenzvermerk im Grundbuch). **681a**

2. Abschnitt. Besondere Bestimmungen

Insolvenzverwalterversteigerung und -zwangsverwaltung sind Verfahren als Teil **682** des 8. Buchs der ZPO über „Zwangsvollstreckung"[1] (§ 869 ZPO). Der Insol-

---

[1] Stöber Rdn 1 zu § 172.

venzverwalter vereinigt im Verfahren in seiner Person die Stellung eines betreibenden Gläubigers und des Schuldners. Der Schuldner des Insolvenzverfahrens ist am Verfahren nicht beteiligt; seine zusätzliche Zuziehung und damit Zustellungen an ihn empfehlen sich jedoch.[2] Wegen der bereits wirksamen insolvenzrechtlichen Beschlagnahme (siehe (§ 80 Abs 1 InsO) gilt der Anordnungsbeschluss nicht als Beschlagnahme. Nur im Sinne des § 13 ZVG (Rdn 88) und § 55 ZVG (Rdn 281–286) ist die Zustellung des Anordnungsbeschlusses an den Insolvenzverwalter als **Beschlagnahme** anzusehen (§ 173 ZVG). Ein **Zwangsvollstreckungsvermerk** (§ 19 Abs 1 ZVG) wird in das Grundbuch eingetragen. Bei der nach § 30 ZVG möglichen **Einstellung** des Zwangsversteigerungsverfahrens erfolgt die Belehrung des Insolvenzverwalters nach § 31 ZVG; Fortsetzungsfrist: 6 Monate ab Zustellung dieses Hinweises; §§ 30 a, d ZVG finden keine Anwendung.

683 **Wertfestsetzung** (§ 74 a Abs 5 ZVG; Rdn 210 ff) ist nach § 85 a Abs 2 ZVG nötig. Als Beteiligter ist der Insolvenzverwalter zu hören und beschwerdeberechtigt, nicht auch der Schuldner des Insolvenzverfahrens. Ihm kann (und sollte) jedoch Gelegenheit zur Äußerung gegeben werden.
Die **Terminbestimmung** (Rdn 219, 221) muss nach § 37 Nr 3 mit § 172 ZVG die Angabe enthalten, dass die

> Versteigerung auf Antrag des Insolvenzverwalters erfolgt.[3]

Die **Aufforderung nach § 37 Nr 4 ZVG** (Rdn 222) lautet demgemäß:

> ... Rechte anzumelden und glaubhaft zu machen, wenn der Insolvenzverwalter widerspricht.

Mitteilung der Terminsbestimmung erfolgt nach MiZi Nr XI/1 (Text im Kommentar T 34) an Gemeindeverwaltung und Stellen, die öffentliche Lasten einziehen, nicht aber an Finanzamt, Hauptzollamt und Gemeindesteuerstelle zur Bekanntmachung rückständiger Betriebssteuern.

684 **Geringstes Gebot:** Es müssen sämtliche an dem Grundstück bestehenden Belastungen als bestehen bleibend (§ 52 ZVG) und in das geringste Bargebot aufgenommen werden die Kosten des Verfahrens (§ 109 ZVG), die in § 10 Abs 1 Nrn 1 bis 3 ZVG bezeichneten Ansprüche und die Kosten (§ 10 Abs 2 ZVG) sowie die wiederkehrenden Leistungen und anderen Nebenleistungen (§ 12 Nrn 1 und 2 ZVG) der bestehen bleibenden Rechte (Deckungsgrundsatz). Grund: Grundstücksverwertung auf Insolvenzverwalterantrag hat den Zweck, dasjenige zur Insolvenzmasse einzuziehen, was nach Berichtigung der aus dem Grundstück zu befriedigenden Ansprüche von dem Erlös übrigbleibt. Für die entsprechende Anwendung (§ 172 ZVG) der Vorschriften über das geringste Gebot hat der Insolvenzverwalter daher die Stellung eines betreibenden Gläubigers (§ 44 ZVG). Zu berücksichtigen sind die bei der Eintragung des Versteigerungsvermerks schon eingetragenen Belastungen ohne Anmeldung, die später (etwa noch) eingetragenen und alle anderen Ansprüche (Rangklassen 1–3, Kosten nach § 10 Abs 2 ZVG, rückständige wiederkehrende Leistungen, auch ältere in Rangklassen 7 und 8, usw) nur auf Grund Anmeldung (§§ 172, 44 ff ZVG). Einzelheiten im Kommentar Rdn 2 zu § 174.
Besonderheit nach § 174 ZVG: Auf Antrag **abweichendes geringstes Gebot** und **Doppelausgebot.** Grund: § 52 InsO; der Gläubiger hat ein Interesse an baldiger

---

[2] Stöber Rdn 3.3 zu § 172.
[3] OLG Koblenz NJW 1959, 1833.

Feststellung des Ausfalls, damit er seinen persönlichen Anspruch im Insolvenzverfahren verfolgen kann.

Abweichendes geringstes Gebot auf **Antrag des Insolvenzverwalters:** § 174 a
ZVG. Gehört zur Insolvenzmasse ein Anspruch nach § 10 Abs 1 Nr 1 a ZVG
auf Ersatz der Kosten für Feststellung beweglicher Gegenstände, auf die sich
die Versteigerung erstreckt (Rdn 70 a), sind auf Antrag im geringsten Gebot nur
die diesem Anspruch vorgehenden Rechte zu berücksichtigen, mithin nur die
Kosten des Verfahrens (§ 109 ZVG) und die Zwangsverwaltungsvorschüsse.
Bestehen bleibende Rechte (§ 52 ZVG) werden damit nicht in das geringste
Gebot aufgenommen; somit erlöschen alle Rechte am Grundstück (§ 91 Abs 1
ZVG), wenn das Grundstück mit diesem abweichenden geringsten Gebot zuge-
schlagen wird. Diese Regelung ist grundlegend verfehlt.[4]

Der **Beitritt** eines Vollstreckungsgläubigers mit Recht auf abgesonderte Befrie-   685
digung (§ 49 InsO) zu einem Insolvenzverwalterverfahren nach § 172 ZVG ist
nicht möglich.[5] Ebenso kann der Insolvenzverwalter einem bereits anhängigen
Vollstreckungsverfahren nicht mit einem Antrag nach § 165 InsO zur Einleitung eines den §§ 172–174 ZVG unterliegenden Verfahrens beitreten. Richtig:
Beide Verfahren sind ganz verschieden, sie können daher unabhängig voneinander laufen.[6]

Wenn das Grundstück einem **Mieter** oder Pächter überlassen ist, finden §§ 57–   686
57 b ZVG auch in der vom Insolvenzverwalter nach § 172 ZVG betriebenen
Zwangsversteigerung entsprechende Anwendung.

Das gesetzliche **Vorkaufsrecht** der Gemeinde nach dem **Baugesetzbuch** (§§ 24 ff)
ist in der Zwangsversteigerung auf Antrag des Insolvenzverwalters ausgeschlossen.[7] Ein dingliches Vorkaufsrecht kann nicht ausgeübt werden (§ 1098 Abs 1
S 1 mit § 471 BGB).

Ein Gebot können auch der Insolvenzverwalter (ohne Nachweis der Zustimmung der Gläubigerversammlung) und der Schuldner des Insolvenzverfahrens
(Erwerb dann aber zur Insolvenzmasse, § 35 InsO) abgeben. Erhöhte Sicherheitsleistung: § 68 Abs 3 ZVG.

Ein Übererlös gebührt dem Insolvenzverwalter für die Insolvenzmasse.

Bei **Eigenverwaltung** (§ 270 InsO) hat der Schuldner des Insolvenzverfahrens die   686a
Insolvenzmasse zu verwalten und zu verwerten. Er kann daher auch die Insolvenzverwalter-Zwangsversteigerung und -Zwangsverwaltung betreiben (§ 165
InsO, der nach § 270 Abs 1 S 2 InsO gilt). Das Einvernehmen des Sachverwal-
ters (§ 282 Abs 2 InsO) ist dem Vollstreckungsgericht nicht nachzuweisen.

Zweiter Teil. Zwangsversteigerung auf Antrag des Erben usw.
§§ 175–179 ZVG

1. Abschnitt. Voraussetzungen und Anordnung

Anordnungsbeschluss: Auf Antrag des Erben (des Miterben) ... wird gemäß § 175   687
ZVG

---

[4] Stöber NJW 2000, 3600.
[5] Stöber Rdn 7 zu § 172 mit Nachw; Dassler/Rellermeyer Rdn 13 zu § 172.
[6] Dazu Stöber Rdn 7 zu § 172.
[7] Stöber Rdn 10.5 zu § 81; Stöber NJW 1988, 3121.

die Zwangsversteigerung

des in Nürnberg gelegenen, im Grundbuch von Gärten Blatt 3685 auf den Namen
des am ... verstorbenen Erblassers ... eingetragenen Grundstücks FlStNr 900,
Weststraße 90, Wohnhaus, Hofraum, Garten, zu 630 m² angeordnet. Die Zustellung
dieses Beschlusses an den Antragsteller ist im Sinne der §§ 13, 55 ZVG als Beschlagnahme des Grundstücks anzusehen.

688   Der Erbe kann sich durch Aufgebot der Nachlassgläubiger Kenntnis über die
Höhe der Schulden verschaffen (§§ 1970–1974 BGB). Für Rechte an Nachlass-
grundstücken kann das Ausmaß der persönlichen Erbenhaftung jedoch erst
genau bestimmt werden, wenn feststeht, ob und in welcher Höhe Gläubiger aus
dem Grundstück Befriedigung nicht zu erlangen vermögen. Um dem Erben für
seine Entscheidung über die Beschränkung der Erbenhaftung diese Feststellung
zu ermöglichen, gibt ihm § 175 ZVG die Möglichkeit, die Zwangsversteigerung
(nicht die Zwangsverwaltung) eines Nachlassgrundstücks zu verlangen.
Antragsvoraussetzung genau: § 175 ZVG. Antragsberechtigt ist jeder Miterbe.[1]
Glaubhaftmachung: § 177 ZVG. Beschränkung bei Nachlassinsolvenzverfah-
ren: § 178 ZVG.

2. Abschnitt. Besondere Bestimmungen

689   Im Verfahren sind **Miterben,** die den Antrag nicht gestellt haben, **Beteiligte**
nach § 9 ZVG. Der Antragsteller vereinigt, wie im Verfahren nach §§ 172–174
ZVG der Insolvenzverwalter (Rdn 682), Gläubiger- und Schuldnerrolle in einer
Person.
Der Anordnungsbeschluss wirkt nicht als **Beschlagnahme;** seine Zustellung an
den Antragsteller ist jedoch im Sinne des § 13 ZVG (Rdn 88) und § 55 ZVG
(Rdn 281–286) als Beschlagnahme anzusehen (§ 173 ZVG entspr; siehe § 176
ZVG und Rdn 682). Ein **Zwangsversteigerungsvermerk** wird eingetragen. Ein-
stellung nach § 30 ZVG auf Bewilligung des Erben oder antragstellenden Mit-
erben. **Wertfestsetzung** (§ 74a Abs 5 ZVG; Rdn 210 ff) ist nach § 85a Abs 2
ZVG nötig. Die **Terminsbestimmung** (Rdn 219, 221) muss nach § 37 Nr 3 mit
§ 176 ZVG die Angabe enthalten, dass die

Versteigerung auf Antrag des Erben (eines Miterben) gemäß §§ 175–179 ZVG erfolgt.

Bei der Aufforderung nach § 37 Nr 4 ZVG (Rdn 222) ist demgemäß zu sagen:

... Rechte anzumelden und glaubhaft zu machen, wenn der Erbe (antragstellende
Miterbe) widerspricht.

Mitteilung der Terminsbestimmung erfolgt nach MiZi Nr XI/1 (Text im Kommentar T 34) an Gemeindeverwaltung und Stellen, die öffentliche Lasten einziehen, nicht aber an Finanzamt, Hauptzollamt und Gemeindesteuerstelle zur
Bekanntgabe rückständiger Betriebssteuern.

690   **Geringstes Gebot:** Es müssen sämtliche an dem Grundstück bestehenden Rechte aufgenommen werden (Deckungsgrundsatz); siehe dazu Rdn 684. Einzelheiten im Kommentar Rdn 3.9 zu § 176. Besonderheit nach § 174 (§ 176) ZVG
auch hier (siehe Rdn 684): Auf Antrag abweichendes geringstes Gebot und
Doppelausgebot. Folge für den Nachlassgläubiger hier aber: § 179 ZVG.

---

[1] Jaeckel/Güthe Rdn 4; Stöber Rdn 2.2, je zu § 175.

Der **Beitritt** eines Miterben oder eines anderen nach § 175 ZVG Antragsbe- 691
rechtigten zu dem schon auf Antrag eines anderen angeordneten Verfahren ist
möglich. Nicht möglich ist dagegen der Beitritt eines Vollstreckungsgläubigers
zu einem Verfahren nach § 175 ZVG oder eines Antragstellers aus § 175 ZVG
zu einem Vollstreckungsversteigerungsverfahren.[2]
Wenn das Grundstück einem **Mieter** oder Pächter überlassen ist, finden §§ 57–
57b ZVG entsprechende Anwendung. Das gesetzliche **Vorkaufsrecht** der Gemeinde nach dem **Baugesetzbuch** (§§ 24 ff) ist in der Zwangsversteigerung auf
Antrag des Erben usw ausgeschlossen (wie Rdn 686).

Dritter Teil. Zwangsversteigerung zum Zwecke der Aufhebung einer Gemeinschaft

§§ 180–185 ZVG

Schrifttum: Drescher, Die Zwangsversteigerung zum Zwecke der Aufhebung der Gemeinschaft
an einem Grundstück, Dissertation, 1908; Drischler, Die Aufhebung der ungeteilten Erbengemeinschaft durch Zwangsversteigerung des Nachlassgrundstücks, JurBüro 1963, 241 und
501; Drischler, Die Zwangsversteigerung zum Zwecke der Aufhebung der Gemeinschaft, Jur-
Büro 1981, 1441, 1601 und 1765; Hamme, Das Zusammentreffen von Teilungs- und Forde-
rungsversteigerung, Rpfleger 2002, 248; Schiffhauer, Soziale Aspekte im Zwangsversteigerungsverfahren, Rpfleger 1978, 397; Schiffhauer, Besonderheiten der Teilungsversteigerung,
ZIP 1982, 526 und 660; Stöber, Das Verteilungsverfahren bei der Teilungsversteigerung und
die Auseinandersetzung unter den Grundstückseigentümern, Rpfleger 1958, 73.
(Zu Einzelfragen) Brudermüller, Das Familienheim in der Teilungsversteigerung, FamRZ
1996, 1516; Drischler, Voreintragung der Erben bei der Teilungsversteigerung, MDR 1960,
466; Drischler, Neuerungen zum Vollstreckungsschutz in den Verfahren der Zwangsversteigerung zum Zwecke der Aufhebung der Gemeinschaft, NJW 1986, 1853; Ebeling, Teilungs- und
Vollstreckungsversteigerung, Rpfleger 1991, 349; Hill, Kann ein Miterbe, dessen Miterbenanteil gepfändet ist, im Zwangsversteigerungsverfahren zum Zwecke der Aufhebung der Gemeinschaft einen Einstellungsantrag gemäß § 180 Abs 2 ZVG stellen? MDR 1959, 92; Jansen,
Zwei Fragen zur Teilungsversteigerung, Rpfleger 1954, 435; Metzger, Rechtliches Gehör bei
der Teilungsversteigerung? NJW 1966, 2000; Mohrbutter, Zur Auslegung des § 180 Abs 2
ZVG neuer Fassung, Rpfleger 1954, 235; Quardt, Kann der Schuldner, dessen Miterbenanteil
an einem Grundstück gepfändet worden ist, die Teilungsversteigerung gemäß § 180 ZVG betreiben? JurBüro 1963, 262; Rellermeyer, DDR-Güterstand und Teilungsversteigerung, Rpfleger 1995, 321; Schalhorn, Gibt es im Verfahren der Teilungs-(Auseinandersetzungs-
)Versteigerung nach den §§ 180 ff ZVG eine Kostenerstattung? Gegebenenfalls nach welchem
Wert? JurBüro 1970, 137; Schiffhauer, Ist § 1365 Abs 1 BGB n. F. auf den Teilungsversteige-
rungsantrag anwendbar? FamRZ 1960, 185; Schneider, Zur Kostenerstattung bei der Teilungsversteigerung nach §§ 180 ff ZVG, JurBüro 1966, 730; Schneider, Zwangsversteigerung
auf Antrag eines Miterben ohne Beteiligung des Testamentsvollstreckers, Rpfleger 1976, 384;
Stöber, Ist § 765a ZPO bei der Zwangsversteigerung zur Aufhebung einer Gemeinschaft anwendbar? Rpfleger 1960, 237; Stöber, Antrag auf Teilungsversteigerung nach Pfändung eines
Miterbenanteils und Einstellungsantrag nach § 180 Abs 2 ZVG des Pfändungsschuldners,
Rpfleger 1963, 337; Teufel, § 765a ZPO in der Teilungsversteigerung, Rpfleger 1976, 86.

1. Abschnitt. Die Aufhebung einer Gemeinschaft

Durch **Zwangsversteigerung und Teilung des Erlöses** erfolgt die **Aufhebung der** 692
Gemeinschaft nach Bruchteilen oder zur gesamten Hand (Rdn 6, 6b) an einem

---

[2] Stöber Rdn 3.2 und 4 zu § 176.

Grundstück, grundstücksgleichen Recht, Schiff, Schiffsbauwerk oder Luftfahrzeug, wenn die Miteigentümer sich nicht rechtsgeschäftlich auseinanderzusetzen vermögen (notarielle Beurkundung erforderlich) und Teilung in Natur (§ 752 BGB; Ausnahme) ausgeschlossen ist.[1] In dieser Weise werden auseinandergesetzt:

- **Gemeinschaft nach Bruchteilen** (§ 753 Abs 1 BGB). Jeder ihrer Teilhaber kann die Aufhebung der Gemeinschaft jederzeit verlangen (§ 749 Abs 1 BGB);
- **Erbengemeinschaft** (§ 2042 Abs 2 mit § 753 Abs 1 BGB); deren Auseinandersetzung kann jeder Miterbe jederzeit verlangen (§ 2042 Abs 1 BGB), sofern nicht ein Fall der §§ 2043–2045 BGB gegeben ist;
- **Gesellschaft des bürgerlichen Rechts** nach ihrer Auflösung (§ 730 Abs 1, § 731 BGB), sofern nicht anders nach einer Vereinbarung der Gesellschafter oder nach §§ 732, 733 BGB zu verfahren ist;
- eheliche **Gütergemeinschaft** nach Beendigung dieses Güterstandes (§ 1471 Abs 1 BGB), soweit nichts anderes vereinbart (§ 1474 BGB) oder gesetzlich geregelt ist (zB in § 1477 Abs 2, § 1478 BGB); siehe § 1477 Abs 1 BGB;
- fortgesetzte Gütergemeinschaft nach Beendigung (§ 1497 BGB), siehe § 1477 Abs 1, § 1498 BGB;
- nur ausnahmsweise eine **Offene Handelsgesellschaft** und eine **Kommanditgesellschaft**. Nach Auflösung findet bei diesen Handelsgesellschaften die Liquidation statt (§ 145 Abs 1, § 161 Abs 2 HGB). Jedoch kann eine Teilungsversteigerung als andere Art der Auseinandersetzung von den Gesellschaftern vereinbart sein (§ 145 Abs 1, § 161 Abs 2 HGB); sie kann dann von einem Gesellschafter (oder von allen) betrieben werden. Teilungsversteigerung kann außerdem auch von den (allen) Liquidatoren gemeinschaftlich beantragt werden;[2]
- nur ausnahmsweise auch eine **Partnerschaft** sowie eine **Europ wirtschaftliche Interessenvereinigung** (Regel ist, wie auch bei der OHG, nach Auflösung Liquidation sowie Abwicklung).

Verfahrensziel der Teilungsversteigerung ist, an die Stelle des in Natur nicht teilbaren Gegenstandes eine unter die Miteigentümer aufteilbare Geldsumme treten zu lassen.[3]

2. Abschnitt. Anordnung des Verfahrens
§ 180 Abs 1, §§ 181, 15–26, 28 ZVG

693 **Antrag:** Eingetragener Eigentümer des im Grundbuch des Amtsgerichts Nürnberg für Gemarkung Gärten Blatt 3685 vorgetragenen Grundstücks FlStNr 901, Weststraße 91, Wohnhaus, Hofraum, Garten, zu 625 m² ist der Schlossermeister Hans Gut in Nürnberg. Dieser ist am ... in ... verstorben. Nach dem beigefügten Erbschein des Amtsgerichts Nürnberg vom ..., Aktenz VI ..., wurde er beerbt zu gleichen Teilen von seinen Kindern
a) Gut Karl, Mechanikermeister in Nürnberg, ...straße Nr ...
b) Gut Fritz, Angestellter in Nürnberg, ...straße Nr ...
c) Huhn Grete, geb. Gut, Kaufmannswitwe in Nürnberg, ...straße Nr ...

[1] BVerfG 42, 64 = MDR 1976, 820 = NJW 1976, 1391; OLG Hamm Rpfleger 1964, 341 mit Anm Haegele.
[2] LG Kaiserslautern Rpfleger 1985, 121; Stöber Rdn 2.4 zu § 180 mit weit Nachw.
[3] BVerfG 42, 64 = aaO (Fußn 1); BGH 4, 84 = NJW 1952, 263.

Die von mir vertretene Miterbin Grete Huhn betreibt die Auseinandersetzung des Nachlasses. Für diese Miteigentümerin beantrage ich daher, zum Zwecke der Aufhebung der Erbengemeinschaft die Zwangsversteigerung des Grundstücks FlStNr 901 Gemarkung Gärten anzuordnen. Vollmacht liegt an.

Anordnungsbeschluss: Zum Zwecke der Aufhebung der Gemeinschaft, die in Ansehung des in Nürnberg gelegenen, im Grundbuch für Gemarkung Gärten Blatt 3685 auf den Namen des Schlossermeisters Hans Gut in Nürnberg eingetragenen Grundstücks FlStNr 901, Weststraße 91, Wohnhaus, Hofraum, Garten, zu 625 m² zwischen den Erben des am ... verstorbenen eingetragenen Eigentümers, nämlich 694

a) Gut Karl, Mechanikermeister in Nürnberg, ...straße Nr ...

b) Gut Fritz, Angestellter in Nürnberg, ...straße Nr ...

c) Huhn Grete, geb. Gut, Kaufmannswitwe in Nürnberg, ...straße Nr ...

besteht, wird auf Antrag der Miterbin Grete Huhn, vertreten durch Rechtsanwalt ...

die Zwangsversteigerung

des bezeichneten Grundstücks angeordnet.

Dieser Beschluss gilt zugunsten der Antragstellerin als Beschlagnahme des Grundstücks.

Verfügung: „1. Eintragungsersuchen an das Grundbuchamt; 2. Begl Beschlussabschrift a) formlos an Antragstellervertreter; b) zustellen an Miteigentümer Karl Gut und Fritz Gut je zusammen mit der Belehrung nach § 180 Abs 2 ZVG über das Einstellungsrecht (Rdn 714); 3. Ersuchen an das Finanzamt um Mitteilung des Einheitswertes; 4. Erholung einer Abschrift der Brandversicherungsurkunde; 5. Vorlage an Kostenbeamten; 6. WV ...

a) Antrag

Die Zwangsversteigerung zum Zwecke der Aufhebung einer Gemeinschaft wird nur auf **Antrag** angeordnet (§ 15 mit § 180 Abs 1 ZVG). Das Verfahren ist weitgehend den Vorschriften über die Vollstreckungsversteigerung angepasst (§ 180 Abs 1 ZVG). Bei der entsprechenden Anwendung dieser Vorschriften nimmt der Antragsteller die **Stellung** des betreibenden **Gläubigers** ein, während alle übrigen Teilhaber der Gemeinschaft (= Grundstücksmiteigentümer) als Antragsgegner die Rolle des Schuldners übernehmen.[1] 695

Das Recht auf Teilungsversteigerung ist nicht durch einen vollstreckbaren Titel über die Verpflichtung der anderen Miteigentümer, die Teilung im Wege der Zwangsversteigerung zu dulden, nachzuweisen[2] (§ 181 Abs 1 ZVG). Grund: Die Frage, ob die Teilung zulässig ist, wird zwischen den Beteiligten kaum einmal streitig sein, so dass Verweisung des Antragstellers zunächst auf den Prozessweg in den weitaus meisten Fällen auf eine überflüssige und für die Beteiligten kostenspielige Formvorschrift hinausgelaufen wäre. Berücksichtigung von Einwendungen, die ein Teilungsverlangen unzulässig machen, siehe Rdn 708. 696

Eltern benötigen für den Antrag auf Teilungsversteigerung eines Grundstücks des ihrer elterlichen Gewalt unterstehenden Kindes keine Genehmigung des Familiengerichts. Der **Vormund** (Pfleger, Nachlasspfleger) und der Betreuer eines Miteigentümers kann den Antrag nur mit **Genehmigung des Familien-/Betreuungs-(Nachlass-)Gerichts** stellen (§ 181 Abs 2 S 2 ZVG). 697

---

[1] BGH 51, 301 = DNotZ 1969, 503 = MDR 1969, 572 = NJW 1969, 929; BGH 79, 249 = MDR 1981, 482 = NJW 1981, 2065.

[2] OLG Hamm Rpfleger 1964, 341 mit Anm Haegele.

b) § 1365 Abs 1 BGB bei Ehegattenantrag

698 Ein **Ehegatte,** der im (gesetzlichen) Güterstand der **Zugewinngemeinschaft** lebt (§§ 1363 ff BGB), kann Antrag auf Teilungsversteigerung (allein) stellen. Das Vermögen des Mannes und das Vermögen der Frau sind nicht gemeinschaftliches Vermögen der Eheleute (§ 1363 Abs 2 BGB); jeder Ehegatte verwaltet sein Vermögen selbstständig (§ 1364 BGB). Die **Beschränkung des § 1365 Abs 1 BGB** für Verpflichtung und Verfügung eines Ehegatten über sein Vermögen im ganzen nur mit Einwilligung des anderen Ehegatten hindert aber auch Vermögensveräußerung durch Teilungsversteigerung. Vermögen im ganzen ist Grundstücksmiteigentum eines Ehegatten, wenn sein Bruchteils- oder Gesamthands-Miteigentumsanteil objektiv sein ganzes oder nahezu sein ganzes Vermögen darstellt.[3] Zustimmung des anderen Ehegatten ist bereits zum Antrag auf Anordnung der Teilungsversteigerung erforderlich[4] (entsprechende Anwendung des § 1365 BGB). Grund: Der Zweck des § 1365 BGB, die wirtschaftliche Grundlage der Familie gegenüber einseitigen Maßnahmen eines Ehegatten zu schützen, wäre auf andere Weise nicht zu erreichen. Der Antrag auf Anordnung der Teilungsversteigerung zielt auf Veräußerung des Grundstücks. Er ist der für § 1365 Abs 1 BGB maßgebliche Bezugspunkt, weil er einzige erforderliche Rechtshandlung des Ehegatten innerhalb des Verfahrens ist, das mit dem Zuschlag zur Rechtsänderung führt. Einer vertraglichen Verpflichtung zur Veräußerung des Grundstücks ist er wirtschaftlich vergleichbar und rechtlich ähnlich.

698a Unerheblich ist, ob der Miteigentumsanteil des Antragstellers, der sein ganzes Vermögen im Sinne von § 1365 Abs 1 BGB ist, an einem Grundstück besteht, das beiden Ehegatten allein oder zusammen mit einem (oder mehreren) Dritten gehört oder ob das Grundstück Eigentum des Antragstellers und eines Dritten ist. Ob die Eheleute nicht, vorübergehend oder dauernd getrennt leben, ist gleichermaßen belanglos. Auch wenn die Scheidung der Ehe bereits ausgesprochen, das Urteil aber noch nicht rechtskräftig ist, muss eine nach § 1365 Abs 1 BGB nötige Zustimmung des anderen Ehegatten erteilt sein.[5]

---

[3] Schöner/Stöber, Grundbuchrecht, Rdn 3354; im Übrigen siehe die BGB-Kommentare zu § 1365.

[4] BGH 35, 135 = FamRZ 1961, 654 mit Anm Tiefenbacher = MDR 1961, 673 = NJW 1961, 1301; BayObLG 1979, 8 = FamRZ 1979, 290 = MDR 1979, 494; BayObLG, FamRZ 1981, 46 = MDR 1981, 53 = Rpfleger 1980, 470, FamRZ 1985, 1040 sowie NJW-RR 1996, 962; OLG Bremen FamRZ 1984, 272 = Rpfleger 1984, 165; OLG Celle DNotZ 1961, 526 (Leits) = FamRZ 1961, 130 = MDR 1961, 242 und Rpfleger 1981, 69; OLG Düsseldorf FamRZ 1981, 879 = NJW 1982, 1543 und FamRZ 1995, 309; OLG Frankfurt FamRZ 1976, 152 (Leits) = JurBüro 1975, 1242 = Rpfleger 1975, 330 und FamRZ 1999, 524 = NJW-RR 1999, 731; OLG Hamburg, FamRZ 1970, 407 (Leits) = MDR 1970, 419 = NJW 1970, 952 und MDR 1982, 1330 (Leits); OLG Hamm DNotZ 1979, 98 = FamRZ 1979, 128 = MDR 1979, 229 = OLGZ 1979, 81; OLG Karlsruhe BWNotZ 1964, 165 = FamRZ 1964, 573 und FamRZ 1970, 194; OLG Koblenz NJW 1967, 1139 und Rpfleger 1979, 202 sowie Rpfleger 1979, 203; OLG Köln FamRZ 1968, 603 (Leits) = NJW 1968, 2250 = OLGZ 1968, 353 und FamRZ 1972, 136 (Leits) = MDR 1971, 1013 = NJW 1971, 2312 sowie NJW-RR 2005, 4; OLG Schleswig FamRZ 1973, 32 (Leits) = SchlHA 1972, 184; OLG Zweibrücken OLGZ 1976, 455; Stöber Rdnr. 3.13 zu § 180 mit weit Nachw aus Rechtsprechung und Schrifttum und Hinweis auf früher andere Meinungen. Anders (Zustimmung oder ersetzende Verfügung spätestens bei Zuschlag) noch OLG Frankfurt (26. ZS) FamRZ 1997, 1490 = NJW-RR 1997, 1274 und (§ 1365 Abs 1 BGB ist nicht entsprechend anwendbar) U Gottwald FamRZ 2006, 1075.

[5] BayObLG FamRZ 1981, 46 = MDR 1981, 53 = Rpfleger 1980, 470.

Die Zustimmung muss unzweideutig erklärt sein; dem Vollstreckungsgericht 698b
muss sie schriftlich nachgewiesen oder durch Erklärung zu Protokoll belegt
sein. Das Familien-/Betreuungsgericht kann die Zustimmung ersetzen.[6] Die (ersetzende) Verfügung muss rechtskräftig sein (§ 40 Abs 2 FamG).

Nach rechtskräftiger **Scheidung** der Ehe oder nach **Beendigung des Güterstands** 698c
der Zugewinngemeinschaft auf andere Weise (§ 1372 BGB) genießt der Ehegatte, auch wenn er Anspruch auf Zugewinnausgleich hat, nicht mehr den weitge-
henden Schutz des § 1365 Abs 1 BGB. Zustimmung des früheren (anderen)
Ehegatten zu einem neuen Antrag auf Zwangsversteigerung zur Aufhebung
einer Gemeinschaft ist daher nicht mehr erforderlich. Wenn die Teilungsversteigerung während der Ehe ohne eine nach § 1365 Abs 1 BGB nötige Zustimmung des anderen Ehegatten angeordnet wurde, entfällt das Zustimmungser-
fordernis mit Eintritt der Rechtskraft der zwischenzeitlich ausgesprochenen
Ehescheidung oder mit sonstiger Beendigung des Güterstandes. Die Versteigerung kann dann ungehindert durchgeführt werden.[7] Das Zustimmungserfor-
dernis zu einer bereits angeordneten Zwangsversteigerung zur Aufhebung einer
Gemeinschaft entfällt auch mit dem Tod des zustimmungsberechtigten Ehegatten, unabhängig davon, ob der Zugewinnausgleich nach der sogen erbrechtli-
chen oder der sogen güterrechtlichen Lösung durchzuführen ist.

Das Vollstreckungsgericht hat **nicht zu ermitteln,** ob der Antrag auf Anordnung 698d
der Zwangsversteigerung zur Aufhebung einer Gemeinschaft etwa nach § 1365
Abs 1 BGB deshalb zustimmungspflichtig ist, weil der Grundstücksanteil des
Antragstellers dessen ganzes Vermögen darstellt.[8] Es gibt keinen vom Versteigerungsgericht zu beachtenden Erfahrungssatz, wonach der Miteigentumsanteil
eines Ehegatten an einem gemeinschaftlichen Grundstück sein gesamtes Vermögen darstellt und demgemäß bei einem Antrag auf Teilungsversteigerung
stets mit Einwendungen aus § 1365 Abs 1 BGB zu rechnen wäre.[9] Nur wenn
das Versteigerungsgericht bei Entscheidung über den Anordnungsantrag das
Vorliegen der Voraussetzungen des § 1365 Abs 1 BGB kennt (wenn sie offen
zutage liegen[10]) oder doch nach Lage des Falles begründete Zweifel in dieser
Richtung hat, kann es dem Antrag nicht entsprechen. Die Prüfungspflicht des
Vollstreckungsgerichts entspricht damit der des Grundbuchamts im Grund-
bucheintragungsverfahren.[11]

Das Fehlen der Einwilligung kann als materiell-rechtliche Einwendung nur mit 698e
der Drittwiderspruchsklage (§ 771 ZPO) geltend gemacht werden.[12] Nur wenn

---

[6] Dazu mit Einzelheiten Stöber Rdn 3.13 (zu k) zu § 180.
[7] Stöber Rdn 3.13 (zu l) zu § 180; OLG Celle FamRZ 1983, 591; OLG München NJW-RR
2006, 1518; LG Braunschweig Rpfleger 1985, 76; Reinicke NJW 1973, 305 (I); anders Bay-
ObLG FamRZ 1981, 46 = aaO Fußn 4) und FamRZ 1985, 1040; Schiffhauer ZIP 1982, 526
(IV 8); Steiner/Teufel Rdn 21 zu § 180.
[8] LG Hannover Rpfleger 1995, 308; LG Kassel JurBüro 1995, 498 = Rpfleger 1993, 473; LG
Köln FamRZ 1995, 1144; LG Krefeld Repfleger 1990, 523; Stöber Rdn 3.13 (zu h) zu § 180
mit Einzelheiten.
[9] OLG Hamm DNotZ 1979, 98 = MDR 1979, 229 = OLGZ 1979, 81 = Rpfleger 1979, 20;
OLG Karlsruhe FamRZ 1970, 194; LG Kassel JurBüro 1995, 498 = Rpfleger 1993, 473; LG
Bielefeld Rpfleger 2006, 1047 (1048); LG Krefeld Rpfleger 1990, 523.
[10] OLG Bremen FamRZ 1984, 272 = Rpfleger 1984, 156; OLG Karlsruhe FamRZ 1970, 194.
[11] Hierwegen BGH 35, 135 = MDR 1961, 673 = NJW 1961, 1301 = Rpfleger 1961, 233 mit
Anm Haegele.
[12] OLG Celle Rpfleger 1981, 69; OLG Hamburg MDR 1982, 330 (Leits); OLG Hamm
OLGZ 1979, 81 = aaO (Fußn 9); OLG Karlsruhe FamRZ 1970, 194; OLG Koblenz Rpfleger

das Versteigerungsgericht ausnahmsweise die fehlende Einwilligung bereits als Antragsmangel hätte beachten müssen (Rdn 698 d) oder wenn es begründete Zweifel in dieser Richtung unbeachtet gelassen hat, die sich auf bestimmte Anhaltspunkte stützen (ist nicht der Fall, wenn das Erfordernis der Einwilligung zwischen den Ehegatten streitig ist[13]), liegt zugleich ein Verfahrensmangel vor, der mit Erinnerung (sofortiger Beschwerde; §§ 766, 793 ZPO) geltend gemacht werden kann.[14]

c) Großes und kleines Antragsrecht

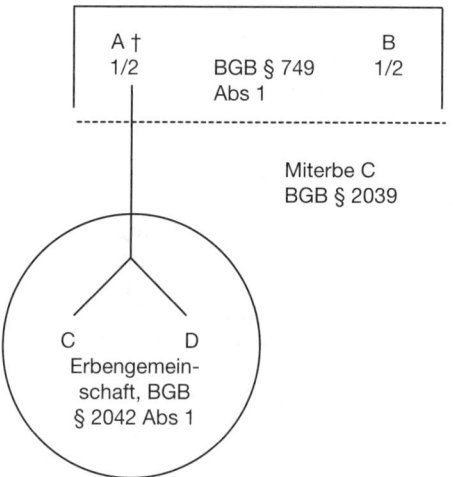

699   Besteht an einem Grundstück eine **Bruchteils**gemeinschaft (§§ 741 ff BGB) und an einem Bruchteil wieder eine Erbengemeinschaft (§§ 2032 ff BGB), so kann jeder an der **Untergemeinschaft** beteiligte Miterbe nicht nur die Teilungsversteigerung des Bruchteils-Miteigentumsanteils zur Aufhebung der Erbengemeinschaft (§ 2042 Abs 1 BGB) (= kleines Antragsrecht), sondern allein (ohne Zustimmung der an der Untergemeinschaft beteiligten weiteren Miterben) auch die Teilungsversteigerung des gesamten Grundstücks verlangen (= **großes Antragsrecht**).[15]
Grund: Der schuldrechtliche Anspruch auf Aufhebung der Bruchteilsgemeinschaft (§ 749 Abs 1 BGB) kann als gesamthänderischer Anspruch von jedem Miterben geltend gemacht werden (§ 2039 BGB).

1979, 202 und Rpfleger 1979, 203; OLG Köln FamRZ 2000, 1167 (Leits); LG Bielefeld FamRG 2006, 1047; LG Braunschweig Rpfleger 1985, 76; anders (Erinnerung nach § 766 ZPO) LG Bielefeld Rpfleger 1986, 271.
[13] OLG Koblenz Rpfleger 1979, 202.
[14] OLG Frankfurt FamRZ 1999, 524; OLG Hamm OLGZ 1979, 81 = aaO (Fußn 9); OLG Koblenz Rpfleger 1979, 203; LG Bielefeld FamRZ 2006, 1047; Stöber Rdn 3.13 (zu i) zu § 180.
[15] Stöber Rdn 3.7 zu § 180 mit zahlr Nachw; OLG Hamm JMBlNRW 1958, 68 = Rpfleger 1958, 269 mit Anm Haegele und Rpfleger 1964, 341 mit Anm Haegele; OLG Schleswig MDR 1959, 46; Schiffhauer ZIP 1982, 526 (IV 11); jetzt allgemein herrschende Meinung.

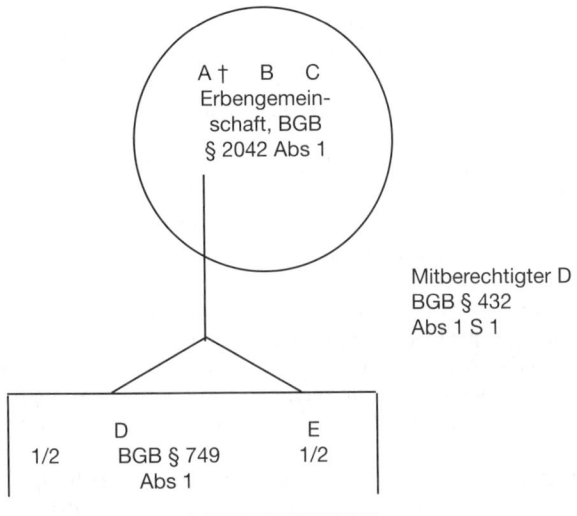

Besteht hingegen an einem Grundstück eine Erbengemeinschaft (A, B und C) und an einem der Miterbenanteile eine Bruchteilsgemeinschaft (Abtretung des Miterbenanteils A an D und E in Bruchteilsgemeinschaft), so kann jeder am Miterbenanteil mitberechtigte Bruchteils„eigentümer" (D und E) allein (ohne Zustimmung der anderen Bruchteilsmitberechtigten) zwar die Teilungsversteigerung des gesamten Grundstücks (D und E zu je ½ mit B und C in Erbengemeinschaft) verlangen.[16] Grund: Geltendmachung des erbengemeinschaftlichen Aufhebungsanspruchs (§ 2042 Abs 1 BGB) durch einen Mitberechtigten der Bruchteilsgemeinschaft (§ 432 Abs 1 S 1 BGB). Nicht verlangen kann der am Miterbenanteil mitberechtigte „Bruchteils"eigentümer (D oder E) jedoch die Teilungsversteigerung nur des erbengemeinschaftlichen „Grundstücks"anteils der Bruchteilsberechtigten[17] (D und E an Stelle des Miterben = A). Grund: Der Miterbenanteil A (an ihm sind D und E in Bruchteilsgemeinschaft mitberechtigt) ist nicht Gegenstand des unbeweglichen Vermögens, damit nicht Gegenstand der Immobiliarvollstreckung (§ 864 ZPO). Er unterliegt als Vermögensrecht der Zwangsvollstreckung nach § 857 Abs 1 ZPO. Für Aufhebung der Gemeinschaft ist er daher als Vermögensrecht nach den Vorschriften über den Pfandverkauf zu veräußern (§ 753 Abs 1 BGB).

d) Pfandgläubiger

Der **Pfändung** unterliegen   700
– der Anspruch eines Grundstücksmiteigentümers zu einem **Bruchteil** (Rdn 692) auf Aufhebung der Gemeinschaft (Versteigerung des ganzen Grundstücks gem §§ 180 ff ZVG) sowie Teilung und Auszahlung des Erlöses;[18]

---

[16] LG Berlin Rpfleger 1996, 472 mit zust Anm Bestelmeyer.
[17] Unklar LG Berlin Rpfleger 1996, 472 mit Anm Bestelmeyer.
[18] BGH 90, 207 = MDR 1984, 486 = NJW 1984, 1968; BGH DNotZ 1985, 699 = WM 1985, 427; BGH KTS 1984, 469 = WM 1984, 843, = ZIP 1984, 753; BGH FamRZ 2006, 410 = MDR 2006, 832 = NJW 2006, 849 = Rpfleger 2006, 204; OLG Hamm NJW-RR 1992, 665;

- der Anteil eines **Miterben** an dem Nachlass (§ 859 Abs 2 ZPO);[19]
- der Anteil des Ehegatten am **Gesamtgut** der Gütergemeinschaft nach Beendigung, desgleichen der Anteil des überlebenden Ehegatten und jedes Abkömmlings am Gesamtgut der fortgesetzten Gütergemeinschaft (§ 860 ZPO);[20]
- ein Schuldneranteil am Gesellschaftsvermögen einer BGB-Gesellschaft, offenen Handelsgesellschaft oder Kommanditgesellschaft (§ 859 Abs 1 ZPO). Es führt jedoch die Kündigung durch einen Privatgläubigers eines OHG- und KG-Gesellschafters (anders als bei der BGB-Gesellschaft) zum Ausscheiden des Schuldners als Gesellschafter (§ 131 Abs 3 Nr 4 HGB; abweichende vertragliche Regelung ist möglich); diese Pfändung erlangt für die Teilungsversteigerung daher (nahezu) keine Bedeutung;
- ein Schuldneranteil an einer Partnerschaft und an einer Europ wirtschaftlichen Interessenvereinigung. Die Kündigung durch den Privatgläubiger eines Partners oder des Mitglieds einer Europ wirtschaftlichen Interessenvereinigung führt jedoch zum Ausscheiden des Schuldners, bewirkt somit nicht die Auflösung der Gesellschaft; diese Pfändung erlangt für die Teilungsversteigerung daher keine Bedeutung.

Der **Pfändungsgläubiger** wird mit Überweisung zur Einziehung (§ 835 ZPO) kraft Gesetzes ermächtigt, das Recht seines Schuldners als Bruchteilsmiteigentümer, Miterbe oder Mitglied einer Gütergemeinschaft auf Aufhebung der Gemeinschaft auszuüben. Er kann daher auch die Zwangsversteigerung eines Grundstücks zur Aufhebung der Gemeinschaft beantragen[21] (Ausnahme bei Testamentsvollstreckung, Rdn 708). Ist nur gepfändet, nicht aber auch zur Einziehung überwiesen, so kann der Pfändungsgläubiger nur gemeinsam mit dem Schuldner (oder mit dessen Zustimmung) die Zwangsversteigerung beantragen.[22] Der Schuldner selbst kann nach Pfändung seinen Aufhebungsanspruch als Bruchteilsmiteigentümer,[23] Miterbe[24] oder Mitglied einer Gütergemeinschaft allein nicht mehr geltend machen, Antrag auf Teilungsversteigerung somit nicht mehr stellen. Die Teilungsversteigerung kann er nur noch zusammen mit dem Gläubiger beantragen (folgt aus § 1258 Abs 2, § 1273 Abs 2 BGB). Mit Pfändung eines BGB-Gesellschaftsanteils erlangt der Gläubiger auch das Recht des Schuldners als Gesellschafter auf Durchführung der Auseinandersetzung.[25] Er ist daher auch befugt (sofern der Schuldtitel nicht bloß vorläufig vollstreckbar

---

OLG Köln OLGZ 1969, 338 = Rpfleger 1969, 170; LG Aurich Rpfleger 1962, 413 mit zust Anm Berner; Stöber, FordPfändung, Rdn 1542–1546 mit weit Nachw; Zöller/Stöber Rdn 12 a zu § 857 ZPO; Jaeckel/Güthe Rdn 7 zu § 181. Ausgeschlossen ist Pfändung des Anteils eines Bruchteilsmiteigentümers an einem Grundstück (anderen Gegenstand der Immobiliarvollstreckung), Stöber, FordPfändung, Rdn 1543.

[19] Dazu näher Stöber, FordPfändung, Rdn 1664–1707.

[20] Hierzu Stöber, FordPfändung, Rdn 1638–1643.

[21] Siehe für Bruchteilsgemeinschaft BGH 90, 207 = aaO (Fußn 18); Stöber, FordPfändung, Rdn 1545; für Erbengemeinschaft BGH FamRZ 1999; 433 = MDR 1999, 376 = NJW-RR 1999, 504; Stöber, FordPfändung, Rdn 1695.

[22] Stöber Rpfleger 1963, 339 mit Nachweisen und unter Hinweis auf die vereinzelt vertretene, unzutreffende Gegenansicht; Stöber, FordPfändung, Rdn 1695; Stöber Rdn 11.10 zu § 180.

[23] Stöber, FordPfändung, Rdn 1546; anders OLG Jena Rpfleger 2001, 445.

[24] Stöber Rpfleger wie Fußn 22 und FordPfändung Rdn 1696; OLG Hamburg MDR 1958, 45; LG Frankenthal Rpfleger 1985, 500; anders OLG Hamm Rpfleger 1958, 269 mit zust Anm Haegele = JMBlNRW 1958, 68; LG Wuppertal NJW 1961, 785; Steiner/Teufel Rdn 61 und 105 zu § 180.

[25] BGH 116, 222 = MDR 1992, 294 = NJW 1992, 830.

ist, § 725 Abs 1 BGB) nach Überweisung (§ 835 ZPO) das Recht des Schuldners auf Anordnung der Teilungsversteigerung auszuüben.[26]

Ein vertraglicher Ausschluss des Aufhebungsrechts sowie eine Kündigungsfrist **700a** stehen dem Antrag auf Teilungsversteigerung des Pfändungsgläubigers nicht entgegen, sofern der Schuldtitel nicht bloß vorläufig vollstreckbar ist (§ 751 S 2 BGB, § 2042 Abs 2 BGB).

Der Pfändungsgläubiger kann Antrag auf Teilungsversteigerung (wie der **700b** Schuldner selbst, Rdn 698) nur mit einer nach § 1365 Abs 1 BGB erforderlichen Zustimmung des anderen Ehegatten stellen.[27] Zwar wird angenommen, der Pfändungsgläubiger habe ein „eigenes" Verwertungsrecht, das keinen Beschränkungen nach § 1365 BGB unterliege;[28] er soll die Ehegattenzustimmung auch deshalb nicht benötigen, weil für ihn der Schutzzweck nicht mehr zutreffe.[29] Dem ist jedoch zu widersprechen. Der Pfändungsgläubiger ist (nach Überweisung zur Einziehung) nur ermächtigt, den gepfändeten Auseinandersetzungsanspruch des Schuldner-Miteigentümers im eigenen Namen geltend zu machen.[30] Er hat daher nicht mehr Rechte, somit auch keine weitergehende Einziehungsbefugnis, als der Schuldner-Miteigentümer; die Rechtstellung des Miteigentümers, der Drittschuldner ist, verschlechtert die Pfändung nicht; er kann dem Gläubiger alle zurzeit der Pfändung begründeten Einwendungen und Einreden entgegenhalten. Auch der güterrechtliche Schutz des anderen Ehegatten nach § 1365 Abs 1 BGB geht daher nicht dadurch verloren, dass an Stelle des in Zugewinngemeinschaft lebenden Ehegatten dessen Auseinandersetzungsanspruch durch einen seiner dazu ermächtigten Gläubiger verfolgt wird. Aus gesetzlichen Regelungen, die für Gläubigerinteressen Vollstreckungszugriff (§ 851 Abs 2 ZPO) oder Pfandverwertung (§§ 751, 725 Abs 1 BGB, je aber nicht für Gläubiger mit nur vorläufig vollstreckbarem Titel) von rechtsgeschäftlich begründeten Beschränkungen des Schuldners freistellen, folgt kein allgemeiner Rechtsgedanke, der für die nicht vergleichbare gesetzliche familienrechtliche Beschränkung des Ehegatten nach § 1365 Abs 1 BGB ein umfassenderes Verwertungsrecht des Gläubigers schaffen könnte. Ist nur gepfändet, so kann der Pfändungsgläubiger ohnedies nur gemeinsam mit dem Schuldner die Zwangsversteigerung beantragen (Rdn 700); dann entfällt die Beschränkung nach § 1365 Abs 1 BGB somit nicht. Ebenso unterliegt der pfändende Gläubiger bei Geltendmachung des Auseinandersetzungsanspruchs seines Schuldners auch nach Überweisung zur Einziehung allen diesem selbst gesetzten Beschränkungen, somit auch den Antragsbeschränkungen des § 1365 Abs 1 BGB.

---

[26] LG Konstanz NJW-RR 1987, 1023 = Rpfleger 1987, 427; Stöber FordPfändung, Rdn 1572; Hintzen Rpfleger 1992, 262 (6 c); anders LG Hamburg JurBüro 1983, 304 = MDR 1982, 1028 = Rpfleger 1983, 35 mit abl Anm Behr und Rpfleger 1989, 519; auch LG Lübeck NJW-RR 1986, 836 = Rpfleger 1986, 315 (nicht als Gläubiger eines Wechsel-Vorbehaltsurteils).

[27] Stöber Rdn 3.13 (zu p) zu § 180; Steiner/Teufel Rdn 22 zu § 180; Stöber, FordPfändung, Rdn 1695, mit Nachw.

[28] OLG Düsseldorf MDR 1991, 251 = NJW 1991, 851; Kammergericht FamRZ 1992, 846 = MDR 1992, 679 = OLGZ 1992, 241; OLG Karlsruhe FamRZ 2004, 629; OLG Köln NJW-RR 1989, 325; LG Bielefeld Rpfleger 1989, 518; LG Braunschweig NJW 1969, 1675; AG Schwäbisch Hall Rpfleger 1991, 520; möglicherweise auch BGH NJW 2006, 849 = aaO (Fußn 18).

[29] LG Braunschweig NJW 1969, 1675; LG Bielefeld Rpfleger 1989, 518; AG Schwäbisch Hall Rpfleger 1991, 520.

[30] Stöber, FordPfändung, Rdn 589 und 602.

700c Mit Pfändung des Aufhebungsanspruchs eines Bruchteilsmiteigentümers tritt keine Änderung am Recht des Miteigentumsanteils des Schuldners ein. Mit Pfändung eines Miterbenanteils (eines anderen Gesamthandsanteils) verliert der Schuldner seine Rechtsstellung als Miterbe nicht. Er ist nur zugunsten des Pfändungsgläubigers in seiner Mitberechtigung am Nachlass beschränkt. Daher ist in dem vom Pfändungsgläubiger beantragten Zwangsversteigerungsverfahren zur Aufhebung der Gemeinschaft **auch der Schuldner** als Miteigentümer (Miterbe) **Antragsgegner** und Beteiligter (§ 9 ZVG). In dem von einem anderen Miteigentümer beantragten Teilungsversteigerungsverfahren sind Schuldner als Miteigentümer und Pfändungsgläubiger (Anmeldung nach § 9 ZVG kann nötig sein) zusammen Antragsgegner und Beteiligte.

701 Nach **Verpfändung** eines Miterbenanteils (§ 2033 Abs 1 BGB) können vor Pfandreife (§ 1228 Abs 2, § 1282 Abs 1 BGB) nur Pfandgläubiger und Schuldner gemeinsam (oder einer von ihnen mit Zustimmung des anderen) die Teilungsversteigerung beantragen. Nach Pfandreife kann der Pfandgläubiger Antrag allein stellen. Dann ist der Schuldner als Antragsgegner Beteiligter.

e) Besonderheiten

702 Der Zwangsversteigerung zur Aufhebung einer Bruchteils- (zB Ehegatten je zur Hälfte) oder Gesamthandsgemeinschaft (zB Erbengemeinschaft) an einem **Wohnungseigentum** (Teileigentum) steht § 11 WEG nicht entgegen.[31]
Für ein Grundstück in einem **Sanierungsgebiet** bedarf der Antrag auf Teilungsversteigerung (und der Zuschlag) nicht der behördlichen Genehmigung nach § 144 Abs 2 Nr 1 BauGB[32] (Grund: ist keine rechtsgeschäftliche Verfügung). Genehmigung ist auch während eines Enteignungs-, Grenzregelungs- oder Umlegungsverfahrens nicht nötig.
Der im Grundbuch eingetragene **Nacherbenvermerk** hindert die Teilungsversteigerung nicht, er ist auf Grund des Zuschlagsbeschlusses zu löschen.[33] Der Versteigerungserlös fällt als Surrogat in den Nachlass.[34] Zulässig ist die Teilungsversteigerung (unter Zuziehung des Nacherben) auch, wenn sich die Miteigentumsanteile in der Hand eines Inhabers vereinigt haben, ein Bruchteil ihm aber nur als Vorerbe zusteht[35] (das Grundstück ist dem „Allein"eigentümer nicht „ungeteilt" zugeordnet).
Ein Auseinandersetzungsverfahren nach §§ 363ff FamFG macht den Antrag auf Teilungsversteigerung nicht unzulässig.[36]

f) Grundbucheintragung

703 **Antragsvoraussetzung** ist, dass
  – der **Antragsgegner** (= alle Miteigentümer) als Miteigentümer des Grundstücks im Grundbuch (bei anderen Objekten im Schiffsregister, Schiffsbauregister oder Register für Pfandrechte an Luftfahrzeugen) eingetragen oder Erbe des eingetragenen Eigentümers ist. Das bestimmt § 17 Abs 1 mit § 180 Abs 1 ZVG (vgl Rdn 695);

---

[31] LG Berlin Rpfleger 1976, 149.
[32] LG Berlin MDR 1989, 466 = NJW-RR 1989, 1151.
[33] OLG Hamm MDR 1969, 56 = NJW 1969, 516; Stöber Rdn 7.16 zu § 180 mit weit Nachw.
[34] BGH DNotZ 1995, 699 = FamRZ 1993, 1311; BGH 40, 115 = NJW 1963, 2320.
[35] BGH DNotZ 2005, 123 = FamRZ 2004, 1719 = MDR 2005, 112 = NJW-RR 2004, 1513.
[36] BayObLG 1971, 293 = MDR 1972, 53 = Rpfleger 1971, 430 (431).

– auch der **Antragsteller** als Eigentümer im Grundbuch (sonstigen Register) eingetragen oder Erbe des eingetragenen Eigentümers ist oder nachgewiesen (zB als Pfändungsgläubiger) das Recht des (eingetragenen) Eigentümers oder des Erben auf Aufhebung der Gemeinschaft ausübt (§ 181 Abs 2 S 1 ZVG). Die Grundbucheintragung ist, soweit nicht die Bezugnahme auf das Grundbuch genügt, durch ein Zeugnis des Grundbuchamts nachzuweisen (§ 17 Abs 2 mit § 180 Abs 1 ZVG). Eine im Grundbuch (oder Register) noch nicht eingetragene Erbfolge ist durch Urkunden glaubhaft zu machen sofern sie nicht bei Gericht offenkundig ist (§ 181 Abs 4, § 17 Abs 3 ZVG; dazu Rdn 105, 106). Die Berechtigung des Antragstellers zur Ausübung des Eigentümerrechts auf Aufhebung der Gemeinschaft ist (wenn es nicht offenkundig ist) durch öffentliche Urkunden nachzuweisen (Ausfertigung des Pfändungsbeschlusses mit Zustellungsnachweisen, des Testamentsvollstreckerzeugnisses).

g) Inhalt des Antrags

Der Antrag muss dartun, welche Gemeinschaft aufgehoben werden soll, mithin   704
das Grundstück bezeichnen (§ 16 Abs 1 ZVG; Rdn 102) und sich gegen alle anderen Miteigentümer oder Miterben als Antragsgegner richten. Diese müssen namentlich und mit ihrer zustellungsfähigen Anschrift bezeichnet sein. Ergeben sich die Antragsgegner nicht aus dem Grundbuch (Register), dann hat der Antragsteller ihre Beteiligung an der Gemeinschaft nachzuweisen. Nur Antragsteller, jedoch keine Antragsgegner gibt es, wenn alle Miteigentümer das Verfahren betreiben. Der Vertragspfand- oder Pfändungspfandgläubiger eines Miteigentümers (Miterben) ist dinglicher Mitberechtigter und als solcher neben seinem Schuldner Antragsgegner in dem auf Antrag eines anderen Mitberechtigten eingeleiteten Verfahren (Rdn 700 c).

h) Anordnungsbeschluss, Beschlagnahme

Angeordnet wird die Zwangsversteigerung zur Aufhebung einer Gemeinschaft   705
durch **Beschluss** des Vollstreckungsgerichts (§ 15 mit § 180 Abs 1 ZVG; siehe Rdn 115). Die **Anhörung** der (des) Antragsgegner(s) vor Entscheidung über den Anordnungs- oder einen Beitrittsantrag ist nicht notwendig[37] (zulässig ist sie). Die Anordnung (Beitrittszulassung) ist Vollstreckungsmaßnahme; rechtliches Gehör (Art 103 Abs 1 GG) wird dem Antragsgegner daher nicht vor dieser Maßnahme, sondern im Verfahren gewährt, in dem er Einwendungen mit Erinnerung vorbringen kann (Rdn 712).

Zuzustellen ist der Anordnungsbeschluss von Amts wegen (§ 3 ZVG); über die   706
Zustellung bei Auslandswohnsitz eines Miteigentümers trifft § 183 ZPO Bestimmung. Eine Zustellung durch Aufgabe zur Post (siehe § 8 ZVG) ist ausgeschlossen; Verstoß dagegen wird nicht geheilt.[38]

Das **Grundbuchamt** ist nach § 19 ZVG um Eintragung zu ersuchen, dass die Zwangsversteigerung angeordnet ist (siehe Rdn 124). Es wird empfohlen, den Versteigerungsvermerk mit dem Zusatz einzutragen „... zum Zwecke der Aufhebung der Gemeinschaft". Das ist möglich, aber nicht notwendig. Über die

---

[37] LG Frankenthal Rpfleger 1985, 250; Stöber Rdn 5.8 zu § 180; Drischler JurBüro 1981, 1441 (I 6); anders Metzger NJW 1966, 2000; Eickmann Rpfleger 1982, 449 (VI 4.3); Schiffhauer ZIP 1982, 256 (IV 12); Dassler/Hintzen Rdn 37 zu § 180.
[38] LG Koblenz Rpfleger 1972, 183.

Fassung des Vermerks entscheidet das Grundbuchamt; das Vollstreckungsgericht kann darüber im Ersuchen keine Bestimmung treffen.

707 Die **Beschlagnahme** (§ 20 Abs 1 mit § 180 Abs 1 ZVG) hat bei der Teilungsversteigerung nicht dieselbe Wirkung wie bei der Vollstreckungsversteigerung (dazu Rdn 141). Die Beschlagnahmewirkung ist zwar nicht ausdrücklich eingeschränkt (wie nach §§ 173, 176 ZVG, die hier nicht gelten). Das Grundstück (und später die Forderung gegen den Ersteher) ergreift die Beschlagnahme aber nur, soweit das für Durchführung des Verfahrens erforderlich ist.[39] Dem Antragsteller gibt die Beschlagnahme mit Anordnung der Zwangsversteigerung zum Zwecke der Aufhebung der Gemeinschaft kein Recht auf abgesonderte Befriedigung; sie bewirkt auch keine Beschlagnahme nach §§ 1121, 1122 BGB. Zur Verfügung über das Grundstück insgesamt und über beschlagnahmte mithaftende Gegenstände sind die Miteigentümer schon auf Grund ihres Gemeinschaftsverhältnisses nur zusammen berechtigt. Sie bleiben auch während der Teilungsversteigerung zur gemeinsamen Verfügung über das Grundstück und mitbeschlagnahmte Gegenstände sowie zur Veräußerung ihrer Miteigentumsanteile befugt.[40] Diese Grundsätze gelten auch, wenn ein **Pfändungsgläubiger** die Teilungsversteigerung betreibt, weil er nicht mehr Rechte haben kann als der Miteigentümer, dessen Anspruch er gepfändet hat. Betreibt der Gläubiger, der einen Miterbenanteil gepfändet hat, die Zwangsversteigerung zum Zwecke der Aufhebung der Erbengemeinschaft, dann kommt der Beschlagnahme jedoch insofern Bedeutung zu, als folgende Grundstücksbelastungen ihm gegenüber unwirksam bleiben und daher nicht in das geringste Gebot kommen.

707a Ein **Eigentumswechsel** nach Anordnung des Verfahrens berührt den Verfahrensfortgang nicht. Der neue Miteigentümer tritt an die Stelle des bisherigen und übernimmt dessen Verfahrensstellung als Antragsteller oder -gegner. Der bisherige Miteigentümer ist aus dem Verfahren ausgeschieden; er ist nicht mehr Beteiligter. Ein besonderer Zulassungsbeschluss ist nicht nötig; da es kein neues Antragsrecht nach § 180 Abs 2 ZVG gibt, erfolgt auch keine nochmalige Belehrung des neuen Antragsgegners. Den übrigen Miteigentümern ist der Beteiligtenwechsel jedoch bei der nächsten im Verfahren anstehenden Entscheidung oder Mitteilung bekanntzugeben (siehe bereits Rdn 139, auch 140). Einzelheiten hierzu im Kommentar Rdn 6.9 zu § 180.

707b Pfändung des Anspruchs eines Miteigentümers auf Aufhebung der Bruchteilsgemeinschaft (sowie Teilung und Auszahlung des Erlöses, Rdn 700) und Beschlagnahme mit Anordnung der Teilungsversteigerung auf Antrag des Pfändungsgläubigers schließen Verfügung des Schuldners auch dann nicht aus, wenn der Erwerber Alleineigentümer des Grundstücks wird.[41] Beispiele: Ehegatte als Miteigentümer zur Hälfte veräußert seinen Miteigentumsanteil an den anderen Ehegatten, der Miteigentümer zur anderen Hälfte ist, oder die Miteigentümer veräußern das Grundstück an einen Dritten. Die Bruchteilsgemeinschaft ist damit beendet, der gepfändete Anspruch untergegangen. Die mit der Teilungsversteigerung betriebene Auseinandersetzung ist somit weiterhin weder möglich noch erforderlich. Das gegenstandslose Verfahren ist daher nach § 28 Abs 1 ZVG aufzuheben.[42]

---

[39] BGH 4, 84 (90) = NJW 1952, 263.
[40] BGH 4, 84 (90) = NJW 1952, 263.
[41] BGH (25. 2. 2010, V ZB 92/09) FamRZ 2010, 810 Leits = MDR 2010, 894 = Rpfleger 2010, 439.
[42] BGH aaO.

i) Unzulässigkeit des Verfahrens

Die **Unzulässigkeit eines Teilungsverlangens** wird berücksichtigt: **708**
- von Amts wegen vom Vollstreckungsgericht nach § 28 Abs 1 ZVG (Rdn 160, 161) und bei Nichtbeachtung dieser Vorschrift auf Erinnerung gemäß § 766 ZPO,[43] wenn sich der Ausschluss (die Unzulässigkeit) der Teilung aus dem Grundbuch ergibt; sonst
- auf Widerspruchsklage (§ 771 ZPO)[44] eines Miteigentümers (nicht Erinnerung nach § 766 ZPO),[45] der die Unzulässigkeit der Teilung und damit der Versteigerungsanordnung behauptet.

Unzulässig ist das Aufhebungsverlangen und damit **das Antragsrecht** eines Miteigentümers, wenn es nach dem der Gemeinschaft zugrunde liegenden Rechtsverhältnis ausgeschlossen oder eingeschränkt ist, wie zB:
- nach § 751 BGB (gilt auch für die Erbengemeinschaft, § 2042 Abs 2 BGB), wenn das Aufhebungsrecht durch Vereinbarung der Miteigentümer für immer oder auf Zeit ausgeschlossen oder auch von einer Kündigungsfrist abhängig ist (Grundbucheintragung nach § 1010 BGB möglich). Soll nur die Veräußerung an einen Dritten unstatthaft sein (§ 753 Abs 1 S 2 BGB), dann ist das Verfahren einzuleiten, das Gebot eines Dritten durch die Versteigerungsbedingungen aber auszuschließen und bei Abgabe zurückzuweisen (§ 71 ZVG);
- nach § 752 BGB, wenn Teilung in Natur erfolgen kann;[46]
- nach § 2044 BGB, wenn der Erblasser durch letztwillige Verfügung die Auseinandersetzung ausgeschlossen oder beschränkt hat;
- bei der Erbengemeinschaft, wenn die Erbanteile wegen familienrechtlicher Ereignisse noch unbestimmt sind (§ 2043 BGB) oder bis das Aufgebotsverfahren zur Ermittlung von Gläubigern durchgeführt ist (§ 2045 BGB);
- nach § 2204 Abs 1 BGB, wenn ein Testamentsvollstrecker die Auseinandersetzung vorzunehmen hat;[47] aber auch, wenn dem Testamentsvollstrecker (nur) die Verwaltung des Nachlasses übertragen ist, der Erbe somit über das Grundstück nicht verfügen kann[48] (§ 2211 BGB). Die Ernennung eines Testamentsvollstreckers schließt die Anordnung der Versteigerung auch gegenüber einem Gläubiger eines Miterben aus, der dessen Nachlassanteil gepfändet hat;[49] auch dafür kommt es nicht darauf an, ob dem Testamentsvollstrecker die Auseinandersetzung oder (nur) die Verwaltung des Nachlasses übertragen ist.[50]
- bei einem Gesamtgutsgrundstück, wenn das Übernahmerecht eines Ehegatten gem § 1477 Abs 2 BGB entgegensteht;[51]

---

[43] OLG Hamm JMBlNRW 1963, 237 = Rpfleger 1964, 341 mit Anm Haegele und mit weit Nachw.
[44] BGH NJW 1985, 3066 = aaO (nachf Fußn 51); BGH FamRZ 1984, 563; BGH FamRZ 1985, 278; OLG Hamm Rpfleger 1964, 341 = aaO (Fußn 43); BayObLG 1971, 293 = FamRZ 1972, 137 (Leits) = MDR 1972, 53 = NJW 1971, 2314.
[45] Stöber Rdn 9.8 zu § 180; OLG Hamm Rpfleger 1964, 341 = aaO (Fußn 43).
[46] OLG Hamm Rpfleger 1964, 341 = aaO (Fußn 43); auch Stöber Rdn 2.6 und 9.15 zu § 180.
[47] BGH DNotZ 2010, 64 = MDR 2009, 949 = NJW 2009, 2458 = Rpfleger 2009, 581; hierzu auch Schneider Rpfleger 1976, 384.
[48] BGH NJW 2009, 2458 = aaO.
[49] BGH aaO.
[50] BGH aaO.
[51] BGH FamRZ 1985, 903 = MDR 1985, 1010 = NJW 1985, 3066; BGH FamRZ 1987, 43 = NJW-RR 1987, 69; BayObLG 1971, 293 = NJW 1971, 2314.

– bei der Erbengemeinschaft, wenn nicht die Auseinandersetzung des gesamten Nachlasses betrieben wird, sondern das Aufhebungsverlangen sich nur auf das Grundstück oder eines von mehreren Grundstücken beschränkt.[52]

Nach **Treu und Glauben** kann ein Miteigentümer unter Umständen gehalten sein, auf die Zwangsversteigerung des gemeinschaftlichen Grundbesitzes zu verzichten und sich mit einem auch seinen Interessen gerecht werdenden und zumutbaren Realteilungsvorschlag eines anderen Miteigentümers abzufinden.[53] Jedoch kommt gerichtliche Teilung (die gesetzlich nicht vorgesehen ist) nur in einem (ganz besonderen) Ausnahmefall in Betracht.[54] Einwendungen können auch aus einem anlässlich der Ehescheidung zwischen Ehegatten geschlossenen Vergleich hergeleitet werden, gemeinschaftlichen Grundbesitz nicht für sich selbst zu verwerten, sondern Kindern zu übereignen, um das Wohngrundstück als deren häuslichen Mittelpunkt zu erhalten.[55] Auch wenn die Gemeinschaftsteilhaber bereits eine andere Art der Auseinandersetzung vereinbart haben, ist die Teilungsversteigerung ausgeschlossen. In ganz besonderen Ausnahmefällen kann Geltendmachung des Auseinandersetzungsanspruchs rechtsmissbräuchlich und daher ausgeschlossen sein[56] (so[57] für den Antrag des geschiedenen Ehegatten auf Versteigerung des ehemaligen Familienwohnheims, in dem die querschnittgelähmte frühere Ehefrau [Antragsgegnerin] lebt und[58] für den Antrag eines Kindes gegen den 83-jährigen kranken [und gefährdeten] Vater). Dass sonach Teilungsversteigerung nicht erfolgen kann, muss mit Widerspruchsklage (§ 771 ZPO) geltend gemacht werden.

Unter Berufung auf ein Zurückbehaltungsrecht gem § 273 BGB kann ein Miteigentümer der von einem anderen Miteigentümer betriebenen Zwangsversteigerung zur Aufhebung der Gemeinschaft nicht widersprechen.[59] Dies schließt aber nicht aus, dass sich im Einzelfalle die Durchsetzung des Auseinandersetzungsanspruchs als unzulässige Rechtsausübung erweisen kann.

3. Abschnitt. Zulassung des Beitritts
§ 180 Abs 1, §§ 181, 27 ZVG

709 **Beitreten kann** dem Verfahren **jeder Miteigentümer,** der selbst die Aufhebung der Gemeinschaft betreiben kann (§ 180 Abs 1, § 27 ZVG). Mit dem Beitritt wird der bisherige Antragsgegner gleichfalls zum Antragsteller. Weil damit auch das auf Antrag des beigetretenen Miteigentümers betriebene Verfahren durchzuführen ist, ist dieser nicht mehr von Verfahrensanträgen des (bisherigen) Antragstellers abhängig. Das Verfahren nimmt auch dann seinen Fortgang, wenn der (andere) Miteigentümer, der bisher alleiniger Antragsteller war, die Einstellung bewilligt (§ 30 ZVG) oder seinen Antrag zurücknimmt (§ 29 ZVG). Für

---

[52] Dazu Stöber Rdn 2.7 und 9.3 zu § 180; auch BGH FamRZ 1999, 433 = MDR 1999, 376 = NJW-RR 1999, 504.

[53] BGH 58, 146 = MDR 1972, 487 = NJW 1972, 818; BGH 63, 348 = MDR 1975, 384 = NJW 1975, 687 in Abweichung von RG 109, 167; BGH 68, 299 = NJW 1977, 1234; BGH DNotZ 2005, 205 mit Anm Wolfsteiner = NJW-RR 2005, 308.

[54] OLG Oldenburg FamRZ 1996, 1437.

[55] BGH FamRZ 1984, 563.

[56] Siehe OLG Köln Rpfleger 1998, 168.

[57] OLG Frankfurt FamRZ 1998, 641.

[58] AG Meppen Rpfleger 1992, 266.

[59] BGH 63, 348 = aaO (Fußn 53).

Versteigerung infolge des vom beigetretenen Miteigentümer betriebenen Verfahrens muss auch hier der Beitrittsbeschluss vier Wochen vor dem Versteigerungstermin zugestellt sein (§ 43 Abs 2, § 44 Abs 2 mit § 180 Abs 1 ZVG); bei späterer Zustellung kann er dem Termin nicht mehr zugrunde gelegt werden.[1] Tritt ein Miteigentümer erst im Versteigerungstermin (oder nach dem Versteigerungstermin, aber vor Zuschlagsverkündung) dem Verfahren bei und nimmt der bisherige Antragsteller daraufhin seinen Verfahrensantrag zurück (oder bewilligt er die Einstellung des Verfahrens), so ist (wenn ein Gebot abgegeben ist) infolge der Selbstständigkeit der einzelnen Verfahren der Zuschlag zu versagen (§ 33 ZVG), weil der Beitretende im Termin noch nicht „Betreibender" war;[2] es muss neuer Termin für den neuen Antragsteller angesetzt und durchgeführt werden.

Beitrittsbeschluss: Zu dem Zwangsversteigerungsverfahren zum Zwecke der Aufhebung der Gemeinschaft, die in Ansehung des in Nürnberg gelegenen, im Grundbuch für Gemarkung Gärten Blatt 3685 auf den Namen des Schlossermeisters Hans Gut in Nürnberg eingetragenen Grundstücks FlStNr 901, Weststraße 91, Wohnhaus, Hofraum, Garten, zu 625 m² zwischen den Erben des am ... verstorbenen Eigentümers, nämlich 710

a) Gut Karl, Mechanikermeister in Nürnberg, ...straße Nr ...,
b) Gut Fritz, Angestellter in Nürnberg, ...straße Nr ...,
c) Huhn Grete geb. Gut, Kaufmannswitwe in Nürnberg, ...straße Nr ...

besteht, wird auf Antrag
　　　　der **Beitritt** des Miteigentümers Karl Gut
zugelassen.
Dieser Beschluss gilt zugunsten des Miteigentümers Karl Gut als Beschlagnahme des Grundstücks.

Der Beitritt eines Vollstreckungsgläubigers zu einem Teilungsversteigerungsverfahren ist wegen der völlig **verschiedenen Verfahrensarten** nicht möglich.[3] Ebenso ist kein Teilungsversteigerungsbeitritt zu einer Vollstreckungsversteigerung möglich. In gleicher Weise ausgeschlossen ist die Verbindung eines Teilungsversteigerungsverfahrens mit einer Vollstreckungsversteigerung, einer Nachlass- oder Insolvenzverwalterversteigerung.[4] Mehrere Teilungsversteigerungsverfahren über verschiedene Grundstücke oder Grundstücksbruchteile können bei gleichen Antragstellern und Antragsgegnern nach § 18 ZVG verbunden werden.[5] 711

4. Abschnitt. Rechtsbehelfe
§§ 766, 793 ZPO
§ 11 Abs 1 RPflG

Rechtsbehelf gegen Anordnungs- und Beitrittbeschluss: Für Antragsgegner Erinnerung nach § 766 ZPO, wenn sie nicht gehört wurden. Mit Erinnerung 712

---

[1] Stöber Rdn 8.4 zu § 180; Mohrbutter/Drischler, ZwVPraxis, Muster 180 Anm 2; anders: Jaeckel/Güthe Rdn 6 zu § 180 (§ 44 Abs 2 ZVG sei nicht anwendbar, weil er ein Rangverhältnis voraussetze, das es hier nicht gebe).
[2] BGH 79, 249 = MDR 1981, 482 = NJW 1981, 2065; OLG Stuttgart OLGZ 1970, 361 = Rpfleger 1970, 102.
[3] Stöber Rdn 14; Steiner/Teufel Rdn 96, Dassler/Hintzen Rdn 166, je zu § 180; Ebeling Rpfleger 1991, 349; streitig, anders LG Berlin MDR 1959, 47; LG Hamburg KTS 1970, 235.
[4] Stöber Rdn 7.27 und 14–16 zu § 180; streitig.
[5] Stöber Rdn 7.27 zu § 180.

können nur Einwendungen gegen die Art und Weise des Verfahrens (= formelle Einwendungen, zB Verletzung des § 181 Abs 2 ZVG) vorgebracht werden. Gerügt werden kann daher auch die Nichtbeachtung eines aus dem Grundbuch ersichtlichen, nach § 28 Abs 1 ZVG zu beachtenden Hindernisses (siehe bereits Rdn 708). Nicht mit Erinnerung geltend gemacht werden können dagegen materielle Einwendungen gegen die Berechtigung des Antragstellers, die sich aus dem Grundbuch nicht ergeben (hierzu Rdn 708).

Über die Erinnerung entscheidet stets der Richter. Erst gegen seine Entscheidung findet **sofortige Beschwerde** nach § 793 ZPO statt. Rechtsbeschwerde findet nur statt, wenn sie zugelassen ist (§ 574 Abs 1 S 1 Nr 2 ZPO). Der Rechtspfleger kann der Erinnerung gegen den von ihm erlassenen Anordnungs- und Beitrittsbeschluss abhelfen (geboten aber vorher Anhörung des Antrastellers).

Bei Entscheidung über den Antrag nach Anhörung der (des) Antragsgegner(s): Sogleich sofortige Beschwerde (§ 793 ZPO).

Für Antragsteller bei Zurückweisung: sofortige Beschwerde (§ 793 ZPO).

713   Die Aufhebung eines angefochtenen Anordnungs- oder Beitrittsbeschlusses wird **sofort** mit der Bekanntgabe des Aufhebungsbeschlusses **wirksam;** damit ist die Beschlagnahme erloschen. Die Wirkungen der (erloschenen) Beschlagnahme leben nicht wieder auf, wenn der aufhebende Beschluss auf Erinnerung oder Beschwerde hin wieder aufgehoben wird; dann muss die Versteigerung vielmehr neu angeordnet werden.[1] Anders nur, wenn die Wirksamkeit des Aufhebungsbeschlusses bis zu seiner Rechtskraft ausgesetzt ist (dazu Rdn 190c, 369).

5. Abschnitt. Einstellung auf Antrag eines Miteigentümers
§ 180 Abs 2–4, § 30b ZVG

1. Unterabschnitt. Schutz des Antragsgegners
§ 180 Abs 2 ZVG

714   Hinweis an Miteigentümer (= Antragsgegner),
zustellen mit Anordnungs/Beitrittsbeschluss:
Das Verfahren ist auf Ihren Antrag nach § 180 Abs 2 ZVG einstweilen auf die Dauer von höchstens sechs Monaten einzustellen, wenn dies bei Abwägung der widerstreitenden Interessen der mehreren Miteigentümer (= des Antragstellers und der Antragsgegner) angemessen erscheint.
Diese einstweilige Einstellung kann nur binnen einer Notfrist von zwei Wochen beantragt werden. Die Frist beginnt mit der Zustellung dieser Verfügung; sie ist nur eingehalten, wenn der Einstellungsantrag am letzten Tag der Frist bei Gericht eingegangen ist; Aufgabe bei der Post innerhalb der Frist genügt also nicht. Das Gericht kann diese Frist nicht verlängern. Nach Fristablauf kann im weiteren Verlaufe des Verfahrens aus den Gründen des § 180 Abs 2 ZVG eine einstweilige Einstellung nicht mehr verlangt werden. Sollte trotzdem nach Fristablauf noch ein Antrag gestellt werden, so müsste dieser kostenpflichtig zurückgewiesen werden.
Für jeden Miteigentümer, der die Teilungsversteigerung betreibt, muss eine erstrebte Einstellung gesondert verlangt werden; sie muss daher nach Zulassung des Beitritts eines Miteigentümers für das von diesem betriebene Verfahren neu beantragt werden. Ein Beitrittsverfahren kann nicht schon deshalb eingestellt werden, weil bereits Einstellung des Verfahrens des Anordnungsgläubigers beantragt (und ggfs angeordnet) ist. Für einen beigetretenen Miteigentümer nimmt das Verfahren deshalb

---

[1] BGH 66, 394 = MDR 1976, 1014 = NJW 1976, 1453; OLG Hamm OLGZ 1971, 66.

seinen Fortgang, wenn die einstweilige Einstellung der von ihm betriebenen Zwangsversteigerung nicht binnen zwei Wochen beantragt wird. Die Frist beginnt in diesem Falle nach Beitrittszulassung mit der Zustellung des Hinweises auf das Recht zur Stellung des Einstellungsantrags, den Fristbeginn und die Rechtsfolgen eines fruchtlosen Fristablaufs.

Der Einstellungsantrag soll eingehend begründet sein. Die Tatsachen, die zu seiner Begründung vorgebracht werden, sind, wenn das vom Vollstreckungsgericht gesondert noch verlangt wird, glaubhaft zu machen. Der Antrag soll in doppelter Fertigung vorgelegt werden; richtet er sich gegen mehrere Miteigentümer, die das Verfahren betreiben und keinen gemeinsamen Vertreter haben, so sind ihm Durchschriften nach der Zahl dieser Beteiligten beizufügen.   Amtsgericht ...

Auf Antrag eines Miteigentümers, gegen den die Teilungsversteigerung betrieben wird, ist das Verfahren auf die Dauer von längstens sechs Monaten **einstweilen einzustellen,** wenn dies bei Abwägung der widerstreitenden Interessen der mehreren Miteigentümer angemessen erscheint (§ 180 Abs 2 ZVG). § 30b ZVG (dazu Rdn 169, 172b, 173, 175) gilt entsprechend (§ 180 Abs 2 S 3 ZVG). Beantragt werden muss die einstweilige Einstellung binnen einer Notfrist von zwei Wochen; sie beginnt mit Zustellung der Verfügung, in welcher der Antragsgegner auf das Recht zur Stellung des Einstellungsantrags, den Fristbeginn und die Rechtsfolgen eines fruchtlosen Fristablaufs hingewiesen wird (§ 180 Abs 2 S 3 mit § 30b Abs 1 ZVG). Zu einem Einstellungsantrag sind nur der Antragsteller des Verfahrens und der die Einstellung begehrende Miteigentümer zu hören, nicht die anderen Miteigentümer (= die Einstellung nicht verlangenden Antragsgegner); deren Anhörung ist jedoch zulässig und oft sachdienlich. Zugestellt wird der Ablehnungsbeschluss nur dem die Einstellung begehrenden Miteigentümer (formlose Mitteilung an Antragsteller des Verfahrens), der Einstellungsbeschluss allen Miteigentümern (§ 32 ZVG). **715**

Die Einstellung des Teilungsversteigerungsverfahrens soll nach ihrem Grundgedanken durch Abwägung der widerstreitenden Interessen verhindern, dass ein wirtschaftlich Stärkerer unter Ausnutzung vorübergehender Umstände die Versteigerung „zur Unzeit" durchsetzt, um den wirtschaftlich Schwächeren zu ungünstigen Bedingungen aus dem Grundstück zu drängen.[1] Bei **Interessenabwägung** kann gegenüber dem gesetzlichen Auseinandersetzungsanspruch des antragstellenden Miteigentümers das Verlangen des Antragsgegners nach Verfahrensaufschub (nicht Verhinderung der Auseinandersetzung) nur durch besondere Umstände begründet sein. Diese müssen einen befristeten Aufschub angemessen erscheinen lassen; das erfordert, dass in der Einstellungszeit mit einer Veränderung der Umstände gerechnet werden kann.[2] Es muss sich sonach um Umstände handeln, die in sechs (oder jedenfalls zwölf) Monaten voraussichtlich behebbar sind.[3] Einstellungsgründe zB:[4] Versteigerung wird zur Unzeit betrieben; Termin fällt in eine Krisenzeit oder Zeit fallender Grundstückspreise oder in eine Periode der Kreditbeschränkungen, die Darlehensbeschaffung und damit das Mitbieten behindern; mit Behebung ungünstiger Umstände in der Einstellungszeit kann das voraussichtliche Versteigerungsergebnis günstig beeinflusst werden; zur Erhaltung alten Familienbesitzes lassen sich Mittel nicht sogleich beschaffen; ein Verfahren hat den Miteigentümer überrascht, er muss **716**

---

[1] BGH 79, 249 = MDR 1981, 482 = NJW 1981, 2065; BGH MDR 2005, 55 = NJW 2004, 3635; BGH NJW 2007, 3430 = aaO (nachf Fußn 10).
[2] BGH NJW 2004, 3635 (3636) = aaO.
[3] BGH NJW 2004, 3635 (3636) = aaO.
[4] Weitere Einzelheiten: Stöber Rdn 12.3 zu § 180.

sich erst darauf einstellen und Mittel für den Erwerb des Anteils des Antragstellers (Einsteigerung des Grundstücks) aufbringen. Gegen Einstellung können hohe Lasten und besondere Interessenlagen des Antragstellers sprechen wie dann, wenn er zur Erhaltung seiner Existenz Mittel benötigt, die er nur durch Veräußerung seines Grundstücksanteils erlangen kann, oder wenn sich Auseinandersetzungsverhandlungen bereits lange hingezogen haben und gescheitert sind. Dauerhafte gesundheitliche Beeinträchtigung eines Beteiligten rechtfertigt die Einstellung nicht.[5]

717   **Einstellungsbeschluss:** Das von dem Miteigentümer ... nach dem Anordnungs-/ Beitrittsbeschluss vom ... betriebene Zwangsversteigerungsverfahren zum Zwecke der Aufhebung der Gemeinschaft wird gemäß § 180 Abs 2 ZVG bis einschließlich ... einstweilen eingestellt. Gründe: ... Beglaubigte Abschrift an Antragsteller ... und Antragsgegner ... zustellen, an Antragsteller mit Hinweis nach § 31 Abs 3 ZVG (siehe Rdn 195).

718   Keine Antragsgegnerbelehrung nach § 180 Abs 2, § 30 b ZVG erfolgt, wenn das Verfahren auf gemeinsamen Antrag aller Miteigentümer angeordnet ist.

Nach **Beitritt eines weiteren Miteigentümers** zu dem bereits angeordneten Verfahren sind die (= alle) anderen Miteigentümer (auch der Antragsteller des Anordnungsverfahrens) wiederum auf das Einstellungsrecht aus § 180 Abs 2 ZVG hinzuweisen. Es hat jeder Miteigentümer, auch wenn er selbst als Antragsteller (oder Beitretender) die Teilungsversteigerung betreibt, in seiner Eigenschaft als Antragsgegner in dem nun von einem anderen Miteigentümer betriebenen Verfahren zur Aufhebung der Gemeinschaft das Recht, nach § 180 Abs 2 ZVG die einstweilige Einstellung dieses Verfahrens zu beantragen.[6] Ein Miteigentümer, der das Verfahren selbst betreibt, wird nach Zulassung des Beitritts mit seinem Einstellungsantrag gegen das nun auch von dem weiteren Miteigentümer betriebene Verfahren Aussicht auf Erfolg allerdings nur dann haben, wenn er auch in seinem eigenen Verfahren die Einstellung (nach § 30 mit § 180 Abs 1 ZVG) bewilligt; denn ein Miteigentümer kann nicht gleichzeitig sein Verfahren betreiben, das des Gegners jedoch aufhalten. Bei Zulassung des Beitritts kann der erneute Einstellungsantrag eines Miteigentümers auch nach Zurückweisung seines auf den Anordnungsbeschluss bereits gestellten Antrags bei anderer Interessenlage der Beteiligten begründet und für den Fall von Bedeutung sein, dass der erste Antragsteller die Verfahrenseinstellung bewilligt oder seinen Antrag zurücknimmt.

Der Miteigentümer, dessen **Pfändungsgläubiger** die Teilungsversteigerung betreibt, kann selbst die einstweilige Einstellung nach § 180 Abs 2 ZVG beantragen.[7] Auch der Pfändungsschuldner ist daher schon bei Verfahrensanordnung über dieses Recht zu belehren.

719   **Kostenausspruch** bei Entscheidung über einen Einstellungsantrag hat von Amts wegen (§ 308 Abs 2 ZPO) nach den Grundsätzen der §§ 91 ff ZPO zu erfolgen.[8]

720   **Fortgesetzt** wird nach einstweiliger Einstellung das Verfahren nur auf **Antrag** (§ 31 Abs 1 mit § 180 Abs 1 ZVG). Antragsfrist: 6 Monate; Beginn mit dem

---

[5] BGH NJW 2004, 3635 = aaO.
[6] BGH 79, 249 = aaO (Fußn 1).
[7] LG Braunschweig NdsRpfl 1956, 74; LG Kempten NJW 1976, 299; LG Standal Rpfleger 1998, 122; Stöber Rpfleger 1963, 337 (339 f); Stöber Rdn 11.12 zu § 180 mit zahlr Nachw; Dassler/Hintzen Rdn 84 zu § 180; anders LG Berlin Rpfleger 1991, 107; LG Osnabrück Rpfleger 1960, 409.
[8] Stöber Rpfleger 1956, 95 (96).

Zeitpunkt, bis zu dem die Einstellung angeordnet war (§ 31 Abs 2 Buchst b ZVG in entsprechender Anwendung), aber nicht vor Zustellung des Hinweises auf Fristbeginn und die Folgen eines fruchtlosen Fristablaufs (§ 31 Abs 3 mit § 180 Abs 1 ZVG). Die **einmalige Wiederholung** der Einstellung aus den Gründen des § 180 Abs 2 ZVG ist zulässig (§ 180 Abs 2 S 2 ZVG). Nach (erstmaliger) Verfahrensfortsetzung muss daher dem Antragsgegner wieder eine Verfügung zugestellt werden, in welcher er auf das Recht zur (nochmaligen) Stellung des Einstellungsantrags, den Fristbeginn und die Rechtsfolgen eines fruchtlosen Fristablaufs hingewiesen wird (§ 180 Abs 2 S 3 mit § 30 b Abs 1 ZVG). Antrag auf erneute (nochmalige) Einstellung kann nur in der damit beginnenden Notfrist von zwei Wochen gestellt werden (§ 30 b Abs 1 S 1 mit § 180 Abs 2 S 3 ZVG). Nach Verfahrensfortsetzung nach (bereits einmal) wiederholter Einstellung aus den Gründen des § 180 Abs 2 ZVG ist nochmaliger Einstellungsantrag nicht zulässig; daher unterbleibt dann auch Zustellung eines (weiteren) Hinweises.

Einstellung auf **Bewilligung** des Antragstellers (§ 30 mit § 180 Abs 1 ZVG)   720a
hat gegenüber einem Miteigentümerschutz nach § 180 Abs 2 ZVG Vorrang. Auf Bewilligung des Antragstellers ist nach § 30 ZVG immer sofort einzustellen (Rdn 177 a). Nach Fortsetzung eines Verfahrens, das auf Bewilligung des Antragstellers gem § 30 ZVG einstweilen eingestellt war, ist über einen früheren Miteigentümerantrag auf Verfahrenseinstellung aus den Gründen des § 180 Abs 2 ZVG zu entscheiden (Rdn 177 b). Wenn der Antragsgegner in der Antragsfrist des § 30 b Abs 1 S 1 (mit § 180 Abs 2 S 3) ZVG keinen Einstellungsantrag gestellt hatte oder wenn sein Einstellungsantrag bereits rechtskräftig abgelehnt worden ist, kann nach Fortsetzung eines Verfahrens, das auf Bewilligung nach § 30 einstweilen eingestellt wurde, nochmalige Einstellung aus den Gründen des § 180 Abs 2 ZVG nicht beantragt werden. Hierwegen und zu Einzelheiten siehe Rdn 177 c.

2. Unterabschnitt. Schutz im Interesse des Kindeswohls
§ 180 Abs 3 und 4 ZVG

Hinweis an Miteigentümer (= Antragsgegner), wenn Aufhebung einer zwischen   721
Ehegatten oder früheren Ehegatten bestehenden Gemeinschaft betrieben wird, zustellen mit Anordnungs/Beitrittsbeschluss:
Wenn aus Ihrer Ehe (früheren Ehe) mit dem Miteigentümer der Gemeinschaft an
dem Grundstück, zu deren Aufhebung die Zwangsversteigerung betrieben wird, ein
Kind hervorgegangen ist, kann die einstweilige Einstellung des Verfahrens auch aus
dem besonderen Grund des § 180 Abs 3 ZVG verlangt werden. Die Vorschrift
lautet: ...
Auch diese einstweilige Einstellung kann von Ihnen nur binnen einer Notfrist von
zwei Wochen beantragt werden. Die Frist beginnt mit der Zustellung dieser Verfügung; sie ist nur eingehalten, wenn der Einstellungsantrag am letzten Tag der Frist
bei Gericht eingegangen ist; Aufgabe bei der Post innerhalb der Frist genügt also
nicht. Das Gericht kann diese Frist nicht verlängern. Nach Fristablauf kann im weiteren Verlaufe des Verfahrens aus den Gründen des § 180 Abs 3 ZVG (zur Abwendung einer ernsthaften Gefährdung des Kindeswohls) eine einstweilige Einstellung
nicht mehr verlangt werden. Sollte trotzdem nach Fristablauf noch ein Antrag gestellt werden, so müsste dieser kostenpflichtig zurückgewiesen werden.
Der Einstellungsantrag soll eingehend begründet sein. Die Tatsachen, die zu seiner
Begründung vorgebracht werden, sind, wenn das vom Vollstreckungsgericht noch
gesondert verlangt wird, glaubhaft zu machen. Der Antrag soll in doppelter Fertigung vorgelegt werden.   Amtsgericht ...

721a Auf die Interessen eines **gemeinschaftlichen Kindes** (mehrerer Kinder) müssen Ehegatten und geschiedene Ehegatten auch bei Verfolgung eines Anspruchs auf Aufhebung einer Gemeinschaft im Wege der Zwangsversteigerung in besonderer Weise Rücksicht nehmen.[9] Auf **Antrag** ist daher die Zwangsversteigerung zur Aufhebung einer Gemeinschaft an einem Grundstück, die (nur) zwischen Ehegatten oder früheren Ehegatten besteht, einstweilen einzustellen, wenn dies zur **Abwendung einer ernsthaften Gefährdung des Wohls** eines gemeinschaftlichen Kindes erforderlich ist (§ 180 Abs 3 S 1 ZVG). Gemeinschaftliches Kind ist, wer von den (früheren) Ehegatten abstammt;[10] keinen Unterschied macht es, ob das Kindschaftsverhältnis durch Geburt oder durch anfänglich oder nachträglich gemeinschaftliche Annahme als Kind entstanden ist.[11] Ein gemeinschaftliches Pflegekind gehört nicht dazu; auf dieses kann § 180 Abs 3 ZVG auch nicht entsprechend und auch nicht angewendet werden, wenn die Ehegatten die gemeinsame Vormundschaft übernommen haben[12] (§ 1775 S 1 BGB); seine Belange können im Rahmen von § 765 a ZPO Berücksichtigung finden (Rdn 722). Belange einseitiger Abkömmlinge (erstehelicher Kinder) des Antragsgegners oder Antragstellers[13] können Einstellung nicht rechtfertigen. Angeordnet werden kann längere Einstellung im Kindesinteresse auch, wenn das Verfahren von einem Dritten betrieben wird, der das Recht des Ehegatten oder früheren Ehegatten auf Aufhebung der Gemeinschaft ausübt (so von einem Pfand- oder Pfändungsgläubiger, einem Erben des Ehegatten, dem Testamentsvollstrecker, dem Insolvenzverwalter des Ehegatten), ebenso, wenn das gemeinschaftliche Kind neben den Ehegatten einziger weiterer Miteigentümer ist.[14] Maßgeblich ist das Miteigentum zurzeit des Verfahrensbeginns mit Anordnung der Zwangsversteigerung (oder Zulassung des Beitritts). Wenn danach ein neuer Miteigentümer die Verfahrensstellung als Antragsteller übernimmt, bleibt Einstellung nach § 180 Abs 3 ZVG möglich. Bei Eigentumswechsel vor Verfahrensanordnung (Ehegatte veräußert seinen Miteigentumsanteil, Erwerber betreibt die Zwangsversteigerung) ist Miteigentum von Eheleuten als Einstellungsvoraussetzung nicht gegeben, Einstellung im Kindesinteresse somit nicht möglich; jedoch kann Berufung eines Antragstellers darauf, dass es für Einstellung nach Abs 3 des § 180 am Ehegatteneigentum fehlt, aus besonderen Gründen nach Treu und Gläubigen unzulässig sein.[15]

721b **Erforderlich** sein muss die längere Einstellung nach § 180 Abs 3 ZVG zur Abwendung einer ernsthaften Gefährdung des Wohls eines gemeinschaftlichen Kindes. Zurückstehen muss somit das Interesse eines Ehegatten oder früheren Ehegatten an der alsbaldigen Aufhebung der Gemeinschaft an dem Grundstück bei ernsthafter Gefährdung des Kindeswohls. Eine solche Gefährdung kann nur gegeben sein, wenn besondere Umstände eine begründete gegenwärtige Besorgnis der Gefährdung des körperlichen, geistigen oder seelischen Kindeswohls

---

[9] Begründung des Gesetzentwurfs, BT-Drucks 10/2888, vom 21.2. 1985, Seiten 12, 35 und 36.
[10] BGH FamFR 2007, 1010 = MDR 2007, 974 = NJW 2007, 3430 = Rpfleger 2007, 408.
[11] BGH NJW 2007, 3430 = aaO.
[12] BGH NJW 2007, 3430 = aaO.
[13] Anders für ein ersteheliches Kind des Antragstellers AG Hamburg Rpfleger 1991, 523; entspricht nicht dem Gesetz. Für analoge Anwendung besteht kein rechtsähnlicher Tatbestand; Berufung des Antragsgegners auf Interessen eines Kindes nur des Antragstellers ermöglicht zudem § 180 Abs 3 ZVG nicht.
[14] Stöber Rdn 13.2 zu § 180.
[15] Dazu Stöber Rdn 13.2 zu § 180.

nahelegen[16] wie etwa dann, wenn das Kind durch die Zwangsversteigerung in seinen Lebensverhältnissen erheblich benachteiligt (beeinträchtigt) wird.[17] Das kann insbesondere der Fall sein, wenn die Veräußerung des Familienheims bewirken würde, dass sich die Wohn- oder sonstigen Lebensverhältnisse des gemeinschaftlichen Kindes nachhaltig verschlechtern.[18] Weil auf das Alter des Kindes nicht abgestellt ist, kann auch das Wohl eines volljährigen gemeinschaftlichen Kindes die Einstellung gebieten wie dann, wenn es behindert ist oder noch in Ausbildung steht. Eine nur allgemeine, nicht wesentliche Beeinträchtigung von Kindesinteressen, die Einbuße einer nur vermögensrechtlichen Erwartung (Verlust des Grundstücks als künftiger Nachlassgegenstand) und nur noch wirtschaftliche Interessen des Kindes ermöglichen Einstellung nicht.

Die Einstellung nach § 180 Abs 3 ZVG erfolgt nur auf **Antrag**. Antragsberechtigt ist nur der Ehegatte, gegen den die Teilungsversteigerung betrieben wird, nicht aber ein Kind. Beantragt werden muss auch die Einstellung aus den Gründen des § 180 Abs 3 ZVG binnen einer Notfrist von zwei Wochen[19] (§ 30 b Abs 1 S 1 mit § 180 Abs 3 S 3 ZVG). Diese beginnt mit der Zustellung der Verfügung, in der auf dieses Einstellungsrecht, den Fristbeginn und die Rechtsfolgen eines fruchtlosen Fristablaufs hingewiesen wird (§ 30 b Abs 1 S 2 mit § 180 Abs 3 S 3 ZVG). Auch dieser Hinweis ist möglichst zugleich mit dem Beschluss, durch den die Zwangsversteigerung angeordnet (oder der Beitritt zugelassen) wird, zuzustellen. Einstellung aus dem Grund des § 180 Abs 3 ZVG (zur Abwendung einer ernsthaften Gefährdung des Kindeswohls) muss sogleich in der Notfrist von zwei Wochen auch dann beantragt werden, wenn Einstellung auch aus den Gründen des Abs 2 des § 180 ZVG (zum Schutz des Antragsgegners) verlangt wird. Beide Einstellungsgründe sind selbstständig, die Vorschriften somit gleichzeitig anwendbar, nicht jedoch nacheinander.[20] Verfahren im Übrigen: § 30 b Abs 2 ZVG, der entsprechend gilt (§ 180 Abs 3 Satz 3 ZVG).   **721c**

Die Einstellungs**dauer** ist Ermessenssache. Einzustellen ist für die voraussichtliche Dauer der ernsthaften Gefährdung des Wohls des gemeinschaftlichen Kindes, längstens aber auf die Dauer von fünf Jahren (§ 180 Abs 4 ZVG). Die Einstellungsdauer muss auch bei Einstellung nach § 180 Abs 3 ZVG im Einstellungsbeschluss bezeichnet werden.   **721d**

Über den Antrag auf einstweilige Einstellung nach Abs 2 und auch nach Abs 3 des § 180 ZVG ist gleichzeitig zu entscheiden. Es kann   **721e**
- nach Abs 2 des § 180 ZVG einzustellen, der auf Abs 3 des § 180 ZVG zum Schutz des Kindeswohls gestellte Antrag jedoch zurückzuweisen sein;
- nach Abs 3 des § 180 ZVG einzustellen, der nach Abs 2 des § 180 ZVG wegen widerstreitender Interessen der Miteigentümer gestellte Antrag jedoch zurückzuweisen sein;
- die einstweilige Einstellung aus beiden Gründen, somit nach Abs 2 (wegen widerstreitender Interessen der Miteigentümer) und zugleich nach Abs 3 des § 180 ZVG (zum Schutz des Kindeswohls) anzuordnen sein. Bei Einstellung

---

[16] LG Frankenthal Rpfleger 1987, 14 (verneint für 17jährige Tochter bei günstiger schulischer Entwicklung); auch LG Berlin, Rpfleger 1992, 170 und LG Konstanz Rpfleger 2002, 219.

[17] LG Heidelberg FamRZ 1991, 588 = Rpfleger 1991, 215; siehe auch AG Hamburg Rpfleger 1990, 523.

[18] LG Heidelberg FamRZ 1991, 588 = aaO (Fußn 17) (auch zur Beeinträchtigung der schulischen Entwicklung); auch LG Berlin Rpfleger 1992, 170 und LG Offenburg Rpfleger 1994, 17.

[19] LG Essen FamRZ 1988, 1191.

[20] Stöber Rdn 13.7 zu § 180.

aus beiden Gründen kann als Einstellungszeit dann nur die Höchstdauer bestimmt, nicht aber für jeden Einstellungsgrund eine Einstellungsdauer gesondert festgelegt werden.[21]

721f Nach Fortsetzung eines nur oder auch nach Abs 3 des § 180 ZVG einstweilen eingestellt gewesenen Verfahrens ist die Wiederholung der Einstellung zur Abwendung einer ernsthaften Gefährdung des Kindeswohls mehrfach zulässig (Abs 3 S 2 des § 180 ZVG). **Höchstdauer** der Einstellung: **5 Jahre** (§ 180 Abs 4 ZVG).

721g Nach Fortsetzung eines nur aus den Gründen des § 180 Abs 2 ZVG (zum Schutz des Antragsgegners) eingestellt gewesenen Verfahrens kann einstweilige Einstellung nach Abs 3 des § 180 ZVG zur Abwendung einer Kindesgefährdung nicht neu beantragt werden, wenn auch für diesen Einstellungsfall die Antragsfrist (Notfrist) des § 30b Abs 1 ZVG bereits abgelaufen ist. Zulässig ist Einstellung aus dem Grund des Abs 3 des § 180 ZVG neu jedoch, wenn der Einstellungsgrund mit Geburt eines gemeinschaftlichen Kindes erst nach Ablauf der ursprünglichen Antragsfrist (oder Zurückweisung des ersten Antrags) entstanden ist.

721h Nach Fortsetzung eines aus den Gründen des § 180 Abs 2 ZVG und zugleich zur Abwendung einer ernsthaften Gefährdung des Kindeswohls nach Abs 3 des § 180 ZVG eingestellten Verfahrens kann auch die einmalige Wiederholung der Einstellung nach § 180 Abs 2 ZVG beantragt und angeordnet werden. Das gilt auch, wenn Einstellung mit gemeinsamer Höchstdauer (Rdn 721e) bereits längere Zeit (zB drei Jahre) erfolgt war. Es darf nur das Verfahren insgesamt nicht auf mehr als fünf Jahre einstweilen eingestellt werden (§ 180 Abs 4 ZVG). Nochmalige Wiederholung der Einstellung nach § 180 Abs 2 ZVG kann Bedeutung erlangen, wenn bei Verfahrensfortsetzung der Einstellungsgrund aus Abs 3 des § 180 ZVG nicht mehr fortbesteht (Kindeswohl ist nicht mehr gefährdet; Kind ist gestorben usw).[22]

721i **Änderungen der Sachlage** nach Einstellung im Interesse des Kindeswohls (nicht aber aus den Gründen des Abs 2 des § 180 ZVG) kann mit Aufhebung oder Änderung des Einstellungsbeschlusses Rechnung getragen werden (§ 180 Abs 3 S 4 ZVG). Die Regelung ist der Vorschrift von § 765a Abs 4 ZPO nachgebildet. Die Aufhebung oder Änderung des Beschlusses erfolgt nur auf Antrag. Zum Änderungsverfahren siehe im Kommentar Rdn 13.15 zu § 180.

3. Unterabschnitt. Vollstreckungsschutz nach § 765a ZPO

722 Als allgemeine Schutzvorschrift des Vollstreckungsrechts findet § 765a ZPO auch bei Zwangsversteigerung zur Aufhebung einer Gemeinschaft Anwendung.[23] Verwirklichung des schuldrechtlichen Auseinandersetzungsanspruchs eines Miteigentümers erfolgt mit Zwangsversteigerung zur Aufhebung einer Gemeinschaft in Form des **rechtlichen Zwangs.** Als Zwangsverfahren findet die Teilungsversteigerung gegen den Willen der Miteigentümer, die Antragsgegner sind, in einem als Teil des Zwangsvollstreckungsrechts geregelten Verfahren

---

[21] Stöber Rdn 13.9 zu § 180.

[22] Stöber Rdn 13.14 zu § 180.

[23] BGH FamRZ 2007, 1010 = MDR 2007, 974 = NJW 2007, 3430 = Rpfleger 2007, 408. So vordem auch schon (nahezu) allgemeine Meinung. Nachweise siehe BGH aaO und Stöber Einl Rdn 52.6. Die frühere, nur noch vereinzelt vertretene Gegenansicht (Nachweise hier in 8. Aufl und im Kommentar aaO) ist überholt.

(§ 869 ZPO) statt; durchgeführt wird sie unter Anwendung der allgemeinen Bestimmungen des Vollstreckungsrechts. Entsprechende Anwendung der Vorschriften über die Vollstreckungsversteigerung (§ 180 Abs 1 ZVG) und damit der allgemeinen Verfahrensvorschriften der Zivilprozessordnung (§ 869) gebietet damit auch in der Teilungsversteigerung auf Antrag **Schutz vor sittenwidriger Härte** des Zwangsverfahrens. ZPO § 765 a ist nicht auf die Geldvollstreckung beschränkt; entsprechende Anwendung der Vorschriften über die Vollstreckungsversteigerung gebietet gleichen Schutz gegen Maßnahmen des staatlichen Zwangs zur Durchsetzung des Auseinandersetzungsanspruchs eines Miteigentümers. Schutz mit Verfahrenseinstellung ermöglicht § 765 a ZPO als allgemeine Härteklausel des Vollstreckungsrechts jedoch nur, wenn die Zwangsmaßnahme wegen ganz besonderer Umstände eine Härte bedeutet, die mit den guten Sitten nicht zu vereinbaren ist. § 765 a ZPO ist damit als Ausnahmevorschrift (trotz des scheinbaren Ermessensspielraums) eng auszulegen (siehe Rdn 178). Praktische Bedeutung kann Einstellung nach § 765 a ZPO insbesondere zum Schutz vor Grundstücksverschleuderung (dazu Rdn 367) und bei Beeinträchtigung des Wohls eines gemeinsamen oder nicht gemeinsamen Pflegekindes[24] sowie auch eines einseitigen Abkömmlings erlangen.

4. Unterabschnitt. Einstellung nach § 3 b Abs 3 VermG

Die Teilungsversteigerung eines Grundstücks oder Gebäudes im Beitrittsgebiet (Rdn 8 a), für das ein Rückübertragungsantrag nach § 30 VermG vorliegt, ist auf Antrag des Berechtigten (§ 2 Abs 1 VermG) bis zum Eintritt der Bestandskraft der Entscheidung über den Restitutionsantrag einstweilen einzustellen (§ 3 b Abs 3 S 1 VermG mit Versagungsgründen in Sätzen 2 und 3). Pflichtwidrige Veräußerung durch den Verfügungsberechtigten (Veräußerung ist ihm nach § 3 Abs 3 S 1 mit 8 VermG untersagt) im Wege der Teilungsversteigerung kann damit verhindert werden. Einstellung der von einem Pfändungsgläubiger nach Überweisung zur Einziehung betriebenen Teilungsversteigerung ermöglicht § 3 b Abs 3 VermG nicht. 722a

6. Abschnitt. Einstellungsbewilligung, Verfahrensaufhebung
§§ 29–34, § 180 Abs 1 ZVG

Antrag Gemäß § 30 ZVG bewillige ich die einstweilige Einstellung des auf meinen Antrag am ... angeordneten Zwangsversteigerungsverfahrens zum Zwecke der Aufhebung der Gemeinschaft. 723
Oder: ... des von mir nach dem Beitrittsbeschluss vom ... betriebenen Teilungs-Zwangsversteigerungsverfahrens.

Beschluss: Das von dem Miteigentümer ... nach dem Anordnungs-/Beitrittsbeschluss vom ... betriebene Zwangsversteigerungsverfahren zum Zwecke der Aufhebung der Gemeinschaft wird auf Bewilligung gemäß § 30 mit § 180 Abs 1 ZVG einstweilen eingestellt. 723 a
Hinweis für Antragsteller: Das Verfahren wird nur auf Antrag fortgesetzt. Es wird aufgehoben, wenn der Antrag nicht binnen sechs Monaten gestellt wird. Die Frist beginnt mit der Zustellung dieses Hinweises auf den Fristbeginn und die Rechtsfolgen eines fruchtlosen Fristablaufs, § 31 ZVG.
Begl Abschrift zustellen an Antragsteller und -gegner.

---

[24] BGH NJW 2007, 3430 = aaO.

724   Auf das Zwangsversteigerungsverfahren zum Zwecke der Aufhebung einer Gemeinschaft finden **entsprechende Anwendung** (§ 180 Abs 1 ZVG) die Vorschriften über entgegenstehende grundbuchmäßige Rechte (§ 28 Abs 1 ZVG; dazu Rdn 160 bis 163), Verfügungsbeschränkung und Verfahrensmangel (§ 28 Abs 2 ZVG; dazu Rdn 163a–d), einstweilige Einstellung auf Bewilligung des Antragstellers (§ 30 ZVG, Rdn 184–190c), Fortsetzung auf Antrag des betreibenden Miteigentümers (§ 31 ZVG, Rdn 197–200a) sowie Zurücknahme des Versteigerungsantrags (§ 29 ZVG, Rdn 203–206; Beispiel für Aufhebungsbeschluss siehe Rdn 201). Wegen der gleichfalls entsprechend anwendbaren Bestimmungen über die Einstellung durch das Prozessgericht siehe Rdn 193. Zur Entscheidung durch Versagung des Zuschlags, wenn ein Grund zur Aufhebung oder einstweiligen Einstellung des Verfahrens oder zur Aufhebung des Termins nach Schluss der Versteigerung gegeben ist (und ein Gebot abgegeben ist), siehe § 33 ZVG und Rdn 333, 334a. Die erneute Einstellungsbewilligung nach zweimaliger Einstellung des Verfahrens auf Bewilligung des (gleichen) Miteigentümers gilt auch in der Teilungsversteigerung als Rücknahme des Versteigerungsantrags (§ 30 Abs 1 S 3 mit § 180 Abs 1 ZVG).

7. Abschnitt. Verfahren bis zum Versteigerungstermin
§ 180 Abs 1, §§ 35 ff ZVG

725   **Wertfestsetzung** (§ 74a Abs 5 ZVG) hat nach § 85a Abs 2 ZVG stets zu erfolgen. Dafür ist nicht mehr, wie früher teilweise angenommen wurde, von Bedeutung, dass nur bei Aufhebung einer Bruchteilsgemeinschaft mit unterschiedlich belasteten Miteigentumsanteilen ein Antragsrecht aus § 74a Abs 1 ZVG besteht; Grund: § 85a ZVG.

726   Die **Bekanntmachungsfrist** (§ 43 Abs 1 ZVG) und die **Zustellungsfrist** (§ 43 Abs 2 ZVG) sind bei der Teilungsversteigerung wie bei der Vollstreckungsversteigerung (dazu Rdn 223, 224) einzuhalten. Auf Grund eines nicht vier Wochen vor dem Versteigerungstermin zugestellten Beitrittsbeschlusses (oder Fortsetzungsbeschlusses) kann der Versteigerungstermin daher nicht abgehalten werden, wenn der frühere Antragsteller die Einstellung des Verfahrens bewilligt oder seinen Antrag zurücknimmt (siehe Rdn 709).

727   Die **Terminsbestimmung** muss nach § 37 Nr 3 (§ 180 Abs 1) ZVG die Angabe enthalten, dass

> die Versteigerung erfolgt zum Zwecke der Aufhebung der Gemeinschaft.[1]

Bei Verstoß: Terminsaufhebung (§ 43 Abs 1 ZVG) oder Versagung des Zuschlags nach § 83 Nr 7 ZVG.

728   Die **Aufforderung nach § 37 Nr 4 ZVG** (Rdn 222) hat dahin zu ergehen, dass sie verlangt,

> … Rechte … anzumelden, und wenn der (ein) Antragsteller widerspricht, glaubhaft zu machen, widrigenfalls die Rechte bei der Feststellung des geringsten Gebots nicht berücksichtigt und bei der Verteilung des Versteigerungserlöses den übrigen Rechten nachgesetzt werden.

728a **Mitteilung** der Terminsbestimmung erfolgt nach MiZi Nr XI/1 (Text im Kommentar T 34) an Gemeindeverwaltung und Stellen, die öffentliche Lasten ein-

---

[1] OLG Koblenz NJW 1959, 1833; OLG Schleswig SchlHA 1958, 10.

ziehen, nicht aber an Finanzamt, Hauptzollamt und Gemeindesteuerstelle zur Bekanntmachung rückständiger Betriebssteuern.

Eine **Mitteilung nach § 41 Abs 2 ZVG** (Rdn 225) hat an die Beteiligten auch **729** dann zu ergehen, wenn der Antragsteller etwa (unüblich) schon in der Terminsbestimmung genannt ist oder wenn alle Miteigentümer die Zwangsversteigerung betreiben.

> **Mitteilung nach § 41 Abs 2 ZVG:** In dem Verfahren zur Zwangsversteigerung des in Nürnberg gelegenen, im Grundbuch für Gemarkung Gärten Blatt 3685 auf den Namen des am ... verstorbenen Schlossermeisters Hans Gut in Nürnberg eingetragenen Grundstücks FlStNr 901, Weststraße 91, Wohnhaus, Hofraum, Garten, zu 625 m² wird gemäß § 41 Abs 2 ZVG mitgeteilt, dass in dem auf ... anberaumten Termin die Versteigerung erfolgt auf Antrag der Miteigentümerin Grete Huhn, geb. Gut, Kaufmannswitwe in Nürnberg, ... straße Nr ..., vertreten durch Rechtsanwalt ... nach dem Anordnungsbeschluss vom ..., den Miteigentümern zugestellt am ..., wegen ihres Anspruchs auf Aufhebung der zwischen ihr und Karl Gut, Mechanikermeister in Nürnberg, ... straße Nr ... sowie Fritz Gut, Angestellter in Nürnberg, ... straße Nr ... bestehenden Erbengemeinschaft.
> Die erste Beschlagnahme ist am ... erfolgt.

Ein Auseinandersetzungsvergleich im Zwangsversteigerungsverfahren wahrt die **730** Beurkundungsform des § 311 b Abs 1 BGB.[2] Zuständig zur Beurkundung eines **Vergleichs** im Rahmen des Teilungsversteigerungsverfahrens ist der Rechtspfleger.[3]

8. Abschnitt. Geringstes Gebot
ZVG §§ 182, 44–52, 59

Schrifttum: Alff, Geringstes Gebot und Zuschlagsprobleme in der Teilungsversteigerung bei mehreren Antragstellern, Rpfleger 2004, 673; Drischler, Der Ausgleichsbetrag nach § 182 Abs 2 ZVG in der Teilungsversteigerung, ZIP 1982, 921; Niederée, Das „Räumungsprinzip" des § 182 I ZVG, DRpflZ 1984, 94; Otto und Seyffert, Blockade der Teilungsversteigerung durch Beitritt eines bestimmten Miteigentümers? Rpfleger 1979, 1; Schiffhauer, Der Ausgleichsbetrag des § 182 Abs 2 ZVG, Rpfleger 1984, 81; Streuer, Geringstes Gebot in der Teilungsversteigerung bei mehreren Antragstellern, Rpfleger 2001, 119.

a) Deckungsgrundsatz

Die Teilungsversteigerung kann gleichfalls nur unter Wahrung des Deckungs- **731** grundsatzes (Rdn 238, 239) durchgeführt werden. Durch das geringste Gebot gedeckt sein müssen die dem Auseinandersetzungsanspruch des Antragstellers „vorgehenden" Rechte und Ansprüche. Es sind dies (§ 182 Abs 1 ZVG)
- die nur den **Anteil des Antragstellers belastenden Rechte** an dem Grundstück,
- die den **Anteil des Antragstellers mitbelastenden Rechte** an dem Grundstück, die auch den Anteil eines (oder aller) Antragsgegner belasten;
- alle Rechte, die einem Recht an dem Anteil des Antragstellers **im Rang** (§ 879 BGB) **vorgehen oder gleichstehen,** auch wenn sie nur den Anteil eines anderen Miteigentümers belasten.

---

[2] Hornung Rpfleger 1972, 203 (212); OLG München DNotZ 1971, 544 = MDR 1970, 928.
[3] OLG Nürnberg Rpfleger 1972, 305; Hornung wie Fußn 2.

Die den Anteil des Antragstellers selbst belastenden Rechte und Ansprüche müssen bestehen bleiben oder durch Barzahlung gedeckt sein, weil jeder Miteigentümer seinen Anteil nur unbeschadet der darauf haftenden Rechte veräußern kann. Die Berücksichtigung der vor- oder gleichstehenden Rechte folgt daraus, dass ihre Deckung unerlässliche Vorbedingungen für die Berücksichtigung der Rechte auf dem Anteil des Antragstellers ist.

732   **Sonstige** (insbesondere „nachrangig") ausschließlich den Anteil eines Antragsgegners belastende **Rechte** bleiben unberücksichtigt. Grund: Das mit Begründung des Miteigentums entstehende Recht eines Miteigentümers auf Aufhebung der Gemeinschaft kann nicht durch spätere Belastung des Einzelanteils eines anderen Miteigentümers beeinträchtigt werden. Kein Rangverhältnis im Sinne des Rdn 731 Gesagten besteht, wenn die Bruchteile verschieden (einzeln) belastet sind. Eine zeitlich früher auf dem Anteil des Antragsgegners eingetragene Einzelbelastung wird deshalb nicht in das geringste Gebot aufgenommen, wohl aber eine zeitlich später nur auf dem Antragstelleranteil eingetragene Einzelbelastung.

732a   **Beispiel 1:**

	A = 1/3	B = 1/3	C = 1/3
	–	10 000	–
	–	–	20 000
	30 000	–	–

A betreibt. Seinen Miteigentumsanteil belastet nur das Recht zu 30 000 € (§ 1114 BGB). Es muss durch das geringste Gebot gedeckt sein. Die Einzelbelastungen der Miteigentumsanteile B und C werden bei Feststellung des geringsten Gebots nicht berücksichtigt. Ausgleichsbetrag (§ 182 Abs 2 ZVG) Rdn 737.

Beispiel 2:

	A = 1/3	B = 1/3	C = 1/3
	10 000	–	–
	–	–	20 000
	30 000 ←⟶	30 000	–

B betreibt. Seinen Miteigentumsanteil belastet das Gesamtrecht zu 30 000 auf den Miteigentumsanteilen A und B. Es muss durch das geringste Gebot gedeckt sein. Diesem Gesamtrecht geht im Rang vor die Einzelbelastung auf dem Miteigentumsanteil A zu 10 000 €; dieses vorgehende Recht muss durch das geringste Gebot gedeckt sein. Die Einzelbelastung des Miteigentumsanteils C zu 20 000 € wird bei Feststellung des geringsten Gebots nicht berücksichtigt. Ausgleichsbetrag (§ 182 Abs 2 ZVG) Rdn 737.

Beispiel 3:

	A = 1/3	B = 1/3	C = 1/3
	10 000	–	–
	–	20 000	–
	–	–	30 000
	40 000 ←⟶	40 000 ←⟶	40 000
	–	–	50 000
	60 000	–	–
	–	70 000	–

C betreibt. Seinen Miteigentumsanteil belasten die Rechte zu 30 000 € und 50 000 € und belastet mit das Gesamtrecht zu 40 000 €. Diesem Gesamtrecht gehen im Rang vor die Einzelbelastungen (§ 1114 BGB) zu 10 000 € auf dem Miteigentumsanteil A und zu 20 000 € auf dem Miteigentumsanteil B. Alle diese Rechte müssen durch das geringste Gebot gedeckt sein. Die Einzelbelastungen zu 60 000 € auf dem Miteigentumsanteil A und zu 70 000 € auf dem Miteigentumsanteil B werden bei Feststellung des geringsten Gebots nicht berücksichtigt. Ausgleichsbetrag (§ 182 Abs 2 ZVG) Rdn 737.

Bei einer Gesamthandsgemeinschaft gibt es (im Regelfall) keine unterschiedlich belasteten Anteile. In das geringste Gebot sind daher stets alle auf dem Grundstück lastenden Rechte aufzunehmen. **732b**

b) Grundbucheintragung und Anmeldung

Berücksichtigt werden bei Feststellung des geringsten Gebots die Rechte und Ansprüche in Rangklassen 1–4 sowie 7 und 8 des § 10 Abs 1 ZVG (dazu Rdn 70–79, 84, 85; Ansprüche in Rangklassen 5 und 6 kommen nicht vor): **733**
- nach dem Inhalt des Grundbuchs (= von Amts wegen), wenn sie zurzeit der Eintragung des Versteigerungsvermerks aus dem Grundbuch ersichtlich waren (§ 180 Abs 1, § 45 Abs 1 ZVG),
- im Übrigen nur auf rechtzeitige (Rdn 232) Anmeldung (ggfs weiter Glaubhaftmachung).

Dazu und wegen der Einzelheiten siehe Rdn 247–270.

Ein den Anteil des Antragstellers belastendes oder mitbelastendes Recht oder das einem solchen Recht vorgehende Recht ist – bei Anmeldung – in das geringste Gebot stets auch dann **voll aufzunehmen,** wenn es erst nach dem Zwangsversteigerungsvermerk in das Grundbuch eingetragen worden ist.[1] Jedoch werden, wenn ein Erbteilspfand- und Überweisungsgläubiger die Teilungsversteigerung eines Nachlassgrundstücks betreibt, nachträglich auf dem Grundstück eingetragene Zwangshypotheken und sonstige dem Pfandgläubiger gegenüber unwirksame Rechte bei der Feststellung des geringsten Gebots nicht berücksichtigt.[2] **734**

c) Bestehen bleibende Rechte und Bargebot

Das geringste Gebot besteht bei der Teilungsversteigerung gleichfalls aus den beiden Teilen[3] (siehe Rdn 239) **735**
- bestehen bleibende Rechte (§ 52 Abs 1 ZVG),
- durch Zahlung zu befriedigende Ansprüche (= bar zu zahlender Teil; § 49 Abs 1 ZVG).

d) Niedrigstgebot bei mehreren Antragstellern

Wenn **mehrere** oder **alle Bruchteilseigentümer** die Teilungsversteigerung auf Grund eines gemeinsamen Anordnungsbeschlusses oder nach späterem (rechtzeitig zugestelltem, § 44 Abs 2 mit § 180 Abs 1 ZVG) Beitritt betreiben, können sich Deckungsgrundsatz und Aufhebungsanspruch der einzelnen Miteigentümer überschneiden. Die Meinungen, wie dann zu verfahren ist, gehen auseinander. Einzelheiten und Beispiele im Kommentar Rdn 3 zu § 182. Richtig muss sich das geringste Gebot dann nach dem von mehreren antragstellenden Miteigentümern bestimmen, dessen Anteilsbelastungen das niedrigste geringste **736**

---

[1] Siehe auch Stöber Rdn 2.5 zu § 182.
[2] BayObLG 1959, 50 = NJW 1959, 1780 = Rpfleger 1960, 157.
[3] BGH FamRZ 1999, 433 = MDR 1999, 376 = NJW-RR 1999, 504.

Gebot ergeben[4] (**Niedrigstgebotlösung**). Denn der Anspruch auf Teilung ist Miteigentümerrecht. Mit seinem Anspruch auf Aufhebung der Gemeinschaft verwirklicht jeder Miteigentümer gegenüber den anderen Teilhabern der Gemeinschaft sein mit Begründung des Miteigentums entstandenes Auseinandersetzungsrecht. Als Inhalt des Miteigentums ist der Anspruch auf Teilung dinglicher Natur. Er kann daher durch die Belastung eines anderen, einzelnen Anteils nicht beeinträchtigt werden.[5] Entsprechende Anwendung (§ 180 Abs 1 ZVG) der Vorschriften über die Bildung des geringsten Gebots (hier § 44 ZVG) bedeutet, dass Durchführung des Verfahrens und Grundstücksveräußerung nach dem Anspruch eines Antragstellers von mehreren, für den sich das niedrigste geringste Gebot ergibt, nicht deshalb erschwert oder beeinträchtigt sein kann, weil die Versteigerung auch wegen des Anspruchs eines anderen Antragstellers betrieben wird, der durch selbstständige Einzelbelastung in der Grundstücksveräußerung umfassender beschränkt ist. Hierzu mit Beispielen im Kommentar Rdn 3.6 zu § 180. Zur Besonderheit bei Einzelbelastung der Anteile[6] der Miteigentümer, die Teilungsversteigerung betreiben, dort Rdn 3.7.

Das nach dem von mehreren Antragstellern mit der geringsten Anteilsbelastung bestimmte geringste Gebot (Niedrigstgebot) wird rückwirkend unrichtig, wenn dieser Miteigentümer die **Einstellung** des Verfahrens **bewilligt** (§ 30 ZVG) oder seinen Antrag zurücknimmt (§ 29 ZVG). Folge ist Neufeststellung der Versteigerungsbedingungen mit geringstem Gebot nach dem weiteren Antragsteller und Wiederholung der Versteigerung, nach Schluss der Versteigerung (§ 73 Abs 2 ZVG) Versagung des Zuschlags[7] (wie Rdn 246 c).

Antragsteller für Feststellung des geringsten Gebots bei Teilungsversteigerung ist nicht der „betreibende" Miteigentümer, dessen Verfahren im Versteigerungstermin eingestellt ist. Auch ein Miteigentümer, dessen Beitrittsbeschluss oder Fortsetzungsbeschluss den übrigen Gemeinschaftern nicht vier Wochen vor dem Versteigerungstermin zugestellt ist (§ 44 Abs 2 ZVG), kann bei dieser Feststellung des geringsten Gebots nicht als Antragsteller berücksichtigt werden.

e) Ausgleichsbetrag bei ungleicher Anteilsbelastung

737 Um einen **Ausgleichsbetrag** erhöht sich der bar zu zahlende Teil des geringsten Gebots, wenn bei dem Anteil eines Miteigentümers ein größerer Betrag zu berücksichtigen ist als bei einem anderen Anteil (§ 182 Abs 2 ZVG). Grund: Auf jeden Miteigentumsanteil muss ein seiner Größe entsprechender Bruchteil des Versteigerungserlöses entfallen.[8] Bei ungleichmäßiger Belastung der Anteile werden daher den im geringsten Gebot nach § 182 Abs 1 ZVG als bestehen bleibende Rechte und bar zu zahlende Teile schon berücksichtigten Beträgen diejenigen Beträge als Ausgleich hinzugerechnet, um welche die Belastungen

---

[4] LG Braunschweig Rpfleger 1998, 256; LG Frankfurt Rpfleger 2000, 173; LG Hamburg Rpfleger 2004, 723; Stöber Rdn 3.6 zu § 182; Ebeling Rpfleger 1991, 349 (350, 351); Schiffhauer ZIP 1982, 660 (XIV) und Rpfleger 1984, 81 (II); Dassler/Hintzen Rdn 20; Steiner/Teufel Rdn 12–16, je zu § 182; offen gelassen noch von LG Düsseldorf Rpfleger 1987, 29.

[5] Denkschrift zum ZVG Seite 68.

[6] Hierzu siehe auch LG Düsseldorf Rpfleger 1987, 29.

[7] LG Braunschweig Rpfleger 1998, 256; Besonderheit bei rechtsmissbräuchlicher wiederholter Bewilligung der Verfahrenseinstellung je nach Schluss der Versteigerung LG Braunschweig Rpfleger 1998, 482.

[8] Denkschrift zum ZVG Seite 68.

des am höchsten berücksichtigten Grundstücksanteils jeweils die im geringsten Gebot stehenden Beträge jedes einzelnen anderen Grundstücksanteils überschreiten. Durch den Ausgleich werden alle Anteile „auf gleiche Höhe" gebracht.

> **Beispiel für geringstes Gebot bei Bruchteilsgemeinschaft:** Miteigentümer A zur   738
> Hälfte (belastet mit 20 000 € Hypothek) und B zur Hälfte (belastet mit 15 000 €
> Grundschuld). A betreibt die Teilungsversteigerung. Geringstes Gebot: Nur Hypothek auf dem Anteil A mit 20 000 €, nicht aber (da weder vorgehend noch gleichstehend) Grundschuld zu 15 000 € auf dem Anteil des B. Infolge der im geringsten Gebot berücksichtigten ungleichen Anteilsbelastung erhöht sich in diesem Falle das geringste Gebot um den zur Ausgleichung unter den Miteigentümern erforderlichen Betrag. Ausgleichsbetrag: 20 000 € für bestehen bleibende Belastung auf dem Anteil A zuzüglich Betrag der allein für diesen Anteil zu berücksichtigenden bar zu zahlenden Teile (Kosten und Zinsen des bestehen bleibenden Rechts).

Zur Feststellung des Ausgleichsbetrags ist bei jedem Grundstücksanteil nicht   739
rundweg der für ihn tatsächlich im geringsten Gebot stehende Betrag zu berücksichtigen, sondern der im Verhältnis zur Größe des Grundstücksanteils zu wertende (relative) Betrag.[9]

> **Beispiel:** Geringstes Gebot für ½ Anteil A 20 000 €, ¼ Anteil B 5000 € und ⅛ C
> sowie D je 5000 €. Für gleichhohe Grundstücksanteile (= gleicher Nenner) ergeben die Belastungen bei ⁴/₈ Anteilen A 20 000 €, ²/₈ Anteilen B 5000 € und ⅛ Anteile C und D je 5000 €. Relativ (für jeden ⅛ Anteil) ergibt sich damit eine Belastung bei A von 5000 €, bei B von 2500 € und bei C sowie D von 5000 €. Ausgleichsbetrag damit für B 2500 € × 2 (da ²/₈ Anteile), also 5000 €.

Abgekürzte Berechnung ermöglicht die Freund'sche Formel.[10] Den Ausgleichsbetrag ergibt demnach

– der am stärksten belastete Anteil   5000 €
– vervielfacht mit dem gemeinsamen Nenner $\times\ 8 = 40\,000\ €$
– nach Abzug der bestehen bleibenden Rechte und
  des Bargebots. $\underline{-\ 35\,000\ €}$
                                                          $=\quad 5000\ €$

Das Bargebot ist im Zahlenbeispiel nicht erfasst.

Der Ausgleichsbetrag ist nach den gesetzlichen Versteigerungsbedingungen vom   739a
Ersteher zusätzlich bar zu zahlen (§§ 49, 180 Abs 1 ZVG). Der Ausgleichsbetrag ist nur Rechnungsposten für das geringste Gebot; er wird den Miteigentümern der gering belasteten Anteile bei Erlösverteilung nicht vorweg bar ausbezahlt.[11] Er bleibt Erlösüberschuss, der von den Teilhabern der Gemeinschaft rechtsgeschäftlich zu teilen ist[12] (Rdn 745 ff). Er erhöht nur rechnerisch das geringste Gebot, damit die einzelnen Anteile bei Teilung des Erlösüberschusses in der ihnen wirklich zustehenden Höhe zum Zuge kommen können. Näher zum Ausgleichsbetrag mit Beispielen im Kommentar Rdn 4 zu § 182.

---

[9] Stöber Rdn 4.8 zu § 182; K. Schmidt, Grundpfandrechte und geringstes Gebot, S 62.
[10] Stöber Rdn 4.8 zu § 182.
[11] BGH FamRZ 2010, 354 (355) = NJW-RR 2010, 520 (521) = Rpfleger 2010, 279; Stöber Rdn 4.10 zu § 182; LG Lüneburg ZIP 1981, 914; Dassler/Hintzen Rdn 14 zu § 182; Schiffhauer ZIP 1982, 660 (XIV 2) und Rpfleger 1984, 81 (III 4); nicht richtig Drischler ZIP 1982, 921.
[12] Praktischer Fall – mit Aufteilung des Erlösüberschusses nach den nicht einschlägigen §§ 112, 122 ZVG – BGH NJW-RR 2010, 520 = aaO; Zahlenbeispiel vereinfacht Hintzen FamRZ 2010, 449 (452, Anmerkung).

9. Abschnitt. Gebote, Sicherheitsleistung, Belehrung, erfolglose Versteigerung
§ 180 Abs 1, §§ 66, 67–71, 77, 184 ZVG

740 a) Ausgeboten werden kann bei der Teilungsversteigerung zur Aufhebung einer Bruchteilsgemeinschaft an einem Grundstück nur dieses als Verfahrensgegenstand. **Einzelausgebote** der Miteigentumsanteile sind unzulässig.[13] Bei der Teilungsversteigerung zur Aufhebung der Gemeinschaft an mehreren Grundstücken gibt es für jedes Grundstück ein Einzelausgebot, auf Antrag auch ein Gesamt- und Gruppenausgebot, bei einheitlichem Bauwerk auch ein gemeinsames Ausgebot (§ 63 Abs 1 S 2, Abs 2 ZVG).

741 b) **Bieten kann auch jeder Miteigentümer.** Auf Verlangen hat er **Sicherheit** in der gesetzlich festgelegten Höhe zu leisten (§§ 67, 68 ZVG, Rdn 325, 327); seine Mitberechtigung am Grundstück und am voraussichtlichen Erlösüberschuss schmälert die Verpflichtung zur Sicherheitsleistung nicht. Dass ein Miteigentümer von einem bietenden anderen Miteigentümer Sicherheit verlangt, verstößt nicht gegen Treu und Glauben.[14] Erhöhte Sicherheit nach § 68 Abs 3 ZVG kann der Antragsteller des Verfahrens von Miteigentümern nicht verlangen; die Miteigentümer sind für die Verpflichtung zur Sicherheitsleistung einander gleichgestellt.[15] Ein Miteigentümer kann die Sicherheit nicht entsprechend seiner Beteiligung am Grundstück kürzen. Keine Sicherheit braucht ein Miteigentümer jedoch für ein Gebot zu leisten, wenn ihm eine durch das Gebot ganz oder teilweise gedeckte Hypothek, Grundschuld oder Rentenschuld zusteht (§ 184 ZVG). In diesem Fall entfällt für den Antragsteller die Verpflichtung zur Sicherheitsleistung schon nach § 67 Abs 2 S 1 mit § 180 Abs 1 ZVG, weil (außer ihm selbst) niemand berechtigt ist, Sicherheit (von ihm) zu verlangen. Die ergänzende Bestimmung des § 184 ZVG erstreckt die damit für das Gebot des Antragstellers, der zugleich Realberechtigter ist, sich ergebende Ausnahme von der Verpflichtung zur Sicherheitsleistung auch auf den Realberechtigten, der Antragsgegner ist und daher im Verfahren die Rolle des Schuldners einnimmt; § 67 Abs 2 S 2 ZVG findet sonach hier keine Anwendung. Ein im gesetzlichen Güterstand lebender Ehegatte bedarf zur Abgabe eines Gebots selbst dann nicht der Zustimmung des anderen Ehegatten, wenn das zu zahlende Gebot sein gesamtes Vermögen (§ 1365 Abs 1 BGB) darstellt.[16]

741a c) Eine **ausgeschlossene Veräußerung an Dritte** (zB durch den Erblasser letztwillig, § 2044 BGB) ist als **Versteigerungsbedingung** festzulegen. Gebote Dritter sind dann unwirksam (Zurückweisung nach § 71 Abs 1 ZVG). Berücksichtigt wird das Verbot, das Grundstück an Dritte zu veräußern, als gesetzliche Versteigerungsbedingung, wenn es sich aus dem Grundbuch ergibt, sonst auf Antrag nach § 59 ZVG oder nach Feststellung durch das Prozessgericht auf Grund Widerspruchsklage.

741b d) Durch **Belehrung** und **Aufklärung** der Miteigentümer (§ 139 ZPO; dazu bereits Rdn 3 a) ist insbesondere auch in der Teilungsversteigerung auf Herbeifüh-

---

[13] BGH DNotZ 2010, 54 = FamRZ 2009, 1317 = MDR 2009, 1071 = NJW-RR 2009, 1026 = Rpfleger 2009, 579.
[14] OLG Düsseldorf Rpfleger 1989, 167.
[15] Korintenberg/Wenz Anm 1; Stöber Rdn 3.1, je zu § 184.
[16] LG Freiburg Rpfleger 1973, 302 mit Anm Schiffhauer.

rung eines **sachgerechten Ergebnisses** hinzuwirken. Das Verfahren hat rein instrumentalen Charakter. Es dient der Ersetzung eines unteilbaren durch einen teilbaren Gegenstand, das heißt der Schaffung eines unter den Miteigentümern verteilungsfähigen Erlöses in Geld. Jedem Antrag liegt deshalb die Erwartung zugrunde, dass ein vernünftiger Erlös, der nicht der denkbar günstigste sein muss, aber immerhin eine Auseinandersetzung noch sinnvoll erscheinen lässt, erzielt werden kann.[5] Dieses Verfahrensziel kann Aufklärung des Antragstellers über die Wirkungen des Zuschlags erfordern. Ihm ist bei unzureichendem Meistgebot Gelegenheit zu geben, die Einstellung zu bewilligen (§ 30 Abs 1 ZVG) oder den Antrag zurückzunehmen (§ 29 Abs 1 ZVG).[6] Dem Antragsgegner ist bei unzureichendem Meistgebot gleichfalls Gelegenheit zu geben, Antrag auf Vollstreckungsschutz zu stellen (siehe bereits Rdn 3 a).

e) Bei **ergebnislosem Termin** (§ 77 Abs 1 ZVG) wird das Verfahren des Antragstellers, für den der Termin durchgeführt wurde (§ 44 Abs 2 ZVG; dazu auch Rdn 245 a) eingestellt (§ 77 Abs 1, § 180 Abs 1 ZVG). Aufgehoben wird das Verfahren, wenn es für den gleichen Antragsteller in einem zweiten Termin gleichfalls ergebnislos geblieben ist (§ 77 Abs 2 ZVG). Überleitung in eine Zwangsverwaltung gibt es bei Teilungsversteigerung nicht. **741c**

10. Abschnitt. Zuschlag, Vorkaufsrecht
§ 180 Abs 1, §§ 79 ff ZVG

Schrifttum: Gayring, Das Vorkaufsrecht in der Teilungsversteigerung, Rpfleger 1985, 392; Schmid, Das Vorkaufsrecht des Miteigentümers bei Teilungsversteigerung, MDR 1975, 191; Stöber, Vorkaufsrechte in der Zwangsversteigerung, NJW 1988, 3121.

a) Erteilung des Zuschlags

Nach Schluss der Versteigerung werden die anwesenden Beteiligten über den   **742** Zuschlag gehört (§§ 74, 180 Abs 1 ZVG, Rdn 337, auch 741b). Erteilt wird der Zuschlag dem Meistbietenden (§ 81 Abs 1 ZVG, Rdn 348 ff). Wenn die Veräußerung des Grundstücks an einen Dritten nicht gestattet ist (Rdn 741 a), darf nur an einen Miteigentümer zugeschlagen werden (§ 753 Abs 1 S 2 BGB). Bei Veräußerungsverbot nach § 5 ErbbauRG ist auch in der Teilungsversteigerung die Zustimmung des Eigentümers zum Zuschlag nötig (siehe bereits Rdn 391). Zu versagen ist der Zuschlag nach § 33 ZVG, wenn nach Schluss der Versteigerung ein Aufhebungs- oder Einstellungsgrund eintritt (siehe Rdn 333). Zu versagen ist der Zuschlag auch, wenn nach Zurücknahme des Antrags eines Miteigentümers für das Verfahren des beigetretenen Miteigentümers die Zustellungsfrist des § 43 Abs 2 ZVG (Rdn 726) nicht gewahrt ist. Die Eintragung des Erstehers kann von einem früheren Miteigentümer nicht durch einen Amtswiderspruch abgewehrt werden.[17]

b) Räumungsvollstreckung, gerichtliche Verwaltung, Mieter und Pächter

Die **Räumungsvollstreckung** nach § 93 ZVG ist auch für den Ersteher eines in   **743** der Teilungsversteigerung zugeschlagenen Grundstücks möglich. Sie ist jedoch

---

[5] BVerfG 42, 64 = FamRZ 1976, 436 = NJW 1976, 1391 = Rpfleger 1976, 389 mit Anm Stöber und Vollkommer.
[6] BVerfG 42, 64 = aaO (Fußn 5).
[17] BayObLG JurBüro 1972, 815.

dann ausgeschlossen, wenn nur ein Miteigentumsanteil versteigert wurde.[18] Wenn der unterhaltspflichtige Ehemann die im Miteigentum der Eheleute stehende bisherige Ehewohnung für die Zeit nach der Scheidung der Ehefrau überlässt und sodann die Teilungsversteigerung betreibt, muss der Ersteher diese Nutzungsvereinbarung einem Mietvertrag gleichachten; er kann aus dem Zuschlagsbeschluss die Zwangsvollstreckung auf Räumung und Herausgabe daher nicht betreiben.[19]

743a **Gerichtliche Verwaltung** für Rechnung des Erstehers nach § 94 ZVG ist möglich.

743b Wenn das Grundstück einem **Mieter** (Pächter) überlassen ist, tritt der Ersteher an Stelle des Vermieters in die sich während der Dauer seines Eigentums aus dem Mietverhältnis ergebenden Rechte und Verpflichtungen ein (§ 57 ZVG iVm § 566 [§ 578] BGB). Ein außerordentliches Kündigungsrecht besteht in der Teilungsversteigerung nicht (§ 57a ZVG findet nach § 183 ZVG keine Anwendung). Für die Rechte des Mieters (Pächters) gelten im Einzelnen §§ 566, 566a und 566b Abs 1 BGB sowie §§ 566c, 566d (je mit § 578) BGB (dazu § 57 ZVG) ohne die in § 57b ZVG für die Vollstreckungsversteigerung bestimmten Besonderheiten (§ 183 ZVG).

c) Vorkaufsrecht

744 Ein (nur) **schuldrechtliches Vorkaufsrecht** (§§ 463–473 BGB) ist bei Zwangsversteigerung zur Aufhebung einer Gemeinschaft nicht nach § 471 BGB ausgeschlossen.[20] Ausübung hat jedoch außerhalb des Versteigerungsverfahrens durch Erklärung gegenüber den Verpflichteten (§ 464 Abs 1 BGB) zu erfolgen[21] Auf den Fortgang der Zwangsversteigerung bleibt Ausübung dieses Vorkaufsrecht ohne Einfluss. Der Zuschlag wird dem Meistbietenden erteilt.[22] Gegen diesen hat der Vorkaufsberechtigte keinen Anspruch;[23] es haftet lediglich der Verpflichtete dem Vorkaufsberechtigten für die Nichterfüllung des mit Ausübung des Vorkaufsrechts entstandenen Erwerbsanspruch (§ 464 Abs 2 BGB) nach schuldrechtlichen Grundsätzen.[24] Wenn jedoch der Auflassungsanspruch des Vorkaufsberechtigten durch **Vormerkung** (§ 883 BGB) gesichert ist und diese bestehen bleibt, ist der Eigentumserwerb des Erstehers gegenüber dem Vorkaufsberechtigten unwirksam.[25] Der Vorkaufsberechtigte kann dann von dem Verpflichteten des schuldrechtlichen Vorkaufsrechts Auflassung und von dem Ersteher Zustimmung verlangen (§ 888 BGB); das Vollstreckungsgericht ist damit im Versteigerungsverfahren nicht befasst.

744a Ein **dingliches Vorkaufsrecht** (§§ 1094–1104 BGB) kann bei Zwangsversteigerung zur Aufhebung einer Gemeinschaft ausgeübt werden, wenn es als bestehen bleibendes Recht (§ 52 Abs 1 S 1, § 91 Abs 1 ZVG) gewahrt bleibt[26] und der Zuschlag einem Dritten (nicht einem bisherigen Miteigentümer) erteilt wird.

---

[18] Stöber Rdn 7.19 zu § 180; LG München II NJW 1955, 189.
[19] AG Mannheim NJW 1975, 1038.
[20] BGH 13, 133 = DNotZ 1954, 385 = NJW 1954, 1035; BGH 48, 1 = DNotZ 1968, 25 = MDR 1967, 662 = NJW 1967, 1607.
[21] Stöber Rdn 10.1 zu § 81.
[22] Stöber NJW 1988, 3121 (I 2 b).
[23] Stöber NJW 1988, 3121 (I 2 b).
[24] Stöber Rdn 10.1 zu § 81.
[25] Stöber NJW 1988, 3121 (I 2 c).
[26] Stöber NJW 1988, 3121 (II 2).

Die Ausübung des Vorkaufsrechts hat „außerhalb des Zwangsversteigerungsverfahrens" durch Erklärung gegenüber den verpflichteten (bisherigen) Eigentümern zu erfolgen (§ 1098 Abs 1 mit § 464 Abs 1 BGB), nicht durch Erklärung an das Vollstreckungsgericht; dieses kann auch das Meistgebot oder die Erteilung des Zuschlags nicht nach § 469 Abs 1 BGB mitteilen. Auf den Fortgang des Zwangsversteigerungsverfahrens bleibt die Ausübung des Vorkaufsrechts ohne Einfluss. Der Zuschlag wird dem Meistbietenden erteilt.[27] Das bestehen bleibende (dingliche) Vorkaufsrecht hat jedoch die Wirkung einer Vormerkung zur Sicherung des durch die Ausübung entstandenen Anspruchs auf Übertragung des Eigentums (§ 1098 Abs 2 BGB). Der Zuschlag an den Meistbietenden ist bei Vorkaufsrechtsausübung daher vormerkungswidrige Verfügung, somit gegenüber dem Vorkaufsberechtigten unwirksamer Eigentumserwerb (§ 883 Abs 2 BGB). Dieser kann vom Ersteher somit Zustimmung zu der von dem Vorkaufsverpflichteten geschuldeten Auflassung verlangen.

Den **Vorkaufsfall** begründet der Abschluss eines Kaufvertrags mit einem **Dritten** (§ 463 BGB); bei Zwangsversteigerung ist der Vorkaufsfall daher nur bei Erteilung des Zuschlags an einen Dritten gegeben. Ein (bisheriger) Miteigentümer ist nicht Dritter in diesem Sinn.[28] Wird einem der bisherigen Miteigentümer, bei Zwangsversteigerung eines Nachlassgrundstücks damit einem Miterben, der Zuschlag erteilt, dann kann ein Vorkaufsrecht somit nicht ausgeübt werden. Gleiches gilt bei Zuschlag an eine Person, an die ein Miterbenanteil nach § 2033 Abs 1 BGB übertragen worden ist, es sei denn, dass die Übertragung zur Vereitelung des Vorkaufsrechts geschehen ist.[29] Es kann auch ein dingliches Vorkaufsrecht, das nur den Miteigentumsbruchteil eines Grundstücks belastet, bei Zuschlag des gesamten Grundstücks an einen Miteigentümer, dessen Anteil nicht dem Vorkaufsrecht unterliegt, nicht ausgeübt werden.[30]

Ein gesetzliches Vorkaufsrecht nach § 2034 Abs 1 BGB steht den Miterben bei Teilungsversteigerung eines Nachlassgrundstücks gegenüber einem meistbietenden Dritten nicht zu.[31]

Das Vorkaufsrecht der Gemeinde nach dem **Baugesetzbuch** (§§ 24 ff) ist in allen Fällen der Versteigerung (siehe bereits Rdn 348), somit auch in der Teilungsversteigerung ausgeschlossen).[32]

Nach Reichssiedlungsgesetz besteht in der Teilungsversteigerung kein Vorkaufsrecht mehr.[33]

744b

744c

744d

744e

11. Abschnitt. Verteilung des Versteigerungserlöses
§ 180 Abs 1, §§ 105–145 ZVG

Schrifttum: Stöber, Das Verteilungsverfahren bei der Teilungsversteigerung und die Auseinandersetzung unter den Grundstückseigentümern, Rpfleger 1958, 73.

---

[27] Stöber NJW 1988, 3121 (II 2).
[28] BGH 13, 133 = aaO (Fußn 4); BGH DNotZ 1957, 654; BGH 48, 1 = aaO (Fußn 4).
[29] BGH DNotZ 1957, 654.
[30] BGH 48, 1 = aaO (Fußn 4).
[31] BGH MDR 1972, 765 = NJW 1972, 1199.
[32] Stöber NJW 1988, 3121 (IV); Stöber Rdn 10.5 zu § 81; LG Frankenthal Rpfleger 1984, 183.
[33] Stöber Rdn 10.5 zu § 81.

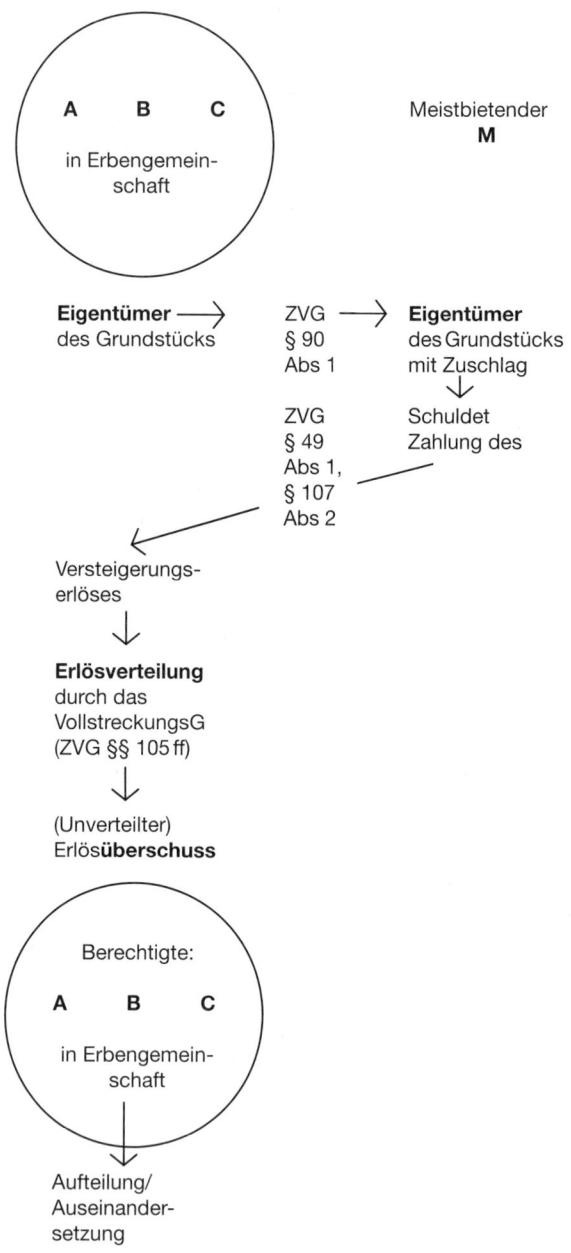

a) Erlösverteilung

745 Der Versteigerungserlös wird im Zwangsversteigerungsverfahren zum Zwecke der Aufhebung einer Gemeinschaft nach Erteilung des Zuschlags gleichfalls in einem von Amts wegen anzuberaumenden Termin verteilt (§ 105 Abs 1 mit § 180 Abs 1 ZVG). Bis zu diesem **Verteilungstermin** hat der Ersteher sein bares

Meistgebot an das Versteigerungsgericht (unbar) zu zahlen (§ 49 Abs 1 und 3, § 107 Abs 2 ZVG, siehe auch Rdn 416). Die Erlösverteilung erfolgt auch hier nach Maßgabe des § 109 ZVG (Rdn 421). Es werden daher aus dem Versteigerungserlös die Kosten des Verfahrens vorweg entnommen (§ 109 Abs 2 ZVG; ausgenommen auch hier Anordnungs- und Beitrittskosten) und der Überschuss auf die Rechte verteilt, die nach Maßgabe des § 10 ZVG zu befriedigen und durch Zahlung zu decken sind (§ 109 Abs 2 ZVG), und zwar unter Einschluss der Ansprüche in Rangklasse 7 und 8 (siehe bereits Rdn 733).

b) Aufteilung des Erlösüberschusses

Mit dieser Erlösverteilung ist nach Erteilung des Zuschlags der Zweck der Teilungsversteigerung erreicht, nämlich die **Vorbereitung der Auseinandersetzung** unter den Miteigentümern durch Umwandlung des (unteilbaren) Grundstücks in einen teilbaren Erlösüberschuss.[1] Der **Erlösüberschuss** tritt für die Beteiligten an die Stelle der bisherigen Berechtigung am Grundstück; an ihm setzt sich die Gemeinschaft der bisherigen Grundstückseigentümer fort.[2] Seine Aufteilung ist nicht gesetzliche Aufgabe des Vollstreckungsgerichts in dem nach § 109 ZVG durchzuführenden Verteilungsverfahren; sie ist Sache der Auseinandersetzung der bisherigen Teilhaber außerhalb des Versteigerungsverfahrens.[3] Setzen sich diese nicht rechtsgeschäftlich auseinander, dann darf der verbleibende Erlösüberschuss nur an alle Teilhaber der Gemeinschaft[4] gemeinsam oder nach deren gemeinsamer Anweisung ausbezahlt werden. Einigen und erklären sich die gemeinsam berechtigten bisherigen Grundstückseigentümer über die Auseinandersetzung oder Auszahlung nicht, so hat das Vollstreckungsgericht für alle in ungeteilter Gemeinschaft – unter Rücknahmeverzicht, § 376 Abs 2 Nr 1 BGB – zu hinterlegen (§ 117 Abs 2 S 3 ZVG).[5] Das gilt auch bei der Bruchteilsgemeinschaft (Besonderheit hier Rdn 754) und selbst dann, wenn nicht ein Dritter das Grundstück ersteigert hat, sondern einem Teilhaber der Gemeinschaft der Zuschlag erteilt ist. Auch im Einvernehmen der Beteiligten kann die Auseinandersetzung nicht als Gegenstand des gerichtlichen Verteilungsverfahrens in den Teilungsplan einbezogen werden.[6]

c) Einigung und Erklärung der Erlösberechtigten im Verteilunsverfahren

Das schließt jedoch nicht aus, dass das Vollstreckungsgericht **anlässlich der Erlösverteilung** den Beteiligten bei der Überschussaufteilung behilflich ist und **eine Einigung herbeiführt.** Die Unterstützung der Beteiligten bei der Erlösaufteilung mit dem Bemühen, unter den Miteigentümern eine Einigung über die Auseinandersetzung herbeizuführen, wird allgemein anerkannt und als Amtspflicht (Anstandspflicht) des Vollstreckungsgerichts angesehen.[7] Das gilt nicht nur, wenn der Erlösüberschuss in bar vorhanden ist, sondern auch dann, wenn das Bargebot ganz oder teilweise nicht berichtigt wird.

746

747

---

[1] Stöber Rpfleger 1958, 73; Stöber Rdn 17.1 zu § 180.
[2] OLG Hamm Rpfleger 1970, 215; Stöber Rpfleger 1958, 73.
[3] OLG Hamm Rpfleger 1970, 215; Stöber Rpfleger 1958, 73; OLG Köln MDR 1974, 240.
[4] OLG Hamm Rpfleger 1970, 215.
[5] OLG Hamm Rpfleger 1970, 215; OLG Köln MDR 1974, 240.
[6] Stöber Rpfleger 1958, 73 (74).
[7] RG 119, 321; BayObLG 1956, 363 = NJW 1957, 386; OLG Hamm Rpfleger 1970, 215; Stöber Rpfleger 1958, 73; Stöber Rdn 18.3 zu § 180.

748 In umfangreichen Verfahren, insbesondere in Verfahren mit zahlreichen Beteiligten, empfiehlt es sich, bereits in der Terminsbestimmung auf die Auseinandersetzung hinzuwirken.

> **Beispiel für Zusatz in Terminsbestimmung:** Die Verteilung des Versteigerungserlöses beschränkt sich in der Teilungsversteigerung auf die Wegfertigung der Verfahrenskosten (§ 109 Abs 1 ZVG) und Verteilung des Überschusses auf die durch Zahlung zu deckenden Rechte Dritter, die nach § 10 ZVG Anspruch auf Befriedigung aus dem Grundstück haben (§ 109 Abs 2 ZVG). Der den bisherigen Grundstückseigentümern zufallende Erlösüberschuss bleibt unverteilt. Er darf nur an alle Teilhaber der Gemeinschaft oder nach ihrer übereinstimmenden Erklärung ausbezahlt werden. Für die Abwicklung des Erlösüberschusses ist daher erforderlich, dass sich die bisherigen Grundstückseigentümer rechtzeitig über die Auseinandersetzung ihrer Gemeinschaft oder die Empfangnahme des Erlöses einigen und ihr Einvernehmen dem Vollstreckungsgericht spätestens im Verteilungstermin erklären. Alle Miteigentümer werden daher als gemeinsame Berechtigte des Erlösüberschusses gebeten, ihre Einigung dem Vollstreckungsgericht möglichst schon vor dem Verteilungstermin mitzuteilen oder zur Abgabe der Erklärung über die Auseinandersetzung und Empfangnahme des Erlösüberschusses zum Verteilungstermin zu erscheinen.

749 Das Bemühen des Vollstreckungsgerichts, die Erlösverteilung der Gemeinschafter zu vermitteln, kann führen zur **übereinstimmenden Erklärung** der (= aller) Teilhaber der Gemeinschaft, dass und in welcher Weise
– die Gemeinschaft am Erlös von ihnen auseinandergesetzt wird;
– bereits vor dem Verteilungstermin eine Einigung über die Erlösauseinandersetzung erzielt worden ist;
– der Erlösüberschuss ungeachtet einer noch anstehenden Gesamtauseinandersetzung ihrer Gemeinschaft ausbezahlt werden soll.

750 **Beispiel für Erklärung zu Protokoll:** Die bisherigen Miteigentümer des Grundstücks in Erbengemeinschaft, nämlich ... erklärten übereinstimmend: Wir setzen die Gemeinschaft an dem uns zugefallenen Erlösüberschuss in Höhe von 80 000 € in der Weise teilweise auseinander, dass gebühren und somit auszuzahlen sind
a) 25 000 € dem Miterben A,
b) 25 000 € dem Miterben B,
c) 25 000 € dem Miterben C.
Einvernehmen über die Aufteilung des verbleibenden Erlösüberschusses in Höhe von 5000 € können wir nicht erzielen. Wir bestimmen jedoch als gemeinsamen Empfangsberechtigten für diesen Betrag Herrn Rechtsanwalt ... V. u. g.

751 Die **Erklärung der Miteigentümer** über die Auseinandersetzung des Erlöses kann im Verteilungstermin mündlich oder vorher schriftlich abgegeben werden. Öffentliche oder öffentlich beglaubigte Urkunde ist dazu nicht nötig; ein Vertreter muss aber über eine Geldempfangsvollmacht verfügen.

d) Auszahlung/Hinterlegung des unverteilten Erlösüberschusses

752 Wenn die Teilhaber sich nicht in dieser Weise rechtsgeschäftlich auseinandersetzen, kann der unverteilt bleibende **Erlösüberschuss nur** an sie **gemeinsam ausbezahlt werden.** Ist auch nur einer von ihnen nicht einverstanden oder äußert er sich überhaupt nicht, so muss für alle nach § 117 Abs 2 S 3 ZVG in ungeteilter Gemeinschaft hinterlegt werden. Bei der Verfügung über das Hinterlegungsgeld wirkt das Vollstreckungsgericht nicht mit. Der hinterlegte Betrag wird auf gemeinsamen Antrag oder mit Bewilligung aller Teilhaber oder nach Entscheidung im Rechtsweg ausbezahlt (§ 13 Abs 3 HinterlO). Wenn aus dem hinter-

legten (gemeinsamen) Erlös keine Verbindlichkeiten zu berichtigen sind, steht die Forderung gegen die Hinterlegungsstelle auf Herausgabe des Erlöses jedem Teilhaber anteilig gemäß seiner Beteiligungsquote an der Grundstücksgemeinschaft zu.[8] Soweit das Bargebot nicht berichtigt ist, wird, wenn die Teilhaber sich nicht auseinandergesetzt haben, nach § 118, 128 Abs 2 ZVG die Forderung den bisherigen Grundstückseigentümern in ihrer ungeteilten Gemeinschaft freigegeben und für die gemeinsam Berechtigten um Eintragung einer Sicherungshypothek ersucht. Wenn sich die Teilhaber über die Auseinandersetzung des Erlösanspruchs und damit die Aufteilung ihrer Forderung an den Ersteher bereits geeinigt haben, wird jedem von ihnen sogleich der auf ihn entfallende Anteil der Forderung an den Ersteher (im Gleichrang) zugewiesen (freigegeben).

e) Miteigentümer als Ersteher

Ein **Teilhaber der Gemeinschaft,** der das Grundstück **selbst ersteigert hat,** ist   753
von seiner Verpflichtung zur Zahlung des gesamten baren Meistgebots an das Vollstreckungsgericht (Rdn 745) nicht durch seine Mitberechtigung am Erlösüberschuss teilweise befreit. „Rechtlich" schuldet er die Zahlung des vollen baren Meistgebots an das Vollstreckungsgericht im Verteilungstermin (§ 49 Abs 1, § 107 Abs 2 ZVG) in gleicher Weise wie jeder andere Ersteher. Soweit das Bargebot nicht berichtigt wird, muss daher auch dann, wenn der Ersteher als Teilhaber der Gemeinschaft (ganz oder teilweise) Anspruch darauf erhebt, nach §§ 118, 128 Abs 2 ZVG die Forderung allen Teilhabern der nicht auseinandergesetzten Gemeinschaft zugewiesen (freigegeben) und für diese eine Sicherungshypothek eingetragen werden. Erst wenn der auf den Ersteher als Teilhaber der Gemeinschaft treffende anteilige Erlösbetrag feststeht, weil die Miteigentümer die rechtsgeschäftliche Erlösauseinandersetzung erklärt haben, kann der Ersteher seine Zahlungsverpflichtung in Höhe seines eigenen Erlösanteils durch Befriedigungserklärung erfüllen (dazu Rdn 468). Dann braucht er den auf ihn treffenden Erlösanteil nicht einzuzahlen, um ihn sogleich wieder in Empfang zu nehmen.

f) Bestehen bleibende Grundschulden bei Erlösaufteilung

Zu dem für die Aufhebung der Gemeinschaft zu teilenden Erlös gehören (auch   753a
wenn einer der Miteigentümer das Grundstück ersteigert hat) eine (bestehen gebliebene) **Eigentümergrundschuld**[9] sowie eine (bestehen gebliebene) **Fremd-Grundschuld** nach Eröschen der gesicherten Forderung nicht. Gläubiger der (bestehen gebliebenen) Eigentümergrundschuld bleiben die (vormaligen) Miteigentümer unverändert mit ihren Bruchteilen oder ihrem sonstigen Gemeinschaftsverhältnis. Wenn eine (bestehen gebliebene) Fremd-Grundschuld nicht valutiert, ist ihr Gläubiger weiterhin Berechtigter[10] (vgl Rdn 445 a); der (nicht abgetretene) Rückgewähranspruch (Rdn 446 a) gegen den Grundschuldgläubiger steht den (bisherigen) Miteigentümern weiterhin zu (zu Bruchteilen oder

---

[8] BGH 90, 194 = MDR 1984, 736 = NJW 1984, 2526; hierzu Stöber Rdn 18.4 zu § 180.

[9] Besonderheit infolge unterschiedlicher Belastung der Miteigentumsanteile, wenn sich nach Erteilung des Zuschlags herausstellt, dass nur der Bruchteil des ersteigernden Miteigentümers mit einem in das geringste Gebot (ganz) aufgenommenen Eigentümergrundpfandrecht belastet (Berücksichtigung eines Ausgleichsbetrags nach § 182 Abs 2 ZVG damit unterblieben) ist BGH MDR 1984, 656 = NJW 1984, 2527.

[10] BGH FamRZ 1990, 975 (977); OLG Bamberg FamRZ 1996, 1477 = NJW-RR 1997, 81.

in ihrem sonstigen Gemeinschaftsverhältnis).[11] Eigentümergrundschuld sowie Rückgewähranspruch an den Gläubiger der (bestehen gebliebenen) Grundschuld gehören nicht zu dem bei der Versteigerung realisierten Grundstückswert. Die bestehen gebliebenen Rechte stehen für Verteilung an die Mitglieder der aufzuhebenden Gemeinschaft (die bisherigen Grundstückseigentümer) nicht zur Verfügung.[12] Die Aufhebung der Gemeinschaft an der Eigentümergrundschuld sowie am Rückgewähranspruch hat gesondert nach §§ 749 ff (§§ 2042 ff) BGB zu erfolgen.[13] Auch diese Gemeinschaftsaufhebung kann selbstverständlich durch Einvernehmen der (bisherigen) Grundstückseigentümer in die Teilung des Erlösüberschusses einbezogen werden.

g) Erloschene Sonderbelastung eines Miteigentümer-Bruchteils

754 Ausnahmsweise muss das Vollstreckungsgericht im Teilungsplan rechnungsmäßig Einzelanteile des Erlösüberschusses der Teilhaber der Gemeinschaft feststellen, wenn bei einer Bruchteilsgemeinschaft die **Bruchteile verschieden belastet** waren und Sonderrechte eines Anteils nicht ganz in das geringste Gebot aufgenommen wurden (siehe § 182 ZVG). Aufteilung ist in einem solchen Fall erforderlich, weil die nicht im geringsten Gebot stehenden Sonderbelastungen eines Bruchteils nur aus dem auf diesen Bruchteil treffenden Erlös gedeckt werden können. Die Erlösanteile werden in einem solchen Fall nach § 112 ZVG (Rdn 550) festgestellt. Auch diese Erlösaufteilung erfolgt jedoch nur zur Deckung der Einzelbelastungen, nicht aber um die Auseinandersetzung der Gemeinschaft zu bewirken. Einen nach Befriedigung der Einzelbelastungen noch verbleibenden Erlösüberschuss kann das Vollstreckungsgericht daher nicht an die Grundstückseigentümer verteilen; diese müssen die Gemeinschaft am Erlösüberschuss selbst auseinandersetzen.[14]

h) Pfandgläubiger am Miterbenanteil

755 Ist der **Nachlassanteil eines Miterben gepfändet,** dann kann die Erlösteilung als Nachlassauseinandersetzung nur durch Vereinbarung der Miterben unter Zustimmung des Gläubigers[15] oder durch Prozessurteil erfolgen. Wenn die Auseinandersetzung in dieser Weise nicht zustande kommt, muss bei Hinterlegung des Erlösüberschusses (Rdn 752) außer den Miterben auch der Pfandgläubiger als Hinterlegungsbeteiligter benannt werden,[16] weil sein Pfandrecht an einem Erbanteil die Befugnis der Erbengemeinschaft einschränkt, über die ungeteilt bleibende Erlösforderung zu verfügen, insbesondere sie allein einzuziehen. Nach Hinterlegung des Erlösüberschusses gehört zum Nachlass die Forderung an die Hinterlegungsstelle. Auch diese Forderung kann nur durch Vereinbarung der Miterben unter Zuziehung des Pfandgläubigers aufgeteilt und dem oder den sonach Berechtigten ausbezahlt[17] oder von diesen gemeinsam erhoben werden.

---

[11] BGH NJW-RR 1990, 1202; OLG Bamberg aaO (Fußn 10).

[12] BGH FamRZ 1990, 975.

[13] BGH FamRZ 1990, 975; BGH DNotZ 1986, 476 = MDR 1986, 315 = NJW-RR 1986, 233; Stöber Rdn 18.9 zu § 180.

[14] Stöber Rpfleger 1958, 73 (76); Stöber Rdn 17.4 und 17.7 zu § 180.

[15] BGH 52, 99 = MDR 1969, 750 = NJW 1969, 1347 und 1969, 1903 (Leits) mit krit Anm Wellmann.

[16] BGH NJW 1967, 200 = Rpfleger 1967, 171 (172).

[17] BGH 52, 99 = aaO (Fußn 15).

Konkurriert ein Vertragspfandrecht an dem Miterbenanteil eines Schuldners mit einem später entstandenen Pfändungspfandrecht, so steht, wenn ein Nachlassgrundstück zum Zwecke der Aufhebung der Gemeinschaft zwangsversteigert worden ist, der auf den Schuldner entfallende Erlösanteil vorrangig dem Vertragspfandgläubiger zu.[18]

i) „Abwicklung" des Anteils des Erstehers am Erlösüberschuss

Ein von dem (bisherigen) **Miteigentümer als Ersteher** (ganz oder teilweise) **nicht** 756 **bezahlter** Versteigerungserlös, der unverteilter Erlösüberschuss ist, und die dafür eingetragene (noch einzutragende) Sicherungshypothek (§ 128 Abs 2 ZVG) gebühren den (bisherigen) Grundstückseigentümern mit ihrem bisherigen Gemeinschaftsverhältnis (Bruchteilsgemeinschaft, Erbengemeinschaft usw, Rdn 746, 753). Diese **Forderung gegen den Ersteher** und der **Anspruch aus der Sicherungshypothek** sind (gesetzlich) **vollstreckbar** (§ 132 Abs 1 ZVG). Die Zwangsvollstreckung kann auf Grund einer vollstreckbaren Ausfertigung des Zuschlagsbeschlusses (§ 132 Abs 2 ZVG) erfolgen. Es kann jeder mitberechtigte Gemeinschafter (§ 432 Abs 1 BGB für Bruchteilsgemeinschaft; § 2039 BGB für Erbengemeinschaft) die Leistung des Erlösüberschusses an alle Gemeinschafter fordern und vollstrecken.

Der Ersteher, der als Teilhaber der Gemeinschaft das Grundstück ersteigert hat, 756a hat Einwendungen gegen diese Vollstreckung der Gemeinschaftsforderung, die seine Mitberechtigung am Erlösüberschuss begründen, mit **Freigabe- oder Auseinandersetzungsklage** geltend zu machen. Sein Interesse besteht darin, seinen (= den bei der Auseinandersetzung auf ihn treffenden) Erlösanteil nicht sogleich aufbringen zu müssen, um ihn später schließlich doch wieder zu erlangen. Anders ausgedrückt: Ihm ist daran gelegen, auch bis zur Erlösteilung (möglicherweise erst mit Entscheidung des Prozessgerichts) nur einen den weiteren Mitberechtigten dann gebührenden Anteil des Erlösüberschusses leisten zu müssen. Zu unterscheiden ist:

Wenn aus dem Erlösüberschuss **keine Gemeinschaftsverbindlichkeiten** zu be- 756b richtigen sind und keine Teilhaberforderung auszugleichen ist, steht die Erlösforderung den Gemeinschaftern und die dafür eingetragene Sicherungshypothek jedem Teilhaber (Mitberechtigten) gemäß seiner Beteiligungsquote an der (vormaligen) Grundstücksgemeinschaft zu.[19] Zur Teilung bedarf es dann nicht erst gemeinsamer Einziehung des (gesamten) Erlösüberschusses und der anschließenden Auseinandersetzung.[20] Der Ersteher hat vielmehr als Teilhaber der Gemeinschaft gegen die übrigen Gemeinschafter anteilmäßig Anspruch auf Einwilligung in die seiner Beteiligungsquote entsprechende Abwicklung (Freigabe) des Gesamterlöses.[21] Das kann der Ersteher dem Teilhaber, der Zahlung des Gesamtüberschusses an die Gemeinschafter verlangt, entgegenhalten.

Gemeinschaftsverbindlichkeiten, die aus dem Erlösüberschuss aufzubringen sind, und auszugleichende Teilhaberforderungen sind **vorweg** aus dem Erlösüberschuss **zu berichtigen** oder aus dem Schuldneranteil auszugleichen (zB §§ 755, 756, §§ 2046 ff BGB). Der Auseinandersetzungsanspruch ist dann mit Aufhebungsklage (Teilungsklage) geltend zu machen.

---

[18] Stöber Rdn 11.6 zu § 180.
[19] BGH 90, 194 = MDR 1984, 736 = NJW 1984, 2526.
[20] BGH 90, 194 = aaO (Fußn 19).
[21] Siehe BGH 90, 194 = aaO (Fußn 19).

756c Der Anspruch auf Einwilligung in die Abwicklung (anteilige Freigabe) des Gesamterlöses und auf Mitwirkung bei der Teilung begründet für den der Gesamthand „als eigener Erlösanteil" geschuldeten Betrag ein Zurückbehaltungsrecht des Erstehers, das **Einwendungen** gegen die Vollstreckung aus dem Zuschlagsbeschluss gibt. Diese ermöglichen bei Freigabe- oder Auseinandersetzungsklage im Wege der Vollstreckungsgegenklage auf Antrag **Einstellung der Zwangsvollstreckung** nach § 769 ZPO „in Höhe des eigenen Erlösanteils" des Erstehers. Der Ersteher hat als Mitberechtigter dann auch bis zur Entscheidung durch das Prozessgericht nur den der Beteiligungsquote der übrigen Mitberechtigten entsprechenden und einen für Deckung von Gemeinschaftsverbindlichkeiten bestimmten Erlösüberschussanteil zu leisten. Solange eine Auseinandersetzung der Mitberechtigten nicht erfolgt und auch Einvernehmen über die anteilige Auszahlung nicht (nachweisbar) erklärt ist, bleibt auch dieser Erlösanteil unteilbare Leistung, die nur an alle Gemeinschafter zu erbringen oder für sie zu hinterlegen ist (§§ 432, 2039 BGB).

756d Erfahrungsgemäß sind Freigabe- und Auseinandersetzungsklage selten. Zumeist kann bereits im Verteilungsverfahren rechtsgeschäftliche Auseinandersetzung oder einvernehmliche Erklärung der Gemeinschafter über die Auszahlung des Erlösüberschusses ermöglicht oder erreicht werden, dass nur ein streitiger Betrag abgesondert wird (vgl Beispiel Rdn 750). Für den (bisherigen) Miteigentümer als Ersteher ist bereits damit gewährleistet, dass er den ihm gebührenden Erlösanteil nicht einzuzahlen (Befriedigungserklärung des hebungsberechtigten Erstehers, Rdn 468), sondern nur die Erlösanteile der anderen Mitberechtigten aufzubringen hat (siehe Rdn 753).

Drittes Buch.
Kostenrecht der Immobiliarvollstreckung

Erster Teil. Einführung

Die bei **Eintragung einer Sicherungshypothek** entstehenden Gerichtskosten (Ge- 757
bühren und Auslagen) regelt die Kostenordnung (= KostO); dazu Rdn 760.
Rechtsanwaltskosten bei Vollstreckung in ein Grundstück usw durch Eintragung einer Sicherungshypothek: RVG-VergVerz Nr 3309 (Rdn 761).

Gerichtskosten (Gebühren und Auslagen) für **Verfahren der Zwangsversteige-** 758
rung und Zwangsverwaltung werden nach dem Gerichtskostengesetz (= GKG)
erhoben (§ 1 GKG). Es enthält Kostenbestimmungen für die Gerichtsgebühren
dieser Verfahren in Nummern 2210–2243 des Kostenverzeichnisses (= GKG-
KostVerz; § 3 Abs 2 GKG) und für Auslagen in Nummern 9000–9014 des Kostenverzeichnisses. Kostenschuldner: § 26 GKG; Fälligkeit: § 7 GKG; Vorschusspflicht § 15 GKG. Aus dem Versteigerungserlös (§ 109 ZVG, Rdn 240, 425)
oder aus den durch Zwangsverwaltung erzielten Grundstücksnutzungen (§ 155
Abs 1 ZVG, Rdn 630) werden Kosten des gerichtlichen Verfahrens vorweg
gedeckt mit Ausnahme der durch die Anordnung des Verfahrens oder den
Beitritt eines Gläubigers und bestimmte Einzelanträge entstandenen Kosten, die
den Antragsteller treffen und von diesem mit den notwendigen Zwangsvollstreckungskosten geltend gemacht werden können (§ 788 ZPO, § 10 Abs 2
ZVG).

Kosten des Gläubigers und der Beteiligten (§ 9 ZVG) können entstehen bei 759
Kündigung und bei der die Befriedigung aus dem Grundstück bezweckenden
Rechtsverfolgung (§ 10 Abs 2 ZVG). Für diese Kosten besteht – bei Notwen-
digkeit, §§ 91, 788 ZPO – das Recht auf Befriedigung aus dem Grundstück
ebenso wie für den Hauptanspruch (§ 10 Abs 2 ZVG). Diese Kosten kommen
nach Anmeldung und erforderlichenfalls Glaubhaftmachung an der Rangstelle
des Hauptanspruchs zum Zuge (siehe Rdn 94–99; für Zwangsverwaltung
Rdn 641). Dabei bemisst sich die Vergütung (Gebühren und Auslagen) für die
Berufstätigkeit eines Rechtsanwalts nach dem Rechtsanwaltsvergütungsgesetz
(= RVG). Dieses trifft Gebührenbestimmungen für Zwangsversteigerung und
Zwangsverwaltung in Nrn 3311 mit 3312 des VergVerz.

Zweiter Teil. Kosten der Eintragung einer Sicherungshypothek
§ 23 Abs 2, § 62 KostO; Nr 3309 RVG-VergVerz mit § 18 Nr 11 RVG

Für die **Eintragung einer Sicherungshypothek** wird vom Gericht nach § 62 760
Abs 1 KostO eine **volle Gebühr** aus dem Nennbetrag der Sicherungshypothek
(§ 23 Abs 2 KostO) erhoben. Für die Zurückweisung des Antrags entsteht die
Hälfte der vollen Gebühr, höchstens 400 € (§ 130 Abs 1 KostO), für die Zu-
rücknahme erwächst ein Viertel der vollen Gebühr, höchstens 250 € (§ 130
Abs 2 KostO). Teilweise Zurücknahme oder Zurückweisung: § 130 Abs 4
KostO. Für die (spätere) Löschung wird die Hälfte der vollen Gebühr aus dem
Nennbetrag der Sicherungshypothek erhoben (§ 68 S 1 KostO).

Kostenschuldner: Antragsteller (§ 2 Nr 1 KostO) und, soweit die Kosten notwendig waren, Vollstreckungsschuldner (§ 3 Nr 4 KostO), dieser auch bei Eintragung einer Sicherungshypothek auf Ersuchen des Finanzamts.[1]

761   Gebühr des **Rechtsanwalts:** 0,3 Verfahrensgebühr nach Nr 3309 RVG-VergVerz (siehe auch § 18 Nr 11 RVG). Gegenstandswert: Betrag der zu vollstreckenden Forderung (ihres vollstreckten Teils, § 25 Abs 1 Nr 1 RVG) mit Zinsen bis zum Tag der Antragstellung und Kosten. Anwalts- und Gerichtskosten für Eintragungsantrag und Eintragung rechnen nicht mit. Der Antrag auf Eintragung von Sicherungshypotheken auf mehreren Grundstücken für die zu verteilende Vollstreckungsforderung (§ 867 Abs 2 ZPO, Rdn 26) ist gebührenrechtlich eine Vollstreckungsangelegenheit (§ 18 Nr 11 RVG). Die 0,3 Verfahrensgebühr der Nr 3309 RVG-VergVerz entsteht daher nur einmal aus dem Gesamtbetrag der Vollstreckungsforderung.

Dritter Teil. Kosten im Verfahren der Zwangsversteigerung

1. Abschnitt. Gerichtskosten

1. Unterabschnitt. Anordnung des Verfahrens, Zulassung des Beitritts
Nr 2210 GKG-KostVerz

762   Für die **Entscheidung über den Antrag auf Anordnung** der Zwangsversteigerung (auch Wiederversteigerung, § 133 ZVG) eines Grundstücks, grundstücksgleichen Rechts, Schiffs usw und für jede Entscheidung über einen **Beitritt** wird eine Festgebühr von 50 € erhoben (GKG-KostVerz Nr 2210). Durch diese Gebühr wird die Tätigkeit des Gerichts im Anordnungsverfahren abgegolten.[2] Sogleich nach dem Anordnungsbeschluss beginnt jedoch das Verfahren im Allgemeinen, für das eine 0,5-Verfahrensgebühr entsteht (Rdn 769). Entscheidung ist auch die Zurückweisung eines Antrags, nicht aber eine Zwischen- oder Aufklärungsverfügung (§ 139 ZPO, Rdn 112), für die keine Gebühr entsteht. Nur eine Gebühr für die Entscheidung wird auch erhoben, wenn dem Antrag zum Teil stattgegeben und er im Übrigen zurückgewiesen wird und auch, wenn Verfahrensanordnung oder Zulassung des Beitritts sowie Zurückweisung des weitergehenden Antrags nicht in einem Beschluss enthalten, sondern in gesonderten Beschlüssen abgefasst sind (auch wenn teilweise erst später nach Zwischenverfügung entschieden wird). Ergangen ist die Entscheidung, wenn sie mit der Unterschrift versehen ist (vorausgesetzt, dass die Unterschrift vor Zustellung nicht wieder zurückgenommen wird), nicht erst, wenn sie von der Geschäftsstelle zur Zustellung gegeben wird.[3]

763   Die Festgebühr von GKG-KostVerz Nr 2210 „für die Entscheidung über den Antrag" entsteht in Höhe von 50 € auch dann nur einmal, wenn die Zwangsversteigerung **mehrerer Grundstücke** (auch Grundstücksbruchteile) durch einheitlichen Beschluss angeordnet oder über **mehrere Anträge** desselben Antragstellers oder von Gesamtgläubigern sowie Gesamthandsgläubigern gleichzeitig

---

[1] OLG Köln Rpfleger 1977, 459; OLG Köln JurBüro 1986, 900 = Rpfleger 1986, 240.
[2] OLG München BayJMBl 1953, 40 = Rpfleger 1953, 264 (weitgehend überholt).
[3] Stöber Einl Rdn 76.2.

entschieden ist (Vorbem 2.2 zu GKG-KostVerz). Nur eine Anordnungsgebühr wird deshalb erhoben, wenn auf getrennte Anträge eines Gläubigers von Amts wegen die Versteigerung mehrerer Grundstücke in einem Beschluss angeordnet worden ist sowie bei einheitlicher Entscheidung über mehrere gleichzeitig vorliegende (entscheidungsreife) Anträge desselben Gläubigers in einem Beschluss. Für jeden von mehreren Gläubigern (die nicht Gesamt- bzw Gesamthandsgläubiger sind) wird die Gebühr gesondert erhoben, auch wenn über die Anträge der mehreren Gläubiger durch einheitlichen Beschluss entschieden ist. Wenn bei Entscheidung über den Antrag eines Gläubigers die Zwangsversteigerung mehrerer Grundstücke in gesonderten Beschlüssen angeordnet wird, fällt für jeden Beschluss eine eigene Gebühr von 50 an, auch wenn die Voraussetzungen des § 18 ZVG (Verfahrensverbindung) gegeben waren.[4] Getrennte Gebühren für zwei Beschlüsse entstehen, wenn ein Gläubiger wegen derselben Forderung das Verfahren zunächst wegen des persönlichen Anspruchs betreibt und dann später wegen seines dinglichen Anspruchs beitritt. Nur einmal entsteht die Anordnungsgebühr wenn auf gemeinsamen Antrag mehrerer Miteigentümer in einem Beschluss die Zwangsversteigerung zum Zwecke der Aufhebung der Gemeinschaft angeordnet wird (Vorbem 2.2 GKG-KostVerz).

Die Randnummern 764 und 765 sind nicht belegt.   764, 765

Für (gleichzeitige oder aufeinander folgende) Entscheidungen über einen An- 766
trag auf Anordnung der Zwangsversteigerung und auf Anordnung der Zwangsverwaltung fallen gesonderte (zwei) Anordnungsgebühren an (GKG-KostVerz Nr 2210 und 2220), auch wenn die beiden gebührenpflichtigen Entscheidungen in einem Beschluss zusammengefasst sind.

Bei **Zurücknahme des Antrags** vor Erlass einer Entscheidung entsteht keine Ge- 767
bühr. Bei teilweiser Zurücknahme vor oder nach Erlass der Entscheidung ändert sich die für diese entstandene Festgebühr nicht.

Fälligkeit: Mit Entscheidung (§ 7 Abs 1 S 1 GKG). **Kostenschuldner:** Antrag- 768
steller (§ 26 Abs 1 GKG) und insbesondere Vollstreckungsschuldner nach § 29 Nr 4 GKG. Keine Vorschusspflicht.
Aus dem Versteigerungserlös (§ 109 ZVG) und aus den durch Zwangsverwaltung erzielten Grundstücksnutzungen (§ 155 Abs 1 ZVG) werden Anordnungs- und Beitrittsgebühr nicht vorweg entnommen (siehe Rdn 426). Geltendmachung durch Staatskasse bei Prozesskostenhilfe, Gebühren- oder Auslagenfreiheit des Gläubigers oder wenn ihm gebührenfreie Vollstreckungshilfe zu gewähren ist: Rdn 99.

2. Unterabschnitt. Gebühr für das Verfahren im Allgemeinen
§ 54 GKG; Nr 2211, 2212 GKG-KostVerz

Schrifttum: Drischler, Zur Verfahrensgebühr des § 61 Abs 1 Nr 1 GKG, JVBl 1962, 102; Drischler, Die Verfahrenskosten im Falle der Nichtzahlung des Bargebots in der Zwangsversteigerung, JVBl 1963, 169; Mümmler, Entstehung und Höhe der Verfahrensgebühr des § 61 Abs 1 Ziffer 1 GKG, JVBl 1962, 51; Schneider, Der Gegenstandswert in Zwangsversteigerungsverfahren nach neuem Recht, MDR 1976, 180; Stöber, Wie haften mehrere betreibende Gläubiger für die Kosten eines Zwangsversteigerungsverfahrens? JVBl 1960, 175; Stöber, Die Gebühr für das Zwangsversteigerungsverfahren im Allgemeinen (§ 61 Abs 1 Nr 1 GKG), JVBl 1962, 152; siehe außerdem Zeller/Stöber Einl Rdn 77.

---

[4] Stöber Einl Rdn 76.7.

769 Gebührensatz der Gebühr für das **Verfahren im Allgemeinen:** 0,5 (GKG-KostVerz Nr 2211).

Wenn das Verfahren vor Ablauf des Tages (damit auch während dieses Tages) beendet wird, an dem die Verfügung mit der Bestimmung des ersten Versteigerungstermins unterschrieben ist, ermäßigt sich die Gebühr auf den Gebührensatz von 0,25 (GKG-KostVerz Nr 2212). Beendet ist das Verfahren mit Zurücknahme des Versteigerungsantrags (§ 29 ZVG) oder Aufhebung aus anderem Grund. Terminsverfügung, die Gebührenermäßigung ausschließt, ist in einem Verfahren zur Versteigerung mehrerer Grundstücke auch die Terminsbestimmung zur Versteigerung nur eines (oder einzelner) dieser Grundstücke. Auch wenn für Versteigerung der weiteren Grundstücke Versteigerungstermin nicht mehr bestimmt wird, ist daher die Verfahrensgebühr mit 0,5 des Gebührensatzes aus dem Gesamtwert der Gegenstände (§ 54 Abs 4 GKG) entstanden. Das „Verfahren im Allgemeinen" beginnt sogleich nach dem Beschluss über die Anordnung der Zwangsversteigerung.[5] Damit ist der frühere Streit über die Abgrenzung der Anordnungsgebühr zur Verfahrensgebühr erledigt. Besondere Handlungen des Gerichts sollen zur Verwirklichung des Gebührentatbestands der Nr 2211 des GKG-KostVerz nicht erforderlich sein.[6] Die Gebühr kann jedoch nicht entstehen, wenn der Antrag nach Unterzeichnung, aber vor Hinausgabe des Anordnungsbeschlusses zurückgenommen wird.[7] Als Pauschgebühr gilt die allgemeine Verfahrensgebühr die gesamte für die Verfahrensdurchführung und -abwicklung entfaltete gerichtliche Tätigkeit ab. Dazu gehören insbesondere die Zustellung des Anordnungsbeschlusses an Gläubiger und Schuldner, die Schuldnerbelehrung nach § 30 b Abs 1 ZVG, die Zustellung des Anordnungsbeschlusses an Mieter und Pächter (§ 57 b ZVG), das Ersuchen an das Grundbuchamt um Eintragung des Zwangsversteigerungsvermerks und die Entgegennahme der Eintragungsmitteilung mit beglaubigter Grundbuchblattabschrift, der Erlass eines Einstellungsbeschlusses nach § 28 oder § 30 ZVG und das Einstellungsverfahren nach §§ 30 a bis f, § 180 Abs 2–4 ZVG, der Erlass eines Fortsetzungsbeschlusses nach Verfahrenseinstellung und die Überprüfung des Anordnungsbeschlusses bei Erinnerung (§ 766 ZPO) sowie der Aufhebungsbeschluss.

770 Abgegolten durch die allgemeine Verfahrensgebühr werden auch **Beurkundungen,** so die Aufnahme einer Liegenbelassungsvereinbarung (§ 91 Abs 2 ZVG)[8] samt Übernahme der persönlichen Schuld, die Entgegennahme der Abtretung des Rechts aus dem Meistgebot (§ 81 Abs 2 ZVG) oder der Erklärungen über die verdeckte Bietvollmacht (§ 81 Abs 3 ZVG), die Protokollierung der Zustimmung zu dem Gebot eines anderen (§ 71 Abs 2 ZVG) sowie der Genehmigung und Heilung eines Verfahrensmangels (§ 84 Abs 2 ZVG).[9] Abgegolten durch die Verfahrensgebühr wird auch die Beurkundung eines Vergleichs über den Verfahrensgegenstand und einen weitergehendem Vergleichsgegenstand; von dem den Verfahrensgegenstand überschreitenden Vergleichsgegenstand wird keine besondere Vergleichsgebühr erhoben[10] (GKG-KostVerz Nr 1900 gilt nicht für Verfahren der Zwangsversteigerung; siehe Überschrift zu Teil 1 des Kostenverzeichnisses).

---

[5] So Begründung in BT-Drucks 7/2016.
[6] Begründung wie Fußn 5.
[7] Stöber Einl Rdn 77.2.
[8] Hornung Rpfleger 1972, 203 (206, mit Nachw in Fußn 40, sowie insbesondere 209).
[9] Hornung Rpfleger 1972, 203 (211).
[10] Stöber EinlRdn 81.2.

Die allgemeine Verfahrensgebühr wird, auch in der Teilungsversteigerung,[11] von **771** dem **festgesetzten Grundstückswert** (§ 74a Abs 5 ZVG) erhoben (§ 54 Abs 1 S 1 GKG), und zwar bei Änderung eines festgesetzten Werts (durch das Beschwerdegericht) von dem zuletzt festgesetzten Grundstückswert,[12] bei Änderung infolge neuer Tatsachen und Umstände von dem höchsten der im abgegoltenen Verfahrensabschnitt festgesetzten Werte. Rechtskraft des Wertfestsetzungsbeschlusses ist nicht erforderlich. Wenn jedoch ein Wert noch nicht festgesetzt ist, ist der **Einheitswert** maßgebend (§ 54 Abs 1 S 2 GKG). Dieser ist selbst dann Geschäftswert, wenn der Verkehrswert durch Sachverständigengutachten bereits ermittelt, infolge Verfahrensaufhebung aber nicht mehr festgesetzt worden ist.[13] Wenn Verfahrensgegenstand und Gegenstand der Einheitsbewertung wesentlich auseinandergehen oder wenn sich der Wert infolge bestimmter Umstände nach der Einheitsbewertung verändert hat, ist an Stelle des Einheitswerts der nach freiem Ermessen auf der Einheitswertgrundlage ermittelte Wert maßgebend (§ 54 Abs 1 S 3).

Bei Versteigerung **mehrerer Grundstücke** in demselben Verfahren ist ihr Ge- **772** samtwert maßgebend (§ 54 Abs 4 GKG). Werden Einzelverfahren später verbunden, so werden schon einzeln angefallene Gebühren nicht mehr berührt. Nach Verfahrenstrennung sind die Verfahrensgebühren für jedes Verfahren einzeln zu berechnen.

Fälligkeit: Im Verteilungstermin oder mit Aufhebung des Verfahrens (§ 7 Abs 1 **773** S 3 GKG).

Erlösvorwegnahme: § 109 ZVG (Rdn 425). **Kostenschuldner** sonst Antragsteller **774** (§ 26 Abs 1 GKG) und insbesondere Vollstreckungsschuldner nach § 29 Nr 4 GKG.

Für das **Verfahren über Anträge nach § 765a ZPO** wird keine Gebühr erhoben **775** (Vorbem 2.2 zu GKG-KostVerz).

Desgleichen entsteht für einen Antrag auf vorläufige Einstellung, Beschränkung oder Aufhebung der Zwangsvollstreckung gemäß §§ 769, 771 Abs 3 ZPO keine Gebühr.

3. Unterabschnitt. Gebühr für Abhaltung des Versteigerungstermins
§ 54 GKG; Nr 2213 GKG-KostVerz

Gebührensatz der Gebühr für die **Abhaltung des Versteigerungstermins:** 0,5 **776** (GKG-KostVerz Nr 2213). Erhoben wird diese Gebühr nur einmal, auch wenn mehrere Termine stattgefunden haben. Als abgehalten gilt der Termin, wenn zur Abgabe von Geboten aufgefordert worden ist (§ 66 Abs 2 ZVG). Keine Terminsgebühr fällt an, wenn der Versteigerungstermin vor der Geboteaufforderung endet. Bei Versteigerung mehrerer Grundstücke im gleichen Termin genügt Aufforderung für eines von ihnen. Nicht zu erheben ist diese Gebühr, wenn der Zuschlag nach § 74a oder § 85a ZVG versagt wird (GKG-KostVerz Nr 2213). Im Übrigen ist das Ergebnis des Termins für das Entstehen der Gebühr bedeutungslos. Nur eine Terminsgebühr aus den zusammengerechneten Werten (§ 54 Abs 4 GKG) entsteht, wenn in demselben Verfahren mehrere Grundstücke in verschiedenen Terminen versteigert worden sind.

---

[11] LG Frankfurt 27. 12. 1971, Rpfleger 1972, 234.
[12] Stöber Einl Rdn 77.7.
[13] Stöber Einl Rdn 77.7 mit Nachw; anders LG Köln 9. 3. 1964, MDR 1964, 770.

Wert: Grundstückswert des § 74 a Abs 5 ZVG (§ 54 Abs 1 GKG; siehe Rdn 771). Kostenschuldner usw: wie Rdn 774.

776a **Vorschussweise** zu erheben ist spätestens bei der Bestimmung des Zwangsversteigerungstermins eine volle Gebühr von dem gemäß § 74 a Abs 5 ZVG festgesetzten Wert (§ 15 Abs 1 GKG).

4. Unterabschnitt. Gebühr für Erteilung des Zuschlags
§ 54 GKG; Nr 2214 GKG-KostVerz

777 Gebührensatz der Gebühr für die **Erteilung des Zuschlags:** 0,5 (GKG-KostVerz Nr 2214). Die Gebühr entsteht bei Versagung des Zuschlags nicht. Sie entfällt bei Aufhebung des Zuschlags (GKG-KostVerz Nr 2214). Bei Versteigerung mehrerer Grundstücke werden bei Zuschlägen an verschiedene Ersteher Gebühren für die Erteilung des Zuschlags von jedem Ersteher erhoben (§ 54 Abs 5 GKG). Nur um einen Ersteher handelt es sich jedoch bei Zuschlag an eine Bietergemeinschaft.

778 **Wert:** Meistgebot ohne Zinsen, für das der Zuschlag erteilt ist, einschließlich Wert der nach den Versteigerungsbedingungen bestehen bleibenden Rechte zuzüglich des Betrages, in dessen Höhe der Ersteher nach § 114 a ZVG als aus dem Grundstück befriedigt gilt[14] (§ 54 Abs 2 GKG). Auch Hinterlegungszinsen bei Hinterlegung nach § 49 Abs 4 ZVG rechnen nicht mit. Dem Bargebot sind nur die nach den Versteigerungsbedingungen bestehen bleibenden Rechte hinzuzurechnen, nicht auch noch die durch Vereinbarung der Beteiligten nach § 91 Abs 2 ZVG bestehen bleibenden Rechte.[15] Bei Zwangsversteigerung zur Aufhebung der Gemeinschaft (nicht bei Vollstreckungsversteigerung) vermindert sich der so festgestellte Gesamtwert um den Anteil des Erstehers am Wert des Verfahrensgegenstands; bei Gesamthandeigentum bleibt ein verhältnismäßiger Anteil außer Betracht (§ 54 Abs 2 S 2 GKG).

> **Beispiel:** Der Zuschlag wird zu einem Meistgebot von 100 000 € einem Miterben zu einem Viertel Anteil erteilt. Wert 100 000 € – (¹/₄ =) 25 000 € = 75 000 €; 0,5 Gebühr für Erteilung des Zuschlags somit aus 75 000 € = 328,- €.

779 **Fälligkeit:** Mit Verkündung (in der Beschwerde mit Zustellung an Ersteher) des Zuschlags (§ 7 Abs 1 S 2 GKG). **Kostenschuldner:** Ersteher (§ 26 Abs 2 S 1 GKG). Der Bieter haftet ggfs als Gesamtschuldner mit (§ 26 Abs 2 S 2 GKG). Keine Deckung aus dem Erlös (§ 109 Abs 1 ZVG, siehe auch § 58 ZVG).

5. Unterabschnitt. Gebühr für das Verteilungsverfahren
§ 54 GKG; Nr 2215, 2216 GKG-KostVerz

780 Gebührensatz der Gebühr für das **Verteilungsverfahren:** 0,5 (GKG-KostVerz Nr 2215). Nur 0,25 des Gebührensatzes beträgt diese Gebühr nach GKG-KostVerz Nr 2216 bei außergerichtlicher Einigung der Beteiligten über die Ver-

---

[14] Änderung des (vormaligen) § 29 Abs 2 GKG ab 1. Jan. 1987 durch das Gesetz zur Änderung von Kostengesetzen vom 9. 12. 1986, BGBl I 2326. Die früher andere Ansicht ist damit überholt. Zweck der Änderung: Auch bei nur geringem Bargebot durch einen zur Befriedigung aus dem Grundstück Berechtigten soll eine "angemessene" Zuschlagsgebühr entstehen; so Begründung, BT-Drucks 10/5113, Seite 46.
[15] Stöber Rpfleger 1976, 333 (Anmerkung); LG Krefeld Rpfleger 1978, 392 (unter Aufgabe von LG Krefeld Rpfleger 1976, 332).

teilung (§ 143 ZVG) oder bei Vorlage der Befriedigungserklärungen über die außergerichtliche Verteilung durch den Ersteher (§ 144 ZVG). Bei Versteigerung mehrerer Grundstücke wird eine Gebühr nach dem einheitlichen Gesamtwert auch dann erhoben (§ 54 Abs 4 GKG), wenn mehrere Verteilungstermine stattgefunden haben.

Wert: Meistgebot ohne Zinsen, für das der Zuschlag erteilt ist, einschließlich 781 Wert der nach den Versteigerungsbedingungen bestehen bleibenden Rechte (§ 54 Abs 3 GKG). Weder die vom Ersteher zu zahlenden Zinsen des Bargebots noch Hinterlegungszinsen rechnen bei Wertbestimmung mit. Die nach § 52 Abs 2 ZVG, § 9 EGZVG und Landesgesetzen kraft Gesetzes außerhalb des geringsten Gebots bestehen bleibenden Rechte bleiben außer Betracht. Der so zu bestimmende Wert ändert sich auch nicht durch eine Liegenbelassungsvereinbarung (§ 91 Abs 2 ZVG). Der Erlös aus einer gesonderten Versteigerung oder sonstigen Verwertung (§ 65 ZVG) wird dem Wert hinzugerechnet. Auch bei Zwangsversteigerung zur Aufhebung einer Gemeinschaft ist der Wert für die Verteilungsverfahrensgebühr nicht „um den Anteil des Erstehers an dem Gegenstand des Verfahrens" zu vermindern.[16]

Fälligkeit, Erlösvorwegnahme und **Kostenschuldner:** Wie Rdn 774.

6. Unterabschnitt. Gebühr für das Beschwerdeverfahren
§ 3 ZPO; Nr 2240–2243 GKG-KostVerz

Schrifttum: Schneider, Der Gegenstandswert in Zwangsversteigerungsverfahren nach neuem Recht, MDR 1976, 180.

Das **Erinnerungsverfahren** nach § 766 ZPO (§ 1 GKG) sowie nach § 11 Abs 2 782 RPflG (dort Abs 4) ist gebührenfrei, nicht aber auslagenfrei.
Für das Verfahren über eine Beschwerde wird erhoben, wenn die Beschwerde verworfen oder zurückgewiesen wird
– eine Festgebühr von 100 €, wenn auch für die angefochtene Entscheidung eine Festgebühr bestimmt ist, somit bei Beschwerde gegen die Entscheidung über den Anordnungs- oder Beitrittsantrag (GKG-KostVerz Nr 2210 und 2240). Wird die Beschwerde nur teilweise verworfen oder zurückgewiesen, kann das Gericht die Gebühr nach billigem Ermessen auf die Hälfte ermäßigen oder bestimmen, dass eine Gebühr nicht zu erheben ist (GKG-KostVerz Nr 2240);
– sonst: 1,0 Gebührensatz (GKG-KostVerz Nr 2241).
Im Übrigen, also wenn der Beschwerde stattgegeben wird oder wenn es sonst nicht zu einer Entscheidung des Beschwerdegerichts kommt (damit auch, wenn die Beschwerde zurückgenommen wird), ist das Beschwerdeverfahren gebührenfrei. **Auslagen,** die durch eine für begründet befundene Beschwerde entstehen, werden nicht erhoben (weil das Beschwerdeverfahren dann gebührenfrei ist). Ausnahme: wenn das Beschwerdegericht die Kosten dem Gegner des Beschwerdeführers auferlegt hat (Vorbem (9) zu GKG-KostVerz).

Rechtsbeschwerde: GKG-KostVerz Nr 2242 und 2243.
Der **Wert des Beschwerdeverfahrens,** für das die Gebühr nach GKG-KostVerz 783 Nr 2241 erhoben wird, bestimmt sich nach dem Rechtsmittelantrag,[17] hilfswei-

---

[16] Gesetzliche Klarstellung ist mit Neufassung des § 29 Abs 3 S 1 GKG ab 1. 1. 1987 erfolgt; Begründung BT-Drucks 10/5113, Seite 46.
[17] BGH NJW-RR 2008, 360 (361, Tz 17) für den Gegenstandswert des Rechtsbeschwerdeverfahrens.

se nach der Beschwer, begrenzt durch den Wert des Streitgegenstands des ersten Rechtszugs (§ 47 Abs 1 und 2 GKG), der wiederum gem § 48 Abs 1 S 1 GKG und § 3 ZPO nach „freiem Ermessen" zu bemessen ist.[18] Beschwerdewert für Einstellungsentscheidungen nach §§ 30 a–f, § 180 Abs 2 und 3 ZVG: Interesse des Schuldners an dem vorübergehenden Vollstreckungsaufschub unter Berücksichtigung des Interesses des Gläubigers an der Versagung des Schutzes.[19] Wert der Zuschlagsbeschwerde: Interesse des Gläubigers auf rasche und erfolgreiche Beendigung bzw Interesse des Schuldners auf Aufschub oder Vermeiden einer Verschleuderung oder auch nur auf Versteigerung zu einem höheren Wert (Wert nach dem wirtschaftlichen Interesse des Schuldners dann regelmäßig Unterschied zwischen festgesetztem Verkehrswert und Meistgebot zuzüglich bestehen bleibende Rechte).[20] Für die Schuldnerbeschwerde gegen den Zuschlag wurde das Meistgebot (§ 54 Abs 2 S 1 GKG) als Wert des Zuschlagsbeschlusses angenommen, dessen Aufhebung der Schuldner erreichen wollte.[21] Für die Zuschlagsbeschwerde des Schuldners mit dem Ziel, das Zwangsversteigerungsverfahren aufzuheben, wurde der Beschwerdewert auch nach dem das Meistgebot übersteigenden Verkehrswert des Grundstücks bestimmt.[22] Bei Beschwerde des Bieters kann das Interesse auch auf Grundstückserwerb zu einem geringeren Erwerbspreis gehen.[23] Wert der Beschwerde gegen den Grundstückswert: Interesse an der Abänderung des Wertes, das oft nicht hoch ist (für ein Drittel der Differenz zwischen festgesetztem und erstrebtem Wert: KG[24]; 50% des erstrebten Mehrbetrags nach;[25] 20% der Differenz nach[26]).

784   Bei Verwerfung oder Zurückweisung einer Beschwerde im Verfahren nach § 765 a ZPO wird ohne Rücksicht auf einen Gegenstandswert eine Festgebühr von 100 erhoben (GKG-KostVerz Vorbem 2.2 und Nr 2240; dort auch zur Ermäßigung und zum Wegfall der Gebühr). Bei Beschwerden nach § 30 b (a) ZVG und § 765 a ZPO wird die Beschwerdegebühr nur einmal erhoben, wenn einheitlich entschieden wird (GKG-KostVerz Vorbem 2.2).

2. Abschnitt. Kosten des Rechtsanwalts
§ 26 RVG; Nr 3311, 3312 RVG-VergVerz

785   Der Rechtsanwalt erhält in Zwangsversteigerungsverfahren
– nach **RVG-VergVerz Nr 3311** eine **Verfahrensgebühr** von 0,4 des Gebührensatzes jeweils gesondert für

[18] Zu früherer Rechtsprechung OLG Bremen JurBüro 1984, 89 mit zust Anm Mümmler; OLG Bamberg JurBüro 1979, 1863 mit Anm Mümmler; Kammergericht JurBüro 1982, 1223 und 1399 = Rpfleger 1982, 233; OLG Zweibrücken JurBüro 1981, 112 mit zust Anm Mümmler; anders früher OLG Bremen JurBüro 1977, 1591 mit abl Anm Mümmler = Rpfleger 1977, 412.

[19] Stöber JVBl 1963, 50 mit weit Nachw; LG Bayreuth JurBüro 1976, 802; siehe auch Kammergericht JurBüro 1971, 182 = Rpfleger 1971, 193.

[20] Kammergericht Rpfleger 1982, 233 = aaO (Fußn 17); Schneider MDR 1985, 353 (VI 2).

[21] BGH NJW-RR 2008, 360 (361, Tz 17).

[22] BGH NJW 2007, 3357 (3360, Tz 25).

[23] OLG Zweibrücken JurBüro 1981, 112.

[24] Kammergericht JurBüro 1969, 260 = Rpfleger 1968, 403.

[25] OLG Düsseldorf JurBüro 2010, 143.

[26] OLG Celle Rpfleger 1982, 435.

1. die Tätigkeit bis zur Einleitung des Verteilungsverfahrens (allgemeine Verfahrensgebühr),
2. die Tätigkeit im Verfahren über Anträge auf einstweilige Einstellung oder Beschränkung der Zwangsvollstreckung und einstweilige Einstellung des Verfahrens sowie für Verhandlungen zwischen Gläubiger und Schuldner mit dem Ziel der Aufhebung des Verfahrens,
3. die Tätigkeit im Verteilungsverfahren, und zwar auch für eine Mitwirkung an einer außergerichtlichen Verteilung (§§ 143, 144 ZVG),
– nach **RVG-VergVerz Nr 3312** eine **Terminsgebühr** von **0,4** des Gebührensatzes für die Wahrnehmung eines Versteigerungstermins, auch wenn er im Termin nicht weiter tätig geworden und nur zeitweilig anwesend gewesen ist.

Die allgemeine **Versteigerungsverfahren**sgebühr ermäßigt sich nicht, wenn das 786
Verfahren vorzeitig endet, auch wenn der Antrag sogleich nach Verfahrensanordnung (oder Zulassung des Beitritts) zurückgenommen wird.

Die **Einstellungsverfahren**sgebühr ist eine Pauschgebühr; abgegolten ist damit die gesamte Tätigkeit des Rechtsanwalts über Einstellungsanträge usw (§ 15 Abs 1 und 2 RVG), auch über einen Vollstreckungsschutzantrag nach § 765 a ZPO. Sie entsteht damit für die Tätigkeit in mehreren Einstellungsverfahren in dem Vollstreckungsverfahren des gleichen Gläubigers auf Grund desselben Beschlagnahmebeschlusses nur einmal wie zB in Verfahren über den Antrag auf Einstellung nach § 30 a ZVG, dann auf erneute Einstellung nach § 30 c ZVG und sodann auf Einstellung nach § 765 a ZPO. Für die Tätigkeit des Rechtsanwalts des Schuldners entsteht sie auch dann nur einmal, wenn Antrag auf einstweilige Einstellung nach mehreren Beschlagnahmebeschlüssen des gleichen Gläubigers oder in den Vollstreckungsverfahren mehrerer Gläubiger (Anordnungs- und Beitrittsgläubiger) oder mehrerer Beitrittsgläubiger jeweils gesondert gestellt wird.

Die **Terminsgebühr** entsteht nur für die Vertretung eines Beteiligten (§ 9 ZVG). Im Übrigen, damit auch für die Vertretung eines Bieters oder Bietinteressenten im Versteigerungstermin, entsteht keine Terminsgebühr. Ist der Rechtsanwalt nur mit der Vertretung im Termin beauftragt, erhält er auch die allgemeine Verfahrensgebühr. Für die Wahrnehmung mehrerer Termine entsteht die Gebühr stets nur einmal, nicht wiederholt. Für Wahrnehmung eines besonderen Verkündungstermins (§ 87 ZVG), eines Vortermins (§ 62 ZVG) oder eines Termins zur Verhandlung über einen Einstellungsantrag nach §§ 30 a–f, § 180 Abs 2 und 3 ZVG fällt diese Gebühr nicht an.

Die Gebühr für das **Verteilung**sverfahren erhält der Rechtsanwalt für jede Tätigkeit in diesem Verfahrensabschnitt, mithin bereits mit Forderungsanmeldung zum Verteilungstermin. Terminswahrnehmung ist nicht erforderlich, begründet aber auch keine weitere (höhere) Gebühr. Der nur für das Verteilungsverfahren beauftragte Rechtsanwalt erhält bei Tätigkeit nur in diesem Verfahrensabschnitt die allgemeine Verfahrensgebühr (Nr 3311 Ziff 1 VergVerz) nicht.

Der **Gegenstandswert** richtet sich danach, in welcher Eigenschaft der Auftrag- 787
geber vertreten wird (§ 26 RVG). Er bestimmt sich
– nach **§ 26 Nr 1 ZVG** bei Vertretung des **Gläubigers** (auch im Einstellungsverfahren) oder eines anderen **Beteiligten** (§ 9 ZVG) – nicht aber des Schuldners oder eines neuen Eigentümers – nach dem **Wert** des diesem zustehenden **Rechts** (mitgerechnet Nebenforderungen). Ein Teilbetrag ist nur im Falle des § 10 Abs 1 Nr 5 ZVG maßgebend. Begrenzt ist der nach dem Wert des Rechts bemessene Gegenstandswert durch den (Verkehrs-)Wert des Gegenstands der Zwangsversteigerung (§ 66 Abs 1, § 74 a Abs 5 ZVG; keine Min-

derung um Belastungen), im Verteilungsverfahren durch den zur Verteilung kommenden Erlös (Bargebot und Zinsen sowie ggf Sondererlös nach § 65 ZVG, nicht jedoch bestehen bleibende Rechte). Ein in Abt II des Grundbuchs eingetragenes Recht wird nach den für die Gerichtsgebühren geltenden Wertvorschriften, somit nach §§ 3–9 ZPO bewertet (§ 23 Abs 1 RVG); für das Recht eines Mieters oder Pächters müsste nach § 41 GKG (mit § 23 Abs 1 RVG) regelmäßig das einjährige Entgelt maßgeblich sein.

- nach **§ 26 Nr 2 RVG** bei der Vertretung des **Schuldners** (auch wenn das der Insolvenzverwalter ist, und des neuen Eigentümers) sowie des **Antragstellers** und **Antragsgegners** in der Teilungsversteigerung (auch im Einstellungsverfahren) nach dem Wert des Gegenstands der Zwangsversteigerung (keine Minderung um Belastungen), im Verteilungsverfahren nach dem zur Verteilung kommenden Erlös, bei Miteigentümern oder sonstigen Mitberechtigten nach ihrem (rechnerischen) Anteil hieran. Der (Verkehrs-)Wert des Objekts (nicht ersatzweise etwa der Einheitswert) ist auch dann maßgebend, wenn er bei Beendigung des Verfahrens noch nicht festgesetzt (§ 74 a Abs 5 ZVG) und noch nicht ermittelt ist; er ist dann auf der Grundlage vorhandener Anhaltspunkte zu bemessen.[1] Der Pfändungsgläubiger, der die Teilungsversteigerung betreibt, ist Beteiligter nach § 9 ZVG; Gegenstandswert ist somit seine Forderung.

- nach **§ 26 Nr 3 RVG** bei der Vertretung des **Bieters**, der nicht Beteiligter ist, ebenso des Dritten bei Abtretung des Meistgebots und verdeckter Vertretung (§ 81 Abs 2 und 3 ZVG) nach dem Betrag des höchsten für diesen (somit auch von diesem) abgegebenen Gebots (Bargebot und bestehen bleibende Rechte), wenn ein Gebot nicht abgegeben ist, nach dem Wert des Gegenstands der Zwangsversteigerung (§ 74 a Abs 5 ZVG).

Wenn der Verkehrswert maßgebend, aber noch nicht festgesetzt ist, ist er für die Berechnung der Gebühr nach den für die Wertermittlung nach § 74 a Abs 5 ZVG geltenden Grundsätzen zu bemessen.

788 Bei Vertretung des dinglich vollstreckenden **Gläubigers** erlangt für die nach dem Wert seines Rechts (begrenzt durch den Wert des Gegenstands der Zwangsversteigerung) zu berechnenden Gebühren keine Bedeutung, ob der Rechtsanwalt Antrag auf Versteigerung oder Zulassung des Beitritts nur einmal oder (für Teilansprüche) wiederholt (nacheinander) gestellt hat. Nach einem Teilbetrag bestimmen sich die Gebühren nicht; durch die Gesamtgebühr für die Vertretung des Gläubigers werden somit auch die (= alle) Vollstreckungsanträge in dem Verfahren abgegolten. Für Vertretung eines persönlich vollstreckenden Gläubigers (Rangklasse 5 des § 10 Abs 1 ZVG) bestimmt sich der Wert nach seiner Vollstreckungsforderung; wenn der Rechtsanwalt nacheinander mehrere Anträge (Anordnung und Beitritt oder mehrere Beitritte) gestellt hat, werden somit die mehreren Gegenstände in dem Versteigerungsverfahren (= dieselbe Angelegenheit, § 15 Abs 2 S 1 ZVG) zusammengerechnet (§ 22 Abs 1 RVG); allgemeine Verfahrensgebühren sowie die Terminsgebühr entstehen damit jeweils nur einmal (§ 15 Abs 2 S 1 RVG). Um zwei verschiedene Verfahren, für die Gebühren gesondert entstehen, handelt es sich hingegen, wenn das erste Verfahren des in Rangklasse 5 vollstreckenden Gläubigers aufgehoben ist und später wegen derselben oder einer anderen Forderung dieses Gläubigers neu Vollstreckungsantrag gestellt wird.

789 Vertretung eines Gläubigers oder sonstigen Beteiligten in einem Verfahren über **mehrere Grundstücke** oder Bruchteile von Grundstücken (§ 18 ZVG) ist Tätig-

---

[1] LG Zweibrücken JurBüro 2006, 382.

keit in einem Verfahren, damit dieselbe Angelegenheit (§ 15 Abs 2 S 1 RVG). Gebühren fallen daher nur einmal an,[2] wenn sie sich nach den Grundstückswerten bestimmen nach den zusammengerechneten Werten. Werden Einzelverfahren (später) verbunden (§ 18 ZVG), bleiben die (bereits) angefallenen Gebühren unberührt; für die Tätigkeit des Rechtsanwalts in dem verbundenen Verfahren bestimmen sich die Gebühren (ebenso wie neu entstehende Gebühren) dann nach den Gesamtwerten. Werden die Verfahren wieder getrennt, dann bleiben angefallene Gebühren unberührt; von der Trennung an bestimmen sich die Gebühren wieder für jedes Einzelverfahren getrennt nach dem jeweiligen Gegenstandswert. Es ist somit jede Gebühr für die anwaltliche Tätigkeit in dem verbundenen Verfahren sowie (gesondert) vor der Verbindung und nach Trennung der Verfahren nach dem jeweiligen Gegenstandswert zu bestimmen; zu erheben ist der dann jeweils höhere Gebührenbetrag (Pauschgebührensystem).

Als **dieselbe Angelegenheit**, in der die Gebühren nur einmal entstehen (§ 15   790
Abs 2 S 1 RVG) wird das einzelne Zwangsversteigerungsverfahren (auch das Verfahren über mehrere Grundstücke, § 18 ZVG) angesehen. In verschiedenen Angelegenheiten, für die Gebühren jeweils gesondert entstehen, wird der Rechtsanwalt somit bei Vertretung in mehreren (selbstständigen) Versteigerungsverfahren tätig.

Vertritt der Rechtsanwalt **mehrere Gläubiger** oder andere Beteiligte (§ 9 ZVG) mit verschiedenen Rechten (Forderungen) in demselben Versteigerungsverfahren, wird er demnach in derselben Angelegenheit tätig;[3] die einzelnen Gebühren entstehen daher nur einmal (§ 7 Abs 1 RVG) nach den zusammengerechneten Werten der mehreren Gegenstände (§ 22 Abs 1 RVG).

Sind Auftraggeber in derselben Angelegenheit (§ 15 Abs 2 S 1 RVG) mit gleichem Gegenstand der anwaltlichen Tätigkeit mehrere Personen (auch Schuldner), zB Berechtigte in Erbengemeinschaft, Gesamtgläubiger oder Grundstückseigentümer je zur Hälfte, gegen die als Gesamtschuldner vollstreckt wird, fallen die Gebühren nur einmal an (§ 7 Abs 1 RVG); jedoch erhöht sich die (eine) Verfahrensgebühr nach RVG-KostVerz Nr 1008.

Für die Vertretung eines Beteiligten, des Bieters oder Erstehers im Verfahren   791
über eine **Beschwerde** oder Erinnerung erhält der Rechtsanwalt eine 0,5-Gebühr nach RVG-VergVerz Nr 3500. Für die Wahrnehmung eines Termins in diesen Verfahren entsteht eine weitere Gebühr von 0,5 nach Nr 3513 VergVerz. Der Wert bestimmt sich hier nach § 23 Abs 2 RVG.

Gebühr für das **Rechtsbeschwerdeverfahren**: RVG-VergVerz Nr 3502.

Vierter Teil. Kosten im Verfahren der Zwangsverwaltung

1. Abschnitt. Gerichtskosten
§ 55 GKG; Nr 2200, 2221 GKG-KostVerz

Für die Entscheidung über den Antrag auf **Anordnung** der Zwangsverwaltung   792
und für jede Entscheidung über einen **Beitritt** wird eine Festgebühr von 50 €

---

[2] OLG Köln JurBüro 1981, 154; LG Münster JurBüro 1980, 1687 mit Anm Mümmler = Rpfleger 1980, 401; Mümmler JurBüro 1983, 1464.
[3] Anders (noch) Stöber Einl Rdn 95.3.

erhoben (GKG-KostVerz Nr 2220). Werden gleichzeitig oder nacheinander Zwangsversteigerung und Zwangsverwaltung beantragt, so fallen zwei Gebühren an, weil zwei Entscheidungen vorliegen, auch wenn die Entscheidungen nur in einem Beschluss ergehen (unzweckmäßig). Keine Anordnungsgebühr entsteht bei Überleitung eines erfolglosen Zwangsversteigerungsverfahrens in eine Zwangsverwaltung (§ 77 Abs 2 S 2 ZVG) sowie bei Anordnung der Sicherungsverwaltung nach § 96 ZVG.

793 Für das gesamte **Verfahren** wird (außer der Anordnungsgebühr) eine **Jahresgebühr** mit einem Gebührensatz von 0,5 für jedes Kalenderjahr, auch für das Jahr, in das der Tag der Beschlagnahme fällt und in dem das Verfahren aufgehoben wird, erhoben; sie beträgt mindestens 100 €, im ersten und letzten Kalenderjahr jeweils mindestens 50 € (GKG-KostVerz Nr 2221). Mit der Aufhebung des Verfahrens durch Aufhebungsbeschluss (§ 161 Abs 1 ZVG) endet der gebührenpflichtige Verfahrenszeitraum. Es wird daher keine weitere Jahresgebühr erhoben, wenn die Tätigkeit des Zwangsverwalters erst in dem darauffolgenden Kalenderjahr mit Einreichung der Schluss- und Endabrechnung (§ 14 Abs 3 und 4 ZwVwV) endet oder das Gericht im darauffolgenden Jahr noch zur Verfahrensabwicklung tätig wird, zB mit Festsetzung der Verwaltervergütung nach Rechnungslegung (§ 22 ZwVwV), Erteilung einer Anweisung für Verfahrensabwicklung. Auch wenn nach Aufhebung der Zwangsverwaltung infolge Erteilung des Zuschlags der Zwangsverwalter sein Amt zur Erledigung anstehender Abwicklungsgeschäfte fortführt (Rdn 674, 676), kann für das folgende Kalenderjahr daher keine nochmalige Jahresgebühr mehr entstehen (das Verfahren ist aufgehoben), und zwar auch nicht, wenn der Verwalter (zB nach Beendigung eines Rechtsstreits) noch Einnahmen erlangt und verteilt oder das Gericht einen Teilungsplan zur Verteilung des restigen Kassenbestandes aufstellt.
Wert: Gesamtwert der Einkünfte (§ 55 GKG). Für die Wertbestimmung sind die Einkünfte in dem Kalenderjahr zu erfassen, in dem sie dem Zwangsverwalter zugehen; Rückstände zählen also zu dem Jahr, in dem sie geleistet werden. Erlös aus vom Zwangsverwalter verkauften Gegenstände sind keine Einkünfte. Für das Wohnrecht des Schuldners wird kein Betrag angesetzt. Erträgnisse, die bereits dem Ersteher gebühren, bis zur Aufhebung des Verfahrens nach Erteilung des Zuschlags aber noch vom Zwangsverwalter vereinnahmt werden, zählen zum Geschäftswert.

794 **Fällig** wird die Jahresgebühr jeweils mit Ablauf eines Kalenderjahres, die letzte Jahresgebühr mit der Aufhebung des Verfahrens (§ 7 Abs 2 S 2 GKG). **Erlösvorwegnahme:** § 155 Abs 1 ZVG (Rdn 630, 637). **Kostenschuldner** sonst: Antragsteller (§ 26 Abs 1 GKG) und insbesondere Vollstreckungsschuldner (§ 29 Nr 4 GKG). **Vorschusspflicht:** § 15 Abs 2 GKG. Angemessen wird regelmäßig jährlich ein Gebührenvorschuss von 0,5 der vollen Gebühr sein; daneben ist ein Auslagenvorschuss in Höhe der voraussichtlich erwachsenden Auslagen zu erheben (§ 24 KostV). Die Verfahrensfortsetzung kann von der Vorschusszahlung nicht abhängig gemacht werden. Der Zwangsverwalter ist für die Jahresgebühr und den Gebühren- sowie Auslagenvorschuss nicht Kostenschuldner der Staatskasse; diese Kosten können bei ihm vorschussweise jedoch formlos (keine Sollstellung) eingefordert werden.

795 Gebühr für **Beschwerdeverfahren:** GKG-KostVerz Nrn 2240–2243; dazu Rdn 782–784.

2. Abschnitt. Kosten des Rechtsanwalts
§ 26 RVG; Nr 3311 (3312) RVG-VergVerz

Der Rechtsanwalt erhält in Zwangsverwaltungsverfahren   **796**
- nach **RVG-VergVerz Nr 3311** eine Verfahrensgebühr von 0,4 des Gebührensatzes jeweils gesondert für
  - die **Vertretung des Antragstellers** (= Anordnungs- oder Beitritts-Gläubigers) im Verfahren über den Antrag auf Anordnung der Zwangsverwaltung oder Zulassung des Beitritts;
  - die **Vertretung** des Antragstellers **im weiteren Verfahren** einschließlich des Verteilungsverfahrens,
  - die Vertretung eines sonstigen Beteiligten im ganzen Verfahren einschließlich des Verteilungsverfahrens,
  - die Tätigkeit in einem Einstellungsverfahren usw, zB nach § 153 b ZVG, § 765 a ZPO.

Gegenstandswert: § 27 RVG.
Gebühren für Vertretung eines Beteiligten im **Beschwerdeverfahren:** RVG-VergVerz Nr 3500, 3513 (dazu Rdn 791).

Fünfter Teil. Kosten des Grundbuchamts

Gebührenfrei sind Eintragung und Löschung des Zwangsversteigerungsver-   **797**
merks (§ 19 Abs 1, §§ 34, 130 Abs 1 ZVG) und des Zwangsverwaltungsvermerks (§§ 146, 161 Abs 4 ZVG) (§ 69 Abs 2 KostO).
Gebührenfrei gelöscht werden auf Ersuchen des Vollstreckungsgerichts die durch den Zuschlag erloschenen Rechte (§ 130 Abs 1 ZVG) und ein bei Feststellung des geringsten Gebots berücksichtigtes, jedoch nicht zur Entstehung gelangtes oder erloschenes Recht (§ 130 Abs 2 ZVG) (§ 69 Abs 2 KostO).
Nach Kapitalzahlung im Zwangsverwaltungsverfahren wird eine Hypothek (Grund- oder Rentenschuld) auf Ersuchen des Vollstreckungsgerichts (§ 158 Abs 2 ZVG) gebührenfrei gelöscht (§ 69 Abs 2 KostO).
Die Löschungsvormerkung nach § 130 a Abs 2 S 1 ZVG wird auf Ersuchen des Vollstreckungsgerichts gebührenfrei eingetragen (§ 69 Abs 2 KostO).
Gebührenpflichtig sind
- die Eintragung des Erstehers als Eigentümer (§ 130 Abs 1 ZVG),
- die Eintragung der Sicherungshypotheken für Forderungen gegen den Ersteher (§ 130 Abs 1 ZVG).

Für die **Eintragung des Erstehers als Eigentümer** (§ 130 Abs 1 ZVG) wird die   **798**
volle Gebühr (§ 32 KostO) erhoben (§ 60 Abs 1 KostO). Diese Gebühr wird auch erhoben, wenn der Schuldner selbst das Grundstück ersteigert hat und als Eigentümer neu eingetragen wird.[1] Ebenso wird die Gebühr (aus dem Wert des ganzen Grundstücks) erhoben, wenn einem Miteigentümer der Zuschlag erteilt wurde; das gilt auch in der Teilversteigerung.[2] § 61 KostO ist nicht an-

---

[1] OLG Düsseldorf JurBüro 1988, 658 = MDR 1989, 366 = Rpfleger 1989, 250 und NJW-RR 2001, 861 (reSp).
[2] BayObLG JurBüro 1989, 1710 = (mitget) Rpfleger 1989, 399; OLG Frankfurt Rpfleger 1970, 109; LG Wuppertal JurBüro 1979, 581 mit zust Anm Mümmler.

wendbar. Auch die Gebührenermäßigung des § 60 Abs 2 KostO kommt nach verbreiteter Meinung bei Eintragung des Ehegatten, Lebenspartners oder von Abkömmlingen als Ersteher nicht zur Anwendung.[3] Für Eintragung mehrerer Personen als Ersteher (Bietergemeinschaft, Rdn 315, 352) wird nur eine Eintragungsgebühr erhoben. Bei Eintragung desselben Eigentümers oder derselben Miteigentümer bei mehreren Grundstücken auf Grund gleichzeitigen Ersuchens des Vollstreckungsgerichts wird bei demselben Grundbuchamt die Gebühr nur einmal nach dem zusammengerechneten Wert erhoben (§ 60 Abs 5 KostO).

799   **Geschäftswert:** Meistgebot[4] (ohne Zinsen) einschließlich Wert (bei Grundschuld: Nennbetrag[5]) der nach den Versteigerungsbedingungen bestehen bleibenden Rechte. Hinzugerechnet wird auch ein Betrag, um den der Ersteher nach § 114a ZVG erweitert als befriedigt gilt.[6] Außer Betracht bleibt der Wert mitversteigerten Zubehörs.[7]

Der nach § 74a Abs 5 (§ 85a Abs 2) ZVG festgesetzte Grundstückswert soll Geschäftswert sein, wenn er höher ist als das Meistgebot.[8] Dem ist jedoch nicht zu folgen. Zumindest seit Änderung der Geschäftswertbestimmung für die Zuschlaggebühr (zunächst § 29 Abs 2 GKG, jetzt § 54 Abs 2 GKG; siehe Rdn 778) kann Geschäftswert nicht mehr der festgesetzte Grundstückswert sein. Nach ihm war früher die Zuschlaggebühr zu berechnen (§ 61 Abs 4 S 1 GKG aF). Jetzt bestimmt sich diese nach dem Meistgebot ohne Zinsen und dem Wert der bestehen bleibenden Rechte (§ 54 Abs 2 GKG). Dem liegt die Erwägung zugrunde, dass bei Zwangsversteigerung das Meistgebot den bei freiem Wettbewerb der Interessenten erzielbaren Grundstückswert ausweist. Für die Grundbucheintragung kann nichts anderes gelten. Der festgesetzte höhere Grund-

---

[3] BayOblG JurBüro 1996, 207 = Rpfleger 1996, 129 Leits; OLG Düsseldorf MDR 2001, 476 = NJW-RR 2001, 861; anders LG Bielefeld Rpfleger 1986, 176.
[4] Kammergericht JurBüro 2009, 436 Leitsatz = Rpfleger 2009, 532 (wenn das Meistgebot höher als der festgesetzte Verkehrswert ist); hat den Ersatzwert für ein bestehen bleibendes Erbbaurecht nicht hinzugerechnet.
[5] BayObLG JurBüro 1989, 1710 = aaO (Fußn 2).
[6] OLG Frankfurt Rpfleger 1960, 376.
[7] BayObLG mitgeteilt Rpfleger 1978, 436 und JurBüro 2002, 543 = Rpfleger 2002, 382.
[8] BayObLG 1978, 8 = JurBüro 1978, 905 = Rpfleger 1978, 126; BayObLG mitgeteilt Rpfleger 1978, 346; BayObLG Rpfleger 1986, 158 (Leits) (dessen Eignung kann nur unter besonderen Umständen in Frage gestellt werden); BayObLG JurBüro 1989, 1710 = aaO (Fußn 2) (mit Einschränkung); BayObLG JurBüro 1996, 207 = Rpfleger 1996, 129 Leits; BayObLG NJW-RR 2002, 1366 Leits = JurBüro 2002, 543 = Rpfleger 2002, 382; OLG Düsseldorf Rpfleger 2002, 592 (unter Änderung zuvor anderer Ansicht); OLG Frankfurt JurBüro 1980, 1061; OLG Karlsruhe JurBüro 1989, 1582 mit zust Anm Mümmler; Kammergericht JurBüro 1980, 1062 und 2006, 540 Leits; OLG Stuttgart JurBüro 1990, 1493 = Rpfleger 1991, 30; OLG Zweibrücken JurBüro 1988, 1045 = Rpfleger 1988, 409; LG Bielefeld Rpfleger 1985, 40 (ist der Kaufpreis des Grundstücks wenige Jahre zuvor erheblich niedriger gewesen, so ist dies jedoch angemessen zu berücksichtigen); LG Düsseldorf Rpfleger 1987, 62 (auch der Wert eingetragener Belastungen ist zu berücksichtigen); LG Hannover NdsRpfl 1984, 121 (wenn der festgesetzte Verkehrswert über dem Meistgebot liegt und nicht offensichtlich überhöht ist); LG Hannover JurBüro 1984, 911; LG Koblenz Rpfleger 1999, 237; LG Oldenburg Rpfleger 1986, 451 (die seit der Wertfestsetzung eingetretene Entwicklung der Grundstückspreise und die sich aus dem Verlauf des Zwangsversteigerungsverfahrens ergebenden Besonderheiten sind zu berücksichtigen); LG Wuppertal JurBüro 1979, 581 mit Anm Mümmler; **anders:** OLG Düsseldorf Rpfleger 1987, 411 (Gebot, wenn es höher ist als der Einheitswert); siehe außerdem Mümmler, Geschäftswert der Gebühr für die Eintragung eines Erstehers, JurBüro 1983, 511.

stückswert könnte nur maßgebend sein, wenn er „als Wert der Sache" entweder nach § 20 Abs 1 S 2 KostO oder unmittelbar nach den Bewertungsgrundsätzen des § 19 Abs 2 KostO angesehen werden könnte. Anhaltspunkte dafür, dass das Grundstück mehr als durch Zwangsversteigerung erlösbar wert sein könnte, lassen sich auf der Grundlage des § 19 Abs 2 KostO aber nicht finden. Sachgerecht ist es daher, dass nicht nur die Erwerbsgebühr (Gebühr für Erteilung des Zuschlags), sondern auch die Gebühr für die Grundbucheintragung des Erstehers nach dem Meistgebot einschließlich Wert der bestehen bleibenden Rechte berechnet wird. Abweichend von dem festgesetzten Grundstückswert ist der Geschäftswert für die Eintragung der Erstehers als Eigentümer aber jedenfalls zu ermitteln, wenn erhebliche Umstände dafür sprechen, daß der festgesetzte Verkehrswert den Wert des Grundstücks im Zeitpunkt der Grundbucheintragung nicht mehr zutreffend wiedergibt,[9] wie bei erheblichem Zeitablauf zwischen Wertermittlung im Versteigerungsverfahren und Eintragung des Erstehers, erheblichem Abweichen des Meistgebots vom festgesetztem Wert, zeitnahem Verkauf durch den Ersteher zu einem erzielten wesentlich geringeren Kaufpreis.[10]

Kostenschuldner: Ersteher (§ 4 KostO).

Für die Eintragung jeder **Sicherungshypothek** für eine Forderung gegen den Ersteher auf Ersuchen des Vollstreckungsgerichts (§ 130 Abs 1 ZVG) wird eine volle Gebühr (§ 32 KostO) erhoben (§ 62 Abs 1 KostO), und zwar auch dann, wenn die Sicherheitshypothek bedingt ist.

800

Geschäftswert nach § 23 Abs 2 KostO: Nennbetrag der Schuld.

Kostenschuldner: Ersteher und Gläubiger (§ 4 KostO).

---

[9] OLG Düsseldorf Rpfleger 2006, 341 Leits.
[10] OLG Düsseldorf aaO.

Anhang 1. Zwangsverwalterverordnung (ZwVwV)

Vom 19. Dezember 2003 (BGBl I 2804)

§ 1 Stellung

(1) Zwangsverwalter und Zwangsverwalterinnen führen die Verwaltung selbständig und wirtschaftlich nach pflichtgemäßem Ermessen aus. Sie sind jedoch an die vom Gericht erteilten Weisungen gebunden.

(2) Als Verwalter ist eine geschäftskundige natürliche Person zu bestellen, die nach Qualifikation und vorhandener Büroausstattung die Gewähr für die ordnungsgemäße Gestaltung und Durchführung der Zwangsverwaltung bietet.

(3) Der Verwalter darf die Verwaltung nicht einem anderen übertragen. Ist er verhindert, die Verwaltung zu führen, so hat er dies dem Gericht unverzüglich anzuzeigen. Zur Besorgung einzelner Geschäfte, die keinen Aufschub dulden, kann sich jedoch der Verwalter im Fall seiner Verhinderung anderer Personen bedienen. Ihm ist auch gestattet, Hilfskräfte zu unselbständigen Tätigkeiten unter seiner Verantwortung heranzuziehen.

(4) Der Verwalter ist zum Abschluss einer Vermögensschadenshaftpflichtversicherung für seine Tätigkeit mit einer Deckung von mindestens 500 000 Euro verpflichtet. Durch Anordnung des Gerichts kann, soweit der Einzelfall dies erfordert, eine höhere Versicherungssumme bestimmt werden. Auf Verlangen der Verfahrensbeteiligten oder des Gerichts hat der Verwalter das Bestehen der erforderlichen Haftpflichtversicherung nachzuweisen.

§ 2 Ausweis

Der Verwalter erhält als Ausweis eine Bestallungsurkunde, aus der sich das Objekt der Zwangsverwaltung, der Name des Schuldners, das Datum der Anordnung sowie die Person des Verwalters ergeben.

§ 3 Besitzerlangung über das Zwangsverwaltungsobjekt, Bericht

(1) Der Verwalter hat das Zwangsverwaltungsobjekt in Besitz zu nehmen und darüber einen Bericht zu fertigen. Im Bericht sind festzuhalten:

1. Zeitpunkt und Umstände der Besitzerlangung;
2. eine Objektbeschreibung einschließlich der Nutzungsart und der bekannten Drittrechte;
3. alle der Beschlagnahme unterfallenden Mobilien, insbesondere das Zubehör;
4. alle der Beschlagnahme unterfallenden Forderungen und Rechte, insbesondere Miet- und Pachtforderungen, mit dem Eigentum verbundene Rechte auf wiederkehrende Leistungen sowie Forderungen gegen Versicherungen unter Beachtung von Beitragsrückständen;
5. die öffentlichen Lasten des Grundstücks unter Angabe der laufenden Beträge;
6. die Räume, die dem Schuldner für seinen Hausstand belassen werden;
7. die voraussichtlichen Ausgaben der Verwaltung, insbesondere aus Dienst- oder Arbeitsverhältnissen;
8. die voraussichtlichen Einnahmen und die Höhe des für die Verwaltung erforderlichen Kostenvorschusses;
9. alle sonstigen für die Verwaltung wesentlichen Verhältnisse.

(2) Den Bericht über die Besitzerlangung hat der Verwalter bei Gericht einzureichen. Soweit die in Absatz 1 bezeichneten Verhältnisse nicht schon bei Besitzübergang festgestellt werden können, hat der Verwalter dies unverzüglich nachzuholen und dem Gericht anzuzeigen.

§ 4 Mitteilungspflicht

Der Verwalter hat alle betroffenen Mieter und Pächter sowie alle von der Verwaltung betroffenen Dritten unverzüglich über die Zwangsverwaltung zu informieren. Außerdem kann der Verwalter den Erlass von Zahlungsverboten an die Drittschuldner bei dem Gericht beantragen.

§ 5 Nutzungen des Zwangsverwaltungsobjektes

(1) Der Verwalter soll die Art der Nutzung, die bis zur Anordnung der Zwangsverwaltung bestand, beizubehalten.

(2) Die Nutzung erfolgt grundsätzlich durch Vermietung oder Verpachtung. Hiervon ausgenommen sind:

1. landwirtschaftlich oder forstwirtschaftlich genutzte Objekte in Eigenverwaltung des Schuldners gemäß § 150 b des Gesetzes über die Zwangsversteigerung und die Zwangsverwaltung;
2. die Wohnräume des Schuldners, die ihm gemäß § 149 des Gesetzes über die Zwangsversteigerung und die Zwangsverwaltung unentgeltlich zu belassen sind.

(3) Der Verwalter ist berechtigt, begonnene Bauvorhaben fertig zu stellen.

§ 6 Miet- und Pachtverträge

(1) Miet- oder Pachtverträge sowie Änderungen solcher Verträge sind vom Verwalter schriftlich abzuschließen.

(2) Der Verwalter hat in Miet- oder Pachtverträgen zu vereinbaren,

1. dass der Mieter oder Pächter nicht berechtigt sein soll, Ansprüche aus dem Vertrag zu erheben, wenn das Zwangsverwaltungsobjekt vor der Überlassung an den Mieter oder Pächter im Wege der Zwangsversteigerung veräußert wird;
2. dass die gesetzliche Haftung des Vermieters oder Verpächters für den vom Ersteher zu ersetzenden Schaden ausgeschlossen sein soll, wenn das Grundstück nach der Überlassung an den Mieter oder Pächter im Wege der Zwangsversteigerung veräußert wird und der an die Stelle des Vermieters oder Verpächters tretende Ersteher die sich aus dem Miet- oder Pachtverhältnis ergebenden Verpflichtungen nicht erfüllt;
3. dass der Vermieter oder Verpächter auch von einem sich im Falle einer Kündigung (§ 57 a Satz 1 des Gesetzes über die Zwangsversteigerung und die Zwangsverwaltung, § 111 der Insolvenzordnung) möglicherweise ergebenden Schadensersatzanspruch freigestellt sein soll.

§ 7 Rechtsverfolgung

Der Verwalter hat die Rechtsverfolgung seiner Ansprüche im Rahmen des pflichtgemäßen Ermessens zeitnah einzuleiten.

§ 8 Rückstände, Vorausverfügungen

Die Rechtsverfolgung durch den Verwalter erstreckt sich auch auf Rückstände nach § 1123 Abs 1 und 2 des Bürgerlichen Gesetzbuchs und unterbrochene

Vorausverfügungen nach § 1123 Abs 1, §§ 1124 und 1126 des Bürgerlichen Gesetzbuchs, sofern nicht der Gläubiger auf die Rechtsverfolgung verzichtet.

§ 9 Ausgaben der Zwangsverwaltung

(1) Der Verwalter hat von den Einnahmen die Liquidität zurückzubehalten, die für Ausgaben der Verwaltung einschließlich der Verwaltervergütung und der Kosten des Verfahrens vorgehalten werden muss.

(2) Der Verwalter soll nur Verpflichtungen eingehen, die aus bereits vorhandenen Mitteln erfüllt werden können.

(3) Der Verwalter ist verpflichtet, das Zwangsverwaltungsobjekt insbesondere gegen Feuer-, Sturm-, Leitungswasserschäden und Haftpflichtgefahren, die vom Grundstück und Gebäude ausgehen, zu versichern, soweit dies durch eine ordnungsgemäße Verwaltung geboten erscheint. Er hat diese Versicherung unverzüglich abzuschließen, sofern

1. Schuldner oder Gläubiger einen bestehenden Versicherungsschutz nicht innerhalb von 14 Tagen nach Zugang des Anordnungsbeschlusses schriftlich nachweisen und

2. der Gläubiger die unbedingte Kostendeckung schriftlich mitteilt.

§ 10 Zustimmungsvorbehalte

(1) Der Verwalter hat zu folgenden Maßnahmen die vorherige Zustimmung des Gerichts einzuholen:

1. wesentliche Änderungen zu der nach § 5 gebotenen Nutzung; dies gilt auch für die Fertigstellung begonnener Bauvorhaben;

2. vertragliche Abweichungen von dem Klauselkatalog des § 6 Abs 2;

3. Ausgaben, die entgegen dem Gebot des § 9 Abs 2 aus bereits vorhandenen Mitteln nicht gedeckt sind;

4. Zahlung von Vorschüssen an Auftragnehmer im Zusammenhang insbesondere mit der Erbringung handwerklicher Leistungen;

5. Ausbesserungen und Erneuerungen am Zwangsverwaltungsobjekt, die nicht zu der gewöhnlichen Instandhaltung gehören, insbesondere wenn der Aufwand der jeweiligen Maßnahme 15 Prozent des vom Verwalter nach pflichtgemäßem Ermessen geschätzten Verkehrswertes des Zwangsverwaltungsobjektes überschreitet;

6. Durchsetzung von Gewährleistungsansprüchen im Zusammenhang mit Baumaßnahmen nach § 5 Abs 3.

(2) Das Gericht hat den Gläubiger und den Schuldner vor seiner Entscheidung anzuhören.

§ 11 Auszahlungen

(1) Aus den nach Bestreiten der Ausgaben der Verwaltung sowie der Kosten des Verfahrens (vgl. § 155 Abs 1 des Gesetzes über die Zwangsversteigerung und die Zwangsverwaltung) verbleibenden Überschüssen der Einnahmen darf der Verwalter ohne weiteres Verfahren nur Vorschüsse sowie die laufenden Beträge der öffentlichen Lasten nach der gesetzlichen Rangfolge berichtigen.

(2) Sonstige Zahlungen an die Berechtigten darf der Verwalter nur aufgrund der von dem Gericht nach der Feststellung des Teilungsplans getroffenen Anordnung leisten. Ist zu erwarten, dass solche Zahlungen geleistet werden können, so hat dies der Verwalter dem Gericht unter Angabe des voraussichtlichen Betrages der Überschüsse und der Zeit ihres Einganges anzuzeigen.

(3) Sollen Auszahlungen auf das Kapital einer Hypothek oder Grundschuld oder auf die Ablösungssumme einer Rentenschuld geleistet werden, so hat der Verwalter zu diesem Zweck die Anberaumung eines Termins bei dem Gericht zu beantragen.

§ 12 Beendigung der Zwangsverwaltung

(1) Die Beendigung der Zwangsverwaltung erfolgt mit dem gerichtlichen Aufhebungsbeschluss. Dies gilt auch für den Fall der Erteilung des Zuschlags in der Zwangsversteigerung.

(2) Das Gericht kann den Verwalter nach dessen Anhörung im Aufhebungsbeschluss oder auf Antrag durch gesonderten Beschluss ermächtigen, seine Tätigkeit in Teilbereichen fortzusetzen, soweit dies für den ordnungsgemäßen Abschluss der Zwangsverwaltung erforderlich ist. Hat der Verwalter weiterführende Arbeiten nicht zu erledigen, sind der Anordnungsbeschluss und die Bestallungsurkunde mit der Schlussrechnung zurückzugeben, ansonsten mit der Beendigung seiner Tätigkeit.

(3) Unabhängig von der Aufhebung der Zwangsverwaltung bleibt der Verwalter berechtigt, von ihm begründete Verbindlichkeiten aus der vorhandenen Liquidität zu begleichen und bis zum Eintritt der Fälligkeit Rücklagen zu bilden. Ein weitergehender Rückgriff gegen den Gläubiger bleibt unberührt. Dies gilt auch für den Fall der Antragsrücknahme.

(4) Hat der Verwalter die Forderung des Gläubigers einschließlich der Kosten der Zwangsvollstreckung bezahlt, so hat er dies dem Gericht unverzüglich anzuzeigen. Dasselbe gilt, wenn der Gläubiger ihm mitteilt, dass er befriedigt ist.

§ 13 Masseverwaltung

(1) Der Massebestand ist von den eigenen Beständen des Verwalters getrennt zu halten.

(2) Der Verwalter hat für jede Zwangsverwaltung ein gesondertes Treuhandkonto einzurichten, über das er den Zahlungsverkehr führt. Das Treuhandguthaben kann auch als Rechtsanwaltsanderkonto geführt werden.

(3) Der Verwalter hat die allgemeinen Grundsätze einer ordnungsgemäßen Buchführung zu beachten. Die Rechnungslegung muss den Abgleich der Solleinnahmen mit den tatsächlichen Einnahmen ermöglichen. Die Einzelbuchungen sind auszuweisen. Mit der Rechnungslegung sind die Kontoauszüge und Belege bei Gericht einzureichen.

(4) Auf Antrag von Gläubiger oder Schuldner hat der Verwalter Auskunft über den Sachstand zu erteilen.

§ 14 Buchführung der Zwangsverwaltung

(1) Die Buchführung der Zwangsverwaltung ist eine um die Solleinnahmen ergänzte Einnahmeüberschussrechnung.

(2) Die Rechnungslegung erfolgt jährlich (Jahresrechnung) nach Kalenderjahren. Mit Zustimmung des Gerichts kann hiervon abgewichen werden.

(3) Bei Aufhebung der Zwangsverwaltung legt der Verwalter Schlussrechnung in Form einer abgebrochenen Jahresrechnung.

(4) Nach vollständiger Beendigung seiner Amtstätigkeit reicht der Verwalter eine Endabrechnung ein, nachdem alle Zahlungsvorgänge beendet sind und das Konto auf Null gebracht worden ist.

§ 15 Gliederung der Einnahmen und Ausgaben

(1) Die Soll- und Isteinnahmen sind nach folgenden Konten zu gliedern:
1. Mieten und Pachten nach Verwaltungseinheiten,
2. andere Einnahmen.
(2) Der Saldo der vorigen Rechnung ist als jeweiliger Anfangsbestand vorzutragen.
(3) Die Gliederung der Ausgaben erfolgt nach folgenden Konten:
1. Aufwendungen zur Unterhaltung des Objektes;
2. öffentliche Lasten;
3. Zahlungen an die Gläubiger;
4. Gerichtskosten der Verwaltung;
5. Vergütung des Verwalters;
6. andere Ausgaben.
(4) Ist zur Umsatzsteuer optiert worden, so sind Umsatzsteueranteile und Vorsteuerbeträge gesondert darzustellen.

§ 16 Auskunftspflicht

Der Verwalter hat jederzeit dem Gericht oder einem mit der Prüfung beauftragten Sachverständigen Buchführungsunterlagen, die Akten und sonstige Schriftstücke vorzulegen und alle weiteren Auskünfte im Zusammenhang mit seiner Verwaltung zu erteilen.

§ 17 Vergütung und Auslagenersatz

(1) Der Verwalter hat Anspruch auf eine angemessene Vergütung für seine Geschäftsführung sowie auf Erstattung seiner Auslagen nach Maßgabe des § 21. Die Höhe der Vergütung ist an der Art und dem Umfang der Aufgabe sowie an der Leistung des Zwangsverwalters auszurichten.
(2) Zusätzlich zur Vergütung und zur Erstattung der Auslagen wird ein Betrag in Höhe der vom Verwalter zu zahlenden Umsatzsteuer festgesetzt.
(3) Ist der Verwalter als Rechtsanwalt zugelassen, so kann er für Tätigkeiten, die ein nicht als Rechtsanwalt zugelassener Verwalter einem Rechtsanwalt übertragen hätte, die gesetzliche Vergütung eines Rechtsanwalts abrechnen. Ist der Verwalter Steuerberater oder besitzt er eine andere besondere Qualifikation, gilt Satz 1 sinngemäß.

§ 18 Regelvergütung

(1) Bei der Zwangsverwaltung von Grundstücken, die durch Vermieten oder Verpachten genutzt werden, erhält der Verwalter als Vergütung in der Regel 10 Prozent des für den Zeitraum der Verwaltung an Mieten oder Pachten eingezogenen Bruttobetrags. Für vertraglich geschuldete, nicht eingezogene Mieten oder Pachten erhält er 20 Prozent der Vergütung, die er erhalten hätte, wenn diese Mieten eingezogen worden wären. Soweit Mietrückstände eingezogen werden, für die der Verwalter bereits eine Vergütung nach Satz 2 erhalten hat, ist diese anzurechnen.
(2) Ergibt sich im Einzelfall ein Missverhältnis zwischen der Tätigkeit des Verwalters und der Vergütung nach Absatz 1, so kann der in Absatz 1 Satz 1 genannte Prozentsatz bis auf 5 vermindert oder bis auf 15 angehoben werden.
(3) Für die Fertigstellung von Bauvorhaben erhält der Verwalter 6 Prozent der von ihm verwalteten Bausumme. Planungs-, Ausführungs- und Abnahmekosten

sind Bestandteil der Bausumme und finden keine Anrechnung auf die Vergütung des Verwalters.

§ 19 Abweichende Berechnung der Vergütung

(1) Wenn dem Verwalter eine Vergütung nach § 18 nicht zusteht, bemisst sich die Vergütung nach Zeitaufwand. In diesem Fall erhält er für jede Stunde der für die Verwaltung erforderlichen Zeit, die er oder einer seiner Mitarbeiter aufgewendet hat, eine Vergütung von mindestens 35 Euro und höchstens 95 Euro. Der Stundensatz ist für den jeweiligen Abrechnungszeitraum einheitlich zu bemessen.

(2) Der Verwalter kann für den Abrechnungszeitraum einheitlich nach Absatz 1 abrechnen, wenn die Vergütung nach § 18 Abs 1 und 2 offensichtlich unangemessen ist.

§ 20 Mindestvergütung

(1) Ist das Zwangsverwaltungsobjekt von dem Verwalter in Besitz genommen, so beträgt die Vergütung des Verwalters mindestens 600 Euro.

(2) Ist das Verfahren der Zwangsverwaltung aufgehoben worden, bevor der Verwalter das Grundstück in Besitz genommen hat, so erhält er eine Vergütung von 200 Euro, sofern er bereits tätig geworden ist.

§ 21 Auslagen

(1) Mit der Vergütung sind die allgemeinen Geschäftskosten abgegolten. Zu den allgemeinen Geschäftskosten gehört der Büroaufwand des Verwalters einschließlich der Gehälter seiner Angestellten.

(2) Besondere Kosten, die dem Verwalter im Einzelfall, zum Beispiel durch Reisen oder die Einstellung von Hilfskräften für bestimmte Aufgaben im Rahmen der Zwangsverwaltung, tatsächlich entstehen, sind als Auslagen zu erstatten, soweit sie angemessen sind. Anstelle der tatsächlich entstandenen Auslagen kann der Verwalter nach seiner Wahl für den jeweiligen Abrechnungszeitraum eine Pauschale von 10 Prozent seiner Vergütung, höchstens jedoch 40 Euro für jeden angefangenen Monat seiner Tätigkeit, fordern.

(3) Mit der Vergütung sind auch die Kosten einer Haftpflichtversicherung abgegolten. Ist die Verwaltung jedoch mit einem besonderen Haftungsrisiko verbunden, so sind die durch eine Höherversicherung nach § 1 Abs 4 begründeten zusätzlichen Kosten als Auslagen zu erstatten.

§ 22 Festsetzung

Die Vergütung und die dem Verwalter zu erstattenden Auslagen werden im Anschluss an die Rechnungslegung nach § 14 Abs 2 oder die Schlussrechnung nach § 14 Abs 3 für den entsprechenden Zeitraum auf seinen Antrag vom Gericht festgesetzt. Vor der Festsetzung kann der Verwalter mit Einwilligung des Gerichts aus den Einnahmen einen Vorschuss auf die Vergütung und die Auslagen entnehmen.

§ 23 Grundstücksgleiche Rechte

Die vorstehenden Bestimmungen sind auf die Zwangsverwaltung von Berechtigungen, für welche die Vorschriften über die Zwangsverwaltung von Grundstücken gelten, entsprechend anzuwenden.

§ 24 Nichtanwendbarkeit der Verordnung

(1) Die Vorschriften dieser Verordnung gelten nicht, falls der Schuldner zum Verwalter bestellt ist (§§ 150 b bis 150 e des Gesetzes über die Zwangsversteigerung und die Zwangsverwaltung).

(2) Die Vorschriften dieser Verordnung gelten ferner nicht, falls die durch die §§ 150, 153, 154 des Gesetzes über die Zwangsversteigerung und die Zwangsverwaltung dem Gericht zugewiesene Tätigkeit nach landesgesetzlichen Vorschriften von einer landschaftlichen oder ritterschaftlichen Kreditanstalt übernommen worden ist.

§ 25 Übergangsvorschrift

In Zwangsverwaltungen, die bis einschließlich zum 31. Dezember 2003 angeordnet worden sind, findet die Verordnung über die Geschäftsführung und die Vergütung des Zwangsverwalters vom 16. Februar 1970 (BGBl I S 185), zuletzt geändert durch Artikel 9 des Gesetzes vom 13. Dezember 2001 (BGBl I S 3574), weiter Anwendung; jedoch richten sich die Vergütung des Verwalters und der Auslagenersatz ab dem ersten auf den 31. Dezember 2003 folgenden Abrechnungszeitraum nach den §§ 17 bis 22 dieser Verordnung.

§ 26 Inkrafttreten, Außerkrafttreten ...

Anhang 2. Basiszinssatz

Zeitraum (genannte Tage einschließlich)	Basiszinssatz	Kalendertage	Bankzinstage (Monat = 30)
1. 1. 1999 – 30. 4. 1999	2,5%	120	120
1. 5. 1999 – 31. 12. 1999	1,95%	245	240
1. 1. 2000 – 30. 4. 2000	2.68%	121	120
1. 5. 2000 – 31. 8. 2000	3,42%	123	120
1. 9. 2000 – 31. 8. 2001	4,26%	365	360
1. 9. 2001 – 31. 12. 2001	3,62%	122	120
1. 1. 2002 – 30. 6. 2002	2,57%	181	180
1. 7. 2002 – 31. 12. 2002	2,47%	184	180
1. 1. 2003 – 30. 6. 2003	1,97%	181	180
1. 7. 2003 – 31. 12. 2003	1,22%	184	180
1. 1. 2004 – 30. 6. 2004	1,14%	182	180
1. 7. 2004 – 31. 12. 2004	1,13%	184	180
1. 1. 2005 – 30. 6. 2005	1,21%	181	180
1. 7. 2005 – 31. 12. 2005	1,17%	184	180
1. 1. 2006 – 30. 6. 2006	1,37%	181	180
1. 7. 2006 – 31. 12. 2006	1,95%	184	180
1. 1. 2007 – 30. 6. 2007	2,70%	181	180
1. 7. 2007 – 31. 12. 2007	3,19%	184	180
1. 1. 2008 – 30. 6. 2008	3,32%	182	180
1. 7. 2008 – 31. 12. 2008	3,19%	184	180
1. 1. 2009 – 30. 6. 2009	1,62%	181	180
1. 7. 2009 –	0,12%		

Sachregister

(Die Zahlen bezeichnen die Randnummern)